萧山赋

浙东首邑，扼宁绍之咽喉；於越名邦，荟人文之渊薮。山水揽潇湘美景；莼鲈起季鹰归欤。沃野膏田，连阡陌至海涂；棹歌菱唱，叠回旋于渔浦。控三江合汇，为天堑要津；立伍相潮头，展宏图壮举。卧薪尝胆，城山纪句践之雄心；雪耻沼吴，浣溪流西施之美誉。人间天堂在望，仙境天台有路。古运河过境通波，直达海陬；铁道线纵横交亘，九州无阻。空港不夜，畅天下之物流；银鹰远来，载环球之商旅。融入大杭州，为长三角东南健翼；开发潜优势，成新一方经济热土。

美哉萧山！集湖山之胜概，挹江海之回澜。锁罗刹鼍波，飞桥跨九；拥翠峦屏障，峙鼎呈三。赏花四季，听潮朝夕；气象万千，俊彩斑斓。进化十里梅海，气压邓尉；杜家万树珍果，名重江南。乘改革之东风，焕萧然以新颜。错落层楼林立，高摩星月；多处八景锦簇，胜出尘寰。开天然图画，湘湖水光潋滟；抒逸趣豪情，诗篇流韵阑干。桃源本非世外，灵妃慕降此间。画舫悠游，听帝子之清瑟；云屐登眺，赏美人之烟鬟。近年建设飞进，着意打造。与西子争比秀姿，拓烟波更见浩渺。建蓬山之瑶台；移瀛海之仙岛。平添诗情画意，彰显清域佳妙。纳万国之名区，集一园之堂奥。成世界休闲博览会之圣地，膺国际旅游风情园之雅号。目眩神迷，观列国衣冠济济；心诚谊切，迎往来嘉宾扰扰。花径柳堤，佳人拾翠相问；藕汀荷港，仙侣同舟回棹。美哉湘湖，实天地菁华之所萃；盛矣萧山，洵河岳英灵之感召。

萧山之胜也，天地山川而外，更在人文。溯历史之悠长，识蕴积之雄浑。跨湖桥遗址惊现，考古界引为珍闻。独木舟骇然乎出土，八千载文明史存真。更有茅湾印纹陶窑，证中国瓷业之策源；蜀山史前遗址，与良渚文化相引伸。由石器而彩陶弓镞，念勤劳而智慧先民。洎现代承前继武，百万儿女围海造田，不辞艰辛。广袤荒滩变成良田，奇迹惊新。

肇西汉置县以降，曰余暨曰永兴，沿易三名；或宁绍或省垣，隶属数更。而历代俊贤辈出，豪杰迭兴。越王生聚教训，赞古人强邦复国之壮志；士女敢为人先，多当代乘风破浪之精英。奇谋救越，大夫访倾国于苎萝；临水祖道，夫人发乌鸢之浩歌。岳元帅饮战马于欢潭，芳留胜迹；钱武肃戮董昌于西江，血溅沧波。名医楼英，折肱精技，仁术口碑传久；贤守杨时，筑湖治水，树德立功何多！至近现代更英雄峰起，人物星罗。守土保疆，葛云飞浴血抗英，显名将殉国之壮烈；维权革命，李成虎揭竿陇亩，开中国农运之先河。都督汤公，运筹谋划，办

印象萧山

萧山，有八千年的文明史/是西施故里/贺知章的故乡/浙东唐诗之路的起点

萧山，连续五年名列全国县域社会经济指数第七位/是全国十大财神县（市）之一/中国纺织基地/中国羽绒之都/中国钢结构之乡/中国伞乡/中国花木之乡/中国制造业十佳投资城市之一/亚洲制造业示范基地/全国环境综合整治优秀城市/国家卫生城市/杭州萧山国际机场名列全国十大机场

『奔竞不息　勇立潮头』是萧山精神的集中体现

萧山市志

第一册

杭州市萧山区人民政府地方志办公室 编著

浙江人民出版社

谨以此书献给

脚下这片可爱的土地——萧山，和“奔竞不息　勇立潮头”的萧山人！

艺术的盛会 人民的节日

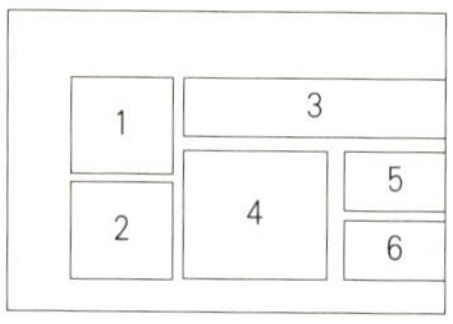

1 万向集团（2000年10月6日，柳田兴摄）
2 浙江传化化学集团（2000年10月6日，柳田兴摄）
3 萧山经济技术开发区（萧山经济技术开发区管委会提供）
4 萧山经济技术开发区管委会大楼（2006年8月8日，柳田兴摄）
5 萧山创业中心（2001年4月，蒋剑飞摄）
6 1993年6月台湾机械工业区奠基（萧山经济技术开发区管委会提供）

蕭山創業中心
XIAO SHAN CHUANG YE ZHONG XIN

臺灣機械工業區
隆重奠基
奠基

浙江省首届花卉博览会
THE FIRST ZHEJIANG FLOWER EXPOSITION
浙江(中国)花木城

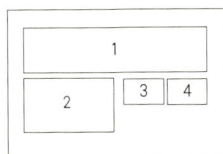

1 萧山商业城（1995年6月，周少伟摄）
2 浙江（中国）花木城（2003年6月，周少伟摄）
3 萧山二轻超市（1993年8月，董光中摄）
4 新世纪广场（2001年3月，董光中摄）

行包房

萧山汽车站
售票厅

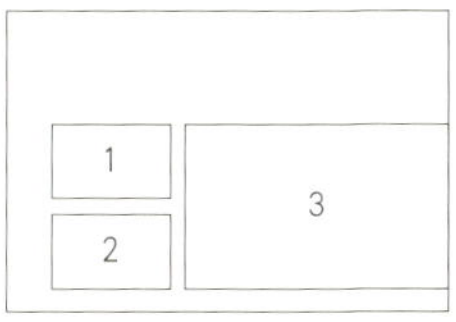

1 萧山火车站（1992年6月，董光中摄）
2 萧山汽车站（1994年5月，蒋剑飞摄）
3 戴村镇云石狮山盘山公路（2004年7月，肖丰摄）

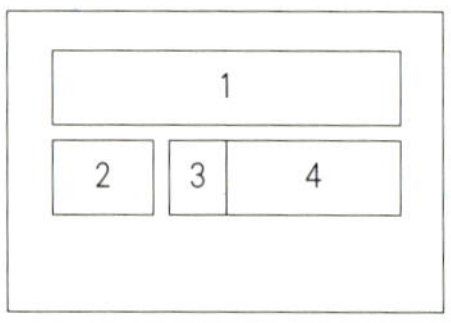

1 市心北路与机场公路立交（2001年10月，蒋剑飞摄）
2 杭州绕城高速公路与杭金衢高速公路立交（2004年6月，肖丰摄）
3 杭金衢、沪杭甬高速公路立交（2005年8月，周少伟摄）
4 杭金衢高速公路临浦出入口（2005年8月，蒋剑飞摄）

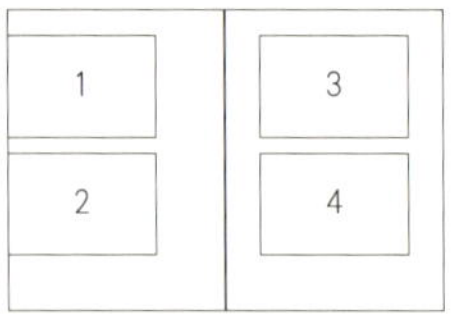

1 钱塘江大桥（2002年2月，丁力摄）
2 钱江二桥（彭埠大桥）（1994年3月，寿健摄）
3 钱江三桥（西兴大桥）（1998年9月，蒋剑飞摄）
4 钱江五桥（袁浦大桥）（2004年8月，周少伟摄）

40

中信银行

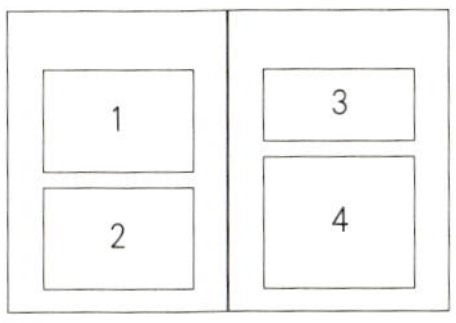

1 瓜沥镇貌（2007年4月21日，柳田兴摄）
2 红山农场（1999年5月，董光中摄）
3 党山镇梅林村（2001年7月，丁力摄）
4 瓜沥镇航民村（2007年5月，陈国龙摄）

1 收割晚稻（1999年11月，陈国龙摄于瓜沥镇航民村）
2 收获油菜籽（2007年6月，陈国龙摄）
3 前进乡山海村春粮高产示范方（1998年4月，张祥荣摄）
4 城厢镇姚家畈村民姚荣祥的棚栽食用仙人掌（1999年4月，董光中摄）
5 苗木基地（1998年5月，蒋剑飞摄）
6 省农业高科技示范园区樱桃番茄（2001年4月，丁力摄）

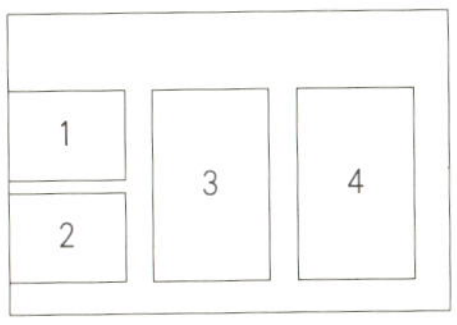

1　围垦区野鸭养殖（2001年6月，丁力摄）
2　湘湖农场引进荷兰奶牛（2000年4月，丁力摄）
3　生猪饲养（梅林湾农场）（1995年5月，董光中摄）
4　围垦区南美白对虾分拣供出口（2006年9月，柳田兴摄）

1 围垦大堤（2002年6月1日，高柏林摄）
2 围垦区春色（1977年4月，董光中摄）
3 围垦区水产养殖（2004年5月，肖丰摄）
4 围垦区桃园（1977年4月，董光中摄）

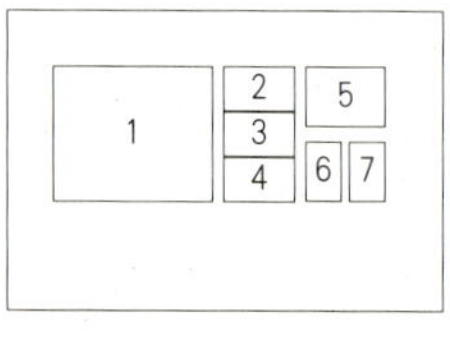

1 仿南宋官窑瓷器（1996年6月，蒋剑飞摄）
2 萧山花边（1977年4月，董光中摄）
3 萧山萝卜干（2007年2月2日，杨贤兴摄）
4 萧山鸡（1999年11月，陈国龙摄）
5 湘湖莼菜（1995年，傅展学摄）
6 进化青梅（2002年5月2日，金仲候摄）
7 杜家杨梅（1985年6月，董光中摄）

1 浦阳桃花水母（2004年8月，肖丰摄）
2 进化林场茶园（2004年5月，肖丰摄）
3 白鹭栖息（2005年6月4日，吴云飞摄）
4 戴村狮山瀑布（2008年6月11日，柳田兴摄）
5 义桥黄石垄水库（2005年8月，胡志平摄）

1 跨湖桥遗址出土的距今8000～7000年的独木舟（2002年12月，施加农摄）
2 跨湖桥遗址发掘现场（2001年7月，施加农摄）
3 跨湖桥遗址出土文物（2006年3月，武正立摄）
4 东汉黑釉五管瓶（2006年5月，施加农摄）

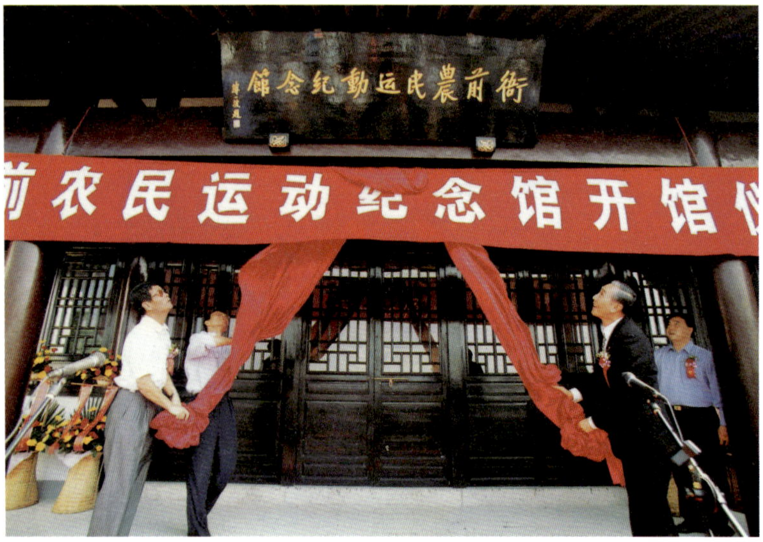

1 | 革命烈士纪念碑（2008年8月9日，柳田兴摄）
2 | 衙前农民运动纪念馆（2001年9月25日，傅展学摄）
3 | 南阳钱江观潮城（2000年10月，董光中摄）
4 | 东方文化园（2003年7月，王锦荣摄）

以潮会友
共兴萧山

山里人家

第二届

1 杭州乐园（2002年5月，武正立摄）
2 三江夕照（2005年7月31日，柳田兴摄）
3 山里人家（2002年6月20日，武正立摄）
4 第二届萧山杜家杨梅节（2000年6月，丁力摄）
5 进化探梅（2004年4月，盛仁昌摄）

萧山市在长三角地理位置图

本图界线不作划界依据　基础地理底图资料由浙江省测绘局提供　资料截止于2000年12月　地图审核：浙S（2007）208号

萧山市卫星影像图

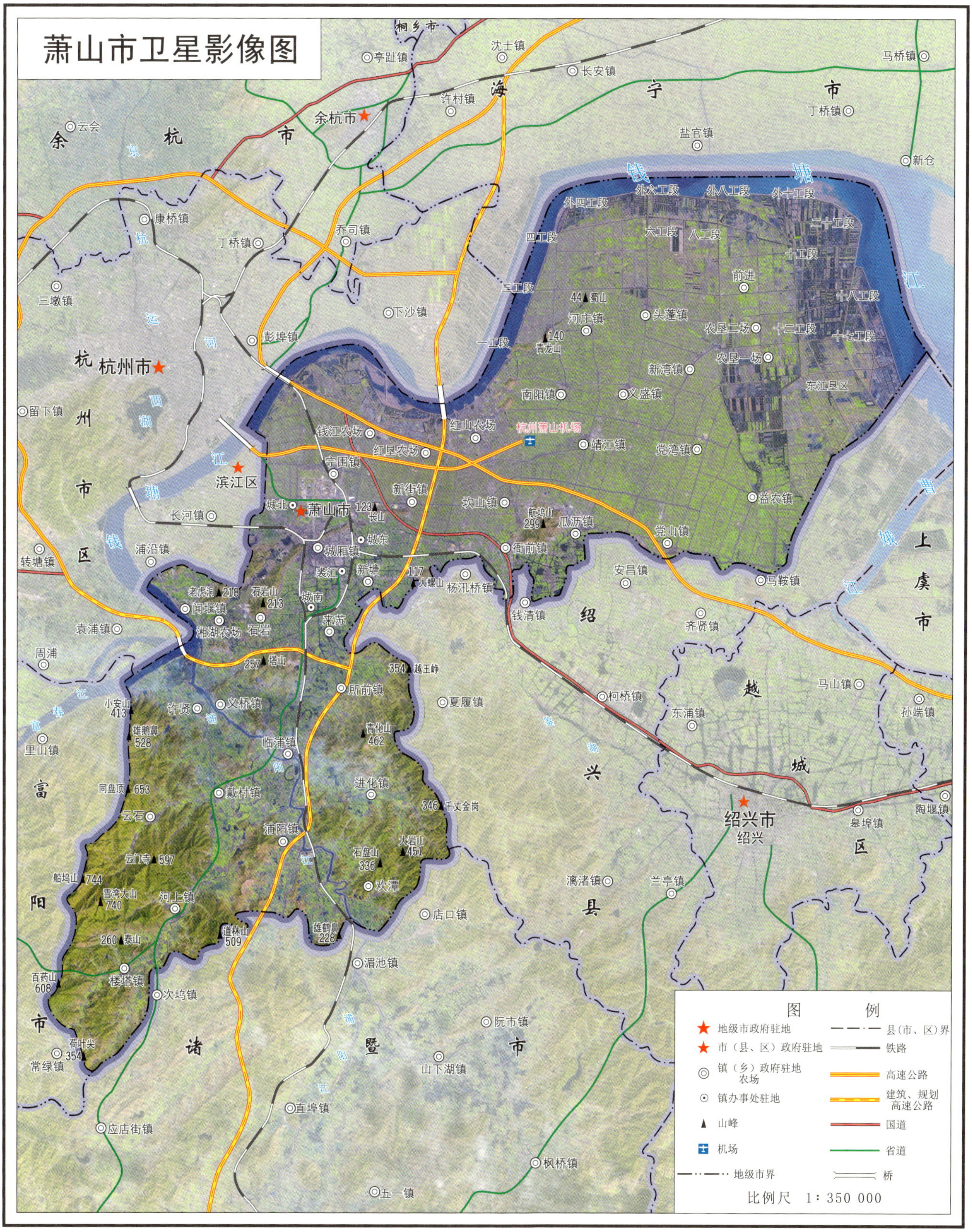

本图界线不作划界依据　基础地理底图资料由浙江省测绘局提供　资料截止于2000年12月　地图审核：浙S（2007）208号

萧山市地势图

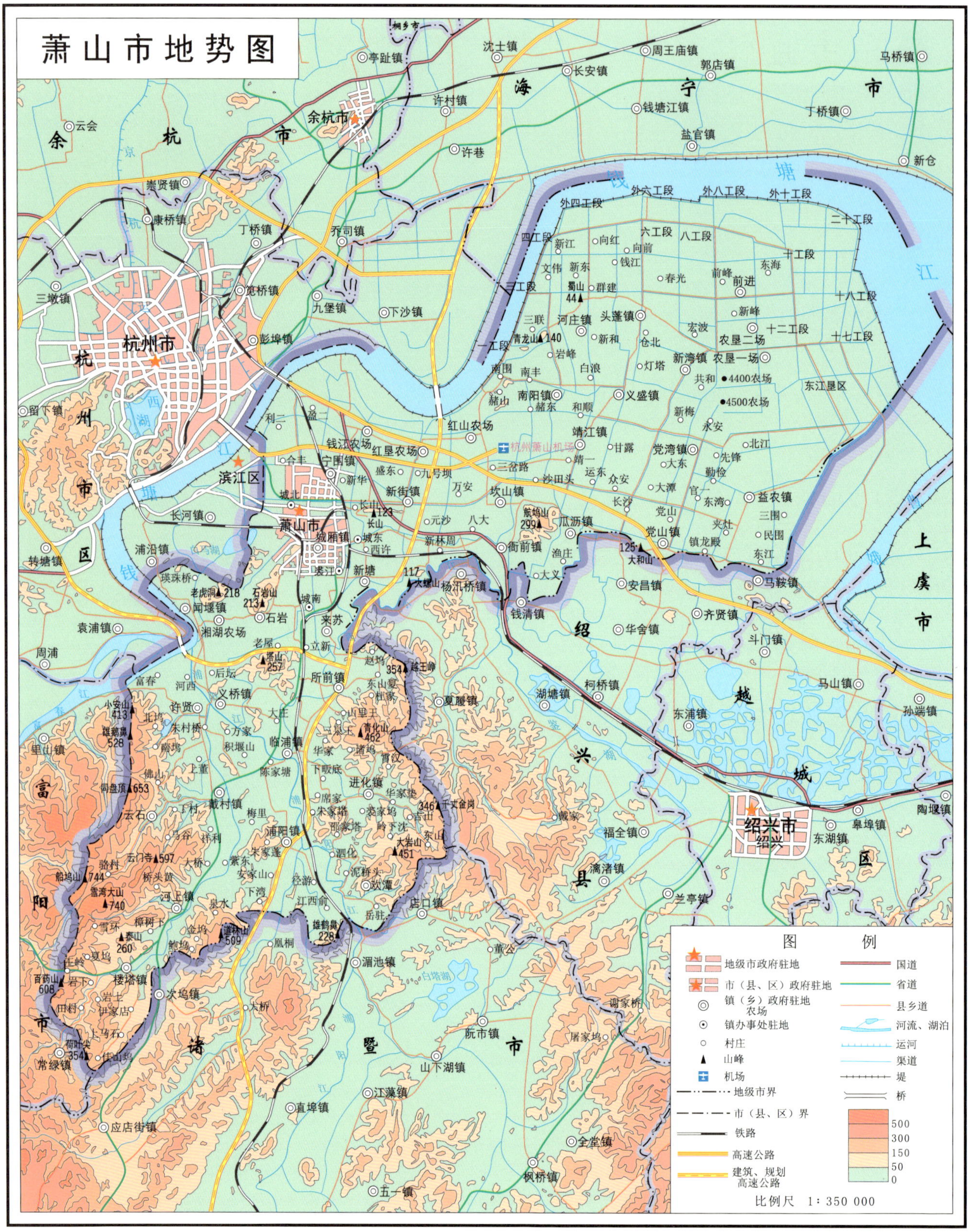

本图界线不作划界依据　基础地理底图资料由浙江省测绘局提供　资料截止于2000年12月　地图审核：浙S（2007）208号

本图界线不作划界依据　基础地理底图资料由浙江省测绘局提供　资料截止于1988年1月　地图审核：浙S（2007）208号

萧山市政区图

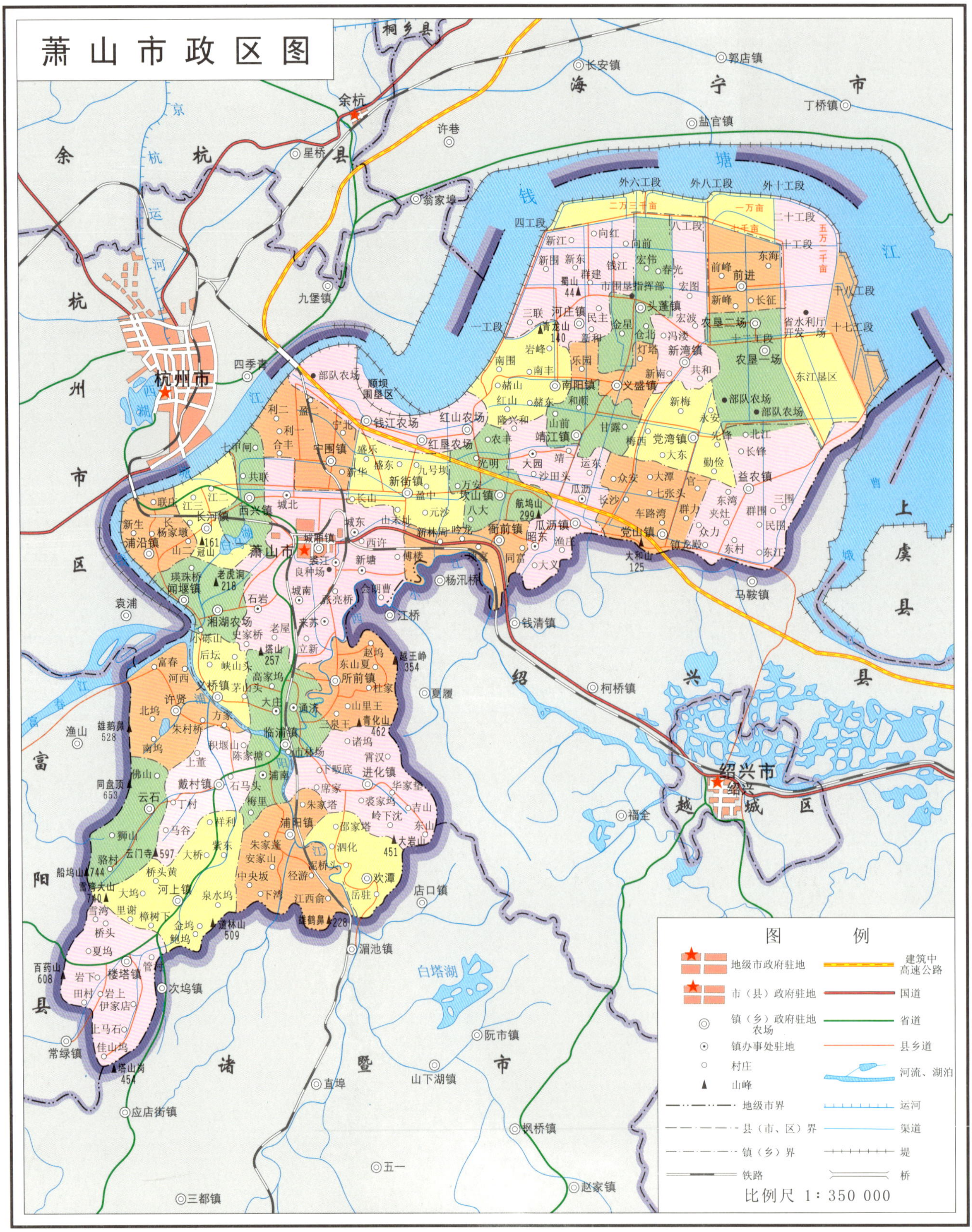

本图界线不作划界依据　基础地理底图资料由浙江省测绘局提供　资料截止于1992年6月　地图审核：浙S（2007）208号

萧山市政区图

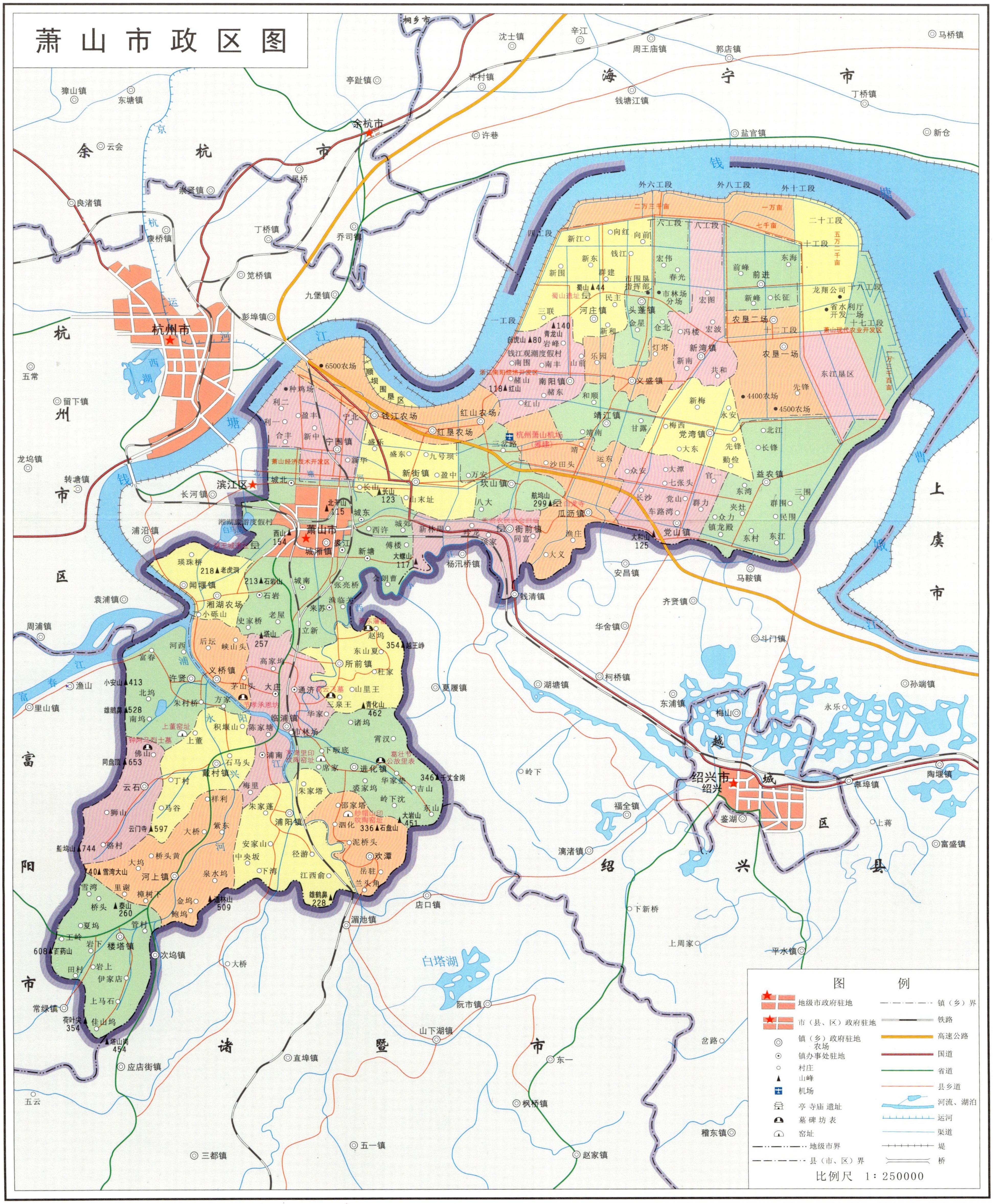

本图界线不作划界依据　基础地理底图资料由浙江省测绘局提供　资料截止于1996年6月　地图审核：浙S（2007）208号

萧山市政区图

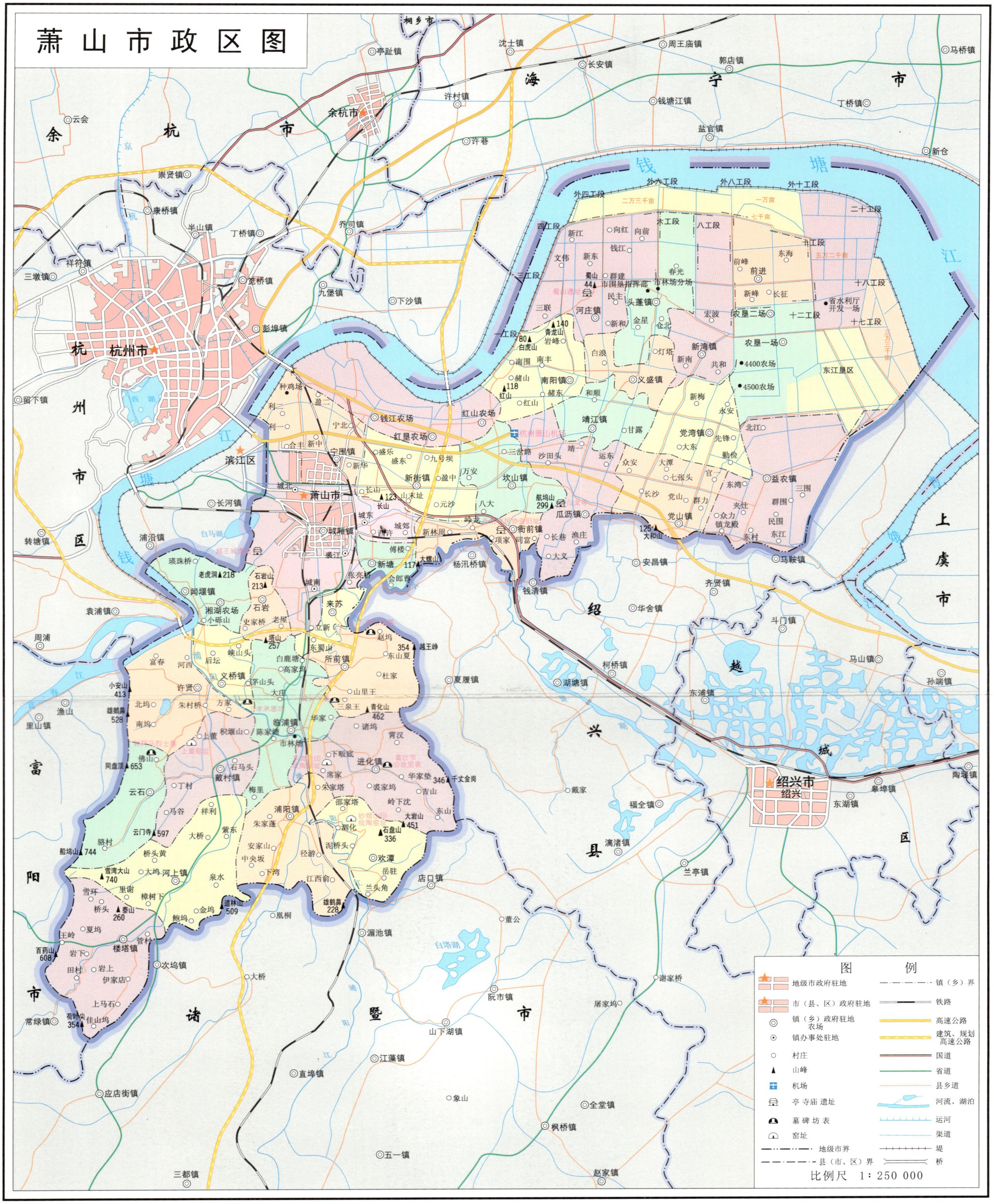

本图界线不作划界依据　基础地理底图资料由浙江省测绘局提供　资料截止于2000年12月　地图审核：浙S（2007）208号

萧山市交通图

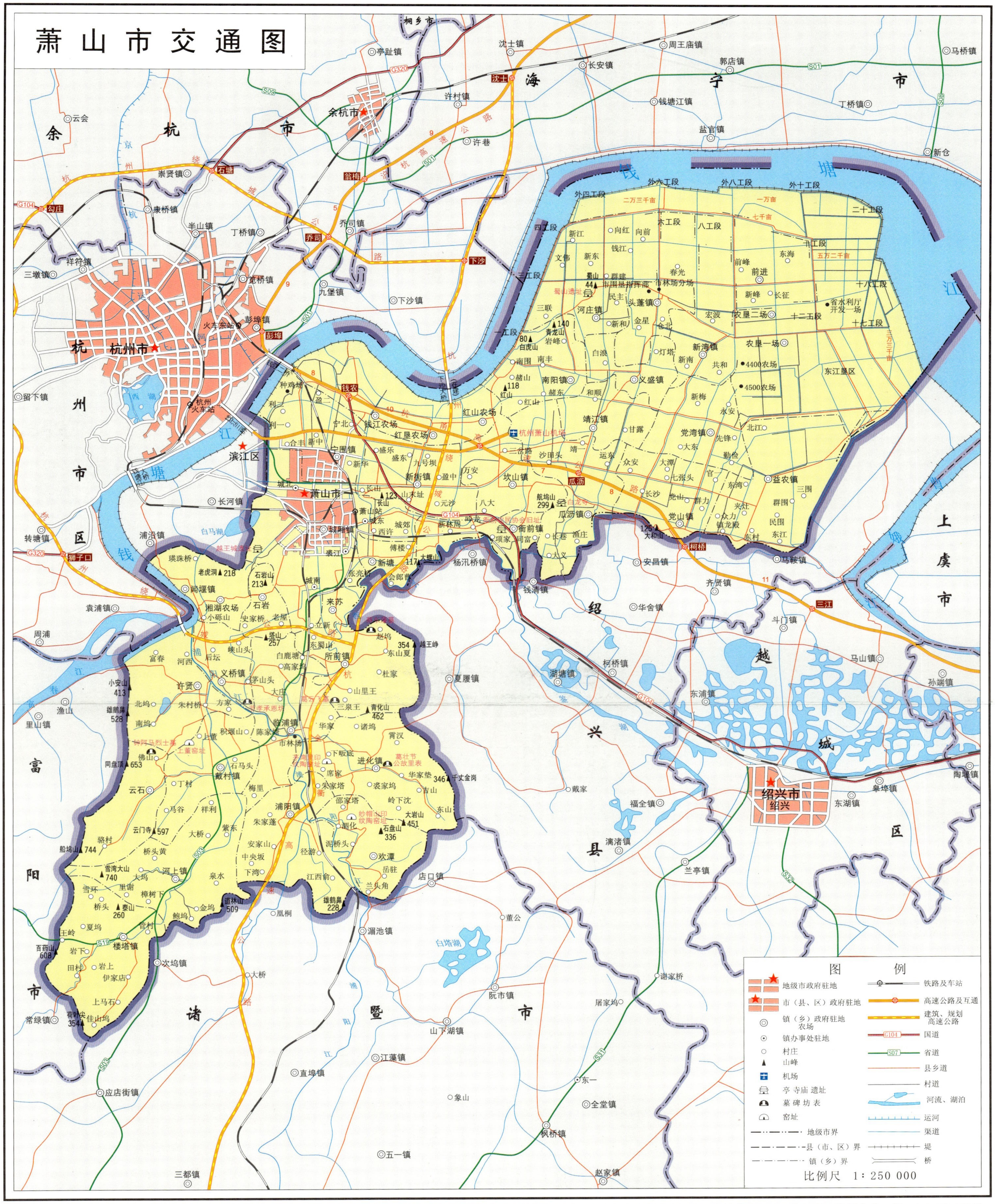

本图界线不作划界依据　基础地理底图资料由浙江省测绘局提供　资料截止于2000年12月　地图审核：浙S（2007）208号

萧山市城区图

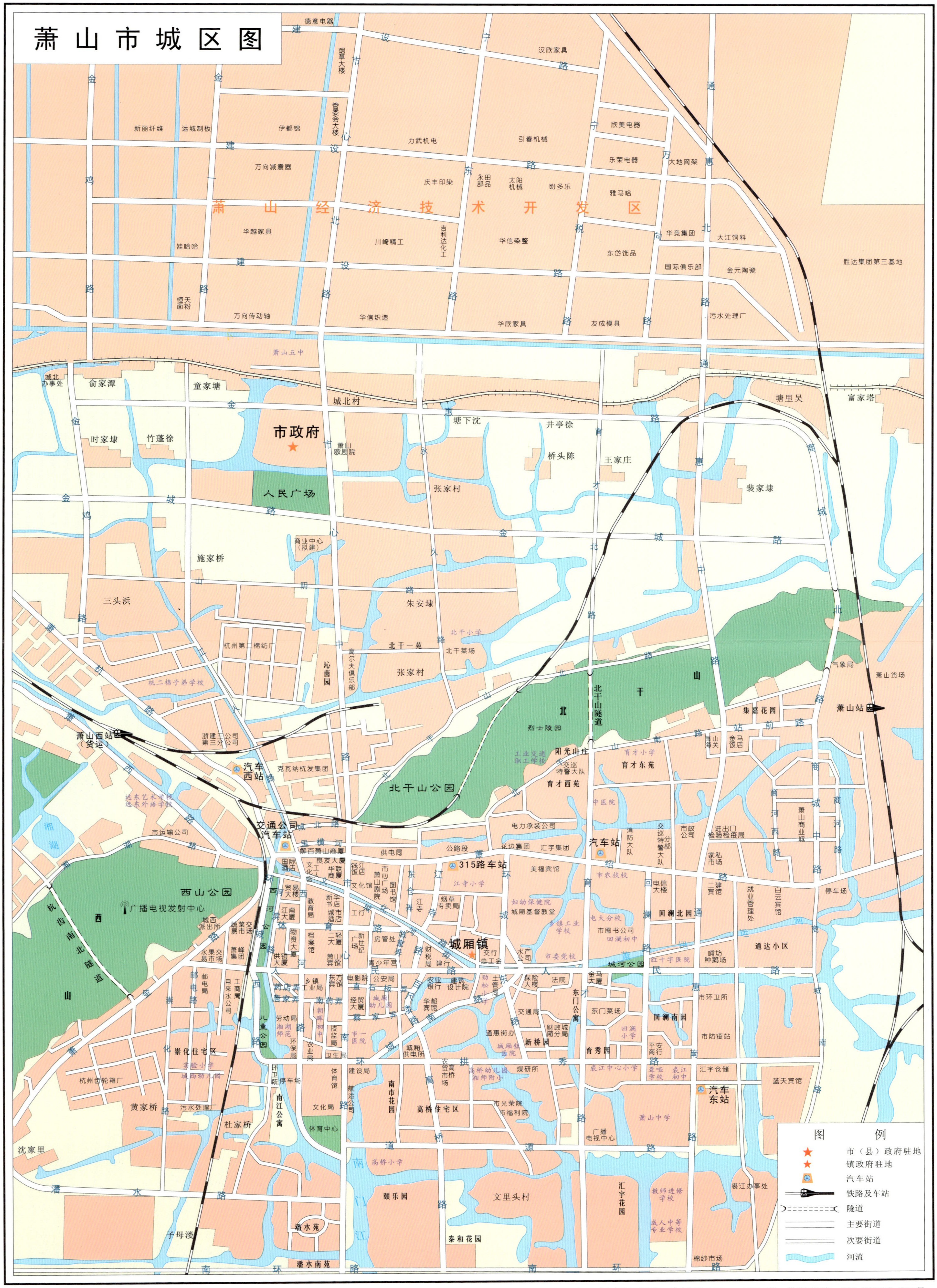

本图界线不作划界依据　基础地理底图资料由浙江省测绘局提供　资料截止于2000年12月　地图审核：浙S（2007）208号

萧山市水利图

本图界线不作划界依据　基础地理底图资料由浙江省测绘局提供　资料截止于2000年12月　地图审核：浙S（2007）208号

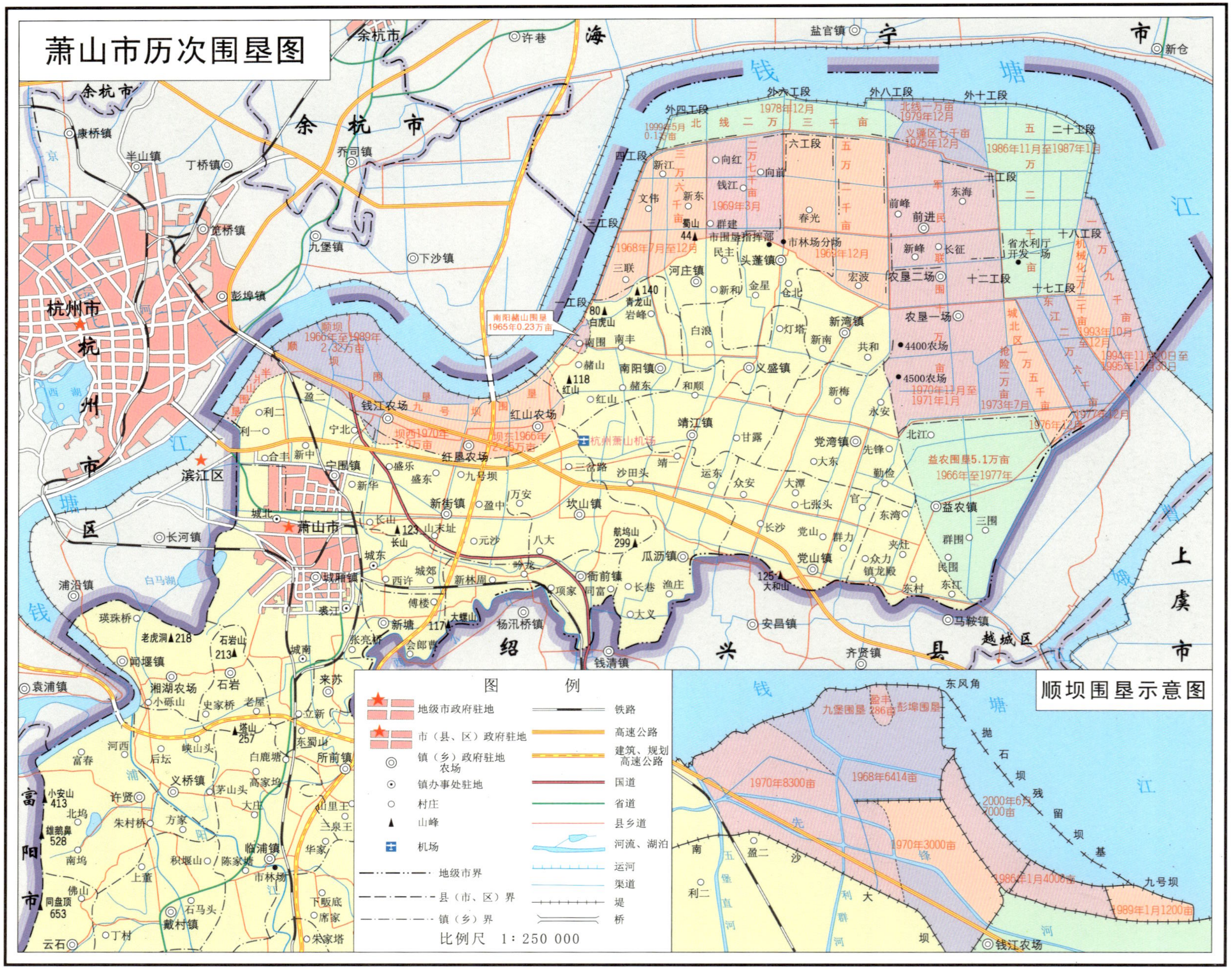

本图界线不作划界依据　基础地理底图资料由浙江省测绘局提供　资料截止于2000年12月　地图审核：浙S（2007）208号

1 纪念萧山解放50周年大型文艺晚会（1999年9月，周少伟摄）
2 楼塔细十番（2008年2月，盛仁昌摄）
3 河上板龙（2007年3月5日，柳田兴摄）
4 萧山籍著名莲花落演员翁仁康表演节目（1992年6月，章关法摄）

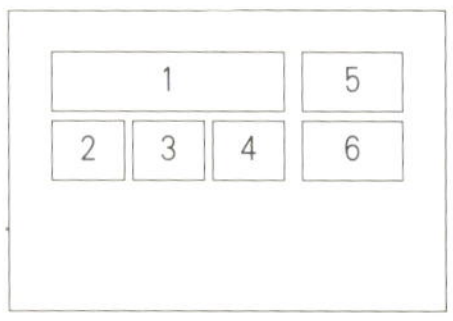

1 萧山市第十三届全民运动会（1998年8月，周少伟摄）
2 '99中国国际女子排球赛（1999年6月，董光中摄）
3 楼塔乡村篮球赛（2003年7月，周少伟摄）
4 萧山体育馆（1995年6月，蒋剑飞摄）
5 萧山电影院（1994年7月，蒋剑飞摄）
6 萧山剧院（2004年9月22日，柳田兴摄）

急诊
120

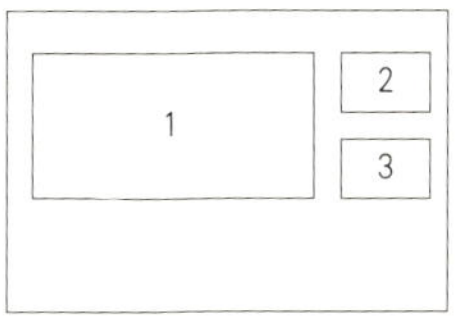

1 萧山行政中心（2008年6月14日，柳田兴摄）
2 萧山第三自来水厂（2003年8月，丁力摄）
3 萧山城市污水处理厂（1997年，傅展学摄）

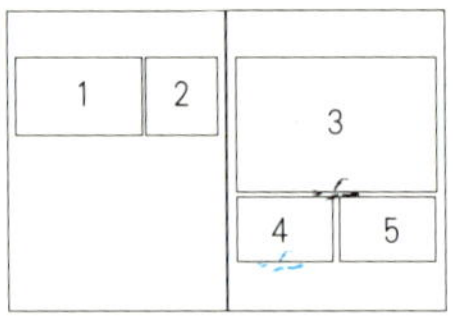

1 萧山广播电视中心（2005年7月，周少伟摄）
2 萧山日报社（2008年6月3日，韩利明摄）
3 萧山中学（2006年9月，吴云飞摄）
4 萧山第一人民医院（1999年5月，董光中摄）
5 萧山中医院（2008年6月13日，韩利明摄）

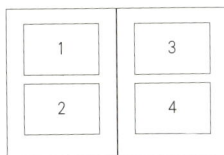

1 2000年3月30日，中共中央政治局常委、全国人大常委会委员长李鹏（前左二）到萧视察万向集团（吕耀明摄）

2 中共中央总书记江泽民先后于1991年10月25日、1995年5月15日、2000年5月11日3次视察萧山。图为2000年5月11日江泽民（前左二）在杭州大地网架制造有限公司视察（傅宇飞摄）

3 2000年9月17日，中共中央政治局常委、国务院副总理吴邦国（前左三）到萧视察浙江传化化学集团（丁力摄）

4 2000年12月12日，中共中央政治局常委、国务院总理朱镕基（前左三）到萧视察宁围中心信用社（吕耀明摄）

1	3
2	4

1 1993年11月23日，中共中央政治局常委、书记处书记胡锦涛（左二）视察萧山红山农场时在职工家中做客（吕耀明摄）

2 1995年6月2日，中共中央政治局常委、全国人大常委会委员长乔石（前左三）视察萧山红山农场（吕耀明摄）

3 1995年11月29日，前中华人民共和国主席、中央军委第一副主席、中共中央政治局委员杨尚昆（前左三）在瓜沥镇航民村调研（陈国龙摄）

4 2000年2月23日，中共中央政治局常委、全国政协主席李瑞环（前右一）到萧视察万向集团（吕耀明摄）

大地

1 1985年2月24日，中共中央政治局委员、全国人大常委会委员长彭真（前左二）视察萧山红山农场（吕耀明摄）

2 1992年1月25日，中共中央政治局委员、全国人大常委会委员长万里（前左四）到萧视察瓜沥镇航民村（朱玉龙摄）

| 1 | 3 |
| 2 | 4 |

1 1988年3月19日，柬埔寨国家元首诺罗敦·西哈努克亲王（前右）访问萧山红山农场（新华社记者摄）
2 1993年11月27日，新加坡内阁资政李光耀（前右）访问萧山红山农场（吕耀明摄）
3 1994年9月23日，斐济总理西蒂韦尼·兰布卡（左五）访问萧山红山农场时在职工家中做客（吕耀明摄）
4 1996年9月6日，赤道几内亚总统特奥多罗·奥比昂·恩圭马·姆巴索戈（前右）访问萧山经济技术开发区。图为萧山市市长林振国在金马饭店会见总统一行（傅宇飞摄）

南江公园
金猴

1 人民广场（2000年，武正立摄）
2 南江公园夜景（2004年2月3日，周少伟摄）

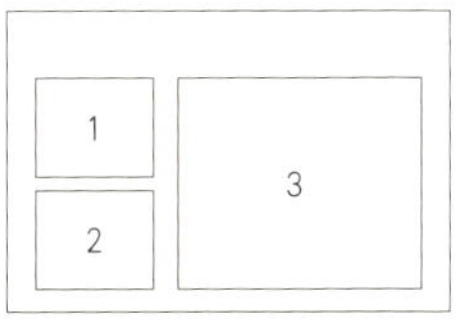

1 北山通览夜景（萧山区建设局提供）
2 城雕（2001年10月28日，柳田兴摄）
3 市心中路与金城路十字路口（2008年6月14日，柳田兴摄）

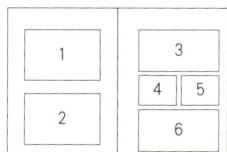

1 老城居民住宅区一角（2008年7月8日，柳田兴摄）
2 新区居民住宅区一角（2008年9月，盛仁昌摄）
3 行政中心升旗仪式（2004年10月，丁力摄）
4 喜迎香港回归祖国游行（1997年7月1日，董光中摄）
5 喜迎澳门回归祖国世纪婚典（1999年12月20日，董光中摄）
6 企业退休人员巡游展示（1999年9月23日，柳田兴摄）

1 | 湘湖雪景（2008年1月29日，吴云飞摄）

1

1 | 杭州萧山国际机场夜景（2007年3月，丁力摄）

序 一

国有史，邑有志。

萧山富有悠久的修志历史和传统。明永乐十六年（1418），“诏纂修天下郡县志书……命礼部遣官遍诣郡县，博采事迹及旧志书”。时任萧山知县的张崇把县志的编修视作地方官之主责，列入全县行政要务中，编成的永乐《萧山县志》是已知最早的《萧山县志》，迄今已有6个世纪。在历尽沧桑的历史长河中，先贤们明代八修县志，清代四修县志，民国两修县志，保存了大量珍贵、可靠的历史资料，使我们没有忘记回家的路。

依法修志，政府之责。中华人民共和国成立后，萧山地方志事业方兴未艾，硕果累累。萧山历届党委、政府高度重视修志工作。1987年出版的《萧山县志》获得了全国新编地方志优秀成果一等奖。社会主义时期第二轮修志，萧山被确定为全国二轮修志试点单位。

《萧山市志》编纂工作是一项系统、宏大、艰巨的文化工程，历时10年，终成千万字的皇皇巨著。其间，所遇之困难无以估量，所负之劳苦无以言表。《萧山市志》全体编纂人员以对历史和对人民高度负责的精神，恪守“板凳宁坐十年冷，文章不写一句空”的严谨学风，精雕细刻，默默奉献，孜孜以求，我们才有萧山第一部市志的成功出版！《萧山市志》的编纂是萧山文化史上的一次“长征”，是萧山历史上规模最大的文化工程！

治天下者以史为鉴，治郡国者以志为鉴。《萧山市志》不仅记古代萧山的历史，也记当代萧山的历史；不仅记改革开放以来萧山取得的巨大成绩，也记存在的社会问题；不仅记经济发展，也记文化社会领域的繁荣。一个人只有了解自己家乡的历史和现状，才会更加热爱家乡。如果想更好地认识和了解我们工作和生活的萧山，最好的选择是翻开这本《萧山市志》。她是制定政策的决策参考，是了解萧山的百科全书，是区情教育的乡土教材，是对外宣传萧山的文化名片！愿《萧山市志》在无尽的历史长河中发挥资政、存史、育人的作用。让我们继续发扬萧山人“奔竞不息，勇立潮头”的精神，为建设萧山新型城市化做出更大的贡献！

是为序。

中共杭州市委常委 萧山区委书记 俞东来

杭州市萧山区人民政府区长 李瑞

2013年8月

序 二

社会主义时期首轮修志和二轮修志，我对萧山的修志工作有所接触，经常受到启迪，引起深思。回首往事，思之再三，感到最为可贵的是将萧山人这种开拓创新、勇立潮头的气质，深入具体地载入史册，并淋漓尽致地贯穿在整个修志事业之中。

20世纪80年代之初，解放思想、实事求是的思想路线在浙江志界贯彻时，首先在萧山突破。在萧山开讲了浙江修志的第一课。当时修志工作不仅理论准备不足，不少人甚至不知志为何物。于是有关组织适时公布省、市、县三级志书的体例和篇目，这无疑是十分必要的。萧山志人在认真学习、贯彻之后，又石破天惊地发问："如果全国2000多个县修出的县志一个样，是失败还是成功？"当县志字数框定在50万字之内时，萧山志人又用调侃方式提出："萧山有90余万人，一个人一个字也要90余万字！"当全国县志篇目在参照执行时，萧山又从实际出发，将增加全县土地面积1/4的围垦升格为编。萧山志人这种解放思想、实事求是的精神，引人注目，影响广泛，当时全国有20余个省市的修志同行前往取经，受到好评。

二轮修志，萧山志人不沾沾自喜于已取得的成果，不因循守旧继续走老路，而是继承传统，不断创新，继续解放思想，坚持实事求是。鉴于以往志书记述平面化，缺乏深度，根据萧山地情和志书需要，设置大量课题，广泛招标，吸收专家参与，使记述的内容全面、系统、深入。鉴于方志为资料性文献，修志工作在收集大量现有的资料的同时，开辟田野调查，获取第一手资料，使志书的不少内容，见人所未见，发人所未发，具有一定的原创性。在志书的设计上，突出地方特色和时代特点，不落常规，不拘一格。如首列"跨湖桥文化"给人以悠远、深厚的印象；"三农"设编，力排"三农"不能单独设编的说法，完整记述，妥善编排，协调全书，作了可贵的尝试。全书难能可贵地做到面、线、点结合，其中不少"附录"起到深化内容、引人入胜之效。

《萧山市志》的体例，启用为不少志书所忽略的"注释"。这些"注"内容多样，设计醒目，说缘由、明出处、记争议、作点评等，给人以言之有据、耳目一新之感，一改当今所谓"一般不注明出处"之志弊，使志书比较符合一定的学术规范。

《萧山市志》内容丰厚，采用分卷出版的方法，前例虽有，却为人忌。此法有利有弊，由于当今不少大型多卷志书出版后遗憾不少，难以弥补，采用先出一卷，投石问路，广泛听取意见，不失为一种审慎可行之法，值得一试。

改革带来风险，创新不易完善，《萧山市志》问世，肯定会引起多方关注和议论。议论是一件好事，有助于志书的优化和方志事业的发展。经过多年辛劳，修成一部佳志，留给当今和后世许多有用的东西是重要的。但对连绵不断、与时俱进的方志事业来说，这种继承传统、解放思想、勇立潮头的修志精神，恐怕更是至关重要的。

魏桥

2008年11月于杭州

序 三

《萧山市志》是继1987年版《萧山县志》之后第二轮修志中的市区志。这部志书是全体修志人员历经多年辛劳，广搜资料，精心编撰的呕心沥血之作。在修志过程中，我曾多次与修志人员接触，了解一些修志情况。近又获读《萧山市志》第一卷试印本，深感此志非一般著述，是具有科学性、真实性，且资料丰富、内容充实的创意之作。我为家乡能成此佳志而备感自豪。

此志在体制上不墨守成规而随着时代前进，新建若干篇目，用以反映现实。各编设置颇有新意，如第一编《跨湖桥文化》，追寻远古文化，且有实物可证，不仅为萧山历史上推8000年，亦为中华文化增加辉煌。有不少编章皆能与时俱进，反映新事物。如第四编《环境保护》，历数环境质量、污染源、监测、污染治理、管理及生态保护等内容，为前此诸志所未载，具有时代创意。第六编《人口》单立第四章《素质》，讲述精神文明，颇具新意，体现了两手抓的要求。第七编《居民生活》详细记录人民的各种消费，符合以人为本的基本国策。所调查各类资料极为详尽，将成为重要史源。第十一编《农村　农民　农业》具体剖析了国家“三农”政策的落实情况，提供了解决“三农”问题的例证。又如第三编专立《钱江潮》一章以体现地方特色；第九编首立《航空》一章以体现航路在萧山交通中的重要地位。类此均取得新人耳目的效果。

本志最引我注意的是改脚注为边注，在形式上为他志所未用而颇便读者，随读正文，随参阅注释，不仅在版式上益增美感，在内容上尤令人重视，因所有边注并不是仅限于注解和出处。这些边注首先体现全志的科学性，如注考异、存疑、互见、文献根据等皆足以为证。同时，注文谨严，对术语界定很准确，且完备易懂。

第二轮修志与首轮修志的最大差异，就是第二轮修志注重科学发展观，重视调查研究。全志处处可见调查报告，如《1987～2003年萧山农田害鼠种群动态调查》不仅是具有说服力的附录，甚而还是一篇可备有关部门采取措施的科学依据。第三篇第一章《地质　矿藏》对岩石、构造及主要山岭等，均非沿袭陈旧，而是经过调查后所得。又第七章《动植物》所列中文拉丁文对照的名目表，都据动植物志，科学性甚强。其他例证多处可见。

附录多为补正文之不足，或为降格记述，含有贬意，而本志各附录均为经调查研究、综合分析、统计所得的资料汇辑。如第七编第二章第二节所附《萧山城厢镇某居民家庭的日常消费》，分年排日，具体记述，不仅可见居民生活状况，亦对物价的具体变化有参考价值。第十一编第六章《农民》所附《北干街道兴议村外来务工人员情况调查》，是2006年调查所得，对外来工的基本情况、居住情况、产生的作用、带来的负面影响以及消除负面影响的对策等，记述详尽，分析深入，是一篇实事求是的调查报告，不仅有事实可据，还有对策措施，可供施政者参考。以外来工入志，不单是记述上的首创，特别体现出对外来务工人员的重视。

读志既竟，常务副主编沈君迪云来邀作序。我籍隶萧山，又长期参与其事，义不容辞。乃就所得，略缀数语，以作弁首。所言有欠当之处，尚希编者见谅，是为之序。

来新夏

2009年10月12日写于南开大学邃谷

凡 例

一、本志以马克思列宁主义、毛泽东思想、邓小平理论、“三个代表”重要思想和科学发展观为指导，全面、客观、系统地记述本行政区域自然、经济、政治、文化和社会的历史与现状。旨在存史、育人、资政。

二、断限为1985年1月1日至2001年3月25日，上接1987年版《萧山县志》下限，下至萧山撤市设区日。为保持某些事件的连续性和衔接前志、方便读者查阅有关资料，适当上溯下延，部分分志贯通古今。

三、记述范围为萧山2001年3月撤市设区前的行政区域。西兴、长河、浦沿3镇在1996年5月划归杭州市西湖区（后单独设立滨江区）前仍列入记述范围。

四、采用述、记、志、传、图、表、录、注、索引等体裁，以志为主。注重社会调查、口述历史，注重第一手资料，使用规范的现代语体文记述。

五、第一、二、三册采用章节体，横排门类，纵叙史实，共45编。社会课题调查、口述历史、索引单独成册。全志共6册（《口述历史》专册另行出版）。

六、人物记述采用传略、简介、录和“以事系人”等形式，收录有重大影响、有突出贡献、有代表性的已故与在世的萧山籍（含原籍）人士和在萧山工作过的客籍人士。生不立传，立传人物以卒年为序排列。

七、资料来源于档案、书刊、实地调查、口述历史、部门报送的志稿等，均经核实准确后载入。引用资料注明出处。

八、历史数据主要采自文献。中华人民共和国成立后主要依据统计部门数据，统计部门未及部分和一些专业性数据采用有关部门资料。数据运用注重统一性、可比性。1996年后（含1996年）全市数据不包括西兴、长河、浦沿3镇。

编纂说明

一、本志继承和发扬修志优秀传统，注重志书内容和形式的创新。

二、为广泛征求意见，本志曾刊印试印本（其中第一册公开出版）。所有内容以正式出版的为准。

三、设首编《跨湖桥文化》，突出反映萧山境内距今8000～7000年前的新石器文化。因该文化的重要考古发掘和研究工作在下限之外，为了记述的完整性，突破上下时限。

四、设《农村　农民　农业》编，突出“三农”问题，反映社会现实。

五、记述萧山改革开放采用集中与分散相结合的办法，部分编设章专记体制改革，其他编分散记述。

六、使用社会调查的方法，广泛开展社会调查。调查成果编成《社会课题调查》专册。

七、注重口述历史的方法，对文献资料起补充、印证和鉴别作用。口述历史成果编成《口述历史》专册（另行出版）。

八、注重运用注释体裁。为方便读者用志，在衔接1987年版《萧山县志》、记载《萧山市志》下限外内容、链接志稿相关历史背景和珍贵资料、注明资料出处、解释名词、说明互见内容等方面广泛使用注释。注释当页编码。

九、注重图片资料的存史价值。入志图片一般注明人、事、地及拍摄时间，并署拍摄者或照片提供单位名。

十、除卷首彩页部分外，图（含照片）、表序号均采用三级编码，全志编通码，第一个数为编的序号（《总述》以“0”表示），第二个数为章的序号（《总述》以“0”表示），第三个数为该图（表）在全志中的序号，三个序号间以半字线连接，如“表1－1－2”。

十一、语言文字以中国社会科学院语言研究所词典编辑室编《现代汉语词典》（第6版）为准，对古代人名、地名、书名、篇名及古籍文句，容易引起误解的则保留繁体字或异体字。外国的地区、人物、党派等名称，以新华社的译名为准。

十二、除引用原文（含社会调查、口述历史）外，均以第三人称记述史实。机构等如需使用简称，在第一次使用全称时括注说明。所言“党”为中国共产党，“解放后”为1949年5月5日（含5月5日）萧山解放后。历次政治运动的称谓，按中共中央《关于若干历史问题的决议》和《关于建国以来党的若干历史问题的决议》的提法使用。除已注明的行政区划名称外，“省”、“市”、“县”分别指“浙江省”、“萧山市”、“萧山县”；“市内”、“全市（县）”均指“萧山市（县）”。中华民国称“民国”。

十三、凡清及以前的朝代，采用中国历史纪年，用汉字书写，括注公元纪年；1912年1月1日中华民国成立至1949年5月5日（不含5月5日）萧山解放采用民国纪年，用阿拉伯数字书写；同一纪年在同段文字中首次出现时括注公元纪年（《人物》编在各人物传略或简介中首次出现时括注公元纪年），其后省略；1949年5月5日起，以公元纪年，用阿拉伯数字书写。“××年代”专指“20世纪××年代”。

十四、地理名称、政权机构、社会团体、官员职务、礼俗称谓等均依当时当地典章制度和习惯称谓。古今地名不同者，括注今名；隶属地域变动者，注明今属。

十五、数字用法执行中华人民共和国国家标准《出版物上数字用法》（GB/T15835—2011）。

十六、所记社会总产值、国内生产总值、工农业总产值等数据不包括在萧山的中央、省、杭州市属企业。

十七、海拔高度采用1985年黄海高程系。

十八、计量单位执行中华人民共和国国家标准《量和单位》（GB3100～3102—93）。为尊重历史原貌，个别情况沿用市制单位，如涉及土地指标（如土地面积、耕地面积）、农业经济指标（如种植面积、亩产）等仍采用习惯使用的计量单位“亩”。在记述自然环境、交通、城市建设、经济等内容时有“亩”与“平方米”并用的情况，用“亩”时括注折合平方米数（1亩=666.67平方米）。

十九、标点符号执行中华人民共和国国家标准《标点符号用法》（GB/T15834—2011）。

萧山市志

总 目

|萧山市志|第一册

目 录

第二编 政 区

第三编 自然环境

第七编　居民生活

第八编　水　利

第九编　交　通

第十编　城市建设

第十一编　农村　农民　农业

第十二编 垦区开发

总 述

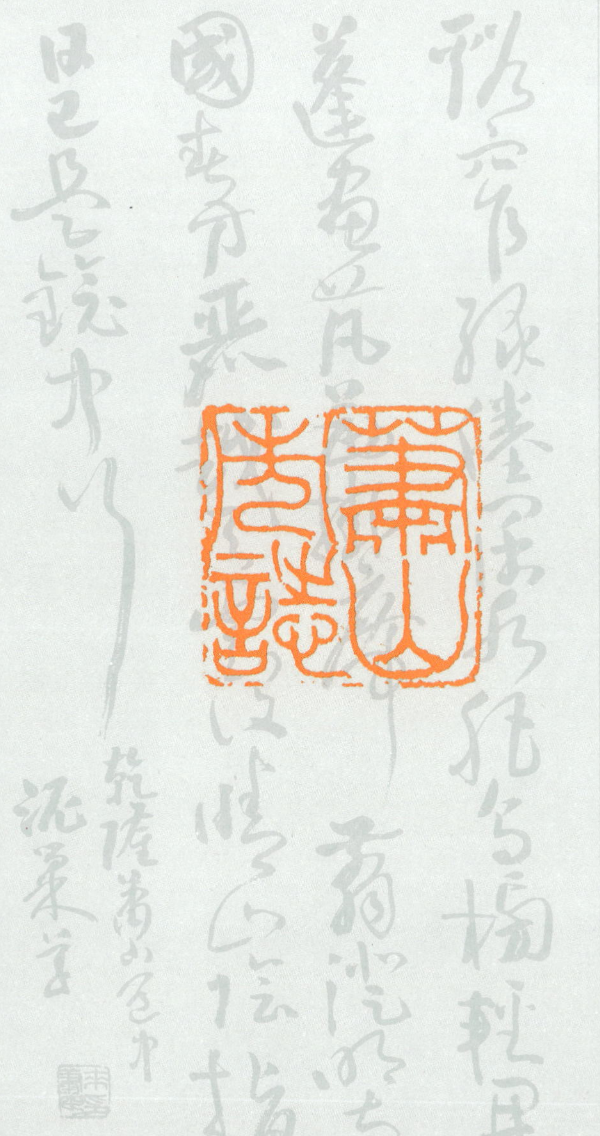

萧山道中

清·乾隆帝（爱新觉罗·弘历）

溪窗绿塍阔，水肥乌榜轻。

开蓬西芃茜，挂席翦澄明。

南国春方丽，越天云复晴。

山阴指明日，已是镜中行。

寻苍茫大地，萧山何在？问悠长历史，萧山何来？

沉睡8000年的独木舟，闪耀着新石器时期的文明曙光，让跨湖桥文化声震中外，万众仰止；潮声如歌的钱塘江，引领着川流不息的浦阳江，让鱼米之乡处处滋润，满目青翠；一潭晶莹剔透的湘湖碧水，装点着山清水秀的沃野膏壤，让风光无限绮丽，绘就一幅唯美的画卷；春秋战国吴越争霸的古城遗址，诉说着卧薪尝胆、终成霸业的壮丽情怀，让励志图强的千秋万代激情飞扬；广袤诱人的围垦大地，铭刻着荒滩变粮仓的艰苦历程，让“人类造地史上的奇迹”的美丽神话经久传扬；一个现代化的国际航空港，鲲鹏展翅，架起五湖四海的友谊桥梁，让萧山腾飞的金色梦想如花绽放；喜奔竞、善商贾、敢为人先的萧山儿女们，铸造着令人瞩目的无尽辉煌，让钱塘江南岸久久回荡的时代交响乐响彻云霄。

萧山位于全球第六大都市圈——长江三角洲都市圈[①]，临江近海，交通便捷。地处浙江省北部，钱塘江南岸，濒临杭州湾；东连绍兴县，南邻诸暨市，西接富阳市，西北界杭州市滨江区，是浙江省南北要冲，杭州市的南大门。在这里，气贯长虹的钱塘江各大桥横跨南北，天堑变通途。杭州萧山机场坐落境内，让萧山与世界联通。浙赣铁路、杭甬铁路穿境而过，沪杭甬高速公路、杭金衢高速公路纵横交错。钱塘江水系、浙东运河水系在境内汇流，各种航运通江达海。距上海港仅180千米，距宁波港仅150千米。独特、完备的区位优势，使萧山成为陆海空、立体式、多功能的重要交通枢纽，不失为天堂里的宝地、投资者的乐园。

这里自然环境优美，是令人向往的地方[②]。区域面积1420.22平方千米。山丘、平原、湖泊、滩涂皆有，以平原为主，呈现出最高海拔744米和最低海拔10米的明显落差。钱塘江自西北至东北环绕萧山陆岸，与浦阳江、永兴河、西小江、萧绍运河贯通，使境内水网密布，水源充沛。地处北亚热带季风气候区南缘，冬夏长、春秋短，四季分明；光照充足，雨量充沛，温暖湿润，光、温、水的地域差异明显。年平均气温16.3℃，平均降雨量1437.9毫米，年平均无霜期246.9天，有利于动植物的生长繁衍。

环视萧山大地，无论是南部的低山丘陵，还是中部、北部的水网平原，自然植物和野生动物遍布，种植业、养殖业种类繁多，成为物产丰盛、名品众多的鱼米之乡。萧山萝卜干、萧山霉干菜、萧山“三黄鸡”、杜家杨梅、诸坞青梅、湘湖莼菜、浙江龙井等名特优农产品，河蟹、鳖、虾类、鳜鱼、乌鳢、蚌珠等名特优水产品，以及花卉苗木等，如一张张金色名片，飞向四面八方。

大自然对萧山的慷慨赐予，让她分外妖娆。历代文人墨客在这里览胜抒怀、佳话迭出；萧山人对山山水水的精心雕琢，让这里的山川大地如盛装蹁跹，让千古景物在这里流光溢彩、别具风情。正因如此，著名的“浙东唐诗之

①20世纪50年代，法国地理学家简·戈特曼(Jean Gottman)提出“都市圈”的概念，轰动一时。西方经济界和学术界按照有关标准，列出世界六大都市圈，以上海为中心的中国长江三角洲地区赫然在列。当历史的车轮碾压过半个世纪之后，现代化的国际大都市上海，已毫无愧色地成为中国的“经济之都”，江苏省以开放型经济傲视群雄，成为一翼；浙江省的私营经济更是兴盛不衰，成为另一翼。依仗强劲的发展态势和活力，长江三角洲都市圈跃然成型。得天时地利人和优势的萧山，不容置疑地被划入长江三角洲都市圈内，并处在上海、嘉兴、杭州、绍兴、宁波等城市带的主轴线上。

②2006年，萧山入围“中国最令人向往的地方”城市十强。此次活动由中国旅游电视协会、中国国际经济电视台、世界旅游China报主办，共有783个旅游城市和景区参加评选。评委组认为，萧山具备了令人向往的三个条件：一是经济实力雄厚。这既是吸引游客的条件，也是旅游业蓬勃发展的强大后盾。二是旅游业发展势头强劲，旅游整体服务能力优秀。湘湖的秀美、2006杭州世界休闲博览会的成功举办、众多星级宾馆饭店和完备的会展设施等给评委组留下了深刻的印象。三是文化底蕴深厚，见证8000年人世变迁的独木舟引人遐想。（资料来源：2006年7月21日《萧山日报》第1版：《“2006中国最令人向往的地方”产生　萧山晋级城市10强》）

路”始于萧山，踏歌而来的唐代诗人就有李白、杜甫、贺知章、王维、王勃、孟浩然、白居易、元稹、宋之问、常建、刘禹锡、罗隐、皇甫冉、钱起等数十名。在诗人笔下，气势磅礴的天下奇观钱江潮，以“怒声汹汹势悠悠，罗刹江边地欲浮”①、“浙江八月何如此，涛似连山喷雪来”②而撼人心魄；湘湖以“云横时坠雨，水阔半浮烟。”③、“湘湖莼叶大于钱，千顷鸥波可放船”④而充满诗情画意；萧山“冬花采卢橘，夏果摘杨梅”⑤、“碧水月自阔，安流净而平”⑥……萧山八景、湘湖八景，一景有一景的神韵，一景有一景的风情。当萧山掀开旅游崭新一页的时候，湘湖旅游度假区、钱江观潮度假村、杭州东方文化园、杭州乐园、杭州山里人家、杭州生态园、云石生态旅游景区等休闲胜地吸引大批中外游客，中国国际（萧山）钱江观潮节、萧山杜家杨梅节等旅游节年年出新，围垦观光、生态农业观光丰富了萧山的旅游内涵，萧山旅游厚积薄发，呈现一派方兴未艾、蓬蓬勃勃的态势。

早在8000年前，萧山地区已有人类居住和从事生产劳动。境内的跨湖桥文化，是继河姆渡文化、马家浜文化和良渚文化之后，浙江省境内发现的又一个新石器时代文化，比河姆渡文化还早1000年。跨湖桥文化遗址中出土的独木舟，是当时发现的国内最早的独木舟，是萧山历史起点的真正发言人。当跨湖桥遗址被确证为20世纪末浙江省发现最早的新石器时代遗址，并被列为2001年全国十大考古新发现、第六批全国重点文物保护单位的时候，世人不得不进一步认识和审视萧山，将她的历史起点推向那遥远的新石器时代早期。

解读萧山厚重的历史，让人仿佛进入深不可测的时空隧道，可以触摸到的历史古迹层出不穷。遍布于浦阳江流域的新石器中晚期遗址，与跨湖桥文化交相辉映。河庄镇的蜀山遗址，是新石器时期良渚文化遗址。进化镇的茅湾里窑址，是春秋战国时期原始瓷与印纹硬陶窑址，为古越国重要的制陶基地，它以无可争议的事实说明：萧山有着数千年的制陶史，是中国陶瓷业的发源地之一。而越王城遗址，则是春秋战国时期吴越战争留下的古迹。苎萝山、浣纱溪、西施里、西施庙、苎萝亭、范蠡庵、浴美施闸等西施古迹群，则充分印证了萧山是越国西施的故里。

萧山建县前的历史面纱被层层揭开，萧山在建县后的隶属几经变更，称谓数易其名。在秦始皇二十六年（前221），萧山属会稽郡。西汉时置县，名余（馀）暨。三国吴黄武年间（222～229）改名永兴。唐天宝元年（742）始称萧山县。1949年5月萧山解放，为省直属县，6月底，划归绍兴专区。1952年，复为省直属县。1957年隶属宁波专区。1959年1月改属杭州市。1987年11月27日，国务院批复，同意撤销萧山县，设立萧山市（县级）。1988年1月1日，改称萧山市。2001年2月2日，国务院批复，同意撤销县级萧山市，设立杭州市萧山区。同年3月25日起，改称杭州市萧山区。

萧山为省城门户，地处要冲险隘，历来为兵家必争之地。历代政治家、军事家足迹所至，他们的龙争虎斗，为后人留下了无数的浓重之笔。春秋周敬王二十六年（前494），吴王夫差欲报父仇，伐越。句践先发兵伐吴，吴

①（唐）罗隐《钱塘江潮》。见《全唐诗》，卷六百五十八，上海古籍出版社，1986年10月，第7556页。

②（唐）李白《横江词六首》之一。见《全唐诗》，卷一百六十六，上海古籍出版社，1986年10月，第1720页。

③（清）毛万龄《湘湖云影》。见清乾隆《萧山县志》，卷三十四，《明清萧山县志》，上海远东出版社，2012年6月，第988页。

④（元）韬涣《湘湖》。见周易藻编著：《萧山湘湖志》，卷七，民国16年（1927）周氏铅印本。

⑤（唐）宋之问《登越王台》。见《全唐诗》，卷五十三，上海古籍出版社，1986年10月，第651页。

⑥（唐）常建《渔浦》。见《全唐诗》，卷一百四十四，上海古籍出版社，1986年10月，第1460页。

王夫差败越于夫椒（今吴县椒山）。越王句践率甲盾之士5000人退守会稽山，吴王追而围之。句践被俘，囚于石室。卧薪尝胆，立誓复国。公元前473年灭吴，后称霸中原。东汉建安二年（197），孙策引军渡浙江，会稽太守王朗发兵拒之固陵。唐乾符五年（878）九月，黄巢起义军攻克萧山。中和初（881～882），浙东观察使刘汉宏遣兵2万屯西陵，与唐镇将董昌隔江抗衡。乾宁三年（896），董昌据越州称帝。杭州刺史钱镠讨昌，渡钱塘江，破萧山。北宋宣和三年（1121），方腊起义军渡钱塘江攻萧山。元至正十九年（1359）四月，朱元璋部将张彪自诸暨攻入萧山，张士信发兵反攻，张彪部弃城撤走，县城被焚掠。清咸丰十一年（1861）九月二十三日，太平军将领陆顺德攻克萧山，改县名莔珊，设王府。同治二年（1863）二月初二，清军与英法侵略军合攻击败驻萧太平军，县名复称萧山。20世纪20年代，衙前农民协会成立，该协会和其发表的章程分别成为中国共产党领导下的第一个农民革命组织和革命斗争纲领，永载于中国革命的史册。民国16年（1927）3月，中共萧山地方党部成立，从此巩固和发展党的组织有了坚实的基础。抗日战争初期杭城沦陷，中国军队驻萧山，凭一江之隔，阻击日本侵略军达两年之久。1949年5月5日，萧山解放。从此，萧山人民在中国共产党的领导下，翻开了社会主义革命和社会主义建设的崭新篇章。

据史料记载，萧山历史上有宰相级人物4名，状元1名，进士300多名。

悠久的历史，孕育了无数流芳百世的萧山籍名人贤达：西晋“木人石心”之夏统不为权贵声色所诱惑，流芳百世；唐代诗人贺知章“少小离家老大回，乡音无改鬓毛衰”的名句，千古流传；明代医学家楼英所著《医学纲目》及其医术医德，有口皆碑；清代经学家、文学家毛奇龄，治经史，通音韵，工诗文，含存目者有60多部著作入录《四库全书》，为个人著作入录之最；著名绍兴师爷汪辉祖所著幕学、吏道诸书影响广泛，成为幕友与循吏的典范；任熊、任薰、任伯年“海上画派”“三任”，以独特的绘画艺术在画坛上独占鳌头；清朝名臣朱珪、汤金钊、朱凤标文韬武略，功垂青史；抗英民族英雄葛云飞血洒疆场，成为第一次鸦片战争定海保卫战的先驱；著名历史学家、演义作家蔡东藩的通俗历史巨著，记述了此前2000多年间中国发生的重大历史事件和重要历史人物，堪称历史演义之最；作为早期中共党员的沈定一，于民国10年（1921）与李成虎等人成立衙前农民协会，开中国共产党领导下的农民运动之先河。女革命家杨之华，踊跃参加妇女运动、工人运动，先后当选为中共第五届中央委员、全国妇女联合会副主席。这些广为弘扬的萧山历史人文精神，激励着萧山人励精图治，自强不息，勇于继承历史、开创历史。

秉承悠悠的历史文脉，搏击滔滔的钱塘潮水，在历经了封建王朝的更替和民国时期的动荡之后，特别是改革开放之后，萧山的经济社会快速发展，并于20世纪末跃入了全国的领先地位。从萧山发展的历程中，人们可以看到一条长长的历史曲线。沿着这条长长的历史曲线，可以看到一串串反映不同历史时期的数字，探究其发展的轨迹和奇特的“萧山现象”。

中华人民共和国成立前夕，萧山经济生产水平还十分低下，呈萧条之象。中华人民共和国成立后，萧山在稳固农业基础的同时，对个体手工业和私营企业进行社会主义改造，经济逐渐复苏。在国民经济恢复时期（1950～1952）和第一个五年计划时期（1953～1957），工农业总产值平均增长8.4%。“二五”时期（1958～1962），受“左”倾错误影响，经济发展滞缓，增长速度降至2.7%。在“三年调整时期”（1963～1965），回升至8.6%。“三五”时期（1966～1970）、“四五”时期（1971～1975），受“文化大革命”干扰，经济再度受挫，增长速度降至3.5%。“五五”时期（1976～1980），工农业总产值平均增长上升至15.4%。中共十一届三中全会以后，把工作重点转移到经济建设上来，依靠改革开放推进国民经济持续高速增长。“六五”时期（1981～1985）、“七五”时期（1986～1990）、“八五”时期

（1991～1995）、“九五”时期（1996～2000），生产总值平均增长分别达到16.3%、10.2%、23.6%、13.23%，比全国国内生产总值同期增长速度分别高出5.5、2.3、11.6、4.9个百分点（增长速度均按可比价格计算）。

改革开放伊始的1979年，萧山农村促富大会召开，萧然大地开始告别“越穷越光荣”的年代，掀起了勤劳致富的热潮，乡镇企业异军突起，从而开始了农村工业化进程。20世纪90年代，萧山完成了由乡镇企业大规模向产权明晰的多种所有制并存的企业制度转型①，实现了由典型的农业社会向工业社会和市场经济体制的转型，经济社会呈跨越式发展。从1978年至2000年，生产总值从40300万元增加到2279099万元（现行价，下同），三大产业比重从33.1:51.6:15.3调整到9.6:55.5:34.9，人均生产总值从386元增加到19984元，财政总收入从6738万元增加到173728万元（其中地方财政收入81766万元），主要经济指标均居浙江省各县（市）首位，社会经济综合发展指数跃居全国百强县（市）第九位②。其间连续9年跻身“全国十大财神县（市）”，获“浙江省首批小康县（市）”，“中国明星县（市）”、“国家卫生城市”、“全国科技实力百强县（市）”、“全国文化先进县（市）”、“全国体育先进县（市）”等荣誉称号③。

萧山速度、萧山实力、萧山荣誉背后凝聚的是与时俱进的萧山精神。萧山人民秉承了“喜奔竞，善商贾”的传统风俗，以及卧薪尝胆的古越文化精髓，以巨大的创造力，丰富、充实和发展了萧山精神，成为推进萧山现代化建设的力量源泉。萧山精神在不同时代有着不同的具体内涵，也见证了不同时代的辉煌成就。从战天斗地的围垦精神，到“历尽千山万水、吃尽千辛万苦、说尽千言万语、想尽千方百计”的“四千精神”，到“抢上头班车、抢抓潮头鱼、抢开逆风船、抢进快车道”的“四抢精神”，到“敢与强的比、敢同勇的争、敢向高的攀、敢跟快的赛”的“四敢精神”，以及最后集大成的“奔竞不息、勇立潮头”的萧山精神，都集中反映了萧山人民强烈的竞争意识、争先精神、创业激情和创新能力，是萧山最宝贵的精神财富。

萧山农业历史上曾经有过辉煌业绩，逐渐成为粮食、棉花、络麻和其他经济作物的综合农业区。1981年后，推行家庭联产承包责任制，实施土地使用制度改革，推进农

表0—0—1　1949～1980年部分年份萧山工农业总产值情况

单位：万元

年　份	工农业总产值（万元）			
	总　计	工　业	农　业	工农业比
1949	8391	1483	6908	17.7:82.3
1952	12760	3422	9338	26.8:73.2
1957	15952	4445	11507	27.9:72.1
1962	18210	4783	13427	26.3:73.7
1965	23312	5768	17544	24.7:75.3
1970	25965	7388	18577	28.5:71.5
1975	32737	13427	19310	41.0:59.0
1978	47358	22815	24543	48.2:51.8
1979	67051	41105	25946	61.3:38.7
1980	81431	53893	27538	66.2:33.8

注：①资料来源：萧山县志编纂委员会：《萧山县志》，浙江人民出版社，1987年，第9页。
②按1980年不变价格计算。
③不含浙江省属、杭州市属企业。

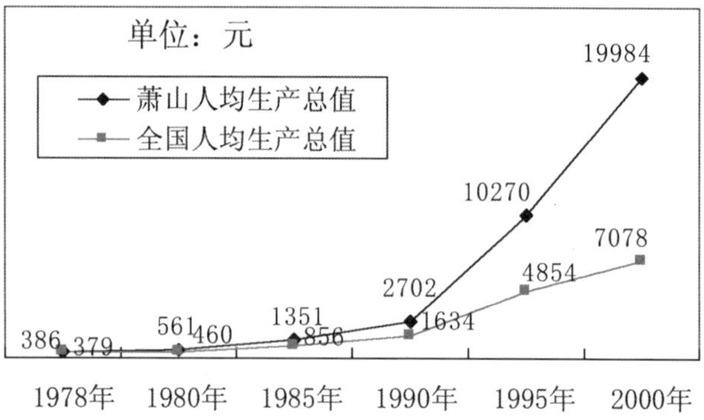

图0—0—1　1978～2000年部分年份萧山人均生产总值与全国人均生产总值比较

①1992年，萧山乡镇企业数量达到3335家，企业职工人数达到24.84万人，总产值达到92.49亿元，在萧山区域经济发展中“五分天下有其四”。1992年起，萧山乡镇企业开始以产权改革为重点的企业转制。短短五年，城镇集体企业、乡镇集体企业初步建立了“产权清晰、权责明确、政企分开、管理科学”的现代企业管理制度，率先完成转制，至1996年底，97.36%乡镇集体企业完成转制，民营经济蓬勃发展。

通过市民评选，2008年12月17日《萧山日报》第3版《三十年激情创业·十大新闻》，其头条新闻就是“1979年促富大会开启萧山改革开放发展大幕”，第六大新闻就是“1996年乡镇企业率全国之先基本完成转制”。

②2001～2005年，萧山连续5年社会经济综合发展指数名列全国百强县（市）第七位。

③2005～2007年，萧山又先后获得“中国钢结构产业基地”、“中国园林绿化产业基地”、“中国最令人向往地方城市十强”、“亚洲制造业示范基地”、“中国制造业十佳投资城市”、“大陆极具投资地第一名”等荣誉称号。

表0—0—2 1978～2000年萧山国民经济主要指标情况

年 份	生产总值（万元）				人均生产总值（元）
	总 计	第一产业	第二产业	第三产业	
1978	40300	13350	20797	6183	386
1979	51177	18202	25805	7170	487
1980	59275	19307	31780	8188	561
1981	67661	21156	37530	8975	639
1982	71449	23957	37628	9864	670
1983	78363	21404	44667	12292	728
1984	109214	33180	57162	18872	1009
1985	146945	42480	82791	21669	1351
1986	171808	44522	100949	28013	1570
1987	206258	42846	126585	35151	1864
1988	266892	55204	168342	43346	2381
1989	289324	62761	178751	47812	2549
1990	310125	75945	183291	50899	2702
1991	355782	80923	214972	59887	3057
1992	449948	81861	287588	80499	3840
1993	664366	94099	420609	149668	5623
1994	1002832	123844	599255	279763	8411
1995	1234430	152125	712987	369318	10270
1996	1332034	162422	748844	420768	11888
1997	1554814	169638	881796	503380	12823
1998	1737222	181800	989455	565967	15352
1999	1934017	190900	1103786	639331	17017
2000	2279099	219040	1265222	794837	19984

注：①数据来源：1978～1998年，中共萧山市委宣传部、萧山市统计局：《萧山五十年巨变——新中国成立以来萧山经济与社会发展统计文献》，1999年；1999～2000年，萧山市统计局：《萧山市统计年鉴（1999）》、《萧山市统计年鉴（2000）》。
②按当年价格计算。

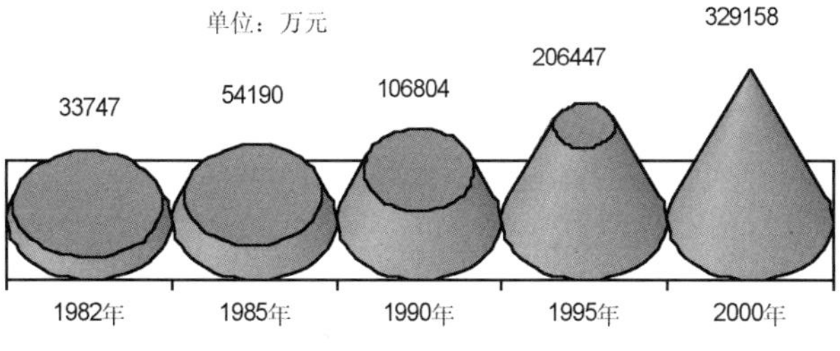

图0—0—2 1982～2000年部分年份萧山农业总产值

业适度规模经营，调整农业产业结构，加强农业基础地位，实施科技兴农，萧山农业面貌焕然一新。20世纪90年代，随着农业结构调整和产业化经营步伐加快，专业户、重点户和各种联合体不断问世；随着产业结构调整和农业机械化的推行，农业生产向专业化、基地化、商品化、市场化方向发展；畜禽、水产、蔬菜、茶果、花木五大特色产业基本形成，2000年产值占农业总产值329158万元的70.9%。农业高科技的引进和应用，让农民从"面朝泥土背朝天"的传统劳动形态中解放出来，走种植、养殖并举之路，发展"绿色食品"、"创汇农业"、"高效农业"，增加农产品附加值，实现农业增效、农民增收，使萧山农业呈现出一派方兴未艾的万千气象。更引以为豪的是，百万萧山儿女众志成城，30多年来围垦钱塘江滩涂50多万亩，被誉为"人类造地史上的奇迹"。当集精品农业、生态农业、休闲农业、观光农业为一体的国家级萧山现代农业开发区展现在世人面前的时候，人们听到的，分明是一曲萧山现代农业大踏步前进的激情长歌。

萧山工业由小到大、由弱变强。清光绪二十一年（1895），始出现用机器生产的民族资本主义工业。中华人民共和国成立后，萧山工业开始迈入稳步发展的轨道。尤其是中共十一届三中全会之后，乡镇工业呈千帆竞发、百舸争流的态势，在多种经济成分并存的萧山已是"五分天下有其四"。私有企业更是在计划经济夹缝中生存，在资源环境劣势中崛起，在市场激烈竞争中壮大，最后成为萧山经济发展的主力军。经过20多年的搏风击浪，一批有胆有识、有勇有谋的企业家如雨后春笋涌现，名闻遐迩。一批上规模企业、龙头企业应运而生，独领一军，万向集团、航民实业集团、传化集团等企业集团大步跨入全国工业企业的强企之列。一批以产业集聚为特征的块状经济脱颖而出，各领风骚，"中国纺织基地"、"中国羽绒之都"、"中国钢结构之乡"、"中国伞乡"等桂冠接踵而来，并让纺织业、交通运输设备制造业、金属制品业、化学原料及化学制品制造业、皮革毛皮羽绒及其制品业、服装及其他纤维制品制造业、造纸及纸制品业、机械工业八大主导行业优势明显，2000年产值占萧山市属工业总产值6014966万元的79.83%。是年规模以上企业实现工业总产值占萧山市属工业总产值的63.12%。萧山市属工业产品销售收入5377117万元，利税总额378433万元，全员劳动生产率

35624元/人。

萧山工业强劲的发展态势，带动和拓展了外向型经济。1984年，首家“三资”企业诞生。1988年，萧山被国务院列为“沿海经济开放地区”后，备受世界各地客商青睐。1993年，国家级萧山经济技术开发区兴建，萧山由此掀开了一个外向型经济的新纪元。来自世界30多个国家和地区的投资者，在萧山经济舞台上大显身手。2000年，全社会出口商品交货值1223895万元，其中自营出口90809万美元，出口商品遍布纺织服装、机械五金、家具、土畜产品、化工医药、工艺美术、电子产品、粮油食品八大门类，销往六大洲80多个国家和地区；历年累计“三资”企业647家，总投资211358万美元，合同利用外资和港澳台资129006万美元，实际利用外资和港澳台资48172万美元。这一系列的数字，足以令世人对萧山外向型经济刮目相看。

萧山商业素称发达。19世纪中叶，米业、盐业、酿造、土纸诸业均具一定规模。20世纪初，先后出现如“临浦米市”、“坎山茧市”等专业集市。1949年，全社会消费品零售总额2603万元。中共十一届三中全会之后，多种经济成分、多样经营业态、多条流通渠道的商品流通格局逐步形成，萧山商业进一步发展。专业特色市场、商业特色街以及超市、连锁店等新兴经营业态遍地开花，占地面积40多万平方米、2000年成交额达96.2亿元的大型综合性商业批发交易市场萧山商业城，一跃而居浙江省十家重点市场之一。是年全社会消费品零售总额达540705万元；接待国内外游客150万人（次），旅游收入8.1亿元；金融业发达，房地产业风生水起。萧山第三产业异军突起。

萧山素有尊师重教的优良传统，在产业经济快速发展的同时，屡有科教兴市与发展卫生文体的投入和成果。1984年，萧山就是浙江省首批基本普及初等教育县、基本扫除文盲县，1999年更是浙江省首批教育强县（市），其间在全国50多家出版社出版文学类和其他类著作180多种，获国家级科技成果奖6项、浙江省级和杭州市级科技成果奖216项，获洲际体育比赛奖牌6枚、国家级体育比赛奖牌22枚、浙江省级和杭州市级体育比赛奖牌1642枚，科教文卫体荣膺国家级荣誉称号10多项（次）。

萧山城市建设高潮迭起、日新月异。以城市化为抓手，全面实施“改善老区、建设新区、辐射农村、完善功能、提高水平”的兴市战略。2000年，萧山城区面积由1984年的4.34

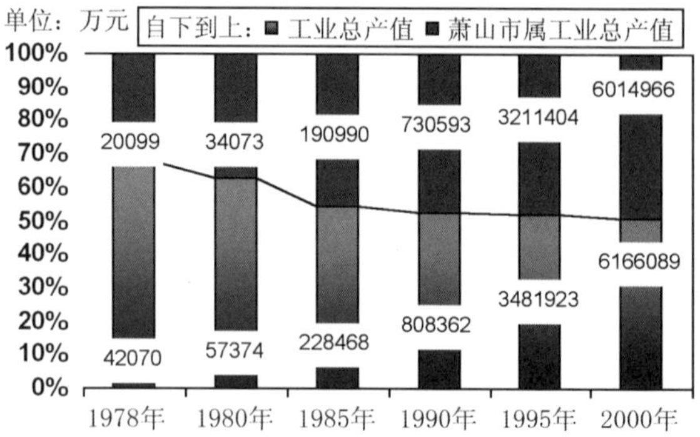

图0－0－3 1978～2000年部分年份萧山工业总产值与萧山市属工业总产值比较

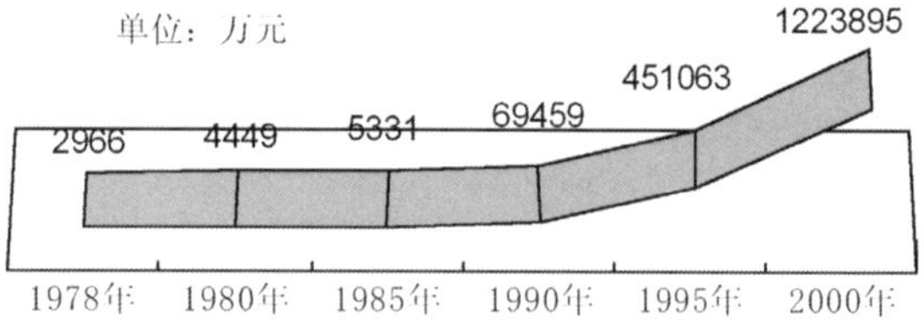

注：1979、1980年全社会出口商品交货值为外贸商品采购总值

图0－0－4 1978～2000年部分年份萧山全社会出口商品交货值

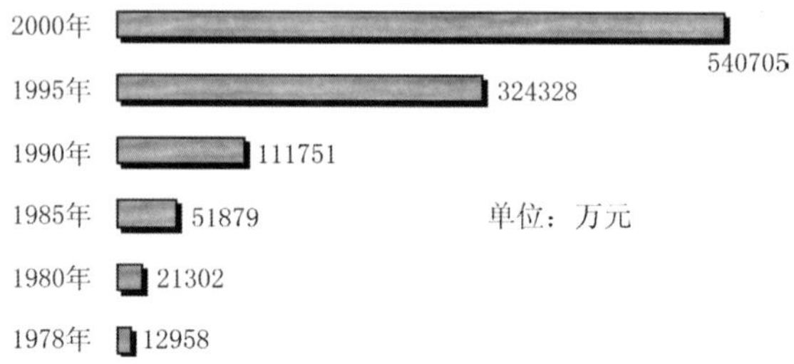

图0－0－5 1978～2000年部分年份萧山全社会消费品零售总额

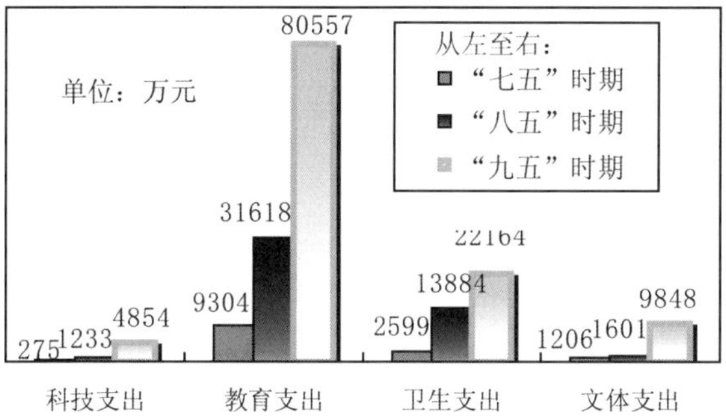

图0—0—6　1986～2000年部分年份萧山科教文卫事业支出情况

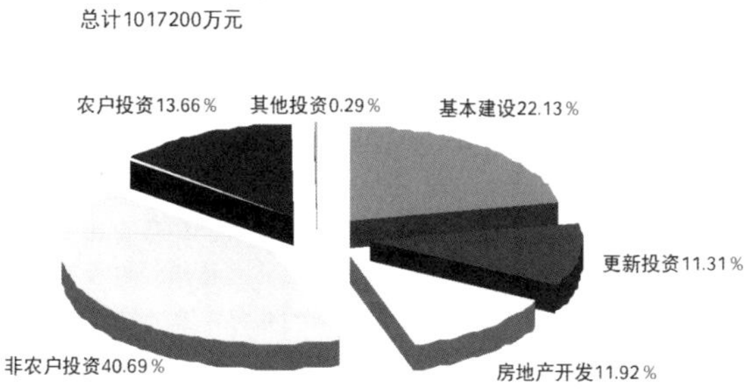

图0—0—7　2000年萧山全社会固定资产投资完成情况

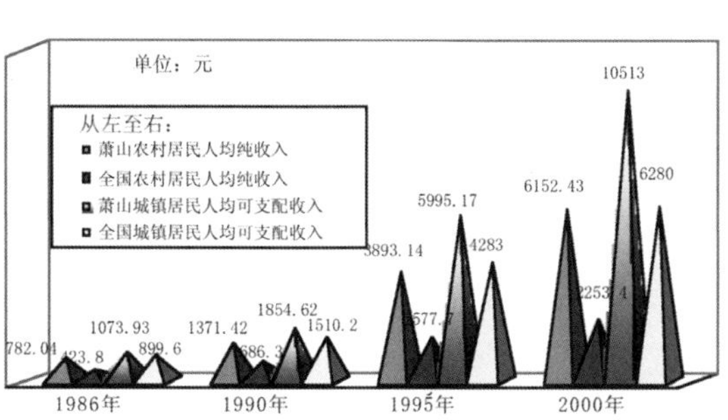

图0—0—8　1986～2000年部分年份萧山农村居民、城镇居民人均收入与全国情况比较

平方千米扩至26.16平方千米。城区道路四通八达，高楼大厦鳞次栉比，公共设施配套齐全，商贸服务繁华便捷，居住环境优雅宜人，城市品位不断提升，展示在世人面前的是一座充满生机和活力的现代化新兴城市。711千米的公路通车里程、40分钟的交通圈、41.3部/百人的电话普及率、7644户的因特网注册用户、35万吨的日供水能力、87%的城区污水管网普及率、9.38平方米的人均公共绿地面积、36%的绿化覆盖率、74.29千米的"两江一河"（钱塘江、浦阳江、永兴河）20年～50年一遇标准堤塘等一系列跃然于纸上的统计数字，更是让即将跨入新世纪的萧山人倍感自豪。在萧山居住和创业，成了越来越多人的追求和向往。

萧山居民生活水平实现了由基本温饱向总体小康的转变并向全面小康迈进。曾被老一辈奉为至宝的"老三件"自行车、手表、缝纫机，早已变得微不足道；取而代之的电视机、洗衣机、电冰箱"新三件"，如今也变得习以为常；汽车、电脑、空调、热水器、抽油烟机、手机等"新N件"，已进入平常百姓家。2000年，萧山城镇居民人均可支配收入10513元，农村居民人均纯收入6152.43元，恩格尔系数0.385；城乡居民储蓄余额1261898万元，人均储蓄存款11050.42元。随着城乡一体化建设步伐的加快，布局合理、环境美化的城镇住宅小区楼盘林立，城镇居民人均居住面积17.8平方米。新农村建设如火如荼，新型农民生活水平如芝麻开花节节高，昔日的农家草舍、砖瓦房，已变成拔地而起的新型别墅、新型公寓，农村居民人均居住面积达58.78平方米，这让无数的城里人望尘莫及。20世纪80年代中期，开始在城镇企业职工中实行养老保险制度、失业保险制度，随着社会保障体系的日臻完善，城乡差别缩小，城乡一体化格局逐渐形成。

萧山跨越式的发展，被众多专家、学者视为继"温州模式"、"苏南模式"之后的"萧山现象"。这既是一种经济现象、社会现象，也是一种文化现象。改革开放20多年来，萧山最根本的经验，就是解放思想、率先发展。在发展问题上，做到放宽政策、放手招商、放开引资、放胆经营、放心创业，坚持思想不停步、行动先起步、发展迈大步，不断赢得发展先机，也赢得了萧山在现代化建设道路上的领先地位。当然，萧山快速发展中的问题也日益凸现。2000年国家统计局农村社会经济调查总队开展的"中国县（市）社会经济综合发展指数"测评显示，在全国2000多个县（市）中，萧山市社会经济综合发展指数65.2分，列全国第九位。测评分发展水平、发展活力、发展潜力3个方面，其中萧山发展水平指数65.1分，列全国第九位；发展活力指数85.4分，列全国第七位；发展潜力指数53.9分，列全国第412位。说明萧山社会经济发展水平已粗具规模，社会经济发展活力在全国处于领先地位，但发展潜力显现不足。[①]

随着工业化、城市化进程加快，人口日趋稠密，人均耕地面积逐年减少。2000年末，萧山市户籍人口1141946人，人口密度804人/每平方千米，是全国人口密度132人/平方千米的6倍多；人均耕地面积0.70亩，仅为全国人均耕地面积1.20亩的58.63%。粮食自给不足，对外依赖性强。在三次产业结构中，第三产业的比重虽然在不断提升，但增幅仍然偏低，这与萧山整体经济实力不相协调。在工业经济结构内部，传统产业比重相对偏大，高新技术企业产值比重小，产业结构的调整升级任务还十分艰巨。环境容量趋向饱和，环境承载力不断减弱，环境污染的防治任重道远，萧山经济社会发展面临新的挑战。

跨入21世纪，萧山围绕科学发展、跨越发展、和谐发展的总体要求，走新型工业化、城市化、农业产业化道路，全力实现“三个提升”(提升产业层次，提升城市品位，提升生活品质)，坚持“四个优先”(坚持统筹优先，坚持科教优先，坚持富民优先，坚持生态优先)，加快“五个建设”(加快经济强区建设，加快现代城区建设，加快文化名区建设，加快环境立区建设，加快幸福之区建设)，努力率先建成全面小康社会，真正成为杭州市的领头雁、浙江省的排头兵、中国的先行者，使“萧山精神”、“萧山现象”、“萧山经验”更加发扬光大。

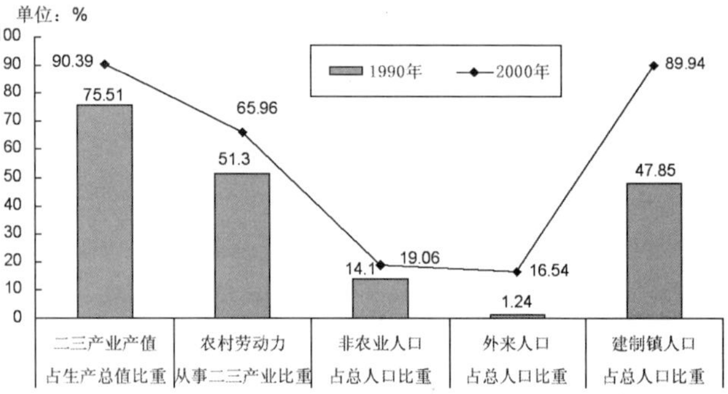

注：非农业人口、外来人口、建制镇人口、总人口均为人口普查中的常住人口

图0-0-9　1990、2000年萧山非农产业比重与人口比重变化情况

①2000年中国县（市）社会经济综合发展指数测评指标体系中，发展水平分经济规模、产业结构、经济发展水平、社会发展水平4个层次11个指标；发展活力分发展速度、贸易与外资、投资、财政4个层次12个指标；发展潜力分生产效率、资源环境与基础设施、文化教育3个层次10个指标。

萧山在全国前十强县（市）中，排名第一位的指标：工业产值发展速度；排名第二位的指标：城镇职工平均工资水平、生产总值、每百户居民民用汽车拥有量、投资变动率；排名第三位的指标：农民人均纯收入、耕地产出率、有效灌溉面积占耕地面积比重；排名第四位的指标：每万人拥有医院卫生院技术人员、人均基本建设投资完成额；排名第五位的指标：人均科教文卫事业费支出、公路密度、人均耕地面积；排名第六位的指标：出口总额与生产总值比、农业劳动生产率、每万人中的中学生人数；排名第七位的指标：生产总值、地方财政收入、每万人中的医院卫生院床位数、每百户电话拥有量、人均各项贷款、每万人中的小学生人数、每个教师负担学生数；排名第八位的指标：每万人中的医院卫生院床位数、外资企业比重、地方财政收入占生产总值比重、工业劳动生产率、小学密度；排名第九位的指标：经济密度、人均生产总值；排名第十位的指标：非农产业比重、人均地方财政收入、实际利用外资额与生产总值比。

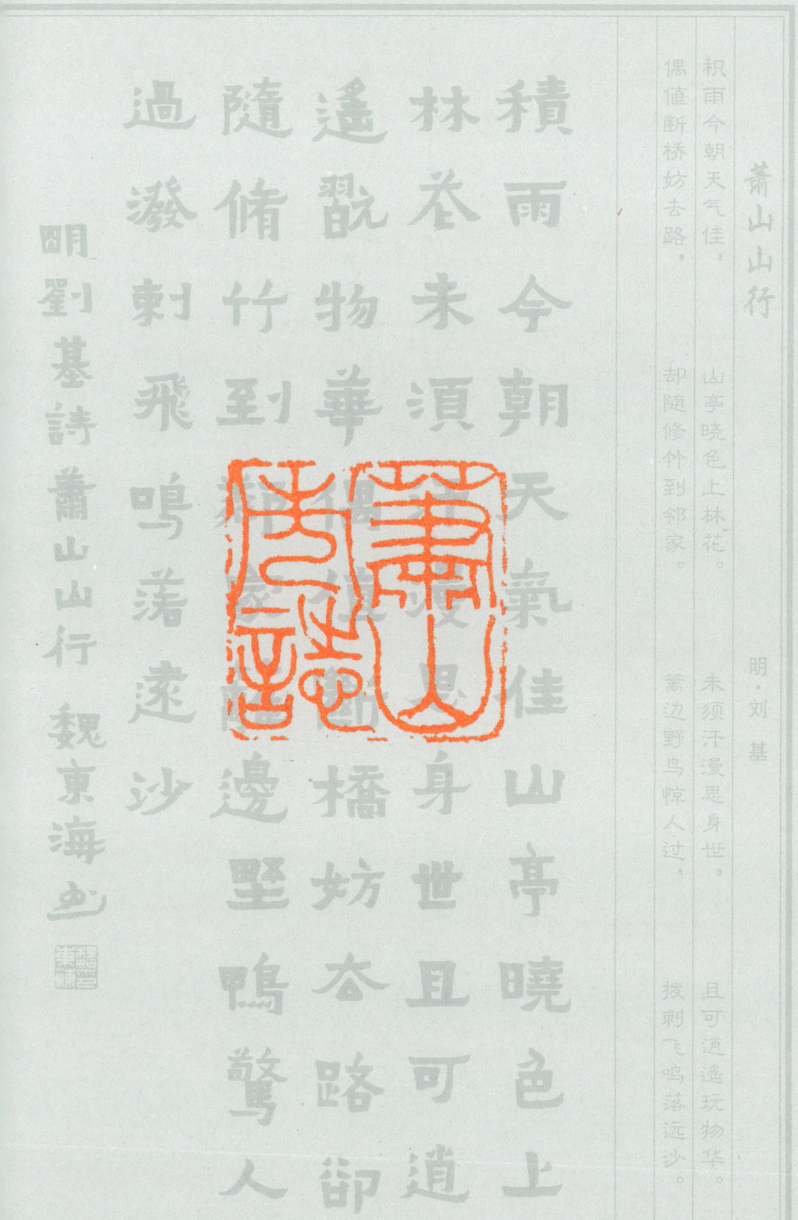
积雨今朝天气佳山亭晓色上林花未须汗漫思身世且可逍遥玩物华偶值断桥妨去路却随修竹到邻家篱边野鸟惊人过拨刺飞鸣落远沙
明刘基诗萧山山行 魏东海书
萧山山行
明·刘基
积雨今朝天气佳，山亭晓色上林花。
未须汗漫思身世，且可逍遥玩物华。
偶值断桥妨去路，却随修竹到邻家。
篱边野鸟惊人过，拨刺飞鸣落远沙。

大事记

萧山要事

领导视察考察

外国及港澳台宾客访问萧山

萧山要事

1985年

1月8日　省委决定：县委书记费根楠调离萧山。

1月15日　县委、县政府评定鲁冠球等24人为“萧山县劳动模范”。

2月4日　县委、县政府给从事教育工作30年以上的644名教师颁发光荣证书。

2月8日　中国人民解放军某部萧山籍连长傅永先，在云南老山前线对越自卫反击战中英勇牺牲。中央军委授予傅永先“勇于献身的好连长”称号，云南前线司令部给予追记一等功，中共南京军区委员会追认他为“勇于自我牺牲的优秀共产党员”。省政府向傅永先烈士家属授予“人民功臣”荣誉匾。

2月28日　县委、县政府贯彻中共中央、国务院《关于进一步活跃农村经济的十项政策》（中发〔1985〕1号）。4月1日起，全县取消粮食统、派购，实行合同定购。

4月9日　闻堰乡祥大房村紫泥矿发生塌方，造成5死1伤，直接经济损失4万余元。

4月30日　省民政厅批准，所前、义桥、闻堰、长河、西兴、坎山、衙前、浦沿、党山、义盛、靖江、戴村12个乡改为建制镇。8月16日，省民政厅批准河上、楼塔、浦阳、长山、新街、赭山、南阳、头蓬、新湾9个乡改为建制镇。至年底，全县共设24个建制镇。

5月11～15日　县委、县政府召开全县经济工作会议，提出把全县经济工作转到以提高经济效益为中心的轨道上来，实现速度与效益的统一。

5月31日　萧山电视台试播成功，10月底停办。1987年6月复建萧山电视台，7月1日试播。1988年7月1日正式开播。1992年9月，筹建萧山有线电视台，12月16日试播。1997年5月，实行“广播电视合一”。1999年5月，萧山有线电视频道停办。

6月14日　县委发出《关于县级机关整党工作的安排意见》，县级机关开始整党，至年底结束。翌年6月，全县农村各级党组织开展整党工作。

6月29日　萧山邮电通信枢纽——3000门自动综合机房开通使用，采用5位制电话号码。1991年9月1日，萧山首期万门程控电话开通，电话号码由5位数升至6位数。1994年1月，萧山二期程控交换机开通。6月25日，萧山与杭州电话网联网，全市号码由6位数升至7位数。2001年5月18日零时始，萧山电话号码从7位数升至8位数。

7月13日　县境沿钱塘江地区受暴风袭击，风力11级～12级，南阳乡岩丰村及河庄乡伴有冰雹。损坏房屋1780间，草舍4786间；农田受重灾3万亩（2000.01万平方米）；死亡1人，受伤69人。

7月18日　110千伏靖江变电工程竣工通电。

8月2日　受6号台风影响，围垦东线十五工段至十七工段大堤出现险情。县政府组织力量突击抢险，化险为夷。

9月18日　省委决定：虞荣仁任中共萧山县委书记。

9月28日　萧山和宁夏回族自治区永宁县友好艺术雕塑像在西河公园落成。

10月5日　萧山青少年宫建成开放。青少年宫占地1800平方米，高7层，投资200万元。

10月25日　县委印发《萧山县落实知识分子政策工作规划》，要求在两年内彻底平反冤假错案，解决一切受“左”的影响而形成的历史遗留问题。

12月16日　杭州万向节厂厂长鲁冠球被省政府评为“浙江省特等劳动模范”。1987年6月29日，鲁冠球当选中国共产党第十三次全国代表大会代表。是年7月，杭州万向节总厂厂长鲁冠球被评为“全国最佳农民企业家”。1988年1月4日，鲁冠球被评为“全国优秀企业家”。1989年4月，鲁冠球被评为“全国劳动模范”。1992年6月25日，万向集团董事局主席鲁冠球当选中国共产党第十四次全国代表大会代表。1994年5月1日，鲁冠球被评为“全国十大杰出职工”。1998年1月20日，鲁冠球当选第九届全国人民代表大会代表。

是年　萧山花边总厂生产的“玫瑰牌”花边获国家质量奖金质奖。

是年　浙江工艺鞋厂生产的“生风牌”麻编工艺鞋获全国工艺美术百花奖银杯奖。

1986年

1月3～9日　省水利厅与城北区组织2.29万民工在钱塘江顺坝地段围垦海涂4000亩（266.67万平方米）。

3月7日　省政府办公厅〔1986〕12号文件公布，萧山县被列入对外开放地区。

4月7～11日　在萧山县第八届人民代表大会第三次会议上，金其法当选县人大常委会主任，马友梓当选县长。

5月1日　建筑面积2151平方米的萧山图书馆建成开放。

5月11～14日　萧山县人民体育运动会在城厢镇举行。1180多名运动员参赛，54人次在32个项目中打破县田径比赛纪录。

6月3日　县公安局在城厢镇开展居民身份证发放试点工作。年底，县城居民率先领到居民身份证。至1989年底，全市863455人领取居民身份证，占应发证人数的93.86%。

6月10日　县人民武装部划归地方建制。

8月15日　临浦中学学生胡九中在全国第三届中学生运动会田径赛中，打破全国中学生女子甲组竞赛200米纪录，并获金牌。

8月31日至9月3日　召开萧山首届商品交易会。来自北京、上海、天津等24个省、市、自治区1456位代表与会，成交额1.58亿元。

11月18日　杭州市老年大学萧山分校开学。

11月23～29日　实施5.2万亩围垦一期工程，出动劳力15.4万名，新围海涂4.4万亩（2933.35万平方米）。1987年1月6～11日，实施二期工程，出动劳力8.13万名，完成新围滩涂0.8万亩（533.34万平方米）。

12月25日　县委、县政府表彰10名农业劳动模范、90名专业户标兵、10个专业村、10个专业市场、10个先进服务单位。

1987年

1月1日　萧山境内的中央、省、市、县属全民和县以上集体企业、事业单位、中外合资企业的中方劳动合同制工人实行退休养老基金社会统筹。

1月12日　县工商联召开第四次会员代表大会，恢复工商联组织。

1月24日　萧山经济建设发展公司与浙江省电力开发公司联合创办萧山发电厂。1992年7月2日动工兴建，总投资6.85亿元。两台功率为12.5万千瓦的火力发电机组，分别于1993年9月24日和1994年4月7日建成并网发电。

3月5日　经省计委批准，建设萧山第二自来水厂。设计日供水能力12万吨，投资1400万元。1989年10月25日，水厂一期工程竣工通水。1993年10月，二期工程竣工。1995年3月，三期工程竣工，日供水能力增至15万吨。

3月24～27日　中共萧山县第八次代表大会召开，选举虞荣仁为中共萧山县委书记。

4月16～24日　政协萧山县第七届委员会第一次会议召开。

4月17～23日　萧山县第九届人民代表大会第一次会议召开。

5月1日　萧山漂染厂厂长朱重庆被评为“全国新长征突击手”。1991年10月7日，航民实业公司总经理朱重庆被评为“全国十大杰出青年”。1992年3月，朱重庆被评为“全国乡镇企业家”。1993年1月14日，朱重庆当选第八届全国人民代表大会代表。1995年4月26日，朱重庆被评为“全国劳动模范”。

5月28日　杭州市民政局批准，萧山云石乡佛山村（上堡村）、沈村村为革命老区。

6月28日　省委决定：县委书记虞荣仁调离萧山，王良仟任中共萧山县委书记。

8月　《萧山县志》由浙江人民出版社出版发行。

10月1日　萧山商业大厦建成开业。大厦占地3513.7平方米，建筑面积14100平方米，21层，高67.5米，投资1200万元。

11月27日　国务院批复：同意撤销萧山县，设立萧山市（县级）。1988年1月1日始称萧山市。

是年　杭州万向节总厂生产的“钱潮牌”万向节十字轴总成获国家质量奖银质奖。

是年　萧山实现财政总收入26198.4万元，跻身全国十大“财神县（市）”。1989年，萧山实现财政总收入36421.9万元，名列全国十大“财神县（市）”第四位。直至1995年，萧山连续7年保持此荣誉。

1988年

1月1日　萧山宾馆建成开业。宾馆占地面积3000平方米，建筑面积18000平方米，21层，高62米，投资1400万元。1993年1月，萧山宾馆贵宾楼竣工，建筑面积12000平方米。2000年扩建大厅，建筑面积9850平方米，2002年6月竣工。

1月11日　香港同胞魏天钦捐款100万元港币，资助党湾乡建设传关医院。

1月31日　红山农场党委书记丁有根当选第七届全国人民代表大会代表。

3月30日　国务院批准：萧山为沿海经济开放区。

4月21日　钱江二桥动工兴建，南端位于萧山盈丰乡盈二村。该桥为公路、铁路两用桥，

1992年4月建成通车。

6月1日　萧山儿童公园一期工程建成开放。公园占地面积2.1万平方米，投资100万元。1992年5月，二期工程竣工，占地面积9253平方米。

7月1日　《萧山农科报》改为《萧山经济报》。1991年9月29日，中共萧山市委机关报《萧山报》复刊，《萧山经济报》停刊。1995年1月1日，《萧山报》改为《萧山日报》。

8月8日　7号台风袭击萧山，死亡9人，受伤113人，直接经济损失1.13亿元。

8月31日　萧山市体育馆落成。总投资721万元，建筑面积5100平方米，观众席3000个。

1989年

3月10日　省政府批准，临浦、义桥、浦沿、闻堰、西兴、长河、长山、新街、瓜沥、党山、坎山、赭山、南阳、靖江、义盛、头蓬、新湾、河上、衙前19个镇列为重点工业卫星城镇。

4月28日　市委、市政府发出通知，要求全市党员和干部群众行动起来，同一切制造动乱的言论和行为作斗争，维护安定团结、改革开放和四化建设的大局。

5月18～19日　受北京政治风波影响，有千余名学生、群众先后在城厢镇上街游行。

6月5～7日　少数人在汽车站、西山道口、五七路口等处阻碍交通、侮辱妇女、抢夺钱财。市公安机关抓获正在作案的犯罪嫌疑人，使交通恢复正常。

6月6日　市委召开全市党员干部大会，传达中央领导同志讲话，部署稳定萧山工作。

6月14日　市委召开常委扩大会议，要求全市党员干部认真学习邓小平在接见首都戒严部队军以上干部时的讲话，统一认识，在政治上行动上与党中央保持一致，做好稳定萧山、稳定大局工作，保证改革开放，推进经济建设。

6月24日　中国民主同盟萧山市委员会成立。

是月　杭州市民政局批准，云石乡南坞、明堂、石牛山、响石桥、枫树、勤工、平山、增丰8个村为革命老区村。

8月24日　省民政厅批准，云石乡为革命老根据地乡。

9月1日　萧山市与广东省珠海市缔结友好城市关系。

同日　萧山江南大厦建成营业。大厦投资2000万元，商场建筑面积8000平方米。

10月7日　萧山被水利部评为“全国水利建设先进县（市）”。

11月10日　省民政厅批准：党湾乡为建制镇。

12月1～15日　萧山冬修水利工程全面展开，投工201.9万工，疏浚主干河道15条、长55千米，镇乡、村河道117条、长152.62千米；修筑江塘36.02千米，完成土石方229万立方米。

12月11日　市第九届人大第18次常委会决定：同意马友梓辞去萧山市市长职务，杨仲彦任萧山市代市长。1990年4月1～6日，萧山市第十届人民代表大会第一次会议召开，杨仲彦当选为市长。

12月18日　杭州市民政局批准，许贤乡西山下、西河埭、华家里、富春、单家、前黄、后黄、南坞、北坞、邵家、俞家、里陈、勤丰、寺坞岭、下洋桥和戴村镇丁村、下方17个村为革命老根据地村。

是月 省政府公布：衙前农民协会旧址（含李成虎烈士墓）、湘湖越王城遗址列为浙江省重点文物保护单位。

1990年

1月15日 省民政厅批准，许贤乡为革命老区乡。

2月10日 九三学社萧山支社成立。

是月 杭（州）甬（宁波）高速公路萧山段开工，长12.11千米，1991年底与钱江二桥同步建成通车。1992年9月18日，萧山境内后建段开工，长25.39千米，1995年12月28日竣工通车。

3月6～10日 中共萧山市第九次代表大会召开选举王良仟为中共萧山市委书记。

3月31日至4月7日 政协萧山市第八届委员会第一次会议召开。赵永前当选市政协主席。

5月13日 “西水东调”自来水工程第一期工程动工，1992年底竣工。1993年9月，二期工程动工，1996年竣工。1997年1月，三期工程动工，2000年竣工。

5月29日 杭州市民政局批准，长河镇长河、长一、长二、江一、江二、江三、汤家桥、汤家井、山一、张家村及塘子堰、傅家峙、街道居民区，西兴镇襄七房、庙后王、湖头陈村和浦沿镇浦联、山二村共18个村为革命老区村。

5月30日 萧山市文物管理委员会接到在跨湖桥发现文物的报告。10～12月，第一次组织考古人员对跨湖桥遗址进行考古发掘。

6月17日 省政府批准，建立杭州钱江外商台商投资区。投资区范围：钱塘江北岸下沙、滨江区块为江北区块，南岸的之江、桥南、市北区块为江南区块。6月27日，中共杭州市委决定，建立杭州钱江外商台商投资区江南管委会。1991年6月30日，杭州钱江投资区市北区块一期工程奠基。1992年6月，14485平方米标准厂房竣工交付使用。

7月1日 以零时为准，进行第四次全国人口普查，普查显示全市常住人口1130592人。是年底，全市户籍人口1144479人。

8月31日至9月1日 15号台风袭击萧山，造成死亡3人，重伤18人，直接经济损失1.35亿元。

12月22日 萧山被国家爱国卫生运动委员会命名为“全国十佳卫生城市（县级市）”。

1991年

1月23日 萧山被国务院授予“1990年全国粮食生产先进单位”称号。

6月25～26日 萧山市首届残疾人运动会在体育馆举行。

7月1日 广播电影电视部批准，萧山人民广播站更名为萧山人民广播电台。翌年1月1日正式开播。

8月8日 临浦公路二桥开工兴建。1993年10月11日建成通车，桥长456米，宽12.5米，投资1990万元。

8月21～24日 全国青少年技巧锦标赛暨世界技巧锦标赛在萧山体育馆举行。

11月21日 萧山商业城奠基。1992年1月4日，第一期轻纺市场、综合市场动工兴建，占地面积62267平方米，建筑面积72041平方米，10月12日建成开业。11月，轻纺市场（二期）、副食品市场、浙江东南粮油市场二期工程开工，占地面积61800平方米，建筑面积126287平方米，1993年9月竣工。1999年，太平洋食品广场三期工程续建，2000年9月建成28870平方米商住、经营用房。至此，萧山商业城建设总投资4.50亿元，建筑面积35万平方米。

12月1～10日　萧山开展“水利突击旬”活动。投工438.9万工，完成土石方510.8万立方米。

12月10日　萧山被省爱国卫生运动委员会命名为“省级卫生城市”。

同日　萧山市社会福利院建成启用。

同日　浙赣铁路复线萧山白鹿塘至诸暨湄池段建成通车。至此，除萧山西站至白鹿塘为单线外，境内浙赣铁路全部建成复线。

1992年

1月28日　萧山老年宫落成。老年宫建筑面积3160平方米，投资450万元。

是月　浙江万达工具公司总经理陈张海被评为“全国乡镇企业家”。

3月4日　杭州市政府批准《萧山市1991～2020年城市总体规划》：城区规划面积87.8平方千米；城区性质为萧山市政治、经济、文化中心，杭州市城区南翼以工为主、工贸结合的中等城市。1993年10月，省政府批准，实施萧山市城市总体规划。1997年4月30日，萧山市城市规划区域面积由87.7平方千米扩至200平方千米，城市人口超过40万，城市定位为工贸旅结合的现代化新兴中等城市。

3月12～17日　“浪潮杯”全国古典式摔跤锦标赛在萧山体育馆举行。

3月25日　萧山西门农副产品综合市场建成营业。

5月17日　杭州市民政局批准，撤销戴村、临浦、城南、城北、瓜沥、义蓬6个区公所建制，将原25个镇、42个乡调整为27个镇、4个乡。

6月11日　萧山火车新客站建成启用。车站大楼建筑面积3642平方米，站前广场面积27972平方米，投资500万元。

同日　萧山城区开通1路公交车。

同日　萧山被国家商业部列为农业生产资料社会化服务体系和黄红麻社会化服务体系示范县（市）。

8月15日　全国少年儿童羽毛球比赛在萧山体育馆举行。

8月18日　萧山汽车新站落成启用。投资560万元，占地23.76亩（1.58万平方米），建筑面积4644.70平方米。

8月24日　省委决定：市委书记王良仟调离萧山，杨仲彦任中共萧山市委书记。

8月30日　萧山市聋哑学校建成，建筑面积2190平方米。

是月　杭州市革命老区工作领导小组批准，许贤乡何家桥、塘坞、簏岭、郭村为革命老区村。

9月1日　国有企业、城镇集体企业、私营企业职工和外商投资企业中方职工实行工伤保险制度。

9月5日　萧山举行首次土地出让招标。地处104国道和通惠路交叉口西北15号地块8733平方米土地，经6家单位竞争，最后由市政府驻深圳联络处所属万事达公司以每平方米888.89元中标。

9月8日　美国伊利诺伊工具公司防震工业品分公司向美国商务部和美国国际贸易委员会起诉，状告中国11家外贸公司和企业“低于公平合理的价格在美国倾销弹簧垫圈，给美国工业造成了实质性损害”，要求征收128.63%的反倾销税。9月20日，美国商务部决定立案调查。9月27日，在国内10家国有贸易公司不愿应诉的情况下，杭州弹簧垫圈厂独家提出应诉。翌年4月6日，杭州弹簧垫圈厂厂长项维清专程赴美国参加应诉，成为全国首家参加国际商务反倾销案应诉的乡镇企业。10月，美国商务部终裁，杭州弹簧垫圈厂及其通过境外公司转口美国的弹簧垫圈产品实行69.88%的倾销税。至2000年，第七次行政复审裁定为0%。

10月　省政府批准，南阳镇与杭州市下城区联合创办阳城经济开发区。1994年8月15日，省政府批准，设立南阳经济开发区。

是月　萧山被卫生部命名为“全国农村初级卫生保健达标先进县（市）”。

11月16日　市人大常委会第18次会议决定：同意杨仲彦辞去萧山市市长职务，莫妙荣任萧山市代市长。

11月26～30日　浙江钱江啤酒集团生产的“中华啤酒”在1992年法国巴黎国际展览中心国际名酒展评会上获“国际特别金奖”。1993年6月14～23日，浙江钱江啤酒集团生产的“钱江啤酒”在法国鲁昂第65届国际博览会上获“国际金奖”。

1993年

1月7日　临浦人民医院迁建落成。医院占地面积3.01万平方米，建筑面积1.40万平方米。7月13日，更名为萧山市第三人民医院。

3月7～10日　中共萧山市第十次代表大会召开，选举杨仲彦为中共萧山市委书记。

3月29日至4月4日　政协萧山市第九届委员会第一次会议召开。陈福根当选市政协主席。

3月30日至4月3日　萧山市第十一届人民代表大会第一次会议召开。赵永前当选市人大常委会主任，莫妙荣为市长。

5月12日　国务院同意设立萧山经济技术开发区，东至新浙赣铁路，南至北塘河，西至城厢镇兴议村，北至解放河，面积9.2平方千米，首期开发3平方千米。1994年4月28日，省人大常委会第十次会议审议通过《萧山经济技术开发区条例》，同年5月5日起生效。

6月1日　萧山实施住房制度改革。12月起，向职工、居民优惠出售公有住宅。

6月5日　杭（州）金（华）线（03省道）萧山至次坞段改建工程开工，全长32.24千米，投资1.10亿元。1994年10月28日竣工通车。

7月19日　220千伏瓜沥输变电所建成启用。

7月20日　外交部批准，萧山市与日本山梨市缔结友好城市关系。

9月6日　萧山被国家体育运动委员会命名为“全国体育先进县（市）”。

9月16日　萧山被国家计划生育委员会命名为“全国计划生育先进县（市）”。

10月2日　首届观潮节暨南阳工业区’93招商会在南阳镇举行。1994年5月15日，在南阳镇兴建钱江观潮城。观潮城占地面积4万平方米，建筑面积2436平方米，设座位12000个，投资600万元，9月10日竣工。9月22日，'94中国国际（萧山）钱江观潮节在南阳钱江观潮城举行。此后，每年举办观潮节。

10月3日　在围垦大堤二十工段2号丁坝，自发聚集的观潮者被涌潮卷入钱塘江，造成57人丧生、28人受伤的惨剧。

10月20日　新围1.3万亩（866.67万平方米）海涂开工，首次采用机械化施工。同年11月20日至12月7日，完成二期工程。

10月26日　省政府命名城厢、瓜沥、宁围、浦沿、闻堰、西兴、衙前、长河、新街、靖江、坎山、义桥、南阳、党山14个镇为"全省首批综合经济实力百强乡镇"。

11月25日　萧山被中国明星县（市）评审委员会评为"中国明星县（市）"。

12月18日　钱江三桥动工兴建。北起杭州秋涛路和清江路交会处，南至萧山西兴镇星民村，主桥长1280米，桥宽29.5米，主墩塔高81米，双向六车道。1997年3月20日建成试运行。

12月22日　城市北区暨市心路北伸工程动工兴建。市心中路长3620米，宽58米，总投资1.60亿元，1995年5月28日建成通车。1993年10月，市心北路开工。市心北路南接北塘河桥北，北至解放桥中，全长2280米，宽58米，2000年5月建成通车。

1994年

1月10日　万向钱潮股份有限公司公开发行的"钱潮"A股股票在深圳上市。1995年1月17日，万向钱潮股份有限公司通过ISO9000质量管理体系认证。1996年1月5日，万向钱潮股份有限公司质量体系通过美国UL公司审核认证，获国际认证书。

1月27日　萧山海关机构筹备处设立。1995年4月18日开展部分业务。1998年2月22日，杭州海关驻萧山办事处正式开关。

1月31日　萧山各镇乡开通程控电话，交换机容量超过10万门。

2月3日　萧山被国家建设部命名为"全国城市环境综合整治优秀县（市）"。

2月28日　萧山市自来水公司与马来西亚客商签订合作协议，投资2.70亿美元，合资兴建萧山第三自来水厂。1995年12月1日，萧山第三自来水厂动工兴建。1997年10月30日，一期工程10万吨/日竣工通水。2001年4月29日，一期后10万吨/日工程建成通水。

3月28日　萧山广播电视中心奠基。1997年4月18日竣工启用。中心占地面积2.51万平方米，建筑面积1.68万平方米。

4月10～13日　全国男子柔道锦标赛在萧山体育馆举行。

4月20日　省政府同意在萧山市围垦区建立农业对外综合开发区，南起十四工段横湾，北至十二工段横堤，西起城北东江围垦西堤、十七工段大堤，东临杭州湾，总面积24.2平方千米。1995年7月14日，国家计划委员会批准设立萧山现代农业开发区。

4月20～21日　全国青年女子柔道锦标赛在萧山体育馆举行。

5月1日　全市国家机关、事业单位开始推行干部职工基本养老保险制度。

5月22～23日　'94中国（国际）摔跤邀请赛在萧山体育馆举行。

5月26日　萧山体育场竣工。场内设观众席14074个，400米标准跑道，投资2000万元。

6月30日　省政府成立杭州萧山机场建设领导小组。1995年9月29日，国务院、中央军委批复，同意杭州萧山民航机场立项。1997年11月15日，机场施工便道动工建设。2000年12月22日，机场通过竣工验收。12月28日，杭州萧山机场首航成功。

8月10日　110千伏临浦变电工程竣工启用，缓解萧山南片地区供电紧张状况。

9月7日　萧山籍运动员单莺在罗马举行的第七届世界游泳锦标赛上，与队友一起获得女子4×100米自由泳接力赛冠军。1996年7月22日，单莺与队友一起在美国亚特兰大奥运会上，获得女子4×100米自由泳接力银牌和4×100米混合泳接力铜牌。

9月9日　萧山籍残疾运动员瞿红飞在北京举行的第六届远东及南太平洋地区残疾人运动会上夺得女子羽毛球LBal级单打亚军。1999年1月在泰国举行的第七届远东及南太平洋地区残疾人运动会上，瞿红飞获得女子羽毛球LBal级双打冠军、单打亚军。

11月9～14日　全国古典式和自由式摔跤冠军赛在萧山体育馆举行。

11月20日　位于十六工段的1.9万亩（1266.67万平方米）滩涂围垦动工。1995年12月30日完工。

11月22～24日　市政府在新加坡举行'94年浙江萧山（新加坡）招商贸易洽谈会。

11月23日　市政府公布《萧山市新区控制性详细实施规划》，新区开发建设进入实施阶段。

12月8日　义桥大桥动工兴建。桥长420.9米，宽12米，投资2000万元。1995年11月竣工通车。

12月20日　萧山进出口商品检验局（筹）开展商检业务。1998年2月18日，萧山进出口商品检验局挂牌成立。

1995年

2月8日　国务院批准，萧山市为二类市。

3月23日　萧山首部自编自拍电视连续剧《命运不是梦》在中央电视台第一套节目中播放。

3月24日　萧（山）甬（宁波）铁路复线萧山段动工兴建。萧山火车站至绍兴钱清全长17.25千米，1999年6月4日竣工，总投资8000余万元。

4月5日　萧山革命烈士陵园奠基。1996年4月5日，萧山革命烈士纪念碑落成。1998年4月5日，萧山革命烈士陵园暨革命史纪念馆落成开放。

4月11日　市委、市政府命名衙前农民运动协会旧址及李成虎烈士墓、葛云飞故里表及墓、汤寿潜纪念碑、钟阿马烈士墓、傅永先烈士纪念碑5处为萧山市首批爱国主义教育基地。

4月26日　党山镇沙北村种养殖专业户尚舒兰（女）获得“全国劳动模范”称号。1997年3月7日，尚舒兰被全国妇女联合会评为“全国‘三八’红旗手”。

5月6日　萧山被国家文化部命名为“全国文化先进县（市）”。

5月27日　中共航民实业公司委员会成立，为萧山首个村级党委。

6月2日　中共浙江传化集团支部委员会成立，为萧山首个私营企业党支部。1998年9月18日，中共浙江传化集团委员会成立，为萧山首个私营企业党委。

6月22日　省委同意省纪委对中共萧山市委副书记、市长莫妙荣因涉及经济犯罪立案审查。7月25日，省第八届人大常委会第20次会议决定，许可对省第八届人大代表莫妙荣执行逮捕。7月26日，省委、省政府批准停止莫妙荣担任中共萧山市委副书记、萧山市市长职务。

7月19日　市第十一届人大常委会第18次会议决定：林振国任萧山市副市长，主持政府工作。11月17日，市第十一届人大常委会第22次会议决定：林振国任萧山市代市长。1996年3月19～22日，在市第十一届人民代表大会第四次会议上，补选林振国为萧山市市长。

7月28日　中国农工民主党萧山市总支委员会成立。

8月1日　全市国有、城镇企业开始推行职工大病医疗保险制度。

8月8日　杭州瓷厂高级工程师叶国珍获得“国家级有突出贡献中青年专家”称号。

8月12日　萧山被列为“八五”时期第四批国家级商品粮基地县（市）。

8月30日　萧山中学迁建新校竣工。学校占地面积10.41万平方米，建筑面积7.98万平方米。

9月12日　省政府同意建立浙江省湘湖旅游度假区。度假区位于萧山市区西南郊，东侧以山脊线为界；北起西山、柴岭山，南至城厢镇徐家河村；南侧东起徐家河村、跨湖村，西至长河镇汤家井村；西侧南起汤家井村、海山桥村，北至西白马湖；北侧西起西白马湖、东白马湖、里黄家坞、秋上王、松毛山、菊花山，东至西山，规划面积9.25平方千米。1999年4月25日，湘湖旅游度假区主题公园——杭州乐园建成开园。

9月17～22日　’95全国古典式摔跤冠军赛在萧山体育馆举行。

10月18日　城区东门农副产品综合市场建成营业。

10月27日　省委决定：中共杭州市委副书记吴键兼任中共萧山市委书记，杨仲彦不再担任中共萧山市委书记职务。

12月27日　浙江传化集团总裁徐冠巨被评为“全国优秀民营企业家”。1998年2月21日，徐冠巨当选全国政协委员。

12月29日　国际集装箱联运基地在萧山经济技术开发区建成，占地面积3万平方米，建筑面积6000平方米。

是月　萧山被全国爱国卫生运动委员会命名为“国家卫生城市”。

1996年

1月9日　中共萧山市委追授以身殉职的交通协管员黄建文为“优秀共产党员”。3月22日，省政府批准黄建文为革命烈士。

1月11日　萧山被全国总工会评为“全国工会基层工作先进县（市）”。

同日　万向集团被列为全国乡镇企业现代企业制度试点单位。1997年4月29日，万向集团被列为国家试点企业集团。

1月18日　萧山被省委、省政府命名为“浙江省首批小康县（市）”。

1月22日　萧山推行国家公务员制度。

1月24日　萧山被省政府命名为“八五”时期发展乡镇企业先进县（市）。

4月3日　市委、市政府命名首届十佳市民：郭亚祥、来法根、韩松坤、张芸、张菊仙、郑水娟、杨爱武、陈建军、章华灿、费远帆。

4月4日　“浪潮杯”第十一届亚洲摔跤锦标赛在萧山体育馆举行。

4月25日　市委、市政府表彰“八五”时期十名新闻人物：鲁冠球、黄伟成、金玉英、张龙生、章方祥、陈建军、尚舒兰、黄建文、徐冠巨、冯耀忠。

4月26日　萧山农村开始推行社会养老保险制度。

5月9日　省政府批复同意将萧山市的浦沿镇、长河镇、西兴镇划入杭州市西湖区管辖。5月24日，省民政厅批复同意将杭州市西湖区西兴镇的东湖、杜湖、湖头陈3村划归萧山市城厢镇。

5月24日　浙江金马饭店建成开业。饭店占地面积2.64万平方米，建筑面积5.2万平方米，主楼27层（含地下2层），高98.8米，投资3.50亿元。

6月9日　萧山国际酒店建成开业。酒店占地面积5950平方米，建筑面积4.34万平方米，30层（地下2层），高109米，投资2.35亿元。

6月28日　萧山被国家教育委员会评为“全国幼儿教育先进县（市）”。

7月17日　萧山被国家教育委员会、民政部、中国残疾人联合会评为“全国特殊教育先进县（市）”。

8月13日　市委、市政府决定在全市开展完善农业大田生产责任制工作。

12月4日　萧山被国家林业部评为1995年度“全国平原绿化先进县（市）”。

是年　萧山被国家科委评为“全国科技工作先进县（市）”。

1997年

1月1日　萧山城乡居民推行最低生活保障制度。最低生活保障费标准为：城镇居民人均140元，农村居民80元。

是月　萧山被国家教育委员会评为“全国‘双基’工作先进县（市）”。

3月25日　萧山市行政管理中心动工兴建。中心南连人民广场，东邻市心中路，北靠金惠路。1999年6月14日建成启用，占地8.93万平方米，建筑面积4.95万平方米。

5月5日　省政府批准，萧山市试行享受市地级部分经济管理权限。

5月6日　萧山城市污水处理厂动工兴建。2000年10月，第四期工程竣工。总投资1.50亿元，日污水处理能力12万吨。

5月22日　市心广场一期工程竣工。建筑面积9万平方米，投资3.60亿元。

6月28日　萧山举行“迎回归、爱祖国”大型文艺晚会。7月1日，萧山举行大型化装踩街活动，庆祝香港回归祖国。

7月6～11日　萧山境内遭受历史罕见特大洪灾。全市24个镇乡受灾，损坏房屋1180间，农作物受灾，53家企业停产或半停产，直接经济损失5.15亿元。

是月　市委书记吴键当选中国共产党第十五次全国代表大会代表。

8月19～23日　’97全国中学生田径比赛在萧山中学举行。

11月10日　以全国劳动模范尚舒兰为原型创作的电视剧《亭亭咸菁花》举行首播式。11月13日，中央电视台第一套节目播出该部电视剧。

12月初　市委、市政府颁发《萧山市乡镇机构改革实施意见》，开展乡镇机构改革和推行（参照）公务员制度。

12月28日　全国女排甲级联赛（萧山赛区）开幕式在萧山体育馆举行。

1998年

1月9～12日　中共萧山市第十一次代表大会召开，选举吴键为中共萧山市委书记。

2月9日　全市建设、交通、土管、公安等12个重点职能部门推行政务公开。

2月16日　萧山市人民检察院被最高人民检察院命名为“全国模范检察院”。

2月24日至3月1日　政协萧山市第十届委员会第一次会议召开。

2月25日至3月2日　萧山市第十二届人民代表大会第一次会议召开。

4月11日　“东南网架”杯1997～1998赛季全国女排甲级联赛闭幕式在萧山体育馆举行。

是月　浙江爱迪尔包装集团董事长兼总经理王鑫炎被评为“全国优秀乡镇企业家”。2000年4月22日，王鑫炎被评为“全国劳动模范”。

5月7日　全市推行镇乡政务、村务公开。

5月15日　围垦东线标准塘建设开工。全长4.5千米，按20年一遇标准建设，总投资2158万元。

是月　城河公园动工兴建。公园占地面积1.76万平方米，12月建成开放。

6月6日　萧山被国际羽绒羽毛局命名为“中国羽毛绒之都”。

6月9日　国家重点水利工程——钱塘江南岸西江塘义桥段1000米标准塘竣工。共投入土石方4万立方米，投资400余万元。

6月25日　城区西山隧道开工兴建。1999年10月建成通车，隧道长205米，宽14米，高4.5米。

7月22日　萧山被中国科学技术协会命名为“全国首批科普工作示范县（市）”。

同日　城区北干山隧道动工兴建，1999年9月30日建成通车。隧道长327米，宽14米，高4.5米。

7月下旬　“中国—萧山”网（http://www.china-xiaoshan.com）建成启用。

8月6日　萧山被省政府命名为“'97省优秀城市”。

8月27日　萧山第五高级中学建成启用。学校占地面积9.87万平方米，建筑面积2.10万平方米，投资3000万元。

9月20日　萧山全面实施遗体火化殡葬改革。

9月21日　萧山东片污水治理厂一期工程开工。污水处理厂设计规模24万吨/日，首期建设12万吨/日，投资8600万元。1999年4月2日，一期工程竣工投入使用。2000年实施二期工程，总投资21800万元，处理污水能力19万吨/日。

10月12日　省委决定：史久武任中共萧山市委书记，吴键不再兼任中共萧山市委书记。

10月14日　萧山市第十二届人大常委会第五次会议同意吴键辞去市人大常委会主任职务，决定施松青任市人大常委会代理主任。

12月　杭州钱江电气集团股份有限公司收购衢州变压器厂，为萧山首家跨地区收购国有企业。

1999年

1月21日　萧山汽车东站一期工程建成启用。车站占地50亩（3.33万平方米），投资844.45万元,可容纳230余辆汽车。2000年8月1日，二期工程开工，投资433.16万元，12月5日竣工。

2月1日　市人大常委会作出决定：授予高田清一（日本国籍）、魏天钦（中国香港籍）、川崎嘉重（女，日本国籍）、薛伯辉（中国台湾籍）、黄泽明（中国香港籍）、卢进益（中国台湾籍）6位人士为“萧山市荣誉市民”。

2月12日　首次举办电视直播萧山春节联欢晚会。

3月5～8日　萧山发行销售5000万元“中国福利赈灾彩票”。

3月10日　萧山完善第二轮土地承包责任制试点在党山、闻堰两镇展开。8月12日，市委、市政府全面部署土地第二轮承包工作，要求各镇乡在9月底完成。

5月2日　萧山举行解放50周年“五月的鲜花”大型文艺晚会。5月4日，举行萧山解放50周年纪念大会。

5月16～17日　市委、市政府领导赴京慰问我国驻南斯拉夫联盟共和国大使馆受伤的萧山籍武官任宝凯。

6月4日　国家“九五”时期铁路重点工程建设项目控制工程——萧（山）甬（宁波）复线曲线型新塘特大桥建成通车。

6月5日　杭州萧山机场专用公路开工兴建，2000年12月28日竣工通车。全长18.66千米，造价近7亿元。

6月12～14日　“东南网架”杯’99中国国际女子排球赛在萧山体育馆举行。

6月17～19日　’99全国健美操锦标赛在萧山体育馆举行。

6月20日　’99萧山（杜家）杨梅节在所前镇举行。此后，每年举办杨梅节。

6月22日　人民广场动工兴建。广场占地面积6万平方米，12月20日竣工。

7月30日　杭（州）金（华）衢（州）高速公路开工，全长290千米。其中一期工程长236.57千米，萧山境内30.14千米，2002年12月28日建成通车。

8月24日　浙江开元旅业总公司与宁波江东中兴工贸公司联合投资2.50亿元，创办宁波开元大酒店，开萧山酒店业横向发展先河。

8月25日　东方文化园奠基兴建，园区规划用地55万平方米，投资5亿元。其中一期工程投资1.7亿元，2000年9月25日举行开光典礼。2001年初，二期工程建成迎客。

9月9日　市委常委会传达学习中共中央政治局常委、书记处书记胡锦涛和中共浙江省委书记张德江分别就浙江传化集团建立党委所作的批示。2000年2月18日，市委召开全市非公有制企业建党工作会议，总结推广浙江传化集团企业建党工作经验。

同日　位于湘湖农场大湾村的杭州山里人家景点开园迎客。景点占地面积600亩（40万平方米），投资800万元。

9月25日　衙前农民运动纪念馆落成开馆。

9月26日　萧山举行国庆50周年“与祖国同行”大型文艺晚会。

10月26日　临浦镇被国务院体制改革办公室列为全国小城镇综合改革试点镇。

11月25日　顺坝围涂工程开工。2000年6月10日竣工，筑堤坝7.2千米，围涂7000亩（466.67

万平方米）。

12月20日　市委宣传部、团市委、市妇联、市青年联合会举办“塑青年形象，迎世纪辉煌”'99萧山婚典，迎接澳门回归祖国。

2000年

1月10日　湘湖风情大道2000年1月动工，2001年竣工。路长3530米，宽36米。

2月18日　全省乡镇企业社会养老保险工作在萧山试点。万向集团、浙江传化集团、杭州钱江电气股份有限公司被列为首批试点单位。

2月22日　省政府批准，在萧山建设浙江省农业高科技示范园区，占地333.34万平方米。9月19日，举行园区奠基暨首期项目开工典礼。2002年4月28日建成开园。

是月　城郊长山双洞隧道开工兴建。12月建成通车，东侧洞长220米，西侧洞长210米，宽均为10.5米。

5月13日　由萧山籍队员组成的浙江省男子坐式排球队，在全国第五届残疾人运动会上获男子坐式排球比赛第三名。

7月15日　南江公园动工兴建。12月20日建成开放，公园占地面积10.1万平方米。

9月10～12日　市第十二届人大常委会第24次会议决定，授予陈俊镛（中国台湾籍）、小林荣司（日本国籍）、李绍明（中国台湾籍）、村越启介（日本国籍）、和光厚一郎（日本国籍）、林当来（中国台湾籍）6位人士为“萧山市荣誉市民”。

9月16日　中央电视台首次现场直播钱江潮实况。

是月　浙江传化化学集团有限公司“传化牌”商标获“中国驰名商标”称号。

11月1日零时　第五次全国人口普查，全市常住人口1233348人。是年底，全市户籍人口1141946人。

是年　全市实现国内生产总值22790999万元，工业总产值6014966万元，农业总产值329158万元；财政收入173728万元，其中地方财政收入81766万元；城镇居民人均可支配收入10513元，农村居民人均纯收入6152.43元。在全国综合实力百强县（市）中，萧山名列第九位。

2001年

1月1日　市委、市政府在行政中心举行“筑起新的长城——千人升国旗”仪式，迎接21世纪到来。

是月　1998年动工的城市新区金城路竣工通车。东起通惠中路，西至风情大道，全长5315米，宽58米。

2月2日　国务院批复同意撤销县级萧山市，设立杭州市萧山区。3月25日起，称杭州市萧山区。

2月11日　市电信局宽带上网业务开通营运。

2月26日至3月2日　政协萧山市第十届委员会第四次会议召开。陈福根辞去市政协主席职务，补选沈奔新为市政协主席。

领导视察考察

1985年

2月24日　中共中央政治局委员、全国人大常委会委员长彭真视察红山农场。

6月18日　中共黑龙江省委书记李力安考察义蓬区乡镇工业。

11月29日　中共中央政治局委员、书记处书记、国务院副总理田纪云到萧召开萧、绍两县有关人员参加的农村工作座谈会。

12月31日　省长薛驹视察杭州曲轴厂、萧山电磁阀门厂、萧山漂染厂。

1986年

1月8日　中共中央政治局委员胡乔木视察杭州万向节厂。

2月25日　全国政协副主席、民盟中央副主席、社会学家费孝通视察杭州万向节厂。

5月23日　国务委员、中国人民银行行长陈慕华视察杭州万向节厂。

10月25日　国务委员张劲夫视察杭丰纺织有限公司、杭州万向节厂、浙江钱江啤酒厂、红山农场。

11月11日　中共中央顾问委员会常委、中美友好协会会长黄镇视察红山农场、杭州万向节厂。

11月28日　省人大常委会主任李丰平视察萧山围垦地区。

12月5日　省委书记王芳到萧调研精神文明建设情况，视察红山农场。

1987年

3月9日　全国政协常委、民建中央副主席汤元炳视察萧山乡镇企业。

9月14日　中共中央政治局委员、书记处书记、国务院副总理乔石视察红山农场、杭州万向节厂。

1988年

3月23日　省委书记薛驹到萧检查工作。

5月6日　中共中央政治局候补委员丁关根到萧考察外向型经济发展情况。

6月10日　中共中央宣传部部长王忍之视察杭州万向节厂。

7月15日　全国政协副主席司马义·艾买提视察红山农场。

10月30日　中共中央政治局委员、组织部部长宋平视察浦沿镇敬老院。

12月23日　国务院副总理姬鹏飞视察红山农场。

1989年

9月28日　省委书记李泽民视察杭州万向节总厂农业车间、围垦、红山农场。

10月14日　农业部部长何康视察杭州万向节总厂。

10月16日　国家计划生育委员会主任彭珮云视察光明乡计划生育工作。

11月12日　全国人大常委会副委员长朱学范视察杭州万向节总厂、红山农场。

11月16日　省委书记李泽民到杭州万向节总厂调研乡镇企业在治理整顿中求发展情况。

12月4日　省委书记李泽民、省长沈祖伦到义蓬、城北两区水利工地参加劳动。

1990年

4月25日　省政协主席商景才视察杭丰纺织有限公司、瓜沥镇航民村。

5月15日　省长沈祖伦视察杭州钱江外商台商投资区江南区块。

10月3日　省委书记李泽民到萧调研工农业生产和党的基本路线教育试点情况。

10月9日　省长沈祖伦到萧调研企业兼并情况。

10月12日　国务院副总理吴学谦视察红山农场。

10月27日　国家经济体制改革委员会党组书记、中国经济体制改革研究会会长安志文到红山农场、杭州万向节总厂调研农村改革情况。

11月9日　省长沈祖伦到萧召集区、镇乡负责人和企业厂长座谈会。

12月1日　国务委员、国家科学技术委员会主任宋健视察杭州万向节总厂。

12月4日　全国政协副主席吕正操视察杭州万向节总厂、红山农场。

12月6日　省委书记李泽民、代省长葛洪升到城北区新街水利工地参加劳动。

1991年

3月15日　监察部部长尉健行到萧检查指导工作，考察红山农场、杭州万向节总厂。

5月20日　中共中央政治局常委、书记处书记李瑞环视察瓜沥镇航民村。

10月6日　省委书记李泽民视察瓜沥镇航民村和党湾“千斤麻工程”，并听取萧山工作情况汇报。

10月10日　农业部部长刘中一视察红山农场、浙江钱江啤酒厂、杭州万向节总厂。

10月25日　中共中央总书记、中央军委主席江泽民视察瓜沥镇航民村。

10月29～30日　民政部部长崔乃夫到萧考察民政福利企业。

1992年

1月25日　中共中央政治局委员、全国人大常委会委员长万里视察瓜沥镇航民村。

3月14日　国务院台湾事务办公室主任王兆国考察杭州钱江外商台商投资区市北区块。

5月6日　中共中央政治局常委、国务院总理李鹏视察杭州钱江外商台商投资区市北区块。

5月30日　国务委员、北京市市长陈希同考察杭州万向节总厂。

6月13日　省委书记李泽民视察萧山火车新站和建设中的萧山商业城及钱江外商台商投资区市北、桥南区块。

6月18日　共青团中央第一书记宋德福考察杭州万向节总厂、瓜沥镇航民村。

9月9日　省长葛洪升视察杭州钱江外商台商投资区江南区块、萧山火车站、萧山商业城。

1993年

1月19日　中共中央政治局常委乔石视察瓜沥镇航民村、浙江北天鹅羽绒制品有限公司。

2月1日　国务委员王芳视察瓜沥镇航民村、萧山花边总厂。

4月初　中共中央统战部副部长、全国工商联党组书记李定到萧考察工作。

5月7日　全国人大常委会副委员长陈慕华视察中外合资杭州汇丽绣花制衣有限公司、萧山花边总厂、萧山伞面绸厂。

5月25日　全国政协副主席赛福鼎·艾则孜视察红山农场。

5月28日　省长万学远视察杭（州）甬（宁波）高速公路萧山段建设情况。

6月14～15日　省委书记李泽民到萧调研经济发展和农村基层党组织建设情况，视察萧山经济技术开发区。

6月17日　全国政协副主席杨汝岱视察红山农场、浙江万向机电集团公司。

9月6日　省委书记李泽民视察杭（州）甬（宁波）高速公路萧山段建设情况。

10月23日　中共中央纪律检查委员会副书记陈作霖视察萧山经济技术开发区、萧山商业城。

11月7日　国务委员李贵鲜视察瓜沥镇航民村、萧山商业城。

11月23日　中共中央政治局常委、书记处书记胡锦涛视察红山农场，召开乡镇企业工作座谈会。

1994年

1月10日　省政协主席刘枫视察杭（州）甬（宁波）高速公路萧山段建设情况。

4月17日　中共中央宣传部副部长龚心瀚视察杭州传化化学制品有限公司。

5月23日　全国工商联副主席李宏昌到杭州传化化学制品有限公司视察。

6月13日　国务委员陈俊生视察衙前镇优胜村、万向集团。

6月17日　中共中央统战部常务副部长、全国工商联党组书记蒋民宽视察杭州传化化学制品有限公司。

7月12日　省委书记李泽民到萧检查工作。

8月23日　国务院特区办公室主任胡平考察萧山经济技术开发区、万向集团、红山农场。

11月1日　省委书记李泽民到西兴镇杜湖村、西兴村调研农村工作。

11月26日　省长万学远视察1.3万亩围垦工程，走访种粮大户。

1995年

5月15日　中共中央总书记、国家主席、中央军委主席江泽民视察万向集团。

6月2日　中共中央政治局常委、全国人大常委会委员长乔石视察红山农场。

8月31日　省委书记李泽民到萧听取市委工作汇报，召开企业座谈会，提出抓好当前工作的要求。

9月19日　全国人大常委会副委员长倪志福视察万向集团。

10月15日　民政部部长多吉才让到萧调研民政工作。

11月10日　省长万学远视察杭甬高速公路萧山段建设情况。

1996年

5月17日　省长万学远视察萧山现代农业开发区。

11月1日　最高人民检察院检察长张思卿考察红山农场、万向集团、萧山经济技术开发区。

11月2日　中共中央政治局委员、书记处书记、国务院副总理姜春云视察万向集团、红山农场。

12月24日　国务院特区办公室主任葛洪升考察萧山经济技术开发区。

1997年

4月7日　国内贸易部部长陈邦柱考察萧山国家粮食储备库、浙江东南粮食市场、萧山国际酒店。

4月14日　劳动部党组书记、常务副部长李其炎考察浙江万达集团、红山农场。

4月24日　全国政协常委、中央统战部常务副部长、全国工商联党组书记蒋民宽视察传化集团。

5月16日　代省长柴松岳视察浙江万达集团、浙江永翔电缆集团。

5月20日　吉林省省长王云坤率政府代表团考察万向集团。

6月1日　水利部部长钮茂生考察萧山排灌闸站。

7月10日　省委书记李泽民、代省长柴松岳察看闻堰镇西江塘受灾情况，组织指挥抗洪抢险工作。

10月12日　全国政协副主席阿沛·阿旺晋美视察红山农场。

10月19日　代省长柴松岳慰问杭州萧山机场征迁安置点村民。

11月14日 全国人大常委会副委员长李锡铭视察萧山经济技术开发区。

同日 全国人大常委、全国工商联副主席张诸武视察传化集团。

12月27日 代省长柴松岳视察杭州萧山机场建设情况。

1998年

5月7日 省长柴松岳在万向集团、浙江传化集团调研乡镇企业发展情况。

5月8日 中共湖北省委书记贾志杰、省长蒋祝平率党政代表团考察万向集团、浙江传化集团、红山农场。

6月19日 省长柴松岳视察闻堰镇西江塘，检查防洪抗汛工作。

8月13日 省委书记李泽民视察杭州萧山机场建设情况。

9月17日 全国政协副主席钱伟长视察万向集团。

10月30日 全国政协副主席李贵鲜到萧视察围涂造地和滩涂开发利用情况，参观萧山市水产发展总公司、龙翔养殖有限公司、围垦东线标准塘。

11月2日 全国政协副主席孙孚凌视察浙江传化集团。

11月8日 全国人大常委会委员、农业与农村委员会主任高德占考察万向集团，了解《中华人民共和国乡镇企业法》贯彻执行情况。

11月19日 农业部部长陈耀邦视察万向集团。

同日 建设部部长俞正声考察瓜沥镇小城镇建设情况。

11月29日 中共中央政治局委员、中共上海市委书记黄菊率党政代表团考察万向集团。

12月30日 财政部部长项怀诚到萧调研财政工作。

1999年

1月7日 省人大常委会主任李泽民偕同在浙的全国人大代表视察萧山经济技术开发区。

1月24日 省委书记张德江到萧调研经济建设工作，视察新世纪广场、城市新区、银河小区、萧山经济技术开发区、钱塘江标准塘、瓜沥镇航民村、红山农场。

3月19日 文化部部长孙家正考察宁围镇文化工作。

4月29日 中共中央纪律检查委员会副书记曹庆泽到萧考察纪检工作，参观万向集团。

5月6日 科技部部长朱丽兰到萧考察万向集团。

5月18日 全国人大常委会副委员长、全国妇联主席彭珮云视察万向集团、宁围镇妇女“双学双比”基地和瓜沥镇航民村。

5月21日 中共中央政治局候补委员、国务委员吴仪视察万向集团。

7月1日 省委书记张德江、省长柴松岳视察杭州萧山机场施工现场。

9月8日 中共内蒙古自治区委员会书记、自治区人大常委会主任刘明祖率党政代表团到萧考察，参观万向集团、浙江传化集团。

10月14日 全国政协副主席周铁农率全国政协视察团，参观万向集团、浙江传化集团。

10月22日 中共吉林省委书记王云坤、省长洪虎率党政代表团，参观万向集团、浙江传化集团。

2000年

1月5日　省长柴松岳视察杭州萧山机场建设工地。

2月20日　全国政协副主席、全国工商联主席经叔平视察万向集团、浙江传化集团。

2月23日　中共中央政治局常委、全国政协主席李瑞环视察万向集团、新街镇苗木生产基地。

3月30日　中共中央政治局常委、全国人大常委会委员长李鹏视察万向集团。

4月4日　省委书记张德江视察浙江传化集团、杭州大地网架制造有限公司。

4月24日　中共甘肃省委书记孙英、省长宋照肃率党政代表团考察万向集团。

4月25日　中国科学院院长路甬祥到萧考察经济社会发展情况。

4月26日　中共广西壮族自治区委员会副书记、自治区主席李兆焯率党政代表团到萧考察。

5月11日　中共中央总书记、国家主席、中央军委主席江泽民视察浙江传化集团、杭州大地网架制造有限公司。

8月1日　省长柴松岳到萧检查标准塘建设情况。

9月17日　中共中央政治局委员、国务院副总理吴邦国视察浙江传化集团。

10月17日　中共云南省委书记令狐安率党政代表团考察万向集团、浙江传化集团。

11月5日　中共山西省委书记田成平率党政代表团到萧考察。

11月20日　国家经济贸易委员会主任盛华仁到萧考察。

11月21日　省人大常委会主任李泽民到萧调研私营企业工会工作。

12月5日　省委书记张德江到萧调研农村信用社发展情况。

12月12日　中共中央政治局常委、国务院总理朱镕基视察萧山宁围中心信用社。

【专　记】

中共中央总书记江泽民三次视察萧山

江泽民视察瓜沥镇航民村

1991年10月25日上午9时许，中共中央总书记、中央军委主席江泽民在浙江省委书记李泽民、省长葛洪升、杭州市市长卢文舸、萧山市委书记王良仟陪同下，到瓜沥镇航民村视察。

江泽民一下汽车就高兴地说："我一路过来，看得出你们这里很富裕。"接着，航民村党总支书记朱重庆向江泽民介绍了航民村改革开放以来的发展情况。其间，江泽民不时提问、插话，他语重心长地对朱重庆说："你们村公共设施搞得很好，都是集体搞的。现在生活好了，还要加强社会主义思想教育。”江泽民在询问有关村党组织建设情况后说：“一定要把农村党组织建设好，加强党的工作，带领大家共同致富。”

随后，江泽民到村办企业萧山漂染厂参观。他边看边向厂长朱德水询问，并对朱重庆说：“要进一步把农、工、贸等各业都办好，做到物质和精神文明双丰收。”

江泽民沿航民村村旁小河，在一幢幢造型别致的村民住宅中，先后走访了村民朱建庆和朱关友两户家庭。在朱建庆家里，江泽民察看了他家的厨房、卫生设施和二楼卧室，然后坐在堂前的长沙发上，与坐在两旁的朱建庆、龚为芳夫妇亲切交谈。随后又到隔壁的朱关友家。当附近的村民前往看望江泽民时，他说：“你们的日子过得很不错嘛！”人群中有几位村民高兴地说：“全靠党的领导好，社会主义好！”

江泽民视察万向集团

1995年5月15日上午，中共中央总书记、国家主席、中央军委主席江泽民在中共中央政治局候补委员、中央书记处书记温家宝，中央军委委员、总后勤部部长傅全有，国家经贸委主任王忠禹，浙江省委书记李泽民，杭州市市长王永明的陪同下，再次到萧山，视察万向集团。

一下车，陪同的王永明向江泽民介绍说：“这就是万向集团董事局主席鲁冠球。”江泽民接过话说：“哦，我知道。”这时，正在迎候的鲁冠球激动地说：“江总书记，我们终于把您盼来了，我代表全公司4500名员工欢迎您来视察。您到乡镇企业万向集团来，是对我们的最大支持！”江泽民亲切地拍了一下鲁冠球的肩膀说：“好，好，我是来给你们鼓劲的，但企业的重担还要你们自己挑。”

在接待室，鲁冠球向江泽民汇报了万向集团的发展史。当鲁冠球汇报到公司的产品远销32个国家和地区时，江泽民风趣地说：“这下你鲁冠球名副其实，声冠全球喽！”在视察过程中，江泽民向鲁冠球询问了集团在总资产中资本金所占的实际比重、明晰产权的做法等方面的问题，他对万向集团公司资本金在总资产中占绝对优势、负债率大大低于全国国有企业平均值（低20多个百分点）表示赞赏，他说：“你这样的日子就很好过喽！”这时，李泽民插话说：“我来这里调研过，这里坚持产权不量化到人。”江泽民说：“现代企业制度要求明晰产权，但并不等于说只有量化到个人才算明晰嘛！”他勉励鲁冠球：“你们已经在建立现代企业制度的道路上取得了一些成绩，但不能停步，要继续大步迈进。”鲁冠球应答说：“请总书记放心，我们一定好好干！”

在车间，江泽民亲切地询问了几位职工的年龄、学历、专业、生活等方面的情况，鼓励他们要坚持好好学习，多读一点书。他说：“读书没有读完的一天，在职的同志要坚持挤时间自学、研究，这样才会成功。”并说自己白天工作忙，晚上总是要坚持学习两小时左右。他抬头指着墙上书有“想主人事，干主人活，尽主人责，享主人乐”的横幅说：“是啊，天上不会掉下馅饼，我们就是要提倡这样一种主人翁精神。”

江泽民视察浙江传化集团、杭州大地网架制造有限公司

2000年5月11日上午10时半，一辆中型面包车缓缓驶进浙江传化集团厂区。在阵阵热烈的掌声中，中共中央总书记、国家主席、中央军委主席江泽民在省委书记张德江的陪同下，微笑着走下车来，与迎上前来的杭州市委常委、萧山市委书记史久武，浙江传化集团董事长徐传化、总裁徐冠巨一一握手。随后挥手向欢迎的人群致意。这是江泽民第三次到萧山视察。

江泽民来到洗衣粉生产车间中央控制室时，笑着握住一位叫丁亚芳的女工的手问："洗衣粉生产过程如何控制？"见小丁激动得一时语塞，徐冠巨赶紧插话说："洗衣粉生产是全自动控制的，设备是国内最先进的……"江泽民听了笑着点点头。

接着，江泽民仔细地察看新建成的年产8万吨的洗洁精流水线，并不时就生产、销售、工艺、技术等问题进行提问。当得知传化集团这家私营企业已进入全国洗衣粉生产五强行列时，江泽民又一次露出了赞许的微笑。

江泽民在视察浙江传化集团时，还欣然挥毫写下了"江泽民　二〇〇〇年五月十一日于浙江传化化学集团"。

江泽民离开浙江传化集团后，又到位于萧山经济技术开发区的杭州大地网架制造有限公司视察。当见到大面积、大跨度的厂房时，江泽民说："厂房盖得不错，有气派。"接着，他在与公司总经理王金花交谈时问道："厂房是自己生产的？是钢架结构？跨度多少？"王金花自豪地说："那当然了，27米三跨度的厂房有81米长呢！"江泽民接着问：什么时候办的厂？起家多少钱？现有总资产多少？净资产又有多少？员工有多少？技术力量如何？王金花一一作了回答。

江泽民一句句平易近人的问话，使现场的气氛十分活跃。

在生产车间，江泽民看到即将发送的泄洪深孔弧门、屋顶钢架等产品时，停住了脚步，仔细察看一番后颇感兴趣地问："产品销往哪里？"当获悉大地网架公司生产的产品将用在国家重点建设工程长江三峡电站和福建棉花滩水电站时，江泽民又问："所接的工程是参加招标的吗？"王金花回答说："都参加招标的，有的还在国际招标中中标。"听到这里，江泽民点点头说："干得不错。"

最后，江泽民还欣然题写了"江泽民　二〇〇〇年五月十一日于大地网架制造有限公司"。

外国及港澳台宾客访问萧山

1985年

1月26日　国际合作社联盟副主席达努率代表团到萧考察。

3月6日　美国世界资源研究所代表团考察长河乡山一村环境保护工作。

4月18日　苏联、南斯拉夫、美国、英国、法国、联邦德国、印度等25个国家驻华武官参观红山农场。

4月25日　几内亚比绍共和国国务委员会第一副主席保罗·科雷亚访问红山农场。

5月22日　斐济总理卡米塞塞·马拉访问红山农场。

6月23日　乌干达政府文化代表团参观红山农场。

8月10～12日　世界卫生组织顾问杜尼考察萧山市人民医院、市卫生防疫站、市妇幼保健所和萧山卫生进修学校。

9月14日　苏联、印度等国驻香港领事一行24人参观杭丰纺织有限公司、红山农场。

1986年

4月23日　联合国开发计划署、联合国粮农组织参加亚太地区提水工具研讨会的代表考察萧山江边排灌站。

6月11日　扎伊尔共和国第一国务委员莱昂·肯戈·瓦东多访问红山农场。

9月11日　联合国粮农组织荷兰籍经济学家史兰根考察长河镇络麻生产经营情况。

1987年

3月3日　泰国王储玛哈·哇集拉隆功访问红山农场。

4月14日　冈比亚共和国总统达乌达·凯拉巴·贾瓦拉及夫人访问红山农场、萧山水泵厂。

5月17日　国际劳动组织成员国菲律宾、尼泊尔、泰国、澳大利亚、新加坡、日本等代表一行12人参观红山农场。

5月30日　联合国驻京代表和58个国家驻华大使及夫人一行88人参观杭州万向节总厂、红山农场。

6月20日　18个国家驻华大使及夫人一行26人参观杭州万向节总厂、红山农场。

10月11日　美国特拉华州副州长吴仙标（美籍华人）访问杭州万向节总厂。

10月24日　联合国环境规划署驻亚太地区办公室主任奈通博士考察长河镇山一村生态环境状况。

1988年

3月19日　柬埔寨国家元首诺罗敦·西哈努克亲王及夫人访问红山农场。

4月9日　日本静冈县日中友好访问团一行28人参观杭州万向节总厂、红山农场。

6月25日　埃塞俄比亚共和国总统门格斯图·海尔·马里亚姆访问杭州万向节总厂、红山农场。

9月3日　联合国环境规划署副执行主任曼斯菲尔德及夫人考察长河镇山一村生态环境情况。

10月31日　保加利亚中央联社主席伊凡·佩赫里万诺夫一行7人访问萧山市供销社，参观萧山商业机械厂、西兴棉纺织厂、浦沿供销社之江商业大楼。

1989年

9月28日　民主德国国务委员会副主席、德国统一社会党中央政治局委员埃贡·克伦茨率民主德国党和国家代表团访问红山农场。

11月18日　泰国上议院第一副议长披实·赫马布访问红山农场。

1990年

3月28日　国际劳工组织亚洲就业署官员伊斯拉姆、荷兰海牙社会研究所教授塞斯、瑞典斯德哥尔摩经济学院教授伦纳斯参观杭州万向节总厂、红山农场、杭州江南丝绸印花厂。

5月8日　日本静冈县长泉町议会议长深泽利定访问杭州万向节总厂。

6月13日　叙利亚共和国副总统、全国进步阵线副主席穆罕默德·祖海尔·穆沙拉卡访问红山农场、杭州万向节总厂养鳗场。

11月17日　以和合正治为团长的日本全国市长会代表团一行8人访问杭州万向节总厂。

12月3日　世界卫生组织顾问马赞达博士到萧考察城山乡杜家弄村粪便管理改革情况。

1991年

1月18日　法国外交部、农业部和国际热带农业发展中心专家一行8人参观萧山化工厂。

3月28日　联合国粮农组织高级官员一行10人访问红山农场。

4月27日　非洲工人党总书记莫努、副总书记迪奥访问红山农场。

5月20日　朝鲜青年中央委员会副委员长李永德率青年友好代表团一行50人参观瓜沥镇航民村。

6月24日　世界银行检查组组长希尔夫人到萧考察水产养殖项目执行情况。

7月10日　以禹达镐为团长的朝鲜劳动党金日成高级党校访华团参观杭州万向节总厂、瓜沥镇航民村。

7月16日　朝鲜劳动党中央委员、朝鲜国家科技委员会委员长、朝中友好协会委员长李子方率朝中友好代表团访问杭州万向节总厂、红山农场。

11月7日　日本山梨市议会议长雨宫唯信率山梨市友好访问团到萧访问。

1992年

3月7日　匈亚利工人党主席蒂尔迈久洛访问红山农场。

6月10日　尼泊尔王国议长德曼·纳特·东加纳访问杭州万向节总厂。

7月1日　厄瓜多尔工人联合会主席埃德加·庞塞、乌拉圭工会法律顾问劳尔访问萧山市总工会，参观瓜沥镇航民村。

8月4日　纳米比亚妇女联合会主席访问红山农场。

8月23日　美国农业代表团一行7人参观红山农场。

9月29日　国际黄麻组织考察团一行11人考察萧山棉麻试验场。

10月20日　日本山梨市市长高田清一率友好交流访华团到萧访问，双方签订缔结友好交流关系协议。1999年4月14日，萧山市人民政府向高田清一颁发“萧山市荣誉市民”证书。

11月1日　欧洲华侨、华人社团联合会名誉主席文良生率欧洲华侨、外籍华人代表团参观红山农场、浙江钱江啤酒厂、杭州钱江外商台商投资区江南区块。

11月3日　埃及共和国前总理穆斯塔法·哈里勒及夫人访问杭州万向节总厂。

1993年

6月24日　法国华侨俱乐部9名华侨领袖访问红山农场。

10月23日　韩国丽川市副市长郑成还率市政府代表团到萧访问。

11月17～18日　以竹川辉繁为团长的日本山梨市议员友好访问团参观萧山经济技术开发区。

11月27日　新加坡内阁资政李光耀访问红山农场。

1994年

1月3～4日　萧山籍台胞高仰止率台湾区域发展研究院访问团参观萧山经济技术开发区、红山农场。

1月15日　津巴布韦议会议长诺兰·奇波·马孔贝一行8人访问万向集团。

9月23日　斐济总理西蒂维尼·兰布卡访问万向集团、红山农场。

10月31日　加拿大南北研究所妇女进一步项目主任乔安娜·柯尔到萧考察妇女就业和社会地位情况。

11月11日　日本静冈县知事石川嘉延访问萧山经济技术开发区。1996年11月19日，石川嘉延再次率团访问萧山经济技术开发区。

1995年

3月4日　澳大利亚西澳州总理理查德·考特率州政府代表团访问萧山经济技术开发区。

3月21日　美国、加拿大妇女儿童健康代表团一行38人参观瓜沥镇航民村、镇幼儿园、镇中心卫生院。

4月28日　印度尼西亚国家计委副主任苏克曼参观萧山市妇幼保健院、西兴镇中心卫生院、西兴镇星民村卫生室。

5月9日　巴拉圭执政党——红党众议院领袖卡诺·拉迪尔访问万向集团。

5月30日　匈牙利国家广播电台台长盖博尔·瑞卡参观浙江传化集团、红山农场。

6月28日　美国摩托罗拉公司副总裁恩塞涅·海耐考察萧山经济技术开发区。

8月4日　日本共同社顾问松尾好治参观浙江万达集团公司。

9月19日　日本贺田工业有限公司董事长贺田考察萧山经济技术开发区。

11月15日　日本山梨市议会议长雨宫义和率山梨市友好代表团访问萧山经济技术开发区。

12月4日　巴基斯坦参议院副主席阿布杜勒·贾巴尔率参议院代表团访问红山农场。

12月12日　香港新恒基国际集团董事局主席高敬德考察萧山经济技术开发区、万向集团。

1996年

1月9日　世界卫生组织官员考察衙前、靖江两镇农村合作保健制度运行情况。

4月17日　世界银行高级副行长、首席经济学家迈克尔·布鲁诺，世界银行东亚和太平洋地区首席经济学家迈克尔·沃尔顿一行6人考察万向集团。

4月27日　俄罗斯农村动力设计院农电代表团到萧考察，参观萧山市供电局调度中心。

9月6日　赤道几内亚总统特奥多罗·奥比昂·恩圭马·姆巴索戈及夫人访问萧山经济技术开发区。

9月14～16日　欧洲华侨联合会常务理事、西班牙华侨华人妇女联合会主任叶玉兰一行6人到萧访问，参观红山农场、萧山经济技术开发区、杭州瓷厂、钱江啤酒集团、萧山花边总厂。

10月11日　美国南加州苏浙沪同乡会会长徐大卫一行30人参观萧山经济技术开发区。

10月16日　法国上诺曼底大区议会主席安东尼·吕弗纳克率代表团访问萧山经济技术开发区。

10月17日　澳大利亚澳中集团董事局主席、澳中工商会主席金凯平率澳大利亚青年企业家访华团考察萧山经济技术开发区。

11月9日　以玛格丽特·梅蒂博士为团长的美国萨克拉门托护理代表团一行18人考察萧山市第一人民医院。

12月12日　叙利亚总理马哈茂德·祖阿比访问红山农场。

1997年

1月29日　尼泊尔工会大会主席拉尔斯曼·巴哈杜尔·巴斯内特一行3人访问万向集团。

4月14日　日本静冈县议会议长渡边新作率议会代表团一行15人访问萧山经济技术开发区。

9月4日　日本静冈县静冈市议会议长剑持邦昭率代表团一行14人访问萧山经济技术开发区。

10月28日　台湾农民代表团一行16人参观红山农场。

11月7日　日本全国中小企业团体中央会会长、静冈县日中友好协会理事长井上光一考察萧山经济技术开发区。1999年9月27日，井上光一再次到萧考察、访问。

12月17日　台湾电机电子工业江浙考察团考察萧山经济技术开发区。

1998年

4月10日　日本静冈县议会议长川口久一率议会代表团访问萧山经济技术开发区。

5月20～23日　荷兰费列瓦德省阿尔默市代市长贝梅尔一行3人访问萧山现代农业开发区、萧山经济技术开发区。

6月14日　缅甸电力部部长丁图少将到萧访问克瓦纳（杭州）发电设备有限公司。

11月1日　拉丁美洲、加勒比地区及南亚地区12个国家驻华使节和经贸组织官员参观新街镇花木生产情况。

1999年

4月15日　日本太阳机械株式会社社长柳本利幸到萧考察投资环境。7月14日，柳本利幸再次到萧考察，洽谈投资项目。

6月10日　国际羽绒羽毛局（IDFB）主席简瑞·汉纳尔一行60人到萧考察羽绒生产情况。

同日　台湾工业总会常务理事卢基盛、秘书长何君毅率经贸团一行8人到萧考察投资环境。

7月9日　塔吉克斯坦、吉尔吉斯斯坦、哈萨克斯坦、乌兹别克斯坦、土库曼斯坦、亚美尼亚、阿塞拜疆、格鲁吉亚、乌克兰、白俄罗斯、蒙古11个国家的政府官员到萧访问，参观萧山经济技术开发区。

7月13日　日本电石株式会社社长大井良章一行到萧考察投资环境。

7月17日　朝鲜祖国战线中央委员会议长康连鹤率朝鲜祖国战线代表团一行6人访问浙江传化集团。

9月13日　参加中国—非洲经济管理官员研修班的尼日利亚、加纳、毛里求斯等12个非洲国家的35名外交官员参观新街花木生产基地。

9月23～24日　法国爱松省秘书长布雷松一行到萧访问，探讨建立双方友好关系，参观萧山中学、萧山第五高级中学。

9月25日　著名美籍华人、美国福州十邑同乡会主席林天钦一行到萧考察投资环境。

10月15日　日本旭化成工业株式会社社长山本一元考察萧山经济技术开发区。

10月22日　世界台商总会会长、泰国长兴化学集团总裁余声清考察萧山经济技术开发区。

11月10日　以美国佛罗里达州农业部部长理安·温沃特女士为团长的农业代表团一行7人参观萧山农业对外综合开发区。

11月12日　以洪光雄理事长为团长的韩国LABO青少年代表团一行6人到萧考察体育路小学艺术教育情况，参观红山农场。

12月2日　美国奥普堤玛公司总裁德瑞克一行考察萧山经济技术开发区。

2000年

11月15日　日本山梨市市民代表团到萧参观访问。

11月17日　以澳门工会联合会会长唐星樵为团长的澳门特别行政区全国人大代表团到萧考察。

2001年

2月22日　日本日华化学株式会社社长江守干男一行考察萧山经济技术开发区。

3月2日　日本播磨化成株式会社社长谷川吉弘一行考察萧山经济技术开发区。

3月7日　日本静冈县经济交流团考察萧山经济技术开发区，参观杭州萧山机场。

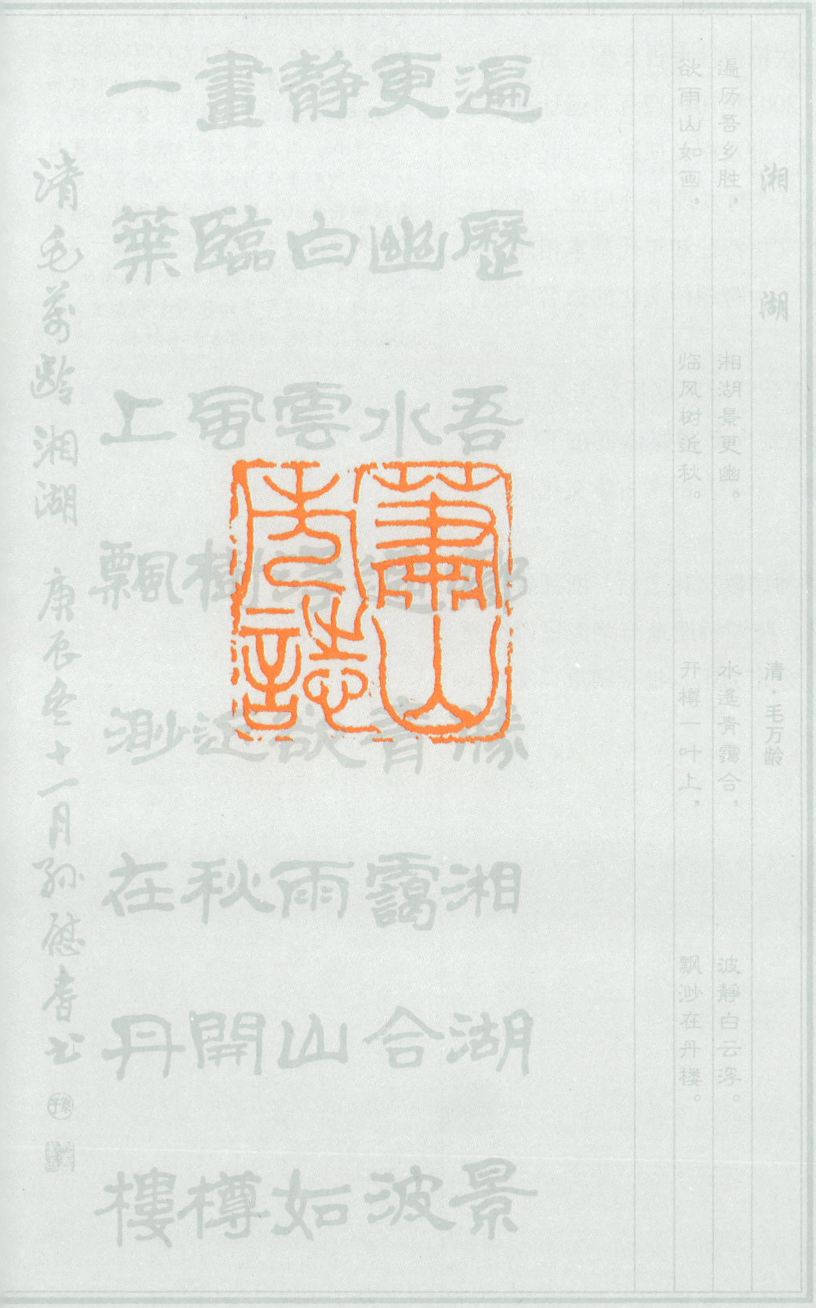
湘湖
清·毛万龄
遍历吾乡胜。湘湖景更幽。水遥青霭合。波静白云浮。
欲雨山如画。临风树近秋。开樽一叶上。飘渺在丹楼。

第一编 跨湖桥文化

跨湖桥文化，为距今8000～7000年的新石器时代文化。跨湖桥遗址以其新颖独特的文化面貌，位列2001年度全国十大考古新发现。

跨湖桥文化由跨湖桥遗址和下孙遗址组成。跨湖桥遗址正式发现于1990年6月，同年10～12月，浙江省文物考古研究所（以下简称“省考古所”）和萧山市文物管理委员会（以下简称“市文管会”)联合进行第一次考古发掘。出土的文物经碳14年代测定[①]，在距今8000～7000年间。2001年5～7月间，省考古所和萧山博物馆对该遗址进行第二次抢救性考古发掘，出土文物经碳14年代测定，与1990年测定的结果一致。2002年10～12月对遗址进行第三次抢救性考古发掘时，发现了国内最早的独木舟及相关遗迹，引起考古界的广泛关注。2003年5月，在湘湖区域的下孙自然村发现下孙遗址。经对下孙遗址的发掘表明，下孙遗址与跨湖桥遗址的文化特征和年代基本相同，属于同一文化类型的史前遗址。下孙遗址的发现，为跨湖桥文化的命名提供了重要依据。

2004年12月，“跨湖桥遗址考古学术研讨会暨《跨湖桥》考古报告首发式”在萧山举行，国内考古界权威人士郑重地向新闻媒体宣布了“跨湖桥文化”的命名。跨湖桥文化的命名，标志着一个崭新的考古学文化概念正式诞生。

跨湖桥文化是继马家浜文化、良渚文化和河姆渡文化之后，浙江省境内又一个新石器时代文化遗存。2006年5月25日，跨湖桥遗址与茅湾里印纹硬陶窑址一起，被国务院（国发〔2006〕19号）公布为第六批全国重点文物保护单位。

①碳14年代测定是利用死亡生物体中碳14不断衰变的原理测年的技术，又称放射性碳素断代。生物体内含有浓度与大气中相同的放射性同位素碳14，它们在机体死亡后，依每隔大约5730±40年减少一半的速度衰变。只要测出有机物中碳14放射性减少的程度，便可推知其死亡年代。因大气中碳14浓度实际是起伏的，所测年代与真实年代会有差距，需经树轮年代对比校正才能使用。通常所说的距今年代，按国际通例统一以公元1950年为起点。该方法应用范围在5万年以内，1949年开始应用于考古学，是使用最广泛的一种考古测年技术。

第一章　跨湖桥文化遗址

跨湖桥文化遗址位于萧山城区西南约4千米的城厢镇湘湖村。遗址西南约3千米为钱塘江、富春江与浦阳江三江的交汇处，南北均为低矮的山丘，往北越过山岭可见钱塘江，南面为东西走向连绵不断的会稽山余脉。因遗址地处湘湖的跨湖桥畔，故取名“跨湖桥遗址”。由于长期的湖底淤泥沉积，遗址表土厚达3米～5米，遗址内的文物保存较好。

第一节　跨湖桥遗址

跨湖桥遗址原是城厢砖瓦厂取土工地，砖瓦厂从20世纪70年代起就在这里挖土烧砖。据老工人回忆，在取土时曾发现过用石子铺的“路”；并有4根大木柱构成的方形“房址”；还发现过陶器、石器、木器、骨角器等残件文物。根据上述发现和后来的考古发掘判断，遗址原有面积应超过3万平方米。但经砖瓦厂30多年来的挖土烧砖，大部分遗址已被毁坏，文物部门进行考古发掘的仅是遗址的一小部分。[①]

发　现

1990年5月30日，市文管会接到浙江广播电视大学萧山分校来电，反映该校学生郑苗在湘湖捡到几件出土文物。市文管会倪秉章、施加农两位专业人员立即前往该校，对捡到的石斧、石凿、动物骨器等作初步鉴定，认定为史前文物。据郑苗回忆，他读小学时，在城厢砖瓦厂以西500米取土工地上，曾见过石斧、石凿、骨针、骨哨等文物。种种迹象表明，该取土工地可能是一处史前文化遗存。

6月1日，市文管会专业人员与郑苗一起前往湘湖进行实地调查，在砖瓦厂取土工地现场又发现大量的陶片、兽骨、鹿角、木器残件等文物。遗址大部分已在取土时遭破坏，但在剖面还留有厚约2米、宽约30米的文化堆积层。市文管会将这个重要发现，向省考古所汇报。6月14日，省考古所派了两位考古专业人员，会同萧山市文管会人员，前往取土现场进行仔细考察。考古人员一致认为这是一处新石器时代文化遗址，必须对遗址进行抢救性考古发掘。根据《中华人民共和国文物保护法》有关规定[②]，要求城厢砖瓦厂立即停止在遗址范围内取土。随后，省考古所把抢救性考古发掘方案上报国家文物局审批。

发　掘

第一次发掘　1990年10月10日至12月11日，省考古所与市文管会组成联合发掘队，由省考古所芮国耀任领队，对跨湖桥遗址进行第一次发掘。共布5米×5米探方13个，包括扩方在内，实际发掘面积330平方米。出土陶器、石

①吴汝祚在《跨湖桥遗址的历史意义》(见陈志根主编《萧山历史文化研究》)一文中说：“早在20世纪50年代，杭州人何天行先生对萧山地区进行考古调查，在报道时说，‘萧山城西近湖山麓的地方，在从盛家港后到沿山的路旁，一直到瓦窑相近，发现不少新石器时代陶片’。这些陶片有方格纹灰陶片、压纹灰陶片、直纹灰陶片。”

王心喜在《试论“跨湖桥文化”》(载陈志根主编《萧山历史文化研究》)一文中说，1970年，有人在湘湖沼泽地发现一些动物骨头制作的“怪东西”，杭州砖瓦厂厂医、文物爱好者陈中葳请懂行人鉴定，认为这些东西可能属于新石器时代文物。数月后，陈中葳在砖瓦厂取土现场，采集到百余件石器、骨器和陶器。但当时并未引起有关部门的重视。

②《中华人民共和国文物保护法》第三章第三十二条：在进行建设工程或者在农业生产中，任何单位或者个人发现文物，应当保护现场，立即报告当地文物行政部门，文物行政部门接到报告后，如无特殊情况，应当在24小时内赶赴现场，并在七日内提出处理意见。文物行政部门可以报请当地人民政府通知公安机关协助保护现场；发现重要文物的，应当立即上报国务院文物行政部门，国务院文物行政部门应当在接到报告后15日内提出处理意见。

图1—1—10 跨湖桥遗址考古远景（蒋乐平主编：《浦阳江流域考古报告之跨湖桥》彩版三，文物出版社，2004年12月版）

器、木器和骨角器等113件编号文物，以及大量黑陶、彩陶碎片和骨角器残件，还发现灰坑、房址、墓葬、柱洞及特殊的建筑遗迹。考古队将遗址中采集的4个木质文物标本送国家海洋局第二海洋研究所进行碳14年代测定，测定数据为距今8000～7000年，是当时发现的浙江省境内最早的新石器时代遗址。但少数专家对遗址年代表示怀疑，因此，考古界对此保持谨慎、低调的态度，未能引起足够重视，遗址也没有得到切实保护，被砖瓦厂继续取土毁坏。

第二次发掘　2000年，省考古所副研究馆员蒋乐平带领省考古调查队对浦阳江流域进行史前遗址专题考古调查，萧山博物馆要求将跨湖桥遗址纳入其调查范围。是年12月下旬，蒋乐平与萧山博物馆有关人员一起来到跨湖桥遗址，在1990年发掘的遗址东南面约300米处打探方，终于在距地表2米多深处发现厚达1.5米的文化堆积层。跨湖桥遗址又一次被发现。2001年4月3日上午，萧山区人民政府分管副区长周红英到跨湖桥遗址现场查看，听取博物馆馆长方晨光对遗址情况的汇报。随后，萧山区政府追加专项经费5万元，与文物经费7万元一起作为跨湖桥遗址考古发掘经费。

2001年5月初至7月下旬，由省考古所和萧山博物馆共同组成考古发掘队，由省考古所蒋乐平任领队，对跨湖桥遗址进行第二次考古发掘。开始阶段共布10米×10米探方5个，后发现发掘区已处于遗址边缘，就放弃了文化层过于稀薄的东部2个探方，转向西部扩出7米×10米探方2个，实际发掘面积近400平方米。出土大量的陶器、石器、木器、骨角器以及稻谷颗粒等文物，尤其是取得一批可复原的陶器。考古人员又将6个出土文物标本送北京大学文博学院做碳14年代测定，经树轮对比年代校正，再一次证实跨湖桥遗址年代为距今8000～7000年。

第三次发掘　2002年10～12月，省考古所与萧山博物馆对跨湖桥遗址进行第三次考古发掘，蒋乐平继续担任领队。这次发掘是2001年发掘区的扩大，在明确遗址所剩不多的前提下，计划将残余部分发掘完毕。共布10米×10米探方4个，7.8米×7米探方1个，实际发掘面积约350平方米。发掘中不仅发现人工培植的稻谷颗粒以及大量的陶器、石器、骨角器、木器等文物，还发现独木舟和相关遗迹。独木舟标本经碳14年代测定，在距今8000年左右，是迄今为止国内发现最早的独木舟及相关遗迹。独木舟的发现，使跨湖桥遗址的文化内涵更加丰富。

第二节　下孙遗址

发　现

2002年6月起，省考古所与萧山博物馆联合在湘湖周边地区，对跨湖桥文化类型遗址进行为期1年的大范围考古调查。2003年5月10日，杭州铁路工务段职工倪航祥反映，在湘湖村的下孙自然村东南面，距跨湖桥遗址约2千米处，已停产的砖瓦厂取土坑的北缘湖岸边，有一处史前遗址文化堆积层，并见到零星的绳纹陶片，为下孙遗址的发现提供了重要线索。

发　掘

考古试掘　2003年6月开始，联合考古发掘队在靠近湘湖岸边的文化堆积层经过1个月试掘，揭露面积近70平方米。探明了文化堆积层，出土一批陶片、石器等文物，还发现密度很大的灰坑和柱洞。试掘结果表明这是一处史前遗址，分布范围约5000平方米左右。因遗址所处的位置在下孙自然村附近，故定名为“下孙遗址”。下孙遗址出土陶器的文化特征，与跨湖桥遗址类型基本相同。为证实遗址年代的可靠性，考古人员将出土的文物标本送北京大学文博学院和中国社会科学院做碳14年代测定，其结果均在距今8000年左右。表明下孙遗址的年代和文化特征与跨湖桥遗址基本一致。

考古发掘　在报请国家文物局批准后，省考古所与萧山博物馆联合组成考古队，仍由省考古所蒋乐平任领队，对下孙遗址进行考古发掘。发掘工作从2003年11月开始，至2004年1月结束。共布10米×10米探方5个，发掘面积约500平方米，与前次已试掘的遗址沟通，实际发掘面积近600平方米。出土陶器、石器、稻谷颗粒以及60多个灰坑与柱洞。

第三节　下孙遗址与跨湖桥遗址的关系

下孙遗址与跨湖桥遗址直线距离仅2千米，均因海侵而遭废弃。两处遗址上部的潮间带、潮上带为特征的海相沉积一致。下孙遗址的发掘表明，其年代和器物面貌与跨湖桥遗址基本相同，确认与跨湖桥遗址有密切关系，但在内涵上也表现出不同的个性特征。

共同点

年代　中国社会科学院考古研究所实验室对下孙遗址两种木质标本进行碳14年代测定，确认在距今8000年左右，相当于跨湖桥遗址早期。考虑到下孙遗址和跨湖桥遗址因同一次海侵而被毁弃，因而下孙遗址的年代下限跟跨湖桥遗址一样，亦应在距今7000年左右。下孙遗址地层堆积薄，分布密集的灰坑几无破损，可见是共存遗迹。下孙遗址有些陶器器型与跨湖桥遗址偏晚期的比较接近。

器物面貌　从陶器的陶质、陶色上看，陶质在形态上分为夹砂、夹炭和泥性夹炭3类，其中均包含明显的碳素成分。一是陶器外表都存在黑光陶、外饰红衣内成黑光陶衣等特征。二是制作工艺上，都表现出胎体匀薄等特征，陶釜越到底部越薄。釜、罐类深腹器内壁的浅窝状垫痕，肩颈部都存在套接的痕迹。陶器上的纹饰特征基本一致，以绳纹为主，另外还有刻划纹、米粒状的戳印纹以及弦纹、镂空等，反映出相同的工艺特征。三是陶器均不见三足器，圜底、圈足、平底为主要形态，基本组合为釜、罐、盘钵。在器型上，跨湖桥遗址的B、C型釜与下孙遗址的A、B型釜相互对应存在，形式几无差别。四是下孙遗址的蘑菇状制陶工具——陶里手在跨湖桥遗址1990年的发掘中也有出土。五是两处遗址均发现非常特殊的“线轮”。此外，下孙遗址石器以沉积岩、砂岩为主的质料以及锛、斧、磨石为主的工具组合也与跨湖桥遗址相同。

图1－1－11　下孙遗址发掘现场（2004年1月，崔太金摄）

经济形态　下孙遗址发现与跨湖桥遗址相同的经栽培的稻谷，说明稻作农业已经产生。灰坑中发现大量的哺乳动物骨骸、牡蛎、菱角等，反映渔猎、采集仍是主要的生活来源，稻作农业只是必要的经济补充。证明两处遗址的经济发展状态是一致的。

不同点

跨湖桥遗址的文化堆积层比较厚，最厚处达到1.5米以上；下孙遗址文化堆积层较薄，最厚处仅10厘米左右，这是两者不同的堆积特点。跨湖桥遗址的陶器非常丰富，品种多样；下孙遗址陶器相对单调，外观比跨湖桥遗址的陶器差，陶衣褪色严重，不见彩陶。这可能是保存的环境条件不同所致。下孙遗址陶器中陶釜所占比例，比跨湖桥遗址陶釜所占比例高出22%，陶釜在形式上也有较大的区别。跨湖桥遗址出土许多骨、角、木等文物，下孙遗址发现极少。与跨湖桥遗址相比，下孙遗址的遗迹现象比较特殊，发现分布密集、数量较多的灰坑，但无跨湖桥遗址带“井”字形木栏的橡子窖藏。另外，下孙遗址分布大量经敲砸过的砂岩石块和带摩擦痕的块石，而跨湖桥遗址没有。

第四节　跨湖桥文化时期的地貌

据考古发掘证实，跨湖桥遗址中心区位于现独木舟遗迹以西约170米处，遗址分布范围约3000平方米，分布区的海拔约-1.2米～-0.9米，坐落在遗址西北山麓向东南延伸的第四纪黄土层上，该土层层表为末次冰期暴露于地表的铁质风化壳。遗址所在位置的地势比较平缓，是区别于距今六七千年以后形成的山前新石器时代相对离山体较远的遗址。1990年发掘区的文化层厚度达3米，2001年发掘区的文化层堆积在1.5米左右。

浙江省地质调查院对跨湖桥遗址所在的地层沉积物的调查结果显示，叠压在跨湖桥文化层之上的地层中有明显的海侵迹象，主要表现为水平层理的潮间带和潮上带堆积。据来自跨湖桥遗址文化层、潮间带和湖泊遗迹的土壤样品的硅藻分析结果，距今7000年前的海退期，跨湖桥遗址周围主要是淡水水域，适宜人类生活和居住。但到距今7000年左右，由于海平面上升出现海侵，遗址一带经常受到海水淹没的威胁，人类已经无法居住、生活和生产，环境日益恶化，最后不得不迁徙，另择居所。海侵应是跨湖桥遗址湮没的主要原因。由于长期海侵，形成了海相沉积。海相沉积是指海洋环境下，经海洋动力过程产生的一系列沉积。反映了海洋环境特征。其特点一是颗粒较细而分选好，且在海水温度比大陆温度低而变化小的环境下沉积；特点二是化学沉积比例较大，尤其是碳酸盐沉积。迁徙他处的跨湖桥人遗弃的生产工具和生活用品等物，被深埋在海相沉积之下。大约距今4000～3000年间，跨湖桥遗址一带受海潮影响逐步减小。由于濒临钱塘江，四周被山脉围绕，加上江南雨水充沛，淤泥覆盖在海相沉积之上，逐渐形成厚厚的湖相沉积。此时的跨湖桥遗址一带，已成为钱塘江流域的泻湖，湘湖的雏形也就慢慢形成。跨湖桥遗址与海相沉积、湖相沉积的被叠压关系十分清楚，遗址上堆积厚达4米多的海相沉积与湖相沉积，从而为遗物的保存创造了良好的条件。

第二章　跨湖桥文化遗迹

跨湖桥文化遗址包括跨湖桥遗址和下孙遗址两部分。跨湖桥遗址的遗迹主要有独木舟及相关遗迹、建筑遗迹、橡子[①]窖藏遗迹、灰坑柱坑遗迹等。下孙遗址的遗迹主要是灰坑与柱坑两种。

①"橡子"，又称为"橡实""橡碗子"，是栎树的果实，含淀粉和少量的鞣酸，可以食用。因此，跨湖桥遗址3处窖藏中的橡子应该是当时人们作为食物储存而保存下来的。

第一节　独木舟

独木舟遗迹

2002年10～12月跨湖桥遗址第三次发掘时，在编号为T0512[②]、T0513的两个探方内，发现了独木舟及相关遗迹。发掘前期，独木舟被上述两个探方东西向隔梁叠压着，只露出东南面的舟舷，呈长长一条木板，整体面貌尚未揭露。数日后，东西向隔梁被处理，东北侧头部暴露，独木舟被整体发现。[③]

②根据文化部制定的《田野考古工作规程》，"T"为探方（沟）代号。以下出现的"F"为房屋代号；"H"为灰坑代号；"D"为柱坑代号。

独木舟呈东北—西南向摆放，基本上与湖堤呈相同走向。残长560厘米，宽53厘米，舟体平均厚度在2厘米～3厘米之间。舟头上翘，比舟身窄，宽约29厘米。东北侧头部基本完整，西南端尾部已被砖瓦厂取土时损坏。舟体用整棵马尾松加工而成，弧收面及底部的上翘面光洁，内外加工痕迹无法看清。离舟头约1米处有一片面积较大的黑炭面，东南侧舷内发现大片黑焦面，西北侧舷内有面积较小的黑焦面，为火焦法挖凿舟体的证据。据专家分析，独木舟当时摆放在湖水已经干涸，但未完全成陆的湖岸边。岸"堤"从东北向西南延展。遗址的第九层明显呈从西向东倾斜分布，有机质遗物丰富，特别是发现有密集的橡子壳，表明独木舟周边属于湖边堆积性质，独木舟当时放置在湖岸边。

③据专家介绍，跨湖桥独木舟的发现，把迄今发现最早古船的年限向前推移的跨度非常之大。在此之前，江苏武进所发现的一条距今2000多年的长达11米的独木舟，在很长时间内被人认为是国内所发现最早的古船。2002年初，在苏州附近的一处文化遗址发现了一条5000年前的独木舟。在河姆渡遗址曾经发现过约7000年前的船桨，但没有发现木船的整体。而在世界范围内，在此之前最早古船要算是2000年10月在埃及的一个墓穴里发现的一条长23米、宽2米的"太阳船"，这种船是用来陪葬的，距今5000年。在英国约克郡曾经出土过距今达9500年的船桨，但同样未发现整船。跨湖桥整船的发现，把全国纪录和世界纪录一下子向前推进了2000多年。（资料来源：屠晨昕、俞力培：《全球最早 意义非凡》，《钱江晚报》，2002年11月25日，第3版）

相关遗迹

独木舟并非孤立摆放，周围有规律地分布着木桩和桩洞。东南侧舷有10个木桩，紧挨舟体；东北端、西北侧舷中部各发现1个木桩；北部发现柱洞3个。基本呈直线分布，打入的角度有所差异，有的下端倾斜，深入舟体底部；有的基本垂直打入，均为固定舟体所需。舟体东北端底部垫有1根横木，为自然松树干，未经专门加工，西端略粗，直径

图1—2—12　独木舟发掘现场（2002年12月，李维松摄）

约8厘米，有杈节；东端略细，直径约7厘米。舟体中部偏南，发现一块上部平整的大石块紧枕舟底。经鉴定，木桩有松木、栎木、酸枣木、枫香木等数种。据上述现象分析，独木舟由这些木桩固定在此。枕石与横向垫木出于平稳需要，舟体放置有特别的要求。

独木舟东南侧有一堆木头，分木料与自然树枝两类。木料有剖木与整木两种。5根剖开的木料与独木舟平行放置，略有交错。树皮尚未去掉，截面多呈扇形，显然源于同一根整木，剖面呈自然裂痕，未修削。木料稍长的达280厘米、宽5厘米～8厘米，稍短的在260厘米左右、宽约8厘米。在木料堆东北端，另有一根整木，长250厘米，直径22厘米～26厘米，两端截面隆突不齐，从许多错杂相切的断面分析，应是锋利石器加工而成。其他8根木头都带有不同程度的截、剖痕迹。另外4块板材，其中一块长240厘米，宽24厘米，厚2厘米。另有形状不一的树枝若干。

独木舟两侧，发现木桨各1片，其中一片长140厘米，桨板宽16厘米、厚2厘米，桨柄宽6厘米～8厘米、厚4厘米。柄部有一方孔，长3.3厘米、宽1.8厘米，上下凿穿，孔沿及孔壁光整，无磨损痕迹，保存完整。另一片长140厘米，桨板宽22厘米、厚2厘米，桨柄宽6厘米、厚4厘米，已裂开。

在木堆及独木舟周围发现砺石、3个石锛木柄和多个石锛，应为木作加工现场。独木舟侧舷，还发现数片石锛的刃部残片。在独木舟及相关遗迹清理过程中，发现多处小块席状编织物，其中一块保存较好（详见本编第三章第三节）。

独木舟与湖泊遗迹和木桨等遗物相互关联、密不可分，是一处保存相对完整的遗迹。独木舟所处的地层，是第九层，即在遗址早期阶段。考古人员把独木舟标本和遗址第九层的陶片标本，分别送请北京大学文博学院和上海博物馆做碳14年代测定和热释光测定。两种不同方法所测定的数据基本一致，其年代都在距今8000年上下。这是当时发现的国内最早的独木舟及相关遗迹。独木舟的发现对中国造船史与世界造船史的研究，具有重要价值。

第二节　建筑遗迹

1990年10～12月跨湖桥遗址第一次考古发掘时，发现一些建筑遗迹。它们分布于不同的层位，是遗址形成过程的客观记录。

跨湖桥遗址的建筑遗迹主要分布在1990年发掘的遗址中心区，共揭示4处房址遗迹和多处相关的建筑遗迹。位置在T202探方东部、T203探方全部、T303探方北部、T204探方西北部。在发掘区范围内，平面形状呈半个椭圆形。遗迹开口于第二层下，叠压第七层，整体为一处多层次堆积形成的黄土台，土台被揭露部分长、宽均约10米，高约1.6米。在T203探方范围内，堆积共分为19个小层，除第一小层外，每小层均有1个浅坑结构的烧土面，除第十五小层和第十九小层烧土面较模糊外，其余较为清晰。烧土面的分布位置较固定，均在T203探方中。

F2堆积物位于T302探方西北部，被叠压于第五层下。遗迹向北和向西可能延伸至T202和T301探方，仅揭露T202、T302部分。大致判断为平面呈南北向长方形的房屋建筑遗迹，以成排木桩和柱坑为边界范围，其中位于T302探方的部分仅有木桩迹象，木桩埋没于土层中长短不一。F2堆积物为含有红烧土颗粒的土层，分为上、中、下3层，建筑遗迹主要在T203探方内，延伸至T202、T402探方，整体呈长方形，南北向。基面为黄色斑土，质地较为坚硬，堆积最厚处10厘米，从西北向东南倾斜。此范围发现柱洞、柱坑痕迹共8处，填土均为黑灰色黏土。

第一层下的建筑遗迹，位于T404和T303号探方内。平面形状近似正方形，长约5.7米，宽约4.7

米。西南部略高于东北部。遗迹西北部有一块隆起的椭圆形灰白色烧结面，东西长约1.8米，南北宽约1.2米，隆起程度约高过周边红土面14厘米，周围还发现若干鹅卵石块。红土层下为一层黑灰色土，黑灰色土层下为黄土，黄土层分布较均匀，厚约10厘米。

木构建筑是跨湖桥人主要建筑形式，多以成排的柱子（洞）为标志。因发掘范围所限，遗迹展示不够充分，但还是反映了跨湖桥人定居生活的一些特征。2002年发掘区的“独木梯”，表明跨湖桥时期可能已经出现干栏式建筑。但几座建筑残址中，缺乏大型的、垫有柱础的立柱，与河姆渡遗址比较，跨湖桥遗址带榫卯的建筑构件比较缺乏。从出土的少量榫卯残件及独木舟制造技术分析，跨湖桥遗址已具备相应的木作技术。经查访，被破坏的遗址区曾发现过更大的木柱，榫卯构件则没有留下特殊资料。跨湖桥遗址F4是以木桩立骨的土墙式建筑，表明这是一种地面建筑形式，反映了跨湖桥人定居生活的一些特征。

第三节　橡子窖藏遗迹

橡子窖藏发现于1990年第一次发掘区，共有3处。橡子，又叫“橡实”、“橡碗子”，是栎树的果实，含淀粉和少量的鞣酸，可以食用。这3处窖藏中的橡子遗迹，应该是跨湖桥人作为食物储存的。

一处是T303探方的东南部，开口于第六层下。平面似正方形，袋状，底略平。坑边长约60厘米，底部边长约70厘米，深50厘米。坑口架设“井”字形木构，木构分两层，交叉叠压，木材长约70厘米，横截面呈半圆形、三角形、长方形3类。形成的“井”字形框边长约30厘米。坑内保存有丰富的橡子。其中西壁近底部有一长48厘米、宽17厘米、厚3厘米的木板。坑底部和西南角还有残存的木桩。

另一处是在T303探方西南角的灰坑中。灰坑的部分伸入探方西壁，在清理第六层的树皮、碎木片堆积时发现凹坑，下部有若干木板。坑深约73厘米，坑内填土为灰黑色淤泥，淤泥中包含大量的橡子。

还有一处是在T301探方内，平面近似圆形，坑口有4根木条围成“井”字形。坑剖面略呈袋形。坑底靠南壁有一块大木板和木条，其上竖立一块厚木板，支撑坑口的“井”字形木框架。坑内存有丰富的橡子。

第四节　灰坑、柱坑遗迹

灰坑、柱坑主要发现于跨湖桥遗址1990年发掘区和下孙遗址发掘区，下孙遗址考古发掘区最为密集。跨湖桥遗址1990年发掘区有灰坑、柱坑各2个。灰坑多呈圆形，或上面架“井”字形木构。编号为H25的灰坑位于T202探方东南部，坑内堆积分5层，内部发现少量陶片、残存木构件和腐朽有机质。柱坑均为圆形，坑内埋设木柱，木柱截面呈圆形，底部平，下为黑色填土。柱坑深20厘米～30厘米不等。

图1—2—13　下孙遗址灰坑（2004年1月摄，萧山博物馆提供）

下孙遗址的灰坑和柱坑集中分布在发

掘区西部。以T1003、T1004、T1103、T1104四个探方西部分布最为密集。柱坑、灰坑和红烧土、石头为两大遗迹群。

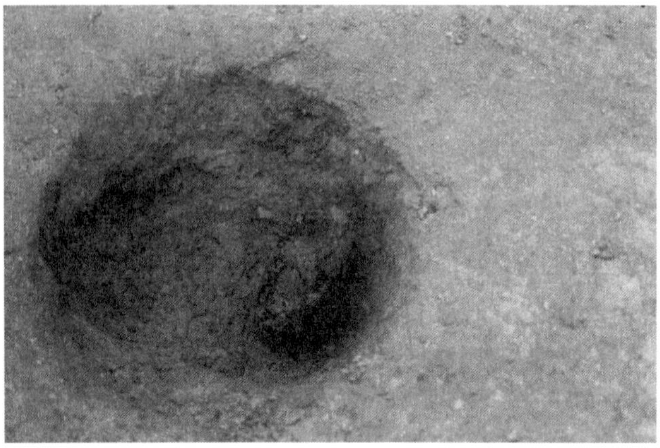

图1-2-14　下孙遗址柱坑（2004年1月摄，萧山博物馆提供）

灰坑　编号灰坑共64个，其中4个在发掘区外的遗址破坏区。平面以圆形为主，少量为方形。坑壁多规则，深浅不一。由于坑内填土沉降，坑口数厘米几乎被第五层沙土填充。

H37：平面呈椭圆形，直壁、平底。口部长处直径80厘米、短处直径70厘米，深65厘米。坑内填土分4层。第一层灰色，质松，夹杂木炭碎屑、烧土块。第二层灰黄色，黏性，自东向西淤积。第三层灰黑色，质松，均为灰烬。第四层青灰色，较纯净。

H51：坑内填土分2层。第一层分A、B层，A层较厚，深灰色，夹杂木炭屑；B层淡黄色，质硬，被A层包裹。第二层为褐色松土，含极少木炭。出土陶线轮1枚。

H15：平面近圆形，直壁、平底。口径130厘米，深45厘米。填土分2层。第一层灰黑色，木炭屑较多，呈锅底状堆积。第二层灰色，近底部见少量炭屑。出土陶片及1件石锛。

柱坑　下孙遗址较明显的柱坑遗迹分布在T1004探方内，6个柱坑构成不规则的长方形，不像一个建筑整体。其中D1、D2、D4、D5为套柱结构，D3为直筒状坑，D6为平面椭圆状坑。

D1：坑中为套柱结构。柱坑呈圆筒状，口径40厘米，深46厘米。圆柱直径约11厘米，底面平，立于坑底，坑口位置断残。填土灰色，杂少量烧土和木炭碎屑，较结实，坑口填压石块、陶片。柱体被“船蛆”蛀蚀。

D3：直筒状坑，壁面光整，底平。口部挖破，不规则。坑直径25厘米，深40厘米。填土灰色，杂红烧土及木炭屑。未见蛀痕。

D6：平面椭圆，坑形略呈锅底状。坑口长处直径88厘米、短处直径60厘米，坑深28厘米。坑南侧插立一石块。从现象上看，石块能够起到稳定柱的作用。坑内未发现柱痕。填土为灰褐色。

第三章　跨湖桥文化遗物

跨湖桥文化遗址由于被厚厚的海相沉积与湖相沉积所覆盖，长期处在地下水位之下，故陶器、石器、木器、骨器四大类遗物能较好地保存下来。

第一节　陶　器

跨湖桥文化遗址的陶器以2001年第二次和2002年第三次发掘区出土的数量最多，最具代表性。发掘区处在遗址边缘临水地带，范围约750平方米，出土陶片数万片。此处出土陶片的修复率比较高，由专家拼复了200多件，陶器群的构成面貌得以清晰呈现，大多器形规整，厚薄均匀。陶器形态独特，迥异于东南沿海地区已发现的其他新石器时代文化类型。陶器以夹砂陶、夹炭陶为主，还有少量夹蚌陶。品种分为黑陶、灰陶和彩陶三大类。主要器形有釜、罐、钵、圈足盘、盆、甑、豆和器盖、纺轮[①]形器、线轮、支座[②]等。

① "纺轮"是古跨湖桥人用于纺线的工具。

② "支座"是古跨湖桥人在用陶釜煮炊时，放在釜底支撑的用具。

生活用具

主要有釜、罐、钵、盆、盘、豆6类，另有器盖、支座及少量不明器物。器物形状分圜底器、圈足器、平底器3种。其中圜底器约占容器总数的79%；圈足器约占18%；平底器约占3%。平底器多见于罐类，其中以下腹呈圆角的不规则平底器占多数。

图1—3—15　折肩陶釜，2001年7月出土于跨湖桥遗址（萧山博物馆提供）

陶釜　占陶容器总数的52.6%，逾百件，器形丰富。一般造型为侈口、束颈、折肩、弧腹、圜底，或是侈口、束颈、丰肩、鼓腹、圜底。还有卵腹形釜、盘口形釜等数种。陶釜以夹砂陶为主，夹炭陶次之，还有极少量的夹蚌陶。在造型分类上主要以器形特征为依据，由于所选择的标本大多为口沿或与口沿相连的肩部、上腹部残器，因此器物的上半部分就成为特征把握的重点。同时也参考陶质、纹饰的因素。实际上，陶质、纹饰与器形确实存在规律性的联系，如夹炭陶一般见于小型陶釜，方格菱形拍印纹往往施于少数器形。夹砂陶釜胎色以灰褐色为主，黑色次之；器表分内外均黑、内灰外黑、外灰内黑、内外均灰几种。夹砂陶釜多施绳纹，夹炭陶釜中菱格纹、方格纹的比例较高。另外还有篮纹及素面装饰，器物的口沿外侧常用割、掀的手法形成褶纹。其中有一件陶釜内壁残留很多锅巴痕迹，为研究古跨湖桥人的食物结构，留下珍贵的实物标本。

图1—3—16　黑陶釜，2001年7月出土于跨湖桥遗址（萧山博物馆提供）

陶罐　约占陶容器总数的16.9%。均为泥性夹炭黑陶，极个别杂少量的蚌屑。造型有侈口、竖领、双耳跨肩颈、折肩深腹、圜底或圆角小平底；尖圆唇、领微鼓；领较高，桥式耳上端近口沿，跨度大，隆起程度较低；尖圆唇、束颈窄肩、深腹、圆角小平底等数种。器表施红衣，或呈灰褐杂色，还有黑衣。红衣多脱落，露出灰白底衣；黑衣分光亮与暗黑两种。除黑衣陶内壁黑色外，多数呈灰白色。从比较完整的陶器上可以看出，红衣普遍只施于肩部以上，彩陶纹多见于肩部，弦纹、刻划纹多施于颈部。最具代表性的复原器编号为T0511⑤A:11的彩陶罐，是跨湖桥遗址出土的最大的彩陶器，高39.7厘米，口径23.2厘米，肩径36厘米。领沿上部略外撇，小圆唇、深腹、圜底；夹炭陶，施凸棱两周，折肩以上施红衣，肩的上缘施点状厚彩一周，下缘施“十”字形厚彩一周，肩中部施4个等距齿轮状（太阳）厚彩纹；双鋬呈鸡冠状，底腹见较规则分布的长溜黑斑，口沿有多处磕疤。折肩双耳罐是跨湖桥文化所独有的彩陶罐。基本造型是直口、尖圆唇、折肩、扁腹、圜底，尺寸一般在高10厘米、口径16厘米、肩径20厘米左右，肩部以上施红衣，大多褪色、脱色严重。肩以下灰褐，都有向心状分布的黑斑，或成块、或窄条，多延至肩部。领下侧有一周细线堆纹，一般有锯齿或褶；肩部施带、点组合的乳白厚彩图绘，但大多褪失。置跨连肩颈的对称双耳，其中一件的双耳上施有“田”字形的乳白色厚彩。

图1-3-17　双耳折腹彩陶罐，2001年7月出土于跨湖桥遗址（萧山博物馆提供）

陶钵　约占陶容器总数的4.7%。陶质均为泥性夹炭，陶色分外红内黑、内外均黑、内外均红3种。红衣多脱落，呈灰褐色。其中外红内黑陶色最具特性，内壁黑面十分光亮，并延伸至唇沿外侧。刻划、堆棱是器物主要装饰。由于器形小而简单，复原的比例较高。形制区分依据器形的整体特征，陶钵可分7种类型。其基本造型是：尖圆唇、直腹、折圜底、口微敞；也有少量的敛口折腹形和敛口弧腹形的钵。尺寸一般在高9厘米～10厘米、口径10厘米～12厘米之间。有些钵的外壁施有一两条锯齿形呈带状的凸棱。钵是古跨湖桥人使用的一种餐具，内壁大多做成黑光面，外壁多数为红衣彩。黑光面光亮如漆，近似后期“釉”的作用。

图1-3-18　黑陶双耳罐，2001年7月出土于跨湖桥遗址(萧山博物馆提供)

陶圈足盘与豆　占陶容器总数的20.2%。豆的圈足部分（柄部）较瘦高，圈足盘的圈足部分较宽矮。豆与圈足盘的质地均为泥性夹炭陶，陶色有内外均黑、外红内黑、内外均红3种。纹饰包括彩陶、镂孔、刻划、弦棱等多种。

图1-3-19　黑陶钵，2001年7月出土于跨湖桥遗址（萧山博物馆提供）

圈足盘基本造型是敞口，折腹，圈足施镂孔和放射线的组合装饰。其中一种是上腹口沿略外翻，尖圆唇，腹较浅，圈足较瘦高，放射线为刻划纹；或外红内黑，盘内壁光亮，圈足放射线以月牙形镂孔为中心展开；或敛口，撇足，圈足部有菱形、扁圆形排状的镂孔装饰。另一种是上腹斜直、腹稍深；外红内黑或内黑但外红黑驳杂，圆唇，圈足较宽矮，足尖略外撇，有的放射线为刻划纹，也有的放射线以扁圆镂孔为中心展开，镂孔似为两个小孔戳合成扁形的孔。圈足盘尺寸一般在高10.2厘米～11厘米、口径22厘米～23厘米、底径13.2厘米～15.6厘米之间。最大一件编号为T0411⑨A:3的圈足盘口径55.1厘米、底径36.4厘米，高25厘米。圈足盘与豆均为餐具，底部加高圈足，便于席地就餐时使用。

图1-3-20　红衣、黑衣陶豆，2001年7月出土于跨湖桥遗址（萧山博物馆提供）

陶豆共计64件，有3种类型。第一种类型17件。基本造型为：敞口、圆唇、浅腹、弧形底，有的下腹与圈足呈直筒状，大多圈足外撇，外壁中、下部

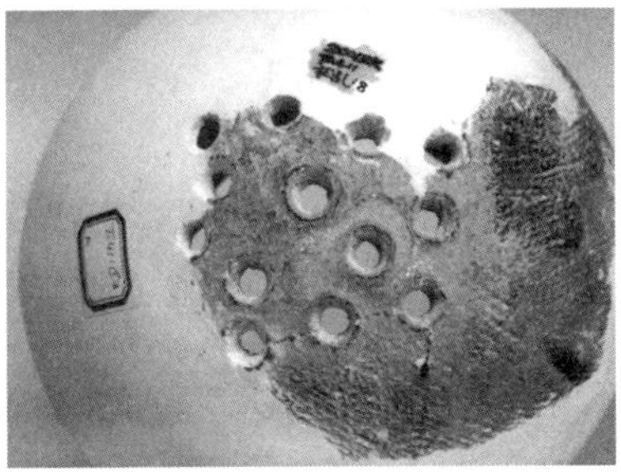

图1－3－21　灰陶甑局部——底部，2001年7月出土于跨湖桥遗址（萧山博物馆提供）

图1－3－22　陶支座，2001年7月出土于跨湖桥遗址（萧山博物馆提供）

图1－3－23　陶纺轮，2001年7月出土于跨湖桥遗址（萧山博物馆提供）

施凸棱环带彩。陶色有内外黑光、灰褐，或是在内外壁施红衣，有些在内壁施彩绘。第二种类型有复原器与残件标本37件。基本造型为：敛口、圆唇、折腹、弧形底、高圈足。有的口沿处有弦纹若干；圈足有圆形镂孔，并在周围刻划放射线。第三种类型为残盘标本，有10件。与一般豆的圈足差异较大，比较厚重，敞口、圆唇，底足均残失。有的盘内施彩绘，有的内外漆黑光亮。上述豆的尺寸高14厘米左右，口径在13厘米～25厘米之间，底径12厘米左右。

生产工具

纺轮　是古人用于纺线的工具，出土103件。均为旧陶片加工而成，边缘略作打磨，形状多为不规则圆形，也有呈方形的。中间对钻一孔，孔的位置不在正中。小部分孔未钻通或尚未钻孔。其中已钻孔的占70%，不钻孔的占21%，钻而未通的半成品占9%。

线轮　共32件。形似圆形扣，大小直径在1厘米～2厘米间，一般为中薄边厚，边缘有槽，槽间发现有缠绕的纤维质线。是跨湖桥文化独有器物之一。

其他陶器

遗址出土的陶器还有甑、器盖、支座、纺轮、线轮等。

甑　有复原器与残件标本13件。其中1件复原器高17.2厘米，口径15.7厘米，侈口，略折颈，卵腹、圜底，底部有12个孔，施较杂乱绳纹。其他甑也有素面无纹饰的，占陶容器总数的5.6%。

器盖　复原器6件，残标本12件。分两种类型：一种是夹细沙黑陶，实心圆纽，截面呈倒梯形、浅盘形、隆背、圆唇，高5.2厘米，口径11.4厘米，纽径1.9厘米；另一种是花瓣纽，纽呈五叉，底残，残高3厘米，纽径4厘米。

支座　出土标本18件，均为细夹沙陶，陶色灰黑，或红色。器形分两种：一种为器身矮小型，共11件。高度均在8厘米以下。基本造型为圆顶、缩颈、底部渐宽，也有的呈半圆形，两侧有圆孔，但不贯通。另一种体形较高些，出土7件标本。高度11厘米～14厘米不等。基本形状是：方形平底，扁方形截面，小平顶，整体向一侧弧形倾斜。

第二节　石　器

跨湖桥文化遗址共出土完整石器135件，主要有石锛①、石斧、石凿、磨石、石锉、石镞②、璜形饰件等，功能包括生活用具、生产工具、狩猎器具等。石料采自附近山区，以沉积岩为主，少量火山岩。石料的选用与工具的用途相关。锛均为沉积岩中的泥岩，有沙质纹理，容易开裂，韧性好，质地较细腻，形成于下古生代。砺石均为沉积岩中的砂岩，质地较硬，但颗粒较粗，性脆而易断。磨石则较为复杂，有基性脉岩、沉积岩、火山岩3种。个别斧用火山岩制作。装饰品用萤石。石器加工主要采用打、琢、磨的方法，大多经磨制，也有少量毛坯。其磨制水平很高，大多通体磨光。

①“石锛”是古跨湖桥人使用的重要工具之一，是发现的石器中数量最多的器物，也是加工制作独木舟的主要工具。

②“石镞”即石制箭头，是古跨湖桥人一种狩猎、渔猎工具。

生活用具

璜　是一种装饰品。出土2件。一件用淡青色萤石制成，长2厘米，截面长径1.2厘米、短径0.6厘米；短环状，截面呈椭圆形；对钻穿孔，孔形呈漏斗状。另一件用墨绿色萤石制成，长8厘米，截面直径0.9厘米；实心，两端首部的两侧有钻孔痕，也呈漏斗状，尚未穿孔；半环状，截面呈椭圆形。

生产工具

锛　出土36件。分3种类型：一种是平面多呈长方形，偏刃、弧背；一种是背较直，偏刃；一种是偏刃正锋。色泽以灰青、灰白、玄黑为主。整体细磨光亮。

遗址中还发现大小不一的石锛木柄，木柄头部有一捆绑石锛的槽子，形同锄头。

斧　出土5件。截面多扁（椭）圆，边棱圆润。正锋。色泽有深灰色、青灰色、青绿色等多种。上部较粗糙，刃部磨制光亮。

凿　出土7件。长条形，偏锋，两面刃。有的磨面略鼓，棱角分明。有的截面为梯形，弧腹偏刃。有浅绿、玄黑、青灰色等石料多种。磨制光亮。

锤　出土14件。平面多呈长方形。器形近似锛体，制作精致，磨制光滑，两头或单头有砸击痕迹，砸击痕迹均较细小。其石料有青灰色、深灰色、灰褐色等。

磨石　“磨石”是古跨湖桥人用作石器等加工磨制材料的工具，有些磨制次数多的磨石面上已成砚台状的凹槽。出土25件。均为砂岩石料，色泽有浅绿色、紫红色、灰黄色等种类。尺寸一般在长20厘米～35厘米、宽9厘米～16厘米之间。形状不一，有的略呈长方形，有的为三角形，基本为原石料形状。

砂轮　下孙遗址出土。为圆形砂岩残器，还原直径约30厘米，厚8厘米。两面为原石料底子，较为粗糙，圆边已被磨得光滑圆润。据判断，该砂轮可能是用于磨制加工石镞等石器的工具。

狩猎器具

镞　出土3件。其中一件青灰色石料，残长3.3厘米，翼宽1.35厘米，形如柳叶，铤部及锋尖均已残损。另一件同为青灰色石料，长3.5厘米，翼宽1.9厘米，锋部呈三角形，完整，铤部呈扁圆状。

图1－3－24　石斧，2001年7月出土于跨湖桥遗址（萧山博物馆提供）

图1－3－25　石镞，2001年7月出土于跨湖桥遗址（萧山博物馆提供）

第三节　木　器

跨湖桥文化遗址共出土木器126件，主要有锥[①]、盘、勺、铲、镞、叉、弓[②]、桨、浮标、梯、器柄等，另有一些用途不明的器物，包括砣形器[③]、槌形器、管形器、尖槽形器、铲形器、哑铃状器、凹形器等。材质有马尾松、青冈、麻栎、榉、糙叶树、柘春榆等，大多用木料的边材加工而成。加工技术包括砍、削、凿、刻、磨等手法，许多尖锥形器经过火烤增加其硬度。木器由粗大的原木加工而成。多数木器利用树木的心材仔细劈削而成，说明古跨湖桥人

①“锥”，一说簪，可能是古跨湖桥人用来固定头发的用品。

②此“弓”用作狩猎，被国外学者认为是“中国第一弓”。

③据研究推断，“砣形器”可能是慢轮制陶工具中慢轮的底座。

知道心材具有不易开裂的特性，能根据木材的性质进行加工。木器的功能包括生活用具、生产工具、渔猎器具等，另有一些器物用途不明。

生活用具

锥　出土51件。是出土木器中数量最多的器物，多为柘木边材制作而成。分3大类型，长度一般在10厘米～20厘米之间。基本造型是两头尖，或一头尖、另一头扁圆。其中一件锥的尖头上有刻划符号，另一件锥身上刻着“之”字形曲折的装饰纹样。

盘　出土1件。已残破，形状仍清晰可辨。高6厘米，残长49厘米，残宽14厘米。盘面长方形，微凹，两端略上翘；底部有长方形圈足。

勺　出土3件。分两种类型，一种勺部方，圆柄，弧底；或是方形柄，勺部呈箕形。另一种勺部略圆，勺形如蚌壳。

铲　出土1件。铲头较平，略有残损；铲面略呈梯形，扁薄；铲头尤薄；背面平；下面与柄部连接处呈三角形的隆凸；柄残；截面为圆形。柄径约5厘米，铲头宽16.6厘米，铲长28厘米。

生产工具

器柄　出土11件。分两种类型，第一种类型有3件，环首直柄，如标本T0411⑦A：16，完整，总长25厘米，环首宽7.5厘米；制作较精，柄端宽，雕凿成环形抓手；柄身直，砍削成一个斜面，上厚下薄；斜面便于捆绑，是一种复式装柄法。第二种类型有8件，全是石锛柄。取用大小不一的树木枝杈部位为材料，将其中的细杈截为长柄，粗杈加工为较短的榿头，榿头下端锯切分段，其中外侧切面尤深且平，为捆扎、固定石锛的位置。如标本T0409⑥A：17，较完整，总长56厘米，其中榿长20.8厘米，是跨湖桥遗址出土最长的石锛木柄，其功能如同锄头。

碇形器　出土4件。圆台形，上端呈榫凸。分两种类型，一种器形较大，榫头以下截面呈正梯形，如标本T0510⑤A：1，完整，高22.4厘米，底径14厘米；榫凸处有磨损痕；器身横截面呈多角形，平底。另一种器形较小，榫头以下截面呈倒梯形。

渔猎器具

弓　出土1件。已断成3截，残长121厘米。用桑木边材削制而成。中段截面为扁圆状，扁方向与弓身的其余部位相左，似为抓手的位置。两侧的弓身均捆扎一层树皮，用以加固牢度。最宽处约3.3厘米，厚2.2厘米。在弓的一端（另一端残缺）有一凹槽，系扎弓弦所用。

镞　出土4件。用木料边材制作。分两种类型，一种类型有3件，长度3.8厘米～10.2厘米不等，如标本T0512④：6，总长9.9厘米，其中锋长6.3厘米；略残；加工精致，截面浑圆，锋部斜面呈弧线形，铤部分段。另一种类型的为1件，标本T0512⑤A：15，铤残，残长6.2厘米，锋中段起一轮突脊。

尖形器　头部形同镞，尾部较长，也有双面是镞形尖头。最长12厘米，最短4.8厘米。这种尖形器也可能是镞的一种，双面尖头的也许是尚未加工完成，两头还没分开的镞。

其　他

编织物　出土2件。材质均为禾科类植物。如标本T0410湖Ⅲ：15，前端有木质边骨，宽约34厘米；后端起角，为畚箕类编织物。另一件出土于独木舟东南侧约2米处，保存较好，最宽处60厘米，最窄处约50厘米；植物的单根宽度约0.8厘米，折叠成双面；编织物形状呈梯形，三面残，残面比较整齐，完整的一面斜向收边；较宽的一侧有“T”字形相交的木质条骨编织其中。出土时，色泽鲜黄，编织手法与当今编篾席子一致。在国内新石器时代较早期遗址中属首次发现。

独木梯　出土1件。残。圆木劈半制作，直径15厘米，正面斜劈横斩出踩足台面，上端在第一台面处断，第一台面与第二台面间距为21厘米；第三台面残，残处与第二台面的间距约24厘米。台面深约9厘米。残长52厘米。

桨　出土5件。分两种类型：一种3件。器形较厚重，柄部粗短，桨部较长，加工不精。另一种器形较轻便，柄长，桨部宽扁，一面略平，另一面弧凸。柄部下小上大，表面多棱凸，未经修整。桨面扁薄，面光。根部的柄断面略呈扁圆形。完整器长度均在1米以上。

叉形器　出土1件。残长26厘米，圆径1.2厘米。一端残，另一端凿成双尖叉。器身呈圆棍状，硬质木材制成。

另有刀形器、哑铃状器、凹形器、钉形器、双尖器、棒杆形器、管形器、尖槽形器、槌形器、浮标及许多用途不明的器物。

第四节　骨器　角器

跨湖桥遗址出土的骨器、角器有耜[1]、镞、镖[2]、锥、笄（或钉形器）、针、匕、匙、哨、叉等，共100余件。以动物肩胛骨、肢骨、肋骨、头骨等为原料，采取切、割、削、磨等加工方法，根据使用功能需要，加工成生活用具、生产工具、渔猎器具等。

生活用具

骨针　出土13件。用动物肢骨锯切、磨制而成，形态圆润，尾端均有对穿孔。以大小不一分为两种类型：一种为器形细小类，有10件。如标本T0411⑥A:7，长仅7.6厘米，直径0.3厘米，孔径约0.15厘米。基本形状与当今的金属针一致。另一种是器形较大类骨针，有3件。形状与前一种一致，制作更为精致。如标本T0410⑥A:1，长17厘米，直径约0.3厘米，孔径约0.18厘米；针头尖，中间略鼓，尾部稍收；器身呈深褐色，表面打磨抛光。

笄（或钉形器）[3]　出土15件。用骨壁较厚的肢骨锯切、精磨而成。造型圆润、规整，器壁光亮，尖部较钝。分两种类型：第一种类型11件，尾端稍大，平面保留骨壁的自然形状，最长11.1厘米，最短6.9厘米；第二种类型4件，器身圆直，尾部与器身垂直，最长13.5厘米，最短8.3厘米。

生产工具

耜　出土4件，其中完整器1件，残器3件。用大型哺乳动物肩胛骨制成，肩臼部凿孔，以插装法安柄，区别于河姆渡文化的捆绑法安柄；棘突部位均经修削，下端在使用过程中或折裂、或磨损，原状已不详。如标本T0410⑤A:6，完整，高15.2厘米，刃部宽8厘米，孔径2.4厘米、深约10厘米。刃部及下端的上、下壁磨损严重，孔在臼端中部，上大下小。

匕　出土10件。用动物肋骨精磨而成，形扁薄。分两种类型：第一种类型有7件，平面略呈长方形。如标本T0410⑧A:3，完整，长15.4厘米，中宽2厘米；两端略有宽窄，宽端钻有一小孔；纵向略有弯曲。另一种类型有3件，平面呈长三角形。如标本T0411湖Ⅲ:5，完整，长18.2厘米，宽1.7厘米，磨

① “耜”是古跨湖桥人用于铲地翻土的工具，是农耕时代出现的标志。

② “镖”是一种捕鱼工具，证明古跨湖桥人已将捕鱼作为获取食物的手段之一。

③ “笄”是古跨湖桥人用于固定头发的器物。

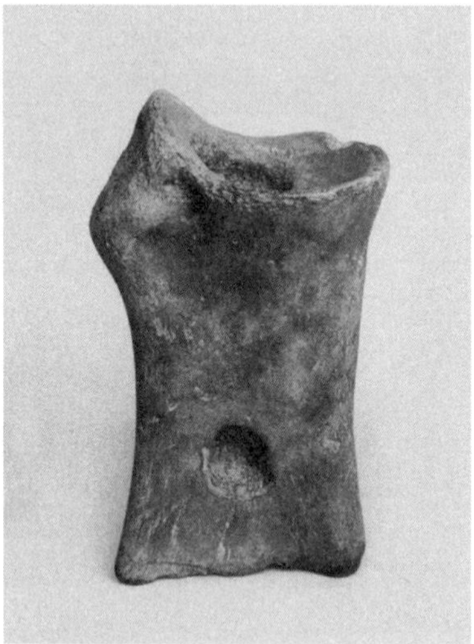

图1—3—26　骨耜，2001年7月出土于跨湖桥遗址（萧山博物馆提供）

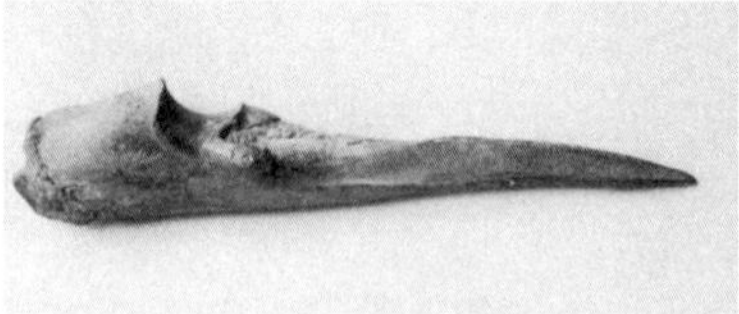

图1—3—27　骨匕，2001年7月出土于跨湖桥遗址（萧山博物馆提供）

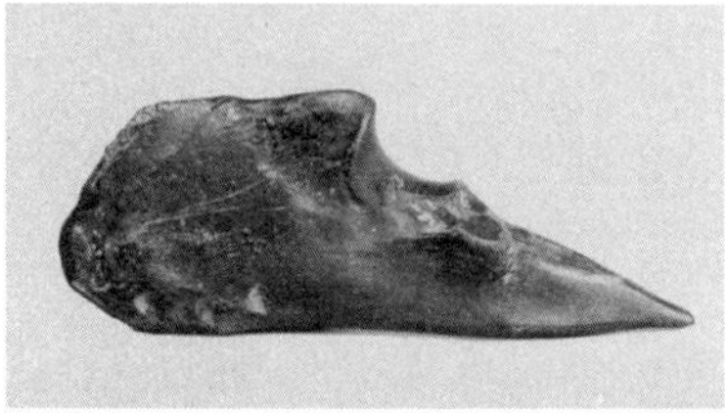

图1—3—28　骨锥(一)，2001年7月出土于跨湖桥遗址（萧山博物馆提供）

制光滑，尖端很薄。

锥　出土24件，是出土骨器、角器中数量最多的一种器物。分3种类型：第一种类型16件，用动物肢骨片切而成，一端削尖；多不规整，留有片切疤痕。第二种类型5件，利用兽类骨头、鱼骨的自然形态，磨成尖锐状态。第三种类型3件，利用鹿尺骨的自然形状，将远端截断，削磨成尖锋状，近端成自然手柄，状如匕首。

复合器　出土1件。长8.7厘米，圆径2.7厘米。在一截动物肢骨的髓腔一端插入一截骨棒，另一端也有对称一截。通体磨制光亮。

叉形器　出土1件。完整。长约20厘米，最宽处2.4厘米。用动物肋骨切割、精磨而成。依自然形态而略弯曲，窄端切磨出两刺尖，宽端平整。

锯齿形器[①]　出土2件。用动物肢骨的骨壁切削、磨制而成。如标本T0410⑦A：14，完整或残后经修削，一端削斜尖，削痕未经磨，穿一小孔；另一端圆润带齿；两侧切割成均匀的锯齿状，齿尖圆钝。

①"锯齿形器"可能是古跨湖桥人一种绕线工具。

图1-3-29　骨制鱼镖，2001年7月出土于跨湖桥遗址（萧山博物馆提供）

渔猎器具

镖　出土4件。用动物骨、角锯切、磨制而成，器形特点是两翼置倒钩。如标本T0411⑥A：5，残长10.6厘米；截面略呈三角形，锋部较钝，两翼各有两排倒钩，尾部残。鱼镖上置倒钩，可防止鱼儿脱逃，与今之鱼钩倒钩原理一致。

镞　出土8件。用动物骨、角锯切、磨制而成。铤与锋部分段明显。如标本T0412⑦A：15，铤长1.5厘米；锋尖略残，铤尖。

哨　出土3件。用禽类肢骨截制而成，管状，挖孔，其中一件的两端刻两三道槽痕。长度5.85厘米～7.3厘米不等，管径0.9厘米～1.2厘米。一件挖有1个孔，一件挖2个孔，还有一件挖3个孔。孔径都在0.6厘米左右，可以吹奏。

图1-3-30　梅花鹿头骨，2001年7月出土于跨湖桥遗址（萧山博物馆提供）

第五节　动植物遗存

跨湖桥遗址出土的动物遗骨与植物遗存，据分析有些是经过人工驯养的动物，有些是采集的植物果实，也有人工栽培的水稻。这些发现，对研究跨湖桥文化的养殖业、种植业的起源和发展状况，以及古跨湖桥人的生存环境、食物来源、动物驯养等都具有非常重要的意义。

动物遗骨

跨湖桥遗址出土动物骨骼共计5125块，有鱼类、爬行类、鸟类和哺乳类动物等，共34种。哺乳类动物有猪、狗、牛、梅花鹿、麋鹿、貉、虎、犀、熊及其他小型食肉动物；鸟类有天鹅、雁、鹰、雕、丹顶鹤及中小型涉禽等；爬行类动物主要是龟和扬子鳄两种；鱼类主要有鲤鱼、乌鳢等。遗骨数量丰富，说明渔猎野生动物是古跨湖桥人的主要生活来源和生存方式之一，猪、狗等类动物已经开始人工驯养。

图1-3-31　龟甲，2001年7月出土于跨湖桥遗址（萧山博物馆提供）

猪　猪遗骨的数量在跨湖桥遗址出土的动物遗骨中占较大比例。中国社会科学院考古研究所研究员袁靖对跨湖桥遗址出土的早、中、晚期3块猪的下颌骨进行比较研究，证实其为家养猪。这是国内目前发现最早的家养猪之一。

狗　跨湖桥遗址出土狗遗骨的齿列，早期仅有2个数据，分别为66.30毫米和65.65毫米；中期有4个，最大值为70.72毫米，最小值为62.57毫米，平均值为65.10毫米；晚期有18个，最大值为72.53毫米，最小值为62.31毫米，平均值为67.48毫米。

牛　无论从可鉴定标本数还是从最小个体数看，跨湖桥遗址出土的牛遗骨在全部动物中所占的比例都是早期较少，到中、晚期明显增多。这和鹿科类在各期中的比例呈大体相同的发展趋势，说明跨湖桥遗址的牛遗骨可能属于家养牛。

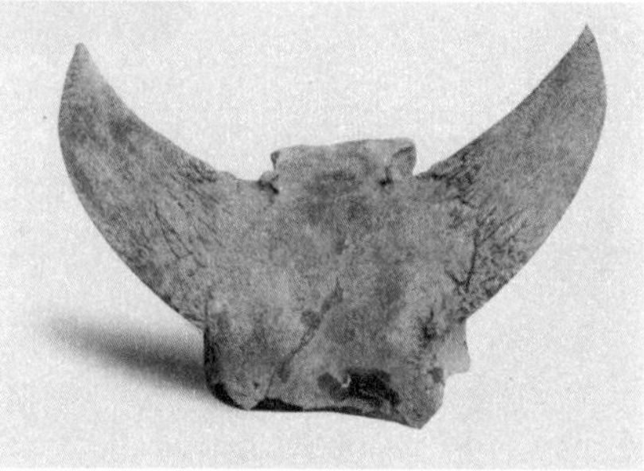

图1-3-32　水牛头骨，2001年7月出土于跨湖桥遗址（萧山博物馆提供）

【附一】

从猪骨推测跨湖桥文化时期已有家养猪

研究人员发现，野猪经过人工驯养之后，随着饮食习惯和食物结构的改变，引起体质上的适应改变。首先表现为颌骨缩短，牙齿特征弱化等。但牙齿尺寸的改变比骨骼尺寸的改变要缓慢。骨骼比牙齿更早适应食性变化而产生改变，而牙齿则是保持遗传特征比较稳定的部位。前面提到的3件猪颌骨标本的齿列已明显扭曲，显示出因为下颌的缩短而造成牙齿排列凌乱，可以作为家猪的证据。

其次是牙齿的尺寸。从跨湖桥遗址出土的猪的下颌第三臼齿的测量尺寸看，除早期的3个超过42毫米的数据可以推测为属于野猪以外，其余的包括早期在内的10个数据都属于家猪的范畴。尤其是从尺寸的变化趋势看，家畜化的过程表现得更为明显。

最后是年龄结构。从跨湖桥遗址猪的年龄结构可以看出，从早期到晚期有一个明显的逐步年轻化的过程。如2.5岁以上的猪由早期的87.5%降低到晚期的45%左右，其平均年龄也由早期的4.6岁降低到中期的3.5岁，再降低到晚期的2.9岁。年龄结构从早期到晚期的变化过程，可以推测其为家猪。

（根据中国社会科学院考古研究所研究员袁靖2001年5～7月跨湖桥遗址第二次考古发掘鉴定资料整理）

【附二】

跨湖桥文化时期已有家犬的推测

考古学家认为，狗的齿列长短在早、中、晚3期中大致出现由小到大的变化，但这个变化十分微小，可以理解为是个体间的生长差异。跨湖桥遗址发现的大多数狗的齿列尺寸明显小于河南舞阳贾湖遗址发现的狗的齿列尺寸。贾湖遗址发现的狗是目前所知最早的家养狗，其齿列为72.70毫米。通过比较这两个遗址发现的狗的齿列大小，特别是以平均尺寸为标准，可以看到跨湖桥遗址在比贾湖遗址晚1000年左右的时间段里，狗的齿列尺寸明显缩小，因此推测跨湖桥遗址出土的狗遗骨也属于家犬。另外，随着埋藏的变化，跨湖桥遗址发现的狗的数量在全部动物中由少到多，到中、晚期均占10%以上，这种在同一遗址里狗在全部动物中所占比例明显地由少到多的现象，在国内新石器时代遗址中十分少见。

（根据中国社会科学院考古研究所研究员袁靖2001年5～7月跨湖桥遗址第二次考古发掘鉴定资料整理）

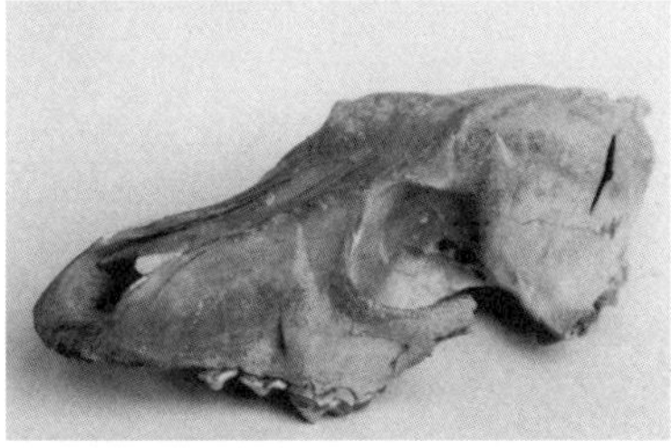

图1-3-33　狗头骨，2001年7月出土于跨湖桥遗址（萧山博物馆提供）

植物遗存

水稻　跨湖桥遗址出土了1000多粒稻谷、稻米和稻壳。从粒形分析结果看，有50%以上的古稻谷粒形明显短于普通野生稻，显然是人类培植后的栽培稻。这一结果表明，长江下游地区在距今8000年以前已经开始利用或培植水稻了，从而使这一地区的稻作历史，比河姆渡文化遗址稻作遗物发现以来，又前溯了近千年。

稻谷遗物在跨湖桥遗址中的分布范围比较广，从T0409、T0411、T0512、T0513等探方中都发现数量较多的稻谷、稻米和稻壳等稻遗物。据统计，从遗址土壤中淘洗出的稻的遗存种类和数量，在1063粒稻遗物中，稻谷196粒，占18.4%；稻米369粒，占34.7%；秕谷498粒，占46.9%。这些稻遗存物来自遗址的第五层到湖Ⅳ层，其中有93.8%的稻遗存物淘洗自第八层到湖Ⅳ层。

从稻谷和稻米的形状特征①分析，跨湖桥遗址出土稻谷的长、宽和长宽差分别为6.89毫米、2.58毫米和4.31毫米，稻米的长、宽和长宽差分别为5.13毫米、1.99毫米和3.14毫米。其中稻谷长变异范围为4.99毫米～8.65毫米，宽变异范围为1.46毫米～3.61毫米，粒长7.10毫米以上占40.1%。从粒形分析结果看，跨湖桥遗址的古稻明显区别于野生稻，是人类培育后的栽培稻。

其他植物　跨湖桥文化遗址出土的其他植物遗存，有蔷薇科的桃核、梅核、杏核，壳斗科的麻栎果、栓皮栎、白栎果，漆树科的南酸枣，菱科的菱角，睡莲科的芡实等，还发现了豆科、葫芦科、山茶科和蓼科的植物种子及果实。毛桃、野生梅、杏子等含糖、含水量较高，不易贮藏，采后即食；栎属树木的果实、菱角、芡实等成熟果子含淀粉量高、水分含量较少的，采集后便于贮藏。这些植物为古跨湖桥人的采集品，用于补充食物来源,表明采集生活仍是古跨湖桥人的生活方式之一。

图1-3-34　跨湖桥遗址出土的稻谷（2009年6月12日，郑云飞摄）

①据调查，栽培稻的祖先——普通野生稻谷粒的粒长范围为7.1毫米～10毫米，粒宽范围为1.9毫米～3.4毫米。与野生稻比较，跨湖桥遗址古稻谷的粒形较短，50%以上的稻谷明显不同于普通野生稻；粒宽变异范围增大，既有小于野生稻的，也有大于野生稻的。

第四章　跨湖桥文化研究与遗址保护

2004年12月17日，在萧山举行的“跨湖桥考古学术研讨新闻发布会暨《跨湖桥》考古报告首发式”上，中国考古学会副理事长、国家文物局专家组成员、北京大学教授严文明，代表与会11家国内权威博物馆、考古研究机构的35位专家、学者宣布：跨湖桥遗址所代表的文化类型为独立的考古学文化[①]——跨湖桥文化。这标志着“跨湖桥文化”作为一个崭新的考古学文化正式诞生。

① “考古学文化”是考古学研究中的专门术语，用以表示考古遗存中所观察到的共同体。专门指考古发现中可供人们观察的属于同一时代、分布于共同地区并且有共同特征的一群遗存。比如在考古工作中，发现某几种特定类型的器物，经常地在一定地区的某一类型的居住址或墓葬中共同出土，这样一群有特定组合关系的遗存，即可称为一种“文化”。（资料来源：《中国大百科全书·考古卷》）

第一节　跨湖桥文化命名

命名经过

1990年跨湖桥遗址第一次考古发掘结束后，由于考古人员对遗址的年代存有疑惑，无法确定其年代与文化类型的归属。2001年第二次发掘结束后，考古人员将遗址出土的标本送往国内权威的考古机构——北京大学文博学院考古与文化保护实验室重新做碳14年代测定，结果与1990年的测定数据完全相同，均在距今8000～7000年之间。2002年3月26～28日，第一次跨湖桥遗址考古学术研讨会在萧山举行。到会的专家、学者有严文明、张忠培、吴汝祚、毛昭晰、宋建、陈淳等30余人。学术研讨会议由省考古所所长曹锦炎主持。专家、学者就跨湖桥遗址的年代、跨湖桥遗址的文化类型、“跨湖桥文化”的命名等问题展开讨论。会议基本消除了一些专家、学者对跨湖桥遗址年代的质疑，基本肯定了跨湖桥遗址是一种新颖独特的文化类型。但根据考古学的一般原则，它还只是一个孤立的遗址，要命名其为独立的考古学文化，还必须找到与其同类型的文化遗址。此次会议为跨湖桥遗址列选“2001年度全国十大考古新发现”奠定了基础。

第一次跨湖桥遗址考古学术研讨会后，省考古所与萧山博物馆对“跨湖桥类型”的文化遗址进行历时一年的大规模考古调查，于2003年5月，在湘湖区域的下孙自然村发现了下孙遗址，为跨湖桥文化的命名提供了基本依据。2004年12月，考古报告《跨湖桥》出版。是月16日，第二次跨湖桥遗址考古学术研讨会在萧山举行。与会专家、学者充分肯定跨湖桥遗址考古工作两年多来所取得的成就，不仅发现了独木舟及相关遗迹，还发现了与跨湖桥遗址同类型的下孙遗址，并对在不到一年时间里出版一部综合性反映遗址面貌的考古报告《跨湖桥》给予高度评价。与会的国内考古界专家、学者普遍认为跨湖桥文化命名的条件已经具备。在第二天举行的“跨湖桥考古学术研讨新闻发布会暨《跨湖桥》考古报告首发式”上，中国考古学会副理事长、国家文物局专家组成员、北京大学教授严文明，代表与会的35位专家、学者向新闻媒体宣布了

图1—4—35　《跨湖桥》书影（浙江省文物考古研究所、萧山博物馆编：文物出版社，2004年12月）

“跨湖桥文化”的命名。

命名意义

学术意义　跨湖桥文化以其新颖独特的文化内涵与极具个性的文化特征，对浙江乃至长江下游新石器时代考古学文化类型及其相互间关系问题的认识，有着极其重要的意义与价值。

图1—4—36　“2001年度全国十大考古新发现颁奖暨学术研讨会”在杭州举行，萧山区人民政府副区长周红英（前排右一）在领奖台上（2002年6月5日，施加农摄）

跨湖桥文化命名之前，马家浜文化早期遗址与河姆渡文化早期遗址，分别属于钱塘江南、北两岸并行发展的浙江境内两支最古老的新石器时代文化，这已成为考古学界的共识。跨湖桥遗址的发现与跨湖桥文化的命名，打破了原来所认识的浙江史前文化的基本脉络与格局，表明浙江境内新石器时代文化类型，应该有多个源流谱系。它们之间的相互关系已成为今后研究的一个重要课题。

跨湖桥文化遗址出土的大量遗存物，包含着丰富的考古信息。如独木舟及相关遗迹，反映的是当时的船坞，还是制作独木舟的作坊，有待考古界作进一步探讨。又如陶器制作技术水平、骨角木器和石器、动物遗存，多种遗迹现象所反映的经济、社会生活内容，以及彩陶、黑陶等一些宗教、文化现象的源流等，都具有极高的考古研究价值。

跨湖桥文化是继河姆渡文化、马家浜文化和良渚文化之后，浙江省境内发现的又一个新石器时代文化，把浙江的文明史整整向前推进了1000年。跨湖桥文化的命名，标志着一个崭新的考古学文化概念的诞生。对于浙江乃至长江下游的文明起源问题，对于浙江的史前考古学研究，都将产生深远的影响。跨湖桥文化是浙江考古工作的一座新的里程碑。

社会意义　跨湖桥文化的命名，是萧山文物考古工作的一项重大突破，也是萧山文化事业取得的巨大成就。跨湖桥文化的命名引起了社会各界广泛关注[①]，其社会意义日益彰显。

跨湖桥文化是萧山先民留给后人的一笔非常宝贵的财富，显示出萧山悠久的历史与深厚的文化底蕴。跨湖桥文化是开展历史教育、乡土史教育的好教材；为萧山湘湖的开发和建设增添了浓厚的文化色彩，提供了极其宝贵的旅游资源；对萧山开展对外文化交流，促进萧山文博事业发展，都具有重要意义；对萧山的经济和各项社会事业的发展，都将起到积极的促进作用。

第二节　跨湖桥文化特征

跨湖桥文化遗址整体性强，特征鲜明。其所代表的器物特征、工艺特征、建筑特征、经济特征、艺术与宗教特征等方面，包含丰富的文化内涵，具备独立的考古学文化的基本条件。

① 2005 年 4 月，政协萧山区委员会以文史和教文卫体委员会、文化新闻工作组的部分委员为骨干的课题组，在经过大量调查研究基础上，形成并向区委、区政府提交了《关于挖掘湘湖历史文化底蕴，打响跨湖桥文化金名片的建议案》。《建议案》从“跨湖桥文化保护开发的重要意义”、“前期所做的工作与存在的问题”、“保护开发跨湖桥文化的建议措施”3个方面，阐述了挖掘湘湖历史文化底蕴、打出跨湖桥文化金名片的现实意义和历史意义。特别是《建议案》中，提出了“提高思想认识，出台配套措施，制订规划方案，推动跨湖桥文化学术品牌、文化旅游品牌、文艺创作品牌、文化教育品牌、文化宣传品牌等的建设”的具体建议措施，具有很强的可操作性。此《建议案》得到区委、区政府的高度重视，进行具体部署，并由区级相关部门逐步予以实施。

器物特征

独木舟[①]　是中国沿海迄今为止发现最早的一条独木舟，证明中国东南沿海地区是世界上发明、使用独木舟最早的地区之一。

① “独木舟”详见本编第二章第一节。

陶器　以釜、罐、钵、盘、豆为基本器类，构成陶器群。线轮、纺轮别具特色。陶容器器型以圜底器、圈足器为主，平底器少见，不见三足器。彩陶是跨湖桥文化最重要的特征之一，中国东南沿海地区的新石器时代遗址中，尚无其他遗址出现如此丰富的彩陶。彩陶作于陶衣之上，故陶衣成为跨湖桥彩陶文化的构成元素。陶衣有褐黄衣、灰白衣、红衣、黑衣等，其中黑衣十分光亮，与红衣、灰白衣比，附着力较强。其特殊性为陶罐在折肩以上施衣作彩，浅盘器在内壁作彩，施彩区边缘均以带彩分隔。这种在浑圆之中进行彩纹布局的特色，体现了跨湖桥彩陶对视觉效果的特殊追求。厚彩、薄彩的彩料之分以及点彩等别具一格的彩纹形式，构成跨湖桥遗址彩陶浓郁的自身特色。黑光陶衣是体现跨湖桥遗址生产力比较先进，又能成熟运用的陶衣类型。黑光陶和外红内黑（光）陶器是体现跨湖桥陶器制作水准的重要方面。其特色是黑光陶与匀薄胎体的结合，制作精美。菱格、方格的拍印纹在浙江新石器时代遗址中极为罕见，其他地区仅在新石器时代末期才出现，这也是构成跨湖桥遗址陶器的显著特征之一。

图1—4—37　黑陶釜，2001年7月出土于跨湖桥遗址（萧山博物馆提供）

骨、木、石器　耜、纬刀（匕）、哨、针、锥、鹿角器等骨料的取舍、加工和器形的分类特征与余姚河姆渡遗址、桐乡罗家角遗址一致。耜采用凿孔插装安柄法，与罗家角遗址相同，而与河姆渡遗址的捆扎安柄法不同。钉形器形制独特，还见有硬木质钉形器，两者大小相仿、形态一致。

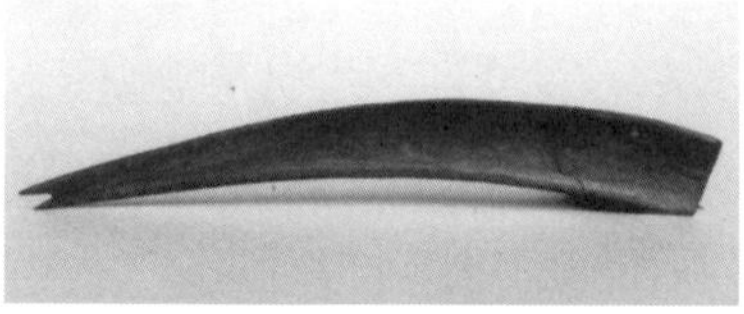

图1—4—38　骨制纺织工具，2001年7月出土于跨湖桥遗址（萧山博物馆提供）

木器A、B型锥，风格统一，出土数量多。以扁薄形式出现的Aa、Ba型尖端多见弯折，其中还发现带有刻划符号、刻划纹饰的标本。其他如双尖形器、砣形器、哑铃形器均未曾见于其他遗址。木质管形器可能是一种吹奏乐器。A型砣形器的上部榫凸有磨损，似与转轴有关，据分析是慢轮制陶用的轴承底座。跨湖桥文化遗址发现的木弓虽已残损，但弓的特征明显，弓柎完整，采用桑木边材料制作，外捆扎树皮增加其强度，证明制作技术已较成熟。

图1—4—39　骨制复合器，2001年7月出土于跨湖桥遗址（萧山博物馆提供）

与出土数量较多的木质锛柄相应，出土石器中石锛的数量最多。仅跨湖桥独木舟相关遗迹中就发现数件锛柄，这是石锛作为独木舟或其他木器加工工具的重要证据。几件特征明确的石斧，器身多呈浑圆，便于手握，顶部不见捶击疤痕，不见配套的木质斧柄，系作为“手斧”使用。石锤也是跨湖桥石器的特色之一。

工艺特征

图1—4—40　陶线轮，2001年7月出土于跨湖桥遗址（萧山博物馆提供）

生产工艺特征　跨湖桥文化遗址出土的陶器大多器形规整，厚薄均匀，器壁平均厚度约0.5厘米，体现了较高的成型及烧制水平。陶器制作工艺以泥条盘筑法为主，辅以分段拼筑、贴筑。出现慢轮修整技术。

陶器的慢轮修整技术　在许多罐、钵、豆类陶器中都出现均匀规则的弦棱纹，证明慢轮修整技术已经应用于陶器的成型与加工，从而使中国已有的慢

①陶胎中的层理现象或许更易被理解为陶器成型过程中的二道程序：在胎壁较薄的部位加补泥片。这一解释或许可以成为“贴筑法”工艺内涵的一种补充。

图1－4－41　制陶里手，2001年7月出土于跨湖桥遗址（萧山博物馆提供）

图1－4－42　陶豆圈足，2001年7月出土于跨湖桥遗址（萧山博物馆提供）

图1－4－43　红衣灰陶盆，2001年7月出土于跨湖桥遗址（萧山博物馆提供）

②由于彩陶的纹饰一般施于陶衣之上，陶衣的脱落、褪色和彩陶纹本身的褪色、脱落都会影响彩陶的寻找与分辨，实际上也确实存在似彩非彩的模糊陶片。

轮制陶成型技术出现时间提前近2000年，这是古跨湖桥人的又一项创举。

陶器残破面上的层理现象[①]　较大陶片上的裂缝多不能延续，在较小的陶片上也能发现裂缝的贯穿。尤其值得注意的是，内层面有时也印有绳纹。跨湖桥遗址中，绳纹作为装饰仅出现于釜、甑类器物中，一些不易发现的圈足下底位置也可以看到绳纹，证明绳纹并非一种装饰，而是陶器成型过程中一道必要工序，其功能是通过拍印使陶胎更加致密、结实。是跨湖桥文化陶器工艺非常独特的方法。

陶器内壁加工与分段拼接成型工艺　多数深腹敛口容器内壁都可以观察到大小不一的浅窝，是外壁拍打使用垫具留下的痕迹。这些垫具也称“陶里手”或“陶拍”，在跨湖桥遗址中发现较多。其工艺在商周时期的印纹硬陶制作中还在沿用。

装饰工艺特征　跨湖桥文化遗址的装饰工艺，主要有陶衣、彩陶和绳纹，另外还有堆贴、镂孔、戳印等装饰方法，在国内新石器时代较早期的同时期遗址中，有着独特的方面。

陶衣　首先，大部分陶器上都饰有陶衣，尤其是非炊器类容器，如罐、钵、盆、豆、圈足盘等。部分釜、甑类炊器的内外壁也见有一层不同于黑胎的薄衣。红衣是最醒目的陶衣装饰，不同器物有不同的装饰部位，盘、钵、盆类主要施于外壁，罐主要见于肩颈部，反映了古跨湖桥人比较成熟的审美观念。红衣之上又经常伴有乳白色的彩陶图案。在红衣剥落（褪色）区，均露出灰白的底色，一直延伸到肩部以下，覆盖未施红衣的其他部位，说明在陶器成型后，器表经过两道上衣工序。灰白衣也并非只充当红衣的底色（化妆土），一些施红色彩绘的浅盘类陶器上，衬底也是灰白或灰黄衣，说明除红衣外，灰白、灰黄衣也是陶器重要的装饰色。在遗址中也出土过纯红的铁矿石，据分析，跨湖桥文化遗址的红陶衣是用这种原料碾磨成粉，制成浆料，涂刷敷施，烧制时经氧化而成。

跨湖桥文化遗址陶器中，出土大量内外黑亮的罐、豆类器，同时还出土外红内黑且光亮的豆、钵、盆等器物。外红内黑陶器的黑色往往延伸到口沿外，外延的黑色痕迹呈一种流焰状，十分光亮，有一种晶莹的感觉。经测验分析，内部含有盐的成分。这种外红内黑的陶器，既符合卫生要求，又能满足审美情趣。黑光陶衣是体现跨湖桥遗址生产力比较先进，又能熟练运用的陶艺成就。把盐用于制陶工艺，是古跨湖桥人特殊的发明。

彩陶　跨湖桥文化遗址的彩陶是目前长江以南地区发现最早的彩陶器，主要装饰在罐、圈足盘、豆3种器物上，是非常醒目的陶器装饰。据粗略统计，彩陶器（片）约占陶器（片）总数的2%以上，占罐、圈足盘、豆3种陶器（片）数量的5%。彩陶实际数量当多于统计数量。[②]

跨湖桥文化遗址的彩陶按质分类，有厚彩与薄彩两种。厚彩的特征是乳白色，干厚，触摸时有明显的隆凸感，均施于器物的外壁，如陶罐的肩部、圈足器的圈足部位。薄彩触摸时无隆凸感，以红彩为主，另外还有数量极少的黑彩，大多施于豆、盘及圈足盘内壁。在极少的残陶片上，也有施于外壁的薄彩。

彩陶主要有条带状纹、波折纹、波浪纹、环带纹、垂挂纹、太阳纹、火焰纹、“十”字纹、叉形纹、点彩、直线与折线组成的矩形彩纹等数种。另外还有以复线交叉为框架，间以点彩、方框彩等装饰。装饰工艺包括印、戳、刻、镂、贴等手法。

绳纹　是陶器纹饰中最多的一种，一般施于釜、甑类炊器上，偶尔也见于罐、圈足器的底部。分拍印和滚印两类。绳纹又分为竖绳纹、斜绳纹、交叉绳纹等多种。另外还有米粒纹、篮纹、方格纹、菱格纹和刻划成形的放射纹、折线纹、网格纹、波折纹等数种。

图1—4—44　黑陶豆，2001年7月出土于跨湖桥遗址（萧山博物馆提供）

建筑特征

跨湖桥文化遗址的建筑遗迹主要分布在遗址中心区。1990年发掘区揭示了4处房址遗迹和多处相关的建筑遗迹。木构建筑是主要建筑形式，多以成排的柱子（洞）为标志。2002年发现的“独木梯”是干栏式建筑存在的一种间接证明。F4是以木桩立骨的土墙式建筑，是一种非常独特的地面建筑形式。跨湖桥文化遗址的建筑遗迹，反映了定居生活的一些特征。

图1—4—45　黑陶钵，2001年7月出土于跨湖桥遗址（萧山博物馆提供）

经济特征

稻作农业　表明稻作农业存在的证据有两点：一是具有栽培稻特征的稻米颗粒及相应的植物硅酸体的发现。稻谷与稻米显示出栽培稻的特征，与现在的籼稻相似，相应的植物硅酸体形状却接近粳稻。同时在粒形上接近野生稻的稻谷。在地层上，跨湖桥遗址的早期已经发现栽培稻标本，说明跨湖桥文化遗址从早期就开始稻作生产实践。中期地层中发现集束状的带茎秆的稻禾标本，所存均为秕谷，说明栽培稻处于原始的低产量阶段。二是发现了以骨耜为代表的稻作农业工具。确定的农业生产工具只有骨耜，这也是农耕时代出现的标志。

图1—4—46　彩陶片，2001年7月出土于跨湖桥遗址（萧山博物馆提供）

采集经济　跨湖桥遗址出土菱角、核桃、酸枣、芡实等多种可供食用的野生果物，还发现较多橡子坑①。橡子坑的建造考究，先挖出筒状或袋状的坑，口部乃至边壁用木料搭成框架结构。另一个现象是，许多橡子坑被二次利用，坑口形成焦积的锅底状灰烬烧土坑。

渔猎经济　2001年、2002年发掘区共发现34个种属的动物遗骨5000余块，许多哺乳类动物遗骨有火烤遗留的黑焦面，肢骨端部砸断的现象比较普遍，表明存在烧烤食肉和吸食骨髓的行为。遗址出土的狩猎工具有弓、镞、镖等。浮标的发现，说明当时已经开始出现结网捕鱼的行为。骨叉的功能可能与结网有关。

家畜饲养　从跨湖桥遗址出土的猪下颌骨、猪牙齿和狗牙齿判断，跨湖桥先民已有猪、狗和牛等家畜饲养。

原始纺织　跨湖桥文化遗址存在骨匕这种纺织工具。出土的陶线轮中发现有纤维质线圈，与纺织有关。哑铃形器中段留下的浅痕，是绳线牵引留下的

①橡子坑的使用不是长年的，具有季节性。这有助于研究者对橡子坑的性质作出推断。它可能不仅是一般意义上的储藏坑，同时也是针对橡子食性的一种加工程序，因为橡子中包含的鞣酸味涩，只有通过在水里浸泡，才能够将鞣酸消除。

痕迹。B、D型棒形器两端槽额用来捆绑绳索，据分析为原始纺机构件。

艺术与宗教特征

彩陶中的太阳纹、火焰纹图案　跨湖桥遗址彩陶器上的圆圈、放射线组合图案，包括镂空、刻划放射线图案，都以太阳为模仿题材，施于豆盘内底的红彩大圆圈可能同样指太阳，反映了跨湖桥人的太阳崇拜。火焰纹的特征也十分明确，或许反映一种拜火心理。太阳与火在光热上存在统一性，因此太阳崇拜的宗教核心可能是对光与热的祈祷。

陶、木器上的原始符号　一件G型罐肩部对称双耳上面各有一个“田”字形符号，一件Ba型木锥端部正、反两面刻划的符号十分特殊。据判断，遗址出土的带内彩的陶豆、圈足盘可能属于祭器范畴。

建筑B宗教性质的推测　建筑B是一种分层的台形建筑，平面略呈圆形。共19层，每层都发现带烧火痕迹的烧土面。烧土面一般都有固定的形状。筑台的过程实质上为烧土面的递增过程。考古工作者认为，土台伴随周围的地层堆积逐渐形成，较难从实用的功能角度理解烧土面的意义，屋外炊煮场所也不太可能形成如此稳定、独立的台形结构。据分析，可能是当时一种举办火祭仪式的场所。

图1-4-47　太阳纹彩陶片，1990年12月出土于跨湖桥遗址（萧山博物馆提供）

图1-4-48　彩陶片，1990年12月出土于跨湖桥遗址（萧山博物馆提供）

【附】

跨湖桥文化与其他考古学文化的关系

跨湖桥文化以其成熟性与发展高度，引发了考古界对其与周边地区其他考古学文化关系的研究。跨湖桥文化与上山文化、河姆渡文化、马家浜文化、楼家桥遗址等史前文化既有相同之处，也存在不同之处。

上山文化①发现于浙江省浦江县，位置在距跨湖桥遗址南约100千米的浦阳江上游，年代距今约11000～9000年，是中国东南沿海地区目前发现最早的新石器时代遗址。陶器构成十分单调，以平底形器为主，与跨湖桥文化差别很大。在地理条件上一为浙中山区，一为浙东平原，海拔相差近50米，至今两地的语言、习俗仍有很大的差异。跨湖桥文化具有面向海洋的文化性质，上山文化则有更多的内陆性质。上山文化遗址中虽然也发现了稻作农业，但以石球、石磨盘为核心的工具组合代表了另一种经济生活方式。上山遗址与跨湖桥遗址间除稻作农业外，以成排柱洞为特征的木构建筑形式构成了同一种文化传统，这种建筑形式在河姆渡文化中发展到高峰。另外，夹炭陶特征也具有共性意义。在2006年的发掘过程中，考古人员发现了在上山文化堆积的上层，覆盖着跨湖桥文化的堆积层，出土的文物带有明显的跨湖桥文化特征。这给跨湖桥文化的来源，提供了重要的线索。

河姆渡遗址②位于浙江省余姚市。经1973年、1978年两次发掘，确定

①上山文化面貌以圆石球，不规则扁、长体的“磨棒”，形制较大的“石磨盘”及夹炭红衣陶器为基本特征。陶器多厚胎，表层多有红衣，低温烧制，陶胎破裂面常见片状层理现象，胎体可见明显的稻谷颗粒。可辨器形中多为大敞口小底的盆形器，中腹或近口沿处见有粗圆的桥形环纽。另外，石器中还见有少量的通体或局部磨制的斧形、锛形石器、用琢穿法成孔的“加重器”、石片石器及砺石等，陶器中也见有少量的釜、罐类残片。陶器多素面，偶见绳纹、戳印纹、刻划纹。

②河姆渡遗址的文化内涵主要为：以有脊釜为代表的夹炭质陶器群和锛、斧等石、木、骨器组成的独特的器物群；保存大量的栽培稻遗存；发达的木构技术与干栏式建筑；牙雕、骨雕、陶刻等形式的艺术成就及相关联的宗教内容。

河姆渡遗址的年代约在距今7000～5000年间。河姆渡遗址发现后，宁绍地区一直作为一个相对独立的文化区域而占据东南沿海新石器时代考古中的重要位置。河姆渡文化的概念，具有区域文化的象征意义。跨湖桥文化遗址的发现，使原区域文化的一元观念被打破，原先将宁绍平原新石器时代遗址统归于河姆渡文化传统，暴露了逻辑上的缺陷，这对河姆渡文化的研究具有重要意义。

跨湖桥遗址文化特征与河姆渡遗址的文化面貌相比较，区别是主要的，但也存在共性的因素。这种共性应该从区域文化的大传统中去理解。同时，这些共性成分中不排除跨湖桥遗址文化因素的流传，虽然跨湖桥遗址作为文化的整体性未发现明确的继承者，但一些文化因素完全有可能随着人群的迁徙而传播。这些共性因素包括以下3个方面。1.器物方面，陶器主要表现为：(1) 夹炭陶和炊器的绳纹装饰。夹炭陶与绳纹装饰在南方地区分布较广，在宁绍地区延续时间长，成为一种较稳定的文化传统。(2) 陶釜的使用。突出表现为釜、釜支座的配合。具体的陶器形态，如双耳罐、敛口盆，特别是跨湖桥遗址C型盆的敛口形态酷似河姆渡文化的敛口釜。而骨、木器无论在形态、类型上，比陶器有更多的共同性。如骨耜(装柄方式不同)、骨哨、骨匕、骨镞、木锥、木锛柄等，以及以榫卯结构为核心的木构建筑技术等。2.生产经济方面，骨耜与栽培稻成就了耜耕农业的概念。跨湖桥与河姆渡两个遗址对骨耜的使用方法有区别，但耜耕农业的存在是一致的。另外还有猪的驯养，橡子坑代表的采集业，丰富的动物遗存代表的狩猎、捕捞经济等共同点。3.水上交通工具方面，河姆渡遗址没有发现独木舟，但发现了木桨，有桨必然有舟，说明已开始水上交通。鉴于这一地区后来发展的越文化中，独木舟成为重要的文化特征之一，因此有理由认为，河姆渡时期肯定也曾有过舟楫。

马家浜文化[①]是分布于杭嘉湖地区的一支新石器时代文化，形成于距今7000年左右的桐乡罗家角遗址。罗家角遗址早期更多地反映了南方文化的因素。因此，跨湖桥遗址与罗家角遗址的比较，是同河姆渡遗址比较的一种延伸。特殊的有两点。一是跨湖桥遗址出土骨耜的插装安柄方法与罗家角相同；二是虽然外红内黑的陶器特征在河姆渡文化中同样存在，但最早是作为马家浜文化的陶器特征总结出来的。这种特征多见于豆、盉类器，为烧制过程中充分利用氧化焰、还原焰的特殊效果。跨湖桥文化遗址中，这种外红内黑陶器有更普遍的发现，如豆、钵、盆、盘等。虽然陶质有别（河姆渡文化、马家浜文化中该类陶器多为泥质陶)，但其文化共性值得关注。

马家浜文化中的另一因素是以腰沿釜及炊器的非绳纹特征为代表，这一特征后来成为马家浜文化的主流因素，可称之为北方因素。通过比较发现，跨湖桥文化遗址与之缺少联系。这也表明，跨湖桥文化遗址是完全属于南方文化系统的古遗址，比河姆渡遗址更为纯粹，这与它的年代是吻合的。

楼家桥遗址[②]位于跨湖桥遗址南23千米的诸暨市境内。早期年代约距今6500年，跨新石器与商周两个时代，新石器时代遗存又分早、中、晚3期，晚期为良渚文化遗存，内涵比较单薄；早、中期是遗址的主体部分。

①马家浜遗址位于嘉兴南湖乡天带桥村。1959年3月，当地群众进行农田基本建设时被发现。经考证，这些文物距今已有6000年历史。在其后的桐乡罗家角遗址等地的考古发掘，又把马家浜文化的上限推至距今7000多年。（资料来源：《中国文物报》，2005年1月7日）

②楼家桥遗址早期遗物以陶器为主，另有少量的玉管、骨锥、骨凿、象牙小罐；石质工具有数量极少的石锛，陶器有圆柱足鼎（部分跟部外侧贴有突脊）、隔裆深腹甗、深腹钵式豆、有脊釜、双鋬耳罐、扁圜把钵、腰沿釜、圈足盆等；陶系以夹炭红衣陶、夹炭黑衣陶为主，夹砂红陶次之；纹饰流行堆贴与刻划纹，堆贴以环圈为多，亦见细泥条塑贴的网格纹，往往与刻划纹相配合，另外还多见近似蜥蜴的堆塑纹样；刻划以水波纹、弦纹最为常见，绳纹数量很少，仅见于有脊釜的底腹。早期地层中还保存有干栏式、“塔”式建筑基础和木桩、带卯眼的木构件等遗迹，并发现亚洲象、犀牛等动物遗骨。

中期遗物中，陶器继承了早期的特点，成为该阶段的主要炊具。鼎足跟部的突脊演变成锯齿状，发展成颇有特色的扉棱足；隔裆深腹甗数量增多，这两类器物是楼家桥遗址最典型的陶器。夹砂陶数量增加，泥质红陶也有一定的比例，器形有侈口凹沿釜、泥质红陶喇叭形圈足豆、腰沿釜、多角沿盘、异形鬶等。纹饰仍以堆纹、刻划纹为主，环形堆纹往往与动物的头部造型相配合，很有特色，绳纹减少。石质生产工具有锛、穿孔斧、凿、刀等种类，装饰品有玉玦、玉环等。遗迹有灰坑、柱洞、石器制造场等。

楼家桥遗址早、中期含河姆渡文化的因素，具有明显的地方特色。作为离跨湖桥文化遗址距离、年代最近的新石器时代遗址，却未见有跨湖桥文化的影响，无论是典型器组合，还是动物形象的刻划、堆塑装饰，均不属于跨湖桥文化传统。

萧山境内其他一些新石器时代遗址，为研究跨湖桥文化提供了线索。舜湖里遗址，位于楼家桥遗址东北方约2千米处，内涵同楼家桥遗址。乌龟山遗址，位于跨湖桥遗址南约15千米处。遗址下层发现河姆渡文化典型的夹炭绳纹有脊釜，年代距今约6500～6000年。金鸡山遗址，位于跨湖桥遗址南10千米。遗址出土相当于河姆渡遗址二层的鼎、豆类陶器，年代距今约6000～5800年。另外在萧山境内还发现相当于良渚文化的河庄蜀山、进化茅草山、所前金山等新石器时代末期遗址。

第三节　跨湖桥文化研究成果

跨湖桥遗址从第一次发掘开始，就引起国内外专家、学者的广泛关注和研究，几年来初步形成了一批跨湖桥文化研究成果。萧山先后两次举行出土文物成果展[①]，并录制电视专题片[②]宣传跨湖桥文化。

研究专著

《跨湖桥》，为浦阳江流域考古报告之一，系跨湖桥遗址考古报告。由省考古所、萧山博物馆联合编写，省考古所蒋乐平主编，郑云飞等18人执笔，李永嘉、施加农摄影，2004年12月由文物出版社出版发行。报告分前言、遗址、遗迹、遗物、年代与分期、生态与经济、下孙遗址、总论8部分，加上考古发掘现场及出土文物图片若干，共379页。附有英文、日文提要。报告以考古学、文化学、历史地理学、地质学、生物学等多种学科及碳14、热释光年代测定为依据，对跨湖桥文化遗址进行全方位记述。该书的正式编撰从2004年2月开始，历时不到一年，成为国内编撰出版最快的考古报告。该书被评为“2004年度全国十佳文博图书”。

研究论文

《萧山跨湖桥新石器时代文化遗址》，方向明、芮国耀执笔，《浙江省文物考古研究所学刊》，长征出版社，1997年12月。[③]

《试论跨湖桥遗址》，方向明撰，《东方博物》第2辑，杭州大学出版社，1998年12月。

《二论跨湖桥新石器时代文化遗存》，王海明撰，《东方博物》第4辑，浙江大学出版社，1999年12月。

《“跨湖桥人”从7600年前走来》，肖菁、王倩撰，《科学24小时》，2001年第10期。

《浙江发现早于河姆渡的新石器时代遗址》，蒋乐平、王屹峰、郑建明、孟国平撰，《中国文物报》，2001年12月1日。

①2002年3月和2005年4月，两次在江寺举行“跨湖桥考古发掘成果展览”，展出陶器、石器、木器、骨器、动植物遗物等出土文物70件，为期各10余天。参观者有考古界的专家、学者，省、市的主要领导及各界群众3000余人。

②2006年4月，萧山博物馆、萧山电视台联合录制电视专题片《跨湖桥文化》。该片由萧山区文化广电新闻出版局策划，施加农撰稿，张月编导，周少伟等摄像。专题片全长13分钟，系统介绍跨湖桥遗址的背景、遗址的发现与发掘、研究成果、跨湖桥文化的命名等内容。此外，杭州电视台录制了跨湖桥文化专题片《飘荡的方舟》。

③为跨湖桥遗址第一次考古发掘的考古简报。

《萧山跨湖桥遗址学术研讨会纪要》，赵辉撰，《中国文物报》，2002年4月5日。

《浙江史前文明将重写——杭州发现8000年前跨湖桥史前遗址》，北辰撰，《文化交流》，2002年第2期。

《跨湖桥遗址的人们在浙江史前史上的贡献》，吴汝祚撰，《杭州师范学院学报（社会科学版）》，2002年第5期。

《萧山跨湖桥遗址的思考》，蒋乐平撰，《中国文物报》，2002年7月14日。

《跨湖桥遗存：萧山人的文化名片——跨湖桥遗址文化类型地位与作用的思考》，方晨光撰，《中国文化报》，2002年10月17日。

《跨湖桥遗址发现中国最早的独木舟》，蒋乐平、朱倩、郑建明、施加农撰，《中国文物报》，2003年3月21日。

《试论跨湖桥文化》，王心喜撰，《绍兴文理学院学报（哲学社会科学版）》，2003年第6期。

《浙江跨湖桥遗址的古稻遗存研究》，郑云飞、蒋乐平、郑建明撰，《中国水稻科学》，2004年第2期。

《浙江萧山下孙遗址发现早于河姆渡的文化遗存》，蒋乐平、朱倩、杨卫、施加农撰，《中国文物报》，2004年12月3日。

《卫星遥感探讨杭州湾跨湖桥古文化消失原因》，王永江、姜晓玮撰，《国土资源遥感》，2005年第1期。

《跨湖桥独木舟遗址区地下水渗流场模拟研究》，周丽珍、刘佑荣、陈刚、周海辉撰，《安全与环境工程》，2005年第1期。

《中华第一舟——杭州跨湖桥遗址古船发现记》，王心喜撰，《发明与创新（综合版）》，2005年第8期。

《浙江文化源远流长的历史实证——略记萧山跨湖桥文化与浦江上山遗址》，金利权撰，《今日浙江》，2005年第9期。

《跨湖桥文化的命名及年代学的讨论》，王心喜撰，《杭州师范学院学报（社会科学版）》，2006年第1期。

《发现距今八千年前的磨床——杭州萧山跨湖桥文化遗址出土文物考察报告之一》，柳志青、柳翔撰，《浙江国土资源》，2006年第2期。

《跨湖桥文化之光》，施加农撰，载于《历史文化名湖——湘湖》，方志出版社，2006年3月。

《跨湖桥文化的命名及其学术意义》，王心喜撰，《东方博物》第18辑，2006年3月。

《跨湖桥遗址地层性质的盐量法研究》，卢衡、靳海斌撰，《东方博物》第18辑，2006年3月。

《跨湖桥遗址的历史意义》，吴汝祚撰，载于《萧山历史文化研究》，方志出版社，2006年3月。

《跨湖桥文化先民发明了陶轮和制盐》，施加农、柳志青、沈忠悦、柳翔撰，《浙江国土资源》，2006年第3期。

第四节　跨湖桥遗址保护

随着跨湖桥遗址的发现发掘和跨湖桥文化的命名，跨湖桥遗址的保护引起地方政府和省、市文物部门的重视，并提上议事日程。

跨湖桥遗址临时陈列馆

为配合2006年第一届世界休闲博览会在萧山举行，2005年10月，在跨湖桥遗址现场建造“跨湖桥遗址临时陈列馆”。由萧山园林建筑设计所设计，外观为仿明清时期民居建筑式样。萧山博物馆历时5个多月，完成临时陈列馆的土建、装修与陈列布展任务。临时陈列馆总建筑面积731平方米，内设两个展厅、一个录像放映厅及贵宾接待室。2006年4月20日建成开放。全国政协副主席董建华、文化部副部长兼故宫博物院院长郑欣淼、国家文物局局长单霁翔、中共浙江省委书记习近平等领导先后前来视察。美国、日本、韩国等国家以及中国香港、台湾地区的专家、学者先后前来参观考察。2007年10月，因跨湖桥遗址博物馆建设需要，跨湖桥遗址临时陈列馆闭馆，随后被拆除。

独木舟保护措施

跨湖桥遗址独木舟及相关遗迹均为木质文物，而且独木舟与相关文物是一个整体，无法将其运回室内。为此，萧山文物管理部门采取了一系列有效保护措施。

临时保护措施　2002年11月，为避免独木舟暴露在日光下暴晒和受雨水侵蚀，考古队在现场搭起简易棚子，派专人看管守护。在所有木质文物附上湿棉花，喷洒化学药水丙二醇用以加固，防止已经碳化的木质文物变形、开裂。

临时保护棚　2003年初，萧山博物馆在独木舟遗址现场建造临时保护钢构建筑，总面积530平方米，包括2001年部分发掘面积和2002年所有发掘面积，于2003年6月完工。2004年又在临时钢构建筑内的独木舟及相关遗迹约100平方米范围，搭建临时帐篷，安装空调设备，满足独木舟保护恒温恒湿的基本要求。

独木舟就地保护方案论证　2002年12月，省考古所邀请湖北省文物考古研究所、福建省泉州海外交通史博物馆等有关专家，就独木舟及相关遗迹异地保护的最初两个方案进行讨论。萧山博物馆提出“就地保护”意见，要求纳入方案。2003年初，经浙江省文物局推荐，萧山博物馆委托湖北省文物保护技术中心与浙江省博物馆联合研究制订独木舟保护方案。并先后3次召开“跨湖桥遗址独木舟及相关遗址保护方案论证会”。

图1-4-49　2006年5月23日，国家文物局局长单霁翔（前排左一）在跨湖桥遗址临时陈列馆视察（傅宇飞摄）

第一次保护方案论证会于2003年1月14～15日在萧山召开。会议邀请中国文物研究所、故宫博物院、浙江大学等单位的知名木质类文物保护专家20余人参加，推荐南京博物院研究员奚三彩为专家组组长。与会专家经现场踏勘后，一致认为独木舟及相关遗址必须“就地保护”，“就地保护”意见被基本确定。

第二次保护方案论证会于2003年9月27日在萧山召

开。联合国教科文组织驻北京办事处专家等30余人与会，推荐中国文物研究所研究员王丹华为专家组组长。与会专家对湖北省文物保护技术中心与浙江省博物馆联合制订的保护方案，提出修改意见。鉴于独木舟舟体颜色变深，会议决定将原先使用的化学药水丙二醇改为聚乙二醇。

第三次保护方案论证会于2004年10月9～11日在萧山召开，仍由王丹华担任专家组组长。会议通过由“跨湖桥遗址独木舟保护方案研究课题小组”编制的《萧山跨湖桥独木舟遗迹原址保护可行性研究报告》的专家论证。研究报告包括“疏干排水地质工程”、“土遗址加固工程”、“独木舟及其他木质文物脱水定型加固工程”、“防霉杀菌工程”4项内容。

独木舟保护方案实施　2003年第二次保护方案论证会后，浙江省文物局下拨独木舟遗迹保护补助经费20万元，杭州市园林文物局下拨补助经费5万元。在此基础上，萧山博物馆于2004年初与湖北省文物保护技术中心签署保护方案课题研究与制订的协议。至同年9月，遗迹保护中的木质文物脱水、土遗址加固、防霉防虫、遗址的地质调查等课题研究顺利完成。2004年年底，萧山区政府又下拨40万元用于课题研究。2005年初，萧山博物馆将第三次保护方案论证会上通过的独木舟保护4项工程方案，分别报送国家文物局与浙江省文物局，并于同年6月通过审批。2006年初，萧山区政府同意实施保护，并拨款141万元。同年4月，由浙江省文物局主办、萧山博物馆承办的“疏干排水地质工程”实施方案专家论证会在遗址现场举行，并通过评审。该项工程于同年6月初动工，当月底完工。

遗址保护和展示

2005年，跨湖桥遗址被浙江省人民政府公布为省级重点文物保护单位。是年5月，萧山博物馆委托西安建筑科技大学建筑设计研究院编制跨湖桥遗址保护规划。2006年5月，跨湖桥遗址被国务院公布为第六批全国重点文物保护单位。是年9月，邀请西安建筑科技大学建筑设计研究院等3家单位，就跨湖桥遗址保护规划进行竞标。结果，西安建筑科技大学建筑设计研究院中标。2007年2月，区文化广电新闻出版局又向全国公开征集跨湖桥遗址博物馆建设方案。经专家论证和市民投票，在18个方案中，中国美院建筑风景设计院设计的方案中标。

图1-4-50　跨湖桥遗址博物馆（2009年9月，李萍摄）

由萧山区政府投资1亿元建设的跨湖桥遗址博物馆于2007年6月动工，2009年9月28日正式建成并免费向社会开放。博物馆建筑面积6800平方米，建筑总体以船为造型。博物馆融收藏、保护、研究、展示等功能于一体，内设陈列厅、遗址厅和临时展览厅等设施。跨湖桥遗址博物馆为跨湖桥遗址公园的重要组成部分，公园占地83亩（约55333.61平方米）。

第二编　政　区

萧山

宋·陆游

素衣已免染京尘，一笑江边整幅巾。
入港绿潮深蘸岸，披云白塔远招人。
功名姑付未来劫，诗酒何孤见在身。
会向桐江谋小筑，浮家从此往来频。

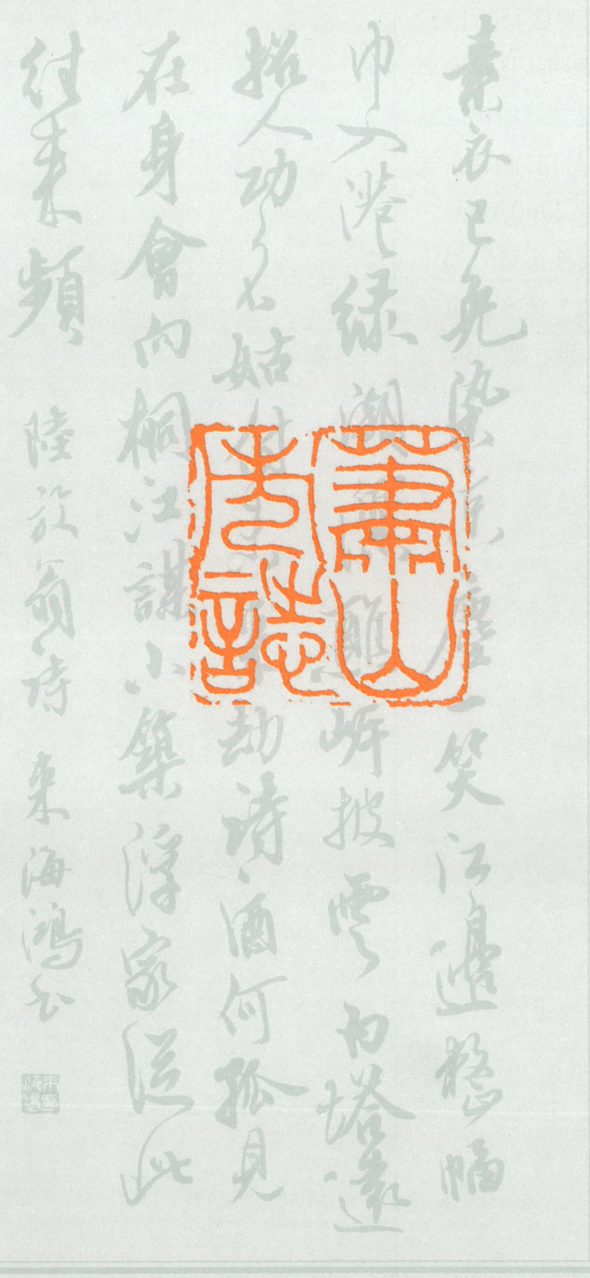

萧山市是由千年古县发展而成的新兴城市，既古老，又年轻。远在8000年前的新石器时代，就有人类在境内繁衍生息。商周之际，名藩篱。春秋战国时为越国地。秦属会稽郡。西汉时建县，名余（旧为“馀”，下同）暨，属会稽郡。三国吴黄武初改县名为永兴，仍属会稽郡。唐天宝元年（742）改称萧山县，历经宋、元、明、清、民国，萧山先后为会稽郡、越州、义胜军（镇东军）、绍兴府、绍兴路、会稽道属县。1949年5月，萧山解放，为省直属县；6月，划归浙江省第十专区（后称绍兴专区）。1952年1月，复为省直属县。1957年8月，隶属于宁波专区。1959年1月，改属杭州市。1987年11月27日，国务院批复同意撤销萧山县，设立萧山市（县级），以原萧山县的行政区域为萧山市行政区域。1988年1月1日起，正式称萧山市。1996年区域调整后，成现今区域。1997年8月至2000年6月，萧山与毗邻县市（区）勘定行政区域界线，市境四周边界线总长326.25千米（含未勘定的与海宁市水上线）。境内区划，亦几经变动，镇乡总量减少，规模扩大。2000年，全市辖24镇7乡。市人民政府所在地设在城厢镇。

第一章　区　位

萧山市地理位置优越，区位优势独特，有“天堂宝地”[①]之称。

①汪柏遂主编：《可爱的萧山》：萧山“素有‘天堂宝地，人间乐园’的美誉。”浙江人民出版社，2000年9月第2版，第1页。

第一节　地理位置

萧山市地处浙江省北部、钱塘江南岸，濒临杭州湾，处于长江三角洲南翼。位于北纬 29° 50′ 54″～ 30° 23′ 47″，东经 120° 04′ 22″～ 120° 43′ 46″ 之间。东邻绍兴县，南接诸暨市，西界富阳市、杭州市西湖区，西北连杭州市滨江区，北隔钱塘江与杭州市江干区、海宁市相望。全境总面积 1420.22 平方千米。

第二节　区位优势

长三角重镇

萧山地处长江“金三角”南翼，中国东部沿海开放带杭州湾“V”字形经济长廊接合部[②]；距上海和宁波各为180千米和150千米，是沪、杭、甬三市经济往来的中途站[③]。萧山是上海经济区的一个工业重镇，2000年工业总产值601.50亿元（现行价）。萧山北濒钱塘江，拥有360平方千米的沿江滩地可供高起点规划、高标准建设，这在长江三角洲地区是少有的。还有钱塘江、富春江、浦阳江汇合处的“三江口”，能为萧山经济发展提供充足的水资源。因此，萧山接轨大上海、融入长三角，打造长江三角洲南翼最具竞争力的先进制造业基地和环杭州湾产业带核心区有得天独厚的优势。

两浙要冲

萧山“西控钱（塘）富（春），东抵山阴（今绍兴）”[④]，地处东、西两浙要冲。浙赣铁路、萧甬铁路在境内交会；沪杭甬高速公路、杭金衢高速公路贯穿全境；杭温公路、杭金公路在此联结；钱塘江、富春江、浦阳江在此汇流；浙东运河与钱塘江在此沟通；境内建有全国一流的现代化空港——杭州萧山机场。萧山不仅是东、西两浙往来要冲，也是浙江南北交通咽喉，华东地区的交通枢纽之一。

杭州门户

萧山地处中国南北海岸中段，雄踞钱塘江口南岸，与杭州隔江相望，“西瞰浙江潮汐之雄放，东览会稽岩壑之奇秀”[⑤]。清代吴元礼《防山寇论》中说：“萧邑之势，西则长江天堑，而省城护之；东则曹娥界其外，而府城[⑥]卫之。”民国 23 年（1934）11 月钱塘江大桥开建以来，至 1996 年 12 月钱江三桥建成，三座钱塘江大桥飞架南北，与杭州相连。萧山“险据钱塘”[⑦]，素有杭州南大门之称，历来为兵家必争之地。

②陈如昉主持《萧山沿江区域未来发展思路研究》：“萧山位于钱塘江下游，处于中国东部沿海开放带杭州湾‘V’字形经济长廊接合部，联结着太平洋经济圈。”见中共杭州市萧山区委政策研究室编：《萧山区调研报告选编（2003年度）》，第52页。

③赵纪来主编《可爱的杭州·萧山卷》：“萧山地处我国南北海岸中段，杭州湾喇叭口西端，长江‘金三角’的南翼，是上海经济区的组成部分……是沪杭甬三市经济往来的中途站。”浙江人民出版社，1994 年 11 月，第 2 页。

④清乾隆《萧山县志》卷三《疆域》。

⑤（元）倪渊《重修儒学记》，见（清）鲁燮光辑《萧山县儒学志》卷七。

⑥“府城”指绍兴府城。萧山县当时属绍兴府。

⑦明《於越新编》，见清乾隆《萧山县志》卷三《形胜》。

第二章　建　置

萧山置县设市，历经变迁。西汉时建县（一说秦置），名余暨。后数易县名，唐天宝元年（742），始称萧山县。1988年1月1日，撤县设立萧山市。

第一节　县

萧山自建县以来，先后有余暨、余衍、永兴、萧山等县名。

余暨县

萧山建县，始见于《汉书·地理志》，时称余暨县[①]。余暨县建于何时，有秦、汉两说。在现存的旧志中，明嘉靖三十六年（1557）、万历十七年（1589）和清康熙十一年（1672）、三十二年《萧山县志》，均认为是秦置。明万历《萧山县志》卷一《地理·沿革表》载："秦始皇二十六年，初并天下，始置余暨县，会稽郡领之。"还有清初学者毛奇龄在《萧山县志刊误》中说："予县自秦始皇分郡县时即有其县，名曰余暨。"康熙五十三年举人张文檒在《螺江日记》中也说："萧山旧名余暨，以夏少康封其庶子无余于越，而萧山适当越西尽处，故秦分郡县时谓之余暨。"清乾隆《萧山县志》、民国《萧山县志稿》、来裕恂《萧山县志稿》、1987年版《萧山县志》则认为是汉置。

秦置说的主要论点是"余暨，本吴王弟夫概邑"。这是东汉应劭对《汉书·地理志》的一条注释，唐《元和郡县志》加以引用。以春秋战国时为邑，由此判断为秦置县。秦代仅15年，西汉初年的汉县基本上是秦县的沿袭。明万历《绍兴府志·疆域志·领县》载："秦置会稽郡，汉因之，领县二十四：吴、曲阿、乌伤、毗陵、余暨、阳羡、诸暨、无锡、山阴、丹徒、余姚、娄、上虞、海盐、剡、由拳、大末、乌程、句章、余杭、鄞、钱塘、鄮、富春。昭帝始元二年，以闽瓯旧地置冶、回浦二县，属会稽，共领二十六"。[②]意即除回浦县、冶县是汉昭帝始元二年（前85年）建置以外，其余的（含余暨县）皆为秦置县。明嘉靖《浙江通志·地理志》、清代学者全祖望《浙东分地录》有类似记载。

汉置说以为"余暨，本吴王弟夫概邑"不可考。[③]唐代颜师古的《汉书》注本，就认为"应说非也"，否定了应劭的"余暨，本吴王弟夫概邑"的注释。秦分天下为36郡，《史记·始皇本纪》注有郡名，无县名。至今也没有发现唐宋以前史书明确记载余暨为秦县的。《水经注》、《元和郡县志》等有关地理专著，虽都引用应劭"余暨，本吴王弟夫概邑"之注，但也没有说余暨是秦置县。谭其骧主编的《中国历史地图集》秦时会稽郡图中共22县，

①余暨县名由来有三说：一说萧山地处暨浦（即浦阳江）下游，浦阳江经萧山县而入海，地域上已是暨浦之余，所以称"余暨"；二谓"暨"有"及"的意思，传余暨为越王无余教化所及，故名"余暨"；三是"余"为越语，越人称盐为"余"，因当时萧山产盐，又临暨浦，所以称"余暨"。

②明·萧良榦修，张元忭、孙鑛纂：《绍兴府志》，明万历十五年（1587）刻本，绍兴丛书编辑委员会编《绍兴丛书》第一辑《地方志丛编》第一册，中华书局，2006年12月版，第505页。

③1987年版《萧山县志·萧山建县时间考》载："经考证，夫概是吴王阖闾之弟，《史记·楚世家》和《史记·吴太伯世家》均载：吴阖闾九年（前506），阖闾率夫概等伐楚，胜之；次年，被秦楚联合打败，夫概却先归吴国，自立为王，阖闾闻讯即回攻夫概，夫概兵败，逃到楚国，楚昭王封夫概于堂溪（今河南省西平县之西），遂号'堂溪氏'。此后，史书上不再见有关夫概的记载。因此，不存在吴王封弟夫概于余暨的史实。"

无余暨县。余暨县名见于正史，始于《汉书·地理志》。以后各朝正史地理志中，余暨均系汉置县。《太平寰宇记》、《舆地纪胜》、《读史方舆纪要》均明确余暨为汉县。《中国历史地图集》西汉时会稽郡图中，所设县也与《汉书·地理志》同，图中有余暨县。

1987年版《萧山县志》《建置编·沿革》载："西汉初至元始二年（2）间，始建县，名余暨，属会稽郡。"①

萧山始置县名还有一说，认为是下诸暨②，不是余暨。余暨之名，从西汉一直沿用到三国，有正史为据，且历代《萧山县志》均持此说。

余衍县

新始建国元年（9），改余暨为余衍县③。东汉建武年间（25～56），复称余暨县，一直沿用到三国。

永兴县

三国时，长江中下游地区均为孙吴属地，汉末童谣云："天子当兴东南三余（余姚、余暨、余杭）之间。"故孙权于黄武初年改余暨为"永兴"，仍属会稽郡。《三国志·吴书·陆凯传》中记载："陆凯……黄武初，为永兴、诸暨长。"经两晋、南北朝，至隋开皇九年（589）废永兴县，并入会稽县。永兴旧县治在古长兴乡④，即今城厢镇西35里的闻堰镇和滨江区浦沿镇一带⑤。唐仪凤二年（677）复设永兴县，由越州管辖，县治建在北干山南2里，后带运河⑥。

萧山县

唐天宝元年（742），改永兴县为萧山县，以县治西1里的萧山⑦为名。萧山之名，早在《汉书·地理志》余暨县名之下已有记载。

清咸丰十一年（1861），太平军占领萧山，为避西王萧朝贵、南王冯云山之名讳，改"萧山"为"莦珊"。至同治二年（1863），太平军退走，复称萧山县。经民国，至中华人民共和国成立后的1987年末均为萧山县。

第二节　市

萧山自1988年1月1日正式设市，至2001年3月25日撤市设区，其间历时13年3个月。

撤县设市

1987年11月27日，国务院国函〔1987〕186号批复，同意撤销萧山县，设立萧山市（县级），以原萧山县的行政区域为萧山市的行政区域。翌年1月1日始称萧山市，仍属杭州市。市政府设在城厢镇人民路71号（今永兴公园）；1999年6月，迁至城厢镇金城路685号市行政中心。

撤市设区

2001年2月2日，国务院国函〔2001〕13号批复，同意撤销县级萧山市，设立杭州市萧山区。同年3月25日撤销萧山市，始设杭州市萧山区。

①从汉高祖元年（前206）至元始二年（2），其间相隔208年。在此期间，明嘉靖《萧山县志》有两处"复为县"：一处是汉高祖十一年（前196），另一处则是景帝前元三年（前154）。嘉靖《萧山县志》认为"县之置自秦始"，便把西汉所置县说成是"复为县"。《绍兴市志·政区沿革表》中，景帝前元三年（前154）和元封五年（前106）会稽郡（吴）辖县中均有余暨县。因此，余暨县始建于西汉何时，需进一步考证。

②"下诸暨说"见《太平寰宇记》和《大明一统名胜志》所辑录东汉应劭对《汉书·地理志》余暨名下"汉分诸暨、山阴地为下诸暨，后易名余暨"的注释。

③改"暨"为"衍"，据乾隆《萧山县志》："《县志刊误》，余暨以其地能产盐故名，而王莽改余暨为余衍，亦即盐官斥衍之说。"

④清乾隆《萧山县志》载："长兴四都领图四，宋、元、明俱为长兴乡，永兴旧县治也。"

⑤南宋嘉泰《会稽志》卷十二载："长兴乡，旧名永兴，在县西三十五里。"民国《萧山县志稿》在卷一《疆域门》下载："长兴四都，领图四"。下注："宋、元、明俱为长兴乡，永兴旧县治也。"并在长兴四都名下详列所辖村落，计有闻堰、潭头、青山张、祥大房、堰兜孙、浦沿等67个。

⑥明嘉靖《浙江通志》载："萧山县治在北干山南二里，后带运河。唐仪凤二年，割诸暨、会稽西北鄙地建今治，宋、元因之。"

⑦明嘉靖《萧山县志》载：萧山"又云萧然山。旧志云：晋许询于此凭林筑室，有萧然自适之趣，故名。或云句践与夫差战，败，以余兵栖此，四顾萧然，故名"。万历《萧山县志》载："《汉书·地理志》：余暨县，萧山，潘水所出，东入海。则名不始于许。"毛奇龄《萧山县志刊误》：萧山"即今城西西山也。西者萧音之转，且以其山在治西，故又名西山"。

第三章 境 域

萧山西汉时为余暨县，其境域范围未见记载。三国吴改称永兴县，隋废并入会稽县，唐仪凤二年（677）复置永兴县，“仅分会稽五乡、诸暨二乡，界亦不复可考”[1]。萧山县境范围的文字记载，始见于南宋嘉泰《会稽志》。经元明两代，至清因钱塘江河口段变迁，海宁南沙改隶萧山。中华人民共和国成立后，综合治理钱塘江河口段，治江与围涂相结合，至2000年围涂52.62万亩，扩展了陆地面积。还有与周边相邻县市的部分地域，或析出，或划入，几经变动，其界线亦大都为习惯线。2000年6月，与毗邻县市（区）勘定界线。

①清康熙三十二年《萧山县志》卷二《疆域志》。

第一节 县 境

宋元明

南宋嘉泰《会稽志》载，当时萧山县的方位和范围为：“在府西北一百里九十步，东西六十二里，南北九十里。东至山阴县界五十里，以西小江中流为界，自界至山阴县五十三里；西至临安府钱塘县界二十三里，以浙江中流为界，自界至钱塘县三十里；南至诸暨县界六十五里[2]，以劳岭(也称老岭)为界，自界至诸暨县六十五里；北至临安府钱塘县三十五里，以浙江中流为界，自界至（钱塘）[3]县四十七里。东南到山阴县界五十一里，西南到临安府钱塘县界四十八里，东北到山阴县界四十九里，西北到临安府钱塘县界一十五里。”

②南宋嘉泰《会稽志》卷十二《八县》。1987年版《萧山县志》谓60里，误。

③括号内文字为编者所加。

从明代《永乐大典》所载的《萧山县图》中可以看出，当时的钱塘江紧贴北干山、茌山和航坞山，经南大门入海，萧山现属的沙地区（南沙、东沙）尚未形成。

清至中华民国

南宋嘉定十二年（1219）始，钱塘江河口段流道发生重大变化，两岸涨坍无常。至清乾隆后期，江流基本走北大门，南大门、中小门淤塞成陆，原海宁南沙被江水隔开而与萧山相连。清嘉庆十八年（1813），为便于纳课和诉讼等事，经浙江巡抚奏准，将海宁南沙改隶于萧山，县境遂扩大至“东西广约五十公里，南北袤约五十四公里”。[4]其时县境范围为：东循西小江而北至航坞山、

④民国《萧山县志稿》卷一《疆域·广袤》。

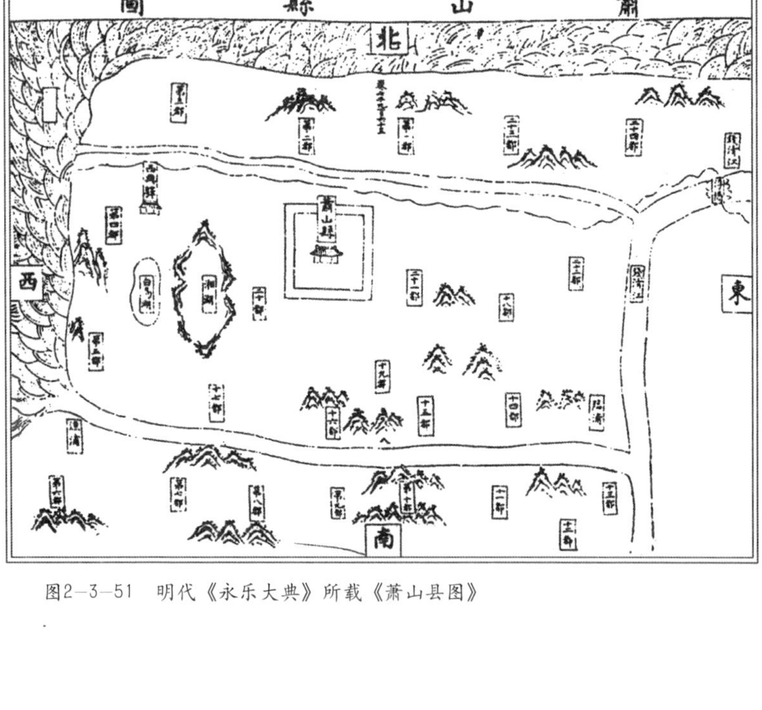

图2—3—51 明代《永乐大典》所载《萧山县图》

烟墩山外与山阴县分界；西以云峰山、中岭、鸡心岭、响铁岭[1]等山与富阳县分界；南以佳山、大同岭、太山峰、道林山、壕岭、曹家尖山、白鹿山、雄鹤鼻山[2]、兔石岭等山与诸暨县分界；西北以钱塘江与钱塘县、海宁县分界。延至民国后期，县境无大变动。民国36年（1947）清丈，全县面积为871.72平方千米。

中华人民共和国

1950年10月，邻县绍兴进化区所属青化、进化、城山、富岭、欢潭、所前、岭下、岱山、新建、临江、盈湖、夏履、象山、莲东、莲西共15个乡和临浦镇原属绍兴县部分，划入萧山县；萧山县钱清镇划入绍兴县。1956年2月，绍兴县安昌区所属东湾、夹灶、塘北、大林[3]、官都、梅林、三官、众兴、长沙、山北、沙北共11个乡划入萧山县，萧山县进化区的莲东、莲西、夏履3乡划归绍兴县；萧山县河上区的安山、桃源、径游3乡和尖山乡的谢家、新河口2村划入诸暨县（1957年3月又划归萧山县）；诸暨县岳驻乡的小山头、方山前、兰头角、岳驻4村和莫家的半个村划入萧山县。

1958年以后，由于围涂，钱塘江中心线北移，县境面积有所扩大。据1982年10月至1984年5月土地资源概查，全县总面积1492.26平方千米（含钱塘江、富春江水域）。其四周边界据1987年版《萧山县志》载：

东从富婆岭、千丈金岗、坎坡岭、乌风尖(《萧山县地名志》称乌峰尖)、安基岗、藏山岭、山栖岭、越王峥、仁里岭、曹坞岭（《萧山县地名志》称赵坞岭），然后过王家大山，沿西小江、钱清镇北，经大和山、益农闸，直至十五工段与绍兴县分界；

西从佳山坞、田村南侧、百药山、大黄岭、雪湾大山、船坞山、响天岭、鸡心岭、和尚顶、同盘顶、中岭、铜钱湾、雄鹅鼻[4]、云峰山、小安山，沿富春江、钱塘江中心线与富阳县及杭州市分界。

南从鲞斯岭、岳驻岭、仙人山、金浦桥，跨浦阳江至雄鹤鼻山、下陈村南侧，过凰桐江，由老岭、道林山、塘口、屏风山、火焰山、塔山岗与诸暨县分界。

北沿钱塘江中心线与杭州市、余杭县、海宁县分界。

第二节　市　域

1988年1月1日，萧山撤县设市，以原县行政区域为市行政区域，总面积1492.26平方千米（含钱塘江、富春江水域）。

区域调整

1996年5月9日，经浙江省人民政府批准，萧山市的浦沿、长河、西兴3镇划归杭州市西湖区管辖[5]（后单独设立滨江区）；5月24日，西湖区西兴镇的东湘、杜湖、湖头陈3个村划归萧山市城厢镇管辖[6]。这次区域调整，萧山行

①清康熙三十二年《萧山县志》、乾隆《萧山县志》、民国《萧山县志稿》均有响铁岭的记载，今称响天岭，亦称向天岭，在云石乡境内，为萧山、富阳两市交界处。

②“雄鹤鼻山”在今浦阳镇境内，为萧山、诸暨两县交界处。据《萧山地名志》载，海拔228米。

③《绍兴县志》《中共浙江省萧山市组织史资料》称大林；《绍兴市志》、1987年版《萧山县志》称大连。

④“雄鹅鼻”在今许贤乡境内，为萧山、富阳两县交界处。据《萧山县地名志》载，海拔528米。

⑤《浙江省人民政府关于扩大杭州市市区行政区域的批复》（浙政发〔1996〕84号）。

⑥《浙江省民政厅关于同意将杭州市西湖区西兴镇的东湘、杜湖、湖头陈三村划归萧山市城厢镇的批复》（浙民行字〔1996〕9号）。

政区域面积减少72.04平方千米，全市行政区域面积为1420.22平方千米。其四周边界为：

东接绍兴县　从螽斯岭、金竹岭、富婆岭、千丈岗、坎坡岭、乌峰尖、藏山岭、山栖岭、越王峥、仁里岭、赵坞岭至小天竺，过王家大山，沿西小江、钱清镇北，经大和山、益农闸至围垦十五工段，与绍兴县分界。与之接壤的有进化、所前、来苏、新塘、衙前、瓜沥、党山、益农8镇乡。

西界富阳市和杭州市区　从佳山坞、田村南侧、百药山、大黄岭、雪湾大山、船坞山、响天岭、鸡心岭、和尚顶、同盘顶、中岭、铜钱湾、雄鹅鼻、云峰山，至小安山，沿富春江、钱塘江中心线，与富阳市和杭州市区分界。与之接壤的有楼塔、河上、云石、许贤、义桥、闻堰6镇乡。

南与诸暨市分界　从螽斯岭、岳驻岭、仙人山、金浦桥，跨浦阳江至雄鹤鼻山、下陈村南侧，过凰桐江，经老岭、道林山、塘口、屏风山、火焰山至塔山岗，与诸暨市交界。与之接壤的有进化、欢潭、浦阳、河上、楼塔5镇乡。

西北连杭州市滨江区　与之接壤的有闻堰、城厢、宁围3镇。

北界杭州市区、余杭市和海宁市　以钱塘江中心线为界，与之接壤的有宁围、南阳、河庄3镇和钱江农场、红垦农场、红山农场及围垦地区。

勘　界

中华人民共和国成立以来，萧山的行政区域几经调整，但与毗邻县市（区）的区域界线多为习惯线。1997年8月至2000年6月，萧山与毗邻县市（区）勘定行政区域界线长286.25千米（不含未经勘定的萧山与海宁市水上界线），其中杭绍线萧绍段边界线115.37千米，萧诸段边界线63.10千米及萧绍诸、萧富诸三交点（三县、市、区行政区域边界线交会点）2个；萧山与江干区、西湖区、滨江区和富阳市区域界线长107.78千米（江萧线29.89千米、西萧线8.80千米、滨萧线28.36千米、萧富线40.73千米）及江滨萧、西滨萧、西萧富三交点3个。

图2-3-52　江（干）滨（江）萧（山）三交点A桩（2007年6月8日，韩利明摄）

萧绍诸三交点，位于萧山市进化镇东山村、绍兴县夏履镇双桥村、诸暨市店口镇小山坞村的交会处。萧富诸三交点，位于萧山市楼塔镇佳山坞村、富阳市常绿镇木坞村、诸暨市次坞镇徐杨村相交的无名山顶上。西萧富三交点，位于西湖区袁浦镇吴家村、萧山市许贤乡富春村、富阳市渔山乡五丰村相交的富春江河道中心线上，埋设双立三面型花岗岩界桩，设A桩、B桩，位于富春江两岸，A桩设在富春江北岸，B桩设在萧山市许贤乡富春村富春江南岸防洪堤上。1999年12月16日，埋设江滨萧、西滨萧三交点双立三面型花岗岩界桩。江滨萧三交点设A桩、B桩，位于钱塘江两岸，A桩位于萧山市宁围镇利一村与滨江区西兴镇七甲闸接壤处的桥头。西滨萧三交点设A桩、B桩，位于钱塘江两岸，A桩设在萧山市闻堰镇黄山村和滨江区浦沿镇浦联村接壤处的三岔路中间。

通过勘界，市境四周边界线总长326.25千米（含未勘定的与海宁市水上线约40千米）。其四周边界为：

东邻绍兴县　从钱塘江中心线杭（州）嘉（兴）绍（兴）三交点起，向南偏西南方向直行至二十二工段，再向西南经十五工段至杭绍线1号桩（萧山市益农镇益农村与绍兴县马鞍镇新围村接壤处），再折向西经塘下陆家、小埠头、园驾桥、直湖头、镇龙殿、大埠头、蔡家塘、大和山，至2号界桩（萧山市党山镇四联村与绍兴县安昌镇盛陵村接壤处），向西经赵家埭、刘家桥，转西南经白龙潭、瓦泥池、上姚港，沿沙湖城河顺流而下曲线前行，经下沙湖西、顾家塘东、东坂湖、庙西湖、官塘河，过萧甬铁路，沿西小江中心线逆流而上，过螺山大桥、江桥头、胡家汇北、渔临关东，至3号界桩（萧山市所前镇钱群村与绍兴县杨汛桥镇上坂村接壤处），转东经小天竺山、岙上沈、王家大山，折向东南经仁里岭、越王峥、官山、藏山岭、乌峰尖、坎坡岭、富婆岭、天顶大岗，至第4号界桩（萧山市进化镇东山村与绍兴县夏履镇双桥村、诸暨市店口镇小山坞村接壤处），与绍兴县分界，与之接壤的有益农、党山、瓜沥、衙前、新塘、来苏、所前、进化8镇乡。

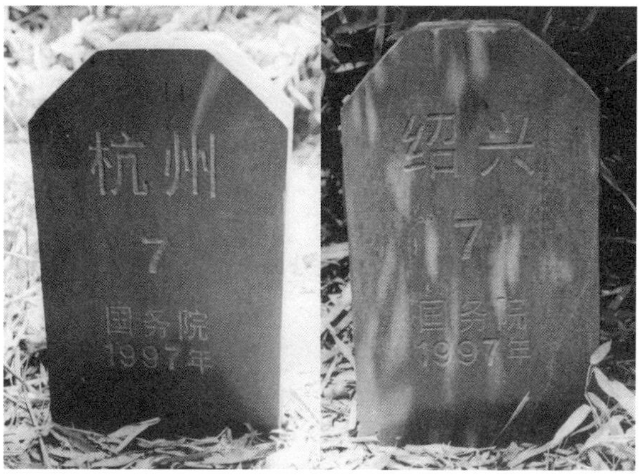

图2—3—53　杭(州)绍(兴)线7号界桩（2007年5月30日，柳田兴摄）

南接诸暨市　从杭绍线4号界桩起，向南沿山脊行进，再折向西南经蠡斯岭、双尖峰、仙人山等丘陵高地，再沿金湖江、浦阳江中心线向西行进，穿过浙赣铁路，向西偏西南经雄鹤鼻山、凤尾山、姚家尖，至5号界桩（萧山市浦阳镇上曹坞村与诸暨市次坞镇下陈村接壤处），向北偏西北过凰桐江、冯家庄北，经老岭山脚、杨骆山尖、马塔尖、儒值坞北、石扳山、回龙头、狗头山等丘陵高地，至6号界桩（萧山市楼塔镇管村村与诸暨市次坞镇古竹村接壤处），再向南偏西南方向，经屏风山、路下院、庙山岗、火焰山、托坞山，至7号界桩（萧山市楼塔镇佳山坞村、诸暨市次坞镇次坞村、富阳市常绿镇木坞村接壤处），与诸暨市分界，与之接壤的有进化、欢潭、浦阳、河上、楼塔5镇乡。

西界西湖区、富阳市　北起西滨萧三交点向东南沿钱塘江中心线逆流而上，经钱塘江、浦阳江、富春江汇合处，再折向西偏西南沿富春江中心线前行至西萧富三交点止，与西湖区分界，与之接壤的有闻堰、义桥、许贤3镇乡。从西萧富三交点起，沿富春江中心线向西南行，折向南过公路，经尖峰山、小安山、云峰山、雄鹅鼻，过寺坞岭至萧富线1号桩（萧山市云石乡佛山村，富阳市渔山乡曙光村相交的中岭北侧山脊上），再向南沿山脊线，经石牛山、和尚顶、园禅寺、大坪岗、大湾顶、螺石山、老虎尾巴山顶、杨梅树山顶、狗冲岭凉亭、羊角山、船尾巴、船坞山、庵后山、小王岭、百步湾岗、大凸岗、大山岗、小长岗、坞家坞、大黄岭等崇山峻岭，至2号界桩（萧山市楼塔镇王岭村、富阳市大源镇大兆村交界的大黄岭公路南侧50米山脊上）。从2号界桩向东南沿山脊线，经百药山，过常楼公路，经石棚坞、坞塘岗、木坞、佳山坞至萧富诸三交点，与富阳市分界，与之接壤的有许贤、云石、河上、楼塔4镇乡。

图2—3—54　萧(山)富(阳)线1号界桩（2007年6月5日，韩利明、柳田兴摄）

西北连滨江区　北从江滨萧三交点起，向东偏东南沿七甲河中心线，过钱江排灌站，再折向南沿七甲河主流中心线逆流而上，过七甲闸，至七甲河与前解放河交汇处，再向南沿兴议村西侧沟渠直行，至滨萧线1号界桩（滨江区西兴镇协同村与萧山市城厢镇荣星村接壤处），穿过北塘河，经日门塘，至03省道折向西经湖头陈、曹家章东，再折向南过铁路，沿东白马湖西岸水涯线曲行，经俞家里东侧，再折向西南沿水涯线前行，过东西白马湖之间小桥，然后向东沿东白马湖水涯线曲线行进，向东跨过白马湖，至湖东岸，沿山脊曲折向南偏西南至2号桩（滨江区长河镇塘子堰村与萧山市城厢镇湘湖居民区接壤处）。再向南偏西南经陈家埠、美女山、钟前王村北侧、孙家里北侧、毛家沿、钟基郎、百丈江西侧、癞头山、黄山岭、变电所北侧、庙下里东侧公路桥，至西滨萧三交点，与滨江区分界，与之接壤的有宁围、城厢、闻堰3镇。

图2—3—55 滨萧线走向边界图之一。滨萧线走向边界图共有4幅，2000年5～8月，由杭州市勘界办公室委托湖北省第一测绘院测绘。12月，萧山市人民政府代表、市勘界工作领导小组组长俞炳林，滨江区人民政府代表、区勘界工作领导小组组长徐纪林签订《萧山市政府和滨江区政府联合勘定的行政区域界线协议书》（资料来源：杭州市萧山区民政局编：《萧山民政志》，2006年5月印）

北濒钱塘江　从江滨萧三交点起，向北偏东北沿钱塘江曲行，至河庄镇新围村江萧线止点，以钱塘江江面中心线划分，与杭州市江干区为界，与之接界的有宁围镇、顺坝围垦、钱江农场、红垦农场、红山农场、南阳镇、河庄镇。萧山与海宁市水上线未勘定，其接边按1991～1993年浙江省土地资源详查办公室资料，边界线长约40千米。

第四章　区　划

萧山自西汉建县，至1988年1月1日撤县设市，历经2000余年，其行政区划屡有变更。设市以后，区划又几经调整。

第一节　建县时期

县以下的行政区划，汉代百户为里，十里一亭，十亭一乡。唐时称乡、里。宋熙宁时，改乡、里为都、保；元丰时，废都、保，改城内为坊，城外为乡，乡统里。元时改乡、里为都、图。明、清沿袭元制，清末改设区、乡。民国期间，一度推行村里制和试办自治会，后即改为区、镇乡，下设保、甲。中华人民共和国成立后，废除保、甲制，改为区、镇乡、村；1958年建立人民公社，实行政社合一，县以下设区、镇、公社、管理区、生产大队、生产队；1984年恢复镇乡村建制。

建县时期的区划演变，纷繁复杂。中华人民共和国成立后，区划或分或并，变更频繁。

唐　宋

萧山在唐《十道图》中已有乡、里记载，乡名里数，因其书已佚，今无考。唐末五代初，萧山设20个乡[①]。宋太平兴国三年（978），全县有15乡、110里，有名称记载的94里：

昭明乡，辖县南、小凤、龚墅、开明、社头5里；

由化乡，辖赵墅、永丰、伍里、安时、滨浦、秦君[②]、去虎、涝湖8里；

崇化乡，辖陈村、徐潭、百步、朱村、黄村、赵村、史村、社坛、许君9里；

里（履）仁乡，辖东京、下浦、陈墅、杨新、佳浦、杨东、杨南7里；

凤仪乡，辖白鹤、大义、新田、瓜沥、章浦、忠义、袁里、龛山、童墅、路西、佳浦、周里、塘头、丁里、翔凤、长港（巷）16里；

夏孝乡，辖山泽、范港、许村、斜桥、杜湖、寺庄、城东、城西8里；

长兴[③]乡，辖鸡鸣、安正、亚父3里；

安养乡，辖清德、静居、横塘、罗村、鱼潭5里；

来苏乡，辖招苏、朱汀、蔡湾3里；

苎萝乡，辖安国、孔湖、临浦、西施、朱村5里；

许贤乡，辖开善、三基、谢山、马阁、篮村5里；

新义乡，辖前壕、莫浦、峡下、冗村、河由5里；

桃源乡，辖通运、崇山、方山、曹坞、永福5里；

孝悌乡，辖白墅、香桥、郑村、兔沙、盛村5里；

①《绍兴市志》卷1第二章《区划》：“唐末五代初，越州7县有156乡，其中……萧山20乡。”（宋）乐史《太平寰宇记》卷九十六载，萧山县“旧二十乡，今一十五乡”。

②清康熙三十二年《萧山县志》：“唐，秦系所居。”秦系，唐代诗人。字公绪，号东海钓客，越州会稽（今绍兴）人。天宝末考进士不第。曾一度隐居萧山，人称秦隐君。

③南宋嘉泰《会稽志》卷十二为长兴乡。1987年版《萧山县志》谓长安乡，误。

长山乡，辖凤凰、许贤、高屯、安神、高坞5里。

元明清

元至元十六年（1279），改乡、里为都、图，时为24都、157图。即改由化乡为一都（辖图7）、二都（辖图6）；改夏孝乡为三都（辖图11）；改长兴乡为四都（辖图6）；改安养乡为五都（辖图5）；改许贤乡为六都（辖图4）、七都（辖图7）；改孝悌乡为八都（辖图5）、九都（辖图4）；改长山乡为十都（辖图5）、十一都（辖图4）、十二都（辖图4）；改桃源乡为十三都（辖图3）、十四都（辖图5）；改新义乡为十五都（辖图5）、十六都（辖图3）；改苎萝乡为十六都（辖图3）、十七都（辖图3）、十八都（辖图3）；改来苏乡为十八都（辖图5）；改崇化乡为十九都（辖图4）、二十都（辖图12）；改昭明乡为二十一都（辖图12）；改里仁乡为二十二都（辖图7）；改凤仪乡为二十三都（辖图10）、二十四都（辖图14）。

明至清末，仍沿元制，但图有调整：明嘉靖元年（1522）为120图，清顺治三年（1646）为140图，康熙十一年（1672）复为120图（雍正年间，曾一度改编为庄，后又复为图）。

清嘉庆十八年（1813），海宁南沙划归萧山县，只分字号，不编都图。宣统二年（1910），以原24个都和从海宁划归的南沙以及两塘（北海塘、西江塘）以外的灶（即盐灶）地，划分为1个区、28个乡，即城区，城北乡、仁化乡、龙泉乡、西兴乡、长河乡、长兴乡、苎萝乡、潘西乡、湘东乡、所前乡、义桥乡、浦南乡、开明乡、紫霞乡、沈村乡、河上乡、大同乡、长山乡、桃源乡、龛山乡、西牧乡、赭山乡、西仓乡、靖雷乡、镇靖乡、培新乡、蓬山乡、正义乡。

中华民国

民国初，沿袭清制。民国17年（1928），公布县组织法，推行村里制，县以下设区及村里，百户以上乡村为一村，不满百户者，联合数村编为一联合村；百户以上市镇为一里；并在东乡（今衙前、瓜沥、义盛、头蓬一带）试办地方自治。村、里和自治会为基层组织，职能相同。至民国18年，共编为9区、18里、134个村和联合村以及15个村自治会。

表2–4–3 民国18年(1929)萧山县所辖村、里

区 名	村 里 名 称
第一区	里：第一、第二、第三、第四、第五、第六、第七、第八、第九；联合村：舒渔、宣岭、戚严、姚吕、曹董、文道、墩蜀、井徐、金坂、俞龙、井富、荏盛、湘东、史村、西山、西蜀、东埭。
第二区	里：安养、闻堰、外沙、浦沿、西兴、长河；村：瓦窑、丰税、新丰、石塘、丰东、村口；联合村：长兴、湘湖、黄山、跨湖、中三、永兴、湖山、丰泰、花文、湖东、长河、双庙、襄庄、沿山、孔家村、长河后、傅家村。
第三区	里：义桥、新坝；联合村：泗水、茅山、浦东、湘西、砾山、公孙、石门、蛟山、湘南、四桥、南坞、北坞、西埭、浦七、浦八、浦东西区。
第四区	村：骆家；联合村：中潭、下沈王、沈盛、郭村、五里、尖山、上洪、永宁、凌溪、洪溪、云溪、浦一、浦二、浦六、浦九、浦十、沙河口、浦三。
第五区	村：环河、河东、凤凰、金家、鲍家、魏家塔、楼家塔上村、楼家塔中村、楼家塔下村；联合村：塘村、广华、白燕、太平、同济、灵芝、吉山、管东、管塘、余年、伊上、大中路、佳毋塘、雪环、徐儒直坞、黄岭坞、上仙岩、下仙岩、田径、长山坞、大桥、东大桥、竹桥。
第六区	里：临浦；村：前孔、谭家、芦塘；联合村：所萧、孔湖、吉祥、三闸、通济、柏山、蠡社、峙詹、陶朱、来苏、浦四、浦五、江西湖第一、江西湖第二、西坂花园、桃湖、峡山、汪李柴、金鸡坂柴湖、谢尖湖、五图、一二图、四里坂、一图。
第七区	村自治会：衙前村、长巷村、钱清村、瓜沥村、仁化村。
第八区	村自治会：龛山村、赭山村、南阳村、西仓村、蜀山村。
第九区	村自治会：靖江村、义盛村、头蓬村、党湾村、新湾村。

民国19年（1930），将村里、自治会改编为镇乡，镇乡之下为闾、邻。至民国21年，全县为7区、30镇、159乡、4154闾、20435邻。

表2—4—4　民国21年（1932）萧山县区划

单位：个

区名	镇名	乡名	闾数	邻数
第一区	市东、河北、市西、河南、西河、长河、闻堰、安养、西兴、龙口	镇南、金道、蜀吕、裘江、潘石、西蜀、湘东、埭上、来苏、俞龙、井盛、塘村、湖东、丰东、丰西、丰泰、花窑、襄庄、双庙、冠山、傅许、沿山、黄山、浦沿、外沙、湘湖	1083	5098
第二区	义南、义北	马鞍、凤麟、永宁、五里、骆兴、沈盛、上洪、石门、砾山、蛟山、浦西、浦东、湘南、茅山、泗水、新坝、南坞、北坞、公孙、郭村、石峡、蒲山、石马、合治、云潭、凌溪、沈汪、戴村	484	2444
第三区	河上、楼塔	大桥、紫中、竹桥、白燕、塘村、凤凰、太平、金鲍、青马、康济、雪环、管村、大同、龙光、长山、佳山、仙岩、黄岭	263	1273
第四区	临浦、尖山	所前、孔湖、通圣、吉祥、四湖、山闸、宏农、昌明、碛堰、浦南、四里、横山、五图、金紫、善福、花园、谢尖、桃湖、沙河、下邓、江西、前孔	374	1881
第五区	钱清	衙前、衙南、丁村、莫凌、螺山、新庄、新林、盈泉、盈盛、新义、新甸、大义、普济、长庄、渔庄、陈墅、韩钱、建设、民治、新陈、霞江、西江	572	2874
第六区	龛山、赭山、靖江、靖西、党湾、瓜沥	龛北、龛西、龛衢、圣帝、蔡黄、东北、定江、德胜、甘露、花神、关帝、荣贵、真武、大悲、桃源、山田、中西、江滨、运东、运西、进化、夏后	759	3831
第七区	头蓬、小泗、横岔、西仓、南阳、埠头、义盛	埭东、埭西、培新、龙兴、庆伟、蜀山、海鸿、善泰、金钱、引南、杏北、蓬园、元总、雷山、同兴、忠义、隆西、潮瀚、新湾、永兴、震孚	619	3034

民国23年（1934），推行保甲制，镇乡以下为保、甲。民国28年，全县有3区、7镇、37乡、997保、9935甲。

表2—4—5　民国28年（1939）萧山县区划

单位：个

区名	镇名	乡名	保数	甲数
东岳区	城厢	长河、潘东、东蜀、由夏、江边、崇化、城北、由化、里仁、西陵、长兴、潘西、长安	304	3050
戴村区	河上 临浦 义桥	许贤、苎西、戴村、浦南、苎东、桃源、桃北、大同、桃南、长山、紫霞、沈村	288	2844
衙前区	龛山 钱清 头蓬	新盈、云英、义盛、赭山、瓜沥、南阳、靖江、党湾、衙前、新湾、河庄、甘露	405	4041

民国30年（1941）实行新县制，调整镇乡编制，将原有44个镇乡改划为52个镇乡。时值抗日战争期间，全县52个镇乡中，被日军侵占有城厢、龛山、钱清3个镇和城北、由夏、西陵、复兴、江边、长河、长兴、长安、胜利、由化、里仁、衙前、新盈、龛东、云英、瓜沥16个乡，半沦陷有崇化、潘西、东蜀、潘东、靖江、赭山6个乡，受日军控制有义桥、临浦、义蓬3个镇和山后、苎东、苎西、河庄、南阳、义盛、甘露、党湾、新湾9个乡，民国政府可以行使职权的仅河上1个镇和长山、大同、紫霞、桃南、桃源、桃北、戴村、开明、浦南、沈村、长潭、公孙、云峰、许贤14个乡。

民国36年（1947），进行镇乡编并，县以下不再设区，全县划为12镇、24乡、480保、6545甲。翌年，专设河上区。

表2-4-6　民国37年（1948）萧山县区划

单位：个

<table>
<tr><th>区、镇、乡名</th><th>保　数</th><th>甲　数</th><th colspan="2">区、镇、乡名</th><th>保　数</th><th>甲　数</th></tr>
<tr><td>城厢镇</td><td>17</td><td>266</td><td colspan="2">苎萝乡</td><td>14</td><td>185</td></tr>
<tr><td>西兴镇</td><td>12</td><td>167</td><td colspan="2">吟龙乡</td><td>13</td><td>205</td></tr>
<tr><td>临浦镇</td><td>9</td><td>96</td><td colspan="2">靖江乡</td><td>14</td><td>191</td></tr>
<tr><td>义桥镇</td><td>15</td><td>199</td><td colspan="2">甘露乡</td><td>12</td><td>172</td></tr>
<tr><td>闻堰镇</td><td>14</td><td>198</td><td colspan="2">渔庄乡</td><td>23</td><td>237</td></tr>
<tr><td>长河镇</td><td>19</td><td>272</td><td colspan="2">河庄乡</td><td>12</td><td>185</td></tr>
<tr><td>钱清镇</td><td>14</td><td>148</td><td colspan="2">新湾乡</td><td>11</td><td>190</td></tr>
<tr><td>瓜沥镇</td><td>15</td><td>220</td><td colspan="2">党湾乡</td><td>13</td><td>210</td></tr>
<tr><td>义蓬镇</td><td>18</td><td>262</td><td colspan="2">赭山乡</td><td>10</td><td>125</td></tr>
<tr><td>南阳镇</td><td>14</td><td>194</td><td rowspan="9">河上区</td><td>河上镇</td><td>15</td><td>213</td></tr>
<tr><td>龛山镇</td><td>18</td><td>267</td><td>戴村乡</td><td>10</td><td>146</td></tr>
<tr><td>城北乡</td><td>13</td><td>180</td><td>复兴乡</td><td>14</td><td>147</td></tr>
<tr><td>江边乡</td><td>14</td><td>169</td><td>许贤乡</td><td>10</td><td>137</td></tr>
<tr><td>由夏乡</td><td>14</td><td>172</td><td>紫霞乡</td><td>8</td><td>90</td></tr>
<tr><td>仁化乡</td><td>16</td><td>247</td><td>长潭乡</td><td>8</td><td>98</td></tr>
<tr><td>崇化乡</td><td>12</td><td>149</td><td>长山乡</td><td>13</td><td>191</td></tr>
<tr><td>东蜀乡</td><td>11</td><td>160</td><td>桃北乡</td><td>11</td><td>145</td></tr>
<tr><td>西蜀乡</td><td>12</td><td>157</td><td>桃源乡</td><td>12</td><td>155</td></tr>
</table>

1949年5月5日，萧山解放。6月5日，萧山县人民政府成立，民国保甲制废除，县以下设区、镇、乡、村。全县设9区[①]、12镇、24乡，即城区、河上、戴村、临浦、城郊、长河、瓜沥、龛山（今称坎山）、义蓬9个区，城厢、河上、临浦、义桥、闻堰、长河、西兴、瓜沥、龛山、靖江、义蓬、钱清12个镇[②]，东蜀、西蜀、崇化、江边、城北、仁化、吟龙、长山、长潭、紫霞、戴村、许贤、复兴、桃源、桃北、苎萝、定一、云英、河庄、赭山、南阳、甘露、新湾、党湾24个乡。7月，城郊区改为城北区。

中华人民共和国

1950年2月，城区改为城厢区；7月，城厢区改为西蜀区，城厢镇改为县直属。10月，绍兴县进化区15个乡划入萧山县，萧山县的钱清镇划入绍兴县，全县划分为10个区、10个镇、110个乡，即：

城北区，辖新朱、新塘、霞江、宁围、城北、劳富、长山、盛围、盈丰、协同、由夏11乡；

长河区，辖闻堰、西兴、长河3镇和浦沿、临桥、长安、湘湖、黄山、东湖、江边新、江边老、钱江、冠山、山河、西陵12乡；

西蜀区，辖安桥、西蜀、石岩、新庄、通惠、裘江、东蜀、来苏8乡；

临浦区，辖临浦、义桥2镇和大庄、自由、苎东、通济、临东、桃北、

①1987年版《萧山县志》："1949年5月，建立人民政权，全县设8区……即城区、河上、戴村、临浦、长河、坎山、瓜沥、义蓬8个区"，"7月，增设城北区"。1991年12月《中国共产党浙江省萧山市组织史资料（1921.7～1987.12）》政权系统组织史资料第一章第五节《区、乡（镇）政权组织》载："1949年5至7月，全县先后建立临浦、坎山、河上、戴村、长河、瓜沥、义蓬、城厢、城郊9个区"。2006年印的《萧山民政志》载："1949年6月5日，萧山县人民政府宣告成立。全县设9区……即：城区、河上、戴村、临浦、城郊、长河、瓜沥、坎山、义蓬9个区"，"7月，城郊区改为城北区"。

②萧山1949年5月解放，随即建立人民政权，据《中国共产党浙江省萧山市组织史资料（1921.7～1987.12）》载，瓜沥、义蓬设区，还设瓜沥乡、义蓬乡。闻堰、靖江当时也为乡。

浦南、山后、新坝9乡；

戴村区，辖长潭、云石、凌溪、戴村、振庭、马鞍、复兴、许贤、石门、云峰[①]10乡；

河上区，辖河上、楼塔2镇和青山、大山、笔架、大同、白堰、桃源、尖山、安山、径游、紫霞10乡；

瓜沥区，辖瓜沥镇和如意、航坞、运西、靖江、山前、大园、赭山、河庄、南阳、赭东、蓬园、新安、蜀山、西仓、新泰15乡；

义蓬区，辖义盛、头蓬、永新、甘露、太平、大悲、新湾、党湾、义蓬9乡；

龛山区，辖龛山镇和生产、新华、劳动、建设、杨汛、元沙、三盈、凤凰、交通、昭东、团结11乡；

进化区，辖青化、进化、城山、富岭、欢潭、所前、岭下、岱山、新建、临江、盈湖、夏履、象山、莲东、莲西15乡；

县直属镇——城厢镇。

1951年，义蓬区增设冯溇、龙台、荣十、梅东、梅西5乡，临浦区增设连山、横山2乡，戴村区增设白墅乡。全县共128个镇乡。

1952年，长河区增设塘外乡，河上区增设岩山乡，瓜沥区增设雷山乡。

1953年，龛山区增设新农乡。

1954年5月，除城厢镇本属建制镇外，经省民政厅批准，临浦、瓜沥、龛山、长河、义桥、闻堰、西兴、河上亦正式为建制镇。至1955年末，全县为10个区、9个镇、122个乡。

1956年2月，绍兴县安昌区的东湾、夹灶、塘北、大林、官都、梅林、三官、众兴、长沙、山北、沙北11乡划入萧山县；萧山县进化区的莲东、莲西、夏履3乡划归绍兴县；萧山县安山、桃源、径游3乡和尖山乡的谢家、新河口村划入诸暨县（于1957年3月仍划归萧山）；诸暨县岳驻乡的小山头村、方山前村、兰头角村、岳驻村和莫家的半个村划入萧山县。是年，进行镇乡编并，至年末全县为11个区、3个镇、60个乡[②]。

①1987年版《萧山县志》谓云丰乡，误。该乡1950年12月9日启用的印信为“萧山县云峰乡人民政府”。1951年11月18日萧山县人民政府上报浙江省民政厅的《萧山全县区镇乡名称》中只有“云峰乡”，并无“云丰乡”。云峰乡因境内的云峰山而得名。

② 1987年版《萧山县志》谓11个区、3个镇、48个乡。1956年2月29日《中共萧山县委关于调整乡的行政区划的决定》：“将全县原有136个乡（镇）合并为50个乡（镇）……除城厢镇外，其余均撤销镇建制”。至年末，实际调整结果据1957年1月7日萧山县人民委员会上报浙江省人民委员会《1956年萧山县行政区划基本情况年报详表》，为11个区、3个镇、60个乡。

表2-4-7　1956年末萧山县区划

区名（县直属镇）	镇乡名称
河上区	楼塔乡、河上乡、大同乡、紫霞乡
戴村区	戴村乡、白马乡、长潭乡、振庭乡、许贤乡、云峰乡
临浦区	临浦镇、义桥乡、大庄乡、通济乡、桃北乡、浦南乡
进化区	所前乡、岱山乡、临江乡、青化乡、进化乡、欢潭乡、新建乡
西蜀区	来苏乡、石岩乡、西蜀乡、东蜀乡
长河区	长河乡、冠山乡、浦沿乡、闻堰乡、山河乡、江边乡、西兴乡
城北区	城东乡、城北乡、宁围乡、协同乡、长山乡、盈丰乡、霞江乡
龛山区	生产乡、交通乡、龛山乡、昭东乡、建设乡
瓜沥区	瓜沥镇、友谊乡、靖江乡、大园乡、赭山乡、南阳乡、河庄乡
义蓬区	永新乡、义蓬乡、新湾乡、党湾乡、幸福乡、联庄乡
安昌区	夹灶乡、党山乡、长沙乡
县直属镇	城厢镇

1957年2月，城东、霞江2乡从城北区划入西蜀区；3月，河上区增设径游、桃源2乡。1958年2月，长河区撤销山河乡，江边乡并入长河乡。9月，大办人民公社，除城厢镇外，将全县改编成“政社合一”的16个人民公社①。即红旗人民公社（原友谊、大园、南阳、靖江、赭山、河庄乡及瓜沥镇），宇宙红人民公社（原党湾、义蓬、永新、联庄、幸福、新湾乡），河上人民公社（原河上、紫霞、大同、楼塔乡），径桃人民公社（原径游、桃源乡），戴村人民公社（原戴村、长潭、许贤、振庭乡），进化人民公社（原进化、青化、临江乡），欢新人民公社（原欢潭、新建乡），长河人民公社（原西兴、长河、闻堰、浦沿乡），城北人民公社（原宁围、长山、协同、城北、盈丰乡），城南人民公社（原西蜀、石岩、来苏乡），城东人民公社（原城东、霞江、东蜀乡），龛山人民公社（原生产、建设、昭东、龛山、交通乡），临浦人民公社（原义桥、通济、大庄乡及临浦镇），所前人民公社（原所前、岱山乡），浦阳江人民公社（原桃北、浦南、白马乡）和英雄人民公社（原长沙、党山、夹灶乡）。10月，城厢人民公社宣布成立，全县实行人民公社化。

①1987年版《萧山县志》谓17个人民公社。据《中国共产党浙江省萧山市组织史资料（1921.7～1987.12）》政权系统组织史资料第一章第五节《区、乡（镇）政权组织》载：“1958年10月，全县农村兴办人民公社，开始时，全县规划建立17个人民公社，后因许贤公社未批准，只建立16个人民公社。”

1959年初，人民公社进行编并和更名：原红旗人民公社更名为瓜沥人民公社；宇宙红人民公社更名为义蓬人民公社；英雄人民公社更名为党山人民公社；进化、欢新2个人民公社合并为进化人民公社；临浦、所前2个人民公社和浦阳江人民公社的桃北、浦南、横山3个管理区合并为临浦人民公社；戴村人民公社和浦阳江人民公社的白墅、马鞍2个管理区合并为戴村人民公社；河上、径桃2个人民公社合并为河上人民公社。龛山、长河、城北、城南、城东5个人民公社仍保持原建制。是年6月，城厢镇恢复镇建制；7月，恢复临浦、瓜沥2镇建制；8月，建立闻堰、龛山2镇，均为县直属。至年末，全县有5个镇、12个人民公社、112个管理区。

表2–4–8　1959年末萧山县区划

公社名称（县直属镇）	镇、管理区名称
河上人民公社	大同、岩山、楼塔、河上、白堰、紫霞、径游、桃源管理区
戴村人民公社	长潭、凌溪、振庭、许贤、白墅、马鞍管理区
进化人民公社	富岭、平阳、进化、青化、城山、临江、新建、欢潭管理区
临浦人民公社	岱山、所前、苎东、通济、自由、大庄、义桥、山后、桃北、横山、浦南、临浦管理区
城南人民公社	安桥、石岩、蜀山、来苏、共联管理区
城东人民公社	湧湖、华东、新塘、霞江、东蜀、裘江管理区
城北人民公社	盛围、长山、宁围、永丰、盈丰、利民、协同、兴议、由夏、城北管理区
龛山人民公社	劳动、新华、金星、盈丰（与城北公社盈丰管理区同名）、华丰、新建、螺山、建设、交通、昭东管理区
瓜沥人民公社	前进、胜利、新生、运西、赭山、河庄、南阳、龙虎、赭东、大园、瓜沥、友谊、乐园、靖江管理区
义蓬人民公社	义盛、联庄、伟民、幸福、曙光、梅东、党湾、荣十、新湾、龙台、冯漤、头蓬、永新、义蓬管理区
党山人民公社	长沙、山北、中心、沙北、梅林、八里桥、群力、夹灶、东湾、塘北管理区
长河人民公社	西兴、西陵、山河、闻堰、湘湖、浦沿、冠山、长河、江边管理区
县直属镇	城厢、临浦、瓜沥、闻堰、龛山镇

1961年7月，恢复区建制，缩小公社行政区域并撤销管理区。撤销闻堰、龛山2镇建制。全县设6个区、3个镇、59个公社。

表2-4-9　1961年7月萧山县区划

区名（县直属镇）	镇、人民公社名称
义蓬区	党山、夹灶、长沙、甘露、梅西、党湾、新湾、义盛、头蓬人民公社
瓜沥区	瓜沥镇和新街、三岔路、龛山、昭东、六里桥、靖江、南阳、乐园、河庄、赭山、大园人民公社
蜀山区	东许、新塘、衙江、石岩、城南、螺山、衙前、来苏人民公社
长河区	荏山、宁围、盈丰、由夏、西兴、长河、浦沿、闻堰、山河人民公社
临浦区	临浦镇和桃北、浦南、所前、通济、大庄、义桥、桃源、进化、城山、临江、新江岭、欢潭、径游人民公社
河上区	大同坞、楼塔、河上、大桥、云石、许贤、朱村桥、戴村、永兴桥人民公社
县直属镇	城厢镇

1961年9月，增设湘湖、城郊人民公社，并设湘湖区。湘湖区辖城厢镇及湘湖、城郊人民公社。翌年，增设龛山、闻堰、义桥3镇。

1963年2月，撤销湘湖区，城厢镇为县直属，湘湖人民公社划入长河区，城郊人民公社划入蜀山区。

1964年，义蓬、瓜沥2区合并为瓜沥区，长河区更名为西兴区，蜀山区增设城东人民公社。新街人民公社由瓜沥区划入西兴区，荏山人民公社更名为长山人民公社。此时，全县为河上、临浦、蜀山、西兴、瓜沥5个区，6个镇，62个人民公社。

1965年，增设长河、西兴镇；撤销大同坞、新江岭、城郊、湘湖人民公社；建立临浦、瓜沥区，撤销西兴、蜀山、河上区；原西兴区10个人民公社、蜀山区9个人民公社和临浦区的义桥、大庄、所前、通济人民公社，均改为县直属；原河上区9个人民公社划归临浦区。12月，西兴人民公社更名为东方红人民公社。此时，全县为2个区、8个镇、58个人民公社。

1969年2月，实行撤区并社。撤销临浦、瓜沥区和长河、闻堰、西兴、义桥、龛山镇，原58个人民公社合并为龛山、南阳、靖江、义蓬、卫东、党山、瓜沥、夹灶、螺山、衙江、城南、闻堰、浦沿、东方红、宁围、长山、长河、楼塔、河上、戴村、浦阳、所前、进化、浦南、义桥、大庄、欢潭27个人民公社。

1971年2月，调整公社规模，全县为54个人民公社、3个镇，并建立6个地区联络组：

临浦地区联络组，辖临浦镇及浦阳、欢潭、径游、桃源、浦南、大庄、城山、通济、义桥、进化、所前人民公社；

戴村地区联络组，辖楼塔、河上、大桥、戴村、云石、永兴、朱村桥、许贤人民公社；

瓜沥地区联络组，辖瓜沥镇及龛山、瓜沥、党山、长沙、大园、光明、夹灶、昭东人民公社；

义蓬地区联络组，辖靖江、南阳、赭山、头蓬、新湾、党湾、河庄、义盛、乐园、梅西、甘露人民公社；

城北地区联络组，辖新街、长山、东方红、城北、宁围、长河、闻堰、浦沿人民公社；

城南地区联络组，辖衙前、螺山、城东、来苏、石岩、城南、新塘、袭江人民公社；

县直属镇——城厢镇。

1971年4月初，宁围人民公社划分为宁围、盈丰2个人民公社；6个地区联络组改为6个区的建制。

1978年1月，在新围垦地区增设宏图、宏伟、前进、钱江、益农、新围6个人民公社。

1981年6月，增设大同（从楼塔人民公社划出）、新江岭（从欢潭人民公社划出）2个人民公社；同年，大同人民公社更名为大同坞人民公社，东方红人民公社更名为西兴人民公社。

1982年末，全县共有6个区、3个镇、63个人民公社、779个生产大队、8379个生产队。

表2-4-10 1982年末萧山县区划

单位：个

区名(县直属镇)	镇、人民公社名称	生产大队数	生产队数
戴村区	楼塔、大同坞、河上、大桥、戴村、云石、许贤、朱村桥、永兴人民公社	147	1326
临浦区	临浦镇和桃源、径游、浦阳、欢潭、进化、新江岭、城山、浦南、所前、通济、义桥、大庄人民公社	206	1679
城南区	螺山、衙前、城东、新塘、来苏、石岩、城南、袭江人民公社	115	991
城北区	新街、长山、宁围、盈丰、城北、闻堰、浦沿、长河、西兴人民公社	100	1322
瓜沥区	瓜沥镇和夹灶、党山、长沙、瓜沥、龛山、光明、大园、昭东、益农人民公社	94	1271
义蓬区	党湾、新湾、头蓬、义盛、甘露、梅西、靖江、南阳、赭山、河庄、乐园、新围、钱江、宏伟、宏图、前进人民公社	115	1783
县直属镇	城厢镇	2	7

1984年5月，改变"政社合一"体制，设立乡政权，名称不变；乡以下为村。同年9月，楼塔乡分为楼塔、岩山2乡。至年末，全县有6个区、3个镇、64个乡、787个村、76个居民区。

表2-4-11 1984年末萧山县区划

单位：个

区名(县直属镇)	驻地	镇乡名称	村数	居民区数
戴村区	戴村乡窑头	戴村乡、大同坞乡、岩山乡、楼塔乡、河上乡、大桥乡、云石乡、朱村桥乡、许贤乡、永兴乡	147	3
临浦区	临浦镇	临浦镇和桃源乡、径游乡、浦阳乡、欢潭乡、新江岭乡、进化乡、城山乡、浦南乡、所前乡、通济乡、义桥乡、大庄乡	206	12
城南区	城厢镇藕湖浜	螺山乡、衙前乡、城东乡、新塘乡、来苏乡、石岩乡、城南乡、袭江乡	115	1
城北区	西兴（自然镇）	新街乡、长山乡、宁围乡、盈丰乡、城北乡、闻堰乡、浦沿乡、长河乡、西兴乡	100	14
瓜沥区	瓜沥镇北	瓜沥镇和夹灶乡、党山乡、长沙乡、瓜沥乡、坎山乡、光明乡、大园乡、昭东乡、益农乡	99	13
义蓬区	义盛（自然镇）	义盛乡、党湾乡、新湾乡、头蓬乡、甘露乡、梅西乡、靖江乡、南阳乡、赭山乡、河庄乡、乐园乡、新围乡、钱江乡、宏伟乡、宏图乡、前进乡	118	11
县直属镇	体育路	城厢镇	2	22

1985年4月30日，省民政厅批准所前、义桥、闻堰、长河、西兴、坎山、衙前、浦沿、党山、义盛、靖江、戴村12个乡改为建制镇。8月16日，省民政厅又批准河上、楼塔、长山、新街、赭山、南阳、头蓬、新湾、浦阳9个乡改为建制镇，浦阳乡易名为尖山镇。年末，全县设6个区、24个镇、43个乡。至1987年末，全县仍为6个区、24个镇、43个乡，下设797个村、79个居民区。

表2-4-12　1987年末萧山县区划

单位：个

区名(县直属镇)	驻　地	镇　乡　名　称	村数	居民区数
戴村区	戴村镇窑头	河上镇、楼塔镇、戴村镇、许贤乡、永兴乡、大桥乡、云石乡、朱村桥乡、大同坞乡、岩山乡	150	3
临浦区	临浦镇	临浦镇、义桥镇、所前镇、尖山镇、通济乡、城山乡、进化乡、欢潭乡、径游乡、桃源乡、新江岭乡、浦南乡、大庄乡	210	12
城南区	城厢镇藕湖浜	衙前镇、螺山乡、城东乡、城南乡、新塘乡、裘江乡、石岩乡、来苏乡	115	1
城北区	西兴镇	闻堰镇、浦沿镇、长河镇、西兴镇、长山镇、新街镇、城北乡、宁围乡、盈丰乡	100	14
瓜沥区	瓜沥镇	瓜沥镇、坎山镇、党山镇、瓜沥乡、昭东乡、光明乡、长沙乡、大园乡、夹灶乡、益农乡	101	13
义蓬区	义盛镇	义盛镇、靖江镇、赭山镇、头蓬镇、新湾镇、南阳镇、甘露乡、河庄乡、梅西乡、乐园乡、党湾乡、宏图乡、新围乡、钱江乡、宏伟乡、前进乡	119	11
县直属镇	体育路	城厢镇	2	25

第二节　设市时期

萧山设市后仍沿袭镇乡村建制。1988年，全市设6个区、24个镇、43个乡，下设797个村，79个居民区。1989年11月10日，省民政厅批准党湾乡为建制镇。是年末，全市为6个区、25个镇、42个乡。后经撤区扩镇并乡和区划调整，至2000年末，全市为24个镇、7个乡，下设743个村、151个居民区。

撤区扩镇并乡

1992年5～6月，进行撤区、扩镇、并乡（简称“撤扩并”）工作。全市撤销6个区，把67个镇乡扩并为31个，其中扩大镇域的（包括镇乡合并、镇镇合并）有城厢、临浦、瓜沥、楼塔、浦阳、戴村、河上、坎山、衙前、党山、靖江、义盛、头蓬、党湾、新湾、新街、南阳17个镇；并乡后改设镇的有河庄、宁围、进化、益农4个镇，仍为乡的有欢潭、许贤2个乡；保留原建制的有义桥、闻堰、浦沿、长河、西兴、所前6个镇和云石、前进2个乡。与此同时，对扩镇后规模特别大的镇，下设办事处，其中城厢镇设城东、新塘、裘江、来苏、城南、石岩、城北7个办事处；临浦镇设大庄、通济、浦南3个办事处；瓜沥镇设瓜沥、大园、昭东3个办事处。“撤扩并”后，全市共设置27个镇、4个乡。

表2-4-13　1992年萧山市撤区扩镇并乡后的行政区划

单位：个

镇乡名称	驻地	原镇乡名称	村数	居民区数	镇乡名称	驻地	原镇乡名称	村数	居民区数
城厢镇	体育路	城厢镇、城东乡、新塘乡、裘江乡、来苏乡、城南乡、石岩乡、城北乡和长山镇的柳桥村、塘湾村、墩里吴村	107	35	楼塔镇	洲口桥东北	楼塔镇、大同坞乡、岩山乡	31	1
临浦镇	五洞闸路	临浦镇、大庄乡、浦南乡、通济乡	60	7	南阳镇	惠南街	南阳镇、赭山镇	16	2
瓜沥镇	航坞路	瓜沥镇、瓜沥乡、昭东乡、大园乡	27	7	头蓬镇	通围路	头蓬镇、宏伟乡	11	1
坎山镇	武肃路	坎山镇、光明乡	24	5	浦阳镇	桥西路	尖山镇、桃源乡、径游乡	55	—
闻堰镇	闻兴路	闻堰镇	14	3	新湾镇	盛陵路	新湾镇、宏图乡	15	1
义桥镇	罗峰路	义桥镇	16	4	新街镇	人民路	新街镇、长山镇	20	2
河上镇	沙洲墩头	河上镇、大桥乡	34	1	党湾镇	欢乐路	党湾镇、梅西乡	20	1
长河镇	天官路	长河镇	12	4	河庄镇	城隍庙	河庄乡、钱江乡、新围乡	21	1
西兴镇	人民路	西兴镇	11	4	宁围镇	文明路	宁围乡、盈丰乡	21	—
义盛镇	义盛路	义盛镇、乐园乡	13	1	进化镇	王家闸	进化乡、城山乡	39	—
靖江镇	靖中路	靖江镇、甘露乡	14	1	益农镇	东沙村	益农乡、夹灶乡	24	—
衙前镇	衙前路	衙前镇、螺山乡	23	1	许贤乡	王家桥	许贤乡、朱村桥乡	34	—
戴村镇	人民路	戴村镇、永兴乡	35	1	欢潭乡	欢潭村	欢潭乡、新江岭乡	16	—
党山镇	川北路	党山镇、长沙乡	25	1	云石乡	响石桥	云石乡	16	—
所前镇	东藩路	所前镇	24	1	前进乡	义盛垦种点	前进乡	10	—
浦沿镇	大浦路	浦沿镇	9	1					

注：①镇以中华人民共和国成立后，省民政厅批准为建制镇的先后排列，乡以历史上建乡时间先后排列。
②表内数据，据萧山市地方志编纂委员会办公室编1993年《萧山年鉴·撤区扩镇并乡后各镇乡情况》，北京师范大学出版社，1994年8月。

“三镇”析出

1996年5月9日，经省政府批准，萧山市浦沿、长河、西兴3镇划给杭州市西湖区（后单独设立滨江区）。3镇划出后，全市为24个镇、4个乡。

“三乡”复设

新塘、来苏、石岩3乡于1992年5月并入城厢镇。1998年8月，从城厢镇划出，复设新塘、来苏、石岩3乡。至2000年末，全市设24个镇、7个乡。

表2-4-14　2000年末萧山市区划

单位：个

镇乡名称	驻地	村数	居民区数	镇乡名称	驻地	村数	居民区数
城厢镇	文化路	57	92	浦阳镇	桥西路	55	0
临浦镇	五洞闸路	55	14	新湾镇	新宏路	15	1
瓜沥镇	航坞路	27	11	新街镇	府前路	20	2
坎山镇	武肃路	24	7	党湾镇	党山湾路	20	1
闻堰镇	闻兴路	14	1	河庄镇	城隍庙路	21	1
义桥镇	东方路	16	5	宁围镇	振宁路	21	1
河上镇	沙洲墩头	34	1	进化镇	上盈湖畈	39	0
义盛镇	商业路	13	1	益农镇	红阳路	22	0
靖江镇	商贸街	11	5	许贤乡	王家桥	34	—
衙前镇	文化路	23	1	来苏乡	塘下金村	14	—
戴村镇	凌溪路	35	1	欢潭乡	欢潭村	16	—
党山镇	川北路	24	1	新塘乡	塘里陈村	14	—
所前镇	东藩路	24	1	云石乡	响石桥	16	—
楼塔镇	洲口路	31	1	石岩乡	金西村	10	—
南阳镇	南虹路	16	2	前进乡	前进路	10	—
头蓬镇	通围路	12	1				

注：表内数据，据杭州市萧山区地方志编纂委员会办公室编2001年《萧山年鉴·2000年全市各镇乡场基本情况数据库》，方志出版社，2001年8月。

办事处变更

1992年“撤扩并”后，城厢、临浦、瓜沥3镇下设13个办事处。为减少管理层次，精简机构，1995年12月，撤销瓜沥镇大园、瓜沥、昭东3个办事处。1998年5月，撤销临浦镇大庄、浦南、通济3个办事处。8月，撤销城厢镇新塘、来苏、石岩3个办事处。至此，城厢镇还有城东、裘江、城南、城北4个办事处。

1994年12月，城厢镇设通惠、江寺、城西3个街道办事处。1999年12月，设城厢镇北干街道办事处。

村、居民区调整

萧山设市后，在城区和建制镇驻地（自然镇）设居民区，其余设村①。1988年全市有797个村、79个居民区。城乡一体化的推进，居民区个数增加，村数渐趋减少。1989年11月，临浦镇新增峙山北路居民区。1991年1月2日，瓜沥镇建立东灵居民区；4月16日，坎山镇在围垦区的山海村划归前进乡管辖；7月，城厢镇建立高阳、高春、高乐、高园4个居民区。1992年“撤扩并”中，村、居民区也有相应调整。1993年6月，河庄镇横岔路居民区改为河庄居民区；浦沿镇破塘缺村更名为冠一村；欢潭乡欢联村更名为欢潭村；12月，城厢镇建回澜第一、花园井、崇四3个居民区；湘湖村转为湘湖居民区。是年，宁围镇驻地建宁围居民区。至年末，全市有796个村、90个居民区。

1994年12月，临浦镇建万安路居民区；城厢镇建崇五、崇六、象牙浜、

①旧称“行政村”。“行政村”的说法，存在于1937～1945年抗日战争时期及1949～1954年中华人民共和国成立初期，指当时在农村设立的基层行政区。1954年，《中华人民共和国宪法》颁布以后，“行政村”就被撤销了。现行的《中华人民共和国宪法》第三章第一百一十一条规定：“城市和农村按居民居住地区设立的居民委员会或者村民委员会是基层群众性自治组织”。现行的《中华人民共和国村民委员会组织法》第八条规定：“村民委员会根据村民居住状况、人口多少，按照便于群众自治的原则设立。”故本志谓之村，不用“行政村”这一说法。自然村落则称自然村。

南门江4个居民区。1995年，增设义桥镇罗峰居民区、瓜沥镇航坞居民区，全市居民区增至97个。1996年，城厢镇新设北干第一、通达2个居民区；坎山镇设振兴居民区。是年，浦沿、长河、西兴3镇32个村和10个居民区，除西兴镇东湖、杜湖、湖头陈3村划归城厢镇外，其余均划归杭州市西湖区。是年末，全市为767个村，居民区减至90个。1997年，新设坎山镇新凉亭，瓜沥镇红友桥、塘头、童家殿和靖江镇小石桥5个居民区；城厢、临浦镇新（分）设4个居民区；城厢镇井头王、半爿街、车家埭、新桥头、高桥、徐家河、梅花楼、西门、南门、仙家里、柳桥、永久、高田、荣联14个村转为居民区；益农镇长锋、北江和利兴、二围4个村合并为长北、利围2个村。1998年，城厢镇增设回澜南园第一、回澜南园第二、回澜南园第三、回澜南园第四、育才东苑第二、育才西苑第一、育才西苑第二、商城西村、学士桥、永达、山阴、永华、潘水第一、潘水第二、潘水第三、潘水第四、南市、南江、金城花园、银河20个居民区；临浦镇石塔、自由孔、前孔、临东、戴家桥5个村转为居民区；党山镇在益农围垦的四围、长兴2村合并为兴围村。1999年，城厢镇新设东门公寓、新安寓、回澜北园第二、山南桥4个居民区，象牙浜、花园井2个居民区合并为花园井居民区。2000年，靖江镇的黎明、花神庙、伟南3个村转为居民区；城厢镇新设姚家潭、育才东苑第三、众苑、燕子河、永泰、新安园、绿茵园、红枫、银新9个居民区；闻堰镇新设街道居民区，撤销宝盈桥、新桥、九分池3个居民区。至年末，全市有743个村、151个居民区。

2000年全市村、居民区名录

城厢镇

村（57个）：东湘、杜湖、湖头陈、行头、楼下陈、和平桥、城郊、姑娘桥、五联、西许、涝湖、下潦、双桥、下畈朱、郎家浜、沈家里、联华、严家埭、安桥、联丰、戚家池、向阳、曹家桥、鲁公桥、黄家河、溪头黄、越寨、祝家桥、沙里吴、朝阳、蜀山、东庄周、姚家畈、犁头金、立新、桥头陈、金家埭、文里头、姚江岸、吕才庄、王有史、曾家桥、琴山下、杜家塘、打纸埭、坂里童、金家浜、董家埭、墩里吴、塘湾、荣庄、明星、兴议、荣星、城北、施家桥、畈里张；

居民区（92个）：蔡家弄、太平弄、环城南路、里横河、大成兴、市北、东仓弄、金家桥、江寺桥、竹林寺、水亭址、朱家弄、包家弄、苏家潭、百尺溇、市心桥南、高阳、高春、高乐、高园、竹园、道源路、丁家庄、夏家浜、拱秀、南市、燕子河、永泰、崇一、崇二、崇三、崇四、崇五、崇六、万寿桥、西河路、俊良、桥下达、南门江、西门、潘水第一、潘水第二、潘水第三、潘水第四、南江、湘湖、藕湖浜、东旸桥、回澜北苑第一、回澜北苑第二、花园井、陈公桥、育才东苑第一、育才东苑第二、育才西苑第一、育才西苑第二、回澜南园第一、回澜南园第二、回澜南园第三、回澜南园第四、通达里、学士桥、商城西村、东门、金城花园、山南桥、姚家潭、育才东苑第三、众苑、北干一苑、永达、山阴、永华、新安寓、银河、新安园、绿茵园、红枫、银新、井头王、半爿街、梅花楼、徐家河、车家埭、新桥头、高桥、高田、永久、荣联、柳桥、南门、仙家里。

临浦镇

村（55个）：油车桥、詹家埭、谭家埭、柏山陈、东葛、郭家埭、西葛、大庄、西庄、张家、三庄、高家坞、下头坞、周家湖、王村、后山坞、塘郎孙、高田陈、华家、木汀徐、屠家埭、施家渡、坂里杨、后沈、通二、上戴、下戴、白鹿塘、鲁家坞、邱家坞、汀联、钟家坦、茅潭、桥南、张家畈、陈家塘、从塘、潼江、塘郎姚、蒲山韩、桥里、塘头钟、后倪、上倪、周家畈、梅里、大坞坑、田头庄、横一、麻车倪、水埠、新联、坂里朱、下甫王、邱家桥；

居民区（14个）：劳动路、山阴街、万安路、西江塘、西市街、灰弄、峙山东路、蔡东藩路、东麓池弄、戴家桥、石塔、临东、前孔、自由孔。

瓜沥镇

村（27个）：明朗、东恩、航民、进化、东方、运东、运西、永福、友谊、二联、镇海、黄公溇、沙田头、横埂头、渭水桥、靖一、大园、隆兴和、群合、新桥、低田畈、渔庄、群联、长巷、东湖、大义、如松；

居民区（11个）：塘下高、殿下、前高、於家溇、外湖、南闸、东灵、航坞、红友桥、塘头、童家殿。

坎山镇

村（24个）：凤升、勇建、荣新、工农、张神殿、群谊、东社、孙家弄、甘露亭、昙华、八大、沿塘、双板桥、振华、振东、三岔路、农新、永新、农丰、梅仙、建盈、三盈、国庆、万安；

居民区（7个）：第一、第二、第三、第四、第五、振兴、新凉亭。

闻堰镇

村（14个）：小砾山、定山、老虎洞、东汪、朝红、东山陈、裴家、瑛珠桥、祥大房、黄山、王家里、山五、工农兵、凌家坞；

居民区（1个）：闻堰。

义桥镇

村（16个）：义一、联新、上埠、茅山头、金山、赵一、联村、桥亭、郎彭、峡山头、牌轩、后坛、建新、山后、民丰、横筑塘；

居民区（5个）：第一、第二、第三、第四、罗峰。

河上镇

村（34个）：伟民、朱家、溪头、金坞、鲍坞、上山头、塘口、魏塔、江家桥、樟树下、高都、里谢、大坞、庚青、桥头黄、凤坞、大桥、欢乐、祥利、强农、麻园、紫东、板桥、沙河、娄园、璇山下、联合、塘村、众利、白堰、下门、泽荣、泉水、张毛；

居民区（1个）：河上。

义盛镇

村（13个）：义盛、蜜蜂、新庙前、后新庙、新益、后埠头、灯塔、火星、蓬园、长红、白浪、金泉、杏花；

居民区（1个）：义盛。

靖江镇

村（11个）：胜联、山前、雷东、和顺、靖南、靖东、光明、东桥、甘露、协谊、义南；

居民区（5个）：安澜桥、小石桥、黎明、花神庙、伟南。

衙前镇

村（23个）：项家、项甬、优胜、草漾、交通、四村、明华、翔凤、山南、同富、卫家、凤凰、新林周、螺山、杨汛、南庄王、祥里施、东庄王、韩戴、里东徐、田里胡、新发王、吟龙；

居民区（1个）：衙前。

戴村镇

村（35个）：凌桥、马谷、中潭、麦园、盛家、前方、丁村、后宅、凌山、李家坞、墙头、大湖头、溪河、戴家山、下方、戴村、后郑、陆家、孙家、石盖、畈里、上董、石马头、石盖坞、河上桥、杨家桥、张家弄、后马湖、何童埠、西周、东周、郁家山下、积堰山、马鞍、冗里；

居民区（1个）：中心。

党山镇

村（24个）：党山、信源、梅林、车路湾、八里桥、世安桥、官一、前兴、群力、群益、四联、长沙、解放、山北、大池溇、山三、众安、开源、单木桥、沙北、中流、七张头、大潭、兴围；

居民区（1个）：党山。

所前镇

村（24个）：传芳、杜家、越山、东山夏、山里沈、赵坞、池头沈、夏山埭、张家坂、娄家湾、钱群、金鸡山、四一房、顾家湾、西江王、祥里王、下闻、大小坞、山里王、三泉王、柳家、袄庄陈、洪家潭、萧山沿；

居民区（1个）：所前。

楼塔镇

村（31个）：楼一、楼二、楼三、楼四、林场、东山吴、管村、雪湾、桥头、伊家店、佳山坞、毋岭、塘头、上马石、余元坞、岩岭山、中央坞、路下院、大同坞、长山坞、田村、岩上、岩门、岩下、水阁、王岭、斜爿坞、夏坞、徐家店、儒坞、直坞；

居民区（1个）：楼塔。

南阳镇

村（16个）：南阳、南联、南北、横蓬、雷山、万丰、南丰、龙虎、岩峰、南围、赭东、东风、永利、长远、红山、坞里；

居民区（2个）：南阳、赭山。

头蓬镇

村（12个）：青春、益民、金星、小泗埠、全民、仓北、春风、春光、春园、春雷、新富、盐场；

居民区（1个）：头蓬。

浦阳镇

村（55个）：尖山、茗渎坞、低湖朱、朱家蓬、下山俞、蓬山前、山后头、横塘倪、小湖孙、於家、许家、横江俞、朱家塔、王家、径游、上曹坞、下曹坞、渔池头、曹家湾、安山、前朱、后朱、曹家埭、新塘、江西俞、下定、上庄、下俞、纪家汇、汪家塘、李家埭、汪家埭、木杓山、谢家、柴家、洋湖、后湖、中央坂、文家坞、化山、下湾、闸上、树蓬王、舜湖、彭家桥、灵头、新河口、童家山、十三房、前山头、高庄里、山前许、小山脚、沈家、洪水湾。

新湾镇

村（15个）：新湾、共和、共裕、共建、共兴、新南、新建、冯溇、建华、新龙、梅林湾、宏波、创建、创新、宏新；

居民区（1个）：新湾。

新街镇

村（20个）：新街、华丰、九号坝、盈上、盈中、沿江、山末址、双圩、元沙、芝兰、新塘头、陈家园、荏山、长山、富星、新盛、盛乐、同兴、盛中、盛东；

居民区（2个）：新街、长山。

党湾镇

村（20个）：新前、梅东、永安、永乐、先锋、勤劳、勤俭、红界、合兴、民新、庆丰、大东、幸福、大西、裕民、德北、老埠头、团结、曙光、新梅；

居民区（1个）：党湾。

河庄镇

村（21个）：同二、建设、同一、蜀南、向公、民主、建一、新和、闸北、三联、文伟、新围、围中、新东、新创、新江、江建、向前、群建、向红、群欢；

居民区（1个）：河庄。

宁围镇

村（21个）：新安、宁东、宁安、金一、金二、新华、宁税、宁牧、宁新、宁北、顺坝、新中、新北、丰东、盈一、盈二、丰二、丰北、合丰、利一、利二；

居民区（1个）：宁围。

进化镇

村（39个）：张家桥、东山、吉山、华家垫、肇家桥、盛家坞、大岩、岭下沈、郗坞、霄汉、平阳、华新、下章、沈家埭、汤山、城山王、裘家坞、慈姑裘、山头埠、马家垫、横路头、石门王、石柱头、下畈底、新垫黄、大汤坞、席家、杜家弄、郑唐孔、沈家渡、下邵、畈里陈、下颜、新闸头、鲁家、安山陈、诸坞、傅墩、墅上王。

益农镇

村（22个）：众力、镇龙殿、转塘头、夹灶、五六二、东一、东湾、赵家湾、久新、益农、清联、东村、东江、民围、群围、长北、三围、利围、群英、东沙、兴裕、新发。

许贤乡

村（34个）：王家桥、富春、西山、西河埭、华家里、吴闸、河西、磨刀、单家、前黄、下洋桥、勤丰、俞家、寺坞岭、北坞、后黄、田家、里陈、邵家、南坞、朱村桥、箎岭、何家桥、郭村、塘坞、潘山、河口、蚕花、猫头山、姜家坞、丁家庄、方家、陈家、五星。

来苏乡

村（14个）：塘下金、孔湖、凑沿金、来苏周、大沿、里士湖、渔临关、缪家、墩郎张、东蜀山、张亮桥、杨树下、张家桥、董家桥。

欢潭乡

村（16个）：欢潭、东坞裘、方山、兰头角、傅家、岳驻、小山头、泗化、泗洲、邵家塔、小满、汇头钟、祝家、泥桥头、涂川、钟家坞。

新塘乡

村（14个）：塘里陈、霞江、沙河沈、会郎曹、桥南沈、傅楼、西河沈、十间楼、前塘、东河、东京钱、紫霞、一都孙、油树下。

云石乡

村（16个）：响石桥、船山、骆村、尖山下、狮山、顶山、征山、增丰、平山、勤工、枫树、石牛山、明堂、沈村、南坞、佛山。

石岩乡

村（10个）：湖山、金西、赵家墩、老屋、路平、华汇、史家桥、沿山、湖东、前章。

前进乡

村（10个）：新峰、前峰、东海、长征、东庄、丰乐、东升、东梅、海丰、山海。

第五章 城 区

萧山西汉时建县，名余暨。据《历代地理志韵编今释》[1]载，其县治在“今浙江绍兴府萧山县西”。三国吴黄武初年，余暨县改名为永兴县，县治在长兴乡，即今城厢镇西35里的闻堰镇和滨江区浦沿镇一带。隋开皇九年（589），永兴县并入会稽县。唐仪凤二年（677）复置永兴县，县治建在北干山南2里，后带运河，即今城厢镇。后历经宋、元、明、清、中华民国，直至中华人民共和国成立后，均为县治所在地。

1988年1月1日设市后，城厢镇为市治所在地。随着萧山经济的发展和城市化进程的加快，城区范围不断扩大。至2000年末，城市建成区面积26.16平方千米，为1984年末的6倍多。

第一节 县 城

萧山县城傍山带水，萧然山蜿蜒城西，北干山为北部天然屏障，南门江起于城南，萧绍运河横贯城中。城西的湘湖，筑于北宋政和二年（1112），周围80余里，有灌溉舟楫之利。南宋时，萧山与都城临安（今杭州市）仅一江之隔，又有萧绍运河相通，水陆交通便利，市面繁荣。宋人莫济在《重建儒学记》中称：萧山“人徒之众，甍宇之壮，舟车之杂集，大矣哉县也”[2]。在元代更是“县署爽垲，市井周匝”[3]。明嘉靖三十二年（1553），知县施尧臣重筑县城，周9里。明末清初，商业街道向城外东西两端延伸。清乾隆年间，半市七桥，一河六港，街巷纵横，人烟稠密，日臻繁荣。

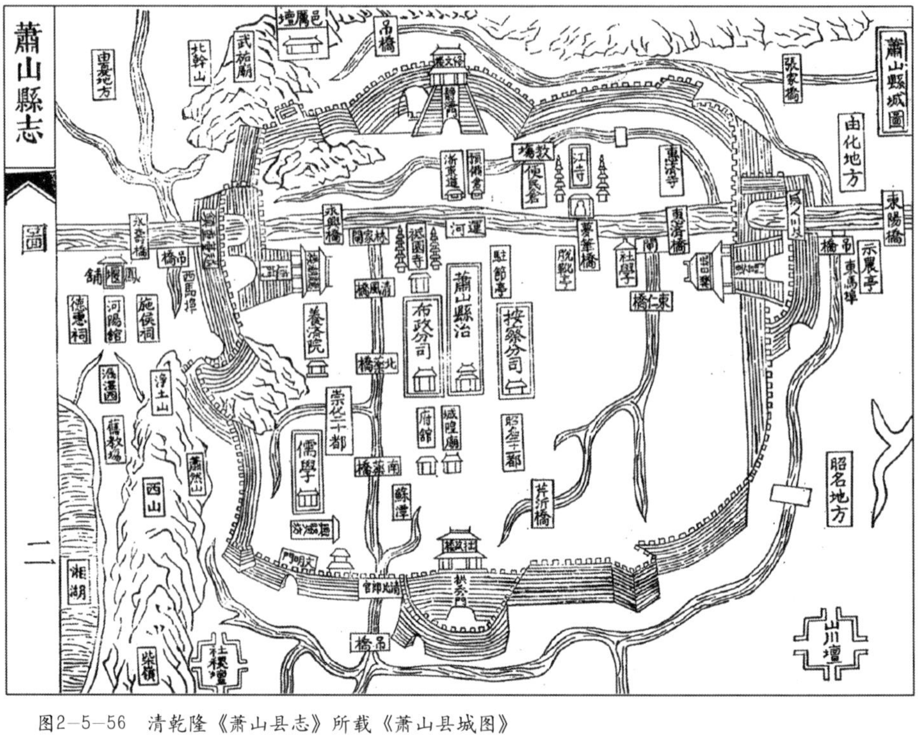

图2-5-56 清乾隆《萧山县志》所载《萧山县城图》

清末，城区工商业进入鼎盛时期，规模较大的工商业户崛起。道光二十二年（1842）创办的大昌酱园，前店后作坊，设分号14家之多。光绪二十一年（1895）创办的合义和丝厂（后改为庆云丝绸公司），曾与杭州世经缫

[1] （清）李兆洛《历代地理志韵编今释》卷十五，清光绪戊子（1888）埽叶山房重刊《李氏五种合刊》本。

[2] （清）鲁燮光辑《萧山县儒学志》卷七。

[3] （元）赵子渐《萧山赋》。见民国《萧山县志稿》卷三十二《艺文·赋》。

丝厂、余杭塘栖大纶制丝厂，形成当时浙江机器缫丝“三分天下”的局面。光绪二十五年，通惠公纱厂建成投产。[①]随着民族工商业的兴起，城区亦日趋发展，形成东西5里长街。民国23年（1934）始称城厢镇。抗日战争时期，城区多次遭日本侵略军飞机的狂轰滥炸，繁荣所在，悉遭破坏，直至中华人民共和国成立前夕，街道狭窄，低屋破败，茅舍零落，瓦砾场和大片荒地随处可见。

①通惠公纱厂与宁波通久源纱厂、杭州通益公纱厂并称“浙江三通”，闻名全国。

中华人民共和国成立后，党和政府十分重视城区建设，多次编制城建规划，并付诸实施。特别是改革开放后，各种建筑争相破土，拔地而起。1979～1984年，城区新建5层以上楼房129幢，面积为26万平方米。至1987年，城区总面积8平方千米，下设25个居民区、5个企业单位家属区和2个村，1.95万户，7.36万人。[②]

②据1988年《萧山年鉴·各区和城厢镇情况简介》。

城　垣

萧山初时的城垣周1里200步，高1丈8尺，厚1丈2尺。此城在南宋嘉泰年间（1201～1204）已毁[③]。

③南宋嘉泰《会稽志》卷十二“八县”载：萧山“县城周一里二百步，高一丈八尺，厚一丈二尺。见旧经，今不存”。

明嘉靖三十二年（1553），为了防御倭寇，知县施尧臣奉命重筑县城，十一月动工，次年三月竣工，历时4月乃成。城周9里120步，高2丈5尺，宽2丈2尺，上垒雉堞2585垛，蜿蜒围绕，“跨山者二，跨河者十，历池浸者十有二”。其城东尽民居，南包黉校，西倚西山，北依北干，呈“口”字形，其间开陆门4座，水门3座。陆门东有达台门（在今东门城桥附近），西有连山门（在今西门铁路道口附近），南有拱秀门（在今市心路与环城南路相交处），北有静海门（在今萧绍路以北电力大楼附近）。东、西、南、北门外，各设月城，以作屏蔽。门上各建城楼，东称“近日”，西为“听潮”，南名“拙政”，北叫“修文”。水门均通舟楫，东题“派入三江”，西书“越台重镇”，南谓“清比郎官”。北干山上筑有四望台。[④]廓外城濠环抱，长1591丈5尺，宽3丈，深1丈5尺，上有4座吊桥，以供出入。城濠与南门江、萧绍运河贯通，不仅起着护城的作用，而且有航运之利。嘉靖四十三年，增建小南门，称文明门（今南门桥附近）。

④四望台：周23丈3尺，高1丈8尺，阔1丈2尺，雉堞61垛，西为门，内有厅3间。

清代对城墙进行多次修整、加固。[⑤]民国14年（1925）至19年，因修筑萧绍公路、杭江铁路，建北干山苗圃和辟东门市场，于是北城墙和东、西两段的部分城墙，相继拆除。抗日战争爆发后，萧山县政府组成拆城委员会，于民国27年12月至次年11月，征工拆除其余各段城墙。

⑤清顺治十年（1653），知县韩昌先重建东西两城楼。十三年改筑城上旧堞。康熙八年（1669）、十年和雍正五年（1727）又先后3次修整、加固城墙。

县　署

萧山县署，在北干山南2里，后带运河。正厅称学制堂，宋天圣四年（1026）建。淳祐间（1241～1252）改为翠簾堂。元至正初，先后建厅事、宾幕、吏舍以及大门、东西庑、库庋、谯楼、观化亭等。元末，署廨多毁。后经明代多次修建。据万历《萧山县志》载，当时县署中为治厅，称忠爱堂，厅后是后堂，称协恭堂，由厅、甬路而南为戒石亭。夹甬路东西为吏廊，东廊为吏房、户房、礼房，西廊为兵房、刑房、工房及承发房、架阁库。西廊之后为吏廨。戒石亭南为仪门，仪门外左为土地祠，右为清益堂。又南为谯楼，楼外东西各有榜廊。清代也曾多次修缮和扩建县署。[①]至光绪十四年（1888），县署的布局自南而北依次为头门、仪门、大堂、川堂、宅门、二堂、后楼。头门两边为皂隶房，门外有屏墙。仪门两旁为民壮房，其东为待质所（俗呼班房），西为承发房；南侧东为土地祠，西为提牢房，又西为监狱。大堂仍题忠爱堂，其东为粮柜房、西为核算房。堂之西掖为沙牧租房，西后为库房。大堂前两廊为科房。甬道中为戒石牌。大堂北为川堂，川堂北为宅门，门额题“杨文靖公旧治”，宅门内为二堂，仍题学制堂。二堂北为后楼。二堂东为东花厅，花厅北为征收房，其后为串票房，又后为厨房；二堂西为签押房，西南为西花厅，西花厅之北有账房、刑幕房、钱幕房。整个县署不仅建有上述门、堂、厅、廊、舍、库、狱等，还辟治西隙地为园，园中有亭、池、土山、平桥、船厅、四面厅，其“规模之闳，结构之密，且倍蓰于其旧”[②]。至民国，县署仍设在清代遗留下来的旧衙署内。民国25年（1936），稍加修葺，并改建了头门。[③]从头门至大堂的甬道上，建有过路廊。抗日战争爆发后，县署被日机炸毁，县政府迁往东门外长浜沿“晋号”陈家。城厢镇沦陷后，又迁往南乡河上店。抗战胜利后，县政府迁回城厢镇，设在西河下陈家。

①清乾隆十五年（1750），县署所占面积达36亩。咸丰十一年（1861），其署毁于战乱，后又重建。

②（清）汤鼎熹《重建萧山县治记》，见民国《萧山县志稿》卷七《建置·衙署》。

③头门门墙有6个砖砌墩柱，呈“八”字形，为一色青砖所筑。

中华人民共和国成立后，县人民政府（1955年11月至1967年9月称县人民委员会）仍设在西河下。后房子虽经改建、扩建，大门几改朝向，地址名称也几次变更，至1987年末撤县时，县人民政府仍设在这里，地址为人民路71号（今永兴公园）。

图2-5-57 设在西河下的萧山县人民委员会（1960年4月摄，萧山区市政园林管理处提供）

坊 里

宋代县下为乡，乡下为坊、里。太平兴国三年（978），县城分属崇化、昭明2乡。崇化乡下辖陈村、徐潭、百步、朱村、黄村、赵村、史村、社坛、许君9里；昭明乡下辖县南、小凤、龚墅、开明、社头5里。元丰八年（1085），城内改为坊，设清风（以许询宅名）、招贤（以江淹宅名）、通阛3坊。坊有时也称里，如清风坊又叫许君里，招贤坊又叫江君里。

元代又增擢桂、崇儒、育才、菊花、善政5坊，共8坊。崇儒、育才2坊近县学。明万历间（1573～1620），治东100步为通阛坊，里许为菊花坊，治南1里为育才坊，治西100步为达尊坊（魏骥所居）、嘉靖坊、清风坊，治北70步为怀德坊、150步为善政坊、160步为里仁坊，治东北200步为宝贤坊、招贤坊，治西北200步为崇儒坊，共12坊。治东40步称尉司巷，达通阛坊；治北100步称秦君巷，相传有秦系宅。

清康熙间（1662～1722），治东为通阛坊，治西为明月坊；自东门运河上岸至凤堰闸为育才坊，又西至梦笔桥为纳士坊，又西至市心桥为招贤坊，又西至西门为善政坊；东门运河下岸为宝贤坊，又西为怀德坊；自林家闸至南药桥为崇儒坊，又南为儒林坊；自治南至大南门为清风坊，又东为菊花坊，共12坊。至雍正七年（1729），均改编为庄。光绪间，改庄为牌、甲、保。民国18年（1929），城内为9个里。民国21年，9个里改为市东、市西、河北、河南、西河5个镇；次年，将市东分成桥东、桥西2个镇，共为6个镇。民国23年，6个镇合并，始称城厢镇。

街　市

元代，萧山市井周匝，“古市直通南北路”（元代张招《萧山四咏》）。自南至北有街市，市心桥南称南街，桥北称北街。明代筑城以前，庙桥河直通凤堰闸，闸西一带米行林立，四乡谷米在此集散，故称米市街。嘉靖三十二年（1553）筑城后，庙桥河被堵截，米市东移。清代街市临河而设，“东西开水市，高下筑山城”（清代朱彝尊《萧山道中》）。民国时，城区共有大小街巷120余条，分布在运河两岸，南岸称上街，北岸叫下街。上街西门至东门，长约3里，屋宇栉比，店铺鳞次，为主要商业街道。街路系长方形石板铺砌而成，宽3米左右。民国19年（1930），由商会出资铺砌街路石板，整修这段街道，还开辟东门新市场。东门外陈公桥为水路码头，外地通往城区的各种船只大都在此停泊。因水路方便，米行、油坊、磨坊集中在这一带，市面较为热闹。下街店铺稀少，大都为住户。其余街巷更为冷落。抗日战争期间，城区因多次遭受日本侵略军飞机的狂轰滥炸，房屋被炸毁4000余间。日本侵略军占领县城后，又成片拆除和烧毁东门新市场、长浜沿和西门头一带的街屋。昔日热闹的街道，顷刻成为一片废墟。抗战胜利后，亦未见复兴。直至解放前夕，街屋低矮破旧；路面石板断裂下陷，高低不平；阴沟淤塞，“雨天涨大水，晴天闻臭气”（《萧山城厢镇志·街巷旧貌》）。中华人民共和国成立初期，整修西门至东门的街道。从1959年开始，首先拆除北街弄、衙后弄两侧旧房，建市心路；接着，填平西河，新筑西河路。1964～1984年，又陆续新建体育路、环城西路、文化路、人民路、环城南路、环城北路、江寺路、环城东路、河滨路、金家桥路、工人路、百尺溇路、高桥路，加上过境的萧绍、杭萧、萧金公路，形成城区道路网。至1987年末，新建和改建街路18条，总长约25千米。

第二节　市　区

萧山撤县设市后，经济社会迅速发展，城市基础设施建设加快，城市向北偏东发展。市心路向北延伸，开辟新区。老城区、新区由市心路、育才路、通惠路、湘湖风情大道等主干道相连接。尤其是市心路，纵贯老城区、新区，并与机场路相接，形成“廿里长街贯市区，直通机场走世界”的气势。城市内部构成棋盘式道路网，市区道路总长129.65千米，开辟公交线路14条，形成畅通、便捷的城市交通网络。随着道路的延伸，城市规模不断扩大，至2000年，建成区面积为26.16平方千米[①]。

①建成区面积除老城区、新区（包括萧山经济技术开发区）外，还含钱江外商台商投资区江南区块的桥南区1.61平方千米以及宁围镇的0.73平方千米。

老城区

位于北干山南，西山以东。1997年3月编制的萧山市第四轮城市总体规划，老城区规划面积12.32平方千米，为居住、商贸、科研、交通运输枢纽。设市后旧城加快改造，市心南路、西河路、人民路、文化路、萧绍路、北山南路等街道不断延伸、拓宽。又新建育才路、通惠路、回澜路、拱秀路、站前路、潘水路、崇化路等主干道路，形成“内井外环”的道路网。市心南路、西河路、育才路、回澜路、通惠南路纵贯南北，人民路、体育路、拱秀路、萧绍路横贯东西，上述街道是商业、金融、通信、文化、生活服务设施和大中型建筑集中的主要街道。

市心南路是萧山最热闹的商业街市，自南至北建有体育中心、市第一人民医院、华通大厦、经贸大厦、房地产大厦、国营工业大厦、电影院、东方宾馆（原农垦大楼）、新世纪广场、萧山宾馆、二轻大厦、国贸大厦、开元城市酒店、市心广场、钱江饭店等建筑和设施。萧山宾馆1988年1月建成开业，主楼21层，建筑面积1.80万平方米[②]，为萧山首家三星级涉外旅游饭店。同时期建造的萧山商业大厦（后称开元城市酒店），主楼21层，建筑面积1.41万平方米。二轻大厦1994年11月竣工，翌年1月开业，高12层，建筑面积9000平方米，营业面积7000平方米。市心广场1997年5月建成，建筑面积9万平方米，分为家电区块、服装区块。广场内设喷水池、音乐艺术大钟，并有立体绿化点。新世纪广场于1998年6月建成，由4层、10层、15层3组不同高度的建筑围合成椭圆形广场，错落有致，浑然一体。广场内设大型商场、高级写字楼、豪华公寓、地下停车场等，是集多功能于一体的欧式建筑。市心南路与城河街交叉口西侧为绣衣坊商业步行街区，于1991年9月建成，建筑面积1.50万平方米，A、B、C、D4个部分围合成内广场，有天桥、回廊相连。城河街西桥边建有贸易大楼，高9层，建筑面积8350平方米。

②1988年后，萧山宾馆又两次扩建，1993年1月，贵宾楼竣工，2000年扩建大厅。扩建后的萧山宾馆总建筑面积为3.99万平方米。

图2—5—58　坐落在人民路的市委、市政府大院（1989年6月，董光中摄）

人民路上建有中国人民银行萧山支行、中国农业银行萧山支行、中国建设银行萧山支行、中国银行萧山支行、萧山信用联社、萧山保险大楼，是萧山金融中心一条街。人民路71号，曾是萧山县政府驻地。撤县设市后，中共萧山市委、市人大常委会、市人民政府、市政协仍设在这里，至1999年6月迁往新区市行政中心。人民路上还有乡镇企业大楼、供销大厦等建筑。位于体育路西端的江南大厦1989年建成营业，商场建筑面积8000平方米。在文化路西端的萧山国际酒店，1996年6月建成，主楼30层（含地下2层），高109米，建筑面积4.34万平方米，系集停车场、商场、餐饮、娱乐、休闲、住宿、服务等功能于一体的综合性智能型现代化建筑，配有观光电梯，顶层为旋转观光餐厅，是老城区的标志性建筑。在大规模的旧城改造中，老城区先后建造北山公园、城河公园、南江公园、永兴公园、江寺公园、盆景园等公园。还对祇园寺、江寺等古建筑整修一新。

老城区在加快旧城改造的同时，逐渐向东扩展。萧山火车新站1990年在城东开工建设，于1992年6月正式使用。车站候车大楼建筑面积3642平方米，站前广场27972平方米，并筑站前路，与通惠路相接。萧山商业城位于城东萧绍路北侧，第一期轻纺市场、综合市场于1992年10月开业，接着，第二期、第三期工程先后续建，至2000年末，完成建筑面积35万平方米，开设建筑装饰、五金百货、副食品、粮油、服装、汽车、家电、旧货等10余个专业批发市场，并有工商、财税、金融、邮电、货物托运、文化娱乐、信息服务、物业管理等服务机构设施，时为萧山规模最大的综合商业区，位居全国百强市场第四。位于萧绍路与通惠路口的二建大厦（后称国泰宾馆），1994年3月竣工，主楼15层，建筑面积1.04万平方米。位于通惠路与站前路口的金马饭店，1996年5月建成，主楼27层（含地下2层），高98.8米，建筑面积5.20万平方米，是四星级涉外旅游饭店。火车新站周围逐渐形成新的城市副中心。至2000年，老城建成区面积已由1984年的4.34平方千米，扩大为13.95平方千米。

新　区

新区按功能和规划分为两块。北干山以北，北塘河以南，西临湘湖风情大道，东至浙赣铁路绕行线，这里为萧山新的行政、文化、商贸中心。1997年3月编制的萧山市第四轮城市总体规划面积为8.60平方千米；1999年12月经萧山市人民政府批准、修编后的控制面积为10.08平方千米，人口13万。

1993年开始按照“一水（横贯新区的大浦河）、二路（市心中路和金城路）、三中心（行政、文化、商贸中心）、五组团（按地区分为5个组团，每个组团用地90公顷左右，绿化率35%以上）”的格局进行建设。经过7年的建设，至2000年末，建成区面积为2.93平方千米，新的行政、商贸中心基本形成，一批文化教育设施也已相继建成。道路以纵贯南北的市心中路和横穿东西的金城路构成“十”字形主轴，形成“七纵三横一环线”的道路网。至2001年3月，已建成通惠中路、市心中路、金城路、永久路、山北路、育才北路（一期）、金惠路（一期）、山阴路（一期）等道路。同时建成公铁立交桥3座、公路立交桥1座、跨河平桥17座。市心中路南起萧绍路，与老城区相接，北至北塘河，全长3620米，宽52～58米，中央绿化带8米，双向六车道，水泥路面，平坦顺直，两边新楼耸立。金城路东起通惠中路，西至湘湖风情大道，全长5315米，宽58米（金鸡路至风情大道段24米），双向六车道，沥青路面，两旁建筑正在崛起。在市心中路西侧，金城路以北，建有面积6.07万平方米的人民广场。在道路两旁和广场四周18.50万平方米的绿地上，配置着形式多样、各具特色的城市雕塑和园林小品。

萧山市委、市人大、市政府、市政协及其他政府部门综合办公的市行政中心，位于市心中路西侧，金城路685号。市行政中心坐北朝南，由主楼、综合楼、后勤服务楼组成，占地8.93万平方米，总建筑面积4.95万平方米，绿化面积5.60万平方米。主楼及后勤服务楼于1997年3月动工，1999年6月14日落成启用。主楼5层并有地下停车场，面积2.65万平方米；后勤服务楼及食堂5600平方米。综合楼9层，建筑面积1.74万平方米，1998年动工，2000年6月竣工。大浦河环绕于行政中心的西面和南面，南面河上有桥，过桥为行政中心南大门，通人民广场。市检察院办公大楼位于金城路南，与行政中心相对，楼高8层。2000年12月，市检察院由老城区迁入新区。市法院办公大楼位于金城路北，人民广场西侧，正在建设中。

一批具有现代气息和新区标志性建筑特色的宾馆、酒家、商场、大楼等商务群体正在崛起。市心中路东侧的宝盛宾馆，1999年4月动工，2001年8月开业，是一家按四星级标准设计建造的涉外旅游宾馆，

图2—5—59 萧山市行政中心（1999年6月落成启用，韩利明摄于2006年9月17日）

主楼高20层，总建筑面积2.40万平方米。世纪名家家居广场位于市心中路西侧，1999年8月开工，2001年8月建成。南北长183.9米，东西宽37.9米，主楼高6层，地面5层开设家居商场，地下为停车库，总建筑面积2.50万平方米。位于金城路的市北电信大楼，2000年10月动工，2003年5月竣工，高12层，总建筑面积2.10万平方米。另有开元名都酒店、绿都世贸广场、时代超市等一批设计高雅新颖、美观气派的现代化商贸设施正在建设中。还建有总建筑面积为12.38万平方米的各类文化教育设施，主要有萧山剧院、萧山第五高级中学、萧山第一中等职业学校等。这些商贸建筑、文化教育设施，因地制宜布置绿化和建筑小品，建筑与自然和谐统一。

小区住宅是新区建设的重点之一，规划建设面积430万平方米，入住人口13万。截至2001年3月，建成北干一苑、银河小区、城中花园、时代广场等16个小区，建筑面积75.41万平方米，绿地面积20.18万平方米，入住人口约5万。

北塘河以北，解放河以南，西起兴议路，东至浙赣铁路绕行线的区域，在1990年6月，经省政府批准这里为杭州钱江外商台商投资区江南区块市北区。1992年5月9日，萧山市政府批准市北区的分区规划，规划面积为9.12平方千米，人口为农村人口1万、城市居民5万。翌年5月12日，经国务院批准，设立萧山经济技术开发区，市北区升格为国家经济技术开发区。1997年3月编制的萧山市第四轮城市总体规划，萧山经济技术开发区规划面积9.20平方千米，其中前期开发3平方千米。

1992年6月30日，江南管委会在市北区举行首期3幢标准厂房的奠基仪式。至2000年底，萧山经济技术开发区建成区面积为6.94平方千米。市心北路、通惠北路两条主干道贯通开发区南北。区内形成“四横五纵”主干道和“七横五纵”次干道道路网。“四横”为建设一路、二路、三路、四路，“五纵”即通惠北路、市心北路、宁税路、宁东路、金一路。“七横”为大江路、天得路、欣美路、大地路、友成路、庆丰路、加贸路，“五纵”即万向路、佳农路、五一支路、宁安路、金二路。修建35千伏、110千伏变电所各1座，架设、下埋输电线34.96千米，埋设通讯线路40千米。敷设输水管网18.81千米；埋设雨水管39.99千米，排污管28.65千米，建成雨污分流的排污系统。区内河道驳坎4条，总长13.76千米。开发区热电有限公司（原金马热电股份有限公司）向区内企业连片供热。新建公共绿地28万平方米。13.40万平方米标准厂房和4万平方米集体公寓及5个居民点建成并使用。

第三编　自然环境

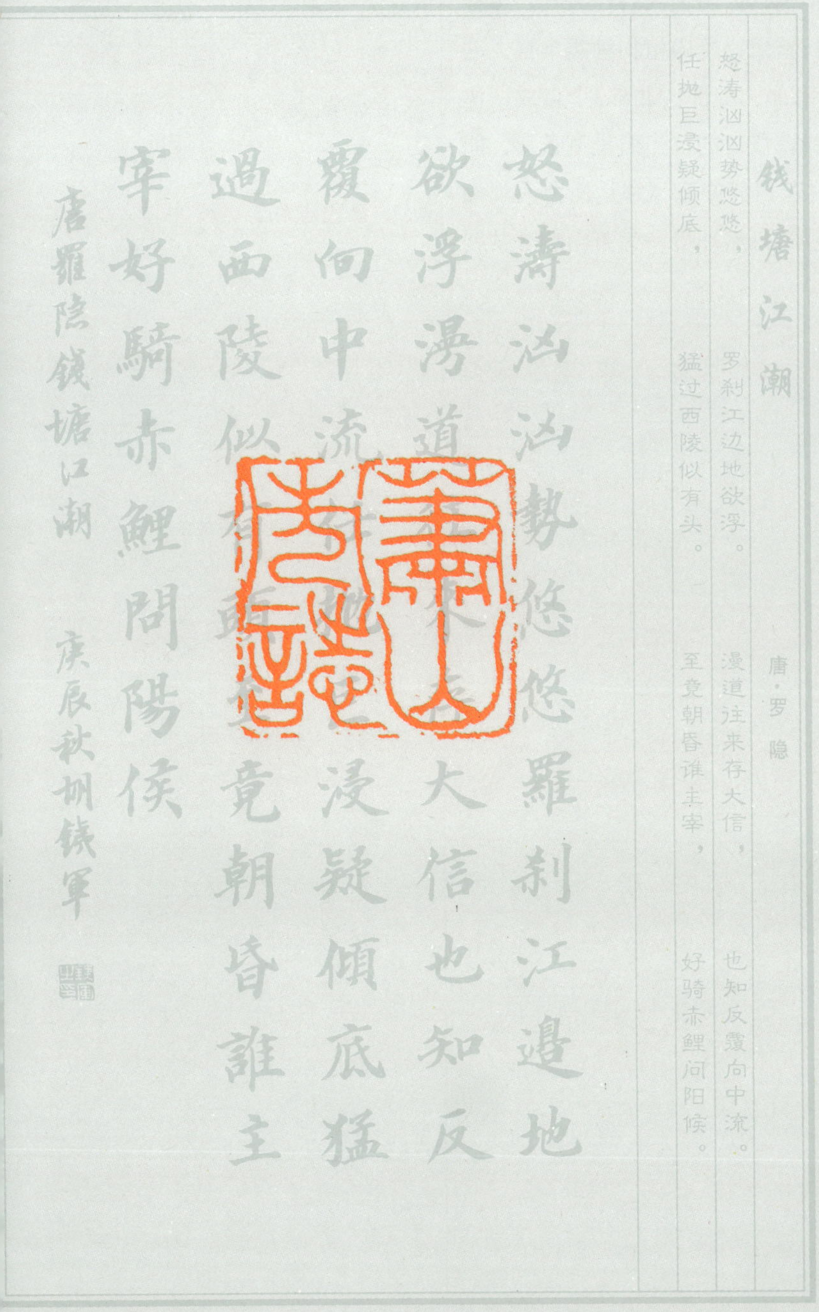

钱塘江潮
唐·罗隐
怒涛汹汹势悠悠，罗刹江边地欲浮。漫道往来存大信，也知反覆向中流。
任抛巨浸疑倾底，猛过西陵似有头。至竟朝昏谁主宰，好骑赤鲤问阳侯。

萧山地处浙江省北部，钱塘江南岸。境内地质构造复杂，岩浆活动频繁。矿藏以非金属矿为主。地貌类型多样，山丘、平原、湖泊、滩涂皆有，以平原为主。地势南高北低，自西南向东北倾斜，地貌分区特征明显。南部低山丘陵，间有小块河谷平原；中部水网平原，河湖众多；北部围垦成陆，人工河渠纵横交错。土壤类型众多，性态优良，宜种性广。气候温和湿润，四季分明，雨量充沛，日照充足，唯受季风影响，会出现灾害性天气。多样的地形，温暖湿润的气候，利于动植物的生长繁衍，境内植物种类丰富，动物品种繁多。按地形和流向，境内河流分为南部、中部、北部3个自成一体又互有联系的分支水系，均属钱塘江水系。钱塘江口的杭州湾呈喇叭形，能聚集潮波，“海面雷霆聚，江心瀑布横”［(宋）范仲淹《和运使舍人观潮二首》］的钱江潮，素以壮观闻名于世。优越的自然环境，为萧山经济发展提供了广阔的天地。

第一章　地质　矿藏

在大地构造上，萧山地处扬子准地台、钱塘台褶带北东端，闽浙火山活动带向北延伸部分，隶属东南沿海造山褶皱带和俯冲带的活动性大陆边缘，具有长期活动特点的球川—萧山深断裂、昌化—普陀大断裂、孝丰—三门大断裂通过境内，并在闻堰镇北东至杭州市滨江区西兴镇南西地区交切，致使境内地质构造格局复杂化。

第一节　地　层

全境地层主要为大面积分布的第四系松散沉积层，其次是中生界上侏罗统火山喷发岩，元古界、古生界仅有少量出露。

中元古界

双溪坞群　分布于楼塔镇岩山、管村双溪坞背斜构造轴部，自下而上为：

北坞组（Pt_2b）　灰绿色片理化流纹质—英安质含角砾玻屑凝灰岩、玻屑凝灰岩，夹少量安山质含角砾凝灰岩和沉凝灰岩、凝灰质粉砂质泥岩，分布于楼塔镇田村西北角上马坞一带，厚度大于380米。

岩山组（Pt_2y）　灰绿色、灰紫色、黄白色片理化沉凝灰岩、凝灰质粉砂质泥岩、凝灰质砂岩和沉凝灰角砾岩，分布于楼塔镇岩上村和百药山一带，厚度大于520米。

章村组（Pt_2z）　灰紫色、灰绿色片理化流纹质—英安质含角砾晶屑玻屑熔结凝灰岩、玻屑熔结凝灰岩，局部夹凝灰质砂岩、沉凝灰岩，分布于楼塔镇岩门至管村一带，厚度大于890米。

上元古界

河上群　分布于楼塔镇雪湾向北东至浦阳镇朱家塔一线，自下而上为：

骆家门组（Pt_3l）　灰绿色、青灰色长石岩屑砂岩、粉砂岩、粉砂质泥岩、泥岩，分布于楼塔镇儒坞、上洋、雪湾至河上镇泉水村一带，厚度大于980米。

虹赤村组（Pt_3h）　灰绿色、灰紫色中粗粒岩屑砂岩，夹少量中基性火山岩，分布于河上镇高都、马头山等地，厚度大于210米。

上墅组（Pt_3S）　下段为灰绿色、灰紫色杏仁状安玄岩、安玄质凝灰岩，分布于河上镇璇山下、里谢，浦阳镇十三房等地；上段为紫红色流纹岩、流纹斑岩、球泡流纹岩、集块熔岩、霏细斑岩，分布于河上镇江家桥北西山、朱家、大桥和浦阳镇十三房、朱家塔等地。上墅组总厚度大于1200米。

震旦系　零星出露于河上镇张毛村至进化镇安山陈一带，自下而上为：

志棠组（Z_1Z）　紫红色、灰绿色长石石英砂岩、岩屑砂岩、凝灰质泥岩、沉凝灰岩，为火山物质的水下沉积，分布于河上镇沙河村、临浦镇梅里、浦阳镇横塘倪、进化镇裘家坞等地，厚度大于315米。

雷公坞组（Z_1l）　青灰色、风化灰黄色含砾复屑砂岩、粉砂岩、粉砂质泥岩，夹含锰白云质灰岩，分布于临浦镇横一村、周家畈，进化镇安山陈等地，厚度大于50米。

陡山沱组（Z_2d）　青灰色、灰黄色白云岩、泥质白云岩，夹含钾粉砂岩、粉砂质泥岩，分布于进化镇诸坞村、石柱头、霄汉里一带，厚度大于200米。

灯影组（Z_2dn） 浅灰—深灰色白云质灰岩、白云岩、含磷白云岩、硅质岩，夹泥岩与钙质粉砂岩，分布于南阳镇赭山、狮子山，河庄镇蜀山，进化镇新桥头和来苏乡东蜀山等地，厚度大于90米。

古生界

零星分布于中部平原和北部平原，有寒武系、奥陶系、志留系、泥盆系，自下而上为：

寒武系 上寒武统在北部围垦区称超山群。下部为灰黄色白云质灰岩、泥灰岩；上部为中—厚层块状泥质白云岩。分布于南阳镇青龙山、白虎山、狮子山、乌龟山、美女山和赭山等地，厚度大于150米。

荷塘组（$\in_1h$） 灰黑色含炭质页岩、硅质粉砂岩、泥质页岩，夹薄层透镜状灰岩、白云岩，分布于河庄镇蜀山，进化镇横路头、霄汉村，临浦镇周家坂等地，厚度大于140米。

杨柳岗组（$\in_2y$） 灰色、深灰色条带状白云质灰岩、饼条状灰岩，夹泥质灰岩、透镜状白云岩，产复州虫、秃球接子化石，分布于新塘乡大螺山、河庄镇蜀山、南阳镇红山等地，厚度大于180米。

华严寺组（$\in_3hy$） 深灰色中—薄层条带状灰岩、饼条状灰岩，夹白云质灰岩，产腕足类、三叶虫、牙形刺化石，分布于戴村镇施家闸至前山一带，厚度大于42米。

西阳山组（$\in_3X$） 深灰—浅灰色厚—薄层状含灰岩饼条白云质灰岩、含瘤泥灰岩、砾状灰岩及硅质页岩，产三叶虫化石，分布于戴村镇施家闸至前山一带，厚度大于200米。

奥陶系 仅出露下奥陶统印渚埠组（O_1y）。上部为青灰色中—厚层状微粒泥质灰岩夹白云质灰岩；中部为浅灰色块状白云质灰岩夹薄层鲕状灰岩；下部为深灰色网纹状、条带状灰岩。产黏壳虫、环孔虫化石，分布于戴村镇小石盖前山，厚度大于200米。

志留系 分布于石岩乡石岩山，城厢镇狗洞山、西山一带。

康山组（S_2k） 青灰色、灰黄色中—厚层状中细粒岩屑砂岩，夹紫红色、灰黄色中—薄层泥岩、泥质粉砂岩，含泥质或砂质条带，厚度大于100米。

唐家坞组（S_3tn） 灰绿色中—厚层状细中粒、中粗粒岩屑砂岩，夹灰白色薄层泥质粉砂岩、粉砂质泥岩，厚度大于180米。

泥盆系 分布于城厢镇湘湖向斜两翼、北干山至新街镇长山一带。

西湖组（D_3X） 白色、灰白色中—厚层状石英砂砾岩、砂岩夹灰色中—薄层粉砂岩、粉砂质泥岩，厚度大于285米。

珠藏坞组（D_3Z） 黄白色、灰色含云母片石英砂岩、含砾石英砂岩、石英砂砾岩，夹紫色、灰色粉砂岩、粉砂质泥岩，产无锡亚鳞木化石，厚度大于160米。

中生界

出露有中侏罗统马涧组，上侏罗统黄尖组，下白垩统馆头组、朝川组和壳山组共5个岩组。自下而上为：

马涧组（J_2m） 分布于城厢镇湖头陈、石岩乡徐家坞，面积0.60平方千米。岩性为灰色、浅灰色砾岩、砂砾岩。砾石成分主要为岩屑砂岩和石英砂岩，砾径5厘米～10厘米，少数达25厘米，磨圆度、分选性差。厚度大于60米。

黄尖组（J_3h） 为巨厚的火山岩堆积，厚度变化较大。东南部青化山火山喷发区累计厚度大于5000米；西南部云石乡石牛山地区约1300米；义桥火山喷发区为960米。按火山喷发强度和岩性组合特征，可划分为4个岩性段，主要为厚层块状酸性—中酸性火山喷发碎屑岩夹少量火山熔岩、沉凝灰岩、凝灰质粉砂岩、泥岩等。

馆头组（K_1g） 紫灰、棕灰色玄武岩和杂色粉砂岩、含钙质泥岩。分布于航坞山南麓，面积0.05平方千米，厚度数十米。

朝川组（K_1c） 灰紫色含砾长石岩屑砂岩、暗紫红色含砾砂岩、砂砾岩。分布于瓜沥镇航坞山、衙前镇卫家和南阳镇赭山等地，面积0.52平方千米，厚度大于180米。

壳山组（K_1k） 灰紫色块状流纹岩、流纹斑岩、球泡流纹岩、集块角砾熔岩，岩石柱状节理发育。分布于衙前镇凤凰山和瓜沥镇航坞山、八狼尖等地，面积6.98平方千米，厚度大于300米。

新生界

第四系分布广，占全市总面积68%。成因类型复杂，区域差异明显。据钻井资料，平原区第四系堆积厚度总体由南西往北东方向递增。临浦镇前孔厚度8.4米；许贤乡厚度58.8米；宁围镇厚度72米；南阳镇厚度84.98米；头蓬镇厚度110米；围垦六工段厚度107.8米。更新统含水组沉积物粒度由南往北、由西往东变细；层底埋深由浅到深，大致以1‰坡度微向北东倾；地下水位面以0.05‰～0.1‰水力坡度微向北东倾斜，地下水位由浅到深。钱江农场至靖江镇一带，Ⅰ、Ⅱ两个含水组叠置，砂砾石层厚达30米～43米，单井日涌水量3011吨～4971吨，均为咸水。

全新统（Q_4）

平原区 上部为海积—冲积亚砂土、粉细砂，局部夹湖沼沉积淤泥质亚黏土、亚黏土、细砂夹黏土，岩性呈深灰、灰、灰黄色，普遍含云母碎片和植物残骸，厚度6米～24米；下部为海积夹潟湖型沼泽沉积淤泥质亚黏土、亚黏土、亚砂土和粉细砂层，底层局部为淤泥质黏土与黏土粉砂、细砂互层，产天然气，岩性呈灰黑色、褐灰色，含半炭化植物碎屑、炭质小团块和贝壳碎片，有机质含量高，厚度5米～27米。在城厢镇跨湖桥与下孙全新统地层中，发现距今8000～7000年的新石器时代文化遗址。

低山丘陵区 主要为河流和一些较大溪涧堆积物，顺河谷呈条带状分布。岩性为灰黄色冲积砂砾石、砂土、亚砂土，结构松散，分选性差，砾石磨圆度好。分布于河上镇永兴河上游樟树下至大桥河段、永兴河中游河段和欢潭乡南西面，厚度1米～7米。

更新统（Q_{2-3}）

平原区 仅见于钻孔中，厚度9米～60米。上部为陆相河流泛滥相冲湖积砂砾石、砂、硬质黏土、砂夹亚黏土、轻亚黏土；中部为河流—滨海相砂砾石层、夹细砂、黏质粉砂，含丰富的地下水；下部为陆相冲积—洪积黏土夹砾石、砾石混黏土，分布不稳定。砂砾石层呈灰白、灰黄、黄褐色，砾石成分复杂，有花岗岩、火山岩、石灰岩、石英砂岩等，砾径磨圆度好，分选性差，砂粒呈暗绿色，以石英砂为主，含量40%～50%。砂砾石层是钱塘江、浦阳江古河道沉积物，为区内孔隙承压水的主要贮水层。钱塘江古河道单井日涌水量3000吨～5000吨，浦阳江古河道单井日涌水量100吨～1000吨，为咸水、微咸水。

低山丘陵区 上更新统为洪积、洪—冲积灰黄色、黄褐色黏土砾石、亚黏土、黏土，分布于楼塔镇大同溪至河上镇樟树下河段、云石乡云石溪、所前镇郑家等地，厚度3米～12米；中更新统为洪积、坡—洪积棕黄色、棕红色黏土、黏土碎砾石、亚黏土等，分布于楼塔镇楼塔、河上镇高都、云石乡中潭溪、所前镇南庄北等地，厚度2米～11米。

第二节 岩 石

境内沉积岩、火山岩、侵入岩和变质岩均有分布，以火山岩最为发育，其次为沉积岩、侵入岩，还有少量变质岩。

沉积岩

碎屑沉积岩类　有砾岩、砂砾岩、砂岩、粉砂岩、泥岩等，各时代地层中均有分布。元古界骆家门组的砂岩、泥岩，虹赤村组的硬砂岩，志棠组的长石石英砂岩、凝灰质泥岩；古生界康山组的砂岩、粉砂岩，唐家坞组的长石岩屑砂岩，西湖组的石英砂岩、砂砾岩，珠藏坞组的泥岩、砂砾岩都有较大的厚度。属浅海潮坪、陆相沉积。

硅质岩类　主要有硅质岩、泥质硅质岩。分布于临浦镇横一村、梅里，进化镇霄汉村、石门王和来苏乡东蜀山等地下寒武统荷塘组中。为静水海盆滞流沉积。

碳酸盐岩类　有石灰岩、白云岩、泥质灰岩、白云质灰岩等。石灰岩分布于戴村镇小石盖山下奥陶统印渚埠组中；白云岩分布于南阳镇赭山、青龙山，新塘乡大螺山，来苏乡东蜀山中寒武统杨柳岗组和上震旦统灯影组中。为浅海盆地斜坡沉积。

图3—1—60　戴村镇郁家山下含石灰岩瘤的奥陶纪白云质钙质泥岩（2009年8月，朱佩璋摄）

火山岩

包括火山喷发岩、沉凝灰岩和潜火山岩，在双溪坞群、侏罗系、白垩系中均有分布。

火山喷发岩　以火山喷发碎岩类为主，火山熔岩类居次。火山喷发碎屑岩主要有熔结凝灰岩、凝灰岩、玻屑凝灰岩，分布于楼塔镇元古界双溪坞群的北坞组、岩山组、章村组和南部、中部中生界的黄尖组、馆头组和朝川组中；火山熔岩主要有玄武岩、安玄岩、安山岩、英安岩、碱流岩、流纹岩等，分布于河上镇里谢，浦阳镇十三房、朱家塔元古界的上墅组，进化镇青化山、石盘山和衙前镇中生界的黄尖组、馆头组、壳山组中。元古界双溪坞群、上墅组火山岩碱度普遍较低，中生界火山岩富碱贫钙，岩浆呈反序列演化。境内火山岩化学成分均属铝过饱和类型。

沉凝灰岩[①]　在元古代和中生代火山岩中分布较多。楼塔镇岩门、岩下、田村一带的北坞组、岩山组、章村组；河上镇板桥、临浦镇梅里、进化镇裘家坞

①“沉凝灰岩”是火山喷发碎屑物降落在水体环境中堆积成岩的一种岩石。具分选性、层状构造，层面平整，含火山角砾或火山集块。

等地的震旦系志棠组；云石乡船坞山、石牛山，义桥镇元宝山，进化镇大岩山等地的中生代火山岩层中，均夹有厚薄不等的沉凝灰岩。元古代双溪坞群岩山组的沉凝灰岩累计厚度297米，占岩山组总厚度530米的54.6%，是境内火山岩层中沉凝灰岩夹层最厚的一个岩组。

潜火山岩[①] 境内已知有潜火山岩体36处，单个岩体面积大小0.05平方千米～2.50平方千米，呈岩枝和岩墙产出，分布受构造控制。中生代潜火山岩，较集中分布在进化镇青化山、石盘山和临浦镇塔山、石岩乡里祥坞等地。岩石类型有石英斑岩、霏细斑岩、流纹斑岩、石英安山玢岩、石英安山粗面岩等。规模较大的有进化华家垫潜石英安山玢岩，面积0.90平方千米；闻堰镇营盘山潜石英安山粗面岩，面积约3平方千米；石岩乡里祥坞村潜流纹斑岩，面积1.05平方千米；义桥镇东碛堰山潜霏细斑岩，面积0.80平方千米；临浦镇塔山潜霏细斑岩，面积1.70平方千米。上述岩体均为小岩枝。元古代潜火山岩，境内仅见有石英霏细斑岩1处，呈岩墙状侵入于岩山组中，面积2.50平方千米，分布于楼塔镇田村上马坞附近。

①“潜火山岩”也称次火山岩，是一种与火山岩同源而未喷出地表、形成时间相近的超浅层侵入体，与围岩呈侵入接触关系，具喷发岩岩石外貌和结构特征。

侵入岩

晚元古代晋宁期侵入岩 主要分布在诸暨市次坞至萧山河上镇道林山一带，有辉绿岩和钾长花岗岩[②]，岩体出露总面积46平方千米。钾长花岗岩侵入于早期次坞辉绿岩中，侵入最新围岩为上元古界上墅组。晋宁期脉岩以基性、中基性脉岩最为发育，其次为酸性脉岩，有辉绿玢岩、闪长玢岩、安玄玢岩、霏细斑岩和石英霏细斑岩等，主要侵入于双溪坞群和骆家门组中。

②“辉绿岩”为晋宁期第一次侵入岩，分布于楼塔镇管村至河上镇鲍家坞一带，在境内出露面积约5平方千米。岩体侵入最新围岩为上元古界骆家门组，年龄值738百万年；“钾长花岗岩”为晋宁期第二次侵入岩，分布于河上镇全家坞道林山向南西延伸至楼塔镇大同坞、富阳市章村一带，出露面积约31平方千米。

中生代燕山期侵入岩 有党山镇大和山石英正长斑岩1处，出露面积0.20平方千米，四周为第四系掩盖。原为石料矿山，地表已采尽。燕山期脉岩以霏细斑岩最多，有少量安山玢岩、英安玢岩，较集中分布在进化镇青化山、石盘山地区，产出受构造裂隙控制。

变质岩

双溪坞群火山喷发—沉积岩系，经过神功运动和晋宁运动两期构造运动，地层经受区域动力挤压并发生线型褶皱，伴有低变质作用，一般具有变余结构和构造。岩石类型主要有绢云石英千枚岩，其次是绢云石英片岩，分布范围集中在楼塔镇百药山一带。

绢云石英千枚岩 岩石具显微鳞片花岗变晶结构，千枚状构造。矿物组成主要为石英，少量绢云母、长石、绿泥石和黄铁矿，石英和长石常为隐晶状，绢云母及绿泥石为细小鳞片状。石英多数聚集成变质结核出现，有的变质结核内有空腔，空腔为石英、绿泥石和黄铁矿充填，变质结核大小在1.5厘米～4.0厘米之间的居多，呈扁豆状，串珠状平行分布。

绢云石英片岩 岩石具显微花岗变晶结构，片状构造。矿物组成：石英49%，绢云母45%，高岭石4%～5%。石英颗粒大小在0.01毫米～0.20毫米之间，绢云母大小在0.01毫米～0.35毫米之间，呈鳞片状，部分为小片状白云母。

双溪坞群总体变质作用较浅，局部地段达到低绿片岩相，绝大部分岩石仍保留火山碎屑岩和沉积岩结构特征。百药山、岩山一带火山岩片理化和千枚岩化比较普遍，常见发育片理化构造的岩石有安山玢岩、熔结凝灰岩、玻屑凝灰岩、沉凝灰岩、粉砂质泥岩；发育千枚状构造的岩石有英安玢岩、英安质凝灰岩、含角砾凝灰岩、沉凝灰岩、泥岩等。

第三节　构　造

境内前新生代地质构造经历神功期、晋宁期、加里东—印支期和燕山期4个发展阶段，形成相应的神功、晋宁、加里东—印支和燕山4个构造层①。强烈的神功褶皱造山运动形成最古老的褶皱构造—双溪坞背斜。加里东—印支运动，形成河上镇大桥至南阳镇赭山由元古界志棠组和古生界组成的北东向伸展、以宽缓向斜和紧密背斜为特点的褶皱构造，属杭州复向斜南东翼组成部分。燕山运动导致强烈的火山喷发、巨厚的火山岩层堆积和岩浆侵入活动。

①神功构造层：分布于楼塔镇与富阳市交界处的上马坞、百药山、岩山一带，包括中元古界的北坞组、岩山组、章村组。晋宁构造层：分布于楼塔镇雪湾，河上镇西山，浦阳镇十三房、朱家塔一带，由上元古界骆家门组、虹赤村组、上墅组组成。加里东—印支构造层：分布于河上镇大桥、临浦镇梅里、石岩乡石岩山至南阳镇赭山一带，由上元古界志棠组和古生界寒武系、奥陶系、志留系、泥盆系组成。燕山构造层：分布于南部山区和瓜沥镇航坞山等地，由中生界上侏罗统黄尖组火山岩和下白垩统朝川组、馆头组火山喷发—沉积岩组成。

褶皱构造

保存比较完整的有双溪坞背斜、楼塔镇—河上镇背斜、湘湖向斜、华眉山背斜和石门王向斜5处。

双溪坞背斜　为境内最古老的褶皱构造，分布在楼塔镇上马坞至百药山一带，南西延入富阳市境内。褶皱形态基本完整，两翼岩性对应性较好，平面呈喇叭形，南西方向张开，北东方向收敛。轴向北东66度，枢纽倾伏角26度左右，轴面向南东倾斜，倾角67度，背斜转折处在楼塔镇徐家店一带。核部为北坞组英安质含角砾玻屑凝灰岩、玻屑凝灰岩和沉凝灰岩，两翼为岩山组沉凝灰岩、章村组火山碎屑岩。背斜在章村附近被上侏罗统火山岩覆盖，北东向楼塔镇、河上镇方向倾伏，为一歪斜倾伏褶皱构造。

楼塔镇—河上镇背斜　分布于楼塔镇—河上镇大桥—浦阳镇十三房一线。核部地层为双溪坞群火山碎屑岩、沉凝灰岩，两翼为上元古界骆家门组砂页岩、虹赤村组硬砂岩和上墅组基性、酸性火山岩。北西翼地层出露完整，层序正常；东南翼受断裂和岩浆活动破坏。背斜南西仰起，向北东缓缓倾伏，由上墅组流纹岩组成的背斜两翼及其转折端在浦阳镇高洪尖至楼家桥一线可见。

湘湖向斜　分布于城厢镇金鸡山至湘湖农场、闻堰镇青山张一带。长6.50千米，南西端宽4千米，北东端宽2千米，向斜由南西向北东倾伏，轴向北东51度，枢纽倾伏角6度左右。核部地层为西湖组石英砂砾岩，两翼为康山组、唐家坞组砂岩。向斜形态完整，轴部为第四系掩盖，局部有中侏罗统马涧组砂砾岩超覆，属直立水平向斜。剖面、平面形态分别属开阔型和短轴状，为典型的向斜谷地地貌。

华眉山背斜　分布在闻堰镇老虎洞一带。出露长7.50千米，宽1千米，轴向50度，枢纽倾伏角5度左右，背斜北东端遭断裂切割。为一歪斜水平背斜，剖面、平面形态属开阔型和短轴状。核部为唐家坞组砂岩，两翼为西湖组石英砂砾岩，与北部白马湖向斜毗邻，多处断裂破坏，形态基本完整。

石门王向斜　分布于进化镇王家闸北西石门王村。出露长1.50千米，宽1千米，轴向40度，轴部为荷塘组硅质岩，两翼为上震旦统灯影组白云岩，向斜北东端被东西向断裂切割。

直立岩层带

分布于城厢镇北干山向东至新街镇一带，近东西向展布，宽150米～300米，长约7千米，呈蛇行扭曲。由志留系唐家坞砂岩、泥盆系西湖组石英砂砾岩组成，地层倾向北，倾角80度左右，其上发育有走向330度扭裂。直立岩层带属李四光临安山字型构造的东翼反射弧部分。

断裂构造

按断裂展布方向有北东向、北北东向断裂，北西向、北北西向断裂和南北向、东西向断裂等。以北东向、北西向断裂最为发育，有少量北西西向、北东东向和南北向断裂。

北东向断裂　是境内主干断裂，在各个构造层中均有发育，分布与区域构造线一致。出露长度最长的10千米，大于3千米的有22条，其中：

大峰山断裂　分布于楼塔镇百药山双溪坞背斜北西翼，总体走向北东65度。挤压破碎带宽15米～25米，伴有硅化。在地貌上构成脊状延伸的断层崖，长约1.20千米。为压性断裂，由神功运动形成。

岩山断裂　分布于楼塔镇岩山南侧双溪坞背斜南翼，呈北东50度方向展布，出露长度约3千米。断面略具波状，断裂破碎带宽7米，发育构造透镜体。属压扭性断裂，形成于神功运动。

泉水村断裂　分布于河上镇南鲍家坞至泉水村。断裂切割道林山钾长花岗岩，长度大于5千米，走向北东45度，破碎带宽5米～10米，发育构造透镜体。为压性断裂，形成于晋宁运动。

雪湾断裂　分布于楼塔镇雪湾村至河上镇大桥、众利一线，南西延入富阳市境内，北东端为第四系掩盖，呈北东60度方向展布，长度大于25千米。断面陡立，左右摆动，挤压破碎带宽25米～40米，顺断裂带断层崖随处可见。断裂中有霏细斑岩岩脉充填。为压扭性断裂，形成于燕山运动。

小王岭断裂　分布于云石乡小王岭—骆家舍一带，向北延伸至许贤乡朱村桥，总体走向北东45度，北东端为第四系掩盖，南西端与楼塔镇雪湾断裂归并，出露长度大于9千米。断裂破碎带宽10米～15米，断面舒缓波状。为压性断裂，形成于燕山运动。

跨湖桥断裂　分布于城厢镇湘湖向斜与闻堰镇华眉山背斜共翼部位。由两条平行断裂组成，总体走向北东60度，延伸长度在4千米以上。断裂破碎带宽75～150米，发育构造透镜体，断裂中有流纹斑岩岩脉充填。为压性断裂，形成于印支运动。

慈姑裘断裂　分布于进化镇慈姑裘和欢潭乡涂川、虞家塔一线，总体走向北东50度。断裂延伸长度大于5千米。挤压破碎带宽10米～20米。为压性断裂，形成于燕山运动。

山里王断裂　分布于所前镇山里王至小坞一线，长8.5千米。断裂破碎带宽5米～15米，走向北东30度，有构造透镜体，裂面平直光滑。为压扭性断裂，形成于燕山运动。

另在进化镇青化山、欢潭乡石盘山一带，中生代火山岩中断裂呈北东向密集带状分布，单条断裂间距0.50千米～1千米，长1千米～1.50千米。断裂延伸平直，如刀切状，主要为压性断裂，多数有酸性脉岩充填。在南阳镇赭山一带，断裂两侧白云质灰岩强烈挤压破碎并硅化，经风化淋滤后形成多孔状“浮岩”。

北西向断裂　主要分布在湘湖向斜两翼、萧山与富阳市交界的小安山、雪湾大山和船坞山一带中生代火山岩中。境内长度大于1千米的有12条，其中：

庚青岭断裂　长度大于6千米，分布于河上镇北狮子山、石板溪至桥头黄一带，总体走向320度，向北分叉成走向315度和345度两条断裂。顺主断裂有宽度大于5米的断层角砾岩，两侧有与之平行的密集劈理带。断层北东盘下降并向北西方向错位，水平错距大于300米。属平推正断层性质，形成于燕山运动。

东坞—郑家断裂 分布于所前镇郑家—东坞一线，向南东延伸至绍兴县陶家弄，长度大于10千米。断裂走向330度，破碎带宽10米～20米，顺断裂带有安山玢岩、霏细斑岩贯入。为张扭性断裂，形成于燕山运动。

东西向断裂 分布面广，在空间上大致自北而南呈东西向带状分布，均为压扭性断裂。

北带 分布于闻堰镇老虎洞至新塘乡大螺山一带，东西长16千米。自西而东有老虎洞断裂、城厢镇溪头黄断裂、来苏乡东蜀山断裂、新塘乡大螺山断裂。单条断裂出露长0.80千米～1.50千米。溪头黄断裂发育在唐家坞组砂岩层内，走向东西，出露长1千米。压碎带宽10米，伴有构造透镜体，有斜冲擦痕。

中带 自西而东有进化镇大汤坞断裂、石门王断裂及绍兴县马家地断裂，东西长大于8千米。单条断裂出露长0.30千米～4千米。石门王断裂分布于王家闸西北石门王村，长4千米，挤压破碎带宽0.5米～1米。顺断裂带发育有构造透镜体，断裂中有花岗斑岩、煌斑岩、玄武玢岩等岩脉充填。

南带 分布于云石乡至欢潭乡一带，东西长24千米。自西而东有云石乡响天岭断裂，河上镇沙河村山园里断裂、板桥断裂，欢潭乡祝家断裂。单条断裂出露长1千米～2千米。

南北向断裂 主要分布在河上镇大桥至欢潭乡大岩山一带。自西而东有河上镇沙河村山园里断裂、进化镇章鸿庙断裂、横路头断裂、华家垫断裂、大岩村断裂。单条断裂出露长1千米～3千米。

小型构造

节理、劈理、片理、千枚理等小型构造在境内各类岩石中分布不一，发育程度与构造环境、岩石性质关系密切。

节理 是境内分布最广的一种裂隙构造。中元古界双溪坞群火山岩，上元古界沉积岩、火山岩和晋宁期侵入岩中，主节理走向90度～120度、190度～205度，倾角65度～80度，裂面平整光滑，为剪切斜交节理，节理密度：双溪坞群22条/米～45条/米，辉绿岩20条/米～25条/米。志棠组沉积岩主节理走向40度～50度、310度～330度，剪切共轭；湘湖向斜古生界沉积岩，主节理走向40度～60度、310度～320度，节理密度15条/米～20条/米，属张扭、压扭性质。跨湖桥至越王城山石英砂岩中，发育60度走向节理带，与跨湖桥北东向断裂平行分布，节理带宽度达百余米，节理面平直陡立，有擦痕，显示压扭性特征。中生界火山岩节理普遍发育。西南部的云石地区，主节理走向30度～40度、315度～330度，裂面平整、延伸性好，具扭裂面特征，节理密度10条/米～30条/米；东南部进化镇地区，主节理走向20度～30度、300度～320度，节理密度10条/米～40条/米，裂面平直、紧闭，略具波状弯曲，为剪切节理。

劈理 主要分布在楼塔百药山双溪坞背斜、湘湖向斜轴部和较大断裂带内。河上镇石桥溪庚青岭断裂，欢潭乡石盘山地区的邵家塔和进化镇章鸿庙、所前镇三泉王、山里王等断裂，均伴有宽度10米～20米密集劈理带，将岩石切割成厚薄不等的岩片。

片理 千枚理 在岩上和岩山的岩山组沉凝灰岩中最为发育，片岩和千枚岩随处可见，片理产状与双溪坞倾伏背斜轴面近似，走向60度～75度，倾向150度～160度，倾角50度～85度。

断裂破碎带，片理、节理密集带，岩层层面，断层崖和坡度大于60度的山体，在适宜的地形条件和流水介入下，容易发生崩塌、滑坡和泥石流等地质灾害。

第四节　矿　藏

境内矿藏以非金属矿为主，金属矿矿体规模小，多数不具工业开采价值。至2000年，全市已知矿产34种，产地80处，其中矿床34处、矿点33处、矿化点13处。

燃料矿

天然气　分布于钱塘江南岸宁围[1]、头蓬、党山、益农[2]等镇的第四系全新统下部冲—海积层中，面积近200平方千米。有4个贮气层，气层顶板埋深26米～42米，绝大部分为甲烷型，偶属氮气型、甲烷—氮气型。

泥炭　有进化镇王家闸[3]、浦阳镇洋湖和来苏乡里士湖3处，产出于全新统上部湖沼沉积层中，泥炭层层顶埋深1.2米～2.5米。泥炭层由棕黑色树枝、叶、果壳、水生杂草和少量腐泥组成。含固定炭3.30%～34.35%，焦油率5%～10.2%，灰分62%，发热量2000卡/克，最高4253卡/克。估算储藏量450万吨。

金属矿

磁铁矿　位于所前镇郑家南1.50千米，矿体呈脉状，长80米，厚0.5米～1.1米。矿石矿物主要为磁铁矿，次为褐铁矿、黄铁矿，伴生石英。为矿点。

锰矿　有下章锰矿和石柱头锰矿2处。下章锰矿位于进化镇下章村附近。有4个矿体，单个矿体长68米～200米，厚0.23米～2米。地质储量6.5万吨，为矿点。石柱头锰矿位于进化镇石柱头村附近。矿体长30米，厚0.03米～0.50米。为矿化点。

金矿　境内有3处。石门王金矿，位于进化镇石门王村北山坡。矿体富集段长10.3米，厚平均0.68米。矿石矿物有钴毒砂、黄金、银、白钨、黑钨、黄铜、脆硫铜铋矿、闪锌矿、辉铋矿、辉锑矿、方铅矿等。为矿点。南庄北金矿，位于所前镇南庄北谷中。含矿石英脉长70米～80米，厚1厘米～10厘米。矿石含自然金，伴生有黄铁矿、镜铁矿、褐铁矿等。为矿化点。姚家坞金矿，位于闻堰镇北姚家坞。含矿岩石为泥盆系西湖组石英砂砾岩，出露长100米，厚14米。为矿化点。

铜矿　境内有4处。羊毛湾铜矿，位于楼塔镇雪湾村东羊毛湾。有矿体9条，长24米～201米，宽0.3米～1.29米。矿石矿物主要为自然铜、赤铜矿、黄铜矿，伴生黄铁矿。铜金属储量C_2级128吨，表外4.9吨。尼罗湾铜矿，位于雪湾村东北侧。有矿体2条，长56米～64米，宽0.9米～1.5米。矿石矿物主要有自然铜、孔雀石、自然银和镜铁矿。铜金属储量C_2级50.5吨。西山铜矿，位于河上镇江家桥西山。有矿体4条，长56米～130米，宽0.56米～1.47米。矿石矿物主要为自然铜、黄铜矿、斑铜矿，次为黄铁矿、闪锌矿。铜金属储量C_2级23.4吨，表外127吨。岩山铜矿，位于楼塔镇岩上村西岩山。1号矿化体呈透镜状，长156米，厚25米，斜深126米；2号矿化体长270米，斜深130米。矿石矿物有金银矿、黄铜矿、辉锑矿、辉铋矿，脉石矿物有石英、绢云母、明矾石。金属储量铜1883吨。

辉钼矿　位于所前镇郑家南东坞。矿体隐伏地下250米，面积近1平方千米，向下延伸大于500米，在3个钻孔中见矿体厚度分别为128.52米、109.83米和24.75米。矿石具细脉浸染状构造。矿石矿物主要为辉钼矿，伴有黄铁矿、黄铜矿、斑铜矿、

①宁围镇宁牧单井日气流量360立方米～2400立方米，气压0.5千克～3千克/平方分米。

②益农镇夹灶天然气气层厚度4米，单井日无阻气流量大于10000立方米，1991～1993年曾由村委会组织开发作为村办工业和民用燃气，一度成为远近有名的气化村。

③王家闸泥炭分布范围较大，可分为东、西两个矿段：东矿段分布在大汤坞、下坂底、安山陈至陈公桥一带，面积约3平方千米，泥炭层最大厚度1.5米，平均厚度0.7米～0.8米；西矿段分布在王家闸、沈家埭、裘家坞、汤家山一带，面积3平方千米，泥炭层最大厚度0.95米，平均厚度0.65米。1970～1972年王家闸泥炭曾组织开采，年产量2万吨～3万吨，后因保护农田而停采。

磁铁矿、磁黄铁矿和少量闪锌矿、方铅矿。矿化体规模大，钼含量已超过工业品位要求，由于钻孔密度不够，工业矿体难以圈定，暂定为矿点。

非金属矿

石灰岩　分布于戴村镇小石盖山，矿层为下奥陶统印渚埠组。矿层厚30余米，以中部质量为优。地质储量1230万吨。

白云岩　有临浦镇鲁家山、进化镇新桥头、南阳镇青龙山、新塘乡大螺山4处，含矿地层为中寒武统杨柳岗组和上震旦统灯影组。其中鲁家山白云岩质量较好，地质储量230万吨；进化镇新桥头白云岩地质储量1300万吨。

石英砂岩　位于石岩乡石岩山西麓，含矿地层为泥盆系西湖组。矿体长1100米，厚60米～75米。C+D级储藏量835万吨。该矿山已有近20年开采历史，矿石主要用于作玻璃原料和陶瓷原料。

磷矿　位于进化镇华新村新桥头附近。矿层为上震旦统灯影组，上部含磷白云岩，分布在新桥头向斜两翼的皇坟尖和新桥头。皇坟尖矿层长500米，厚1.7米～2.1米；新桥头矿层长250米，厚2.15米～4.95米。均为黑色角砾状胶磷矿，部分为鲕状、条纹状胶磷矿。曾作过地质普查，钻孔2个，为矿点。

叶蜡石　境内有叶蜡石矿3处。西山叶蜡石矿，位于河上镇西江家桥西山。矿体呈似层状，长400米，厚5米～10米，矿石矿物主要为叶蜡石，次为伊利石、高岭石。储藏量90万吨。百药山叶蜡石矿，位于楼塔镇岩下村北百药山半山坡。矿体呈脉状，出露宽2米～3米。矿石矿物主要为叶蜡石、水铝石。耐火度1720℃，为矿点。楼塔镇岩上村西绢云母—叶蜡石片岩，矿体呈似层状，长约100米，宽5米～20米，延伸大于90米。矿石矿物主要为叶蜡石，次有高岭石、石英和绢云母等。储藏量约27万吨。

瓷石　境内有瓷石矿2处。十三房瓷石矿，位于浦阳镇十三房村北。有两条矿体：一条长40米，宽10米；另一条长750米，宽8.55米，均由霏细斑岩风化形成。该矿于1968年开始断续开采，主要供萧山瓷厂作日用瓷原料，现存储藏量约350万吨。田村瓷石矿，位于楼塔镇田村西北山岗，分布面积约0.02平方千米，由石英霏细斑岩岩枝风化形成。地质储藏量5万吨，为矿点。

高岭土　位于戴村镇何童埠村北，由上侏罗统酸性火山碎屑岩风化形成。矿体呈似层状，可见长300米，厚5米～10米，出露宽约150米。地质储藏量56万吨。

伊利石　位于河上镇板桥村北高洪尖山西麓，有3个似层状矿体，可见长310米～1045米，厚0.5米～11.5米。矿石块状、质软。组成矿物主要为白云母、伊利石、高岭石、叶蜡石等。地质储藏量127万吨。

长石　位于浦阳镇茗渎坞村，矿化带长1000米，宽2.5米～3米。矿石由肉红色、灰白色钾长石、钠长石组成，呈团块状产出。地质储量22.50万吨。

明矾石　位于楼塔镇岩上村，有3个矿体：1号矿体长700米，斜深700米，平均厚54.86米，矿石储藏量4699万吨，矿物量1467.21万吨；2号矿体长200米，斜深400米，平均厚21.44米，矿石储藏量155.78万吨，矿物量41.25万吨；3号矿体长220米，斜深300米，平均厚14.94米，矿石储藏量85.16万吨，矿物量23.68万吨。岩山明矾石矿总储藏C+D级4940万吨，矿物量1532万吨，伴生黄铁矿（折含硫35%标精矿）399.46万吨。矿石矿物主要为明矾石、黄铁矿、石英和绢云母，伴生赤铁矿、叶蜡石。

红黏土　分布于浦阳镇十三房、高庄里、壕坑坞、中央坂一带，面积约4平方千米～6平方千米，由元古界上墅组安玄岩、安山岩风化形成。土层厚度大于2米，具可塑性。1992年开始开采，主要用于作水泥配料、硫璃瓦生产主料。估算储藏量在1200万吨以上。

第二章　地　貌

萧山地处浙东低山丘陵北部，地势南高北低，中部略微低洼。地貌分区特征明显：南部为低山丘陵，地形破碎，溪涧交织，其间有小块河谷平原与山间谷地；中部和北部为平原，湖泊、陆屿散布，水渠、河流纵横。现今的地貌形态和结构特征，是长期内外营力综合作用和人类利用、改造自然的结果。

在中生代前的漫长地质历史时期里，境内一直浸没在大海之中，印支运动中才全面隆起成陆。此后，历经多次幅度不同的间歇性抬升、下降和海侵、海退的漫长过程。第四纪晚更新世后期，海面下降，大面积顶面平坦的海相沉积层才出水成陆，海中岛屿成为平原上的孤丘——陆屿。20世纪60年代后，在人类促淤和围垦下，杭州湾湾顶东迁，岸线北移。

第一节　钱塘江河口

钱塘江河口水域属强潮河口，平面呈喇叭形，外宽内窄，口门在海盐县澉浦镇长山与南岸余姚市西三闸之间。杭州湾口水域宽100千米，到澉浦宽20千米，萧山二十工段附近仅宽5千米，垦区成陆平原即位于口门以西紧缩河口段南西侧。强劲的潮流进入口门后，在径流和潮流双向水流的消能作用下，夹带泥砂的能力迅速降低，部分物质沉积下来，逐渐形成河口沙坎，河床抬升，水深变浅。当潮波涌入狭缩江道时，阻力增大，潮能高度集中，潮波产生反射，潮差增大，潮波急剧变形，形成举世闻名的钱江潮。河槽两岸疏松的亚砂土、粉砂和细砂，在强劲涌潮的作用下，产生大冲大淤的变化，致使河床极不稳定。距今5000年以来，钱塘江冲刷堆积、涨塌无常，岸线摆动频繁，河道经走南大门、中小门、北大门的变迁，岸线摆动幅度达20余千米。独特的河口地貌，对钱塘江河口的水流结构、泥砂运动、河床演变和滩涂淤涨起着深刻的作用。河口历史演变的总体趋势是北岸冲刷，南岸淤涨。16世纪后，湾顶不断东迁，岸线逐渐北移。20世纪60年代以后，在人类促淤、围垦下，这一进程明显加快，南部岸线已北移12千米~24千米，杭州湾顶也东移至海盐县澉浦—余姚市西三闸一线，昔日杭州湾部分水域已成为三角湾堆积围垦成陆平原。

图3-2-61　钱塘江河口滩涂（2001年3月，柳田兴摄）

第二节　平　原

境内平原面积1014.73平方千米[①]，占全市总面积的

①及下页中部海湾沉积平原、北部三角湾沉积平原、陆相沉积平原的面积数据均来自萧山市土地管理局编：《萧山土地志》“自然条件·地形”，2000年印，第61页。

71.45%。包括海相沉积平原和陆相沉积平原两类，以海相沉积平原为主。

海相沉积平原

中部海湾沉积平原　位于北海塘以南的萧山中部地区，面积349.61平方千米，占全市平原面积的34.45%。主要由潮流、江河共同作用下形成，以潮流作用为主，局部夹潟湖型沼泽沉积。大致以所前镇郑家—来苏—石岩一线为界，以北为海积、冲海积平原，以南为浦阳江河谷平原。平原上部为全新世海积、冲积夹湖沼沉积，岩性为灰色、灰黄色粉细砂、粉砂，轻亚黏土和亚黏土。表面平坦，略有起伏，高程4.1米～5.5米。临浦镇至闻堰三江口以南地势稍高，高程5.7米～6.8米。闻堰镇古湘湖、石岩乡往东至城厢镇裘江、来苏乡、新塘乡、瓜沥镇大义村一带地势相对低洼，高程4.2米～4.8米，较一般地区低下30厘米～70厘米。平原上水网密布，河湖港汊纵横交错，一派水乡风光。

图3-2-62　中部水网平原河池港汊密布（2008年9月，朱佩璋摄于萧山新塘）

浦阳江自南而北纵贯中部平原。西小江由临浦镇流经所前、来苏、新塘、衙前等镇乡入绍兴县三江口。浦阳江上游、西小江河道蜿蜒，河床比降小，下切能力弱，河道两侧平原广阔，阶地不发育，呈现曲流河谷地貌；浦阳江下游堆积作用旺盛，河道边滩、心滩发育，河口段分布的元宝沙、跑马沙、新涨沙等均具一定规模，其形成与钱塘江潮水顶托有密切关系。中部平原表面微地貌已明显遭人类活动改造。

北部三角湾沉积平原　分布于北海塘以北，包括1977年底以前早期围垦成陆平原和1986年11月份以后近期围垦成陆平原，累计面积601.78平方千米，占全市平原面积的59.30%。表部沉积物主要为海积、冲海积灰黄色、灰色亚砂土、粉细砂、细砂，由石英、长石和云母等组成，含少量泥质。颗粒均匀，结构疏松，保水保肥能力差，水、盐升降速度快，表层可溶盐高，土质贫瘠。平原表面平展，微向钱塘江水域倾斜，高程5.0米～6.3米，局部4.1米～4.3米，有高地、低地之分。平原上人工水渠纵横交错，疏密有序，组成格子状水系，呈现人工地貌的特独景色。

潮间滩涂分布于围垦成陆平原与钱塘江、杭州湾水域的过渡地带，由细砂、粉细砂等组成，高程多在4.2米以下，周期性为潮水淹没、动态变化大。

陆相沉积平原

分布于南部低山丘陵区谷地中，面积约63.34平方千米，占全市平原面积的6.24%，表面人工改造明显。

冲积平原　主要分布在永兴河中游河上镇大桥至樟树下河段，另在欢潭乡东南也有小片分布。为一些较大山溪的全新世堆积，组成河漫滩和阶地。岩性多呈灰黄色，下部为砂砾石，上部为亚砂土，结构松散。分布标高7米～30米，表面微向下游倾斜，坡度小于1度，切割深度1米～2米，河床比降1/200。地层厚度1米～7米。

洪积、洪—冲积平原　主要分布在楼塔镇大同溪、云石乡云石溪、进化镇进化溪等地。为一些涧溪的晚更新世堆积，组成河漫滩、阶地或冲积锥，其岩性自下而上为黄褐色黏性土砾石、亚黏土或黏土。分布标高7米～110米，微向下游倾斜，坡度1度～7度，切割深度1米～2.8米。地层厚度3米～12米。

洪积、坡—洪积平原　分布于楼塔镇楼塔溪、戴村镇中潭溪、浦阳镇茗渎坞、进化镇进化溪和所前镇郑家溪等地。为山间小溪和坡上片流的中至晚更新世堆积，组成洪积锥和坡—洪积裾。岩性为棕红或棕黄色碎砾石和黏土、亚黏土。分布标高5米～100米，以5度～15度坡度向下游倾斜，切割深度1米～3米。地层厚度2米～11米。

第三节　低山丘陵

①②③及下页低丘、陆屿的面积数据，均来源于萧山市土地管理局编：《萧山土地志》“自然条件·地形”，2000年印，第61页。

境内山地面积259.50平方千米[①]，占全市总面积的18.27%。按形态可分为低山、高丘、低丘和陆屿。海拔最高744米，最低10米左右。山体大致呈北东—南西方向展布，分别由龙门山、会稽山与天目山分支余脉延伸入境。

低　山

分布于西南部与富阳市、诸暨市接壤地区，面积39.50平方千米[②]，呈北北东方向延伸，主要山峰有百药山、雪湾大山、道林山、云门寺山、船坞山、通天突和石牛山等，占全市山地面积的15.22%。由双溪坞群片理化熔结凝灰岩和上侏罗统黄尖组火山碎屑岩组成。山顶高程509米～744米，其上发育有三级剥夷面和三级侵蚀阶地，其中一、二级剥夷面在南部分别为640米～680米、470米～530米，至北部降为490米～530米和320米～370米。剥夷面起伏平缓，分布面广，其上残存有宽缓坳谷。山脊呈枝叉状分布，山顶浑圆或次尖顶状。沟谷发育，切割较深，“V”形谷居多。山坡大多宽缓相间，坡度21度～33度，流水深远。

图3—2—63　南部云石山区峰峦连绵起伏（2005年6月，肖丰摄于萧山云石）

高　丘

零星分布于境内西南和东南部的楼塔、进化、欢潭、许贤、所前等镇乡，共76.90平方千米[③]，占全市山地面积的29.63%。由双溪坞群轻变质片理化熔结凝灰岩、玻屑凝灰岩，元古代钾长花岗岩，黄尖组熔结凝灰岩、凝灰岩和少量中酸性熔岩组成。山顶高程305米～461米，阶梯地形发育，在最高二级剥夷面上有坳谷分布。山体呈北东、北北东方向展布，山脊枝叉状，山顶浑圆，沟谷发育，以“U”形多见，山坡宽缓相间，坡度21度～30度。道林山花岗岩组成穹隆形岗丘地貌，顶部坡面光滑，坡形上凸，沟谷宽浅。

低　丘

分布于楼塔镇大同坞、岩山至河上镇大桥河谷两侧、许贤乡朱村桥西侧和东南部所前镇、欢潭乡等地低山丘陵边部，面积约90平方千米，占全市山地面积的34.68%。由双溪坞群岩山组片理化沉凝灰岩、凝灰质砂岩，骆家门组和虹赤村组砂岩、泥岩，上墅组玄武岩、安玄岩、流纹岩，志棠组砂岩、粉砂岩、沉凝灰岩等组成，山顶高程50米～299米。岩类众多，岩石地貌差异明显，地形破碎。山体呈北东—南西向条带状展布，山顶多数浑圆，岗丘平缓起伏，沟谷短浅，山坡平直或下凹，坡度15度～28度，坡麓地带有相对高程4米、10米两级阶地。楼塔镇岩山附近沟谷深切，谷底狭长深远，谷坡陡直，有悬崖峭壁。

陆　屿

星散分布于中部和北部平原，共计50余处，面积大小0.06平方千米～8平方千米，总面积53.10平方千米，占全市山地面积的20.46%，高程10米～299米。空间分布受构造控制，组成岩性多样，岩石地貌各异。有受区域断裂构造控制呈北东—南西向分布的南阳镇青龙山、美女山、赭山，新塘乡大螺山，来苏乡东蜀山，城厢镇西蜀山，戴村镇石盖山等石灰岩、白云岩微弱岩溶陆屿；有受褶皱构造控制，分布于城厢镇湘湖向斜两翼的石英砂岩，岩屑砂岩向斜山陆屿；有受临安山字型构造东翼反射弧控制，呈东西向分布的北干山到长山石英砂岩、岩屑砂岩直立岩层带陆屿；有受火山构造控制，环绕义桥火山喷发中心呈环状断续分布的虎爪山、天照山、碛堰山、塔山等上侏罗统火山碎屑岩、熔岩陆屿；有山势挺拔的瓜沥航坞山流纹岩熔岩塞陆屿。

境内陆屿大多呈猪背形、不规则形、长条形。岗脊起伏平缓，丘顶多数浑圆，沟谷短浅，坡度21度～28度，有阶梯地形。在地质历史发展过程中，曾几度为海水包围，全新世最大海侵后，潮滩退水成陆，昔日水中岛屿转而成为平原上的孤丘——陆屿。

【附】

萧山市主要山岭

龙门山支脉主要山岭

雪湾大山　位于楼塔镇、河上镇、云石乡之间，干脉绵亘于大黄岭以北至小王岭以南的萧山、富阳两市交界上。“众峰环峙，雪时四望皆白，居其地者如处水晶宫”（民国《萧山县志稿》卷二《山川》），故称雪湾大山。有海拔700米以上山峰多座，主峰老鹰石海拔740米。其支脉分别延伸到楼塔、云石、河上、戴村等镇乡。

图3-2-64　雪湾大山（2007年10月20日，柳田兴摄于云石骆家舍）

佳山　位于楼塔镇南端，因两侧山形佳丽，故名佳山。西侧荷叶尖海拔354米，东侧塔山岗海拔454米。两峰之间名佳山岭。岭北麓为楼塔镇佳山坞村，南麓为富阳市常绿镇木坞村。由荷叶尖北行为毋岭山（毋岭，也称母岭）、岩岭山、岩山，再分支为箬帽尖、香炉尖，尽于楼塔镇街村南端。由塔山岗东北行，经横坑为庙子尖、火焰山、螺蛳峰、屏风山，尽于管村西南侧。

图3—2—65　远望似卧佛的岩山（2007年11月4日，柳田兴摄于楼塔镇岩上村）

岩山　位于楼塔镇岩上村与岩门村之间，主峰海拔280米。上半部岩石裸露，故名岩山，史称仙岩山，远望似卧佛。

百药山　位于楼塔镇西部，为萧山、富阳两市界山，因山中多草药，故名。主峰海拔608米，北侧大峰山海拔377米，南侧金言山海拔350米。山南有泉，久旱不干。

大黄岭　位于楼塔镇的大峰山与黄岭山连接处，曾为黄巢屯兵之地，故名黄岭。岭东为王岭村，岭西为富阳市大源镇大兆坞村，其间相距3千米。

小王岭　位于雪湾岗与船坞山之间，主峰海拔600米。岭东北为云石乡骆家舍村；岭西南为富阳市新建乡岭下张村。

泰山　自雪湾大山发脉而来，位于楼塔、河上两镇交界处，主峰海拔260米。西与州口山、南与百药山、北与茅庵山连成一体。

船坞山　位于云石乡西南端萧山、富阳两市交界处，主峰海拔744米，为萧山市最高峰。

图3—2—66　船坞山（2007年10月20日，柳田兴摄）

狮山　位于云石乡西部，主峰海拔641米。岗上有村，《萧山县地名志》载：“因村居高山，其水倾泻如布，故称大瀑水”（萧山县地名办公室编，1984年4月印，第107页），后名狮山村。

响天岭　海拔475米。岭东是云石乡征山村杨家溪，岭西是富阳市灵桥镇蔡家坞村。岭巅开

图3—2—67　狮山云雾（2008年2月，柳田兴摄）

图3-2-68 形似卧牛的石牛山巅（2007年10月27日，韩利明摄）

阔，仰冲云霄，故名。

石牛山 位于云石乡西侧萧山与富阳两市交界处，有二峰：一名同盘顶，主峰海拔653米；一名和尚顶，主峰海拔592米。山的南麓为石牛山村，经鸡心岭通富阳市渔山乡葛村。

寺坞岭 位于石牛山与雄鹅鼻之间，主峰海拔528米，在许贤乡与富阳市渔山乡交界上。岭顶毗邻有2村，东为许贤乡的寺坞岭村（岭墩），西为富阳市渔山乡的林峰村。

云峰山 位于许贤乡与富阳市渔山乡之间，主峰海拔445米。北行为小安山、西山、东瓜山，尽于富春江边。

云门寺山 位于河上镇、戴村镇、云石乡交界处，主峰海拔597米。支峰有凤坞山、马谷山、象鼻山、鹅嘴山等。山巅有云门寺，内有泉，大旱不干。

道林山 位于河上镇大溪南侧诸暨、萧山两市交界处，主峰海拔509米。东北行为老岭，通诸暨市思安乡；再东行为五岭、杨梅山、高洪尖。

高洪尖 位于临浦、河上、浦阳3镇之间，主峰海拔305米。北侧为临浦镇梅里村，南侧为浦阳镇十三房村。

碛堰山 旧称积衍山、七贤山，现亦谓积堰山，位于戴村、临浦、义桥3镇交界处，主峰海拔84米。鞍部有堰坝，宋嘉泰年间（1201～1204）时兴时废，明天顺、成化年间（1457～1487）碛堰山口几经凿深、拓宽以后，该山被分割为两半。为使浦阳江输水畅通，中华人民共和国成立前、后曾两次对其拓宽疏深，碛堰陈迹已不可见。

峙山 又名觉海山，位于临浦镇浦阳江边，主峰海拔58米。全山形似卧牛，俗称牛头山。

塔山 绝顶旧有塔，故名。又名木尖山、目尖山。位于石岩乡南部。主峰文笔峰海拔257米。西与虎爪山、峡山、赵家岭，东南与花皮山、大山头，东北与双顶山、石湖尖等连成一体。

石岩山 位于石岩乡北部，主峰海拔213米。东北行与罗山、马头山、鸡笼山、碑牌岭、西山等连成一体。

碑牌岭 位于石岩山北侧、湘湖跨湖桥东头。全长约3千米，岭下旧有潘泉井。

西山 又名萧然山，位于城厢镇西侧，主峰海拔154米。与柴岭山、石岩山、碑牌岭连成一体；东北与北干山对峙。1981年开始构筑亭台，辟建西山公园。

北干山 位于城厢镇东北，东与长山相邻，主峰玉顶峰海拔115米。山脊上建有革命烈士纪念碑、玉顶阁、望江亭、季真轩等建筑。西端一脉名白鸽山，民国26年（1937）建萧甬铁路时开断，俗呼北干山垄。东端于90年代初建造通惠路时开断，后建成北干通览。东部一峰名去虎山。

长山 位于新街、城厢镇之间，山势狭长，由西向东延伸，主峰海拔123米。相传战国时越王句践曾在此种茬，故旧名茬山。

会稽山支脉主要山岭

大岩山 位于欢潭乡、进化镇之间，主峰海拔451米。南与诸暨市小山坞、蔡家坞接壤；西南过欢潭岭为石盘山，尽于上山湾；西北与慈姑大山、城山为邻；北与马面山相连。

欢潭岭 位于大岩山与石盘山之间，长5千米，为欢潭乡与进化镇之间通道。南麓有欢潭，故名欢潭岭；北麓有大岩村，以村为名，故又名大岩岭。

螽斯岭 曾名中吏岭，位于大岩山东侧的萧山、诸暨两市交界处，岭西为进化镇曹坞村、吉山村，越岭5千米,即至诸暨市店口镇小山坞村。

坎坡岭 位于乌峰尖山与马面山主峰千丈金岗的中间，海拔262米。曾名看怕岭，嘉庆《山阴县志》载："其岭险峻，行者皆惧，故名。"全长约4千米，可通绍兴县夏履镇。

岳驻岭 位于欢潭乡仙人山与大岩山之间的萧山与诸暨两市交界处。北麓为欢潭乡岳驻村，南行4千米即达诸暨市店口镇。

青化山 位于进化、所前镇境内，主峰海拔462米。沿石门岭南行为石门王村，西南行为何家峰、皇坟尖，尽于沈家埭；西行为梅花尖、石板山、苎萝山；北行四支，一支为山栖岭，与越王峥为邻；其余三支尽于杜家、传芳、下闸、李家闸、燕窝王等地。

苎萝山 位于临浦镇境内，海拔127米。据明嘉靖《萧山县志》载："下有西施宅，上有红粉石。"

山栖岭 位于青化山与越王峥之间，岭长3千米。西麓为所前镇东山夏村，东麓为绍兴县夏履镇界塘坞、南坞等村。

藏山岭 又名上山岭，位于安基岗（海拔361米）与青化山之间。岭西南为进化镇横路头村，岭东南为绍兴县夏履镇麻园村，总长约4千米，今岭下有隧道。

越王峥 位于所前镇东端萧山市与绍兴县交界处，主峰海拔354米。南与青化山接壤，西与王家大山为邻。春秋末期，越王句践栖兵于此，故又名栖山、越王山。

大螺山 位于西小江北侧的衙前镇与新塘乡交界处，主峰海拔117米，因其形似螺，故名螺山。隔江与绍兴县小螺山对峙。

航坞山 又名杭坞山、王步山。位于衙前、坎山、瓜沥3镇之间，总面积10.50平方千米，主峰海拔299米，山顶有白龙寺、白龙井。南部有岭，名莫家岭，为坎山镇庞家坞至瓜沥镇长巷便道，长3千米。

天目山余脉主要山岭

老虎洞山 位于闻堰镇，主峰海拔218米，与华眉山、狮子山、越王城山等连成一体，总面积9平方千米，为湘湖与白马湖的分水岭。

越王城山 位于城厢镇西南3千米，主峰海拔128米。"其山中卑四高，宛如城堞"（明嘉靖《萧山县志》卷一"地理志·山川"）。春秋末期，越王句践与吴国交战，曾屯兵于此山，故名。

赭山 又名折山，位于南阳镇，是红山（海拔118米）、美女山（又名文堂山，海拔79米）及狮子山（又名禅机山，海拔86米）的总称。三山环拱，内有平地，俗名坞里。狮子山与东北白虎山之间相距约2千米，曾是钱塘江海潮与江水出入的门户，称中小门。

白虎山 位于南阳镇西北，主峰海拔80米。原称河庄山，因形状似虎，故称白虎山。

青龙山 位于南阳镇北，因其形似卧龙，故名。曾名岩峰山，主峰海拔140米。西南侧与白虎山形成一线，总长4千米。

蜀山 位于河庄镇，主峰海拔44米，因其昔日孤峙海边，故名。

第三章 气 候

萧山位于北亚热带季风气候区南缘，气候特征四季分明，温和湿润，雨量充沛，光照充足。境内气候资源丰富，分布随地形差异而有所不同。其中南阳、瓜沥以东的滨海平原，地形向东敞开，年雨量在1200毫米以下，属少雨区，年平均气温16.2℃以上，是热量条件最优，无霜期最长，越冬条件优越的气候区；中部水乡平原，介于南北之间，年降雨量在1200毫米～1500毫米之间，降水量适中，年平均气温16.0℃～16.2℃，热量条件较优；南部低山丘陵区，年雨量在1500毫米～1800毫米之间，属丰雨区，年平均气温16.0℃以下，气候垂直差异显著，降水量随高度上升而增加，气温随高度上升而下降，平均垂直递减率为每百米降0.45℃，组成复杂多样的立体小气候。由于冬、夏季风交替的不稳定性，四季均可能出现灾害性天气。

第一节 气 温

平均气温

据1971～2000年[①]气象资料计算，萧山年平均气温16.3℃，年际变化在15.5℃～17.3℃之间。一年中，月平均气温以1月4.1℃为最低，7月28.4℃为最高，气温年较差24.3℃。一日中，最高气温出现在14时左右，最低气温在日出前后，各月平均日较差在7.3℃～9.1℃之间，全年平均日较差8.1℃。

①按世界气象组织(World Meteorological Organization）规定，长年气候资料的整编和统计处理，以连续30年资料的统计值为标准气候值。故本志气候历史平均状况统计时段为1971～2000年。

表3-3-15 1971～2000年萧山各月气温情况

单位：℃

项目	1月	2月	3月	4月	5月	6月	7月	8月	9月	10月	11月	12月	年
平均	4.1	5.5	9.4	15.6	20.7	24.4	28.4	27.7	23.1	17.9	12.0	6.4	16.3
最高	17.5	20.1	24.2	30.3	33.2	34.8	37.3	36.5	33.9	30.0	24.9	19.9	28.6
最低	-4.7	-3.6	0.1	4.3	11.1	16.2	21.2	21.0	14.4	7.0	0.5	-3.6	7.0

极端气温

萧山极端[②]最高气温为40.5℃，出现于2000年7月24日。高温主要出现在7～8月，每年6月底至7月初梅汛期结束后，即出现一段高温期，日最高气温在35℃以上天数，1971～2000年30年平均17.8天，其中以1995年最多，达47天；以1982年最少，为5天。历史上有2年夏季日最高气温达40℃以上，分别出现在1998年8月和2000年7月。

②本文中极值为萧山气象局（站）1954年以来至本志下限年份测定记录的资料统计。

萧山历年极端最低气温为-15.0℃，出现于1977年1月5日。极端最低气温主要出现于1～2月，年极端最低气温介于-2.5℃～-15.0℃之间。因受钱塘江、浦阳江等水体的调节作用，冬季相对周边地区较为温暖。历年中，极值低于零下10℃共出现3次（分别为1969年2月6日，最低气温-12.1℃；1977年1月5日，最低气温为-15.0℃；1991年12月29日，最低气温为-13.2℃），低于-8.0℃的低温频率为12%，约为9年一遇。

表3-3-16　萧山年极端最低气温出现频数频率

单位：次

项　　目	≥-4.9℃	-5.0℃～-7.9℃	-8.0℃～-9.9℃	≤-10.0℃
频　　数	10	26	2	3
频率(%)	24	63	5	7

四季变化

春、夏、秋、冬四季以候平均气温划分，候平均气温低于10.0℃为冬季，大于22.0℃为夏季，介于10.0℃与22.0℃之间为春、秋季。萧山冬夏长，春秋短，春季始于3月27日，终于6月2日，长68天；夏季始于6月3日，终于9月21日，长111天；秋季始于9月22日，终于11月25日，长65天；冬季始于11月26日，终于翌年3月26日，长121天。

图3-3-69　东江围垦自动气象监测站，为萧山第一个无人值守气象站（2001年3月，杨志江摄）

初、终霜期

霜出现在10月至翌年4月，主要集中于11月至次年3月。萧山历年平均初霜日期（最低气温≤4.0℃）为11月20日，初霜最早为1981年10月24日，最迟为2000年12月22日；平均终霜日期为3月8日，终霜最早为1981年2月11日，最迟为1961年4月16日。年平均有霜日数33.6天，无霜期为246.9天。无霜期最短为1958年，211天；最长为2000年，298天。

萧山大部分为低丘、盆谷及平原地区，各地无霜期长短随地形不同略有变化，有霜日数，一般是盆地谷地多于平原开阔地区，山区多于平原。

界限温度及积温

稳定通过10℃的初、终日期是喜温作物的安全生长期。萧山历年稳定通过10℃的平均初日在3月31日，最早为1981年3月12日，最晚为1972年4月10日。平均终日11月18日，最早为1981年11月6日，最晚为1980年12月2日。大于、等于10℃的间隔天数223天。

萧山全年10℃以上积温平均为5066.7℃，热量资源较为丰富。平原地区一般在5000℃～5200℃之间，南部低山丘陵区一般为5000℃，积温自北而南略有递减。

图3-3-70　气象观测人员正在读取百叶箱内温（湿）度计数据（2001年3月，杨志江摄）

第二节　降水和蒸发

年降水量

1971～2000年，萧山年平均降水量1437.9毫米。降水量年际变化很大，年降水量以1973年最多，达1929.8毫米；1967年最少，为837.6毫米。两相比较，年际降水量差1倍以上，降水量的年际差异是导致旱涝的主要原因之一。

由于地形地貌和海拔高度不同，年降水量的地域差异明显。南阳镇赭山—瓜沥—党山镇长沙一线以东地区，一般在1200毫米之下；南阳镇赭山—瓜沥一线以西至许贤乡寺坞岭—临浦—所前一线以北地区在1200毫米～1400毫米之间；许贤乡寺坞岭、临浦—所前一线以南至楼塔—浦阳—进化等山间谷地，在1400毫米～1500毫米之间；青化山、云石乡等低山丘陵地区，在1500毫米～1800毫米之间。

降水的月、季变化也较明显，平均月降水量以6月最多，为224.3毫米；12月最少，为48.9毫米。各季内变化主要表现为5个时期：3～4月春雨期，平均降水量在250毫米以上，春汛以多雨为主；5～6月梅汛期，平均降水量350毫米以上，常常由于梅雨带持续，出现连续大暴雨，形成年内第一降水高峰期；7～8月中旬盛夏伏旱期，平均降水量不足200毫米，以午后雷阵雨天气为主；8月下旬至9月秋雨期，平均降水量250毫米以上，常常由于台风天气影响而形成年内第二个降水高峰期；10月至次年1月冬干期，平均降水量250毫米左右，冬雨较少。

降水量的相对变率是表示一个地区历年降水量与常年比较的平均变化率，相对变率小，表示降水量年际变化范围小，比较稳定；反之，则表示年际变化范围大，易发生旱、涝。萧山年降水相对变率13%，一年中降水量的相对变率以秋冬季较大，而春夏季较小。萧山各地80%保证程度下的年降水量在1100毫米～1300毫米间。

降水日数、强度

萧山有大于、等于0.1毫米降水日数年均156.2天，最多的1989年达181天，1967年最少，为122天。一年中，以3月雨日最多，年均16.9天；以12月最少，年均8.5天。

大于、等于50.0毫米暴雨日数年均3.2天。从1954年有记录以来，日降水在50.0毫米～99.9毫米的暴雨日共出现122天，暴雨主要出现在5～9月间，占全年暴雨日的86.1%；出现日降水在100.0毫米～149.9毫米的大暴雨日16天，主要出现在6月和9月，占全年大暴雨日的62.5%；出现日降水在150.0毫米或以上的大暴雨日3天，分别出现在1962年9月5日、1963年9月12日和1990年8月31日，其中1990年8月31日，日降水量183.7毫米，为历年之最大。最大连续降水量387.1毫米，出现于1999年6月24日至7月1日。

年蒸发量

1971～2000年，萧山年平均蒸发量1222.9毫米，其中7月平均蒸发量超过200毫米。

蒸发量和降水量比较，能看出一地的水分盈亏情况。萧山年降水量大于蒸发量，年盈余215.0毫米，特别是6月盈余最多，为85.8毫米；7～8月和10～11月降水量小于蒸发量，以7月亏最大，为56.5毫米。

表3–3–17　1971～2000年萧山各月水分盈亏情况

月份	降水量（毫米）	雨日（天）		蒸发量（毫米）	水分盈亏（毫米）	降水相对变率（%）	月份	降水量（毫米）	雨日（天）		蒸发量（毫米）	水分盈亏（毫米）	降水相对变率（%）
		≥0.1	≥50.0						≥0.1	≥50.0			
1	74.8	12.7	0.0	41.3	33.5	48.0	7	146.2	13.1	0.7	202.7	−56.5	43.0
2	85.4	12.5	0.0	45.2	40.2	45.0	8	160.3	13.7	0.5	176.2	−15.9	36.0
3	135.8	16.9	0.1	68.6	67.2	41.0	9	140.9	13.1	0.5	114.0	26.9	47.0
4	126.4	15.8	0.1	97.8	28.6	23.0	10	89.4	10.7	0.2	93.5	−4.1	72.0
5	143.7	14.8	0.2	131.9	11.8	28.0	11	61.9	8.6	0.1	65.2	−3.3	64.0
6	224.3	15.8	0.9	138.5	85.8	30.0	12	48.9	8.5	0.0	48.0	0.9	58.0

注："雨日"栏，为大于或等于0.1毫米、大于或等于50.0毫米降水量的月均天数。

第三节　日　照

1971～2000年，萧山年平均日照时数1870.5小时，日照百分率45%。年日照以1963年最多，为2408.1小时；以1999年最少，为1499.4小时。

一年中，7月日照时数最长，达231.5小时，占全年日照总量的12.4%；2月日照时数最短，为106.5小时，占全年日照总量的5.7%。

山区与平原日照有明显差异，东北部沿江平原平坦，光照充足，平均年日照时数在2000小时以上，为日照最长的区域；南部低丘谷地及山区日照时数相应减少，平均年日照时数1900小时以下。

表3–3–18　1971～2000年萧山各月日照情况

单位：小时

项　目	1月	2月	3月	4月	5月	6月	7月	8月	9月	10月	11月	12月	年
日　照	113.5	106.5	116.7	148.0	169.0	153.4	231.5	227.4	159.5	155.5	144.9	144.6	1870.5
百分率(%)	39.0	36.0	35.0	38.0	41.0	39.0	59.0	61.0	45.0	48.0	48.0	47.0	45.0

第四节　降　雪

降雪主要出现在12月至次年3月间，萧山降雪平均初日在12月22日，初雪最早为1987年11月28日；平均终雪日在3月4日，最迟为1998年3月22日。年降雪天数平均9.4天，最多为1976年冬天，有23天；最少在2000年冬天为0天。积雪日数平均6.0天，最多为1983年冬天，有28天，最少为0天（1970、1974、1992、2000年均为0天）。年最大积雪26厘米，出现于1998年1月24日。一般山区降雪量和积雪深度均较平原为重。

表3–3–19　1971～2000年萧山各月降雪和积雪天数

单位：天

项　目	1月	2月	3月	4月	11月	12月	合计
累计降雪天数	2.0	30.0	131.0	93.0	25.0	1.0	282.0
历年平均降雪天数	0.1	1.0	4.4	3.1	0.8	0.0	9.4
累计积雪天数	2.0	16.0	90.0	63.0	8.0	0.0	179.0
历年平均积雪天数	0.1	0.5	3.0	2.1	0.3	0.0	6.0

第五节　风

萧山年平均风速2.0米/秒。由于地理环境差异，钱塘江岸的滨海平原年平均风速在3.0米/秒以上，是风力资源较丰富的地区；低山丘陵、河谷盆地风速较小，年平均风速在2.0米/秒以下。全年各月最大风速在12.0米/秒～20.0米/秒之间，其中以冬、春季风速较大。冬、春季因强冷空气活动而易形成大风天气，风向多为西北风；而夏、秋季经常是雷雨、台风造成的短时大风，风向较乱。年大风天数2.8天，以1962年和1963年为最多，均达17天。

萧山盛行风向随冬、夏季风的交替而变化，明显反映出季风气候特征。每年早春2～3月盛行西北风，4～5月顺时针转为盛行偏东风，6～7月盛行西南风，盛夏8月又转为盛行偏东风，9月份风向又恢复到冬季盛行的西北风。

表3—3—20 1971～2000年萧山各月风速

单位：米／秒

项目	1月	2月	3月	4月	5月	6月	7月	8月	9月	10月	11月	12月	年
平均风速	1.9	2.1	2.2	2.1	2.1	2.1	2.2	2.2	1.8	1.7	1.7	1.7	2.0
最大风速	12.7	12.0	15.0	18.7	13.0	16.0	16.0	20.0	13.0	13.0	14.0	12.7	20.0

表3—3—21 1971～2000年萧山各月最多风向及频率

项目	1月	2月	3月	4月	5月	6月	7月	8月	9月	10月	11月	12月	年
风向	C	C	E	E	C	C	C	C	C	C	C	C	C
	NNW	NNE	ENE	ENE	E	SW	SW	E	N	N	NW	NNW	E
频率(%)	23	20	18	19	19	18	16	18	25	23	26	28	21
	10	11	10	8	12	9	12	10	9	8	9	10	7

注：①“风向”栏中，C为静风，E为东风，S为南风，W为西风，N为北风；SW为西南风，NW为西北风；ENE为东北偏东风，NNW为西北偏北风，NNE为东北偏北风。在C、E为最多风向情况下，必须再挑选一个次多风向。
②频率即当月出现最多风向次数与各个风向出现次数之和的比值。

第六节 雾

萧山年平均能见度小于1000米雾日为43.6天。全年以秋季最多，平均13.4天；冬季次之，平均12.8天；春季为10.5天；夏季最少，平均为6.9天。雾日多属平流雾和辐射雾，日变化规律明显，一般生成于下半夜至清晨日出之前，日出升温后1～3小时消散。境内钱塘江滨海平原为多雾区。

第四章 水 文

境内河流，统属钱塘江水系。按地形和流向，可分为南部、中部、北部3个自成一体又互有联系的分支水系。湖泊主要分布在中部水网平原。由于自然变迁和人为因素，湖泊数量不断减少，面积缩小，现仅存湘湖、白马湖。萧山地域水资源量有限，多年平均年径流量7.70亿立方米（含山区地下径流0.14亿立方米），相应多年平均径流深515毫米[①]。但过境水量充裕。富春江、浦阳江过境年水量198.66亿立方米（其中富春江过境水量以二分之一计算，为178.04亿立方米，浦阳江为20.62亿立方米）[②]，为境内地表水资源量的26倍多。萧山人均水量仅为全省的三分之一略强。节约用水，合理开发利用水资源，保护水环境，是非常必要的。

①②萧山水资源调查，始于1982年8月，1984年完成《萧山县水资源调查和水利区划报告》，翌年4月通过省、市有关部门验收。此后未见这方面新的调查资料。本志水资源有关数据，据1984年萧山县水资源区划调查，见杭州市萧山区农业区划办公室编：《萧山农业区划志·水资源》，2005年印，第74页。

第一节 河 流

钱塘江

钱塘江自富阳长岭头附近进入萧山境内，至小砾山纳浦阳江，流经闻堰，环绕西北、东北陆岸，经赭山至二十二工段后出境，流程73.5千米。境内全为感潮河段。

闻堰以下河段水位受潮汐影响很大，一日两潮，潮涨水高，潮落水低。海盐澉浦至萧山二十二工段，每潮进潮量约30亿立方米；潮速通常为5米/秒～7米/秒，最大13.68米/秒（1983年6月13日十五工段南）；最高潮水位10.19米（1997年7月11日闻堰水文站），最低潮水位1.12米（1998年11月1日二十工段）。洪水位历年最高为10.19米（1997年7月11日闻堰水文站）。

钱塘江河口段水体受咸潮影响，含氯度上稀下浓，并随潮汛变化而变化。据仓前水文站实测资料统计，最大含氯度为15.20克每千克（1979年1月1日）。

钱塘江水量丰富。据《杭州农业志》载天然年径流量，闸口水文站多年平均年径流量为386.4亿立方米，最大年径流量为695.6亿立方米（1954年），最小年径流量为225.5亿立方米（1979年）[③]。

③数据来源：中共杭州市委、杭州市人民政府农业和农村工作办公室编：《杭州农业志·钱塘江各代表水文站天然年径流量》，方志出版社，2003年，第163页。

钱塘江上游来水含沙量较小，据《杭州农业志》载，平均含沙量为0.2千克/立方米～0.4千克/立方米。据《钱塘江志》载钱塘江全流域总输沙量，闸口以上为658.7万吨，多年平均年侵蚀模数158吨/平方千米。下游涌潮含沙量大，河口段泥沙来自长江口海域，尖山水文站平均含沙量5.65千克/立方米，最大含沙量51.10千克/立方米；仓前水文站平均含沙量5.19千克/立方米，最大含沙量26.40千克/立方米[④]。

④钱塘江志编纂委员会编：《钱塘江志·河道水流特征》，方志出版社，1998年，第79～80页。

南部河流

南部、西南部低山丘陵与河谷平原地区，属浦阳江流域。浦阳江及其支流呈树枝状展布，主要河流有：

浦阳江　发源于浦江县花桥乡高塘村东南天灵岩南麓，流经诸暨，于萧山浦阳镇兔石岭入境，至闻堰镇小砾山注入钱塘江。在萧山流经欢潭、进化、浦阳、临浦、戴村、义桥、许贤等镇乡。沿途接纳欢潭江、径游江、凰桐江、南河及永兴河之水，境内长32.5千米，流域面积351.7平方千米。天然年径流量据《杭州农业志》载，临浦水文站多年平均年径流量12.2亿立方米，最大年径流量22.1亿立方米（1954年），最小年径流量7.01亿立方米（1978年）。[①] 境内江面宽度为120米～200米，水深3米～5米，常年水位6米。最高水位，欢潭12.30米（1997年7月11日），临浦10.77米（1997年7月11日）；最低水位，临浦3.68米（1989年8月14日）。浦阳江多年平均含沙量0.2千克/立方米～0.3千克/立方米。多年平均输沙量12.1万吨/年，多年平均年侵蚀模数207吨/平方千米。

①中共杭州市委、杭州市人民政府农业和农村工作办公室编：《杭州农业志·钱塘江各代表水文站天然年径流量》，方志出版社，2003年，第163页。

图3-4-71　浦阳江与凰桐江汇流处（2005年6月，肖丰摄）

永兴河　曾名大溪。发源于富阳市常绿镇石梯山，在青龙头进入萧山境内，流经楼塔、河上、戴村、许贤等镇乡，沿途接纳雪湾溪、大同溪（又名佳溪）、次坞溪、凤坞溪（姜坞溪）、七都溪诸水，至许贤西址埠注入浦阳江。境内长31.5千米，流域面积99.63平方千米。永兴河在大桥凤山堰以上为砂砾石河床，河面宽40米～60米，水深0.6米左右；大桥以下为常流河，河面宽60米～100米，水深1米～3.5米。历年最高水位：大桥12.95米（1990年8月31日），永兴桥附近11.5米（1963年9月13日）。1964年在沙河口开挖一分流，名南河，经梅里、麻车倪入浦阳江，长4.1千米。

图3-4-72　永兴河河上段（2007年10月6日，韩利明摄）

七都溪　又名凌溪，为永兴河主要支流。发源于云石乡小王岭，向东北流，汇杨家溪，里、外石板溪，至沈村合石牛山坞之水，至后宅村合中岭之水达凌桥，又接马谷之水至戴村镇入永兴河。全长14.35千米，流域面积38.69平方千米，河面宽10米～40米，水深0.5米～2米，凌桥以上为砂石河床。

凰桐江　发源于诸暨市凰桐村乌毛山，故名。流经萧山市浦阳镇，至尖山西侧注入浦阳江，境内长4.8千米，流域面积19.35平方千米。经多次拓宽疏浚，裁弯取直，劈山开河后，河道宽80米左右，常水面宽44米，常水位6米，水深2米。

径游江　发源于诸暨市柯坞山，至马婆桥入萧山境内，原称里亭河。境内长4.8千米，流域面积16.28平方千米。在径游下游原先分两支：一支东流出径游南闸入浦阳江；一支北流入鸡鸣江，1982年后因鸡鸣江被填平造路而堵塞。

中部河流

西江塘以东、北海塘以南的中部平原地区，河流呈网状分布，主要有：

进化溪　古称麻溪，发源于进化镇螽斯岭，全长13千米，集雨面积54平方千米，为西小江主要源流。流经进化镇晏公桥后分两路：一路经麻溪桥进入西小江，河面宽15米～30米；另一路在茅山闸沟通浦阳江。山头埠村以上为溪流性砂卵石河床；山头埠以下为常流河，常水位5.7米，最高水位在王家闸桥附近曾到10米，水深1米～2米[①]。

①②③数据来源：萧山市农机水利局编：《萧山市水利志·中部水系》，1999年印，第33～34页。

西小江　原系浦阳江故道之一。历史上，浦阳江部分水流在临浦附近纳麻溪流入西小江，经今临浦、所前、城厢、衙前等镇，沿途接纳浣纱溪、三泉王溪、大小坞溪等水，进入绍兴县钱清镇，至三江闸入杭州湾。元末始凿碛堰山口，导浦阳江水入钱塘江。明代中叶多次开拓碛堰山口，并筑麻溪坝、建茅山闸。民国初期，麻溪改坝为桥，自此西小江上游再次纳进化溪之水。西小江境内长33千米。江面白鹿塘以上宽30米，白鹿塘至钱清宽60米～80米。常水位5.7米左右，水深2米～2.5米[②]。

图3-4-73　西小江衙前螺山段（2003年7月25日，韩利明摄）

萧绍运河　又称官河、西兴运河、浙东运河。始挖于西晋。南宋迁都临安后，城市人口增多，为漕运需要，曾多次整治、疏浚西兴至萧山段河道。运河西起西兴镇，向东流经城厢、衙前等镇，进入绍兴，然后抵曹娥江，全长78.5千米。境内长21.6千米，河面宽度30米左右，常水位5.7米左右，最高水位7.21米（1962年9月6日萧山水文站测），水深1.5米～2米[③]。西与湘湖、白马湖、小砾山输水河道相连，南与南门江、西小江相通，北与北塘河沟通。

④另据萧山市农机水利局编：《萧山市水利志·中部水系》载，南门江常水位5.7米，最高水位7.21米（1962年9月6日萧山水文站测）。1999年印，第34页。

南门江　位于城厢镇南门外，故名。北起南门桥，与西河相连，南至来苏乡张龙桥，经大沿坝与西小江汇合，流程9.5千米。向西南延伸，经白鹿塘至临浦镇西北，出峙山闸与浦阳江沟通。在油车桥附近，有一支西行至义桥新坝闸通浦阳江。张龙桥至临浦段江面宽30米左右，其余60米左右。常水位5.6米，最高水位7.68米[④]（1962年9月6日临浦水文站测），水深2米～2.5米。

图3-4-74　南门江城南戚家池段（2006年8月19日，韩利明摄）

北部河流

北海塘以北的南沙地区和新围垦区的河网系统，呈格子状展布。为1952～1989年人工开挖，共有大小河道

338条，总长906.8千米。

南沙地区东西横向河流，称横河或横湾，主要有5条；南北纵向河流称直河或直湾，主要有10条。

横河有：

前解放河　西起七甲河，流经宁围、新街等镇，东至九号坝直河。全长14.27千米，河面宽28米，一般水深1.5米。

后解放河　又名后横河。西起七甲排灌站，流经宁围、新街、坎山、瓜沥等镇，东至方迁溇直湾。全长24.4千米，河面宽30米～35米，水深1.5米～2.3米。

北塘河　曾名大寨河。西起江边排灌站，经滨江区的长河、西兴进入境内，流经城厢、宁围、新街、坎山、瓜沥等镇，东至党山镇前兴村。全长36.25千米，河面宽30米～40米，水深2.5米左右。

义南横河　西起红山闸，东出十二埭闸，经围垦十五工段，至二十二工段排涝闸入钱塘江。全长14.5千米，河宽30米～40米，水深1.8米～2.5米。

白洋川　西起方迁溇，东至益农闸。全长13.5千米，河面宽22米～26米，水深2米。

图3-4-75　北塘河塘湾段钢材码头（2002年5月，柳田兴摄）

直河有：

七甲直河　又名利民河。南起前解放河，北至七甲排灌站。全长4.5千米，河面宽35米，水深1.5米～2米。

五堡直河　南起城北五七闸，向北穿过北塘河、前解放河、后解放河、先锋河，至五堡排涝闸，沟通钱塘江。全长8.5千米，河面宽26米，水深1.5米～2米。

长山直河　南起长山闸，穿过北塘河、前解放河，原至城北闸止，长7.2千米，河面宽25米～35米，常水位1.5米～2米。围垦后逐渐延伸，出城北闸，经九号坝围垦区，穿过先锋河至顺坝一号闸，全长10千米。

九号坝直河　南起新街镇北塘河，经新街镇出九号坝闸，至钱江农场沿塘河。全长6.6千米，河面宽22米～25米，水深1米～1.5米。

大治河　南起衙前镇新林周大治河节制闸，北经立新闸，至大治河排涝闸出钱塘江。全长10千米，河面宽30米～35米，水深2米～2.5米。

永丰直河　南起北塘河，北穿解放河、义南横河，出永丰闸至四工段排涝闸入钱塘江。全长16千米，河面宽25米～40米，水深1.7米～2.5米。

方迁溇直湾　南起方迁溇，北至靖江镇靖南桥，与河庄直湾相连。全长5.9千米，河面宽26米～30米，水深1米～2米。

盛陵湾　又名长林湾。南起白洋川，穿过后解放河、张神殿横河，经新湾闸北上。又经八工段直河、

图3-4-76　盛陵湾党山段（2008年10月8日，韩利明摄）

内八工段闸，至外八工段闸入钱塘江。全长25千米，河面宽30米～50米，水深1.5米～2.5米。

生产湾　南起瓜沥船闸，北经义盛镇、头蓬闸、内六工段闸至外六工段排涝闸出钱塘江。全长23千米，河面宽30米，水深1.5米～2.5米。

三官埠直湾　南起白洋川，经党山、党湾，出十二埭闸进入围垦区，经十五工段，至二十二工段排涝闸入钱塘江。全长24千米，河面宽30米～40米，水深1.5米～2.5米。

围垦地区主要河流97条，总长463.61千米，常水位5.70米，蓄水量1714.29万立方米。其中沿塘抢险河24条，全长156.94千米，一般河面宽30米～50米，蓄水容积741.90万立方米。南北向直河32条，全长139.19千米，一般河面宽30米～40米，蓄水容积465.54万立方米。东西向横河41条，全长167.48千米，一般面宽30米，蓄水容积506.85万立方米。

第二节　湖　泊

湘　湖

位于城厢镇西南约1千米。原为山间洼地，北宋政和二年（1112），杨时为萧山县令时，视山可依，度地可圩，以山为界，筑土为堤，遂成湖。“境之胜若潇湘然”[①]，故名湘湖。湖形似葫芦，水质淡。明朝嘉靖三十三年（1554），在湖狭腰处筑堤建跨湖桥。自此以桥为界，桥之西南为上湘湖，桥之东北为下湘湖。

湘湖初成时，周围80余里，灌溉湖外九乡14.68万亩田地，故有“九乡水仓”之称。后因湖底泥沙淤积，导致湖水甚浅，经常发生“主垦”与“主禁”之争。主垦者主张“罢湖复田”；主禁者主张“清占”还湖。

近百年来，湘湖逐渐为泥沙所淤积，湖面不断缩小。干涸的湖底被垦殖或取泥制砖瓦。至民国20年（1931），定山周围开垦成熟的田地已有四五千亩。至中华人民共和国成立初，湘湖湖面仅存1万余亩，后又经围湖造田、填土基建和拦湖取土制砖瓦，1966年湖面已缩小到3040亩。至1990年3月，小砾山输水河道完工，湘湖已成为从闻堰镇东汪村至城厢镇西和东汪村至石岩村的两条面宽20米～50米的河道以及砖瓦厂取泥后留下的部分湖面。两条河道正常水位5.7米，最高水位7.49米，水面面积1100亩。一般水深2米～2.5米，最大水深9米，蓄水量242万立方米。

图3-4-77　民国16年（1927）周易藻编《萧山湘湖志》所载《湘湖全图》

①据周易藻《萧山湘湖志》民国16年（1927）周氏铅印本卷一《湘湖原始》载：“湘湖之名不知何所取义。钱宰《湘阴草堂记》云：‘邑人谓境之胜若潇湘然，因以名之。’他书无所考证，姑存其说。”钱宰，明代会稽人。

图3-4-78　白马湖湖头陈村一带水面（2009年8月，徐树林摄）

白马湖

曾名石姥湖，又称排马湖。位于萧山市城厢镇与滨江区西兴镇、长河镇之间，在越王城山西北，与湘湖仅一山之隔。水面1720亩，湖中建马湖桥，桥之东称东白马湖，水面约720亩；桥之西称西白马湖，水面约1000亩，湖中有大小不等的绿洲12块。正常水位5.6米～5.8米，水深1米～3米，最大蓄水量为300万立方米，正常蓄水量约140万立方米。

第三节　地下水

水　量

境内地下水年综合资源量为1.64亿立方米，其中年天然资源量为1.03亿立方米；回归水量0.61亿立方米。按地形分：丘陵山区为4125万立方米，占天然资源量的40.19%；平原地区为6139万立方米，占59.81%。按水质分：淡水为5436万立方米，占天然资源量的52.96%；微咸水为2598万立方米，占25.31%；咸水为2230万立方米，占21.73%。按含水岩性分：孔隙潜水为6967万立方米，占天然资源量的67.88%；岩溶水为94万立方米，占0.92%；红层孔隙水为37万立方米，占0.36%；基岩裂隙水为3166万立方米，占30.85%。境内地下水可采量1.19亿立方米（含回归水量0.61亿立方米），占综合资源量的72.56%。已开采利用量880万立方米，占可开采资源量的7.39%。

水　质

地下水水质状况，低山丘陵区在河上镇大桥以南，浦阳镇彭家桥以上，云石乡以及进化镇上游地段，矿化度每升小于0.2克，为低矿化度，弱酸性淡水，水质较好，一般均能满足饮用水标准。水网平原区浅层承压水，矿化度一般每升小于1克；深层承压水水质较差，矿化度一般每升2克～2.3克，属重碳酸—钠钙镁型微咸水，不宜饮用。滨海平原区的潜水和浅层承压水，矿化度一般每升1克～5克，为微咸水和咸水，水质差，一般不宜饮用，对混凝土大多具碳酸型侵蚀，也不宜作建筑用水。在近山前地带，如青化山南麓的进化新桥头、石门王、诸坞一带，越王城山—华眉山北麓和长山一带，青龙山、白虎山、狮子山、红山一带，分布有零星的碳酸盐岩裂隙—岩溶水，虽数量不多，仅94万立方米，但水质较好，含碳酸很高，可作清凉饮料用水。

分布于城厢镇大窑里吴湘湖泥盆系向斜两翼矿泉水，出水受断裂构造控制。湘湖原西兴砖瓦厂钻井水位+9.91米，降深47.36米，涌水量135.39立方米/日；钱江食品厂钻井水位+8米，降深17米，涌水量270立方米/日。矿泉水pH值7，总硬度7.3德度，固形物0.15克/升，属中性软水，重碳酸钙镁型水，为冷水。氡含量，湘湖砖瓦厂钻井26.7埃曼/升；钱江食品厂钻井126.3埃曼/升，均已达到原地矿部颁发的饮料矿泉水标准。为饮用—医疗型低钠氡矿泉水，已供应市场。1999年，杭州宋城集团在湘湖旅游区内建立占地500亩的“杭州氡温泉度假村”，引氡水用于浴疗。

第五章 钱江潮

钱塘江河口以其独特江道地形，在太阳和月亮对地球的作用以及东海潮波的影响下，海水产生一种周期性升降或涨落运动，即为涌潮。钱塘江涌潮，简称钱江潮，又称钱塘潮。以日夜区分，白天的涌潮称潮，夜间的涌潮称汐，一日两度，周而复始。钱江潮汹涌澎湃，气势磅礴，惊天动地，撼人心魄，名扬四海，被誉为天下奇观。世人观潮之风源于汉魏，继于南北朝，盛于唐代，宋时尤甚，当代复兴。随着钱塘江“三门演变”，萧山历史上观潮地段由渔浦、西兴、龛山等下移或改变为今赭山湾美女坝、乌龟山观潮城、仓前以及萧围北线、东线一带。

第一节 涌潮成因

春秋战国时期，杭州湾喇叭口地形已现端倪，萧绍宁、杭嘉湖平原基本定格，钱塘江河口水下沙坎也逐渐形成，构成产生涌潮的地理条件。《越绝书》载，越王句践与大夫计倪商讨出兵攻打吴国时，提及钱塘江“浩浩之水，朝夕既有时，动作若惊骇，声音若雷霆。”[①]由此可见，春秋时期钱塘江涌潮已经出现。

钱塘江涌潮是东海潮波运动的一种特殊表现形式。东海水体在月亮、太阳的引力和地球自转产生的离心力的相互作用下，加上钱塘江河口独特的地理环境，即具备喇叭口河形和河床沙坎两个条件，从而形成了举世无双、奇特壮观的钱江潮。潮汐大小受到天文、地理、水文和气象诸因素制约。

杭州湾至钱塘江河口段，外宽内窄，形似喇叭，并由外向内急剧缩狭。湾口（北岸南汇嘴至南岸镇海的出海口）宽达100千米，至海盐县澉浦与余姚市西三闸一线江面收缩为20千米，至海宁市盐官与萧山外八工段一线江面缩小到2.5千米，至杭州下沙与萧山仓前一线仅1.5千米。海宁市尖山与上虞市夏盖山的山根在海底连接，促成横亘南北的一条长130千米、最高约10米的巨大沙坎，使河床隆起抬高。从湾口到平湖市乍浦，河底平坦，水深约10米。沙坎从乍浦坡度抬升，顶部在仓前与海宁市老盐仓一带，仓前以上为倒坡，至闻堰镇与三江口河槽相接。

图3-5-79　钱江涌潮（2005年9月21日，董光中摄于南阳镇九号坝）

在天体的作用下，东海潮波带着大量潮水进入杭州湾后，长驱直入，横向受两岸急剧收缩的江道约束和反射，潮能聚集，潮波逐渐涌高，抵达澉浦

① （东汉）袁康、吴平辑录，乐祖谋点校：《越绝书》卷四《越绝计倪内经第五》，上海古籍出版社，1985年10月，第29页。

时，潮差比湾口增大一倍多，但波形前后坡仍然大体对称。再往内，又纵向受上升的河床阻碍，即在沙坎的影响下，前浪翻滚，后浪追逐，后浪推前浪，一浪叠一浪。接近二十二工段闸和大尖山附近时，潮浪前坡迅速变陡，前锋破碎，潮头浪花翻卷，涌潮已经形成。进到仓前附近，遇及河床沙坎顶部，水深减小，潮波奋勇向前，急剧变形，波浪迭起，浪花簇拥，酿成高峰，疾如风雷，奔腾澎湃，形成了“万马突围天鼓碎，六鳌翻背雪山倾”[①]的奇特景象。若遇东风或东南风推波助澜，则更加惊人魂魄，蔚为壮观。

钱塘江涌潮变幻无穷，类型众多，有一线潮、交叉潮、剪刀潮、回头潮、对接潮、冲天潮等。

钱塘江涌潮，以雄伟的气势，多变的画面，迷人的景象吸引千千万万的观赏者。但其破坏力也甚大，历史上曾经肆虐沿岸，冲毁堤塘，淹没田庐，漂溺人畜，灾异之害，触目惊心。

第二节　潮　候

钱塘江河口和杭州湾位于北纬30°～31°之间，受天体环境控制，钱江潮属不正规半日潮，即一日有两次潮汐涨落，每次涨落历时12小时25分，两次涨落的幅度略有差别。

农历每月出现两次大潮汛期，两次小潮汛期。农历朔（初一）和望（十五）的后两三天，太阴潮（月球所引起的潮）与太阳潮相合，出现大潮；上弦（初七、初八）或下弦（二十二、二十三）后两三天，太阴潮与太阳潮相消，出现小潮。其他日子介于上述两种情形之间，潮汐由大转小，再由小到大，随月球的盈亏而变化，循环往复。

每年阳历3月下半月至9月上半月，朔汛大潮大于望汛大潮，日潮大于夜潮；在9月下半月至次年3月上半月，则情况相反。全年中，春分与秋分前后潮较大。

4～8月，为钱塘江流域梅雨台风季节，降水较多，秋潮往往大于春潮，这也是人们在农历八月十八日或前后几天争先恐后观看大潮的缘由。但遇夏旱，秋潮并不一定壮观。

钱江潮抵达沿程各地的时间，称为潮候。通常，周期性天文潮的潮候，按季节变化，有规律可循。但实际潮候时常会受江道地形、水文情势、风力风向的影响而发生非周期性改变。

古潮候

唐宝应至大历（762～779）间，窦叔蒙在总结前人经验的基础上，提出了用图线推算高、低潮时的方法[②]。南宋淳祐《临安志》记载着北宋至和三年（1056）吕昌明重定的四时潮候[③]。

随着钱塘江“三门演变”，江道线路延长，观潮胜地下移，潮候也相应推迟。北宋吕昌明重定的四时潮候，今适用于海宁盐官附近。

① （元）仇远《浙江潮》，见杜永毅编选《萧山古诗五百首》，方志出版社，2004年6月，第108页。

②这比英国在1213年开始预报伦敦桥涨潮早400多年。窦叔蒙还推算出在79379年中共有56021944次涛，由此计算潮周期为12小时25分12秒强，与现在常用的潮周期12小时25分相差甚微。

③《南宋临安两志·淳祐临安志》卷十《江潮》，浙江人民出版社，1983年1月，第181～183页。

表3-5-22 宋代吕昌明重定四时潮候

春 秋 同				
初一	十六	午末	大	夜子正
初二	十七	未初	大	夜子末
初三	十八	未正	大	夜丑初
初四	十九	未末	大	夜丑末
初五	二十	申正	下岸①	夜寅初
初六	廿一	寅末	渐大②	晚申正③
初七	廿二	卯初	渐小	晚酉初
初八	廿三	卯末	渐小	晚酉正
初九	廿四	辰初	小	晚酉末
初十	廿五	辰末	交泽④	晚戌正
十一	廿六	巳初	起水	夜戌末
十二	廿七	巳正	渐大	夜亥初
十三	廿八	巳末	渐大	夜亥正
十四	廿九	午初	渐大	夜亥末
十五	三十	午正	极大	夜子初
夏				
初一	十六	午末	大	夜子正
初二	十七	未初	大	夜子末
初三	十八	未正	大	夜丑初
初四	十九	未末	大	夜丑正
初五	二十	申初	下岸	夜丑末
初六	廿一	寅初	小	晚申正
初七	廿二	寅末	小	晚申末
初八	廿三	卯初	小	晚酉初
初九	廿四	卯末	小	晚酉正
初十	廿五	辰初	交泽	晚酉末
十一	廿六	辰末	起水	夜戌初
十二	廿七	巳初	渐大	夜戌末
十三	廿八	巳末	渐大	夜亥初
十四	廿九	午初	渐大	夜亥末
十五	三十	午末	大	夜子初
冬				
初一	十六	午末	大	夜子初
初二	十七	未正	大	夜子末
初三	十八	未末	大	夜丑初
初四	十九	申初	大	夜丑末
初五	二十	申正	原文缺⑤	夜寅初
初六	廿一	寅末	原文缺⑥	晚申末
初七	廿二	卯初	原文缺⑦	晚酉初
初八	廿三	卯末	原文缺⑧	晚酉正
初九	廿四	辰初	小	晚酉末
初十	廿五	辰末	交泽	夜戌初
十一	廿六	巳初	起水	夜戌正
十二	廿七	巳正	渐大	夜戌末
十三	廿八	巳末	渐大	夜亥初
十四	廿九	午初	渐大	夜亥正
十五	三十	午正	渐大	夜亥末

①④表中“下岸”指潮水开始变小，“交泽”指潮水涨落最小。

②③1987年版《萧山县志》为“渐小”“晚申末”。

⑤⑥⑦⑧表中“原文缺”之处，据《浙江潮候图说》依次为“下岸”、“渐小”、“小”、“小”。

今潮候

潮汐到来前瞬间，往往出现低潮位，因此认定，低潮位出现时间即是潮汐来临之时。2000年农历三月至九月，仓前水文站对该地低潮（俗称起潮）时间进行逐日测定。

表3–5–23　2000年农历三月至九月仓前水文站低潮时间

日期	三月(小)		四月(小)		五月(大)		六月(小)		七月(小)		八月(大)		九月(小)	
	时：分	时：分	时：分	时：分	时：分	时：分	时：分	时：分	时：分	时：分	时：分	时：分	时：分	时：分
初一	01：30	13：38	01：00	13：15	00：23	12：55	00：42	13：30	00：15	13：23	00：05	12：46	00：43	13：13
初二	01：57	14：18	01：30	13：58	01：05	13：43	01：28	14：13	01：05	13：57	00：40	13：15	01：15	13：48
初三	02：43	14：55	02：02	14：38	01：38	14：23	02：10	14：58	01：51	14：40	01：25	14：42	02：00	14：20
初四	03：02	15：26	02：42	15：22	02：20	15：08	02：50	15：40	02：35	15：20	02：10	14：48	02：40	14：48
初五	03：43	16：20	03：20	16：10	03：02	16：03	03：35	16：30	03：13	16：00	02：50	15：23	03：12	15：20
初六	04：30	17：03	04：02	17：08	03：51	16：53	04：15	17：20	04：00	16：43	03：32	15：53	03：43	15：42
初七	05：13	19：00	05：00	18：17	04：48	18：03	05：15	18：15	04：42	17：23	04：12	16：24	04：33	16：30
初八	06：35	20：53	05：53	19：48	05：48	19：23	06：18	19：06	05：35	18：10	04：50	17：05	05：35	17：26
初九	08：08	22：17	07：32	21：27	07：11	20：45	07：05	21：32	06：43	19：13	05：53	18：00	07：40	18：55
初十	09：30	23：05	09：14	22：00	08：45	21：47	09：17	21：40	08：30	20：28	07：30	19：43	11：00	20：45
十一	11：13	23：40	10：10	23：00	09：54	22：25	10：26	22：38	10：13	21：18	11：22	21：42	12：40	22：22
十二	11：38		11：20	23：42	11：05	23：15	11：38	23：18	12：08	22：55	12：10	22：34	11：57	22：55
十三	12：33	00：20	12：00		11：55	23：52	12：28	23：58	12：10	23：35	11：47	23：10	11：52	23：32
十四	13：10	00：55	12：42	00：22	12：35		13：05		12：45		12：02	23：38	12：22	
十五	13：40	01：25	13：23	00：53	13：13	00：25	13：33	00：32	13：18	00：23	12：25		12：08	00：07
十六	14：13	01：48	13：58	01：26	13：42	00：55	14：04	01：08	13：45	00：55	12：30	00：07	13：00	00：32
十七	14：50	02：25	14：33	01：50	14：18	01：30	14：44	01：43	14：07	01：25	13：07	00：40	13：30	01：10
十八	15：26	02：50	15：05	02：18	14：48	02：00	15：10	02：15	14：30	01：53	14：00	01：22	13：55	01：45
十九	16：02	03：15	15：38	02：52	15：30	02：32	15：41	02：50	15：03	02：28	14：30	02：08	14：27	02：13
二十	16：43	03：55	16：23	03：18	16：02	03：07	16：15	03：22	15：32	02：58	15：00	02：35	15：02	02：57
廿一	17：37	04：35	17：06	03：58	16：52	03：43	16：52	04：02	16：03	03：32	15：23	03：08	15：35	03：40
廿二	18：28	05：15	18：00	04：42	17：50	04：23	17：32	04：42	16：36	04：02	16：00	03：42	16：25	04：33
廿三	21：10	06：26	19：45	05：32	19：01	05：22	18：13	05：28	17：15	04：50	16：42	04：35	17：23	05：43
廿四	23：02	08：45	21：07	07：03	19：43	06：23	19：13	06：25	18：02	05：43	17：45	05：32	18：57	07：48
廿五	23：42	10：15	21：45	08：42	20：37	07：30	20：10	07：50	19：22	06：47	19：02	07：18	20：57	09：45
廿六	23：20	10：50	22：30	09：48	21：38	08：52	21：23	09：18	21：15	09：28	20：48	10：00	22：08	10：58
廿七		11：30	23：10	10：47	22：22	10：00	22：23	10：37	22：30	11：35	22：00	10：43	23：02	11：18
廿八	00：02	12：00	23：45	11：30	23：07	11：03	23：23	11：35	23：15	11：50	23：00	11：25	23：47	11：45
廿九	00：22	12：41		12：15	23：52	11：50		12：38		12：23	23：53	11：55		12：18
三十						12：40						12：35		

第三节　潮　速

潮汐大小受天文、地理、水文和气象等因素制约。潮汐传播速度与江道、河床、水位、天体引力、风力风向以及上游洪水等因素有关。潮汐传播速度的快慢决定潮汐传播距离的远近。大潮汛期，钱江潮感潮区上界可达富春江桐庐七里泷、浦阳江诸暨王家堰。

一般大潮汐传播速度5米/秒～7米/秒，最快可达13.68米/秒。

表3–5–24　1985年10月2日、2000年9月15日钱江潮萧山段传播速度

河段区间	距离(千米)	1985年10月2日		2000年9月15日	
		传播时间(时：分)	传播速度(米/秒)	传播时间(时：分)	传播速度(米/秒)
二十工段～仓前	36	——	——	12：10～14：00	5.45
仓前—闻堰	42	15：17～17：21	5.65	14：00～15：40	7.00
闻堰—临浦(感潮河段)	15	17：21～17：58	6.76	15：40～16：13	7.58

注：1985年10月2日、2000年9月15日均为农历八月十八日。

第四节　潮　位

潮位是暴雨、洪水、潮流、台风、天文诸因素的综合体现。钱塘江潮位受太平洋暨东海潮波周期性变化影响外，还受非周期性变化气象潮的影响，故实际潮位是受周期性天文潮和非周期性气象潮变化影响的结果。

从杭州湾至钱塘江，潮波受喇叭形岸线和水下沙坎的影响，急剧变形，高低潮位均不同程度地依次抬高。

闻堰最高潮位10.19米（1997年7月11日），最低潮位3.17米（1954年8月11日）；仓前最高潮位9.86米（1997年8月19日），最低潮位2.31米（1955年12月25日）；二十工段最高潮位8.52米（2000年9月10日），最低潮位1.12米（1998年11月1日）。

表3–5–25　1985～2000年仓前、闻家堰水文站历年最高潮位与最低潮位

年份	仓前水文站						闻堰水文站					
	最高潮位(米)	时间		最低潮位(米)	时间		最高潮位(米)	时间		最低潮位(米)	时间	
		公历(月日)	农历(月日)		公历(月日)	农历(月日)		公历(月日)	农历(月日)		公历(月日)	农历(月日)
1985	7.83	10–17	09–04	4.46	07–13	05–26	7.91	03–09	01–18	5.02	07–15	05–28
1986	7.77	09–20	08–17	4.81	05–19	04–11	8.56	04–11	03–03	5.16	05–19	04–11
1987	8.66	09–11	07–19	4.16	08–05	06–11	8.93	09–11	07–19	4.82	09–05	07–13
1988	8.07	09–28	08–18	3.53	07–25	06–12	8.16	06–20	05–07	4.02	07–26	06–13
1989	8.24	09–16	08–17	3.03	10–10	09–11	9.25	07–05	06–03	3.71	08–14	07–13
1990	8.47	10–06	08–18	3.34	01–24	12–28	8.12	09–01	07–13	4.35	01–22	12–26
1991	8.31	10–10	09–03	3.45	07–22	06–11	8.49	04–19	03–05	4.49	07–24	06–13

续　表

年份	仓前水文站						闻堰水文站					
	最高潮位（米）	时间		最低潮位（米）	时间		最高潮位（米）	时间		最低潮位（米）	时间	
		公历（月日）	农历（月日）		公历（月日）	农历（月日）		公历（月日）	农历（月日）		公历（月日）	农历（月日）
1992	8.86	08–30	08–03	3.62	07–26	06–27	9.50	07–05	06–06	4.14	07–27	06–28
1993	8.12	08–20	07–03	3.40	08–12	07–26	9.20	07–05	05–16	4.11	09–12	07–26
1994	9.39	08–22	07–16	3.38	10–01	08–26	9.26	06–14	05–06	4.07	07–03	05–25
1995	8.14	06–17	05–20	2.96	08–20	07–25	8.83	04–30	04–01	3.75	07–22	06–25
1996	8.88	08–01	06–17	3.26	01–01	11–11	9.14	07–02	05–17	5.53	12–31	11–21
1997	9.86	08–19	07–17	4.09	01–05	11–26	10.19	07–11	06–07	4.96	07–30	06–26
1998	8.01	09–20	07–30	3.18	09–02	07–12	8.90	06–26	05–03	4.09	09–02	07–12
1999	8.34	11–25	10–18	3.19	01–13	11–26	7.74	06–30	05–17	3.84	10–20	09–12
2000	9.24	09–01	08–24	3.76	02–01	12–26	8.64	09–01	08–04	4.37	02–02	12–27

资料来源：萧山水文总站历年统计资料。

第五节　潮　差

一次涨落潮中的最高潮位与最低潮位或最低潮位与最高潮位之差的绝对值，称潮差。潮差值的大小，表示潮水的大小。

钱江潮在从杭州湾向河口段传播过程中，开始时潮差大，后由于受喇叭口地形、水下沙坎制约，加上逆流而上和河床摩擦，潮波能量逐渐消耗，潮差逐渐缩小。另外，受柯氏力和几股潮波交汇的影响，北岸潮差大于南岸潮差。通常，涨潮历时短，落潮历时长。截至2000年，历年最大潮差二十工段7.07米（2000年9月1日），仓前5.27米（1994年8月22日），闻堰3.17米（1954年8月17日）。

表3–5–26　1985年10月2日、2000年9月15日钱塘江萧山段涨落潮历时与潮差

项目		1985年10月2日				2000年9月15日			
		涨潮		落潮		涨潮		落潮	
		历时	潮差（米）	历时	潮差（米）	历时	潮差（米）	历时	潮差（米）
二十工段	早潮	——	——	——	——	前日23：35～2：17	6.83	2：17～12：10	6.82
	晚潮	——	——	——	——	12：10～14：50	5.80	14：50～次日0：20	5.79
仓前水文站	早潮	3：12～4：12	1.12	4：12～15：17	1.20	1：22～2：32	3.53	2：32～14：00	3.62
	晚潮	15：17～16：18	1.24	16：18～次日3：43	1.21	14：00～15：10	3.29	15：10～次日2：08	3.37
闻堰水文站	早潮	5：10～5：45	0.36	5：45～17：21	0.49	3：03～3：55	1.71	3：55～15：40	1.65
	晚潮	17：21～18：06	0.45	18：06～次日5：52	0.43	15：40～16：32	1.51	16：32～次日3：50	1.66

注：1985年10月2日、2000年9月15日均为农历八月十八日。

表3-5-27 1985～2000年仓前、闻堰水文站历年最大潮差

年 份	仓前水文站			闻堰水文站		
	最大潮差（米）	时间		最大潮差（米）	时间	
		公历(月日)	农历(月日)		公历(月日)	农历(月日)
1985	2.23	08–18	07–03	1.15	08–18	07–03
1986	1.78	11–04	10–03	0.87	08–22	07–17
1987	3.09	09–12	07–20	1.62	08–11	06–17
1988	3.78	09–28	08–18	2.01	07–30	06–17
1989	4.42	11–13	10–16	2.30	09–16	08–17
1990	4.23	10–06	08–18	1.93	06–24	05–02
1991	4.25	08–12	07–03	1.95	08–12	07–03
1992	4.11	08–30	08–03	2.24	08–30	08–03
1993	4.03	11–16	10–03	2.04	09–18	08–03
1994	5.27	08–22	07–16	3.03	08–22	07–16
1995	4.69	10–27	09–04	2.30	08–13	07–18
1996	4.62	08–01	06–17	2.53	08–01	06–17
1997	4.45	08–19	07–17	2.43	08–19	07–17
1998	4.26	09–20	07–30	2.28	10–08	08–18
1999	4.39	11–25	10–18	2.33	11–25	10–18
2000	4.44	09–01	08–04	2.33	09–01	08–04

【附】

潮 难

钱江潮潮头高，流速快且冲力大，能冲走几十吨重的钢筋笼石块。在非观潮点，停放的轿车、摩托车、自行车往往被大潮卷入江心，汹涌的潮水，还会瞬间把观潮者吞噬，酿成潮难。

1993年10月3日（农历八月十八日），围垦大堤二十工段自发聚集了大批观潮人群，站在伸入江中的2号丁坝上的其中一部分人，被涌潮卷入江中。据《杭州年鉴（1994）·政法》记载，此次事故，打捞起尸体57具，受伤28人。1994年夏，在出事点竖“警世碑”，以诫后人。

1998年9月（农历七月十九日）下午3时许，钱塘江大潮冲击美女坝，形成回头潮。回头潮漫过大堤，将站在非观潮地段的百名观潮者卷入内河，2人当场死亡，数十人受伤，2辆汽车被卷进内河。

1999年9月26日（农历八月十七日），美女坝的冲天潮将10多人和一辆载着20吨重块石的大货车冲入内河。

图3-5-80 潮难警世碑（2001年4月，张祥荣摄）

第六章 土壤 植被

萧山土壤南酸北咸，南部山区、半山区多为红黄壤，由自然植被覆盖；中部是水稻土，适宜种植农作物，为鱼米之乡；东北部属潮土和盐土，经过土壤改良后，适种性强，特别适合种植棉花、络麻、大豆和蔬菜、花卉苗木等。

第一节 土 壤

类 型

1959年1～5月进行第一次土壤普查，采取对已耕土壤详查、山林杂地和未利用的滩涂土壤粗查的方法，把当时境内土壤划分为11个土组、32个土种。1980年12月至1984年2月又进行第二次土壤普查，按《浙江省第二次土壤普查工作暂行分类方案》确定的标准，萧山境内土壤分为红壤、黄壤、岩性土、潮土、盐土和水稻土6个土类，计16个亚类、32个土属、58个土种，面积162.15万亩，其中水田41.00万亩，占25.29%；旱地80.51万亩，占49.65%；山地40.64万亩，占25.06%。此后直至2000年未进行新的土壤普查。

红壤类　分布于海拔600米以下的低山丘陵，为一种在温暖湿润的生物气候条件下，遭受深度风化的矿质土壤。土体呈红色或黄红色，质地黏细，土层深浅不一，山麓缓坡处土层一般为30厘米～50厘米，山脊陡坡处为10厘米左右。土壤酸碱度5～5.5，表层有机质含量为1.5%左右，缺磷缺钾严重。除部分土层极薄的石砂土地荒秃外，多为林地或已开垦为林地、茶园和果园。含4个亚类、5个土属、11个土种，面积39.57万亩。

潮土类　有潮土、钙质潮土2个亚种，计6个土属，8个土种，面积38.66万亩。

潮土，发育于河、溪流两侧，母质为洪水的冲积、沉积物，无石灰反应。地处山间峡谷的属洪积泥砂土，土体中砂砾、泥夹杂，爽水性好，肥力较低；位于浦阳江两岸的土层较厚，砂黏适中，基础养分较丰富。耕作层有机质含量为1.5%～2.0%，全氮0.08%～0.12%，全磷0.04%左右，酸碱度5.7～6.0。含5个土属、6个土种，面积只有0.56万亩。

钙质潮土，母质为浅海沉积物，土体呈浅棕色，有微弱石灰性反应。土层厚80厘米～100厘米，粗粉砂含量达70%上下，结构松散，易淀浆沉实，有夜潮性，耕作层有机质含量大多在1.5%以下，全氮0.06%～0.10%，全磷0.05%～0.10%，缺钾，酸碱度7.2～7.5。集中分布于北塘河以北，南沙大堤以南的老围垦沙地，适宜于各类作物生长。仅含2个土种，面积约38.10万亩。

盐土类　发育于近代浅海沉积物，呈浅褐色或浅灰色，含盐量在0.1%～0.5%之间，有强烈的石灰反应和明显的夜潮性。以极细砂与粗粉砂为主，黏粒常低于20%，结持性弱，容易坍塌，干燥时高度分散，泡水后极易沉实淀闭。熟化程度低，熟化层常不足10厘米。干旱季节有不同程度的返盐现象。土壤呈微碱性，酸碱度7.6左右，速效钾含量接近或超过100毫克，普遍缺乏有机质和磷素。经过几年的耕作，耕作层土壤已基本脱盐，速效磷含量上升，但速效钾含量下降，大部分已变成缺钾土壤。连片分布于钱塘江沿岸的新围垦地区。含2个亚类、2个土属、4个土种，面积41.85万亩（不包括1984年后的围垦面积）。

水稻土类　在长期水耕熟化过程中发育起来的，普遍具有砂黏适中、酸碱适度、土层深厚、熟化程度高、无特殊障碍层次等良好性状，易于培肥改良。耕作层厚10厘米～15厘米，有机质含量一般为2%～3%（部分地势低洼、排水不畅、质地黏重的土壤高达4%以上），全氮0.15%～0.20%，普遍缺磷、缺钾。经过长期耕作，土壤速效磷含量继续下降。含5个亚类、16个土属、31个土种，除潮闭田、涂沙田分布于沿江平原外，大部分分布于西小江、浦阳江、永兴河、凰桐江、湘湖沿岸的水网平原与河谷平原，以种植粮食作物为主，面积41.00万亩。

黄壤类　零星分布于南部西翼海拔600米以上的山峰峰巅，土壤母质为火成岩与石英砂岩的风化物。土体表层棕褐色，心土层黄色或棕黄色，酸碱度4.5～5.5。土层厚50厘米左右，表层土有机质含量为3%～5%，下部是半风化母岩。植被为次生针叶阔叶林、灌木丛和草类。含2个亚类、2个土属、3个土种，面积约0.92万亩。

岩性土类　零星分布于戴村镇永兴、临浦镇浦南、南阳镇赭山等少数低丘，发育于石灰岩或白云岩风化体。土体黄色油亮，质地黏重，表层土酸性或微酸性，下层土中性或微碱性，有石灰反应，土层厚50厘米左右。多为疏林或荒丘，或已开垦为旱粮地。仅有1个油黄泥土种，面积约0.15万亩。

性　状

根据地势地形、成土母质、成土过程和人类利用现状等差异，全市形成4个区别明显的农业土壤区域，这4个区域的成土母质、植被、地形景观、农业利用方式等各具特色，土壤发生与发展的特点及其分布也各不相同。经过10多年的改造和利用，与第二次土壤普查所得的资料相比，土壤特性有了较大的改变。

滨海平原土区　为北部、东部沿钱塘江南岸至北海塘以北的广大地区（俗称“沙地”）。土壤母质为浅海沉积泥砂，含潮土、盐土及少量水稻土类，主要为咸砂土和淡涂砂2个土属，占该区的98.6%。这一土区最初形成的是尚未脱离海潮影响的涂砂土，含盐量普遍超过栽培作物生长发育所能忍受的临界浓度，表土与心土无根本区别，仅有原始肥力，土体松散，养分分解快，保水保肥力弱。经围堤垦种，通过引水洗盐、压盐、排盐后，加速了土壤脱盐淡化过程，同时在栽培作物的过程中，通过秸秆还田和施入大量化学肥料及部分有机肥料，土壤中营养元素和有机质含量均有明显的变化，但仍属营养元素贫乏类土壤。据市农业局土肥站1993～1995年测定：土壤有机质含量平均为1.43%，碱解氮平均每千克92毫克，速效磷平均每千克13毫克，速效钾平均每千克42毫克。总体趋势是：有机质、速效磷含量上升，速效钾含量大幅下降。

水网平原土区　为中北部北海塘以南，河上镇大桥村以北的中部水网平原稻区，其北端接邻于滨海平原土区，南端接邻于河谷平原土区或低山丘陵土区，主要为水稻土类。成土母质下部为古老浅海沉积体，上层为近期湖沼沉积或河湖泛滥淤积物及少量洪积物。土层深厚，土粒以粉砂、黏粒为主，耕作性能良好，土壤有机质含量高，保肥蓄水性较强，是全市最肥沃的土壤类型，但该地区地势低平凹陷，海拔仅5米～6米，内水排泄不畅，易受涝受渍。据市农业局土肥站1993～1995年测定：土壤有机质含量平均为3.65%，碱解氮平均每千克160毫克，速效磷平均为每千克11.1毫克，速效钾平均为每千克57毫克。总体趋势是：有机质含量上升，速效磷、速效钾含量下降。

河谷平原土区　为河上镇大桥村以南河（溪）流两侧的狭长地带，多属水稻土类。土壤发育于河（溪）冲积物，带有砂砾性。区内地势有不明显起伏，两侧常受低山丘陵所限，并从山边向河道缓缓倾斜，形成长槽形的低平地，河道上游地势平坦，下游则较低，因此，径流均顺河道下游方向排泄，一般可进行自流灌溉，排灌均较方便，但保蓄力弱，肥力低，易漏肥、漏水。

低山丘陵土区　为南部东、西两侧的山区、半山区。土壤大多发育于各种岩石风化的坡积、残积体，部分土壤来源于洪水冲积物。土壤涉及红壤、黄壤、岩性土、潮土、水稻土5类。土层深浅不一，酸性或微酸性，有机质含量较高，速效养分含量较低。其地形特征是起伏、破碎，一般高差300米～400米，而山势圆浑，仅有比较平缓的山谷或山垄穿插其间，在这些山谷、山垄及山坡部位常有农田、农地开垦，多数营植竹、木、果、茶和桑等作物。

养　分

1993年11月至1995年11月，市农业局土肥站在第二次土壤普查对土壤养分含量全面测定分析的基础上，对全市40个主要土种209只耕作层土壤的有机质、全氮、碱解氮、速效磷、速效钾、酸碱度、含盐量、容重、微量元素（铜、锌、锰、铁）等12个项目进行3138项次复查。1997年又对全市14个定点剖面样品进行取样分析。

有机质　复查测定耕层土样214只，土壤有机质含量平均值2.51%，其中水田平均值为3.65%，旱地为1.43%，山地为2.53%。与第二次土壤普查结果比较，有机质含量总趋势有所上升，其中水田上升0.26个百分点，旱地上升0.22个百分点，山地上升0.29个百分点。但全市有30.1%的耕地土壤有机质含量低于1.5%的临界指标，主要分布在东片沙地区，面积26.06万亩。1997年分析，沙地区、水稻区土壤有机质含量分别为1.49%和4.16%，比1984年分别增加了0.23和0.45个百分点。

氮素　据88只耕层土样全氮分析测定，平均含量为0.15%，其中大于0.2%的占31.8%，含量在0.1%以下的占33%，含量在0.1%～0.2%的占35.2%，与第二次土壤普查比较略有提高。碱解氮共测定219只土样，平均含量为每千克土壤125毫克，其中水田为160毫克，旱地为92毫克，山地为122毫克。据14只剖面点样品全氮分析，结果也呈上升趋势，其中耕作层全氮含量平均值上升0.016个百分点，上升的占78.6%；犁底层全氮含量平均值上升0.003个百分点，上升的占50%。

速效磷　据215只土样测定，速效磷含量平均为每千克土壤11.4毫克，与第二次土壤普查相比，每千克土壤速效磷含量平均上升2.5毫克，其中旱地土壤和山地土壤上升较快；水田土壤7个土种除泥沙田和粉沙田外，含量均下降，由原来的中等水平降为缺磷土壤。全市有51.6%的水田土壤缺磷。1997年分析，沙地区、水稻区土壤速效磷分别为每千克土壤10.6毫克和5.7毫克，比1984年分别下降0.6毫克和3.6毫克。

速效钾　据217只土样测定，速效钾含量平均为每千克土壤57毫克，与第二次土壤普查时相比，每千克土壤含量平均下降16毫克，其中旱地土壤下降幅度最大，水田土壤次之。土壤缺钾面积已由1984年的49.5%上升到62.7%，面积53.7万亩，特别是围垦沙地区已由丰钾变为缺钾。1997年分析，沙地区、水稻区速效钾分别为每千克土壤54.6毫克和58.6毫克，比1984年下降36.8毫克和11.3毫克。

微量元素　据57只土样的锌、锰、铜、铁4种元素测定，全市40.4%的土壤有效锌含量低于每千克土壤1毫克，处于缺锌和潜在缺锌状态（该类土壤主要分布于滨海平原和沿海涂地），锰、铁、铜元素含量丰富。

酸碱度　据205只土样酸碱度测定，44只山地土样酸碱度为4.1～7.6，平均5.2，其中4.5～5.5的占41%，小于4.5的占6.25%；78只水田土样酸碱度为4.9～8.0，平均6.2，其中5.5～6.5的占51.3%，6.5～7.5的占17.9%，大于7.5的占11.5%；83只旱地土样酸碱度为6.8～8.2，平均7.4，6.5～7.5的占73.5%，大于7.5的占26.5%，与第二次土壤普查相比，有较大幅度的提高。

含盐量　据50只咸沙土土样测定，土壤含盐量平均为0.094%，幅度在0.04%～0.25%之间，其中含盐量大于0.1%的占32%，除少数长期旱作的田块及新围垦区外，大部分土壤含盐量在0.2%以下。

第二节 植 被

萧山处于中亚热带常绿阔叶林植被带。植物区系的温带、亚热带东亚区系成分特征显著。随着人类活动的扩大，原始植被逐渐被砍伐或垦殖，目前境内已无原始林。植被以次生性常绿落叶阔叶混交林为主，具有亚热带向暖温带交替过渡区的特点。土地植被覆盖分为自然与人工两类：低山、丘陵以次生性自然植被为主，人工栽培经济植被为辅；平原、河谷以人工栽培植被为主，具明显的季节性变化；滨海、滩涂大部为人工栽培植被，少量为耐盐性自然植被。随着人民生活水平的提高以及封山育林等措施的实行，森林覆盖率已由1984年的17.7%，上升到2000年的21.3%。

低山丘陵植被

海拔400米～700米左右为次生针叶疏林区，主要分布于西南部、南部的山巅。以马尾松、黑松等自然植被为主，兼有部分人工栽培的茶、油茶。被覆度低。林下伴生少量苔草、菝葜等草本植物。

海拔200米～400米左右为针叶阔叶混交林区，主要分布于南部东、西两侧的山腰地带，大部分是经封山育林或人工栽造后发育起来的次生性植被。植物种类较多，常见建群种有马尾松、黑松、麻栎、石栎、青冈、木荷、苦槠、枫香、冬青、香樟等，林下伴生有乌饭、胡枝子、檵木、白栎、菝葜、猕猴桃等灌木、藤本或草本。人工栽培有毛竹、茶、油茶及各类果树。

海拔200米以下以人工栽培植物为主，主要分布于西南部和中部，北部也有零星分布。常见有茶、毛竹、桑及桃、李、青梅、杨梅、板栗等果树。其中以进化的青梅，所前的杨梅、茶叶，云石的茶叶最为出名。

平原河谷植被

农田栽培植被区：广泛分布于农田、河谷、平原、坡地。因农耕历史久远，原有植被因开垦农田、农地而破坏，覆盖地表的几乎全是人工栽植作物。目前分布的林木，主要是人工栽培的经济林、防护林，有桑、茶、果及柳、苦楝、白榆、泡桐、水杉、香樟、乌桕等。种植作物中，以水稻、小麦、大麦、油菜、络麻、棉花等为主，次为蔬菜、瓜类、豆类。随着城市建设的高速发展，境内绿化苗木种植量大幅度增加，品种繁多。

平原村落、城市、道路绿化区：植被分布具明显的区域性、地段性。村落常以枫杨、乌桕、苦楝、榆、水杉、香樟、柳、无患子、银杏、合欢、鹅掌楸等为主；城市和道路绿化中，常以各种高大乔木，如香樟、枫杨、悬铃木、无患子等作为行道树，形成具有不同时代特色的道路植被。

平原水生植物区：分布于河道、湖泊。人工种植作物有菱（其果食用，称菱角）、菰（其茎可食用，称茭白）、莲（其地下茎称藕，种子叫莲子，均可食用）、莼（其嫩叶可食用，称莼菜）、芡（其果可食用，称芡实，俗称鸡头米）；自然作物有水鳖、黑藻、菹草、空心莲子草、凤眼莲、槐叶苹、水盾草等。

滨海滩涂植被

主要分布于境内东北部成陆不久的滩涂，或已围未垦的荒地上。零星或成片分布。因成陆时间短，盐碱问题较为突出，故自然植被以耐盐碱之草本植物为主，有海龙头、芦苇、田菁、蒿草等。人工植被主要是禾本科、十字花科、豆科、葫芦科的一些植物。

图3—6—81 南门江菱（1990年10月，董光中摄于萧山城南）

第七章 野生动植物

萧山气候温暖湿润，地貌类型多样，利于动植物的生长繁衍。境内野生动物据旧志记载，宋有猛虎，明有麋鹿。民国《萧山县志稿》尚载有虎、鹿等各类动物130多种。此后，虎踪逐渐难觅，哺乳类野生动物减少。中华人民共和国成立后，据1987年版《萧山县志》记载，境内野生动物有兽类20多种，禽类40余种，鱼类钱塘江水域115种、内河52种，节肢、两栖、爬行类动物30余种，昆虫20多种。

境内植物种类丰富，据清代杨绳祖的《萧山赋》记载："其木则松、柏、桐、槐、樟、梓、桑、柘、黄杨、冬青、椿、枫、榆、柳、乌柏、香樋，遍生丘壑；竹则金、紫、青、黄、斑、毛、慈、石、凤尾、龙孙，依山环廓；花则蔷薇、海棠、桃、梅、兰、桂、牡丹、芙蓉、紫荆、芍药、宝珠、洛阳、荷花、罂粟、山茶、木香，丛生绮萼；草则菖蒲、芭蕉、苔、荏、莎、艾、金线、吉祥，丰姿绰约。"仅木、竹、花、草类品种就近50种。民国《萧山县志稿》载有各类植物310余种。中华人民共和国成立后，据1987年版《萧山县志》记载，境内有树木48种，竹类20余种，药用植物60余种。

20世纪80年代中后期，由于实施封山育林等管理措施，使自然环境有了很大变化，野生植物变得多起来，多年不见的野生动物如猫头鹰、大雁、桃花水母等近年也有发现，在欢潭乡大岩山区还发现云豹的踪迹。

第一节 野生动物

境内已知的脊索动物门中，除尾索动物亚门、头索动物亚门和脊椎动物亚门的圆口纲未见分布外，其余脊椎动物亚门共有5纲、45目、118科、493种，其中哺乳纲9目、19科、57种，鸟纲16目、44科、227种，爬行纲3目、9科、41种，两栖纲2目、8科、21种，鱼纲15目、35科、142种。[①]脊椎动物地理成分复杂。两栖类、爬行类、哺乳类均以东洋界种占优势；鸟类以古北界种稍占优势，但萧山城区鸟类仍以东洋界种为主；钱塘江水系的淡水鱼类由北方平原、北方山区、江河平原、晚第三纪、热带平原、中印山区6个鱼类区系复合体组成。陆栖脊椎动物主要分布于西南山区。

境内无脊椎动物有原生动物门的草履虫、变形虫等；腔肠动物门的水螅、桃花水母等；扁形动物门的涡虫、血吸虫（已绝迹）、猪带绦虫等；线形动物门的各种蛔虫、线虫（蝗虫、螳螂体内寄生虫）等；环节动物门的环毛蚓、杜拉蚓、沙蚕、水蛭、牛蛭等；软体动物门的田螺、螺蛳、灰巴蜗牛、黄蛞蝓、野蛞蝓、三角帆蚌、背角无齿蚌、褶纹冠蚌、黄蚬等；节肢动物门甲壳

①动物部分资料来源：董聿茂主编《浙江动物志（兽类）》，浙江科学技术出版社，1988年；董聿茂主编《浙江动物志（鸟类）》，浙江科学技术出版社，1989年；董聿茂主编《浙江动物志（两栖爬行类）》，浙江科学技术出版社，1987年；董聿茂主编《浙江动物志（鱼类）》，浙江科学技术出版社，1989年；陈马康等编著《钱塘江鱼类资源》，上海科学技术文献出版社，1990年；周尧等编著《中国蝶类志》，河南科学技术出版社，1994年；童雪松等编著《浙江蝶类志》，浙江科学技术出版社，1993年；《萧山县渔业资源区划调查报告（昭东乡内河鱼类调查）》，1984年；1987年版《萧山县志》，浙江人民出版社，1987年；王向前等《萧山两栖类调查》，1998年；原浙江省湘湖师范学校生化教研室历年来标本采集；萧山农业局棉麻、水稻病虫测报站历年灯诱记载等。

纲的日本沼虾、青虾、海水虾（东方对虾、斑节对虾、口额新对虾、南美蓝对虾、南美白对虾等）、安氏白虾、罗氏沼虾、长臂虾、克氏螯虾（俗称小龙虾）、螃蜞（俗称毛蟹）、溪蟹（俗称石蟹）、中华绒螯蟹（俗称河蟹）、水蚤、蟹奴、藤壶等，多足纲的有马陆、蜈蚣等，蛛形纲的有网圆蛛、金蛛、红蜘蛛、人芥螨等。还有种类繁多的昆虫纲。

图3-7-82　拉步甲(2008年5月10日，楼信权摄于萧山进化)

萧山境内有多种国家重点保护动物，其中国家一级保护动物5种：云豹、豹、黑鹿（以上3种属哺乳纲），白鹤1种（鸟纲），中华鲟1种（鱼纲）；国家二级保护动物33种：猕猴、穿山甲、江豚、豺、水獭、小灵猫、獐（以上7种属哺乳纲），斑嘴鹈鹕、白额雁、小天鹅、鸳鸯、鸢、栗鸢、赤腹鹰、雀鹰、松雀鹰、普通鵟、鹰雕、白头鹞、燕隼、红隼、草鸮、红角鸮、领角鸮、鸮、领鸺鹠、斑头鸺鹠（以上20种属鸟纲），虎纹蛙1种（两栖纲），花鳗、松江鲈鱼（以上2种属鱼纲），尖板曦箭蜓、拉步甲、中华虎凤蝶（以上3种属昆虫纲）。此外尚有省级保护动物如大树蛙、五步蛇、眼镜蛇、黑眉锦蛇、戴胜、寿带鸟、金裳凤蝶、宽尾凤蝶等。

哺乳纲

9目、19科、57种。

食虫目　INSECTIVORA

刺猬科　Erinaceidae

刺　猬　*Erinaceus europaeus* Linnaeus

鼩鼱科　Soricidae

小麝鼩　*Crocidura suaveolens* Pallas

灰麝鼩　*Crocidura attenuata* Milne-Edwards

大麝鼩　*Crocidura dracula* Thomas

臭　鼩　*Suncus murinus* Linnaeus

翼手目　CHIROPTERA

菊头蝠科　Rhinolophidae

中菊头蝠　*Rhinololphus affinis* Horsfield

角菊头蝠　*Rhinololphus cornutus* Temminck

皮氏菊头蝠　*Rhinololphus pearsoni* Horsfield

鲁氏菊头蝠　*Rhinololphus rouxi* Temminck

蹄蝠科　Hipposideridae

大蹄蝠　*Hipposideros armiger* Hodgson

图3-7-83　中华虎凤蝶（2008年3月15日，楼信权摄于萧山）

普氏蹄蝠　*Hipposideros pratti* Thomas

蝙蝠科　Vespertilionidae

栉鼠耳蝠　*Myotis capaccinii* Bonaparte

中华鼠耳蝠　*Myotis chinensis* Tomes

水鼠耳蝠　*Myotis daubentoni* Kuhl

大足蝠　*Rickettia pilosa* Peters

山　蝠　*Nyctalus losiopterus* Schreber

普通伏翼　*Pipistrellus abramus* Temminck

折翼蝠　*Miniopterus schreibersi* Kuhl

灵长目　PRIMATES

猴　科　Cercopithecidae

猕　猴[1]　*Macaca mulatta* Zimmermann

鳞甲目　PHOLIDOTA

穿山甲（鲮鲤科）科　Manidae

穿山甲[2]　*Manis pentadactyla* Linnaeus

兔形目　LAGOMORPHA

兔　科　Leporidae

华南兔（野兔）　*Lepus sinensis* Gray

啮齿目　RODENTIA

松鼠科　Sciuridae

赤腹松鼠　*Callosciurus erythraeus* Pallas

淡腹松鼠　*Callosciurus pygerythrus* Geoffroy

仓鼠科　Cricetidae

沼泽田鼠　*Microtus fortis* Büchner

黑腹绒鼠　*Eothenomys melanogaster* Milne-Edwards

鼠　科　Muridae

巢　鼠　*Micromys minutus* Pallas

黑线姬鼠　*Apodemus agrarius* Pallas

中华姬鼠　*Apodemus draco Barrett*-Hamilton

小家鼠　*Mus musoulus* Linnaeus

黄毛鼠　*Rattus losea* Swinhoe

褐家鼠　*Rattus norvegicus* Berkenhout

黄胸鼠　*Rattus flavipectus* Milne-Edwards

社　鼠　*Rattus niviventer* Hodgson

豪猪科　Hystricidae

豪　猪[3]　*Hystrix hodgsoni* Gray

鲸　目　CETACEA

鼠海豚科　Phocaenidae

江　豚[4]　*Neophocaena phocaenoides* G.Cuvier

食肉目　CARNIVORA

犬　科　Canidae

狼[5]　*Canis lupus* Linnaeus

狐　*Vulpes vulpes* Linnaeus

貉　*Nyctereutes procyonoides* Gray

①近年在湘湖小窑里吴山上曾发现猕猴。

②有铜色、铁色两种，今甚少。

③在云石等地有出现。

④俗称江猪，是一种小型齿鲸。湘湖师范学校生物实验室有标本保存。

⑤1977年，在大桥等山区有出现。

豺　*Cuon alpinus* Pallas

鼬　科　Mustelidae

青　鼬　*Martes flavigula* Boddaert

黄　鼬[①]（黄鼠狼）　*Mustela sibirica* Pallas

黄腹鼬　*Mustela kathiah* Hodgson

鼬（山）獾　*Melogale moschata* Gray

狗　獾　*Meles meles* Linnaeus

猪　獾　*Arctonyx collaris* F.Cuvier

水　獭[②]　*Lutra lutra* Linnaeus

灵猫科　Viverridae

小灵猫　*Viverricula indica* Desmarest

花面（果子）狸　*Paguma larvata* Hamilton－Smith

食蟹獴　*Herpestes urva* Hodgson

猫　科　Felidae

豹　猫（山猫）　*Felis bengalensis* Kerr

云　豹[③]　*Neofelis nebulosa* Griffith

豹[④]　*Panthera pardus* Linnaeus

偶蹄目　ARTIODACTYLA

猪　科　Suidae

野　猪　*Sus scrofa* Linnaeus

鹿　科　Cervidae

獐　*Hydropotes inermis* Swinhoe

小（黄）麂　*Muntiacus reevesi* Ogilby

黑麂　*Muntiacus crinifrons* Sclater

毛冠鹿　*Elaphodus cephalophus* Milne-Edwards

鸟　纲

16目、44科、227种。有留鸟和候鸟，候鸟可分冬候鸟、夏候鸟。因环境与气候的变化，有些候鸟因迁徙路径和数量发生变化，境内已难觅踪迹。

䴙䴘目　PODICIPEDIFORMES

䴙䴘科　Podicipedidae

小䴙䴘　*Podiceps ruficollis* (Pallas)

凤头䴙䴘　*Podiceps cristatus* (Linnaeus)

鹈形目　PELECANIFORMES

鹈鹕科　Pelecanidae

斑嘴鹈鹕　*Pelccanus philippensis* Gmelin

鸬鹚科　Phalacrocoracidae

鸬　鹚　*Phalacrocorax carbo* (Linnaeus)

鹳形目　CICONIIFORMES

①山区、平原均有。

②20世纪50年代，在永兴河上游及长山解放河曾有发现。

③民国时期，欢潭乡大岩山捕杀云豹1只。1998～2000年在欢潭大岩山和祝家暗弯山发现其足迹。

④1957年在云石山区猎得1只。

图3-7-84　小䴙䴘（2007年12月13日，徐文祥摄于萧山湘湖）

图3-7-85　野鸬鹚（2007年2月7日，徐文祥摄于萧山蜀山）

鹭 科 Ardeidae

苍 鹭 *Ardea cinerea* (Linnaeus)

绿 鹭 *Butorides striatus* (Linnaeus)

池 鹭 *Ardeola bacchus* (Bonaparte)

牛背鹭 *Bubulcus ibis* (Linnaeus)

大白鹭 *Egretta alba* (Linnaeus)

白 鹭 *Egretta garzetta* (Linnaeus)

中白鹭 *Egretta intermedia* (Wagler)

夜 鹭 *Nycticorax nycticorax* (Linnaeus)

黑 鳽 *Dupetor flavicollis* (Latham)

大麻鳽 *Botaurus stellaris* (Linnaeus)

图3-7-86 白鹭（2007年9月30日，徐文祥摄于萧山南门江）

雁形目 ANSERIFORMES

鸭 科 Anatidae

豆 雁 *Anser fabalis* (Latham)

白额雁 *Anser albifrons* (Scopoli)

小天鹅 *Cygnus columbianus* (Ord)

翘鼻麻鸭 *Tadorna tadorna* (Linnaeus)

针尾鸭 *Anas acuta* Linnaeus

绿翅鸭 *Anas crecca* Linnaeus

花脸鸭 *Anas formosa* Georgi

罗纹鸭 *Anas falcata* Georgi

绿头鸭（野鸭） *Anas platyrhynchos* Linnaeus

斑嘴鸭 *Anas poecilorhyncha* Forster

白眉鸭 *Anas querquedula* Linnaeus

琵嘴鸭 *Anas clypeata* Linnaeus

鸳 鸯 *Aix galericulata* (Linnaeus)

斑头秋沙鸭 *Mergus albellus* (Linnaeus)

普通秋沙鸭 *Mergus merganser* Linnaeus

图3-7-87 绿翅鸭（2007年12月29日，徐文祥摄于萧山湘湖）

隼形目 FALCONIFORMES

鹰 科 Accipitridae

鸢 *Milvus korschun* (Gmelin)

栗 鸢 *Haliastur indus* (Boddaert)

赤腹鹰 *Accipiter soloensis* (Horsfield)

雀 鹰 *Accipiter nisus* (Linnaeus)

松雀鹰 *Accipiter virgatus* (Temminck)

普通鵟 *Buteo buteo* (Linnaeus)

鹰 雕 *Spizaetus nipalensis* (Hodgson)

白头鹞 *Circus aeruginosus* (Linnaeus)

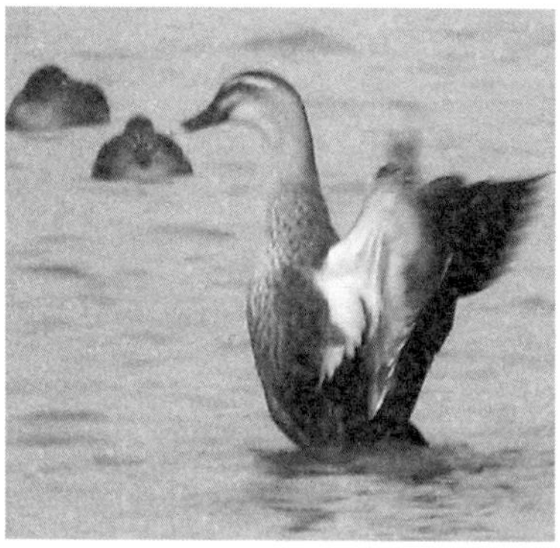

图3-7-88 斑嘴鸭（2007年12月29日，徐文祥摄于萧山湘湖）

隼　科　Falconidae

燕　隼　*Falco subbuteo* Linnaeus

红　隼　*Falco tinnunculus* Linnaeus

鸡形目　GALLIFORMES

雉　科　Phasianidae

鹌　鹑　*Coturnix coturnix* (Linnaeus)

灰胸竹鸡　*Bambusicola thoracica* (Temminck)

环颈雉　*Phasianus colchicus* Linnaeus

鹤形目　GRUIFORMES

三趾鹑科　Turnicidae

黄脚三趾鹑　*Turnix tanki* Blyth

鹤　科　Gruidae

白　鹤　*Grus leucogeranus* Pallas

秧鸡科　Rallidae

普通秧鸡　*Rallus aquaticus* Linnaeus

红脚苦恶鸟　*Amaurornis akool* (Sykes)

白胸苦恶鸟　*Amaurornis phoenicurus* (Pennant)

董　鸡　*Gallicrex cinerea* (Gmelin)

黑水鸡　*Gallinula chloropus* (Linnaeus)

鸻形目　CHARADRIIFORMES

鸻　科　Charadriidae

凤头麦鸡　*Vanellus vanellus* (Linnaeus)

金斑鸻　*Pluvialis dominica* (Muller)

剑　鸻　*Charadrius hiaticula* Linnaeus

金眶鸻　*Charadrius dubius* Scopoli

环颈鸻　*Charadrius alexandrinus* Linnaeus

红胸鸻　*Charadrius asiaticus* Pallas

鹬　科　Scolopacidae

白腰杓鹬　*Numenius arquata* Linnaeus

红腰杓鹬　*Numenius madagascariensis* (Linnaeus)

矶　鹬　*Tringa hypoleucos* Linnaeus

鹤　鹬　*Tringa erythropus* (Pallas)

红脚鹬　*Tringa totanus* (Linnaeus)

青脚鹬　*Tringa nebularia* (Gunnerus)

白腰草鹬　*Tringa ochropus* Linnaeus

林　鹬　*Tringa glareola* Linnaeus

针尾沙锥　*Capella stenura* (Bonaparte)

大沙锥　*Capella megala* (Swinhoe)

扇尾沙锥 *Capella gallinago* (Linnaeus)
丘 鹬 *Scolopax rusticola* Linnaeus
黑腹滨鹬 *Calidris alpina* Linnaeus
反嘴鹬科 Recurvirostridae
反嘴鹬 *Recurvirostra avosetta* Linnaeus
鸥形目 LARIFORMES
鸥 科 Laridae
黑尾鸥 *Larus crassirostris* Vieillot
海 鸥 *Larus canus* Linnaeus
银 鸥 *Larus argentatus* Pontoppidna
灰背鸥 *Larus schistisagus* Stejneger
红嘴鸥 *Larus ridibundus* Linnaeuss
黑嘴鸥 *Larus saundersi* (Swinhoe)
须浮鸥 *Chlidonias hybrida* (Pallas)
白翅浮鸥 *Chlidonias leucoptera* (Temminck)
红嘴巨鸥 *Hydroprogne tschegrara* (Lepechin)
白额燕鸥 *Sterna albifrons* Pallas
鸽形目 COLUMBIFORMES
鸠鸽科 Columbidae
山斑鸠 *Streptopelia orientalis* (Latham)
珠颈斑鸠 *Streptopelia chinensis* (Scopoli)
火斑鸠 *Oenopopelia tranquebarica* (Hermann)
鹃形目 CUCULIFORMES
杜鹃科 Cuculidae
红翅凤头鹃 *Clamator coromandus* (Linnaeus)
四声杜鹃 *Cuculus micropterus* Gould
大杜鹃 *Cuculus canorus* Linnaeus
中杜鹃 *Cuculus saturatus* Blyth
小杜鹃 *Cuculus poliocephalus* Latham
鸮形目 STRIGIFORMES
草鸮科 Tytonidae
草 鸮 *Tyto capensis* (Smith)
鸱鸮科 Strigidae
红角鸮 *Otus scops* (Linnaeus)
领角鸮 *Otus bakkamoena* Pennant
雕 鸮 *Bubo bubo* (Linnaeus)
领鸺鹠 *Glaucidium brodiei* (Burton)
斑头鸺鹠 *Glaucidium cuculoides* (Vigors)

夜鹰目　CAPRIMULGIFORMES

夜鹰科　Caprimulgidae

普通夜鹰　*Caprimulgus indicus* Latham

佛法僧目　CORACIIFORMES

翠鸟科　Alcedinidae

冠鱼狗　*Ceryle lugubris* (Temminck)

普通翠鸟　*Alcedo atthis* (Linnaeus)

白胸翡翠　*Halcyon smyrnensis* (Linnaeus)

蓝翡翠　*Halcyon pileata* (Boddaert)

佛法僧科　Coraciidae

三宝鸟　*Eurystomus orientalis* (Linnaeus)

戴胜科　Upupidae

戴　胜　*Upupa epops* Linnaeus

䴕形目　PICIFORMES

须䴕科　Capitonidae

大拟啄木鸟　*Megalaima virens* (Boddaert)

啄木鸟科　Picidae

蚁　䴕　*Jynx torquilla* Linnaeus

姬啄木鸟　*Picumnus innominatus* Burton

黑枕绿啄木鸟　*Picus canus* Gmelin

斑啄木鸟　*Dendrocopos major* Linnaeus

星头啄木鸟　*Dendrocopos canicapillus* (Blyth)

雀形目　PASSERIFORMES

百灵科　Alaudidae

云　雀　*Alauda arvensis* Linnaeus

小云雀　*Alauda gulgula* Franklin

燕　科　Hirundinidae

家　燕　*Hirundo rustica* Linnaeus

金腰燕　*Hirundo daurica* Linnaeus

〔白腹〕毛脚燕　*Delichon urbica* (Linnaeus)

鹡鸰科　Motacillidae

山鹡鸰　*Dendronanthus indicus* (Gmelin)

黄鹡鸰　*Motacilla flava* Linnaeus

灰鹡鸰　*Motacilla cinerea* Tunstall

白鹡鸰　*Motacilla alba* Linnaeus

水　鹨　*Anthus spinoletta* Linnaeus

山　鹨　*Anthus sylvanus* (Hodgson)

山椒鸟科　Campephagidae

图3-7-89　灰鹡鸰（2007年11月28日，徐文祥摄于萧山河上镇）

图3-7-90　白鹡鸰（2007年11月24日，徐文祥摄于萧山市心北路）

暗灰鹃鵙 *Coracina melaschistos* (Hodgson)
粉红山椒鸟 *Pericrocotus roseus* (Vieillot)
灰山椒鸟 *Pericrocotus divaricatus* (Raffles)

鹎 科 Pycnonotidae

绿鹦嘴鹎 *Spizixos semitorques* Swinhoe
黄臀鹎 *Pycnonotus xanthorrhous* Anderson
白头鹎 *Pycnonotus sinensis* (Gmelin)

伯劳科 Laniidae

虎斑伯劳 *Lanius tigrinus* Drapiez
牛头伯劳 *Lanius bucephalus* Temminck et Schlegel
棕背伯劳 *Lanius schach* Linnaeus

图3-7-91 棕背伯劳（2007年12月13日，徐文祥摄于萧山湘湖）

黄鹂科 Oriolidae

黑枕黄鹂 *Oriolus chinensis* Linnaeus

卷尾科 Dicruridae

灰卷尾 *Dicrurus leucophaeus* Vieillot
发冠卷尾 *Dicrurus hottentottus* (Linnaeus)

椋鸟科 Sturnidae

北椋鸟 *Sturnus sturninus* (Pallas)
丝光椋鸟 *Sturnus sericeus* (Gemlin)
八 哥 *Acridotheres cristatellus* (Linnaeus)

图3-7-92 丝光椋鸟（2007年11月14日，徐文祥摄于萧山市心南路）

鸦 科 Corvidae

松 鸦 *Garrulus glandarius* (Linnaeus)
红嘴蓝鹊 *Cissa erythrorhyncha* (Boddaert)
喜 鹊 *Pica pica* (Linnaeus)
灰树鹊 *Crypsirina formosae* (Swinhoe)
秃鼻乌鸦 *Corvus frugilegus* Linnaeus
寒 鸦 *Corvus monedula* Linnaeus
大嘴乌鸦 *Corvus macrorhynchus* Wagler
白颈鸦 *Corvus torquatus* Lesson

河乌科 Cinclidae

褐河乌 *Cinclus pallasii* Temminck

鹪鹩科 Troglodytidae

鹪 鹩 *Troglodytes troglodytes* (Linnaeus)

鹟 科 Muscicapidae

红点颏 *Luscinia calliope* (Pallas)
蓝歌鸲 *Luscinia cyane* (Pallas)
红胁蓝尾鸲 *Tarsiger cyanurus* (Pallas)
鹊 鸲 *Copsychus saularis* (Linnaeus)

图3-7-93 北红尾鸲（2007年12月29日，徐文祥摄于萧山湘湖）

图3-7-94 虎斑地鸫（2007年11月28日，徐文祥摄于萧山河上镇）

图3-7-95 画眉（2007年11月28日，徐文祥摄于萧山河上镇）

北红尾鸲 *Phoenicurus auroreus* (Pallas)
红尾水鸲 *Rhyacornis fuliginosus* (Vigors)
白尾斑〔地〕鸲 *Cinclidium leucurum* (Hodgson)
灰背燕尾 *Enicurus schistaceus* (Hodgson)
黑背燕尾 *Enicurus leschenaulti* (Vieillot)
黑喉石〔鵖〕 *Saxicola torquata* (Linnaeus)
灰林鵖 *Saxicola ferrea* (Gray)
蓝头矶鸫 *Monticola cinclorhynchus* (Vigors)
蓝矶鸫 *Monticola solitaria* (Linnaeus)
紫啸鸫 *Myiophoneus caeruleus* (Scopoli)
白眉地鸫 *Zoothera sibirica* (Pallas)
虎斑地鸫 *Zoothera dauma* (Latham)
灰背鸫 *Turdus hortulorum* Sclater
乌灰鸫 *Turdus cardis* Temminck
乌　鸫 *Turdus merula* Linnaeus
斑鸫（北方亚种） *Turdus naumanni* Temminck
锈脸钩嘴鹛 *Pomatorhinus erythrogenys* Vigors
棕颈钩嘴鹛 *Pomatorhinus ruficollis* Hodyson
小鳞鷦鹛 *Pnoepyga pusilla* Hodgson
丽星鹩鹛 *Spelaeornis formosus* (Walden)
红头穗鹛 *Stachyris ruficeps* Blyth
黑脸噪鹛 *Garrulax perspicillatus* (Gmelin)
灰翅噪鹛 *Garrulax cineraceus* (Godwin-Austen)
棕噪鹛 *Garrulax poecilorhynchus* Gould
画　眉 *Garrulax canorus* (Linnaeus)
红嘴相思鸟 *Leiothrix lutea* (Scopoli)
灰眶雀鹛 *Alcippe morrisonia* Swinhoe
棕头鸦雀 *Paradoxornis webbianus* (Gray)
灰头鸦雀 *Paradoxornis gularis* Gray
鳞头树莺 *Cettia squameiceps* (Swinhoe)
短翅树莺 *Cettia diphone* (Kittlitz)
山树莺 *Cettia fortipes* (Hodgson)
黄腹树莺 *Cettia acanthizbides* (Verreaux)
小蝗莺 *Locustella certhiola* (Pallas)
大苇莺 *Acrocephalus arundinaceus* Linnaeus
黄眉柳莺 *Phylloscopus inornatus* (Blyth)
黄腰柳莺 *Phylloscopus proregulus* (Pallas)
极北柳莺 *Phylloscopus borealis* (Blasius)

灰脚柳莺 *Phylloscopus tenellipes* Swinhoe
冕柳莺 *Phylloscopus coronatus* (Temminck et Schlegel)
棕脸鹟莺 *Seicercus albogularis* (Horsfield et Moore)
棕扇尾莺 *Cisticola juncidis* (Rafinesque)
褐头鹪莺（华南亚种） *Prinia subflava* (Gmelin)
褐山鹪莺 *Prinia polychroa* (Temminck)
白喉林鹟 *Rhinomyias brunneata* (Slater)
白眉姬鹟 *Ficedula zanthopygia* (Hay)
黄眉姬鹟 *Ficedula narcissina* (Temminck)
鸲姬鹟 *Ficedula mugimaki* (Temminck)
白腹蓝姬鹟 *Ficedula cyanomelana* (Temminck)
乌　鹟 *Muscicapa sibirica* Gmelin
斑胸鹟 *Muscicapa griseisticta* (Swinhoe)
北灰鹟 *Muscicapa latirostris* Raffles
寿带〔鸟〕 *Terpsiphone paradii* (Linnaeus)

山雀科 Paridae
大山雀（华北亚种） *Parus major* Linnaeus
黄腹山雀 *Parus venustulus* Swinhoe
银喉（长尾）山雀 *Aegithalos caudatus* (Linnaeus)
红头（长尾）山雀 *Aegithalos concinnus* (Gould)

䴓　科 Sittidae
普通䴓 *Sitta europaea* Linnaeus

攀雀科 Remizidae
攀　雀 *Remiz pendulinus* (Linnaeus)

绣眼鸟科 Zosteropidae
暗绿绣眼鸟 *Zosterops japonica* Temminck et Schlegel

文鸟科 Ploceidae
〔树〕麻　雀 *Passer montanus* (Linnaeus)
山麻雀 *Passer rutilans* (Temminck)
白腰文鸟 *Lonchura striata* (Linnaeus)
斑文鸟 *Lonchura punctulata* (Linnaeus)

雀　科 Fringillidae
燕　雀 *Fringilla montifringilla* Linnaeus
金翅雀 *Carduelis sinica* (Linnaeus)
黄　雀 *Carduelis spinus* (Linnaeus)
黑头蜡嘴雀 *Eophona personata* (Temminck et Schlegel)
黑尾蜡嘴雀 *Eophona migratoria* Hartert
锡嘴雀 *Coccothraustes coccothraustes* (Linnaeus)

图3-7-96　大山雀（2007年12月4日，徐文祥摄于萧山北干山）

图3-7-97　红头长尾山雀（2007年12月4日，徐文祥摄于萧山北干山）

图3-7-98　斑文鸟（2007年11月27日，徐文祥摄于萧山西山）

栗　鹀　*Emberiza rutila* Pallas

黄胸鹀　*Emberiza aureola* Pallas

黄喉鹀　*Emberiza elegans* Temminck

三道眉草鹀　*Emberiza cioides* Brandt

赤胸鹀　*Emberiza fucata* Pallas

田　鹀　*Emberiza rustica* Pallas

小　鹀　*Emberiza pusilla* Pallas

黄眉鹀　*Emberiza chrysophrys* Pallas

白眉鹀　*Emberiza tristrami* Swinhoe

红颈苇鹀　*Emberiza yessoensis* (Swinhoe)

凤头鹀　*Melophus lathami* (Gray)

图3-7-99　小鹀（2007年12月26日，徐文祥摄于萧山湘湖）

爬行纲

3目、9科、41种。

龟鳖目　TESTUDOFORMES

龟　科　Testudinidae

平胸龟（鹰嘴龟）　*Platysternon megacephalum* Gray

乌　龟　*Chinemys reevesii* (Gray)

鳖　科　Trionychidae

鳖　*Trionyx sinensis* Wiegmann

图3-7-100　石龙子（2007年5月8日，楼信权摄于萧山湘湖）

蜥蜴目　LACERTIFORMES

壁虎科　Gekkonidae

铅山壁虎　*Gekko hokouensis* Pope

多疣壁虎　*Gekko japonicus* (Dumeril et Bibron)

蹼趾壁虎　*Gekko subpalmatus* Guenther

图3-7-101　蝘蜓（2006年6月15日，楼信权摄于萧山所前）

石龙子科　Scincidae

中国石龙子　*Eumeces chinensis* (Gray)

蓝尾石龙子　*Eumeces elegans* Boulenger

宁波滑蜥　*Scincella modestum* (Guenther)

蝘　蜓　*Lygosoma indicum* (Gray)

蜥蜴科　Lacertidae

北草蜥　*Takydromus septentrionalis* Guenther

蛇蜥科　Anguidae

脆蛇蜥　*Ophisaurus harti* Boulenger

蛇[①]目　SERPENTIFORMES

游蛇科　Colubridae

黑脊蛇　*Achalinus spinalis* Peters

钝尾两头蛇　*Calamaria septentrionalis* Boulenger

赤链蛇　*Dinodon rufozonatum* (Cantor)

①蛇分毒蛇、无毒蛇。萧山毒蛇有6种，即银环蛇、眼镜蛇、五步蛇、蝮蛇、竹叶青、烙铁头。无毒蛇有20余种。

黄链蛇 *Dinodon flavozonatum* Pope

双斑锦蛇 *Elaphe bimaculata* Schmidt

王锦蛇（菜花蛇） *Elaphe carinata* (Guenther)

玉斑锦蛇 *Elaphe mandarina* (Cantor)

红点锦蛇 *Elaphe rufodorsata* (Cantor)

黑眉锦蛇 *Elaphe taeniura* Cope

颈棱蛇 *Macropisthodon rudis rudis* Boulenger

水赤链游蛇（水蛇） *Natrix annularis* (Hallowell)

锈链游蛇 *Natrix craspedogaster* (Boulenger)

乌游蛇 *Natrix percarianta percarinata* (Boulenger)

渔游蛇 *Natrix piscator* (Schneider)

草游蛇 *Natrix stolata* (Linnaens)

虎斑游蛇 *Natrix tigrina lateralis* (Berthold)

中国小头蛇 *Oligodon chinensis* (Guenther)

翠青蛇 *Opheodrys major* (Guenther)

灰鼠（青梢）蛇 *Ptyas korros* (Schlegel)

滑鼠蛇 *Ptyas mucosus* (Linnaeus)

黑头剑蛇 *Sibynophis chinensis* (Guenther)

乌梢蛇 *Zaocys dhumnades* (Cantor)

绞花林蛇 *Boiga kraepelini* Stejneger

眼镜蛇科 Elapidae

银环蛇[1] *Bungarus multicinctus* Blyth

眼镜蛇 *Naja naja atra* (Cantor)

蝰　科 Viperidae

五步蛇（蕲蛇）[2] *Agkistrodon acutus* (Guenther)

蝮　蛇 *Agkistrodon blomhoffii brevicaudus* Stejneger

烙铁头 *Trimeresurus mucrosquamatus* (Cantor)

竹叶青 *Trimeresurus stejnegeri* Schmidt

两栖纲

2目、8科、21种。

蝾螈目 SALAMANDRIFORMES（有尾目CAUDATA）

小鲵科 Hynobiidae

义乌小鲵[3] *Hynobius yiwuensis* Cai

蝾螈科 Salamandridae

东方蝾螈 *Cynops orientalis* (David)

蛙形目 RANIFORMES（无尾目ANURA）

锄足蟾科 Pelobatidae

淡肩角蟾 *Megophrys boettgeri* (Boulenger)

图3-7-102　颈棱蛇（2006年10月4日，楼信权摄于萧山云石）

图3-7-103　虎斑游蛇（2007年5月20日，楼信权摄于萧山石牛山）

图3-7-104　蝮蛇（2005年6月26日，楼信权摄于萧山北干山）

①银环蛇生活于山脚水沟边，昼伏夜出，毒性极强。咬后不痛、不肿，潜伏期1至4小时，一旦出现症状，死亡率极高。

②也称尖吻蝮，分布于楼塔、云石等山区，数量稀少。

③20世纪70年代，欢潭村、岳驻村一带有发现。有学者认为是中国小鲵（HynobiuschinensisGuenther）的同物异名。

图3-7-105　义乌小鲵（2006年2月24日，楼信权摄于萧山欢潭）

图3-7-106 黑斑蛙（2005年8月17日，楼信权摄于萧山湘湖）

图3-7-107 大树蛙（2005年7月3日，楼信权摄于萧山大坞头）

蟾蜍科（癞蛤蟆） Bufonidae

中华中华亚种 *Bufo bufo gargarizans* Cantor

雨蛙科 Hylidae

中国雨蛙 *Hyla chinensis* Guenther

蛙 科 Ranidae

弹琴蛙 *Rana adenopleura* Boulenger

沼 蛙 *Rana guentheri* Boulenger

日本林蛙 *Rana japonica japonica* Guenther

阔褶蛙 *Rana latouchii* Boulenger

泽蛙（狗乌田鸡） *Rana limnocharis* Boie

黑斑蛙（青蛙） *Rana nigromaculata* Hallowell

花臭蛙 *Rana schmackeri* Boettger

棘胸蛙（石鸡） *Rana spinosa* David

虎纹蛙 *Rana tigrina rugulosa* Wiegmann

金线侧褶蛙 *Pelophylax plancyi* Lataste

华南湍蛙 *Staurois ricketti* (Boulenger)

树蛙科 Rhacophoridae

大树蛙 *Rhacophrous dennysi* Blanford

斑腿树蛙 *Rhacophrous leucomystax* (Gravenhorst)

姬蛙科 Microhylidae

饰纹姬蛙 *Microhyla ornata* (Duumeril et Bibron)

小弧斑姬蛙 *Microhyla heymonsi* Vogt

北方狭口蛙 *Kaloula borealis* (Barbour)

鱼 纲

15目、35科、142种，包括钱塘江下游鱼类和内河鱼类。

鲼形目 MYLIOBATIFORMES

魟 科 Dasyatidae

奈氏魟 *Dasyatis navarrae* (Steindachner)

鲟形目 ACIPENSERIFORMES

鲟 科 Acipenseridae

中华鲟[①] *Acipenser sinensis* Gray

鲱形目 CLUPEIFORMES

鲱 科 Clupeidae

鲥[②] *Macrura reeversii* (Richardson)

鳓 *Ilisha elongata* Bennett

鳀 科 Engraulidae

黄 鲫 *Setipinna taty* (Valenciennes)

凤 鲚 *Coilia mystus* Linnaeus

①大型洄游鱼类，极稀少。20世纪50年代，钱塘江内曾存在过中华鲟鱼群，后数量急剧减少，乃至绝迹。近年钱塘江偶有零星发现，疑为长江流域投放幼苗洄游所致。

②体白色如银，肉质鲜嫩味美。产于义桥、闻堰附近江中。清代萧山王端履《重论文斋笔录》载："鲥鱼出吾邑，兴于富阳淡水咸水交界间，渔人宵见水面有微光晃漾，举网取之便得，价较他鱼为昂，欲购者多趋于闻堰市。"20世纪90年代后无捕获。

刀鲚（长颌鲚）　*Coilia ectenes* Jordan et Seale

银鱼科　Salangidae

大银鱼　*Protosalanx hyalocanius* (Abbott)

长臂银鱼　*Salanx longiannalis* Regan

太湖新银鱼　*Neosalanx tangkankeii taihuensis* Chen

鳗鲡目　ANGUILLIFORMES

鳗鲡科　Anguillidae

鳗　鲡（俗称河鳗）　*Anguilla japonica* Temminck et Schlegel

花　鳗　*Anguilla marmorata* Quoy et Gaimard

鲤形目　CYPRINIFORMES

鲤　科　Cyprinidae

鳡（横鲇）　*Elopichthys bambusa* (Richardson)

蓝氏鲹鱼　*Phoxinus lagowskii variegatus* (Günther)

赤眼鳟　*Squaliobarbus curriculus* (Richardson)

青　鱼（螺蛳青）　*Mylopharyngodon piceus* (Richardson)

草　鱼　*Ctenopharyngodon idellus* (Cuvier et Valencinnes)

陆氏黑线䱗　*Atrilinea roulei* (Wu)

细鳞斜颌鲴　*Plagiognathops microleps* (Bleeker)

银　鲴（黄尾巴）　*Xenocypris argentea* Günther

鲢（鲢鱼、白链）　*Hypophthalmichthys molitrix* (Cuvier et Valenciennes)

鳙（俗称胖头鱼）　*Aristichthys nobilis* (Richardson)

中华鳑鲏（鳑鲏头）　*Rhodeus sinensis* Günther

高体鳑鲏　*Rhodeus ocellatus* (Kner)

彩石鲋　*Pseudoperilampus light* Wu

大鳍鱊　*Acheilognathus macropterus* Bleeker

越南鱊　*Acheilognathus tonkinensis* Vaillant

兴凯鱊　*Acheilognathus chankaensis* (Dybowsky)

短须鱊　*Acheilognathus barbatulus* Günther

无须鱊　*Acheilognathus gracilis* Nichols

广西副鱊　*Paracheilognathus meridianus* Wu

似　鲚（锯齿鳊）　*Toxabramis swinhonis* Günther

䱗　条　*Hemiculter leucisculus* (Basilewsky)

油　䱗　*Hemiculter bleekeri* Warpachowsky

红鳍鲌　*Culter erythropterus* Basilewsky

银飘鱼　*Pseudolaubuca sinensis* Bleeker

寡鳞飘鱼　*Pseudolaubuca engraulis* (Nichols)

伍氏白鱼　*Anabarilius wui* (Wang)

三角鲂（塔鳊） *Megalobrama terminalis* (Richardson)

团头鲂（鳊鱼、武昌鱼） *Megalobrama amblycephala* Yih

翘嘴红鲌（翘嘴巴） *Erythroculter ilishaeformis* (Bleeker)

蒙古红鲌（红尾巴） *Erythroculter mongolicus* (Basilewsky)

青梢红鲌 *Erythroculter dabryi* (Bleeker)

拟尖红鲌 *Erythroculter oxycephaloides* Yi et Zhu

鳊（长春鳊） *Parabramis pekinensis* (Basilewsky)

花 䱻 *Hemibarbus maculatus* Bleeker

唇 䱻 *Hemibarbus laleo* (Pallas)

钱江䱻（新种） *Hemibarbus qianjiangensis* Yu.

似 䱻 *Belligobio nummifer* (Boulenger)

麦穗鱼 *Pseudorasbora parva* (Temminck et Schlegel)

华 鳈 *Sarcocheilichthys sinensis*～Bleeker

江西鳈 *Sarcocheilichthys kiangsiensis* Nichols

黑鳍鳈 *Sarcocheilichthys nigripinnis*～(Günther)

西湖银鮈 *Squalidus sihuensis* Chu

点纹银鮈 *Squalidus wolterstorffi* Regan

似 鮈 *Pseudogobio vaillanti vaillanti* (Sauvage)

铜 鱼 *Coreius heterodon* Bleeker

棒花鱼 *Abbottina rivularis* (Basilewsky)

福建棒花鱼 *Abbottina fukiensis* (Nichols)

乐山棒花鱼 *Abbottina kiatingensis* (Wu)

福建小鳔鮈 *Microphysogobio fukiensis* (Nichols)

建德小鳔鮈 *Microphysogobio tafangensis* (Wang)

蛇 鮈 *Saurogobio dabryi* Bleeker

长蛇鮈 *Saurogobio dumerili* Bleeker

光唇蛇鮈 *Saurogobio gymnocheilus* Lo et al.

光倒刺鲃 *Spinibarbus hollandi* (Oshima)

刺 鲃 *Spinibarbus caldwelli* (Nichols)

光唇鱼 *Acrossocheilus fasciatus* (Steindachner)

鲤 *Cyprinus carpio* Linnaeus

鲫 *Carassius auratus* (Linnaeus)

白 鲫 *Carassius cuvieri* Temminck et Schlegel

银 鲫 *Carassius auratus gibelio* (Bloch)

中华细鲫 *Aphyocypris chinensis* Günther

南方马口鱼 *Opsariichthys uncirostris bidens* Günther

鳡 鱼 *Ochetobius elongnatus* (Kner)

鱲 鱼 *Zacco platypus* (Temmick et Schlegel)

杜氏拟鳊 *Pseudopraama dumerili* Bleeker

圆吻鲴 *Distoechodon tumirostris* Peters

大眼华鳊 *Sinibrama macrops* Günther

裸胸鳅鮀 *Gobiobotia tungi* Fang

鳅 科 Cobitidae

泥 鳅 *Misgurnus anguillicaudatus* (Cantor)

大鳞副泥鳅 *Paramisgurnus dabryanus* Sauvage

鲶形目 SILURIFORMES

鲶 科 Siluridae

鲶 *Silurus asotus* Linnaeus

南方大口鲶 *Silurus soldatovi meridionalis* Chen

胡鲶（胡子鲶） *Clarias batrachus* Linnaeus

革胡子鲶 *Clarias leather*

海鲶科 Ariidae

中华海鲶 *Arius sinensis* Lacepede

鮠 科 Bagridae

黄颡鱼 *Pseudobagrus fulvidraco* (Richardson)

光泽黄颡鱼 *Pseudobagrus nitidus* Sauvage et Dabry

岔尾（长须）黄颡鱼 *Pseudobagrus eupogon* Boulenger

瓦氏黄颡鱼 *Pseudobagrus vachelli* Richardson

长吻鮠 *Leiocassis longirostris* Günther

粗唇鮠 *Leiocassis crassilabris* Günther

切尾鮠 *Leiocassis truncatus* Regan

白边鮠 *Leiocassis albomarginatus* Rendhal

长尾鮠鱼 *Leiocassis tenius* (Günther)

切尾鮠鱼 *Leiocassis truncatus* Regan

圆尾鮠鱼 *Leiocassis taeniatus* (Günther)

短尾鮠鱼 *Leiocassis brevicaudatus* Wu

鉠 科 Amblycipitidae

鳗尾鉠 *Liobagrus anguillicauda* Nichols

鮡 科 Sisoridae

福建纹胸鮡 *Glyptothorax fukiensis* Rendahl

鳉形目 CYPRINODONTIFORMES

鳉 科 Cyprinodontidae

青鳉（白眼鳉鳉） *Apochleilus latipes* (Temminck et Schlegel)

颌针鱼目 BLONIFORMES

鱵 科 Hemirhamphidae

间下鱵（一名姜公鱼，产于南门江及湘湖.） *Hyporhamphus*

intermedius Cantor

沙氏下鱵 *Hyporhamphus sajori* (Temminck et Schlegel)

鲻形目 MUGILIFORMES

鲻　科 Mugilidae

鲻[1] *Mugil cephalus* Linnaeus

鲹 *Liza haematocheila* (Temminck et Schlegel)

①鲻、鳗、鲹这三种天然鱼苗是萧山优势资源。

弓鲅目 POLYNEMIFORMES

马鲅科 Polynemidae

四指马鲅 *Eleutheronema tetradactylum* (Shaw)

合鳃目 SYNBRANCHIFORMES

合鳃科 Synbranchidae

黄　鳝 *Monopterus albus* (Zuiew)

鲈形目 PERCIFORMES

鮨　科 Serranidae

花　鲈 *Lateolabrax japonicus* (Cuvier et Valenciennes)

鳜[2] *Siniperca chuatsi* (Basilewsky)

②亦称季花鱼、桂鱼。

波纹鳜 *Siniperca undulata* Fang et Chong

斑鳜 *Siniperca scherzeri* Steindachner

暗鳜 *Siniperca obscura* Nichols

长身鳜 *Siniperca roulei* Wu

鲡鲷科 Cichlidae

尼罗鲡鲷 *Oreochromis niloticus* (Linnaeus)

莫桑鼻克鲡鲷 *Oreochromis mossambicus* (Peters)

石首鱼科 Sciaenidae

鮸 *Miichthys miiuy* Basilewsky

棘头梅童鱼 *Collichthys lucidus* Richardson

䲢　科 Uranoscopidae

日本䲢 *Uranoscopus japonicus* Houttuyn

鲔　科 Callionymidae

香　鲔 *Callionymus olidus* Günther

塘鳢科 Eleotridae

尖头塘鳢 *Eleotris oxycephala* Temminck et Schlegel

沙塘鳢[3] *Odontobutis obscura* (Temminck et Schlegel)

③俗名土步鱼，又名杜父鱼，出湘湖者为最，桃花水涨时为佳。

图3-7-108　沙塘鳢（2006年，杨贤兴摄于南门江）

黄鲏鱼 *Hypseleotris swinhonis* (Günther)

鰕虎鱼科 Gobiidae

纹缟鰕虎鱼 *Tridentiger trigonocephalus* Gill

斑尾复鰕虎鱼 *Synechogobius ommaturus* Richardson

子陵吻鰕虎鱼 *Cfenogvbius giurinus* (Rutter)

弹涂鱼科 Periophthalmidae

弹涂鱼 *Periophthalmus cantonensis* (Osbeck)

鳗鰕虎鱼科 Taenioididae

红狼牙鰕虎鱼 *Odontamblyopus rubicumdus* (Hamilton-Buchanan)

斗鱼科 Belontiidae

圆尾斗鱼（烧香鳑鲏） *Macropodus chinensis* (Bloch)

鳢 科 Ophiocephalidae

乌鳢（黑鱼） *Ophiocephalus argus* Cantor

刺鳅科 Mastacembelidae

刺 鳅 *Mastacembelus aculeatus* (Basilewsky)

鲉形目 SCORPAENIFORMES

杜父鱼科 Cottidae

松江鲈鱼（四鳃鲈） *Trachidermus fasciatus* Heckel

鲽形目 PLEURONECTIFORMES

牙鲆科 Paralichthyidae

中华花布鲆 *Tephrinectes sinensis* (Lacépède)

鲽 科 Pleuronectidae

圆斑星鲽 *Verasper variegatus* Temminck et Schlegel

舌鳎科 Cynoglossidae

短吻红舌鳎[①] *Cynoglossus joyneri* Günther

窄体舌鳎 *Cynoglossus gracilis* Günther

褐斑三线舌鳎 *Cynoglossus trigrammus* Günther

鲀形目 TETRAODONTIDAE

鲀 科 Tetraodontidae

星点东方鲀 *Fugu niphobles* (Jordan et Snyder)

弓斑东方鲀 *Fugu ocellatus* (Linnaeus)

暗色东方鲀 *Fugu obscurus* (Abe)

双斑东方鲀 *Fugu bimaculatus* (Richardson)

黄鳍东方鲀 *Fugu xanthopterus* (Temminck et Schlegel)

红鳍东方鲀 *Fugu rubripes* (Temminck et Schlegel)

昆虫纲

种类分布范围极广，是无脊椎动物中登陆最成功的一个类群，种类极多，数量相当庞大。境内的昆虫属鳞翅目的有蝶类181种，蛾类2000余种[②]；属蜻蜓目的有黄蜻、红蜻、异色灰蜻、白尾灰蜻、玉带蜻、伪蜓、碧伟蜓、尖板曦箭蜓、小尾箭蜓、巨圆臀大蜓、华黄蟌、白扇蟌、透顶单脉色蟌等；属鞘翅目（该目种类统称为甲虫）的有中国虎甲、拉步甲、独角仙、黑金龟子、铜绿金龟子、扁锯锹甲、黄条跳甲、隐翅甲、星天牛、桑天牛、褐天牛、七星瓢虫、大红瓢虫、异色瓢虫、龟纹瓢虫、马铃薯瓢虫、萤火虫、水龟虫、黄叶

①舌鳎，亦称箬鳎鱼。

②诱虫灯下的常见蛾子有：螟蛾科的二化螟、三化螟、稻纵卷叶螟、玉米螟、菜螟、豆荚螟；夜蛾科的小地老虎、粘虫、棉铃虫、大螟、稻螟蛉、斜纹夜蛾、甜菜夜蛾、淡剑纹夜蛾、银纹夜蛾；尺蛾科的大叶黄杨尺蛾、大造桥虫；舟蛾科的榆掌舟蛾、杨天社蛾；刺蛾科的丽绿刺蛾、黄刺蛾、扁刺蛾、褐刺蛾；毒蛾科的白毒蛾、大豆毒蛾、红腹竹毒蛾；枯叶蛾科的马尾松毛虫、绿黄毛虫；天蚕蛾科的柳天蚕蛾、樟天蚕蛾；天蛾科的霜天蛾、蓝目天蛾、甘薯天蛾、豆天蛾、芋双线天蛾；麦蛾科的棉红铃虫；菜蛾科的小菜蛾；豹蠹蛾科的咖啡木蠹蛾等。

①在云石、所前偶有所见。

图3-7-109　玉带凤蝶（2007年9月26日，楼信权摄于萧山湘湖）

图3-7-110　金凤蝶（2007年10月24日，楼信权摄于萧山楼塔）

图3-7-111　铁木剑凤蝶（2008年4月6日，楼信权摄于萧山西山）

图3-7-112　斑缘豆粉蝶（2007年9月14日，楼信权摄于萧山湘湖）

虫、蓝叶虫、豆芫菁、黄边龙虱、黄守瓜、粉蠹、谷蠹等；属同翅目的有蚱蝉、蟪蛄、斑衣蜡蝉、黑尾叶蝉、小绿叶蝉、褐稻虱、白背飞虱、灰飞虱、白粉虱、梧桐木虱、多种蚜虫、介壳虫等；属直翅目的有棉蝗、日本黄脊蝗、中华稻蝗、负蝗、云斑车蝗、螽蟖、非洲蝼蛄、蟋蟀、油葫芦、灶马等；属等翅目的有家白蚁、黄胸散白蚁、黑翅土白蚁等；属双翅目的有牛虻、家蝇、麻蝇、金蝇、寄生蝇、美洲斑潜蝇、豌豆潜叶蝇、伊蚊、库蚊、按蚊、大蚊、蕈蚊等；属半翅目的有麻皮蝽、稻黑蝽、棉红蝽、猎蝽、负子蝽、蝎蝽、大田鳖等，温带臭虫已难见到；属膜翅目的有蜜蜂（中国蜂、意大利蜂）、长脚胡蜂、姬蜂、寄生蜂、小麦叶蜂、蚂蚁等。还有竹节虫、蠼螋、地鳖、蟑螂、跳虫、蜉蝣、蝶角蛉、大草蛉及其他各目昆虫。

因资料不全，难以全面记录，仅以鳞翅目蝶类（181种）为典型代表记之。

凤蝶科　Papilionidae（24种）

金裳凤蝶[①]　*Troides aeacus*（Felder）

麝凤蝶　*Byasa alcinous*（Klug）

灰绒麝凤蝶　*Byasa mencius*（Felder et Felder）（C.&.R Felder）

红珠凤蝶　*Pachliopta aristolochiae*（Fabricius）

小黑斑凤蝶　*Chilasa epycides agestcrides*（Fruhstorfer）

蓝凤蝶　*Papilio protenor* Cramer

美妹凤蝶　*Papilio macilentus* Janson

玉带凤蝶　*Papilio polytes* Linnaeus

玉斑凤蝶　*Papilio helenus* Linnaeus

碧凤蝶　*Papilio bianor* Cramer

穹翠凤蝶　*Papilio dialis* Leech

绿带翠凤蝶　*Papilio maackii* Menetries

柑橘凤蝶　*Papilio xuthus* Linndeus

金凤蝶　*Papilio machaon* Linnaeus

宽尾凤蝶　*Agehana elwesi* Leech

青凤蝶　*Graphium Sarpedon* Linndaeus

木兰青凤蝶　*Graphium doson* Felder et Felder

宽带青凤蝶　*Graphium cloanthus* Westwood

升天剑凤蝶　*Pazala euroa* Leech

金斑剑凤蝶　*Pazala alebion* Gray

铁木剑凤蝶　*Pazala timur* Ney

华夏剑凤蝶　*Pazala mandarina* Oberthur

丝带凤蝶　*Sericinus montelus* Gray

中华虎凤蝶　*Luehdorfia chinensis* Leech

粉蝶科　Pieridae（11种）

斑缘豆粉蝶　*Colias erate*（Esper）

尖角黄粉蝶 *Eurema laeta* Boisduval
宽边黄粉蝶 *Eurema hecabe* (Linnaeus)
尖钩粉蝶 *Gonepteryx mahaguru* Gistel
钩粉蝶 *Gonepteryx rhamni* Linnaeus
圆翅钩粉蝶 *Gonepteryx amintha* Blanchard
菜粉蝶 *Pieris rapae* Linnaeus
东方菜粉蝶 *Pieris canidia* Sparrman
暗脉菜粉蝶 *Pieris napi* Linnaeus
黄尖襟粉蝶 *Anthocharis scolymus* Butler
橙翅襟粉蝶 *Anthocharis bambusarum* Oberthur

图3-7-113 橙翅襟粉蝶（2007年3月21日，楼信权摄于萧山百药山）

斑蝶科 Danaldae（2种）
金斑蝶 *Danaus chrysippus* (Linnaeus)
虎斑蝶 *Danaus genutia* Cramer
环蝶科 Amathusiidae（1种）
箭环蝶[①] *Stichophthalma howqua* (Westwood)
喙蝶科 LibytheidaE（1种）
朴喙蝶 *Libythea celtis* Laicharting
珍蝶科 Acraeidae（1种）
苎麻珍蝶 *Acraea issoria* (Hubner)
眼蝶科 Satyridae（28种）
稻暮眼蝶 *Melanitis leda* (Linnaeus)
黛眼蝶 *Lethe dura* (Marshall)
曲纹黛眼蝶 *Lethe chandica* Moore
连纹黛眼蝶 *Lethe syrcis* (Hewitson)
边纹黛眼蝶 *Lethe marginalis* Motschulsky
苔娜黛眼蝶 *Lethe diana* (Butler)
直带黛眼蝶 *Lethe lanaris* Butler
蛇神黛眼蝶 *Lethe satyrina* Butler
黄斑荫眼蝶 *Neope pulaha* (Moore)
布莱荫眼蝶 *Neope bremeri* (Felder)
蒙链荫眼蝶 *Neope muirheadi* (Felder)
丝链荫眼蝶 *Neope yama* (Moore)
宁眼蝶 *Ninguta schrenkii* Menetries
蓝斑丽眼蝶 *Mandarinia regalis* (Leech)
小眉眼蝶 *Mycalesis mineus* (Linnaeus)
稻眉眼蝶 *Mycalesis gotama* (Moore)
僧袈眉眼蝶 *Mycalesis sangaisca* Butler
拟稻眉眼蝶 *Mycalesis francisca* (Stoll)

图3-7-114 连纹黛眼蝶（2007年10月1日，楼信权摄于萧山欢潭）

图3-7-115 稻眉眼蝶（2006年10月4日，楼信权摄于萧山湘湖）

①观赏蝶种。在楼塔、进化、云石等山区毛竹林，6～7月可见数十乃至上百只聚集一起吸食腐汁，形成“蝴蝶会”。遇惊四散逃逸，或飞或停，天上地下，一片黄褐色，煞是壮观。

图3-7-116 二尾蛱蝶（2007年7月7日，楼信权摄于萧山岩下）

褐眉眼蝶 *Mycalesis unica* (Leech)

白斑眼蝶 *Penthema adelma* (Felder)

曼丽白眼蝶 *Melanargia meridonalis* (Felder)

蛇眼蝶 *Minois dryas* (Scopoli)

矍眼蝶 *Ypthima balda* (Fabricius)

卓矍眼蝶 *Ypthima zodiac* Butler

幽矍眼蝶 *Ypthima conjuncta* Leech

前雾矍眼蝶 *Ypthima praenubila* Leech

中华矍眼蝶 *Ypthima chinensis* Leech

古眼蝶 *Palaeonympha opalina* Butler

蛱蝶科 Nymphalidae (43种)

二尾蛱蝶 *Polyura narcaea* (Hewitson)

白带螯蛱蝶 *Charaxes bemardus* (Fabricius)

柳紫闪蛱蝶 *Apatura ilia* Butler

迷蛱蝶 *Mimathyma chevana* (Moore)

白斑迷蛱蝶 *Mimathyma schrenckii* (Menetries)

猫蛱蝶 *Timelaea maculate* (Bremer et Gray)

白裳猫蛱蝶 *Timelaea albescens* (Oberthur)

黄帅蛱蝶 *Sephisa princeps* Fixsen

银白蛱蝶 *Helcyra subalba* (Poujade)

傲白蛱蝶 *Helcyra superba* Leech

黑脉蛱蝶 *Hestina assimilis* (Linnaeus)

素饰蛱蝶 *Stibochiona nicea* (Gray)

电蛱蝶 *Dichorragia nesimachus* (Boisduval)

图3-7-117 柳紫闪蛱蝶（2006年9月2日，楼信权摄于萧山临浦）

绿豹蛱蝶 *Argynnis paphia* (Linnaeus)

斐豹蛱蝶 *Argyreus hyperbius* (Linnaeus)

老豹蛱蝶 *Argyronome laodice* (Pallas)

云豹蛱蝶 *Nephargynnis anadyomene* (Felder)

青豹蛱蝶 *Damora sagana* (Doubleday)

银斑豹蛱蝶 *Speyeria aglaja* (Linnaeus)

折线蛱蝶 *Limenitis sydyi* Lederer

扬眉线蛱蝶 *Limenitis helmanni* Lederer

残锷线蛱蝶 *Limenitis sulpitia* (Cramer)

异型线蛱蝶 *Limenitis* sp

虬眉带蛱蝶 *Athyma opalina* (Kollar)

玉杵带蛱蝶 *Athyma jina* Moore

幸福带蛱蝶 *Athyma fortuna* Leech

小环蛱蝶 *Neptis sappho* (Pallas)

图3-7-118 斐豹蛱蝶（2007年8月30日，楼信权摄于萧山人民广场）

中环蛱蝶 *Neptis hylas* Linnaeus
弥环蛱蝶 *Neptis miah* Moore
断环蛱蝶 *Neptis sankara* (Kollar)
阿环蛱蝶 *Neptis ananta* Moore
黄重环蛱蝶 *Neptis cydippe* Leech
链环蛱蝶 *Neptis pryeri* Butler
重环蛱蝶 *Neptis alwina* (Bremer et Grey)
大红蛱蝶 *Vanessa indica* (Herbst)
小红蛱蝶 *Vanessa cardui* (Linnaeus)
琉璃蛱蝶 *Kaniska canace* (Linnaeus)
黄钩蛱蝶 *Polygonia c-aureum* (Linnaeus)
白钩蛱蝶 *Polygonia c-album* (Linnaeus)
美眼蛱蝶 *Junonia almana* (Linnaeus)
翠蓝眼蛱蝶 *Junonia orithya* (Linnaeus)
曲纹蜘蛱蝶 *Araschnia doris* (Leech)
布网蜘蛱蝶 *Araschnia burejana* (Bremer)

蚬蝶科 Riodinidae (3种)

白带褐蚬蝶 *Abisara fylloides* Moore
白点褐蚬蝶 *Abisara burnii* de Niceville
波蚬蝶 *Zemeros flegyas* (Cramer)

灰蝶科 Lycaenidae (32种)

蚜灰蝶 *Taraka hamada* (Druce)
尖翅银灰蝶 *Curetis acuta* Moore
癞灰蝶 *Araragi enthea* (Janson)
杉木癞灰蝶 *Araragi sugiyamai* (Matsui)
缪斯金灰蝶 *Chrysozephyrus mushaellus* (Matsumura)
珂灰蝶 *Cordelia comes* (Leech)
华灰蝶 *Wagimo sulgeri* (Oberthur)
丫灰蝶 *Amblopala avidiena* (Hewitson)
百娆灰蝶 *Arhopala bazala* (Hewitson)
玛灰蝶 *Mahathala ameria* (Hewitson)
豆粒银灰蝶 *Spindasis syama* (Horsfield)
霓纱燕灰蝶 *Rapala nissa* (Kollar)
彩燕灰蝶 *Rapala selira* (Moore)
蓝燕灰蝶 *Rapala caerulea* (Bremer et Grey)
生灰蝶 *Sinthusa chandrana* (Moore)
尼采梳灰蝶 *Ahlbergia nicevillei* (Leech)
东北梳灰蝶 *Ahlbergia frivaldszkyi* (Ldederer)

图3-7-119 美眼蛱蝶（2007年10月29日，楼信权摄于萧山湘湖）

图3-7-120 曲纹蜘蛱蝶（2006年7月26日，楼信权摄于萧山云石）

图3-7-121 白点褐蚬蝶（2007年4月7日，楼信权摄于萧山百药山）

图3-7-122 红灰蝶（2007年9月13日，楼信权摄于萧山湘湖）

图3-7-123 蓝灰蝶（2008年4月7日，楼信权摄于萧山湘湖）

图3-7-124 斑星弄蝶（2007年9月29日，楼信权摄于萧山云石）

图3-7-125 深山珠弄蝶（2007年3月15日，楼信权摄于萧山西山）

图3-7-126 姜弄蝶（2007年10月19日，楼信权摄于萧山云石）

图3-7-127 直纹稻弄蝶（2007年8月30日，楼信权摄于人民广场）

齿轮灰蝶 *Novosatsuma pratti* （Leech）
大洒灰蝶 *Satyrium grande* （Felder et Felder）
久保洒灰蝶 *Satyrium kuboi* （Chou te Tong）
红灰蝶 *Lycaena phlaeas* （Linnaeus）
摩来彩灰蝶 *Heliophorus moorei* （Hewitson）
锯灰蝶 *Orthomiella pontis* （Elwer）
中华锯灰蝶 *Orthomiella sinensis* （Elwer）
峦太锯灰蝶 *Orthomiella rantaizana* （Wileman）
酢浆灰蝶 *Pseudozizeeria maha* （Kollar）
蓝灰蝶 *Everes argiades* （Pallas）
长尾蓝灰蝶 *Everes lacturnus* （Godart）
点玄灰蝶 *Tongeia filicaudis* （Pryer）
琉璃灰蝶 *Celastrina argiola* （Linnaeus）
大紫琉璃灰蝶 *Celastrina oreas* （Leech）
华西琉璃灰蝶 *Celastrina hersilia* （Leech）

弄蝶科 Hesperiidae（35种）

绿弄蝶 *Choaspes benjaminii* （Guerin-Meneville）
双带弄蝶 *Lobocla bifasciata* （Bremer et Grey）
斑星弄蝶 *Celaenorrhinus maculosus* （Felder et Felder）
深山珠弄蝶 *Erynnis montanus* （Bremer）
白弄蝶 *Abraximorpha davidii* （Mabille）
黑弄蝶 *Daimio tethys* （Menetries）
梳翅弄蝶 *Ctenoptilum vasava* Moore
飒弄蝶 *Satarupa gopala* Moore
花弄蝶 *Pyrgus maculatus* （Bremer et Grey）
姜弄蝶 *Udaspes folus* （Cramer）
墨锷弄蝶 *Aeromachus piceus* Leech
腌翅弄蝶 *Astictopterus jama* （C. et R. Felder）
独子酣弄蝶 *Halpe homolea* （Hewitson）
讴弄蝶 *Onryza maga* （Leech）
花裙陀弄蝶 *Thoressa submacula* （Leech）
籼弄蝶 *Borbo cinnara* （Wallace）
拟籼弄蝶 *Pseudoborbo bevani* （Moore）
无斑珂弄蝶 *Caltoris bromus* （Leech）
方斑珂弄蝶 *Caltoris cornasa* （Hewitson）
直纹稻弄蝶 *Parnara guttata* （Bremer et Grey）
曲纹稻弄蝶 *Parnara ganga* Evans
么纹稻弄蝶 *Parnara bada* （Moore）

中华谷弄蝶　*Pelopidas sinensis* (Mabille)

南亚谷弄蝶　*Pelopidas agna* (Moore)

隐纹谷弄蝶　*Pelopidas mathias* (Fabricius)

古铜谷弄蝶　*Pelopidas conjuncta* (*Herrich*-Schatter)

黑标孔弄蝶　*Polytremis mencia* (Moore)

豹弄蝶　*Thymelicus leoninus* (Butler)

宽边赭弄蝶　*Ochlodes ochracea* (Bremer)

白斑赭弄蝶　*Ochlodes subhyalina* (Bremer et Grey)

旖弄蝶　*Isoteinon lamprospilus* (C. et R. Felder)

孔子黄室弄蝶　*Potanthus confucius* (C. et R. Felder)

曲纹黄室弄蝶　*Potanthus flavus* (Murray)

小黄斑弄蝶　*Ampittia nana* Leech

钩形黄斑弄蝶　*Ampittia virgata* Leech

第二节　野生植物

根据1987年版《萧山县志》所记的野生植物和四次专项调查[①]及相关资料，选录植物350余种，分类排列。

藻　类

5门、8科、10属。全为浮游植物，主要分布于平原淡水水域。

蓝藻门[②]　Cyanophyta

念珠藻科　Nostocaceae

鱼腥藻属[③]　Anabaena

念珠藻属　Nostoc

颤藻属　Oscillatoria

绿藻门[④]　Chlorophyta

小球藻科　Chlorellaceae

小球藻属　Chlorella

衣藻科　Chlamydomonaceae

衣藻属　Chlamydomonas

栅藻科　Scenedsmaceae

栅藻属　Scenedesmus

双星藻科　Zygnemataceae

水绵属　Spirogyra

硅藻门[⑤]　Bacillariophyta

舟形藻科　Naviculaceae

羽纹藻属　Pinnularia

①四次专项调查：1984年林业资源普查，在自然植被中，有木本植物54科、83属、500余种；1988年对城厢镇西山公园（海拔154米）进行植物资源调查，有维管束植物82科、180属、233种；同年，萧山市农业局对田间杂草进行调查，农田杂草主要有28科、79种；1996年古树名木调查，境内有古树名木335株，为银杏、马尾松、柳杉、红豆杉、罗汉松、木兰、香樟、樱桃、青梅、枫香、杨梅、苦槠、沙朴、槐、臭椿、无患子、三角枫、桂花和女贞19个树种。

②④据《杭州农业志·江河、水库及围涂外荡浮游植物的数量和生物量》载：萧山围涂外荡蓝藻门浮游植物数量为618.4万个/升，生物量2.308毫克/升；绿藻门浮游植物数量352.15万个/升，生物量3.875毫克/升。方志出版社，2003年，第838页。

③鱼腥藻属具固氮作用，被用于农田固氮。

⑤据《杭州农业志·江河、水库及围涂外荡浮游植物的数量和生物量》载：萧山围涂外荡硅藻门浮游植物数量193.67万个/升，生物量3.75毫克/升。方志出版社，2003年，第838页。

甲藻门① Pyrrophyta

裸甲藻科 Gymnodiniaceae

裸甲藻属 Gymnodinium

裸藻门② Euglenophyta

裸藻科 Euglenaceae

裸藻属 Euglena

苔藓类

2科、2种。分布于阴暗潮湿的环境中，常见于山溪、阴湿土坡岩缝或草地。

地钱科 Marchantiaceae

地　钱（又名：地衣） *Marchantia polymorpha* L.

蛇苔科 Conoceplalaceae

蛇　苔 *Conocephallum conicum* (L.) Dum.

蕨　类

4目、9科、11种。大多陆生，少数水生。

紫萁目 OSMUNDALES

紫萁科 Osmundaceae

紫　萁 *Osmunda japonica* Thunb.

水龙骨目 POLYPODIALES

海金沙科 Lygodiaceae

海金沙（又名：铁线藤、蛤蟆藤） *Lygodium japonicum* (Thunb.) Sw.

蕨　科 Pteridiaceae

蕨（又名：拳菜） *Pteridium aquilinum* (Linn.) Kuhn var. latiusculum (Desv.) Underw.

凤尾蕨科 Pteridaceae

井栏边草（又名：凤尾草） *Pteris multifida* Poir.

鳞毛蕨科 Dryopteridaceae

贯　众 *Cyrtomium fortunei* J.Smith

轴鳞鳞毛蕨 *Dryopteris lepidorachis* C.Chr.

水龙骨科 Polypodiaceae

石　韦 *Pyrrosia lingua* (Thunb.) Farwell

抱石莲（又名：鱼鳖草） *Lepidogrammitis drymoglossoides* (Bak.) Ching

蘋　目 MARSILEALES

蘋　科 Marsileaceae

蘋（又名：田字草、四叶草） *Marsilea quadrifolia* Linn.

槐叶蘋目 SALVINIALES

槐叶蘋科 Salviniaceae

①据《杭州农业志·江河、水库及围涂外荡浮游植物的数量和生物量》载：萧山围涂外荡甲藻门浮游植物数量2.11万个/升，生物量0.1684毫克/升。方志出版社，2003年，第838页。

②据《杭州农业志·江河、水库及围涂外荡浮游植物的数量和生物量》载：萧山围涂外荡裸藻门浮游植物数量42.1万个/升，生物量3.992毫克/升。方志出版社，2003年，第838页。

槐叶蘋（又名：蜈蚣萍）　*Salvinia natans*　(L.)　All.

满江红科　Azollaceae

满江红（又名：红萍）　*Azolla imbricata*　(Roxb.)　Nakai

裸子植物类

3纲、6科、17种。

银杏纲　Ginkgopsida

银杏科　Ginkgoaceae

银　杏（又名：白果树、公孙树）　*Ginkgo biloba* Linn.

松柏纲（球果纲）　Coniferopsida

松　科　Pinaceae

华山松　*Pinus armandi* Franch.

马尾松　*Pinus massoniana* Lamb.

黑　松　*Pinus thunbergii* Parl.

杉　科　Taxodiaceae

柳　杉　*Cryptomeria fortunei* Hooibrenk ex Otto et Dietr.

杉　木　*Cunninghamia lanceolata* (Lamb.) Hook.

池　杉　*Taxodium ascendens* Brongn

落羽杉　*Taxodium distichum* (Linn.) Rich.

柏　科　Cupressaceae

柏　木　*Cupressus funebris* Endl.

龙　柏　*Sabina chinensis*　(Linn.)　Ant.var. chinensis cv. Kaizuca

刺　柏　*Juniperus formosana* Hayata

侧　柏（又名：扁柏、香柏）　*Platycladus orientalis* (Linn.) Franco

圆　柏（又名：桧柏）　*Sabina chinensis*　(Linn.)　Ant.

红豆杉纲（紫杉纲）　Taxopsida

罗汉松科　Podocarpaceae

短叶罗汉松　*Podocarpus macrophyllus* (Thunb.) Sweet var. maki Endl.

罗汉松　*Podocarpus macrophyllus* (Thunb.) Sweet

竹　柏　Nageia *nagi* (Thunb.) Kuntze

红豆杉科　Taxaceae

南方红豆杉　*Taxus chinensis* (Pilger) Rehd.var. *mairei* (Lemee et Levl.) Cheng et L.K.Fu

被子植物类

2纲、101科、322种。

双子叶植物纲　Dicotyledoneae

图3-7-128　戴村镇丁村千年古银杏（2007年10月19日，柳田兴摄）

图3-7-129　欢潭乡大岩山千年柳杉（2001年4月，蒋剑飞摄）

图3-7-130　楼塔镇长山坞村树龄200年刺柏（1999年11月12日，李维松摄）

图3-7-131　南方红豆杉（2007年11月12日，楼信权摄于萧山长山坞）

图3-7-132　杜家百年杨梅树王（2008年6月14日，韩利明摄）

①杨梅有草种、接种之分。草种，颗细而味酸；接种，颗大而味佳。据明万历《萧山县志》载，杨梅出湘湖诸坞者为胜。自1950年10月所前从绍兴划归萧山后，萧山杨梅以所前杜家所出最负盛名。

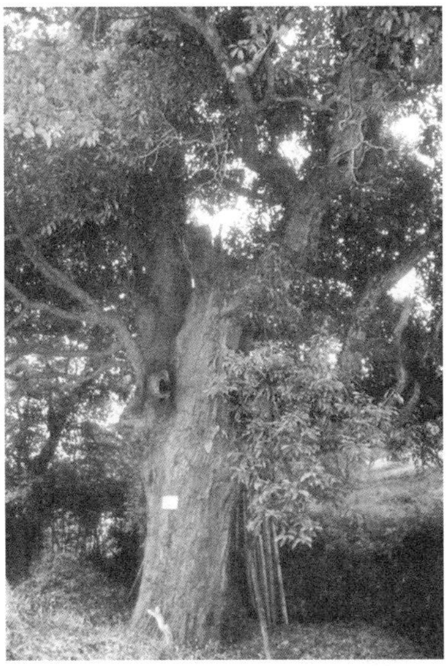

图3-7-133　进化镇吉山村树龄600年苦槠（2001年5月27日，李维松摄）

三白草科　Saururaceae

　鱼腥草（又名：蕺菜）　*Houttuynia cordata* Thunb.

杨柳科　Salicaceae

　毛白杨　*Populus tomentosa* Carr.

　垂　柳　*Salix babylonica* Linn.

　旱　柳　*Salix matsudana* Koidz.

杨梅科　Myricaceae

　杨　梅[①]　*Myrica rubra* (Lour.) Sieb. et Zucc.

胡桃科　Juglandaceae

　枫　杨（又名：元宝树）　*Pterocarya stenoptera* C.DC.

　化　香　*Platycarya strobilacea* Sieb.et Zucc.

壳斗科（山毛榉科）　Fagaceae

　甜　槠　*Castanopsis eyrei* (Champ.) Tutch.

　苦　槠（又名：槠栗）　*Castanopsis sclerophylla* (Lindl.) Schott

　钩　栗　*Castanopsis tibetana* Hance

　板　栗（又名：毛栗、栗子）　*Castanea mollissima* Bl.

　茅　栗　*Castanea* seguinii Dode

　青冈栎（又名：青冈树）　*Cyclobalanopsis glauca* (Thunb.) Oerst.

　石　栎　*Lithocarpus glaber* (Thunb.) Nakai

　麻　栎（又名：橡树）　*Quercus acutissima* carr.

　小叶栎　*Quercus chenii* Nakai

　白　栎　*Quercus fabri* Hance

榆　科　Ulmanceae

　珊瑚朴　*Celtis julianae* schneid.

　朴　树　*Celtis sinensis* Pers.

　榔　榆　*Ulmus parvifolia* Jacq.

　白　榆　*Ulmus pumila* Linn.

桑　科　Moraceae

　构　树　*Broussonetia papyrifera* (Linn.) L' Her.ex vent.

　柘（又名：柘树）　*Cudrania tricuspidata* (Carr.) Bur.ex Lavalle

　桑　*Morus alba* Linn.

荨麻科　Urticaceae

　冷水花　*Pilea notata* C.H.Wright

马兜铃科　Aristolochiaceae

　马兜铃（又名：青木香）　*Aristolochia debilis* sieb.et Zucc.

蓼　科　Polygonaceae

　野荞麦（又名：金荞麦）　*Fagopyrum dibotrys* (D.Don) Hara

　萹　蓄　*Polygonum aviculare* Linn.

水　蓼　*Polygonum hydropiper* Linn.

酸模叶蓼　*Polygonum lapathifolium* Linn.

何首乌（又名：首乌、地精）　*Fallopia multiflora* (Thunb.) Harald.

杠板归　*Polygonum perfoliatum* Linn.

虎　杖　*Reynoutria Japonica* Houtt

酸　模　*Rumex acetosa* Linn.

藜　科　Chenopodiaceae

藜　*Chenopodium album* Linn.

苋　科　Amaranthaceae

牛　膝　*Achyranthes bidentata* Bl.

空心莲子草（又名：喜旱莲子草、革命草、水花生）　*Alternanthera philoxeroides* (Mart.) Griseb.

刺　苋　*Amaranthus spinosus* Linn.

苋（又名：苋菜）　*Amaranthus tricolor* Linn.

商陆科　Phytolaccaceae

商　陆（又名：胭脂）　*Phytolacca acinosa* Roxb.

马齿苋科　Portulacaceae

马齿苋（又名：旱勿死）　*Portulaca oleracea* Linn.

石竹科　Caryophyllaceae

簇生卷耳　*Cerastium fontanum* Baumg.subsp. *triviale* (murb.) Jalas

牛繁缕（又名：鹅儿肠、鹅肠菜）　*Malachium aquaticum* (L.) Fries

女娄菜　*Silene aprica* Turcz.ex Fisch.et Mey.

漆姑草　*Sagina japonica* (Sw.) Ohwi

繁　缕　*Stellaria media* (Linn.) Cyrill

雀舌草　*Stellaria uliginosa* Murr.

睡莲科　Nymphaeaceae

莼　菜（又名：水葵）　*Brasenia schreberi* J.F.Gmel.

芡（又名：鸡头）　*Euryale ferox* Salisb.ex konig et sims

毛茛科　Ranunculaceae

威灵仙　*Clematis chinensis* Osbeck

毛　茛　*Ranunculus japonicus* Thunb.

天　葵　*Semiaquilegia adoxoides* (DC.) Makino

木通科　Lardizabalaceae

木　通　*Akebia quinata* (Houtt.) Decne.

小檗科　Berberidaceae

十大功劳（又名：土黄连）　*Mahonia fortunei* (Lindl.) Fedde

南天竹　*Nandina domestica* Thunb.

图3-7-134　酸模（2007年4月15日，楼信权摄于萧山湘湖）

图3-7-135　牛繁缕（2008年3月27日，楼信权摄于萧山所前）

图3-7-136　繁缕（2008年3月26日，楼信权摄于萧山石岩山）

图3-7-137　天葵（2008年3月16日，楼信权摄于萧山湘湖）

图3-7-138　河上镇樟树下村900年古樟（2007年10月9日，柳田兴摄）

图3-7-139　所前镇三泉王村树龄200年枫香（2001年11月23日，李维松摄）

图3-7-140　蛇莓（2008年4月15日，楼信权摄于萧山西山）

防己科　Menispermaceae

木防己　*Cocculus orbiculatus* (Linn.) DC.

木兰科　Magnoliaceae

（白）玉兰　*Magnolia denudata* Desr.

荷花玉兰　*Magnolia grandiflora* Linn.

紫玉兰（又名：木兰）　*Magnolia liliflora* Desr.

蜡梅科　Calycanthaceae

蜡　梅　*Chimonanthus praecox* (Linn.) Link

樟　科　Lauraceae

樟（又名：樟树）　*Cinnamomum camphora* (Linn.) Presl

肉　桂　*Cinnamomum cassia* Presl

狭叶山胡椒　*Lindera angustifolia* Cheng

山胡椒　*Lindera glauca* (Sieb.et zucc.) Bl.

山鸡椒（又名：山苍子）　*Litsea cubeba* (Lour.) Pers.

檫　树　*Sassafras tzumu* (Hemsl.) Hemsl.

十字花科　Cruciferae

荠　菜　*Capsella bursa-pastoria* (Linn.) Medic.

弯曲碎米荠　*Cardamine flexuosa* With.

碎米荠　*Cardamine hirsuta* Linn.

北美独行菜　*Lepidium virginicum* Linn.

焯　菜　*Rorippa indica* (Linn.) Hiern

景天科　Crassulaceae

晚红瓦松　*Orostachys erubescens* (Maxim.) Ohwi

东南景天　*Sedum alfredii* Hance

垂盆草（又名：石指甲、佛甲草）　*Sedum sarmentosum* Bunge

海桐花科　Pittosporaceae

海　桐（又名：七里香）　*Pittosporum tobira* (Thunb.) Ait.

金缕梅科　Hamamelidaceae

枫　香（又名：三角枫、枫树）　*Liquidambar formosana* Hance

檵　木　*Loropetalum chinense* (R.Br.) Oliv.

杜仲科　Eucommiacea

杜　仲　*Eucommia ulmoides* Oliver

蔷薇科　Rosaceae

仙鹤草（龙芽草）　*Agrimonia pilosa* Ledeb.

野山楂（又名：红果子）　*Crataegus cuneata* Sieb. et Zucc.

蛇　莓（又名：地杨梅）　*Duchesnea indica* (Andr.) Focke

茧子花（又名：白鹃梅）　*Exochorda racemosa* (Lindl.) Rehd.

莓叶委陵菜　*Potentilla freyniana* Bornm.

硕苞蔷薇 *Rosa bracteata* Wendl.

小果蔷薇 *Rosa cymosa* Tratt.

金樱子（又名：糖罐子） *Rosa laevigata* Michx.

多花蔷薇（又名：蔷薇花） *Rosa multiflora* Thunb.

山　莓 *Rubus corchorifolius* Linn.f.

高粱泡 *Rubus lambertianus* Ser.

茅　莓 *Rubus parvifolius* Linn.

豆　科 Leguminosae

山合欢（又名：山槐） *Albizzia kalkora* (Roxb.) Prain

合　欢（又名：马缨花、绒花树） *Albizzia julibrissin* Durazz.

槐　树（又名：紫穗槐） *Amorpha fruticosa* Linn.

紫　荆 *Cercis chinensis* Bunge

黄　檀（又名：檀树） *Dalbergia hupeana* Hance

野扁豆 *Dunbaria villosa* (Thunb.) Makino

皂　荚 *Gleditsia sinensis* Lam.

野　葛 *Pueraria lobata* (Willd.) Ohwi

洋　槐（又名：刺槐） *Robinia pseudoacacia* Linn.

苦　参 *Sophora flavescens* Ait.

紫　藤（又名：藤萝） *Wisteria sinensis* (Sims) Sweet

酢浆草科 Oxalidaceae

酢浆草（又名：感应草） *Oxalis corniculata* Linn.

牻牛儿苗科 Geraniaceae

野老鹳草 *Geranium carolinianum* Linn.

芸香科 Rutaceae

椿叶花椒 *Zanthoxylum ailanthoides* Sieb.et Zucc.

苦木科 Simarubaceae

臭　椿（又名：椿树、樗树） *Ailanthus altissima* (Mill.) Swingle

楝　科 Meliaceae

楝（又名：苦楝、楝树） *Melia azedarach* Linn.

香　椿（又名：香椿头） *Toona sinensis* (A.Juss.) Roem.

大戟科 Euphorbiaceae

铁苋菜 *Acalypha australis* Linn.

油　桐（又名：桐子树） *Vernicia fordii* (Hemsl.) Airy shaw

重阳木 *Bischofia polycarpa* (Lévl) Airy shaw

斑地锦 *Euphorbia maculata* Linn.

算盘子 *Glochidion puberum* (Linn.) Hutch.

白背叶 *Mallotus apelta* (Lour.) Muell. Arg.

乌　桕（又名：蜡子树） *Sapium sebiferum* (Linn.) Roxb.

图3—7—141　许贤乡寺坞岭上檀树
(2007年10月13日，柳田兴摄)

黄杨科　Buxaceae

雀舌黄杨　*Buxus bodinieri* Lévl.

黄　杨　*Buxus sinica*　(Rehd.et Wils.)　Cheng

漆树科　Anacaradiaceae

盐肤木（又名：五倍子树）　*Rhus chinensis* Mill.

野漆树　*Toxicodendron succedaneum* (Linn.) O.Kuntze

漆　树　*Toxicodendron vernicifluum* (Stokes) F.A.Barkl.

冬青科　Aquifoliaceae

枸　骨（又名：老虎刺）　*Ilex cornuta* Lindl.et Paxt.

冬　青　*Ilex chinensis* sims

卫矛科　Celastraceae

丝棉木（又名：白杜）　*Euonymus maackii* Rupr.

正　木（又名：大叶黄杨）*Euonymus japonicus* Thunb.

槭树科　Aceraceae

三角槭　*Acer buergerianum* Miq.

色木槭　*Acer mono* Maxim.

鸡爪槭（又名：槭树、青枫）　*Acer palmatum* Thunb.

七叶树科　Hippocastanaceae

七叶树　*Aesculus chinensis* Bunge

无患子科　Sapindaceae

无患子（又名：肥皂树）　*Sapindus mukorossi* Gaertn.

图3-7-142　进化镇城山王村树龄200年无患子树（2002年8月4日，李维松摄）

鼠李科　Rhamnaceae

圆叶鼠李　*Rhamnus globosa* Bunge

雀梅藤　*Sageretia thea* (Osbeck) Johnst.

葡萄科　Vitaceae

光叶蛇葡萄　*Ampelopsis heterophylla* (Thunb.) Sieb.et Zucc.var. *hancei* Planch.

乌蔹莓（又名：五叶地锦、青龙藤）　*Cayratia japonica* (Thunb.) Gagnep.

爬山虎（又名：地锦）　*Parthenocissus tricuspidata* (Sieb.et Zucc.) Planch.

葛　藟（又名：葛藟葡萄）　*Vitis flexuosa* Thunb.

锦葵科　Malvaceae

木芙蓉　*Hibiscus mutabilis* Linn.

木　槿　*Hibiscus syriacus* Linn.

梧桐科　Sterculiaceae

梧　桐（又名：青桐）　*Firmiana platanifolia*　(Linn. f.)　Marsili

山茶科　Theaceae

浙江红山茶　*Camellia chekiangoleosa* Hu

山　茶（又名：茶花）　*Camellia japonica* Linn.

油　茶（又名：茶子）　*Camellia oleifera* Abel.

茶　*Camellia sinensis* (L.) Kuntze

格药柃　*Eurya muricata* Dunn

细齿叶柃木　*Eurya nitida* Korthals

木　荷（又名：荷树、荷木）　*Schima superba* Gaertn.et Champ.

柽柳科　Tamaricaceae

柽　柳　*Tamarix chinensis* Lour.

堇菜科　Violaceae

长萼堇菜　*Viola inconspicua* Bl.ex Bijdr.

紫花地丁（又名：地丁草）　*Viola philippica* Cav.

瑞香科　Thymelaeaceae

芫　花　*Daphne genkwa sieb*.et Zucc.

结　香（又名：打结花、黄瑞香）　*Edgeworthia chrysantha* Lindl.

胡颓子科　Elaeagnaceae

佘山羊奶子　*Elaeagnus argyi* Lévl.

千屈菜科　Lythraceae

耳基水苋　*Ammannia arenaria* H. B. K.

紫　薇（又名：痒痒树）　*Lagerstroemia indica* Linn.

节节菜　*Rotala indica* (willd.) Koehne

安石榴科　Punicaceae

安石榴（又名：石榴）　*Punica granatum* Linn.

蓝果树科　Nyssaceae

喜　树　*Camptotheca acuminata* Decne.

八角枫科　Alangiaceae

伏毛八角枫　*Alangium chinense* (Lour.) Harms subsp.pauciflorum Fang

毛八角枫　*Alangium kurzii* Craib

桃金娘科　Myrtaceae

赤　楠　*Syzygium buxifolium* Hook.et Arn.

柳叶菜科　Onagraceae

丁香蓼　*Ludwigia prostrata* Roxb.

五加科　Araliaceae

五　加（又名：五花）　*Acanthopanax gracilistylus* W.W.Smith

伞形科　Umbelliferae

莳　萝　*Anethum graveolens* Linn.

旱　芹　*Apium graveolens* Linn.

图3-7-143　河上镇道林山油茶树（2007年10月6日，柳田兴摄）

图3-7-144　长萼堇菜（2008年3月15日，楼信权摄于萧山云石）

积雪草 *Centella asiatica* (Linn.) Urban

细叶芹 *Chaerophyllum villosum* Wall.ex DC.

明党参（又名：土人参、南沙参） *Changium smyrnioides* H.Wulff

野胡萝卜 *Daucus carota* Linn.

天胡荽 *Hydrocotyle sibthorpioides* Lam.

水芹（又名：野芹菜） *Oenanthe javanica* (Bl.) DC.

白花前胡（又名：前胡） *Peucedanum praeruptorum* Dunn

鹿蹄草科 Pyrolaceae

鹿蹄草（又名：鹿含草） *Pyrola calliantha* H.Andr.

杜鹃花科 Ericaceae

满山红 *Rhododendron mariesii* Hemsl.et wils.

马银花 *Rhododendron ovatum* (Lindl.) Planch.ex Maxim.

杜 鹃（又名：映山红） *Rhododendron Simsii* Planch.

南烛（又名：乌饭树） *Vaccinium bracteatum* Thunb.

图3-7-145 许贤乡寺坞岭桂花树（2007年10月13日，柳田兴摄）

紫金牛科 Myrsinaceae

紫金牛（又名：平地木、老勿大） *Ardisia japonica* (Thunb.) Bl.

杜茎山 *Maesa japonica* (Thunb.) Moritzi ex Zoll.

报春花科 Primulaceae

珍珠菜 *Lysimachia clethroides* Duby

星宿菜（又名：红头绳） *Lysimachia fortunei* Maxim.

柿树科 Ebenaceae

柿 *Diospyros kaki* Thunb.

野 柿 *Diospyros kaki* Thunb.var. sylvestris Makino

山矾科 Symplocaceae

白 檀 *Symplocos paniculata* (Thunb.) Miq.

老鼠矢 *Symplocos stellaris* Brand

野茉莉科 Styracaceae

赤杨叶 *Alniphyllum fortunei* (Hemsl.) Makino

野茉莉 *Styrax japonicus* sieb.et Zucc.

木樨科 Oleaceae

探 春 *Jasminum floridum* Bunge

迎 春 *Jasminum nudiflorum* Lindl.

女 贞 *Ligustrum lucidum* Ait.

水 腊 *Ligustrum obtusifolium* Sieb.et Zucc.

木 樨（又名桂花）① *Osmanthus fragrans* (Thunb.) Lour.

紫丁香 *Syringa oblata* Lindl.

夹竹桃科 Apocynaceae

夹竹桃 *Nerium oleander* Linn.

①欢潭乡大岩山有野生桂花树几十棵，有的树龄百年以上。许贤乡寺坞岭上有一桂花树，相传为200多年前的一对夫妻共栽。栽时两株并排，随着岁月流逝，两株桂花根基合为一株。中秋时节，香飘满山，誉为“夫妻桂荣”。

络 石（又名：石龙藤） *Trachelospermum jasminoides* (Lindl.) Lem.

萝摩科 Asclepiadaceae

牛皮消 *Cynanchum auriculatum* Royle ex Wight

旋花科 Convolvulaceae

打碗花（又名：小旋花） *Calystegia hederacea* Wall.ex Roxb.

旋花（又名：篱天剑） *Calystegia sepium* (Linn.) R. Br.

紫草科 Boraginaceae

附地菜 *Trigonotis peduncularis* (Trev.) Benth.ex Bak.et Moore

图3-7-146 附地菜（2008年4月4日，楼信权摄）

马鞭草科 Verbenaceae

兰香草 *Caryopteris incana* (Thunb.ex Houtt.) Miq.

大 青 *Clerodendrom cyrtophyllum* Turcz.

海州常山（又名：臭梧桐） *Clerodendrom trichotomum* Thunb.

豆腐柴 *Premna microphylla* Turcz.

马鞭草 *Verbena officinalis* Linn.

牡 荆 *Vitex negundo* Linn.var.*cannabisfolia* (Sieb.et Zucc.) Hand.-Mazz.

唇形科 Labiatae

藿 香 *Agastache rugosa* (Fisch.et C.A.Mey.) Kuntze

瘦风轮菜 *Clinopodium gracile* (Benth.) Matsum.

益母草（又名：益母） *Leonurus artemisia* (Lour.) S.Y.Hu

薄 荷 *Mentha haplocalyx* Briq.

石荠宁 *Mosla scabra* (Thunb.) C.Y.Wu et H.W.Li

白 苏（又名：紫苏） *Perilla frutescens* (Linn.) Britt.

夏枯草（又名：夏枯头） *Prunella vulgaris* Linn.

图3-7-147 白毛夏枯草（2008年5月6日，楼信权摄于萧山西山）

丹 参 *Salvia miltiorrhiza* Bunge

荔枝草（又名：癞蛤蟆草） *Salvia* plebeia R.Br.

水 苏 *Stachys japonica* Miq.

茄 科 Solanaceae

曼陀罗 *Datura stramonium* Linn.

枸 杞 *Lycium chinense* Mill.

龙 葵（又名：天茄子） *Solanum nigrum* Linn.

玄参科 Scrophulariaceae

长蒴母草（又名：长果母草） *Lindernia anagallis* (Burm.f.) Pennell

陌上菜 *Lindernia procumbens* (Krock.) Philcox

通泉草 *Mazus japonicus* (Thunb.) Kuntze

地 黄 *Rehmannia glutinosa* (Gaert.) Libosch.ex Fisch. et

图3-7-148 直立婆婆纳（2008年4月5日，楼信权摄于萧山湘湖）

Mey.

直立婆婆纳 *Veronica arvensis* Linn.

蚊母草 *Veronica peregrina* Linn.

阿拉伯婆婆纳 *Veronica persica* Poir.

水苦荬 *Veronica undulata* Wall.ex Jack

车前科 Plantaginaceae

车　前（又名：车前子） *Plantago asiatica* Linn.

茜草科 Rubiaceae

猪殃殃 *Galium aparine* Linn.var.*tenerum* (Gren.et Godr.) Rchb.

金毛耳草 *Hedyotis chrysotricha* (Palib.) Merr.

鸡矢藤 *Paederia scandens* (Lour.) Merr.

东南茜草 *Rubia argyi* (Léll.et Van.) Hara ex L.A.Lauener et D.K.Ferguson

六月雪 *Serissa japonica* (Thunb.) Thunb.

白马骨 *Serissa serissoides* (DC.) Druce

忍冬科 Caprifoliaceae

忍　冬（又名：金银花） *Lonicera japonica* Thunb.

珊瑚树（又名：法国冬青、日本珊瑚树） *Viburnum odoratissimum* Ker-Gawl.

图3-7-149 车前（2008年4月17日，楼信权摄）

败酱科 Valerianaceae

败　酱 *Patrinia scabiosaefolia* Fisch.ex Trev.

葫芦科 Cucurbitaceae

绞股蓝（又名：南方人参） *Gynostemma pentaphyllum* (Thunb.) Makino

桔梗科 Campanulaceae

羊乳（又名：山海螺） *Codonopsis lanceolata* (Sieb. et Zucc.) Trautv.

半边莲 *Lobelia chinensis* Lour.

兰花参 *Wahlenbergia marginata* (Thunb.) A.DC.

菊　科 Compositae

杏香兔儿风 *Ainsliaea fragrans* Champ.

奇　蒿（又名：刘寄奴） *Artemisia anomala* S.Moore

艾　蒿 *Artemisia argyi* Lévl.et Van.

青　蒿 *Artemisia carvifolia* Buch.-Ham.ex Roxb.

野　艾 *Artemisia indica* Willd.

三褶脉紫菀（又名：三脉叶紫菀、鸡儿肠） *Aster ageratoides* Turcz.

仙白草 *Aster turbinatus* S. Moore var. *chekiangensis* C.Ling ex Ling

图3-7-150 艾（2008年4月10日，楼信权摄于萧山湘湖）

钻形紫菀 *Aster sublatus* Michx.

鬼针草 *Bidens pilosa* Linn.

天名精 *Carpesium abrotanoides* Linn.

小　蓟（又名：刺儿菜） *Cirsium setosum* (Willd.) Kitam.

小飞蓬 *Conyza Canadensis* (Linn.) Crong.

野　菊 *Dendranthema indicum* (Linn.)Des Moul.

鳢　肠（又名：旱墨莲） *Eclipta prostrata* Linn.

一年蓬 *Erigeron annuus* (Linn.)Pers.

华泽兰 *Eupatorium chinense* Linn.

鼠麴草 *Gnaphalium affine* D.Don

白背鼠麴草 *Gnaphalium japonicum* Thunb.

菊　芋 *Helianthus tuberosus* Linn.

泥胡菜 *Hemistepta lyrata* (Bunge)Bunge

剪刀股 *Ixeris japonica* (Burm.f.)Nakai

多头苦荬菜（又名：野剪刀股） *Ixeris polycephala* Cass.

马　兰（又名：马兰头） *Kalimeris indica* (Linn.) Sch.-Bip.

千里光 *Senecio scandens* Buch.-Ham.ex D.Don

豨　莶 *Siegesbeckia orientalis* Linn.

蒲儿根 *Sinosenecio oldhamianus* (Maxim.) B.Nord.

苦苣菜 *Sonchus oleraceus* Linn.

蒲公英 *Taraxacum mongolicum* Hand.-Mazz.

苍　耳（又名：苍耳子） *Xanthium sibiricum* Patrin ex Widder

黄鹌菜 *Youngia japonica* (Linn.) DC.

单子叶植物纲 Monocotyledoneae

眼子菜科 Potamogetonaceae

菹　草 *Potamogeton crispus* Linn.

泽泻科 Alismataceae

矮慈菇（又名：瓜皮草） *Sagittaria pygmaea* Miq.

水鳖科 Hydrocharitaceae

水　鳖 *Hydrocharis dubia* (Bl.) Backer

苦　草（又名：蕴草） *Vallisneria natans* (Lour.) Hara

禾本科 Gramineae

剪股颖 *Agrostis matsumurae* Hack. ex Honda

看麦娘 *Alopecurus aequalis* Sobol.

日本看麦娘 *Alopecurus japonicus* Steud.

荩　草 *Arthraxon hispidus* (Thunb.) Makino

疏花雀麦 *Bromus remotiflorus* (Steud.) Ohwi

狗牙根 *Cynodon dactylon* (Linn.) Pers.

马　唐　*Digitaria sanguinalis* (Linn.) Scop.

牛筋草（又名：蟋蟀草）　*Eleusine indica* (Linn.) Gaertn.

画眉草　*Eragrostis pilosa* (Linn.) Beauv.

千金子　*Leptochloa chinensis* (Linn.) Nees

虮子草　*Leptochloa panicea* (Retz.) Ohwi

毒　麦　*Lolium temulentum* Linn.

芒　*Miscanthus sinensis* Anderss.

双穗雀稗（又名：稗草）　*Paspalum paspaloides* (Michx.) Scribn.

芦　苇　*Phragmites australis* (Cav.) Trin.

淡　竹　*Phyllostachys glauca* Mcclure

苦　竹　*Pleioblastus amarus* (Keng) Keng f.

棒头草　*Polypogon fugax* Nees ex Steud.

早熟禾　*Poa annua* Linn.

鹅观草　*Roegneria kamoji* Ohwi

狗尾草　*Setaria viridis* (Linn.) Beauv.

慈　竹　*Neosinocalamus affinis* (Rendle) Keng f.

莎草科　Cyperaceae

扁穗莎　*Cyperus compressus* Linn.

异型莎草　*Cyperus difformis* Linn.

旋鳞莎草　*Cyperus michelianus* (Linn.) Link

莎　草（又名：香附、香附子）　*Cyperus rotundus* Linn.

牛毛毡　*Eleocharis yokoscensis* (Franch.et Sav.) Tang et Wang

水虱草　*Fimbristylis miliacea* (Linn.) Vahl

砖子苗　*Mariscus umbellatus* Vahl

荆三棱　*Scirpus yagara* Ohwi

棕榈科　Palmaceae

棕　榈　*Trachycarpus fortunei* (Hook.) H.Wendl.

天南星科　Araceae

石菖蒲　*Acorus tatarinowii* Schott

半　夏　*Pinellia ternate* (Thunb.) Breit.

浮萍科　Lemnaceae

青　萍（又名：浮萍）　*Lemna minor* Linn.

谷精草科　Eriocaulaceae

谷精草　*Eriocaulon buergerianum* Koern.

鸭跖草科　Commelinaceae

鸭跖草　*Commelina communis* Linn.

雨久花科　Pontederiaceae

鸭舌草　*Monochoria vaginalis* (Burm.f.) Presl

灯心草科　Juncaceae

野灯心草　*Juncus setchuensis* Buch.

多花地杨梅　*Luzula multiflora* (Retz.) Lej.

百部科　Stemonaceae

百　部　*Stemona japonica* (Bl.) Miq.

百合科　Liliaceae

小根蒜（又名：薤白）　*Allium macrostemon* Bunge

黄花菜（又名：萱草、忘忧草）　*Hemerocallis citrina* Baroni

阔叶山麦冬　*Liriope platyphylla* F.T.Wang et T.Tang

沿阶草（又名：麦冬）*Ophiopogon japonicus* (Linn.f.) Ker-Gawl.

玉　竹　*Polygonatum odoratum* (Mill.) Druce

黄　精　*Polygonatum sibiricum* Delar.ex Redouté

菝　葜（又名：金刚刺）　*Smilax china* Linn.

土茯苓　*Smilax glabra* Roxb.

石蒜科　Amaryllidaceae

石　蒜（又名：蟑螂花）　*Lycoris radiata* (L'Her.) Herb.

薯蓣科　Dioscoreaceae

日本薯蓣　*Dioscorea japonica* Thunb.

鸢尾科　Iridaceae

射　干　*Belamcanda chinensis* (Linn.) DC.

兰　科　Orchidaceae

白　及　*Bletilla striata* (Thunb. ex A.Murray) Rchb. f.

第八章　灾　异

境内受冷、暖季风交替影响，气候复杂多变，灾害伴生。据1987年版《萧山县志》记载，“自南宋绍兴十三年（1143）至1984年的842年中，有文献记载的、关系到本县的水、旱、风、雹、雪、潮、飑、虫、地震等灾异200多次”。1985～2000年，境内发生的自然灾害主要为气象灾害、地质灾害和潮患。

第一节　气象灾害

洪　涝

暴雨洪涝是境内主要的灾害性天气，大都发生在5～6月的梅雨季节和7～9月的台风季节。

1986年4月10～11日，梅西、甘露、河庄、坎山、益农、城东、城北、西兴8个镇乡出现暴雨大风，过程降水86.6毫米，农田受淹8.24万亩。

1987年9月9～12日，受12号台风影响，3天降雨量250毫米，江河泛滥，钱塘江受洪水威胁，冲失堤坝6.5万立方米，农田受涝20余万亩。

1988年8月7～8日，受7号台风影响，境内普降暴雨，其中河上145毫米、戴村115毫米、临浦102毫米、新街108毫米。内河水位上升，晚稻被淹14万亩。

1989年9月15日，受23号台风影响，12小时降雨112毫米，受淹农田20.2万亩。

1990年8月31日至9月1日，受15号台风影响，出现大暴雨。2天过程降雨量：临浦291.5毫米，戴村225.5毫米，楼塔274毫米，城厢198.9毫米，进化大岩山、楼塔雪湾山雨量超过300毫米，以致溪河堤塘决口、崩塌、滑坡。内河水位暴涨，临浦区37个村庄被洪水包围，62个村庄进水。全市农田受淹面积16.6万亩，其中晚稻绝收4万余亩。

1991年9月5～6日，萧山连降暴雨，过程雨量144.4毫米。9月17日，戴村、临浦两区的许贤、朱村桥、进化等15个镇乡遭受特大暴雨侵袭。上午9时至下午3时，6小时雨量250毫米～300毫米，致使山洪暴发，山体滑坡，引发泥石流。此次灾害，受淹农田6.85万亩，倒塌民房1654间，死亡5人，重伤55人，直接经济损失1.2亿元。

1992年9月22～23日，受19号台风影响，普降大到暴雨。农田内涝8万亩。

1993年6月30日，梅雨期出现短时暴雨，降水88.9毫米，农田受淹9万亩。7月8日，特大暴雨袭击欢潭、浦阳等镇乡，其中以欢潭雨量最大，2小时内降雨196毫米，浦阳次之，降雨97毫米。这次暴雨，引起山洪暴发，山体滑坡。早稻被淹11000多亩，晚稻秧田被淹950亩。

图3－8－151　山洪袭击（1993年7月8日，傅宇飞摄于欢潭乡）

1994年6月9～10日，梅雨期暴雨降水176.3毫米，全市农田受淹22.2万亩，粮食减产938.6万千克，房屋倒塌208间；水毁工程64处；死亡4人，失踪1人。直接经济损失5340万元。

1996年6月30日3时至7月2日21时，全市普降大到暴雨，累计雨量239毫米。冲毁溪埂20处、974米，江河堤塘滑坡321处、3.6千米，路面塌方18处、1254立方米。25个镇乡、306个村受灾，成灾人口8.07万人，死亡3人。房屋倒塌158间，受淹农田21万亩，直接经济损失1.18亿元。

图3-8-152 抗洪抢险（1997年7月10日，傅宇飞摄于临浦）

1997年7月6～11日，普降大到暴雨，6天累计降雨量265毫米。受灾镇乡24个、受灾人口6208人，积水村庄84个、进水村庄4个，损坏房屋1180间，其中倒塌617间；农作物受淹面积25.44万亩；企业进水79家，停产和部分停产53家；江河堤塘出现滑坡174处，损坏水库2座和大小机埠143座及水闸23座。此次灾害造成直接经济损失5.15亿元。8月19日，受11号台风侵袭，普降暴雨，受淹农田29.89万亩。

1999年6月23日至7月1日，梅雨期间境内连续降水374毫米，最大日降水101毫米，出现山体滑坡。全市受灾镇乡20个，受灾人口5000人，房屋进水654间，倒塌22间，农作物受灾面积10.7万亩。

干 旱

境内旱灾主要为伏旱和秋旱。历年7～9月，是气温较高的时期，雨季结束后，萧山处于副热带高压控制之下，炎热少雨，如遇少台风和地方性雷阵雨不多的年份，就会发生夏旱。秋冬季节是常年少雨期，立秋后，如受太平洋副热带高压控制或近地面层逐渐被北方干燥的气团笼罩，台风和地方性雷雨明显减少，则出现秋旱。

1990年7月31日至8月16日，持续干旱35天，农田受旱面积3万余亩。

1994年6月24日至8月21日，持续高温和伏秋连旱59天，其间日最高气温达35℃以上的高温日数39天。受高温和干旱的影响，农田受灾面积2.2万亩，其中水田1.04万亩，旱地1.16万亩；山林受旱10多万亩。1.1万人饮水困难，全市793个蓄水1万立方米以下的山塘中有389个干涸，127座水库中有73座干涸，其中黄石垄水库全部断流。

大 风

境内大风（指风速大于或等于17米/秒）由3种天气系统形成：锋面雷雨大风，多在春季产生；地方性热雷雨大风，常见于盛夏和初秋；热带风暴或台风影响时的大风，7～9月多见。萧山大风以雷雨大风为多，其特点是往往伴随大雨而来，或先刮大风，随后倾盆大雨或伴有冰雹即刻而至，造成农作物的倒伏、脱粒、折断损坏，甚至吹毁房子等。台风因其带来狂风暴雨，毁坏农田、堤塘，造成灾害。

1985年7月13日16时前后，受雷飑线影响，境内沿钱塘江的部分镇乡出现雷雨大风，最大风力24米/秒，历时半小时，飞沙走石，树木被连根拔起或折断。南阳、河庄、乐园、宏伟等乡受害较重。络麻倒伏14.8万亩，棉花倒伏0.23万亩，辣椒、胡瓜、玉米受损1万亩；瓦房倒坍185间，草舍倒坍2221间，死1人，伤69人；低压输电线杆、广播线杆、电话线杆断杆、倒杆957根。

1986年4月25日，新围乡出现雷雨大风，大、小麦，油菜大部分倒伏。22户乡民受灾，房上瓦片被揭，草舍吹塌，重伤1人，轻伤1人。

1988年7月24日16时28分，新街、长山、盈丰、衙前等镇乡出现26米/秒大风，络麻倒伏，民房屋顶被掀，刺槐、梧桐连根拔起，一15岁少年触电身亡。8月8日，7号台风袭击萧山，最大风力11级。这次台风造成9人死亡、131人受伤，直接经济损失1.13亿元。

1989年6月6日，城南、新塘等乡出现大风，风力20米/秒，有厂房屋顶被掀，门、窗玻璃打碎。

1990年8月31日至9月1日，15号台风袭击萧山，风力11～12级，并伴有大暴雨，造成3人死亡、18人重伤，经济损失1.35亿元。

1992年9月22～23日，受19号强热带风暴影响,大风吹倒房屋315间，损坏510间。

1994年8月19～22日，受17号台风影响,沿钱塘江一带棉、麻倒伏4.39万亩；民房倒塌60余间，损坏1053间；毛竹、杉木倒伏折断406万株；损坏电线杆32根；受伤5人，其中重伤1人。

1996年7月14日16时40分至17时40分之间，所前镇出现强对流天气，并伴有强雷暴和11级左右强风。夏山埭、赵坞、山里沈、池头沈、东山夏、杜家、越山、传芳、袄庄陈9个村，水稻倒伏，树木折断或连根拔起；44间屋顶被掀，3间新造楼房倒塌；袄庄陈村1只100千伏变压器遭雷击烧坏。

1998年4月5日下午16时50分起，头蓬、新湾、前进等镇乡及围垦地区的十七工段、二十工段遭受龙卷风袭击。龙卷风移动路径宽度500多米。17时25分前后出现强风，持续5分钟左右，后降冰雹。27间草屋倒坍，13间瓦房受损，2人受伤，一8岁小孩被大风从家门口刮到七八米远的河里（当即被父母救起）；一辆3吨载重汽车被大风刮到河边；一台放在房内北窗口的21英寸彩电被风刮到南面大门边（约5米远）。7月3日12时30分至15时30分之间，浦阳、河上等镇出现飑线，强烈大风和短时暴雨持续2小时，近万亩农田受淹，电线杆倒杆、断杆400多根，房屋受损。8月23日23时左右，浦阳镇遭受龙卷风袭击，22户村民的房屋被吹坏，受伤12人，电线杆倒杆200根。

2000年6月21日17时20分左右，靖江、瓜沥等地遭受罕见雷雨大风袭击，瞬间最大风速20米/秒。1000余棵树木折断，4000亩胡瓜、蔬菜受淹，2000余户民宅屋顶被掀，6幢房屋倒塌，1人死亡、5人重伤。

图3-8-153　遭龙卷风袭击（1998年4月5日，傅宇飞摄于围垦区）

冰　雹

冰雹是境内灾害性天气之一，小范围的雹灾几乎1～2年就可见一次，大的雹灾数年一遇。虽每次时间短促，范围不大，但亦往往造成极大损失。

1988年7月24日16时32分～16时39分，沿钱塘江一带的新街、长山、盈丰、衙前等镇乡出现大风、冰雹，造成棉麻倒伏,房屋、仓库等建筑被损。

1989年6月27日17时左右，赭山、南阳、头蓬、新湾、梅西、甘露、靖江等镇乡遭受大风和冰雹袭击。

1990年6月27日15～16时，义蓬区沿江一带镇乡遭受大风冰雹袭击，络麻倒伏1.73万亩。7月11～12日，头蓬、靖江、临浦、戴村等地出现大风、冰雹，倒塌房屋112间,倒伏棉花5.4万亩、络麻6.5万亩。

1991年7月13日17时30分至18时40分，自盈丰乡起，东至红山农场，北至钱塘江边，南至盛东一带，遭受大风、冰雹袭击。冰雹平均直径2.5厘米，农田受灾2.56万亩，瓦屋6间、草房2间受损。

1997年5月12日18时12分，境内出现飑，同时伴有短时间8级以上大风和暴雨，局部地区有小冰雹。

1998年4月5日17时30分左右，头蓬、新湾、前进等镇乡及围垦地区十七工段、二十工段降冰雹二三分钟，最大冰雹有鸡蛋大。

2000年5月12日19时30分，境内第一农垦场遭受冰雹袭击，冰雹块大似鸡蛋，小如黄豆，持续20分钟，受灾面积4636.5亩。7月2日16时至18时30分，楼塔镇遭受大暴雨和冰雹袭击，2小时过程降雨量70毫米～160毫米，引起山洪暴发，山体滑坡，11家农户25间房屋倒塌，有12处公路路基被毁，133处溪流堤埂倒塌，3家企业和1所小学被淹，514亩农田被冲毁，1641亩农田受淹。

大　雪

冬季冷空气南下时，常伴有降雪，境内下雪最早在11月下旬，最晚在3月下旬。大雪多出现在1～2月，常给经济建设带来灾害，严重时，冻死牲畜和农作物，压倒树木，压坍房屋，阻塞交通，损坏电线、电话线、广播线等。

1985年12月10～11日，大雪，雪量20.6毫米，最大积雪深度13厘米，全县交通中断一天。大雪压塌草舍、房屋、工棚。

1991年1月4日，普降大雪，雪量26.3毫米，最大积雪深度16厘米，造成全市36条配电线路因积雪而断线、断杆、倒杆，2个35千伏变电所停电；广播线路倒杆1000根，断线二三百处；邮电线路中断通讯20个小时；公路交通主干线停开2天；山林毛竹倒伏、断梢。12月27～28日，大雪，雪量24.7毫米，平均最大积雪深度12厘米，积雪持续5天。造成山区毛竹断伤，自来水箱、水管、水表受严重冰冻而破损，铁路客运晚点。

1998年1月22～23日，普降暴雪，总雪量50毫米，连续积雪7天，最大积雪深度26厘米，部分公路地段行车阻塞，8座35千伏变电所出现故障，20条35千伏线路中断送电，73条10千伏线路断电。山林竹木倒伏7.1万亩，其中竹木断株83万株。

第二节　地质灾害

地　震

涉及萧山（包括1950年和1956年从绍兴县划入的镇乡）的地震，自南宋绍兴十三年（1143）至1984年的842年中，1987年版《萧山县志》载有26次。根据陈桥驿编《浙江灾异简志》记载：1974年4月22日和1979年7月9日，发生震中在江苏溧阳附近地震，浙北杭州一带有震感。（《浙江灾异简志》卷六，浙江人民出版社，1991年3月，第418页）这2次地震萧山也有震感。

1985～2000年的16年中，仅1999年9月21日1时47分因台湾省花莲西南发生7.6级地震，萧山有明显震感。

泥石流

暴雨引起山洪暴发，洪水、泥沙、石块等聚为一体，沿陡坡滚流而下，往往造成崩塌、滑坡、泥石流等地质灾害。1985～2000年间，由暴风雨引发的崩塌、滑坡7次，泥石流3次。1987年9月19日，由于受前期的暴雨影响，造成河上镇塘口村后山滑坡，裂缝宽25厘米，深7米～8米，下滑40厘米，面积4386平方米，有5间民房和1间校舍倒塌，95间民房受损。1990年9月、1991年9月、1993年7月、1996年7月、1999年6月、2000年7月境内均有崩塌、滑坡发生（参见本章第一节中洪涝、冰雹等目）。

1988年9月2日，西山北坡（城厢镇万寿桥居委会）发生泥石流，冲毁1～3号公房，死亡1人、受伤1人。

1991年9月17日，特大暴雨引发许贤乡西山、北坞两村大面积山体滑坡，泥石流迸发。两村111户205间民房被泥石流冲淹，变成一片废墟。5人被乱石压死，480余名村民无家可归。

图3-8-154　1991年9月17日，许贤乡西山村被泥石流冲毁的民房（照片来源：1992年《萧山年鉴》）

1993年7月8日13～15时，欢潭乡境内降雨196毫米，山洪暴发。全乡有300多处山体滑坡，冲毁桑园、茶园、果园和山地1200多亩，冲毁渠道4.80千米，道路10千米、堤塘350米、淹没机埠16座、冲毁桥梁27座，泥石流淤积山塘水库5座；5个村庄被山洪袭击，工厂、民房进水1182间，其中倒塌149间，人员伤亡6人，其中死亡2人，重伤1人。

第三节　潮　患

萧山濒临钱塘江涌潮地段，潮患严重。据《萧山围垦志》载，自南宋咸淳六年（1270）至1984年的715年中，严重的海患潮灾46次。通过围涂治江，潮患虽有所减少，但1985～2000年仍发生6次。

1985年8月2日，因受6号台风影响，围垦东线十五工段至十七工段大堤出现险情。堤脚被潮浪刷深至吴淞高程负2米～负3米。十七工段丁坝坝头刷深到负8米以下，保护堤脚的钢筋笼被冲走，坝头有五分之二处于悬空。十六工段以南有1千米大堤浆砌护坡被潮浪冲掉。

1987年由于涌潮冲击，2～7月，新围5.2万亩围垦东线外宽6千米滩地坍失，使东线大堤开始临水。从7月11日至9月29日，东线堤脚临水线扩展到长3.62千米。7月28日、9月10日的7号、12号两次台风均与大潮相遇，打碎、切断二十工段一号、二号丁坝的灌石沉井，冲走块石近10万立方米。与此同时，北线大堤多处出险。8月11日，外六工段闸东侧盘头被冲断30米，北线堤塘浆砌护坡坍100多米；11月1日，外八工段转角处大堤被冲成80米长的椭圆形缺口；到11月上旬，外六工段至十工段10千米大堤护堤块石大部分被潮水冲走，堤脚刷深，堤坡坍陷。

1989年，由于曹娥江出口西移，3月间，新围5.2万亩围垦东堤外沙滩每天以40米～80米的速度坍失，至4月28日，大堤临水线长4.10千米。6月下旬，钱塘江中、上游普降暴雨，富春江下泄洪峰流量12500立方米/秒，造成钱塘江下游江道走直，主槽刷深，北线外六工段、外八工段和二十工段3处江道主槽逼近大堤，几座排涝闸出现不同程度的塌坡、渗漏等险情。9月，因23号台风和大潮，垦区西线及北线大堤有28千米出险，西线29处长10.50千米的堤塘和11座丁坝不同程度受损，全线损失石方3.5万立方米；入冬后，大潮不减，外六工段闸东盘头附近江道被刷深到吴淞高程负7米，沉井倒塌，外八工段东盘头与人字盘头连接处被冲断。

1990年3月春汛大潮，28千米大堤临水，西线27座丁坝中有24座损坏；东线十七工段浆砌护坡有200米堤脚被淘空；北线外六工段至外十工段部分被淘空。3月28日，浦沿镇冠二、山二村的600米小围堤东段护坡被冲毁45米。4月23～26日，西线二号坝裂陷；一工段闸南大堤堤脚护石有100米脱落；外六工段西沉井护坡损坏60米；外八工段西沉井堤脚坍裂100米；外八工段至外十工段护堤抛石冲失；城北、浦沿等地的小围堤险口增到63处、长5.06千米。秋汛大潮，又使西线3座丁坝坝头脱落；北线外六工段、外八工段两座排涝闸两侧盘头护坡被冲坍220米；新围5.2万亩围垦东堤浆砌护坡脱落2.23千米；9月8日，顺坝围垦东风角出险，缺口60余米，至10月8日扩大到122米，危及顺坝联围1.5万亩垦区的安全。

1991年潮灾频繁，围垦大堤险情迭出。影响较大的有3次：第一次是7月中旬，钱塘江主潮顶冲十九工段至二十工段大堤，将一号、二号坝头沉井附近江道刷深至吴淞高程负7.4米～负10米，使一号坝主沉井向东南倾斜70厘米，副沉井被冲损；二十工段大堤深江临水达2千米，大堤外5米～15米处刷深至负4米～负6.9米，出现大小险口11处，浆砌护坡脱落900余米。第二次是8～9月秋汛大潮，使赭山湾美女坝、七号坝、八号坝和美女山至乌龟山一线大堤多处出险。第三次是9月25～27日大潮，将外八工段东盘头沉井冲通，外六工段浆砌护坡和7座小凸体遭冲损；东斜埂堤浆砌护坡脱落1千余米；九号坝围垦区的3个盘头被冲破，大治河闸口两处护坡面也有150平方米被冲破。

图3－8－155 被潮水吞噬的大堤（照片来源：费黑主编、陈志根副主编：《萧山围垦志》，上海人民出版社，1999年）

1994年8月8日至10月7日，14号、17号、18号、30号台风先后影响萧山。由于台风引起增潮，对沿江一线大堤破坏严重，尤其17号台风，正遇农历七月半的天文大潮，使萧围北线、西线的堤脚刷深长度4.22千米，丁坝受损13座，钱江确保线和西兴六号、八号坝被全部冲断；赭山湾八号坝已被冲损到坝根，大堤护坡受损25处、长2.68千米；浦沿棉场、铁塔圩、顺坝联围3处大量护脚块石冲失，部分地段泥坡外裸。

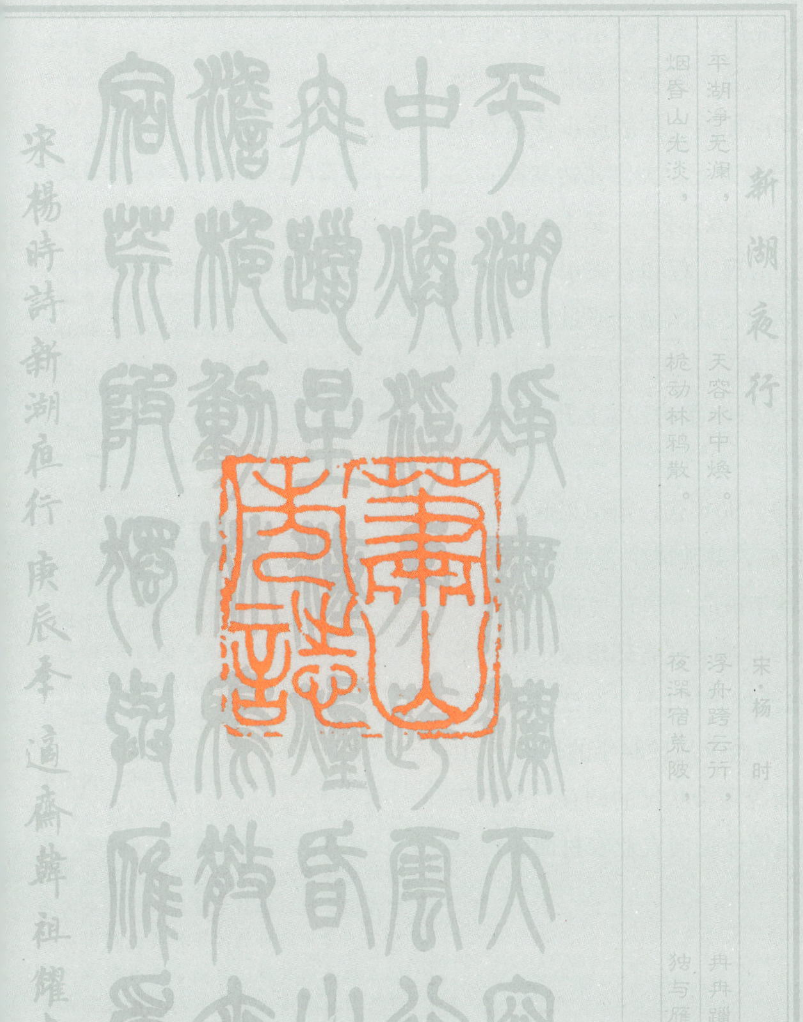
新湖夜行
宋·杨时
平湖净无澜，天容水中焕。
浮舟跨云行，冉冉蹑星汉。
烟昏山光淡，棹动林鸦散。
夜深宿荒陂，独与雁为伴。
宋杨時詩新湖夜行 庚辰年 適齋韓祖耀書

第四编　环境保护

20世纪80年代，随着萧山经济快速发展，资源消耗、能源消耗①不断上升，环境负荷日益加大，河水大气质量呈下降趋势，城区噪声突出。1980年，萧山县环境保护办公室②和县环境监测站建立。1981年，依法征收排污费。1985年，对境内工业污染源进行普查。1989年、1995年，对镇乡工业污染源进行调查。1995年，萧山市政府颁发《关于进一步加强环境保护工作的决定》《关于进一步加强水污染防治的若干规定》《湘湖饮用水水源水域卫生防护规定》《萧山市环境保护“九五”计划和到2010年远景目标》，实施建设项目环境保护“三同时”管理制度、饮食娱乐服务行业排污申报登记制度、城区主要道路禁鸣汽车喇叭等等，采取有效措施，积极防治老污染源，严格控制新污染源。环境污染由加剧、扩散逐步转向有序控制。1996～2000年累计投入污染治理资金63368万元，关停并转高耗能、高污染企业③35家，另外400家污染企业通过“一控双达标”④基本实现达标排放；城区综合污水治理工程、东片印染污水治理工程和自来水“西水东调”工程粗具规模，城区饮用水水质达标率100%，城区空气质量控制在国家二级标准内，城区生活垃圾处理率100%，烟尘控制区35.90平方千米，噪声达标区26.84平方千米，建成区绿地覆盖率从1984年的12%上升到36%。工业污染防治和城市环境保护取得明显效果。

农业农村面源污染⑤对水质和土壤构成威胁。80年代，萧山兴起生态农业，开始走农业生产良性循环道路。至2000年底，共建成生态村场乡6个，其中长河镇山一村（今属杭州市滨江区）1988年被联合国环境规划署授予生态环境保护“全球500佳”称号，云石乡1999年被浙江省环境保护局授予“生态示范区”称号；另有杭州市级饮用水水源保护区1个，浙江省级风景旅游区2个，浙江省级森林公园2个，全市森林覆盖率从1984年的17.70%上升到21.30%。2001年，首次开展对农业农村面源污染状况的调查。全市环境保护工作重点逐步由工业污染防治和城市环境保护向农业农村面源污染防治和生态环境保护战略转移。

①萧山能源资源相当贫乏，基本依靠从外省、市调入。能源消耗构成主要为煤炭，其次为电力、热力、油等，天然气只占极小一部分。据1995年杭州市镇乡工业污染源调查报告，萧山市镇乡工业能源消耗量在杭州市7县（市）中居第一，其万元产值能耗居第四位。萧山市各镇乡工业行业中能源消耗量最大的5个行业是纺织业，非金属矿物制造业，电力、蒸汽和热水的生产和供应业，造纸和纸制品业，化学原料及化学制品制造业。这5个行业合计能耗57.01万吨标准煤，占萧山市镇乡工业能耗总量的71.35%。萧山市镇乡工业万元产值平均能耗0.51吨标准煤。1998年，萧山市工业万元产值平均能耗0.84吨标准煤。1999年，萧山市工业万元产值平均能耗0.71吨标准煤。

②1980年11月，萧山县环境保护办公室成立。1984年2月，萧山县城乡建设环境保护局成立。1985年12月，萧山县环境保护办公室析出。1991年7月，萧山市环境保护局成立。至2001年3月25日，萧山市环境保护局工作人员由1985年的10人（含监测站）增加到53人。下设机构：办公室、开发管理科、环境监测站、环境监理所、瓜沥环境监理站、临浦环境监理站、城厢环境监理站。

③萧山市高污染行业是印染、化工、造纸、建材、电镀、食品等行业。1996年，这6个行业总产值98.16亿元，占全市工业总产值的29.70%。1999年，这6个行业总产值109.83亿元，占全市工业总产值的24.90%。

④一控双达标：1996年8月，国务院在《关于环境保护若干问题的决定》中明确要求：2000年，各省、自治区、直辖市要使本辖区主要污染物排放总量控制在国家规定排放总量指标内；全国所有工业污染源排放污染物要达到国家或地方规定的标准；直辖市及省会城市、经济特区城市、沿海开放城市及重点旅游城市的空气环境质量、地面水环境质量，按功能分区分别达到国家规定的标准。简称为“一控双达标”。

⑤农业农村面源污染，主要是指农业生产中施用的化肥、农药、畜禽养殖业、水产养殖业造成的污染以及农用塑料薄膜、农作物秸秆、人粪尿、农村生活污水、生活垃圾等农业农村废弃物污染。

①1974年11月，县卫生防疫站曾对城厢镇、瓜沥镇、临浦镇以及浦阳江、浦沿化工区水体进行取样监测，发现有不同程度的污染。1984年选择永兴河、进化溪、浦阳江、萧山自来水厂水源及城厢镇、瓜沥镇等内河河段进行取样监测。从47份取样中，测得有六价铬46份，其中5份超过国家规定的最高容许浓度；28份取样中，测得有含锌量23份，其中10份超过国家规定的最高容许浓度。（资料来源：萧山县志编纂委员会：《萧山县志》，浙江人民出版社，1987年，第593页）

②本县沙地区和部分水网因精洗络麻，麻水污染较广。1964年10月全县受麻水污染的渔场有40多处，水面约5000亩，损失成鱼4万余千克。（资料来源：萧山县志编纂委员会：《萧山县志》，浙江人民出版社，1987年，第594页）

③1970年，全县各地大面积使用有机磷剧毒农药，因饮用水受农药污染，在进化、新塘、瓜沥等地曾发生中毒事故。1974年，城厢镇排放于城河的生活污水，影响到附近的裘江乡新桥、半爿街、车家埭等村，使村民饮用水发生困难。杜湖、裹七房、姚江岸、半爿街、郎家浜等村，因饮用水受附近工厂废水污染，村民腹泻流行。1984年，因城河污水南流，污染城南区戚家池、文里头一带水域，造成死鱼。（资料来源：萧山县志编纂委员会：《萧山县志》，浙江人民出版社，1987年，第593～594页）

第一章　环境质量

1985年前，萧山境内地表水已受到不同程度污染。[①]由于工业、农药、麻水[②]、生活污水等污染，多次发生死鱼事件；因饮用水受到污染，曾发生村民腹泻、中毒事件。[③]后随着工业化、城市化进程加快，各类污染加剧，污染防治力度亦加大。1985～2000年，境内地表水监测点水质在Ⅱ类较清洁至Ⅴ类重污染之间，大气质量控制在国家二级标准内，城区噪声总体超标（1999年城市噪声达标区创建后有所改善），土壤环境质量整体较好。

第一节　水环境质量

萧山的水环境主要是江河水、饮用水源。水环境质量主要体现境内南部低山丘陵区浦阳江和永兴河、中部平原区内河（以下简称“中部内河”）、北部沙地区内河（以下简称“沙地内河”）水质状况，以及城区饮用水源水质状况。

江河水

境内地表水常规监测始于1985年。是年，境内浦阳江、永兴河、中部内河水质大部分属Ⅱ类较清洁，符合工业、农业及其他用途要求。城区内河由于沿河居民大量生活污水和工厂废水流入，水体污染严重。沙地内河由于河道窄浅，径流量小，自净能力弱，加上麻水污染严重，河水大面积变质。

各江河水质季节性变化明显。通常丰水期水质优于平水期水质，平水期水质优于枯水期水质。80年代，白马湖水质最好，其次是浦阳江，最差的是沙地内河。90年代，白马湖由于大量农田含氮废水汇入湖里，永兴河由于沿江电镀厂及造纸厂废水超标排放，水质下降。沙地内河由于周围印染厂增多，有机污染负荷大，长年处于污染状态。在丰水期、平水期和枯水期，均以浦阳江水质最好，中部内河、永兴河次之，沙地内河最差。1994年，境内地表水化学需氧量单项指标超标29.17%。

图4—1—156　萧山市出口监测点位（1993年10月，朱权华摄）

表4-1-28 1996～2000年萧山市江河水质情况

监测点位	主要污染物污染指数							综合污染指数	平均污染指数	污染分担率(%)
	溶解氧	高锰酸盐	非离子氨	氯化物	六价铬	铅	汞			
浦阳江										
尖山	3.80	0.53	1.03	0.01	0.04	0.13	0.25	5.79	0.83	97.00
临浦	3.20	0.65	1.09	0.01	0.04	0.07	1.35	6.41	0.92	98.20
浦阳江出口	3.80	0.58	0.63	0.01	0.08	0.10	0.23	5.43	0.78	96.70
永兴河										
管村回龙桥	3.20	0.59	1.32	0.02	0.08	0.12	0.30	5.63	0.80	96.00
永兴河出口	3.20	0.79	0.92	0.02	0.54	0.11	0.29	5.87	0.84	88.50
沙地内河										
新街	3.40	1.39	0.61	0.02	0.04	0.24	0.34	6.04	0.86	95.10
瓜沥	3.40	1.47	3.04	0.01	0.06	0.13	0.03	8.14	1.16	97.50
头蓬	3.60	0.83	0.28	0.02	0.04	0.41	0.05	5.23	0.75	91.00
新围	3.40	0.86	0.51	0.02	0.02	0.31	0.03	5.15	0.74	93.10
前进	4.00	1.16	2.70	0.01	0.10	0.35	0.21	8.53	1.22	94.50
中部内河										
小砾山	3.20	0.56	0.96	0.01	0.04	0.07	0.20	5.04	0.72	97.60
萧山第一自来水厂	3.75	0.63	0.63	0.01	0.04	0.15	0.20	5.41	0.77	96.30
萧山第二自来水厂	3.71	0.59	0.79	0.01	0.04	0.10	0.20	5.44	0.78	97.30
萧山市出口	3.80	1.07	2.53	0.01	0.08	0.18	0.21	7.88	1.13	86.60
白马湖	4.00	0.74	2.29	0.01	0.04	0.15	0.20	7.43	1.06	97.30
来苏大沿	4.00	0.72	1.67	0.01	0.04	0.07	0.27	6.78	0.97	98.30

注：①资料来源：萧山市环境监测站：《萧山市环境质量报告书（1996～2000年）》，2001年。
②采用《地表水环境质量标准》（GHZB1—1999）。
③“综合污染指数”栏指该监测点位主要污染物污染指数之和。“平均污染指数”栏指该监测点位主要污染物污染指数均值。“污染分担率”栏指该监测点位主要污染物综合污染指数占所有监测污染物综合污染指数之比率。

表4-1-29 1996～2000年萧山市城区内河水质情况

监测点位	非离子氨（毫克/升）	高锰酸盐（毫克/升）	透明度（厘米）	生化需氧量（毫克/升）	溶解氧（毫克/升）	石油类（毫克/升）
1996年						
下湘湖桥	0.031	—	—	4.85	3.96	3.29
环西桥	0.028	—	—	7.45	3.07	5.47
南门桥	0.030	—	—	5.89	3.43	2.66
1997年						
下湘湖桥	0.240	4.32	54	3.80	5.47	0.91
环西桥	0.071	7.10	48	8.45	3.57	8.54
南门桥	0.076	8.90	48	7.96	3.21	7.85
1998年						
下湘湖桥	0.040	6.56	61	—	—	—
环西桥	0.040	7.37	58	—	—	—
南门桥	0.093	7.15	58	—	—	—
1999年						
下湘湖桥	0.049	6.88	57	—	—	—
环西桥	0.056	7.35	54	—	—	—
南门桥	0.079	7.85	47	—	—	—
2000年						
下湘湖桥	0.037	7.92	62	—	—	—
环西桥	0.035	9.54	55	—	—	—
南门桥	0.047	9.79	53	—	—	—

注：①资料来源：萧山市环境监测站：《萧山市环境质量报告书（1996～2000年）》，2001年。
②1996～1997年，按《渔业水质标准》（GB11607—89）规定的指标（不含高锰酸盐、透明度）监测；1998～2000年，根据城市环境综合整治定量考核要求，明确城区内河主要为非接触性景观娱乐用水功能，故此后根据《景观娱乐用水水质标准》（GB12941—91）规定的指标（不含生化需氧量、溶解氧、石油类）监测；1997年过渡期间，按《渔业水质标准》（GB11607-89）和《景观娱乐用水水质标准》（GB12941-91）监测。

1996～2000年，萧山市地表水水质状况总体较差。[①]通过综合治理，城区内河水质呈变好趋势。1996～1997年，城区内河水质均值评价结果均超国家渔业水质标准；1998～2000年，均达到国家景观娱乐用水水质标准。

2000年，各江河水质从优到劣依次为：浦阳江、永兴河、中部内河、沙地内河，水质在Ⅱ类较清洁至Ⅴ类重污染之间。各监测点水质状况为：浦阳江：尖山，Ⅳ类中污染；临浦，Ⅲ类轻污染；浦阳江出口，Ⅱ类较清洁。永兴河：管村回龙桥，劣Ⅴ类重污染；永兴河出口，Ⅳ类中污染。沙地内河：新街，劣Ⅴ类重污染；瓜沥，劣Ⅴ类重污染；前进，劣Ⅴ类重污染；头蓬，Ⅴ类重污染；新围，Ⅴ类重污染。中部内河：萧山市出口（地点在衙前镇萧绍运河翔凤桥），Ⅳ类中污染；来苏大沿，Ⅲ类轻污染；小砾山，Ⅲ类轻污染；白马湖，Ⅳ类中污染。

饮用水

80年代，境内城乡居民饮用自来水、井水等。[②]至1985年，有1个国营自来水厂（萧山县第一自来水厂）和8个镇乡水厂，其时取水源水质基本符合国家饮用水源水质标准。1987年，建成县第二自来水厂。后第一自来水厂（取水口为湘湖水域下湘湖村）、第二自来水厂（取水口为湘湖水域杜湖村）利用钱塘江引潮和闻堰镇小砾山排灌站翻水改善水质。

90年代，境内畜禽养殖粪尿、农药化肥以及生活污水直接排入湘湖，湘湖水体污染日趋加重。1995年，萧山整治湘湖沿岸污染源，在水量充沛、水质优良、受咸潮概率较小的闻堰镇三江口筹建第三自来水厂。实施自来水“西水东调”供应东片镇乡工程。1999年8月，第一自来水厂、第二自来水厂、第三自来水厂全部从三江口取水窦部取水。三个自来水厂日综合供水能力35万吨，覆盖面积200平方千米，受益人口80万人。

其间，党山水厂、坎山水厂因取水源水质严重超标关闭。闻堰水厂、尖

图4-1-157　萧山第三自来水厂（2000年12月，董光中摄）

①1996～2000年，根据萧山市地表水监测数据，对主要污染物按照各监测点的规划类别标准计算污染指数并作均值综合评价，累计污染分担率在86.6%～98.3%之间。浦阳江综合污染指数在5.43～6.41之间，平均污染指数在0.78～0.92之间；主要污染指标为非离子氨；浦阳江出口、尖山和临浦断面水质较好。永兴河两个断面的水质均较好，综合污染指数分别为5.63、5.87，平均污染指数分别为0.80、0.84。沙地内河综合污染指数在5.15～8.53之间，平均污染指数在0.74～1.22之间；主要污染指标为非离子氨、高锰酸盐指数；头蓬、新围断面水质较好，新街、瓜沥、前进断面水质相对较差。中部内河综合污染指数在5.04～7.88之间，平均污染指数在0.72～1.13之间；主要污染指数为非离子氨、高锰酸盐指数；小砾山、萧山第一自来水厂、第二自来水厂断面水质较好，来苏大沿、白马湖次之，萧山市出口超标严重。（资料来源：萧山市环境监测站：《萧山市环境质量报告书（1996～2000年）》，2001年）

②中华人民共和国成立前，萧山境内居民多数饮用江河水、井水、天落水等，临浦镇上有专门靠挑浦阳江水卖水度日的人。中华人民共和国成立后，政府重视饮用水卫生。城镇提倡饮用井水，修理井台、井栏，加盖保护水源。有条件的集镇和村坊也打水井，以大口井公用为主。1959年7月，城厢镇在西山二坞以湘湖为水源建造日产2万吨的第一家自来水厂，于1961年12月开始简易供水，以后逐步扩建，至1984年可供城厢镇和周边5个镇乡30多个单位的工业、生活用水。1981年底，农村开始建造自来水站，在城南公社溪头王、义桥公社金山、许贤公社勤丰、浦阳公社横江俞大队进行试点，并逐步推广。1982年，县人民政府对城郊受城河等污水影响较大的新桥、半爿街、车家埭等地拨款安装自来水。至1984年底，累计有各种类型水井6.30万口，井水受益人口57万人，建各种类型自来水站79座，自来水受益人口14.50万人。（资料来源：萧山区卫生局）

山水厂、义桥水厂、浦沿水厂（1996年划归杭州）等取水源水质较好。瓜沥水厂和临浦水厂在1994年、1997年曾查到超标，后各镇乡创建“合格饮用水源保护区”，水质改善，通过验收。

2000年，对第一自来水厂、第二自来水厂、第三自来水厂的共同水源地三江口进行6次监测，监测项目为城市环境综合整治定量考核饮用水水质14项指标①，水质达标率100%。

①饮用水水质14项指标分别为：pH、氟化物、总铅、总镉、挥发酚、总砷、总汞、氰化物、高锰酸盐指数、六价铬、硝酸盐氮、总硬度、非离子氨、总大肠菌群。评价标准执行《水环境质量标准》（GHZB1—1999）Ⅱ类标准。

表4-1-30　1996～2000年萧山市饮用水源水质情况

年份（月日）	水源地	氟化物（毫克/升）	总硬度（毫克/升）	非离子氨（毫克/升）	硝酸盐氮（毫克/升）	高锰酸盐（毫克/升）	氰化物（毫克/升）	挥发酚（毫克/升）	总砷（毫克/升）	总汞（微克/升）	总镉（微克/升）	六价铬（毫克/升）	总铅（毫克/升）	总大肠菌群（毫克/升）
1996	第一自来水厂	0.46	105	0.013	1.08	9.83	0.001	0.001	0.0059	0.025	0.6267	0.002	0.0080	5717
1996	第二自来水厂	0.45	85	0.018	0.91	8.50	0.001	0.001	0.0107	0.025	0.4760	0.002	0.0057	6062
1997	第一自来水厂	0.39	77	0.020	0.63	4.06	0.001	0.001	0.0161	0.025	0.6050	0.002	0.0077	212
1997	第二自来水厂	0.38	73	0.019	0.70	4.04	0.001	0.001	0.0098	0.025	0.3150	0.002	0.0056	982
1998	第一自来水厂	0.52	96	0.007	0.90	3.29	0.001	0.001	0.0136	0.025	0.5783	0.002	0.0102	548
1998	第二自来水厂	0.41	93	0.009	1.06	3.31	0.002	0.001	0.0138	0.025	0.6417	0.002	0.0053	2553
1999	第一自来水厂	0.60	102	0.008	0.70	3.01	0.002	0.001	0.0097	0.025	0.4900	0.002	0.0088	1488
1999	第二自来水厂	0.38	87	0.014	1.00	3.54	0.001	0.001	0.0140	0.025	0.3400	0.002	0.0071	2448
1999	第一、二、三自来水厂	0.25	78	0.012	0.69	2.78	0.001	0.001	0.0223	0.025	0.2183	0.002	0.0014	2433
2000	第一、二、三自来水厂	0.23	67.75	0.008	1.04	3.21	0.002	0.001	0.0112	0.025	0.3900	0.002	0.0117	385
2000-03-13	第一、二、三自来水厂	0.25	72.00	0.008	0.91	2.53	0.001	0.001	0.004	0.025	0.5100	0.002	0.0041	130
2000-04-05	第一、二、三自来水厂	0.39	41.20	0.015	0.65	2.30	0.004	0.001	0.025	0.025	0.5600	0.002	0.0049	50
2000-06-19	第一、二、三自来水厂	0.19	106.00	0.007	0.96	5.66	0.001	0.001	0.026	0.025	0.9700	0.002	0.0038	20
2000-08-08	第一、二、三自来水厂	0.26	56.90	0.008	0.90	3.62	0.001	0.001	0.004	0.025	0.2000	0.002	0.0091	1300
2000-10-09	第一、二、三自来水厂	0.26	61.90	0.007	2.40	2.72	0.001	0.001	0.004	0.025	0.0500	0.002	0.0031	20
2000-11-23	第一、二、三水厂	0.03	68.50	0.0005	0.43	2.40	0.001	0.001	0.004	0.025	0.0500	0.002	0.0450	790

注：①资料来源：萧山市环境监测站：《萧山市环境质量报告书（1996～2000年）》，2001年。

②1999～2000年，三家自来水厂的水源地均为闻堰镇三江口。

③2000年3月13日、4月5日、6月19日、8月8日、10月9日、11月23日，先后6次对第一、第二、第三自来水厂的共同水源地三江口进行监测，其pH值分别是：7.36、8.09、7.43、6.53、7.04、6.88。

第二节　大气环境质量

萧山大气呈煤烟型污染特征，且季节性变化明显，污染物多在秋季前后出现浓度最低值。酸雨②率高，对农业生产有影响。

②酸雨，是指pH值小于5.6的雨雪或其他形式出现的大气降水。pH值是表现酸碱度强弱的数值，pH值为7时是中性，大于7时表现为碱性，pH值越高，碱性越强；反之，pH值小于7时为酸性，pH值越低，酸性越强。

空　气

境内空气常规监测始于1985年。是年，城区二氧化硫和氮氧化物污染较轻，降尘[1]污染严重，空气质量为中污染水平。1987年，化学工业废气排放量高达33亿标立方米，建材制品业废气排放量31.70亿标立方米，城厢镇、临浦镇、瓜沥镇的工业锅炉及城厢镇市心路的生活炉灶测定的林格曼黑度值最高达四级，排放二氧化硫2.40万吨、氮氧化物0.04万吨。后通过创建烟尘控制区，至1990年，城厢镇二氧化硫、氮氧化物污染指数为清洁水平，总悬浮颗粒物为较清洁水平，降尘为中污染水平，环境空气质量为较清洁水平。

1991～1994年，城厢镇西部老火车站附近扬尘量增大，加上城市房地产建设发展迅速，致使降尘污染加重。后通过控制新增锅炉、窖炉、炉灶，提倡燃煤灶改烧液化气，空气质量从1994年的中污染水平到1997年达到较清洁水平。2000年，主要污染物除降尘外，浓度呈下降趋势。[2]

空气污染季节性变化明显。污染物多在秋季前后出现浓度最低值，这与萧山秋季前后雨水较多直接相关（雨水对污染物起一定冲洗稀释作用），其中二氧化硫、氮氧化物、总悬浮颗粒物、降尘变化趋势总体相同，一般春、冬两

①大气环境中的粉尘分为飘尘和降尘两种。飘尘，是指尘粒在10微米以下的浮游粒子。降尘，是指大气中污染物（粒径大于10微米）由自身的重量而沉降的物质。一般降尘量达到每月每平方千米30吨，为中度大气污染；降尘量达每月每平方千米50吨以上，为重度大气污染。

②1996～2000年，根据萧山市区空气监测数据，主要污染物浓度情况分别为：二氧化硫浓度范围0.002毫克/标立方米～0.115毫克/标立方米，其间没有一年日均值超过二级标准；日均值为0.042毫克/标立方米，总体呈下降趋势。氮氧化物浓度范围0.004毫克/标立方米～0.158毫克/标立方米，其间平均值范围0.030毫克/标立方米～0.051毫克/标立方米；除1998年外，其余4年均达到二级标准；日均值0.044毫克/标立方米，总体呈下降趋势。总悬浮颗粒物浓度范围0.012毫克/标立方米～0.774毫克/标立方米，其间平均值范围0.140毫克/标立方米～0.210毫克/标立方米；最高值出现在1996年，为0.774毫克/标立方米，呈下降趋势。降尘浓度范围1.86吨/平方千米～31.2吨/平方千米，为主要污染物，呈上升趋势。（资料来源：萧山市环境监测站：《萧山市环境质量报告书（1996～2000年）》，2001年）

表4－1－31　1985～2000年萧山市城区空气质量情况

年份	主要污染物污染指数				综合污染指数	平均污染指数	空气质量污染水平
	二氧化硫	氮氧化物	总悬浮颗粒物	降尘			
1985	0.38	0.25	0.76	3.22	4.61	1.15	中污染
1986	0.35	0.30	1.10	2.48	4.23	1.06	中污染
1987	0.42	0.36	1.48	2.31	4.57	1.14	中污染
1988	0.33	0.28	1.75	2.97	5.33	1.33	中污染
1989	0.42	0.40	1.09	1.75	3.66	0.92	轻污染
1990	0.23	0.22	0.97	1.85	3.27	0.82	较清洁
1991	0.34	0.24	0.52	2.11	3.21	0.80	轻污染
1992	0.32	0.27	0.72	1.97	3.28	0.82	轻污染
1993	0.23	0.27	0.67	2.05	3.22	0.81	轻污染
1994	0.27	0.29	0.75	2.58	3.89	0.97	中污染
1995	0.28	0.40	0.74	1.95	3.37	0.84	轻污染
1996	0.28	0.51	0.64	1.65	3.08	0.77	轻污染
1997	0.25	0.46	0.62	1.40	2.73	0.68	较清洁
1998	0.23	0.51	0.51	1.07	2.32	0.58	较清洁
1999	0.33	0.30	0.47	1.25	2.35	0.59	较清洁
2000	0.31	0.43	0.70	1.69	3.13	0.78	轻污染

注：①资料来源：1985～1995年，根据萧山市环境保护局档案室资料整理；1996～2000年，萧山市环境监测站：《萧山市环境质量报告书（1996～2000年）》，2001年。
②采用《环境空气质量标准》（GB3095—1996）二级标准。
③“综合污染指数”栏指该年份主要污染物污染指数之和。“平均污染指数”栏指该年份主要污染物污染指数均值。

季浓度较高，夏、秋两季浓度较低，秋季出现浓度最低值。

1985～2000年，城区空气质量总体在国家二级标准内。呈煤烟型污染特征，但初步出现向煤烟—机动车辆尾气混合型污染过渡趋势。南部低山丘陵区空气环境质量好于中部、北部。云石乡空气质量基本达到国家一级水平。

表4-1-32 1996～2000年萧山市城区空气污染物分季度情况

监 测 项 目	1996年	1997年	1998年	1999年	2000年
一季度					
二氧化硫（mg/m^3）	0.052	0.040	0.050	0.062	0.042
氮氧化物（mg/m^3）	0.063	0.047	0.084	0.074	0.095
总悬浮颗粒物（mg/m^3）	0.221	0.200	0.121	0.278	0.286
硫酸盐化速率（$SO_2mg/100cm^2$碱片·日）	0.750	0.500	0.397	0.205	0.337
降尘（t/km^2）	14.380	10.740	9.320	12.480	11.840
氟化物（$\mu g/100cm^2$挂片·日）	2.110	1.430	2.074	1.581	1.548
二季度					
二氧化硫（mg/m^3）	0.036	0.025	0.034	0.041	0.099
氮氧化物（mg/m^3）	0.042	0.054	0.034	0.032	0.035
总悬浮颗粒物（mg/m^3）	0.270	0.172	0.176	0.197	0.232
硫酸盐化速率（$SO_2mg/100cm^2$碱片·日）	0.420	0.440	0.361	0.270	0.255
降尘（t/km^2）	13.350	12.830	10.400	9.160	14.770
氟化物（$\mu g/100cm^2$挂片·日）	2.720	3.080	2.836	2.512	1.921
三季度					
二氧化硫（mg/m^3）	0.027	0.036	0.026	0.039	0.034
氮氧化物（mg/m^3）	0.032	0.029	0.032	0.054	0.032
总悬浮颗粒物（mg/m^3）	0.089	0.100	0.145	0.210	0.182
硫酸盐化速率（$SO_2mg/100cm^2$碱片·日）	0.210	0.280	0.225	0.192	0.220
降尘（t/km^2）	11.470	9.430	5.610	6.730	14.391
氟化物（$\mu g/100cm^2$挂片·日）	3.310	2.730	2.997	2.217	3.929
四季度					
二氧化硫（mg/m^3）	0.044	0.052	0.032	0.054	0.051
氮氧化物（mg/m^3）	0.074	0.055	0.057	0.110	0.043
总悬浮颗粒物（mg/m^3）	0.205	0.274	0.160	0.382	0.239
硫酸盐化速率（$SO_2mg/100cm^2$碱片·日）	0.370	0.340	0.197	0.217	0.274
降尘（t/km^2）	13.590	11.520	8.770	11.600	12.980
氟化物（$\mu g/100cm^2$挂片·日）	2.220	2.830	2.385	1.998	1.799

注：①资料来源：萧山市环境监测站：《萧山市环境质量报告书（1996～2000年）》，2001年。
②采用《环境空气质量标准》（GB3095—1996）二级标准。
③mg/m3：毫克/立方米。μg/100cm2：微克/100平方厘米。t/km2：吨/平方千米。SO2：二氧化硫。碱片是测定空气中硫酸盐化速率的一种方法，挂片是采样氟化物的一种方法。

酸　雨

萧山属酸雨高发区域，酸雨特点是发生频率高，pH均值显示酸性不强。

境内酸雨监测始于1985年。1986年，城区酸雨率64%，pH均值4.8。1991年，pH最低值为3.34。1999年，酸雨率最高达69.90%。2000年，酸雨率47.98%，pH均值5.42。其间，城区降水电导率最低值在1997年，为45微西/厘米，最高值在2000年，为71.43微西/厘米。

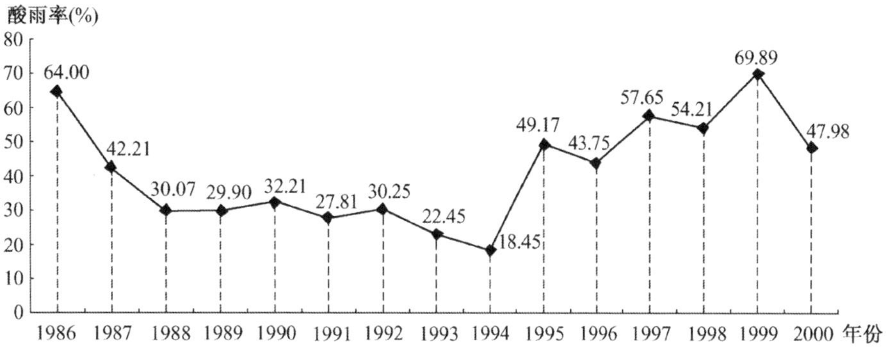

图4—1—158　1986～2000年萧山市城区酸雨率情况（资料来源：根据萧山区环境保护局档案室资料整理）

表4—1—33　1991～2000年萧山市城区酸雨情况

年　份	采样总数（个）	酸　雨		降水pH值	
		样数（个）	酸雨率（%）	pH范围	pH平均值
1991	187	52	27.81	3.34～7.55	5.38
1992	162	49	30.25	4.10～7.59	5.35
1993	147	33	22.45	4.10～7.91	5.54
1994	103	19	18.45	4.41～7.20	5.67
1995	120	59	49.17	4.26～6.90	5.04
1996	144	63	43.75	4.10～6.99	5.50
1997	170	98	57.65	4.27～6.28	5.27
1998	190	103	54.21	4.16～7.56	5.15
1999	176	123	69.89	4.01～7.00	5.26
2000	198	95	47.98	3.71～8.71	5.42

资料来源：1991～1998年，萧山市环境保护局、萧山市环境科学学会：《萧山市“十五”环境保护规划》，2000年4月。1999～2000年，萧山市环境监测站：《萧山市环境质量报告书（1996～2000年）》，2001年。

第三节　声环境质量

萧山城区噪声变化幅度较大。造成污染的各类声源中，生活噪声影响范围最广，交通噪声对环境冲击最强，其次为建筑施工噪声。农村声环境质量总体好于城镇。

区域环境噪声

声环境常规监测始于1985年。是年，以西山和北干山为中心，分南、北两个区域，共布点128个，对城厢镇进行区域环境噪声监测，测得平均等级声效63.5分贝，[①]北城区比南城区高2分贝。其时由于各功能区不分，工厂与居民住宅混杂，区域环境噪声、功能区噪声均超标。1986年，噪声污染比上年增加2分贝。

1990年，设区域环境噪声监测点102个，覆盖面积6.38平方千米。90年代中期，城区面积不断扩大，道路拓宽，新建绿化隔离带，开展创建噪声达标区试点。1998年，平均等效声级为55.7分贝，比1997年下降3.4分贝。噪声源构成为：交通噪声64.4%，生活噪声26.3%，建筑施工噪声3.1%，工业噪声1.8%，其他噪声4.4%。1999年，根据噪声控制区规划及监测要求，对城区按1类、2类、3类标准[②]共设380个网格监测点进行较全面的区域环境噪声监测，覆盖面积27.53平方千米，平均等效声级55.1分贝。[③]

①本编噪声均为dB（A）。

②根据《城市区域环境噪声标准》（GB3096—93），5类标准的适用区域为：0类标准适用于疗养区、高级别墅区、高级宾馆区等特别需要安静的区域，昼间标准为50分贝，夜间标准为40分贝；1类标准适用于以居住、文教机关为主的区域，昼间标准为55分贝，夜间标准为45分贝；2类标准适用于居住、商业、工业混杂区，昼间标准为60分贝，夜间标准为50分贝；3类标准适用于工业区，昼间标准为65分贝，夜间标准为55分贝；4类标准适用于城市中的道路交通干线道路两侧区域，穿越城区的内河航道两侧区域及穿越城区的铁路主、次干线两侧区域的背景噪声，昼间标准为70分贝，夜间标准为55分贝。

③区域环境噪声1999年改两年监测一次，故无2000年的数据。

表4－1－34　1999年萧山市城区区域环境噪声情况

区块	标准适用类别	覆盖面积（平方千米）	覆盖人口（万人）	网格大小（米×米）	监测网格数（个）	区域环境噪声等效声级（分贝）	
						昼间	夜间
A	1	2.33	10.50	100×100	167	52.00	42.60
B	2	15.84	8.33	280×280	112	57.30	47.90
C	3	9.36	3.17	200×200	101	63.00	51.20

资料来源：萧山市人民政府：《萧山市环境功能区达标技术报告》，2000年10月。

功能区噪声

1985年，按照城区建成区环境噪声区划，开始在不同区域开展24小时定点监测。各功能区昼夜等效声级分别为：住宅区63.4分贝、1类混合区64.5分贝、2类混合区70.7分贝、商业区72.3分贝、工业区68.7分贝、交通干线两侧80.2分贝，均超过各功能区环境噪声国家标准。

1989年，城区5个功能区监测点位，昼间超标最严重的是高桥新村（居民区），超标11.7分贝；夜间超标最严重的是杭萧公路煤场（交通干线两侧），超标17.7分贝。1990年，5个功能区监测点超标率77.5%，其中高桥新村和杭萧公路煤场昼夜噪声超标率100%。90年代中期，各功能区噪声超标严重。后加强对交通、建筑施工、社会生活噪声源的管理，至2000年，居民区昼间、夜间噪声开始达标，工业区和交通干线两侧昼间噪声达标、夜间噪声超标，混合区和商业区昼间、夜间噪声均超标。各功能区昼夜等效声级分别为：住宅区53.6分贝、混合区61.1分贝、商业区65.0分贝、工业区66.0分贝、交通干线两侧69.5分贝。

表4-1-35　1996～2000年萧山市城区功能区噪声情况

单位：分贝

年份	居民区				混合区				商业区				工业区				交通干线两侧			
	昼间	昼间超标	夜间	夜间超标	昼间	昼间超标	夜间	夜间超标	昼间	昼间超标	夜间	夜间超标	昼间	昼间超标	夜间	夜间超标	昼间	昼间超标	夜间	夜间超标
1991	59.4	4.4	53.5	8.5	60.9	0.9	45.1	0	68.8	8.8	52.5	2.5	68.8	3.8	56.5	1.5	70.6	0.6	52.5	7.6
1992	59.6	4.6	47.3	2.3	63.4	3.4	46.5	0	68.9	8.9	55.9	5.9	69.7	4.7	63.7	8.7	75.3	5.3	55.9	12.2
1993	58.6	3.6	48.9	3.9	68.7	8.7	60.9	10.9	67.3	7.3	54.9	4.9	68.3	3.3	56.4	1.4	77.0	7.0	54.9	16.0
1994	70.6	15.6	71.6	26.6	73.8	13.8	55.5	5.5	73.1	13.1	65.8	15.8	73.1	8.1	67.7	12.7	70.3	0.3	65.8	7.3
1995	64.7	9.7	56.5	11.5	75.7	15.7	61.1	11.1	74.7	14.7	69.4	19.4	75.5	10.5	58.4	3.4	84.2	14.2	69.4	22.5
1996	64.2	9.2	58.0	13.0	64.7	4.7	57.0	7.0	71.2	11.2	66.1	16.1	78.1	13.1	72.4	17.4	73.9	3.9	66.1	13.4
1997	63.3	8.3	59.3	14.5	68.4	8.4	53.9	3.9	73.6	13.6	61.5	11.5	72.6	7.6	65.1	10.1	73.4	3.4	61.5	12.6
1998	63.1	8.1	57.6	12.6	63.9	3.9	58.8	8.8	64.3	4.3	54.3	4.3	68.8	3.8	67.7	2.7	75.6	5.6	54.3	8.6
1999	62.8	7.8	51.8	6.8	62.9	2.9	55.7	5.7	65.1	5.1	56.6	6.6	58.8	3.8	60.0	5.0	71.8	1.8	56.6	7.9
2000	54.0	0	42.8	0	60.3	5.3	52.2	2.2	63.3	8.3	52.1	2.1	65.0	0	57.4	2.4	67.1	0	52.1	7.6

注：①资料来源：1991～1998年，萧山市环境保护局、萧山市环境科学学会：《萧山市“十五”环境保护规划》，2000年4月；1999～2000年，萧山市环境监测站：《萧山市环境质量报告书（1996～2000年）》，2001年。

②居住区昼间标准55分贝，夜间标准45分贝；混合区和商业区昼间标准60分贝，夜间标准50分贝；工业区昼间标准65分贝，夜间标准55分贝；交通干线两侧昼间标准70分贝、夜间标准55分贝。

道路交通噪声

1985年，城区道路交通噪声（平均等效声级）70.1分贝。1988年，平均等效声级超标1.67分贝，超过标准值70分贝的路段占监测路段总长[①]的70%。1990年，道路交通噪声监测点由19个增加到38个，分布于18条交通干线，平均等效声级超标5.21分贝，路段超标率90.9%，其中萧金路测点超标14.3分贝。

1994年，城区道路交通噪声污染最为严重，平均等效声级82.62分贝，超标12.62分贝，路段超标率100%。1995年，市政府规定城区主要道路禁鸣喇叭，该年平均等效声级超标1.59分贝，路段超标率65.29%。1998年，规定全城区范围禁鸣喇叭，该年平均等效声级达标，路段超标率43.02%。1999年，禁止大型货车和拖拉机进城，主要交通干线声环境有较大改善。至2000年，平均等效声级67.30分贝，监测路段全部达标。

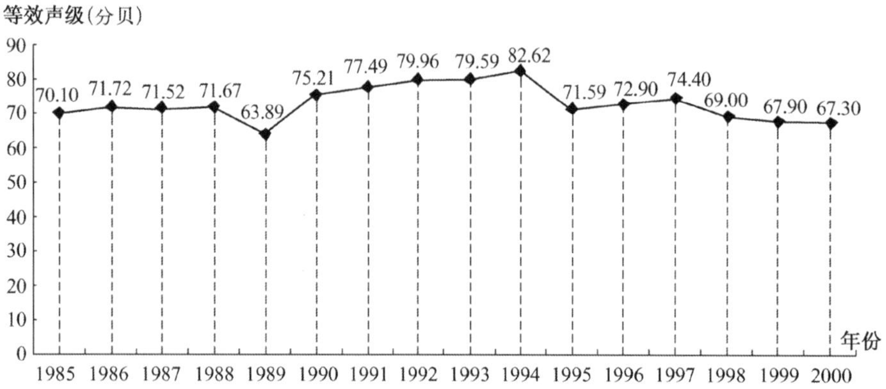

图4—1—159　1985～2000年萧山市城区道路交通噪声情况（资料来源：根据萧山区环境保护局档案室资料整理）

高空噪声

高空噪声监测始于1991年。在萧山商业大厦（1998年7月改名萧山开元城市酒店）十六楼设监测点1个。1991～2000年，高空噪声分别为：65.0分贝、64.9分贝、67.3分贝、68.9分贝、75.9分贝、66.4分贝、73.0分贝、67.9分贝、68.3分贝、67.5分贝。高空噪声一直处于较高声级，变化比较平缓。

第四节　土壤环境质量

根据1998年《浙江省萧山市北部地区农业地质环境调查》，[②]境内土壤环境质量整体较好。Ⅰ类土壤[③]占总面积的58.05%，集中分布于北塘河以北的广大区域，但该区域农药污染普遍，六六六粉、敌敌畏等已停用的高残留农药仍有100%检出率。Ⅱ类土壤占总面积的35.12%，集中分布于萧山南部。Ⅲ类土壤占总面积的6.83%，分布于萧山城郊的新塘乡、来苏乡与所前镇杜家村一带。境内重金属污染土壤范围较大。重金属污染物大部分残留在土壤表层即耕作层，使作物对养分吸收能力降低。

①萧山市城区道路交通噪声监测路段总长17200米。1991～2000年，道路交通噪声超过标准值70分贝的路段分别为1991年15480米、1992年15200米、1993年17200米、1994年17200米、1995年11230米、1996年14020米、1997年15270米、1998年7400米、1999年2700米、2000年0米，超标率分别是90.00%、88.37%、100%、100%、65.29%、81.51%、88.78%、43.02%、15.70%、0。

②1996年经原国家地质矿产部批准立项，浙江省地矿厅区域地质调查大队在萧山市北部地区开展农业地质环境调查，1998年结束，1999年5月完成最终成果报告。

③根据《土壤环境质量标准》（GB15618—1995），Ⅰ类土壤，主要适用于国家规定的自然保护区（原有背景重金属含量高的除外）、集中生活饮用水源地、茶园、牧场和其他保护地区的土壤，土壤质量基本上保持自然背景水平；Ⅱ类土壤，主要适用于一般农田、蔬菜地、茶园、牧场等土壤，土壤质量基本上对植物不造成危害和污染；Ⅲ类土壤，主要适用于林地土壤及污染物容量较大的高背景值土壤和矿产附近等地的农田土壤（蔬菜地除外），土壤质量基本上对环境和植物不造成危害和污染。一级土壤，为保护区域自然生态，维持自然背景的土壤质量的限制值；二级土壤，为保障农业生产，维护人体健康的土壤限制值；三级土壤，保障农林业生产和植物正常生长的土壤临界值。Ⅰ类土壤环境质量执行一级标准，Ⅱ类土壤环境质量执行二级标准，Ⅲ类土壤环境质量执行三级标准。

表4—1—36　1998年萧山市土壤重金属分级情况

单位：平方千米

元　素	一级土壤	二级土壤	三级土壤	劣于三级土壤
汞（Hg）	832	272	104	0
镉（Cd）	992	48	6	0
铅（Pb）	1000	52	0	0
砷（As）	1200	1	0	1
铜（Cu）	1060	26	11	0
锌（Zn）	980	56	1	0
铬（Cr）	1184	6	0	0
镍（Ni）	1204	0	1	0

资料来源：萧山区环境保护局档案室。

第二章　环境污染源

80年代，随着萧山镇乡工业发展，工业“三废”[①]逐渐成为城乡主要污染物。[②]2000年底，境内工业污染企业从1985年的88家增加到435家，废水排放量从1985年的2467万吨增加到6416.10万吨，废气排放量从1985年的37.83亿标立方米增加到216.95亿标立方米，[③]固体废弃物排放量从1985年的30.79万吨增加到78.54万吨。农业污染源和社会生活污染源也日益扩展，塑料包装袋逐渐成为严重污染隐患。1985～2000年，累计受理污染纠纷案300件、来信来访1627件。

第一节　工业污染源

80年代初，境内镇乡工业发展不平衡，东部乡村工业企业较少，其中河庄乡、前进乡无一家污染企业。至80年代末，境内主要污染行业绝大部分集中在东部。1989年，全市工业污染企业224家，其中印染厂56家、电镀厂38家、食品酿造厂30家、化工厂29家、造纸厂29家、水泥厂16家、机械五金加工厂12家、砖瓦建材厂10家、皮革厂4家。1992年，全国列出3000家重点污染源，浙江钱江啤酒厂和杭州龙山化工厂（今属杭州市滨江区）名列其中。2000年，全市工业污染企业435家，其中国家控制重点污染企业38家，浙江省控制以上重点污染企业58家，杭州市控制以上重点污染企业90家，萧山市控制以上重点污染企业210家。[④]

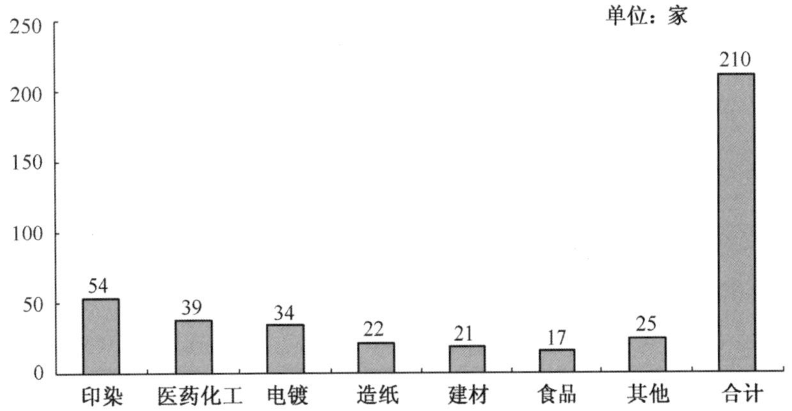

图4—2—160　2000年萧山市重点工业污染企业情况（资料来源：萧山市人民政府：《萧山市“一控双达标”工作资料汇编》，2000年11月）

①工业“三废”：工业废水、废气、固体废弃物（废渣）。

②1972～1982年，杭州电化厂氯气、氯化氢等有害气体外溢，均严重危害农作物；其他如浦沿日用五金厂炼铝反射炉排放的烟尘，闻堰黄山村的磷肥厂、临浦萧山锅厂排放的氟化氢气体，萧山树脂厂多次发生的氯气外溢，均造成不同程度的危害。1977～1982年，杭州龙山化工厂氯化钙平锅炉排放的烟尘，经测定为林格曼浓度5级。1984年，对城厢镇、瓜沥镇、临浦镇的主要污染源（排放污水的工厂）和全县各电镀厂、印染厂进行取样监测：六价铬含量，在31个单位中，只有16个符合排放标准，个别厂严重超过国家规定；氰化物含量，12个单位中只有6个符合排放标准，各电镀厂废水总量约43.7万吨。（资料来源：萧山县志编纂委员会：《萧山县志》，浙江人民出版社，1987年，第593～594页）

③2000年废水排放量6416.10万吨、废气排放量216.95亿标立方米，均为年度环境统计数据。图4—2—2、图4—2—3、表4—3—1、第四章《环境污染治理》第一节《水污染治理》注释①、第二节《大气污染治理》注释①中，2000年废水、废气排放量分别为6275.76万吨、296.79亿标立方米，是“一控双达标”污染源调查数据。两种统计对象不一致。

④国家控制重点污染企业、浙江省控制以上重点污染企业、杭州市控制以上重点污染企业、萧山市控制以上污染企业，包括本级企业，含在萧山的中央、省、杭州市属工业企业，数据有交叉。

废　水

1985，全县工业用水量6114万吨，工业废水排放量2467万吨，占用水量的40.35%。1990年，全市工业用水量9375.52万吨，工业废水排放量6059.65万吨，占用水量的64.6%。废水中主要污染物是化学需氧量、石油类、挥发酚、六价铬化合物、汞及其化合物、铅及其化合物，其中化学需氧量占污染物排放量的99.9%。1995年，全市工业用水量1.07亿吨，工业废水排放量5646.10万吨，占用水量的52.77%。废水中5类有害物质（汞、六价铬、挥发酚、氰化物、砷）3.69吨，污染物石油类41.61吨。2000年，全市工业用水量1.12亿吨，工业废水排放量6416.10万吨，占用水量的57.29%。废水中5类有害物质（汞、六价铬、挥发酚、氰化物、砷）2.14吨，污染物石油类18.73吨，化学需氧量21339.34吨。

1996～2000年，全市工业废水排放量2.20亿吨。化学需氧量排放量最大，其次是悬浮物，累计排放量分别为89117.69吨、17711.31吨；石油类和挥发酚累计排放量分别为84.11吨、6.82吨；其他污染物累计排放量从高到低依次为六价铬、氰化物、硫化物。化学需氧量、悬浮物、挥发酚累计等标污染负荷比分别是75.68%、21.49%、1.16%。印染业、化工原料及化学制品制造业、造纸及纸制品制造业、食品加工及食品饮料制造业累计等标污染负荷比分别是51.72%、21.05%、11.30%和10.10%。

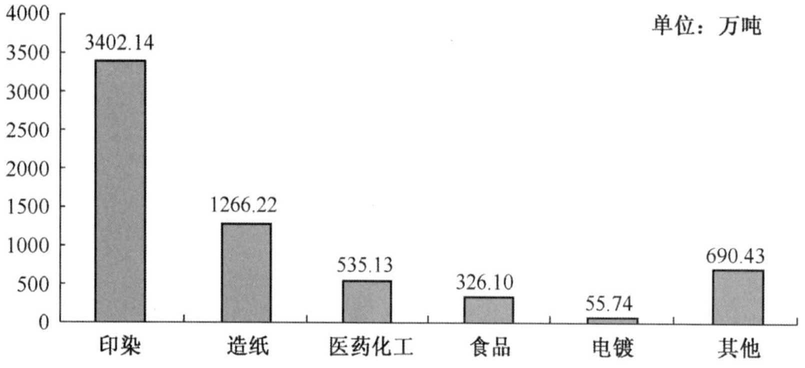

图4—2—161　2000年萧山市工业废水污染行业排放量（资料来源：萧山市人民政府：《萧山市“一控双达标”工作资料汇编》，2000年11月）

表4—2—37　1996～2000年萧山市工业废水主要污染物评价情况

项　　目	排　放　量（吨）						等标污染负荷量	等标污染负荷比（%）
	1996年	1997年	1998年	1999年	2000年	合　计		
化学需氧量	3704.16	23401.40	20335.86	20336.93	21339.34	89117.69	891.18	75.68
悬浮物	630.78	2509.70	2962.66	5539.04	6069.13	17711.31	253.02	21.49
石油类	2.46	2.95	30.84	29.13	18.73	84.11	8.41	0.71
挥发酚	0.08	0.46	0.46	5.10	0.72	6.82	13.64	1.16
氰化物	0.04	0.49	0.15	0.20	1.12	2.00	4.00	0.34
硫化物	—	—	0.75	0.83	0.04	1.62	1.62	0.14
六价铬	0.02	0.11	0.53	0.85	1.30	2.81	5.62	0.48

注：①资料来源：萧山市环境监测站：《萧山市环境质量报告书（1996～2000年）》，2001年。

②评价标准参照《污水综合排放标准》（GB8978—1996）第二类污染物执行一级标准。

③“等标污染负荷量”栏指该污染物排放量与排放标准之比率。“等标污染负荷比”栏指该污染物1996～2000年累计等标污染负荷量占“化学需氧量、悬浮物、石油类、挥发酚、氰化物、硫化物、六价铬”项同期综合等标污染负荷量之比率。

表4-2-38　1996～2000年萧山市工业废水主要污染行业评价情况

行　　业	等标污染负荷量						等标污染负荷比（%）
	1996年	1997年	1998年	1999年	2000年	合计	
印染业	13.33	75.48	113.11	122.16	136.81	460.89	51.72
化工原料及化学制品制造业	11.83	62.49	27.78	41.33	44.16	187.59	21.05
造纸及纸制品制造业	0	11.35	50.68	17.99	20.69	100.71	11.30
食品加工及食品饮料制造业	6.36	30.24	28.38	17.62	7.41	90.01	10.10
医药制造业	2.32	5.26	3.43	0.80	0.84	12.65	1.42
机械、电气、电子设备制造业	0.31	1.03	0.81	0.46	0.46	3.07	0.35

注：①资料来源：萧山市环境监测站：《萧山市环境质量报告书（1996～2000年）》，2001年。
②“等标污染负荷量”栏指该行业排放废水中主要污染物排放量分别与排放标准之比之和。“等标污染负荷比”栏指该行业1996～2000年累计等标污染负荷量占全市废水污染行业同期综合等标污染负荷量之比率。

废　气

1985年，全县工业废气排放量37.83亿标立方米，其中因燃料燃烧产生的废气排放量24.31亿标立方米，生产工艺过程中废气排放量13.52亿标立方米。1990年，全市工业废气排放量69.18亿标立方米，其中燃料燃烧废气32.47亿标立方米，消烟除尘率94.24%；生产工艺废气36.71亿标立方米，净化处理率78.16%。二氧化硫排放量1.17万吨，烟尘排放量2万吨，粉尘排放量4.06万吨，粉尘回收量6.77万吨。1995年，全市工业废气排放量109.22亿标立方米，其中燃料燃烧废气52.09亿标立方米，消烟除尘率98.48%；生产工艺废气57.13亿标立方米，净化处理率96.70%。二氧化硫排放量1.83万吨，烟尘排放量1.05万吨，粉尘排放量1.63万吨，粉尘回收量19.34万吨。2000年，全市工业废气排放量216.95亿标立方米，其中燃料燃烧废气152.59亿标立方米，消烟除尘率99.96%；生产工艺废气64.36亿标立方米，净化处理率100%。二氧化硫排放量3.14万吨，烟尘排放量1万吨，粉尘排放量1.60万吨，粉尘回收量23.69万吨。

1996～2000年，全市工业废气排放量766.15亿标立方米，其中燃料燃烧废气450.43亿标立方米，生产工艺废气315.71亿标立方米，分别占废气排放量的58.79%和41.21%。二氧化硫排放量10.76万吨，烟尘排放量54.58万吨，粉尘排放量10.17万吨。二氧化硫、粉尘和烟尘累计等标污染负荷比分别为57.94%、27.37%和14.69%。非金属矿物制造业（水泥行业）、印染业、电力、水的生产和供应业累计等标污染负荷比分别是66.83%、13.33%和9.58%。

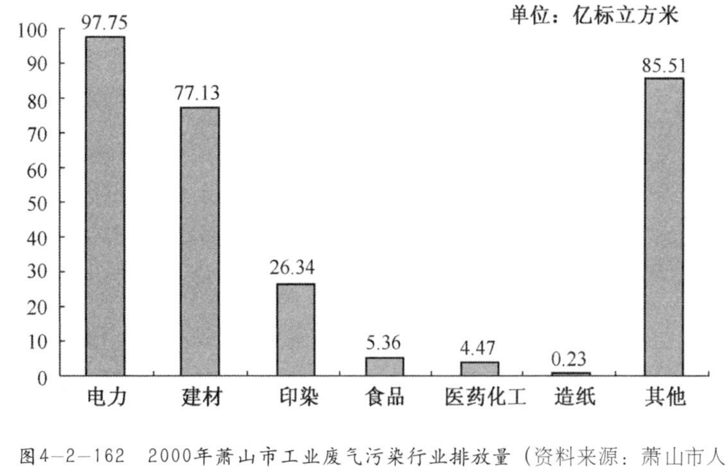

图4-2-162　2000年萧山市工业废气污染行业排放量（资料来源：萧山市人民政府：《萧山市“一控双达标”工作资料汇编》，2000年11月）

表4-2-39　1996～2000年萧山市工业废气主要污染物评价情况

污染物	排放量（吨）	等标污染负荷量	等标污染负荷比（%）	污染物	排放量（吨）	等标污染负荷量	等标污染负荷比（%）
1996年				1999年			
二氧化硫	11332.05	75547.00	40.70	二氧化硫	18709.00	124726.67	58.80
粉尘	26289.98	87633.27	47.21	粉尘	17311.00	57703.33	27.20
烟尘	6735.00	22450.00	12.09	烟尘	8912.00	29706.67	14.00
1997年				2000年			
二氧化硫	23208.28	154721.87	54.66	二氧化硫	31356.50	209043.33	70.71
粉尘	25028.50	83428.33	29.47	粉尘	15950.46	53468.20	17.99
烟尘	13480.34	44934.47	15.87	烟尘	10023.27	33410.90	11.30
1998年				合　计			
二氧化硫	22997.00	153313.33	58.59	二氧化硫	107602.83	717352.20	57.94
粉尘	15431.00	51436.67	19.66	粉尘	101659.94	338866.47	27.37
烟尘	17080.00	56933.33	21.76	烟尘	54581.61	181938.70	14.69

注：①资料来源：萧山市环境监测站：《萧山市环境质量报告书（1996～2000年）》，2001年。
②评价标准参照《环境空气质量标准》（GB3095—1996）二级标准和浙江省有关规定。
③“等标污染负荷量”栏指该污染物排放量与排放标准之比率。“等标污染负荷比”栏指该污染物的等标污染负荷量占“二氧化硫、粉尘、烟尘”项综合等标污染负荷量之比率。

表4-2-40　1996～2000年萧山市工业废气主要污染行业评价情况

行　　业	等标污染负荷量						等标污染负荷比(%)
	1996年	1997年	1998年	1999年	2000年	合计	
食品加工及食品、饮料制造业	6.48	8.52	3.15	3.15	2.90	24.20	1.99
印染业	6.38	35.55	38.96	38.96	30.70	150.55	13.33
皮革、毛皮、羽绒及其制品业	0	0.07	0.03	0.03	0.03	0.16	0.01
造纸及纸制品业	0	3.70	3.19	3.19	1.06	11.14	0.88
化工原料及化学制品制造业	0.86	3.69	2.81	2.81	4.57	14.74	1.15
医药制造业	0.28	0.36	0	0	0.13	0.77	0.07
塑料制品业	0.43	0.48	0	0	0	0.91	0.08
非金属矿物制造业	201.37	177.90	135.31	135.31	127.01	776.90	66.83
金属制造业	0.62	4.26	0.72	0.72	4.33	10.65	1.21
机械、电气、电子设备制品业	0.73	3.17	0.74	0.74	0.61	5.99	0.53
电力、水的生产和供应业	15.78	16.55	15.92	15.92	34.49	98.66	9.58

注：①资料来源：萧山市环境监测站：《萧山市环境质量报告书（1996～2000年）》，2001年。
②“等标污染负荷量”栏指该行业排放废气中主要污染物排放量分别与排放标准之比之和。“等标污染负荷比”栏指该行业1996～2000年累计等标污染负荷量占全市废气污染行业同期综合等标污染负荷量之比率。

固体废弃物[①]

1985年，全县工业固体废弃物产生量30.79万吨；1990年为22.47万吨，1995年为32.36万吨，2000年为78.54万吨；1996～2000年221.77万吨，其中炉渣125.89万吨。

随着不同地域经济发展，各区域工业行业特征及固体废弃物排放特征各不相同。境内南部造纸工业和电镀业相对集中，固体废弃物以纸纤维和重金属固体废弃物为主；北部机械行业较发达，固体废弃物以炉渣为主；东部印染业集中，固体废弃物以染料废渣和印染废水污泥为主。据1998年申报情况，境内电力、蒸汽、热水生产和供应业固体废弃物产生量最大，占全市工业固体废弃物产生量的51.26%；其次是印染业，占19.10%。瓜沥镇工业固体废弃物产生量最大，占全市工业固体废弃物产生量的26.86%；其次是临浦镇，占11.98%；闻堰镇和城厢镇分别占8.23%、6.86%。化学原料及化学制品制造业危险固体废弃物产生量最大，占全市工业危险固体废弃物产生量的77.70%；其次是造纸及纸制品业，占16.76%。瓜沥镇工业危险固体废弃物排放量最大，占全市工业危险固体废弃物排放量的33.57%；其次是河庄镇和城厢镇，分别占24.97%和19.50%。

①固体废弃物是指人们在开发建设、生产经营和日常生活中向环境排出的固体和泥状废弃物。工业固体废弃物是指在工业生产、经营活动中所产生的所有固态和半固态（泥状）以及除废水外的高浓度液态废物，包括危险废物、冶炼废渣、粉煤灰、炉渣、煤矸石、尾矿和其他废物。

表4—2—41　1996～2000年萧山市工业固体废弃物产生情况

单位：吨

年　份	危险废物	冶炼废渣	粉 煤 灰	炉　　渣	其他废物
1996	0	461	3220	104300	31500
1997	0	745	130	219500	99300
1998	36	723	4350	257800	198300
1999	48	396	3700	293800	214000
2000	0	700	154800	383500	246400
合　计	84	3025	166200	1258900	789500

资料来源：萧山市环境监测站：《萧山市环境质量报告书（1996～2000年）》，2001年。

第二节　农业污染源

境内农业污染源主要是麻水、农药、化肥和畜禽养殖产生的粪尿污染，其次是农作物秸秆（以下简称“秸秆”）、农用塑料薄膜和水产养殖产生的污染。1995年，萧山市农业污染物化学需氧量、总氮、总磷的排放量分别为11785.5吨、4895.1吨、145.04吨。1998年，农业污染物化学需氧量、总氮、总磷的排放量分别为14963吨、6215.4吨、184.2吨。[②]2000年，农业污染物化学需氧量排放量在14000吨以上，与工业废水排放的化学需氧量的比率为1∶1.5。

②农业污染源较难进行准确计算。2001年前，萧山市根据实际情况，采用万元产值污染物排放量估算，各污染物排放量估算参数为：化学需氧量65千克/万元、总氮27千克/万元、总磷0.8千克/万元。2001年，萧山根据浙江省统一部署，开展农业农村面源污染状况调查，实行计算机录入、校验、汇总分析方法，并形成技术报告。

麻　水

萧山络麻种植始于清末民初。中华人民共和国成立后，络麻种植面积逐年增加，萧山成为全国重点产麻县之一。每年9月中旬，络麻陆续收剥，麻农将麻皮浸泡在就近河水中,麻皮的有机质及有毒物质造成水体缺氧，至11月中旬达到高峰，河水变黑发臭，到春节前后才好转。1986年9～11月，新街镇以西的沙地内河受麻水污染的水域达37.33平方千米（5.6万亩），化学需氧量指标超过国家地面水标准10倍左右，硫化物最高达10.4毫克/升，溶解氧指标最低为零。1995年后，络麻种植面积从1985年的191.33平方千米（28.7万亩，占全省络麻种植面积的50.22%）减到15.33平方千米（2.3万亩），且经推广干法脱胶技术，麻水污染减轻，其时麻水污染已被逐步发展起来的东片的印染化工废水污染所替代。

化肥　农药

化肥　境内农用化肥施用始于50年代。后施用量大增，造成水体富营养化及污染。1972～1984年的13年间，年平均亩用量134.4千克。2000年，全市农用化肥施用量（标准量，下同）143192吨，其中氮肥86575吨、磷肥26495吨、钾肥6397吨、复合肥23725吨。由于氮肥施用偏多，磷肥配比不合理，造成肥料流失、浪费多。是年，全市纯氮流失量5039吨，单位面积平均流失量92.2千克/公顷，平均流失率23.30%；纯磷流失量335吨，单位面积平均流失量6.1千克/公顷，平均流失率4.30%。益农镇和河庄镇是化肥污染重点地区，两镇纯氮流失量分别为305.38吨和305.33吨，纯磷流失量分别为33.21吨和31.64吨，居各镇乡前列。[①]

农药　境内农药施用始于50年代。后施用量、高毒高残留品种增加，[②]严重污染水体、土壤和农副产品。80年代，农民停止施用西力生、六六六粉、敌敌畏等高毒高残留品种，增加对井冈霉素、托布津等防病农药及除草剂的施用。2000年，全市农药施用量1014.87吨（折纯，下同），其中杀虫剂549.08吨，以有机磷农药为主，为399.70吨，占杀虫剂总量的72.79%；杀菌剂228.02吨，除草剂209.80吨。河庄镇是农药污染重点地区，该镇农药施用量103.00吨，占全市农药施用量的10.15%，居各镇乡第一位。[③]

秸秆　农用塑料薄膜

秸秆　农作物秸秆主要有棉麻秸秆、水稻秸秆、蔬菜瓜类秸秆、大小麦秸秆、豆类秸秆等，一般利用率、还田率低，废弃量和焚烧量[④]大，对环境造成一定影响。1982年，全县稻麦秸秆、棉麻秸秆共377654吨。2000年，全市农作物秸秆649572吨（总产量，下同），其中水稻秸秆328743吨，占50.61%；蔬菜瓜类秸秆110820吨，占17.06%；大小麦秸秆94636吨，占14.57%；豆类秸秆63810吨，占9.82%；油菜籽壳12414吨，占1.91%；其他39149吨，占6.03%。全市农作物秸秆焚烧量96177吨，焚烧率14.81%；秸秆废弃量51223吨，废弃率7.89%。益农镇是秸秆污染重点地区，该镇秸秆焚烧量27289.4吨，废弃量3117.2吨，居各镇乡第一位。[⑤]

①根据2001年12月《杭州市萧山区农业农村面源污染状况调查技术报告》记载，2000年，萧山市化肥流失量大的前10个单位分别是：益农镇、河庄镇、党山镇、义盛镇、瓜沥镇、坎山镇、衙前镇、新湾镇、头蓬镇、党湾镇。其中纯氮流失量：益农镇305.38吨、河庄镇305.33吨、党山镇237.04吨、义盛镇229.90吨、瓜沥镇205.96吨、坎山镇178.32吨、衙前镇178.15吨、新湾镇177.73吨、头蓬镇171.52吨、党湾镇165.38吨；纯磷流失量：益农镇33.21吨、河庄镇31.64吨、党山镇25.52吨、义盛镇23.63吨、瓜沥镇21.72吨、坎山镇21.22吨、衙前镇15.59吨、新湾镇14.78吨、头蓬镇13.37吨、党湾镇11.85吨。

②1955年，棉区试用剧毒农药“1059”、“1605”；次年大面积使用。60年代以来，化学农药的供应品种增多，先后增加敌百虫、乐果、马拉松、西力生、西维因、稻瘟净、稻脚青、井冈霉素等多种；供应量亦不断增长。（资料来源：萧山县志编纂委员会：《萧山县志》，浙江人民出版社，1987年，第455页）

③根据2001年12月《杭州市萧山区农业农村面源污染状况调查技术报告》记载，2000年，萧山市农药施用量大的前10个单位分别是：河庄镇（103.00吨）、新街镇（84.50吨）、头蓬镇（67.00吨）、萧山第一农垦场（54.00吨）、宁围镇（43.85吨）、党湾镇（42.19吨）、欢潭乡（40.98吨）、戴村镇（38.00吨）、进化镇（37.63吨）、许贤乡（34.74吨）。

④秸秆焚烧量，指在大田里直接焚烧的秸秆量。

⑤根据2001年12月《杭州市萧山区农业农村面源污染状况调查技术报告》记载，2000年，萧山市农作物秸秆产生量大的前10个单位分别是：益农镇、宁围镇、党湾镇、党山镇、前进乡、闻堰镇、河庄镇、新湾镇、新街镇、瓜沥镇，焚烧和废弃秸秆总量102926吨，其中秸秆焚烧量68388吨，占全市秸秆焚烧量的71.11%；秸秆废弃量34538吨，占全市秸秆废弃量的67.43%。

农用塑料薄膜　80年代后，农用塑料薄膜和塑料包装袋“白色污染”问题逐渐突出。1984年，县内农用塑料薄膜使用量720吨。2000年，全市各种农用塑料薄膜使用量987.1吨，其中使用可降解农用塑料薄膜11吨，占1.11%，农用塑料薄膜废弃量（即污染量）381.6吨，占农用塑料薄膜使用量的38.66%。宁围镇是农用塑料薄膜污染重点地区，该镇以种苗木为主，农用塑料薄膜用量较大，废弃量也较大，居各镇乡第一位。①

畜禽水产养殖

畜禽养殖　80年代，随着畜牧业的快速发展，规模化畜禽养殖成为农业主要污染源，造成水体富营养化及严重污染。2000年，全市生猪饲养量从1985年的59.88万头发展到111.65万头，家禽饲养量从1985年的391.20万羽发展到2151.00万羽。畜禽粪尿产生量71.87万吨，其中粪产生量36.80万吨，尿产生量35.07万吨；化学需氧量产生量20301吨，氨氮产生量2020吨，总磷产生量2401吨，总氮产生量3267吨。进化镇是畜禽养殖污染重点地区，其主要污染源是养鸡场，化学需氧量产生量971.17吨，氨氮产生量112.81吨，总磷产生量166.96吨，均列各镇乡第一位。②

表4-2-42　2000年萧山市畜禽养殖污染物排放情况

单位：吨

项　目	化学需氧量	生化需氧量	氨　氮	总　磷	总　氮
猪	2347.23	1569.13	204.19	148.82	431.22
鸭	1833.50	1195.76	247.12	438.45	31.89
肉鸡	597.86	635.99	63.51	71.08	130.73
蛋鸡	280.91	298.82	29.84	33.40	61.43
鹅	148.20	96.65	2.58	19.97	35.44
鹌鹑	99.89	106.26	10.61	11.92	21.84
肉牛	29.92	23.49	2.40	1.18	5.92
鸽	26.45	28.13	2.81	3.16	5.78
羊	18.38	16.27	3.18	9.47	38.37
奶牛	6.11	4.80	0.48	0.24	1.18
兔	2.27	2.01	0.39	1.16	4.81

资料来源：杭州市萧山区农业农村面源污染调查办公室：《杭州市萧山区农业农村面源污染状况调查·数据集》，2001年12月。

水产养殖　境内水产资源丰富，水产养殖面积大、产量高。但饲料、肥料及药物的广泛投放，造成水体富营养化及污染。2000年，全市水产养殖面积从1985年的36.88平方千米（55320亩）发展到72.67平方千米（109001亩），淡水鱼产量从1985年的4858吨发展到26488吨。投喂精饲料39826吨、鲜活饲料17324吨、肥料6736吨。施用药物8421吨，其中生石灰8108吨，占药物施用量96.28%；氯制剂（如漂白粉、二氧化氯、溴氯海因等）56吨，占0.67%；杀虫剂21吨，占0.25%。围垦地区的饲料流失量最大，为1472.18吨。

①根据2001年12月《杭州市萧山区农业农村面源污染状况调查技术报告》记载，2000年，萧山市农用塑料薄膜污染量大的前10个单位分别是：宁围镇（74.6吨）、城厢镇（37吨）、党湾镇（36.8吨）、新街镇（34吨）、河庄镇（26吨）、楼塔镇（24吨）、瓜沥镇（19吨）、义盛镇（18吨）、新湾镇（16.2吨）、闻堰镇（14吨）。

②根据2001年12月《杭州市萧山区农业农村面源污染状况调查技术报告》记载，2000年，萧山市畜禽养殖化学需氧量产生量大的前10个单位分别是：进化镇（971.17吨）、钱江农场（899.52吨）、许贤乡（842.96吨）、萧山第二农垦场（836.37吨）、新湾镇（823.18吨）、红垦农场（744.92吨）、党山镇（737.39吨）、党湾镇（672.62吨）、临浦镇（571.15吨）、萧山现代农业开发区（505.98吨）。萧山市畜禽养殖氨氮产生量大的前10个单位分别是：进化镇（112.81吨）、钱江农场（78.25吨）、许贤乡（90.84吨）、萧山第二农垦场（73.75吨）、新湾镇（73.40吨）、红垦农场（64.80吨）、党山镇（76.97吨）、党湾镇（69.36吨）、临浦镇（57.93吨）、萧山现代农业开发区（44.02吨）。

第三节 生活污染源

生活污水

80年代，城乡生活污水基本未经处理，就近排入河道。90年代，始建城区污水处理系统，城区生活污水处理率提高，农村生活污水处理率低。1995年，全市生活污水产生量从1985年的3182万吨增加到4080万吨，化学需氧量排放量从1985年的11137吨增加到14280吨。1998年，全市生活污水产生量4160万吨（生活污水、生活垃圾产生量，均按人均生活污水、生活垃圾产生系数和城市人口总量推测），化学需氧量排放量14560吨，其中城厢镇化学需氧量排放量3121.68吨，瓜沥镇999.64吨，临浦镇865.72吨，义盛镇481.48吨。2000年，全市生活污水产生量4380万吨，其中农村生活污水产生量2222.30万吨，农村生活污水处理量158.30万吨，直接排放量2064万吨，直接排放率92.88%；城区生活污水产生量2157.70万吨，均纳入城市污水管网集中处理后外排。

80年代前，人粪尿除用作农家肥料外，其余未作处理直接排放。后逐步推行无害化处理，开展农村改厕工作，农村人粪尿集中排放处理率有所提高。90年代，城区人粪尿经无害化处理后，部分作肥料或鱼饲料，其余纳入城市污水管网处理。2000年，全市农村人粪尿产生量的829312吨，农村人粪尿施用量540661吨（其中直接还田479100吨），人粪尿处理量178940吨，尚有109711吨人粪尿既不使用，也不处理，占13.23%，处于非管理状态，成为环境污染源。

生活废气

80年代，萧山农村生活燃料以柴草为主，城镇生活燃料以煤为主。90年代，煤、液化石油气成为城乡主要生活燃料。1998年，全市生活用煤炭量8.64万吨，燃煤的二氧化硫和烟尘排放量分别为300吨和400吨。液化石油气、柴油等在燃烧过程中，二氧化硫和烟尘排放量分别为1240吨和1275吨。2000年，全市用煤量略有下降，液化石油气使用量有所增加，二氧化硫和烟尘排放量增减相抵，生活废气排放总量基本持平。

生活垃圾

80年代后，城镇人口增长较快，生活垃圾围城现象比较普遍。生活垃圾主要源于居民家庭及服务业生活废弃物、街道及公共场所垃圾、各种加工业边角废料及其他垃圾。1987年建成顺坝垃圾场后，基本满足城区生活垃圾填埋需要。1995～2000年，城区生活垃圾产生量28.59万吨，日产日清。2000年，全市农村生活垃圾产生量257580吨，其中综合利用量84637吨，生活垃圾直接排放量172943吨，直接排放率67.14%。

第四节 交通污染源

80年代后，境内各类车辆数量激增，车辆尾气污染加重，道路交通噪声明显超标。1990～1997年，城区道路交通噪声平均超标6.72分贝。根据2000年4月《萧山市“十五”环境保护规划》记载，1998年，全市机动车辆82086辆，用于机动车的燃料油约13万吨，以每吨燃料油平均排放一氧化碳267千克、氮氧化物26.6千克、二氧化硫1.34千克计算，则机动车尾气排放污染物一氧化碳34710吨、氮氧化物3458吨、二氧化硫174.2吨。2000年，全市机动车辆从1985年的6385辆增至139602辆。1999年后，境内禁止销售、使用含铅汽油，环境噪声达标区创建通过验收，道路交通废气、噪声污染明显减轻。

第三章　环境监测

1974年，萧山县卫生防疫站开始对境内主要水域水质进行不定期监测。1980年11月，萧山县环境监测站建立，开始对工业污染源取样监测。1983年，县卫生防疫站对境内放射卫生进行监测（详见《卫生》编）。1984年，县环境监测站对境内主要水域水质取样监测。1985年起，对地表水、大气、酸雨、噪声进行常规监测。此外，还开展对络麻污水、蚕桑氟污染、饮用水源等专项调查和建设项目环境影响评价以及企业委托监测等。1991～1993年，萧山市环境监测站连续通过“创三优”（创优秀监测站、优秀实验室、优秀实验员）考评；1994年，被评为杭州市级优秀监测站；1996年，通过浙江省计量认证，成为国家环境监测四级一类站。2000年，环境监测人员从1985年的5人增加到14人，其中高级职称人员2人、中级职称人员5人；监测用房1847平方米，各类监测仪器近百台（套）。

第一节　水环境监测

1985年，萧山县环境监测站分4片对境内地表水进行常规监测。在浦阳江、永兴河、中部内河、沙地内河共设监测点16个，分别为尖山、临浦（江面左、中、右3处）、浦阳江出口、新街、瓜沥、头蓬、新围、义盛、小砾山、萧山自来水厂取水口、萧山出口、白马湖、来苏乡大沿村、江边排灌站、楼塔镇管村回龙桥、永兴河出口。1987年，增设第二自来水厂取水口监测点。1994年，撤销义盛监测点。1998年，撤销江边排灌站监测点。1999年，增设前进监测点。

其间，每年按平水期、丰水期、枯水期分别于4月、7月、12月上旬，定时定点采样分析22个项目。每期2天，每天上午、下午各采样1次。

1985～1994年9～11月络麻收剥期，在新街桥、九号坝、先锋闸、永丰闸、蜀山闸、头蓬闸、新塘闸、东方红闸8处河道设点，每年9月、10月、12月采样分析8个项目，作出调查报告。

2000年，萧山市环境监测站共设地表水监测断面16个（省控点浦阳江出口设左、中、右3个断面），监测点位14个，其中浙江省控点2个，杭州市控点1个，萧山市控点11个；城区地表水监测点位3个，分别为下湘湖桥、环西桥、南门桥；饮用水源监测点位4个，分别为闻堰自来水厂，义桥自来水厂，临浦自来水厂，萧山市第一、第二、第三自来水厂（3个自来水厂于1999年8月起全部取用三江口水源，故3个自来水厂水源监测点为同一个）。是年，共完成地表水监测数据1576个、饮用水源监测数据504个。

图4—3—163　萧山第二自来水厂工作人员进行水质分析（1996年12月，肖亚珍摄）

第二节 大气环境监测

1985年，萧山县环境监测站采用每季1期连续5日法，每日4次，对城区大气环境进行常规监测。共设大气监测点4个，分别为高桥新村（住宅区）、杭州第二棉纺织厂（工业区）、萧山副食品商场（商业区）、大通桥（清洁点）；监测项目为二氧化硫、氮氧化物、总悬浮颗粒物、一氧化碳（1989年起，常规监测不要求测一氧化碳），同时记录气象数据。另外，在城区设监测点7个，在瓜沥镇、临浦镇各设监测点2个，每月全天24小时挂片连续采样监测空气中的降尘、硫酸盐化速率、氟化物。设酸雨监测点6个，测降水量、电导率、离子成分、pH值，逢雨必测。

1987年，萧山县环境监测站对萧山发电厂筹建前期的环境影响进行评价监测（为境内首次环境影响评价监测），夏、冬两期各5天，每天4～5次采样，在大庄乡、义桥镇、闻堰镇、所前镇、浦南乡、大庄乡后山坞水库、临浦镇、戴村镇石马头村、大桥乡、许贤乡朱村桥村、城厢镇等11个点同时进行，取得南片地区的大气本底数据。

1990年，设酸雨监测点2个。1991年，大气监测点分别为高桥新村、杭州第二棉纺织厂、老干部活动中心、大通桥；空气中降尘、氟化物、硫酸盐化速率监测点由11个调整为5个。1999年6月，大气常规监测由进口的全自动监测设备运行，24小时全天候采集数据，数据精确度提高。

图4—3—164 萧山市环境监测站工作人员监测空气质量（1991年5月，汪迎庆摄）

2000年，萧山市环境监测站共设城区大气监测点2个，分别为高桥幼儿园和北干小学，均为浙江省控监测点；空气中降尘、氟化物、硫酸盐化速率监测点5个，分别为市心桥、杭州第二棉纺织厂、高桥新村、萧山市建筑工程公司、大通桥；酸雨监测点2个，即环境监测站楼顶和高桥新村。是年，共完成城区大气自动监测数据70000余个（以小时计），其他挂片、降尘、酸雨等大气监测数据900个。

第三节 声环境监测

1985年，区域环境噪声普查为100米×100米的网格，设点128个，每年监测1次。1990年，改为250米×250米的网格设点，设点102个。1995年，设点160个。1999年，根据噪声控制区要求设置有效网格380个，每两年监测1次。

功能区噪声定点监测点有高桥新村（居民区）、杭州之江药厂（混合区）、萧山百货商店（商业区）、杭州发电设备厂（工业区）、杭萧公路煤场（交通干线两侧）。1985年，每两月监测1次，每次24小时连续监测，昼间值和夜间值分别统计。1988年，改为每季监测1次。1989年，改为每年3月、12月各监测1次。1991年，每季监测1次，分别在每年的3月、6月、9月、12月监测。功能区噪声监测点调整为高桥新村、杭州之江药厂、老干部活动中心、杭州发电设备厂、良友大厦。并在商业大厦16楼开展高空噪声监测。

道路交通噪声监测是在每小时车流量大于100辆的道路上设点监测。1985年，设点19个，对噪声值和车流量每年监测1次。1990年起，在18条主干道上设点38个。1998年，在市心路、人民路分别设立大型噪声自动监测电子显示屏。

2000年，城区区域环境噪声监测点位160个；功能区噪声监测点位5个，分别为高桥新村、杭州之江药厂、老干部活动中心、杭州发电设备厂、良友大厦；高空噪声监测点位1个，即萧山开元城市酒店；交通噪声监测点位38个；均为浙江省控点。是年，共完成各类噪声监测数据4644个。

第四节　污染源监测

1985年，萧山县环境监测站对17个行业或地区污染源进行调查监测，对35个项目进行分析化验，其中水质监测25项、大气监测10项，共得数据3630余个，其中水质监测2000余个。

1989年，对重点行业和重点污染源进行专项调查监测。主要是对电镀厂、印染厂附近地表水（包括河水、浅井水）水质进行调查监测。开展水质中的苯胺类、硝基苯、镍、总铬，大气中的一氧化碳、氨，降水中的氯化物、硝酸盐氮，烟道气尘和二氧化硫等新项目监测。

2000年，对全市435家工业污染企业（其中352家工业废水排放企业、321家废气排放企业）进行监督性监测。对重点工业水污染源监督性监测一年不少于2次，对一般水污染源监督性监测一年不少于1次，对大气污染源监督性监测一年不少于1次。对其他污染源开展污染事故应急监测和污染纠纷仲裁监测。是年，共完成非常规监测数据7584个，其中水和废水监测数据928个，大气和废气监测数据5690个，噪声监测数据966个。

表4-3-43　2000年萧山市工业污染源情况

单　位	企业(家)	废水排放(万吨)	废气排放(亿标立方米)	单　位	企业(家)	废水排放(万吨)	废气排放(亿标立方米)
城厢镇	83	1093.68	56.87	党山镇	10	68.11	0.81
瓜沥镇	29	1114.31	24.72	衙前镇	9	47.87	3.57
临浦镇	24	283.57	72.47	新湾镇	8	32.59	13.36
新街镇	22	283.69	4.66	进化镇	8	5.01	0.58
南阳镇	21	196.22	10.61	许贤乡	7	14.73	2.63
宁围镇	18	93.43	12.55	云石乡	7	1.46	0.15
河上镇	17	931.60	1.59	红山农场	6	384.03	60.81
义桥镇	16	62.81	9.40	义盛镇	5	72.72	0.90
坎山镇	15	135.88	1.74	前进乡	5	18.52	0.14
戴村镇	15	17.83	0.33	钱江农场	5	76.05	1.52
楼塔镇	14	29.52	0.45	党湾镇	5	605.11	7.79
益农镇	13	45.17	1.09	来苏乡	4	3.17	0.03
头蓬镇	12	88.54	0.98	靖江镇	3	83.03	1.44
闻堰镇	12	29.39	1.05	红垦农场	3	81.26	0
浦阳镇	12	12.57	0.12	欢潭乡	3	7.23	0.02
新塘乡	10	172.78	0	石岩乡	3	9.32	0.27
河庄镇	10	173.84	4.12	所前镇	1	0.72	0.02

资料来源：萧山市环境保护局：《萧山市工业污染源达标排放技术报告》，2000年10月。

第四章　环境污染治理

80年代后，随着环境保护组织日趋健全，环境保护设施日臻完善，环境保护科研逐步深入，工业污染治理和城市环境保护取得明显成效。1985～2000年，累计治理工业污染源1140多项次。1996年，国务院《关于环境保护若干问题的决定》（国发〔1996〕31号）明确"一控双达标"任务后，萧山市对工业污染企业先后下达5批限期治理任务。至2000年，全市435家工业污染企业中，400家企业基本实现达标排放（包括限产调试2家），35家企业被关停。38家国家控制重点污染企业，投入治理资金15300万元，有33家治理达标、1家解体、4家关停；58家浙江省控制以上重点污染企业，投入治理资金19094万元，有49家治理达标、7家关停、1家解体、1家拆除；90家杭州市控制以上重点污染企业，投入治理资金27148万元，有73家治理达标、17家关停。万元产值工业企业废水、废气、化学需氧量、二氧化硫排放量分别比1996年达标治理前削减7.79%、33.98%、15.42%、33.83%。[①]通过综合整治城市环境，建设合格饮用水源保护区、烟尘控制区、噪声达标区、污水处理厂和垃圾填埋场等，增强了城市污染防治能力。1999年，萧山被国家建设部授予"城市环境综合整治优秀城市"称号。

①根据2000年10月《萧山市工业污染源达标排放技术报告》记载，1996年达标治理前，工业企业万元产值废水排放量为61.97吨、废气排放量4.09万标立方米、化学需氧量排放量24.71千克、二氧化硫排放量39.20千克；2000年达标治理后，工业企业万元产值废水排放量57.14吨、废气排放量2.70万标立方米、化学需氧量排放量20.90千克、二氧化硫排放量25.94千克。

第一节　水污染治理

工业废水治理

80年代初，境内各化工、印染、造纸等行业开始自行治理废水。电镀厂采用含铬废水处理器处理含铬废水，采用含氰废水处理器处理含氰废水。印染厂采用污水净化剂、斜板沉淀池等设施治理印染废水。对含汞废水，采用活性炭吸附处理。1985年，治理萧山石英砂厂污水、萧山味精厂糖化废水和萧山化工厂含氟废水。1986年，关停10个污染严重、经济效益差的电镀厂（车间）。1987年，限期治理印染业废水企业28家，其中完成设备安装20家，占应治理单位的71.4%；通过验收6家；经处理废水量250万吨/年，污染物化学需氧量削减1200吨/年。

图4－4－165　萧山漂染厂废水处理池（1991年5月，汪迎庆摄）

图4-4-166　萧山伞面绸厂废水处理池（1991年5月，汪迎庆摄）

1989年后，加强对老污染源的治理和设备运转管理。1990年，投资720万元，治理造纸、颜料化工、冷轧钢废水，完善印染废水处理办法，配置食品废水处理新设备等。2000年，全市352家水污染企业中，324家治理达标，28家关闭或停业。12家国家控制重点水污染企业中，9家治理达标，3家关闭或停业。39家浙江省控制以上重点水污染企业中，33家治理达标，6家关闭或停业。59家杭州市控制以上水污染企业中，49家治理达标，10家关闭或停业。173家萧山市控制以上水污染企业中，146家治理达标，27家关闭或停业。通过“一控双达标”验收，化学需氧量、挥发酚、六价铬、氰化物、石油类分别比1996年达标治理前削减5.37%、90.95%、85%、82.3%、93.86%。①

①根据2000年10月《萧山市工业污染源达标排放技术报告》记载，1996年达标治理前，工业废水总排放量6082.49万吨/年、化学需氧量排放量24260吨/年、挥发酚排放量5.42吨/年、六价铬排放量2吨/年、氰化物排放量2.26吨/年、石油类14.5吨/年；2000年达标治理后，工业废水总排放量6275.76万吨/年、化学需氧量排放量22957吨/年、挥发酚排放量0.51吨/年、六价铬排放量0.3吨/年、氰化物排放量0.40吨/年、石油类0.89吨/年。

印染行业废水处理　80年代初，印染厂普遍使用物化处理，未达到国家排放标准。90年代，萧山丝化印染有限公司投资300多万元，采用物化—厌氧—兼氧—好氧工艺，日处理能力2400吨，日运行费用14400元，经过处理后的化学需氧量、生化需氧量等指标符合印染行业污水排放一级标准。其他企业也普遍由物化处理法过渡到生化加物化处理法。1999年后，利用萧山污水处理厂、东片污水处理厂集中处理。

电镀行业废水处理　80年代初，电镀厂采用化学法处理金属污水，污泥经压滤后送往砖瓦厂综合利用，排污口用pH值自动测试仪。90年代初，萧山第二电镀厂、浙江万达五金电镀厂率先使用工程软塑料防渗，且使用Cs添加剂清洁工艺，减少废水污染物含量，废水经处理后循环使用，成为萧山市电镀行业废水处理先进单位。

造纸行业废水处理　80年代，造纸厂陆续取消碱法制浆，代之以废纸或进口纸浆造纸。90年代，完善多级过滤曝气沉淀处理废水循环回用，推行清洁生产，末端采用高效气浮法。1999年，河上镇投资950万元建设造纸污水处理设施。

医药行业废水处理　90年代，杭州民生江南制药有限公司（杭州民生制药厂萧山分厂）投资300万元，建成400吨/日痢特灵废水处理工程，采用水解→缺氧/好氧脱氮工艺（简称A/O法）→二次絮凝沉淀处理工艺，化学需氧量去除率98.6%，氨氮去除率95.8%，生化需氧量去除率99.9%，石油类去除率95.8%，出水符合国家污水综合排放标准。

化工行业废水处理　80年代中期，萧山化工厂氟气回收治理被评为杭州市“七五”计划（1986～1990年）污染治理先进项目。90年代，推行清洁生产工艺，在生产过程中控制和减少污染物排放。1999年，南阳镇投资800万元建成化工污水处理厂，但化工废水处理未能达标。2000年，杭州吉华化工有限公司投入3000万元建污水处理厂，杭州帝凯化工有限公司、杭州欣阳化工有限公司各投入2000万元建污水治理设施，化工废水处理能力增强。

图4-4-167　浙江钱江啤酒厂废水处理池一角（1998年5月，董光中摄）

饮料食品行业废水处理　1990年，浙江钱江啤酒厂投资957万元，建成4000吨/日发酵废水处理站，采用丹麦双氧化沟延时曝气法处理工艺。1999年，该厂所有废水接入城区综合污水管网。2000年，萧山第一酒厂、第三酒厂等18家饮料食品厂建成污水处理设施。

重点污水治理工程建设

城区污水治理工程建设　80年代后期，每天有近5万吨污水就近排入城区各条河道，城区及外围大部分河道遭受严重污染，一时鱼虾绝迹，昔日清澈的河道变成了“污水沟”，常年臭气熏天，群众反响强烈。1988年，萧山市政府提出“综合治理、保护环境、促进经济发展”的污水治理方针，筹建污水治理工程建设办公室，着手对城市污水治理综合规划及可行性治理方案进行论证。1991年7月，在论证基础上，城区截污管网工程正式启动。第一根污水自流管配合104国道（萧绍路，下同）拓宽改造工程同步铺设。至1993年10月，基本完成6万吨/日废水的收集、预处理、外排系统。

1996年11月22日，萧山市与在北京访问的挪威政府代表团签订470万美元的挪威政府贷款协议，并与克瓦纳公司签署由其提供日处理12万吨城市污水生化技术和设备的合同。1997年5月6日，萧山污水处理厂一期日处理3万吨工程启动，1998年7月23日通过验收。

其间，城区采用厌氧兼氧综合技术处理生活污水，建立污水处理设施试点：1996年建生活污水池4处；1997年在城南犁头金小学、萧山良种场等建厌氧发酵法（沼气技术）污水处理设施；1998年在北干山山北新苑建沼气净化池13处，在商业城水上餐厅、南市花园公厕、北塘河生活污水处理站等建沼气池净化处理设施11处。

1999年底，萧山污水处理厂达到日处理6万吨，萧山经济技术开发区及新街镇长山片的印染厂、钱江啤酒厂废水统一并入城区污水管网。2000年底，日处理12万吨的萧山污水处理厂工程竣工。污水管网埋设总长113.37千米。城区污水并网率68%，城市污水管网普及率87%，全年减少向内河排放污水1000余万吨。

东片污水治理工程建设　萧山的印染企业主要分布在东片。由于东片地势平坦，河网密布，环境容量小，水污染相对突出。加上每年9～11月浸麻，河水变质发黑，臭不可闻。90年代，市政府在限期治理水污染企业同时，加强对东片印染污水治理工程建设。

1992年，瓜沥镇和红山农场分别投资650万元和200万元建成印染废水截污外排工程。1995年，萧山印染三厂投资580万元建成污水外排工程。

1998年，东片污水治理工程开始实施。是年，建设东片污水一期截污管网工程，总投资8600万元，其中市政府出资2500万元，其余由25家印染企业共同出资。管线穿越衙前、坎山、瓜沥、靖江、义盛、党湾、党山、益农等8个镇，1999年4月2日试运行。污水管道线长84.6千米，日污水输送量12万吨。污水治理从纳管外排逐步转向达标外排，日削减污染物274吨，削减率72%。

2000年，实施东片污水治理二期工程，总投资21800万元（两期工程合计投资30400万元），建设日处理污水能力19万吨的4个污水处理厂，即每日各6万吨的航民污水处理厂、党湾污水处理厂、东片污水处理厂和每日1万吨的智兴污水处理厂。

航民污水处理厂，位于瓜沥镇航民村。总投资7300万元，由中国纺织工业设计院设计，设计处理能力6万吨/日。占地4.67万平方米。2000年批准建设，2001年2月动工（2001年8月建成，10月试运行，是浙江省第一个村级大型污水处理厂）。

党湾污水处理厂，位于党湾镇永安村。由萧山印染三厂、萧山大自然科纺染整有限公司和萧山市东方纺织印染有限公司3家印染企业共同投资7500万元（投资比例分别为77.78%、15.57%和6.65%），吉林化学工程公司设计院设计，设计处理能力6万吨/日。占地5.2万平方米。2000年批准建设（2001年4月动工，12月建成，2002年3月试运行）。

东片污水处理厂，位于瓜沥镇运西村。由萧山东片地区的11家印染企业共同投资6000万元，吉林化工集团设计院设计，设计处理能力6万吨/日。占地4.46万平方米。2000年批准建设（2001年8月建成，12月试运行）。

智兴污水处理厂，位于靖江镇协谊村。总投资1000万元，设计处理能力1万吨/日。占地8000平方米。2000年批准建设（2001年12月建成）。

饮用水水源保护区建设

1988年6月，萧山市政府制定《关于保护湘湖自来水水源的若干规定》（萧政〔1988〕100号）。1989年8月，发布《萧山市保护湘湖水域的若干规定（试行）》（萧政〔1989〕121号）。将湘湖保护范围从湘湖输水道扩大到白马湖和西小江。对11个水厂水源进行重点保护，严格控制在其周围新建污染企业，对原有企业废水进行处理，达标后再排放。严格限制企业废水排入湘湖水域，并投资4.29万元对淡水渔场的养鳗废水进行治理。在浸麻期间，市环境保护、水利部门掌握水的流向，调节有关闸门的启闭，及时布点监测。

1995年，市政府发布《湘湖饮用水水源水域卫生防护规定》（萧政〔1995〕19号）。重点整治市第一自来水厂、第二自来水厂取水口上游1500米、下游1000米范围的水污染单位14家，拆除养鸭棚4户，限制和缩小浙江省淡水养殖场养鳗水面，清除水源保护区两岸所有露天粪池，搬迁垃圾场1个。1996年，第一自来水厂和第二自来水厂的“合格饮用水源保护区”通过验收。1997年10月，闻堰水厂“合格饮用水源保护区”通过验收。1999年12月，第三自来水厂也通过验收。其他水厂水源地按标准设立保护区标志牌，由各镇政府负责保护。

图4-4-168　饮用水源保护区（1996年12月，肖亚珍摄）

河道疏浚与综合整治

1987年12月，萧山县成立城河综合治理领导小组，由县城乡建设局负责对城河实施疏浚。义蓬、城北、瓜沥3个区的29个镇乡和8个农垦场组织8.5万人疏浚先锋河、方迁溇和三号闸横河（合计长37.085千米），完成土方64万立方米。1989年12月，疏浚东片主干河道15条（合计长55千米）、村级河道117条（合计长152.62千米）。此后每年都结合水利工程分批、分期疏浚河道。1993年8月，投资200万元，对城厢镇的城河、环城南河、百尺溇、仙家里河、牛脚湾、毛家河、小南门河、燕子河（合计长6.27千米）同时进行疏浚，共疏浚污泥53450.85吨，清运垃圾废渣9600吨，捞运水草10007.29吨。

1996年，萧山市实施城区河道综合整治方案，根据“治本为主，治标为辅，近期治本治标相结合”和“量力而行、分期实施、尽快见效”原则，投资700万元，采用截污、驳塴清障、引水冲刷办法，在枯水期分别从临浦镇五洞闸和七甲闸翻引浦阳江水和钱塘江水冲刷河道，改善城河及东片局部水域水质。1999年，各镇乡开展“洁美家园”为主题的坏境综合整治活动，对沉积于河岸两侧的垃圾、漂浮物及水草等杂物彻底清除，搬掉露天粪坑，对生活垃圾进行无害化填埋。1998～2000年，对城区13条河道的河面进行全面清污，共打捞漂浮物6034吨。2000年，重点疏浚和整治工人河，使其死水变为活水，重现鱼虾游弋之景。

第二节　大气污染治理

工业废气治理

70年代，萧山县开始治理电镀废气、含氟废气、飘尘等。电镀厂对铬雾的处理，普遍采用在镀槽中加入E—53抑制剂，同时增设铬雾回收装置；其他酸性废气的处理，个别使用酸雾净化器和抑雾剂。萧山化工厂回收含氟废气生成氟硅酸钠，建成直径0.45米、高31米的排气筒，经1980年、1982年两次监测，含氟量都只有0.1千克/时（国家容许含量为1.8千克/时）。萧山动力机厂（后为杭州柴油机总厂）、萧山锅炉厂分别在1981年、1982年停用或少用萤石，减少含氟废气对空气的污染。杭州龙山化工厂采用湿法除尘，每天有7吨左右煤灰粉被清除。杭州电化厂采用Dg13000水膜麻石除尘器，除尘率86.3%。杭州第二棉纺织厂采取二级除尘措施，除尘率97.4%。1982年起，电镀抛光加工单位陆续使用抛光吸尘器。

1985年后，萧山加强对工业锅炉、工业窑炉的治理改造，提高水泥厂除尘设施配套率，推广热电联供。至2000年，累计投入治理烟尘、粉尘资金14492万元，治理烟尘、粉尘项目1404个。全市321家大气污染企业中，296家治理达标，25家关闭或停业。28家国家控制、浙江省控制以上重点大气污染企业中，25家治理达标，3家关闭或停业。60家杭州市控制以上重点大气污染企业中，50家治理达标，10家关闭或停业。133家萧山市控制以上重点大气污染企业中，109家治理达标，24家关闭或停业。通过“一控双达标”验收，工业废气、烟尘、粉尘、二氧化硫排放量分别比1996年达标治理前削减26.06%、

表4—4—44　1996年、2000年萧山市重点污染源污染物排放情况

单位：吨/年

项　　目	化学需氧量	氰化物	六价铬	二氧化硫	烟　尘	粉　尘
国家控制污染企业						
1996年达标治理前	27834.00	0.31	0.05	24841.00	75583.00	3183.00
2000年达标治理后	10299.00	0.02	0.02	17146.00	10843.00	1653.00
削减率（%）	63.00	93.55	60.00	31.00	85.65	48.07
浙江省控制以上污染企业						
1996年达标治理前	44947.00	0.31	0.05	24841.00	75583.00	3183.00
2000年达标治理后	14980.00	0.02	0.02	17146.00	10843.00	1653.00
削减率（%）	66.67	93.55	60.00	31.00	85.65	48.07
杭州市控制以上污染企业						
1996年达标治理前	57736.00	0.13	0.05	35295.00	77638.00	9279.00
2000年达标治理后	17313.00	0.02	0.02	17219.00	11086.00	5629.00
削减率（%）	70.01	93.55	60.00	51.21	85.72	39.24
萧山市控制以上污染企业						
1996年达标治理前	74382.00	22.40	22.77	36103.00	80541.00	10500.00
2000年达标治理后	20661.00	0.78	0.30	28288.00	11572.00	6575.00
削减率（%）	72.22	98.21	98.68	22.00	85.63	38.00

资料来源：萧山市环境保护局：《萧山市工业污染源达标排放技术报告》，2000年10月。

①根据2000年10月《萧山市工业污染源达标排放技术报告》记载，1996年达标治理前，工业废气总排放量401.42亿标立方米、烟尘排放量29486吨、粉尘排放量24440吨、二氧化硫排放量38481吨；2000年达标治理后，工业废气总排放量296.79亿标立方米、烟尘排放量13614吨、粉尘排放量6575吨、二氧化硫排放量28488吨。

25.97%、53.83%、73.10%。[①]

锅炉废气治理　80年代，企业采取消烟除尘法。1991年起，致力于取消1吨以上手烧锅炉，改为机械进煤，1吨以下的改返烧法。在城区采取燃煤改燃油的措施。对于烟气尾端治理，1994年前几乎全是干法除尘，效果较差。随着环境保护技术提高，城区先是4吨以上工业锅炉、后是2吨以上工业锅炉采用清洁燃料和水膜脱硫除尘法、碱法脱硫除尘或多级脱硫除尘法，2吨以下改燃油炉；其他地区1吨以上采用清洁燃料和水膜除尘，1吨以下改燃油炉。浙江金马热电股份有限公司投入500万元的脱硫工程采用具有自脱硫能力的循环硫化床锅炉，综合脱硫率77.60%，减少二氧化硫排放量1211吨；采用F—48型静电除尘器，除尘率99.2%。

图4—4—169　浙江轻工金属材料改制厂回火炉除尘装置（1991年5月，汪迎庆摄）

推进热电联供是提高热效率、减少煤单耗和二氧化硫排放的综合整治措施。1992年，由杭州钱江投资区江南开发公司、萧山市地方建设发展公司、红山农场3家联合投资建立萧山红山热电厂。1993年，浙江航民实业集团公司建立萧山市航民热电厂。1995年8月，浙江金马热电厂作为萧山经济技术开发区的配套设施投产。是年12月，杭州阳城热电有限公司在南阳经济技术开发区建立。至2001年，全市8家热电厂计有75吨锅炉配发电机3台、35吨锅炉16台套、20吨锅炉9台套、10吨锅炉1台套。

窑炉废气治理　最普遍是锻造炉改造，始于80年代。杭州万向节厂和浙江万达集团选用抽板顶升法改造锻工炉，取得节煤消烟的良好效果。90年代电力充足时，这两个企业均改为用电炉。浙江万达集团因废气、废水治理效果显著在1995年被国家农业部、国家乡镇企业管理局、国家环境保护局评为全国乡镇企业环境保护先进集体，浙江省仅有4家企业获此殊荣。治理难度大的临浦镇砂轮厂和来苏乡大沿冶炼厂的窑炉经过多年探索亦消除了黑烟。

图4—4—170　萧山农垦水泥厂除尘装置（1994年6月，朱权华摄）

水泥粉尘治理　80年代末，各水泥企业对扬尘点采用防冒点漏，对每条生产线12个以上的扬尘点逐个逐年治理。1993年，各水泥厂除机立窑炉头外，其余扬尘点粉尘回收治理取得阶段性成效。1994年1月10～12日，杭州市水泥粉尘治理现场会在红山农场的农垦水泥厂召开。此后几年重点攻克机立窑炉头的粉尘治理，采用静电和布袋除尘。1996年，杭州宝灵水泥有限公司投资436

表4—4—45　1986～2000年萧山市烟尘、粉尘治理项目与资金情况

年　份	治理项目（个）	治理资金(万元)	年　份	治理项目（个）	治理资金(万元)
1986	6	10	1994	137	1806
1987	1	14	1995	35	1445
1988	371	265	1996	25	1165
1989	98	182	1997	115	1329
1990	80	696	1998	101	1524
1991	67	175	1999	72	1084
1992	50	602	2000	86	2400
1993	160	1795			

资料来源：根据萧山区环境保护局档案室资料整理。

万元，采用立窑纤维袋进行消烟除尘，在31个扬尘点安装除尘器，除尘率90%以上。1997年，全市投资1000万元，用于13家水泥厂粉尘治理，建成105台套水泥粉尘治理设施，到年末全部通过验收，达到国家规定的排放标准。2000年，全市13家水泥厂的27座机立窑治理达标26座，停产1座。

砖瓦氟气治理　境内氟化物含量历年变化不大。同一年中，夏季相对含量大，冬季较低，大体在1微克/平方分米·日～3微克/平方分米·日，未超过标准。但蚕桑生长季节，在砖瓦厂附近的氟化物含量超过蚕桑要求的标准值时，对蚕桑生长构成威胁。80年代，排放氟化物废气的磷肥厂、化工厂采用氟吸收合成氟硅酸钠设施治理氟污染。砖瓦厂采取禁止土窑制砖、强行拆除已建土窑、桑叶采摘期停止轮窑制砖等措施防治氟气污染。环境监测站对砖瓦厂周围蚕桑叶进行化验分析，一旦氟超标即通知农户用石灰水浸泡脱氟。1997年后，随着境内桑树面积的大幅减少，未发生此类污染纠纷。

图4－4－171　萧山化工厂氟回收装置（1991年5月，汪迎庆摄）

机动车尾气污染防治

1992年4月，根据《萧山市汽车尾气监测及防治办法的意见》（萧政办发〔1992〕27号），市交警大队与环境保护局联合在车辆年检中对机动车尾气实施监测。1998年7月，开征机动车尾气排污费。1999年3月，在境内禁止销售、使用含铅汽油。8月2日，市人大、市技术监督局、市工商局、市环境保护局、萧山日报社、萧山电视台等组成联合检查组，对城区30多个加油站进行检查，督促工作落实。2000年10月，《萧山市机动车辆污染物排放监督管理办法》（萧政办发〔2000〕128号）进一步明确对机动车辆尾气污染的防治措施以及公安局、环境保护局、交通局等部门的监督管理职责。

餐饮业油烟排放控制

1995年，萧山市政府办公室下发《关于进一步加强饮食娱乐服务业环境管理若干意见》（萧政办发〔1995〕115号），明确对饮食娱乐服务业实行环境保护登记，对不符合要求的不予审批，对达到治理要求的发放许可证，对排放油烟的一律要求安装脱排油烟装置，排气筒要高于主楼体。1998年，在城区进行油烟净化器处理试点，萧山菜馆、东门饭店油烟净化器试运行，次年在城区推广。2000年，国家颁布餐饮业油烟排放标准，凡有投诉经实测后即可依法查处，对油烟排放不合格的进行罚款并限期整改。

城市烟尘控制区建设

1985年，萧山县治理城厢镇市心路15只生活炉灶，实现“无黑烟一条街”。1986年，对城厢镇、临浦镇、瓜沥镇的31只工业锅炉、工业窑炉进行消烟除尘处理，同时治理城厢镇生活炉灶21只。

1988年，创建城厢镇烟尘控制区，治理改造工业锅炉88台、窑炉56座、炉灶227台，并对司炉人员进行培训，明确操作岗位责任制。是年，城厢镇作为烟尘控制区预验收合格。

1989年，创建瓜沥镇烟尘控制区，治理改造工业窑炉4台、锅炉27台。1990年，投资78万元，用于5台锅炉更新、7只手烧炉改造、33只工业窑炉撤并或消烟除尘改造。是年，城厢镇、瓜沥镇烟尘控制区正式通过杭州市政府验收。

1995年，加强烟尘控制，严禁新增锅炉、窑炉、炉灶。1996年，劲松小学、回澜小学、崇化小学、高桥幼儿园等单位的23台燃煤灶均改烧液化气，城区未新增燃煤锅炉。

1997年，创建临浦镇烟尘控制区，并通过杭州市政府验收。

1999年下半年，集中对高速公路两侧黑烟进行排查，关停工业锅炉7台、工业窑炉2台、蒸丝炉3台、E级锅炉（俗称“炮仗炉”）15台，燃煤改燃油锅炉16台，将31台旋风除尘器改为水膜除尘器。2000年，对城市烟尘控制区的30台锅炉进行整治，拆除、查封8台，60台大灶改为烧液化气或使用电能；对沿高速公路、铁路、沿江和杭州萧山机场周围的烟尘进行治理，消除黑烟点200个；建成治理设施310套，改烧清洁燃料20家，关停拆除手烧锅炉50台。

2000年，城厢镇、临浦镇、瓜沥镇3镇烟尘控制区覆盖率分别达到31.2平方千米、2.0平方千米和2.7平方千米。

第三节　噪声污染治理

工业服务业噪声治理

80年代，萧山对工业企业和城区宾馆、饭店、歌舞厅的噪声点源，主要用隔声材料进行隔声治理。对噪声隔声治理后仍不能达到环境标准的企业实行关停和搬迁，如萧山面粉厂、萧山化纤纺织厂均因噪声扰民于90年代实施搬迁。

1992年，萧山市社会文化管理委员会办公室、市文化市场管理办公室要求商店和文化娱乐单位控制音响，不得在户外使用高音喇叭。1995年起，对饮食娱乐服务业实行排污申报登记和排污许可证制度。

1999～2000年，萧山投入250万元治理工业噪声。2000年10月，城区工业固定噪声源89家企业、97个声源全部达标。

建筑施工噪声治理

1991年，萧山市政府发布《萧山市市区环境噪声管理暂行办法》（萧政〔1991〕98号）。是年10月，启征建筑施工单位的噪声超标排污费。1993年，发布《关于加强建筑施工噪声管理的意见》（萧政办发〔1993〕82号）。市城乡建设局、环境保护局联合开展夜间巡查，发现未按规定持环境保护部门夜间施工许可证并贴安民告示、擅自夜间施工的，责成停止施工，并予以处罚。1997年起，规定每年中考、高考期间，严格控制学校附近的噪声源，城区所有建筑施工单位停止夜间施工。1999年，共查处建筑施工夜间违规作业17家次。2000年，先后对20家违章施工单位给予行政处罚，并坚决取缔违章施工。

城市噪声达标区建设

1994年4月，萧山市政府组织环境保护局、公安局、防疫站等部门和城厢镇在环城东路、江寺路、金家桥路、文化路0.2平方千米区块作创建噪声达标区试点。对区内26家企业、35家商店和公司等营业性单位及交通车辆进行达标治理和管理。1995年，市政府规定城区主要道路禁鸣喇叭，并在主要道路设立“禁鸣喇叭、禁止拖拉机通行”标志牌；控制卡拉OK和饮食店噪声。是年底，噪声达标工作基本完成。但因区内车流量达154辆/小时，交通噪声持高不下，未能达标。

1998年，市政府下发《关于在市区道路禁鸣喇叭的通知》（萧政发〔1998〕114号），规定全城区范围禁鸣喇叭，在市心路、人民路分别设立大型噪声自动监测电子显示屏。1999年，禁止大型货车和拖拉机进城，对所有固定噪声源进行排污申报登记、排污许可证制度。

1999年11月11日，噪声达标区创建工作通过杭州市政府验收，达标区面积26.84平方千米，为建成区面积27.53平方千米的97.49%；覆盖人口22万。创建范围为东起城东立交桥，西至湘湖风情大道，南起道源路，北至建设四路的封闭区域内。区域内工业固定噪声源89个单位、97个声源，交通干线18条、总长17.2千米，建筑工地8个，社会生活噪声源36个单位。经实地监测，达标区内各功能区环境噪声平均等效声级均控制在所在功能区的环境噪声排放标准。噪声达标区内各标准适用区固定声源达标率都达到90%以上，超标固定声源超标值均在5分贝以内。对交通噪声、建筑施工噪声和社会生活噪声，采用严格的行政管理手段，效果明显，群众来信来访明显减少。

第四节　固体废弃物污染治理

图4—4—172　浙江万达集团公司“三废”处理装置（1994年6月，陈益明摄）

境内固体废弃物中，工业固体废弃物产生量最大，其次为生活垃圾。1994年，全国统一对排放工业固体废弃物的单位进行登记，萧山登记的有342个，其中产生锅炉煤渣单位208个，有机废水处理污泥单位54个，含铬废渣单位24个，无机氰化物废渣单位21个，金属表面处理废渣单位18个，工业粉尘单位17个。是年，全市固体废弃物产生量78.67万吨，其中固体废弃物产生量综合利用量50.53万吨，处置量7.04万吨，储存量19.82万吨，排放量1.28万吨。2000年，工业固体废弃物综合利用率67.34%，农村生活垃圾综合处理率32.86%，城区生活垃圾处理率100%。

工业固体废弃物综合利用

工业固体废弃物主要是煤渣。煤渣大都为砖瓦厂、水泥厂作辅料而综合利用。电石渣一部分用于建筑替代石灰，一部分被印染、化工厂利用作废水处理的混凝剂。1979年，萧山动力机厂淡化处理氯化钡废渣试验成功，废渣中钡离子含量由30%降到0.1%，其他厂相继采用。1987～1994年，萧山树脂厂电石渣被临浦水泥厂利用作湿法制水泥。

表4—4—46　1996～2000年萧山市工业固体废物综合利用情况

单位：吨

年　份	危险废物	冶炼废渣	粉 煤 尘	炉　灰	其他废物	合　计	综合利用率(%)
1996	0	250	3220	104050	8850	116340	83.43
1997	0	745	10	219500	19290	239545	74.93
1998	0	723	4350	257800	109800	372673	80.80
1999	12	396	3700	293800	82800	380708	74.37
2000	0	700	150500	291700	86000	528900	57.34
合　计	12	2814	161780	1166850	306740	1638196	73.87

资料来源：萧山市环境监测站：《萧山市环境质量报告书（1996～2000年）》，2001年。

1985年，全市工业固体废弃物产生量30.79万吨，综合利用量10.41万吨，综合利用率33.81%。1995年，全市工业固体废物综合利用量21.38万吨，综合利用率66.07%。1996年综合利用率高达83.43%。2000年，推行危险废物交换和转移管理办法，实行计划报批和交换、转移联单管理制度。全市工业固体废物综合利用量52.89万吨，综合利用率67.34%。

1996～2000年，全市工业企业固体废弃物综合利用量163.82万吨，综合利用率73.87%，对未利用的57.95万吨工业固体废弃物作了处置。

生活垃圾处理

萧山市城区的生活垃圾主要是运往顺坝垃圾场填埋。顺坝垃圾场建于1987年，1988年正式启用，位于城厢镇以北23千米，是年占地44666.89平方米（67亩），日处理垃圾70吨～90吨。1996年增加33333.5平方米（50亩），能满足城区生活垃圾填埋需要。1996～2000年，城区累计清运生活垃圾247326.80吨。

农村生活垃圾由镇乡政府管理。过去村民习惯把垃圾丢在屋后、河岸、桥头、塘边等场所，既影响水质又不雅观。90年代，萧山开展创建全国卫生城市和创建文明镇乡、美化家园活动，各镇乡加强集中填埋垃圾场建设。

2000年，萧山市城区生活垃圾日产日清，共清运垃圾62735.8吨，处置率100%，并在垃圾场对垃圾废水集中收集处理。农村生活垃圾综合利用量84637吨，综合利用率32.86%。

其他废弃物处理

90年代前，医院有害废弃物就近填埋。1991年，市第一人民医院自建焚烧炉焚烧有害废弃物，但成本太高，无法维持。90年代后期，市级医院送有害固体废弃物到杭州大地固体废物处理有限公司焚烧处理。

2000年6月5日世界环境日，市环境保护局在萧山电影院门口向学校、宾馆赠送废电池回收桶80只及相关宣传资料。环境保护局定期到学校收取废电池，其他单位则自行把废电池送到环境保护局集中后送杭州大地固体废物处理有限公司处理。

图4—4—173　城区育才小学开展废电池回收活动（2000年2月，丁力摄）

第五章　环境管理

80年代以来，萧山运用行政、法律、经济、教育、科学技术等手段进行环境管理，环境违法行为得到有效扼制，环境保护基本国策深入人心。1981年，依法征收排污费。1982年，执行建设项目“三同时”制度（环境保护设施必须与主体工程同时设计、同时施工、同时投产）。1987年，开展环境影响评价监测，各排放污染工业企业及主管部门分别设有环保员。1988年，试行环境保护目标承包责任制，实行环境保护许可证制度。1989年1月，建立萧山市环境保护委员会，由分管副市长任主任。90年代，制定环境保护专项规划，加大限期治理和执法检查力度，推行清洁生产和质量认证，发展环境保护相关产业，有效处理环境信访，环境管理水平提高。

第一节　规划管理

环境保护规划

1982年、1990年、1997年，环境保护分别列入第二、第三轮、第四轮萧山城市总体规划。1985年、1990年、1995年，环境保护分别列入萧山国民经济发展“七五”计划（1986～1990）、“八五”计划（1991～1995）、“九五”计划（1996～2000）。

1995年，萧山市政府制定《萧山市环境保护“九五”计划和到2010年远景目标》。2000年，制定《萧山市“十五”环境保护规划》，提出“十五”时期（2001～2005）环境保护预期目标。地表水环境质量目标：南部浦阳江水质达到或好于Ⅲ类标准，中部内河水质达到Ⅲ类标准，北部沙地内河水质达到或好于Ⅴ类标准，城区集中式饮用水源水质全部达到Ⅱ类标准。城区环境保护目标：环境空气质量达到二级标准，城区地表水功能区达标率100%，城区环境噪声达标区覆盖率100%，城区交通干线噪声达标路段达到90%，平均值68分贝。工业污染控制目标：全面巩固和提高“九五”期间（1996～2000）“一控双达标”成果，钱塘江水系污染物全面实现达标排放，全市三条水系和城区内河实现环境容量为基准的总量控制，工业废气全面实现达标排放，二氧化硫与烟尘实行环境容量为基准的总量控制。生态保护目标：浦阳江水域及中部内河水域生态环境保护得到明显加强；湘湖富营养状况显著下降，湘湖自然风景区建立有效生态保护机制；自然保护区面积121.57平方千米，达到本地国土面积的8.56%；城市绿化覆盖率达到40%以上；创建云石乡生态旅游示范园区，创建衙前旅游区，扩建湘湖旅游度假区，创建钱江风光旅游带，建立围垦海涂湿地保护区。

环境功能区划

1989年始，萧山市环境保护局先后制定《萧山市地表水环境保护功能区划方案》《萧山市大气环境功能区划分方案》《萧山市城市区域环境噪声标准适用区域划分方案》，并于1991年经市政府批准。后随着湘湖旅游度假区的建立，重新调整大气环境功能区划，于1997年经市政府批准实施。重新修订城市区域环境噪声标准适用区域划分，于1999年经市政府批准实施。

表4—5—47　1991年萧山市地表水环境保护功能区划

江　河	河段湖库	功能区范围	功能区命名	主要功能	控制断面	水质现状	控制目标
钱塘江	钱塘江	许贤石门—钱江排灌站（26.50千米）	Ⅱ类水质多功能区	多功能	—	Ⅱ	Ⅱ
		钱江排灌站—二十工段（47.00千米）	Ⅲ类水质多功能区	多功能	—	Ⅲ	Ⅲ
浦阳江	浦阳江（干流）	径游兔石岭—新闸头（19.45千米）	Ⅲ类水质多功能区	多功能	尖山	Ⅲ	Ⅲ
		新闸头—临浦轮船码头（1.15千米）	Ⅱ类水质饮用水源一级保护区	饮用水源	临浦水厂	Ⅲ	Ⅱ
		临浦轮船码头—义桥（6.23千米）	Ⅲ类水质饮用水源二级保护区	饮用水源、工农业	义桥	Ⅱ	Ⅲ
		义桥—浦阳江口（5.40千米）	Ⅱ类水质饮用水源一级保护区	饮用水源	小砾山	Ⅱ	Ⅱ
	凰桐江（支流）	桃源舜湖—木杓山大桥（4.35千米）	Ⅲ类水质多功能区	多功能	—	Ⅲ	Ⅲ
		木杓山大桥—尖山大桥（1.25千米）	Ⅱ类水质饮用水源保护区	饮用水源	尖山水厂	Ⅲ	Ⅱ
	永兴河（支流）	岩山田村—大桥排灌站（17.00千米）	Ⅳ类水质工农业用水区	工农业	河上	Ⅲ	Ⅳ
		大桥排灌站—义桥（14.50千米）	Ⅲ类水质多功能区	多功能	村桥	Ⅲ	Ⅲ
沙地内河	南沙大堤以南	江边—长山（11.30千米）	Ⅲ类水质多功能区	多功能	江边	Ⅲ	Ⅲ
		长山—新街（3.50千米）	Ⅳ类水质工业用水区	工业	新街	Ⅴ	Ⅳ
		新街以东（22.50千米）	Ⅴ类水质工业用水区	工农业	瓜沥、头蓬	Ⅴ	Ⅴ
	南沙大堤以北	头蓬、益农、顺坝等（11.34千米）	Ⅲ类水质一般鱼类养殖区	渔业等	新围	Ⅴ	Ⅲ
中部内河	干流	西兴—衙前（21.60千米）	Ⅲ类水质多功能区	多功能、工农业	衙前	Ⅲ	Ⅲ
	萧绍水域（支流）	城南—昭东—瓜沥—衙前等（5.04平方千米）	Ⅲ类水质鱼类养殖区	渔业、工农业	—	Ⅲ	Ⅲ
		翔凤渔场（0.27平方千米）	Ⅱ类水质饮用水源一级保护区	饮用水源	坎山水厂	Ⅲ	Ⅱ
		昭东渔家池（0.13平方千米）	Ⅱ类水质饮用水源一级保护区	饮用水源	瓜沥水厂	Ⅲ	Ⅱ
	进化溪	进化—茅山闸（13.00千米）	Ⅲ类水质多功能区	多功能	进化	Ⅳ	Ⅲ
	西小江	茅山闸—汀联（6.80千米）	Ⅲ类水质多功能区	多功能	—	Ⅲ	Ⅲ
		汀联—所前（15.00千米）	Ⅱ类水质饮用水源一级保护区	饮用水源	—	Ⅲ	Ⅱ
		所前—衙前前方村（24.70千米）	Ⅲ类水质多功能区	多功能	大沿	Ⅲ	Ⅲ
	南门江	白鹿塘—市区（9.50千米）	Ⅲ类水质鱼类养殖区	渔业、工农业	南门桥	Ⅲ	Ⅲ
	白马湖	白马湖全湖（1.15平方千米）	Ⅲ类水质饮用水源准保护区	渔业、工农业	白马湖	Ⅲ	Ⅲ
	湘湖	小砾山—跨湖桥（5.70千米）	Ⅲ类水质饮用水源二级保护区	饮用水源、渔业	—	Ⅲ	Ⅱ
		跨湖桥—湫口坝（3.80千米）	Ⅱ类水质饮用水源一级保护区	饮用水源	萧山水厂	Ⅲ	Ⅱ

资料来源：萧山市环境保护局、萧山市环境科学学会：《萧山市“十五”环境保护规划》，2000年4月。

表4－5－48　1997年萧山市环境空气质量功能区划

类　别	区　　域	面　积 （平方千米）	边 界 或 范 围	环境空气质量标准
一类区	湘湖风景区	18.10	东：以西山山脊为界 南：至湘湖农场 西：至老虎洞山脊 北：至白马湖	《环境空气质量标准》（GB3095—1996）一级标准
一、二类间缓冲带	湘湖风景区外围	9.70	东：萧金线以西 南：金西村至湘湖农场公路以北 西：老虎洞—工农兵村—张家村—汤家井村—庙后王村连线以东	《环境空气质量标准》（GB3095—1996）一级标准
二类区	市内一类区及缓冲带外其他区域	1392.42	萧山市行政边界线	《环境空气质量标准》（GB3095—1996）二级标准

资料来源：萧山市环境保护局、萧山市环境科学学会：《萧山市“十五”环境保护规划》，2000年4月。

表4－5－49　1999年萧山市城市区域环境噪声适用区划

类　别	区　　域	面　积 （平方千米）	边 界 或 范 围
1	北干一苑、北干二苑、育才东苑、育才西苑住宅区及北干山公园	1.90	市心中路—金城路—农河—北干山山界—通惠路—山南河—北干山山界
	高桥小区、南市花园、潘水小区、南江公寓住宅区	0.15	拱秀路—环城南路—南门街—文里头河—新开河
	回澜北苑、回澜南苑住宅区及文教区	1.27	萧绍路—通惠路—道源路—育才路
2	城中混合区	3.50	1、3、4类适用区域外的其余区块
3	萧山经济技术开发区	6.32	金鸡路—宁兴路—铁路沿线—北塘河
	城北工业区	0.92	金鸡路—萧杭路—市心中路—北岳路
4	交通干线两则区域	3.10	36条公路交通干线、4条穿越城区的河道、2条铁路干线的两侧区域

资料来源：萧山市环境保护局、萧山市环境科学学会：《萧山市“十五”环境保护规划》，2000年4月。

第二节　建设项目管理

环境影响评价制度

1982年，萧山县开始对有污染的建设项目进行审批。1987年，萧山发电厂建设项目立项，萧山县环境监测站首次参与环境影响评价监测。1990年，第一份建设项目环境影响评价报告书获国家环境保护总局批准。

1992年，萧山县环境监测站开展红山农场区域环境影响评价工作。1994年，第一份区域环境影响评价报告书通过浙江省环境保护局评审。其间，对萧山经济技术开发区、钱江外商台商投资区江南区块、南阳镇工业小区、杭州万向节总厂、凯地丝绸城等进行环境影响评价，为改善投资环境和区域综合整治打基础。

1998年，对东片污水截流工程进行环境影响评价。《建设项目环境保护管理条例》（1998年11月29日，国务院令第253号）颁布后，要求投资500万元以上的建设项目要申报环境影响评价报告书，污染不重的建设项目要申报环境影响评价报告表。对于未批先建的查到一个，处理一个。1985～2000年，累计环境影响评价审批项目3141个，总投资171.01亿元，其中环境保护投资28251.08万元，占投资总额的1.65%。

表4–5–50　1990～2000年萧山市环境影响评价审批情况

年份	审批新建、改建、扩建项目			“三同时”项目		年份	审批新建、改建、扩建项目			“三同时”项目	
	数量（个）	投资总额（亿元）	环境保护投资（万元）	数量（个）	环境保护投资（万元）		数量（个）	投资总额（亿元）	环境保护投资（万元）	数量（个）	环境保护投资（万元）
1990	770	3.25	1685.28	141	408.00	1996	140	11.21	1143.20	31	3320.20
1991	150	1.35	511.00	30	156.00	1997	291	13.87	2782.00	35	1160.30
1992	265	21.21	2132.00	27	326.10	1998	235	13.16	2111.90	25	4480.80
1993	230	2.40	2394.00	18	2132.70	1999	285	32.61	5000.00	16	2890.00
1994	146	17.45	835.70	17	2400.00	2000	434	25.76	3500.00	29	3100.00
1995	195	28.74	6186.00	29	5939.80	合计	3141	171.01	28251.08	398	26313.90

注：①资料来源：根据萧山区环境保护局档案室资料整理。
②1990年数据为1985～1990年之和。

“三同时”制度

1982年，萧山县开始执行建设项目“三同时”制度。环境保护工作人员对开工项目环境保护设施实行现场检查，技术指导。1987年，审批新建、扩建、改建项目134项，应执行“三同时”建设项目26个，当年完成15个。1988年，共审批建设项目163个，应执行“三同时”建设项目30个，当年完成24个。1990年，已竣工的10个建设项目全部实行“三同时”。

1985～1990年，对“三同时”检查以看为主。1991年起，以监测数据达标为依据验收。对违反“三同时”制度的新建、扩建、改建项目进行罚款和责令整改。对“三同时”不到位处罚5万元以上的项目报杭州市批准后执行。

1995年，萧山市执行《萧山市建设项目环保“三同时”保证金制度实施办法》（萧政办发〔1995〕114号）。1998年，执行《浙江省重点鼓励支持发展的环境保护设备(产品)导向目录》。环境保护部门原则上不再批建废水排入内河的印染、化工项目。2000年，环境保护部门首次在全市重点工业建设项目申报会议上行使否决权，共否决或劝阻重污染项目45个。1985～2000年，累计执行“三同时”项目398个，投入环境保护资金26313.90万元。

许可证制度

1988年8月，萧山县开始在印染、电镀、造纸、化工行业实行环境保护许可证制度。1995年后改为排污许可证，每年进行年检；对工业锅炉和窑炉发放废气排放许可证；对违反排污许可证规定超量排污单位，市环境保护部门根据情节中止或吊销其排污许可证；被中止排污许可证单位，需在规定时间内达到排污许可证要求方可重新申请排污许可证。

1993年，对建筑施工未持有夜间施工许可证的，责成停止施工，并予以处罚。1995年，实施饮食娱乐服务行业排污申报登记和排污许可证制度。1988～2000年，累计发放许可证1800多个。

第三节 排污收费管理

1981年11月，萧山县政府颁布《萧山县排污收费和罚款实施办法（试行）》（萧政〔1981〕132号），开始对境内排污单位征收排污费。1982年后，执行《征收排污费暂行办法》（1982年2月5日国务院发布），对新建、改建、扩建项目排放废水浓度超标和限期治理后仍超标的，加倍收取超标排污费，收费面和收费额逐年提高。1985年，共征收排污费44.39万元，其中县属厂21.92万元，杭州市属厂22.47万元。1986年3月，开征烟尘排污费。1987年8月，开征水泥粉尘排污费。

1986年，萧山县采用银行代扣办法征收排污费，收缴单位96个。1989年，企业、银行、环境保护部门三方签订合同后，由企业委托银行代扣。是年，根据《杭州市征收排污水费暂行规定》（杭政〔1988〕31号），萧山市对排放废水达标、月排废水量超过50吨的单位，每吨废水收取0.1元排污水费（对已收超标排污费的单位不重复收费）。1991年10月，开征建筑施工单位噪声超标排污费。1993年，开征二氧化硫排污费。

1998年，根据国家环境保护局规定，杭州市试行总量排污收费。萧山市执行《关于在我市实施总量排污收费的意见》（萧政发〔1998〕179号），改过去以浓度超标征收排污费为以污染物总量和浓度结合分两级标准收费，敦促企业控制排放总量。是年，开征机动车尾气和噪声排污费，原排污水费征收标准不再执行。

2000年，共上缴排污费1649.17万元。1985～2000年，累计上缴排污费9247.72万元。排污费在财政和审计部门的严格监控下使用。1988年前，对完成治理任务的单位，每年一次性返回其上缴排污费的80%用于污染治理。1988年，取消排污费返拨企业，改为根据污染治理项目申请贷款，对污染治理经费确有困难的企业或典型治理项目，经分管市领导签批后进行贷款豁免或补助。由市长办公会议研究决定全市性综合治理工程经费使用额。2000年，共支出1992.3万元，其中治理资金970.6万元，贷款豁免581.7万元，补助440万元。

第四节 监督管理

目标责任

1988年4月，萧山县在闻堰镇、浦沿镇、长河镇试行环境保护目标承包责任制。1989年，该做法在杭州市推广。此后，萧山市政府每年与杭州市政府签订环境保护目标责任书，萧山市分管副市长与境内各单位负责人签订环境保护目标责任书。1988～2000年，共完成目标责任2068项。萧山市环境保护局负责督查和协助完成各项治理项目。其间，萧山市年年被杭州市政府授予环境目标管理先进单位称号，每年对境内有关企业和主管部门进行考核、奖惩兑现。

执法检查

90年代开始，萧山市人大代表、政协委员每年开展1～2次环境保护执法检查。1994年，开展规模较大的执法检查3次，处罚55家、罚款20.9万元，警告33家，限期治理7家。1998年，出动执法检查人员1617人次，检查企业1893家次，其中夜间和节假日出动170多人次，检查企业307家次，对严重违反环境保护法律法规的企业，分别给予行政处罚，其中处罚54家、罚款31.7万元，责令停产整改19家，警告44家，取缔非法企业4家。2000年，共出动执法检查人员2500多人次，检查企业300多家次，查处违法企业151家次、罚款105万元，责令停产停业28家，警告150家。

限期治理

1986～1988年，萧山县政府先后发布3批工业“三废”限期治理项目（1989年后通过目标责任制限期治理）。1994年，浙江省开展“六个一工程”（浙江省100个生态村镇、100个合格饮用水源、100个重点污染源治理、100个水泥厂粉尘治理、100平方千米烟控区、100平方千米噪声达标区）。1995年，萧山市政府制发一系列文件，确保萧山13个水泥厂粉尘治理及58个重点污染源治理项目和创建合格饮用水源保护区、烟尘达标区、生态村项目于1996～1997年完成。

1996年，国务院提出“一控双达标”。1997年，萧山市对26家污染企业分别下达第一批、第二批限期治理任务。1998年，对41家污染企业、42个项目下达第三批限期治理任务。1999年，对102家污染企业、105个项目下达第四批限期治理任务。2000年，对65家污染企业、109个项目下达第五批限期治理任务。1996～2000年，累计限期治理污染企业234家，关停治理不力、达标无望的“十五小”（小造纸、小制革、小染料、小土焦、小土硫磺、小电镀、小漂染、小农药、小选金、小炼油、小炼铅、小石棉、小放射、小炼汞、小炼砷）企业35家。

信访调处

1985年11月中旬，杭州龙山化工厂超标排放污水导致白马湖水域发生大面积死鱼，共死成鱼113.39吨，老口鱼种3.73吨，鱼苗49.4万尾，育珠蚌、暂养蚌157.28万只。环境保护部门及时协调处理，并征询反馈意见。1990年，办理人大代表议案、政协委员提案25件，处理群众来信来访105件、污染纠纷17件，处理结案率100%。2000年8月15日，市政府下发《关于鼓励群众监督举报违反环保法行为的通知》

表4-5-51　1991～2000年萧山市环境信访调处情况

单位：件

年份	来信来访					人大议案政协提案	污染纠纷
	水污染	大气污染	噪声污染	综合污染及其他	合计		
1991	30	38	26	34	128	13	23
1992	95	41	26	54	216	16	23
1993	59	42	25	23	149	18	26
1994	24	31	17	48	120	11	15
1995	27	42	23	6	98	8	15
1996	16	33	15	21	85	17	12
1997	19	38	21	22	100	15	20
1998	20	45	23	34	122	24	25
1999	36	58	15	0	109	20	11
2000	53	71	45	11	180	19	11

资料来源：根据萧山区环境保护局档案室资料整理。

（萧政发〔2000〕121号），发动群众对违法排污实行有奖举报，在电视、报纸上公布举报电话，承诺24小时接听电话，并在接到举报电话2小时内对举报事件调查取证。至年底，共受理举报电话900多个，查处违法排污300多件。

1985～2000年间，累计受理人大代表议案、政协委员提案276件，处理群众来信来访1627件、污染纠纷300件。对治理不力、违法违规排污单位处罚631家次，其中罚款367.92万元。

第五节 技术管理

教育培训

1985年后，萧山环境保护部门每年对电镀、印染、化工、造纸等行业发放《环境保护管理实施办法》，召开企业负责人会议宣传环境保护法律法规，对企业负责人、环保员、污染治理设施操作人员、废水化验员等进行教育培训。[①]1990年起，环境监理人员实行持证上岗，新上岗人员均经过培训考试，从项目审批到监督管理、信访调处等都按环境保护法律法规操作，做到资料章印齐全，程序合法。1995年，举办由56名厂长、经理参加的环境保护培训班。1996～1997年间，反复调查核实东片印染企业生产情况，提出实施东片印染废水截污外排处理方案和资金筹集政策，得到企业认可。2000年，环境保护部门对限期治理项目和新建、改建、扩建项目的污染治理方案实行备案制度，对技术不合理、难于达标的方案予以退回。

①1985～1992年，萧山环境保护局先后印发《三废治理成果汇编》《环保知识箱》《县级环境管理》《萧山市化工产品分布及应急处理》，指导企业治理“三废”。

清洁生产[②]

90年代后期，萧山市推行清洁生产工艺，培育新兴行业改造传统工艺，从源头和生产全过程控制污染。电镀行业使用Cs添加剂清洁工艺，减少污染物排放量，确保废水处理达标循环使用。工业锻造炉以电代煤，城厢镇生活炉灶煤改油，以减少二氧化硫排放。羽绒业、皮革业采用厌氧、兼氧等综合技术，处理高浓度有机废水，成本低、效果好。杭州萧山荣达羽绒制品有限公司等在生产过程中应用清洁生产一天可回收绒毛11千克，减少废水排放量20吨，一年可回收绒毛价值6万元；全市16家羽绒厂一年可减少废水排放量80万吨，回收绒毛价值108万元。杭州萧山蔡伦纸业有限公司实施清洁生产，投资100多万元，基本做到污染物零排放，减少废水排放15000吨，实现废水全部循环利用，直接收益100万元。1998年，浙江庆丰纺织印染有限公司投资超亿元，引进当时先进的欧洲印染机械及配套设施：12台热回收器、6台吸浆机、1套碱回收装置、多台节能自动控制装置等，在生产过程中采用可生物降解的绿色原料，有效降低能源消耗及污染负荷。

②清洁生产是指在生产全过程和产品生命周期全过程控制和减少污染物的产生，提高资源利用率，其核心是节能降耗、减污、低投入和高产出。

质量认证

1999年，萧山市组织45家单位负责人进行ISO14000[③]知识培训。2000年8月，对18家有意向的重点企业进行培训。2000年，萧山国际酒店有限公司通过

③ISO14000标准是国际认可的环境管理系列标准。实施ISO14000认证有利于提高企业的环境管理水平，提高产品在国际市场竞争力。ISO14000认证已成为企业能否进入国际市场的主要“绿色贸易壁垒”。

ISO14000认证，浙江金马饭店有限公司通过预审，杭州华丰链业有限公司、万向集团公司、浙江富可达皮业集团股份有限公司、浙江庆丰纺织印染有限公司等10多家企业开始做认证前期准备。

环境保护产业[①]

80年代，萧山县开始扶植环境保护产业发展。1985年，境内有5家环保设备厂。1987年后，对境内7家废水处理药剂厂提出环境保护质量要求，加强对环境保护产业的管理和服务。

2001年3月，对境内环境保护产业进行调查。[②]按单位性质统计，52家被调查单位中，事业单位4家，占1.54%；企业单位48家，占98.46%；从业人员2897人。技术开发投资598万元，其中事业单位占1.67%、企业单位占98.33%。年利润总额3731万元，其中事业单位占0.35%、企业单位占99.65%。年内固定资产投资8417万元，其中事业单位占8.04%、企业单位占91.96%。杭州恒达环保机械有限公司拥有固定资产3800万元，2000年用于环境保护相关产业固定资产投资470万元，环境保护技术开发投资180万元，从事环境保护相关产业的利润总额达361.36万元。杭州富时特化工有限公司1997年投资713万元进行洁净产品生产，2000年又投入640万元进行技术改造，年利润总额达621万元。煤炭科学研究总院杭州环境保护研究所是境内从事专业环境保护的科研单位，20多年来对境内的环境影响评价和污染防治做了大量工作。

①在我国，环境保护产业一般是指以防治环境污染、改善生态环境、保护自然资源为目的所进行的技术开发、产品生产、商品流通、资源利用、住处服务以及工程承包的新兴产业。包括环境保护产品生产、洁净技术产品生产、环境保护服务、资源综合利用、自然生态保护等。

②根据《关于开展2000年全国环境保护相关产业基本情况调查的通知》（环发〔2001〕11号）精神，萧山环境保护相关产业调查始于2001年3月，于6月结束。

表4—5—52　2000年萧山市环境保护产业结构情况

项　目	资源综合利用	环境保护服务业	环境保护产品	洁净技术产品	自然生态保护	合　计
单位数量（家）	28	22			2	52
从业人员（人）	1996	885			16	2897
技术开发投资额（万元）	55	21	267	255	0	598
出口合同（万美元）	60	0	0	538	0	598
利润总额（万元）	1542	312	258	1619	0	3731

注：①资料来源：杭州市萧山区环境保护局：《杭州市萧山区环保相关产业调查报告》，2001年6月。
②“环境保护服务业”栏单位数量22家、从业人员885人，含“环境保护产品”栏和“洁净技术产品”栏单位数量、从业人员。

表4—5—53　2000年萧山市环境保护产业企业情况

项　目	国有企业	集体企业	股份合作企业	有限责任公司	私营公司	其他企业	中外合资企业	外资企业	合　计
企业数量（家）	5	7	1	25	10	2	1	1	52
从业人员（人）	240	924	6	1292	274	24	107	30	2897
固定资产投资（万元）	4723	1302	70	1428	161	15	640	78	8417
技术开发投资额（万元）	41	0	0	300	72	5	180	0	598
利润总额（万元）	52	1147	0	1029	863	7	621	12	3731

注：①资料来源：杭州市萧山区环境保护局：《杭州市萧山区环保相关产业调查报告》，2001年6月。
②按注册类型统计，国有企业、集体企业、股份合作企业、有限责任公司、私营公司、其他企业均属内资企业。

第六章　生态保护

根据自然环境特点，萧山可分为3个生态功能区：南部低山丘陵区、中部水网河谷平原区、北部沙地平原区。①80年代起，萧山积极开展生态农业建设，推广高效低毒农药和配方施用化肥，提高秸秆综合利用率和可降解农用塑料薄膜使用率，实行畜禽粪便沼气化、节柴（煤）改灶与太阳能开发利用，逐步形成养殖—沼气—种植的绿色农业循环模式，走资源能源节约与生态环境保护并进的道路。至2001年3月25日，共建成长河镇山一村（今属杭州市滨江区）、瓜沥镇东恩村、西兴镇顺坝星民垦殖场（今属杭州市滨江区）、闻堰镇老虎洞村、石岩乡湖山村、云石乡等生态村、场、乡6个，创建第一自来水厂、第二自来水厂、第三自来水厂、闻堰自来水厂等合格饮用水源保护区4个，有所前镇杨静坞森林公园、云石乡石牛山森林公园、欢潭乡大岩山森林公园、楼塔镇仙岩山森林公园、衙前镇凤凰山森林公园5个森林公园，湘湖旅游度假区、云石生态旅游景区2个风景旅游区，②全市森林覆盖率从1984年的17.70%上升到21.30%。生态系统失衡趋势得到基本控制。

①据2000年4月《萧山市“十五”环境保护规划》记载，1998年，三个生态功能区中，北部沙地平原区面积最广，占全市土地总面积的58.46%；人口最多，占全市人口总量的48.28%；工农业总产值比重最大，占全市工农业总产值的51.43%。中部水网河谷平原区面积最小，仅占全市总面积的14.78%；但人口密度最大，达1697人/平方千米；经济密度最高，达5362.87万元/平方千米。南部低山丘陵区面积占全市土地总面积的26.76%，是生态经济建设区；人口密度606人/平方千米，经济密度1647.46万元/平方千米。

表4–6–54　1998年萧山市生态功能分区社会经济情况

区　域	占全市总人口比例（%）	人口密度（人／平方千米）	经济密度（万元/平方千米）
南部	20.32	606	1647.46
中部	31.40	1697	5362.87
北部	48.28	1010	3421.02

区　域	占全市工农业总产值比例（%）	占全市工业总产值比例（%）	占全市农业总产值比例（%）
南部	17.36	17.32	17.85
中部	31.21	32.11	21.76
北部	51.43	50.57	60.39

②2000年，“石牛山风景区——湘湖旅游度假区”、“青化山风景区—航坞山—新街绿化产业区（大型苗木基地）”，被列入2001～2020年杭州市城市总体规划建设的6条生态带中的2条生态带。

第一节　水资源生态保护

历史上，萧山曾多次疏浚城河，驳砌河塍。中华人民共和国成立后，城乡修理井台、井栏，加盖保护水源。1987年，将辖区内每年使用城市自来水量在2万吨以上的50家单位纳入计划用水管理范围，提倡计划用水、节约用水、重复用水，缓解水资源供需矛盾。1988年，县政府制定《关于保护湘湖自来水水源的若干规定》（萧政〔1988〕100号），划定饮用水源保护区范围。90年代，先后启动自来水“西水东调”工程、城区综合污水治理工程和东片印染污水治理工程，实行取水许可证制度，重点保护11家水厂水源，建设合格饮用水水源保护区，开辟闻堰镇三江口新水源，水环境生态平衡逐步恢复。1998年，印染、电镀、化工、造纸等行业率先开展以节水、削减（即削减用水量和废水量，降低水污染排放强度）为重点的清洁生产。1999年，工业重复用水率达66.2%，计划用水单位增至716家，节约用水1326.75万吨。2000年，大、中型沼气工程广泛应用于屠宰场、畜牧场、酿造工业和皮革制造业等，并对18家酿造厂、羽绒厂、屠宰场和畜牧场的污水进行生物净化技术处理，工程总规模8000立方米，日处理污水8600吨，改善了周围水域环境。是年，城区节约水量超过1000万吨。

第二节　土地生态保护

中华人民共和国成立后，萧山大规模围涂造地，开发滩涂和宜农荒地。80年代，各镇乡分批治理水土流失易发区，[①]对生态公益林实行封山育林、分级保护，建设生态农业和生态林业。1989年，在城东乡试点划定基本农田[②]保护区。1992年，在31个镇乡、797个村划定基本农田保护区。1996年1月，市政府颁发《关于加强耕地保护工作的通知》（萧政发〔1996〕2号）、《关于进一步整顿规范个体工商户、私营企业用地的通知》（萧政发〔1996〕4号）、《关于加强农村私人建房管理的若干意见》（萧政发〔1996〕5号）、《关于切实加强造地改田工作的通知》（萧政发〔1996〕129号），加强对土地的管理和对耕地的保护。至2000年，全市划定农田保护面积489.80平方千米（73.47万亩），旱涝保收面积达419.34平方千米（62.90万亩），在垦区建成标准农田58.19平方千米（87288亩），新增耕地8.33平方千米（12491.5亩），宜林荒山绿化率97.1%，森林覆盖率21.3%。1985～2000年，全市累计植树造林70平方千米（10.50万亩）。1991～2000年，累计封山高效育林523.73平方千米（78.56万亩）。

①据2000年4月《萧山市"十五"环境保护规划》记载，全市水土流失以轻度流失为主，存在强度流失和极强度流失，但面积不大，主要是由于人为的原因破坏了原有的植被特别是人工竹林，由于缺少地面覆盖物，在坡度大的地方，极易造成水土流失现象。另外，在矿区和采石区，由于原有植被破坏，土层外露，水土流失尤为严重。1998年，全市水土流失面积868平方千米（不含微度流失），占土地总面积的61%。水土流失的类型主要属于水力侵蚀和重力侵蚀。具体可分为面蚀、沟蚀和泥石流三种。

第三节　生物生态保护

1983年，萧山县政府颁发《关于切实加强山林保护，坚决制止乱砍滥伐的通知》（萧政发〔1983〕10号），贯彻执行《国务院关于严格保护珍贵稀有野生动物的通令》（国发〔1983〕62号），并在钱塘江水域设置闸堰禁渔区、大桥禁渔区和尖山禁渔区3个常年禁渔区。1991年，市政府《关于公布萧山市重点保护野生动物名录的通知》（萧政发〔1991〕51号）列出萧山市重点保护22种野生动物，即兽类：穿山甲、鼬獾、狐、豪猪、獐、水獭；鸟类：四声杜鹃、大杜鹃、大拟啄木鸟、蚁鴷、寿带（鸟）、黑枕绿啄木鸟、星头啄木鸟、鸳鸯、蓝翅八色鸫、白额雁、小白额雁、草鸮（猴面鸟）、野鸭；两栖类、爬行类：眼镜蛇、五步蛇（蕲蛇）、黑眉锦蛇。1993年，实施《中华人民共和国水生动物保护实施条例》，实行水生野生动物经营许可证制度。1995年，市农业局印发《萧山市林地管理实施细则》，对180多家矿产企业核发《使用林地许可证》，依法收缴林地规费。1998年，浙江省林业厅批准所前镇杨静坞森林公园为省级森林公园。2000年，浙江省林业厅批准云石乡石牛山森林公园为省级森林公园，萧山市农业局批准欢潭乡大岩山森林公园为萧山市级森林公园。2001年，萧山市农业局批准楼塔镇仙岩山森林公园、衙前镇凤凰山森林公园为萧山市级森林公园，杭州市林水局批准欢潭乡大岩山森林公园为杭州市级森林公园。至此，萧山共有2个省级森林公园、1个杭州市级森林公园、3个萧山市级森林公园。

②基本农田是指实行特殊保护而依照法定程序划定的区域。

第四节 矿山生态保护

1986年，《中华人民共和国矿产资源法》颁布实施。1987年2月，成立萧山县矿产资源管理领导小组及其办公室，开展矿产企业定点划界、核定矿区、发放采矿许可证等工作。4月，县政府发布《关于加强矿产资源管理的通告》，提倡矿产资源合理开发与综合利用。1989年6月，在工矿企事业单位安装启用天气警报系统。1991年3月，贯彻实施《浙江省矿产资源管理条例》，建立健全矿山环境保护制度、矿山用地复垦制度、矿山环境保护治理备用金制度、"三率"（开采率、利用率、回收率）达标制度、矿产综合利用制度、矿山环境影响评价制度。1996年4月，下发《关于整顿矿业秩序、维护国家对矿产资源所有权实施意见的通知》（萧政办发〔1996〕34号），严厉打击违法行为，查处无证开采和乱采滥挖。2000年9月，下发《关于进一步加强矿产资源开发管理和生态环境保护工作的通知》（萧政发〔2000〕142号），确定禁止开采区域，对已经开采的企业实行关停，严格控制新办矿山企业的审批，调整已有矿山开采布局。是年底，市政府编制《萧山矿产资源管理规划》，加强对禁采区、限采区、开采区的管理，实行合理、有序、适度地开发利用矿产资源。

第五节 生态农业建设

80年代以来，萧山优化产业结构，在确保粮食稳产、高产的同时，因地制宜发展种植、养殖、加工业相结合的多种经营，逐渐形成蔬菜、畜禽、花卉苗木、水产、茶果五大区域特色产业，以利农副业扬长避短，合理配置资源，既调节、保持地力，又提高农业经济效益。并按照花园式、生态型农田总体要求，建设现代农业示范园地，做到树成行、田成方、沟相通、路成网，优化农田环境。

为防治农业污染，改善土壤环境，萧山于80年代禁用剧毒农药，推广高效低毒农药，综合防治农作物病虫害，选用抗性品种，加强保健栽培，保护利用自然天敌；同时注重科学用肥，推广配方施肥，增加有机肥，禁止秸秆焚烧和废弃，推广可降解农用塑料薄膜。1985年，施用绿肥26.07平方千米（3.91万亩）。1993年，施用绿肥34.53平方千米（5.18万亩），秸秆直接还田210平方千米（31.50万亩）。2000年，氮磷钾

图4-6-174 学生上街开展环境保护宣传活动（1998年2月，傅展学摄）

肥施用比例1：0.38：0.29，施用绿肥18.93平方千米（2.84万亩），秸秆直接还田389.33平方千米（58.40万亩），使用可降解农用塑料薄膜11吨。

为有效保护农村生态环境，萧山逐步形成养殖—沼气—种植的绿色农业循环模式。90年代后，沼气利用从过去的土沼气池转为现代沼气（生物净化池），节柴(煤)灶几经改造转为能源的高效利用，太阳能利用从平板式玻璃热水器转为新型真空管热水器。2000年，全市建有生活沼气净化池16处、6139立方米，日处理生活污水2046吨；完成节能茶灶894座，高效节能炉灶850套，累计新建和改造节柴(煤)灶8.4万座，推广新型太阳能热水器1957台。农村能源系列技术在生态建设中发挥功能。

第六节　生态示范乡村建设

1984年，长河镇山一村[①]开始走农业生产良性循环道路。在浙江省环境保护科学研究所指导下，根据生态经济学原理，发挥山地资源优势，建立林竹果茶相结合的山林生态系统；根据“因地制宜、多能互补”原则，将沼气、节柴灶、薪炭林相结合，合理利用生物能、太阳能，解决村民生活能源。1986年起，建立农业废弃物多层次利用试验场，由鸡—猪—沼气—渔（茶、果园）4级组成，降低农业成本，减少土壤污染，保证农副产品质量。同时，还建立村气象站和植物保护公司。该项目被国家环境保护局、浙江省科学技术委员会列为重点科研课题。1988年，长河镇山一村被联合国环境规划署列入生态环境保护“全球500佳”。7月8日，国家环境保护局代表联合国环境规划署到长河镇山一村授奖。美国世界资源研究所主席史佩斯博士、联合国环境规划署驻亚太地区办公室主任奈通博士、联合国环境规划署副执行主任曼斯菲尔德、环境规划署农业考察团及国内众多省市代表先后到长河镇山一村考察。

参照山一村模式，1990年起，先后在瓜沥镇东恩村、西兴镇顺坝星民垦殖场、闻堰老虎洞村进行生态建设试点。环境保护、农业部门帮助村委会制订规划，探索走生态良性循环之路。1994年开展“六个一工程”，石岩乡湖山村被列为生态建设点。1996年底，杭州市政府对石岩乡湖山生态村进行验收并认可合格。

1998年，云石乡向浙江省环境保护局申报创建生态示范乡，并对云石进行全面整治。云石的空气、饮用水源及噪声全部达到环境功能标准，休闲观光农业和生态旅游效益明显。1999年1月，浙江省环境保护局批准云石乡为生态示范乡。11月，经浙江省环境保护局批准，成立云石生态旅游景区。

至2000年，萧山先后建设生态村、场、乡面积40.37平方千米[②]。

①长河镇山一村，1989年有8个自然村，265户2927人，土地面积2.56平方千米。农田、丘陵、山地、水面之比为5：4：1。1984年，该村生态农业建设项目被国家环境保护局、浙江省科学技术委员会列为重点科研课题。

②长河镇山一村2.56平方千米，瓜沥镇东恩村4.73平方千米，西兴镇顺坝星民垦殖场0.75平方千米，闻堰镇老虎洞村1.73平方千米，石岩乡湖山村0.44平方千米，云石乡30.16平方千米，合计40.37平方千米。

第七节 生态城市人居建设

80年代初，城市建设过于追求经济效益，“见缝插屋”，工厂与民居交混，道路拥堵，垃圾成堆，污水、废气、噪声污染人居环境。萧山从污染防治着手，加强基础设施建设，解决工业化、城市化和人口聚集带来的资源短缺、交通拥挤和住房紧张等问题，完善公共服务设施，包括电力、邮电通信、金融、医疗卫生、体育、文化等配套设施，提高居民生活便利性、舒适性。同时强调“见缝插绿”，绿化美化周围环境，建设城市生态人居环境。

90年代初，萧山提出“绿在城中”，创建省级园林城市。后采取城市新区规划建绿和旧城拆房还绿相结合办法，每年新增城市园林绿地约20万平方米。1995年，经浙江省人民政府批准，建立省级湘湖旅游度假区。1998年，发起“妇女、家园、环境”宣传和“热爱我们共有的家园”百米长卷现场作画比赛、演讲比赛、环境保护知识大赛、征文比赛等一系列活动，提高居民的环境保护意识。1999年，镇乡开展“洁美家园”为主题的环境综合整治活动。2000年，城区按照“点、线、面”结合的园林绿化建设思路，完成道源路、货场路、北山路3条道路绿化建设，完成南江公园、北山盆景园、北山公园东段续建以及潘水南苑、崇化小区等住宅小区绿化建设。对进入城区的钱江二桥、钱江三桥接线道路两侧30米内有碍观瞻的建筑物、构筑物予以拆除，并结合两侧自然生态绿地进行绿化改造；对市心中路、育才路、回澜路、拱秀路、仙家路5条城区道路的行道树按照一路一品种、一规格进行调整；对萧绍路城区段绿化隔离带进行重新配置，使道路的空间感、流畅感改观。是年，建成区新增各类绿地30万平方米（含萧山经济技术开发区），新增公共绿地12.92万平方米。至2000年底，萧山城区各类绿地累计457.9万平方米，绿地率29%，绿地覆盖率从1984年的12%上升到36%；公共绿地累计123.93万平方米，人均公共绿地从1984年的3.12平方米上升到9.38平方米。全市拥有花园式先进单位154家，瓜沥镇获“省级绿色小城镇”称号。

图4—6—175　开展“六·五”世界环境日活动（1997年6月，傅宇飞摄）

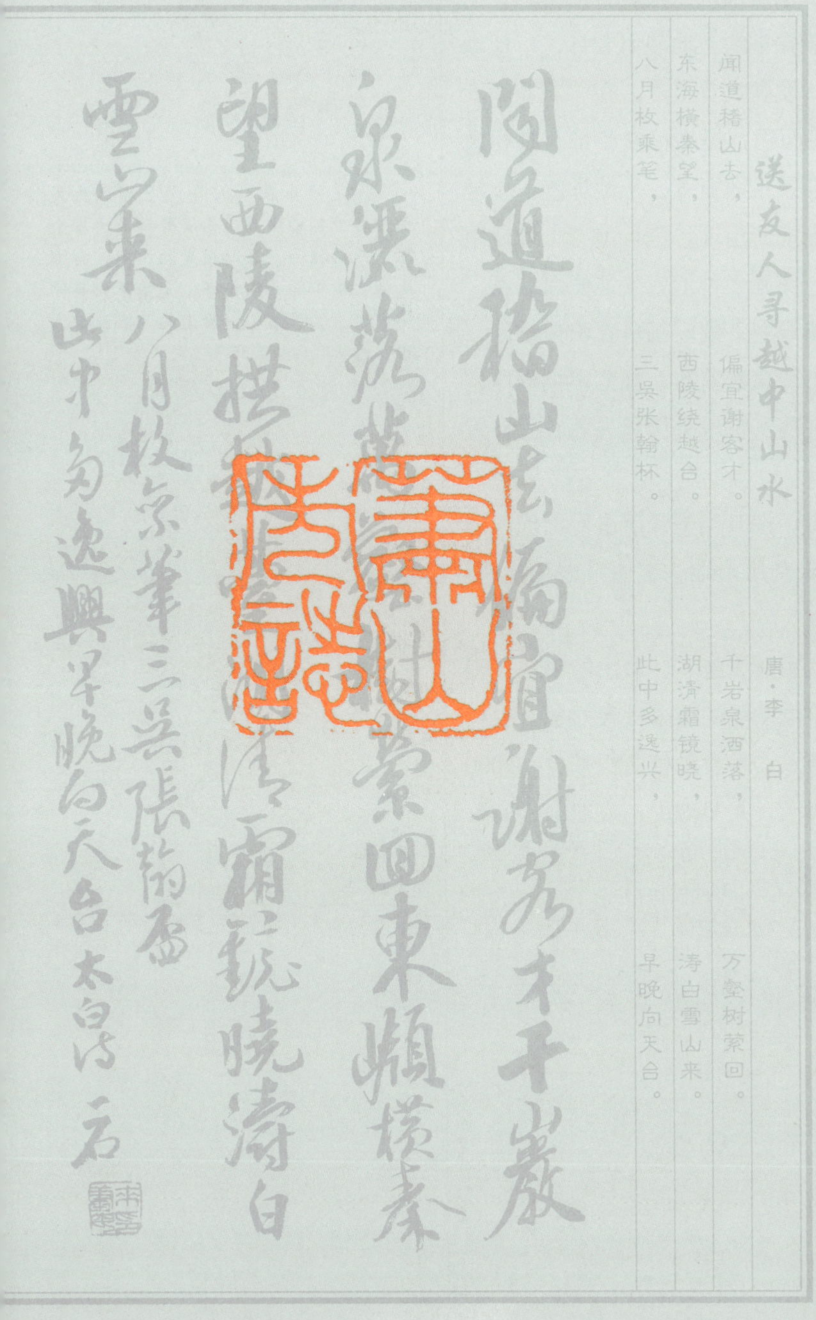
送友人寻越中山水
唐·李白
闻道稽山去，偏宜谢客才。千岩泉洒落，万壑树萦回。
东海横秦望，西陵绕越台。湖清霜镜晓，涛白雪山来。
八月枚乘笔，三吴张翰杯。此中多逸兴，早晚向天台。

第五编　土　地

土地，乃人类赖以生存的基础。

早在新石器时期，萧山先民便在跨湖桥周边土地上，刀耕火种，繁衍生息。在封建社会，众多农民依靠租种地主、富农土地为生，生活贫困。

1950年10月至翌年5月，萧山实行土地改革，农民分得土地，种粮植棉，生活改善。1956年，全县实现农业合作化后，土地为集体所有。

60年代后，萧山人口增长加快，地少人多矛盾加剧，粮食自给不足。历届市（县）委、市（县）政府坚持开源与节流并举的土地使用方针，广泛动员社会力量，实施治江围涂造地的千秋伟业，发展农业生产。在“农业学大寨”①运动中，掀起平整土地高潮，扩大耕地面积，提高粮食产量。农村改革后，加强土地管理工作。1982年始，先后开展土地概查、土地详查、土地变更调查，确定土地权属，颁发国有、集体土地使用证。进行国有土地使用权出让、土地划拨制度和农民住宅用地改革；实施多种形式土地使用制度，逐步建立和完善地产市场；编制土地利用总体规划，划定基本农田保护区，确保留有子孙后代“吃饭田”；重视国土教育和执法监察，规范审批程序，严格用地管理；划定市、镇乡、村土地境界，落实征地补偿和失地农民安置政策，消除因土地纠纷引发的不安定因素。

2000年，萧山境域土地面积2130330.00亩，按其类型及所占比例依次分为耕地、水域、林地、居民点及工矿用地、未利用土地、交通用地和园地7个大类。

随着工业化、城市化进程的加快，土地征用越来越多，萧山的耕地、园地面积锐减，土地资源保护成为关涉萧山可持续发展的重大社会问题。农村劳动力转向二、三产业，农村出现弃耕抛荒现象，粮食种植面积减少。2000年，人均耕地面积由1949年的1.40亩减至0.70亩。人多地少，土地偏紧，大量造地与大量用地并存是萧山土地的基本特点。

①毛泽东在1964年向全国人民发出号召，提倡学习山西省昔阳县大寨大队“政治挂帅、思想领先的原则，自力更生、艰苦奋斗的精神，爱国家爱集体的社会主义风格”。萧山的“农业学大寨”运动前后持续15年之久。

第一章　土地资源

1982年以来，萧山先后进行土地资源概查、详查、变更调查和待开发土地资源、农业后备土地资源、农业地质资源等调查，为有效管理和合理开发利用土地创造条件。2000年，全市土地总面积2130330.00亩，其中耕地856604.90亩，园地52043.70亩，林地326860.80亩，居民点及工矿用地283461.30亩，交通用地80405.10亩，水域446613.90亩，未利用土地84340.30亩。

第一节　土地面积

调查面积

萧山自南宋以来，就有土地调查文献记载[①]。1982年，萧山对境内的土地面积和土地类型首次进行概查，此后又进行土地详查和多次变更调查。

土地概查　1982年10月至1984年5月，县农业区划领导小组主持全县土地资源概查，以1:10000地形图和航拍相片为工作底图，在土壤普查基础上，经过野外测绘、室内转绘、编绘成图、面积量算等阶段，完成全县1：50000土地利用现状图，1：10000土地利用分幅及分乡现状图、各地类面积统计表。概查使用航片933张，地形图79幅。查得土地总面积2238384.49亩（1492.26平方千米），其中县域内钱塘江、富春江水面290891.77亩，占土地总面积的13.00%；内陆1909447.46亩，占85.30%；插花地38045.26亩（绍兴、余杭县，江干、西湖区，富阳、诸暨县9599.55亩，83013、83012、83351部队农场28445.71亩），占1.70%。内陆面积中，耕地1180169.49亩，占全县各类土地总面积的52.72%；园地60461.46亩，占2.70%；林地310384.58亩，占13.87%；居民点及工矿用地140206.78亩，占6.26%；交通用地31240.06亩，占1.40%；水域154233.02亩，占6.89%；特殊用地282.03亩，占0.01%；未利用土地32470.04亩，占1.45%。

土地详查　1991年6月，市政府办公室批转《关于开展土地资源详查工作的意见》（萧政办发〔1991〕29号），翌年2月，成立土地详查办公室。具体业务工作由市农业区划办公室负责。1993年12月，完成全市行政区域内的外业调绘、航片转绘、面积量算、图件编绘、统计汇总、档案整理和报告编写等工作。详查结果，全市行政区域土地总面积2238384.49亩，与概查相同，其中县域内钱塘江、富春江水域235560.45亩，占土地总面积的10.52%；陆地面积2002824.04亩，占89.48%。在内陆类型中，耕地946862.40亩，占各类土地总面积的42.30%；园地52743.15亩，占2.36%；林地332168.55亩，占14.84%；

①南宋嘉泰《会稽志》不但记载萧山县境东西南北跨度，而且详细记载了县境四周的长度、分界线位置。元、明至清中叶，县界范围虽无多大变化，但对县内各种土地面积作过多次调查，据明嘉靖《萧山县志》卷三《食货志·田赋》记载，洪武二十四年（1391），全县有官民田、地、山、池、荡、浜、沥、港、溇5822顷94亩5分9毫6丝；永乐十年（1412）为5888顷93亩4分4毫6丝；弘治十五年（1502）为5884顷56亩7分4厘5毫4丝；正德七年（1512），为5873顷93亩2分7毫1丝；嘉靖二十一年（1542）为5881顷42亩7分8厘1丝；嘉靖三十一年为5899顷52亩4分1厘4毫。

清康熙三十二年（1693）《萧山县志》卷十《田赋志·田土》记载，万历九年（1581），全县有官民田、地、山、池、荡、沥、浜、港、溇5150顷96亩3分6厘4毫。康熙四年，诏天下州县各丈所辖田地山荡造册。是年，萧山知县徐则敏奉文清丈田土，查得全县有官民田、地、池、浜、荡5564顷68亩4分6厘1毫，其中田3866顷19亩2分8毫，地338顷67亩6分4厘7毫，山1168顷54亩9分6厘5毫，池、浜、荡181顷27亩6分5厘3毫。

民国《萧山概览》载，民国14年（1925）4月，《浙江省各县土测业务统计表》公布，萧山全县面积1407394亩，其中农宅地985375亩，占70.00%；山地284664亩，占20.20%；道路3483亩，占0.30%；河湖71664亩，占5.10%；沙涂62208亩，占4.40%。民国18年，杭州《民国日报》报道，根据浙江陆军测绘局测成之地图计算，萧山总面积为1527094亩，民国22～28年，萧山国民政府组织119名地政工作人员对全县境内的山、地、田、宅、河流、湖泊和道路进行全面清丈，分别以都、图（或乡、村）为单位描绘1:50000和1:20000不等的清丈图3187张，分乡行政区划图232张，图照2280张。民国36年，全县面积清丈实测为1307580亩。

1950年5月，县人民政府财粮科接管国民政府土地登记处全部资料，1953年开始房地产清理，将土地、房屋的地号、地图、面积、坐落、土地等级、业主姓名、住地、房屋种类等制成萧山地籍销号分册。

图5—1—176　1993年，专业人员在宁围镇进行土地资源详查外业工作（萧山区土地管理局提供）

居民点及工矿用地251063.40亩，占11.22%；交通用地55566.00亩，占2.48%；水域276073.65亩，占12.33%；未利用土地88346.89亩，占3.95%。土地详查成果获国家土地管理局1994年度优秀成果一等奖、科技进步三等奖，省土地管理局优秀成果一等奖、科技进步二等奖。

土地详查与土地概查相比，出现“五增两减”。“五增”，即居民点及工矿用地面积增110574.59亩（含特殊用地282.03亩），增78.71%；林地增21783.97亩，增7.02%；交通用地增24325.94亩，增77.87%；内陆水域增121840.63亩，增79.00%；未利用土地增55876.85亩，增172.09%。“两减”，即耕地减233307.09亩，减19.77%；园地减7718.31亩，减12.77%。导致耕地减少原因主要是10年来国家和集体建设用地大量增加，农村建房发展迅速，其他还有土地详查手段先进，精确度比概查高，耕地毛面积中扣除的田埂面积比概查多等。园地减少原因是部分老茶园、老桑园被淘汰。

土地变更调查　1993年，市土地资源办公室、市农业区划委员会办公室进行土地变更调查，土地资源又出现“三减四增”的变化，即耕地、水域和未利用土地减少，园地、林地、居民及工矿用地、交通用地增加。变化较大的是水域中滩涂面积减少，围垦后滩涂减少13304.85亩；林地中因荒山面积减少，疏林增加15540.18亩；耕地面积减少8168.88亩。1996年5月，西兴、长河、浦沿3镇划归杭州市管辖，全市土地总面积为2130330.00亩。此后多次进行变更调查。

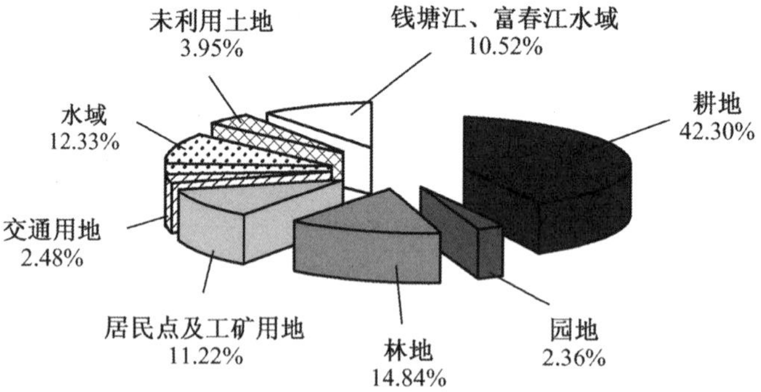

图5—1—177　1992年萧山市土地面积详查情况

表5—1—55　1982～2000年部分年份萧山土地资源调查情况

单位：亩

年份	土地总面积	耕地	园地	林地	居民点及工矿用地	交通用地	水域	未利用土地
1982	2238384.49	1180169.49	60461.46	310384.58	140488.81	31240.06	445124.79	32470.04
1992	2238384.49	946862.40	52743.15	332168.55	251063.40	55566.00	511634.10	88346.89
1993	2238384.49	938693.52	54678.90	350346.78	256862.85	58060.95	498329.29	81412.20
1996	2130330.00	859060.30	51851.60	326690.40	271911.90	70860.50	464966.10	84989.20
1997	2130330.00	848573.80	51761.60	326674.30	274601.60	77848.10	465879.20	84991.40
2000	2130330.00	856604.90	52043.70	326860.80	283461.30	80405.10	446613.90	84340.30

注：①1982年，总面积中含插花地面积38045.26亩。其余年份插花地面积分别记在各土地类型面积中。
②1996年，西兴、长河、浦沿3镇划归杭州市管辖，萧山行政区域面积减少108054.49亩（72.04平方千米）。
③历次资源调查与市统计部门的统计均有差异。
④1982年为土地概查，1992年为土地详查，1993、1996、1997、2000年均为土地变更调查。
⑤1982年居民点及工矿用地栏中数据含特殊用地282.03亩，以后年度的调查均无该分类统计。

统计面积

中华人民共和国成立以来，萧山统计部门每年对全县（市）耕地面积进行统计，但统计面积与概查、详查、变更调查均有差异。

1982年土地概查显示，全县耕地面积比统计面积多280869.49亩，其原因是统计面积未包括山坡旱地、塘埂堆叠地、宅边地（以下合称“其他旱地”）104428.96亩，田埂34914.15亩，以及部分新垦利用的河滩地、滨海涂地；原统计上报有不实因素，如城南严家埭村实测面积463.26亩，统计上报384.00亩，少报17.11%。

1992年土地详查显示，全市耕地面积943815.15亩（不包括外县、市、区插花地），比同年统计面积多75015.35亩，其原因是统计面积未包括围垦土地中省厅下属开发农场等国有土地，共9591.00亩；

表5-1-56　1949～2000年萧山耕地面积

单位：万亩

年份	耕地总面积	水田	旱地	围垦耕地	年份	耕地总面积	水田	旱地	围垦耕地
1949	80.69	38.12	42.57	—	1975	72.48	29.31	43.17	12.20
1950	81.48	37.58	43.90	—	1976	72.74	31.35	41.39	16.70
1951	82.63	38.16	44.47	—	1977	87.21	31.86	55.35	18.93
1952	82.70	38.73	43.97	—	1978	87.97	32.50	55.47	19.76
1953	82.51	38.46	44.05	—	1979	88.97	32.50	56.47	20.98
1954	82.46	38.54	43.92	—	1980	90.05	30.29	59.76	22.09
1955	82.04	38.56	43.48	—	1981	90.04	28.26	61.78	22.39
1956	81.42	38.30	43.12	—	1982	89.93	28.73	61.20	22.38
1957	78.96	36.20	42.76	—	1983	90.15	28.82	61.33	22.77
1958	77.14	35.21	41.93	—	1984	89.50	30.49	59.01	22.51
1959	71.02	30.43	40.59	—	1985	89.83	32.11	57.72	21.99
1960	69.48	30.76	38.72	—	1986	89.00	26.32	62.68	22.47
1961	68.81	29.37	39.44	—	1987	89.40	29.76	59.64	22.54
1962	69.18	29.34	39.84	—	1988	89.82	31.52	58.30	23.26
1963	68.85	29.23	39.62	—	1989	89.05	48.13	40.92	22.96
1964	69.12	29.25	39.87	—	1990	88.70	66.10	22.60	23.29
1965	69.69	29.44	40.25	—	1991	87.70	66.17	21.53	22.18
1966	69.80	29.24	40.56	—	1992	86.88	67.14	19.74	21.87
1967	69.39	29.32	40.07	—	1993	85.70	67.58	18.12	21.51
1968	69.27	29.42	39.85	—	1994	84.51	73.53	10.98	23.44
1969	69.55	29.85	39.70	—	1995	83.58	72.26	11.32	23.30
1970	69.89	29.77	40.12	3.99	1996	79.59	66.34	13.25	23.38
1971	70.64	29.98	40.66	5.52	1997	78.74	71.75	6.99	23.90
1972	71.29	31.63	39.66	7.95	1998	78.89	73.34	5.55	21.40
1973	72.62	30.32	42.30	11.70	1999	79.23	73.59	5.64	22.09
1974	72.50	32.39	40.11	11.76	2000	79.54	74.15	5.39	22.16

注：①资料来源：1949～1998年中共萧山市委宣传部、萧山市统计局编：《萧山五十年巨变——新中国成立以来萧山经济与社会发展统计文献》，第129～130页。1999～2000年萧山市统计局编：《萧山市统计年鉴》。

②耕地总面积中包括围垦耕地面积。

镇乡（场）的耕地详查面积与统计面积存在差异，全市31个镇乡中有23个镇乡土地详查比统计面积增加49768.95亩；8个镇乡土地详查比统计面积减少23608.05亩；8个农场（含集体性质的红山农场）和其他国有单位土地详查比统计面积多42685.80亩。园地、林地详查面积比统计面积分别减少6196.80亩、15957.45亩，原因是园地、林地都存在重复统计的因素，每年新增的面积都累计统计，但人为和自然灾害原因减少的面积未减掉。

1993年后，因统计方法、统计口径与变更调查各异，其面积也各有差异。

第二节 土地类型

根据1992年土地资源详查结果，全市土地类型划分为耕地、园地、林地、居民点及工矿用地、交通用地、水域、未利用土地7个一级地类、38个二级地类、13个三级地类。1997年，市土地管理部门对行政区域变动后的萧山土地进行变更调查，区域面积比详查面积减少72.04平方千米，土地类型不变，但各类土地面积有变动。

耕 地

1997年，全市耕地分灌溉水田、望天田[①]、水浇地、旱地、菜地5个二级地类，总面积848573.80亩[②]，占全市土地总面积的39.83%。

地貌类型：耕地主要分布在平原镇乡、场，其次是丘陵镇乡，而低山区镇乡耕地面积最少。耕地中，灌溉水田252475.30亩、望天田5434.50亩、水浇地469858.40亩、旱地120049.00亩、菜地756.60亩。灌溉水田主要分布在中部平原水网和南部河谷平原，共227758.00亩，占全市灌溉水田面积的90.21%；水浇地主要分布在北部沿江平原，共442731.10亩，占全市水浇地面积的94.23%；望天田零星分布在低山丘陵地带；旱地全市农区均有少量分布；菜地集中在城厢镇城北办事处及近郊的蔬菜基地。

坡度：平坡地837177.20亩，占耕地总面积的98.66%；微坡、缓坡地9032.30亩，占1.06%；15度以上25度以下的1830.75亩，占0.22%；25度以上的陡坡533.55亩，占0.06%。

海拔高程（黄海高程。下同）：50米以下734107.30亩，占耕地总面积的86.51%；50米～300米79890.75亩，占9.41%；300米以上34575.75亩，占4.07%。

土壤性质：灌溉水田全部为水稻土；水浇地为盐土和潮土—钙质潮土两大土类；旱地以红壤土为主。

园 地

1997年，全市园地分果园、桑园、茶园及其他园地4个二级地类，总面积51761.60亩，占全市土地总面积的2.43%。

茶园15533.40亩，占园地总面积的30.01%，主要分布在南部低山丘陵地区和红壤面积较大的镇乡，所前、进化、河上、楼塔、欢潭、云石6个镇乡

①指缺乏灌溉排涝设施而依靠大自然的田块。

②变更调查面积与同期统计面积78.74万亩相比，相差6.12万亩，差异原因同前。

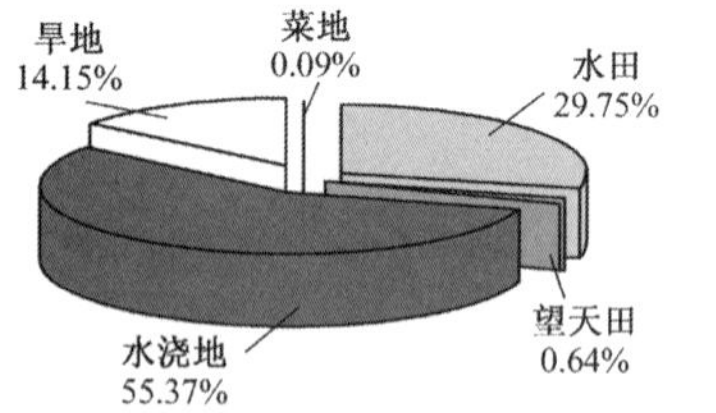

图5-1-178 1997年萧山市耕地分类情况

最为集中，共有茶园10981.50亩，占全市茶园面积的70.70%，其中所前镇4986.00亩，占茶园总面积的32.10%。

桑园15613.80亩，占园地总面积的30.16%，大多分布在南部低山丘陵的缓坡地带，河上、欢潭、楼塔、浦阳、戴村、进化6个镇乡有桑园4950.00亩，占桑园总面积的31.70%。

果园19583.60亩，占园地总面积的37.83%，其分布较为广泛，从低山丘陵到沿江平原都有果树种植。其中所前镇5533.20亩，占全市果园总面积的28.25%。果树以青梅、杨梅、梨为主。青梅面积6525.00亩，占果园总面积的33.32%，主要分布在进化镇。

其他园地1030.80亩，占园地总面积的1.99%，分布也较为广泛，常年种植多年生草本药材、黄花菜、啤酒花及其他多年生经济作物。

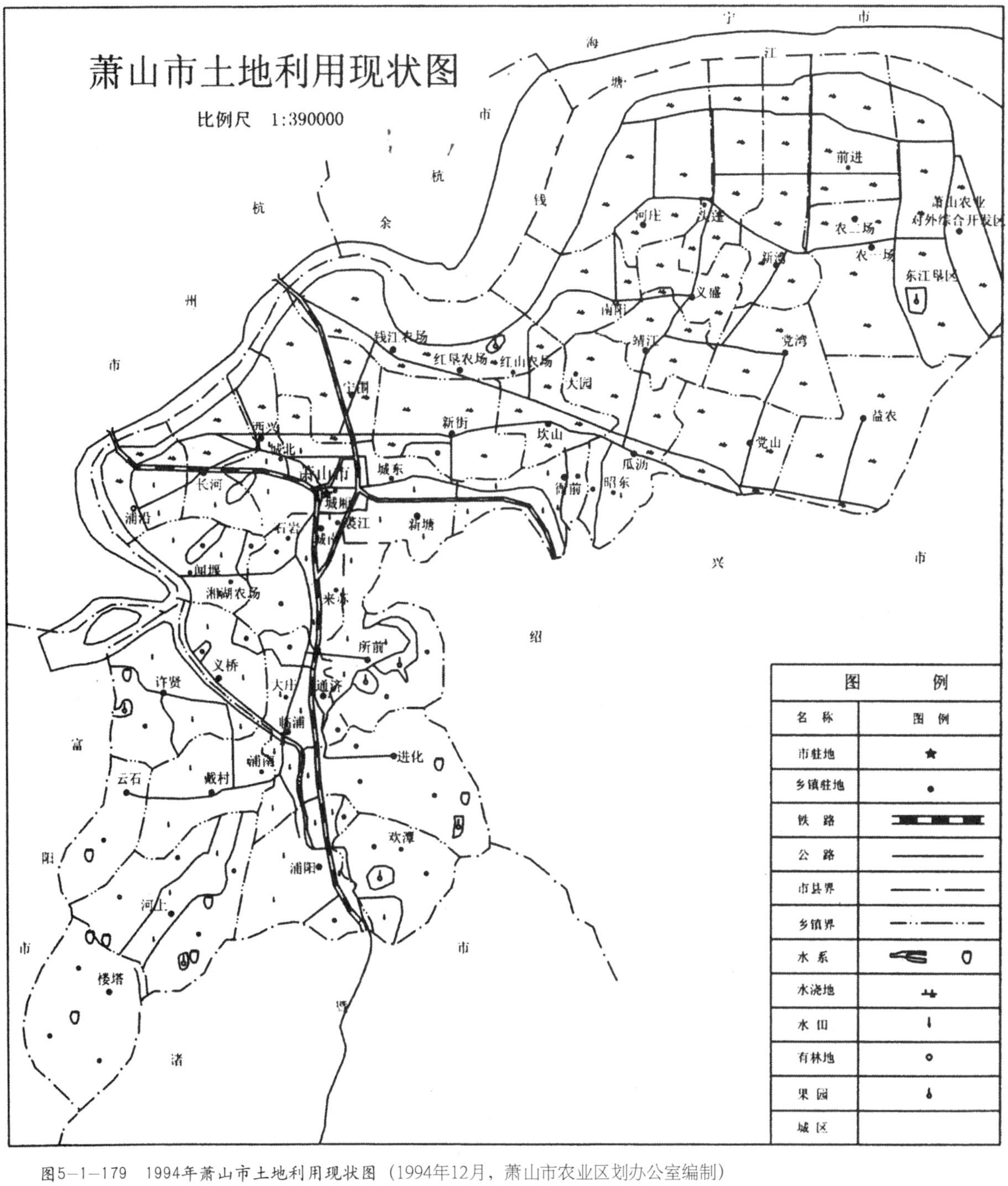

图5-1-179　1994年萧山市土地利用现状图（1994年12月，萧山市农业区划办公室编制）

林　地

1997年，全市林地分为有林地、灌木林、疏林地、未成林地、迹地和苗圃6个二级地类，总面积326674.30亩，占全市土地总面积的15.33%，其中有林地面积300683.00亩，占林地总面积的92.04%；未成林地12416.80亩，占3.80%；疏林地11013.80亩，占3.37%；苗圃1603.90亩，占0.49%；迹地956.80亩，占0.29%。有林地中，用材林213412.25亩，占有林地总面积的70.98%；竹林87270.75亩，占29.02%。

林地主要分布在南部低山丘陵区。其中楼塔、河上、进化、欢潭、云石、许贤、所前、戴村、浦阳9个镇乡275487.40亩，占全市林地总面积的84.33%，中部、北部平原区分布较少。有林地中的用材林主要分布在河上、进化、欢潭、所前、许贤、楼塔等镇乡；经济林主要分布在所前、进化等镇乡；竹林全市各镇乡均有分布，南部低山丘陵区镇乡以笋、竹两用的大径竹为主，平原镇乡则是食用笋竹类，楼塔镇和云石乡，分别为22425.00亩和20266.00亩，各占竹林面积的25.70%和23.22%。防护林主要分布在沿江各镇乡及农场；未成林分布在楼塔、河上、进化等镇乡；疏林地面积较大的是浦阳、楼塔、戴村等镇乡；苗圃主要分布在新街、宁围镇一带。

居民点及工矿用地

1997年，全市居民点及工矿用地分城镇、农村民居点、独立工矿用地、特殊用地4个二级地类，总面积274601.60亩，占全市土地总面积的12.89%，其中城镇用地34530.40亩，占全市居民点及工矿用地的12.57%；农村居民点173478.40亩，占63.17%；工矿用地38351.60亩，占13.97%；特殊用地28241.20亩，占10.28%。

城厢镇用地面积18544.00亩，占城镇用地53.70%；农村居民点用地最多是党山镇、宁围镇和城厢镇；独立工矿用地以乡镇企业为主，最多为城厢镇，6733.90亩，占独立工矿用地的17.56%；特殊用地主要是军事用地、墓地和名胜古迹。

交通用地

1997年，全市交通用地分铁路、公路、农村道路、港口码头4类，总面积77848.10亩，占全市土地总面积的3.65%，其中铁路用地1941.30亩，占交通用地的2.49%；公路用地18884.50亩，占24.26%；农村道路用地49732.47亩，占63.88%；民用机场7260.63亩，占9.33%；港口码头29.20亩（独立于城镇居民地以外的部分），占0.04%。

水　域

1997年，全市水域分河流（江、河）水面、湖泊水面、水库水面、坑塘水面、滩涂水面、沟渠水面、水工建筑物水面和苇地水面8个地类，总面积465879.20亩，占全市土地总面积的21.87%，其中河流水面240944.10亩，占水域总面积51.72%，分布在流经萧山境内的钱塘江、浦阳江、永兴河和凰桐江，起源于萧山境内的进化溪、七都溪、南门江和西小江，人工开挖河道，如萧绍运河和北部滨海平原（围垦区）数百条人工河；湖泊水面1520.40亩，占0.33%；水库水面1725.60亩，占0.37%，主要分布在低山丘陵区的楼塔、河上、云石、戴村、许贤、欢潭、进化、临浦、所前、浦阳等镇乡；坑塘水面73126.10亩，占15.70%，分布在全市各镇乡，共有坑塘1万余个，为天然和人工开挖的生活用水池塘及人工开挖的精养鱼塘，后者集中在北部沿江围垦地区；苇地水面94.20亩，占0.02%；滩涂水面48844.20亩，占10.48%，主要分布在钱塘江、浦阳江岸线的潮浸地带；沟渠水面48864.70亩，占10.49%，各镇乡均有分布，沿江平原的镇乡沟渠面积38554.00亩，占全市沟渠面积的78.90%；水工建筑物水面50759.90亩，占10.90%，以南沙大堤外侧的镇乡、场分布面积较大，河庄、新湾、党山、前进等镇乡，其面积均大于3000亩。

未利用土地

1997年，全市未利用土地分为荒草地、盐碱地、沼泽地、裸土地、裸岩石砾地、田埂和其他未利用土地7个二级地类，总面积84991.40亩，占全市土地总面积的3.99%，其中荒草地和田埂面积占未利用土地的23.46%和74.05%。荒草地主要分布在南片低山丘陵地带，田埂在全市各镇乡均有分布。

表5-1-57　1997年萧山市土地变更调查情况

单位：亩

镇乡（场）	总面积	耕　地	园　地	林　地	居民点及工矿用地	交通用地	水　域	未利用土地
城厢镇	157634.2	78341.0	2922.8	17993.3	35714.7	6008.0	9349.4	7305.0
衙前镇	28167.2	15789.0	214.8	1804.4	6193.1	1219.1	1416.5	1530.3
临浦镇	58524.7	26332.1	2675.7	8563.7	11633.2	1665.3	4669.7	2985.0
欢潭乡	43281.5	8431.4	3223.5	24452.6	2765.8	602.1	2477.4	1328.7
瓜沥镇	76076.0	39684.0	594.0	2831.6	12776.9	5962.7	10678.4	3548.4
坎山镇	63211.7	33436.6	575.7	4479.3	11186.6	4504.0	6321.7	2707.8
益农镇	68442.0	45945.6	43.5	357.5	8832.2	2733.6	7233.9	3295.7
党山镇	66331.8	40124.8	26.4	78.8	10889.9	4080.0	7945.0	3186.9
楼塔镇	73578.6	15739.5	5492.0	41411.0	5017.5	1219.2	1910.6	2788.8
云石乡	47981.9	3902.8	1988.9	36578.6	2324.6	486.9	1483.7	1216.4
河上镇	91536.4	17728.4	3446.9	52908.9	6715.3	1688.5	3290.6	5757.8
戴村镇	47283.0	16842.4	726.0	17782.5	5801.6	1164.8	3037.4	1928.3
许贤乡	57403.9	17916.8	1308.5	23510.3	6055.5	1477.4	3474.9	3660.5
浦阳镇	62799.0	25551.4	1938.7	16371.5	7193.7	1201.4	5873.1	4669.2
进化镇	82406.0	18386.5	6302.7	42625.5	5992.9	1221.0	3690.3	4187.1
所前镇	47440.1	10616.1	9273.9	19846.5	3978.8	804.6	1376.4	1543.8
义桥镇	23488.3	11898.7	1175.9	2786.0	4342.5	658.1	1518.9	1108.2
新街镇	51581.3	31905.5	185.9	738.3	10524.6	2278.4	3578.9	2369.7
宁围镇	58800.3	33568.6	817.6	859.6	16039.6	1872.5	3119.1	2523.3
闻堰镇	26950.7	12210.8	1154.9	3425.4	5610.5	1119.3	2108.0	1321.8
河庄镇	74186.4	43409.3	3162.9	303.2	8978.0	3467.0	11533.3	3332.7
义盛镇	39682.4	24422.5	1.1	48.5	5226.4	1862.6	6249.3	1872.0
南阳镇	53382.7	30271.4	45.5	1848.0	10435.0	2133.0	6036.5	2613.3
靖江镇	42836.3	22914.4	39.8	692.4	6807.3	4432.5	5946.0	2003.9
党湾镇	51622.5	32091.8	23.4	136.8	8415.3	3162.8	5204.7	2587.7
新湾镇	33430.4	21352.9	38.3	138.2	4926.5	1476.6	4003.7	1494.2
头蓬镇	34150.8	21717.2	2.7	19.2	5617.9	991.8	4282.6	1519.4
前进乡	25465.3	16490.5	4.8	32.7	2686.5	1194.8	3882.2	1173.8

续 表

镇乡（场）	总面积	耕 地	园 地	林 地	居民点及工矿用地	交通用地	水 域	未利用土地
第一农垦场	22461.6	10113.9	390.5	102.0	843.9	1195.7	8969.0	846.6
第二农垦场	16534.1	10409.8	504.6	505.7	876.6	465.5	3053.4	718.5
红垦农场	10028.2	6685.4	149.3	99.9	586.7	547.1	1483.5	476.3
红山农场	10814.7	6675.2	2.5	34.1	2431.5	471.3	710.9	489.2
钱江农场	14954.3	8565.3	432.9	149.7	1563.2	1146.1	2411.0	686.1
湘湖农场	4621.5	2663.3	104.4	122.6	434.7	159.2	947.4	189.9
棉花原种场	1080.1	603.0	0	170.0	75.0	30.0	160.1	42.0
其 他	462160.1	85835.9	2770.6	2866.0	35107.6	13145.2	316451.7	5983.1
合 计	2130330.0	848573.8	51761.6	326674.3	274601.6	77848.1	465879.2	84991.4

第三节 待开发土地资源

1988年10月，根据浙江省土地管理局《浙江省待开发土地资源调查工作实施意见》精神，全市开展待开发土地资源调查。经调查，全市待开发土地资源面积110207亩，占全市土地总面积的4.92%，其中大面积宜农荒地14663亩，占全市待开发土地资源面积的13.30%；滩涂94292亩，占85.56%；闲散地、废弃地1252亩，占1.14%。

大面积宜农荒地

约70%的宜农荒地在浦阳江、永兴河两岸地区。按土壤条件、高程、坡度、经济条件、气候特征、土地经营方式分为5种类型：

低丘缓坡荒地，主要分布在楼塔、河上、欢潭等镇乡，面积5425.35亩，占大面积宜农荒地面积（下同）的37.00%，海拔在250米以下，坡度一般不超过25度，属红壤或黄红壤，土壤条件较好，土层多在100厘米以上，有机质含量丰富，离村庄近，宜发展经济林，种植板栗、杨梅、青梅、桃、梨等干鲜水果和食用笋竹。

低山、远山荒地，主要分布在楼塔、河上、大桥、云石等镇乡山区，面积3519.05亩，占24.00%，海拔在250米～560米之间，山上温差较大、易旱、多风，土壤质地系砂质或砾质，土层厚度50厘米以下，有机质含量少，宜发展薪炭林和用材林。

陡坡薄土荒地，主要分布在河上、楼塔、大桥、云石、进化、所前等镇乡，面积5166.60亩，占35.24%，坡度多在25度以上，土层瘠薄，分布零星，宜封山育林。

河、溪滩荒地，主要分布在大桥、朱村桥、许贤、欢潭等镇乡，面积293.25亩，占2.00%，土壤系培泥沙土，呈微酸性，宜发展耐湿性作物，如种植桑树等。

滩涂围垦荒地258.75亩，占1.76%。

待开发滩涂

集中分布在东北部围垦地区及钱塘江淤积的滩涂，面积92323亩，占滩涂资源的97.91%。

闲散地、废弃地

平原、山地均有分布。荒园地山区较多，"四旁"闲散地大部分分布在平原地区，沙滩地集中分布在永兴河、浦阳江、进化溪两岸，低洼、盐碱地以围垦区为主。

表5-1-58　1988年萧山市待开发土地资源面积情况

单位：亩

区名	宜农荒地	滩涂			闲散地废弃地	征而未用地	"四旁"杂地	河、溪滩地	菜园	废弃宅基地	其他	小计
			海涂	滩地								
戴村	9145	1564	0	1564	464	0	14	61	196	9	184	11173
临浦	579	149	0	149	394	0	5	45	193	1	150	1122
城南	479	36	0	36	52	8	1	5	21	1	16	567
城北	631	0	0	0	71	0	2	9	22	1	37	702
瓜沥	2485	0	0	0	67	0	4	10	23	1	29	2552
义蓬	1005	220	0	220	91	1	3	16	27	3	41	1316
其他	339	92323	92323	0	113	0	7	19	36	6	45	92775
合计	14663	94292	92323	1969	1252	9	36	165	518	22	502	110207

注："宜农荒地"栏指面积在50亩以上部分。

第四节　农业后备土地资源

1991年7月至1992年2月，根据省政府办公厅转发省农业区划委员会《关于开展县级农业综合开发后备土地资源调查评价和编制农业区域综合开发总体规划工作意见的通知》（浙政办发〔1991〕53号）精神，对全市农业中低产田、低产林、低产园地、低产水面，荒山、荒地、荒水、荒滩（简称"四低"、"四荒"，下同）开展全面系统的调查。萧山后备土地资源的构成及分布如下：

构　成

1991年，按照浙江省农业区划委员会下达《浙江省县级农业综合开发后备土地资源调查评价工作要求》，确定中低产田标准：1987～1989年3年平均亩产600千克～800千克为中产，低于下限600千克为低产，高于上限800千克为高产。全市"四低"、"四荒"资源面积912104亩，占全市土地总面积的40.75%，其中"四低"资源面积782135亩（中低产田面积657072亩、低产林82490亩、低产园地22562亩、低产水面20011亩），占"四低""四荒"总面积（下同）的85.75%；"四荒"资源面积129969亩（荒山面积18809亩、荒地1252亩、荒水15616亩、荒滩94292亩），占14.25%。

分　布

萧山市"四低"、"四荒"土地资源分布与地貌、水系、生物、气候、土壤等自然因素和垦殖历史、农业利用方式等密切关联。

南部低山丘陵区：面积共153923亩，占该区土地总面积的45.08%，其中中低产田70090亩，占全市中低产田面积的10.67%，主要分布在楼塔（含岩山）、大同坞、云石等9个镇乡。低产林57775亩，占全市低产林面积的70.04%，分布在道林山脉的楼塔、河上、大桥和雪湾山脉的云石、许贤等镇乡。低产园14393亩，占全市低产园面积的63.79%，主要分布在低丘缓坡上。低产水面574.00亩，占全市低产水面面积的2.87%，主要分布在少量非渔业用山塘、小型水库。区内荒山面积10021亩，占全市荒山面积的53.28%。荒水、荒滩分布较少。

中部水网河谷平原区：面积共190269亩，占该区土地总面积的31.65%，其中中低产田139758亩，占全市中低产田面积的21.27%，分布在大桥、尖山、螺山等17个镇乡；低产林24069亩，占全市低产林面积的29.18%；低产园6992亩，占全市低产园面积的30.99%；低产水面7434亩，占全市低产水面面积的37.15%。荒山6677亩，占全市荒山面积的35.50%，主要分布在桃源、径游、城山相邻山脉；荒水3311亩，占全市荒水面积的21.20%，主要分布在外荡（河沟）；荒滩1749亩，占全市荒滩面积的1.85%，主要分布在浦阳江两岸的河滩地带。

北部滨海平原区：面积共567912亩，占该区土地总面积的58.77%，其中中低产田分布较广，面积447224亩，占全市中低产田面积的68.06%。潮间滩涂淤涨和坍塌交替频繁，未围滩涂分布集中，面积92543亩，占全市荒滩面积的98.14%；低产水面12003亩，占全市低产水面面积的59.98%；荒山2111亩，占全市荒山面积的11.22%；荒水11932亩，占全市荒水面积76.41%。

表5-1-59　1992年萧山市“四低”、“四荒”土地资源情况

单位：亩

类　别	总面积	占“四低”“四荒”总面积(%)	占“四低”或“四荒”面积(%)	类　别	总面积	占“四低”“四荒”总面积(%)	占“四低”或“四荒”面积(%)
总计	912104	100.00		低产水面	20011	2.19	2.56
“四低”	782135	85.75	100.00	池塘	10480	1.15	1.34
中低产田(地)	657072	72.04	84.01	一般池山塘	3779	0.41	0.48
中产田	553818	60.72	70.81	小型水库	33		0.01
低产田	103254	11.32	13.20	河沟(外荡)	5719	0.63	0.73
低产林	82490	9.04	10.55	“四荒”	129969	14.25	100.00
低产园	22562	2.47	2.88	荒山	18809	2.06	14.47
茶园	8249	0.90	1.05	荒地	1252	0.14	0.96
桑园	8758	0.96	1.12	荒水	15616	1.71	12.02
果园	5555	0.61	0.71	荒滩	94292	10.34	72.55

注：荒滩总面积中含已围未利用土地220亩。

表5-1-60　1992年萧山市“四低”、“四荒”土地资源地域分布情况

单位：亩

地　块	北部滨海平原区	中部水网河谷平原区	南部低山丘陵区	小　计	地　块	北部滨海平原区	中部水网河谷平原区	南部低山丘陵区	小　计
中产田	356879	139758	57181	553818	低产山塘	1523	1715	541	3779
低产田	90345	0	12909	103254	低产水库	0	0	33	33
A级低产林	6	7390	14678	22074	低产外荡	0	5719	0	5719
B级低产林	640	16679	43097	60416	荒　地	276	279	697	1252
低产茶园	0	2443	5806	8249	荒　山	2111	6677	10021	18809
低产桑园	0	2456	6302	8758	荒　水	11932	3311	373	15616
低产果园	1177	2093	2285	5555	荒　滩	92543	1749	0	94292
低产池塘	10480	0	0	10480	合　计	567912	190269	153923	912104

第五节　坡地资源

类　型

1990年2月，全市开展坡地资源调查，坡地有低山、丘陵（分高丘、低丘）、岗坡、谷坡四大类，总坡地面积463771亩，占全市土地总面积的20.72%。

低山类型（海拔500米～800米）主要分布在萧山西南部，面积111177亩，占坡地总面积的23.97%；高丘类型（海拔300米～500米）零星分布在西南及东南部，面积118473亩，占25.55%；低丘类型（海拔低于300米）断续分布，面积118987亩，占25.66%；岗坡、谷坡地散布境内，面积分别为41653亩、73481亩，分别占8.98%、15.84%。

全市坡地多具有陡缓坡相间的特点，并有阶梯地形发育及宽缓坳谷，有平、缓、斜、陡4个坡度等级。小于6°的垄岗地、盆地（谷坡地）面积为115134亩，占坡地总面积（下同）的24.82%；6°～15°的缓坡地14604亩，占3.15%；15°～25°的斜坡地120800亩，占26.05%；大于25°的陡坡地213233亩，占45.98%。从4个坡地比例看，大于25°的陡坡为最大，但就总体而言，仍是小于25°的斜、缓、平坡地，三者合计占坡地总面积的54.02%，具有较大的开发潜力。

表5–1–61　1990年萧山市坡地资源面积情况

地貌单元	指　标			面积(亩)	占坡地总面积(%)
	海拔(米)	相对高度(米)	坡　度		
山地（低山）	800～500	>300	–	111177	23.97
陡坡地	800～500	>300	>25°	100077	21.58
斜坡地	800～500	>300	15°～25°	10663	2.30
缓坡地	800～500	>300	6°～15°	437	0.09
丘陵	500～300	>50	–	237460	51.20
高丘陵	500～300	>50	–	118473	25.55
陡坡地	500～300	>50	>25°	86689	18.69
斜坡地	500～300	>50	15°～25°	29479	6.36
缓坡地	500～300	>50	6°～15°	2305	0.50
低丘陵	<300	>30	–	118987	25.66
陡坡地	<300	>30	>25°	26467	5.71
斜坡地	<300	>30	15°～25°	80658	17.39
缓坡地	<300	>30	6°～15°	11862	2.56
垄岗地		>30	<6°	41653	8.98
岗坡地		>30	<6°	40039	8.63
垄岗坡地		>30	<6°	1614	0.35
盆地（谷坡地）		>30	<6°	73481	15.84

利　用

1990年8月，根据地貌、坡级和土壤特性3个基本因素综合分析，全市坡地资源利用划分为一类（宜农类）、二类（宜林类）及三类（难利用类）3个类型6个等级，其中宜农一等面积122765亩，占坡地总面积26.47%；宜农二等面积90700亩，占19.56%；宜林四等面积63431亩，占13.68%；宜林五等面积8456亩，占1.82%；宜林六等面积158373亩，占34.15%；难利用类（七等）面积20046亩，占4.32%。

表5－1－62　1990年萧山市坡地资源类型情况

单位：亩

坡度级别	坡　度	面　积	一类(宜农)			二类(宜林)			三类(难利用类)
			一等	二等	三等	四等	五等	六等	七等
陡坡地	>25°	213233	0	0	0	56863	0	139514	16856
斜坡地	25°～15°	120800	0	90700	0	5950	8456	12504	3190
缓坡地	15°～6°	14604	7631	0	0	618	0	6355	0
平缓坡地	<6°	115134	115134	0	0	0	0	0	0
合　计	—	463771	122765	90700	0	63431	8456	158373	20046

第六节　农业地质资源

1997年4月至1999年5月，市政府建立萧山市农业地质环境调查协调工作小组，由浙江省地质调查院实施农业地质环境调查，编制萧山市农业地质背景图，初步建立萧山农业地质环境信息系统。

农业地质状况

农业地貌　根据萧山市地貌的成因、形态、成分（岩性）以及地貌类型特征与农业种植的关系，地貌分为3级：第一级根据塑造营力（指外营力）分为流水地貌和海岸地貌两类，再根据作用力的表现形式，进而分为堆积地貌和侵蚀地貌（海岸地貌中仅有堆积地貌）；第二级根据形态，结合成因，划分为低山丘陵及平原等11种地貌类型；第三级根据地貌形态和岩性组成，划分为19种地貌类型。

突发性地质灾害　根据地质调查显示，全市发现地质灾害点34处，其中现状28处，潜在6处。地质灾害类型主要是滑坡（13处）、崩塌（11处）和泥石流（10处），均属突发性地质灾害。主要分布在楼塔、河上、戴村、临浦、浦阳、进化、所前、闻堰、城厢、坎山、南阳、新街、瓜沥等镇。按规模大小分：大型1处（楼塔镇长山坞村西沈滑坡点），小型33处。稳定性评价：稳定性差12处，稳定性较差7处，其余15处比较稳定。

环境功能分区

萧山土地按农业地貌、土壤类型及土壤环境等因素的影响程度，划为24个农业地质环境功能区。

第一区：属滨海平原地区，土壤为盐土类，岩性为亚砂土、粉砂夹粉细砂。自围垦外线大堤至南沙大堤分为重咸沙土、中咸沙土、轻咸沙土，为脱盐土。由于地下水的影响，脱盐与返盐交替进行，包括红垦农场、红山农场、钱江农场、宁围镇顺坝村等地，面积543735亩。区内地势平坦，地形坡度为0°～3°，光照充足，海拔6米～7.5米，最低处4.8米。根据土壤环境质量标准，为一级土壤环境质量。功能：果、菜、粮及花卉苗木种植区。

第二区：属滨海平原地区，钙质潮土类，亚砂土、粉砂、粉细砂。位于南沙大堤至北海塘之间。土壤分别为流沙板土、潮闭土，已脱盐，基本脱钙。包括宁围、新街、河庄、南阳、靖江、头蓬、党湾镇等地，面积401955亩。海拔4.8米～6.2米，地势平坦，光照充足。根据土壤环境质量标准，大部分为一级土壤环境质量，局部地段汞元素含量高达三级，如靖江。功能：果、菜、粮种植区。

第三区：属水网平原地区，水稻土类，亚黏土夹粉细砂。处在北海塘以南至河上镇大桥村以北的广大平原区，包括城厢、新塘、瓜沥、党山、石岩、闻堰、所前、义桥、临浦、浦阳等镇乡，面积564090亩。土体出现耕作层、犁底层、潴育层、潜育层、母质层分化。地势平坦，坡度在3°～5°，海拔5米～6米。灌溉水源丰富，易受涝受渍。土壤环境质量符合二级环境质量标准，局部地段达三级，如城厢镇至所前一带部分地段汞元素含量较高。功能：果、菜、粮种植区。

第四区：属河谷平原地貌类型，水稻土类，砂砾石夹亚黏土。分布于河上镇大桥村以南永兴河两侧的狭长地带，面积20805亩。中上游地段质地偏粗，下游偏细；峡谷质地粗，宽谷质地细。土壤环境质量为二级。功能：果、菜、粮种植区。

第五区：属丘陵地貌类型，红壤类，母岩为下白垩统壳山组流纹斑。分布于航坞山，面积1515亩。地形坡度10°～20°。土壤质地为砾石砂壤土，土体厚度0.3米～0.5米。土壤环境质量三级。功能：一般为茶、竹种植区。

第六区：属丘陵地区，红壤类，母岩为燕山晚期霏细斑岩。分布于太平山，面积1860亩。土壤质地为砾石质砂壤土，坡度10°～20°。功能：一般林木种植区。

第七区：属丘陵地区，母岩为上侏罗统寿昌组a段流纹质晶屑凝灰岩。分布于马面山、欢潭岭、岳驻、雄鹅鼻、彭家桥村等地，面积15165亩。土壤质地砾石质砂壤土，土体厚0.3米～0.5米，地形坡度5°～25°。土壤环境质量二级。功能：一般竹木种植区。

第八区：属丘陵地区，红壤类，母岩为上侏罗统寿昌组b段流纹英安质晶屑凝灰岩。分布于棉花山、青化山、岱山林场、郗坞村、石盘山、东山等地，面积9450亩。土壤质地为含砾石壤土，土体厚度0.5米～1.0米，地形坡度5°～15°。土壤环境质量二级。功能：优质果木种植区。

第九区：属低山丘陵区，红壤类，母岩为上侏罗统黄尖组b段英安质晶屑凝灰岩。分布于东山下、杜家、大小坞、三泉王、山里王、同盘顶、擂鼓山、南坞等地，面积31125亩。土壤质地为含砾石壤土，土体厚度0.5米～1.5米，地形坡度5°～15°。土壤环境质量二级。功能：优质茶果种植区。

第十区：属低山丘陵区，红壤类，母岩为上侏罗统黄尖组a段流纹质晶屑凝灰岩。分布于峡山头、小安山、凌山村、马谷村、狮山村、骆村等地，面积52365亩。土壤质地为含砾石砂壤土，土体厚度0.5米～1.0米，地形坡度10°～20°。土壤环境质量二级。功能：竹、木种植区。

第十一区：属丘陵地区，红壤类，母岩为上泥盆统西湖组石英砂岩。分布于石岩山、老虎洞山、长山、北干山等地，面积4890亩。土壤质地为含砾石壤土，土体厚度0.5米～1.5米，地形坡度5°～15°。土壤环境质量二级。功能：优质茶果种植区。

第十二区：属丘陵地区，红壤类，母岩为中志留统唐家坞组长石岩屑砂岩。分布于石岩山、老虎洞山、长山、北干山等地，面积2595亩。土壤质地为砾石质砂土，土体厚度0米～0.5米，地形坡度25°～35°。土壤环境质量二级。功能：一般林木种植区。

第十三区：属丘陵地区，岩性土类，母岩为寒武—奥陶系超峰组、印渚埠组白云岩、白云质灰岩。分布于青龙山、白虎山、大螺山、郁家山、石盖山等地，面积5730亩，土壤质地为含砾石重壤土，土体厚度0米～0.5米，地形坡度15°～25°。土壤环境质量二级。功能：果木种植区。

第十四区：属丘陵地区，红壤类，母岩为上震旦统陡山沱组白云岩、白云质灰岩。分布于凤凰山、石柱山、霄汉等地，面积3585亩。土壤质地为含砾石中壤土，土体厚度0.5米～1.2米，地形坡度10°～15°。土壤环境质量二级。功能：优质果木种植区。

第十五区：属丘陵地区，红壤类，母岩为下震旦统休宁组岩屑砂岩、砂砾岩、细砂岩。分布于安山陈、傅墩、城山、慈姑大山、泽荣等地，面积15780亩。土壤质地为含砾石砂壤土。土体厚度0.2米～1.0米，地形坡度15°～20°。土壤环境质量二级。功能：草、灌木区。

第十六区：属丘陵地区，红壤类，母岩为晋宁期钾长花岗岩。分布于道林山、桃里、屏风山、火焰山、上马石、桥头等地，面积10545亩。土壤质地为含砾石砂壤土，土体厚度0.2米～0.5米，地形坡度15°～20°。土壤环境质量二级。功能：茶、竹种植区。

第十七区：属丘陵地区，红壤类，母岩为晋宁期辉砾岩。分布于佳山坞、大坂坞、毋岭村、大同坞、塘口等地，面积6465亩。土壤质地为含砾石黏壤土，土体厚度0.5米～1.5米，地形坡度10°～20°。土壤环境质量二级。功能：优质果、竹、木种植区。

第十八区：属丘陵地区，红壤类，母岩为上元古界上墅组上部流纹岩。分布于高洪尖、西山等地，面积6240亩。土壤质地为含砾石砂质土，土体厚度0米～0.8米，地形坡度5°～20°，土壤环境质量二级。功能：一般竹、木种植区。

第十九区：属丘陵地区，红壤类，母岩为上元古界上墅组下部安玄岩。分布于高里庄、十三房、马头山、里谢、雪湾村等地，面积18450亩。土壤质地为含砾石黏壤土，土体厚度0.5米～1.5米，地形坡度5°～15°。土壤环境质量二级。功能：优质茶、果、竹、木种植区。

第二十区：属丘陵地区，红壤类，母岩为上元古界骆家门组砂砾岩、粉砂岩、泥岩。分布于百果山、斜爿坞等地，面积10500亩。土壤质地为砾石质砂壤土，土体厚度0.3米～0.8米，地形坡度10°～20°。土壤环境质量二级。功能：茶、竹、木种植区。

第二十一区：属丘陵地区，红壤类，母岩为中元古界章村组流纹英安质晶屑玻屑熔结凝灰岩。分布于田村、香炉尖等地，面积7005亩。土壤质地为含砾石砂壤土，土体厚度0.3米～0.8米，地形坡度5°～25°。土壤环境质量二级。功能：优质茶、果、竹木种植区。

第二十二区：属丘陵地区，红壤类，母岩为矿化岩，原岩为中元古界岩山组凝灰质砂砾岩。分布于楼塔镇岩山等地，面积1275亩。土壤质地为砾石质砂土，地形坡度大于35°，土体厚度0米～0.2米。土壤环境质量，由于硫、铁、铝等元素严重超标，硫化物经多次氧化作用而形成强酸性污染环境。功能：不宜农业种植区。

第二十三区：属丘陵地区，红壤类，母岩为中元古界岩山组凝灰质砂砾岩。分布于楼塔镇岩上、岩下等地，面积6150亩。土壤质地为砾石质砂壤土，土体厚度0.3米～0.5米，地形坡度10°～25°。土壤环境质量二级。功能：优质竹木种植区。

第二十四区：属滨海平原地区，部分水网平原，盐土类—水稻土类，岩性为粉砂夹类粉细砂。由于地下水的影响，脱盐与返盐交替进行。向东自钱江农场、红垦农场、红山农场、杭州萧山机场、南阳经济开发区、钱江观潮度假村，沿围垦外线大堤至萧山现代农业开发区；向西自杭州乐园、湘湖风景区至三江口、山里人家、东方文化园等地，地势平坦、光照充足。面积172920亩。海拔为6米～7.5米，最低处4.8米。土壤质地轻壤—中壤，土体厚度60米～100米。土壤环境质量标准一级。功能：农业观光游览区、休闲农业区、锦绣钱塘风光带。

第二章　土地使用制度改革

①1950年10月13日，萧山始开展土地改革运动，1951年5月基本结束。

经过土地改革，废除了封建土地所有制，没收地主阶级的土地，使许多无地少地农民分得了土地，并领到土地证。全县分得土地的雇农、贫农、中农、工人等计83395户，366938人，共分得土地195140亩。地主亦按家庭人口分给同等一份土地。山地均折算成耕地进行分配，一般视山林好坏，以5亩～15亩折耕地1亩，各乡折算标准亦不尽相同。水面则一律作为公产。

50年代初的土地改革运动①，实现了农民土地所有制。翻身农民生产积极性大大提高，农业生产很快得到恢复和发展。1956年，全县掀起农业合作化高潮，原有的初级农业生产合作社逐步转变为高级农业生产合作社。1958年，人民公社建立后，土地全部归集体所有。1983年，全县农村基本实行以家庭承包为主的多种形式的联产承包责任制。此后，进行土地划拨制度改革和农村住宅用地改革，实施国有土地使用权出让、转让制度，进一步规范地产市场；完善家庭联产承包责任制，长期坚持强化土地集体所有权、稳定农户土地承包权、搞活土地使用权的方针。

表5－2－63　1950～1951年萧山县各阶层土改前后土地占有统计

阶　层	户　数		人　口		土改前		土改后		土地增减(亩)
	户	%	人	%	土地(亩)	%	土地(亩)	%	
总　计	124437	100.00	551438	100.00	746349	100.00	746349	100.00	
雇　农	12021	9.66	33086	6.00	6195	0.83	28304	3.79	+22109
贫　农	60353	48.50	268828	48.75	171436	22.97	326287	43.73	+154851
中　农	35838	28.80	169843	30.80	295315	39.57	311845	41.78	+16530
富　农	1742	1.40	12683	2.30	43587	5.84	27498	3.68	－16089
半地主式富农	746	0.60	3308	0.60	16121	2.16	7098	0.95	－9023
地　主	2489	2.00	13786	2.50	126356	16.93	13454	1.80	－112902
小土地出租	2613	2.10	9374	1.70	15002	2.01	10409	1.40	－4593
大佃农	49	0.04	275	0.05	314	0.04	436	0.06	+122
其　他	8586	6.90	40255	7.30	10001	1.34	11529	1.54	+1528
公　地					62022	8.31	9489	1.27	－52533

资料来源：萧山县志编纂委员会：《萧山县志》，浙江人民出版社，1987年，第216页。

第一节　国有土地使用权出让

②1991年，市政府在杭州钱江外商台商投资区江南区块进行国有土地使用权有偿出让试点，出让土地142.20亩。

1989年2月，萧山市政府修改1987年县政府颁发的《萧山县土地管理实施规定》(萧政〔1987〕94号)，印发《萧山市土地管理实施规定》(萧政〔1989〕29号)，规定国有土地使用权可以依法转让。②1992年6月，市政府颁布《萧山市城镇国有土地使用权出让和转让实施办法》(萧政〔1992〕59号)，规定土地使用权出让、转让期间，土地所有权仍属国家所有，受让人只有使用权；涉及集体所有的土地，依法征用为国有土地后方可出让。9月5日，市土地管理部门

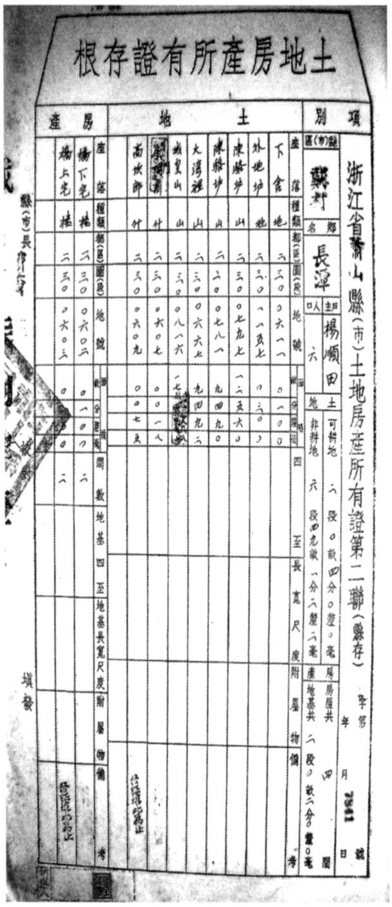

图5-2-180　50年代初土地房产所有权证存根（萧山区档案局提供）

举行首次土地出让招标，出让地处104国道和通惠路交叉口西北15号地块的13.10亩土地，经6家单位公平竞争，最后由市政府驻深圳联络处下属万事达公司以每平方米888.89元价格中标。11月，在城市东区规划中的647亩土地实行统一规划、统一征地、统一开发、统一出让、统一管理，至年底，城市东区共出让国有土地使用权11块，办理出让手续面积400亩，收取出让金6390万元。1994年2月，市政府印发《关于深化土地使用制度改革和加强土地管理若干意见的通知》（萧政发〔1994〕203号），房地产、商业、金融、旅游、“三资”企业用地全部实行国有土地使用有偿出让。1995年，对生产经营性项目一律以出让方式提供土地。1999年11月2日，市政府根据国土资源部《关于进一步推行招标拍卖出让国有土地使用权的通知》精神，举行首次国有土地使用权拍卖会，位于城市新区永久路东侧的P05地幅、城市东区站前路北侧的P06地幅、城厢镇小南门的P07地幅3幅国有土地（总面积33.70亩）全部拍卖成交，成交总额2880万元，超出起拍价1620万元。是年2次公开招标（拍卖）7幅国有土地使用权，面积59.88亩，成交额5429万元，超出底价2584万元。2000年，举行5次拍卖会，拍卖土地14幅，面积667.30亩，总成交额65897.86万元。其中第五次拍卖会，总成交额58112万元。至2000年底，全市共出让土地18965.14亩，收取出让金184164.12万元，受让单位1682家。

土地出让方式分为协议、招标、拍卖3种形式。土地出让年限按用途确定，居住用地70年，工业、教育科技、文化、卫生、体育、综合或其他用地50年，商业、旅游、娱乐用地40年。土地出让基准价格由征地成本（指支付土地补偿费、劳力安置费、青苗赔偿费、地面附着物赔偿费和上缴国家的耕地占用费、造地费、水利集资费、管理费等）、级差地租和城市建设配套费3个部分组成。

表5-2-64　1991～2000年萧山市国有土地使用权出让情况

年份	形式	面积（亩）	成交金额（万元）	受让单位（家）	年份	形式	面积（亩）	成交金额（万元）	受让单位（家）
1991	协议	145.50			1997	协议	1707.00	11610.29	387
1992	招标	13.09		1	1998	协议	3788.70	18224.67	266
	协议	1455.00	1490.30	9	1999	协议	3017.63	22727.52	222
1993	协议	1149.15	11690.00	26		招标	141.93	8210.88	7
1994	协议	837.68	2165.71	56		拍卖	59.88	5429.00	4
1995	协议	1536.12	6115.41	200	2000	协议	2593.70	17156.65	229
1996	协议	1852.46	13445.83	261		拍卖	667.30	65897.86	14

【附录】

萧山市国有土地有偿出让有关操作办法（试行）

（萧山市土地管理局1993年12月印发）

为加快土地使用制度改革，便于国有土地出让手续规范化，在制定《萧山市国有土地有偿出让地租（试行）标准》的基础上，制定本操作办法，在实践中试行。

一、金融、商业、旅游、房地产业的建设项目用地一律实行有偿出让。即在行政划拨收费基础上，由政府再加收地租。

地租计收的标准按《萧山市国有土地有偿出让地租（试行）标准》执行。

地租的计算面积以出让红线为准，其中成片开发的住宅小区内配套的公园、幼儿园、居委会占地面积及市政道路占地面积免交地租。

二、“三资”企业的工业项目用地，可以通过有偿方式取得土地使用权，也可以通过行政划拨方式取得土地使用权，采取何种方式由企业自行选择。凡要求办理土地出让手续的，无论新征土地还是利用原厂房场地搞嫁接，每亩收取13500元。利用厂房场地嫁接的，必须先审核原土地使用权取得是否合法，对违法占地要先处理后补办。原土地属集体所有的，必须征为国有，然后才能签订出让合同。

三、在镇（乡、场）政府或场部所在地规划区范围内开发的金融、商业、旅游、房地产项目，由市统一征地所与村订立统一征地协议，依法上报批准为国有土地后，由市土管局出让给该建设单位。

地块价格按地租加上征地成本两部分组成，其地租部分实行市与镇（乡、场）分成。分成标准按级差地租不同采取定额法，留给镇（乡、场）部分地租款要专款专用，用于配套设施及造田造地，不得移作他用。

四、为节约耕地，鼓励使用废杂地，对废地（山坡地、无法耕种的土地）地租款按上述标准九折收取；对于坡度较大，需要投入较多资金平整场地的地块，最低可按八折收取。确定地块的打折标准由经办人员提出意见，经科室集体讨论后，报局领导批准。

五、为加快城市建设步伐，通过旧城改造开发的金融、商业、旅游、房地产项目可降低地租收取标准，但最低不得低于《萧山市国有土地有偿出让地租（试行）标准》的30%。

旧城改造的范围指成片老建成区的国有土地，不包括新划入城市规划区内集体土地上的村庄、厂区及其他零星建筑物。

六、名为搞办公用房、农民公寓、集资联建等，实为搞金融、商业、旅游、房地产经营的，一律不得办理行政划拨。对经营性用地与非经营性用地合并下达的项目，首先要分清用地数量，根据用地性质给予办理行政划拨与有偿出让手续。

七、私营企业用地在统一规划的前提下可参照上述办法，通过出让方式取得土地使用权。

（资料来源：萧山市土地管理局编：《萧山土地志》，2000年，第120页）

第二节 地产市场

90年代始，随着国有土地的出让、再转移，萧山逐步形成一级地产市场和二级地产市场。

一级地产市场

1988年9月起，萧山先后成立市统一征地管理所、土地监察大队、地产建设开发公司和土地估价委员会等机构，运用地价和相关政策直接干预地产市场运作。1994年2月，市政府根据土地位置、使用性质、容积率和级差收益、供求状况等因素，颁发《萧山市国有土地级差地租（暂行）标准》，为中华人民共和国成立以来萧山首次规范和实用的级差地租。

城区土地级别和级差地租按房地产、金融、商业、旅游、娱乐等因素分成5级。一级为市内建成区的市心路、体育路、西河路、人民路、城河街两侧临街带状地区，地租每亩16万元；二级为市内建成区的萧绍路、文化路、环城东路、江寺路、通惠路、站前路、育才路两侧临街带状地区，地租每亩14万元；三级为上述两个级别以外市区27平方千米以内，萧山经济技术开发区，杭州钱江外商台商投资区之江区、桥南区内主要规划道路两侧临街带状地区，地租每亩12万元；四级为萧山经济技术开发区，杭州钱江外商台商投资区之江区、桥南区内不临规划道路的地区，地租每亩10万元；五级为城市87.80平方千米大规划区内，27平方千米小规划区以外地区，地租每亩6万元。从是年起，市土地估价委员会每年对土地级差进行调整，并报市政府批准公布。1997年1月1日起，级差调整为四级，仍按不同行业、不同地段，确定级差地租。

表5-2-65 2000年萧山市城市规划区土地级差地租标准

单位：万元／亩

<table>
<tr><th rowspan="2">土地级别</th><th rowspan="2" colspan="2">范 围</th><th rowspan="2">商业、金融、旅游、娱乐、写字楼、综合楼、经营性住宅等房地产用地</th><th rowspan="2">疗养院、私立医院、私立学校、对外经营的培训基地、除国家机关外的办公用地</th><th rowspan="2">仓储、停车场、农贸市场及其他</th><th colspan="4">工业、种植业、养殖业用地</th></tr>
<tr><th>41～50年（含50年）</th><th>31～40年（含40年）</th><th>21～30年（含30年）</th><th>20年以下（含20年）</th></tr>
<tr><td>一级</td><td colspan="2">城市建成区的市心路、体育路、西河路、人民路、城河街、文化路、江寺路、环城南路、育才路、拱秀路、通惠路、萧金路、省道03线两侧的地块</td><td>31.10</td><td>15.50</td><td>13.80</td><td>11.25</td><td>9.00</td><td>6.75</td><td>4.50</td></tr>
<tr><td>二级</td><td colspan="2">城厢镇39平方千米规划区内，除一级以外的其他地块</td><td>22.40</td><td>11.20</td><td>9.50</td><td>7.50</td><td>6.00</td><td>4.50</td><td>3.00</td></tr>
<tr><td>三级</td><td colspan="2">宁围、新街、钱江农场39平方千米规划区以内地块，城厢镇39平方千米规划区外的主干道和石岩、来苏、新塘乡的县级以上公路两侧的地块</td><td>13.80</td><td>7.80</td><td>6.00</td><td>4.50</td><td>3.60</td><td>2.70</td><td>1.80</td></tr>
<tr><td rowspan="2">四级</td><td rowspan="2">城厢镇除一、二、三级以外的所有地块和石岩、来苏、新塘行政区除三级行政区以外的其他地块</td><td>87平方千米以内</td><td>10.40</td><td>6.90</td><td>5.70</td><td>3.75</td><td>3.00</td><td>2.25</td><td>1.50</td></tr>
<tr><td>87平方千米以外</td><td>6.90</td><td>6.00</td><td>4.80</td><td>3.00</td><td>2.55</td><td>1.95</td><td>1.35</td></tr>
</table>

资料来源：中共萧山市委政策研究室编：《萧山市若干政策汇编·2000》，2001年2月，第198页。

镇乡地价：1994年2月，市政府发文规定，镇乡国有土地（包括征用集体土地为国有土地）级差地租分为3级。一级为瓜沥、临浦、西兴、闻堰、长河、浦沿、宁围、新街、衙前镇及钱江农场辖区内，地租每亩5万元～7万元，其中上缴市财政1.80万元；二级为义桥、坎山、靖江、义盛、南阳镇和红垦农场、

表5-2-66　2000年萧山市各镇乡场辖区土地级差地租标准

单位：万元／亩

土地级别	范围	地段	商业、金融、旅游、娱乐、写字楼、综合楼、经营性住宅等房地产用地	疗养院、私立医院、私立学校、对外经营的培训基地、除国家机关外的办公用地	仓储、停车场、农贸市场及其他	工业、种植业、养殖业用地			
						41～50年（含50年）	31～40年（含40年）	21～30年（含30年）	20年以下（含20年）
一级	瓜沥镇、临浦镇、宁围镇、新街镇、闻堰镇、衙前镇、钱江农场的行政辖区	规划区及县级以上公路两侧地段	9.70	6.20	4.80	3.60	2.88	2.16	1.44
		其他地区	8.30	5.50	4.60	3.00	2.40	1.80	1.20
二级	义桥镇、坎山镇、靖江镇、义盛镇、南阳镇、红山农场、红垦农场、湘湖农场的行政辖区	规划区及县级以上公路两侧地段	6.90	5.50	4.60	3.00	2.40	1.80	1.20
		其他地区	5.50	4.10	3.50	2.40	1.92	1.44	0.96
三级	河庄镇、头蓬镇、新湾镇、党湾镇、党山镇、益农镇、河上镇、戴村镇、前进乡、第一农垦场、第二农垦场的行政辖区	规划区及县级以上公路两侧地段	5.50	4.10	3.50	2.40	1.92	1.44	0.96
		其他地区	4.10	3.50	2.80	1.92	1.56	1.20	0.84
四级	楼塔镇、许贤乡、云石乡、欢潭乡、浦阳镇、进化镇、所前镇的行政辖区	规划区及县级以上公路两侧地段	4.10	2.80	2.30	1.80	1.44	1.08	0.72
		其他地区	2.80	2.10	1.70	1.08	0.84	0.72	0.48

注：①各镇乡场在异地的插花地的级差地租参照临近地段执行。

②凡镇乡、村、场办企业1995年以前批准的行政划拨土地补办出让手续按60%收取，没有正式批准手续的土地补办出让手续时按全额或经处罚后全额收取。

③土地出让年限除工业用地外的其他项目，按法律规定的最高限额。

④宁围镇、新街镇、钱江农场辖区属39平方千米规划区的土地，执行城市规划区土地级差地租标准。

⑤资料来源：中共萧山市委政策研究室编：《萧山市若干政策汇编·2000》，2001年2月，第198页。

红山农场、湘湖农场行政辖区内，地租每亩3万元～5万元，其中上缴市财政1.30万元；三级为上述地区以外的其他镇乡、场辖区，地租每亩2万元～3万元，其中上缴市财政0.80万元。此后，根据地产市场情况，对地价实行动态管理。市土地管理部门在调查测算基础上，每年提出土地出让的级差地租调整标准，报市政府批准执行。1998年1月1日起，镇、乡、场土地级差地租由3级改为4级。一级地租6万元～7万元，二级4万元～5万元，三级3万元～4万元，四级2万元～3万元；区域范围也作相应调整。2000年，市政府印发《关于调整国有土地级差地租和土地租赁标准的通知》（萧政发〔2000〕54号），相应提高城市规划区和各镇乡、场的土地级差地租标准。

二级地产市场

土地使用权转让需签订《国有土地使用权转让合同》，并按规定办理过户手续。通过转让方式取得土地使用权的土地使用者，应缴纳土地使用税。

土地使用者将土地使用权再转移（转让），包括出售、交换和赠与需在二级市场上进行，并具备4个条件：已缴清土地使用权出让金、土地使用金和税费；不改变出让合同规定的土地用途和规划要求；除土地使用权出让金外，实际投资已达出让合同规定的建设投资总额20%以上；已实现出让合同规定的其他转让承担条件。

房地产公司领有房地产开发经营《营业执照》《出让国有土地使用权合同》和《建筑许可证》方可进入土地二级市场。1997年，办理房产交易3384宗，合计面积49.75万平方米，交易额4.16亿元。2000年，办理房产交易7973宗（其中二手房交易2201宗），成交面积143万平方米，交易额18.48亿元。

第三节 土地划拨制度改革

1994年，萧山市政府印发《关于深化土地使用制度改革和加强土地管理若干意见的通知》（萧政发〔1994〕203号），规定从1995年起，除党、政、军、行政事业单位用地，城镇基础设施用地，公共公益事业用地，教育文化建设用地，能源、交通、农业水利设施用地外，其余属生产经营性建设项目一律实行国有土地使用权有偿出让。1995年，按照《中华人民共和国城市房地产管理法》规定，萧山党政机关、全额预算事业单位、军事及市政建设等非营利性用地和福利性住房用地可办理行政用地划拨手续，无偿取得土地使用权，但土地使用者需缴纳土地使用税。

划拨的土地使用权和地上建筑物、其他附着物所有权转让、出租和抵押，须具备下列条件，并经市土地管理部门、房产管理部门批准：土地使用者为公司、企业、其他经济组织或个人；须有国有土地使用证；具有地上建筑物、其他附着物合法的产权证明；签订出让合同，按规定补缴土地使用权出让金，或者将转让、出租、抵押所获得的收益抵充土地使用权出让金。

无偿取得划拨土地使用权的使用者，因迁移、解散、撤销、破产或其他原因停止使用土地，市政府无偿收回其划拨土地使用权，并依照国家有关规定予以出让。对划拨土地使用权，市政府可根据城镇建设发展需要和城镇规划要求无偿收回，并予以出让。无偿收回划拨土地使用权时，对其地上建筑物、其他附着物，由市政府根据实际情况予以适当补偿。至2000年，全市共划拨土地使用权46886宗，面积52471亩，其中耕地38009亩。

第四节　农村住宅用地改革

随着经济的发展，萧山农民建房用地增加，乱占滥用耕地、未批先建、少批多占现象屡禁不止。1991年10月，市政府印发《关于对农村宅基地实行有偿使用的通知》（萧政发〔1991〕75号），对农村宅基地收费范围、收费标准、收费使用范围和管理作明确规定。1992年，全市797个村、281523户农户共收缴宅基地使用费423.83万元，占应收农户数的96.40%。所收费用全部用于镇乡、村公益事业。1993年，根据国务院关于减轻农民负担有关文件精神，农村宅基地有偿使用工作停止。

1996年1月，市政府印发《关于加强农村私人建房管理的若干意见》(萧政发〔1996〕5号)，规定农村私人建房，要严格在规划区内统一定点放样，不得自行选址随意排屋基，更不允许在规划区外建房。严格按《萧山市土地管理实施办法》规定的大、中、小户型标准，审批农村私人建房宅基地。未批自建、少批多建的依法拆除；主房建筑层次按规定建造，凡主房超3层的违章户，每超1层，按主房占地面积的20%列入违法占地面积；对过去超用土地面积在48平方米以内，并已作为没收折价处理过的，允许暂时保留。在村庄规划内除按规定批准使用宅基地外，圈用房前屋后集体土地，均属违法用地，要拆除围墙，退出土地。一时拆除有困难，收取土地有偿使用费：圈地20平方米以内，每年每平方米2元；21平方米～50平方米的每平方米4元；51平方米～100平方米的每平方米8元；101平方米～150平方米的每平方米16元；超过150平方米的坚决拆除。土地有偿使用费由村民委员会收取，其中70%留村，30%上缴镇乡财政，主要用于村镇道路等公益事业建设，收费发票由市财政部门统一印刷。有偿使用费使用充分征求群众意见，村委会集体讨论，报镇乡人民政府批准，并将收费和使用结果张榜公布，接受群众监督。

纳入新农村建设规划的村庄，建新房要拆除旧房，旧房宅基地退还集体，由村统一规划安排使用；已建新房而拒不拆除旧房的，旧房面积收取土地有偿使用费。农村私人建房的统一规划和管理，实行计划用地和限额用地控制。1997年6月，全市通过清查，共拆除农村旧房4003户，村集体收回宅基地375.90亩。后，继续加强清理整治农村宅基地工作。2000年，全市清理宅基地批而未建2751户，拆除旧房614809平方米，拆除大围墙243879平方米，拆除违章建筑184772平方米，涉及农户15748户；全市批准农民建房1647户，面积18400平方米。

第五节　土地收购与储备

1998年12月，市政府决定建立土地收购[①]、储备[②]机制，成立市土地收购储备管理委员会和市土地储备中心，旨在为企业盘活存量土地资产，规范地产

①土地收购：包括土地征购、收回、置换和征用等。“征购”，即对企业因产业结构调整，以及破产、困难企业需盘活存量土地，按市政府有关规定统一收购；“收回”，即是收回闲置、荒芜及逾期未开发的土地使用权，没收违法用地的土地使用权和土地使用权期满应由市政府收回的土地；“置换”，即对因实施城市规划，需搬迁的企业或企业改制转换土地使用功能，实施转换并重新配置；“征用”，即本市行政区域内新征土地，先进行征用，并进入土地储备库，按年度土地供应计划出让。（资料来源：萧山市土地管理局编：《萧山土地志》，2000年，第117～118页）

②土地储备：通过上述各类途径获得的土地进入土地储备库后，完成出让前期工作或进行前期经营，以缩短储备周期，降低储备成本，减少储备风险。收购进入土地储备中心的土地，在出让时均作一级市场行为，纳入土地年度供应计划。在收购储备机构做好出让前期准备工作后，由市土地管理部门进行出让或以租赁方式进入市场。（资料来源：萧山市土地管理局编：《萧山土地志》，2000年，第117～118页）

交易行为，加强土地统一管理，防止国有土地资产流失，强化对土地资源有效调控，促进土地集约化利用、土地资产保值增值和土地利用总体规划、城市总体规划及城市综合配套建设的实施。是年，市土地储备中心收购杭州第二棉纺厂的土地123.70亩，并进行招标，收取资金6587.00万元，使其破产重组，摆脱历年亏损的困境。中标的房地产公司取得土地使用权，发展房地产业务。至2000年底，共收购土地26宗，面积2547.05亩，投入收储资金58400.62万元。

第六节　征地补偿与安置

土地补偿

1958年1月始，萧山征用土地执行国务院公布的《国家建设征用土地办法》规定，发给土地补偿费，其标准为该耕地征用前3年平均产值的4倍～5倍，征用非耕地的按耕地的1/2补偿。1991年6月，萧山市政府颁发土地管理实施规定，征用耕地补偿费标准为该耕地征用前3年平均产值的3倍～5倍，征用非耕地的维持原标准。1998年3月，市土地管理部门规定征用耕地补偿标准为前3年平均产值的5倍（本市3年平均产值为每亩2100元），非耕地一般为耕地的1/2。1999年5月，市政府规定征用耕地的土地补偿费标准为该耕地前3年平均产值的8倍。城区建设征用土地的补偿标准：1978～1988年，每亩4500元；1989～1991年为6660元；1992～1994年最高不超过7500元；1995～1998年为9900元。1999年5月始，执行全市统一标准，即每亩16800元。

被征单位所得土地补偿费，1987年由县农业部门和镇乡政府与集体经济组织商定处理，用于组织生产和农民生活补助。1991年6月起，土地补偿费全部汇入市土地管理局，由市土地管理局按规定转拨镇乡、村财务资金账户，用于发展集体经济和失地农民安置就业。

青苗补偿

1987年前，种植粮食作物每亩补偿330元；1988年起，每亩600元。1991年起，征用蔬菜地按前一年产值的1/4补偿，征用粮田、茶园、竹园、果园、渔塘，按前一年产值的1/2补偿。1992～1994年为730元；1995～1998年为850元。1998年，杭金衢高速公路萧山段建设征地青苗补偿标准，桑园、茶园、竹园、山林、渔塘每亩500元，果园、苗圃每亩1000元。1999年5月，市政府规定征用耕地的青苗补偿费按前3年平均产值的1/2计算，每亩为1050元。

地面附着物补偿

1980年，居民私有房屋征购补偿标准：砖木结构每平方米32元～34元，木结构18元～24元，木结构披屋12元～16元，简结构6元～10元。农民私有房屋拆迁补偿标准：砖木结构每平方米15元～22元，木结构12元～19元，木结构披屋6元～12元，简结构5元～9元，并按规定价格提供相应的水泥、钢材、红砖、元钉、平瓦、玻璃等建筑材料。

1985年，根据城区建设总体规划，被拆迁房屋补偿标准，由房地产交易部门实地评估，每平方米最高不超过280元。1995年始，不超过360元。1998年7月，杭金衢高速公路萧山段建设征地的房屋拆迁补偿标准：钢筋砼结构一类每平方米340元，二类320元，三类300元；砖混结构一类每平方米270元，二类250元，三类230元；砖木结构一类每平方米215元，二类195元，三类175元；木结构一类每平方米150元，二类100元；其他和残破结构一类每平方米80元，二类60元，三类40元。地面建筑物补偿标准：简易棚（舍）每平方米10元～40元，屋基20元～40元，水泥地坪、围墙10元～20元，水井每口100元～200元，坟基每穴150元，流动机埠每座500元，固定机埠每座2000元。“三线”迁移补偿标准：每根铁塔高

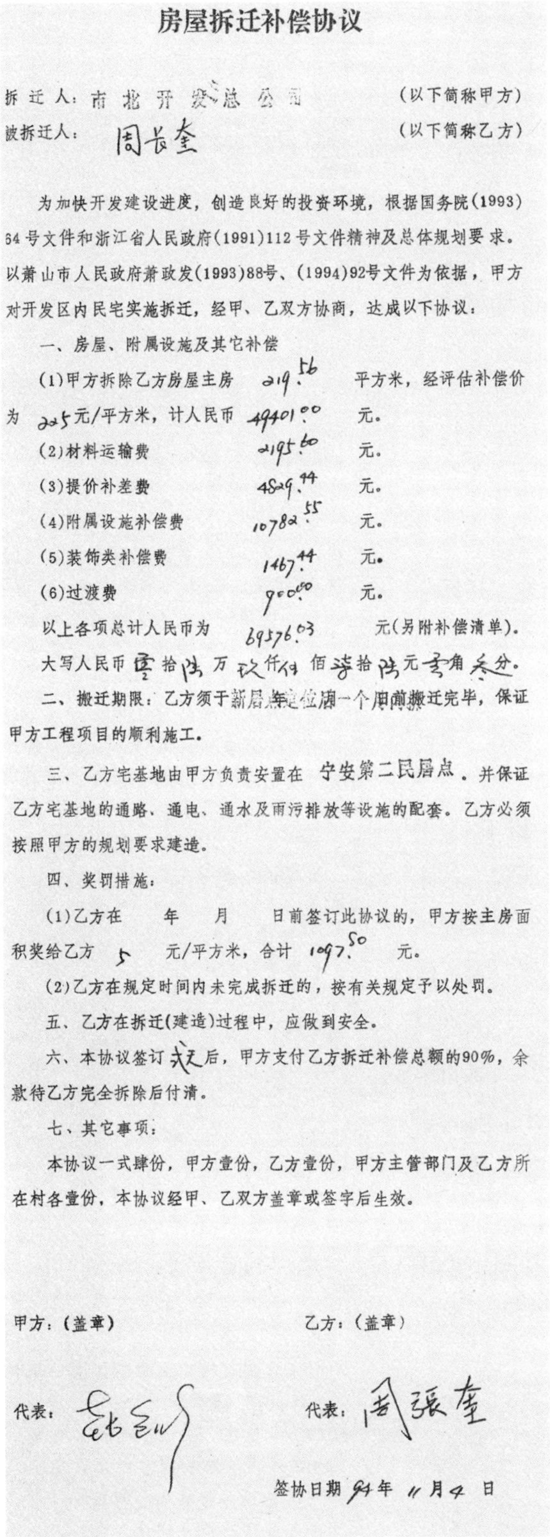
房屋拆迁补偿协议

拆迁人：市北开发总公司　（以下简称甲方）
被拆迁人：周长奎　（以下简称乙方）

为加快开发建设进度，创造良好的投资环境，根据国务院(1993)64号文件和浙江省人民政府(1991)112号文件精神及总体规划要求。以萧山市人民政府萧政发(1993)88号、(1994)92号文件为依据，甲方对开发区内民宅实施拆迁，经甲、乙双方协商，达成以下协议：

一、房屋、附属设施及其它补偿

(1)甲方拆除乙方房屋主房 219.56 平方米，经评估补偿价为 225元/平方米，计人民币 49401.00 元。

(2)材料运输费 2195.60 元。

(3)提价补差费 4829.44 元。

(4)附属设施补偿费 10782.55 元。

(5)装饰类补偿费 1467.44 元。

(6)过渡费 900.00 元。

以上各项总计人民币为 69576.03 元(另附补偿清单)。

大写人民币零拾陆万玖仟伍佰柒拾陆元零角叁分。

二、搬迁期限：乙方须于新居点定位后一个月内搬迁完毕，保证甲方工程项目的顺利施工。

三、乙方宅基地由甲方负责安置在 宁安第二民居点 。并保证乙方宅基地的通路、通电、通水及雨污排放等设施的配套。乙方必须按照甲方的规划要求建造。

四、奖罚措施：

(1)乙方在　年　月　日前签订此协议的，甲方按主房面积奖给乙方 5 元/平方米，合计 1097.50 元。

(2)乙方在规定时间内未完成拆迁的，按有关规定予以处罚。

五、乙方在拆迁(建造)过程中，应做到安全。

六、本协议签订之日后，甲方支付乙方拆迁补偿总额的90%，余款待乙方完全拆除后付清。

七、其它事项：

本协议一式肆份，甲方壹份，乙方壹份，甲方主管部门及乙方所在村各壹份，本协议经甲、乙双方盖章或签字后生效。

甲方：(盖章)　　乙方：(盖章)

代表：[illegible]　　代表：周張奎

签协日期 94年 11月 4 日

图5—2—181　1994年，萧山经济技术开发区与拆迁户签订的房屋拆迁补偿协议。此协议为原始件，协议中的被拆迁人“周长奎”系当时笔误，实为“周张奎”（萧山经济技术开发区档案室提供）

压线5000元，低压线1500元，电讯线1000元，广播线800元，每千米光缆线20000元，每台变压器2000元。

1999年5月始，市政府规定地面附着物赔偿按实际价格计算。

安置补助

1958年1月，执行《国家建设征用土地办法》，按征用土地面积与被征地单位人均耕地之比计算，每人安置补助标准为该耕地征用前3年平均产值的3倍，每亩安置补助费总额不超过耕地征用前3年平均产值的10倍。安置劳动力的，不再发给安置补助费。

1981年9月，县政府印发《萧山县土地管理实施办法（试行）》（萧政〔1981〕132号）规定国家建设征用生产队土地，应付给合理的土地补偿费或扶持社队企业，或安置劳动力。拿土地补偿费的，不再安置劳动力；安置劳动力的，不再给予土地补偿费。

1991年6月起，执行市政府《萧山市土地管理实施规定》（萧政〔1991〕44号），征用建制镇以上规划区范围的耕地，安置补助费按被征耕地前3年平均产值的2倍～3倍计算；征用其他地区耕地，按被征耕地前3年平均产值的2倍计算；征用非耕地，不超过耕地补助费的1/2。安置补助费发放办法与土地补偿费相同。

1994年，市政府印发《关于国家建设征地劳动力安置办法的实施意见》（萧政〔1994〕96号），对安置程序和安置办法作了详尽的规定：安置对象均就地办理“农转非”，纳入城镇户口管理；并根据不同年龄段，分别发给安置待业卡，进入劳动力市场统一招工；办理养老保险；付给一次性安置费等。

1999年，市政府印发《关于萧山市土地征用补偿和劳力安置费暂行标准的通知》（萧政发〔1999〕57号），规定每一个安置的农业人口安置补助费标准为该耕地前3年平均年产值的4倍～6倍，每亩被征耕地的安置补助费最高不超过被征前3年平均年产值的15倍。2000年4月1日起，各类国家建设项目新征土地的劳动力安置一律实行货币化，45周岁以下人员，一次性支付安置费8000元；45周岁以上人员给予办理养老保险投保手续，到50周岁时由社保机构每月发给100元养老金，未到达50周岁时，由用地单位按每月100元的标准一次性补助给个人；16周岁以下的人员，每人发给一次性补偿安置费8000元，同时发给一次性生活补助费4000元，16周岁后，按规定办理就业登记，进入劳动力市场自主择业。

第三章　土地利用

萧山土地利用历史悠久。[①]中华人民共和国成立后，在各级政府领导下，持续开展水利建设、农田改良、滩涂围垦，实施土地综合开发，耕地综合利用，促进农业和各项建设事业协调发展。

第一节　土地利用规划

土地利用总体规划

1959年1月16日，县委印发《关于执行省委和省人民委员会（关于开展土壤普查和土地规划工作的指导）的计划》（县委〔1959〕10号、县人委〔59〕037号），全县实施土壤普查和土地规划工作。

1996年10月，市政府编制土地利用总体规划。1997年10月，修订土地利用总体规划，翌年3月底结束。

1998年10月，城厢、宁围、临浦、瓜沥、新街、坎山、靖江、南阳8个重点镇的土地利用总体规划向省人民政府报批，其他镇乡（场）的土地利用总体规划向杭州市政府报批。其间，新《中华人民共和国土地管理法》颁布实施，对规划提出新的要求。同年12月，又对规划进行修订。修订后的土地利用总体规划将土地分为农业用地、建设用地和未利用土地3大类。1999年9月，全市24个镇及6个农场的土地利用总体规划经省政府批准；10月底，7个乡土地利用总体规划经杭州市政府批准。11月，市政府在义桥镇和益农镇召开土地利用总体规划公告现场会。至年底，全市31个镇乡和6个农场依法开展土地用途管制工作。

规划目标：以杭州市政府《关于下达1997～2010年萧山市土地利用总体规划主要控制指标的通知》（杭政发〔1997〕181号）为依据，确定全市土地利用总体规划。[②]

农业综合开发规划

2000年5月始，市政府编制农业综合开发规划，翌年3月，印发征求意见稿（2002年3月，杭州市政府批准实施萧山农业综合开发规划）。

《农业综合开发规划》将土地利用划分为3大功能区（东北部农工贸综合产业区、中部高新农业产业区、南部林特产业和生态保护区），建立17个产业区和1个旅游区（休闲农业旅游观光区、特种水产产业区、高新农业投资区、现代农业示范区、生猪出口产区、蔬菜加工产区、时鲜蔬菜出口产区、花卉苗木产区、设施农业蔬菜产区、省农业高科技示范园区、名优茶叶产区、家禽特禽产区、毛竹产区、木材产区、生态旅游区、青梅产区、杨梅产区、蚌珠产区），

①18世纪中叶，萧山人民在钱塘江河口段南侧淤积的滩涂上围涂垦种。民国13年（1924）至民国15年，在东起盈丰新中坝，西至七甲闸一段，围涂9100亩。民国19年，在县城北门胡家埭建立县农场，试种双季稻，繁育稻麦良种；余杭苗圃迁至萧山静海门外北干山下，培育林木苗种；建立坎山东乡合作蚕种场，年产蚕种5000张；省政府在瓜沥租地81亩，建立棉花育种场。民国21年，中国合众蚕桑协会在萧山设立办事处，确定南沙为省第一改良蚕桑模范区；省建设厅在长山创办萧山棉场。民国22年，县政府在沿江一带推广“百万棉”。民国24年，省建设厅派员在临浦、桃源等地组织农村合作社，推广双季稻。民国25年，在山末址一带推广“德字棉”。民国27年，首次引入台湾青皮麻种。（资料来源：萧山市土地管理局编：《萧山土地志》，2000年，第140页）

②总体规划确定全市基本农田保护区面积保持73.48万亩，2000年耕地面积确保87.08万亩，2010年耕地面积确保87.90万亩。严格控制非农建设用地，2000年，建设占用耕地控制在9300亩；至2010年通过土地整理及复垦开发，增加耕地5.94万亩，农业结构调整7404亩。加强土地整治与保护，治理水土流失和土地环境污染，至2010年，土地利用率达96.82%。

形成“东北部以蔬菜、水产养殖为主，中部以花卉苗木为主，南部以竹木、茶果和畜牧为主”的区域化生产格局，提高农业规模效益。

第二节　土地开发

中华人民共和国成立后，萧山各级政府把垦荒扩种、改造低产田、围涂治江工作列入重要议事日程①。1986～1991年，全市（县）分5期开展以改土培肥为主要内容的低产田改造，改造面积44198亩次。1989年，确定全市4年消灭荒山、8年绿化萧山的目标，1993年提前实现目标。至1998年，荒滩改造扩种耕地3.30万亩，开发水产外塘养殖面积2.78万亩。至2000年，全市累计围涂52.62万亩，改造各类低产田5.55万亩，农业综合开发现代化示范区1.00万亩。

① 1957～1958年，全县普遍进行深耕深翻、平整土地、增施土肥等农田改良工作，至1958年底，全县约有21万亩耕地得到初步改良。1959年，对全县土地作了普查，制订农田水利建设规划。1960～1966年，全县共铲平坟墓2.59万穴，填埋废池塘、旱沟7600处，修建排灌渠道1374条，总长29.74万米。1970年在山区半山区继续改溪造田，在平原区开展以“三渠”（排、灌、降）配套为重点的低产田改造。1974年冬至1978年春，全县又造地2500亩，劈山整地5000亩。（资料来源：萧山市土地管理局编：《萧山土地志》，2000年，第141页、145页）

项目开发

杭州钱江外商台商投资区　1990年，省政府批准建立杭州钱江外商台商投资区，其江南区块为萧山市北、之江、桥南3个区，总面积43950亩（29.3平方千米）。1993年5月，经国务院批准，市北区升格为国家级萧山经济技术开发区，面积13800亩（9.2平方千米）。是浙江省重点开发区。至2000年，累计批准进区企业293家，其中有23个国家和地区的170家外资企业进区落户②，区内已形成电子电器、机械制造、精细化工、医药食品、轻纺服装、建材家具6大支柱产业。

② 吸收外资总投资10.42亿美元，合同外资7.75亿美元，实际到位外资3.49亿美元，投资1000万美元以上项目25个。

萧山市新区　位于老城区和萧山经济技术开发区之间，东靠浙赣铁路，西临湘湖风情大道，南至北干山，北达北塘河，规划面积15120亩（10.08平方千米）。

新区建设始于1990年。至2000年，新的行政、商贸中心基本形成，一批文化教育设施相继建成。区内建有北干一苑等16个住宅小区，建筑面积75.41万平方米，绿地面积884.80亩（58.99万平方米），入住人口约5万人。通向新区的市心中路和金城路贯通。

萧山商业城　1991年动工兴建，1992年10月开业。位于城市东区，占地573亩（38.20万平方米）。至2000年，建成装饰材料、五金百货、副食品、服装、粮油、家电、汽车、车辆配件8大专业市场，成为金融、生活用品和生产资料、现货交易与期货交易、批发与零售为一体的综合性商贸城。

浙江南阳经济开发区　1992年10月组建，位于南阳镇钱塘江边，规划面积11820亩（7.88平方千米）。1994年8月，经省人民政府批准列为省级经济开发区。由工业区、商贸区和旅游区3大功能区块组成。工业区块1999年被省计经委批复为萧山市精细化工园区，为省内首个精细化工园区（由于环境污染问题突出，2000年6月，停止精细化工园区的整体运转）。2000年，投产、在建企业40余家，总投资5.70亿元，注册资本2.10亿元，其中投产、在建的外资企业12家，总投资1446万美元，注册资本960万美元，实际到位外资

700 余万美元，实现工业总产值 5.87 亿元，出口交货值 1.40 亿元，利润近 2000 万元。

萧山现代农业开发区　1994年4月，省政府批准在新围三万三千亩区块滩涂上建立萧山农业对外综合开发区。1995年7月，经国务院同意，国家计委批准设立萧山现代农业开发区。至2000年，现代农业开发区已成为全市科学技术含量较高的粮油、蔬菜、瓜果生产基地，水产养殖基地。

浙江湘湖旅游度假区　1995 年 9 月 12 日，省政府批准建立省级湘湖旅游度假区，规划面积 13875 亩（9.25 平方千米）。基本定位以湘湖自然生态、历史文化为基础，以杭州国际风景旅游城市为依托，把湘湖建设成一个集湖光山色为一体、风格古朴、气质独特、历史积淀深厚、人文景观丰富的旅游度假胜地（详见本志《文物胜迹旅游》编）。

萧山高新技术产业园区　1999 年 9 月 22 日，浙江省科委批复杭州市政府，同意在杭州钱江外商台商投资区桥南区块创建萧山高新技术产业园区，规划面积 5400 亩（3.60 平方千米），园区分工业区块和综合区块两部分。2000 年 5 月 8 日，在园区设立创业中心，为高科技新兴企业提供孵化培育服务。6 月，配有计算机网络通讯系统、安全监控系统，面积为 7500 平方米的孵化大楼始建（2001 年 7 月正式投入运行）。

浙江省农业高科技示范园区　2000 年 3 月，省政府同意在钱江农场建立省级农业高科技示范园区，东与红垦农场相邻，南与萧山经济技术开发区桥南区块相连，北以钱塘江大堤为界，规划面积 5000 亩（3.33 平方千米）。园区基本定位以植物科技开发为基础，高科技含量的种子种苗生产为重点，集生产、科研、教育、示范、加工和观光旅游于一体，成为一个具有自主创新能力及国际竞争力的综合性功能园区。

浙江（中国）花木城　位于新街镇南侧杭金衢、沪杭甬高速公路出口处，规划占地面积800亩（53.33万平方米）。2001年3月14日，批准立项建设（详见《农村　农民　农业》编第十二章《花卉　苗木》）

综合开发

至1998年底，累计开发改造山林34.70万亩，发展杉木基地2.30万亩，水果基地2.21万亩，茶桑基地1.99万亩；10.00万亩内域水面，养殖淡水鱼6.39万亩，其中精养鱼塘1.99万亩。52.62万亩围垦区，建成耕地23.90万亩，形成粮、油、麻、棉、瓜、果、蚕茧、蔬菜、花卉、苗木、生猪、家禽、水产、蜂产品规模生产基地。1999～2000年，新建林特产基地11805亩，渔业生产基地9000亩。

图5－3－182　80年代中期，萧山第一农垦场综合开发的果园、渔塘（2008年3月，杨贤兴摄）

第四章　土地保护

1989年始，全市开展划定基本农田保护区工作。各级建立保护组织，制订保护措施；编制水土保持、土地整治和土地利用总体规划，进行土地利用的宏观调控和微观管理。至2000年，全市耕地面积总量保持动态平衡。

第一节　基本农田保护

保护区建立

1989年，萧山市政府在城东乡试点，划定杭州市第一个基本农田保护区（指为保证农业生产需要，在划定范围内受到保护、不得占作他用的农田）。1992年，对全市31个镇乡、797个村第一次划定基本农田保护区，面积87.06万亩，保护率97.70%，建设留用地面积1.71万亩。1994年底，开展第二次划定工作，以1992年基本农田保护方案为基础，根据杭州市政府下达的各项指标，编制基本农田保护方案。1995年6月，划定全市基本农田保护面积81.93万亩，占全市耕地总面积（以1994年《萧山市统计年鉴》所载面积84.51万亩计算）的96.95%。1997年，根据国家土地管理局《关于认真做好土地利用总体规划编制、修订和实施工作的通知》精神和杭州市政府下达给萧山市确保基本农田73.47万亩、一般农田12.43万亩、建设留用地3.10万亩的指标，开展土地利用总体规划的修订。经过充分征求意见，综合分析平衡后调整方案，最后将确定基本农田保护的各项控制指标下达到镇乡（场），再由镇乡政府分解落实到村、田块，并以图、表、册、账形式存档备查。

全市基本农田保护区，北部滨海平原地区分布58.43万亩（以1995年第二次划定的基本农田保护面积为基准，下同），占全市基本农田保护面积的71.32%，主要分布在新老滨海平原两大区块，老滨海平原位于南沙大堤和北海塘之间，新滨海平原区位于南沙大堤以北至围垦外线抢险大堤之间。中部水网平原地区划定的基本农田保护面积10.61万亩，占12.95%，主要分布在西小江流域、湘湖周边、萧绍运河两侧等河湖畈地。南部低山丘陵河谷平原划定的基本农田保护面积12.89万亩，占15.73%，主要分布在浦阳江、永兴河、进化溪等流域两侧的河谷畈地。

图5-4-183　1995年划定的云石乡基本农田保护区（2007年，杨贤兴摄）

保护区管理

1992年，各镇乡（场）成立基本农田保护区领导小组或管理小组，由镇乡（场）长任组长；村级成立管理小组，村民委员会主任任组长。市政府市长与完成划定基本农田保护区的镇乡（场）长签订《耕地保护目标管理责任书》，镇乡长与完成划定基本农田保护区的村民委员会主任签订合同，全市共签订责任书832份。管理目标和责任：实行宏观调控，切实保护基本农田，不突破建设留用地指标；加大开发力度，积极垦造耕地；严格控制各类建设项目及结构调整占用基本农田，确需用地的建设项目，除国家能源、交通、城镇基础设施外，不得进入基本农田保护区；对依法批准占用基本农田保护区内耕地的，严格实行“占一补一”的政策，通过土地整理、造田造地来补充；编制土地利用总体规划和依法管理基本农田保护区土地等。

1995 年，全市基本农田保护区划定工作进行验收，验收合格标准为保护单位须有一套图件（土地利用现状图和基本农田保护区图）、一套测算数据（各项预测数据、落实的基本农田清册、一般农田以及建设留用地数据）、一套责任书、一份管理规定、一个管理领导机构、一份工作总结和一套解决人、地、粮矛盾的战略措施。是年 12 月，验收工作结束。

1996 年 1 月，市政府颁发《关于加强耕地保护工作的通知》（萧政发〔1996〕2 号），各镇乡政府发布《关于加强基本农田保护区管理的布告》，各村制订基本农田保护公约，布告上墙，公约到户。耕地保护贯彻“六不准”原则：不准建造房屋及其他毁坏农田的建筑；不准取土毁坏耕地；不准建造晒场；不准弃耕抛荒；未经批准不准种植多年生经济作物和挖塘养鱼、养蚌育珠；不准破坏基本农田保护标志。镇乡政府对需要占用基本农田保护区土地的建设单位和个人，一律不予安排和上报审批。必须占用保护区耕地的建设单位和个人在向市计划管理部门报批建设项目同时，应向市土地管理部门和农业主管部门提出申请，经市政府同意，报省、杭州市政府批准后，市城市建设、土地管理部门才能办理用地手续，并向有关单位收取基本农田保护费。

2000年，全市范围内开展基本农田保护区划区定界工作，对地类和田块逐一登记造册，埋设界桩、保护牌并建立档案，划定农田保护面积73.48万亩，调整划定各类建设用地和待置换土地的面积、位置。是年11月，全市31个镇乡和6个农场通过省、杭州市验收，成为全省全面完成划区定界工作最早的县（市）之一。

第二节　水土保持

江河治理

50年代以来，萧山治理江河大体分为三大区域：

南片山区、半山区采取治水与小流域治理相结合。小流域整溪护岸，修筑堰坝135条，固定沙井109口；浦阳江、永兴河进行裁弯取直（将弯曲河段裁直，另辟一段新河的水利工程措施）、拓宽和砌石护堤。

平原水网地区采取上引、中控、北导的方针，在上下游建排涝闸、节制闸19座，新开河道10余千米。

南沙地区采取治江与围涂结合的办法，在钱塘江上游兴建大型排灌站，沿钱塘江大堤建造排涝闸15座，垦区之间建造节制闸66座，开挖人工河道89条、502.20千米，兴建主干渠777千米，建造排灌机埠690座，形成一个完整的排灌系统，固定堤岸，刷深江道，从五堡到二十工段的56千米江道，主流水深增加1.5米～2.0米，减少排灌闸外的滩涂淤积，改善萧绍平原100多万亩农田的排涝条件。

图8—4—184　1991年改造后的七甲电力排灌站（柳田兴摄）

至1998年，全市修建江河堤塘349.37千米，开挖人工河道326条、916千米，机电排灌总装机5936台、88274马力，年总蓄引提水量10亿立方米，机电排灌面积78.20万亩。

至2000年，属萧山管辖的59.32千米钱塘江堤塘建成20～50年一遇标准堤塘43.30千米（根据市农机水利局统计资料，下同）。

图5—4—185　1994年，垦区标准堤塘建设（董光中摄）

水库修建

1956年12月兴建萧山第一座水库——黄石垄水库。1984年后，水库维修加固年年进行，每年冬天，由当地镇、村两级发动群众进行库区清淤及大坝培土。1985年，对30座病险水库进行维修，后每年对病险水库进行维修。1989年，清疏水库30座，清疏淤土7.36万立方米。1990年，清疏水库38座，清疏淤土27.40万立方米。1995年，清疏水库23座，清疏淤土10.80万立方米。1999年，楼塔东纪坞水库实施扩容工程建设，完成土石方3.24万立方米。至2000年，累计修建水库139座，清淤水库198座次，清理淤土98.07万立方米。

植树造林

据《中国实业志》载，萧山于民国17年（1928）在茌山及凤凰山造林20亩。中华人民共和国成立后，大力开展植树造林。1983年起，造林面积每年均超过10000亩，1984年达21368亩。同时调整林业结构，推行长期与短期相结合、用材林和经济林相结合的营林方针。1985年，结合国家级沿海防护林工程建设，发展生态型林业。1993年，全市消灭了荒山，共建造防护林2.56万亩，基干林带长3500千米，林网控制面积65.17万亩，控制率76.80%；平原绿化5万亩，发挥了防风、固土固沙和调节气候等作用，成为农业生产“绿色屏障”。1985～2000年，全市累计植树造林10.50万亩（其中用材林2.70万亩，经济林3.40万亩），“四旁”植树2109万株，育苗7164亩；1991～2000年，封山育林78.56万亩次。

图5—4—186　1996年3月，城市东区植树造林（傅展学摄）

第三节　土地整治

园田化建设

60～70年代，实施山、水、田、林、路统一规划、综合治理的园田化建设，平整土地，小块并大块，田埂裁弯取直。1970年，提出“土地平整、田块成方、渠路成网、排灌自如、绿树成行”的园田化建设要求，山区、半山区继续改溪造田，平原区开展以“三渠”（排、灌、降）配套为重点的园田化建设。

1974 年冬至 1978 年冬，全县园田化建设 8 万亩。至 1979 年，全县共建成大格子园田 50.28 万亩、小格子园田 33.74 万亩，旱涝保收面积 57.50 万亩 [根据市（县）土地管理局统计资料，下同]。

图5－4－187 1997年，萧山现代农业开发区新建的“三面光”渠道（萧山区农业综合开发办公室提供）

1997年，实施现代农业示范园区建设，除国家级萧山现代农业开发区外，在衙前镇山南村、义桥镇民丰村和萧围水产发展公司进行市级现代农业示范园区建设试点，实施面积2108亩。当年完成河道砌石护岸2016米，新建“三面光”渠道7779米、高标准排水沟5742米、机耕路10746米，改建和新建机埠9座、99千瓦，建仓库349平方米，总投资417万元。试点单位初步形成“田成方、林成网、渠相连、路相通”的高标准园田化新格局。1998～2000年，在城南办事处犁头金村，衙前镇凤凰村，坎山镇三盈村，闻堰镇黄山村、祥大房村，临浦镇下头坞村实施现代农业示范园区建设，并开展大面积的土地整理工作。至2000年，全市累计整理土地面积178864亩，新增耕地21622亩。建成农业示范园区36个，其中粮食示范园区10个、综合型示范园区9个、设施型示范园区17个，面积54920亩。

造田造地

中华人民共和国成立后，萧山沿江人民在半爿山至红卫闸段南沙大堤外淤积滩涂进行零星围垦。60年代以来，全市坚持零星的造田造地和大面积的围垦滩涂。1985年造地6000亩，建设精养鱼塘5000亩；1987年在大桥乡造地40亩；1988年改地造地3340亩；1989年造地625亩；1997年，省政府授予萧山市垦造耕地先进集体荣誉。1997～2000年，全市造地22053亩。1985～2000年围垦滩涂98200亩。1949～2000年，全市累计围垦滩涂526207亩。

图5－4－188 1986年，五万二千亩围涂造地（资料来源：费黑主编、陈志根副主编：《萧山围垦志》，上海人民出版社，1999年8月）

低产田改造

图5-4-189　2000年，外四工段1000亩围垦土地平整（萧山区土地管理局提供）

图5-4-190　1994年，在浦阳镇强行拆除非法砖瓦窑（萧山区土地管理局提供）

1986～1991年，全市分5期开展以改土培肥为主要内容的低产田改造，累计投工38.30万工，投放资金298.20万元，改造面积44198亩次。低产田改造后，当年就发挥良好的增产增收作用。据定位试验和典型调查测算，粮、油、棉、麻主要作物单产递增5.90%～32.80%，平均递增16%，共增产4070吨，增加产值209.10万元，当年投资回收率70.10%。90年代，除继续实行轮作、间作、套作传统方法外，大力推广秸秆还田，增施有机肥、复合肥。1991～1996年，全市累计改造中低产田（包括修筑“三面光”沟渠、清疏渠道、疏浚河道、清溪培土、新增排灌机埠、新建和整修机耕路等配套工程建设）22.47万亩，累计完成土石方142.56万立方米，投入资金2127.08万元。1997年，全市推广秸秆还田13816亩次，增施有机肥5990亩，扩大绿肥面积，从省土肥站引进优质绿肥种子浙紫5号，共播绿肥1050亩，推广应用有机专用复混肥4655亩，总用量108吨。2000年底，共改造各类低产田5.55万亩。

土地复耕

1961年，全县对多征少用、征而不用的5200亩土地退回生产队耕种。1981～1985年，清理11个单位非法占地，退地复耕59.30亩。1987年，推行宅基地复耕工作，全县宅基地复耕411.27亩，其中瓜沥区宅基复耕204亩，大于该区农民建房占用的耕地面积。1991年，查处非法砖瓦窑60家，复垦还地474亩。1996年清理违法用地139.45亩，退地复耕79.95亩。至2000年，全市复耕土地累计5000余亩。

第五章 土地管理

1952年起，萧山落实机构和专业力量负责土地管理工作。80年代初始，萧山建立和健全土地管理组织，至2000年形成系统的土地管理网络，进行地籍管理、用地管理、土地经济管理，使全市的土地管理有序进行，为经济建设和社会发展奠定基础。

第一节 规章制订

1958年10月至2000年底，萧山市（县）委、市（县）政府及市（县）农业部门、土地管理部门先后共制定加强土地管理规章186份，其中市（县）委、市（县）人大、市（县）政府颁发130份，市（县）农业部门、市土地管理部门颁发56份。按其内容分，土地管理宣传教育29份，土地开发利用28份，地籍管理13份，土地使用制度16份，建设用地管理32份，土地经济11份，土地执法监察21份，管理队伍建设36份。按其颁发时间分，《中华人民共和国土地管理法》颁布前（1958年10月～1986年12月）颁发12份，《中华人民共和国土地管理法》颁发后（1987年1月～2000年12月）颁发174份。其中1979～1986年，在国家、集体建设和农村私人建房用地与日俱增情况下，对各项非农建设用地本着“既坚持积极提供土地，促进经济建设发展，又严格依法办理，从严控制”的原则，先后颁发《土地管理实施办法（试行）》《对建设用地进行清查的通知》等文件。1987～2000年，对国土的规划、开发、利用和保护实行全面管理，先后颁发《萧山土地管理实施规定》《农村住宅建设若干规定》等文件。

第二节 国土教育

1987年，在全县范围内开展多种形式宣传《中华人民共和国土地管理法》。据67个镇乡的不完全统计，召开广播会251次，印发《建设用地须知》《私人建房须知》25.50万份。1988年起，每年在国土宣传月（6月）和“6·25”全国土地日，利用广播、电视、报纸等宣传媒体和宣传车、横幅、标语、专栏等多种宣传工具，宣传土地管理法律法规。并与清理农村宅基地、个私企业用地相结合，与创建土地管理“三无镇乡”（无违法批地、无违法管地、无违法用地）活动相结合，与搞好基本农田保护相结合。

1998年始，多次举办《土地管理法》知识竞赛和土地法律咨询活动。1999年，为宣传修改后的《中华人民共和国土地管理法》，市人大常委会主任发表《加强土地管理，促进经济可持续发展》一文；副市长发表电视讲话。用各种宣传形式和多种宣传工具进行宣传，印发《宣传资料》31万份；出动宣传车20辆、1350次；张贴标语13167条，放映电影、电视、录像87场，观看人数131130人次；举办广播讲座160人次；举办座谈会、培训班87场，参加人员2300人次；开设宣传栏90期。全市31个镇乡748个村（含3个村民委员会转居民委员会）主要干部100%接受培训。

第三节　地籍管理

勘　界

中华人民共和国成立后，萧山境域几经变动。1992～1993年的土地详查，涉及绍兴、海宁、余杭、江干、西湖、诸暨、富阳7县（市、区），共46个镇乡、230个村，按省规定，以抄边形式确定工作界线，与邻县土地管理部门签订有关接边（抄边）协议书50份，设置界址点1250个，界址线1250段。

1992年，按撤区扩镇并乡后新划定的镇乡范围进行详查划界，全市共划定乡级行政界线48个，其中乡4个，镇27个，农林场17个；签订涉及镇乡场之间的境界接边协议168份，村界接边协议2173份。

是年，经土地详查，量算出县境共长280.50千米。1997年8月至2000年6月，萧山与毗邻县市（区）勘定行政区域界线长286.25千米（不含未经勘定的萧山市与海宁市的水上界线）。

土地权属

1951年5月，萧山土地改革基本结束，全县有国有土地9489亩。1956年开始农业合作化运动，实行“土地入社、集体所有、统一经营、按劳分配”制度，基本上完成土地私有向公有的转变。

1992年土地详查，全市国有土地473784.45亩，占全市总权属面积［未包括钱塘江东部（萧山境内）60381.19亩（40.25平方千米）水域，全市土地面积按2178003.30亩计算］的21.75%，其中省所属单位12671.10亩，杭州市属单位9297.90亩，萧山市属单位422191.05亩，部队所属29624.40亩。萧山市属单位国有土地按管理系统分，管理面积最大的水利系统为319734.25亩，其次的农业系统为71573.70亩，最少的林业系统为6228.60亩。按土地类型分，面积最大的水域用地为325343.40亩，其次的耕地用地为62698.50亩，最少的园地用地为3829.80亩。国有土地遍及全市每个镇乡，并呈零星分布。国有土地在镇乡行政区中面积最大的城厢镇为37868.85亩，其次的河庄镇为36777.00亩，最少的云石乡为390.75亩。

全市集体土地1704218.85亩，占全市总权属面积的78.25%，其中镇乡49678.50亩，占全市集体土地的2.92%；村1484355.30亩，占87.10%；插花地1772块、170185.05亩，占9.98%。插花地中外县（市）插入萧山的6714.45亩，占插花地面积的3.95%；萧山市插入邻县（市）的1359.60亩，占0.80%；萧山市各镇乡之间插花地162111亩，占95.25%。集体土地按地类面积分，面积最大的耕地用地为884163.90亩，其次的林地用地为326371.20亩，最少的交通用地为40508.40亩。集体土地分布面广量大，按镇乡行政范围分布数量分，面积最大的城厢镇为124697.40亩；其次的河上镇为92608.35亩，最少的闻堰镇为22251.00亩。

90年代初，随着建制镇规划区发展，杭州钱江外商台商投资区江南区块及萧山经济技术开发区建立，工业、商贸、交通建设用地和农村住宅用地增加，耕地面积逐年减少。1995年，萧山国有土地（耕地，下同）4.25万亩，集体所有土地79.33万亩；2000年，国有土地3.43万亩，集体所有土地76.06万亩，5年减少国有土地8200亩、集体土地3.27万亩。

土地使用权登记

1988年10月，市政府办公室下发《批转市土地管理局〈关于对全市城乡土地进行申报登记和核发权证工作报告〉的通知》（萧政办〔1988〕100号），开始在全市各建制镇进行国有土地使用权申报登记。至翌年1月底，全市申报登记单位1687个，居民8020户，分别占应申报的83.90%和92.40%；共申报1.26万宗国有土地，总面积25178.05亩。

1989年2月，市政府部署集体土地使用权登记工作。3月，全市67个镇乡全面展开，成立镇乡级土地申报登记领导小组69个、532人，村级领导小组807个、3403人，共设申报登记站947个、5293人。5月底，完成全市集体土地使用权的申报登记，共27.67万户，29.29万宗，64316.14亩。

在土地申报登记基础上，开展集体土地确权发证工作。1990年2月27日，市政府在瓜沥镇举行全市首批集体土地使用证颁发仪式，向瓜沥镇东恩村、航民村、明朗村的3家村办企业和181户农户颁发集体土地使用权证184本，计194宗，面积33.17亩。7月，市政府在靖江镇召开义蓬区首批集体建设用地发证大会，颁发集体土地使用证1592本。1991年，市政府批转市土地管理部门《关于开展非农业建设用地使用权确权发证工作的意见》(萧政发〔1991〕32号)，至年底，全市非农业建设用地使用权确权发证工作基本结束①。

①至1991年末，总计发放土地使用证28.36万本，确权发证面积38292亩，合格率99.80%。（资料来源：萧山市土地管理局编：《萧山土地志》，2000年，第225页）

1992年后，市土地管理部门根据《中华人民共和国土地管理法》《中华人民共和国土地管理实施条例》和国家土地管理局《土地登记规则》的规定，结合市政府有关文件要求，对经土地登记后的土地所有权、使用权及他项权利发生转移、分割、合并、终止，土地用途发生变更，土地所有者、使用者更名、更址及其他内容发生变更，均按规定办理土地变更手续。至1998年底，全市办理土地变更登记137宗，变更登记面积829.94亩。

1999年6月，开展土地证书年检试点，至2000年6月28日全面结束，全市共核查企事业单位10654家，总占地面积41372亩，其中发证1283家，面积12690亩；未登记出让585家，面积3267亩；未登记划拨1515家，面积9084亩；未批7271家，面积16330亩。

农村宅基地确权发证

1990年，全市实施农村宅基地确权发证工作，共有24个镇乡的132个村，填发农村宅基地使用证3.50万本，面积676.50亩。至1991年底，全市基本完成农村宅基地确权发证工作，共发证24.70万本，合格率99.80%。

第四节 用地管理

1955年始征用土地②，但数量较少。1958年，征地增至3517亩，后有所减少。80年代以来，乡镇企业及农民建房用地增多，年征地在千亩以上。1955～1984年共征地21656亩。1985～2000年，全市非农建设用地101046亩，其中耕地68358亩，占全市非农建设用地的67.65%。

②中华人民共和国成立前，萧山建设用地仅局限于屈指可数的公路、铁路、手工业和小型工厂企业，无严格的管理制度。民国29年（1940），伪浙江省政府训令：凡经上级核准的民营厂矿和新兴厂矿，均要按照土地法规定，办理征用土地手续，其用地需经核准公告和支付补偿费。但查本县，对开浚河道，开办农场、林场、苗场和菜场，均无征地记载。（资料来源：萧山市土地管理局编：《萧山土地志》，2000年，第226页）

国家建设用地管理

1981年始，国家建设用地③计划指标本着“统筹安排、综合平衡、保证重点、兼顾一般”的原则，优先安排交通、能源、邮电、重要原材料等国家重点建设用地和“三资”企业建设、安居工程、农业建设项目用地，未列入年度基建计划的项目，不予安排用地指标。

③1950年萧山土改时，保留公地9488亩。1955年前，国家需用农民土地，大都以乡村保留的土地调换补偿。1958年建设征用土地3517亩，为1957年的7倍多。（资料来源：萧山市土地管理局编：《萧山土地志》，2000年，第227页）

用地限额：根据当年度计划部门及上级主管部门批准建设规模、投资额度和用地限额等因素，确定项目用地数量。

用地审批权限：1981年9月，县第七届人大常委会第八次会议通过的《萧山县土地管理实施办法（试行）》规定，国家建设征用耕地1亩以下（包括1亩）、非耕地3亩以下（包括3亩），由县土地管理部门审核，县政府批准；征用耕地1亩～2亩、非耕地3亩～5亩，报杭州市政府审查批准；征用耕地2亩以上、非耕地5亩以上，报省政府审查批准。1985年6月，县政府规定，征用耕地2亩以下、非耕地5亩以下由县农业部门审核，县政府批准；征用耕地2亩以上5亩以下、非耕地5亩以上10亩以下，报杭州市政府批准；征用耕地5亩以上、非耕地20亩以上，报省政府批准。1987年8月，县政府规定，征用耕地3亩以下、非耕地10亩以下，由县土地管理部门审查，报县政府批准；征用耕地3亩以上5亩以下、非耕地10亩以上20亩以下，由杭州市土地管理部门审查，报杭州市政府批准；征用耕地5亩以上、非耕地20亩以上，由省土地管理部门审查，报省政府批准。萧山从1997年起，土地审批享受地市一级权限。

用地审批程序：建设用地单位持规定批准的基本建设项目文件，向市土地管理部门提交用地和选址申请，市土地管理部门依法审核，按规定审批权限逐级报批，按批准的建设用地面积发给《建设用地许可证》。

1985～2000年，全市国家建设项目批准用地61820亩，其中耕地41582亩，分别占全市各项非农建设用地总面积的61.18%和41.15%。1988～2000年，国家建设项目用地中商业服务用地占4.10%，工业、仓储占39.20%，市政、公建、绿化占6.35%，住宅占9.03%，铁路占3.03%，公路占17.59%，其他占20.69%。

表5—5—67　1988～2000年萧山市国家城镇建设用地情况

单位：亩

年份	商业服务	工业仓储	市政公建绿化	住宅	铁路	公路	其他	合计
1988	42	303	106	205	156	160	11	983
1989	45	254	97	228	1200	486	8	2318
1990	86	183	102	72	13	52	22	530
1991	192	453	106	172	117	283	95	1418
1992	618	1265	124	324	78	111	17	2537
1993	233	2013	74	557	0	1678	117	4672
1994	328	626	459	683	0	117	553	2766
1995	65	583	365	132	0	689	583	2417
1996	290	1049	303	195	1	265	248	2351
1997	77	1042	693	1062	159	65	7969	11067
1998	0	3205	359	888	60	3693	746	8951
1999	155	2837	438	78	0	532	145	4185
2000	287	9302	518	730	0	2243	1686	14766
合计	2418	23115	3744	5326	1784	10374	12200	58961

注：1997年“其他”栏含机场用地。

集体建设用地管理

1978年后，镇乡、村企业异军突起，用地日益增多。1981年始，镇乡、村企业建设用地开始审批，当年办理建设项目20个，批准使用土地21.86亩。1982年起，镇乡、村集体建设需要用地计划指标，除向市计划部门提出申请外，还需向市规划部门申请定点，再由市土地管理部门核发《建设用地许可证》办理用地手续。个体工商户、私营企业的经营场所，原则上只能利用闲置空房，确实需要用地，向所在地镇乡政府提出申请，由镇乡政府在市政府下达的计划指标内安排，市土地管理部门凭镇乡政府文件，按规定程序审核上报，办理土地使用手续。

用地限额也按国家建设用地限额管理。

用地审批权限：1978年初征用耕地1亩以上、非耕地3亩以上，由县、杭州市革委会审核，报省革委会批准。1981年9月后，与国家建设用地审批办法同。1987年8月颁布《萧山县土地管理实施规定》，镇乡、村公共设施和公益事业建设用地投资数额在10万元以下，用地在2亩以内，凭镇乡政府批准文件；投资在10万元以上或用地2亩以上，凭县计划部门批准文件；基层供销社的简易建筑用地，凭县供销、计划部门联合文件办理；镇乡村企业、联合企业、个体工商户的建设项目用地，投资在10万元以下，用地在2亩以下，凭县镇乡工业管理部门批准文件；投资在10万元以上或使用土地2亩以上，由县镇乡工业管理部门审核，凭县计划部门批准文件。

用地审批程序：1992年12月，市政府规定，镇乡工业小区建设的规划定点，必须符合城乡建设总体规划。对工业小区建设项目用地，按规定审批程序办理。中外合资、合作、外商独资企业在镇乡工业小区内经营标准厂房和生活配套设施，所需土地按国有土地有偿出让办法办理。用地实行全程管理，即批地前管理（实行严格的用途管制）、批地中管理［逐项审查报批材料与图件、填写用地审批报告，用地单位按规定标准缴纳有关征（使）用土地税费］和批地后管理（按批准面积发给《建设用地许可证》，定桩放样，定期检查执行情况，符合条件发给《国有土地使用证》）。

1985～2000年，全市集体建设项目批准用地27147亩，其中耕地22425亩，分别占全市同期各项非农建设用地总面积的26.87%和22.19%。

私人建房用地管理

60年代，开始审批农户私人建房。1974年，县革委会规定农村社员私人建房占用耕地，由社员大会讨论通过、公社革委会审查，报县革委会批准。1983年至1987年6月，农民私人建房使用非耕地，由个人申请，村委会审核，镇乡人民政府批准；使用耕地建房，经镇乡人民政府审核，报县土地管理部门批准。1987年8月起，农民和非农居民建房使用土地，在当年用地控制计划内，由本人申请，经村民小组讨论、村委会同意、镇乡人民政府批准，报县土地管理部门备案，并由镇乡、村土地管理员实施放样后才能动工。1988年，农民建房耕地审批权改归市人民政府。国家干部建房使用土地，由市人民政府审批。农村种养殖业联合体、专业户因生产需要建造简易设施临时借地，预订好补偿协议，使用耕地的，经市土地管理部门审核，报市人民政府批准。1989年起，用地指标分解落实到各镇乡，各镇乡按分配计划指标，本着主要解决住房困难户的原则，统一将建房用地指标逐一分配到村，并规定建房用地按人口的最高限额。1990年起，市土地管理部门对农村个人建房实行“四公开、三到场、一监督”（即用地指标、建房条件、建房对象、审批程序公开，实地踏勘、定点放样、竣工验收到现场，接受群众监督）。

用地限额：1982年，县政府对农民私人建房宅基用地实行限额，每人18平方米～25平方米；小户（3口以下）不超过75平方米；中户（4～5口）不超过110平方米；大户（6口以上）不超过125平方米（含住房、辅助用房及庭院用地）；不许用变相分户办法增加宅基地；利用杂地、山地建房可适当放宽。

1987 年 8 月，县人民政府规定占用耕地最高限额：1 ~ 3 口之家不得超过 75 平方米，4 ~ 5 口之家不得超过 110 平方米，6 口以上家庭不得超过 125 平方米（含主房、辅房、庭院、道地）。使用非耕地的可按耕地最高限额相应增加 10% 面积。身边有子女的老人，不得单独立户审批宅基地。

用地审批程序：在下达用地指标内确定建房对象，张榜公布，村、乡土地管理员对建房户进行审核，由建房户填写私人建房呈报表，非耕地报乡人民政府批准，耕地报市土地管理部门批准。乡、村土地管理员按批准面积定桩放样，发《用地许可证》，并做好施工中途检查和一年一度的建房检查验收。验收结束后，进行申报登记，转入地籍管理。

1985～2000年，农村私人建房91774户，征用土地12079亩，其中耕地4351亩，分别占全市同期各项非农建设用地总面积的11.95%和4.31%。

表5—5—68　1985～2000年萧山非农建设用地审批情况

单位：亩

年　份	面　积		国家建设面积		镇乡集体建设面积		农村个人建房面积	
		耕　地		耕　地		耕　地		耕　地
1985	4726	2388	656	508	1920	1097	2150	783
1986	5198	2489	1148	743	1493	881	2557	865
1987	2993	2124	1055	860	1029	754	909	510
1988	2345	1623	983	799	589	437	773	387
1989	3232	2600	2318	1980	206	174	708	446
1990	1419	859	530	430	356	233	533	196
1991	2676	1907	1418	1218	766	495	492	194
1992	5104	3550	2537	1881	2087	1480	480	189
1993	7322	6088	4672	4176	2186	1695	464	217
1994	4075	3326	2766	2472	814	639	495	215
1995	2833	1916	2417	1731	64	51	352	134
1996	2832	1781	2351	1541	56	45	425	195
1997	11420	3329	11067	3303	36	6	317	20
1998	9213	5771	8951	5771	16	0	246	0
1999	7309	5025	4185	2574	2632	2451	492	0
2000	28349	23582	14766	11595	12897	11987	686	0
合计	101046	68358	61820	41582	27147	22425	12079	4351

注：①“农村个人建房面积”栏不含旧宅基地面积。
②“国家建设面积”栏含所有出让土地面积。

采矿用地管理

1991年3月，萧山贯彻实施《浙江省矿产资源管理条例》，建立健全矿山用地复垦制度，打击违反矿法行为，查处无证开采、乱采滥挖。

2000 年 12 月，编制《萧山矿产资源管理规划》，严把“三区（禁采区、限采区、开采区）”用地管理关。禁采区内矿山到期坚决予以关停，决不新办矿山；限采区内矿山实行转迁、限采；开采区内搞好规划、合理布局，引进新技术，改变矿山“多、小、低、散、差”现状，通过“关、停、并、转、迁”改造，走规模化生产、集约型发展道路。

全市划定的开采区有瓜沥镇长巷开采区、戴村镇丁村开采区、临浦镇华家开采区、进化镇横路头开采区、戴村镇石盖开采区、临浦镇后山坞开采区。面积22755亩。

禁采区为湘湖禁采区，面积37500亩；云石禁采区，面积33000亩；杭州生态园禁采区，面积12000亩；东方文化园禁采区，面积4650亩；明矾矿禁采区，面积3750亩。域内高速公路，国道、省道公路，铁路，钱塘江、浦阳江、富春江两岸，高压电线，军事设施，历史文化遗址等地也为禁采区，面积约45万亩。

除开采区和禁采区外，其他地区均属限采区，将区内的矿山进行限产，逐步搬迁至开采区内。

节约用地管理

规范建房用地：1984年起，县农业部门会同城乡建设管理部门对全县1354个村（包括自然村）测绘了现状图和规划图，后又逐步完成村镇乡规划，按规划点建房。1988～2000年实施统一规划定点建房，节约耕地2620余亩。

依山就势建房：1989年，云石乡推广依山就势建房，全乡建房300多户，节约耕地59亩、非耕地34亩。至2000年，全市依山就势建房3.20万户，节约耕地3932亩。

核减建房用地：1985年始，建房用地在严格审批的同时核减。1988年，审查核减31个单位建房用地25.90亩。1989年，现场踏勘用地单位164个，核减49个单位建房用地130.80亩。至2000年，共核减建房用地4587亩。

拆旧翻新：80～90年代，镇乡结合旧村改造，建房实行拆旧翻新。1990年，全市有8743户拆除旧房，利用宅基地建房1323亩，用宅基地建新房的农户数占全市建房总户数的70%以上。1998年，农民建房8616户，其中利用原宅基地建房6926户，占80.39%。1988～2000年全市近6万户拆除旧房建新房，利用宅基地万余亩。

平坟拆庙：1996年1月，清理小庙小庵304处，拆除15处，改作他用169处。5月，实施北干山拆坟还绿工程，共深埋和平毁坟墓5.50万穴，涉及山地面积20万余平方米，折合300亩。

第五节　土地经济管理

土地税费、地租、地价是土地经济管理的主要内容，在各个不同时期有各种不同的表现形式。

土地税费

中华人民共和国成立后，土地税费有农业税、农业特产税、契税、耕地占用税和土地使用税、造地费、土地管理费、临时用地有偿使用费、土地登记费、复垦基金和基本农田保护费、新菜地建设基金、水利集资基金等（农业税、农业特产税、契税、耕地占用税详见《财政　税务》编）。

土地使用税　1989年1月1日，开征土地使用税。城区、建制镇、工矿区范围内使用土地的单位和个人为纳税人，由财政部门征收。每年每平方米税额，城厢镇一级0.70元、二级0.40元，其他建制镇0.25元。是年征收土地使用税82万元。2000年征收99万元。1989～2000年，累计征收1324万元。

造地费　1982年8月，根据省人民政府通知规定缴纳造地费，征用耕地（包括水田、旱地、茶桑果园、水塘等），每亩缴纳2000元；征用菜地，每亩缴纳建设费1万元，不另缴造地费。1984年收缴造地费67.36万元。1986年6月起，镇乡企业建设用耕地，每亩缴纳1000元，农村私人建房每亩缴纳250元。1987年4月起，造地费按批准面积缴纳，国家建设使用耕地每亩1000元，镇乡、村企事业集体建设每亩500元，农村私人建房每亩250元。荒地、荒坡和宅基地等非耕地建房，免缴造地费。1988年，收缴造地费101.75万元；1990年44.08万元；1995年141万元；1999年369万元。2000年改为耕地开垦费。

土地管理费　1985年7月1日起，国家建设用地，按征用地额的1%缴纳土地管理费，农民私人建房每户缴纳2元～5元。1988年调整为国家建设和镇乡集体企业、私营企业户按征地发生费用总额的1%～2%缴纳。1992年改按3%～4%缴纳。农民私人建房按每平方米0.50元缴纳。至2000年，共收缴土地管理费4472万元。

土地登记费　1989年8月始，实施土地登记费收取制度，每宗收费标准：申报面积100平方米以下10元，101平方米～200平方米20元，201平方米～500平方米30元，501平方米～1000平方米50元，1001平方米以上超过部分每500平方米加收25元，不足500平方米按500平方米计收。该费用于土地登记业务开支。

新菜地建设基金　1994年规定在市政府批准的常年蔬菜基地上进行非农建设，需征收菜地建设费，每亩2万元。是年11月，建立菜篮子商品风险调节基金，在市规划区27平方千米范围内建设用地单位，每亩缴纳菜篮子商品风险调节费3000元。该基金用于蔬菜市场调节和市民节假日的副食品等经济补贴。1994～1998年，收缴菜篮子商品风险调节费93万元。1999年后不再收取。

水利集资基金　1994年6月建立水利集资基金，国家建设非农征（使）用土地按每亩3200元征收，集体非农建设、私营企业、个体工商户征（使）用土地按每亩1200元征收。该基金用于水利建设事业。1994～2000年收缴水利集资费4040万元。

此外，1988年根据省政府规定，使用国有土地须缴纳统一征地不可预见费，标准为征地费用总额的3%～4%，用于统一征地不可预见的事项开支。

地　租①

中华人民共和国成立后，土地改革中暂时保留的公有土地，时作机动田暂时出租给农民耕种，收取租谷（公租）。1951年起由承租户缴纳农业税，不另收租。1952年，改租税分开，佃户按常年产量的10%缴租。1953年改租税合一，征收率为25%，其中15%为农业税，10%为公产租赁收入。1956年农业合作化后，土地归集体所有而不再出租。1983年实行农村家庭联产承包责任制后，部分农户承包的责任田向有种植能力的农户转移，这些被转移的责任田除完成农业税外，一般收取少量的承包费（地租）。1992年6月始，全市实施土地使用制度改革，土地实行有偿使用，除国家规定的一些单位和项目外，任何土地使用者取得土地使用权，必须根据土地面积、等级和使用期限等因素，向国家和集体缴纳相应的租金。在使用期限内，使用者可依照有关法律法规，出租土地使用权，与承租人签订租赁合同，按规定办理租赁登记手续，向承租人收取租金，租赁期限不得超过土地使用期限。划拨土地使用权出租，必须按规定办理登记手续，出租人应向市政府缴纳一定比例的收益。1996年8月，全市完善第二轮土地承包责任制，规定土地承包费标准：每亩人口田，稻区不少于25元，棉麻区不少于50元；责任田按上年每亩收入的5%～8%作为最低标的招

①民国时期，本县地主（包括公堂地主）占有多数耕地，除少量地主雇工耕种或公堂耕地由农民轮种外，大多数耕地出租给佃户而收取地租；也有少数农民因丧失劳动能力和劳力不足或从事其他职业而将少量土地出租，向承租人收取地租。本县的地租一般为正产全收量的50%，高的达70%。民国15年（1926）作出减轻佃农佃租25%的规定（即业主得正产全收量50%的前提下减去25%），称“二五”减租。民国16年，浙江省发布《浙江省“二五”减租条例》。民国35年，实行“双二五”减租1年，即业主免缴赋谷1年。民国36年规定，佃业双方缴收租额仍以田地常年正产物全收量的35%为标准，但由于《中华民国土地法》肯定了封建土地所有制，“二五”减租基本终止，租额回升，佃户负担加重。

萧山县的土地收益及租息：民国27年，上田亩租息125千克左右（年产粮食约300千克），中田亩租息75千克～100千克（年产粮食200千克～250千克），下田亩租息约40千克～60千克（年产粮食100千克～150千克）。由于田地有优劣，地主有善恶，故租息多少不一，无从确切估算。此外，茶山每年每亩租息5元～15元不等；竹山、柴山、鱼塘约10元。（资料来源：萧山市土地管理局编：《萧山土地志》，2000年，第275页）

标承包。

地 价①

中华人民共和国成立初期，萧山民间土地产权转移，如绝卖、典当等已不多见。土地绝卖每亩一般（按稻谷计算）550千克，顶田每亩600千克。其后，因土地改革和农业合作化的完成，土地私有制逐步转为集体所有制，农民土地买卖、典当也随之绝迹。1952年冬，在通济乡邱家桥村试办第一家初级合作社邱关兴初级农业生产合作社，实行“自愿入社，土地入股，比例分红，评工记分，按分计酬”的方法，年终收入40%按土地分红，60%按劳动工分分红。后全县实现初级农业合作化，各合作社土地分红部分略有高低。1956年，全县实现高级农业合作化，土地归集体所有，实行按劳分配。1958年，全县实现人民公社化，土地无代价归集体所有。1991年6月，市土地估价委员会按照国家土地定级规定，结合本市城区实际情况，对城区街道的商业服务业用地（包括规划开发地段商业服务业用地）和居住用地，按照地段、商业、交通、市场辐射、人口、基础设施和公共设施、土地增值、地产出租盈利等8个方面的定级因素和对土地区位的综合影响，进行定级估价。1994年2月，市政府首次公布规范和实用的级差地租（基准地价）。市土地估价委员会每年对土地级差地租进行调研测算，并报市政府批准公布，至2000年，先后6次调整国有土地级差地租（“级差地租”详见第二章第二节《地产市场》）。

①民国时期出卖土地的多为生计所迫的农民，买者一般为地主、富农或商人。出卖者必须写立“卖契”〔或叫田（地）契〕，载明土地坐落、四周界限、土名、地号、面积、价格、买主姓名等。然后卖者与中间人一起签名画押，交买者收存。买者再付讫地款，拿到契约后，向政府缴纳地价总数3%的置产捐，办好过户手续后，即取得土地所有权和使用权。

全县地价不尽相同，但同一地区、同一类土地的地价标准大致相同。据民国22年（1933）《中国实业志》记载，当时萧山地价分水田、旱地、山地3类，每类又分上、中、下3等。水田、旱地的地价基本相同，以银圆为标准：上等田每亩150元（旱地147元）、中等田100元、下等田50元；山地上等每亩25元、中等15元、下等5元（附民国13～23年萧山县衙前一带地价图）。

土地典当（出典者仍有土地所有权，承典者获得该地使用权和收益权，并可转典）价格，也根据土地肥瘠、年产量情况、典期长短而定，一般低于绝卖价。据中华人民共和国成立初期东蜀乡调查，全乡有土地典押关系37户（典入、典出共74户），典当田82.5亩，平均每亩典米3.9石（约292.5千克），其中最高的10石（约750千克），最低的1.5石（约112.5千克）。（资料来源：萧山市土地管理局编：《萧山土地志》，2000年，第277页）

【附录】

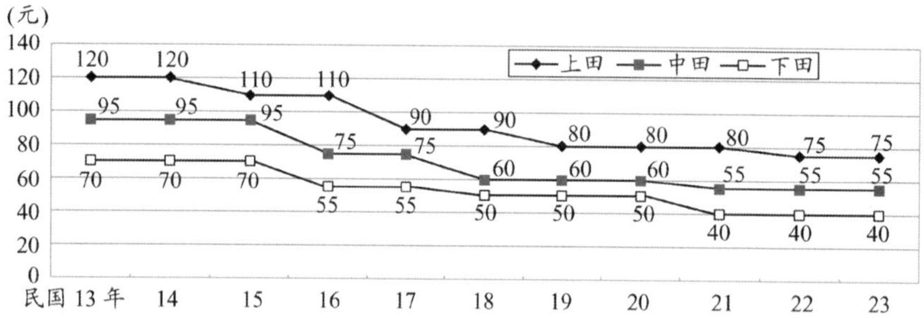

图5-5-191 民国13～23年（1924～1934）萧山县衙前一带地价（银圆）(资料来源：衙前镇志编纂委员会：《衙前镇志》，方志出版社，2003年，第326页)

表5-5-69 宣统元年至二年(1909～1910)民间土地买卖契约登记(部分)

编号	都图	出卖人	所卖对象	时间	坐落	中人	买主	银
8	二十四都上六图	张玉祥	及字号田2.4亩	宣统二年三月	张家埭庄	张嘉本 张玉庆	方	24两
16	二十四都上二图	方芝明	竹字号田3.999亩	宣统元年	前方村	方嘉泰	方	40两

资料来源：衙前镇志编纂委员会：《衙前镇志》，方志出版社，2003年，第327页。

第六节　土地监察

1982年，为加强土地管理，萧山县土地管理领导小组成立。1986年，《中华人民共和国土地管理法》颁布施行后，萧山在贯彻执行国家、省和杭州市颁布的土地管理政策法规基础上，制定相应的实施规章，广泛开展国土教育，成立土地监察机构，重视群众来信来访，严肃查处违法占地用地案件，调查处理土地纠纷。

日常监察

1979～1982年，全县未经批准占用土地1002亩，违法买卖土地104亩，高价征用土地74亩。1983年对违法用地作了处理，有的退地还耕；有7个单位被罚款共计9662元。1985年，县土地管理部门对非农用地进行清查，对违法用地、未批先用、占而不用、买卖租赁的单位和个人分别给予退地复耕、罚款、补办用地手续等处理。1986年始，镇乡、村两级成立土地管理领导小组，配备镇乡级土地管理员66人。1988年，全市各镇乡相继建立土地监察队。1990年，全市实施土地分级监察制度，落实镇乡、村土地监察员，至此，全市土地监察网络基本形成。

1991年起，市土地管理部门设立举报电话，专人值班。各镇乡在每年6月和9月，对辖区内进行“五查”：查用地指标执行情况、查建房用地审批手续、查用地面积是否超占、查张榜公布有否到位、查定点放样和规划落实。土地执法块块清查，既查清问题、解决问题，又遏制违法占地、违章建筑现象发生。建立土地监察工作规范化建设机制，对土地违法案件在规定时间内完成立案、调查、处理、执行、结案5方面办案程序；案件处理实行集体讨论制度。

1994年，全市开展土地管理“三无”（无非法批地、无非法管地、无非法用地）镇乡活动。是年，13个镇乡被评为市级“三无”镇，云石乡、新湾镇、靖江镇被评为杭州市“三无”镇乡先进单位。1998年，有24个镇乡评为市级“三无”达标单位，闻堰、党山、靖江、瓜沥镇被评为杭州市级“三无”镇乡先进单位。

1998年1月，建立萧山市土地监察大队。1999年始，市土地管理部门建立巡查执法机制，及时查处各类土地违法案件。2000年，阻止各类违法占地苗头91起，发出停建通知书54份，处罚决定书161份，罚款51.19万元，对22起违法占地案申请市人民法院强制执行，拆除建筑面积12151.30平方米。

专项监察

图5—5—192　1996年，新街镇依法强制拆除违章建筑（萧山区土地管理局提供）

违法占地建房清理　1981～1985年，全市查处农民违法占地建房7462户、324.18亩，其中未批先建6853户、271.67亩，占而不用548户、47.29亩，买卖租赁61户、5.22亩。责令拆基还地1269户、113.55亩，罚款1785户、111160元。1987年对农民建房进行全面清理，共查处违法用地2731户，补办手续250户，拆基还地262户，罚款1435户。1996年全市各镇乡组织2991名干部对30万户农民建房逐户丈量核实，查处违法占地农户23637户，拆屋还地1065户，拆除面积80762

平方米；拆除违章宅基地75个，面积6000平方米，收取土地使用费451.70万元。2000年2～5月，对批而未建的宅基地进行全面清理，全市共清理2751户，其中超过两年的有1332户；对28万户农户宅基用地情况进行调查摸底和实地丈量。至年底，全市共拆除违章建房1043460平方米，其中旧房614809平方米，大围墙243879平方米，违章建筑184772平方米，涉及农户15748户。

党政干部建造私房清理　1989年8月至1990年7月，对全市党政干部建造私房进行清理，在被清理的294名干部中，209名不同程度存在“三违”（违法、违章、违纪）现象，占建造私房干部数的71.09%。清查后依法分别处理：补办建房手续68人；补缴“三材”（钢材、木材和水泥）差价22人，金额32937.59元；对面积较少、又不影响交通、村镇规划及水利的，作没收折价给原户主使用处理71人（户）、面积4753.41平方米，折价款53857.88元；超面积较大作拆除处理44人（户）、面积2935.35平方米；没收非法租金8032.70元；作党纪、政纪处分4人。

企业违法占地清理　1981年3月至1985年底，国家建设违法占地单位65家，占地509.35亩，其中未批先用55家、387.29亩，占而不用8家、91.85亩，买卖租赁2家、30.21亩。清理后退地复耕8家，罚款16家、18.17万元，其余检讨后补办手续。镇乡企业违法占地335家，占地1602.16亩，其中未批先用322家、1538.79亩，占而不用11家、59.30亩，买卖租赁2家、4.07亩。清理后退地复耕11家、59.30亩；罚款98家、133865元；其余检讨后补办手续。1991年对个私企业用地进行全面清理，共查处违章建房1076户，拆除违章建筑4782.28平方米；拆除非法砖瓦窑60座，复耕还田474.00亩。1998年，市土地管理部门对1996年以来批用3535.80亩土地的541家单位进行清查，查出各类违法用地45家、139.05亩，拆除违法占地建筑物4900平方米，退地复耕79.95亩。2000年拆除违章建筑97642平方米，拆除大围墙146574平方米，拆除旧房面积514572平方米，总计拆除758788平方米，涉及农户13305户。1988～2000年，全市查处未批先建5237件，占用土地2098.20亩；超批用地9601件，占地1156.50亩；拆除违章建筑175212.20平方米，退还耕地387.10亩，罚款422.80万元；收回土地7件，面积8.20亩；补办征地手续340宗，825.90亩。

土地闲置抛荒清理　1989年，全市收回9个单位抛荒土地23.50亩。1996年，查处闲置抛荒土地1750亩。市经济技术开发区多次对征用土地进行普查，将163亩闲置土地落实到种植专业户，复耕还田；城市新区在征用土地检查中发现180亩土地抛荒，3次与有关部门商讨落实复耕措施，将该土地落实到农户耕种；市城乡建设开发公司在宁围镇预征630.00亩土地，在一时难以开发情况下，经协商，由村负责签订复耕合同，落实到户并种上农作物。

毁林开垦和乱占林地清理　1991年以来，全市对毁林开垦和乱占林地开展3次较大规模的清查，查清毁林开垦和乱占林地的时间、面积及造成的损失，查清导致该事件发生的责任单位和责任人。1998年贯彻国务院《关于保护森林资源，制止毁林开垦和乱占林地的通知》，结合“跨世纪保卫绿色行动”，全市审核、清查征用林地项目66宗、618.88亩，收缴资源保护费和森林植被恢复费98.10万元。杭金衢高速公路萧山段征占用林地270.90亩，缴纳森林植被恢复费22万元、征收占用林地资源保护费6.50万元。萧山之江陵园征用林地234.65亩，缴纳森林植被恢复费47万元、资源保护费10万元。

第六编　人　口

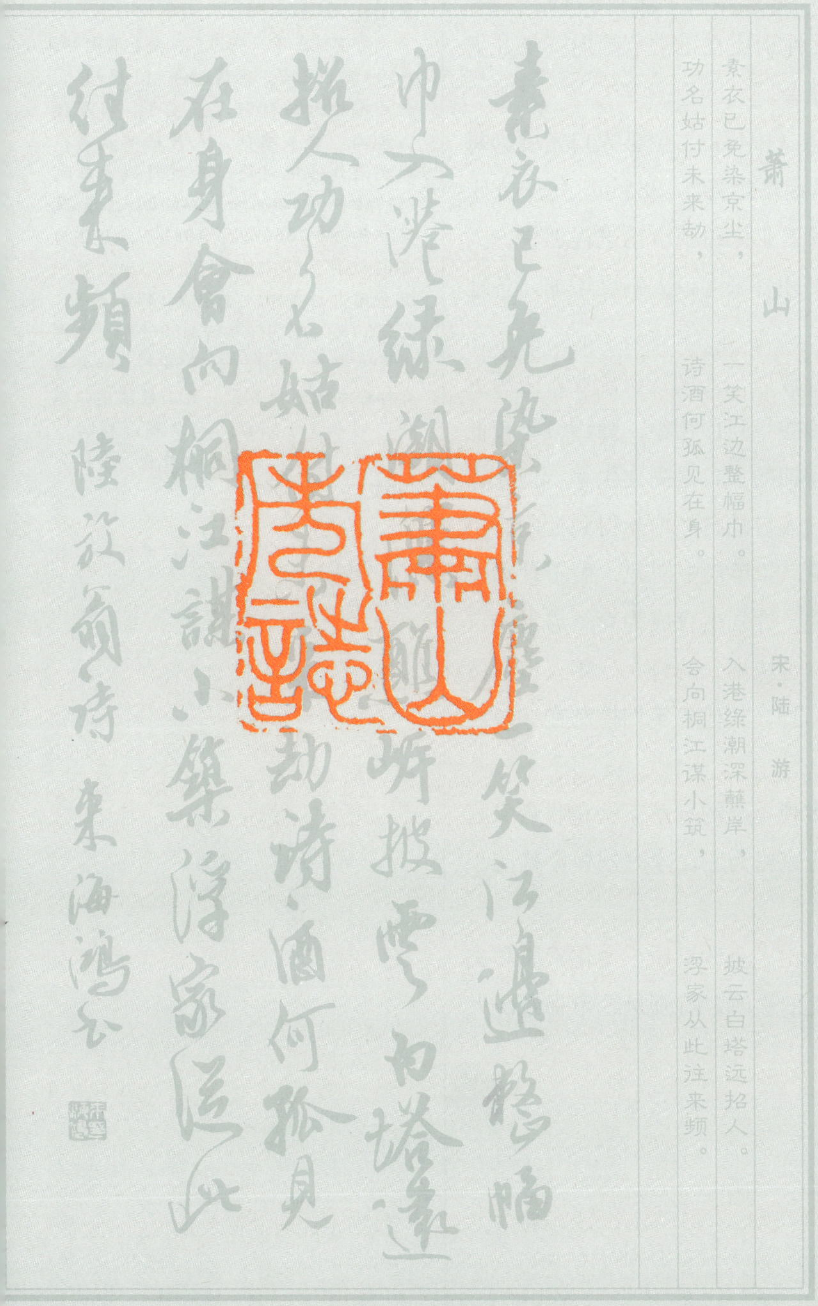

萧山
宋·陆游
素衣已免染京尘，一笑江边整幅巾。入港绿潮深蘸岸，披云白塔远招人。
功名姑付未来劫，诗酒何孤见在身。会向桐江谋小筑，浮家从此往来频。

考古发掘证明，萧山在距今8000～7000年的新石器时代，就有先民劳动生息。萧山自晋代始有户籍记录，清朝时人口记载较为详实。[①]宣统三年（1911）至1964年53年间，萧山人口增加362810人。[②]1982年，第三次全国人口普查，全县263400户、1061145人。1990年，第四次全国人口普查，全市334836户、1130592人。1996年5月，浦沿、西兴、长河3镇划归杭州，萧山人口减少94507人。2000年，第五次全国人口普查，全市391434户、1233348人。人口构成中，以汉族为主；男女性别比在正常范围内；少儿人口下降，老年人口增加，萧山已迈入老年型社会。

萧山人多地少，人口历来稠密。民国36年（1947），全县人口密度为每平方千米519人。改革开放以来，人口密度呈递增趋势。1985年，每平方千米731人；1990年773人；2000年804人。随着工业化和城市化进程加快，人口快速向城镇集聚，居民迁移变动增多，外出和外来人口大幅度增加，各地人口密度差别拉大。

中华人民共和国成立以来，特别是改革开放后，人民安居乐业，医药卫生条件改善，死亡率逐年降低。出生率，从1949年到1970年，除1961年较低外，其余均浮动在23‰～43.4‰之间，这个时期的人口是高出生率、低死亡率的高自然增长型。1971年起实行计划生育，人口的自然增长得到控制，出生率从1970年的23‰逐步下降到1980年的9‰。80年代中期起，由于计划生育政策不断完善，计划生育宣传教育得到加强，计划生育成为育龄男女的自觉行动；通过计划生育管理和服务，缓解人口过快增长的势头。年人口自然增长率除1987年为12.02‰、1989年为10.56‰外，其他各年均控制在10‰以内，为低自然增长型。

萧山居民家庭结构以传统的主干家庭、多代重叠的直系家庭和联合家庭为主。改革开放以来渐趋以一代和两代的核心家庭为主，家庭规模亦趋向小型，家庭功能呈多元化发展趋向。

萧山人文精神折射古越文化精髓。随着萧山人身体素质、文化素质和文明程度的不断提高，加上自然环境、人文积淀的影响，特别是经市场经济大潮的锤炼，孕育和形成了可贵的萧山精神。

①清康熙五十一年（1712）起，规定增丁不加丁口税；雍正元年（1723）开始，将丁口税摊入各地田赋，不再单独稽征。自此，萧山人口记载才较为详实。乾隆十四年（1749），全县共有人口46461户、209343人。嘉庆十八年（1813），海宁县的南沙地区（今南阳镇、河庄镇一部分）划归萧山，人口相应增加。

②宣统三年（1911），全县有91449户、460542人。民国28年（1939），全县人口为527068人。翌年，日军侵占萧山，烧杀掳掠，人民颠沛流离，加之沿江沙地坍塌，至抗日战争胜利（1945），全县人口为448400人，比民国28年减少78668人。1949年，全县为126285户、550683人。1953年，第一次全国人口普查，全县为141214户、601350人，比1949年增加50667人，4年增长9.2%。其间，于1950年，绍兴县有部分乡镇划归本县，萧山钱清划归绍兴，划入多于划出，人口相应增加。1964年，第二次全国人口普查，全县为173722户、823352人。

第一章　数量与分布

80年代初至20世纪末，萧山先后进行3次人口普查。由于实行计划生育政策，人口的自然增长得到有效控制。但人口总量较大，其中农业人口居多。因人多地少，人口密度较高。随着经济的发展和人口的流动迁徙，萧山人分布在其他区域的数量明显增加，外省外县来萧山人口日益增多。

第一节　人口数量

1982年，第三次全国人口普查，全县有263400户、1061145人，比1964年第二次全国人口普查时增加237793人，增长28.88%。

1990年，第四次全国人口普查，全市有334836户、1130592人[①]，比第三次全国人口普查时增加69447人，增长6.54%。

1996年5月，浦沿、长河、西兴3镇（除东湘、湖头陈、杜湖3个村）划归杭州市西湖区管辖，划出人口94507人，占1995年全市人口的7.86%。至1996年底，全市人口为1120516人。

2000年，第五次全国人口普查，全市有391434户、1233348人[②]，比第四次全国人口普查时增加102756人，增长9.09%。

第五次全国人口普查采取按常住人口登记原则。由于萧山外来常住人口多于外出人口，故第五次全国人口普查数量明显多于萧山市年末户籍人口数量。2000年末，按户籍统计，全市有362686户、1141946人，年内出生人口11715人，死亡6546人，自然增长5169人，自然增长率4.53‰。

图6－1－193　2000年11月，人口普查工作人员上门进行人口普查登记（寿健摄）

①此数为常住人口，其中常住萧山市、户口在萧山市的1111908人，常住萧山市一年以上、户口在外县市的12230人，人住在萧山市不满一年、离开户口登记地一年以上1801人，人住萧山市、户口待定4601人，原住萧山市、普查时在国外工作或学习暂无户口52人。（资料来源：萧山市人民政府人口普查领导小组办公室：《浙江省萧山市1990年人口普查资料（电子计算机汇总）》，第7～9页）

②此数为常住人口，其中常住本镇乡、户口在本镇乡的1020561人，常住本镇乡半年以上、户口在外镇乡的192929人，人住在本镇乡不满半年、离开户口登记地半年以上11102人，人住在本镇乡、户口待定8512人，原住本镇乡、普查时在国外工作或学习暂无户口244人。（资料来源：杭州市萧山区第五次人口普查办公室：《杭州市萧山区2000年人口普查资料（计算机汇总）》，第7～8页）

表6-1-70　1985～2000年萧山市户籍人口数量

年份	总户数（户）	总人口（人）	男（人）	女（人）	性别比	其中		人口变动							
						非农业人口（人）	城厢镇人口（人）	自然变动						机械变动	
								出生（人）	出生率（‰）	死亡（人）	死亡率（‰）	增加（人）	增长率（‰）	迁入（人）	迁出（人）
1985	304323	1090376	554510	535866	103	150483	68030	11382	10.44	6771	6.21	4611	4.23	17624	16951
1986	318756	1098774	559106	539668	104	152514	70792	14177	12.90	6470	5.89	7707	7.01	13958	13378
1987	334886	1114073	567018	547055	104	155919	73598	19973	17.93	6579	5.91	13394	12.02	17904	16943
1988	349960	1127617	573097	554520	103	158894	76199	18189	16.13	7130	6.32	11059	9.81	17833	15709
1989	359261	1142698	579285	563413	103	161265	78703	18637	16.31	6573	5.75	12064	10.56	15800	13026
1990	358680	1152906	582720	570186	102	162930	80744	17507	15.19	6905	5.99	10602	9.20	13920	13512
1991	368333	1163665	587111	576554	102	164312	83638	16439	14.12	6603	5.67	9836	8.45	13545	12652
1992	368139	1171846	590445	581401	102	166686	200386	14470	12.35	7088	6.05	7382	6.30	11311	10440
1993	371050	1181472	594896	586576	101	170512	204488	15505	13.12	6784	5.74	8721	7.38	12077	11090
1994	373617	1192350	600187	592163	101	195469	209730	15323	12.85	7372	6.18	7951	6.67	14335	11231
1995	376973	1201983	604652	597331	101	202736	214419	16447	13.68	7620	6.34	8827	7.34	11988	11374
1996	350172	1120516	561574	558942	100	195259	227432	15110	13.48	6966	6.22	8144	7.27	27622	15292
1997	352082	1129026	565150	563876	100	207489	232733	14374	12.73	6660	5.90	7714	6.83	9074	8883
1998	352653	1134119	567160	566959	100	220815	195779	12583	11.09	7241	6.38	5342	4.71	11859	11834
1999	358851	1138924	568762	570162	100	229061	201260	12401	10.89	6406	5.62	5995	5.26	12255	13252
2000	362686	1141946	569434	572512	99	240849	205853	11715	10.26	6546	5.73	5169	4.53	11998	13964

注：①资料来源：根据萧山市公安局年度统计资料整理。其中1990年总人口（户籍人口）1152906人、2000年总人口（户籍人口）1141946人，与1990年第四次全国人次普查总人口（常住人口）1130592人、2000年第五次全国人口普查总人口（常住人口）1233348人数量不等。

②机械变动中迁入迁出人数包括本市内人口的变动，主要指正常迁入迁出人数，不包括围垦、机场拆迁安置等迁入迁出人数。

③城厢镇1992年人口比1991年人口增加116748人，1998年人口比1997年人口减少36954人，系区划变动所致。

第二节　人口分布

城乡分布

1990年，第四次全国人口普查，萧山市有农业人口966505人，占总人口的85.49%；非农业人口159434人，占14.10%；其他人口（指户口待定或出国留学、工作，暂无户口的人员）4653人，占0.41%。农业人口大多分布在农村，非农业人口大多分布在城镇，集中在城镇的全民或集体企事业单位和行政机关，也有少数在乡村的学校、商店、医院等。

非农业人口城厢镇最多，70622人，占全市非农业人口的44.30%，占城厢镇人口的88.26%；临浦镇8086人，占全镇人口的77.88%；瓜沥镇7327人，占全镇人口的50.92%；闻堰镇4281人，占全镇人口的18.35%；西兴镇5195人，占全镇人口的17.32%；城北乡3513人，占全乡人口的17.72%；坎山镇3644人，占全镇人口的13.59%；浦沿镇4259人，占全镇人口的13.37%；义桥镇2569人，占全镇人口的13.37%；城南乡2318人，占全乡人口的10.46%；其他镇乡的非农业人口比率均在10%以下。最少的是宏图乡，非农业人口53人。新街围垦农场有非农业人口7200人，新湾围垦农场有2154人。

80年代中期，萧山进行户籍制度改革，非农业人口开始增多。1987～1989年，市（县）教育局对长期在建制镇以下农村中小学任教的大中专毕业生368人，办理其子女“农转非”手续。1992年，又为中教一级、小学高级职称的教师子女办理“农转非”。1994年出台了进城镇务工经商的农民购买行政户口政策，这种户口可以享受与城镇居民户口相同的待遇，称“蓝印户口”。至2000年，全市有蓝印户口56900人。

2000年，第五次全国人口普查，萧山市有农业人口991129人，占本单位总人口（本单位总人口为农业户口人数与非农业户口人数之和，共1224592人，属全市6周岁及以上的人填报的项目，故本单位总人口与全市总人口1233348人数据不等）的80.94%；非农业人口233463人，占本单位总人口的19.06%，非农业人口增幅较大，比1990年增加近5个百分点。非农业人口分布仍以集镇建设起步较早、基础设施较好的几个大镇为主。其中，城厢镇仍最多，有134685人，占全市非农业人口的57.69%，占全镇本单位人口的52.98%；靖江镇9100人，占全镇本单位人口的27.00%；临浦镇13748人，占25.52%；瓜沥镇13462人，占19.56%；宁围镇14584人，占19.27%；坎山镇5922人，占12.26%；义桥镇2337人，占11.52%；新街镇5843人，占10.13%；其他镇乡非农业人口均未到本单位人口的10%。

表6–1–71　2000年萧山市各镇乡非农业户口人数及所占比率

单位：人

镇乡（场区）	农业户口人数	非农业户口人数	非农业户口人数占本单位总人口比率（%）	镇乡（场区）	农业户口人数	非农业户口人数	非农业户口人数占本单位总人口比率（%）
总　计	991129	233463	19.06	靖江镇	24607	9100	27.00
城厢镇	119546	134685	52.98	南阳镇	33810	2398	6.62
楼塔镇	21539	1070	4.73	义盛镇	28065	2421	7.94
河上镇	23636	1781	7.01	河庄镇	42214	951	2.20
戴村镇	22594	1253	5.25	党湾镇	36314	1178	3.14
浦阳镇	27280	1172	4.12	新湾镇	19527	1112	5.39
进化镇	30384	1129	3.58	头蓬镇	21697	1678	7.18
临浦镇	40117	13748	25.52	新塘乡	18240	773	4.07
义桥镇	17955	2337	11.52	来苏乡	14487	614	4.07
所前镇	21610	809	3.61	石岩乡	12397	460	3.58
衙前镇	31336	1900	5.72	许贤乡	23521	894	3.66
闻堰镇	21137	4646	18.02	云石乡	9270	418	4.31
宁围镇	61101	14584	19.27	欢潭乡	10417	393	3.64
新街镇	51821	5843	10.13	前进乡	9709	196	1.98
坎山镇	42377	5922	12.26	东片农场	1863	1543	45.30
瓜沥镇	55353	13462	19.56	西片农场	9459	1999	17.45
党山镇	42117	1862	4.23	围垦区	5010	202	3.88
益农镇	40619	930	2.24				

注：①资料来源：据萧山市2000年第五次全国人口普查资料整理。

②除农业户人数和非农业户人数外，尚有待定户口，故和后有关表格人数不合。

③东片农场人口即第一农垦场、第二农垦场人口；西片农场人口即红山农场、红垦农场、钱江农场、劳改二支队人口；围垦区人口指除围垦区镇乡和东片农场、西片农场人口之外的人口。

④本单位总人口1224592人，属6周岁及以上的人口。

市内分布

1985年，全县人口为1090376人，分布在全县6个区、24个镇、43个乡。

1990年，第四次全国人口普查，萧山人口分布在6个区、25个镇、42个乡，以及新街围垦农场和新湾围垦农场。其中，戴村区33325户、115007人；临浦区49715户、167297人；城南区31908户、114492人；城北区68577户、232921人；义蓬区67999户、223106人；瓜沥区55518户、180455人。6个区合计307042户、1033278人，占全市人口的91.39%。另外，城厢镇有人口23642户、80015人，占全市人口的7.08%；新街、新湾围垦农场（新街围垦农场人口含红山农场、红垦农场、钱江农场、劳改二支队人口；新湾围垦农场人口含第一农垦场、第二农垦场人口）有人口4152户、17299人，占全市人口的1.53%。

2000年，第五次全国人口普查，萧山人口分布在24镇7乡以及东片农场、西片农场、围垦区。

表6-1-72　1990年萧山市各镇乡总户数、总人口

镇　乡	总户数（户）	总人口（人）	镇　乡	总户数（户）	总人口（人）
总　计	334836	1130592	城南区	31908	114492
城厢镇	23642	80015	衙前镇	3063	10808
戴村区	33325	115007	螺山乡	2970	10430
楼塔镇	2943	10213	城东乡	4477	15967
河上镇	4248	14096	新塘乡	4138	15391
戴村镇	4543	15751	袁江乡	4316	15249
大同坞乡	1664	5775	来苏乡	3429	12689
岩山乡	2578	8748	石岩乡	3258	11788
大桥乡	3787	13488	城南乡	6257	22170
云石乡	3535	11570	城北区	68577	232921
许贤乡	4837	16680	闻堰镇	6826	23330
朱村桥乡	2351	8550	浦沿镇	9209	31849
永兴乡	2839	10136	长河镇	9966	34041
临浦区	49715	167297	西兴镇	8518	29994
临浦镇	3404	10383	长山镇	7578	24512
所前镇	6329	21542	新街镇	6929	24191
尖山镇	2543	8748	宁围乡	6796	21488
义桥镇	5796	19279	盈丰乡	7056	23696
城山乡	4764	16602	城北乡	5699	19820
进化乡	4919	16335	义蓬区	67999	223106
新江岭乡	1755	6207	靖江镇	5296	16478
径游乡	4324	14047	义盛镇	6153	19876
欢潭乡	1680	5638	头蓬镇	4648	15643
桃源乡	2216	7724	南阳镇	6439	21204
浦南乡	4135	14805	赭山镇	3761	12720
大庄乡	3929	13161	新湾镇	5151	16026
通济乡	3921	12826	党湾镇	5863	18130

续 表

镇　乡	总户数（户）	总人口（人）	镇　乡	总户数（户）	总人口（人）
河庄乡	5525	18228	夹灶乡	7752	24134
乐园乡	2801	9156	长沙乡	5761	19081
新围乡	5111	17236	瓜沥乡	4858	16140
宏图乡	1658	5667	大园乡	4545	14900
宏伟乡	2249	7834	光明乡	5425	17609
前进乡	2548	9027	昭东乡	3764	11908
钱江乡	1349	4901	瓜沥镇	4507	14389
梅西乡	5473	18197	坎山镇	8079	26817
甘露乡	3974	12783	党山镇	6501	20982
瓜沥区	55518	180455	新街围垦农场	3186	14070
益农乡	4326	14495	新湾围垦农场	966	3229

资料来源：萧山市人民政府人口普查领导小组办公室：《浙江省萧山市1990年人口普查资料》，1991年9月，第2～4页。

表6－1－73　2000年萧山市各镇乡总户数、总人口

镇乡（场区）	总户数（户）	总人口（人）	镇乡（场区）	总户数（户）	总人口（人）
城厢镇	87470	256042	河上镇	8269	25643
宁围镇	26229	76124	许贤乡	7432	24560
瓜沥镇	21013	69564	戴村镇	7246	24016
新街镇	18553	58084	头蓬镇	7421	23520
临浦镇	16949	54117	楼塔镇	7645	22889
坎山镇	13994	48496	所前镇	6652	22558
党山镇	12910	44143	新湾镇	6878	20743
河庄镇	12432	43254	义桥镇	6316	20417
益农镇	13069	41723	新塘乡	5404	19138
党湾镇	12246	37744	来苏乡	4228	15211
南阳镇	10654	36254	西片农场	4385	13152
靖江镇	10655	33812	石岩乡	3764	12912
衙前镇	9321	33285	欢潭乡	3586	10851
进化镇	10119	31621	前进乡	3101	9917
义盛镇	9527	30637	云石乡	3491	9731
浦阳镇	9293	28560	围垦区	2141	5228
闻堰镇	7548	25984	东片农场	1493	3418

注：①资料来源：杭州市萧山区第五次全国人口普查办公室：《杭州市萧山区2000年人口普查资料》，2002年7月印，第5页。
②按人口多少依次排列。
③围垦区人口指除围垦区镇乡和东片农场、西片农场人口之外的人口。

市外分布

萧山人口的市外分布分为省内其他地区分布，国内其他省、市、自治区分布，港澳台分布和国外分布。

省内其他地区分布　1990年，分布在省内其他地区人口有22950人，其中杭州市17662人，宁波市438人，温州市52人，嘉兴市673人，湖州市405人，绍兴市2854人，金华市509人，衢州市165人，舟山市45人，台州地区77人，丽水地区70人。2000年，分布在省内其他地区人口有28267人，其中杭州市18833人，宁波市940人，温州市445人，嘉兴市756人，湖州市457人，绍兴市5126人，金华市1260人，衢州市136人，舟山市21人，台州市191人，丽水市102人。

国内其他省、市、自治区分布　据1990年第四次全国人口普查资料，萧山市分布在其他29个省、市、自治区的人口5406人，其中最多的是上海市2672人，其次是广东省1141人。此外，由多到少分别为：江苏省467人、江西省132人、福建省119人、山东省108人、安徽省90人、河北省72人、云南省69人、河南省68人、湖北省和北京市各55人、四川省50人、海南省43人、黑龙江省38人、贵州省和湖南省各28人、广西壮族自治区26人、辽宁省24人、新疆维吾尔自治区20人、山西省19人、陕西省16人、吉林省15人、甘肃省14人、宁夏回族自治区和内蒙古自治区各10人、青海省和天津市各8人、西藏自治区1人。

随着改革开放和经济社会的发展，人员交流往来更为频繁，越来越多的萧山人到全国各地创业、学习、工作。2000年，第五次全国人口普查，萧山在全国30个省、市、自治区的人口有15525人，比1990年增加10119人。增加人数最多的是上海市，比1990年净增3155人，为5827人。增加最快的是北京市，是1990年的8倍多，为472人；其次是四川省，是1990年的7倍多，为374人。其他各省均比1990年前有较大幅度的增加：广东省2618人、江苏省1286人、山东省602人、云南省512人、湖南省470人、湖北省317人、广西壮族自治区307人、安徽省279人、江西省271人、陕西省234人、河南省223人、辽宁省221人、河北省220人、福建省200人、贵州省168人、天津市145人、山西省139人、甘肃省129人、新疆维吾尔自治区127人、黑龙江省102人、重庆市59人、吉林省56人、海南省53人、内蒙古自治区47人、宁夏回族自治区39人、青海省23人、西藏自治区5人。

港澳台分布　中共十一届三中全会后，海峡两岸紧张关系开始缓和，去台的萧山人便有来往讯息，萧山在台人口始有记载（据1982年8月全县统战工作会议材料《三年来统战工作的回顾和今后工作意见》）。1982年，萧山在台人员有568人，其中在军政宪特各界有校级、县团级以上和在工商、科技、教育和医卫界人士共154人。后随着两岸交流的增加，至2000年，萧山在台湾人员约12000人。

香港、澳门先后回归祖国后，萧山去港澳从事经济贸易、学习进修人员增多。2000年，在香港、澳门的萧山人有5015人。

国外分布　改革开放后，萧山人开始走出国门走向海外，有出国培训、留学读书，也有从事贸易经商。80年代末90年代初，赴美国、俄罗斯、加拿大、日本、澳大利亚、新西兰、英国、爱尔兰、法国、德国、瑞典、瑞士、比利时、西班牙、荷兰、奥地利、意大利、匈牙利、巴西、新加坡、马来西亚、泰国、印度、韩国、乌克兰等20多个国家留学经商的人数就有近400人。2000年，萧山人分布在欧洲、美洲、非洲等28个国家有3583人，其中美国2072人。

第三节　人口密度

萧山地少人多，人口密度较高。改革开放以来，由于外来人口涌入，人口密度呈递增趋势。1985年，萧山全县人口1090376人，每平方千米人口密度为731人。1990年，全市人口1152906人，每平方千米人口密度为773人，比1985年增加42人。2000年，全市人口1141946人，每平方千米人口密度为804人，比1990年增加31人。

萧山人口密度地区差别较大。南部为低山丘陵，经济发展较慢，人口密度较低；中部、北部地区为平原，河江纵横、水网密布，人居环境优越，人口密度较高。

1984年，北部地区人口密度为每平方千米773人；南部地区的人口密度为每平方千米482人；中部地区的人口密度为每平方千米1152人，是萧山人口最稠密的地区。

1992年，萧山撤区扩镇并乡后，行政区划有所调整。北部地区人口密度为每平方千米1106人；南部地区人口密度为每平方千米687人；中部地区人口密度为每平方千米1762人。

2000年，北部地区人口密度为每平方千米1123人；南部地区人口密度为每平方千米701人；中部地区人口密度达到2054人。

各镇乡人口密度也相差很大。2000年，人口密度最高的是城厢镇，其他人口密度每平方千米在千人以上的镇乡有新街镇、临浦镇、闻堰镇、新塘乡、来苏乡、宁围镇、衙前镇、义桥镇、瓜沥镇、党湾镇、义盛镇、靖江镇、坎山镇、新湾镇、头蓬镇、南阳镇等；人口密度低的以山区半山区的镇乡居多，最低为云石乡，每平方千米为386.18人。

表6—1—74　2000年萧山市各镇乡人口密度

镇乡	人口(人)	面积(平方千米)	人口密度(人／平方千米)	镇乡	人口(人)	面积(平方千米)	人口密度(人／平方千米)
城厢镇	205853	74.74	2754.25	南阳镇	35982	35.59	1011.01
新街镇	58642	34.39	1705.21	党山镇	43659	44.22	987.31
临浦镇	54059	39.02	1385.42	河庄镇	45687	49.46	923.72
闻堰镇	24339	17.97	1354.42	益农镇	41601	45.63	911.70
新塘乡	16497	12.61	1308.25	戴村镇	26217	31.52	831.76
来苏乡	13452	10.53	1277.49	石岩乡	12244	15.67	781.37
宁围镇	49721	39.20	1268.39	浦阳镇	31763	41.87	758.61
衙前镇	23769	18.78	1265.65	所前镇	22733	31.63	718.72
义桥镇	19737	15.66	1260.34	许贤乡	26548	38.27	693.70
瓜沥镇	62786	50.72	1237.89	前进乡	11020	16.98	649.00
党湾镇	40941	34.42	1189.45	进化镇	35182	54.94	640.37
义盛镇	30486	26.45	1152.59	楼塔镇	26342	49.05	537.04
靖江镇	32273	28.56	1130.00	河上镇	29328	61.02	480.63
坎山镇	47265	42.14	1121.62	欢潭乡	12328	28.85	427.31
新湾镇	24518	22.29	1099.96	云石乡	12354	31.99	386.18
头蓬镇	24620	22.77	1081.25				

注：①各镇乡人口数据为萧山市公安局户籍年报数。

②各镇乡面积数据，城厢镇和新塘、来苏、石岩3乡据《萧山年鉴（1999）·1998年全市31个镇乡概况表》，其余镇乡均据市土地管理局《2000年萧山市镇乡土地利用现状变更调查》。

第二章　构　成

人口构成分性别、年龄、民族、职业和婚姻等构成。在历次人口普查中，萧山男女性别比变动在95～105的正常范围内，2000年出现男少女多的现象。人口年龄构成日趋变化，少儿比率下降明显，老年人口增加，人口类型由年轻型、成年型过渡到老年型。少数民族人口日趋增加。从三次人口普查来看，在业人口职业分布比较稳定。

第一节　性别构成

1982年第三次全国人口普查，萧山的总人口中男性538709人，占总人口的50.77%；女性522436人，占总人口的49.23%；性别比[①]为103.11。

① 性别比亦称“两性比例”，即在一定地区的某一时点上人口总体中男性人数与女性人数对比的相对数。计算公式为：$SR=\frac{P_m}{P_f}\times 100$。其中SR代表性别比；$P_m$为某一人口总体中的男性人数；$P_f$为该人口总体中的女性人数。

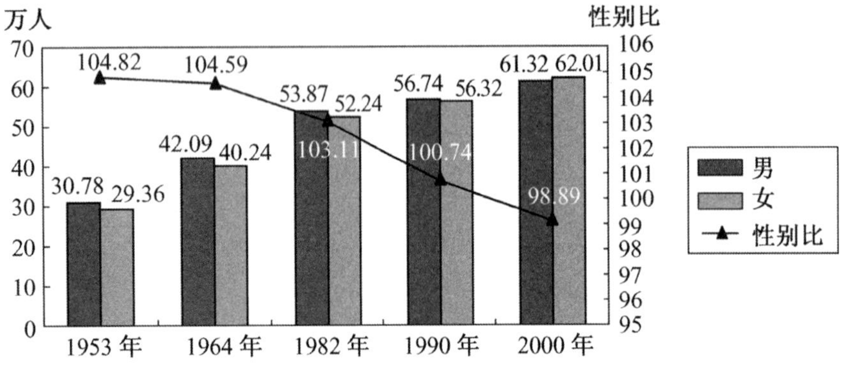

图6－2－194　1953～2000年萧山5次全国人口普查人口性别构成

表6－2－75　1982～2000年萧山3次全国人口普查年龄组性别比

单位：岁

年　龄	1982年	1990年	2000年	年　龄	1982年	1990年	2000年
0～4	106.81	104.94	105.04	55～59	109.56	112.10	99.12
5～9	107.07	107.47	104.76	60～64	100.10	105.00	110.33
10～14	104.92	106.28	104.71	65～69	96.41	94.82	106.30
15～19	103.11	103.15	93.25	70～74	83.73	86.20	94.44
20～24	102.14	91.77	88.45	75～79	66.25	73.75	81.96
25～29	104.20	97.82	96.50	80～84	50.98	58.04	68.32
30～34	104.16	103.61	93.45	85～89	37.21	42.45	53.96
35～39	97.40	103.47	100.41	90～94	30.05	26.68	36.47
40～44	109.59	101.89	105.29	95～100	11.86	17.27	20.00
45～49	114.19	99.41	104.36	100以上	25.00	66.67	18.75
50～54	111.16	113.61	102.75	合　计	103.11	100.74	98.89

表6-2-76　2000年萧山市各地人口性别比

单位：人

地　点	男	女	性别比	地　点	男	女	性别比
城厢镇	130330	125712	103.67	南阳镇	17999	18255	98.60
楼塔镇	11222	11667	96.19	义盛镇	14950	15687	95.30
河上镇	12772	12871	99.23	河庄镇	21340	21914	97.38
戴村镇	11966	12050	99.30	党湾镇	17791	19953	89.16
浦阳镇	14319	14241	100.55	新湾镇	9894	10849	91.20
进化镇	15510	16111	96.27	头蓬镇	11481	12039	95.37
临浦镇	26785	27332	98.00	新塘乡	9510	9628	98.77
义桥镇	10136	10281	98.59	来苏乡	7635	7576	100.78
所前镇	11379	11179	101.79	石岩乡	6527	6385	102.22
衙前镇	14811	18474	80.17	许贤乡	12177	12383	98.34
闻堰镇	13061	12923	101.07	云石乡	4700	5031	93.42
宁围镇	38027	38097	99.82	欢潭乡	5414	5437	99.58
新街镇	28819	29265	98.48	前进乡	4869	5048	96.45
坎山镇	24052	24444	98.40	东片农场	1867	1551	120.37
瓜沥镇	33991	35573	95.55	西片农场	8196	4956	165.38
党山镇	21471	22672	94.70	围垦区	3079	2149	143.28
益农镇	20462	21261	96.24	合　计	613229	620119	98.89
靖江镇	16687	17125	97.44				

资料来源：根据萧山市2000年第五次全国人口普查资料整理。

1990年第四次全国人口普查，萧山男性567370人，占总人口的50.18%；女性563222人，占总人口的49.82%；性别比为100.74。

2000年第五次全国人口普查，萧山男性613229人，占总人口的49.72%；女性620119人，占总人口的50.28%；性别比为98.89。与前几次人口普查相比，萧山总人口性别比逐步降低。2000年，性别比比1982年下降4.22，比1990年下降1.85。性别比在95～105的正常范围内。萧山男女人口从男多女少向男少女多变化。

根据第五次全国人口普查情况，萧山镇乡性别比最低的3个镇乡是衙前镇、党湾镇、新湾镇，低于92。性别比最高的3个地方分别是西片农场、围垦区、东片农场，远远高于正常范围。20世纪90年代以后，衙前镇的纺织工业发展较快，较多的外地女工进入衙前打工，使衙前镇的男女性别比处于萧山最低。相反，西片农场、围垦区、东片农场等垦区开发，劳动力需求量增大，外来农民工增多，主要从事挑河泥、疏塘、拔草、种毛豆、种萝卜、插秧、割稻等农活，劳动强度大，因此，垦区男女性别比偏高。

第二节　年龄构成

1982～2000年，3次全国人口普查显示，萧山的少年儿童系数[①]下降，老年人口系数[②]趋增，人口老化系数[③]，年龄中位数[④]均提高，总负担系数下降，人口年龄类型由年轻型、成年型过渡到老年型，人口再生产类型由增长型向稳定型过渡。

①少年儿童系数：一个时点上少年儿童人口占总人口的比重，它是表明人口年龄构成的相对指标。

②老年人口系数：一个时点上老年人口占总人口的比重，它是表明人口年龄构成的相对指标。

③人口老化系数：老年人口与少年儿童人口的比例。

④年龄中位数：将全体人口按年龄大小的自然顺序排列时居于中间位置的人的年龄数值。也称中位年龄或中数年龄。年龄中位数是一种位置的平均数，它将总人口分成两半，一半在中位数以上，一半在中位数以下，反映了人口年龄的分布状况和集中趋势。

结构状况

1982年第三次全国人口普查情况，萧山人口年龄结构类型为下面大、上面小的宝塔型。按年龄段来看，15～19岁的人口比例最高，达12.89%；25～29岁人口占10.90%；少年儿童人口（0～14岁)263792人，占24.86%；老年人口（65岁以上）62139人，占5.86%。

1990年第四次全国人口普查，萧山人口年龄结构类型，25～29岁的人口比例最高，达11.19%；20～24岁人口占10.28%。少年儿童人口（0～14岁）226654人，占20.05%；老年人口（65岁以上）80265人，占7.10%。

2000年第五次全国人口普查，萧山人口年龄结构呈正态分布，即中间多，两头少。30～34岁的人口比例最高，达10.54%；35～39岁人口也占了很大比例，达到10.34%；少年儿童人口（0～14岁）223879人，占18.15%；老年人口（65岁以上）106940人，占8.67%。人口年龄构成类型已进入老年型。

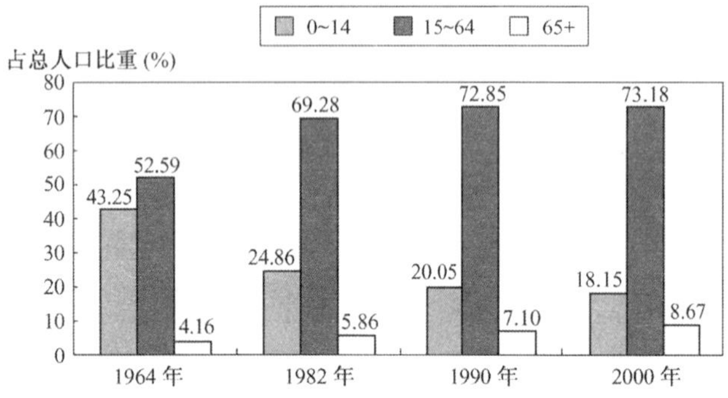

图6－2－195　1964～2000年萧山4次全国人口普查人口年龄构成

表6－2－77　1982～2000年萧山3次全国人口普查年龄结构类型

项　目	国际通用标准			萧山现状		
	年轻型	成年型	老年型	1982年	1990年	2000年
少儿人口系数(%)	40以上	30～40	30以下	24.86	20.05	18.15
老年人口系数(%)	4以下	4～7	7以上	5.86	7.10	8.67
人口老化系数(%)	15以下	15～30	30以上	23.56	35.41	47.77
年龄中位数(岁)	20以下	20～30	30以上	26	30	34

注：少儿人口系数指0～14岁人口占总人口的比重；老年人口系数指65岁及以上人口占总人口的比重；人口老化系数指65岁及以上老年人口与0～14岁儿童人口之比。

表6-2-78 1982～2000年萧山3次全国人口普查年龄分组情况

年龄（岁）	人口数(人)			占总人口(%)		
	1982年	1990年	2000年	1982年	1990年	2000年
0～4	69287	87370	68109	6.53	7.73	5.52
5～9	81945	62908	73202	7.72	5.56	5.94
10～14	112560	76376	82568	10.61	6.76	6.69
15～19	136814	89325	69533	12.89	7.90	5.64
20～24	104318	116197	87205	9.83	10.28	7.07
25～29	115620	126543	117434	10.90	11.19	9.52
30～34	96041	114241	129989	9.05	10.10	10.54
35～39	66870	106287	127544	6.30	9.40	10.34
40～44	44478	84738	105945	4.19	7.50	8.59
45～49	52896	51357	99972	4.98	4.54	8.11
50～54	46629	45650	78111	4.39	4.04	6.33
55～59	40158	47640	47747	3.78	4.21	3.87
60～64	31389	41695	39049	2.96	3.69	3.17
65～69	23322	32790	38712	2.20	2.90	3.14
70～74	17028	21225	30837	1.60	1.88	2.50
75～79	12043	13839	21238	1.13	1.22	1.72
80～84	6684	7883	10387	0.63	0.70	0.84
85～89	2463	3416	4240	0.23	0.30	0.34
90～94	528	978	1261	0.05	0.09	0.10
95～99	66	129	246	0.01	0.01	0.02
100以上	5	5	19	…	…	…

负担系数[①]

1982年第三次全国人口普查，萧山人口年龄金字塔底部缩小，劳动适龄人口[②]（15～64岁）比例加大，为735213人，占总人口的69.28%；抚养人口（0～14岁和65岁以上）325941人，总负担系数[③]44.33%，老年人口负担系数[④]8.45%，少年儿童负担系数[⑤]35.88%。

1990年第四次全国人口普查，萧山人口年龄金字塔底部拉大，劳动适龄人口（15～64岁）为823673人，占总人口的72.85%，比1982年上升3.57个百分点，抚养人口（0～14岁和65岁以上）306919人，总负担系数37.26%，比1982年下降7.07个百分点；老年人口负担系9.74%，比1982年上升1.29个百分点；少年儿童负担系数27.52%，比1982年下降8.36个百分点。

2000年第五次全国人口普查，萧山人口年龄金字塔呈葫芦型，劳动适龄人口（15～64岁）为902529人，占总人口的73.18%，比1982年上升3.90个百分点，比1990年上升0.33个百分点；抚养人口（0～14岁和65岁以上）330819人，总负担系数36.65%，比1982年下降7.68个百分点，比1990年下降0.61个百分点；老年人口负担系数11.85%，比1982年上升3.40个百分点，比1990年

① “负担系数”是用人口年龄结构计算出的相对指标，它是指被抚养人口与15～64岁人口的比例。可分为总负担系数、老年人口负担系数、少年儿童负担系数。

② “劳动适龄人口”指国际上通常为15～64岁。

③ “总负担系数”指全部被抚养人口（0～14岁和65岁以上人口）与15～64岁人口的比例。

④“老年人口负担系数”指老年人口(65岁以上人口）与15～64岁人口的比例。

⑤ “少年儿童负担系数”指少年儿童人口（0～14岁）与15～64岁人口的比例。

上升2.11个百分点；少年儿童负担系数24.81%，比1982年下降11.07个百分点，比1990年下降2.71个百分点。

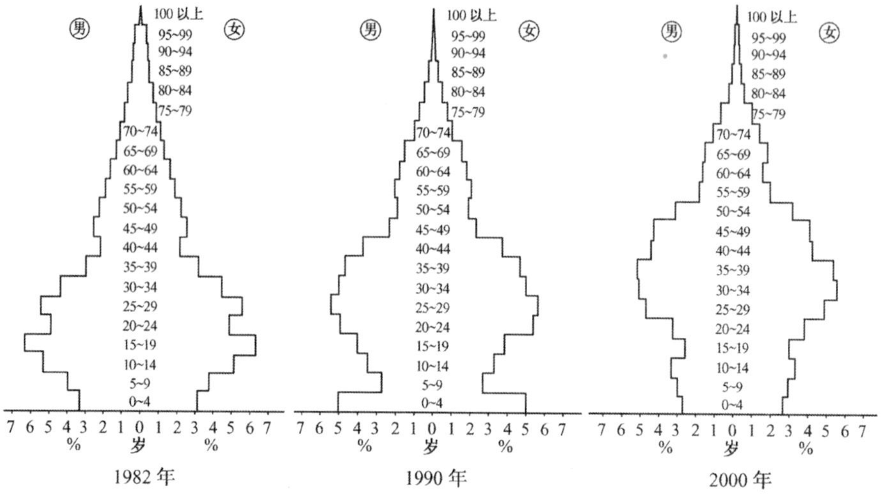

图6－2－196 1982～2000年萧山3次全国人口普查人口年龄构成

再生产类型

1982～2000年，3次全国人口普查显示，0～14岁人口比重逐步下降，50岁以上人口比重逐步上升，15～49岁人口比重在59%左右，表明人口再生产类型由增长型向稳定型过渡。

特殊年龄组

3次全国人口普查，从特殊年龄段人口比例表看，2000年，除了学龄儿童人口（7～12岁）比1990年略有上升外，不满周岁婴儿、学龄前儿童（1～6岁）、初中适龄人口（13～15岁）、高中适龄人口（16～18岁）、兵源人口（18～22岁）、法定婚龄人口、育龄人口（15～49岁）比重都有不同程度的下降；与1982年相比，除育龄妇女人口比重上升外，不满周岁婴儿、学龄前儿童、学龄儿童、初中适龄人口、高中适龄人口、兵源人口、法定婚龄人口比重均下降。

表6－2－79 1982～2000年萧山3次全国人口普查人口再生产类型

项 目	国际通用化标准			萧山现状		
	增长型	稳定性	减少型	1982年	1990年	2000年
0～14岁人口(%)	40	26.5	20	24.86	20.05	18.15
15～49岁人口(%)	50	50.5	50	58.15	60.91	59.81
50岁以上人口(%)	10	23.0	30	16.99	19.04	22.04

表6－2－80 1982～2000年萧山市3次全国人口普查特殊年龄段人口情况

单位：人

项 目	1982年		1990年		2000年	
	人口	比重（%）	人口	比重（%）	人口	比重（%）
不满周岁婴儿	14687	1.38	18985	1.68	12045	0.98
学龄前儿童(1～6岁)	85787	8.08	92538	8.18	86094	6.98
学龄儿童(7～12岁)	115151	10.85	84030	7.43	94611	7.67
初中适龄人口(13～15岁)	69233	6.52	46957	4.15	41598	3.37
高中适龄人口(16～18岁)	81830	7.71	52880	4.68	46505	3.77
兵源人口(18～22岁)	92181	8.69	107290	9.49	78563	6.37
法定婚龄人口	20689	1.95	21439	1.90	15019	0.22
育龄妇女(15～49岁)	302423	28.50	344605	30.48	373381	30.27

老年人口

从3次全国人口普查来看，萧山少儿人口系数下降，老年人口系数持续增长。人口老化指数上升，人口增长的潜能下降。2000年，萧山65岁以上老年人口系数为8.67%，高于国际上7%的老年型社会标准。萧山老人长寿指数[①]上升，人口老龄化向高龄化发展的趋势已经显现。萧山人口结构跨入深度老年型结构。

图6－2－197　许贤乡方家村百岁老人金杏花（1999年10月14日，胡志平摄）

1985～2000年，全市（县）人均寿命由67.8岁增加到75.6岁，百岁老人[②]也逐步增加；1990年，全市百岁老人12人；至1994年，每年徘徊在10人上下；1995年和1996年，分别为21人和25人；1997年以后，每年都在30人以上。年龄最大是义盛镇火星村的俞祥花（女），1894年2月出生至2000年8月病故，享年107岁；其次是云石乡船山村的李水法（男），1892年7月出生至1997年2月病故，享年106岁。萧山百岁老人从性别来说，女性多，男性少。2001年初健在的37名百岁老人中，共有5名男性，其余都为女性，女性占百岁老人总数的86.49%。从职业状况看，农民多，工商企业离退休人员少。从20世纪90年代至今，百岁老人中，离退休人员只有1人。百岁老人分布在农村多，城镇少。[③]萧山的百岁老人以文盲为主。[④]

表6－2－81　1982～2000年萧山市3次全国人口普查老年人口情况

单位：人

项　目	老年人口				老化指数	长寿指数
	60岁以上	65岁以上	80岁以上	100岁以上		
1982年	93528	62139	9746	5	23.56	10.42
占总人口比重(%)	8.81	5.85	0.92	…		
1990年	121960	80265	12411	5	35.41	10.18
占总人口比重(%)	10.79	7.10	1.10	…		
2000年	145989	106940	16153	19	47.77	11.06
占总人口比重(%)	11.84	8.66	1.31	…		

①长寿指数：80岁以上老年人口与60岁以上老年人口之比。

②萧山历史上寿命最长者为王纪昌（1821～1939），衙前镇新发王村人。终身未婚，曾出家为僧，一生积德行善，热心修桥、铺路、造凉亭，义务为百姓看病，乡人敬其为“活菩萨”。萧绍古运河上的“永兴桥”，即由他发起重修，桥碑镌有“一代宗师王纪昌发起重修”（碑今存）。

浙江巡抚感其盛名，上奏朝廷，末代皇帝宣统钦赐“盛朝奇叟”匾。王纪昌118岁卒。旧志称其为萧山历史上寿命最长的人。

③2004年，萧山区159名被调查的百岁老人对象中，生活居住在城镇的仅8人，占5.0%；生活居住在农村的有151人，占95.0%。如果按照他们的出生地统计，则这159名百岁老人全部出生于农村。其中出生于萧山的本地百岁老人有140人，占88.1%；其余百岁老人除1人出生于外省，均出生于萧山周边县乡。（资料来源：《〈萧山市志〉社会调查课题集》之《中国百岁老人状况调查——基于萧山调查为基础的实证研究报告》）

④2004年，萧山区159名被调查的百岁老人对象中，88.7%的百岁老人从未上过学，6.3%的老人曾受过1～2年不等的教育，1.8%的老人曾受过2～5年教育，受过5年及以上教育的百岁老人仅占3.0%。（资料来源：《〈萧山市志〉社会调查课题集》之《中国百岁老人的状况调查——基于萧山调查为基础的实证研究报告》）

【附】

表6-2-82 百岁老人名录

姓名	性别	生卒年月	家庭住址	姓名	性别	生卒年月	家庭住址
万来姑	女	1888-06～1990-04	宁围镇宁安村	邵阿四	女	1895-07～1995-05	宁围镇宁牧村
许铁姑	女	1888-11～1991-11	党山镇四围村	周秋英	女	1895-11～1998-04	进化镇席家村
徐朱氏	女	1889-01～1990-10	瓜沥镇横埂头村	潘田姑	女	1895-12～1998-04	南阳镇岩峰村
周如泉	男	1889-04～1992-06	城厢镇兴议村	周慧英	女	1896-06～1997-04	临浦镇通二村
张建娟	女	1889-08～1990-03	城厢镇杭州杭发集团公司家属宿舍	张阿满	女	1896-07～1995-10	欢潭乡欢潭村
钟雪铨	男	1889-11～1991-03	云石乡佛山村	许秀姑	女	1896-07～1998-12	城厢镇俊良居民区
王毛姑	女	1889-12～1990-06	义盛镇蜜蜂村	陈家贤	男	1896-09～1998	新街镇元沙村
何阿三	女	1889-12～1990-04	新街镇新街村	潘阿毛	女	1896-11～1997-02	城厢镇西许村
韩桂花	女	1890-08～1991-07	党山镇大潭村	韩水堂	男	1896-12～1995-06	义桥镇峡山头村
倪桂英	女	1890-09～1990-10	义桥镇桥亭村	姚小毛	女	1896-12～1997-03	新街镇新盛村
韩瑞英	女	1890-09～1991	义桥镇第一居民区	董冬姑	女	1896-12～1995	瓜沥镇渭水桥村
钱毛姑	女	1890-10～1990-12	宁围镇宁新村	张才姑	女	1896-12～1998-11	临浦镇汀联村
魏一姑	女	1890-11～1990-5	坎山镇荣新村	赵阿大	女	1896-12～1995	宁围镇盈一村
徐阿大	女	1891-04～1996	石岩乡前章村	徐仁贤	男	1896-12～1999-06	党山镇大潭村
杨水清	男	1891-07～1996-10	云石乡尖山下村	谭爱娥	女	1897-01～1998-10	进化镇下颜村
楼水聪	女	1891-07～1992-01	河上镇上山头村	章雪花	女	1897-01～2000-12	浦阳镇朱家塔村
冯月珍	女	1891-10～1992-08	河庄镇建一村	夏灿生	男	1897-02～1998-07	所前镇杜家村
徐永良	男	1891-10～1991	浦沿镇冠山村	郁仁花	女	1897-03～2000-10	临浦镇王村
谢汪氏	女	1891-11～1991	瓜沥镇永福村	李信姑	女	1897-03～1997-03	益农镇益农村
孙阿早	女	1891-12～1991	城厢镇高桥居民区	朱阿大	女	1897-04～2000	宁围镇盈一村
李水法	男	1892-07～1997-02	云石乡船山村	沈阿芬	女	1897-05～1998-11	河上镇伟民村
金水氏	女	1892-08～1992-10	临浦镇上戴村	姚阿芬	女	1897-06～1997-05	闻堰镇街村
沈阿大	女	1893-05～1996-10	党湾镇大西村	陈阿林	女	1897-09～2000-12	临浦镇西葛村
孙祝香	女	1893-09～1994	进化镇慈姑袁村	徐荷花	女	1898-03～2000-02	党山镇山三村
胡彩琴	女	1893-09～1992	南阳镇南丰村	李志潮	男	1898-03～1999-03	所前镇下闻村
朱杏花	女	1893-11～1992	前进乡山海村	凌杏花	女	1898-05～1999-04	宁围镇宁牧村
俞香花	女	1893-12～1994-11	河上镇魏家塔村	金福英	女	1898-05～1999-03	临浦镇三庄村
孙春芳	男	1894-01～1993	闻堰镇黄山村	韩美香	女	1898-06～1999	党湾镇老埠头村
俞祥花	女	1894-02～2000-08	义盛镇火星村	钱毛姑	女	1898-06～2005-03	党山镇大潭村
戴冬英	女	1894-07～1994-04	河庄镇新围村	朱毛姑	女	1898-07～1999	党湾镇永乐村
傅阿仙	女	1894-09～1997	党湾镇梅东村	诸阿大	女	1898-07～1999-08	党山镇四联村
金阿姑	女	1894-11～1994-10	坎山镇昙华村	冯彩英	女	1898-07～1999-02	新湾镇街村
陆秀英	女	1894-12～1994-05	城厢镇和平桥村	许菊花	女	1898-08～1999-07	党山镇官一村
吴茶花	女	1895-01～1995	党湾镇民新村	陈阿花	女	1898-09～1999	城厢镇杭州第二棉纺织厂家属宿舍
凌杏姑	女	1895-05～1996-02	石岩乡老屋村	陈杏姑	女	1898～2000-09	党湾镇永乐村
曹正姑	女	1895-06～1999	南阳镇南联村	徐位姑	女	1898-11～2000-04	所前镇传芳村

续 表

姓名	性别	生卒年月	家庭住址	姓名	性别	生卒年月	家庭住址
方生姑	女	1899-02～2001-10	坎山镇国庆村	金杏花	女	1900-10～2004-03	许贤乡方家村
戴永伦	男	1899-06～2002-04	临浦镇上戴村	徐阿花	女	1900-10～2005-04	新街镇华丰村
徐张庆	男	1899-08～2001	党湾镇合兴村	蒋小英	女	1900-10～2003-08	新街镇元沙村
楼月芹	女	1899-08～2003	河上镇于春村	陈文英	女	1900-10～2000-08	许贤乡单家村
陈小康	男	1899-09～2005-02	坎山镇张神殿村	陈小香	女	1900-11～2000-10	城厢镇徐家河村
于阿大	女	1899-10～2006-10	坎山镇张神殿村	赵琴姑	女	1900-11～2000-02	宁围镇宁税村
王杏花	女	1899-11～2001-10	所前镇张家畈村	陈雅珍	女	1900-11～2001-03	义盛镇火星村
汪友姑	女	1899-12～2002-05	衙前镇项家村	张莲英	女	1901-02～2001	闻堰镇定山村
高福英	女	1899-12～2007-05	河庄镇建设村	李才法	男	1901-03～2002-12	益农镇众力村
任茂英	女	1899-12～2000-04	所前镇传芳村	沈阿三	女	1901-05～2001-02	义桥镇民丰村
朱曹全	男	1900-03～2000-10	浦阳镇安山村	寿牛姑	女	1901-07～2001-03	益农镇东沙村
郭桂英	女	1900-04～2000	党山镇解放村	龚阿花	女	1901-09～2005-12	坎山镇八大村
金亚娥	女	1900-04～2005-03	许贤乡勤丰村	项阿大	女	1901-09～2005-12	坎山镇昙华村
滕爱花	女	1900-07～2001-03	前进乡丰乐村	施秋姑	女	1901-09～2007-07	党湾镇幸福村
倪大姑	女	1900-08～2000-06	益农镇镇龙殿村	蒋金潮	男	1901-11～2001-10	城厢镇太平弄居民区
徐阿花	女	1900-08～2003-10	党山镇长联村	郭关松	男	1901-12～2001-03	坎山镇第一居民区
毛阿菊	女	1900-09～2001-02	临浦镇石塔村	王庆姑	女	1901-12～2001-05	河庄镇闸北村
陈阿兰	女	1900-09～2004	楼塔镇楼一村				

第三节　民族构成

萧山境内居住以汉族人为主。1982年，第三次全国人口普查统计，全县有回族58人、满族27人、畲族14人、蒙古族10人、壮族8人、朝鲜族3人、彝族3人、侗族3人、瑶族2人、苗族1人。共有少数民族10个、129人，占总人口的0.01%。

1990年，第四次全国人口普查统计，全市有壮族1056人、苗族437人、土家族88人、回族73人、满族58人、侗族55人、畲族42人、布依族26人、蒙古族26人、彝族25人、瑶族18人、藏族14人、水族4人、维吾尔族4人、傈僳族4人、白族3人、黎族3人、哈尼族3人。共有少数民族18个、1939人，占总人口的0.17%；其中男性204人，女性1735人。

2000年，第五次全国人口普查统计，全市有苗族2432人、壮族2249人、土家族1478人、侗族725人、布依族388人、畲族177人、回族127人、满族105人、白族96人、瑶族90人、蒙古族85人、彝族73人、仡佬族52人、土族32人、黎族30人、藏族23人、朝鲜族23人、维吾尔族13人、哈尼族8人、傣族7人、仫佬族7人、水族6人、毛南族6人、佤族5人、达斡尔族4人、羌族4人、锡伯族2人、哈萨克族2人、高山族1人、京族1人、纳西族1人、赫哲族1人。共有少数民族32个、8253人，占总人口的0.67%；其中男性3104人，女性5149人。尚有其他未识别民族52人。

萧山少数民族人口，因婚姻、工作而迁入。80年代，主要分布于城厢镇，其中回族人口多数工作在城厢镇的杭州齿轮箱厂、杭州发电设备厂、浙江第三设备安装公司等单位。90年代初，苗族主要分布在义蓬区（318人，其中男14人、女304人）；壮族主要分布在城北区（327人，其中男8人、女319人）、城南区（207人，其中男3人、女204人）；土家族主要分布在义蓬区（48人，其中男1人、女47人）。

2000年，苗族主要分布在西片农场（347人，其中男185人、女162人）；壮族主要分布在城厢镇（308人，其中男92人、女216人）；土家族主要分布在楼塔镇（159人，其中男45人、女114人）。

表6-2-83　2000年萧山市少数民族人口分布情况

单位：人

地　点	数　量	地　点	数　量	地　点	数　量
城厢镇	1115	新街镇	585	新塘镇	130
楼塔镇	241	坎山镇	416	来苏乡	150
河上镇	115	瓜沥镇	406	石岩乡	62
戴村镇	134	党山镇	355	许贤乡	122
浦阳镇	337	益农镇	149	云石乡	117
进化镇	109	靖江镇	199	欢潭乡	83
临浦镇	322	南阳镇	202	前进乡	97
义桥镇	130	义盛镇	97	东片农场	112
所前镇	153	河庄镇	336	西片农场	546
衙前镇	271	党湾镇	215	围垦区	74
闻堰镇	132	新湾镇	168	合计	8305
宁围镇	453	头蓬镇	172		

注：①资料来源：根据萧山市2000年第五次全国人口普查资料整理。
　　②合计数8305人，含其他未识别民族52人。

第四节　职业构成

1982年第三次全国人口普查统计，全县各类职业人口676386人，占总人口的63.74%。其中男365901人，女310485人。各类专业技术人员25300人，占在业人口（下同）的3.74%；国家机关、党群组织、企事业单位负责人8305人，占1.23%；办事人员和有关人员4226人，占0.62%；商业工作人员14988人，占2.22%；服务性工作人员13295人，占1.97%；农林牧渔劳动者409100人，占60.48%；生产工人、运输工人和有关人员201026人，占29.72%；其他劳动者146人，占0.02%。不在业人口120966人，其中在校学生15290人，家务劳动79157人，待升学1067人，待国家统一分配69人，市镇待业1924人，退休退职14022人，其他9437人。

1990年第四次全国人口普查统计，全市各类职业人口748091人，占总人口数的66.17%。按职业分，农、林、牧、渔劳动者325344人，占在业人口（下同）的43.49%；生产工人、运输工人和有关人员301302人，占40.28%；各类专业技术人员37585人，占5.02%；商业工作人员35523人，占4.75%；服务性工作人员25668人，占3.43%；国家机关党群组织、企事业单位负责人13033人，占1.74%；办事人员和有关人员9513人，占1.27%，不便分类的其他劳动者123人，占0.02%。不在业人口共155847人，其中男47200人，女108647人；在校学生18732人，料理家务84851人，待升学3382人，市镇待业2994人，离休退休退职21572人，丧失工作能力19015人，其他5301人。

2000年第五次全国人口普查统计（全国统一按10%抽样调查数字），全市各类职业人口74329人，占总人口数的6.03%。其中生产、运输设备操作人员及有关人员38030人，占51.16%；农林牧渔水利生产人员16515人，占22.22%；商业、服务人员11551人，占15.54%；专业技术人员3943人，占5.30%；办事人员和有关人员2596人，占3.49%；国家机关、党群组织、企业、事业单位负责人1678人，占2.26%；不便分类的其他从业人员16人，占0.02%。未工作人口（第三、四次全国人口普查，未参加工作的统计上称为“不在业人口”；第五次人口普查，未参加工作的统计上称为“未工作人口”）24845人，其中男7963人，女16882人。

表6-2-84　1982～2000年萧山3次全国人口普查各职业人口情况

单位：人

项　目	1982第三次全国人口普查		1990第四次全国人口普查		2000第五次全国人口普查	
	男	女	男	女	男	女
国家机关、党群组织、企业、事业单位负责人	7615	690	12319	714	1477	201
专业技术人员	16235	9065	20755	16830	1765	2178
办事人员和有关人员	3387	839	7168	2345	1959	637
商业、服务人员	17110	11173	35920	25271	5909	5642
农林牧渔水利生产人员	211685	197415	173935	151409	9226	7289
生产、运输设备操作人员及有关人员	109758	91268	153332	147970	20280	17750
不便分类的其他从业人员	111	35	67	56	10	6

注：①1982年第三次全国人口普查与1990年第四次全国人口普查，商业工作人员和服务性工 作人员分开统计。
②2000年，第五次全国人口普查按10%抽样调查数字统计。

第五节　婚姻构成

1982年第三次全国人口普查，全县15岁及其以上婚龄人口797352人。其中未婚248202人，占婚龄人口的31.13%；结婚有配偶489115人，占61.34%；丧偶57451人，占7.21%；离婚2584人，占0.32%。全县未婚人口中，男性146638人，占同龄人口（以下男、女婚姻状况比重，均指与同龄人口比）的59.08%；女性101564人，占40.92%；结婚有配偶的人口中，男性241843人，占49.45%；女性247272人，占50.55%；丧偶人中，男性12276人，占21.37%；女性45175人，占78.63%。离婚的2584人中，男性2163人，占83.70%；女性421人，占16.30%。

1990年第四次全国人口普查，全市15岁及其以上婚龄人口903938人，其中男性450696人，女性453242人。全市未婚人口204104人，占22.58%；有配偶636870人，占70.46%；丧偶60403人，占6.68%；离婚2561人，占0.28%。全市未婚的204104人中，男性120457人，占59.02%；女性83647人，占40.98%。有配偶的636870人中，男性315627人，占49.56%；女性321243人，占50.44%。丧偶的60403人口中，男性12636人，占20.92%；女性47767人，占79.08%。离婚的2561人中，男性1976人，占77.16%；女性585人，占22.84%。

2000年第五次全国人口普查（按10%抽样调查），全市有15岁及其上人口99174人，其中男性48589人，女性50585人。全市未婚15937人，占婚龄人口的16.07%，男性8827人，占55.39%，女性7110人，占44.61%；初婚有配偶75705人，占76.34%，男37739人，占49.85%，女性37966人，占50.15%；再婚有配偶1245人，占1.26%，男性549人，占44.10%，女性696人，占55.90%；离婚458人，占0.5%，男性281人，占61.35%，女性177人，占38.65%；丧偶5829人，占5.88%，男性1193人，占20.47%，女性4636人，占79.53%。

在3次全国人口普查中，全市（县）未婚男性多于女性，未婚男性分别占未婚总数的59.08%、59.02%、55.39%；丧偶人数女性多于男性，丧偶女性分别占丧偶总数的78.63%、79.08%和79.53%。

第三章 变 动

80年代以后，萧山医疗卫生条件改善，加之实行计划生育政策，人口自然变动比较稳定，呈现低出生率、低死亡率、低自然增长率“三低”趋势。同时随着经济建设的发展，萧山人口迁移变动较大，迁入迁出人口逐年上升。90年代初开始，大量中西部偏远落后地区的农村劳动力到萧务工经商，萧山外来暂住人口迅速增加。

第一节 自然变动

1985年，萧山出生人口11382人，出生率10.41‰。后受计划生育政策“开小口子”的影响，人口出生率一直徘徊在15‰上下，最高的1987年曾达17.92‰。随着计划生育政策的有效实施，人口出生得到有效的控制。1992年，出生人口14470人，出生率降到12.35‰；1997年出生人口14374人，出生率12.73‰；2000年，出生人口11715人，出生率10.27‰，人口出生率呈明显下降趋势。

1985年，萧山自然死亡人口6771人，死亡率6.21‰；1990年，自然死亡人口6905人，死亡率5.99‰；1995年，自然死亡人口7620人，死亡率6.34‰；1999年，自然死亡人口6406人，死亡率5.62‰，是1985年以来死亡率最低的一年；2000年，死亡人口6546人，死亡率5.74‰。

1985年，萧山人口增长4611人，人口增长率4.23‰；1990年，人口增长10602人，增长率9.20‰；1995年，人口增长8827人，增长率7.34‰；2000年，人口增长5169人，增长率4.53‰。

第二节 人口迁移

萧山市人口迁移主要为围垦人口迁移、机场拆迁户安置、行政区域调整和高考录取的人口变动。

围垦移民　围垦海涂的形成，垦种生产的逐年扩大，萧山各地人口向围垦地区移民。据《萧山围垦志》（费黑主编，陈志根副主编，上海人民出版社，1999年，第205页）记载：至1991年，迁移至围垦区新围乡5530户、18494人；钱江乡1400户、4885人；宏伟乡2333户、8014人；宏图乡1667户、5338人；前进乡2995户、10402人；益农乡4340户、13977人；红垦农场756户、1532人；钱江农场707户、2251人；红山农场1523户、4459人；第一农垦场438户、1549人；第二农垦场332户、1713人；南阳镇南围村191户、602人；宁围乡顺坝村433户、1328人；党山镇四围村276户、996人；党山镇长兴村121户、376人；城南区垦种点12户、69人；城北区垦种点186户、747人；戴村垦种点278户、710人；瓜沥区垦种点229户、1095人；市饲料畜禽总公司养殖基地191人；市林场头蓬分场48户、98人，合计在围垦地区落户23795户、移民人口78826人。

机场拆迁安置　因杭州萧山机场建设的需要，对坎山、靖江、瓜沥3镇涉及的拆迁户，根据政策分别由所在镇负责安置，由原农业户口转为非农业户口，共计7533人，其中坎山镇2158人、靖江镇2166人、瓜沥镇3209人。

行政区域调整、变动　1996年5月9日，浦沿镇、长河镇、西兴镇划给杭州市西湖区，共计32015

户、101982人，其中浦沿镇10853户、35116人，长河镇11176户、35461人，西兴镇9986户、31405人。5月24日，将杭州市西湖区的原西兴镇的东湘、杜湖、湖头陈3个村划归萧山城厢镇管辖。3个村共计7475人，其中东湘村2278人、杜湖村1378人、湖头陈村3819人。

正常的人口迁入迁出每年均有变动　1985年迁入17624人，迁出16951人；1990年迁入13920人，迁出13512人；1996年迁入27622人，迁出15292人；2000年迁入11998人，迁出13964人。1985～2000年间，迁入人数最多的一年是1996年，迁出人数最多的一年是1985年。16年间，共计迁入人口233103人，迁出人口209531人，净进入人口23572人。

第三节　人口流动

改革开放以来，随着市场经济发展，城市化进程加快，人口流动增长迅速。2000年，据第五次全国人口普查，萧山市24个建制镇人口1109230人，占全市总人口的89.84%；外出人口①从1990年的28356人增加到114588人，外来人口②从1990年的14031人增加到204031人，暂住人口③50084人。外来人口数量大于外出人口数量。

外出人口

1990年，第四次全国人口普查，萧山市外出流动人口28356人，其中男17323人，女11033人。15～54岁23110人，占外出人口的81.50%；20～24岁最多，达5615人，占外出人口的19.80%。小学以上文化程度25585人，占外出人口的90.23%；初中最多，达11509人，占外出人口的40.59%。分布在省内22950人，省外5406人，省外最多的是上海市2672人，其次是广东省1141人，两省市合计3813人，占省外的70.53%。外出原因中，从事经济社会活动的最多，有19356人，占外出人口的68.26%；其后依次是随亲外出3284人，投亲靠友1949人，婚嫁1456人，学习培训661人，其他1650人。外出从事经济社会活动的人口中，从事农业326人，工业6786人，建筑业6503人，交通邮电通信运输业890人，商业1707人，服务业1775人，其他行业1369人。外出从事工业人数中河上镇最多，有722人；建筑业人数中党湾镇最多，有821人；服务业人数最多的是云石乡，为122人。

2000年，第五次全国人口普查，萧山市外出人口114588人，其中男61988人，女52600人。15～54岁92906人，占外出人口的81.08%；25～29岁最多，达16867人，占外出人口的14.72%。小学以上文化程度106675人，占外出人口的93.09%；初中最多，达50172人，占外出人口的43.78%。分布在市内70796人，省内其他县市区28267人，省外15525人，省外最多的是上海市5827人，其次是广东省2618人，两省市合计8445人，占省外的54.40%。外出原因中，务工经商最多，有58862人，占外出人口的51.37%；其后依次是随迁家属11055人，投亲靠友9149人，婚姻迁移9561人，学习培训9300人，工作调动4252人，

①1990年第四次全国人口普查开始统计外出人口数据，外出人口为户口在本县、市，但外出一年以上的人。2000年第五次全国人口普查，外出人口为户口在本乡、镇、街道，但外出半年以上的人。

②1990年第四次全国人口普查开始统计外来人口数据，外来人口为常住本县、市一年以上，户口在外县、市，或人住在本县、市不满一年，离开户口登记地一年以上的人，亦称外来常住人口。2000年第五次全国人口普查，外来人口为居本乡、镇、街道半年以上，户口在外乡、镇、街道，或在本乡、镇、街道居住不满半年，离开户口登记地半年以上的人。

③1982年第三次、1990年第四次全国人口普查未统计暂住人口数据。2000年第五次全国人口普查，暂住人口为暂住本乡、镇、街道，离开户口登记地不满半年的人。

拆迁搬家2650人，分配录用1324人，其他8435人。外出人口中，从事经济社会活动的最多，有64438人，占外出人口的56.23%，其中农业3879人，工业21612人，建筑业9050人，交通运输仓储及邮电通信业3179人，批发、零售贸易和餐饮业14781人，金融保险业536人，房地产业120人，社会服务业5885人，其他5396人。外出从事工业人数中城厢镇最多，有3564人；建筑业人数中党湾镇最多，有1810人；批发、零售贸易和餐饮业人数最多的是许贤乡，为1427人。

表6－3－85 1995～2000年萧山市外出人口情况

单位：人

外出原因	总计	性别		分布			时间					
		男	女	市内	省内其他县市区	省外	1995年以前	1996年	1997年	1998年	1999年	2000年
务工经商	58862	36213	22649	32274	15167	11421	33876	5125	5670	9948	10623	11891
工作调动	4252	3007	1245	3120	897	235	15605	379	363	691	745	376
分配录用	1324	751	573	1000	290	34	1698	103	109	261	380	102
学习培训	9300	5033	4267	7174	1663	463	369	250	475	2869	4264	705
拆迁搬家	2650	1336	1314	2355	270	25	737	211	274	440	418	184
婚姻迁移	9561	1134	8427	6698	2599	264	1123	776	935	1999	1528	608
随迁家属	11055	5247	5808	7075	2798	1182	3715	1016	1164	1774	1766	1258
投亲靠友	9149	4038	5111	5797	2363	989	4077	683	804	1810	1370	932
其他	8435	5229	3206	5303	2220	912	3550	695	773	1562	1502	901
合计	114588	61988	52600	70796	28267	15525	3002	9238	10567	21354	22596	16957

注：①资料来源：根据萧山市2000年第五次全国人口普查资料整理。
②1995以前数据含当年数据，2000年数据指1～10月份数据。

表6－3－86 2000年萧山市外出从事各种行业人口年龄情况

单位：人

行业	总计	15～19岁	20～24岁	25～29岁	30～34岁	35～39岁	40～44岁	45～49岁	50～54岁	55～59岁	60～64岁	65岁及以上
农业	3879	35	103	226	440	675	658	654	400	237	186	265
工业	21612	1088	4836	4457	3538	2678	1697	1507	905	401	243	262
建筑业	9050	124	828	1077	1592	1881	1428	1028	557	264	135	136
交通运输、仓储及邮电通信业	3170	59	476	674	602	539	347	283	141	35	12	11
批发和零售贸易、餐饮业	14781	481	1821	2257	3057	2825	1711	1338	751	293	123	124
金融、保险业	536	9	105	155	98	77	38	26	19	7	1	1
房地产业	120	6	28	25	13	14	3	14	7	4	3	3
社会服务业	5885	277	1227	1099	963	722	505	410	295	175	108	104
其他	5396	348	794	878	745	696	541	473	392	205	145	179
合计	64438	2427	10218	10848	11048	10107	6928	5733	3467	1621	956	1085

注：①资料来源：根据萧山市2000年第五次全国人口普查资料整理。
②该表指15岁及15岁以上外出从事各种行业的人口。

表6-3-87　2000年萧山市外出从事各种行业人口文化程度情况

单位：人

行　业	总计	研究生	大学本科	大学专科	中专	高中	初中	小学	扫盲班	未上过学
农　业	3879	0	2	11	19	133	1113	2250	162	189
工　业	21612	5	580	1384	856	3051	12034	3598	52	52
建筑业	9050	1	17	131	193	978	4544	3068	61	57
交通运输、仓储及邮电通信业	3179	0	16	35	109	491	1885	634	4	5
批发和零售贸易、餐饮业	14781	1	17	79	118	1893	9074	3485	66	48
金融、保险业	536	1	12	52	102	203	145	18	3	0
房地产业	120	0	5	17	17	30	44	6	0	1
社会服务业	5885	1	62	220	387	978	3092	1101	30	14
其　他	5396	0	128	270	527	746	2249	1392	39	45
合　计	64438	9	839	2199	2328	8503	34180	15552	417	411

注：①资料来源：根据萧山市2000年第五次全国人口普查资料整理。
②该表指15岁及15岁以上外出从事各种行业的人口。

外来常住人口

1990年，第四次全国人口普查，萧山市外来常住人口14031人，其中男7572人，女6459人；主要集聚在城厢镇，共1845人，占全市外来常住人口的13.15%。

2000年，第五次全国人口普查，萧山市外来常住人口204031人，其中男105372人，女98759人。主要来自市内70764人，省内其他县市区37267人，省外96000人，省外中较多的是安徽省22582人，江西省17642人，四川省16638人，河南省9409人，湖南省7779人，贵州省5605人，广西壮族自治区3363人，重庆市2650人，湖北省2754人，江苏省2351人，以上10省（市、自治区）合计90773人，占外来常住人口的44.50%，占省外的94.56%。主要集聚在城厢镇，共68161人，占外来常住人口的33.41%。

表6-3-88　2000年萧山市外来常住人口情况

单位：人

地区别	总计			其中								
				省内其他县市区			省外			合计		
	男	女	小计	男	女	小计	男	女	小计	男	女	小计
总　计	105372	98759	204031	18122	19145	37267	51674	44326	96000	69796	63471	133267
城厢镇	36432	31729	68161	6449	5986	12435	15742	11089	26831	22191	17075	39266
楼塔镇	675	1068	1743	167	258	425	350	668	1018	517	926	1443
河上镇	1763	842	921	483	236	247	676	315	361	1159	551	608
戴村镇	2050	1053	997	175	73	102	803	420	383	978	493	485
浦阳镇	883	669	1552	97	91	188	612	459	1071	709	550	1259
进化镇	604	766	1370	119	141	260	236	425	661	355	566	921
临浦镇	3429	3429	6858	397	308	705	837	803	1640	1234	1111	2345
义桥镇	1328	1127	2455	240	180	420	664	531	1195	904	711	1615
所前镇	1268	870	2138	124	125	249	948	543	1491	1072	668	1740

续　表

地区别	总计			其中								
				省内其他县市区			省外			合计		
	男	女	小计	男	女	小计	男	女	小计	男	女	小计
衙前镇	3846	7128	10974	922	2767	3689	1856	3542	5398	2778	6309	9087
闻堰镇	2080	1302	3382	707	469	1176	1039	571	1610	1746	1040	2786
宁围镇	14337	13876	28213	3157	3503	6660	8235	6875	15110	11392	10378	21770
新街镇	5665	5219	10884	739	733	1472	3557	3128	6685	4296	3861	8157
坎山镇	2383	1941	4324	262	272	534	1603	1055	2658	1865	1327	3192
瓜沥镇	5040	5241	10281	706	815	1521	2833	2796	5629	3539	3611	7150
党山镇	2301	2511	4812	299	400	699	1479	1590	3069	1778	1990	3768
益农镇	777	1125	1902	174	287	461	300	561	861	474	848	1322
靖江镇	2185	2019	4204	390	244	634	1225	1132	2357	1615	1376	2991
南阳镇	1683	1340	3023	224	162	386	1036	678	1714	1260	840	2100
义盛镇	1531	1497	3028	116	100	216	352	366	718	468	466	934
河庄镇	758	865	1623	81	79	160	356	458	814	437	537	974
党湾镇	786	924	1710	81	95	176	406	493	899	487	588	1075
新湾镇	676	758	1434	55	55	110	245	284	529	300	339	639
头蓬镇	841	939	1780	88	79	167	367	444	811	455	523	978
新塘乡	1693	1604	3297	254	252	506	1004	963	1967	1258	1215	2473
来苏乡	1458	1071	2529	128	98	226	978	776	1754	1106	874	1980
石岩乡	904	554	1458	156	67	223	507	310	817	663	377	1040
许贤乡	1210	1000	2210	198	196	394	759	603	1362	957	799	1756
云石乡	248	357	605	64	58	122	107	221	328	171	279	450
欢潭乡	207	303	510	49	68	117	72	167	239	121	235	356
前进乡	242	356	598	24	40	64	139	203	342	163	243	406
东片农场	1142	879	2021	136	103	239	625	475	1100	761	578	1339
西片农场	3693	2234	5927	682	388	1070	1974	1083	3057	2656	1471	4127
围垦区	3072	2140	5212	528	377	905	496	290	786	1024	667	1691

注：①资料来源：根据萧山市2000年第五次全国人口普查资料整理。
②2000年萧山市外来人口共204031人，其中市内70764人、本省其他县市区37267人、省外96000人。此表未含市内70764人的男、女人口数在各地的分布数。

外来暂住人口

80年代，萧山经济得到快速发展，中小民营企业因用工短缺开始大量招聘外地劳动力。90年代初，大量的中西部偏远地区外地人口到萧工作，外来暂住人口数量骤增。据市公安局统计，1990年，萧山市外来暂住人口5243人，其中做工（含保姆）2379人，经商712人，投亲访友1873人，借读培训237人，其他42人；居住在居民家中的2315人，单位集体宿舍1952人，旅馆292人，租赁公房184人，租赁私房347人，建筑工地153人。①

2000年，第五次全国人口普查，萧山市外来暂住人口50084人，其中男27729人，女22355人。15～54岁46619人，占外来暂住人口的93.08%，15～19

①公安局外来暂住人口统计始于1990年，1991年未统计。公安局外来暂住人口统计口径较宽，其中2000年度统计数据与人口普查数据相差很大。据统计，2000年，外来暂住人口148956人，其中从事工业124319人、农业5705人、商贸业6003人、服务业11872人、投亲访友283人、借读培训372人、其他402人。居住在居民家中的7031人，单位集体宿舍76042人，旅馆149人，租房50213人，工地15223人，其他298人。

岁最多，达10797人，占外来暂住人口的21.56%。主要来自市内8838人，省内其他县市区7173人，省外34073人，省外中较多的是安徽省9854人，江西省5357人，河南省4488人，四川省4485人，湖南省2662人，贵州省1764人，湖北省1202人，江苏省1143人，广西壮族自治区763人，重庆市680人，以上10省（市、自治区）合计32398人，占外来暂住人口的64.69%，占省外的95.08%。主要集聚在城厢镇，共19331人，占外来暂住人口的38.60%。

图6－3－198　1999年3月，外来务工人员来萧求职创业（傅展学摄）

表6–3–89　2000年萧山市外来暂住人口各年龄段情况

年龄（岁）	总计（人）			市内（人）			省内其他县市区（人）			省外（人）		
	男	女	小计	男	女	小计	男	女	小计	男	女	小计
0～4	715	609	1324	63	54	117	83	70	153	569	485	1054
5～9	298	217	515	53	50	103	37	35	72	208	132	340
10～14	198	202	400	72	62	134	23	22	45	103	118	221
15～19	5178	5619	10797	2601	2270	4871	625	841	1466	1952	2508	4460
20～24	5222	4731	9953	540	491	1031	797	757	1554	3885	3483	7368
25～29	5806	4537	10343	328	282	610	731	559	1290	4747	3696	8443
30～34	4454	3106	7560	247	179	426	556	360	916	3651	2567	6218
35～39	2661	1552	4213	210	150	360	381	232	613	2070	1170	3240
40～44	1124	504	1628	187	69	256	236	121	357	701	314	1015
45～49	908	414	1322	176	90	266	188	84	272	544	240	784
50～54	514	289	803	133	76	209	107	69	176	274	144	418
55～59	244	175	419	64	65	129	63	29	92	117	81	198
60～64	171	127	298	58	33	91	45	21	66	68	73	141
65～69	127	104	231	53	41	94	24	18	42	50	45	95
70～74	61	72	133	28	31	59	8	19	27	25	22	47
75～79	26	46	72	10	20	30	4	15	19	12	11	23
80～84	15	37	52	7	30	37	5	6	11	3	1	4
85～89	5	11	16	3	8	11	0	1	1	2	2	4
90～94	2	2	4	1	2	3	1	0	1	0	0	0
95～99	0	1	1	0	1	1	0	0	0	0	0	0
100以上	0	0	0	0	0	0	0	0	0	0	0	0
合　计	27729	22355	50084	4834	4004	8838	3914	3259	7173	18981	15092	34073

资料来源：根据萧山市2000年第五次全国人口普查资料整理。

第四章 素 质

中华人民共和国成立后，随着国民经济、医疗卫生防疫事业和全民体育事业的发展，萧山城乡居民的身心素质、文化素质和文明程度不断提高。萧山人在自然和社会历史的变迁中，逐渐形成了内涵丰富的萧山精神。

第一节 身心素质

旧时，萧山城乡居民生活贫困，身体素质差。中华人民共和国成立后，萧山地方政府重视医疗卫生工作，积极发展体育事业，逐步建立了各级医疗卫生防疫网，大力开展群众性防病治病、妇幼保健和爱国卫生运动。改革开放后，萧山各级政府都十分重视发展全民体育，增强人民体质，群众积极参加体育健身活动，更加注意自身心理情绪的调节，人民的身体素质和心理素质有了很大提高。

青少年生长发育

随着居民生活水平的提高，医疗卫生条件的改善，萧山青少年生长发育状况有明显改善。据1980年对城镇学校学生4704人的健康状况调查，儿童青少年的形态指标（包括身高、坐高、体重、胸围、肩宽、盆宽、上臂围）都随着年龄的增长而逐年增大，但增长速率却因年龄、性别的不同而有差异：10～13岁，女生的各项形态指标大于男生，而在10岁前和13岁后都是男生大于女生，说明10岁后至13岁前的一段时间中，女生的增长速率大于男生。男女生各项形态指标在年龄增长过程中都有一个突增阶段，男生在13岁左右，女生在11岁左右，女生比男生早2年。机能指标（包括肺活量、呼吸频率、心率、血压）也随着年龄而变化，男女生趋势一致。肺活量有明显的突增高峰，女生比男生早1～2年。在性发育方面，女生比男生早，女生月经初潮平均年龄为14.1岁，男生首次遗精平均年龄为16.02岁。2000年，萧山开展全市“中小学生20年生长发育趋势比较研究”的调查，调查在校学生5762人。与1980年调查结果比较，男生身高平均增长4.07厘米，体重平均增加6.56千克，胸围平均增大3.12厘米；女生平均身高增长3.76厘米，体重平均增加5.06千克，胸围平均增大4.31厘米。月经初潮、首次遗精出现年龄提前1～2年。学生营养不良的比率由1985年的34.36%下降为2000年的23.57%，肥胖率由1985年的0.17%上升到2000年的7.11%。

图6－4－199 2000年4月，开展关注流动人口中的儿童宣传活动（丁力摄）

心理健康

随着居民身体素质的增强，生活节奏的加快，萧山居民的心理健康状况受到重视。根据萧山区地方志办公室于2004年开展的“萧山居民生活质量调查”，90年代中期，依平均值，居民心理不健康现象出现较多（平均值高）的5种是：“觉得做什么事情都很吃力”、“原来不烦恼的事开始使我烦恼”、“不能集中精力做要做的事情”、“觉得心烦，亲友的帮助也不管用”、“不想吃东西，胃口不好”。

表6-4-90　90年代中期萧山市居民心理健康测量指标得分平均值

指　标	平均值(N)	指　标	平均值(N)
原来不烦恼的事开始使我烦恼	2.25(240)	感到孤独	1.50(239)
觉得做什么事情都很吃力	2.34(239)	感到人们对我不友好	1.43(240)
觉得心烦，亲友的帮助也不管用	1.87(239)	隔一段时间就会哭一场	1.27(240)
不能集中精力做要做的事情	2.06(240)	感到悲伤	1.42(239)
觉得自己的人生经历是一场失败	1.62(238)	觉得别人看不起我	1.36(239)
不想吃东西，胃口不好	1.83(239)	做任何事情都不起劲	1.54(239)
感到泄气	1.68(235)	*觉得自己和别人一样强	3.49(237)
感到害怕	1.47(239)	*对前途抱有希望	2.70(237)
睡不好觉	1.73(239)	*感到幸福	2.48(240)
好像说话比以前少了	1.51(237)	*觉得人生有意义	2.47(241)

注：①各指标的度量采用莱科标度，即“经常有”、“较多出现”、“较少有”、“偶尔有”、“没有”，分别赋值为5、4、3、2、1；其中前面标注“*”的指标为反方向，对其赋值分别为1、2、3、4、5。

②平均值的计算方法是：把所有个案在各项指标上的得分加总，除以个案数（N）。

③未标“*”的平均值越高，表明该指标所描述的心理感觉产生频率越大，心理健康程度越低。标“*”的平均值越高，表明所描述的心里感觉产生频率越小，心理健康程度越低。

出现较少（平均值低）的5种心理不健康现象是：“隔一段时间就会哭一场”、“觉得别人看不起我”、“感到悲伤”、“感到人们对我不友好”、“感到害怕”。据调查所得的心理测量个人得分状况的分组分析：63.23%的居民心理健康测量得分在1.00～1.99之间，约三成居民得分在2.00～2.99之间，4.48%的居民得分在3.00～3.99之间，人均得分为1.87，这说明萧山居民的心理健康状况良好。

残疾人口

1987年，萧山对残疾人进行抽样调查，调查结果：有各类残疾人4.92万人，其中肢体残疾人2.33万，智力残疾人0.75万，听力言语残疾人0.72万，精神残疾人0.51万，视力残疾人0.61万。90年代，政府推行残疾人康复治疗工作，其中白内障复明手术3604例，肢体矫治手术204例，聋儿语训82例，低视力矫视121例，弱智儿童康复训练99人。1997年，共有各类残疾人1.98万人，其中肢体残疾人1.2万，智力残疾人0.17万，听力言语残疾人0.21万，精神残疾人0.13万，视力残疾人0.27万。全市积极发展智障儿童教育和聋哑儿童教育，到2000年，有在校学生近700人。通过学校教育，一些学生毕业后到福利企业工作，为社会作出贡献。

婴儿死亡率①

1985年，萧山县围产儿死率②18.85‰，新生儿死亡率③12.4‰，婴儿死亡率为14.7‰。1986年，围产儿死亡率17.14‰。1989年6月，萧山市成立围产保健协作组，定期开展产妇、围产儿的死亡评审工作，分析死亡原因，找出存在问题，提出改进措施。是年，围产儿死亡率由上年的13.42%下降至11.93%；婴儿死亡率由上年的13.90‰降至12.52‰。1990年，婴儿死亡率10.78‰。

①婴儿死亡率：婴儿出生后第一周岁以内的死亡率，即未满周岁前死亡之数与活产婴儿数的比率。一般以年度为时间计算单位，以千分数表示。婴儿死亡率、孕产妇死亡率、人均期望寿命是衡量一个国家和地区居民健康状况的重要指标。

②“围产儿”指进入妊娠第28周后出生的小儿。不论是死胎（即分娩前已死于宫内），死产（分娩过程中死亡）及出生7天之内的活产儿（也即早期新生儿），都称围产儿。1000个围产儿中死亡几个就是围产儿死亡率。如1000个围产儿中有6个死胎，4个死产，10个新生儿死亡，则围产儿死亡共20个，围产儿死亡率为20‰。

③新生儿是自母体娩出到出生后四周（28天）以内的婴儿。其中早期新生儿是出生后7天内的新生儿。

1994年，婴儿死亡率12.78‰，经比上年上升1.34个千分点。1999年，婴儿死亡率8.36‰。2000年，围产儿死亡率11.20‰。

孕产妇死亡率[①]

1985年，萧山县孕产妇死亡率44.87/10万。1986年，萧山县成立孕产妇死亡评审小组。是年，孕产妇死亡率27.98/10万。1989年，孕产妇死亡率由上年的47.31/10万下降至33.78/10万。1990年，孕产妇死亡率48.85/10万。1993年，孕产妇死亡率6.69/10万，比上年下降29.02个10万分点。1999年，孕产妇死亡率32.13/10万。2000年，孕产妇死亡率17.50/10万。

①孕产妇死亡率：从妊娠开始到产后42天内，因各种原因（除意外事故外）造成的孕产妇死亡均计在内。由于其比例较小，因而分母多以万或十万计。即每万例活产或每十万例活产中孕产妇的死亡率为孕产妇死亡率。

平均预期寿命

萧山人口的平均预期寿命在杭州市和浙江省均高于平均值[②]。1986年平均预期寿命73.67岁，其中男性70.49岁，女性76.85岁；1990年，平均预期寿命73.17岁，其中男性70.66岁，女性75.86岁；2000年，平均预期寿命73.49岁，其中男性72.17岁，女性77.58岁。

②萧山人口1981年平均预期寿命为71.32岁，其中男性68.98岁，女性73.80岁，比杭州市人口平均预期寿命70.52岁高出0.8岁，比浙江省人口平均预期寿命69.51岁高出1.81岁。（资料来源：萧山县志编纂委员会编：《萧山县志》，浙江人民出版社，1987年，第203页）

第二节　文化素质

中华人民共和国成立后，由于政府对教育的重视，萧山居民的文化素质逐渐提高。1986年，全县分批实施九年制义务教育，同时，高等教育、成人教育和自学考试发展迅速，萧山人口文化素质全面提高。

1982年，第三次全国人口普查，全县6岁及6岁以上人口976822人，其中大学毕业2098人，大学肄业或在校学生432人，高中49229人，初中177927人，小学452080人，文盲、半文盲295056人。2000年，第五次全国人口普查，全市6岁及6岁以上人口1148800人，其中不识字或识字很少的人口比重从1990年的21.75%下降为2000年的10.08%，小学文化程度人口比重由1990年的46.12%下降到2000年的41.71%，高中文化程度人口比重由1990年的5.83%上升到2000年的8.91%，大学本科文化程度人口比重由1990年的0.22%上升到2000年的0.60%。2000年与1990年相比，每万人中具有大学、高中、初中文化程度的人数大幅增加，其中大学文化程度增长207.58%，高中文化程度增长61.23%，初中文化程度增加41.94%。

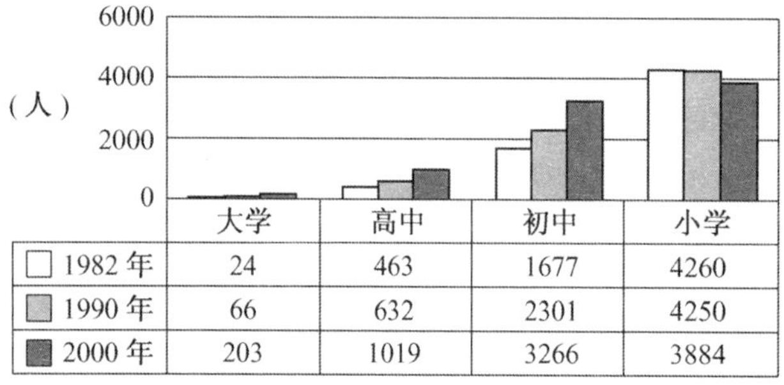

	大学	高中	初中	小学
1982年	24	463	1677	4260
1990年	66	632	2301	4250
2000年	203	1019	3266	3884

图6－4－200　萧山市每1万人拥有各种受教育程度人口（根据萧山市2000年第五次全国人口普查资料整理）

表6–4–91　1990年萧山市各地人口文化程度情况

单位：人

地区别	6岁及6岁以上人口数	大学本科	大学专科	中专	高中	初中	小学	不识字或识字很少
城厢镇	74001	1474	3002	4659	14475	26022	18341	6028
戴村区	105177	48	191	638	5699	30468	52620	15513
临浦区	151635	146	309	1137	7238	42316	73961	26528
城南区	104785	76	201	511	4406	24354	50940	24297
城北区	212536	280	709	1832	11352	53886	91964	52513
义蓬区	203812	65	261	751	8063	41974	105633	47065
瓜沥区	164580	88	285	748	7087	35055	77320	43997
新街围垦农场	13088	44	126	236	1634	4752	4142	2154
新湾围垦农场	2939	1	17	40	253	1012	1299	317
合　计	1032553	2222	5101	10552	60207	259839	476220	218412

资料来源：根据萧山市1990年第四次全国人口普查资料整理。

表6–4–92　1990年、2000年萧山市人口文化程度情况

单位：人

文化程度	1990年			2000年		
	男性	女性	小计	男性	女性	小计
研究生	0	0	0	129	21	150
大学本科	1757	465	2222	4891	2009	6900
大学专科	3792	1309	5101	11360	6588	17948
中　专	6546	4006	10552	11852	11992	23844
高　中	37263	22944	60207	59645	42745	102390
初　中	153833	106006	259839	220381	182175	402556
小　学	253716	222504	476220	234580	244606	479186
不识字或识字很少	60169	158243	218412	27065	88761	115826
合　计	517076	515477	1032553	569903	578897	1148800

注：①资料来源：根据萧山市1990年第四次、2000年第五次全国人口普查资料整理。
②该表指6岁及6岁以上人口。

文化程度性别差异较明显，但女性受教育日益受到重视，女性文化程度大幅度提高。据1990年第四次人口普查资料，女性文化程度低于男性。在15岁及15岁以上的人口中，不识字或识字很少的共205825人，其中女性152103人，占15岁及15岁以上人口的百分比为33.56%，男性仅占11.92%。据2000年第五次全国人口普查，女性文盲人口减少。在15岁及15岁以上的人口中，文盲人口数为77965人，其中女性60887人，占15岁及15岁以上人口的11.92%，男性为3.42%。

文化程度年龄分布相对集中。根据1990年第四全国次人口普查资料，在25～59岁的各个年龄组中，具有大学本科文化程度人数（含在校生和毕业人口）最多的年龄组是25～29岁，共583人，占全市大学本科总人数的26.24%。高中文化程度人数（含在校生和毕业人口）以15～29岁年龄组为最高，占高中总人口的70.95%。在15岁及15岁以上人口中，文盲、半文盲205825人，占15岁及15岁以上人口总数的22.77%。据2000年第五次全国人口普查资料，在25～59岁各年龄组中，未上过学的人口随着年龄组年龄的增大也在增多，25～29岁年龄组仅569人，55～59岁年龄组为6874人。研究生文化程度人口数以30～34岁年龄组为最高，占研究生总人口数的29.33%。高中以15～19岁年龄组为最高，占高中总人口数的近30%。在15岁及15岁以上人口中，文盲人口77965人，占15岁及15岁以上人口总数的7.72%。

文化程度的行业分布集中在少数行业和部门。根据第四次全国人口普查资料，从绝对数看，文化程度高的多数集中在教育、卫生、文化、艺术和国家机关；从各行业内部文化构成看，科研、教育、文艺等部门和国家机关文化程度较高，农业、服务业等部门相对较低。根据第五次全国人口普查资料，从行业分布来看，制造业、教育、文化、艺术、国家机关、政党机关和社会团体是大专及以上学历人口最为集中的行业；从职业人口来看，大专及以上学历人口主要分布在国家机关、党群组织、企业、事业单位负责人，专业技术人员等；小学及以下文化程度者的职业主要为农林牧渔水利生产人员，商业、服务人员、生产、运输设备操作人员及有关人员。

表6-4-93　2000年萧山市各职业人口受教育程度状况

单位：人

职　业	研究生	大学本科	大学专科	中专	高中	初中	小学	不识字或识字很少	合计
总　计	20	587	1612	1879	6882	29410	29417	4522	74329
国家机关、党群组织、企业和事业单位负责人	8	56	195	84	364	688	280	3	1678
专业技术人员	5	379	812	842	917	833	152	3	3943
办事人员和有关人员	2	84	321	219	535	824	548	63	2596
商业、服务人员	3	36	134	284	1612	4932	4016	534	11551
农林牧渔水利生产人员	1	3	8	28	354	3459	10013	2649	16515
生产、运输设备操作人员及有关人员	1	29	142	421	3098	18672	14398	1269	38030
不便分类的其他从业人员	0	0	0	1	2	2	10	1	16

注：①资料来源：根据萧山市2000年第五次全国人口普查资料整理。
②该表指15岁及15岁以上各职业人口。
③职业人口按10%抽样调查数字统计。

第三节　道德素质

改革开放以来，萧山在建设物质文明的同时，加强精神文明建设；在传承萧山精神的同时，弘扬社会主义道德风尚；群众性精神文明创建活动深入开展，市民道德素质进一步提升，文明新风不断涌现。

社会公德

1985年，萧山广泛开展“五讲、四美、三热爱”[①]活动和“四有”（有理想、有道德、有文化、有纪律）教育，陋习逐渐减少。社会秩序安定。文明礼貌、助人为乐、爱护公物、保护环境、遵纪守法的社会公德有了新的弘扬。1989年8月，萧山市委宣传部到乐园乡长红村开展评“三户”（爱国守法户、五好家庭户、双文明户）试点工作，在此基础上召开现场会，对全市农村评“三户”活动作出具体部署。12月，各镇乡认真开展评“三户”活动。至年底，评出“三户”235982户。其中被评为爱国守法户的市民有110374户，占全市总户数的30.72%；被评为五好家庭户（遵纪守法好、完成任务好、勤俭治家好、清洁卫生好、邻里团结互助好家庭户）的有119762户，占全市总户数的33.33%；被评为双文明户（精神文明、物质文明先进户）的有5846户，占全市总户数的1.63%。1995年，萧山始成立青年志愿总队，300名青年志愿者与福利院、火车站、汽车站、特困残疾人等结成常年联系点，开设医疗、修理、咨询等服务项目，服务市民32000人次。

1996年，全市开展“做文明市民、树文明新风、创文明城镇”活动，提出“让我们的市民道德高尚起来，让我们的社会风尚美好起来，让我们的城镇风貌亮丽起来”口号，群众性精神文明创建活动呈良好态势。市民身体力行文明公约[②]、文明规范、文明用语二十句[③]，不少学校和单位还开展“忠心献给祖国、爱心献给社会、关心献给他人、孝心献给父母、信心献给自己”的“五心”活动，倡导“公德在我心，文明贵在行”和“人人讲公德，个个创文明”的风尚。城区开展创文明示范一条街、创文明示范居委会活动，告知市民：不乱倒垃圾、污水，不乱扔果壳、纸屑、烟蒂，不随地吐痰、便溺，不在公共场所吸烟，不乱停车辆，不违反交通规则，不乱搭、乱建、乱设摊点、乱堆杂物，不乱涂、乱画、乱设广告，不损坏公共卫生设施和公共绿化，不出售假冒伪劣商品，不怠慢、欺诈顾客，不饲养家禽家畜等，居民住户生活垃圾袋装率在92%以上，市容市貌改观。

为破除陈规陋习，倡导文明新风，1997年9月20日零时起，城厢等9个镇乡首批实行遗体火化；1998年4月1日零时起，党山等11个镇乡第二批实行遗体火化；同年9月20日零时起，全市31个镇乡全部实行遗体火化，至此，全市火化率达到100%。市内原有108名暂不属于火化对象的人员亦要求死亡后遗体火化，一些老同志还立下遗嘱，去世后把遗体捐给医疗事业。翌年，萧山整治非法小庙小庵266处，其中拆除55座，移风易俗、破除封建迷信的活动取得成效，社会风气好转。

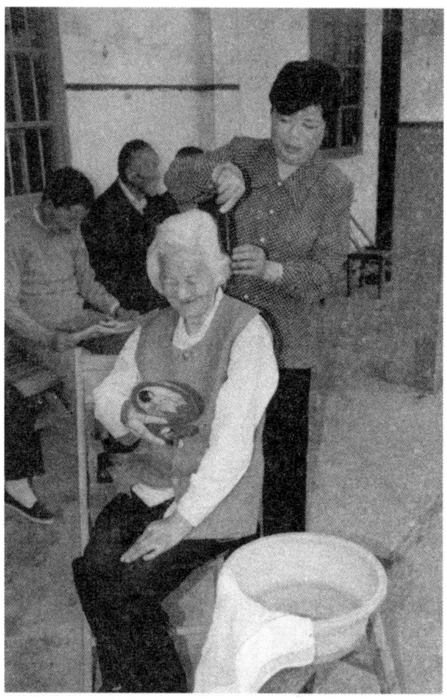
图6－4－201　2000年5月，敬老院工作人员正在精心护理入院老人（丁志伟摄）

①五讲、四美、三热爱：1981年2月25日，全国总工会等9个单位在《关于开展文明礼貌活动的倡议》中提出开展“五讲四美”活动。即讲文明、讲礼貌、讲卫生、讲秩序、讲道德；心灵美、语言美、行为美、环境美。后加入热爱祖国、热爱社会主义、热爱中国共产党。1983年3月11日，中央成立了以万里为主任的“五讲四美三热爱”委员会。之后，各省、市、自治区也都分别成立了“五讲四美三热爱”委员会。

②萧山市市民文明公约：　一、热爱祖国，建设家乡。二、认真学习，开拓创新。三、遵纪守法，见义勇为。四、文明处世，诚实守信。五、崇尚科学，破除愚昧。六、团结友爱，礼貌待人。七、恪守公德，维护公益。八、讲究卫生，举止文明。九、艰苦奋斗，勤俭持家。十、自尊自强，不损国格。

③萧山市市民文明用语二十句：1．您好。2．请。3．谢谢。4．别客气。5．对不起。6．没关系。7．你需要帮助吗。8．拜托了。9.愿意为您效劳。10．劳驾。11．打扰了。12．很抱歉。13．真不好意思。14．请多指教。15.请多关照。16．请稍候。17．欢迎光临。18．认识您很高兴。19.再见。20．欢迎您到萧山来。

1998年，全市开展社会主义道德建设年活动，编发《社会主义道德建设常识10讲》[①]15万册，组织“道德之光”文艺巡回演出25场，举办“萧山市道德建设辩论赛”以及各类报告会、演讲会、座谈会、讨论会等1300多场次。围绕“讲社会公德，树爱护公共财物、维护公共秩序、热心公益事业之风；讲职业道德，树诚实敬业、诚信无欺、诚恳服务之风；讲家庭美德，树夫妻互敬、老少互爱、邻里互助之风”的“三讲三树”主题，市民开展具有一定规模的义务为民服务活动1530多次，参加人数5万多人次，直接受益群众20多万人次；开展扶贫济困送温暖活动460多次，受益群众6000多人次。是年8～9月，长江、松花江、嫩江流域发生特大洪灾[②]，市民先后捐款513.5万元、捐物折价437.57万元、捐衣被9.4万余件。

2000年，全市开展向不文明行为告别的万人大签名和摄影图片展活动，各历时6天，受教育者近3万人次。推出“扶贫济困送温暖、献爱心”活动，共收到社会各界人士捐款280多万元；继续开展结对帮困助学活动，全年共资助1200多名贫困学生圆了上学梦；捐资助教蔚然成风，全年共收到各界捐款1327万元；全市有青年志愿者4000名，文明市民120名[③]。在全市广泛开展“无偿献血，无上光荣”宣传教育，全年共有9495人次无偿献血，献血量189.9万毫升，比上年同期增长54.88%。2001年，无偿献血人数首次超过万人，达到13953人次，献血量279万毫升，在浙江省率先实现临床用血100%来自无偿献血。市民汪炳辉无偿献血23次，是萧山市第一位获得中国红十字会无偿献血金质奖章的人。

市民公德意识、文明意识、守法意识日益增强。2000年，城区公共设施完好率97%，路灯亮灯率97%，绿地覆盖率36%。据保洁员反映，绝大多数市民比较讲究卫生，随地吐痰、乱扔杂物、故意破坏公共设施和践踏花草树木等不文明行为少了，西山公园、西河公园、北山公园、城河公园、南江公园、人民广场等公共场所，环境整洁优美，弄脏、损坏、胡乱张贴、涂写等现象较少，座椅、雕塑、路灯、垃圾桶等公共设施得到爱护，私搭乱建、无证小贩、乱设摊点等有碍观瞻的现象少。爱护公共设施、文明游玩已成为市民的共识。在公交车上，学生、市民主动为老、弱、病、残、孕妇及怀抱婴儿者让座已成风尚。

职业道德

1987年，萧山普遍开展职业道德教育活动，倡导爱岗敬业、诚实守信、办事公道、服务群众、奉献社会的道德风尚。70多个县级机关单位制订干部职业道德规范。县财政税务局还把财税职业纪律列入干部岗位责任制考核和先进财税所考评。1990年，全市开展纠正行业不正之风、制止“三乱”[④]行风建设活动，劳动、人事、城乡建设、交通、公安、粮食、工商、金融、邮电、供电等部门根据各自的特点，建立和完善办事制度以及群众监督机制。个体劳动者协会继续开展以“诚实守信，买卖公平”为核心的职业道德教育和普法教育，并开展“文明个体工商户”创评活动。对照不同行业制定的百分制考核表，8000多户个体工商户平均得分94分，共评出杭州市文明个体工商户、萧山市

①《社会主义道德建设常识10讲》，1998年由中共萧山市委宣传部、萧山市精神文明建设委员会办公室编，共10讲，第一讲《全面加强社会主义道德建设》，第二讲《社会公德常识》，第三讲《自觉遵守社会公德规范（一）》，第四讲《自觉遵守社会公德规范（二）》，第五讲《自觉遵守社会公德规范（三）》，第六讲《职业道德常识》，第七讲《自觉遵守职业道德规范（一）》，第八讲《自觉遵守职业道德规范（二）》，第九讲《家庭美德常识》，第十讲《自觉遵守家庭美德》。

2001年9月20日，中共中央印发《公民道德建设实施纲要》，提出“爱国守法、明礼诚信、团结友善、勤俭自强、敬业奉献”的基本道德规范。

②1998年6月中旬至9月上旬，中国南方特别是长江流域及北方的嫩江、松花江流域出现历史上罕见的特大洪灾。截至8月22日，全国共有29个省、自治区、直辖市遭受不同程度的洪涝灾害，江西、湖南、湖北、黑龙江、内蒙古和吉林等省区受灾最重。

③1995年、1996年度为十佳文明市民，1997年度为百佳文明市民，合计为120户文明市民。

④三乱：乱收费、乱罚款、乱摊派。

文明经营示范户10户，萧山市文明个体工商户115户。翌年，从95分以上的个体工商户中评出五好[①]经营户130户。1996年，开展“不制售假货信誉承诺户（企业）”活动，个体工商户和私营企业试行亮牌经营，接受社会监督。

1996年，萧山各行各业开展“岗位多奉献，行业添光彩”、“纠热点问题，塑行业新形象”活动，并在全社会实行行风评议与行风建设达标制度。通过建立和完善“两公开一监督”[②]制度和社会服务承诺制度，聘请监督员，组织各种竞赛和评选活动，提高行业服务质量和服务水平。教育部门开展“一杜绝，二制止，三严禁”[③]活动，层层签订行风建设责任书，实行亮卡收费，全年共清理中小学校不合理收费72万元。卫生部门开展以病人为中心的“医疗质量年”活动，杜绝收受“红包”，严禁接受病人吃请，禁止药费与经济效益挂钩，允许病人对医药费用查对的社会服务承诺项目，实行医德建设千分制考核，全年共上交“红包”11.9万元。商业贸易服务业开展创建文明商场、文明柜组、十佳文明服务（营业）员活动以及旺季优质服务活动，在城区各大商场开展“讲文明用语，禁服务忌语”活动，在全市商业零售业实行“服务态度好，给人以亲切感；营业场所美，给人以舒适感；便民措施实，给人以方便感；经营作风正，给人以信任感”的“四优四感”优质服务，群众满意率不断提高。

2000年，全市开展以“依法经营、奉献社会”为主题的“百佳文明窗口”创评活动，建设、交通、公安、工商、财政、税务、商业贸易、金融、供电、旅游等窗口单位按照“领导班子强，员工素质高，服务质量优，服务环境美，工作秩序好，各项指标领先”的原则，加强行风建设，提高办事效率。是年，全市开展“师德建设年”、“医德建设年”活动，各学校、医疗单位开展“两德”大讨论，并把“两德”建设与行风建设相结合。各医疗单位实行“对病人客气一点，给病人方便一点，让病人便宜一点”承诺服务，提高窗口服务标准，改善医疗就诊环境，设立院长代表岗，每月一次开展病人满意度调查。调查显示，年初医疗服务满意度86.2%，医疗收费满意度75%；年底医疗服务态度满意度99.4%，医疗质量满意度99.5%，医疗收费满意度91.18%，医院综合满意度97.3%。2001年上半年，对市第一人民医院、中医院、妇幼保健院出院病人进行回访调查，调查显示，综合满意度98.40%。

2001年，在全体机关干部中开展从政道德教育，在全体工商企业和窗口行业从业人员中开展“诚实立身、信誉兴业”教育，在公安、地税队伍中开展“警德建设年”、“税德建设年”活动，行风评议向基层延伸。是年，群众对公安队伍和地税队伍满意率分别为95．7%和97.2%。[④]1984～2000年度，全市累计有全国精神文明先进单位（镇）2家、浙江省级文明镇（村）3个、浙江省级文明单位17家、杭州市级文明镇（村、小区）26个、萧山市级文明镇10个、萧山市级文明单位（含村、小区）825家，文明窗口112个，五好经营户1306户。[⑤]

市内个体工商户、私营企业富不忘本，热心公益事业，回报社会的越来

①五好：守法经营好、按时纳税好、经营作风好、服务态度好、整洁卫生好。

②两公开一监督：公开办事制度、公开办事结果、接受群众监督。

③一杜绝：杜绝中小学校乱收费；二制止，即制止滥办班补课、制止滥发资料；三严禁，即严禁体罚与变相体罚学生、严禁赌博、严禁以生谋私。

④2002年，办事服务中心投入运行，办事群众对各窗口服务态度和办事效率满意率达99.5%。

⑤境内文明单位（含村、居委会）创建始于1984年，文明镇创建始于1994年，文明社区创建始于1998年，萧山市级、杭州市级、浙江省级、国家级文明单位、文明镇（村、小区）数据有交叉。文明窗口1997年10户，2000年102户。五好经营户评选始于1991年，至2000年累计1306户。

越多。据随机抽样调查[①]显示，2001年，76户被调查私营企业（占私营企业总户数的1%）有58家参与了社会公益事业，共捐款863.2万元，除1家认为捐助是摊派外，绝大多数认为是对社会多做奉献，是为了报答父老乡亲。还有64.5%的企业为职工买了保险，5.3%的企业为职工买了失业保险。据1065份有效调查问卷统计[②]，公众对公务员道德素质总体形象评价较高，公务员道德表现好、素质高最主要的原因是："思想政治教育有力"占16.7%、"规章制度健全"占25.8%、"综合素质在提高"占39.6%、"工作稳定收入不低"占14.0%、"其他"占3.8%。

家庭美德

1981年，萧山开始创评五好家庭活动，宣传各地的"好家庭"、"好媳妇"先进事迹。1986年，县内家庭教育兴起，建有各类家庭教育组织107个，家长学校[③]85所。全县有50%的镇乡开展"我为公婆送份礼"活动，促进家庭和睦、社会风气好转。1988年，省第七届人大四次会议明确每年农历九月初九（重阳节）为浙江省老人节，此后每逢老人节、春节，萧山市、镇乡、村干部分别慰问百岁老人、九旬老人、八旬老人和五保老人，敬老助老活动日趋制度化、社会化。1989年，始评老有所为精英奖、敬老好儿女金榜奖，五好家庭纳入"三户"评选活动。是年，共评出老有所为精英奖54人、敬老好儿女金榜奖75户。光明乡三盈村有80户家庭有被赡养老人126人，其中76户分别签订了家庭赡养老人协议书[④]。

1990年，全市开展让文明新风进家庭活动，要求树立6个新风[⑤]。全市各级妇女组织运用37个妇女广播园地、795个妇女活动阵地开展宣传教育活动，并针对性地开办150期学习班，举行家庭演唱赛、家庭征文赛、"母子乐"运动会、婆媳互夸会、绒线衣编织赛、时装表演赛、女子钢笔字和普通话比赛、集体婚礼等活动，丰富农村妇女文化生活。翌年，分别评出"五个一百"，即百名好母亲、百名好家长、百对好婆媳、百对好伴侣、百户美好家庭，使千家万户学有榜样，奋发向上。1994年是联合国确定的国际家庭年，萧山开展健康、文明、科学、民主家庭文化系列活动，评出"十佳美好家庭"和"十对金鸳鸯"。1996年，在"做文明市民，树文明新风，创文明城镇"活动中，表彰"好婆媳"、"好母亲"、"好夫妻"、"美好家庭"等857名（对）。

1997年，全市开展"尊老爱幼、男女平等、夫妻和睦、勤俭持家、邻里团结"的家庭美德建设活动。五好家庭更名五好文明家庭[⑥]。各镇乡开展五好文明家庭创建"六个一"活动：办好一个村民（家庭）学校，进行一系列讲座，组织治理卫生、尊老敬老、家庭教育、厚养薄葬等一些宣传教育活动，组建一支禁赌、安全巡护队，结对扶贫一两户，评选表彰一批五好文明家庭。五好文明家庭创建面达到100%，家庭参与率在90%以上。是年，始对城区70周岁以上老年人发放《老年人优待卡》，持卡者享受免费挂号就诊和优惠乘公交车、进娱乐场所等优待。至2000年，全市累计有五好文明家庭124701户，占全市总户数的34.38%；有敬老好儿女、好媳婿[⑦]1343人，对48753名老年人发放

①指2002年初萧山区工商业联合会的调查研究。

②萧山区社会主义精神文明建设委员会办公室于2003年开展"公众心目中机关公务员道德素质现状调查统计"。调查问卷共1100份，有效问卷1065份，其中机关部门领导100份、企业职工100份、企业经理90份、镇街道部门干部100份、事业单位员工100份、"窗口"单位员工100份、宾馆饭店服务员95份、社区居民100份、社区干部100份、普通公务员100份、民主党派工商联80份。

③家长学校：新婚孕妇、0～3岁儿童家长、隔代家长、幼儿园、小学、中学等家长学校。主要向家长宣讲"做合格家长，培养合格人才"，形成社会、学校、家庭联合教育网络。

④协议书一式3份：老人1份，赡养人1份，村民居委会（签证单位）1份。至2000年，全市累计签订协议84036人次。

⑤树立6个新风：树立爱国爱乡、诚实守信之风；树立学文习技、健康科学之风；树立尊老爱幼、民主和睦之风；树立优生优育、为国教子之风；树立勤劳节俭、移风易俗之风；树立讲卫生、讲整洁、庭院优美之风。

⑥五好：爱国守法、热心公益好，学习进取、爱岗敬业好，男女平等、尊老爱幼好，移风易俗、少生优生好，勤俭持家、保护环境好。

⑦1989年始评老有所为精英奖、敬老好儿女金榜奖，1997年改评敬老好儿女、好媳婿"双十佳"；1998～2000年又改评老有所为奉献奖、敬老好儿女金榜奖。1989～2000年累计有敬老好儿女、好媳婿1343人。

了《老年人优待卡》；有各类家长学校653所。

萧山妇女通过参加妇女培训、双学双比、巾帼建功①、家长学校以及精神文明创建等活动，整体素质提高，妇女社会地位相对全国、全省而言处于较高水平②。家庭教育观念也越来越强。据712份有效调查问卷分析③，1985～2001年，萧山家庭教育观的主流方面是积极、健康、向上的，其中在思想品德教育方面，67.13%的被调查家长“要求孩子树立正确的消费观念，养成勤俭节约的习惯”；74.92%的被调查家长在孩子的同学遇到麻烦和困难时，“要孩子主动关心并想办法解决”；46.57%的被调查家长对孩子班集体的事，选择“要孩子积极承担，并想方设法去完成，把事情做得漂亮”；54.53%的被调查家长当孩子和同学产生矛盾时，采取“帮助分析原因，找到解决矛盾的途径”。一直以来，绝大多数家长注意培养孩子勤俭节约、关爱他人、关心集体、主动与他人合作、诚信等意识，并注重自己在孩子面前的形象，注重言传身教，这与全社会重视精神文明建设、重视构建和谐社会密切相关。

随着外来人口的增加，萧山注重营造“温馨家园”，让广大外来人员感受“萧山大家庭”的温暖。90年代开始，萧山青年志愿者积极为外来青年作无偿劳务介绍；妇女联合会组织外来妇女定期学习培训；中小学校采取责任心、宽容心、公平心、爱心、细心兼备的方法教育外来人员子女；市民友善对待外来人员，耐心热情回答陌生人的问询；镇乡、企业纷纷投入资金，为外来务工人员建造集中居住点和公寓，加强对外来人员的思想道德教育和文化技能教育，促使外来人员自觉以新萧山人的主人翁精神建设“萧山大家庭”、建设“和谐萧山”。1997年，萧山开展十佳外籍青年评选活动。外来人员愿意在萧山创业、居住的越来越多④。河南籍姑娘尚舒兰1988年到萧山垦区承包土地耕种养殖，她自主创业，走出了一条发展现代农业的成功之路，先后当选为萧山市（区）第十届、第十一届、第十二届人民代表大会代表，浙江省第八届、第九届人民代表大会代表，被评为浙江省劳动模范、全国劳动模范、全国三八红旗手、全国十大农民女状元。

①1989年，萧山市妇女联合会在全市农村妇女中开展“双学双比”（即学文化、学技术、比成绩、比贡献）活动。1991年，在各行各业中开展“巾帼建功”竞赛活动。至2000年，先后表彰萧山市级农家女能手828人，镇乡级农家女能手2603人；表彰“巾帼建功”先进集体24个，先进工作者137人，“巾帼文明示范岗”168个，“巾帼建功”标兵171人。

②据萧山区地方志办公室于2004年开展的“萧山妇女地位情况调查”分析，当前萧山妇女社会地位的总体特征为：妇女参与民主决策和管理国家社会事务方面的程度有很大提高；妇女参与经济日益广泛，获得了更多的资源和就业机会；男女受教育水平差距缩小，妇女整体素质明显提高；妇女健康状况不断改善，卫生保健需求得到基本满足；妇女合法权益得到进一步维护，妇女发展的社会环境正在优化。与全国、全省水平相比，萧山妇女的社会地位处于较高的水平。

③指萧山区地方志办公室于2004年开展的“萧山家庭教育观的变迁”专题调查。共收回有效调查问卷712份，其中家长351份、学生361份，男性家长占50.10%、女性家长占49.90%。

④据萧山区地方志办公室2004年调查显示：1.萧山区外来农民工对目前的工作岗位和收入满意度较高。2.对萧山和萧山人的满意度也高，很多人愿意留在萧山创业或生活。3.萧山就业岗位相对充足，农民工群体对企业及自身状况也基本满意。4.大多数农民工都具有较强的责任感和成就感，而且家庭成员共同在萧山打工的现象逐渐增多（详见本志《社会课题调查》卷）。

【附一】

典型事例选录

无偿献血　义蓬镇小泗埠村村民、浙江佳力科技开发有限公司员工方继红（2007年萧山区首届十大闪光人物之一），于1996年冬的一天无意中从报纸上得知杭州献血中心开展无偿献血活动的消息，便从电话本上找到献血中心地址，急匆匆赶去开始了第一次无偿献血。此后，他每隔半年就主动走上献血车。至今，他已累计献血50多次，共计16000毫升，相当于3个成年人的正常血量，成为萧山名副其实的献血状元。“我只希望能帮助那些垂危的生命”，方继红的想法简单、淳朴。他先后获全国无偿献血奉献金奖，被评为杭州市无偿献血先进个人。

回报社会 位于宁围镇的浙江传化化学集团有限公司，其董事长徐冠巨把热心资助公益事业作为一种回报社会的方式。1993年9月教师节，他给杭州地区1400名高级教师送去了公司首批生产的价值9万多元的洗衣粉。1994年8月，温州地区遭受第7号强台风袭击，徐冠巨一方面向全省民营企业界发出募捐赈灾的倡议，一方面用4辆大卡车运送价值12万元的物资支援温州灾区。1995年，萧山市成立残疾人福利基金会，徐冠巨率先出资5万元；又为市见义勇为奖励基金会捐资3万元。1997年，传化集团与景宁畲族自治县一贫困村结成扶贫帮困对子，投资40.5万元，扶持该村建造村校校舍，创办一家香菇烘干厂等。创办企业18年来，支持社会各项公益事业资金已达2000多万元。

爱岗敬业 进化镇初中辅导学校主任傅进，多次放弃调到城区工作的机会，在山区兢兢业业工作近40年。他探索出一套行之有效的教学方法，所教的语文学科成绩每年名列前茅，其教育经验先后5次在杭州市级会议上介绍。他还四处奔波，争取资金完成新进化镇中、小学和幼儿园的改建工程，整合全镇教育资源，形成了新的办学格局，使进化镇率先成为浙江省教育强镇。他关心学生，时常给困难学生以资助，爱护老师，多方筹措资金为教职员工建造宿舍，并把应该分给自己的新房让给了其他教师。傅进曾被评为全国师德标兵、全国优秀教师、浙江省劳动模范。

自强不息 杭州萧山振大园林绿化有限公司董事长徐传友（2007年萧山区首届十大闪光人物之一），从小患小儿麻痹症，靠拄着双拐行走。本应得到社会照顾的他，选择了艰辛的创业之路。自1984年买下村里的园艺场开始创业后，他克服了常人难以想象的痛苦与困难，走南闯北，努力拼搏，创办了杭州萧山振大园林绿化有限公司，资产逾亿元，曾被媒体喻为“自强不息的典范”。致富后的徐传友，为了能帮助更多的残疾人脱贫致富，建立残疾人苗木帮扶联合体，为残疾人苗木种植户提供信息、技术、销售服务。同时，他热心公益事业，参与慈善事业，与多名贫困学生结对，被传为佳话。徐传友曾被评为浙江省十大“自强创业之星”之一、杭州市创业新星。

捐资办学 1999年教师节前后，党湾镇社会各界共捐款208万元资助教育事业。至此，该镇人民教育基金会已筹集资金1000多万元。这年5月，党湾镇提出“新建党湾中学，扩建梅西中学，南迁镇中心小学”的跨世纪教育事业发展蓝图。镇里发出捐资助学“公开信”后，得到了社会各界的积极响应。镇骨干企业萧山印染三厂早在1996年就为镇中心幼儿园捐了110万元，此次又捐出60万元。萧山市第五建筑工程有限公司与萧山市长虹桥梁工程有限公司分别捐款12万元、10万元，其余各企业捐款均在5万元以上。在上海从事建筑工程施工的近20名党湾籍项目负责人，其中很多人的户籍已迁至外地，仍不忘养育过自己的故乡，大家一起捐了75万元。市教委领导说：“这是我市开展助学以来一次性捐款最大的一笔！”

敬老抚孤 城厢镇荣庄村村民马凤珍一家，26年如一日，悉心照顾邻居孤寡老人华永姑。华永姑58岁那年，老伴因病去世，无儿无女的她生活顿时失去了依靠。马凤珍把非亲非故的华老太接到家中，悉心照料。从此，马凤珍一家数十年风雨无阻，把一个邻居孤老当作亲生父母来孝敬。1996年，华老太突然中风，大小便失禁。马凤珍就在华老太的房间里另搭了一张床，住在一起，为她擦身、喂饭、端尿盆。在老人生活难以自理期间，马凤珍干脆请假照顾。马凤珍上班的时候，丈夫、儿子、儿媳妇，谁在家谁照料，就连凤珍的爹妈、公婆有时也帮忙。马凤珍一家的事迹感动了许许多多人，她还先后被评为杭州市十佳孝星之一、全国“敬老好儿女金榜奖”、全国“孝亲敬老之星”。

孝顺长辈 义桥镇河西村村民施满英（2007年萧山区首届十大闪光人物之一），23年如一日，照顾双目失明的婆婆李雪珍。23年前，婆婆李雪珍因患“青光眼”失明，施满英挑起了照顾婆婆的担子。每天为婆婆倒马桶、洗衣服、端饭送汤，有好吃的总是给婆婆先吃。老人怕寂寞，她便经常陪伴婆婆拉家常、说新鲜，想方设法让婆婆高高兴兴过好每一天。由于她的言传身教，她的儿子和媳妇也延续了好传统，十分孝敬奶奶和父母，一家几代人和睦相处的情景令人羡慕，也赢得了村民的一致好评。

照顾残兄 戴村镇半山村村民李雅梅（2007年萧山区首届十大闪光人物之一），有一个头部以下除双手外都无知觉、瘫痪50多年的哥哥。为了照顾残疾哥哥，她找对象时就提出带着哥哥出嫁的条件，成家后一直同哥哥生活在一起。她每天早上起床的第一件事，就是帮助哥哥洗脸，烧好饭后先送到床前服侍哥哥吃饭，按时帮哥哥拉屎拉尿。为了照顾好哥哥，这么多年来，她从未出过远门，走得最远的就是萧山城里。即使在村里喝喜酒，她也常常只喝一半，就往家里赶。现在，她又把这一"爱心棒"传给了儿媳妇，一家人对残疾亲人不离不弃。

遗体火化 "我是一名退休老人。我与老伴在1993年老人节那天就立下遗嘱，死后骨灰撒江。老伴去年已离我西归，她的骨灰还放在殡仪馆，正等待着参加有关部门组织的骨灰撒江活动。近日闻知市政府对殡葬改革作出的部署，我举双手同意，既节约了土地，又为后代留下一个优美的环境……"这是市粮食系统退休职工、78岁的邱欣夫1997年留给子女的遗嘱。1999年3月25日，邱欣夫和他的儿女们参加了杭州市殡葬管理所组织的骨灰撒江仪式。这一天，邱欣夫老伴的骨灰由他亲手撒入了滔滔的钱塘江。

1997年，在市老年公寓颐养天年的85岁老太陈守一向老年公寓递交遗书，表示死后遗体无偿捐献给浙江医科大学作病理研究，若有可用器官，尽可使用。无用器官火化后，骨灰撒在江河田野山林均可，不要占用墓地。是年7月，城厢镇新塘办事处14名老妇女主任向办事处1000余名60岁以上的老年姐妹发出倡议：坚决响应市政府号召，积极投入殡葬改革，带头实行遗体火化。

【附二】

公众心目中公务员道德素质现状调查

本课题调查研究有两次，时间分别为2003年下半年和2007年上半年，主要采用问卷调查、文献分析、个案访谈、座谈会相结合的方法。其中座谈调查，共召开三个不同群体的座谈会：各行业、民主党派等不同群体代表座谈会，区级机关部门、单位工作人员座谈会，镇街机关干部、村和社区干部群众座谈会。问卷调查，在考虑性别差异、区域差异（街道、重点镇和一般镇）、工种差异（镇街部门干部、事业单位干部、机关部门干部、民主党派工商联、普通公务员、企业职工、企业经理、宾馆饭店服务员、窗口单位员工、社区居民群众、社区干部）等因素基础上，分11个层面向调查对象发放调查表。2003年共发放1100份，收回有效问卷1065份，有效问卷回收率96.82%。2007年共发放2200份，收回有效问卷2136张，有效问卷回收率97.09%。

在调查过程中，绝大部分被调查的公众对公务员整体道德素质评价较高，认为公务员能积极、主动提高素质，转变作风，破解难题，服务经济，为民惠民保民，集中体现了"勇立潮头，奔竞不息"的萧山精神，引领着社会道德进步。但是，在局部范围、少数人员中，道德失范现象确有存在，其消极影响不可忽视。

一、良性发展，公务员道德素质总体形象不断提升

对"在您心目中，当前我区公务员道德素质总体形象"进行问卷调查，结果显示，2003年，认为

“好”和“较好”的占42.7%，认为“较差”的占14.0%；2007年调查数据分别为59.0%、4.5%。应该说萧山公务员道德素质建设的整体成效是显著的。

公务员道德总体形象的提高主要体现在社会重点关注五个方面。

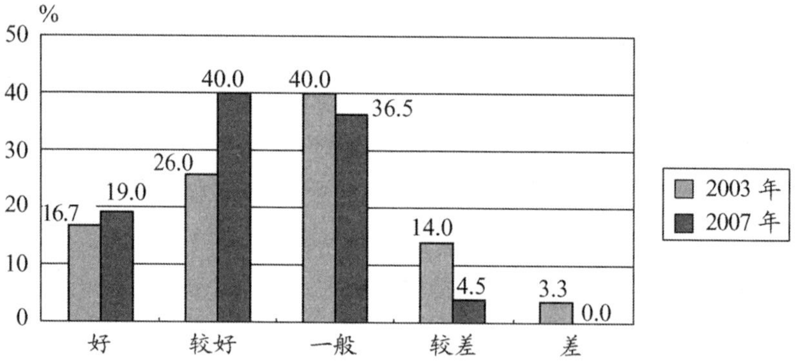

图6－4－202 2003年、2007年萧山公务员道德素质总体形象评价

（一）服务意识越来越强

对“您认为目前机关公务员在全心全意为人民服务方面表现”进行问卷调查。结果显示，2003年，认为“好”和“较好”的占41.6%；2007年调查数据为64.4%，过去公务员那种门难进、脸难看、话难听、事难办的“四难”现象逐步得到改变，公众对公务员服务意识的满意度在不断上升。

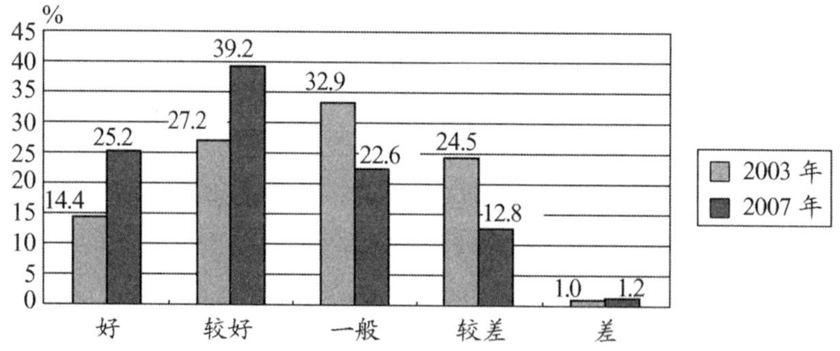

图6－4－203 2003年、2007年萧山公务员全心全意为人民服务评价

（二）诚信意识越来越强

对“您熟识的机关公务员在诚实守信这一基本道德要求方面的表现”进行问卷调查。结果显示，2003年，认为“好”和“较好”的占41.5%；2007年调查数据为57.2%，在一定程度上改变了过去公务员“假、大、空”和“瞒上欺下”的形象。

在座谈调查时也发现过去公务员严重存在的三方面失信问题大为减少：一是对上级“瞒天过海”的少了。过去少数公务员为了捞取政治资本或达到保官升官的目的，不择手段搞“政绩工程”、“形象工程”，上报“泡沫数字”，误导了上级，欺骗了群众，给党和人民的事业造成损失；二是对群众有诺不践的少了。过去有的公务员上任前或上任伊始，为了显示自己的“能力”和“魄力”，在群众面前夸海口、拍胸脯，许下一些不负责任、华而不实的空洞承诺，可事后却将当初的承诺抛之脑后；三是对自己言行不一的少了。过去有的公务员扮演着“两面人”的角色，在公开场合表白自己对党和人民的忠诚，背地里却贪污受贿、违法乱纪。“三少”说明萧山公务员正在积极践行诚实守信这一社会基本道德。

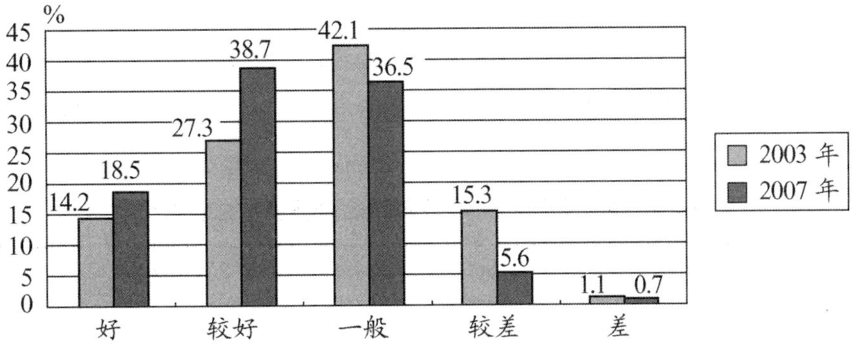

图6－4－204　2003年、2007年萧山公务员诚实守信评价

（三）文明形象越来越好

对“在您熟识的人群中，哪一类人较注重在公共场合的自身文明形象”进行问卷调查。结果显示，2007年有49.6%的认为公务员在公共场合最注重自身的文明形象，远远高于企业单位职工、事业单位职工、企业（主）经理和其他人群的认同度。

对“您熟识的机关公务员在公共场合自身文明形象和前几年相比”进行问卷调查。结果显示，随着公务员队伍建设的深入和公务员社会地位的不断提高，广大公务员越来越重视自身的文明形象，正积极引领社会文明风尚。

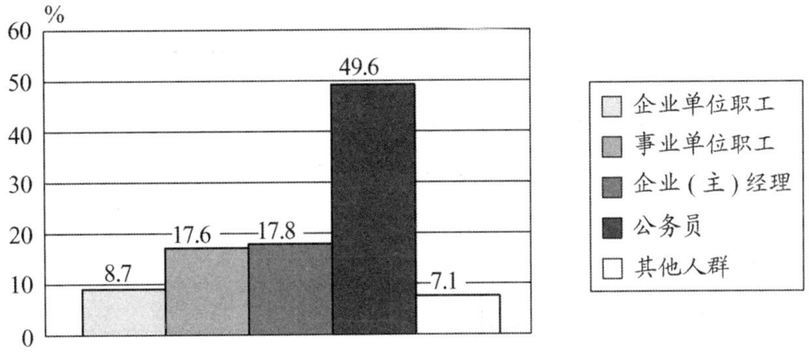

图6－4－205　2007年萧山公务员公共场合文明形象评价

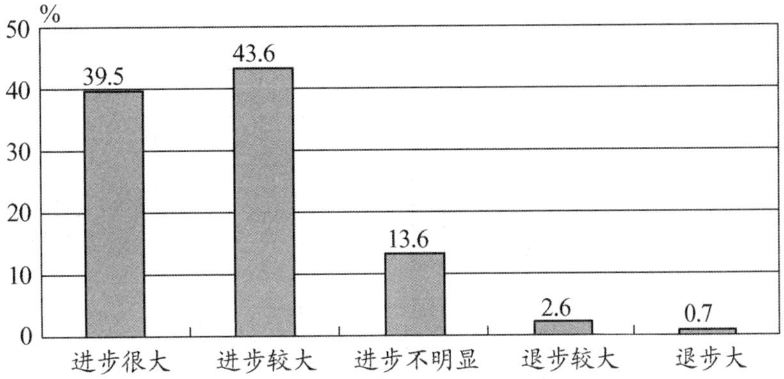

图6－4－206　2007年萧山公务员公共场合文明形象评价

（四）依法行政的观念越来越强

对“您认为公务员办事公正方面的表现”进行问卷调查。结果显示，2003年，认为“好”和“较好”的占37.2%；2007年调查数据为66.5%，说明公务员依法行政、遵章办事的观念越来越强，群众的评价越来越高。

表6-4-94　2003年、2007年萧山公务员依法行政评价

年份	好（%）	较好（%）	一般（%）	较差（%）	差（%）
2003	14.4	22.8	47.3	14.4	1.1
2007	25.3	41.2	31.7	1.8	0

（五）求真务实的精神不断确立

在“您认为公务员在求真务实方面做得__”的问卷调查中，2003年，认为“好”与“较好”的占41.3%；2007年调查数据为72.1%，比2003年提高了30.8个百分点，只有4.3%的人选择了“较差”，1.1%的人选择了“差”，说明公务员实干兴邦的求真务实精神正在积极践行。

表6-4-95　2003年、2007年萧山公务员求真务实评价

年份	好（%）	较好（%）	一般（%）	较差（%）	差（%）
2003	13.5	27.8	30.8	25.5	2.4
2007	25.2	46.9	22.5	4.3	1.1

二、喜中有忧，公务员道德素质还有诸多方面亟待提升

在调研中也发现，公众关注度较高的公务员道德失范现象在局部范围、少数公务员当中明显存在，主要表现在四个方面。

（一）艰苦创业意识不强

对公务员就“您认为公务员艰苦创业精神__”进行问卷调查。结果显示，2003年，有25.3%的人认为“无所谓”，有2.4%的人认为“过时了”，认为“非常重要”和“重要”的有70.4%；而同一问题在2007年的调查显示，认为“非常重要”和“重要”的占43.7%，认为“无所谓”和“过时了”分别占48.6%和5.4%。数据对比显示，公务员认为在新形势下“艰苦创业”已经变得不那么重要。

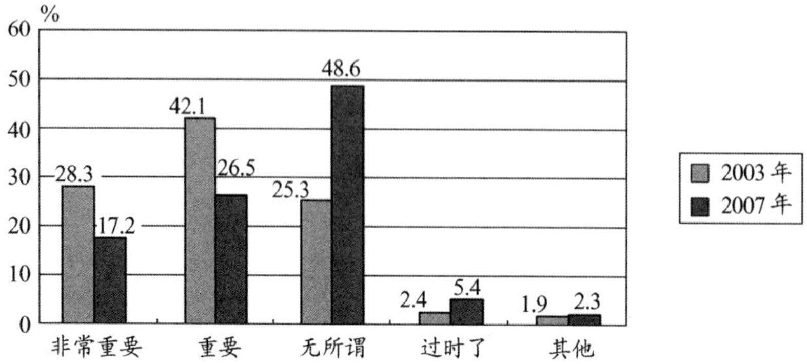

图6-4-207　2003年、2007年萧山公务员自身艰苦创业精神认识

对公众就“您认为公务员艰苦创业精神__”进行问卷调查。结果显示，2007年，有29.7%的人认为

公务员艰苦创业精神不强，有44.3%的人认为公务员艰苦创业精神一般，只有25.5%的人认为强或者较强。公众评价不高。

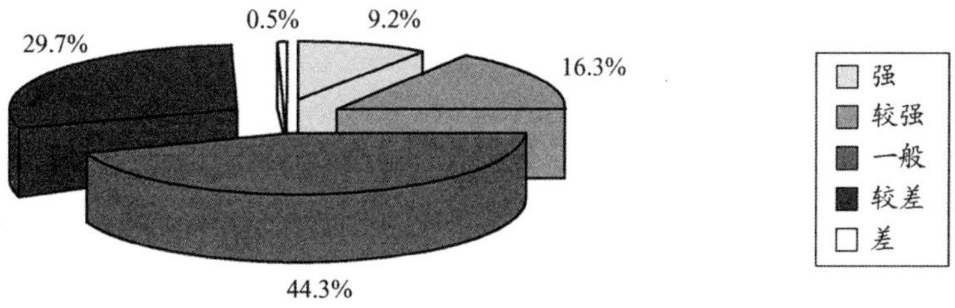

图6－4－208　2007年萧山公务员艰苦创业精神评价

两项调查显示，随着经济社会的发展和物质生活水平的提高，公务员艰苦创业的意识逐渐淡薄，并表现在日常言行中，使得其在这方面的公众评价一般化。

（二）敬业奉献精神相对薄弱

对公众“在您熟识的下列人群中，____敬业奉献精神最强”进行问卷调查。结果显示，2007年，认为企业（主）经理敬业奉献精神最强、人数最多，达33.6%；认为企业单位职工最强的占28.4%，位居第二；认为事业单位职工最强的占16.8%；认为公务员最强的只占14.7%，位居四类人群中的最后。

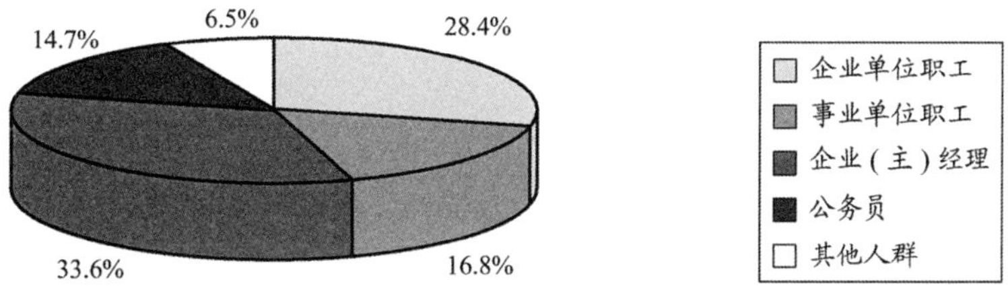

图6－4－209　您认为____敬业奉献精神最强

（三）廉洁自律仍需加强

在“您认为近年来我区公务员在廉洁自律方面表现”的问卷调查中，2007年，认为“进步很大”和“进步较大”的只有26.7%，而认为“进步不明显”的却有59.8%。公众对公务员在廉政建设方面满意度不高。

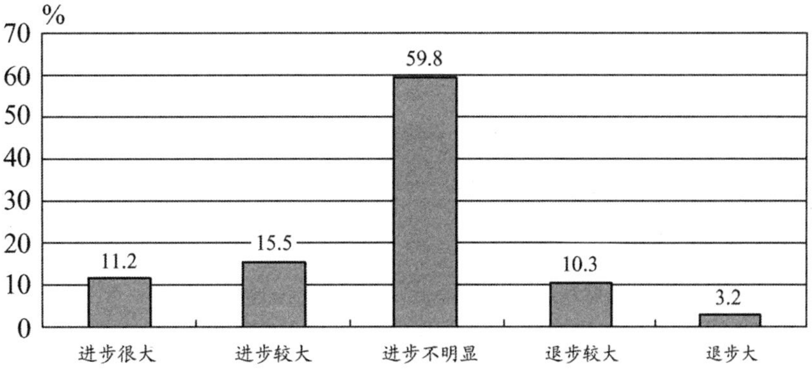

图6－4－210　2007年萧山公务员廉洁自律评价

（四）公益之心有待增强

2007年，在被调查的公务员中，100%的人表示每年都会参加形式不一的公益活动，有53.3%的人表示每年参加的公益活动在3次以上。公务员参与公益活动的形式也在不断地丰富与创新，除了捐款捐物这一最常见的活动外，参与义务劳动、志愿者活动、免费技术指导、公益宣传、社区讲课、交通劝导等公益活动也十分普遍。但是，与社会公益事业的发展，与人民群众对公务员的要求相比，公务员的公益意识还需增强，公益活动参与的广度与深度有待扩展和提高。在“您熟识的机关公务员在社区公益等活动中表现__”的问卷调查中，认为“好”和“较好”的占46.8%，认为“一般”和“较差”的却占52.7%。这表明了公务员在自己居住的社区公益活动中，心情复杂，表现一般。

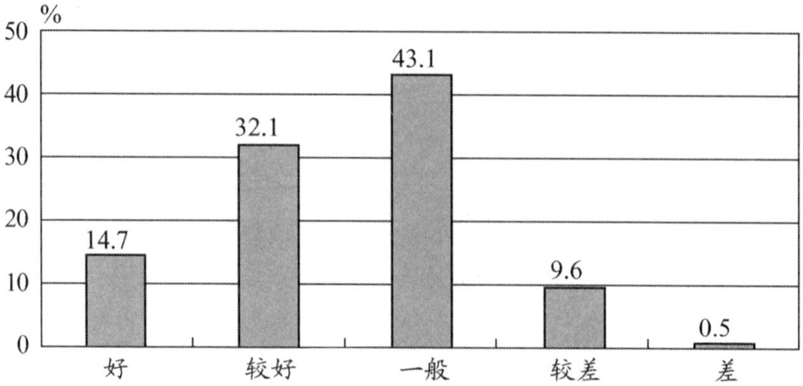

图6－4－211　2007年萧山公务员公益活动表现评价

（节选自萧山区精神文明建设委员会办公室2008年《公众心目中公务员道德素质的现状调查及对策研究》一文）

第四节　萧山精神

萧山历史悠久，8000～7000年前就有人类在此繁衍生息。西汉时置县，至今已有2000余年。漫长的历史社会变迁孕育了萧山精神[①]。

形成原因

钱江涌潮的孕育　萧山地处钱塘江南岸。钱江潮汹涌澎湃，气势磅礴，惊天动地，撼人心魄，举世罕见。在钱江潮的作用下，萧山北、东部拥有广袤的滩涂。濒江赶潮的萧山人，秋天赤身露体，将脱掉的衣裤缠在头上；冬天站在寒冷的江水中。他们凭着非凡的智慧和胆略，不时将手中的网兜伸向潮头。他们对钱塘江涌潮的潮势、性能、流向，如数家珍；对滩涂的形状、高低、宽狭，了如指掌。对他们来说，抢潮头鱼，是力量之赛，是速度之争。千百年来，正是钱塘江从不间息的一日两潮，锻造出萧山人广纳百川、一泻千里的胸怀与气魄，铸就出萧山人敢于搏击风浪、勇于开拓的性格，孕育出萧山人知难而进、敢于拼搏、抢抓机遇、夺取胜利的“弄潮儿”精神。

历史人文精神的熏陶　萧山人文历史悠久。早在8000年前，就有先民在此生产和生活，创造出灿烂的跨湖桥文化。春秋时，萧山为越国西北门户，句践常来此地巡历。公元前492年，句践臣服于吴。由吴归里后，他勤劳1深思，卧薪尝胆，相传今萧山闻堰老虎洞山上的老虎洞便是他卧薪尝胆之地之一。中国古代四大美女之一的西施，相传出生在萧山美丽的浣纱溪旁，苎萝山、

①2002年5月8日，萧山区委、区政府组织在全区开展“钱塘江时代萧山人”的主题教育活动。这一活动的一个重要内容是提炼“萧山精神”。为此，萧山媒体发表系列评论员文章，要求从萧山文化传统、区情、历史发展阶段、社会政治环境及迎接“钱塘江时代”的发展这5个角度来进行阐述、提炼，还开辟“大家谈”专栏。大讨论活动中，共征集到“萧山精神”47条。

8月，区委、区政府先后两次举行“萧山精神”高层论坛，筛选出5条再次征求意见。

11月26日，《萧山日报》发表区委宣传部文章，把“萧山精神”阐发、概括成“奔竞不息，勇立潮头”，正式向社会公布。

浣纱溪、西施里等古迹群星罗棋布。唐代著名诗人贺知章的《回乡偶书》脍炙人口。著名的“浙东唐诗之路”始于萧山，历代杰出的诗人留下了诸多美丽诗篇。宋代县令杨时以民为本，率民筑湘湖，除内涝，益灌溉，泽被万世，成千年胜境。明代医家楼英行医惠泽乡民，有口皆碑。清代学者毛奇龄广阅典籍，著述宏博，40余部著作收入《四库全书》。晚清任熊、任薰、任颐以独特的绘画艺术在海上画派中独树一帜。葛云飞血洒疆场，成为近代反侵略的民族英雄。民国10年（1921）9月爆发的衙前农民运动，开中国共产党领导的全国农民运动之先河。历史人文精神的熏陶，激励着萧山人励精图治，自强不息，勇于继承历史、变革历史、开创历史。

商品经济大潮的锤炼　萧山位于浙东平原西部、钱塘江南岸，有着优越的自然地理条件，这为萧山商品经济的发展奠定坚实的基础。随着中国经济重心的南移，萧山农业和手工业生产获得很大发展。明末，萧山许多地方出现集散商品的市镇。这些市镇多“傍水成市”，至清代进一步发展，迨至晚清形成了粮食、棉花、土纸、竹木等专业性市场。商品经济的大潮，培育和形成了萧山人“喜奔竞，善商贾”的精神，形成萧山人讲实际、重工商、不尚空谈的风尚。中共十一届三中全会以后，萧山乡镇工业异军突起，涌现出“万向”、“航民”等一大批知名企业，萧山从此走上工业发展的快车道。1988年撤县设市后，萧山进一步解放思想，抢抓机遇，众多企业加大技改力度，大胆进行体制和机制的创新，效益农业、高新技术产业、旅游业迅速兴起。商品经济大潮锤炼了萧山人的竞争意识、创新意识，萧山社会经济的发展才不断地迈向新高。

萧山精神内涵

萧山精神是萧山人民与时俱进和不断实践创新相结合的产物，是萧山人在长期的社会实践中逐步优化提炼得出的经验性总结。萧山精神具有鲜明的个性特征、群体意识和强烈的时代特征，是萧山人民在各个时期拼搏精神的真实写照和具体体现。

围垦精神　围垦地处世界著名的钱塘江涌潮地段喇叭口岸，上承洪水，下接强潮，洪水潮涌夹击，历史上江岸坍塌，沃野陆沉，村落淹没，民不聊生。60年代以来，萧山人实行“治江与围涂相结合”的方针，以南沙为依托，开展大规模围涂。在围垦的日日夜夜，干部群众同吃住，共劳动，在江滩上睡草棚、饮咸水、赤脚踏冰挖河筑堤，冒着生命危险劈山开石抢险护堤。经数十年围垦，至2000年，共修筑堤塘230余千米，挖掘河道535千米，建水闸103座，筑公路223千米，造桥梁342座，开山劈石搬移雷山，挖掉山头10多座。围垦动员民工数百万人次，仅1986年11月22日一天，就有15万余民工集聚围垦，筑堤夺地4万多亩，如此庞大规模、会战式的围涂就有30多次。围垦工程之浩大，规模之宏伟，为历史罕见，举世瞩目，联合国粮农组织官员称赞“这是人类造地史上的奇迹”。

围垦的成功，使钱塘江河口段束狭、刷深，减少水灾，改善航道，有效地缓解萧山人多地少的矛盾；围垦是一个综合工程，垦区有非常完善的基础设施，利用江涂资源充分发挥其效益，为萧山的经济建设创造了有利条件；围垦的成功凝聚萧山人同心协力、艰苦奋斗、“人心齐泰山移”的创业精神。萧山围垦的成功展示出萧山人有愚公移山的雄心壮志，有泰山压顶不弯腰的坚强决心，有不怕苦不怕死的拼搏精神。

四千精神　50年代后，萧山人开始离乡背井，下海经商，里畈人（萧山北海塘以南地区称为里畈，北海塘以北沙地区称为外畈）用“鸡毛换糖”，外畈人背上蛇皮袋收鸡肫干皮，甲鱼壳，沙地农民卖萝卜干、倒笃菜跑遍全国。中共十一届三中全会后，萧山人得风气之先，实行家庭联产承包责任制。调动了积极性的农民对土地投资投劳，科学发展农业，农业生产显著丰收，剩余劳动力积极向二、三产业转移。在市场经济的大潮中，萧山人“走尽千山万水，说尽千言万语，想尽千方百计，历尽千辛万苦”，创造了具有鲜明特色的“四千精神”。

全国著名乡镇企业家朱重庆回忆当年创办企业的历程，发人深省：航民村的农民靠双腿跑业务，走亲靠友找关系走遍天南海北。为节省5角钱，出差外地不住旅馆睡浴室。为节约1元钱，不坐的士坐公交车。一次为了买到更便宜的炼筒，说尽千言万语，才感动设备科长把那炼筒低价卖给他们。朱重庆的航民漂染厂就是在这样艰苦的环境中白手起家的。萧山的乡镇企业尽管发展历程与方式不尽相同，但艰苦创业精神都跟"航民"相似。他们就是在这"四千精神"的鼓舞下蓬勃发展起来的。队队办企业，村村有工业，成为萧山乡镇企业的独特风景。各类企业应运而生，萧山展开了一场热火朝天的办厂高潮，掀起了一场轰轰烈烈的"萧山工业革命"。1988年，萧山有乡镇企业9000多家，产值40多亿元，占全市工业总产值的72%，乡镇企业已是"三分天下有其二"。

四抢精神　90年代，萧山开始迈入加快工业化、建设社会主义市场经济的重要发展阶段。萧山人进一步认识到"千道理万道理，发展是硬道理；千任务万任务，发展是第一要务；千指标万指标，发展是第一指标；千难题万难题，发展才能解决一切问题"。在一切为了发展的前提下，萧山人瞄准潮头，捕捉机遇，创造机制先发优势，勇于拼搏，形成了"抢上头班车、抢抓潮头鱼、抢开逆水船、抢进快车道"的"四抢精神"。

萧山的众多企业加快步伐，以便抢占高地，抢占优势。全国闻名的传化集团便是从一个家庭小作坊一跃成为全国民营企业的佼佼者。1989年，传化集团前身萧山市化学助剂厂，只有年产值203万元，利税18.2万元，粗具规模。厂长徐传化并不安于现状，他带领企业员工开拓进取，抢抓机遇，使企业不断发展壮大。1990年，企业发明"901"特效去油灵，获全国科技进步一等奖和'92国际发明与专利展览会金奖；1991年，开辟化纤油项目；1993年，建立洗衣粉和洗洁精生产线；1996年，筹建7万吨洗衣粉项目，翌年开始生产；1998年，筹建传化科技工业园区和8万吨液体洗涤剂生产线。年复一年，年年不同，浸润在"四抢精神"中的传化人创造了"传化速度"。

以"四抢精神"为动力的萧山人，不断创造了发展的奇迹。在90年代，萧山经济技术开发区脱颖而出，成为萧山经济振兴的又一个"龙头"，当时全国32个国家级经济开发区中，设立在县级市的只有4个，是浙江省唯一的一家。萧山经济技术开发区被誉为充满希望的热土，是一扇对外开放的"窗口"；杭州萧山国际机场的建立，萧山有了自己的现代化国际航空港；萧山现代农业开发区的建立，在围垦土地上掀起了一场实施以现代农业为主旋律的绿色革命；萧山湘湖旅游度假区的建立，带动了萧山旅游事业突飞猛进；百米高的萧山国际酒店拔地而起，集住宿、餐饮、娱乐于一体，是当时杭州地区级别最高的四星级旅游饭店。萧山人的"四抢精神"有高度、有深度、有广度、有速度，萧山人在"四抢精神"鼓舞下实现了一个个历史跨越。

四敢精神　21世纪，萧山跨入"钱塘江时代"，萧山市委、市政府提出"创大都市强区，建现代化萧山"的号召。萧山人在世纪之交形成了"敢与强的比，敢同勇的争，敢向高的攀，敢跟快的赛"的"四敢精神"。

万向集团公司的发展壮大，真正体现了萧山人的"四敢精神"。万向集团从60年代开始时的低水平生产、家庭式的作坊管理，到80年代的专业化生产经营总厂式管理，直到90年代的高层次多元化经营集团化管理，无一不是"四敢精神"的集中体现。到2000年，万向集团已成为拥有万名员工（其中大专以上学历员工1000多名），50亿资产，32个经济实体的庞大企业，成为在深圳挂牌的上市集团。在"大集团战略，小核算体系，资本式运作，国际化市场"的战略指导下，集团围绕建立综合创新发展定位，立足全球市场，以专业化、集约化经营和实施资本控制手段，强化商品经营基本功建设，逐步培育集团市场配置和控制的核心竞争能力。公司的产品36%出口到世界34个国家和地区，在美国、英国、德国等7个国家有10余家公司。

在"四敢精神"的鼓舞下，萧山涌现了一批又一批的先进模范人物，树立了一个又一个的工业发展模式，涌现了以万向集团、航民集团、传化集团、恒逸集团、东南网架等为代表的10亿元以上资产企业。到2000年，萧山有124家乡镇企业通过ISO9000质量体系认证，以纺织、机械汽配、化工造纸、电子电器、食品饮料、建筑建材、电线电缆、羽绒服装为主体的工业结构基本形成，工业设备、产品档次、科技含量在全国处于领先水平。截至2000年底，萧山的乡镇企业实现工业总产值494.29亿元，占全市工业总产值的82.18%，实现了“五分天下有其四”的历史跨越。在全国2000多个县（市）中，萧山屡屡进入全国十大“财神县”行列。2000年，萧山社会经济综合发展指数跃居全国百强县（市）第九位。

萧山精神特征

紧跟时代，与时俱进　萧山精神随着时代的变迁而与时俱进。在六七十年代，表现为战天斗地的围垦精神；80年代，表现为“历尽千山万水，吃尽千辛万苦，说尽千言万语，想尽千方百计”的“四千精神”；90年代，表现为“抢上头班车、抢抓潮头鱼、抢开逆风船、抢进快车道”的“四抢精神”；在21世纪“钱塘江时代”到来的时候，表现为“敢与强的比、敢同勇的争、敢向高的攀、敢跟快的赛”的“四敢精神”。萧山精神在不同时代体现为不同的形式，凸显了萧山人紧跟时代、与时俱进的精神。

解放思想，敢为人先　翻开萧山的发展史，每一次思想解放都带来改革的新深化、生产力的新发展。80年代初，沐浴着改革开放春风，萧山人在第一轮思想大解放中，向计划经济体制和传统观念发起了大胆冲击，奠定了乡镇企业“五分天下有其四”的恢宏局面。90年代初，萧山人在邓小平同志南方谈话的感召下，踩着第二轮解放思想的激越鼓点，开始淡化企业“成分论”，加快企业转制步伐。于是，个私企业异军突起，传化集团在全国私营企业中率先建立起党组织，萧山再创了机制先发优势。用萧山人的话说，就是“争树了头面旗，抢喝了头口水，竞走了头一遭”。萧山第一经济强镇宁围镇正是由于当时坚持以企业规模和发展潜力“论英雄”，提出了不限经济成分、不限发展比例、不限经营范围、不限组织形式、不限从业人员的“五不限”，才能实现从“买进老设备、请进老师傅、生产老产品”到“买进新设备、请进新师傅、生产新产品”，再由“买进洋设备、请进洋师傅、生产洋产品”到“使用洋设备、雇佣洋师傅、大赚洋人钱”的“四步跳”。萧山人永不满足现状，善于解放思想，敢为人先。

大气开放，兼收并蓄　改革开放后，萧山以大气开放的姿态，兼收并蓄的气度，深化改革，积极开拓国内外市场，区域经济和社会发展取得了巨大的成就。发展无定式，处处有我师。为了加快发展，萧山主动向江阴、昆山、南海、中山等经济发达县市学习，同时善于向长兴、安吉等经济欠发达县市索取招商引资宝典，以创新产业结构调整，促进经济更加合理地发展。萧山企业敢于瞄准国际国内产业发展前沿，不断用先进的、一流的设备和技术装备企业，打造航空母舰型企业集团，在激烈的市场竞争中立于不败之地。“八五”期间（1991～1995），萧山企业累计引进先进技术和关键设备项目61个，实际用汇5024万美元。“九五”期间（1996～2000），萧山企业累计引进先进技术和关键设备项目344个，实际用汇34887万美元。在人才引进方面，为更好地引进外地人才，萧山于1984年便成立了人才服务公司。1988年，萧山市政府公开向全国大学生宣布来萧乡镇企业工作的10条优惠措施。1993年，全年引进外地在职专业技术人员209人，其中中级以上专业技术人员88人。1997年起，萧山开始引进外国专家。1999年，万向集团建立了企业博士后科研工作站。进入21世纪后，萧山人更显大气：放宽政策、放开引资、大胆经营、放心创业，对外来投资企业不限发展比例、不限发展速度、不限经营方式、不限经营规模，以超人的胆略吸收不同形式的内外资，促进自身经济的发展。2000年，萧山全年新批外商投资企业67家，实际利用外资8837万美元。到萧山旅游和定居的人不断增多，全年接待游客150万人次。萧山的发展没有事先预定的“萧山模式”，但它集“苏南模式”、“浙东模式”、“温台模式”、“珠三角模式”的种种长处于一身，正是这种大气开放、兼收并蓄的能力，才创造了一个个“萧山现象”。

第五章　婚育　家庭

旧时，男女双方择偶多凭父母之命，无自主选择的自由[①]。中华人民共和国成立后，实行以婚姻自由和一夫一妻为核心的新《婚姻法》，婚姻自主的思想深得人心，青年男女自找对象形成风气，但城镇男女青年与农村男女青年婚配障碍较大。改革开放以后，观念发生很大的变化，城乡界限被打破，择偶向致富型发展，感情因素日渐注重，结婚仪式也日益讲究，出现旅游结婚和集体结婚等新型仪式。同时也带来婚姻变化的新动向：离婚人口日趋年轻化；再婚越来越被社会理解和认同，再婚人数日渐增多。

家庭是社会的细胞，是人口再生产的基本单位。新时期家庭结构逐渐趋于小型化，家庭规模以2～4人户为多；家庭户类型集中于一、二代；家庭功能也呈多元化发展趋向，家庭传统的养老模式、“养儿防老”观念受到冲击，社会养老保险制度急待出台。

①旧时，男女双方择偶大多凭“父母之命，媒妁之言”而定，多无自由选择。择偶标准主要强调“门当户对”，即要求双方的家庭和自身条件必须在社会地位、文化水准、生活方式、经济状况和价值观念诸方面互相匹配，彼此认同。

中华人民共和国成立以后，“门当户对”的择偶标准受到了一定程度的冲击，婚姻自主的思想深得人心，青年男女自找对象开始形成风气。然而，由于以阶级斗争为纲，择偶标准中也加入了非正常的政治因素。如六七十年代，青年人在择偶时，出身好坏甚为重要，农村青年在择偶时，出身贫下中农者颇有优越感；出身不好的地主、富农的后代在择偶时有自卑感，要求不高。

第一节　婚　育

择　偶

80年代，择偶观念发生很大的变化，青年人的独立性增强，青年男女个人条件成了择偶的现实标准，尽管家庭条件仍有一定的影响，双方所追求的彼此相当的条件主要包括职业、收入、文化水平、相貌和身高，年龄要求男女双方相仿。但由于严格的户籍制度，造成农民找农民，城镇居民与城镇居民结婚。80年代后期，农村青年择偶开始向致富型发展，除职业、人品外，双方特别是女方多选择会赚钱有致富本领、有致富背景的人，专业户、办厂能人颇受青睐。

90年代，随着改革深入带来的观念变化和推行城乡一体化，户籍已不成为障碍，很多城镇男女愿意在农村，特别是萧山东北部条件较好的沙地区选择对象；更加注重感情因素和忠诚；条件较差的农村男青年则选择“外来女”，“外来女”当中不少为少数民族，由此，萧山的少数民族人口急剧增长。涉外、涉港澳婚姻增多。据统计，1985～2000年，萧山共有涉外、涉港澳婚姻91对，其中1985～1991年每年平均3.6对；1992～1994年为高峰期，年平均为8.3对；1995年后逐步下降，年平均为6.8对。由于独生子女效应，同时由于非公有制企业的产业继承问题，男性入赘[②]女方的新婚姻观得到张扬。1998年4月，具有高中文化程度、家庭经济较好的许贤乡河西村村民张建桥入赘石岩乡金西村，他认为：“夫妻居住在男方或女方并不重要，夫妻相爱，家庭和睦，孝敬老人才是最要紧的。”2000年，石岩乡施家桥村退伍军人董国良入赘同乡

②入赘，俗称“倒插门”，旧指结婚时男到女方家定居，改姓女方姓氏，成为女方家的“儿子”，继承女方门第，生的孩子随女方姓氏。倒插门的男子被称为“上门女婿”。过去，倒插门是一个普通而又略带贬意的名词。现在上门女婿很多，也很常见，如今并不是要随女方姓氏，所生子女也照常姓男方姓，只不过是在女方家定居。

金西村，他的看法是“男方到女方落户，不是丢人的事，而是社会文明进步的体现”。为“产业继承”而找的入赘女婿，女方家长要求相对较高。据萧山千百合婚姻介绍所调查，每年到婚介所上门找女婿的人不少，女方家长所列的条件多以年龄、学历、职业、家庭背景为主，很少有性格、爱好之类的要求，本地人为首要条件。

结　婚[①]

80年代初，青年男女通过自由恋爱或介绍人牵线相识，后经几次看电影等活动相互往来，经父母同意，就可办理结婚登记手续。其时物质要求简单，备七八套衣服、三四条棉被，婚礼上分些喜糖、喜烟即可。能办八九桌酒宴的，已是体面家庭，为数不多。在农村，男女双方一般都经媒人说合，有的即使是自由恋爱，也必须挽媒人前去说合。双方同意后，先择日订婚，后双方开始走动，称“毛脚女婿（媳妇）”；若干年后，待男女方年龄符合结婚条件，经济实力许可，择吉日举行结婚仪式。

80年代后期，随着人们生活水平的渐渐提高，结婚开始讲究排场，注重物质条件。[②]在城厢镇，电视机、收录机、洗衣机、电冰箱必不可少；富裕家庭更加讲究，彩色电视机、带电脑的收录机、甩干的洗衣机、豪华型电冰箱都入选嫁妆；在农村，部分富裕起来的农民家庭，也很讲究体面，把婚礼办得热闹、气派。

90年代以后，经济进一步发展，“万元户”大量涌现，喜事操办，彩礼相互攀比，过去的五斗柜、写字台已被组合家具、名牌家私所取代，“两响”（收录机、电视机）、“四转”（手表、摩托车、缝纫机、电风扇）、“三十二条腿”（大床、沙发、餐桌、大衣柜、五斗柜、食品柜等）已较普遍，液晶彩电、真皮沙发等高档用品进入部分新婚家庭。1999年，萧山云石乡朱某，因在北京开发房地产而赚了钱，与天津某剧团演员结婚，用9999朵玫瑰编织花环，在杭州之江度假村举办婚宴，此举被《钱江晚报》称为“钱塘第一婚”。

结婚迎娶新娘和接送亲朋长辈用的交通工具，由80年代的自行车、拖拉机、挂桨船发展到摩托车、面包车、小轿车。据2000年对城镇居民结婚用车调查，1985～1990年，自行车已淡出迎娶队伍，摩托车和拖拉机居于首位，占婚车的53.8%，轿车其次，占38.5%；1991～2000年，婚车以面包车、轿车为主，占68.3%，摩托车和拖拉机占10.8%。一次婚庆，平均使用婚车5辆，有时会出现10多辆的宏大场面；车型也逐年向高档、豪华发展。90年代初还是“夏利”、“桑塔纳”轿车为主，90年代后期已被“本田”、“奔驰”、“宝马”轿车所替代。这些婚车除私家车外，多数为借用和租用，有的还动用公车。一般家庭婚车装饰费用在2000元～3000元，结婚照5000元～6000元，婚庆过程还全程录像。据市民政局统计，2000年，全市有9809对新人举办婚礼，总的结婚消费高达3.03亿元。

结婚喜宴，渐趋隆重。80年代，城乡婚宴比较传统，多在家中操办，几

①旧时结婚，因社会地位或经济状况不同，在婚龄和生活方式上有显著差异。结婚年龄，在所谓“不孝有三，无后为大”的封建思想意识支配下，富户一般以早婚为主。

旧时结婚还须经过“订婚”这个步骤。订婚主要是女方送“庚贴”（即女子的出生年月日时辰），男方“行聘”（即送财礼），并办订婚酒席。订婚后，女子就是男家的儿媳了。

中华人民共和国成立后，婚礼内容和活动方式大有改进。50年代初，新式结婚颇为简朴，多以一些水果、糕点招待亲朋好友，热闹一番就算礼成，也有请领导主婚或参加集体婚礼的，只有少数人结婚办喜酒。

②80年代以后，东冠村随着村民生活的不断提高，娶亲嫁囡的费用也水涨船高。定金超过1000元甚至达2000元，并且要手表、缝纫机、自行车、收录机、黑白电视机，后要彩电；80年代后期，定金超过万元，花被（皮棉）超百斤，金器上两，要金手镯、金项链、金环子、金戒指，多者金器上斤，以后又增加高档摩托车。这一时期，青年男女没有经济实力，结婚费用大多是父母半辈子的积蓄，有的还得负债。（王志邦、徐方祥编：《东冠村志》，中华书局，2000年，第622页）

桌、十几桌；90年代后，城市婚宴多设在宾馆、酒店，一般都有二三十桌，婚宴费用高达数万元。据调查，1995年，萧山宾馆承办婚宴158场，共办喜宴3217桌，最多一对办38桌，最少一对办6桌，每桌标准为600元、800元、1000元不等。2000年，喜宴场面更大，是年该宾馆接待新婚夫妻207对，办喜宴5423桌，平均26.2桌。同年，金马饭店接待新婚夫妻265对，办喜宴6625桌，每桌标准为800元、1000元、1280元不等。农村婚宴虽多设在家中，但海鲜等名贵菜肴已搬上餐桌，一桌20多盘十分普遍，婚礼开支已与城镇不相上下。婚庆酒宴农村一般分两次进行： 订婚酒，规模较小，由当地领导和主要亲戚长辈参加；结婚酒，邻里好友也被邀请。赴宴的亲朋好友，都要“送礼”（俗称“送人情”），几百乃至几千元不等，根据亲密程度而定。喝订婚酒和结婚酒时，长辈要给新人送红包，俗称“见面礼”。在农村，也有一些特殊婚礼，那就是与外省市姑娘（俗称“外来女”）结婚，婚礼简单，男方只在家中办几桌酒饭，请介绍人到家热闹一场，算是结婚。

90年代，青年男女的结婚方式顺应改革开放的形势，更趋灵活多样，旅游结婚、集体结婚时有出现，其中以1999年12月20日在人民广场举行的“椰岛杯”世纪婚典影响最大。有100对新人参加集体婚礼，市委书记和市长分别做证婚人和主婚人，《萧山日报》、萧山电视台等多家媒体都作了报道。

结婚日期多选元旦、“五一”劳动节、“七一”建党节、国庆等佳节，也有逢“8”结婚，以讨吉利；也有少数家庭由算命先生择日（俗称“拣好日”）。结婚仪式城镇比较新潮，一般过程是： 婚典开始，鸣放礼炮；新郎新娘进场，由男女儿童拉婚纱裙；新郎新娘分别向证婚人、双方父母、亲朋来宾敬礼；新郎新娘相互敬礼、交换礼物，饮交杯酒；新郎新娘单位领导、婚姻介绍人、双方主婚人讲话；新郎新娘介绍恋爱经过；酒宴开始，新郎新娘向来宾敬酒。在农村，仍以传统的“拜天地”为主，场面热闹而受人喜欢。

离婚再婚

离婚 1982年，全县离婚人数2584人，离婚率（年离婚人口数与年人口总数的比率）为0.32%。1990年，全市离婚人数下降到2561人，离婚率降至0.28%。90年代后，离婚率逐年上升，2000年，全市离婚人数增至4488人，离婚率上升到0.50%。1985～2000年，全市经人民法院判决离婚的9187对，经市民政局调解后离婚的2159对，合计离婚11346对，平均每年离婚709对。

1982年，全市离婚比率最高的年龄段是50～59岁、60～79岁，分别占年离婚总数的32.31%和25.97%。1990年，最高的年龄段是35～39岁、55～59岁，分别占13.35%和12.03%。2000年，最高的年龄段是35～39岁、40～44岁，分别占21.18%和17.47%。离婚人口趋向年轻化。婚姻家庭比较稳定的是20～29岁夫妻和65岁以上老人，离婚率分别为3.48%、8.04%。

离婚人口与职业有关。据1990年、2000年全国人口普查资料显示，离婚比率最高的，1990年是农林牧渔劳动者和生产工人、运输人员，分别占36.12%和20.03%；2000年是生产、运输设备操作人员和商业、服务人员，分别占42.26%和27.08%；离婚比率最低的是国家机关、党群组织工作人员，1990年分别占0.66%和1.05%；2000年分别占0.89%和4.76%。离婚人口与文化程度有关，2000年第五次全国人口普查统计，离婚率最高的是初中、小学段人口，分别占40.17%和36.9%；最低的是大学本科、大学专科段人口，分别占1.3%和0.66%。

年轻人离婚呈上升趋势。1982年，全县20～29岁年龄段的年离婚率为3.48%，1990年上升到8.04%，2000年又上升到8.95%。大部分当事人婚前仓促结合，婚后又与父母分居，因家庭开支、养老育幼、家务劳动、感情等原因而离婚。萧山日报社记者曾对98起再婚后离婚案作过调查，再婚后离婚以35～45岁年龄段为多，占案件总数的66%，而带子女再婚的离婚的占76%，再婚后生育子女的，离婚率稍低，占23%。再婚后离婚原因较多：婚前相识时间短，“闪电”结婚，婚姻基础不牢固占62%；家庭关系难处理，经济难支配导致离异。年老夫妻离婚总体上呈下降趋势，1982年，60岁以上老人离婚率为26.55%，1990年上升到27.29%，2000年下降为11.14%。

再婚　80年代以后，离婚丧偶者的再婚行为越来越被社会所理解和支持，来自家庭和社会的各种障碍逐渐减少，再婚人数日渐增多。2000年第五次全国人口普查资料显示，全市12201名再婚有配偶人口中，男性5380人，占再婚总数的44.1%；女性再婚有配偶6821人，占55.9%，女性比男性再婚率高11.8个百分点。

生　育[①]

80年代以后，随着计划生育国策的深入和人民生活的提高，萧山人的生育观念发生变化。“养儿防老”、“传宗接代”、重男轻女等传统观念渐趋淡化，“一对夫妇只生育一个孩子”的理念为多数家庭所接受。但也有极少数农村独女家庭，仍想生个男孩。

到90年代，一对夫妻无论是生男还是生女，只生育一个孩子的观念已深入人心。据统计，1995～2000年，全市有1360对农村“独女户”夫妇主动放弃二孩的生育指标，平均每年有449人放弃生育第二胎，全市生育率明显下降。

1982年第三次全国人口普查，全县15～64岁妇女有359355人，活产子女（婴儿）[②]791173个，平均每个妇女活产子女2.2个。其中活产1个子女的48792人，占总育龄妇女的13.58%；活产2～3个的有97902人，占27.24%；活产4～5个的有53864人，占14.99%；活产6～7个的有28138人，占7.83%；活产8～9个的有8551人，占2.38%。

1990年第四次全国人口普查，全市15～64岁妇女有408776人，活产子女307312个，平均每个育龄妇女活产子女1.76个。其中活产1个子女的有124099人，占总育龄妇女的30.36%；活产2～3个的有120840人，占29.56%；活产4～5个的有45283人，占11.08%；活产6～7个的有14546人，占3.56%；活产8～9个的有2314人，占0.57%；活产10个以上的有230人，占0.05%。

2000年第五次全国人口普查，全市15～50岁妇女有368676人，活产子女395968个，平均每个妇女活产子女1.07个。其中20～24岁年龄段妇女平均活产子女0.17个，25～29岁段平均活产0.85个，30～34岁段平均活产1.18个，35～39岁段平均活产1.37个，40～44岁段平均活产1.47个，45～49岁段平均活产1.76个，50岁段平均活产2.11个。

生育方式上，土法接生在60年代已被新法接生所取代。80年代后，全市实施孕产妇系统管理，孕早期检查、产前检查、住院分娩和新法接生基本普及。据对市妇幼保健院调查：1982年全市（县）出生婴儿13803人，实施新法接生占99%，住院接生占66.2%；1999年出生婴儿12445人，实施新法接生占99.99%，住院接生占99.98%。

①旧时不论富人或穷汉，一般都存在“多子多福”和重男轻女的思想意识。尤其是富人，如妻室不添“丁”，就一而再、再而三地娶妾，想生个男孩“传宗接代”；穷人无条件娶妾，一般采取“过继”(将兄弟或姐妹的儿子招进来作自己的儿子）或“领育”(将别人的婴儿有偿或无偿地作为自己的儿子）的办法；个别无生育能力的男子甚至有意识让妻子和别的男子去生孩子，名曰“借种”。如妻子无生育能力，则采取“租妻”(租用别人的妻子来家生男孩子）的手段。又因重男轻女，故溺婴和“放生”(将婴儿抛弃）时有发生。这些观念解放后有所转变，特别是从70年代开始，国家加强对计划生育的宣传教育，大力提倡一对夫妻只生育一个孩子，政府的计划生育政策逐渐深入人心。

②活产子女（婴儿）：胎儿脱离母体时（不管怀孕月数），有呼吸或心跳，脐带搏动，随肌收缩等其他生命现象的子女（婴儿），也包括未婚生育的妇女生育状况。

80年代后，多数家庭更加重视生育质量。产前检查十分重视，孕妇受到特别关心。据市妇幼保健院统计资料，1987年全县孕产妇产前检查率为98%，人均检查数7.7次，1997年全市产前检查已达99.33%。

产妇的分娩方法也有较大变化。80年代，妇女因难产实行剖宫产较多。进入90年代，有相当多女性为了不让自己和孩子经受分娩的痛苦而选择剖宫产，剖宫产人数逐年增加。据市妇幼保健院统计，1991年，全市剖宫产妇女只有1313人，剖宫发生率（剖宫产人数与产妇总人数之比）为8.44%；1995年，剖宫产人数增至2959人，剖宫发生率为18.31%；1999年，剖宫产人数增至4893人，剖宫率为39.32%，为1991年的3.73倍。同时，育婴方法也在变化，90年代以前，除了特殊情况，婴儿都用母乳喂养；此后，不少年轻母亲为保持体形，放弃用母乳喂养，奶粉成为婴儿主食。

表6-5-96　1982年萧山县15～64岁妇女活产子女数

单位：人

活产子女个数	15～19岁	20～29岁	30～39岁	40～49岁	50～59岁	60～64岁	合计
0	67278	50103	1309	588	839	554	120671
1	77	39854	6599	688	941	633	48792
2	2	16018	33709	3223	1251	870	55073
3	3	2056	27487	9239	2795	1249	42829
4	–	171	9397	13715	5572	1943	30798
5	1	21	1955	10591	8192	2306	23066
6	–	4	396	5477	9009	2665	17551
7	–	1	51	1766	6503	2266	10587
8	–	1	10	480	3882	1714	6087
9	–	–	3	113	1470	878	2464
10	–	–	–	30	587	421	1038
11以上	–	–	–	7	204	188	399
合　计	67361	108229	80916	45917	41245	15687	359355

资料来源：根据萧山县1982年第三次全国人口普查资料整理。

表6-5-97　2000年萧山市15～50岁妇女平均活产子女、存活子女数

单位：人

年龄别	15～50岁妇女数量	活产子女总数			存活子女总数		
		男	女	小计	男	女	小计
15～19	34143	10	10	20	10	10	20
20～24	42532	3724	3567	7291	3705	3508	7213
25～29	56007	26136	21472	47608	25813	21276	47089
30～34	65248	39327	37711	77038	38916	37328	76244
35～39	62769	44129	41993	86122	43659	41552	85211
40～44	52058	39268	37495	76763	38534	36985	75519
45～49	48530	44590	40964	85554	43600	40219	83819
50	7389	8232	7340	15572	7967	7174	15141
合　计	368676	205416	190552	395968	202204	188052	390256

注：①资料来源：杭州市萧山区第五次全国人口普查办公室：《杭州市萧山区2000年人口普查资料》，2002年7月印。
②存活子女数是指15～50周岁的妇女生过（活产）子女数和其中现存活子女数。

第二节 家 庭

家庭构成

自1971年起，萧山户均人口开始下降。1982年第三次全国人口普查，全县有家庭户262314户，家庭户人口1021753人①，平均每户家庭3.90人。1990年第四次全国人口普查，全市有家庭户332985户，家庭户人口1100566人②，其中男性546158人，女性554408人，平均每户家庭3.31人。2000年第五次全国人口普查，全市有家庭户369398户，家庭户人口1141599人③，其中男性563256人，女性578343人，平均每户家庭3.09人。

由于家庭户数逐年增加，家庭结构小型化。1996年对浦沿镇浦联村调查，1985年，该村有村民1411户，户均人口3.57人；1990年，户数增加到1683户，户均人口减少到3.05人；1994年，全村总户数增加到1785户，户均人口减少到2.92人。

家庭规模

1990年第四次全国人口普查时，全市332985家庭户，家庭规模以2～4人户为主，占家庭户总户数的75.93%，其中以3人户最多，占36.02%；1人户和5人户分别占8.68%和10.97%；6人以上户仅占4.42%。2000年第五次全国人口普查，全市369398家庭户中，3人户最多，有125885户，占总户数的34.08%；2人户、4人户分别为80284户和71217户，占21.73%和19.28%；1人户和5人户共78586户，占21.28%；6人以上户共13426户，占3.63%；10人及10人以上户全市尚有84户。

①全县另有集体户1086户，集体户人口39392人。全县总户数合计363400户，总人口合计1061145人。

②全市另有集体户1851万户，集体户人口30026人，其中男性21212人、女性8814人。全市总户数合计334836户，总人口合计1130592人。

③全市另有集体户22036户，集体户人口91749人，其中男性49973人、女性41776人。全市总户数合计391434户，总人口合计1233348人。

表6—5—98 1990年、2000年萧山市家庭户规模情况

单位：户

规 模	1990年		2000年	
	户 数	比 重（%）	户 数	比 重（%）
1人户	28914	8.68	39751	10.76
2人户	48182	14.47	80284	21.73
3人户	119945	36.02	125885	34.08
4人户	84688	25.44	71217	19.28
5人户	36517	10.97	38835	10.51
6人户	10570	3.17	10703	2.90
7人户	3099	0.93	1812	0.49
8人户	790	0.24	675	0.18
9人户	199	0.06	152	0.04
10人及10人以上户	81	0.02	84	0.02

资料来源：根据萧山市1990年第四次、2000年第五次全国人口普查资料整理。

家庭类别

1990年，全市主要家庭户类型为二代户，共213676万户，占总户数的64.17%；其次为三代户和一对夫妇户，分别占15.18%和9.23%；单身户和四代户只分别占7.01%和0.45%；一代户及以上和其他亲属、非亲属户仅占3.96%，而五代户已经消失。2000年第五次全国人口普查时，家庭户类型集中在一、二代户，分别占总数的29.41%和49.69%；三代户占19.98%；四代户仅占0.93%。全市以小家庭为主。

2000年第五次全国人口普查统计：全市家庭户中，单一民族户366120户，占总户数的99.11%；2个民族户3262户，占0.88%；3个民族户15户；4个民族户1户。其中有2个民族户最多的乡镇是城厢镇360户，其次是河庄镇237户。全市0～19岁青少年人口家庭户262569户，其中10岁以内的有138230户，占青少年人口家庭户的52.65%。全市60岁及60岁以上老年人口家庭户共109495户，其中单身老人户14991户，占老年人口家庭户的13.69%；只有1对老夫妇的有17404户，占15.89%。

表6-5-99　2000年萧山市不同规模家庭户类别

单位：户

家庭户规模	家庭户数	一代户	二代户	三代户	四代户
1人户	39751	39751	0	0	0
2人户	80284	66726	13558	0	0
3人户	125885	1480	122177	2228	0
4人户	71217	418	43909	26851	39
5人户	38835	170	3450	34601	614
6人户	10703	43	320	8529	1811
7人户	1812	15	82	961	754
8人户	675	10	21	508	136
9人户	152	10	22	70	50
10人及以上户	84	6	22	41	15
合　计	369398	108629	183561	73789	3419

资料来源：杭州市萧山区第五次全国人口普查办公室：《杭州市萧山区2000年人口普查资料》，2002年7月。

家庭功能

随着社会的变革，家庭功能呈多元化发展。80年代初期，家庭的主要功能为养儿防老、传宗接代。

90年代初，“致富”成为大家共同目标。在农村，实行家庭联产承包责任制后，全市有24.78万农户承包63.05万亩土地，4.07万农户承包10.22万亩山林。这些家庭除生产国家统购的农产品外，还生产供自己家庭成员消费的生活资料和与别人交换的产品，家庭的生产、消费功能增强。在城镇，由于个体私营经济的发展，家庭生产功能得到强化。

90年代中期，随着萧山第二轮家庭联产承包责任制的完善，实行土地适度规模经营，农民择业观随之发生变化，大批劳动力离乡离土，到城镇从事二、三产业，加上城市化进程的加快，“农转居”人数增多，此时以一家一户为生产单位的家庭生产功能、消费功能逐渐弱化。90年代后期，一些农户陆续离土进城经商、打工、求学，家中仅剩老人、妇女、儿童与几亩耕地，耕作基本上由老人和妇女承担，家庭的生产和消费功能进一步弱化。有些贫困家庭，老人们的生活来源主要依靠自己，家庭传统的养老模式、“养儿防老”观念受到冲击。

第六章　计划生育

80年代中期以来，根据浙江省人大常委会通过的《浙江省计划生育条例》与萧山实际情况，萧山的计划生育政策逐步完善。同时利用各种载体，开展计划生育宣传教育活动，加强计划生育管理和计划生育技术服务，大力推行晚婚晚育，遏制了计划外生育现象，有效地缓解、平抑了人口生育高峰。人口自然增长率除1987年上升至12.02‰、1989年为10.56‰外，其余各年均控制在10‰以内。1988年后，萧山市计划生育率一直稳定在99%以上，多次获得省级以上计划生育先进单位（集体）称号。

第一节　计划生育政策

“开小口”政策

1984年4月，中共中央批转国家计划生育委员会党组《关于计划生育工作情况的汇报》(〔1984〕7号)，对计划生育工作的指导思想、方针、原则作出明确规定。中共浙江省委、省人民政府根据中央7号文件精神，结合浙江实际，发出《关于继续大力抓紧抓好计划生育工作的通知》（省委〔1984〕16号）和《浙江省人民政府关于二胎生育政策的暂行规定》（省政〔1984〕38号）。规定“居住偏僻山区只生育一个女孩的农民，本人有生育要求的，可以有计划地安排生育第二个孩子”。中共萧山县委、县人民政府根据上述规定和本地实际情况，在云石、进化两乡试点的基础上，于1984年11月报经省和杭州市政府批准，从1985年第一季度起，对戴村、临浦两个区中除临浦镇以外的22个农村乡（镇）农民中已生一个女孩的夫妇（简称“独女户”），实行照顾生育二胎政策，即在大力提倡一对夫妇只生一个孩子的同时，农民中的“独女户”，本人要求再生一个的，经一定间隔期，可以照顾安排再生一个孩子，有控制地适当扩大计划内二胎的照顾面，即“开小口”政策。实施后，计划外出生得到有效控制。1985年，全县计划生育率达到96.08%，比1984年的87.64%提高8.44个百分点，计划生育率在全县计划生育工作史上第一次超过90%。是年，全县一孩率为83.73%，比上一年正常下降3.2个百分点；二孩率为16.06%，比上年合理上升3.7个百分点；多胎率则由上年的0.86%下降到0.21%，是1972年有胎次统计以来多胎出生率最低的一年，实现了“开小口”政策的预期效果。

1986年，贯彻省人民政府《关于多胎和计划外二胎得到有效控制的市县农村完善具体生育政策的通知》(省政〔1986〕41号)精神，县人民政府通过在靖江镇试点，于9月3日发出《关于义蓬、瓜沥、城北、城南四区农村完善具体生育政策的通知》，规定从9月下旬起，对其余镇乡落实“开小口”政策。至此，萧山农村的具体生育政策（主体是计划内生育第二个子女的条件）趋于一致。在此基础上，1987年9月起施行根据《浙江省计划生育条例》而制定的《萧山县计划生育若干问题的实施规定》开始实施，使计划生育政策更加明确具体，可操作性增强。1989年和1995年，《浙江省计划生育条例》又先后两次进行个别条款的完善。萧山按照上级要求，再次制订相应的实施规定，保证计划生育政策的长期稳定实行。

由于严肃执行生育政策，2000年形成了一个合理的胎次比，一孩率为70.45%，比1985年（该年为部分镇乡“开小口”第一年，部分未“开小口”镇乡仍在实施“一胎化”）合理下降13.28个百分点；二孩率为29.34%，比1985年上升13.28个百分点，属正常范围。计划生育率由1985年的96.08%上升到2000年的99.68%，其中从1988年至2000年连续13年均保持在99%以上。

“双轨控制”政策

1985年，萧山人口自然增长率为4.23‰。1986年，全县共出生14177人，比上年出生数净增2795人，开始显示60年代生育高峰的周期性影响。是年，女性初婚人数为16658人，比1985年的9879人增加6779人，比1984年的7284人增长1倍以上。1987年，全年出生人数比上一年净增5796人，自然增长率高达12.02‰。连续9年（1978～1986）自然增长率在10‰以内的纪录被冲破，标志着第三次生育高峰的到来。萧山为达到既按照生育政策解决农村“独女户”夫妇照顾生育二胎问题，又有效地控制人口过快增长，以缓解生育高峰，按省人民政府要求，实行了生育政策和生育指标相结合的“双轨控制”，即生育孩子既要符合计划生育政策，严格审批，又要受层层下达的年度生育指标的制约。规定：一孩生育对象也必须经审批同意才能怀孕生育；二孩生育对象即使符合生育条件并已到间隔期，如本地本年度生育指标无法安排，也不能怀孕生育，只能等下一年度分配生育指标。在具体操作时规定“三先三让”（“三先三让”指：1. 生育一孩虽到法定婚龄但还未到晚婚年龄的，让实行晚婚的先孕育；2. 育龄夫妇相加年龄较小的，让较大的先孕育；3. 农村照顾二胎刚到生育间隔期山区48个月、平原68个月的，让生育间隔期已经超过的先孕育），生育指标分配实行村级民主评议，上墙公布，接受群众监督，做到公正公平。这一做法连续执行近10年，得到广大育龄人群的认可。尽管“生育避峰”的实施带有某些硬性和局限性，但对稳定和严肃生育政策，缓解、平抑生育高峰，确保人口指标不突破，起到有力的保障作用。

随着生育高峰的逐步缓解，经调查分析和科学预测，1998年6月，市政府发出《关于萧山市人口计划管理改革实施意见的通知》，规定从7月1日起，市对镇乡、镇乡对村不再层层下达人口计划，不再对生育对象分配生育指标；取消对生育一孩的审批制度，青年男女依法办理结婚登记手续后，可以自主安排怀孕生育第一个子女的时间。二孩生育严格实行审批制，必须经市计划生育行政部门审批同意才可怀孕生育；对依法规可生育对象发给《浙江省生殖保健服务证》，享受相关服务。此项改革的实施，受到群众的普遍欢迎和好评，没有引起生育上的波动。

计划生育审批

1985年起，对生育安排的审批权有所调整，已婚育龄夫妇生育一孩（第一胎）的，由原先村委会审批，改为到一方户籍所在地乡镇人民政府办理。此一规定，至2000年一直未变。

1985年后，生育二孩的审批权限经过4次调整。第一次：1985～1987年，对确实符合条件要求生育第二孩的夫妇经提出申请，乡镇初审，区公所核实，报县计生委审核，由县计生委报杭州市计生委审批。

第二次：1987年，执行“开小口”生育政策以后，二胎生育面有所扩大，同时受60年代第二次生育高峰的周期性影响，面临第三次生育高峰的到来。为使层层下达的生育指标不致于突破，从严从紧把握生育政策，对生育审批权限作了调整。二孩生育指标的批准权由原先的各镇乡人民政府上移到区公所。市计生委则主要对各区审批工作进行监督。此一审批程序一直延至1992年3月。

第三次：1992年4月，萧山完成“撤区、扩镇、并乡”，撤销原有的6个区，二胎审批权又回到“撤、扩、并”后组建的镇（乡）人民政府。各镇（乡）经过扩并，计划生育工作的力量有所加强，专设了计划生育办公室，由分管的一位副镇（乡）长兼主任，设1～2名专职副主任，各镇（乡）计生办平均有计生专职人员7人。每个镇（乡）都成立了生育审批小组，使生育审批规范化。5月，市计生委发出《关于重申二胎审批程序及特殊情况照顾生育审批权限的通知》，规定： 二胎审批权仍属镇乡人民政府，按月报市计生委备案接受复查。特殊情况再生育，审批权在市计生委（其中按规定，有的对象须报杭州市计生委审批）。此规定一直延续至1995年底。

第四次：1995年12月26日，市计生委成立“二孩生育审批小组”，同时，下发《计划生育审批程序具体操作要求的通知》，规定自1996年1月起，凡申请生育二孩一律由镇乡政府审核后报市计生委“二孩生育审批小组”审批，即生育二孩审批权上收至市，具体工作由市计生委法制科办理。此一规定，至2000年未变。

计划生育宣传

萧山的计划生育宣传教育在不断工作实践中及时总结经验，逐步形成市、镇、村三级计划生育宣传教育网络，在各个时期又根据不同内容采用不同的活动形式。

宣传网络　1985年，县建立健全计划生育宣传协调会议制度，由县委宣传部牵头，协调有关部门联合开展计划生育宣传教育工作。各级部门齐抓共管，职责明确，定期听取计划生育情况汇报，在每年第一季度，县委都要召开单位分管计划生育负责人会议，研究部署计划生育宣传教育协调工作。1987年10月，县委发文进一步强调并具体规定计划生育协会各会员单位的职责、相应的检查、按时定期汇报等制度。1993年7月，市计划生育宣教培训中心建立后，立即对镇（乡）、村两级计生工作者进行业务和技术培训。1994年9月，市计生指导站设立宣教科，负责计划生育科普知识的宣传。1997年初，萧山首个镇（乡）级人口学校①在前进乡建立。3月，全市召开现场会，推广经验。年底，各镇乡均建起人口学校。乡镇人口学校为计划生育教育创造了有利条件。1998年，各镇乡（街道）均设立宣教室，配有一名宣教员。10月开始，全市1088名村（居委会）计划生育联系员进行培训学习，考试合格，发给《上岗证》。2000年下半年，又有72名新任村级计划生育联系员培训后持证上岗，计划生育联系员的宣传教育职责和任务十分明确。

萧山还充分发挥市计生协会的作用。至2000年，市计生协会已有分会1256个，会员121000名，会员联系户12500户。广大协会会员以“严自身、管亲戚、带邻居”的实际行动，成为计划生育宣传教育的一支重要力量。

宣传活动　萧山市的计划生育宣传教育注重“设定阶段，围绕重点，讲求实效”。从1985年开始至2000年，大型的宣传教育活动有5次：

计划生育宣传月活动（1985年1～2月）　1985年1月10日，中共萧山县委、县人民政府《关于开展计划生育宣传活动的通知》下达后，全县迅速开展计划生育宣传月活动，县级机关抽调250多名干部深入基层帮助工作，共举办计划生育政策和有关避孕节育知识学习班80多期（次），受教育人数8600多人（次）；发送计划生育宣传品18000多份；放映《节育与优生》等科教片60多场，计划生育幻灯片28套；通过县有线广播台播出计划生育稿件128篇。通过宣传动员，在2个月内，落实计划生育避孕措施和手术的有3997例。

人口日宣传活动（1987年7～9月）　1987年7月11日是“世界50亿人口日”，萧山开展人口日系列宣传活动。是日，正在城厢镇集中培训的近百名计

①1997年初，萧山首个镇乡级人口学校在前进乡建立。

3月18日，全市在该乡召开现场会，推广其经验和做法，并提出镇乡人口学校必须具备“七个有”（有班子、有计划、有教员、有场所、有设备、有制度、有评估）。会后，各镇乡迅速行动，到年底前均建起镇乡级人口学校，并开展正常教学工作。当年，以镇乡人口学校为阵地接受教育的各类育龄人群和村、组、厂等骨干达1.5万人。

9月，全市第一所村级人口学校在党山镇梅林村成立。

是年，市计生委下发〔1997〕42号文件，转发该村人口学校有关资料，并提出人口在1000人以上的村都应建立人口学校，两年内必须达到“五有”（有场所、有牌子、有设备、有计划、有制度）和“三落实”（组织落实、教员落实、经费落实）建校要求。不少镇乡组织村干部到梅林村学习取经。

至1998年末，全市千人以上370余个村都建起人口学校。

划生育干部收看中央电视台播出的中央领导的讲话；城区举办“世界50亿人口日”为主题的黑板报展览，17个单位在市心路体育场西侧一字排列，展出图文并茂的计划生育宣传黑板报40多块，展出时间20天；有线广播计划生育专题每周播放2次；各个建制镇分别举办计划生育街头咨询服务；县委宣传部以“加强人口控制必须实行双轨控制”为主要内容编写宣传资料，下发基层村，报纸、广播、电视等媒体加大计划生育报道力度，全县参加宣传教育活动人数达3800多人，受教育人数达25000人（次）。活动历时3个月，为调节生育高峰，确保人口指标计划控制打下了良好的基础。

人口与计划生育基础知识教育活动（1989～1994年） 1989年，市委办公室转发由宣传部、计生委等17个部门联合制订的《萧山市人口与计划生育基础知识教育实施意见》，要求“五种对象”（党员干部、青春期、新婚期、孕产期、育儿期）的“三课”（人口理论、计划生育法规、节育优生知识）教育率达到85%，依此标准，在全市范围开展声势很大的宣传教育活动。1990年又在全市上下开展宣传学习新颁布的《浙江省计划生育条例》，举办各类培训班471期，直接受训46200人（次）。1991年6月4日，市委、市政府召开全市计划生育工作会议，市委领导在报告中强调“加强领导，全民动员，像抓经济工作那样抓计划生育”，明确提出“党政一把手必须亲自抓，并且负总责”。由于宣传教育声势大、工作措施有力度，使全市计划生育工作又有新提高。

人口教育“五个化”活动（1995年11月～1997年12月） 人口教育“五个化”即： 指导思想服务化、宣教内容系列化、宣教形式多样化、宣教手段现代化、宣教管理规范化。以“五个化”为目标，由点到面全面展开。1997年，市委、市政府把计划生育法规纳入“三五”普法内容，全市掀起学法律法规热潮，特别把《行政处罚法》《母婴保健法》《浙江省计划生育条例》等10部与计划生育工作直接相关的法律法规作为重点，使计生战线工作人员、职工和广大育龄人群又一次受到人口与计生有关法律法规的再教育。是年1月，在全省计生委主任会议上，萧山的计划生育教育“五个化”的活动经验得到充分的肯定。从是年开始，“五个化”成为人口教育的基本要求列入萧山市政府对各镇乡计生工作考核内容。

婚育新风教育（1998年～2001年3月） 自1998年始，萧山计划生育宣传活动的重点由宣传法律法规转向婚育观念转变，稳定低生育水平。是年，省计生委确定萧山市为全省开展以“晚婚晚育、少生优生、生男生女一样好，计划生育丈夫有责”为主题的“婚育新风进万家”活动试点县（市）之一。10月15日，中共萧山市委宣传部、计生委联合发出《关于在全市开展婚育新风进万家活动的通知》（萧计生〔1998〕56号），提出由指导思想、主要目标、活动内容和实施步骤等6个方面组成的活动方案。各镇乡结合实际，均制订出具体实施计划。全市抓住提高思想认识、强化宣传教育、提供综合服务三个主要环节，确保这一活动扎实开展。1999年3月，市计生委举办以“破千年陈腐习俗，树一代婚育新风”为主题演讲比赛，29名参赛者作演讲，通过报道扩大活动影响。4月，在全省“婚育新风进万家”活动试点工作会议上萧山作典型发言。7月，城厢镇市心路建起全市首条计划生育宣传广告一条街，开始营造较浓的环境宣传气氛。此项宣教工程从1998年开始，一直持续开展，其间又穿插一些宣传教育活动，使之相辅相成。

2000年3月，中共中央、国务院作出《关于加强人口与计划生育稳定低生育水平的决定》，全市结合婚育新风进万家活动，利用电视、广播、黑板报等舆论工具，采取座谈会、报告会培训辅导、知识竞赛等形式。广泛宣传《决定》精神，提高广大干部群众实行计划生育自觉性。是年9月25日是《中共中央关于控制我国人口增长问题致全体共产党员、共青团员的公开信》发表20周年。为纪念这个在中国计划生育史上有重大意义的日子，推进全市计生事业发展，中共萧山市委组织部、宣传部、团市委、市计生委、计生协会等5单位在8月下旬联合发文，对“9.25”纪念活动作精心安排。萧山电视台、萧山日报记者采访瓜沥镇进化村等10个村级党支部书记，请他们谈《公开信》发表20年来计生工作成就和党团员发挥带头示范作用的经验，并进行连续报道。9月25日，萧山市委、市政府召开纪念大会，回顾20年来计划生育发展历程，号召广大党团员、各级干部和广大群众进一步树立计划生育国策意识，为稳定萧山低生育水平作出新贡献。与此同时，全市计生系统开展“牢记党的宗旨，争做新时期育龄群众贴心人”活动。广大计生工作者积极响应，自觉参与。在层层推荐基础上，9月21日《萧山日报》刊登17位“育龄群众贴心人”候选人名单和事迹，发动读者投票评选，到11月底告一段落。对获选的毛勤尔等10位“育龄群众贴心人”召开大会进行表彰、奖励，并通过报纸、电视等媒体作广泛宣传。

2001年3月，全省婚育新风进万家活动现场会在萧山党山镇召开，与会领导听取市政府相关经验介绍，还实地考察党山镇梅林村和城厢街道潘水小区，得到肯定和好评。这两个点的经验在萧山城乡得到全面推广。是年，萧山市被中宣部、国家计生委、共青团中央、全国妇联等10部委联合授予“全国婚育新风进万家活动先进集体”称号。

第二节　计划生育管理

计划生育奖励

根据《浙江省计划生育条例》[①]，萧山制定出台了一系列对实行计划生育、晚婚晚育的家庭和个人的奖励政策和措施。

1987年，《萧山县计划生育若干问题的实施规定》（萧政〔1987〕10号）作出具体奖励规定：对实行晚婚晚育的新婚夫妇应予表扬，并视单位条件给予适当的奖励。城镇住房分配，在同等条件下，对实行晚婚晚育者应优先照顾。国家机关工作人员、全民和县属集体所有制单位职工、招聘干部、在编民办教师，男女双方均实行晚婚的，其婚假可在原规定3天的基础上再增加12天，工资照发，不影响评奖。农村晚婚晚育的奖励措施，由各镇乡人民政府根据实际情况确定[②]。在经济奖励上，对持有《一孩父母光荣证》的夫妇，每年按规定发给独生子女保健费，由夫妻双方所在单位各发50%，发至独生子女14周岁止。已到一定间隔期，可照顾生育第二个孩子，而自愿终身只生育一个孩子，并有可靠节育措施的，除享受一孩父母光荣待遇外，还可给予不低于100元的一次性奖励。城镇单位分配住房，在同等条件下，优先照顾独生子女家庭，独生子女一人按两人计算。农村在分配宅基地时，独生子女按双份计算。在落实避孕节育奖励上，对接受节育手术的国家机关工作人员、全民和县属集体所有制职工，在国家规定假期内，工资照发，不影响全勤奖。接受结扎手术的女职工，假期21天，需要男方照顾的，经手术单位证明，可给予男方5～7天的假期；放环假期2天，术后一周内不安排重活；男子结扎假期7天；接受粘堵手术者假期7天。农村育龄妇女因放环、结扎、使用药具失败造成超孕而进行流引产的，给予适当的营养补贴，经鉴定确属计划生育手术并发症的，予以定点免费治疗。

①《浙江省计划生育条例》，1985年2月4日浙江省第六届人民代表大会常务委员会第十一次会议通过。1989年12月29日浙江省第七届人民代表大会常务委员会第十三次会议修改通过。1995年9月28日浙江省第八届人民代表大会常务委员会第二十二次会议再次修正通过。2000年9月3日浙江省第九届人民代表大会常务委员会第三十六次会议通过《浙江省人口与计划生育条例》后，《浙江省计划生育条例》同时废止。

②男25周岁、女23周岁以后结婚为晚婚，晚婚后生育第一个孩子或已婚女性生育第一个孩子时已满24周岁为晚育。提高女性晚婚率，对平抑人口出生高峰有明显作用。从1987年实行“双轨控制”起，女性晚婚率和计划生育率一样，正式列入各级政府，直到村的《计划生育目标管理责任制》考核，通过思想教育、政策鼓励、指标管理等措施，女性晚婚率明显提高。1987年萧山全市女性晚婚率为68.49%，以后每年上升，1992年至1997年，每年稳定在80%以上。随着生育高峰的回落，1998年起，此指标不再列入考核，但自觉晚婚，仍有奖励。2000年，全市女性晚婚率仍保持在73%的良好水平。

1990年，市人民政府发布《萧山市实施〈浙江省计划生育条例〉若干问题的规定（试行）》（萧政〔1990〕62号），对计生家庭奖励措施在1987年基础上，又增加“三十五周岁以上未婚的应当视同已婚参加分房”，独生子女父母奖励费最低由原来的基数50元增至60元，并由发放现金改为办理养老保险。市政府发文批转《萧山市计生委、计生协会、保险公司关于实施独生子女父母养老保险意见》（萧政办〔1990〕10号），全市全面开展这项工作。1992年又推出独生子女教育婚嫁金保险、村计划生育联系员养老保险等系列险种。是年，全市参加有关计划生育内容的保险有1.63万人，投保384.25万元，居杭州市各县（市）首位。

1996年，根据修正的《浙江省计划生育条例》，重新颁布《萧山市实施〈浙江省计划生育条例〉若干问题的规定》，与1990年《规定》比较，增加了新的奖励保障内容①。

计划外生育处罚

为了有效遏制计划外生育现象，萧山市加大处罚力度。1985年《浙江省计划生育条例》规定：凡超计划生育二胎夫妇，有工作单位的，夫妻双方所在单位每月各扣除30%的工资，连扣5年或一次性交清；超生三胎的，扣夫妻双方各50%的工资，连扣5年或一次性交清。是城镇个体工商户或其他个体劳动者，超生二胎的，按夫妻双方年纯收入的25%，连续征收5年；超生多胎的，征收夫妻双方年纯收入的45%，连续征收5年。农民的征收数额，由所在镇乡人民政府决定并负责征收。

1990年，按修订后的《浙江省计划生育条例》规定，萧山对超生处罚对象不再分城镇和农村，实行“一刀切”，并细化处罚类别。处罚均以“夫妻双方年总收入”为标准，凡计划外生育第二个子女的，5年内每年处以20%～50%的罚款；计划外生育第三个以上子女的，加重罚款；虽可再生育一个子女，但未满生育间隔期提前生育的，每年处以20%～50%的罚款，至间隔期满止；未满法定婚龄非法同居生育第一个子女的，每年处以20%～50%的罚款，至依法登记止；已满法定婚龄非法同居生育第一个子女的，一次性处以20%～40%的罚款；登记结婚后未经批准生育第一个子女的，一次性处以10%～30%的罚款。并首次规定，对计划外生育第二个以上子女的，征收超生子女社会抚养费，子女系城镇户口的缴纳5000元，农业户口的缴纳3000元。

1995年，颁布修正后的《浙江省计划生育条例》，对计划外生育处罚加重，数额增加，均以“男女双方前两年平均年总收入”为前提。计划外生育第二个子女的，每年按50%标准征收，5年计算，一次性缴纳；计划外生育第三个以上子女的，按80%的标准征收，5年计算，一次性缴纳；上述对象，还须一次性缴纳超生子女社会抚养费：　子女系非农业户口5000元，农业户口3000元。可以再生育一个子女，但未到规定间隔期提前生育的和双方或一方未满法定婚龄非法同居生育第一个子女的均按50%的标准征收，直到间隔期满或依法登记结婚时止。已满间隔期，可再生育一个子女，但未经批准擅自生育的，

①规定主要内容：1．双方均系个体工商户，且均符合晚婚要求的，在结婚时，工商行政管理部门可免收一个月的个体经营管理费；一方是个体户的，可免收半个月管理费。2．国家工作人员和职工的独生子女父母奖励费比原先基数提高40%。其中失业居民独生子女父母奖励费，由所在镇乡人民政府按年度核实，报市计生委在计生事业费中列支。农村持有《独生子女父母光荣证》的，每年由户籍地镇乡、村，或所在企业发给一定数额的奖励费。3．符合条件可照顾再生育第二个子女的夫妇，自愿放弃生育指标，终身只生育一个孩子的，在领取《独生子女父母光荣证》后，除享受独生子女父母奖励和照顾外，给予一次性不低于1000元的奖励。

按50%标准征收，期限1年。双方已满法定年龄，未经结婚登记生育第一个子女的，按40%标准一次性征收。登记结婚后没有取得生育指标而生育第一个子女的，按30%标准一次性征收（该条自1998年实施人口计划管理改革后被取消）。依法对违法生育对象实施处罚，对于减少超生现象起到直接促进作用。据统计，全市计划外生育从1985年全年的456人，至2000年全年降到35人，连续13年超生控制在1%以内。

破坏计划生育行为查处

1987年上半年，萧山各地先后出现11起干扰计划生育公务、殴打计划生育干部的治安事件。县公安局在调查取证、核准事实基础上，依据1986年修订颁布的《中华人民共和国治安管理处罚条例》，对11起殴打计划生育干部的13名肇事者分别给予罚款、警告、拘留处理。

针对非法收养屡禁不止的状况，市政府于1996年和1999年先后开展两次集中性非法收养专项清理活动。依据《中华人民共和国收养法》第3条“收养不得违背计划生育的法律法规”和1995年9月颁布的《浙江省计划生育条例》第45条“禁止非法收养。非法收养的，按计划外生育处理”的精神，对非法收养进行查处：征收计划外生育费；已非法收养的小孩抱出安排给不育症患者或符合收养条件的夫妇收养。

流动人口计划生育管理

随着萧山经济快速发展，外来流动人口日益增加，成为计划生育管理一大难点。1988年，全市加大对流动人口计划生育的管理。是年，市政府批转计生委、工商局、公安局等6个部门联合提出的《萧山市外出外来人口和个体工商户计划生育管理实施意见》，对流动人口开始实行综合治理。市计生委、公安局、民政局、妇联联合提出《关于外省来萧择偶落户女性户籍与婚育管理的意见》，市政府办公室以〔1992〕50号文件进行转发，使镇乡政府及有关职能部门、村（居）民委员会对“外来女”的具体管理与服务有章可循。

1993年9月，市政府办公室下发《萧山市流动人口计划生育管理职责分工意见的通知》（萧政办〔1993〕88号），计生、公安、民政等部门职责明确，管理职能加强，成效明显。当年外出育龄人员的领证率和外来育龄人员的验证率分别达到91.18%、86.11%，达到市的考核要求。1994年，市计生委建立流动人口管理科，配备专职人员；各镇乡计生办有一名以上人员具体负责流动人口计划生育管理工作。1995年月，市政府批准成立市流动人口计生稽查队，属非常设性机构，人员由市计生、城建、公安、劳动、工商、民政、交通、乡镇工业管理等部门各确定一人，一般每季集中一次联合稽查。是年，组织4次，共稽查204个用工单位和村。1996年，市政府成立流动人口管理领导小组，并先后在城厢镇和衙前镇试点，设置镇外来人口综合管理办公室（后改称便民综合管理服务窗口），人员由所在镇派出所、就业管理所、计生办委派，统一负责辖区内外来人口发证、验证、登记、检查、统计等工作，并在全市推行。

1999年，对流动人口的计划生育管理，采取了两项新的组织措施：一是建立围垦计划生育办公室，配备2名工作人员，并在垦区83个区块内落实兼职计划生育联系员60人，从此结束了萧山围垦地区有育龄夫妇而无人管理计划生育工作的状况；二是经市编委同意，成立市流动人口计划生育专职稽查队，隶属市计生委管理，其性质为全额拨款事业单位，核定编制4名。是年稽查用工单位880余家，对其中80余家问题较多的企业依法实施处罚并限期整改。至2000年末，全市有22个镇开设窗口，为流动人口提供综合管理与服务。据统计，是年全市有外来育龄女性5.37万人，查验《婚育证明》5.16万人，查验率96%；有外出育龄女性1.31万人，发《婚育证明》1.20万人，发证率93%。

计划生育村民自治

萧山市计划生育村民自治始于2000年。是年5月，市计生委组成2个指导小组，分赴党山镇沙北村和河上镇溪头傅村试点，建起以“五有”（有网络队伍、有自治章程或村规民约、有经费保证、有规章制度、有宣传服务阵地和设施）为主要内容的计划生育村民自治工作机制，并把相关一整套资料汇编成册，供推广时学习借鉴。7月，市委、市政府召开专题会议，介绍试点经验，部署全面推广。市委、市政府办公室联合发文（市委办〔2000〕114号），对开展计划生育村民自治活动提出具体要求。全市各地迅速行动，掀起热潮，至11月底，全市100%的村开展计划生育村民自治活动。按自治要求，对全市6429个村民小组的1251个小组长作了调整。村委会与每个农民家庭签计划生育合同，明确双方权利和义务，全市应签合同25.39万户，签署24.65万户，签订率达97.1%，使计划生育工作真正落到实处。使镇村计生协会在自治中的民主参与、民主管理、民主监督和会员“联系户”等制度进一步加强，计生协会的作用进一步发挥。

第三节　技术服务

全程服务

萧山市计划生育技术服务从“孕后补救型”向“孕前管理型”转变，即计划生育服务工作“前移”始自1985年。

是年初，县委、县人民政府召开全县计划生育工作会议，明确提出“计划生育工作要取得主动权，工作重点就一定要放在孕前”服务这个环节上。会后，各乡镇、村立即普遍建立健全药具发放责任制，各村及所属自然村或村民小组均配备药具发放员（不脱产），定期为有关育龄夫妇送药具上门，并推广城北乡试点经验，在31个乡镇使用“快速妊娠试剂”测早孕这一科学、文明、简易的孕情检测方法，受到农村广大育龄妇女普遍欢迎。

1988年，市委、市政府第一次推出“计划外怀孕率”考核指标，以衡量落实孕前服务实绩。为减少超孕和引流产，各地在提高节育有效率上下工夫。针对宫内节育器脱落率高的问题，更新节育器型号，全市推广使用T铜环9950多例，占当年放环总例数的62%（上一年不到25%）。据跟踪调查，T铜环有效率达到95.2%，比传统金属圆环有效率78.3%提高16.9个百分点。全市计划外怀孕率由上年的30.63%下降到29.62%，第一次降到30%以下。

1994年，各地按照“目标孕前型，管理规范化”要求，扎实服务，使已婚育龄妇女计划外怀孕率明显下降到1.96%，比上年下降0.8个百分点，是历史上最低一年。1995年，经省计生委验收合格，萧山市被省政府首批授予“计划生育孕前管理达标县（市）”称号。

1996年，萧山被省计生委确定为全省实施计划生育全程优质服务试点县（市）之一，标志着萧山由“孕前管理服务”向更高层次的“优质全程服务”迈进，萧山的计划生育服务工作又上一个新的台阶。市政府批转市计生委《关于在全市开展计划生育优质服务工作的请示》，提出通过以点带面逐步推进的方式，用3年时间（1997～1999年）分3批全面开展计划生育优质服务工作。10月，先在宁围镇试点，在探索出经验基础上，1997年，试点扩大到靖江、闻堰、义桥、城厢镇（城区）和农场系统。市计生委帮助这些镇（场）制订优质服务实施方案，指导其按规范要求扎实开展，经年终考核，全部达到预期阶段性目标。1999年优质服务工作在全市各镇乡全面实施。由于各级准备充分，操作规范，注重实效，服务优良，尤其是首次实行育龄夫妇避孕措施“知情选择”，计划生育率保持在99%以上，而且使育龄群众对计划生育工作满意度明显提升。

萧山实施计划生育全程优质服务的重点放在满足育龄群众需求上。1997～1998年，全市广泛、深入地开展“进村入户送避孕节育、生殖保健知识”活动，使20万余名年龄在49周岁以内的已婚育龄妇女，通过集中辅导培训，上门个别传授等方式，接受3种以上避孕节育方法和有关生殖保健知识，帮助育龄夫妇落实安全、可靠、适宜的避孕措施。

1998年，市计生委与卫生部门联手开办“育儿沙龙”，免费为0～3岁婴幼儿家长授课，在《萧山日报》开辟“育儿沙龙”栏目，定期刊出相关知识，让更多婴幼儿家长掌握科学育儿知识。是年，还启动“出生缺陷干预工程”，对准备妊娠的女性实施优生检测，服用国家计生委推荐的孕妇营养元素“福施福”和“叶酸”，防止出生婴儿神经管畸形。8月，市计生委召开“计划生育优生系列服务工作会议”。会后，又组织各镇乡计生服务站人员进行这方面的技术培训，并为宁围等部分镇乡装备有关器械设备。全市当年就有68例生育女性做优生检测，2000年增至690例；服用“福施福”或“叶酸”的7980人，占当年生育对象的70%以上，对预防出生婴儿缺陷发生起到一定保障作用。

计划生育技术指导站

1985年5月，县计划生育宣传技术指导站成立，为县计生委下属的全民事业单位。至2000年末，有工作人员28人，其中医务人员20人，站长1人，副站长4人，设办公室、宣教科、技术科、药具管理科。这是市计生技术服务业务主管部门，负责避孕节育方面的宣传教育、技术指导和避孕药具管理。1989年开始做人工流产、放环手术；1993年推广避孕节育新技术，运行药物流产；1994年，计生指导站新大楼投入使用，门诊人次超过万例。1996年4月，与省计生科研所联合开设生殖保健服务中心，当年接受优生优育、避孕节育、生殖保健等咨询、指导和诊治的育龄人员就有300余人次。1997年，市计生指导站首次采用横切口结扎新技术，该手术具有不需缝线、副作用小、术后马上可以出院等优点，颇受欢迎，全年受术956例。至2000年末，生殖保健服务中心累计接受咨询、指导和相关诊治达1.1万人次，其中有229对不孕不育夫妇经治疗怀孕生育。

2000年，指导站投资48万元，购置先进的生化、医疗设备，拓展服务领域，全年站内门诊量达3.59万人次，做节育手术10233例，接收住院病人1021人次，B超查孕查环查病4546人次，并为2281名49周岁年龄组妇女和服避孕药5年以上妇女做健康检查。就诊业务量在全省县（市）级计生技术服务机构中名列前茅。

镇（村）服务站（室）

1992年4月，萧山市组建31个镇（乡）计生服务站，共配有技术服务人员60名，服务内容主要是孕环情检测和药具管理服务。1998年，各站均配备了必要的器械设备和计算机，育龄妇女基础信息输入电脑。是年，30名镇乡服务站人员参加绍兴卫生学校计划生育医士班中专函授学习，3年后全部毕业。同年，市人事局、计生委联合首次向社会公开招聘镇乡计划生育技术服务人员，17名具有医学中专以上学历的专业技术人员充实到镇乡计生服务站，使全市服务站医技人员达到74人。

2000年，经省和杭州市计生委验收，31个镇乡服务站有29个被确认为省二级以上服务站，其中三级站（标准高于二级站）13个。

镇计生服务站辖村计生服务室，村级计生服务室从80年代中后期相继建立，由村计生联系员负责服务工作，每年进行专业知识辅导培训。至2000年，全市各村计生服务室基本达到“五有”（有房子、牌子、药箱、检查床、宣传栏）要求，并开展基础性技术服务。

表6-6-100　1985～2000年萧山计划生育情况

单位：人

年　份	育龄妇女人数	已婚育龄妇女人数	只有一孩妇女数	已领独生子女证	计划生育率（%）	女性晚婚率（%）
1985	314038	209539	82335	72460	96.08	63.00
1986	320642	224492	91638	75547	96.55	66.96
1987	326755	234185	101458	79790	98.66	68.49
1988	335816	247613	110365	85460	99.16	79.18
1989	347483	256349	121908	92317	99.37	78.15
1990	350037	263837	130131	98121	99.67	80.00
1991	352823	270833	138874	103525	99.71	78.89
1992	357397	279774	147199	105824	99.73	80.17
1993	363178	286318	155307	108763	99.76	80.27
1994	362720	290667	164919	107931	99.68	81.08
1995	365174	295640	167453	107942	99.80	80.70
1996	337036	275979	164966	98019	99.79	80.33
1997	336789	276182	164736	93860	99.71	80.74
1998	338791	278807	171830	85034	99.57	77.41
1999	332676	277296	174904	83621	99.60	74.93
2000	334245	278989	178727	78710	99.68	73.00

资料来源：1985～1998年，中共萧山市委宣传部、萧山市统计局：《萧山五十年巨变——新中国成立以来萧山经济与社会发展统计文献》，1999年印；1999～2000年，萧山市统计局：《萧山市统计年鉴（1991）》《萧山市统计年鉴（2000）》。

第七编　居民生活

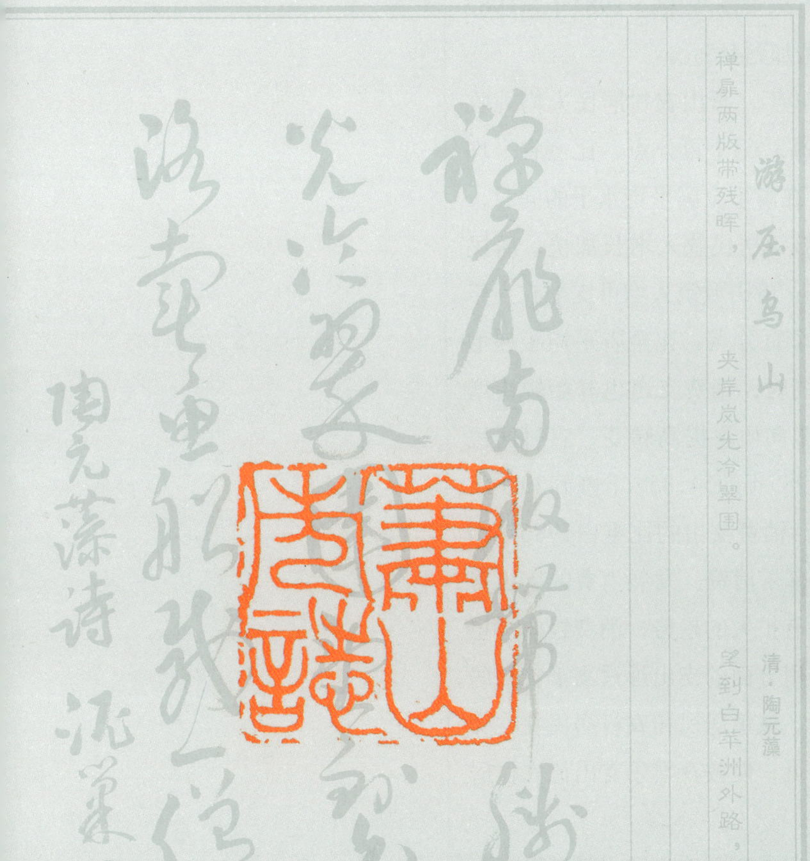

中华人民共和国成立后，人民生活不断改善，城镇就业人数不断扩大，职工工资不断提高。1955年，全县农业社员从集体中分配得到的年人均收入为64元，1978年增加到138元；1980年，农村居民年人均纯收入229元；1984年，农村居民年人均纯收入547元，是1955年的8.5倍。1962年，职工家庭年人均实际收入为148元；1980年，职工家庭年人均实际收入为479元；1984年，职工家庭年人均实际收入为758元，是1962年的5.12倍。1984年与1962年相比，农村居民人均生活费支出，由100元增加到455元。

改革开放后，经济发展迅速。1985～2000年，萧山农村居民人均纯收入年平均递增15.89%，比全国平均年递增率高3.63个百分点，比全省平均年递增率高1.26个百分点。城镇居民收入水平在高于全国平均水平的同时，一度略低于全省平均水平，至90年代后期，城镇居民收入增长加快，居民收入水平在全省进入领先位置。1986～2000年，萧山城镇人均可支配收入年均增长17.70%，比全国平均年递增率高2.81个百分点，比全省平均年递增率高1.28个百分点。城乡居民在收入增加的同时，消费支出也开始较快增长，生活质量日益提高。消费趋势由数量扩张向质量提高转变，农村居民人均食品支出占人均生活消费支出的比重由1985年的54.85%下降到2000年的38.88%，城镇居民人均食品支出占人均生活消费支出的比重由1986年的51.89%下降到2000年的38.52%。生存消费、享乐消费、发展消费的支出费用和品质不断提高。城乡居民的消费支出差距有扩大的趋势，消费投向上也有较大的差异。80年代中期，城镇居民在吃穿用方面的支出远远高于农村居民，而住房支出上则低于农村居民。到2000年，城镇居民和农村居民在吃穿用上的消费支出差距缩小，住房支出也逐渐接近，但教育娱乐支出比农村居民高8.07个百分点。

80年代起，城乡居民家庭的流动资产、固定资产随着收入水平的提高而得到大幅度的增加。

第一章　居民收入

随着改革开放的不断深化，城乡居民的收入渠道增加。在农村，由于生产经营主体的转换，农村居民的收入来源由集体统一分配为主向家庭经营收入为主转换。同时，乡镇企业的异军突起和农村富余劳动力进城务工经商，拓宽了收入渠道，工资性收入占纯收入的比重大幅度上升。在城镇，单一的公有制结构模式逐步被打破，出现公有制实现形式多样化，形成多种经济成分共同发展的多元化格局。个体经济、私有经济和“三资　”企业竞相发展，扩大了居民的就业渠道，就业者收入更趋多样化，改变了过去家庭收入主要依靠工资收入的单一化形式。工资性收入比重逐步降低（但仍是城镇居民的主要收入来源），非工资性收入比重大幅度提高。收入来源多元化，使城乡居民收入总水平不断提高，但城乡差距仍然明显存在，且不同地域间由于自然历史条件和经济发展水平的差异，农村居民收入水平存在明显差距。

第一节　农村居民收入

收入水平

80年代中期起，随着农村联产承包责任制的推行和乡镇企业的兴起，农村经济发展较快，农村居民致富门路增多，收入来源从原来的以农业生产为主向多元化转变，从事工业、建筑业的收入比重不断提高，成为主要收入来源，从事运输、商业、饮食业、服务业的收入也成为重要收入来源，收入迅速增加。1985年，全县农村居民人均纯收入673.31元，其中从事农林牧渔和采集、捕猎的收入321.91元，占47.8%；从事工业、建筑业的收入212.77元，占31.6%；从事运输业、商业、饮食业、服务业的收入30.90元，占4.6%；其他收入（包括外出人口带回、亲友赠送、财产性收入等，下同）107.73元，占16.0%。1988年，全市农村居民人均纯收入为1177.67元。1990年，全市农村居民人均纯收入1371.42元，其中从事农林牧渔业的收入480.22元，占35.0%；从事工业、建筑业的收入484.11元，占35.3%；从事运输业、商业、饮食业、服务业的收入213.72元，占15.6%；其他收入193.37元，占14.1%。1995年，全市农村居民人均纯收入3893.14元，其中从事农林牧渔业的收入948.89元，占24.4%；从事工业、建筑业的工资性收入2269.70元，占58.3%；从事运输业、商业、饮食业、服务业的收入308.60元，占7.9%；其他收入365.95元，占9.4%。2000年，全市农村居民人均纯收入6152.43元，其中从事农林牧渔业的收入643.68元，占10.5%；从事工业、建筑业的工资性收入3549.96元，占57.7%；从事运输业、商业、饮食业、服务业的收入445.29元，占7.2%；其他收入1513.50元，占24.6%。2000年比1985年人均纯收入增长8.14倍，年均增长15.89%（本编所记的项目与数字，根据农村和城镇住户抽样调查资料和相关年度统计局资料整理。农村抽样调查队抽样调查样本数：1980年30户，1983年60户，1985年100户，1993年200户，2000年末200户）。

收入形态

农村居民收入大体分为两种形态，即实物形态和现金形态。80年代中期起，随着农村经济的发展，农业商品化程度不断提高，家庭经营收入和工资性收入大幅度增长，纯收入中现金收入所占的比重持续提高，实物收入所占的比重呈下降趋势。1985年，农村居民人均纯收入中，现金收入占81.58%，实物收入占18.42%。1990年，农村居民人均纯收入中，现金收入占85.03%，实物收入占14.97%。1995年，农村居民人均纯收入中，现金收入占84.14%，实物收入占15.86%。2000年，农村居民人均纯收入中，现金收入占95.50%，实物收入仅占4.50%。

收入结构

80年代中期起，农村居民收入来源从主要依靠农业生产从集体分配得到的单一结构逐渐向多元化转变。农民工资性收入成为主要收入来源，家庭经营收入在收入中所占比重有所降低。

工资性收入　从80年代开始，随着乡镇企业的兴起，农村居民工资性收入迅速增加。1985年，农村居民人均工资性收入为192.17元，占全年人均纯收入的28.54%。1990年，农村居民人均工资性收入为630.12元，占全年人均纯收入的45.95%。后，全市乡镇企业发展较快，农村居民收入快速增加。1995年，农村居民人均工资性收入为2129.39元，占全年人均纯收入的54.70%。2000年，农村居民人均工资性收入为4340.91元，占全年人均纯收入的70.56%。

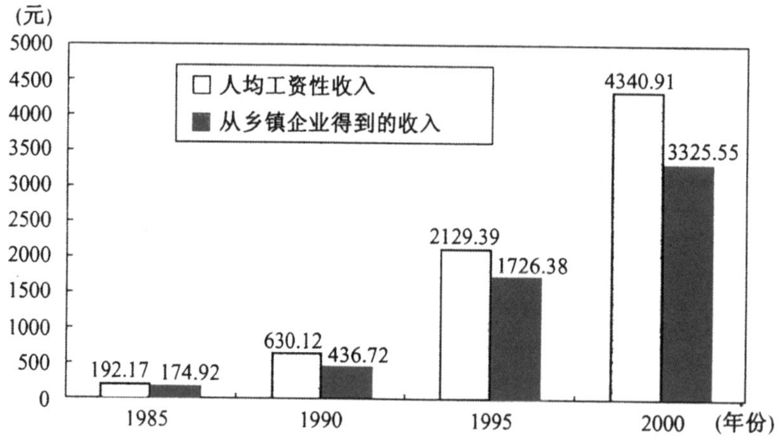

图7-1-212　1985～2000年部分年份萧山农民人均工资性收入情况

家庭经营收入　80年代前，农村居民收入主要依靠集体分配，除少量农副业收入外，家庭经营收入甚少。80年代初农村推行家庭联产承包责任制后，家庭经营逐渐扩大到工业、建筑业、运输业、商业、餐饮业等行业，家庭经营收入迅速增加。1985年，家庭经营人均纯收入425.92元，占全年人均纯收入的63.26%。1990年，家庭经营人均纯收入为699.15元，占全年人均纯收入的50.98%。由于从企业得到的收入成为主要收入来源，家庭经营收入在继续增加的同时，所占比重有所下降。1995年，家庭经营人均纯收入全年为1481.26元，占全年人均纯收入的38.05%。1999年，家庭经营人均纯收入为1876.10元，占全年人均纯收入的32.34%。2000年，家庭经营人均纯收入为1365.66元（家庭经营收入2000年比1999年减少的原因是：大量原属家庭经营的家庭工业、建筑业、运输业此时已发展成企业，在2000年农村住户抽样调查中，这部分收入不再作为家庭经营收入），占全年人均纯收入的22.20%。是年，家庭经营收入47.13%来自农业，16.26%来自工业、建筑业，36.61%来自运输业、贸易餐饮业、服务业等其他行业。

财产性收入　随着农村居民收入的增加，以储蓄存款利息为主的财产性收入逐渐增加。90年代中期以后，农村居民财产性收入渠道增多，除利息外，尚有股息、红利和租金。据农村住户抽样调查，1995年，人均财产性收入为78.10元，其中利息收入42.89元、股息收入4.79元、租金收入4.77元、其他财产性收入25.65元。2000年，人均财产性收入161.25元，其中利息收入60.38元、股息收入46.91元、租金收入24.15元、其他财产性收入29.81元。

转移性收入　农村居民转移性收入主要包括非常住人口带回的收入、城镇亲友赠送的收入、从国家财政得到的收入（如救济救灾金）、退休金及其他转移性收入。1985年，人均转移性收入为39.73元，其中非常住人口带回8.57元、城镇亲友赠送0.79元、其他转移性收入30.37元。1991年，人均转移性收入为42.45元，其中非常住人口带回17.19元、城镇亲友赠送1.28元、其他转移性收入23.98元。1995年，由于非常住人口带回收入增加，众多具备条件的村实行退休养老制度、土地征用补偿增加等因素，人均转移性收入增加到204.39元，其中非常住人口带回46.43元、城镇亲友赠送2.44元、退休金27.01元、土地征用补偿86.50元、其他转移性收入42.01元。2000年，人均转移性收入达284.61元，其中非常住人口带回25.32元、城镇亲友赠送7.87元、救济救灾金4.80元、退休金84.57元、土地征用补偿103.11元、其他转移性收入58.94元。

表7－1－101　1985～2000年萧山农村居民人均纯收入情况

单位：元

年　份	工资性收入	家庭经营收入			财产性收入	转移性收入	合　计
			农林牧渔业收入	非农产业收入			
1985	192.17	425.92	321.91	104.01	15.49	39.73	673.31
1986	218.70	514.24	381.76	132.48	9.03	40.07	782.04
1987	310.46	563.54	355.04	208.50	13.72	53.79	941.51
1988	505.06	592.61	332.73	259.88	28.71	51.29	1177.67
1989	676.65	604.82	407.19	197.63	20.89	55.36	1357.72
1990	630.12	699.15	480.22	218.93	12.24	29.91	1371.42
1991	640.43	741.22	478.97	262.25	33.15	42.45	1457.25
1992	791.55	856.61	529.96	326.65	35.29	55.65	1739.10
1993	995.45	1101.25	714.32	386.93	21.60	78.57	2196.87
1994	1734.11	1092.28	707.63	384.65	105.81	86.10	3018.30
1995	2129.39	1481.26	948.89	532.37	78.10	204.39	3893.14
1996	2637.46	1780.21	1047.57	732.64	73.08	221.29	4712.04
1997	3342.29	1760.67	722.56	1038.11	83.43	58.37	5244.76
1998	3562.91	1783.48	761.01	1022.47	83.79	79.37	5509.55
1999	3647.82	1876.10	499.19	1376.91	92.41	185.03	5801.36
2000	4340.91	1365.66	643.68	721.98	161.25	284.61	6152.43

注：①资料来源：1985～1998年，中共萧山市委宣传部、萧山市统计局编：《萧山五十年巨变——新中国成立以来萧山经济与社会发展统计文献》，1999年印；1999～2000年，萧山市统计局：《萧山市统计年鉴（1999）》、2000年年度统计报表。

②表题“农村居民人均纯收入”在1985～1999年《萧山统计年鉴》中为“农村住户调查家庭收支情况”，2000年为“农村居民人均纯收入”。

第二节　城镇居民收入

收入水平

80年代中期起，城市经济体制改革日益加快，城镇企业普遍推行工资奖金与企业经济效益挂钩，奖金与补贴占工资的比重逐年增大，职工工资水平提高，城镇居民收入得到较快增长。①1985年第二季度，城镇居民人均月生活费收入为65.71元。是年，职工年人均工资为1219元，其中奖金和计件工资240元，占19.69%。1986年，城镇居民人均可支配收入为1073.93元。1990年，城镇居民人均可支配收入增加到1854.62元，职工年人均工资为2308元，其中奖金593.16元，占25.7%。1994年，城镇居民人均可支配收入达5127.29元。1995年，城镇居民人均可支配收入为5995.17元，职工年人均工资为6878元，其中奖金1885元，占27.41%。随着用工制度和工资制度的改革，奖金与工资的界限逐渐淡化，工资总额成为衡量职工工资水平的主要指标。2000年，城镇居民人均可支配收入10513元，与1986年相比，增长8.79倍，年均增长17.70%。是年，职工年人均工资为13054元，比1985年增长9.71倍，年均增长17.12%。②

①1980年，职工家庭全年人均实际收入为479元。1984年，职工家庭全年人均实际收入为758元，比1962年的148元高出4.12倍。全民所有制和县属大集体职工的人均年收入（包括工资、奖金、物价补贴等）分别为1018元和1091元，比1980年分别增长43.6%和57.7%。（资料来源：萧山县志编纂委员会：《萧山县志》，浙江人民出版社，1987年，第952～953页）

②可支配收入是家庭总收入扣除缴纳的所得税、个人缴纳的社会保障费及该项调查本身的记账补贴后的收入。

1985年，萧山成立城市抽样调查队，对是年第二季度居民收入进行了调查。1986年，始有全年收支调查资料。城市抽样调查队抽样调查样本数：1986年40户，1993年80户，1999年100户，2000年100户。

表7-1-102　1986～2000年萧山城镇居民人均可支配收入情况

单位：元

年　份	人均可支配收入	工资性收入	离退休金	个体经营收入	财产性收入
1986	1073.93	926.08	54.46		
1987	1197.83	1026.80	65.66		
1988	1434.19	1146.10	63.90		16.10
1989	1664.39	1293.30	116.28		18.13
1990	1854.62	1328.29	234.88	43.34	7.32
1991	1928.75	1340.11	283.66	33.60	17.62
1992	2342.66	1555.12	450.82	33.89	35.38
1993	3546.80	2731.19	605.97	101.77	93.58
1994	5127.29	4226.94	779.28	8.66	108.73
1995	5995.17	4605.52	1154.33	35.51	74.79
1996	6724.70	5139.56	1432.82	49.86	84.96
1997	7292.23	5361.70	1767.23	50.26	53.32
1998	7989.49	6024.66	1557.26	95.95	194.65
1999	9255.67	6980.51	1822.09	151.42	148.10
2000	10513.00	7524.36	2162.07	148.83	180.69

注：①此表根据1986～1987年《萧山县国民经济统计资料》、1988～1994年《萧山市国民经济统计资料》、1995～2000年《萧山市统计年鉴》整理。

②表列可支配收入中，尚有赡养收入、赠送收入、搭伙费收入、出售财物收入及其他杂项收入等由于缺乏明细数据而未列入。

表7-1-103　1985～2000年部分年份萧山城镇各行业职工平均工资比较情况

单位：元

项　　目	国有经济职工				集体经济职工			
	1985年	1990年	1995年	2000年	1985年	1990年	1995年	2000年
全年人均工资	1271	2506	7131	15348	1136	2030	6365	12918
农林牧渔业	1021	2041	4790	8515	1105	2184	7600	
工业	1101	2269	6230	11526	1053	2016	6383	8978
地质水利业			7598	14613				
建筑业	1228	2414	9591	10722	1188	2226	5012	17979
交通运输业	1056	2556	4929	17423	1234	2425	5501	
批零餐饮业	1070	2334	6220	11216	1003	1868	5191	10449
房地产居民服务业	1049	2737	6727	12446	918	2027	3195	12727
卫生体育社会福利业	1140	2260	9230	17375	1011	2211	8907	13069
教育文化广电事业	1205	2452	7980	14516	777	2321	8743	13014
金融保险业		1782	13943	18262	1135	2598	12242	25554
科研和综合技术服务业	1069	2175	8676	15065			7000	17400
国家党政机关和社会团体	1026	2344	9735	20210	1355	2409	10221	20000

注："国有经济职工"栏中"国有经济"，1985～1992年称全民所有制经济或国营经济，1993～2000年称国有经济。

收入结构

按收入来源划分，城镇居民收入主要来源是工资性收入、经营性收入、财产性收入和转移性收入。

工资性收入　1986年，城镇居民人均工资性收入926.08元，占可支配收入的86.23%，其中职工从单位得到的工资性收入为915.83元，占工资性收入的98.89%；其他工资性收入（包括其他就业者收入、离退休再就业收入、其他劳动收入，下同）为10.25元，仅占工资性收入的1.11%。是时，工资性收入主要是职工从单位得到的收入。进入90年代后，就业渠道开始向多元化发展，来自职工单位以外的其他工资性收入逐渐增加。1990年，人均工资性收入为1328.29元，占可支配收入的71.62%，其中职工从单位得到的收入为1262.39元，占工资性收入的95.04%；其他工资性收入为65.90元，占工资性收入的4.96%。1995年，人均工资性收入为4605.52元，占可支配收入的76.82%，其中职工从单位得到的收入为4275.69元，占工资性收入的92.84%；其他工资性收入329.83元，占工资性收入的7.16%。2000年，人均工资性收入为7524.36元，占可支配收入的71.57%，所占比重比1986年降低14.66个百分点，其中职工从单位得到的收入人均为6619.59元，占工资性收入的87.98%，所占比重比1986年降低10.91个百分点；其他工资性收入人均为428.99元，占工资性收入的5.70%，所占比重比1986年提高4.59个百分点；个体被雇者收入[①]人均为475.78元，占工资性收入的比重为6.32%。

①90年代，城镇个体被雇者人数渐增，在城镇住户抽样调查户中，1997年首次出现个体被雇者收入，当年按居民人口平均的个体被雇者收入为19.83元。

经营性收入　1985年以前，城镇居民基本上没有家庭经营活动。随着经济体制改革的推进，从事自主经营的人数逐渐增加。1990年，从事个体劳动的人数占家庭全部就业人数的2.41%，个体经营收入人均为43.34元，占人均可支配收入的2.34%。1995年，从事个体劳动的人数占家庭全部就业人数的2.5%，个体经营收入人均为35.51元，占人均可支配收入的0.59%。2000年，从事个体劳动的人数占家庭全部就业人数的比重提高到3.90%，比1990年高1.49个百分点；个体经营收入人均148.83元，占人均可支配收入的比重为1.42%，个体经营收入比1990年增长2.43倍。

财产性收入　80年代前，城镇居民除少量利息收入外，无财产性收入。随着收入增长，居民投资意识增强，财产性收入随之增加。1990年，城镇居民人均财产性收入为7.32元，占人均可支配收入的0.39%。1995年，城镇居民人均财产性收入为74.79元，占人均可支配收入的1.25%。2000年，城镇居民人均财产性收入为180.69元，占人均可支配收入的1.72%，其中利息收入为51.68元、红利收入为108.78元、租金收入为20.23元。是年，居民财产性收入比1990年增长23.68倍。

转移性收入　城镇居民转移性收入主要包括离退休金、赡养收入、赠送收入及其他转移性收入等。1986年，城镇居民的转移性收入人均为90.48元，占人均可支配收入的8.43%，其中离退休金54.46元、赡养收入6.20元、赠送收入[①]8.60元，分别占可支配收入的5.07%、0.58%和0.8%。1990年，城镇居民转移性收入人均为313.75元，占人均可支配收入的16.92%，其中离退休金234.88元、赡养收入6.78元、赠送收入12.0元，分别占可支配收入的12.66%、0.37%和0.65%。1995年，城镇居民转移性收入人均为1347.31元，占人均可支配收入的22.47%，其中离退休金1154.33元、赡养收入40.28元、赠送收入48.52元，分别占可支配收入的19.25%、0.67%、0.81%。2000年，城镇居民转移性收入人均达2950.71元，占可支配收入的28.07%，其中离退休金2162.07元、赡养收入65.19元、赠送收入379.88元，分别占可支配收入的20.57%、0.62%和3.61%。在转移性收入中，以离退休金为主要组成部分，2000年人均离退休金比1986年增长38.7倍，占可支配收入的比重达1/5强。

第三节　收入差距

80年代中期起的城乡住户调查资料显示，萧山农村居民收入水平明显高于全国和全省平均水平[②]；城镇居民收入水平在高于全国平均水平的同时，一度略低于全省平均水平[③]，至90年代后期，萧山城镇居民收入增长加快，居民收入水平居浙江省各县（市）领先地位。不同地域间农村居民收入水平存在明显差距，城乡差距仍然明显存在。

①萧山民间有较注重人情送礼的传统，居民在获得赠送收入的同时，赠送支出也很大。据城镇住户抽样调查，人均赠送支出1986年为38.95元、1990年为54.84元、1995年为297.75元、2000年为729.46元。

②萧山农村居民人均纯收入与全国、全省平均水平相比，1985年，比全国平均高出275元，比全省平均高出124元，高出的幅度分别为69.10%和22.64%；1990年，比全国平均高出685元，比全省平均高出272元，分别高出99.85%和24.79%；1995年，比全国平均高出2315元，比全省平均高出927元，分别高出146.70%和31.26%；2000年，比全国平均高出3899元，比全省平均高出1898元，分别高出173.06%和44.63%。1985～2000年，萧山农村人均纯收入年平均递增15.89%，比全国平均年递增率高3.63个百分点，比全省平均年递增率高1.26个百分点。

③萧山城镇居民人均可支配收入与全国、全省平均水平相比，1986年，比全国平均高174元，高出幅度为19.38%；比全省平均低30元，低2.72%。1990年，萧山比全国平均高344元，高出22.81%；比全省平均低77元，低4.01%。1995年，萧山比全国平均高1712元，高出39.98%；比全省平均水平低226元，低3.63%。2000年，萧山比全国平均和全省水平分别高出4233元和1234元，高出幅度分别为67.4%和13.3%。1986～2000年，萧山城镇人均可支配收入年均增长17.70%，比全国平均年递增率高2.81个百分点，比全省平均年递增率高1.28个百分点。

地域差距

不同地域间由于自然历史条件件和经济发展水平的差异，农村居民收入水平存在明显的差距。80年代初中期，萧山农村经济尚以农业为主，南部丘陵地区耕地较少，种植结构单一，农村居民收入相对较低；中部平原地区以种粮为主，农村居民收入居中；东部及北部沙地区经济作物较多，农村居民收入相对较高。位于萧山北部的红山农场发展最快，1983年，全场人均国民收入达到2540元，场员人均年收入为981元，实现小康目标。翌年9月4日，《人民日报》在国庆专题中报道红山农场提前实现小康目标。

图7－1－213　《人民日报》刊登《这里，人均收入1256美元》一文，报道红山农场提前实现了“小康社会”的目标（资料来源：《人民日报》，1984年9月4日，第3版）

1985年，南部戴村区农村居民人均净收入为419元；地处平原的临浦区、城南区农村居民人均净收入分别为471元和633元；北部及东部的城北区、义蓬区和瓜沥区农村居民人均净收入分别为694元、705元和826元。是年，人均净收入最高的是东部的宏图乡，为966元；最低的是南部的岩山乡，为331元。后，农村多种经营逐渐兴起，乡镇企业迅速发展，农村居民收入的地域差距有所改变。1990年，农村居民人均净收入，戴村区为919元、临浦区为1003元、义蓬区为1230元、城南区1261元、瓜沥区为1267元、城北区为1493元。是年，人均净收入最高的宁围镇为1647元，最低的岩山乡为755元。2000年，在各镇乡中人均净收入最高的宁围镇达10741元，其他收入较高的镇乡也多集中在东北部工业较发达的地区，而南部地区工业发展水平比东北部低，农村居民收入也相对较低，最低的是欢潭乡为3770元。

表7－1－104　2000年萧山市各镇乡人均净收入情况

单位：元

位次	镇乡	人均净收入	位次	镇乡	人均净收入	位次	镇乡	人均净收入
1	宁围镇	10741	12	义盛镇	6938	23	临浦镇	5858
2	新街镇	9689	13	南阳镇	6930	24	许贤乡	5009
3	党山镇	7618	14	党湾镇	6900	25	戴村镇	4808
4	瓜沥镇	7528	15	城厢镇	6559	26	楼塔镇	4748
5	衙前镇	7355	16	河上镇	6508	27	所前镇	4300
6	闻堰镇	7248	17	头蓬镇	6490	28	浦阳镇	4240
7	河庄镇	7188	18	义桥镇	6490	29	进化镇	4235
8	靖江镇	7099	19	新塘乡	6249	30	云石乡	4166
9	益农镇	7077	20	来苏乡	6169	31	欢潭乡	3770
10	坎山镇	7058	21	石岩乡	6103			
11	新湾镇	6969	22	前进乡	6096			

注：分镇乡人均净收入根据农村经济收益分配统计；全市农村人均纯收入根据农村住户抽样调查。

城乡差距

80年代中期起，城乡居民收入都得到较快的增长，但城乡差距仍然明显存在。1986年，城镇居民人均可支配收入比农村居民人均纯收入高出291.89元（以下统一称人均收入），城乡居民收入比是1.37。后，农村居民收入快速增长，城乡居民收入比一度略有缩小，但差距的绝对额仍较大。1988年，城镇人均收入比农村人均收入高256.52元，城乡居民收入比为1.22。1990年，城镇人均收入比农村人均收入高483.20元，城乡居民收入比为1.35。90年代起，居民收入增长幅度在多数年份城镇快于农村，城乡收入差距又有所拉大。1995年，城镇人均收入比农村人均收入高2102.03元，城乡居民收入比为1.54。2000年，城镇人均收入与农村人均收入的差距达4360.57元，城乡居民收入比为1.71。（2000年全国城乡居民收入比为2.85。[①]）

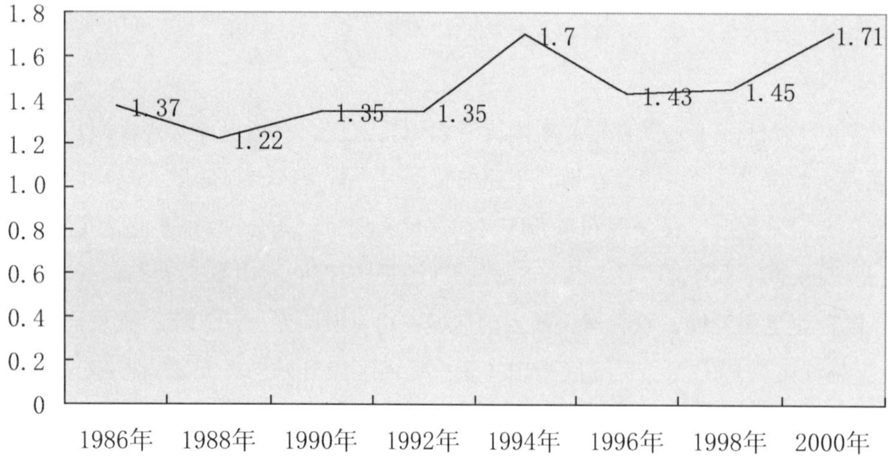

图7－1－214　1986～2000年部分年份萧山城乡居民收入比

基尼系数

80年代前，居民收入差距较小。80年代中期起，随着收入渠道的多元化，收入差距逐渐拉大。据农村住户抽样调查，1985年，农村居民人均纯收入为673.31元，人均在1000元及以上的农户占11%，人均在500～1000元之间（不含1000元）的农户占61%，人均在200～500元之间（不含500元）的农户占28%。1990年，农村居民人均纯收入1371.42元，1000元以上的农户占87%，其中38%的农户在2000元以上。国际上常用基尼系数[②]来衡量居民内部收入分配差异状况。1995年，城镇基尼系数为0.188。1997年，农村基尼系数为0.285。2000年，农村基尼系数为0.354，城镇基尼系数为0.263（2000年中国基尼系数为0.412[③]）从基尼系数的变化来看，从90年代中期起，居民收入已由高度平均向相对平均转化，收入差距拉大趋势明显，且农村居民内部收入差距大于城镇居民内部收入差距，但尚处在比较合理的区间。

①数据来源：国家统计局：《2007年中国全面建设小康社会进程统计监测报告》，2008年12月18日发布。

②基尼系数是20世纪初意大利经济学家基尼提出的定量测定收入分配差异程度的指标，可以较客观地反映居民之间的贫富差距。其经济含义是：在全部居民收入中用于不平均分配的百分比。国际上通常认为：基尼系数低于0.2为高度平均，0.2～0.3之间为相对平均，0.3～0.4之间为比较合理，0.4作为贫富差距“警戒线”，超过0.4为差距偏大，0.6以上为高度不平均。

③数据来源：国家统计局：《2007年中国全面建设小康社会进程统计监测报告》，2008年12月18日发布。

第二章　居民消费

1985～2000年，城乡居民的消费趋势大致可以分为两个阶段。1988年之前主要是解决温饱问题。其主要特点表现为对基本生存消费的需求量增长很快，而对发展和享受方面的消费量则相对较少，生存消费支出较多。1989年以后，温饱问题得到解决，城乡居民消费特点由数量扩张向质量提高转变。发展和享受消费比重大幅度提高，发展消费和生存消费支出增长较快。但城乡居民的消费支出差距有不断扩大的趋势，消费投向上也有较大的差异。城乡居民生活恩格尔系数[①]大幅度下降，膳食结构由温饱型向营养保健型转变。

①19世纪德国统计学家恩格尔根据对消费结构变化的分析，提出：家庭收入越低，用于购买食品的支出所占比例就越大，随着收入增加，用于购买食品的支出比例则会下降，称为恩格尔定律，反映这一定律的系数称恩格尔系数。恩格尔系数（%）＝（食品支出额÷消费支出总额）×100%。

第一节　消费水平

改革开放后，城乡经济体制改革依次推进，萧山城乡居民在收入增加的同时，消费支出也开始较快增长，生活质量日益提高。

农村居民消费水平

1984年前，农村居民消费水平低下。[②]1985年，农村居民人均生活消费支出585.05元。1990年，农村居民人均生活消费支出1023.69元，比1985年增长74.97%。进入90年代后，消费支出增幅进一步加大。1994年，农村居民人均生活消费支出首次超过2000元，为2605.87元。1995年，农村居民人均生活消费支出超过3000元，为3225.59元，比1985年增长4.51倍。2000年，农村居民人均生活消费支出达5497.83元，比1985年增长8.4倍。

②中华人民共和国成立前，农民收入低下，生活消费状况极差。据螺山乡南庄王村调查：解放前，全村170户农户中，常年讨饭的有20多户。遇到荒年，讨饭的更多。农民穿着的衣料，主要靠土纺土织；家具古老简陋；居住条件差，南沙地区，遍地皆为茅舍，低矮破漏，阴暗潮湿。中华人民共和国成立后，农民生活不断改善。农民的消费水平有显著提高。农民家庭全年人均总支出，1962年135元，1980年369元，1984年639元。1984年与1962年相比，农民人均生活费支出，由100元增加到455元。其中：食品由39元增加到235元；衣着由13元增加到38元；日用品由23元增加到37元；报纸杂志费由零元增到1元；住房修建由8元增加到106元；文化娱乐费由零元增加到3元。（资料来源：萧山县志编纂委员会：《萧山县志》，浙江人民出版社，1987年，第954～955页）

表7–2–105　1985～2000年萧山农村居民人均消费支出情况

单位：元

年　份	人均生活消费支出	食品支出	衣着支出	家庭设备用品及服务支出	居住支出	医疗保健支出	交通和通讯支出	文教娱乐用品及服务支出	其他商品和服务支出
1985	585.05	320.90	49.05	32.27	120.00	14.52	14.28	17.89	16.14
1986	683.13	342.73	53.13	45.33	161.81	8.44	23.81	26.40	21.48
1987	879.79	418.34	60.98	76.20	225.27	10.35	11.04	41.50	36.11
1988	1113.05	512.78	67.70	92.23	288.49	26.67	32.62	48.84	43.72
1989	1336.54	623.51	90.45	104.55	355.22	32.96	37.93	42.42	49.50
1990	1023.69	560.97	51.19	78.69	235.90	19.93	17.32	22.39	37.30
1991	1106.94	562.03	73.78	68.41	274.71	22.53	46.51	26.55	32.42
1992	1257.68	658.69	92.58	62.02	323.08	34.75	17.88	39.29	29.39
1993	1386.91	718.46	122.36	121.11	206.16	26.18	55.90	93.27	43.47

续　表

年　份	人均生活消费支出	食品支出	衣着支出	家庭设备用品及服务支出	居住支出	医疗保健支出	交通和通讯支出	文教娱乐用品及服务支出	其他商品和服务支出
1994	2605.87	1195.56	178.20	231.84	523.24	80.05	125.03	131.43	140.53
1995	3225.59	1479.42	194.71	226.15	817.55	102.44	183.57	118.17	103.58
1996	3440.88	1689.28	230.73	237.32	557.31	146.67	308.22	132.32	139.03
1997	3828.58	1679.21	266.26	358.58	589.91	182.53	320.23	261.35	170.51
1998	4484.49	1774.72	234.84	296.44	1231.55	182.72	353.10	276.63	134.49
1999	4177.39	1723.80	196.07	299.55	1062.59	193.55	363.59	225.40	112.84
2000	5497.83	2137.73	218.40	193.04	1541.37	272.34	496.64	393.12	245.19

注：①1985～1998年，中共萧山市委宣传部、萧山市统计局编：《萧山五十年巨变——新中国成立以来萧山经济与社会发展统计文献》，1999年印；1999～2000年，萧山市统计局：《萧山市统计年鉴（1999）》、2000年年度统计报表。

②《萧山五十年巨变——新中国成立以来萧山经济与社会发展统计文献》中，1996年农村居民人均生活消费支出3440.90元，但各分项相加为3440.88元。1993年以前（不含1993年），医疗保健支出数据不含保健支出。

城镇居民消费水平

城镇居民消费水平呈现不断增长的趋势。[①]1986年，城镇居民人均消费支出932.72元。1990年，城镇居民人均生活消费支出1662.22元，比1986年增长78.21%。1992年，城镇居民人均生活消费支出超过2000元，为2046.21元。1994年，城镇居民人均生活消费支出超过4000元，为4127.49元。1995年，城镇居民人均生活消费支出超过5000元，为5554.12元。2000年，城镇居民人均消费支出达7593.41元，比1986年增长7.14倍。

实物消费与现金消费

城镇居民生活消费支出中，除少量单位发给的实物外，基本上都需现金支付。农村居民的消费支出中，有一部分是直接以自产的实物进行消费的。由于农村第二、第三产业逐渐兴起，农村居民的消费模式从自给性消费转变为以商品性消费为主，除粮食、蔬菜消费中自产实物较多外，其他如副食、衣着、居住及服务性消费的现金支出不断增加。据农村住户抽样调查，1985年，农村居民生活消费中，现金支出占77.12%，实物消费占22.88%。1995年，农村居民生活消费中，现金支出占88.71%，实物消费占11.29%。2000年，农村居民生活消费中，现金支出占94.07%，实物消费仅占5.93%。

恩格尔系数

国际上常用恩格尔系数来衡量一个国家或地区的人民生活水平。[②]在收入水平较低时，吃的支出在消费支出中占有重要地位；随着收入的增加，生活水平的提高，食品需求基本满足后，消费重心开始向穿、用、住等方面转移。80年代中期起，萧山城乡居民用于吃的支出占消费支出的比例呈现总体下降趋势。1986年，农村居民恩格尔系数为50.17%，城镇居民恩格尔系数为51.89%。1995年，农村居民恩格尔系数为45.87%，城镇居民恩格尔系数为

①中华人民共和国成立前，职工生活窘迫，穿着方面，如能每年添件衣衫、添床被褥已属上等。居住方面条件极其低下。中华人民共和国成立后，随着收入水平的提高，消费水平有所提高。1962年，职工家庭全年人均实际支出149元，其中生活费支出143元（商品支出129元，非商品支出14元），其他非借贷支出6元。改革开放后，职工年人均生活消费水平不断提高，1980年，职工家庭全年人均实际支出402元，其中生活费支出366元（商品支出340元，非商品支出26元），其他非借贷支出36元。1984年，职工家庭全年人均实际支出624元，其中生活费支出585元（商品支出549元，非商品支出36元），其他非借贷支出39元。（资料来源：萧山县志编纂委员会：《萧山县志》，浙江人民出版社，1987年，第951～953页）

②联合国粮农组织提出的划分贫富标准：恩格尔系数在60%以上为绝对贫困，50%～59%为温饱水平，40%～50%为小康水平，30%～40%为富裕，30%以下为最富裕。

44.59%。2000年，农村居民恩格尔系数下降为38.88%，城镇居民恩格尔系数下降为38.52%。

表7-2-106　1986～2000年萧山城镇居民人均消费支出情况

单位：元

年份	人均生活消费支出	食品支出	衣着支出	家庭设备用品及服务支出	居住支出	医疗保健支出	交通和通讯支出	娱乐教育文化服务支出	杂项商品及服务支出
1986	932.72	483.98	142.90	158.32	37.40	21.97	12.40	67.21	8.54
1987	1102.47	540.36	137.72	229.64	55.21	25.24	10.59	80.42	23.29
1988	1456.36	684.59	211.23	295.12	78.22	29.54	16.17	101.15	40.34
1989	1528.56	880.44	170.40	210.00	73.68	33.24	18.36	118.92	23.52
1990	1662.22	952.47	203.37	205.10	92.16	22.73	18.78	142.02	26.09
1991	1719.84	1064.34	224.45	173.82	126.89	28.37	32.51	52.48	16.98
1992	2046.21	1137.94	262.21	264.50	150.71	48.61	22.44	151.91	7.89
1993	2790.61	1503.36	353.64	280.41	186.41	70.02	84.73	206.28	105.76
1994	4127.49	1898.88	526.56	622.08	263.64	145.44	201.84	291.24	177.81
1995	5554.12	2476.85	603.77	993.36	363.04	243.53	332.33	364.01	177.23
1996	5916.54	2676.30	608.36	1104.70	430.54	277.16	278.20	399.88	141.40
1997	5842.26	2687.50	586.86	517.34	599.49	273.20	281.11	648.59	248.17
1998	6548.95	2723.78	613.39	724.02	650.93	367.02	332.65	827.67	309.49
1999	7089.14	2915.45	597.99	897.29	361.63	481.23	599.55	807.33	428.67
2000	7593.41	2925.20	633.94	458.46	353.31	839.25	827.75	1155.96	399.54

注：①1985～1998年，中共萧山市委宣传部、萧山市统计局编：《萧山五十年巨变——新中国成立以来萧山经济与社会发展统计文献》，1999年印；1999～2000年，萧山市统计局：《萧山市统计年鉴（1999）》、2000年年度统计报表。

②城镇居民人均消费性支出，《萧山五十年巨变——新中国成立以来萧山经济与社会发展统计文献》中，1993年人均消费性支出2790.56元，各分项相加为2790.61；《萧山市统计年鉴》中，1999年为7089.00元，但各分项相加为7089.14元；2000年为7593元，各分项相加为7593.41元。

③城镇居民1999年居住支出，《萧山市统计年鉴（1999）》为704.57元，《萧山市统计年鉴（2000）》为361.63元。

表7-2-107　1985～2000年萧山城乡恩格尔系数和全国比较情况

年份	萧山农村恩格尔系数（%）	全国农村恩格尔系数（%）	萧山城镇恩格尔系数（%）	全国城镇恩格尔系数（%）	年份	萧山农村恩格尔系数（%）	全国农村恩格尔系数（%）	萧山城镇恩格尔系数（%）	全国城镇恩格尔系数（%）
1985	54.85	57.8		53.3	1993	51.80	58.1	53.87	50.1
1986	50.17	56.4	51.89	52.4	1994	45.88	58.9	46.01	49.9
1987	47.55	55.8	49.01	53.5	1995	45.87	58.6	44.59	49.9
1988	46.07	54.0	47.01	51.4	1996	49.09	56.3	45.23	48.6
1989	46.65	54.8	57.60	54.4	1997	43.86	55.1	46.00	46.4
1990	54.80	58.8	57.30	54.2	1998	39.57	53.4	41.59	44.5
1991	50.77	57.6	61.89	53.8	1999	41.27	52.6	41.13	41.9
1992	52.37	57.6	55.61	52.9	2000	38.88	49.1	38.52	39.2

【附录一】

萧山市城镇居民消费新特点

去年以来，随着消费品价格的上涨，对城镇居民生活和心理带来了极大的影响。由“恐涨”心理造成的“抢购风”，不仅扰乱了居民的正常生活消费，还对市场产生较大的冲击波。从调查得知：大部分的城镇居民，都具备一定的价格改革的经济承受力，但心理承受能力，却明显不足。在这种情况下，人们的消费情况发生了哪些新的变化？据对我市城镇住户的抽样调查表明，出现了如下几个新特点：

一、物价的上涨，消费的超前，导致生活费支出大于收入。

1988年，我市城镇居民人均生活费支出1456.32元，比上年增长32.15%，扣除物价因素，仍增长9.04%，比生活费收入的增长速度高10.42个百分点。这一现象的出现，一方面反映了城镇居民生活水平的提高，另一方面，也反映出在物价这根“绷紧的弦”的刺激下，人们保值心理激增，“存钱”不如购物观念的蔓延，使商品零售市场出现了正常消费和盲目购物并存、交织的势态。几次抢购风的出现，不少家庭出现了超前消费的现象。

二、贵重用品购买增长较快，是城镇居民消费支出的一大热点。

物价的上涨，人们将一部分钱投向了金银珠宝，它既能保值又能作装饰品，受到人们的青睐。1988年人均用于购买金银珠宝饰品的支出为73.75元，比上年增长20倍。1～5月份，对20对青年结婚费用调查也反映，平均每对结婚青年购买金银饰品1031.45元。居民购买高档耐用品的支出也明显增加，文娱机电消费品人均支出72.82元，比上年增长26.75%，其中，购买彩电人均支出为65.35元，比上年增长42.53%。到1988年末，每百户拥有自行车203辆、电风扇255台、洗衣机80台、电冰箱73台、彩电40台、黑白电视机78台、录音机75台。据调查，将近三分之二的家庭1988年出现支大于收的现象，近60%的家庭是因为抢购贵重消费品所致。

三、注重住房的建设和美化是居民消费的另一特点。

1987年城镇居民平均每人购买房屋建筑材料22.72元，到1988年人均支出达35.25元，增长55.15%。众多的居民喜迁新楼，已不满足于白炽灯、水泥地，纷纷给自己的房屋做地坪、贴墙纸（装墙板），安吊灯、壁灯、吸顶灯，挂字画，把房间布置得清新优雅，给人以美的享受。1987年平均每户用于房屋室内装饰费为18.64元，1988年增加到37.12元，增长近一倍。

（肖江：《居民消费新特点》，《萧山经济报》，1989年3月4日，第1版）

【附录二】

萧山市城镇居民新的消费形态逐步形成

——衣着成衣化、家电购买多、开始重娱乐

城镇居民逐渐形成了新的消费形态和趋势。据我市城调队抽样调查资料反映：今年上半年我市城镇居民人均生活费收入高达2244.04元，比上年同期增长36.05%，消费支出也相应有所增长，人均为

1792.9元，比上年同期增长50.18%，剔除物价增长因素，生活费收入实际增长8.34%，消费性支出实际增长19.56%。在城镇居民的消费性支出中食品、衣着、日用机电和娱乐机电消费大幅增长，非消费性支出（主要是购房支出）比上年有了突飞猛进的增长。

该项调查显示，今年上半年我市城镇居民人均食品支出为849.48元，占总消费支出的47.4%，占城镇居民消费支出首位，比上年同期增长33.2%。其原因是居民副食品消费量增加，居民食品消费向求鲜、求新、求营养、求敏捷方向转化，此外物价上涨（上半年居民消费价格总指数为125.6%）增加了居民负担，食品支出相应增加。

上半年衣着人均消费为252.75元，占总消费支出的14.09%，比上年同期增长55.93%，其中成衣增长74.02%。随着人们生活水平的提高，人们对衣着消费的要求日益讲究，穿着趋于成衣化、个性化、时装化。

与此同时，城镇居民对高档耐用消费品的拥有量持续增加，日用机电和娱乐机电消费品人均支出为142.35元，占总消费支出的8%，比上年增长2.8倍，平均每百户家庭上半年购买洗衣机、电风扇、空调器、脱排油烟机、录放像机、组合音响各1.25台，彩电、电冰箱、热水淋浴器各2.5台，排风扇3.75台。

随着住房制度改革，货币支出不再局限于吃、穿、用方面，上半年居民结余中有较大部分资金用于购房，37.5%的居民家庭购买了房子，户均购房支出为10437.66元，家庭资产增长较快。

（江红：《我市居民新的消费形态在逐步形成——衣着成衣化、家电购买多、开始重娱乐》，《萧山报》，1994年8月11日，第2版）

【附录三】

萧山市居民消费结构的新变化

按常规运作，居民收入增加以后，消费需求也就增强，但从今年上半年居民消费情况来看，并没有出现同比的增加。今年上半年，我市城镇居民人均实际收入为3160.21元，同比增长15.6%。城乡居民储蓄净增11.14亿元，比年初增长7.5%，这还不包括所发行的大量债券。但从上半年我市社会消费品零售额来看，与去年同期增幅相比，反而回落了5个百分点，城厢镇六大商场零售降幅更为明显，达6.7%。一些居民反映现在没啥东西好买，即使想买，人们也想再观望一段时间。

据市有关部门对城镇居民的抽样调查，1995年末我市城镇居民家庭平均每百户拥有彩电94台、电风扇294台、电冰箱101台、洗衣机83台，这些家庭基本生活耐用品基本上每户都有。城镇居民人均居住面积9.25平方米，自有住房比率已达77.5%，如果房地产的住房价格甚高，居民户中的钱就不会轻易投入。另外，像空调器、电话、热水淋浴器、脱排油烟机的普及率，也分别达19%、54%、26%和48%。作为居民日常消费的食品，1995年人均购买猪肉16.44千克、牛羊肉0.34千克、家禽9.76千克、鱼14.54千克、植物油4.9千克，分别比上年增3.72%、6.25%、14.69%、22.08%、22.5%。越来越多的家庭对食品的营养、质量、味道日益讲究。米选优质，菜选鲜嫩，水果倾向丰富，动物性食品消费大幅度增长。难怪现在居民手中有钱，但不轻易使用，作兴把钱用在刀刃上。

（龙行天：《我市居民消费结构有新变化》，《萧山日报》，1996年8月28日，第3版〈节选〉）

【附录四】

萧山市城镇居民兴起“享受型”消费

随着我市经济建设的迅猛发展，今年上半年，我市城镇居民人均可支配收入达5632元，比去年同期增长15.1%。居民的消费水平也由此递增了12.1%，消费方式正由“实用型”向“享受型”方向发展。这是笔者近日从市统计局了解到的。

买菜自己烧饭、买布自己裁衣的“实用型”消费历来是我市绝大部分居民的消费观念，然而，随着消费水平的不断提高，居民可支配收入的逐年增加，一种新型快捷的消费方式——“享受型”消费正在居民家庭中悄然兴起。吃大排档、吃快餐、买成衣、吃滋补品、出门“打的”、假日旅游等等已越来越被更多的市民所接受。据市统计局报表显示，今年上半年，居民人均在外用餐支出比去年同期增长44.9%，手机、寻呼机、家庭电话的支出比去年同期增长66%，娱乐、文教支出也比去年同期增长39%，充分表明了我市城镇居民传统的消费观念正在逐步更新。

（陈建生：《人均收入增加消费观念更新——我市城镇居民兴起“享受型”消费》，《萧山日报》，2000年8月24日，第2版）

【附录五】

南阳镇工资、工价、农民年人均收入和物价

50年代，消费（供销）合作社职工月工资18元。农村泥木工价1.2元。农民年人均收入85元。米价凭证供应四等籼米每500克0.113元。菜油凭票供应每500克0.76元。猪肉每500克0.67元。鱼每500克0.30元。络麻（生麻）每50千克16元，棉花每50千克37元。

60年代初期，人民公社实行供给制，社员都在公共食堂用餐，每人每月发菜票10元；饭票按定量发给。中期，小学公办教师、粮站和供销社职工及国家工作人员，月工资32元～36元。农村泥木工工价1.85元。农民年人均收入89元。米油价凭票供应仍与50年代同。农村返销粮凭返销粮票每500克0.124元。议价：米每500克2元～3元；油每500克3元左右；肉凭返销肉票每500克仍为0.76元，议价每500克3元～5元不等。鱼每500克1元～2元。熟麻即浸洗麻精每50千克38元，棉花每50千克40元～50元。

70年代，小学公办教师，粮站、供销社职工和国家工作人员，月工资40元～60元。农村泥木工价1.85元～2.50元。农民年人均收入132元。米、油、肉凭票供应与60年代同。议价：米每500克1元～2元。油每500克3元左右。肉每500克1元～2元。熟麻每50千克40元～42元。棉花每50千克50元～60元。

80年代，单位职工月工资50元～70元。农村泥木工工价3元～4元。农民年人均收入800元。最低1980年203元，最高1988年2324元。米、油、肉畅（敞）开供应。米每500克1元～1.50元。油每500克2元左右。肉每500克1元～2元，鱼每500克1元～1.50元。熟麻每50千克40元～42元，棉花每50千克50元～60元。黄豆每50千克100元～150元。

90年代初期，单位职工工资70元～100元。农村泥木工价5元～7元。农民年人均收入3000元。米、油、肉、鱼、麻、棉、豆价格与80年代同或小有上涨。中期，职工月工资200元～500元。农村泥木工工

价25元～35元。农民年人均收入4000元。米每500克1元～1.5元，油每500克2元～2.50元。鱼每500克1元～1.50元。熟麻每50千克80元，棉花每50千克100元～120元。后期，职工月工资500元～800元，加奖励、福利补贴等年收入1万元～2万元。农村泥木工工价40元～45元，小工25元～30元。农民年人均收入5000元，最高1999年为6530元。米每500克1元～1.20元，油每500克3元～4元，肉每500克3元～5元，鱼每500克3元～6元。麻、棉、豆价格与中期同。

（褚云皎编纂：《萧山南阳镇志》，2001年，萧山日报印刷厂印刷，第545～546页）

第二节　生存消费

食品消费

80年代起，城乡居民的食品[①]消费日趋丰富，人们对食品营养和口味日渐讲究，食品消费支出大幅增加。

主食、副食与其他食品支出　80年代起，城乡居民饮食结构逐渐变化：农村居民膳食中，主食比重下降，副食比重上升[②]。城镇居民食品支出中，主食所占比重较小，副食和其他食品所占比重较大。1985年，农村居民人均食品消费支出320.90元。1986年，城镇居民人均食品消费支出483.98元。1990年，农村居民人均食品消费支出560.97元；城镇居民人均食品消费支出952.47元。1995年，农村居民人均食品消费支出1479.42元；城镇居民人均食品消费支出2476.85元。2000年，农村居民人均食品消费支出2137.73元，其中主食占14.32%、副食占50.92%、其他食品占26.84%。是年与1985年相比，人均食品消费支出增长5.66倍，主食增长2.69倍，副食增长6.50倍，其他食品增长6.44倍；占食品消费支出的比重，主食下降11.5个百分点、副食上升5.72个百分点、其他食品上升2.8个百分点。2000年，城镇居民人均食品消费支出2925.20元，其中主食占7.60%、副食占48.70%、其他食品占25.57%。是年与1986年相比，人均食品消费支出增长5.04倍，主食增长5.61倍，副食增长4.46倍，其他食品增长4.91倍。

在外饮食　随着生活节奏的加快，城乡居民饮食消费的社会化程度明显提高，居民在外用餐增多。1985年，农村居民人均在外饮食支出15.87元。1986年，城镇居民人均在外饮食支出62.59元。1990年，农村居民人均在外饮食支出12.39元；城镇居民人均在外饮食支出58.65元。据城镇抽样调查资料反映，1993年有2/5以上的居民家庭在饮食店和单位购买早点；有52.5%左右的双职工家庭早点及一部分中晚餐主食在饮食店或单位购买。1995年，农村居民人均在外饮食支出50.26元；城镇居民人均在外饮食支出215.14元。2000年，农村居民人均在外饮食支出169.29元；城镇居民人均在外饮食支出530.25元，其中在单位食堂消费230.63元，占43.49%，在公共餐饮场所消费299.62元，

①在住户抽样调查资料中，把食品划分为主食、副食、其他食品。主食与副食构成家庭膳食，膳食以外是其他食品。在外饮食指在单位食堂和公共餐饮场所用膳。

②1984年，农民主要副食品年人均消费情况为：肉类16.2千克，比1983年的12千克增长35%；家禽1.7千克，比1983年的1.6千克增长6.3%；蛋类3.3千克，比1983年的2.35千克增长40.4%；鱼虾4.75千克，比1983年的4.55千克增长4.4%；食糖3.5千克，比1983年的3.2千克增长9.4%；糖果、糕点3.3千克，比1983年的0.5千克增长5.6倍；水果3.05千克，比1983年的1.4千克增长117.9%。（资料来源：萧山县志编纂委员会：《萧山县志》，浙江人民出版社，1987年，第954～955页）

占56.51%，在外饮食占全部食品支出比重为18.13%。居民家庭逢节假日或招待客人到餐馆聚餐的现象渐成风尚，因为工作忙碌、无暇炊事而经常在餐馆用膳的家庭十分常见，食用快餐者更是非常普遍。90年代后期年起，有些家庭就在宾馆预定每桌800元、1000元不等的年夜饭，到宾馆吃年夜饭。

主要食品消费　80年代起，在城乡居民主要食品消费中，粮食、蔬菜消费有所减少，肉禽蛋类高营养食物增加，尤其是水产品的消费量成倍增加。在农村，餐桌菜肴由过去以素菜为主变成荤素合理搭配，一般家庭基本是餐餐有荤菜。[①]在城镇，传统的肉类消费基本保持平稳，而家禽、蛋类、水产品等的消费有较多增加。

萧山城乡居民的主食向以大米为主，间以面食。1985年，农村居民人均消费粮食312千克。1986年，城镇居民人均消费粮食125千克。1986年，农村居民人均消费蔬菜152千克；城镇居民人均消费蔬菜100千克。农村居民人均消费动植物油2.7千克，其中植物油2.2千克；城镇居民人均消费植物油5.1千克。人均肉类消费量，农村居民为17.1千克，城镇居民为17.4千克。人均消费家禽和蛋类，农村居民分别为4.4千克和3.1千克，城镇居民分别为8.7千克和5.2千克。人均水产品消费量，农村居民为8.4千克，城镇居民为13.4千克。80年代中期，牛奶被视为高档营养品，城镇居民中的牛奶消费群体仍以儿童、老人

①ZYG（男，60岁，小学文化程度，私营企业工作，义桥镇桥亭村人，访谈时间2003年12月），平常早餐吃泡饭、榨菜。早上很少去外面吃，基本上不去；儿媳妇、儿子在外面吃，吃糯米饭。中餐、晚餐吃鸡、蔬菜、鱼、猪肉。客人来时吃的和平常差不多，春节时吃的也和平常差不多。每个月伙食支出是200元。中华人民共和国成立初就地上一点蔬菜、萝卜、青菜，三四千克油吃一年。60年代，蔬菜为主，过年过节买一点荤菜。70年代，稍微好一些，但一般人家也很节约。分田到户后，活络些，荤菜也买，不多。到1995年以后，每天荤菜不断。一天三餐和老伴一直都在家里吃。工作需要一个月出去半个月，以杭州为主，一个人出去就在外面吃快餐，人多就到饭店吃，10元/人均。全家出去不太多。儿媳妇都是吃厂里食堂，儿子是开车的，出去没有固定，10天里家里吃一两天。（资料来源：杨建华主编，王志邦、汪志华、徐燕锋等著：《村落的生活世界》，社会科学文献出版社，2006年，第382～383页）

表7-2-108　1985～2000年部分年份萧山农村居民人均饮食支出构成情况

单位：元

年份	食品支出	主食		副食		其他食品		在外饮食	
		金额	比重(%)	金额	比重(%)	金额	比重(%)	金额	比重(%)
1985	320.90	82.87	25.82	145.03	45.20	77.13	24.04	15.87	4.94
1990	560.97	129.35	23.06	276.90	49.36	142.33	25.37	12.39	2.21
1995	1479.42	336.40	22.74	703.55	47.56	389.21	26.31	50.26	3.39
2000	2137.73	306.13	14.32	1088.45	50.92	573.86	26.84	169.29	7.92

资料来源：1985～1999年，中共萧山市委宣传部、萧山市统计局编：《萧山五十年巨变——新中国成立以来萧山经济与社会发展统计文献》，1999年印；1999～2000年，萧山市统计局：《萧山市统计年鉴（1999）》、2000年年度统计报表。

表7-2-109　1986～2000年部分年份萧山城镇居民人均饮食支出构成情况

单位：元

年份	食品支出	主食		副食		其他食品		在外饮食	
		金额	比重(%)	金额	比重(%)	金额	比重(%)	金额	比重(%)
1986	483.98	33.66	6.95	261.14	53.96	126.59	26.16	62.59	12.93
1990	952.47	46.03	4.83	581.87	61.09	265.92	27.92	58.65	6.16
1995	2476.85	324.54	13.10	1377.53	55.62	559.64	22.59	215.14	8.69
2000	2925.20	222.39	7.60	1424.65	48.70	747.91	25.57	530.25	18.13

资料来源：1985～1999年，中共萧山市委宣传部、萧山市统计局编：《萧山五十年巨变——新中国成立以来萧山经济与社会发展统计文献》，1999年印；1999～2000年，萧山市统计局：《萧山市统计年鉴（1999）》、2000年年度统计报表。

及体弱多病者为主，农村食用牛奶者则较为少见。其时，湘湖农场开始养殖奶牛，并通过订奶到户、送奶上门等方式销售牛奶，使居民每天能喝到萧山本地生产的瓶装鲜奶，促进牛奶消费群体的逐渐扩大，食用牛奶及制品的家庭逐渐增多。1986年，城镇居民人均消费奶及奶制品2.23千克。瓜果自80年代起成为城乡居民的重要副食之一，尤其是农村，瓜果消费有较大增加。1985年，农村居民人均消费瓜果9.1千克。1986年，城镇居民人均消费瓜果59.7千克。萧山城乡喜饮黄酒的人较多，但80年代前以散装酒为主。80年代中期起，散装酒消费逐渐减少，瓶装酒消费逐渐增多，饮用白酒比饮用黄酒普遍，酒类消费档次逐步提高，啤酒成为大众广泛喜爱的饮品。1985年，农村居民人均消费酒类23.7千克。1986年，城镇居民人均消费酒类25.0千克。80年代中期起，中高档卷烟消费逐渐增多。1985年，农村居民人均消费卷烟52.8包（每包20支）。1986年，城镇居民人均消费卷烟52.6包。

1990年，农村居民人均消费粮食267千克；城镇居民人均消费粮食136千克。时，粮食短缺的状况已得到根本的改善。且城乡居民的主食已从过去以吃籼米为主转变为以吃粳米为主，农民种植的早稻大多出售用作食品加工的原料。玉米、薯类过去是农村重要的口粮，而此时一般仅作调剂口味食用。是年，农村居民人均消费蔬菜178千克；城镇居民人均消费蔬菜128千克。农村居民人均消费动植物油3.9千克，其中植物油3.2千克；城镇居民人均消费植物油6.4千克。人均肉类消费量，农村居民为13.2千

表7–2–110　1985～2000年萧山农村居民主要食物人均消费量情况

年份	粮食（千克）	蔬菜（千克）	动植物油（千克）	猪牛羊肉（千克）	家禽（千克）	蛋及蛋制品（千克）	水产品（千克）	奶及奶制品（千克）	干鲜瓜果（千克）	茶叶（千克）	食糖（千克）	卷烟（包）	酒和饮料（千克）	糖果糕点（千克）
1985	312	123	2.8	14.5	4.5	3.8	7.3		9.1	0.4	4.1	52.8	23.7	3.1
1986	267	152	2.7	17.1	4.4	3.1	8.4		5.7	0.5	3.8	57.0	24.1	3.5
1987	293	136	3.0	15.8	4.4	3.9	9.4		7.9	0.4	4.2	58.6	27.7	3.9
1988	326	135	3.7	14.7	5.5	3.6	8.9		13.2	0.4	3.9	52.4	25.2	3.9
1989	339	140	3.8	13.5	6.3	4.7	11.2		10.3	0.3	3.6	53.3	22.4	3.2
1990	267	178	3.9	13.2	5.2	2.8	9.8		8.7	0.3	2.8	44.6	18.6	2.7
1991	289	151	5.1	13.4	5.2	3.7	10.0		14.1	0.3	2.5	41.0	18.8	2.8
1992	282	138	4.0	12.6	6.5	4.2	9.9		9.9	0.2	9.0	37.9	18.7	7.2
1993	234	73	3.1	12.3	4.4	3.2	9.5	0.13	10.5	0.2	2.6	38.3	20.0	2.5
1994	295	41	3.0	13.1	7.4	3.8	12.3	0.27	17.1	0.8	2.4	42.0	26.8	3.4
1995	303	83	3.4	13.8	7.5	3.0	12.7	0.33	21.8	0.2	2.2	12.4	26.74	2.6
1996	294	71	3.8	13.8	7.1	2.8	12.4	0.30	31.8	0.2	2.3	38.5	24.1	2.4
1997	269	90	4.0	15.1	9.6	4.7	14.7	0.37	46.7	0.1	2.0	34.7	28.8	2.5
1998	251	87	4.3	15.2	9.0	4.3	15.0	0.43	26.9	0.2	2.1	37.5	29.2	2.5
1999	255	93	4.6	15.4	8.6	3.8	15.7	0.61	32.3	0.2	2.8	33.3	23.4	2.7
2000	248	92	4.6	18.9	13.5	5.6	20.0	0.99	33.4	0.1	1.9	37.6	33.8	3.6

注：①“酒和饮料”栏，1986～1992年不含饮料。

②1995年，《萧山五十年巨变——新中国成立以来萧山经济与社会发展统计文献》中，酒和饮料为11.7千克，年度统计报表中数据为26.74千克。

③2000年，《萧山市统计年鉴（2000）》中，农村居民主要食物人均消费量，粮食是248.45千克，蔬菜是92.45千克，动植物油是4.61千克，猪牛羊肉是18.92千克，家禽是13.48千克，水产品是20.04千克，干鲜瓜果是33.38千克，卷烟是37.55包，酒和饮料是33.77千克，糖果糕点3.64千克。表格中小数是保留1位，统计年鉴中保留2位。

克，城镇居民为18.1千克。人均消费家禽和蛋类，农村居民分别为5.2千克和2.8千克，城镇居民分别为7.7千克和6.6千克。人均水产品消费量，农村居民为9.8千克，城镇居民为14.0千克。城镇居民人均消费奶及奶制品8.88千克。1993年，农村居民人均消费奶及奶制品0.13千克，城镇居民人均消费奶及奶制品6.2千克。1990年，人均瓜果消费量，农村居民为8.7千克；城镇居民为35.7千克。人均酒类消费量，农村居民为18.6千克，其中啤酒3.89千克；城镇居民为19.4千克，其中啤酒9.4千克。90年代起，在卷烟消费档次不断提高的同时，人们对烟草危害认识加深和保健意识增强，和80年代中期相比，卷烟消费量有所减少。1990年，人均卷烟消费量，农村居民为44.6包，城镇居民为49.2包。80年代，居民饮料消费极少。时，市场上销售的饮料只有玻璃瓶装汽水，果汁饮料比较罕见。居民购买饮料也很少，一些经济效益较好单位在夏季给职工所发玻璃瓶装汽水普遍被当作高级饮料。90年代起，居民饮料消费渐多，且饮料消费档次不断提高，国内、国外的品牌饮料开始风行城乡，各种新型饮料，如碳酸饮料、果汁饮料、茶饮料、咖啡等普遍进入城乡居民的日常消费。饮料的包装从玻璃瓶、塑料瓶，到易拉罐、纸塑铝复合包装等，大小规格更是繁多。

1995年，农村居民人均消费粮食303千克，其中大米占81.07%；城镇居民人均消费粮食107千克，其中细粮占99.95%。农村居民人均消费蔬菜83千克，其中鲜菜占93.97%、菜制品及干菜占6.03%；城镇居民人均消费蔬菜115千克，其中鲜菜占93.91%、菜制品及干菜占6.09%。农村居民人均消费动植物油3.4千克，其中植物油2.7千克；城镇居民人均消费动植物油5.3千克，其中植物油4.9千克。人均肉类消费量，农村居民为13.8千克，城镇居民为16.7千克。人均消费家禽和蛋类，农村居民分别为7.5千克和3.0千克，城镇居民分别为9.8千克和7.9千克。人均水产品消费量，农村居民为12.7千克，城镇居民为14.5千克。人均酒类消费量，农村居民为24.39千克，其中啤酒7.73千克；城镇居民为17.7千克，其中啤酒6.4千克。90年代中期始，越来越多的城乡居民家中购买了饮水机，桶装水的需求也越来越大。水饮料的消费量日益增加，各种瓶装饮用水已成为城乡居民普遍饮用的消费品。1995年，城镇居民人均消费饮料1.7千克，农村居民人均消费饮料2.35千克。

2000年，农村居民人均消费粮食248千克，比1985年下降20.5%，其中大米占96.51%；城镇居民人均消费粮食84千克，比1986年下降32.8%，其中细粮占96.52%。农村居民人均消费蔬菜92千克，其中鲜菜占96.05%、菜制品及干菜占3.95%；城镇居民人均消费蔬菜103千克，其中鲜菜占93.20%、菜制品及干菜占6.80%。农村居民人均消费动植物油4.6千克，其中动物油0.9千克、植物油3.7千克；城镇居民人均消费动植物油6.2千克，其中动物油0.2千克、植物油6.0千克。人均肉类消费量，农村居民为18.9千克，城镇居民为16.2千克。人均消费家禽和蛋类，农村居民分别为13.5千克和5.6千克，城镇居民分别为11.8千克和7.7千克。90年代后期，水产品价格开始下降，成为大众消费品。中低收入的城乡居民也能经常享用水产品。2000年，农村居民人均水产品消费量为20.0千克，城镇居民人均水产品消费量为27.4千克。一部分收入比较高的消费者开始青睐品牌水产品。需求由数量型向营养、健康型方向转变。为适应这种需要，水产品中也出现了一些品牌产品，如“龚老汉”牌中华鳖、“湘湖”鳖等。2000年，人均奶及奶制品的消费量，农村为0.99千克，城镇为12.56千克。是时，城乡居民消费的牛奶制品种类繁多，有纯牛奶、甜牛奶、乳酸牛奶、果味牛奶、高钙奶粉、婴幼儿奶粉等。人们对奶制品的购买方式，大多选择在超市购买或居住地的代销店订购。农村居民人均消费瓜果33.4千克，比1985年增长2.67倍；城镇居民人均消费瓜果57.9千克。时，瓜果市场品种繁多，来自全国各地乃至进口的各种果品应有尽有，瓜果品质大为提高。人均酒类消费量，农村为29.11千克，比1985年增长22.83%，其中啤酒12.48千克；城镇为13.8千克，比1986年减少44.8%，其中啤酒5.09千克。是年，人均酒类支出占生活消费支出的比重，农村居民为1.86%，比1985年低1.97个百分点；城镇居民为0.18%，比1986年低2.43个百分点。人均卷烟消费量，农村为37.6包，比1985年下降28.79%；城镇为23.9包，比1986年下降54.56%。是年，人均卷烟支出占生活消费支出的比重，农村居民为4.50%，比1985年高0.08个百分点；城镇居民为2.67%，比1986年低0.17个百分点。2000年，农村居民人均消费饮料4.69千克，城镇居民人均消费饮料2.53千克。是时，碳酸饮料中“可口可乐”、“百事可乐”、“非常可乐”、“健力宝”等品牌较受城乡居民的喜爱。

表7–2–111　1986～2000年萧山城镇居民主要食物人均消费量情况

年份	粮食（千克）	蔬菜（千克）	动植物油（千克）	猪牛羊肉（千克）	家禽（千克）	蛋及蛋制品（千克）	水产品（千克）	奶及奶制品（千克）	干鲜瓜果（千克）	茶叶（千克）	食糖（千克）	卷烟（包）	酒和饮料（千克）	糖果糕点（千克）
1986	125	100	5.1	17.4	8.7	5.2	13.4	2.23	59.7	0.38	3.6	52.6	25.0	3.6
1987	127	89	4.6	17.0	6.3	5.7	11.8	4.46	48.2	0.21	2.8	54.9	23.4	2.7
1988	129	95	5.7	15.2	8.5	4.9	11.0	7.46	24.5	0.26	2.9	43.0	19.2	3.6
1989	140	102	4.3	17.0	7.4	6.6	14.1	8.83	41.6	0.26	2.7	45.1	19.2	2.5
1990	136	128	6.4	18.1	7.7	6.6	14.0	8.88	35.7	0.22	3.2	49.2	19.4	2.8
1991	135	132	5.9	17.6	9.6	7.9	14.6	9.72	40.7	0.12	2.4	44.3	19.4	2.8
1992	118	117	5.3	17.4	10.9	8.1	12.8	7.40	41.0	0.10	2.4	31.9	16.8	3.0
1993	102	108	5.4	17.1	8.2	7.4	11.9	6.20	38.5	0.12	2.6	35.4	13.6	3.1
1994	101	107	4.4	16.2	8.5	7.2	11.9	4.84	51.7	0.15	1.5	30.3	18.2	2.9
1995	107	115	5.3	16.7	9.8	7.9	14.5	4.74	49.8	0.20	1.4	29.3	19.4	3.0
1996	102	117	5.5	18.1	9.2	8.3	15.0	5.62	52.0	0.13	1.4	26.7	17.9	2.9
1997	96	118	5.4	16.7	11.3	8.8	15.1	7.46	55.2	0.13	1.3	25.4	17.9	2.7
1998	84	109	4.6	15.9	9.3	6.7	23.8	6.13	63.0	0.14	1.2	18.5	13.7	2.9
1999	84	108	4.4	16.7	10.0	7.0	26.4	10.17	59.1	0.16	1.6	27.0	17.1	3.4
2000	84	103	6.2	16.2	11.8	7.7	27.4	12.56	57.9	0.06	1.2	23.9	16.3	3.5

注：①“酒和饮料”栏，1986～1994年不含饮料。

②2000年，《萧山市统计年鉴（2000）》中，城镇居民主要食物人均消费量，粮食是83.75千克，动植物油是6.18千克，猪牛羊肉是16.18千克，家禽是11.77千克，蛋及蛋制品7.71千克，水产品是27.41千克，干鲜瓜果是57.89千克，食糖是1.17千克，卷烟是23.86包，酒和饮料是16.33千克，糖果糕点是3.45千克。表格中小数是保留1位，统计年鉴中保留2位。

③城镇住户调查，1986～1991年动物油消费未作统计，数据仅为植物油消费量；城镇住户水产品消费量指标为鱼类消费，干鲜瓜果消费为鲜瓜果消费；豆制品消费未作统计，城镇糖果糕点消费中未含糖果消费。

【附录一】

坎山镇村民膳食起变化

——早饭“市场化”，中饭“食堂化”，晚饭“家庭化”

随着镇村企业异军突起，大批村民转向非农产业，他们的膳食形式也随之变化。坎山镇村民的膳食，已从过去“三餐老头饭”，向早饭“市场化”、中饭“食堂化”、晚饭“家庭化”渐变，它从一个侧面反映了农村经济生活发生的可喜变化。

眼下，坎山镇许多在镇村企业工作的村民，早饭一改过去“吃泡饭”的老习惯，走向市场“吃点心”。开设在集镇和村头路边的饮食店摊早市生意兴隆，面包、馒头、馄饨、烧饼、面条、油条等各种点心销量与日俱增。至于中饭，越来越多的村民喜欢在单位食堂就餐。昙华村在镇、村企业食堂吃中饭的村民就不下500人。晚饭是一家人团聚的“黄金”时刻，村民相对比较讲究，菜肴丰富，鱼肉不断，边喝酒、吃饭，边拉家常，享受天伦之乐。

时下，村民们舍得花钱装潢厨房。村民厨房普遍用上了煤气灶、电气化灶具，逐步向柴灶告别。不少餐桌上又大又糙的瓷碗也陆续被精细的盘碟所取代。不少村民自豪地说，与过去相比，现在我们几乎是天天“过节”。

（项关贤：《坎山镇村民膳食起变化——早饭“市场化”，中饭“食堂化”，晚饭“家庭化”》，《萧山报》，1994年8月4日，第3版）

【附录二】

旧时的早餐

但一般来讲，旧时萧山人的早餐主要有三种。一是菜泡饭。即以隔夜冷饭加青菜，或再加点冬咸芥菜，熟后加点盐即可食，家境较好的外加点猪油，但味精是很少用的。旧时味精多从日本传入，称“味之素”，用一个小小的扁瓶盛装，价不菲，节俭的萧山老百姓是不太问津的。第二种是粥。有米粥、菜粥、麦栖粥、萝卜粥、豇豆粥、南瓜粥等等。有些饭店、点心店还有肉骨头粥，但家庭烧制较少。煮粥还有个小诀窍。城里或里畈人家多烧柴灶，灶下有个灰仓，有时特意在灰仓中留点余烬，将米和水放入陶罐，煨于灰烬中，一般到第二天清晨罐中的粥也就煮熟了。第三种早餐就是糊涂（即似浆糊状的食物）。有米粉糊涂、麦糊涂、六谷糊涂，直至最难下咽的糠糊涂，其中还要加青菜甚至野菜等。这种糊涂是旧社会萧山贫困百姓最为平常的早餐，荒年时连一天两餐糊涂都喝不上，只得忍饥挨饿。但在农忙季节也有例外，如条件允许，一般农家早餐也吃干饭，为的是好出力。

城里人的早餐也有花色品种。比如豆浆、油条、烧饼，但须花上角把钱才能享用，所以多为公职人员或是上等职工才舍得花，一般打工者是吃不起的。城里的点心店当然也有肉馒头、糖馒头、豆沙馒头、印糕麻糍、条头糕、松花饼等等。其他面点如馄饨、面条、年糕等，也都是很好的早餐，但一般的公职人员大多以几分钱的“阳春面”（即光面）或菜沃面打发，只有极少数的过路客商或店东家为请客而吃肉丝面、片儿川的。点心店为招揽生意，尽力把点心制作得精细好吃。旧时萧山城里潘凤林的糖馒头、陈春记的肉馒头、李春记的阳春面、知味春的片儿川、戚士林的馄饨等，都是知名的风味小吃。但吃客是不多的，店家的生意也只能是糊口而已。

（朱淼水：《旧时的早餐》，《萧山日报》，2000年12月19日，第5版〈节选〉）

【附录三】

羞羞答答话早点

小张一起床，面临的最大苦恼是早点到底吃什么？面条还是馄饨？怎么样花半个小时去吃一顿又快又好的早餐几乎成了我市每一位工薪族朋友关注的大事。

吃早点地方多，适合胃口的早点少，早点品种单一已成为我市饮食服务行业的最大问题之一。目前我市早点基本上形成了以面食一统天下的格局。面条、馄饨、油条、煎饺是每天让不少顾客无可奈何最终接受的早点。

随着市民生活水平的逐渐提高，早点服务速度、内容也应相应发展。早点作为一种快餐式饮食，它体现的是一种效率。如果说两年前南方大包入主我市时尚带有羞涩的姿态。那么在今天，南方大包作为一种新式早点能够在市民心中占据一席之地，很大程度上依赖的就是这种速度和效率。然而，据有关部门权威人士预测，南方大包目前在我市一枝独秀的格局不会持续太久，目前市民之所以还偏爱它是因为新式的早点尚未上市。

太平弄居委会两位大伯说，10年前，我市早点品种远比现在丰富得多。市心路和体育路一带，一到早上，两边的摊位林立：温州小吃、兰州拉面、陕西凉皮、湖州馄饨，应有尽有。一些小弄堂里，卖早点的小贩吆喝声不断，市民随便走上一圈，都可吃到舒心的早餐。但现在，这种景象已不再看得到了。

分析其中的原因，大致分为三个方面。其一，部分高档宾馆对外不乐意做早点生意。一般市民早点消费标准大致在2元到5元之间，每天按500人计算，连本带利不过一两千元，及不上中、晚餐两桌酒席攒的钱多。部分餐馆，如世界园美食街、东方宾馆等相继推出早点自助餐，每人15元，但一般工薪族尚要掂量再三才进门，绝对不敢天天涉足的。其二，一些老店如江南菜馆、萧山菜馆等老字号饮食店中虽然吃客人数相对稳定，但早点种类单一，多数顾客对此表示了不同程度的不满。江南菜馆，每天从早上6时半到8时半，吃早点的人数大体固定在300人左右，而且多是些老面孔。据二轻大厦一姓俞的先生称，在江南菜馆每天吃同样的东西，谁都会吃腻，但附近又找不到一处更为合适的用餐处。一位刚从学校毕业在农行工作的小姐说，在学校里，早上习惯于喝牛奶，但市区却很难找到有牛奶供应的地方，每天只好以馄饨、面条打发自己。其三，部分有专业技术的人员赋闲在家或局限在家门口营业。问其原因，说是营业执照的审批手续过于繁琐。崇化小区一下岗女工擅炸山东油饼，但她只是在家门口弄堂里小搞搞，不敢上街“抛头露面”。一方面为避熟人之嫌，另一方面审批手续麻烦，时间拖不起。她现在是无证经营，但每天的营业额可观。

俗话说得妙：早点吃得好，身体健康不用愁。现在的市民百姓对吃好早点越来越重视。既要讲速度、品种又要重营养质量，而我市面食一花独放的局面尚未改观，个体营业主形成一定气候尚需加倍努力。部分市民建议，在保证消费者的身体健康条件下，有关部门能否在我市相关地段开辟小吃一条街，或是在早上9时之前允许早点摊点上街营业。

（鲍一飞：《羞羞答答话早点》，《萧山日报》，1996年7月5日，第2版）

衣着消费

80年代后期，城乡居民在衣着方面开始由穿暖向穿好、由单调低档向多样高档转变，人们日益讲究服饰的新颖美观，穿着各种名牌服装成为大众时尚。随着成衣化程度的提高，布料消费量明显减少。[①]

衣着支出　80年代中期起，城乡居民衣着支出明显增长[②]，衣着档次不断提高，但衣着消费支出占生活消费支出的比重总体明显下降。1985年，农村居民人均衣着支出为49.05元，占生活消费支出的8.38%。1986年，城镇居民人均衣着支出为142.90元，占生活消费支出的15.32%，其中购买服装58.02元、衣着材料37.87元、鞋类18.54元。1990年，农村居民人均衣着支出51.19元，占生活消费支出的5.0%；城镇居民人均衣着支出203.37元，占生活消费支出的12.23%，其中购买服装94.38元、衣着材料44.58元、鞋类35.14元。1995年，农村居民人均衣着支出194.71元，占生活消费支出的6.04%；城镇居民人均衣着支出603.77元，占生活消费支出的10.87%，其中购买服装352.39元、衣着材料86.85元、鞋类137.29元。2000年，农村居民人均衣着支出218.40元，比1985年增长3.45倍，占生活消费支出的3.97%。衣着支出中，购买服装133.43元、衣着材料10.61元、鞋帽68.41元，购买服装占衣着支出的比重为61.1%，城镇居民人均衣着支出633.94元，比1986年增长3.44倍，占生活消费支出的8.35%，其中购买服装431.79元、衣着材料30.83元、鞋帽155.21元，购买服装占衣着支出的比重为68.1%，比1986年提高27.5个百分点。

据1992年对萧山100名城镇女性所作专项调查表明，城镇女性穿用每年人均支出达371元，与全省城镇女性消费水平基本相近。女性在现代时装方面的消费，占其穿用消费的38.9%。由于审美观念的不断更新，传统的实用性势头渐弱，连中老年女性亦开始追求衣着的个性化和整体美。近40%的中老年女性认为很难买到既庄重又美观大方的服装。

成衣消费　80年代中期起，萧山城乡居民衣着消费逐渐从以购买布料到缝纫店制作为主转向以购买成衣为主，且出现增多的趋势，缝纫店制作趋向冷落。90年代中期，“文化衫”出现在萧山市场。1994年10月，各类名牌服饰专卖店在萧山市场出现，品牌有“金利来”、“金盾”、“梦特娇”、“啄木鸟”，到1997年10月，名牌服饰专卖店已发展到10多家。服饰专卖店主要集中在人民大道中端及市心路等黄金地段，以针织服装、衬衫、T恤和西服为主。

图7-2-215　在萧山商业城举行时装表演（1998年1月，邵红春摄）

1985年，农村居民人均购买服装1.19件，其中棉布服装0.19件、化纤服装0.42件、呢绒服装0.05件、针织服装0.53件。1986年，城镇居民人均购买各类服装4.68件，其中棉布服装

①HRM（男，42岁，高中文化程度，税务所工作，义桥镇桥亭村人，访谈时间2003年12月）平常穿的衣服材质是涤棉、全棉。一般都是直接买成衣，一年买3套新衣服。主要到杭州商场、萧山商场购买。每年全家衣着支出是1500元，买衣服的价格标准一般大人是200元，小孩是50元～100元。旧衣服不能穿了会去买新的。与过去相比，服装样式、质地、价格发生了较大的变化。（资料来源：杨建华主编，王志邦、汪志华、徐燕锋等著：《村落的生活世界》，社会科学文献出版社，2006年，第387页）

②1980年，职工人均衣着支出62元；1984年，衣着支出82元。1980年，农村居民人均衣着支出18元；1984年，衣着支出38元。（资料来源：萧山县志编纂委员会：《萧山县志》，浙江人民出版社，1987年，第953～955页）

0.81件、化纤服装1.32件、呢绒服装0.32件、绸缎服装0.10件、针织服装2.13件。1990年，农村居民人均购买服装0.80件，其中棉布服装0.02件、化纤服装0.45件、呢绒服装0.13件、针织服装0.20件；城镇居民人均购买服装4.86件，其中棉布服装0.89件、化纤服装1.66件、呢绒服装0.19件、绸缎服装0.03件、针织服装2.09件。1995年，农村居民人均购买服装1.13件，其中棉布服装0.08件、化纤服装0.74件、毛料绸缎服装0.05件、皮料服装0.01件、针织服装0.25件；城镇居民人均购买服装5.33件。2000年，农村居民人均购买服装1.60件，其中棉布服装0.25件、化纤服装0.67件、毛料绸缎服装0.19件、皮料服装0.02件、针织服装0.47件；城镇居民人均购买服装6.66件。

布料消费　80年代中期起，随着服装消费成衣化程度的提高，布料消费量明显下降。1985年，农村居民人均购买布料5.14米，其中棉布1.51米、化纤布3.37米、呢绒绸缎0.26米。1986年，城镇居民人均购买布料7.55米，其中棉布2.54米、化纤布3.29米、呢绒绸缎1.72米。1990年，农村居民人均购买布料2.46米，其中棉布0.42米、化纤布1.87米、呢绒绸缎0.17米；城镇居民人均购买布料6.07米，其中棉布3.29米、化纤布1.72米、呢绒绸缎1.06米。1995年，农村居民人均购买布料2.19米，其中棉布0.43米、化纤布1.68米、呢绒绸缎0.08米；城镇居民人均购买布料2.99米，其中棉布0.65米、化纤布2.05米、呢绒绸缎0.29米。2000年，农村居民人均购买布料0.40米，其中棉布0.11米、化纤布0.26米、呢绒绸缎0.03米；城镇居民人均购买布料1.19米，其中棉布0.21米、化纤布0.85米、呢绒绸缎0.13米。80年代中期，城乡居民购买棉布尚需凭布票，人们往往选择卡其布做外衣、外裤。灯芯绒布因其耐磨性特别好，故被许多家庭主妇选中用于制作儿童服装。上海产的花布设计新颖、机织工艺好，深受年轻女性的喜爱。后由于中高档衣料的大量应市，棉布消费量逐年下降。化纤布相对棉布来讲，具有挺括、不易变型、不褪色、耐磨等长处，深受城乡居民的欢迎。80年代中期，城镇居民、农村居民化纤布消费量达到历史最高水平。90年代以后，农村居民家庭平均每人全年购买的化纤布逐年减少，城镇居民家庭化纤布消费量除部分年度出现过小幅增长外，总体上也呈现下降的趋势。80年代中期以后，随着收入水平的提高，呢绒绸缎消费越来越大众化。人们不仅用绸缎做夏季穿着的衣、裤、裙子，而且还用来做春秋季的外套面料及冬衣面料。90年代以后，由于人们成衣消费需求程度不断提高以及受到洗涤等条件的限制，人们对呢绒和绸缎的消费热情降低，购买和消费量逐步减少。

毛线衣消费　90年代起，城乡居民穿着羊毛衫、锦纶衫等编织或针织服装大增。据城镇住户抽样调查，城镇居民每百人购置毛线衣，1992年为47.45件，1995年为74.39件，2000年为52.24件。随着时间的推移，人们对毛线织品消费的品牌意识逐渐增强，城镇居民购买羊毛衫选择“春竹”、“恒源祥”等老牌子的增多。出于对价格因素的考虑，农村居民主要选择去羊毛衫市场、小商品市场购置羊毛衫。90年代以前由于收入水平低，冬季人们往往“顾上不顾下”，家境中等以上的家庭常购买价格低廉的“卫生裤”御寒，收入低的家庭靠夹裤过冬。人们常把穿了多年的毛线衣、腈纶衣拆了，用旧线改织成毛裤的也较多。90年代中期后，市场上开始出售羊毛裤，城镇居民购买比较踊跃。90年代末，购买高档羊绒衫、羊绒裤的居民开始增多。

皮衣消费　80年代中期以前，一般家庭极少拥有皮衣。80年代后期，部分年轻人开始穿着皮衣，到90年代中期，皮衣在城乡风行数年，每件价格上千元甚至数千元的皮衣一度十分热销。1997年10月，70余家个私厂商进入萧山皮衣市场，不出一月，月销售额均在400万元以上。是年，一件皮大衣700元～800元、一件皮夹克500元，与上几年每件皮衣两三千元的价格相比明显便宜。90年代中期后，皮衣消费的热度下降，皮衣只是作为普通衣着，拥有者也越来越多。据城镇住户抽样调查，每百户家庭皮衣拥有量，1986年为27.5件，1990年为37.5件，1995年为36.3件，2000年为58件。

鞋类消费　80年代前，居民穿着布鞋、胶鞋较多，穿着皮鞋较少（清末民初，镇民多穿鸭舌、尖口、圆头等布鞋，雨天穿牛皮钉鞋、钉靴及木屐；体力劳动者雨天穿草鞋，雪天穿箬壳蒲鞋，后有穿球鞋、橡胶鞋者。中华人民共和国成立后逐渐改穿胶鞋、胶靴。资料来源：沈璧、徐树林主编：《萧山城厢镇志》，浙江大学出版社，1989年，第510页）。80年代中期起，居民鞋类消费变化较大。皮鞋成为普遍穿着的鞋类，各种运动鞋、休闲鞋盛行城乡。据城镇住户抽样调查，1990年，城镇居民每百人购置鞋类217.8双，其中皮鞋60.4双。2000年，城镇居民每百人购置鞋类236.2双，其中皮鞋69.2双。80年代中期，城乡女性一般春秋季以穿单布鞋为主，冬季以穿棉布鞋为主，夏季以穿塑料凉鞋为主。家境好一些的女性会购置一双皮鞋。这时还流行穿"乌绒鞋"，即以黑绒布做鞋面、塑料做鞋底的一种鞋。城乡男性除了穿布鞋外，绝大多数人都有一双系鞋带的黄绿色帆布胶鞋，时称"解放鞋"。由于当时布鞋的底基本都是用废布料手工制作的，底部不防水，故绝大多数居民都有一双雨鞋，用于雨雪天穿着。90年代以后，随着生活水平的提高，运动鞋成为人们购买较多的鞋类。运动鞋的穿着时间不限，穿着空间不限于体育场馆，穿着对象也不局限于运动员。运动鞋的面料多种多样，有真皮、人造纤维、尼龙或帆布料等。90年代中期起，因穿着舒适，布鞋又重新流行。但布鞋在许多方面有了改进：面料多样，一改以往的传统面料，增加了丝绒、呢绒、牛仔布、灯芯绒、棉麻等多种面料，质地不同、颜色各异，适应各层次消费者的需求；鞋底以传统自然的千层布底为主；款式新颖，加工工艺以注塑、冷粘为主，造型趋于皮鞋化。90年代末，皮鞋已成为大众化消费品，销售市场也迅速向农村扩展，在城乡居民中的普及率已经高达90%以上。几乎人人有皮鞋，而且一人有多双，如单皮鞋、棉皮鞋、皮凉鞋等。城乡居民的鞋类消费由一季一鞋或四季一鞋变成为一季多鞋，皮鞋与运动鞋成为人们购买较多的鞋类。在鞋子数量增多的同时，渐渐追求鞋子的舒适、美观和品牌。人们根据不同的场合选择穿不同的鞋子，也与不同的服装搭配选择穿不同的鞋子。

帽子消费　80年代中期，城乡居民对帽子不太讲究，戴帽者也不多，年轻人中戴帽者更少见。夏天，部分城乡居民为了挡阳光，一般都戴麦秆编织的草帽，男帽帽檐较小，女帽帽檐宽大些。冬天，部分中老年男性戴黑色或藏青色的压舌呢帽。80年代后期，年轻人戴帽子者增多，冬季流行一种用开司米线织的套头帽，颜色有红、黑、蓝、驼色等。90年代中期后，随着收入水平的提高，城乡居民对帽子的消费越来越讲究。

围巾消费　80年代中期，严冬时节，少部分城乡居民会戴上围巾抗御严寒，当时的围巾一般用腈纶开司米线织成，或者机织的腈纶薄呢型，颜色以黑、藏青、灰等暗色系列为主。90年代中期以后，围巾备受爱美女性的推崇。轻软型围巾有尼龙丝的、仿真丝的、真丝的，还有绸缎类的。厚重型围巾有化纤薄呢的、毛腈混纺的，也有纯羊毛的，还出现了采用羊绒面料编织而成的围巾。

手套消费　80年代中期，严冬时节，城乡居民大多会戴上手套御寒。其时，妇女、儿童戴的是从百货商场买来的尼龙手套，一般是双层，内有腈纶线的夹层；大多数男性戴来自工厂的白色棉纱线手套。90年代中期以后，城乡居民手套消费情况发生了很大的变化，手套的款式、面料趋于丰富多彩。面料上，除传统的开司米线外，有纯羊毛、纯兔毛、兔羊绒加丝、马海毛、羊皮、猪皮，等等。人均拥有手套的数量增多，大多数城乡居民都有两双以上的手套。

居住消费

80年代前，城乡居民的生活水平尚处于温饱阶段，用于改善居住方面的消费较少。80年代中期起，随着生活水平的不断提高，人们日益注重居住条件的改善，居住消费成为消费一大热点。1985～2000年间，萧山住宅建设突飞猛进，住宅建设投资额不断增大，住房面积成倍增长。

农村住房　80年代初期，农村居民收入开始增加，建房热潮逐年高涨。这一时期一般以建造砖混结构的平房或两层楼房为主，砖混结构的房屋面积已占86.98%。80年代中期起，农民在解决温饱后开始向小康迈进，对住房条件的要求继续提高，大量农户将原有房屋拆掉重建。此时建造房屋多以钢筋混凝土为主，结构更加坚固，造型也比原先美观多样。据农村住户抽样调查，1985年，农村人均住房面积为23.40平方米。1990年，农村人均住房面积为37.02平方米，钢筋混凝土结构占78.55%，砖木结构占17.21%。1995年，农村居民人均住房面积46.58平方米。其时，农村建房进入了更高标准的升级换代阶段。农村居民建房多以三层楼房为主，为使房屋具备防地震性能，混凝土框架结构被广泛采用；外墙普遍用瓷质建材装饰，门窗普遍采用铝合金材质，外观十分美观气派；内部装饰也开始日益讲究，木质护墙，各种地砖、花岗石、装饰灯具采用十分广泛。房屋内部普遍设有卫浴设施。到90年代末期，别墅式住宅大量出现。2000年，农村居民人均住房面积58.78平方米，比1985年增长1倍多。在全部农村住房中，楼房占97.97%；钢筋混凝土结构占91.29%；有86.5%的家庭有卫生设备。有不少农村居民在城镇购置住房。

城镇住房　1984年，全县有国家公房45万余平方米，单位自管房370万余平方米。其时，多数居民居住的是简陋的老房子。后，政府加大住宅建设投资，住房商品化也开始起步，促进了居民住房条件的改善。据1985年对城厢、瓜沥、临浦、义桥、坎山、闻堰、西兴、长河8个镇的普查，人均居住面积7.32平方米，人均居住面积8平方米以上的占总户数37.84%，各类困难户占总户数的18.1%。是年，全县城镇居民住宅竣工面积10414平方米，分配居民住户421户。据城镇住户抽样调查，城镇居民人均住房居住面积，1986年为10.77平方米，1990年为11.90平方米，1992年为12.90平方米。1992年，有72.5%的家庭居住单元式配套住宅，其中两室一厅的家庭占62.5%、三室一厅的家庭占10.0%，另有25.0%的家庭住普通楼房，2.5%的家庭住平房。是时，人们对住房装修逐步讲究，磨石子地砖、三合板护墙被众多住进新居的家庭采用。随着城市建设步伐的加快，旧房成片拆除重建，尤其是城区成片改造力度逐年加大，使城镇居民住宅条件得到较快的改善。1995年，人均住房居住面积14.45平方米，有87.5%的家庭居住单元式配套住宅，其中两室一厅的家庭占72.50%、三室一厅的家庭占13.75%、四室一厅的家庭占1.25%，居住普通楼房及平房的家庭占12.50%。是年，政府开始实施“安居工程”建造解困房（解困房后称为经济适用房，由政府建造，优惠售给低收入住房困难家庭），逐步为人均居住面积8平方米以下的住房困难户解决住房困难。其时，大量居民家庭搬进新居，住房“装潢热”逐年升温，装修档次不断攀升，人们普遍用花岗石、木质地板、地毯装饰地面，用优质木材装饰墙和天花板，各种美观的灯具和工艺饰品普遍用于美化家居环境，许多家庭用于装潢的支出达5万元～10万元，有的甚至更高。2000年，人均住房居住面积21.4平方米，城区砖木结构住宅已经极少。据城镇住户抽样调查，已有98.75%的家庭居住单元式住宅，其中两室一厅的家庭占60.0%、三室一厅的家庭占33.75%、四室一厅及以上的家庭占5.0%，只有1.25%的家庭尚居住普通平房。

卫生设施　随着住房条件的改善，居民家庭卫生设施也得到较大的改善。80年代以前，马桶是萧山城乡家庭长期延续使用的主要便器。即使是城镇新建的住宅楼也是按楼道或楼层建公共卫生间，没有独户使用的卫生间。80年代起，城镇中新建的住宅楼开始按户设置卫生间，冲便器逐渐普及。据城镇住户抽样调查，1986年，城镇60.0%的家庭有独立卫生间，7.5%的家庭使用公共卫生间，32.5%的家庭没有卫生间。在农村，90年代以前建造的住房不设卫生间，一般是按传统习惯在卧室安放马桶，户外设简陋的厕所，俗称茅坑。90年代起，农民建房时开始设置卫生间，冲便器逐渐推广。1995年起，政府在农村开展“户厕改造”，推广卫生户厕，当年改厕率在25%左右。是年，城镇有独立卫生间的家庭已达

85.0%，3.75%的家庭使用公共卫生间，仍有11.25%的家庭没有卫生间。90年代中期，新居装潢的重点在卫生间，卫生间里不只是以前的“老三件”——浴缸、抽水马桶、洗脸盆，又有了淋浴器、喷洗器、化妆台等。卫生间的洁具大致有3个档次：3万元左右的高档豪华型，1万元左右的中档舒适型，四五千元的普通整洁型。进口洁具价格不菲，一只普通的坐便器要1000多元，稍好一点的浴缸就要3000多元，但买者甚多。买高档洁具的顾客中很多是农村居民。2000年，农村已有86.5%的家庭住房有卫生设备；城镇98.75%的家庭有独立卫生间，没有卫生设施的家庭只占1.25%。马桶这一延续千年的器物基本消失。

80年代起，城镇已有相当部分家庭有独立卫生间，但由于没有供热设施，冬季洗澡只能借助煤炉、大脚盆、浴罩等简陋用品仓促完成，以致用来洗澡保暖的塑料浴罩曾风行多年。而公共浴室很少，90年代初，在城区，除一些大厂有供职工使用的浴室外，对公众开放的浴室只有2处，即湘湖浴室和对外开放的萧山宾馆浴室。其中湘湖浴室建于1959年，至90年代初没有扩建过。萧山宾馆职工浴室于1990年11月1日正式对外开放。该浴室每天可接待男女顾客700余人次，营业时间从下午1时至晚上8时。临冬季，前往洗澡的居民众多，经常排成长队等候，“洗澡难”一度成为一个难以解决的社会现象。1994年12月21日，萧山规模最大的浴室“舒乐门”开张，并免费向市民开放3天。“舒乐门”可同时容纳300人洗澡。浴票价格1991年为一次1.00元，1993年为一次3.00元，1994年为一次5.00元。除城厢镇外，瓜沥镇最先建造公共浴室。1993年，临浦镇建造了公共浴室。1996年，义盛镇（现义蓬镇）办起了两家浴室，改变了以前农民进城洗澡的状况。1998年，政府将解决洗澡难作为一件实事来办，城厢等地的浴室越来越多，不少农村也建有澡堂。据有关部门统计，城厢地区已在册登记的大众浴室有8家，基本上是个体经营，加上桑拿等高档浴室，共有13家。而企业自办并对外开放的，数量也不少。据调查，个人开的大众浴室价格便宜，施家桥、畈里张“统淋”每人只要4.00元，比有的厂家对家属开放的价格还要便宜，而且开放的时间长。在城区中心地带，这种浴室的“统淋”价格一般每人6.00元，团体5.00元；设施稍差的为每人5.00元；公共浴室在城乡大量出现，居民洗澡已变得十分方便。

80年代，已有部分家庭有燃气热水器。进入90年代，随着住房条件的改善，浴用热水器逐步进入居民家庭。90年代中期，电热水器销量以几何级数增加，挤占燃气热水器市场份额。90年代末期，太阳能热水器进入寻常百姓家庭。据城乡住户抽样调查，1993年，城镇每百户家庭有浴用热水器15台。2000年，每百户家庭拥有浴用热水器，城镇为53台，农村为24台。众多居民家庭可以足不出户在家中沐浴。

表7-2-112 1956～1986年部分年份萧山浴室收费标准情况

单位：元／人次

项 目	价 格			
	1956年	1983年12月17日	1984年11月22日	1986年10月25日
硬卧大池(男)	0.20	0.22	0.25	0.35
软卧统淋(男)		0.35	0.35	0.50
软卧盆池(男)		0.50	0.50	
软席大池(男)		0.40	0.40	
女盆池(女)	0.30			
单 淋(女)		0.30	0.30	0.50

资料来源：萧山县物价委员会编：《萧山县物价志》，1987年11月印，第224页。

家庭用品及服务消费

70年代，人们追求当时普及率很低的手表、自行车、缝纫机、收音机等耐用消费品，时称“两机一表丁零零”，一般只在结婚的时候购置。80年代中期起，洗衣机、电冰箱、空调器、热水器等消费品逐渐普及，各种现代化的家用设备大量进入城乡普通家庭。

家用电器　80年代前，城乡居民家庭除少量电风扇外，基本没有大件家用电器。80年代中期开始，家用电器逐渐增加，并不断升级换代。90年代中期，家电市场处于普及期和由普及期向饱和期的过渡。

80年代中期，电冰箱开始进入部分居民家庭。由于当时收入水平不高，电冰箱价格高又费电，人们对电冰箱的需求不大，购买电冰箱的家庭很少，一般是年轻人结婚成家时才购置，而且主要局限在城镇。1986年，城镇每百户家庭拥有电冰箱25台，农村只有1%的家庭拥有电冰箱。80年代初期，洗衣机开始进入部分家庭。1983年，萧山百货商店就有洗衣机销售，当年销售18台，次年为873台，1985年增加到1589台。是时，购买洗衣机的主要是城镇家庭，在农村，由于收入水平不高，加之供水系统不配套，洗衣机普及率远低于城镇。1986年，城镇每百户家庭已拥有洗衣机25台，1987年增加到53台。是年，农村每百户家庭洗衣机拥有量仅1台。电风扇约于80年代初期首先在城镇家庭使用，并迅速普及。到80年代中期，城乡家庭已基本普及电风扇。1986年，每百户家庭电风扇拥有量，城镇为223台，农村为81台。1987年，每百户家庭电风扇拥有量，城镇为230台，农村迅速增加到108台。80年代中期开始，家庭使用电炊具逐渐增多。1986年，城镇每百户家庭有电炊具20套。电炊具主要有电茶壶、电饭煲、电火锅等，其中电饭煲最受家庭青睐，不仅城镇家庭广泛使用，农村也有众多家庭使用。

1990年，城镇每百户家庭拥有电冰箱88台，农村每百户家庭拥有电冰箱10台。每百户家庭洗衣机拥有量，城镇为72台，农村为8台。90年代初，空调器价格昂贵，加上住房条件的限制，空调器对一般家庭而言是高不可及的奢侈品，只有少量收入较高的家庭安装空调器。1990年，城镇每百户家庭有空调器3台。其时，空调器以窗式为主，需要在墙上开孔安装，且使用时室内噪声较大，限制了家庭的推广使用。

90年代中期起，电冰箱价格有所下降，消费档次提高，开始进入更新换代期，家庭使用的电冰箱一般有50升到200升以上多种规格系列；品种从单门到双门、多门，再到多温层；技术性能上有无霜、无氟、节能、保鲜等。农村家庭电冰箱普及率也迅速提高。1995年，每百户家庭电冰箱拥有量，城镇为101台，农村为39台。90年代中期起，全自动、半自动洗衣机成为城镇家庭添置或更新洗衣机的首选目标。在农村，随着经济条件、居住条件和供水条件的改善，洗衣机的普及率也逐渐提高。1995年，每百户家庭洗衣机拥有量，城镇为83台，农村为29台。时，随着家庭收入的增加，住房条件的改善，分体壁挂式空调器、柜式空调器的大量面市，加上气候变暖，刺激了人们对空调器的需求。1994年，城镇每百户家庭中有空调器10台，农村每百户家庭有空调器1台。90年代中期，随着住房条件的改善，城乡家庭的厨房广泛使用脱排油烟机。1995年，每百户家庭安装脱排油烟机数量，城镇为48台，农村为10台；城镇每百户家庭电炊具拥有量为43套。时，不锈钢组合式多用途落地橱柜、各类新型炊具、电器厨具受到萧山居民欢迎。

2000年，每百户家庭电冰箱拥有量，城镇为100台，农村为78台。每百户家庭洗衣机拥有量，城镇为96台，农村为70台。90年代后期，空调器价格大幅下降，空调器已不再是高档奢侈品，城镇开始出现安装空调器热，农村家庭购置空调器也逐年增多。1999年，每百户家庭空调器拥有量，城镇为88台，农村为12台。2000年，每百户家庭空调器拥有量，城镇为91台，农村为22台。每百户家庭电风扇拥有量，城镇为248台，农村为351台。90年代后期，微波炉、电磁灶开始进入家庭厨房，特别是微波炉较受城乡居民欢迎。1997年，城镇每百户家庭有微波炉3台。到2000年，城镇每百户家庭有微波炉24台、电炊具74套、脱排油烟机80台；农村每百户家庭有微波炉5台、脱排油烟机33台。90年代后期，城乡居民已广泛使用各种小家电，有电熨斗、电取暖器、电吹风、电动剃须刀、电磨机、吸尘器等，品种繁多，款式不断翻新。据城乡住户抽样调查，2000年，城镇每百户家庭拥有吸尘器26台，农村每百户家庭拥有吸尘器9台。

表7-2-113　2000年萧山居民耐用消费品拥有量与杭州和全国部分省（市、自治区）比较情况

单位：台／每百户

物品	萧山		杭州		北京		上海		广东		湖北		宁夏		全国平均	
	农村	城市	农村	城市	农村	城市	农村	城市	农村	城市	农村	城市	农村	城市	农村	城市
缝纫机	90	67		60	50	50		68		68		54		33		51
洗衣机	70	96	34	96	86	103	69	93	25	98	16	93	38	87	29	91
电风扇	351	248	258	249	148	153	326	277	271	313	151	229	21	63	123	167
电冰箱	78	100	46	102	88	107	74	102	15	82	7	88	6	72	12	80
空调器	22	91	8	104	15	70	14	96	3	98	0.2	38	0	1	1	31
脱排油烟机	33	80	17	73	18	112	35	57	9	71	0.7	43	0.3	44	3	54
吸尘器	9	26	3	23		25		46		7		5		8		11
微波炉	5	24		39		58	14	78		30		10		7		17
热水器	24	53		81		74	44	64		99		51		40		49
电脑	4	15		23		32	5	26		26		8		4		10
彩色电视机	94	138	86	147	103	146	97	147	73	135	32	109	67	109	49	117

日常用品　80年代中期起，家庭日常用品日渐丰富，质量档次不断提升。

80年代中期开始，随着人们收入的提高，各种新式家具较多进入居民家庭，五斗橱、大衣柜和皮箱一度风靡城乡，沙发也在这一时期开始流行，并迅速在城镇普及，稍后农村居民也较多置办沙发。时，五斗橱、大衣柜、沙发等一般是请工匠制作，沙发的面料以人造革、工艺布为主，式样主要有单人沙发和长沙发两种。1985年，农村每百户家庭有大衣柜35只、写字台58张、沙发15张。1986年，城镇每百户家庭有组合家具3套、大衣柜103只、写字台95张、沙发127张。缝纫机曾在城乡家庭较为普及。1986年，农村每百户家庭拥有缝纫机66台，城镇每百户家庭拥有缝纫机90台。80年代中期起，人们对床上用品开始讲究，各种精美的印花床单热销，毛巾毯、毛毯受到城乡家庭广泛喜爱，“席梦思”床垫也较为流行。1986年，城镇每百户家庭有毛毯120条。

90年代，旧式家具逐渐被组合家具取代。1993年，每百户城镇家庭有组合家具30套、沙发135张；每百户农村家庭有组合家具15套、沙发40张。

90年代中期起，随着住房条件的改善，家居装修逐年升温，城乡的大多数家庭都把家具做成组合式，价格昂贵的高档木质沙发、真皮沙发也十分流行。1999年，每百户农村家庭有组合家具45套、沙发130张。

2000年，每百户城镇家庭有组合家具56套、沙发135张。各种款式优美、质量上乘的家具普遍进入了城乡居民家庭。随着生活水平的提高，人们衣着转向以购买成衣为主，缝纫机在家庭中已逐渐失去实用功能。2000年，农村每百户家庭拥有缝纫机90台。城镇每百户家庭拥有缝纫机67台。是时，城乡居民

家庭的缝纫机多数是原有保留下来的，一般家庭已很少使用，除一些从事缝纫的个体经营者外，一般家庭已极少购买缝纫机。2000年，城镇每百户家庭有“席梦思”床38张、毛毯151条。与1986年相比，城镇人均床上用品支出增长4.28倍，农村人均床上用品支出增长1.87倍。

水、电、燃料　80年代起，水、电、燃料供应设施不断完备。

1986年，萧山共有自来水厂9家，年生活用水量461.68万吨，用水人口占城镇总人口的83.76%。据城镇住户抽样调查，是年，县城自来水入户率87.5%。其他建制镇的自来水入户率较低，较多采用的是沿街或按居住区域设公用水龙头，供应居民生活用水。随着水厂扩建，农村使用自来水的人口也迅速增加。1990年，自来水受益村庄265个，受益人口18.18万人。是年，城镇自来水入户率为90.0%。1995年，市自来水公司供水服务面积近156平方千米。全市有580个村庄用上自来水，用水人口65.83万人，大量农村家庭接入了自来水。是年，城镇自来水入户率为98.75%。2000年，市自来水公司管网覆盖200平方千米，供水人口达80万人。城镇住房自来水入户率为100%。

至80年代，萧山城乡居民生活用电量较小，用途基本局限于照明。1988年，全市城乡人民生活用电5820万千瓦小时，人均生活用电51.62千瓦小时。进入90年代后，各种家用电器纷纷进入家庭生活领域，生活用电量迅速增加。1990年，城乡居民生活用电8552万千瓦小时，人均生活用电74.18千瓦小时；人均生活用电支出城镇22.21元，农村6.35元。1995年，城乡居民生活用电19778.93万千瓦小时，人均生活用电增加到164.55千瓦小时；人均生活用电支出城镇95.05元，农村32.45元。2000年，城乡居民生活用电26052.63万千瓦小时，人均生活用电量达228.14千瓦小时。据城乡住户抽样调查，是年，城镇人均生活用电为338.81千瓦小时，人均电费支出180.13元，占生活消费支出的2.37%；农村人均生活用电115千瓦小时，人均电费支出76.58元，占生活消费支出的1.39%。

萧山居民生活燃料的主要用途是炊事烧煮。至80年代中期，城镇新建住宅楼普遍设置烟道，供住户烧柴灶排烟。时，居民用煤已从原来的煤球改为蜂窝煤。蜂窝煤引火快、烟尘少，配上合理灶型，较易控制火候，给居民烹调带来较大的方便，因此得到迅速普及。80年代后期，城镇家庭的柴灶逐渐淘汰，使用液化石油气的家庭逐年增多。液化石油气进入家庭，给家庭燃料结构带来了全新的变革，广大居民十分向往能用上这一洁净方便的燃料，但当时液化石油气供应十分紧缺，一般是条件较好的单位对职工实行发证限量供应。据城乡住户抽样调查，1986年，农村居民人均用柴草414.39千克、用煤6.66千克；城镇有17.5%的家庭使用液化石油气，82.5%的家庭使用煤炉。城镇居民人均生活用煤141.95千克，支出金额占燃料支出的67.92%；人均用液化石油气4.76千克，支出金额占燃料支出的26.05%。是时，煤仍是城镇居民的主要燃料，许多使用液化石油气的家庭也往往仍用煤作为辅助燃料。农村居民的燃料则以柴草为主，煤辅之。1990年，农村居民人均用煤9.53千克、用柴草273千克；城镇居民人均液化石油气用量为18.45千克，支出金额占燃料支出的60.84%，人均用煤154.02千克，支出金额占燃料支出的38.74%，液化石油气已成为城镇家庭主要燃料。是年，全市有液化石油气发证用户3.5万户，使用人口12.3万人。城区已有62.5%的家庭使用液化石油气。1994年，组建管道液化石油气公司，实施管道液化石油气供气工程，至次年底，有1000户家庭接通管道液化石油气。1995年，农村已有较多家庭使用液化石油气，农村居民人均液化石油气用量12.15千克，支出金额占燃料支出的83.94%；人均用煤13.79千克，支出金额占燃料支出的14.76%。时，液化石油气在城镇已大为普及，有91.25%的城镇家庭使用液化石油气，城镇居民人均液化石油气用量28.28千克，支出金额占燃料支出的83.99%；人均用煤42.25千克，支出金额占燃料支出的15.97%。2000年，城区已有液化石油气管道40.1千米，9060户城区居民家庭通上管道，实际开通2060户。据城乡住户抽样调查，是年，农村家庭液化石油气普及率为41.5%，人均液化石油气用量13.91千克，支出金额占燃料支出的79.95%；人均用煤21.59千克，支出金额占燃料支出的17.51%；人均烧柴5.32千克，支出金额仅占燃料支出的1.68%。城镇家庭液化石油气普及率为98.75%，人均液化石油气用量29.34千克，支出金额占燃料支出的90.55%；人均用煤35.1千克，支出金额占燃料支出的9.34%。液化石油气已经成为城乡居民最主要的生活燃料。

物业管理　随着住房商品化、产权私有化的发展，萧山从90年代中期开始逐步推行居民住宅区的物业管理，以方便居住，改善居民的生活环境。1996年，市区评出 5 个“花园式小区”。1997年，市政府出台《小区物业管理暂行办法》。是年，在北干二苑新安寓住宅小区进行物业管理试点，住宅小区物业管理随即在全市推行，到2000年，已有15个住宅区被评为“花园式小区”或“绿化先进小区”。物业管理已从过去单纯的房屋维修转变为对住宅、公共设施及区域环境、清洁卫生、治安保卫、绿化养护的全方位、多层次的服务管理，美化生活环境、提高生活质量。是年底，全市规范化的物业管理服务已覆盖4.51万户家庭。

家政服务　90年代起，家政服务的需求逐渐显现，人们在生活水平提高的同时，生活、工作的节奏也随之加快，职业人士无暇顾及家务劳动，家政服务的需求增加，部分收入较高的家庭开始请钟点工，雇保姆的家庭也有所增加。干钟点工的，大多是来自郊区或农村的中年人，她们的年龄在50岁左右，身体尚可，特别能吃苦。后，下岗女工加入钟点工行列。请钟点工的主要是双职工家庭。工作项目为代管、代接孩子和护理病人、搞家庭卫生等家庭事务。保姆雇佣关系主要通过中介服务机构来牵线搭桥。即雇佣双方到中介机构登记，写明要求，工作人员经询问后进行双向联系。在报酬上，中介机构不作硬性规定，大多由雇佣双方自行协商，酬劳大约为每月300～500元。据城镇住户抽样调查，1999年，城镇人均家政服务费支出7.01元。2000年，有1%的城镇家庭雇请保姆，人均家政服务费支出1.66元。

维修服务　80年代中后期，维修服务业兴起，各种售后服务、上门服务使城乡家庭设备的维护保养变得较为方便，各项维修服务支出逐年增多。据城乡住户抽样调查，1986年，城镇人均家庭设备维修服务支出为11.98元。1989年，农村人均家庭设备维修服务支出为9.08元。1995年，家庭设备人均维修服务支出，城镇为90.49元，农村为0.13元。2000年，家庭设备人均维修服务支出，城镇为67.85元，比1986年增长4.66倍；农村为50.35元，比1989年增长4.55倍。

医疗保健消费

医疗消费　80年代起，随着经济的发展，城乡居民的医疗条件得到较快的改善。1986年，全县平均每千人有卫生技术人员2.1人、医疗床位1.80张，人均接受门诊诊疗2.36次。农村有84.35%的村设有保健室，有乡村医生和卫生员1055人。农村居民人均医疗费支出8.44元，城镇居民人均医疗费支出21.97元。1990年，全市平均每千人有卫生技术人员2.37人、医疗床位1.96张，人均接受门诊诊疗2.63次。全市有村级保健室642个，11.53万人参加互助互济农业人口集资医疗。农村居民人均医疗费支出为19.93元，城镇居民人均医疗费支出为22.73元。1995年，全市平均每千人有卫生技术人员3.15人、医疗床位2.42张，人均接受门诊诊疗2.72次。农村居民人均医疗费支出为67.43元，城镇居民人均医疗费支出为208.25元。2000年，全市平均每千人有卫生技术人员3.67人、医疗床位2.54张，人均接受门诊诊疗2.82次。有237个村实行合作医疗。农村居民人均医疗费支出为177.06元，城镇居民人均医疗费支出为687.17元。

保健消费　随着生活水平的提高，城乡居民的保健意识日益增强，保健食品逐渐成为消费热点。1993年，城镇居民人均保健支出为21.24元，其中人均购买各种滋补品19.82元。1995年，城镇居民人均保健支出35.28元，其中人均购买滋补品30.78元；农村居民人均保健支出35.01元。2000年，城镇居民人均保健支出152.08元，其中人均购买滋补品134.33元；农村居民人均保健支出为95.28元。据萧山商业城副食品市场管理部门介绍，1993年和1994年，是保健品销售的黄金时期。那时，虽然保健品价格，每盒只有二三十元到三四十元，但该市场的年销售额已达亿元以上。1993年春节，过去唱主角的“麦乳精”、“双宝素”受到冷落，在旺季，日销量只有1箱。销量下降的原因是除价格上涨以外，市场有了更多的选择。很多市民选择“延生护宝液”、“太阳神”等营养品，野山参、别直参等高档礼品热销。人参销售额最大的西门药店，每天售出野山参10余支、别直参30余支，价格从几百元到上千元，日营业额比平时翻了一番，达到万余元。到1998年，保健品市场趋于平静，即使是中秋来临之时，保健品销售也热不起来。1999年，冷清了几年的保健品销势开始回升，春节销量上升尤其明显。据萧山商业城副食品市场统计资料反映，1998年与1997年相比，保健品年销量增长近20%，1999年春节前后比上年同期增32%。据《萧山居民吃、穿、用调查》显示，2001年，24.1%的城乡居民经常服用保健品，75.9%的城乡居民不经常服用保健品。服用保健品的城乡居民绝大多数是于1998～2001年加入了服用保健品行列的，有14.6%是于1998年开始服用的，15.6%是于1999年开始服用的，18.8%是于2000年开始服用的，16.7%是于2001年开始服用的。21.8%的城乡居民不服用保健品是由于经济上无法负担，46.3%的城乡居民不服用保健品是由于身体健康不需要，17.9%的城乡居民不服用保健品是由于不相信其有疗效，由于其他原因不服用保健品的城乡居民占14.0%。城乡居民获取保健品的主要途径是自己购买。同时“送礼送健康”的观念在城乡居民中逐步形成，每逢节假日，向亲朋好友赠送保健品已成为一种时尚。

图7—2—216　70年代，自行车凭票供应，是年轻人梦寐以求的交通工具（1976年，董光中摄）

交通通信消费

交通消费　在公共交通体系逐步完善的同时，城乡居民拥有的交通工具量也逐步增加。1986年，农村每百户家庭有自行车188辆、摩托车3辆；城镇每百户家庭有自行车163辆。1990年，农村每百户家庭有自行车245辆、摩托车2辆；城镇每百户家庭有自行车208辆。1995年，农村每百户家庭有自行车298辆、摩托车23辆；城镇每百户家庭有自行车215辆。2000年，农村每百户家庭有自行车265辆、摩托车61辆、家用汽车0.5辆；城镇每百户家庭有自行车203辆、摩托车21辆、家用汽车1辆。

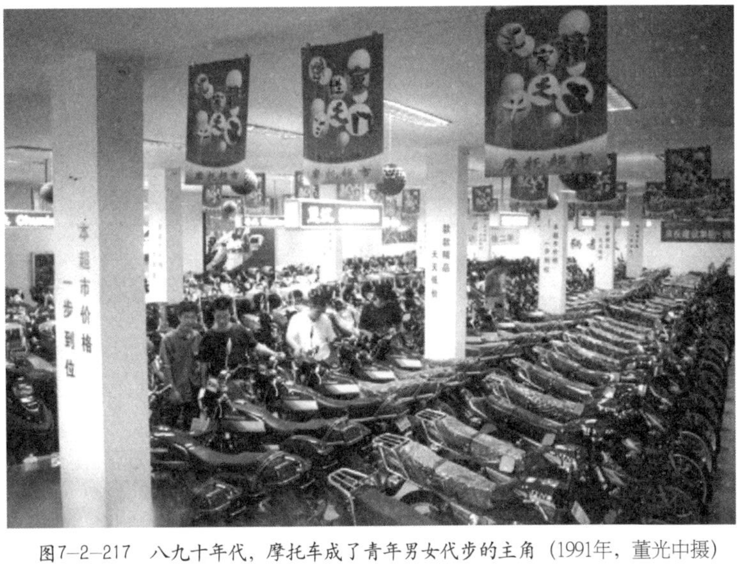

图7—2—217　八九十年代，摩托车成了青年男女代步的主角（1991年，董光中摄）

图7-2-218 进入21世纪，越来越多的普通市民圆了“汽车梦”。图为汽车市场（2006年初，董光中摄）

家用汽车最初由一些经商办企业的人士首先拥有，一般以商用为主、家用为辅。90年代后期，部分收入较高的家庭也开始购置家用汽车作为代步工具。[①]据金融部门统计，1999～2000年，全市有768户家庭通过个人消费贷款购买汽车。是时，城乡家庭的汽车拥有量增加较快，家用汽车开始比较广泛地进入家庭生活领域。

随着公共交通的发展和城乡居民交通工具拥有量的增多，城乡居民用于交通方面的支出也随之增长。1986年，农村居民人均交通支出23.67元，其中交通费1.26元、交通工具支出（包括购买、燃料、维修等费用。下同）22.41元；城镇居民人均交通支出20.09元，[②]其中交通费11.22元、交通工具支出8.87元。1990年，农村居民人均交通支出17.25元，其中交通费5.21元、交通工具支出12.04元；城镇居民人均交通支出21.72元，其中交通费17.84元、交通工具支出3.88元。1995年，农村居民人均交通支出153.55元，其中交通费17.13元、交通工具支出136.42元；城镇居民人均交通支出109.74元，其中交通费69.90元、交通工具支出39.84元。2000年，农村居民人均交通支出326.43元，其中交通费30.15元、交通工具支出296.28元；城镇居民人均交通支出413.09元，其中交通费119.62元、交通工具支出293.47元。

通信消费　90年代前，萧山居民家中固定电话极少，只有少数家庭因工作需要由单位公费安装。时，不仅电话费用较高，而且电信设施落后，电话容量严重不足。1991年，萧山首期万门程控电话开通后，住宅电话开始逐渐进入城乡家庭并迅速推广。随着收入水平的提高和通信技术的迅速发展，城乡居民的通信支出逐渐增加。1986年，人均邮电费支出，农村居民为0.14元，城镇居民为1.17元。其时，人们的通信交往方式主要是邮寄信函、包裹等，遇到急需时才到邮局发电报、打电话。1990年，人均邮电费支出，农村居民为0.07元，占生活消费支出的0.01%；城镇居民为0.94元，占生活消费支出的0.06%。1995年，农村居民人均用于通讯的支出30.02元，占生活消费支出的0.93%，其中通讯工具支出15.71元、邮电通讯费14.31元；城镇居民人均用于通讯的支出222.59元，占生活消费支出的4.01%，其中通讯工具

①以红山农场为例，旧时外出，陆路多步行，水路则乘船。少数家境较好的人家，老人、小孩走亲戚时，用独轮车（俗称“羊角车”）接送。独轮车，木轮木车架，双推木把手。推行时，将车攀系于车把扣于双肩，一小时可推行5千米。

70年代中期至80年代初，自行车逐步进入普通人家，近距离外出，一般职工上班、学生上学，都以自行车代步。长途外出，则乘公共汽车。

80年代中期，机动摩托车逐渐进入场员家庭，成为一些中青年外出的主要交通工具。

90年代，机动摩托车增多，少数富裕户还购置自备汽车，机动车逐步代替脚踏车。据不完全统计，全场至1995年底，已有家庭摩托车333辆、各种汽车78辆。（资料来源：《红山农场志》，浙江人民出版社，1999年10月）

②1986年、1990年城镇居民人均交通支出与城镇居民邮电费支出之和大于《1986～2000年萧山城镇居民人均消费支出》表中“交通和通讯支出”，原因是1990年前，城镇住户调查中，交通工具支出列入“家庭设备用品支出”，而未列入“交通和通讯支出”。

图7-2-219 手机走进寻常百姓家，农村老太都用上了手机。（1998年9月，赵新高摄）

支出17.82元、邮电通讯费支出59.44元、其他支出（主要是电话安装费。其时，安装住宅电话需支付较高的初装费）145.33元。2000年，农村居民人均用于通讯的支出170.21元，占生活消费支出的3.1%，其中通讯工具支出68.70元、邮电通讯费支出101.51元；城镇人均用于通讯的支出414.66元，占生活消费支出的5.46%，其中通讯工具支出120.02元、邮电通讯费支出282.49元、其他支出12.15元。

【附录四】

萧山城厢镇某居民家庭的日常消费

家庭成员5人，母亲、夫妻俩加1男1女两个小孩。丈夫为事业单位工作人员，妻子为初中民办教师，一般每周六回家，星期一早上去学校。两个孩子上学，母亲没有收入。

1985年3月10日至4月28日

3月10日　买菜1.62元，青菜0.15元1斤

3月11日　菜1.25元，电费2.45元

3月12日　菜2.25元，煤1.70元

3月13日　米5.50元，书0.96元

3月15日　菜3.30元，母买药5.82元

3月17日　菜、煤油、甘蔗、草纸、味精等4.00元，交母5.00元

3月18日　菜1.00元

3月19日　书包4.00元，表带0.80元，红枣0.90元，书2.50元

3月20日　菜2.60元，拍照0.40元

3月22日　办理借书证2.40元，买苹果0.70元，菜1.30元

3月24日　带两个孩子去杭游玩用15元，中饭自备

3月26日　菜1.30元

3月28日　菜2.05元

3月29日　菜、甘蔗等2.00元

3月30日　菜0.30元，买香烟1.62元

3月31日　菜3.20元

4月2日　菜2.00元

4月3日　交母2元，菜1.85元

4月4日　交母1元

4月5日　菜3.50元，买香烟0.73元，茶叶0.63元

4月6日　过清明买菜5.80元，坟山5.00元

4月7日　煤3.20元，菜3.50元

4月8日　菜1.20元，啤酒0.78元

4月9日　菜1.80元，保灵蜜2.40元

4月10日 菜3.00元，交母5.00元

4月11日 药0.65元

4月12日 油、菜、笋6.25元，零用0.40元

4月14日 米12.65元，菜3.20元，酒2.00元，甘蔗0.70元

4月15日 菜1.10元，电费3.50元

4月16日 菜3.00元，饼干0.81元

4月17日 菜2.00元，酒1.20元

4月18日 菜1.20元

4月19日 菜2.30元

4月20日 菜1.10元，铅笔等0.50元

4月21日 菜2.70元，煤1.80元

4月25日 菜1.50元，房租费3.10元

4月26日 菜2.30元

4月27日 菜1.30元，零用1.20元

4月28日 菜3.30元，酒0.70元，饼干0.80元，味精0.50元，甘蔗2.20元。

注：买菜四舍五入，小孩零花钱未记全。收入：基本工资56.60元，粮油补贴1.82元，物价补贴15.00元，卫生费5.00元，岗位津贴10元，总计88.42元。核算每月的开销：米、煤、房租费、电费大概25元；每天开销1.50元，计45元，两项相加70.00元。母亲生病要钱，两个孩子零用要钱，自己想买点书，还想能节余几元，经济十分拮据。是年10月2日日记记载："家庭经济困难，负债已达一个月的工资，今卖掉了'文化大革命'期间的旧杂志用于买菜。"

1990年5月份

5月1日 早上买菜7.10元

5月2日 早上买菜4.60元，其中蛋2.10元

5月3日 早上买菜4.40元

5月4日 早上买菜3.10元，（去杭州出差）买橘子3.00元，买糕饼1.80元，买母药2.20元，黄瓜0.70元，书5.00元

5月5日 肉3.60元，菜1.20元，儿子零用0.60元，女儿零用3.00元

5月6日 买菜8.60元（周日，其中蛋2.80元），补交4月份水电费6.83元

5月7日 菜2.00元

5月8日 菜4.10元，晚上买橘子水5.80元

5月9日 菜3.40元

5月10日 菜3.50元

5月11日 菜3.20元，中午买熟菜2.00元

5月12日 早上菜5.30元，蛋7.40元，儿子零用0.40元，染发剂1.92元

5月13日 菜5.10元，米、油25.00元，烟1.80元，黄酒0.80元

5月14日 菜5.30元，味精5.40元

5月15日 菜3.50元，水果1.10元，水电费6.37元

5月16日 菜4.30元

5月17日　菜3.20元，母买药5.80元

5月18日　菜4.40元，交母看病6.00元，水果6.20元

5月19日　菜4.80元

5月20日　菜5.60元，米仁4.50元

5月21日　菜5.30元

5月22日　菜3.30元，订下半年报刊13.86元

5月23日　菜5.90元（笋干1.60元），儿子零用0.40元

5月24日　菜4.20元，女儿零用2.00元

5月25日　菜4.10元

5月26日　早上买菜3.10元，中午买蛋5.80元，买肉2.50元

5月27日　买菜3.00元，黄瓜、榨菜1.00元，粽子1.00元

5月28日　早上买菜2.80元，中午买米8.50元，儿子零用0.30元，看病挂号0.30元，买甘蔗1.20元，订牛奶9.00元

5月29日　菜5.00元，儿子零用0.30元

5月30日　菜3.80元，熟菜2.00元，儿子零用0.30元

5月31日　菜4.50元，女儿零用1.00元

注：5月总支出288.38元，发工资173元。《萧山年鉴（1991）》数据显示，1990年，萧山城镇居民人均月生活费支出为138.52元，年人均可支配收入1854.62元，年人均工资性收入1328.29元。

1995年前后因收入增加，月工资673元，但有奖金，每月平均大概1000余元，较少记录物价和开销等情况，只有简要几点。

1995年

10月7日　买米60斤，96元；煤气25元（注：机关发票，每瓶大概35元，自费25元）；上街购西装1套，110元；购节能灯泡1只，21元

10月14～15日　双休日，两天买菜花去80余元。

1996年

1月29日　买米50斤，82.50元

4月16日　家中装修，请木工，买烟1条，45元；买8个粽子，11.20元

5月28日　65元

6月2日　41元

6月7日　30元

6月8日　18元

6月22日　110元

6月29日　30元

7月20日　100元

7月21日　67元

7月30日　42元

8月13日　16元

8月16日　5元

8月18日　25元

8月22日　38元

8月24日　43元

8月25日　13元

12月13日　同事结婚，大家凑款各80元

12月17日　购新衣1套，130元

12月22日　给女儿50元，买家用椅子座垫100元，买菜30余元

1997年

1月19日　近日花费颇巨，煤气70元，儿子拿去115元，水电费100元，买书130元。

2月2日　买书51元，买电视柜、床头柜、茶几花365元，买菜17元。

2月4日　准备过年，买肉10斤，86元；蟹70元；小甲鱼2只，腰子4只，墨鱼卷4包，麻雀2串，山雀2串，菜肉馄饨8包，春卷4包，共计200余元。

（资料来源：根据私人记账本、日记整理）

第三节　发展消费

教育消费

萧山民众素有尊师重教之风。[①]80年代中期起，萧山城乡居民的教育意识与日俱增。由于城乡教育不平衡，为了让子女受到良好的普通教育，家长的择校意识增强。尽管小学借读每生每学期由1990年的70元上升到1993年的140元（时改称教育补偿资金），1997年上升到300元（时又改称借读生费），2000年又上升到400元；初中借读每生每学期由1990年的110元，上升到1993年的220元、1997年的600元、2000年的800元；普通高中择校费更巨，每生每学期需2000元～3000元不等，城乡居民还是乐此不疲，以致镇乡学校生源流向教育质量较高的城区学校、普通学校流向重点学校，农村学校和普通学校学额不足、小班化，城区学校和重点学校出现学额爆满、超额现象。经济条件更好的城乡居民，则早早把子女送到国外留学，年费用在10万元人民币以上，甚至高达数十万元人民币。

希望子女成才，不少家长对子女的学习用品有求必应，有“新”必买，如1994年“小霸王”中英文电脑学习机问世，此学习用具低年级学生可用拼音打字，中高年级学生可练习五笔字型打字，至是年底，仅坎山镇农村居民家庭至少有300只。由于对教育的重视，用于教育消费的支出不断增加。据城乡住户抽样调查，1986年，人均教育支出，农村为5.87元，占生活消费支出的0.86%；城镇为9.01元，占生活消费支出的0.97%。[②]1990年，人均教育支出，农村为7.81元，占生活消费支出的0.76%；城镇为35.49元，占生活消费支出的2.14%。1995年，人均教育支出，农村为74.01元，占生活消费支出的

①中华人民共和国成立前，本镇中上等人家的孩子，到六七岁时即令上学读书，日子必在农历正月初七。上学前，母必为子预制新布书包、青鞋、布袜、新布帽。长袍必须是整洁的旧衣，不能新制。父必为子预购启蒙书籍，如《百家姓》《三字经》等，并置笔、墨、纸、砚文房四宝，又买灯笼一盏，罩上红字大书姓氏及“文星高照”四字，提竿系天葱一束。上学日之晨，孩子着衣冠鞋袜，灯笼内燃红烛置于堂中桌上，令孩子拜祖宗，然后手挟书包由父携领，一手提灯笼及竹制提篮，内贮香烛和笔墨纸砚。入塾点燃香烛，拜孔子、魁星、师尊。塾师指定座位，摊书教读数字后，由父领回家中始进早餐，待正月十五塾馆正式开学再去读书。个别家境困难的学生，只备香烛进塾，塾师还借给书、砚等。（资料来源：沈璧、徐树林主编：《萧山城厢镇志》，浙江大学出版社，1989年，第512页）

②按住户抽样调查的分类，外地在校学生不属于本地居民，其各项支出不列入本地居民生活消费范围。因此，此处教育支出的数据不包括本地籍在外地就学学生的学杂费。另据1996～2000年本市被高校录取的人数测算，2000年，全市在外地各类大专院校就学的学生有6000余人，人均学杂费一般为数千到上万元，少数自费到国外留学，年费用则在10万元以上，甚至达数十万元。

2.29%；城镇为170.40元，占生活消费支出的3.07%。2000年，人均教育支出，农村为261.59元，占生活消费支出的4.76%；城镇为613.66元，占生活消费支出的8.08%。

90年代前，城乡居民的教育支出基本全部用于子女教育，成人教育开支极少。随着社会的发展，城乡居民的继续教育观念逐步增强，特别是进入90年代后，参加各种成人继续教育和技术培训的热潮逐年高涨。据城乡住户抽样调查，1992年，农村人均技术培训支出为0.29元，城镇人均成人继续教育支出为0.10元。1995年，农村人均技术培训支出7.08元，城镇人均成人继续教育支出3.71元。2000年，农村人均技术培训支出3.29元，城镇人均成人继续教育支出50.88元。

保险消费

随着保险事业的发展，城乡居民的保险意识逐步增强，保险支出增长较快，保险机构（仅指商业保险，不包括社会保障）承保的家庭财产险、人身险大量增加。1985年末，萧山保险公司开办有企业财产保险、家庭财产保险、机动车辆保险、船舶保险、人身意外伤害保险等19个险种。全县参加家庭财产险的家庭8.66万户，参加人身险的1.09万人。1990年末，全市保险公司开办的险种共48个，全市参加家庭财产险的家庭5.79万户，参加人身险的17.89万人。据城镇住户抽样调查，是年，城镇居民人均保险支出1.38元。1995年末，萧山保险公司开办的险种有58个，其中财产类险种31个、人身类险种27个。全市参加家庭财产险的家庭0.43万户，参加人身险的13.99万人。是年，城镇居民人均储蓄性保险支出23.39元，非储蓄性保险支出3.52元；农村居民人均保险支出2.5元。随着人们生活条件的改善，对人寿保险的需求增加。1996年4月10日，萧山保险公司财产险、人寿险分业经营。9月1日起，根据保险业务变化现状和城乡居民要求，人寿保险萧山支公司陆续开办一系列新的人寿保险险种，保险险种从单一的保障型向储蓄型转变，开设的生命绿荫保险、康宁终身保险等深受城乡居民欢迎。2000年末，萧山有保险经营机构5家，经营的保险险种256个。全市参加家庭财产险的家庭1.11万户，参加人身险的63.69万人。是年，全市保险机构家庭财产险承保金额4.55亿元，人身险承保金额263.57亿元。据城乡住户抽样调查，城镇居民人均储蓄性保险支出217.20元，非储蓄性保险支出3.89元；农村居民人均保险支出39.56元。1993～2000年，城镇居民累计人均保险支出827.54元，农村居民累计人均保险支出77.63元。

生产性消费

90年代起，农村个私经济兴起，农民合伙投资支出增多。据农村住户抽样调查，1993年，农民人均支出投资额仅2.47元。1995年，农民人均支出投资额为10.85元。1998年，农民人均支出投资额达193.55元。

个体工商户资本金积累　80年代中期，城乡个体工商户开始大量增加。1986年，全县个体工商户（工商行政管理部门登记在册数）1.34万户，拥有注册资金2125万元，户均注册资金1586元。1989年，全市个体工商户1.92万户，注册资金3149万元，户均注册资金1640元。1994年，全市个体工商户2.99万户，注册资金20718万元，户均注册资金6929元。2000年，全市个体工商户2.62万户，注册资金43268万元，户均注册资金16515元。

私营企业资本金积累　90年代起，私营企业得到较快发展。1990年，全市有私营企业799家，注册资金2738万元，户均注册资金3.43万元。1995年，全市私营企业2289家，注册资本72805万元，平均每家注册资本31.81万元，有37家注册资本达100万元～500万元，有2家注册资本在500万元以上。2000年，全市私营企业6291家，注册资本269168万元，平均每家注册资本42.79万元，注册资本100万元以上的606家，500万元以上的101家，千万元以上的48家。

第四节 享乐消费

文化娱乐消费

80年代中期前，城乡居民文化娱乐活动较少，看电影是人们业余时间的主要娱乐。80年代后期开始，文化娱乐生活逐渐多样化，舞厅、录像厅、卡拉ＯＫ厅、游戏房、台球房、音乐茶座等营业性娱乐场所纷纷涌现。至90年代后期，网吧成为年轻人的热门娱乐场所。同时，城乡家庭娱乐用品也不断升级换代，电视机普及城乡家庭，收录机、照相机、放像机、组合音响、摄像机、影碟机、电脑、中高档乐器等都在家庭生活领域中得到较大范围的推广。

80年代中期，彩色电视机开始进入家庭，电视机在城镇家庭已基本普及，农村也有相当部分家庭拥有电视机。据调查，1985年，农村每百户家庭拥有黑白电视机17台。1986年，农村每百户家庭拥有黑白电视机24台、彩色电视机1台；城镇每百户家庭拥有黑白电视机88台、彩色电视机20台。收录机风行于80年代中期。1986年，每百户家庭收录机拥有量，农村为8台，城镇为40台。每百户家庭照相机拥有量，农村为1架，城镇为13架。1990年，每百户家庭电视机拥有量，农村为彩色电视机7台、黑白电视机63台；城镇为彩色电视机60台、黑白电视机70台。每百户家庭收录机拥有量，农村为20台，城镇为62台。录放像机于90年代进入城乡家庭，1990年，城镇每百户家庭有录放像机3台。从1992年始，萧山城乡录像市场红火。是年，全市农村24个镇乡建立了录像带出租点，累计放映约22660场次，家庭出租122400本次。1993年，市有线电视台（筹）除正常转播部分电视台节目外，早中晚均有一个频道播放录像；全市25个录像发行出租点和50多个录像放映单位全部向社会开放，每天出租片子2000多本次，放映200多场次。许多家庭还租借录像带在家放映。节日期间，青少年宫录像放映厅大、小屏幕录像同时开放，且播映片本不同，每日放映6场，平均每日观众约600～700人次，其中最多的一天近1000人次，票房收入超过1200元。1992年，城镇每百户家庭拥有组合音响8台。

1995年，每百户家庭电视机拥有量，农村为彩色电视机36台、黑白电视机85台；城镇为彩色电视机94台、黑白电视机33台。每百户家庭收录机拥有量，农村为32台，城镇为85台；每百户家庭录放像机拥有量，农村为6台，城镇为16台。

90年代后期，城镇家庭中彩色电视机已基本普及，农村家庭中彩色电视机拥有量也迅速上升。2000年，农村每百户家庭拥有彩色电视机94台、黑白电视机64台；城镇每百户家庭拥有彩色电视机138台。一些价格上万元甚至数万元的高性能、大屏幕电视机也已进入部分收入较高的家庭。收看电视成为城乡居民了解时事、休闲娱乐的重要方式。每百户家庭录音机拥有量，农村为45台，城镇为73台；每百户家庭录放像机拥有量，农村为17台，城镇为20台；每百户家庭组合音响拥有量，农村为15台，城镇为20台。影碟机于90年代后期进入城乡家庭，2000年，每百户家庭影碟机拥有量，农村为20台，城镇为31台。摄像机因价格昂贵，家庭拥有量较少，2000年，每百户家庭摄像机拥有量，农村仅0.5台，城镇仅1台。每百户家庭照相机拥有量，农村为11架，城镇为50架。90年代后期，家用电脑开始进入居民家庭。一般家庭主要是作为现代化的学习和工作用品，也兼有文化娱乐功能。2000年，每百户家庭电脑拥有量，农村为4台，城镇为15台。

看电影曾经是萧山城乡居民一项非常普遍的业余文娱活动。随着电视机的普及和文娱活动的多样化，自80年代后期起，观看电影人数逐年减少。据统计，全市平均每人年观看电影次数，1985年为

21.47次，1990年为14.13次，1995年为3.32次，2000年为0.14次。

随着娱乐用品的升级换代和文化娱乐生活的多样化，城乡居民的娱乐支出逐渐增加。据城乡住户抽样调查，1986年，农村人均娱乐支出18.28元，其中娱乐用品支出17.72元、娱乐费0.56元；城镇人均娱乐支出52.55元，其中娱乐用品支出49.84元、娱乐费2.71元。1990年，农村人均娱乐支出11.34元，其中娱乐用品支出10.6元、娱乐费0.74元；城镇人均娱乐支出100.61元，其中娱乐用品支出94.98元、娱乐费5.63元。1995年，农村人均娱乐支出40.92元，其中娱乐用品支出35.97元、娱乐费4.95元；城镇人均娱乐支出176.24元，其中娱乐用品支出151.65元、娱乐费24.59元。2000年，农村人均娱乐支出121.89元，其中娱乐用品支出106.12元、娱乐费15.77元；城镇人均娱乐支出501.16元，其中娱乐用品支出431.13元、娱乐费70.03元。

阅读是居民文化娱乐活动的重要形式。据城乡住户抽样调查，1986年，人均书报杂志支出（不包括教材，下同），农村为2.25元，城镇为5.65元。1990年，人均书报杂志支出，农村为3.24元，城镇为5.92元。1995年，人均书报杂志支出，农村为1.43元，城镇为17.37元。2000年，人均书报杂志支出，农村为6.31元，城镇为41.14元。是年，全市人均购买图书4.27册，比1990年增加1.69册。

休闲旅游消费

萧山城乡居民的旅游意识萌发于80年代末期。其主要原因：一是社会安定、经济发展，城乡居民的收入不断提高，为外出旅游奠定了社会和经济基础；二是改革开放以后，城乡居民的消费观念发生了变化，越来越多的人把生活的支点从物质消费转移到新的消费领域，旅游成了城乡居民消费的新热点；三是国家和政府倡导。1995年开始实行双休日，从1999年的国庆开始，实行春节、劳动节和国庆3个长假，为外出旅游创造了条件。

城乡居民外出旅游经历了由近到远、由境内游发展到跨国游的历程。开始主要在省内的宁波、普陀山和温州的雁荡山、临安的天目山等地；后渐次发展到邻省的江苏苏州、无锡、镇江，安徽的黄山、九华山，江西的井冈山、庐山，福建的厦门、武夷山等地；后又渐次发展到海南、云南、北京等全国各地名胜景观。进入90年代后，城镇居民特别是白领族热衷于坐飞机出游，其一能节省时间，其二可领略乘飞机天上行的美妙意境。1992年，萧山民航售票处出票14600张，出票配额从北京、广州两地逐渐向深圳、大连等地延伸。1993年6月下旬起，市旅游总公司旅行社、浙江海外旅游公司联手承办赴泰国、新加坡、马来西亚等国和中国香港、中国澳门等地区旅游。1996年，仅开元旅行社共组团225个，接待游客近万，其中出境旅游者超过300人。1998年1月17日，开元旅行社帮助万向集团的许华均等办好7张去厦门的机票，遂了其“旅游过年”的心愿。该旅行社开年旅客盈门，仅春节组团旅游就达105人。2000年春节，据市旅游局统计，跨出萧山到外旅游的人数有1600多人，其中出境旅游500余人。

城乡居民外出旅游的形式有两种，即自助游和组团旅游。自助游多在萧山境内、省内。20世纪末，随着“杭州乐园”、“山里人家”等景点相继开放，自助游人数猛增。2000年春节，“杭州乐园”接待游客3.2万人，其中绝大部分为萧山人。自轿车驶入家庭后，自助游渐向远地，有的开着私家轿车到河南等地旅游。组团旅游多为远地，时间多为一周左右，此种形式的旅游方便舒适，不用自己操心，只要跟着旅行社的导游就行。由于城乡居民的这一需求，境内旅游公司、旅行社增多。1984年8月，市总工会职工旅游服务中心成立，开萧山旅游中介、组团服务之先河。至2000年底，萧山共有5家旅行社，另有浙江省中国旅行社萧山营业部等6家省市旅游公司萧山营业部和1家票务中心。

日益高涨的旅游，使城乡居民的人均旅游支出渐增，据统计，1995年，城镇居民人均旅游支出为30.73元；2000年，城镇居民人均旅游支出为165.41元，农村居民人均旅游支出为18.46元。

表7-2-114 1985～2000年萧山城乡住户部分耐用消费品每百户拥有量

年份	自行车（辆）		电冰箱（台）		录音机（台）		照相机（架）		电风扇（台）		黑白电视机（台）		缝纫机（台）		彩色电视机（台）		洗衣机（台）	
	城镇	农村	城镇	农村	城镇	农村	城镇	农村	城镇	农村	城镇	农村	城镇	农村	城镇	农村	城镇	农村
1985		167		1		4		1		61		17		61				
1986	163	188	25	1	40	8	13	1	223	81	88	24	90	66	20	1	25	
1987	180	208	60	3	65	10	20	1	230	108	80	36	83	71	30	3	53	1
1988	200	233	73	3	75	20	15	1	255	128	78	52	90	78	40	3	80	2
1989	210	240	78	4	85	24	15	1	255	150	75	53	93	81	50	4	85	4
1990	208	245	88	10	62	20	22	1	248	150	70	63	98	77	60	7	72	8
1991	212	245	90	10	65	24	32	1	265	158	65	71	98	74	60	7	75	4
1992	198	261	93	11	62	26	30	1	265	181	53	73	95	81	65	10	75	9
1993	225	265	93	14	45	59	33	2	275	196	53	80	95	77	73	12	78	13
1994	186	292	98	33	81	30	36	8	285	277	36	87	84	83	85	32	79	27
1995	215	298	101	39	85	32	36	8	294	294	33	85	86	84	94	36	83	29
1996	211	289	104	55	88	39	36	8	296	297	30	84	85	85	98	45	85	41
1997	233	282	105	63	76	46	40	7	303	341		78	86	90	101	59	90	51
1998	211	289	101	66	68	51	53	6	256	345		76	74	90	113	63	93	54
1999	215	291	99	69	66	49	53	8	264	352		74	73	88	128	70	94	58
2000	203	265	100	78	73	45	50	11	248	351		64	67	90	138	94	96	70

表7-2-115 1993～2000年萧山城乡住户部分耐用消费品每百户拥有量

年份	脱排油烟机（台）		吸尘器（台）		空调器（台）		录放像机（台）		摩托车（辆）		沐浴热水器（台）	
	城镇	农村	城镇	农村	城镇	农村	城镇	农村	城镇	农村	城镇	农村
1993	33	3	8		3		18	3		10	15	
1994	33	10	18	4	10	1	16	4		20	19	
1995	48	10	21	4	19	3	16	6		23	26	
1996	49	12	21	6	33	5	23	8	1	29	38	
1997	54	12	29	6	41	6	24	15	1	45	51	
1998	76	18	11	6	89	7	24	13	9	56	50	
1999	76	24	13	8	88	12	21	11	20	63	49	17
2000	80	33	26	9	91	22	20	17	21	61	53	24

注：①资料来源：1985～1998年，中共萧山市委宣传部、萧山市统计局编：《萧山五十年巨变——新中国成立以来萧山经济与社会发展统计文献》，1999年印；1999～2000年，萧山市统计局：《萧山市统计年鉴（1999）》、2000年年度统计报表。

②根据《萧山市统计年鉴（2000）》，农村每百户耐用消费品拥有量，录音机44.5台，黑白电视机63.5台，洗衣机69.5台，空调器21.5台，沐浴热水器23.5台。

美容美发和首饰消费

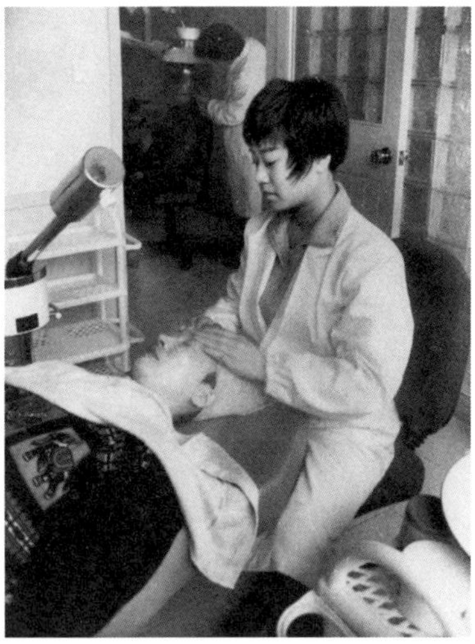

图7-2-220　美容渐趋时尚（资料来源：《萧山日报》，1993年4月22日，第4版）

美容美发消费　80年代中期，农村居民对于头发的修饰不甚讲究，女孩子扎小辫子，年龄稍大女性剪短发、扎辫子皆有之。一般有一些流动的剃头担子，帮人剃头，价格合理。时，男性理发价为0.30～0.40元，女性理发价为0.50～0.60元，烫染2元。到90年代初期，男孩子流行港式中分发型，女孩子流行蘑菇头。一些装潢考究的理发室皆营美容服务，服务项目主要以面膜、修眉为主，通过面膜达到保湿、美白、祛痘之效果，受到高收入女性的青睐。时，男性理发价为1元，女性理发价为1.2元，烫染2.5元左右。90年代中期，城乡女青年烫染头发十分普遍，染发以黄色为主，烫发式样主要是大波浪型。男性理发价为1.5元，女性理发价为2元，烫染3元左右。90年代末，流行烫直发，染发相当普遍，保守一些的染成黑色，时尚的染成红褐色、咖啡色、黄色等，也有挑染的。理发价格出现较大的分化。农村一般理发室5元/次，一些装潢考究的理发室10元/次；城镇美容美发店50元/次。2000年，美容院有美容和美发皆营的，也有单独专营美容的，还有一些连锁加盟店。美容院的服务项目除了原有的面膜、修眉外，还增加了光子嫩肤、去眼袋、SPA（水疗美容）等项目，收费高低不等。一次面膜因为功效不一，价格从几十元到几百元不等。据城乡住户抽样调查，1995年，城镇居民人均理发美容费支出8.86元。2000年，城镇居民人均理发美容费支出32.38元。

【附录】

萧山理发收费

中华人民共和国成立前，萧山无高档理发室，主要设备只有几张转椅、几面长镜。梳子、轧剪、剃刀等工具均由理发员自备。肥皂、毛巾、围巾、水电均由店主供给，每日营业所得四六拆账，店主得60%，理发员得40%，当天结清。膳食自理，平均工资每月在15元～20元之间。“三冬靠一春”，春节前后，生意特别兴隆，店主与理发员收入加倍于平时。

表7-2-116　民国37年（1948）8月19日金圆券发行后，萧山县府核定的理发价格

单位：元

项目	收费	项目	收费	项目	收费
剪西发	0.24	敲背提筋	0.133	儿童剪光、剃光	0.10
平顶、圆顶	0.24	女子剪发	0.31	火烫	0.24
剪光、剃光	0.15	儿童西发	0.15	吹风	0.07
西发修面	0.10	女孩童发	0.21		
西发加油	0.15	儿童平顶、圆顶	0.15		

中华人民共和国成立初，萧山的理发行业以个体经营为主，收费标准未作统一规定，一般甲级西发、平圆顶每人次为0.30元。

1955年，理发合作小组建立后，其收费标准由各地的理发业自行议定，价格不一。城厢镇甲级男子西发一般每人次为0.33元。

1958年2月17日，县人民委员会为减轻消费者负担，规定从2月18日起，甲级理发店收费标准平均下降18%，乙级平均下降17%。如甲级男子西发每人次降为0.28元。

1963年9月5日，因理发收费仍属偏高，职工奖金发放过多，县商业局、供销社决定再作适当降低。如男发每人次由0.28元调整为0.23元。

1981年11月10日，鉴于理发成本费用增加，致不少理发店发生亏损，为有利于调动企业经营积极性，县物价委员会对理发价格作了有升有降的调整。同时，为贯彻按质论价的原则，根据各地企业设备、技术等条件进行分级论价：城厢镇的红旗路、东门、杭州齿轮箱厂、杭州第二棉纺织厂、明月坊理发店为一级店；城厢镇的解放路、瓜沥镇的东街、临浦镇的光明、工农理发店为二级店；其余为三级店。并明确农村理发收费可维持现行不变，具体由县供销社确定。

1984年8月16日，县物价委员会参照杭州市二级理发店的水平核定了新新美发厅的收费标准（其他理发店的收费标准仍按原规定执行）。

随着物价管理权限的逐步下放，1985年2月起，理发收费标准管理权限由县物价委员会下放给主管局管理。是年4月26日，县商业局鉴于理发收费标准偏低，对一级店的男子西发每人次提高为0.40元，游泳式每人次提高为0.45元。由于当时女子烫发价格水平较高，不作调整。

截至1986年底，理发价格仍按上述标准执行不变。

首饰消费　旧时，萧山民间妇女有佩戴和收藏首饰的习俗。至50年代，佩戴首饰的现象逐步消失。80年代起，青年女子戴耳饰、戒指、项链、玉镯等饰品者又逐渐增多，饰品的质地档次也日益提高，有

表7-2-117　1984年8月16日萧山县物价委员会核定新新美发厅收费标准

单位：元／人次

项　目	收　费	备　注	项　目	收　费	备　注	项　目	收　费	备　注
一、男子			二、女子			电卷	1.60	折球
理发全部	0.45		剪发一刀齐全部	0.45		洗做花式	0.90	
理　发	0.40	不搽油	剪发一刀齐全部	0.40	不搽油	化学烫发	2.70	
理　发	0.30	不搽油 不吹风	剪发其他式全部	0.45		单化学烫	2.40	不做花式
游泳式	0.35		单　洗	0.18		儿童剪发全部	0.24	一刀齐
轧剃光头	0.22		单　剪	0.20		儿童电烫	1.25	连做
修脸、吹风、洗头	0.18	单项	单　吹	0.22		儿童单电烫	1.10	不做花式
修脸、吹风、洗头	0.24	双项	洗、剪、吹	0.30	双项	儿童电烫辫梢	0.90	
搽　油	0.07		长辫全部	0.50	一刀齐	儿童化学烫发	1.90	
平(圆)顶	0.30	理、洗、修	长辫洗或吹	0.28	单项	儿童洗做花式	0.90	
修脸、吹风、洗头	0.30	三项	电　烫	1.80	连做	儿童单洗吹	0.40	
						儿童单化学烫	1.70	不做花式
儿童剪发全部	0.27	其他各式	单电烫	1.60	不做花式	儿童电卷	1.10	折球
			单洗吹	0.55		儿童长辫洗吹	0.30	双项
儿童理发洗头	0.19		电烫辫梢	1.30		儿童长辫洗吹	0.18	单项

资料来源：萧山县物价委员会编：《萧山县物价志》，1987年11月，第222页。

表7-2-118　1950～1986年部分年份萧山县理发收费标准

单位：元／人次

项　　目	1950年		1958年2月		1963年9月		1981年11月10日			1985年4月26日至1986年(女子项目为1984年8月16日至1986年)		
	甲级	乙级	甲级	乙级	甲级	乙级	一级	二级	三级	一级	二级	三级
西　发	0.30	0.27	0.28	0.25	0.23	0.20	0.26	0.23	0.21	0.40	0.35	0.30
平圆顶	0.30	0.27	0.28	0.25	0.23	0.20	0.26	0.23	0.21	0.35	0.30	0.25
光　头	0.19	0.18	0.18	0.17	0.15	0.14	0.18	0.17	0.16	0.25	0.22	0.20
电吹（女长发及吹进)	0.22	0.22	0.16	0.16	0.14	0.13	0.20	0.20	0.20			
电吹（男吹式吹燥、女短吹燥)	0.18	0.18	0.13	0.13	0.07	0.07	0.15	0.15	0.15			
加　油	0.05	0.05	0.03	0.03	0.05	0.05	0.07	0.07	0.07			
普通烫发	1.60	1.60	1.40	1.40	1.40	1.40	1.40	1.40	1.25	1.60		
烫辫梢	1.20	1.20	1.00	1.00	1.00	1.00	1.15	1.15	1.00	1.30		
烫和做	2.00	2.00	1.80	1.80	1.80	1.80	1.80	1.80	1.60	1.80		
男光烫发	1.00	1.00	0.80	0.80	0.80	0.80	0.80	0.80	0.70			
化学烫发							2.20	2.20		2.70		
理发全部							0.38	0.36	0.33	0.50	0.45	0.40
游泳式(男)										0.45	0.40	0.35
儿童西发										0.25	0.22	0.20
修脸、洗头、吹风(单项)										0.20	0.18	0.16
洗、吹、修双项										0.27	0.24	0.21
洗、吹、修三项										0.35	0.30	0.27
长发型(全套)										0.70	0.60	0.50
西发(全套)										0.60	0.50	0.40

资料来源：萧山县物价委员会编：《萧山县物价志》，1987年11月，第223页。

表7-2-119　1997年萧山市理发业各等级普通大众理发服务项目最高限价价目

单位：元／人次

项　　目	特　级	一　级	二　级	三　级
男宾理发全套(理、洗、修、吹)	20.00	15.00	8.00	5.00
单　理	5.00	4.00	2.00	2.00
单　洗	5.00	4.00	2.00	1.00
单　修	5.00	3.00	2.00	1.00
单　吹	5.00	4.00	2.00	1.00
女宾理发全套(理、洗、吹)	20.00	15.00	9.00	6.00
单　理	7.00	5.00	3.00	2.00
单　洗	6.00	5.00	3.00	2.00
单　吹	7.00	5.00	3.00	2.00

注：①理发企业不到三级标准的，收费必须低于三级价格。
②资料来源：《萧山市物价局、萧山市工商行政管理局关于对普通大众理发实行最高限价管理的通知》（萧价〔1997〕111号）。

黄金饰品、铂金饰品、玉石、钻石饰品等，银饰品一般只作为儿童的吉祥挂件，部分男子则喜欢佩戴厚重的金质戒指、手链、项链等。据城乡住户抽样调查，1995年，人均购买金银珠宝饰品，城镇为26.46元，农村为19.04元。1999年，全市金银饰品零售额达1877.8万元，比1985年增长3.51倍。2000年，人均购买金银珠宝饰品，城镇为31.85元，农村为27.28元。

化妆品消费　80年代中期，萧山化妆品市场上只有雪花膏、“百雀羚”、蛤蜊油等低档护肤用品。当时城镇居民对杭州生产的“孔凤春”珍珠霜很感兴趣，常常拿以前用过的雪花膏空瓶去百货商店“零拷”，供全家使用。90年代以后，随着化妆品产业的迅速发展和人们收入水平的提高，人们对“化妆”的观念发生了变化。1992年，对萧山100名城镇女性所作专项调查表明，美容化妆消费急剧提高，女性人均年支出66元，比全省城市女性平均水平高7%，而萧山城镇人均化妆品消费支出仅4.84元，化妆品市场基本上为女性所垄断，其中女青年高达91元。90年代末，化妆更加考究，许多爱美的女性出门要化淡妆、上班要化工作妆、赴宴要化浓妆。化妆也不仅仅是搽胭脂、抹唇膏、修眉等简单程式，而是通过洁面、打底、磨面、美容、护面等一整套科学的步骤来实现的。城镇女性比较认同的化妆品品牌有：“玉兰油”、“资生堂”、“羽西”、“高丝”、“郑明明”、“蝶妆”等，大众一点的有“小护士”、“佳雪”、“美加净”和“大宝”等。但农村居民使用的化妆品绝大多数属低档产品。据城乡住户抽样调查，1995年，城镇居民人均化妆品支出18.66元。2000年，城镇居民人均化妆品支出41.87元。

第五节　城乡居民消费比较

消费支出差距

据城乡住户抽样调查，1986年，人均消费支出城镇比农村高249.59元，两者之比是1.37比1（以农村居民消费支出为1，下同）。90年代，这种差距继续扩大。人均消费支出，1990年，城镇比农村高638.53元，两者之比为1.62比1；1995年，城镇比农村高2328.53元，两者之比为1.72比1；1999年，城镇比农村高2911.75元，两者之比为1.70比1；2000年，城镇比农村高2095.58元，两者之比为1.38比1。

消费投向差异

城镇居民与农村居民消费的主要投向有所不同。据城乡住户抽样调查，80年代起，在吃、穿、用、医疗保健、交通通信、文教娱乐等方面的消费支出，城镇居民高于农村居民，农村居民的消费重点是建房。1986年，农村居民消费支出中，吃、穿、用支出占64.58%，居住支出占23.69%；城镇居民消费支出中，吃、穿、用支出占84.18%，居住支出仅占4.0%。吃、穿、用支出的比重城镇比农村高19.60个百分点，居住支出的比重则城镇比农村低19.69个百分点。90年代中期起，城镇住房商品化程度迅速提高，住房条件得到改善，居住支出大幅增加，同时，用于教育、娱乐方面的支出也大幅增加。1995年，农村居民消费支出中，吃、穿、用支出占58.91%，居住支出占25.35%，教育娱乐支出占3.66%；城镇居民消费支出中，吃、穿、用支出占73.35%，居住支出占6.54%，教育娱乐支出占6.55%。2000年，农村居民消费支出中，吃、穿、用支出占46.37%，居住支出占28.04%，教育娱乐支出占7.15%；城镇居民消费支出中，吃、穿、用支出占52.91%，比农村高6.54个百分点，居住方面除日常居住支出占4.65%以外，还有相当于消费支出16.10%的非消费性购房支出，实际用于居住的支出与农村居民已逐渐接近，教育娱乐支出占15.22%，比农村高8.07个百分点。

第三章　家庭积累

家庭积累主要指家庭流动资产、固定资产、住房积累。80年代起，居民家庭的流动资产随着收入水平的提高而得到大幅的增加，手存现金、人均储蓄余额、有价证券等逐渐增多。家庭固定资产和住房积累也随之增加。

第一节　家庭流动资产积累

居民家庭的流动资产主要有手存现金、储蓄以及各种有价证券。80年代起，居民家庭的流动资产随着收入水平的提高而得到大幅的增加。

手存现金

80年代以前，由于收入增长缓慢，居民手存现金较少；进入80年代后逐渐增加。据城乡住户抽样调查，1986年末，农村居民人均手存现金134.41元；城镇居民人均手存现金38.96元。是时，农村居民金融意识较淡薄，加之收入不高而习惯于保存现金，因此，农村手存现金高于城镇。1990年末，农村居民人均手存现金为324.80元；城镇居民人均手存现金为77.94元。1995年末，农村居民人均手存现金743.40元；城镇居民人均手存现金511.23元。2000年末，农村居民人均手存现金1197.30元；城镇居民人均手存现金1300.35元。

储　蓄

至1982年，萧山城乡居民的人均储蓄余额一直在百元以下缓慢增长。1983年末，全县金融机构储蓄余额为11383万元，首次超过亿元；人均储蓄余额首次超过百元，为105.44元。此后，居民储蓄逐年得到较大幅度的增加。1985年末，全县金融机构储蓄余额为22409万元，人均储蓄余额为205.51元。1990年末，全市金融机构储蓄余额超过10亿元，为123079万元；人均储蓄余额首次超过千元，为1067.56元。1995年末，全市金融机构储蓄余额为544432万元，人均储蓄余额为4529.38元。1998年末，城乡居民储蓄存款首次超过百亿元，达1070016万元；人均储蓄余额9434.94元。2000年末，城乡居民储蓄存款达到1261898万元，人均储蓄首次超过万元，为11050.42元，比1985年增长52.77倍。据农村住户抽样调查，是年末，农村居民人均储蓄存款余额为5364.12元，户均储蓄存款余额18640.32元，分别比1985年增长74.57倍和62.42倍。

有价证券

80年代，城乡居民持有的有价证券（指政府、公司发行的各类股票、债券），主要是国库券。至1989年，城乡居民持有未偿还国库券5128万元，人均为44.88元。进入90年代后，投资股票的人数逐渐增多。1993年上半年，萧山有证券交易营业部2家，至年末，共登记4835户进行股票投资，股票交易保证金余额1229万元，户均2542元。据城镇住户抽样调查，是年，城镇居民人均购买有价证券46.06元。1994年，在萧山两家证券营业部登记的投资者为7169户；1995年为7900户；1996年为1.12万户；1997年为1.56万户；1998年为1.89万户，户均股票交易保证金为1.60万元。1999年，股票投资者超过2万户。2000年，股票投资者3.7万户。据国信证券萧山营业部统计，年末户均股票交易保证金为3.72万元。据城乡住户抽样调查，是年，城镇居民人均购买有价证券97.22元，农村居民人均购买股票115.11元。

第二节　家庭固定资产积累

生产性固定资产积累

农村实行家庭联产承包责任制后，农民的生产性固定资产（仅指家庭拥有部分，不包括个体工商户和私人企业的固定资产）有较多的增加。据农村住户抽样调查，1985年末，农村居民人均拥有生产性固定资产原值80.89元，其中大中型铁木农具10.42元、农业机械6.62元、运输设备27.73元。1990年末，人均生产性固定资产115.0元，其中大中型铁木农具24.37元、农业机械5.82元、运输设备47.11元。到2000年，人均生产性固定资产964.35元，其中大中型铁木农具87.14元、农业机械29.57元、运输设备333.67元、农业生产性用房313.76元、家庭工业性固定资产103.60元。

其时，城镇居民家庭的固定资产积累主要为房屋商铺，而且以租赁经营为主，上规模地购置生产性固定资产未形成主流。

住房积累

1981年，萧山县房地产开发公司开发了第一个商品房项目——高桥小区。90年代中期，投资回报率较低，市民投资意识不强。1995～1996年，北干二苑沿街商铺每间30多平方米，43万元左右，销售不旺。1997～1998年，房地产开始兴起。1998年左右，萧山一些银行开始房产按揭业务。萧山产生一批专业炒房客，中介炒房团较多。2001年3月25日撤市设区，成为房价的分水岭，房价大涨。购房居民的年龄以35岁～50岁为主，占70%。买者城厢镇与非城厢镇的比率是1∶1。农村居民购房一开始是买市中心房，后来买学区房，再是买交通便利地区的房产。沿街商铺和多层住宅销售增长较快。购房以按揭为主，首付30%的购房者占80%，自有资金也占一部分。2001年开始，95%以上是按揭。

农村居民住房积累　1985年，农村户均住房价值（按当年价格水平作出的评估价值）为3431.41元，户均面积105.71平方米。1990年，户均住房价值16074.25元，户均面积148.89平方米。1995年，户均住房价值45107.60元，户均面积178.18平方米。2000年，户均住房价值70287.50元，户均面积204.20平方米。

城镇居民住房积累　90年代前，城镇居民家庭以租住公有住房为主。据城镇住户抽样调查，1986年，城镇家庭拥有自有房的仅5%，95%的家庭租住公有房。90年代起，城镇居民购买商品房逐步增加。1994年起，实施住房制度改革，城镇居民自有房迅速增加，是年，有75%的家庭拥有自有房。购买商品房也开始逐年升温。1995年，拥有自有房的家庭为77.50%。2000年，拥有自有房的家庭已达96.25%。

第八编　水　利

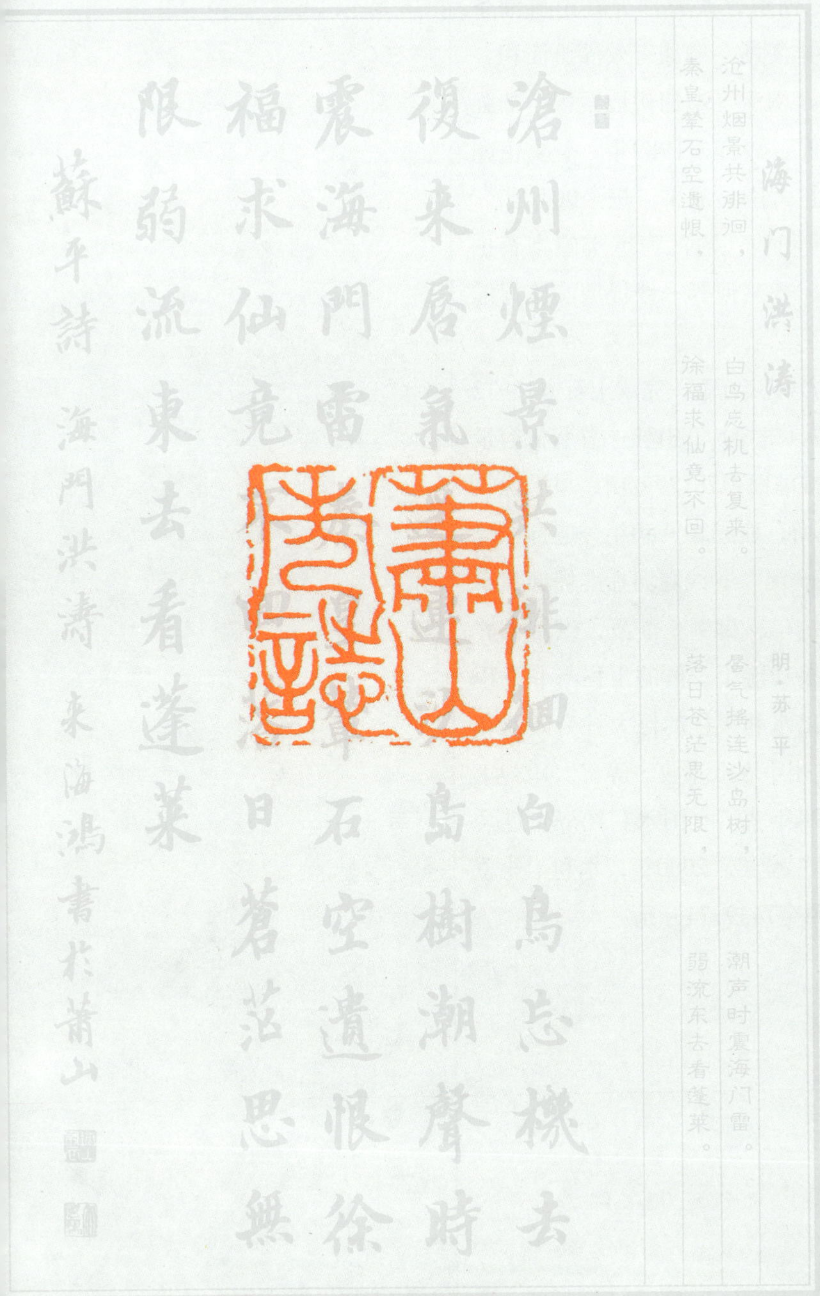

海门洪涛
明·苏平
沧州烟景共徘徊，白鸟忘机去复来。
蜃气摇连沙岛树，潮声时震海门雷。
秦皇辇石空遗恨，徐福求仙竟不回。
落日苍茫思无限，弱流东去看蓬莱。

萧山依山临江，洪、涝、旱和台风、大潮、冰雹等自然灾害频繁，尤以水灾居多。南部山洪，北部海潮，中部涝渍，故有“两头旱，中间涝，沿江怕洪潮”之说。历史上曾兴修过一些重大水利设施，使局部地区水利条件有所改善，但未得到根本治理。

中华人民共和国成立后，水利建设得到重视和落实。1949～1956年，通过防洪抢险、堵口复堤、培修江塘、疏挖河道，改善部分农田排灌条件。1957～1965年，着力兴建山塘、水库、排灌站，增加有效灌溉面积，减轻洪涝干旱灾害。1966～1978年，重点治江围涂，增加耕地面积，加强钱塘江、浦阳江水利建设，改善农业生产条件。1979～1989年，着重田间渠系工程建设，继续治理钱塘江、浦阳江，扩大围垦成果。进入90年代，进行大小电力排灌站更新改造；对蜀山平原和钱江灌区河道实施砌石护岸、清障疏浚等综合整治；钱塘江、浦阳江、永兴河等一线堤塘实施标准堤塘建设，开展山区标准水库建设。

1985～2000年，萧山水利建设共投放劳力16587万工，完成土石方15913万立方米。至2000年，全市有大小电力排灌站（机埠）3881座，总装机容量67780千瓦，各种排灌机械8822台，机电有效排灌面积78.29万亩，旱涝保收面积62.90万亩。钱塘江、浦阳江流域一线堤塘，建成20～50年一遇标准堤塘长74.29千米（2003年，环绕全区的“两江一河”一线堤塘标准堤塘建设全线如期建成）。初步形成集防洪、排涝、抗旱、御潮、灌溉、供水、养殖、水土保持、水政执法和防汛信息化等诸多功能于一体的工程与非工程体系，提高了抗御洪涝灾害能力，逐步显示出水利工程的巨大社会效益和经济效益。1988～2000年，萧山市连续获得杭州市农业丰收一等奖。1989年被评为“全国水利建设先进县（市）”；1994年获“全国水利经济先进县（市）”称号；1999年获浙江省水利“大禹杯”金奖。2000年，水利工业总产值29703.12万元，利润1140.44万元，上缴税金1439.74万元。

第一章　江河整治

萧山境内钱塘江、富春江、浦阳江（简称“三江”）汇流，河网密布。自古水利与水害并存。中华人民共和国成立后，江河整治得到重视。80年代后，随着经济实力的增长，整治力度加大，进行河道取直、切滩、改道、清障、疏浚、护岸等综合治理，结合农田基本建设、航运交通和环境卫生建设，构筑集排灌、防控于一体的配套河网水系，提高防灾能力，美化城乡环境。

第一节　浦阳江及主要支流治理

浦阳江属钱塘江主要支流，下游系感潮河段，全长149.70千米，流域面积3451.50平方千米。萧山境内段长32.50千米，流域面积351.70平方千米。其支流有永兴河（萧山段长31.50千米，流域面积99.63平方千米）、凰桐江（萧山段长4.80千米，流域面积19.35平方千米），分别在义桥、浦阳（尖山）镇附近与浦阳江相接。

浦阳江、永兴河集雨面积较大，下游河道迂回曲折，河床坡降小，洪水时易受富春江水倒灌及钱塘江潮汐顶托，历史上洪灾频繁，素有“小黄河”之称。加之沿江大多为天然洼湖，由于围堤耕种，分成大小不等共10余万亩湖畈田，且堤塘低矮单薄，防御洪水能力较弱，大雨大灾，小雨小灾，无雨旱灾。1951年8月1日，浦阳江处于低水位，茅潭杨家塘和浦南北塘相继滑入江内，形成长120米和长192米的堤塘缺口。

浦阳江防洪事关沿江人民生命财产和周围10多万亩农田安全及浙赣铁路、杭金公路的畅通，党和政府历来重视。1950年开始，成立浦阳江水利委员会，并在戴村、河上、进化、临浦区成立4个指挥部，所属镇乡建立治水大队，村建立治水中队。1969年，建立浦阳江江塘管理所（1988年易名浦阳江水利工程管理所），对浦阳江江塘进行有计划的裁弯取直①、切滩整治、拓宽狭口和疏浚江道等综合治理。同时，按照“谁设障，谁清障”的原则，采取“突出重点，分期实施，分级负责，限期完成”的办法进行江道清障。

图8—1—221　1985年浦阳江纪家汇段兴修水利现场（董光中摄）

裁弯取直

1952年后，对浦阳江兰头角、茅潭汇、碛堰山、眠犬山、尖山、新江口等地段进行裁弯取直、狭口拓宽；对永兴河朱村桥丁家庄等地段进行裁弯取直。

①裁弯取直：将弯曲河段裁直另辟一段新河的水利工程措施。在弯颈段行洪时，凹岸容易造成严重冲刷，常有决口之虞；在凸岸则易发生淤积，泥沙冲刷、淤积作用会导致河弯改变位置，使河道极不稳定；由于旧河道过于弯曲迂回，水流不畅，上游水位壅高，加重上游洪水威胁。裁弯取直可消除弯段险情，使水流畅泄，上游水位降低，减少洪水泛滥，缩短航程并改善航道等。但局部改变河道，又会发生上游冲刷，下游淤积以及其他不良后果，对大型河道，水流又难驾驭，须慎重研究。（资料来源：农业大词典编纂委员会编：《农业大词典》，中国农业出版社，1998年，第106页）

茅潭汇裁弯工程　1950年着手勘察，1952年2月12日动工，5月4日完成。工程共计开挖新江长712米，面宽110米，底宽74米；裁去4个急弯，缩短1500米泄洪流程。全部工程由进化、河上、戴村、临浦、蜀山、长河等6个区组织1.5万余名民工历时82天完成，共投入61.7万余工，完成土方45.8万立方米，国家投资80万元。

碛堰山段拓宽工程　1973年8月26日动工，至1976年7月9日水下爆破结束。工程将6米（以吴淞基点为标准，下同）低水位江面（堤距）从原来55米拓宽至180米，长度为570米，共完成土石方23.1万立方米。江面拓宽后，碛堰山过水断面从950平方米增至1500平方米。整个工程由大庄、通济、城山等公社的1000余名民工、500多名专业人员和一个船队完成，国家投资135万元。

眠犬山段拓宽工程　1976年6月动工，1984年12月底完工。工程将堤距从原来的95米拓宽至180米，长535米，共完成土石方15.7万立方米；拓宽江面90余米，退堤长300余米，江道过水断面从950平方米增至1500平方米。均由专业队施工，计技工200余人，船队（员）200余人，国家投资65万元。

尖山段拓宽工程　尖山铁路桥上下游，距堤仅100米左右，最狭处80米。原尖山铁路桥为3孔长106.5米，河道弯曲，阻水严重。70年代初，省水利厅作出规划，拟由上海铁路局、萧山县政府、省水利厅疏浚处分别承担拓宽、切滩、疏浚任务。1976年，上海铁路局完成对尖山铁路桥改建，新桥为4孔长152.9米，投资150万元。1978年9月至1984年4月，萧山县完成切滩筑堤工程，由浦阳、径游、欢潭（含新江岭）、桃源4公社的民工、技工承担，投工63万工，拓宽河道长1900米（四姓塘至尖山铁路桥长600米，尖山铁路桥至桃北机埠长1300米），江面对堤距离拓宽至200米，筑新堤长1665米，退老堤长2115米，切滩长1400米，挖掘水上土方54万立方米，外坡砌石长2909米，蓬山凸头和尖山粮站码头开挖石方7714立方米。横江俞村全部拆迁，山前村拆迁4户，两村共拆迁117户，计楼屋103.5间、平屋133.75间、草舍24.25间，其中26户、113人迁至红山农场落户。该工程国家共投资105万元。至1985年，省水利厅疏浚处疏浚水下土方46万立方米。该工程完成后，尖山段河道过水断面（11.3米高程以下）从原来平均1066平方米拓宽至平均1700平方米（设计为1500平方米），最大过水断面2415平方米，泄洪和航运条件得到改善。

永兴河丁家庄段裁弯工程　1978年11月动工，1979年1月5日开坝通水。由大桥、戴村、永兴、朱村桥、许贤等5个公社的2万余名民工施工，共投工50余万工，地方财政投资6.37万元。新开河道长1034米，河面从原来40米拓宽至90米，江塘缩短300余米，河道过水断面从250平方米扩大至400平方米，500余亩外滩地变为内畈地。

凰桐江茅家山段拓宽工程　凰桐江茅家山地处诸萧交界处横力口闸下游，距横力口闸1.47千米、浦阳江尖山出口处1.5千米。洪水期间水位高差大，下泄不畅，是凰桐江下游主要阻水地段。1985年对茅家山段实施拓宽工程，是年9月26日动工，1988年7月2日竣工，工程共拓宽茅家山段江道长130米，开采石方14148立方米；筑堤退堤长525米，完成土方26049立方米；江岸砌石长145米，完成石方696立方米；切滩长100米，完成土方2322立方米，工程竣工后，最狭口过水断面由原来的334平方米增加至421平方米，宽度由58米增至80米。该工程的完成，减轻了洪水对上游堤防的压力，提高抗灾能力；同时利用拓宽工程的块石、石碴，铺设塘面长750米，内坡抛碴长1100米，加固堤塘，消除险工隐患，改善交通。

切滩整治

1972年6月至1978年3月，由浦阳江疏浚拓宽指挥部负责，分别对李家埭、柴家、沈家渡、许家、傅家、三联、潼江、五甲和杨公潭9处滩地进行整治，共切滩长5.8千米，加固浙赣线沿岸堤塘，消除险工隐患，提高浦阳江堤塘抵御洪潮的能力。该工程共投工58万工，完成土石方83.15万立方米，国家投资

37.1万元。在省水利厅疏浚队的帮助下，1972～1984年，对李家埭、水埠、新坝、沈家渡等9处严重淤积阻水江段进行机械疏浚，共完成水下土方244.59万立方米。用疏出土方充填塘脚内池，造地723亩，加固堤脚长12.4千米。1984～1986年，对浦阳江临浦大桥上下段及义桥镇外滩设障地段进行清障，共拆除阻水房屋144间、围墙长250米，疏浚土方74.95万立方米，清障面积12140平方米。

分洪改道

东河改道和南河分洪工程　永兴河自白堰桥以上均为溪流，白堰桥以下至许贤西址埠村为永兴河主流，大桥沙河口对面从浦南梅里分出一支流，分别在黄狗吊桥、文家塘注入浦阳江。由于流域两面环山，地势低洼，坡降陡峭，河道弯曲狭小，堤塘低矮，每逢暴雨，山洪暴发，下游水位骤涨，易发生倒塘决堤，洪水漫溢。1962年受14号台风影响，永兴河两岸大桥乡塘村、大西和戴村等14个畈全部倒塘，受淹面积14万余亩。1964年10月，为根治洪害，县财政拨款25万元，开掘南河、东河。南河河道从梅里打湾闸沿山改道分洪，经田头庄、麻车倪入浦阳江，长4.1千米；东河从大桥乡邱家村始，废除弯曲旧河，另开从凤山经东山坂、小西坂至石夹桥新河，长2.5千米，1965年4月完工，共完成土石方53万立方米。两条河道开掘后，缩短江塘6千米，沙河板桥一带河面从30米拓宽至80余米，消除多处险工地段，使1050亩外滩田变成内畈田；同时，浦南、桃北10余个小畈经平塘复田，增加土地1000余亩，防洪受益面积5.3万亩。若浦阳江发生洪水，可借道永兴河泄洪。

凰桐江改道工程　凰桐江源于诸暨，在萧山尖山镇与浦阳江汇合。由于源短流急，河道小而弯曲，出水口受尖山石桥阻挡，排洪不畅。1962年14号台风过境，连降暴雨，凰桐江水位猛涨，超过尖山石桥桥面0.6米，受淹农田7000余亩。为治理凰桐江流域洪害，并解决姚鲍渠部分分洪，1964年3月，拓宽尖山石桥；1973年12月始，组织桃源、浦阳、径游3个公社联合施工，日最多出勤7000余人，施工3个月，对凰桐江彭家桥至尖山段进行裁弯取直长3.25千米，1976年10月完工，国家投资89万元。新筑大堤包括平塘还田，共完成土方113.80万立方米、石方25.98万立方米，开通大坟山山岙，劈去茅家山、桃坞山、小茅山阻水山崖崖脚，新河全线砌石护岸，投工129万工，拆迁洪水湾村房屋70间，新建桥梁3座、排灌站1座、涵闸3座。1984年结合尖山拓宽工程，继续拓宽彭家桥至陶家桥河段，对茅家山狭口劈山开石1300立方米，舜湖小畈退堤抛碴加固长400米，彭家桥至陶家桥堤塘和内脚抛碴加固长800米。1985年拆除2孔每孔20米双曲拱桥陶家桥，新建2孔每孔30米桁架拱桥舜湖桥，缩短江道流程1.5千米，消除险工隐患，改善两岸1.5万亩土地防洪条件。通过对诸暨段庙前村以上排涝沟改道工程，将姚鲍渠部分山水引入凰桐江然后进入浦阳江，使客货轮船可从浦阳江直达诸暨凰桐。

姚鲍渠改道工程　姚鲍渠由诸暨上曹坞至小里亭湖出黄公闸，入径游江，流经径游南闸将洪水排入浦阳江。为改变原来渠道狭小、里亭湖常受淹的状况，1955年，自下曹坞掘沿山排涝沟，经径游乡江西俞村，并新开河道长1.24千米，至曹家湾与径游江相连，全长2.5千米。由于集雨面积大，径游江排洪困难，下游1万余亩农田常受涝。1977年，浙江省水利厅会同诸暨、萧山两县工程技术人员实地考察，经协商，由萧山负责尖山段拓宽工程，诸暨县负责姚鲍渠上游改道工程，将部分上游来水纳入凰桐江内。

姚鲍渠改道工程由省水利厅设计并安排计划，按10年一遇防洪标准，于1978年动工，至翌年底基本完成，1982年完工受益。新渠由庙前至凰桐长3千米，穿山洞2个，建控制闸1座、溢洪堰1条、公路桥2座，并在骆家湖蛇山头建排涝站1座，装机700轴流泵4台320千瓦。共完成土方29.99万立方米、石方10.23万立方米（其中明方9.24万立方米，洞方0.99万立方米）。为加强工程管理，由省水利厅配备水利员2人，建立专管机构，落实维修养护资金。该工程完工后，将坑坞山庙前村14.2平方千米集雨面积水量向西纳入凰桐江，减轻径游江、姚鲍渠下游的压力。径游西片小茅山排灌站、新江闸建成后，1983

年冬实施尖山段疏浚工程，将原北流出水不畅通的长2千米鸡鸣江填堵筑路。

江道清障

1981～1998年，在浦阳江临浦段、义桥段和许贤富春江北塘等地段开展清障工作。

临浦段江道　临浦大桥上下游长800米江道内，原有临浦船厂、临浦航管站、临浦建筑公司等12个单位违章建房，致使堤距缩小至宽137.5米～174米，过水断面仅1060平方米～1240平方米。1981年9月14日始实施清障，至1988年5月，共拆除阻水房屋35间、围墙长250米，疏通桥孔3个，计占地4060平方米，完成切滩、疏浚土方4.6万立方米，砌石护岸长100米，清除石料堆9710立方米。清障后，江道宽度恢复到200米～220米，过水断面1500平方米。

义桥段江道　义桥浮桥上下游堤塘，右岸长1020米、左岸长787米，原有钱航船厂、义桥客运站、杭州之江船厂、义桥供销社竹木部等15个单位设障建房。最狭处浮桥位置，江道宽仅118米，过水断面1185平方米。1986年5月31日始，按20年一遇防洪标准，即按义桥水位10米、江道宽220米、过水断面1500平方米、泄洪流量1850立方米／秒的要求，开展清障工作。至1989年底，共拆除阻水房屋97间，计建筑面积7021.2平方米；拆除原浮桥码头，改建为钢筋混凝土排架栈桥；切滩疏浚土石方21.33万立方米；改造3个河埠并砌石护岸长45米。工程竣工后，江道拓宽到200米，增加行洪宽度82米，江道的输水能力提高。

富春江北塘　位于富春江下游的许贤富春江北塘共有9座护塘丁坝，其中1、2、3、4、5号丁坝长度均超过50米，根据杭州市防汛防旱指挥部富春江出口段清障协调会议精神，必须清除超过50米部分坝段的阻水实体。水上部分由许贤乡政府于1987年下半年开始清除，历时3个月清除8000余立方米块石、石碴；水下部分由浙江省疏浚工程处五队用抓斗船疏挖，1989年3月22日开工，6月3日完工，共清除水下石方1.47万立方米。清障后，江道水流平缓，行洪畅通，防汛效果明显。

永兴河、进化溪、凰桐江河（溪）道　1989年，戴村、临浦两区22个镇乡组织1099人次，对永兴河、进化溪的堤塘和河道进行清障，共清除违章树木3.03万株、违规垦种面积4.88万平方米、违章建筑90间（处）、粪坑163只。

1998年5月，市水政监察大队会同浦阳镇政府、浦阳江水利工程管理所，对凰桐江沿岸浦阳段限期内不清除的违章建筑进行强行拆除，共拆除违章建房12间400余平方米。10月，市水政监察大队会同戴村镇政府、浦阳江水利工程管理所，强制清除戴村镇新老永兴桥之间一批非法黄沙经营户，共清除黄沙经营场地8个、输沙设备10台（套）。

其他措施

退堤增加排洪面　1962年冬，永兴河石盖里塘畈至石盖庙一带退堤长400米。1972～1976年，浦阳江泗化四姓塘、横江俞小畈塘、横江俞村前塘、五甲塘，先后退堤加固。1984年始，对河上溪实施整治，至1986年底，共砌石护岸长4375米。1987年冬，永兴河戴村外畈杨家桥左岸上下游退堤长521米，拓宽河道10米～15米，完成土方38.36万立方米，投工40万工，国家投资6.73万元。

阻水桥梁扩建　永兴河：1962年冬，对云襄桥、石盖桥、朱村桥3处阻水桥梁进行扩孔拆建；1987～1996年，对朱村桥、紫东桥、河上桥、石盖桥、云襄桥、永兴桥进行扩孔、改建或重建。

凰桐江：1964年3月，尖山镇石桥拓扩，拆建成排架桥，凰桐江口拓宽时拆除改建为单跨60米双曲拱公路桥；1983年因基础不均匀沉降造成拱脚断裂，进行加固维修，1987年拆除改建为5孔每孔13米的平桥。1985年，拆除凰桐江舜湖老桥，新建净跨60米（2×30米）桁架拱桥。还在堤坡上打夯，加固防漏。在浦阳江、永兴河堤坡上种芦竹，绿化护堤长40.2千米。

拆迁　中华人民共和国成立以来，先后有兰头角、老鹰汇、傅家、新江口、丁家庄等村及其他沿江零星住宅被拆迁。至1990年，共拆除房屋1065.5间，国家投资16.38万元。塘外畈住宅移入内畈，确保人民生命财产安全。

第二节　平原河网治理

蜀山平原河网治理

蜀山平原位于萧山市中部，萧绍平原水网地区西端，面积219.9平方千米，耕地15万余亩。有浦阳江古道西小江、萧绍运河(俗称官河)、南门江等杭州市级河道1条、萧山市级河道23条，总长92千米；镇乡级河道78条，总长117千米。还有湘湖、白马湖等湖泊。

中华人民共和国成立前，蜀山平原虽江河纵横，湖泊密布，颇得灌溉之利，但因地势低洼，一遇暴雨，众水汇集；加之原排水通道主要是向东往绍兴出三江闸，流程远、坡降小，沿途渔箔、桥梁、涵闸阻水严重，排泄不畅，常积涝成灾。

中华人民共和国成立后，逐年进行水利建设，疏浚拓宽河道，城南区先后疏浚城东乡郎家浜横河、莫家港东风畈横河、庵前胡直河、衙前乡跃进河、新塘乡沈寺坂直河等；城北区曾多次疏浚闻堰、长河、浦沿等镇的河道，但多属修修补补，未从根本上提高抗御洪涝能力。为治理这一地区的旱灾及洪涝，实施“上引、中控、北导”的整治措施，开展调整水系、新开河道、疏浚河床、砌石护岸、拆建阻水桥梁等工程。

开河疏河　为使传统的东排（涝）(通过西小江经绍兴三江闸向曹娥江排涝）改为“北导”，即向北排（涝）流入钱塘江，1977年始，先后新开河道5条，填堵老河2条，其中较重要的新开河道是：1977～1979年新开大治河，从螺山公社新林周村向北至红垦农场沿塘河，全长10千米，河面宽30米，深3.5米，共投工28.88万工，挖土方22.3万立方米，并在连接北海塘处建造大治河节制闸；1981年11月，开掘新林周直河，从西小江经螺山公社吴家塔村，穿过杭甬铁路和萧绍公路，至新林周与萧绍运河、大治河相连接，全长1.5千米，河面宽25米，深3米，共挖土方2万余立方米；1990年2月又在钱塘江一线堤塘建成大治河排涝闸，为蜀山平原排涝开辟通道；1991年10月11日，竣工验收新开城东河（城东河南起城东行头村官河，北至长山镇茌山村长山闸，长2.7千米，河面宽30米，为通航60吨级河道），沿途掘损土地71.62亩（长山镇37.87亩，城东乡33.75亩），拆迁房屋9户计845平方米，建配套机耕桥（净跨30米的双曲拱桥）2座；2000年1月，新开城市新区大浦河，长412.8米，河面宽20米，河底宽19.9米，深4.4米，南北两岸砌石护岸长824.8米。

疏浚河道、裁弯取直工程还有：1959年疏浚拓宽峙山闸首至白鹿塘的主干河道，长6.15千米，河面宽30米。1978年，疏拓新坝至油车桥的大庄后河，使闸桥河相应配套。1989年7月10日，竣工验收南门江裁弯取直工程。南起城南乡潘水村，北至城区南门桥，长530米，河面宽33米，两岸重力式砌石挡墙护岸，混凝土压顶。

在新开、疏拓河道中，拆建扩建老岳庙桥、姑娘桥、新林周桥、吟龙桥等多座阻水桥梁。同时，陆续对河道进行驳塝砌石，1991～2000年，蜀山平原累计河道砌石驳塝护岸长35千米。

加高加固西小江围堤和建节制闸　1994年12月始，对西小江围堤进行加高加固，至1997年8月竣工通过验收。共加高加固围堤长51.43千米，完成土方18.29万立方米；建干砌块石混凝土压顶挡土墙长7.66千米，排涝机埠1座，节制闸7座，便桥83座，流动机埠进水口112处，埋设涵洞206处，石碴铺路长

3.32千米等排灌配套工程。至2000年，先后建造西小江节制闸19座等“中控”工程，以控制洪水倒灌入低洼的蜀山平原。

钱塘江灌区河网治理

钱塘江灌区东临绍兴，南以北海塘为界，西北为钱塘江环抱，地处萧绍平原。至2000年，其总面积735平方千米，人口65万，灌溉面积58万余亩，主要种植棉、麻、粮和蔬菜、花卉苗木等。灌区由南沙平原和围垦区组成，大部分土地系围垦而成。内有北塘河、大治河、前解放河、后解放河、先锋河、生产湾、义南横河、三工段横河、抢险河等市级河道90条，总长625千米；镇乡级河道104条，总长198千米，多数为1950年后开挖。

南沙地块原来河道较少，且既浅又窄，旱涝频繁，农作物产量不高，农民生活艰难。1968年始，围垦区不断拓展，开挖新河、治理老河等水利建设相应配套，逐渐形成灌区规模。灌区河道治理主要采取两项措施：

砌石护岸　市（县）水利部门按照“突出重点，分年实施，量力而行”的原则，每年编制下达灌区河道砌石护岸计划，市（县）级河道和镇乡级河道分别由钱江灌区河道管理所（北塘河工程指挥部）和有关镇乡具体实施。

1978年1月起，对全长20.11千米的北塘河陆续砌石护岸。1984年12月6～14日，城北、义蓬、瓜沥3区37个镇乡组织民工6.8万人次，疏浚北塘河。至1985年7月30日，北塘河两岸砌石护岸工程竣工，共投工32.7万工，砌石16.42万立方米。

1991年，萧山市第十届人大第二次会议作出《关于加快河道砌石护岸的决定》，规划在“八五”（1991～1995年）期间，每年投入资金3500万元，对全市主干河道进行砌石护岸。是年，市下达计划4批，灌区完成砌石护岸长22.77千米，共投资203.59万元，其中国家补助92.81万元，镇乡自筹110.78万元。1993年，灌区主干河道砌石护岸长70.58千米，其中北塘河岸勾缝长10千米，共完成土方29.3万立方米、石方16.43万立方米、石碴6.1万立方米。投入资金857万元，其中国家补助498万元，镇乡、村自筹359万元。1995年后，每年砌石护岸长20余千米至40余千米不等。1998年开掘的河网水系调整工程——杭州萧山机场配套工程光明直河，南起坎山镇梅仙村北塘河，穿过南沙大堤、后解放河，北至红山农场，沟通先锋河，长2118米，河面宽30米，两岸重力式砌石护岸，混凝土压顶，东侧为路面宽7米乡村公路，西侧为路面宽3米机耕路，路边为绿化带，并建有田路分界砌石。在南沙大堤处建3孔每孔8米节制闸1座，重要道路处建桥面宽7.5米公路平桥1座，桥面宽5米机耕路平桥2座。光明直河为全市标准河道（砌石护岸、路桥配套、沿河绿化）建设样板之一。

图8－1－222　2000年，义南横河砌石护岸工程竣工（2009年，杨贤兴摄）

1991～1998年底，灌区累计河岸砌石长311.03千米，投入资金3613.8万元，其中国家补助2228.91万元，镇乡、村自筹1384.89万元。1998年后，重点转入钱塘江、浦阳江、永兴河(简称“两江一河”)标准塘建设。

河道疏浚　疏浚河道为冬修水利之重点。方迁溇直河、三号闸横河和先锋河3条主干河道因多年失修，淤积严重，影响钱江灌区排灌和航运。1987年，县政府将此疏浚工程列入冬修水利计划。进入冬季，先由瓜沥、义蓬、城北3区组织8.5万名民工，对3条总长37.09千米河道进行疏浚，突击4天，完成土方40万余立方米。后，钱江、红垦、红山等农垦场及劳动教养二支队农场（后为杭州市南郊监狱）和县种畜场等，采用机械化疏浚，完成土方24万立方米。半月余时间，工程告竣，共完成土方64万余立方米。各区、镇乡也组织群众，清疏镇乡级河道18条。1989年，灌区河道疏浚规模扩大。是年12月1～15日，最高日出勤18.13万人，市、区、镇乡干部3143人参加劳动，共疏浚四工段直河、河庄横河、南阳横河、生产湾、后解放河、长山直河、五堡直河、十甲河、九号坝直河、利民河、四围抢险河、新湾抢险河、东风直河、一工段和四工段抢险河等15条主干河道，全长55千米，完成土方148万立方米；疏浚乡、村级河道117条，长152.62千米。1991年12月，疏浚头蓬横河、义隆横河、党山直湾、梅林抢险湾、后解放河、三官埠直湾、九如庙横河、1.5万亩及2.6万亩围垦中心直河、十三工段横河、前十一工段横河、一至四工段直河、九号坝直河和萧围北线沿塘河14条河道，完成土方170.85万立方米。翌年12月，又疏浚盛陵湾、三官埠直湾、三工段横湾、横岔路横湾、白洋川、坎山直河、七甲直河、解放河、十二工段横河和内六工段直河10条主干河道，全长41.52千米，共完成土方109.4万立方米；疏浚乡、村级河道30条，长42.98千米。

80年代始，土地联产承包到户，农民不再割（捞）草捻河泥制沤肥，南沙灌区河道普遍富营养化，水草（主要是空心莲子草，俗称革命草、水花生）蔓延。至90年代，南沙平原多数河道水草密布成害，加上工业、生活污水污染，河水发黑发臭，农民谓之“翠色（水草）河道黑色水”。围垦地区、边缘地区河道和村级河道的水草与陆地连成一片，堵塞航运，严重影响抗洪抗旱。1997年，市政府实施河道清草工程。是年3～4月，灌区所在镇乡共投工6650工，投资32.84万元，使用药剂5795千克，对主干河道进行封闭式斩割除草和药剂除草。灌区18个镇乡均采用机械疏河，安装临时变压器50余台，最高日出动劳力2200余人、泥浆泵376台，清疏河道26条，总长64.9千米，完成土方158.79万立方米，清除沉船117艘、水草54.81万立方米、阻水河埠180个、树木2000株、垃圾4419立方米、渔箔16道、跃进斗（一种编织成网的渔具，喇叭形，长5米～6米）46道、毛竹桩1673个。1998年11～12月，在45条市、镇级疏河现场共安装临时变压器56台，投入泥浆泵289台，日出勤2000多人进行机械疏河除草，共疏河道长85.04千米，完成土方171.3万立方米，清除各种障碍物452处（只）。

1991～2000年底，钱江灌区累计疏浚市级河道140余条，总长560余千米，完成土方1200余万立方米，投入资金4200余万元，其中国家补助1200余万元，其余由有关镇乡、村自筹；同期，累计疏浚镇乡级河道250余条，总长300余千米。

第二章 堤 塘

50年代初始，政府组织群众对江堤海塘进行培土固堤，抛坝促淤固定，砌石护岸防冲和疏（疏浚河床）、切（切滩整治）、裁（裁弯取直）、退（退堤加固）等综合治理；60年代始采取治江与围涂造地相结合，保护和建设一线江堤海塘。70～80年代，外抓堤塘建设和江河治理，内抓排灌闸站、河网治理等配套建设；90年代，围绕保住萧山的“米桶箍”（环绕萧山的一线江塘），提出“建百里标准堤塘，保百万人民安全”的标准堤塘建设目标，规划自1998年至2002年，投入6亿元建20～50年一遇标准堤塘。至2000年，萧山境内有堤塘长430千米。其中钱塘江临江一线堤塘长102.01千米，属萧山管辖的围垦区堤塘长59.32千米。浦阳江流域萧山管辖的主要临江一线堤塘长86.13千米。共投入4.03亿元，建成长74.29千米标准堤塘。

第一节 江堤海塘

西江塘

西江塘自西兴而南，经长河、浦沿、闻堰至临浦麻溪坝止，全长31.25千米，随钱塘江水势和浦阳江下游河道变迁分段陆续形成。

麻溪坝至半爿山为西江塘南段 长18.34千米，其中闻堰镇小砾山以上濒临浦阳江，小砾山附近濒三江（浦阳江、富春江、钱塘江）口。全线以临浦火神塘、碛堰山凉亭下及闻堰镇上下一带，坐湾迎流，受洪水顶冲，形势最为险要。火神塘一段长600米，民国4年（1915）曾抛石防护。是年夏，因海啸，江水大涨；秋，又洪水奇涨，致塘身坍陷过半，官府派人督修。中华人民共和国成立后不断治理。[①]至1990年，累计抛石22.85万立方米。

半爿山至西兴为西江塘北段 自明永乐十八年（1420）钱塘江改道北大门后，塘外逐渐淤沙成片。清乾隆至宣统年间，江流一度南移逼近西兴铁岭关。民国17年（1928），茬山附近坍江，危及茬山一带，西兴附近水流也同时南侵。时茬山、赭山一带兴建挑流水坝[②]，所坍之地迅速回淤。后因塘外建成南沙大堤，西江塘半爿山至西兴段成备塘，少部分已平为农田和道路。

西江塘临江险要地段塘身多为土石结构，有“丁石塘”[③]、“丁由石塘”[④]、“鱼鳞石塘”[⑤]、“条块石塘”以及浆砌石护坡等，非要冲处也按其程度不同有“块石塘”、“石板塘”、干砌块石护坡等。1998～2000年，茅山闸至半爿山均建成100年一遇防洪标准堤塘。

北海塘

西起西兴，往东经长山、航坞山、党山、益农闸至绍兴童家塔的堤塘，

①1955年、1957年、1965年3次发动群众全面培修，加高培厚，使临浦至半爿山塘顶高程至11米～12米，塘面宽4米～6米，塘基高程5.4米～6.6米。至1958年，火神塘段共抛石2.45万立方米，江床刷深一般至高程负7米左右；凉亭下一段长670米，至1958年共抛石1.5万立方米，江床刷深至高程负4米左右；闻堰一带系富春江、浦阳江下泄折弯要冲的最深地段，河床刷深曾到达高程负29米，历史上为西江塘险要地段，深槽几度变动。该段曾多次抛石护塘。（资料来源：萧山市农机水利局编：《萧山市水利志》，1999年，第88页）

②据民国35年（1946）4月20日的《东南日报》报道当时曾建有九号、五号、十号、J号、B号、M号等坝。

③“丁石塘”指条石之砌放呈“丁”字形，一横一竖砌放。如第一个“丁”字横面临江，则毗邻砌石呈倒“丁”字形，竖之头临江，紧挨前“丁”字之横，如此类推。（资料来源：费黑主编、陈志根副主编：《萧山围垦志》，上海人民出版社，1999年，第65页）

④“丁由石塘”指丁石塘砌放之有正式榫头者，更加牢固。（资料来源：费黑主编、陈志根副主编：《萧山围垦志》，上海人民出版社，1999年，第65页）

⑤鱼鳞石塘：明清时用条石纵横叠砌的一种重型直立式石海塘。明嘉靖二十一年（1542），浙江水利佥事黄光升在海盐首先建造。塘基打6排木桩，塘身由18层条石纵横交错骑缝叠砌。条石规格一致，长6尺，宽厚各2尺。布置方法是：一、二层为塘基部分，纵横各五，向上逐层内收，到第十八层塘面，为一纵二横。由于其迎水面一层压着一层，呈有规则的鱼鳞状，故名。清代在海宁沿海一带大规模修筑鱼鳞石塘，技术上也有较大发展，塘基打桩更加密集，所砌条石凿槽榫互相嵌合，合缝处用铁锭嵌扣，油灰灌缝，塘外又作护塘的坦水。（资料来源：农业大词典编辑委员会：《农业大词典》，中国农业出版社，1998年，第2026页）

名北海塘，历史上亦称捍海塘，全长41.44千米。

北海塘原为钱塘江主槽走南大门时南岸萧绍一带堤塘，始筑于春秋[①]。

因山洪和潮水冲击，历史上北海塘屡屡溃决。[②]民国时期设有萧绍江塘管理处。中华人民共和国成立后由钱塘江管理局萧绍工务所负责管理，县、区相配合，平时培修落实至当地镇乡和村。

钱塘江改道北大门后，北海塘塘外淤沙成陆，虽后茬山上下一段江岸曾几度塌近海塘，但不久即又淤回，逐步筑起南沙大堤。清光绪二十八年（1902）冬，始建南沙支堤，北海塘遂退居二线。中华人民共和国成立后，赭山以上修建一系列挑流水坝。1966年后，又在加固后的南沙大堤外进行大规模围垦，北海塘已成三至四线备塘。1968年后，西兴至茬山西侧和航坞山东侧至终点童家塔两大段，共长28.44千米，塘顶均已修建公路，仅部分土塘开垦种植，有的平整成地或削低作路。

北海塘塘身由土塘、“条块石塘”、“丁由石塘”、“鱼鳞石塘”等多种类型组成。顶面高程土塘9.4米～10.7米，石塘8.4米～9.8米。现塘址保存较好的尚有25处，其中益农镇龙殿西段长300米，高2米，6层条、块石叠砌，尤为完整。

南沙大堤

清乾隆年间，钱塘江主流北迁后，南岸逐渐淤涨起大片沙涂，沿江被陆续围堤开垦种植，逐步形成蜿蜒南沙的大堤[③]雏形，时坍时修。至中华人民共和国成立前夕，北海塘外南沙已围有比较稳定的303平方千米涂地，但塘身较低矮单薄，抗潮能力较差，其塘堤称南沙支堤。

中华人民共和国成立后，对南沙大堤连续进行整修，加高培厚。才成为西起浦沿半爿山，东至童家塔与北海塘连接的南沙大堤。1950年始，随着江道的变迁，分段抛石护堤。在半爿山、江边、西兴、赭山湾、河庄、头蓬、新湾、十二埭、益农等地的南沙大堤堤脚前修筑若干组盘头丁坝群。全堤筑有盘头、大小挑水坝52座，抛石总量185.35万立方米，稳定江道，巩固大堤，确保南沙地区耕地和人民生命财产的安全。1956年8月，12号台风袭击，河庄至党湾一段破坏严重，新湾一带大堤夷为平地，江潮涌入。灾后，县政府组织群众全面修复，培土加高。后又分期分段抛石护坡，重点地段筑丁坝、盘头，保护堤坡，制止江岸坍塌。60年代后，堤外又陆续淤涨新涂，并逐年圈围，致使部分堤塘成为二线备塘。至1977年，共抛石护坡长20.92千米，建干砌石斜坡长6338米，混凝土灌砌块石斜坡长794米，水泥砂浆干砌勾缝长6490米，共抛块石117万立方米，平均每米堤岸抛石13.76立方米。2000年，南沙大堤西起浦沿镇半爿山，往东经江边排灌站、七甲、九号坝、美女山、乌龟山、白虎山、青龙山、蜀山、头蓬、新湾丁坝，再折而往南至益农闸，西、东两端分别与西江塘和北海塘相接，全长85.02千米，堤顶高程10.2米～12.2米，顶宽为3.0米～4.0米，外坡为1：1.5～1：2，内坡1：1.5～1：3。围护耕地43.63万余亩。该堤临江仅存两段：半爿山附近段（0+000～0+421），江边排灌站出口

①《越绝书》记载的航坞山东麓石塘，系最早见诸文字记载的北海塘，时为越国停泊、修造军船之处。

②自南宋绍熙五年（1194）至清光绪十三年（1887）的690余年中，北海塘受风潮损毁的记载多达40余次。官府也曾多次征工修塘，并实施各种护塘举措。明末清初将北海塘分为12段，每段设1名看守。清乾隆十四年（1749），部议奏拨兵备道标把总1员、外委1员，带兵108人，将西兴至瓜沥段重新划分为10段，每段建堡房驻兵，专管塘堤筑、抢、修诸务。（资料来源：费黑主编、陈志根副主编：《萧山围垦志》，上海人民出版社，1999年，第63页）

③来裕恂《萧山县志稿》载：“光绪二十七年（1901）淫雨浃旬，南沙一带致成泽国，而沿海尤甚。经山、会、萧三邑绅士筹款赈抚，并驰书于京外各同乡，捐集银洋一万元，于绍萧沿海创筑大堤，长四千八百余丈，底厚（阔）三丈，面阔（宽）八尺，高一丈，用银洋六千余元。二十八年冬开工，次年春竣工。计围进绍兴三江场粮地一千亩，萧山日月等号生熟沙地二万余亩。此堤属萧山境者三千六百七十丈。”

段浆砌护坡77米；临江线总长498米。多数地段塘顶铺筑柏油路，两坡植树栽竹，迈步或驱车堤上，极目望去，万顷垦区平原尽收眼底。

围垦大堤

1966～2000年，萧山共围垦31期，筑成围垦堤塘258.24千米，其中临江一线堤塘83.67千米，属萧山管辖59.32千米。大堤自西至东，大体分为5段：浦沿半爿山至七甲排灌站段，已达100年一遇防洪标准，长17.26千米，俗称小围堤，全部属杭州市滨江区管辖；七甲排灌站至赭山湾闸段，长23.11千米，其中省管7.09千米，防洪标准为50～100年一遇；一工段至外四工段，俗称萧围西线，长9.86千米；外四工段至二十工段，俗称萧围北线，防洪标准为20～50年一遇，长21.02千米；二十工段至二十二工段，与绍兴围垦相接，俗称萧围东线，防洪标准为20～50年一遇，长12.42千米。

戽水密实土堤　每期围垦都要挑土筑堤，针对涂地是粉沙土壤，遇旱风化、遇水板结的特点，在围堤工程设计时就提出了“分期施工，分层开沟，戽水密实”的施工方案，即在外平台及堤身分别开沟戽水，水中倒土，土中灌水，再辅之以人工踩踏，保持土壤密实后再第二期加高堤身，然后在堤顶开沟戽水，以确保堤身上下密实，具有防高潮位堤塘渗漏作用。

抛石碴护坡　为防止大堤被潮浪和急流冲击，新大堤围成后，就动员各镇乡出车、船和劳力，从山场运输大量石碴、块石，每米堤塘抛石碴5立方米～10立方米，筑厚0.3米～0.6米的防冲反滤垫层，抛块石25立方米～50立方米，厚2米～3米，以抵御一般潮汛冲击；再适当加做堤外肩上备方和护塘备石，作为外坡脚刷深、塌陷时抢险护堤之用。如遇险情，继续增补石方，以达到大堤块石护坡完整的目的。

凡遇主江道迫近的堤脚，潮高流急，抛石难以稳定，往往是小汛抛石，大汛冲失，不仅经济上损失严重，而且险象环生。为此从1971年开始，逐步在抛石护坡的基础上采用浆(灌)砌石护坡，主要是在最低潮位附近浇筑宽1米、深1米～1.5米的混凝土大方脚，在高潮位前后设1米～2米宽的中平台，中平台以下(含中平台)用细骨料混凝土40%～50%灌砌块石1：2的糙面护坡；中平台以上为1：1～1：5坡度的浆砌块石护坡或浆砌石弧形护坡，其浆（灌）砌体厚0.3米～0.4米。

为了抢险保堤，历年在一线围堤外建设许多丁坝。采用低、短、密丁坝和小凸体挑流护塘脚为主的施工方案。即坝头高程在最低潮位以上0.5米，坝根稍抬高，以便施工，坝长50米～70米，坝的间距为坝长3倍左右。

标准堤塘建设　在已建土质堤塘或外坡简单抛石护岸的基础上，根据不同保护范围与重要性、经济能力等因素，分别按20～50年和100年一遇的防洪（潮）标准加高加厚塘身，并采用混凝土大方脚、小沉井或钢筋混凝土板桩固脚等，外坡浆灌砌块石或混凝土等护坡，堤顶为混凝土防浪墙、沥青或混凝土公路，内坡采用增设石碴或平台及植草皮等措施，达到相应的挡水、防冲、防渗漏能力，并便于交通管理维修养护。

浦阳江流域堤塘

浦阳江在萧山境内堤塘长62.58千米，支流凰桐江堤塘长7.40千米、永兴河堤塘长28.24千米、进化溪堤塘长10.16千米、南河堤塘长4.13千米、径游江堤塘长9.3千米。中华人民共和国成立前，由于堤塘低矮（堤顶高程9.5米，面宽1.5米～2.0米），加之年久失修，桃源、河上、大桥、戴村、朱村桥等镇乡地段常溃堤决口，发生洪涝灾害。

培修固堤　1950年至1951年5月，投入劳力15.91万工，完成土方21万立方米，抛石护岸17处，将浦阳江堤塘修筑至面宽3米、坡度1：2的标准。1952年，在浦阳江、永兴河沿岸洪水顶冲地段抛石0.82万立方米，以保护堤脚。1954年，在浦阳江沿岸抛石护岸长5.89千米。1955年抛石护岸7处，投入石方

2.92万立方米。1955～1956年，在临浦、义桥两镇筑起新堤长1000余米。1958年，组织万余农民工，在许贤新筑江塘长8.2千米，完成土方82.8万立方米，受益农田增加1万余亩。1963～1964年、1971～1972年间，进行大规模的土方培修和抛石护岸。据浦阳江水利工程管理所统计，1969年以来，对浦阳江、永兴河两岸江塘培修加固、砌石护岸长26.74千米，完成石方72.5万立方米，抛碴固岸长35千米，用去石碴16.75万立方米，并在重点险工地段沈家渡燕子窝、新江岭荷花塘、横江俞上畈塘、浦南北塘、临浦火神塘等处内塘抛碴护脚、冲填疏浚土方，外坡抛石理砌，加固加高堤身；对桃源、朱村桥、许贤、桃北等部分江塘进行套井黄泥回填堵漏或灌浆截渗。1988年，临浦、戴村两区14个镇乡培修江塘长22.3千米，完成土方24.8万立方米。是年止，临浦、戴村两区先后共修筑江塘长119.62千米，其中浦阳江及其支流堤塘长114.25千米、富春江堤塘长4.27千米、西江塘义桥段长1.1千米，累计培土460万立方米。1990年，临浦、戴村两区22个镇乡295个村出动劳力4.5万人，对浦阳江、永兴河长56.70千米的堤塘进行培修，完成土方80.15万立方米。后，每年培修江塘，抛石护岸。1998～2000年，根据标准堤塘建设的要求，对浦阳江流域堤塘实施培土抛碴加固工程。堤塘培土长83.41千米，完成土方1670.94万立方米；堤塘抛碴长71.66千米，抛石碴42.36万立方米，国家投入资金2351.71万元。

渗漏治理　1962年，采用黄泥人工自重灌浆方法，对临浦镇段堤塘进行截渗处理，未彻底解决；1979年，由钱塘江工程管理局杭州工务所运用套井黄泥回填进行围堤渗漏治理，效果较好。1972年，浦阳江江塘管理所组织机械灌浆队，先后对浦阳江茅潭闸、新坝闸、南河塘、径游南闸、下亭阁北塘、桃北机埠、蛟山机埠、昭山机埠、东河机埠、进化溪张家桥闸等40多处进行机械自重或劈裂除漏灌浆，效果明显。1985年，萧绍工务所对义桥上围堤上埠至五一闸堤段进行黄泥灌浆施工。1994年6月，浦阳镇对径游下定塘、桃源上横塘等受洪水影响而渗漏段江塘进行灌浆除漏治理。

塘面保护　90年代后期，浦阳江尖山以下和永兴河永兴桥以下部分塘面铺石碴长达30余千米，保护塘面，便利交通。临浦、义桥等镇乡堤塘坡脚与农田交界处，砌石分界长10千米。

表8-2-120　1997年萧山市浦阳江右岸（欢潭小山头至茅山闸）堤塘情况

堤　塘	堤塘长度（千米）	砌石护坡（千米）	堤顶标高（米）	顶宽（米）	迎水坡	背水坡	区　域
欢潭灌区(夏湖畈)	3.98	0.94	12.7	3.0～4.0	1：1.5	1：2	小山头至松仙岭
新江岭灌区(小满畈)	0.80	0.12	11.8	2.5～3.0	1：2	1：2	松仙岭至小满村
新江岭灌区(三浦畈)	3.45	2.03	11.5～12.5	2.3～3.2	1：2	1：2～1：1.5	泥桥闸至卢家闸
浦阳及茅山灌区(横江俞小畈大山坞畈)	8.06	2.75	11.0～12.0	2.0～4.0	1：2.5	1：2.5	小畈闸至茅山闸

表8-2-121　1997年萧山市浦阳江左岸（土石头至富春老鼠尾巴闸）堤塘情况

堤　塘	堤塘长度（千米）	砌石护坡（千米）	堤顶标高（米）	顶宽（米）	迎水坡	背水坡	区　域
径游灌区	7.90	3.91	12.4	3.0～3.5	1：2	1：2	土石头至小茅山
尖山灌区(桃湖金鸡畈)	4.16	1.22	11.5	3.0～4.0	1：2	1：2	蓬山至回乡凉亭
浦南永兴灌区(大畈)	10.02	3.74	11.7	3.0～4.0	1：2	1：2	南河桥至碛堰山
永兴村桥灌区(皇天畈)	3.90	1.67	11.5～12.0	3.0～4.2	1：1.5～1：2	1：2	碛堰山至朱村桥
许贤灌区(大畈)	7.42	0.65	12.0	3.5～4.0	1：2	1：2	王家闸桥机埠至老鼠尾巴闸

表8–2–122　1997年萧山市永兴河堤塘情况

岸别	堤　塘	堤塘长度（千米）	砌石护坡（千米）	堤顶标高（米）	顶宽（米）	迎水坡	背水坡	区　域
左岸	大桥大西畈塘	9.39	0.42	16.0～11.7	2.5～2.7	1：1.5	1：2	蟒蛇岭至戴家山排涝闸
	戴村河口畈塘	8.46	2.52	12.8～11.5	7.0～3.5	1：2	1：2.5	新凌山桥至王家桥新机埠
右岸	大桥塘村畈	3.94	1.14	13.5～16.6	2.5～3.2	1：1	1：2	白堰至孙桥闸
	永兴灌区	0.50		12.8	3.2	1：1.5	1：2	石夹桥至九峰闸
	永兴灌区村桥灌区	3.15	0.36	12.5～12.0	3.0～3.5	1：1.5	1：2	九峰闸至小石盖
	永兴灌区村桥灌区	2.80	0.40	11.5～12.0	3.0～4.0	1：1.5	1：2	石盖村至朱村桥边

表8–2–123　1997年萧山市凰桐江堤塘情况

岸别	堤　塘		堤塘长度（千米）	砌石护坡（千米）	堤顶标高（米）	顶宽（米）	迎水坡	背水坡
左岸	桃源灌区	下湾庙后山至横力口闸至尖山街	5.55	5.00	11.5～13.0	3.6	1：1.5～1：2	1：1.5～1：3
右岸	桃源灌区	舜湖至陶家山	1.12		12.0～12.5	2.0～3.0	1：2	1：2
	径游灌区	木杓山至小茅山	0.73	0.68	11.7～12.0	9.5～4.0	1：1.5	1：2

表8–2–124　1997年萧山市南河堤塘情况

岸别	堤　塘	堤塘长度（千米）	堤顶标高（米）	顶宽（米）	内坡比	外坡比
南岸	南河桥至回香亭	0.96	11.5	3.0～3.5	1：2	1：2
北岸	观钓山至南河桥	3.17	12.0～12.5	3.0～3.5	1：1.5～1.2	1：1.5

表8–2–125　1997年萧山市进化溪堤塘情况

岸别	堤　塘	堤塘长度（千米）	堤顶标高（米）	顶宽（米）	内坡比	外坡比
左岸	王家闸至上盈湖闸	1.60	10.2～9.2	2.0	1：2	1：1.5
	红星桥至茅山闸	4.12	10.0～9.0	1.5～2.5	1：2	1：1.5
右岸	张家桥至红星桥	1.70	10.2～9.2	1.5～2.0	1：2	1：1.5
	红星桥至麻溪坝	1.68	10.0～9.0	1.5～2.0	1：2	1：1.5
	麻溪坝至茅山闸	1.06	9.5～9.0	1.5～2.0	1：2	1：1.5

表8–2–126　1997年萧山市径游江堤塘情况

岸别	堤　塘	堤塘长度（千米）	堤顶标高（米）	顶宽（米）	内坡比	外坡比
左岸	益民亭至径游南闸	4.90	10.0～9.5	3.0～7.5	1：1.5	1：1.5
右岸	益民亭至径游南闸	4.40	10.0～9.5	3.0～7.5	1：1.5	1：1.5

第二节　标准堤塘

萧山境内钱塘江、浦阳江、永兴河一线堤塘长190余千米，历史上水患灾难较为频繁。①

①围垦地区和城北片沿江大堤需承受举世闻名的钱塘江涌潮袭击；南片山区、半山区多山塘水库，溪流大多源短流急；中部蜀山平原和沿江一带地势低洼，又受上游山洪和钱塘江大潮制约，一遇台风暴雨便洪涝成灾，故有“两头旱，中间涝，沿江怕洪潮”之说。据文献记载，自南宋绍兴十三年（1143）至1999年的857年中，萧山水灾之年有167年。（资料来源：萧山市农机水利局编：《萧山市水利志》，1999年，第1页、第149～157页）

1997年7月6～11日，萧山突降大到暴雨；8月18日，又遭11号台风袭击。两场大灾中，正在实施的标准堤塘建设抗灾作用明显，损失降低。灾后，市委、市政府组织沿江镇乡负责人到三门、玉环县考察，借鉴海塘建设经验。为贯彻1997年10月14日省委、省政府作出建千里标准江堤的决定，于1998年4月建立萧山市“两江一河”标准堤塘建设领导小组，下设办公室，并相应成立萧围标准堤塘建设办公室、钱塘江城北标准堤塘建设办公室和浦阳江标准堤塘建设办公室，全面负责堤塘测量、地质钻探、调查勘察、规划设计、立项审批、专家会审、工程招标、施工监督检查和竣工验收等工作。11月，萧山市编制钱塘江标准堤塘和浦阳江流域标准堤塘建设规划。规划1998～2002年投资6亿元，对钱塘江、浦阳江及其支流一线堤塘实施标准塘建设，并列为市政府为民办实事之一。按照“谁受益，谁负担；多受益，多负担；不受益，作贡献”和“社会办水利，水利为社会”的原则，向全社会征集水利资金。市级机关和事业单位工作人员1998～1999年每人每年捐款300元，共捐集1360万元。凡涉及标准堤塘建设的土方工程，一律由受益镇乡群众投劳负担，市里采取以奖代补政策，予以适当补助。至2000年底，建成钱塘江、浦阳江流域标准堤塘74.29千米，投入资金4.03亿元。

图8—2—223　1999年，萧山市获浙江省水利“大禹杯”金奖(2009年，杨贤兴摄)

表8—2—127　1985～2000年萧山市(县)主要堤塘建设完成情况

年份	堤塘长度（千米）	完成土石方（万立方米）	投放劳力（万工）	年份	堤塘长度（千米）	完成土石方（万立方米）	投放劳力（万工）
1985	116	524	275	1993	116	1091	1058
1986	116	415	206	1994	116	1055	1090
1987	116	711	438	1995	116	1165	1406
1988	116	908	507	1996	98	1028	1405
1989	116	991	625	1997	98	1020	1410
1990	116	948	822	1998	98	1264	1631
1991	116	1145	1145	1999	98	1203	1470
1992	116	1144	1153	2000	98	1301	1946

注：1950年，全县完成土石方30万立方米，投放劳力21万工；1978年，全县完成土石方2968万立方米，投放劳力1914万工；1984年，全县完成土石方504万立方米，投放劳力275万工。

钱塘江标准堤塘

钱塘江南岸（含杭州市滨江区管理段）共有一线堤塘长83.67千米（不含西江塘18.34千米），均为围垦时陆续筑成，粉沙土质，塘身易遭冲刷而坍堤。钱塘江涌潮凶猛，冲击力强。台风时候，潮高浪大，加之江面宽阔，冲击面很大。堤脚刷深不等，且刷点不断更位，对堤塘破坏力极强。

钱塘江萧山段流经闻堰、浦沿、长河、西兴、宁围、南阳、河庄、红垦、红山、钱江、头蓬、新湾、前进、益农等镇乡、场，域内土地多为围垦而成。堤塘为垦区防洪屏障，坚固与否，事关垦区生产和人民生命财产安全。1989年始，沿江一线堤塘年年除险加固、砌石护岸。1998年起全面实施标准堤塘建设5年规划。是年5月15日，围垦东线标准堤塘建设开工，全长4.5千米。6月，列入国家重点水利工程的钱塘江南岸西江塘义桥段，1000米标准堤塘建设竣工。至2000年底，属萧山管辖的长59.32千米堤塘，建成标准堤塘长43.30千米（2000年10月开工的长3937米的城北确保线、长4728米的顺坝联围，2000年11月开工的长6379米的九号顺坝及萧围外六工段东斜堤等标准堤塘建设，未统计在内），占属萧山管辖总长的72.99%，其中50年一遇防洪标准萧围西线堤塘一工段至外四工段长9.86千米，86丘北堤塘二十工段闸北至二十工段闸长2.57千米，86丘东线堤塘二十工段闸至十九工段长3.43千米，计15.86千米；20年一遇防洪标准萧围北线堤塘外四工段至二十工段闸北长18.45千米，95丘东线堤塘十九工段至二十二工段闸长8.99千米，计27.44千米。累计完成土方115.20万立方米、块石82.74万立方米、石碴48.86万立方米、混凝土28.32万立方米、浆灌砌块石29.02万立方米，投工224.12万工，国家投入资金28780.65万元。

防洪标准　根据堤塘直接保护面积和保护地域重要性以及当时经济技术力量确定。萧山境内大致分为两类：一类为省属或省列入基本建设项目，保护面积较大，相对重要，防洪标准较高，如九号坝上下游、萧围西线和68丘堤塘等，采用50～100年一遇防洪标准；另一类为规划中可以向外围涂的，属过渡性堤塘。过渡性堤塘分两种情况：防汛防台任务很重的，或是防汛防台任务相对轻而局部地段尚需调整轴线的。为节约投资，过渡性堤塘均采用20年一遇防洪标准，待堤塘轴线固定后，标准逐步提高。

堤塘轴线　标准堤塘建设工程在原有围垦堤塘基础上进行建设，使之达到一定的防洪（潮）标准。原堤塘轴线符合治江规划的，原则上不变动；局部地段过于弯曲的堤塘轴线，作裁弯取直、适当调整，以利于行洪顺畅和减少工程量，节省投资。

断面结构　根据钱塘江南岸萧山段堤塘塘身为粉沙土质及江面宽、潮浪高、破坏力强、刷深度大等特点，标准堤塘建设采用复式斜坡塘，外坡比一般为1∶2，用混凝土灌砌糙面块石或混凝土护面，设1米左右宽的中平台和6米～8米宽的钢筋混凝土护坦；根据各段可能刷深和抛石多少，用沉放预制钢筋混凝土小沉井或预制钢筋混凝土板桩，与现浇钢筋混凝土大方脚连成整体式的防冲墙，并在防冲沉井或板桩外侧增抛柔性块石护坦，既稳定塘身，防止涌潮破坏和脚址刷深淘空，又可在堤脚冲刷出现险情时利用钢筋混凝土下护坦通车，抛石抢险加固。

图8—2—224　1998年，钱塘江东线标准堤塘建设（傅宇飞摄）

塘顶（包括防浪墙）　其设计高程为最高洪潮水位加风浪爬高与安全超高之和。为节约工程量，多数在堤塘外肩采用高0.8米～1.0米钢筋混凝土防浪墙，塘顶为7米～9米宽的沥青或混凝土路面，防止风浪越顶水流破坏塘面，并便于车辆通行。

内坡　坡度为1∶2.5～1∶3。在涌潮特大的个别地段，如“三坝一线”（赭山湾八号坝、七号坝、美女坝及其临江一线）附近坝根下游段，采用内坡干砌石勾缝护坡；一般地段用植草保护内坡，防止堤土流失。

浦阳江流域标准堤塘

浦阳江萧山境内流域范围，包括临浦、戴村等7个镇乡，农田15万亩，人口21万余人，浙赣铁路长12.02千米，杭金公路长28.78千米。

浦阳江原堤塘多数塘身单薄，护坡结构不完整，有些地段裂缝渗漏严重。虽每年培土修塘，抛石护岸；每次灾后培土加固，内坡坡脚抛石碴防渗，但未能解决根本问题，防洪能力仅为5～10年一遇。市政府规划，自1999年至2002年分4期全面实施标准堤塘建设。1999年3月动工，至2000年7月，完成一、二期工程，建成标准堤塘长30.99千米（2000年11月开工的浦阳江标准堤塘建设第三期工程未统计在内），占总长的35.98%；累计完成土方105.24万立方米，块石22.61万立方米，石碴29.98万立方米，干砌石勾缝16.73万立方米，混凝土及混凝土埋石灌砌6.70万立方米，投工83.80万工，投入资金11534.61万元。其间，因建塘工程所需，拆迁民房198户476.5间，计20169.36平方米。

防洪标准　20年一遇防洪能力，属三级堤防。堤顶为沥青路面四级公路标准。

堤塘轴线　原则上按原堤塘轴线，对过分弯曲处适当进行调整取直，在永兴河部分泄洪面偏小的地段进行退堤拓宽。在不影响泄洪断面的前提下，有的采用特殊结构或裁弯取直，减少塘内民房拆迁与土地损失，缩短堤塘。

堤塘断面　塘顶标高达到或超过20年一遇的最高洪水位，有的因堤顶高程较高，达到历史最高水位1米以上的标准，又加混凝土防浪墙0.2米～0.3米。塘顶宽5米，并做沥青路面。外坡坡比为1：2，用干砌块石水泥砂浆深勾缝护坡，并在中间设1米宽的中平台，宽1米、深1米～宽1米、深1.5米混凝土大方脚，埋深在平均低水位或外坡平台线以下。局部塘脚外刷深地段筑1米～2米的抛块石柔性护坦，1：2坡延入水下护脚。内坡坡比为1：2.5，内塘脚填筑面宽6米、1／3左右塘高（1米～2米）的石碴反滤层。

特殊地段施工处理　对地质钻探和施工中发现的塘身渗漏地段，如一期工程浦阳江长30余米堤塘，结合外坡大方脚开挖找出漏洞，采用黏土回填夯实堵漏；长1725米堤塘采用直径120厘米的套井黄泥回填截渗。对水流较急而又缺乏块石地段，如沈家渡至茅家闸地段，外坡改用厚0.25米的混凝土护坡。

为减少民房拆迁，在尖山等地段内坡用浆砌石挡墙代替土坡，减少标准塘建设用地，并在不影响行洪的前提下，利用外滩扩大绿化中平台。小满村段利用公路路基，在外侧从基岩上筑钢筋混凝土挡水墙，并设便民河埠，保证堤塘防洪，便利群众，减少民房拆迁。

图8－2－225　1999年浦阳江新石桥上游标准堤塘（萧山区农机水利局提供）

实施规范

标准堤塘建设工程实行项目法人制、设计会审制、施工招标制、工程监理制、质量监督制、管理合同制、财务审计制，杜绝“豆腐渣工程”（泛指偷工减料、质量低劣的建设工程），确保标准堤塘工程建设一处成功一处，受益一方。

项目法人制　钱塘江萧围标准堤塘建设办公室、城北标准堤塘建设办公室和浦阳江标准堤塘建设办公室，分别作为项目法人单位。项目法人（工程建设单位）其职责是确保工程建设，严把建设过程中质量关。选择有资质等级、实践经验、企业信誉好的设计、施工及监理单位；按设计和合同，检查、监督工程进度、质量、资金使用及安全生产等情况；执行工程质量和验收规程的有关标准及规定，使质量管理、检测工作落到实处；抓住质量控制点，处理质量问题（如原材料质量、大方脚和护坡浇筑的施工工艺及标准等）；做好协调、配合和服务工作。

设计会审制　萧山市标准堤塘建设工程的设计，由钱塘江管理局设计院和萧山市水利水电勘察设计所两家单位完成。完成报告文本、设计图件和工程概算后，由项目法人邀请省水利厅、省钱塘江管理局、杭州市林水局和萧山市计委、市财政局、市农水局等单位进行评审，对工程设计依据、设计标准、工程规模、轴线走向、结构形式、防冲措施、环境保护和投资概算等提出审查意见。对设计文件修改后，由项目法人上报主管部门审批。20～50年一遇标准堤塘建设报杭州市林水局审批；100年一遇标准堤塘建设报省水利厅审批。设计人根据审批文件进行施工图设计和编制工程预算（标底），交付实施。

施工招标制　标准堤塘建设工程的基础工程包括预制混凝土构件，主体工程和堤顶公路及新建、加固水闸、排灌站等交叉工程，分别实行招标制，施工企业资质、招标文件、标底以及推荐中标单位等均上报杭州市水利招标办公室审核。开标和决标时，均建立评标和监督两个小组，对整个招标过程进行指导和监督，以保证招标工作的“公平、公正、公开”。各施工单位均在现场建立项目经理部，订立并履行各项岗位职责。

工程监理制　鉴于工程战线长、任务重、要求高，市标准堤塘建设办公室邀请国家水利部丹江口水利枢纽管理局监理中心、华东水电工程咨询公司、浙江省河口海岸工程监理公司、省水电监理公司、省水利专业监理公司等单位，负责萧山市“两江一河”标准堤塘建设的施工监理。堤顶抢险公路邀请杭州畅顺交通工程监理咨询有限公司萧山分公司负责施工监理。各监理部门每个标段均有1～2名监理人员跟班旁站监理与现场巡查。对施工中存在的质量问题，督促施工单位及时整改，直至符合设计要求。

质量监督制　标准堤塘建设工程由杭州市水利水电工程质量监督站负责质量监督，并分别建立萧围、城北和浦阳江标准堤塘工程项目质监组；建设单位在各标段配备1名工程技术人员，负责现场施工质量检查监督和协调工作。施工中重点做好原材料质量、施工工序、阶段性项目验收、质量情况通报等环节的监督。建设单位规定工程原材料、混凝土、砂浆质量由浙江省水利水电科学研究院检测；萧山市技术监督局到施工现场随机对各标段的水泥、钢材质量进行抽检；委托省水利水电科学研究院和省区域地质调查大队对大方脚沉井内混凝土、井顶梁混凝土及混凝土护坡厚度和强度进行钻孔取样检测，每个标准段随机钻孔取样不少于2处；对护坡、平台的混凝土灌砌石工程质量进行“开膛剖腹”式的凿洞破坏性检查，每100米～150米随机抽查1处，主要检查混凝土灌砌厚度、混凝土密实度、灌砌质量以及垫层质量等。

管理合同制　标准堤塘建设工程中大方脚预制钢筋混凝土沉井、标准堤塘主体工程砌筑、堤顶抢险公路等，均由项目法人与承包者双方按规定签订施工、监理合同，明确工程造价、工期、质量、付款、保修等内容，建立质量档案。工程完工后，按合同进行验收，做到“不达标准，不予验收”，“谁验收，谁签字，谁负责”。

财务审计制　标准堤塘建设工程，由市政府委托市审计局进行财务审计。开工前，由项目法人将初步设计文件送市财政局会计事务所进行审核，作为市财政控制投资和暂拨款的依据。完工后，由项目法人提供工程立项批准文件、设计文件（含施工时设计变更联系单）、招投标文件、质监报告和竣工决算及有关技术资料等。审计人员对工程各项目逐一进行复核，确认无误后，提出书面审计报告，作为财政投资拨款和项目法人与中标人进行财务结算的依据。

表8-2-128　2000年萧山市钱塘江标准堤塘建设情况

堤塘名称（起讫地点）	长　度（千米）	建设年份	标准堤塘要素							主要工程量（万立方米）					投工（万工）	投入资金（万元）	管辖部门及路面状况
			防洪标准	塘顶高程（米）	塘面宽（米）	防浪墙顶高程（米）	外坡坡比护面结构	外护坦顶高及结构	内坡坡比护面结构	土方	块石	石碴	混凝土	混凝土灌砌石			
西江塘(茅山闸至半爿山)	18.34	1998～2000	100年一遇	9.86	7	10.48	1：0.25～1：2浆砌条石和混凝土	部分临水地段有浆砌石护坦，高程不等	1：1.5～1：3植草								省管。其中丁由石塘6.14千米，大部分塘顶为沥青路面，茅山闸外段有钢筋混凝土板桩固脚
滨江区塘(半爿山至七甲闸)	17.26	1998～2000	100年一遇	9.78～9.88	7～9	10.48～10.73	1：2混凝土灌砌石	护坦顶高4.78米，钢筋混凝土结构	1：2植草								属滨江区。塘顶沥青路面。围垦一线大堤
赭山湾塘(九号坝至赭山湾闸)	7.09	1998～2000	100年一遇	10.18	7～9	10.68～10.98	1：2混凝土灌砌石	护坦高程3.68米，钢筋混凝土结构	1：3植草								省管。塘顶沥青路面。围垦一线大堤
萧围西线塘(一工段至外四工段)	9.86	1998～2000	50年一遇	10.68	7～8	10.38～10.68	1：2混凝土及混凝土灌砌石	护坦顶高2.98～3.18米，钢筋混凝土结构	1：3植草	22.39	12.61	9.02	13.52	2.18	58.93	12495.05	一至三工段5.50千米配套防冲护堤和防浪墙，至2003年5月完成。塘顶沥青路面。围垦一线大堤
萧围北线塘(外四工段至二十工段闸北)	18.45	1989～2000	20年一遇	10.18～10.68	7～8		1：1.7混凝土灌砌石		1：3植草	47.05	28.95	4.44	3.02	12.17	74.53	1800.60	塘顶沥青路面。围垦一线大堤
86丘北堤塘(二十工段闸北至二十工段闸)	2.57	1989～1997	50年一遇	10.18	9	11.18	1：2混凝土灌砌石	护坦高程1.18米，钢筋混凝土结构	1：3植草	6.59	7.38	5.87	2.02	2.90	14.67	2082.30	塘顶沥青路面。围垦一线大堤
86丘东线堤塘(二十工段闸至十九工段)	3.43	1997～1999	50年一遇	10.18	9	11.18	1：2混凝土灌砌石	护坦高程1.18～3.18米，钢筋混凝土结构	1：2.5～1：3干砌石勾缝	15.42	20.23	17.10	6.15	3.11	41.91	12402.70	塘顶沥青路面。围垦一线大堤。部分钢筋混凝土护坦及沉井护脚，至2002年7月完成
95丘东线堤塘(十九工段至二十二工段闸绍围)	8.99	1998～2000	20年一遇	10.68	9	11.53	1：2混凝土灌砌石	护坦高程0.98～1.18米，钢筋混凝土结构	1：2.5～1：3干砌石勾缝	23.75	13.57	12.43	3.61	8.66	34.08		
合　计	85.99	—	—	—	—	—	—	—	—	115.20	82.74	48.86	28.32	29.02	224.12	28780.65	

注：长度中含省、滨江区管堤塘42.69千米。

表8-2-129 2000年萧山市浦阳江流域标准堤塘建设情况

工程期数	堤塘名称	起讫地点	长度（千米）	建设时间	标准堤塘要素						
					塘顶高程（米）	塘顶宽（米）	防浪墙顶高程（米）	外坡		混凝土大方脚底高程（米）	内坡坡比
								坡比	结构		
一期工程	浦阳江右岸堤塘	欢潭小山头至松仙岭	3.90	1993-03～1999-03	11.48	5	11.68	1：2	干砌石勾缝	2.68	1：2.5
	浦阳江左岸堤塘	径游兔石头至下定南塘	2.29	1993-03～2000-07	11.48	5	11.68	1：2	干砌石勾缝	2.68	1：2.5
	浦阳江左岸堤塘	纪家汇至柴家	2.09	1993-03～2000-07	11.18	5	11.38	1：2	干砌石勾缝	2.68	1：2.5
	浦阳江左岸堤塘	浦南东塘南河口至老鹰汇	1.90	1993-03～2000-07	10.43	5	10.63	1：2	干砌石勾缝	2.68	1：2.5
二期工程	浦阳江右岸堤塘	小满畈上弯山至小满村	0.88	1999-12～2000-10	11.08	5	11.28	1：0.1～1：2	干砌石勾缝，钢筋混凝土挡墙	2.68	1：2.5
	浦阳江右岸堤塘	泗花塘窑头山至芦家山	1.88	1999-12～2000-10	10.78	5	10.98	1：2	干砌石勾缝	2.68	1：2.5
	浦阳江右岸堤塘	横江俞上段尖山铁路桥至观音塘	1.83	1999-12～2000-10	10.58	5	10.78	1：2	干砌石勾缝	3.18	1：2.5
	浦阳江右岸堤塘	横江俞下段观音塘至燕子窝	1.50	1999-12～2000-10	10.58	5	10.78	1：2	干砌石勾缝	3.18	1：2.5
	浦阳江右岸堤塘	沈家渡燕子窝至茅山闸	4.23	1999-12～2000-10	10.43	5	10.63	1：2	混凝土护坡	3.18～2.68	1：2.5
	浦阳江左岸堤塘	柴家至猪笼山	1.54	1999-12～2000-10	10.78	5	10.98	1：2	干砌石勾缝	3.18	1：2.5
	浦阳江左岸堤塘	横塘倪桃北机埠至南河桥	3.05	1999-12～2000-10	10.58	5	10.78	1：2	干砌石勾缝	3.18～2.68	1：2.5
	浦阳江左岸堤塘	浦南东塘老鹰汇至桥南村	1.80	1999-12～2000-10	10.18	5	10.38	1：2	干砌石勾缝	3.18～2.68	1：2.5
	南河左岸堤塘	公路桥至许家南河口	0.96	1999-12～2000-07	10.43	5	10.63	1：2	干砌石勾缝	3.18～2.68	1：2.5
	南河右岸堤塘	官吊桥至南河口	3.14	1999-12～2000-07	10.71～11.48	5	10.91～11.68	1：2	干砌石勾缝	3.18～2.68	1：2.5

注：①一期工程长10.18千米，用土方42.6万立方米，块石10.7万立方米，石碴11.7万立方米，干砌石勾缝9.3万立方米，混凝土及混凝土埋石灌砌1.7万立方米，投放劳力29.4万工，投资3581.8万元。

②二期工程长20.81千米，用土方62.64万立方米，块石11.91万立方米，石碴18.27万立方米，干砌石勾缝7.43万立方米，混凝土及混凝土埋石灌砌4.96万立方米，投放劳力54.40万工，投资7952.81万元。

③一期、二期工程合计长30.99千米，用土方105.24万立方米，块石22.61万立方米，石碴29.98万立方米，干砌石勾缝16.73万立方米，混凝土及混凝土埋石灌砌6.70万立方米，投放劳力83.80万工，投资11534.61万元。

④防洪标准均为20年一遇。

⑤内坡坡面均为植草。

第三章 水库 涵闸 堰坝

自古以来，筑堰坝拦水，以灌溉和防洪。宋政和二年（1112），县令杨时建湘湖八闸。中华人民共和国成立后，大力兴建涵闸和水库。80年代后，随着机电排灌等水利设施的日益完善，堰坝作用削减，时毁时修。至2000年，全市有大小水库139座；涵闸500座，其中外江闸163座、内河闸337座；堰坝135条，其中灌溉面积百亩以上的28条。众多设施与纵横交错的河网相配套，形成排灌自如，抗旱排涝的水利体系。

第一节 水 库

萧山地势南高北低，南部为山区、半山区，且溪流大多源短流急，中华人民共和国成立前仅有山塘，没有水库等水利设施，洪旱灾害频繁。

中华人民共和国成立后，萧山逐渐修建水库，整治溪流，解决山区、半山区灌溉和泄洪。1956年12月，黄石垄水库动工修筑，翌年建成。1957年动工176处，完成64处，包括河上区上坞、桃岗岭、管大坞、大塘坞、朱家坞、陈家坞以及临浦区大坞、小坞、茗渎坞和后山坞等水库，总蓄水量203万立方米。至1958年，全县共建有水库162座，其中部分水库因质量差而废弃。1960年前后，效益明显的有黄石垄、上坞、朱家坞、力坑坞等78座水库，加上一批山塘，总蓄水量300万立方米，减少靠天田20%左右。1964～1968年，大同坞公社修建一批小型水库。至1990年，全市建成百万立方米以上水库1座，10万立方米～100万立方米水库13座，1万立方米～10万立方米水库125座，共139座，总蓄水量669万立方米。

图8—3—226 杨静坞水库原名东坞水库，1958年初建，1978年竣工，2002年扩建，库容39.5万立方米（2009年，杨贤兴摄）

水库除险加固工程年年进行，所需资金由市财政补助和有关镇乡筹集，村级主要是投入劳力。每年冬季，由当地镇、村两级发动群众进行库区清淤及大坝培土。1986年，黄石垄水库拓宽溢洪道，增建侧堰溢洪闸，加高加固大坝，整修内外坡，砌石外护坡等除险加固，并增建3间管理房，完善管理制度。1999年11月，楼塔镇东纪坞水库列入标准水库建设试点（东纪坞水库始建于1969年1月，设计坝高20米，初建时坝高13米，1982年加高2米，库容33万立方米）。至2000年8月，大坝全面加高加固，坝高从15米增至19米，内外坡均设二级平台，内坡干砌勾缝，按小（二）型标准水库建设，设计防洪标准20年一遇，校核洪水位200年一遇，库容增至74万立方米，工程总投资170万元。东纪坞水库的成功扩容，为“安全、高效、美丽”的标准水库建设树立了样板。

2000年底，全市共有大小水库139座[1]，总库容704.43万立方米，受益面积25647亩。其中库容100万立方米以上小（一）型水库1座（黄石垄水库），库容量108.47万立方米；10万立方米～100万立方米的小（二）型水库13座；1万立方米～10万立方米的小（三）型水库125座。水库分布：楼塔镇37座，库容165.79万立方米，受益面积6399亩；河上镇27座，库容143.40万立方米，受益面积5542亩；浦阳镇10座，库容18.76万立方米，受益面积1535亩；进化镇34座（包括欢潭），库容149.92万立方米，受益面积4511亩；临浦镇1座，库容1.10万立方米，受益面积200亩；所前镇1座，库容6.50万立方米，受益面积300亩；戴村镇22座（包括云石），库容87.79万立方米，受益面积3242亩；义桥镇6座（包括许贤），库容125.17万立方米，受益面积3618亩；坎山镇1座，库容6.00万立方米，受益面积300亩。

①1957年曾建龙门坎水库，位于楼塔镇田村村，是田村水电站的调蓄水库，浆砌块石重力式拱坝，混凝土衬砌防渗，岩基。运行5年后因山体岩石裂隙发育，蓄水后渗漏严重，没能发挥效益。1958年始建岩山水库，位于楼塔公社岩上村，在完成大坝心墙开挖和回填，打通泄洪隧洞后因库容规模过小而停建，迁址至楼塔公社徐家店。1959年始建崔山岭水库，在完成大坝心墙开挖和回填，打通泄洪隧道后因“三年困难时期”而停建。后作地下水库发挥效益。此3座水库不统计在内。萧山发电水库原有苍坞、响天岭、龙门坎3座，至2000年底常年发电仅有苍坞、响天岭2座。

表8-3-130　2000年萧山10万立方米以上水库情况

项目		黄石垄	上坞	大塘坞	朱家坞	力坑坞	盛家坞	大坞	金竹岭	东方红	苍坞	东纪坞	响天岭	钟岭	坎坡坞
所在地点	镇乡	许贤	楼塔	河上	河上	河上	进化	河上	进化	欢潭	河上	楼塔	云石	云石	进化
	村	北坞	楼一	里谢	里谢	塘村	盛家坞	胜利	吉山	欢潭	大坞	4个村	6个村	佛山	联丰
开工年份		1956	1957	1957	1957	1957	1957	1965	1966	1968	1968	1969	1969	1971	1974
竣工年份		1957	1973	1966	1973	1958	1973	1972	1971	1971	1973	1973		1972	
集雨面积(平方千米)		6.75	0.67	0.40	0.40	0.70	0.87	0.40	1.40	3.00	1.56	1.37	0.84	0.70	1.20
总容量(万立方米)		108.47	19.40	13.10	11.93	28.20	33.44	16.80	17.75	27.20	11.37	74.00	27.00	10.50	11.93
大坝	坝型	黄泥心墙	黄泥心墙	黄泥心墙	黄泥心墙	黄泥心墙	黄泥心墙	黄泥心墙	黄泥心墙	黄泥心墙		黄泥心墙	黄泥心墙	黄泥心墙	黄泥心墙
	坝高	12.20	12.04	19.62	18.03	14.31	11.50	10.20	15.40	10.00		19.00	25.56	14.46	5.90
	迎水坡	1∶3	1∶1.6	1∶2	1∶1.5	1∶2	1∶2.5	1∶2	1∶2.2	1∶2		1∶2	1∶2	1∶1.5	1∶3
	背水坡	1∶2.5	1∶2	1∶2.5	1∶2	1∶2	1∶2.5	1∶2	1∶1.5	1∶2.5		1∶2.5	1∶1.7	1∶1.9	1∶3
溢洪道	深度(米)	1.65	2.08	1.17	0.90	2.10	2.58	1.40	2.00	1.73		1.49	1.39	1.90	0.50
	进口宽度(米)	47	5	6	9	6	18	9	15	13		13	8	7	27
输水洞	结构形式	插板	插板	插板	插板	插板	插板	插板	插板	插板		插板	插板	插板	插板
	洞径(米)	0.45	0.30	0.25	0.30	0.30	0.40	0.20	0.23	0.35		0.40	0.30	0.40	0.38
工程效益	灌溉(亩)	2227	780	500	200	1800	700	400	150	91		1500	400	300	250
	发电(千瓦)	—	—	—	—	—	—	—	—	—	—	—	125	—	—
配套渠道(米)		500	1500	300	350	700	3000	200	5000	700		2000	5000	500	3000
管理级别		乡	村	村	村	村	镇	村	村	村		镇	村	村	村

注：①东纪坞水库所在地点为楼一、楼二、楼三、楼四4个村之间。

②响天岭水库所在地点为狮山、船山、骆村、顶山、征山、尖山下6个村之间。

第二节　涵　闸

历代治水，筑堤以御洪潮，疏河以泄涝渍，建闸以控其流。至民国29年（1940），萧山先后建有徐家闸、螺山闸、长山闸、龛山闸、凤堰闸、永兴闸、茅山闸、黄山闸、村口闸、山西闸、济民闸、莫家港闸等涵闸。

表8-3-131　萧山历史上较早建成的涵闸

单位：米

闸　名	性　质	建设年份	所在地段	孔数孔径	闸底高程	闸门结构	创建人	状　态
徐家闸	节　制	元代	县城东南12里	1			里人戴成之	已废
螺山闸	节　制	明天顺年间(1457～1464)	县城东南20里	1			邑令梁方	已废
长山闸	原排涝现节制	明成化年间(1465～1487)	县城东北	2×3.5	3.53	木板	绍兴知府戴琥	已改建
龛山闸	原排涝现节制	明成化年间(1465～1487)	县城东北	1×4	3.00	木板	绍兴知府戴琥	已改建
凤堰闸	节　制	明弘治四年(1491)	县城东北	1			邑人任帮瑞	已废
永兴闸	节　制	明万历十五年(1587)	县城西北				邑人刘会	已废
黄山闸	节　制	明万历四十二年(1614)	县城西南				里人蒋国恩	已废
村口闸	节　制	明万历年间(1573～1620)	县城西5里	3	4.00	木板	里人来端操等	已废
山西闸	原排涝现节制	明万历年间(1573～1620)	大和山西麓县城东50里	原为3小孔	4.10	木板	知府萧良榦	已改建
济民闸	原排涝现节制	民国29年(1940)	县城西北7里	1×3	4.94	木板		已改建
莫家港闸	原排涝现节制	民国29年(1940)	县城东北10里	1×3	4.03	木板		已改建

注：①资料来源：萧山市农机水利局：《萧山市水利志》，1999年4月，第98页。
②茅山闸在《沿江排涝灌溉闸》中介绍。

中华人民共和国成立后，为减轻旱涝灾害，在加快江塘建设的同时，大力兴建涵闸。至1984年，全县共有涵闸499座。后，又新建四工段排涝闸、十五工段排涝闸、二十工段闸、大治河排涝闸、十七工段节制闸、萧山船闸和二十一工段闸。2000年底，全市共有大小涵闸500座，其中外江闸163座，内河闸337座；规模较大的195座，其分布：沿江主要排灌闸13座（不包括2000年11月开工建设的顺坝一号闸、廿二工段闸），南沙大堤节制闸28座，围垦大堤节制闸66座，北海塘节制闸15座，西小江节制闸19座，浦阳江流域主要排灌闸19座，湘湖及小砾山输水河节制闸19座，旱闸16座。

沿江排涝灌溉闸（按江流向排列）

茅山闸　位于茅山，西接西小江，南连郑家塘。初建于明成化九年至十二年（1473～1476），2孔，因闸小地旷，3年后被洪潮冲毁。明崇祯十六年（1643）建成2孔石闸，既可排洪，又可灌溉，为山阴、会稽、萧山3县重要水利设施。清道光七年（1827）改建为3孔。在不受浦阳江洪峰制约的情况下，如遇山洪暴发，16小时内即可将两岸2万亩耕地的积水排出。1964年重建，扩大为5孔16米，电动启闭。遇山洪暴发，可将部分进化溪之水直接排入浦阳江；遇旱时，则可引浦阳江之水灌溉进化溪两岸农田。

峙山闸　又名五洞闸，位于临浦镇峙山。排、灌、航三用。1957年4月动工，次年9月建成，内河配建跃进闸作为船闸套闸。闸为5孔，中孔4米，边孔3米，总孔径16米，过闸流量10立方米/秒～40立方米/秒，与茅山闸一起为中部平原地区18万亩农田引水灌溉、近3万亩农田排涝，同时为萧绍平原80万亩农田提供水源。1960年又建外江平水闸与之配套。1973年完善过船设施，扩大过船吨位，沟通内河与外江的航道，成为余姚、上虞（曹娥）、绍兴、萧山直通京杭运河的主要通道，最大通航能力50吨级。1994年，经省水利厅、省计划经济委员会批准立项，投资1034万元进行全面改造，拆除3座老闸，新建3孔总跨径为20米的内（主）、外（套）闸各1座，修建交通桥2座，并对全长567米的闸室、船室及上、下游引航段的河道拓宽疏浚。船室浆砌块石护岸单边长315米。其设计等级主闸为二级，套闸为三级，船室护岸为四级。按20年一遇防洪标准设计，100年一遇洪水位校核，最大排流量96.73立方米/秒，最大通航能力100吨级，1995年建成。

图8－3－227　1995年全面改造后的临浦峙山闸（2009年，杨贤兴摄）

萧山船闸　系萧山排灌闸站船闸，位于杭州市滨江区长河镇江二村。1996年11月建成。主闸1孔，净孔径8米，钢筋混凝土沉井基础，闸底高程2.5米，最大过闸流量80立方米/秒，钢筋混凝土闸墙、工作桥、交通桥，钢梁板上提式闸门，电动卷扬机启闭。防洪标准100年一遇，通航标准100吨级，通车标准汽—20、挂—100。套闸1孔，净孔径8米，结构同主闸，闸底高程3米，两闸之间船室长300米、宽16米，内河引航道600米。两岸为重力式砌石挡土墙护岸，混凝土压顶，设有吊船装置。主闸外和套闸内为引航道，主闸西侧配2台900轴流泵，总装机容量260千瓦，提水能力4.2立方米/秒。建有1500平方米闸屋、泵房。

图8－3－228　1996年11月建成的萧山闸站（船闸）（萧山区农机水利局提供）

新坝闸　位于义桥镇新坝。建于1976年，2孔，每孔4米。系排涝、灌溉、通航三用闸。闸内建有3孔套闸1座。2001年原地重建2孔，每孔5米。

五堡闸　位于钱江农场北侧，建于1972年5月。以排涝为主，结合排咸。共3孔，左右两孔每孔4米，中孔6米，总孔径14米。设计排涝流量70立方米/秒，为长河、西兴、宁围等地5万亩～6万亩耕地排涝，同时补充钱塘江灌区的水源（2001年标准堤塘建设裁弯取直，该闸外移250米重建，2孔，每孔6米，总孔径12米）。

大治河闸　位于红垦农场，为排涝闸。1989年3月动工，1990年2月竣工。共3孔，左右两孔，每孔4米，中孔6米，总孔径14米。为蜀山平原向北排泄主通道。

赭山闸　位于赭山乌龟山，为排涝闸。1966年5月开工，次年8月建成。共5孔，中孔4米，两边各2孔，每孔3米，总孔径16米。基础为岩石，闸底为钢筋混凝土结构，闸顶高程10.5米，闸底3.5米。设计排涝流量80立方米/秒，排涝受益面积7万亩～8万亩。原工程设计标准较低，与后设计建设的标准堤塘不配套。投入运行以来，混凝土工程和闸门受盐水腐蚀，钢筋膨胀外露，混凝土开裂。

一工段闸　位于新围白虎山脚，以排涝为主，结合排咸。1973年7月建成。共5孔，每孔4米，总孔径20米。设计正常排灌流量100立方米/秒，可为南阳、河庄一带10万亩耕地排涝排咸。闸身南侧建有2米宽鱼道1座，以引进钱塘江水产资源，闸室为以后安装排灌机械预留泵位4个。

四工段闸　位于河庄镇北端四工段处，为排涝闸。1985年1月动工，1986年12月建成，提高了南沙地区10万余亩土地的排涝能力。共3孔，两边孔径各4米，中孔6米，总孔径14米。设计正常流量92.9立方米/秒。同时开挖与之配套连接河道1千米。

外六工段闸　位于萧围外六工段，为排涝闸。1979年11月动工，次年8月建成。20年一遇防洪标准，过闸最大流量236立方米/秒，内河控制水位5.8米，警戒水位6.2米，内河正常蓄水位5.7米。共5孔，每孔4米，总孔径20米。围垦区及南沙地区10万余亩耕地如3天下雨量300毫米，4天即可排至不淹水位。

外八工段闸　位于萧围外八工段，为排涝闸。1980年11月动工，1982年10月建成。20年一遇防洪标准，过闸最大流量236立方米/秒，内河控制水位5.8米，警戒水位6.2米，内河正常蓄水位5.7米。共5孔，每孔4米，总孔径20米。围垦地区及南沙地区10万余亩耕地如3天下雨量300毫米，4天即可排至不淹水位。

十六工段闸　位于十六工段，1979年7月建成，以排涝为主，结合排咸。共2孔，每孔4米，总孔径8米。设计正常排涝流量62立方米/秒。时离钱塘江主槽最近，排泄效果较好，受益面积8万余亩。1994年围垦后改造为内河节制闸。

外十工段闸　位于围垦大堤十工段盘头西侧，为排涝闸。1983年12月开工，次年12月建成。共3孔，每孔4米，总孔径12米，最大过闸流量140.5立方米/秒。出口位于钱塘江下游，直接排水入主江道；内接西、南两条沿塘主河道。为围垦地区和南沙东片耕地排涝，受益面积7.5万余亩。

十五工段闸　位于萧围十五工段与绍兴围垦接壤处，为排涝闸。1986年4月动工，1987年10月竣工。共5孔，总孔径20米。设计最大流量275立方米/秒。同时新开挖与之配套连接河道3.95千米。解决益农围垦区和瓜沥区等10余万亩农田的排涝问题。1993年一万三千亩围垦后变为内河节制闸。

二十工段闸　位于萧围二十工段，为排涝闸。1987年12月动工，1989年5月建成。共5孔，总孔径20米。设计最大流量226立方米/秒。因紧靠钱塘江主江道，排泄效果较好，直接受益面积5.2万亩，改善排涝面积10万余亩。

南沙大堤节制闸

九号坝闸　原作排涝，后改为节制闸。位于新街镇南沙大堤36+602地段九号坝根。1956年2月动工，5月建成。为2孔排涝闸，每孔净宽2.8米。可缓解坎山、城北近3万亩沙地内涝。1971年围垦后改为节制闸。

立新闸　位于新街镇芝兰村，1966年建于大治河上。2孔，每孔4米，总孔径8米。1988年改建，2孔，每孔7米，总孔径14米，闸底高程3.5米。

光明闸　位于坎山镇梅仙村，系1998年建杭州萧山机场河网水系调整时兴建的控制闸。3孔，每孔净宽8米，总孔径24米。

永丰闸　又名塔子尾巴闸，原作排涝，后改为节制闸。位于河庄南沙大堤52+650地段，1956年6月建成。4孔排涝闸，每孔净宽3米，总孔径12米，与河庄、小泗埠、十二埭闸配套，可解决义蓬、瓜沥两地区9万余亩耕地排涝。同时拓宽塔子尾巴至南阳镇河道2.5千米，以利排涝。1968年12月改为内河通航节制闸，1984年改建成3孔、总孔径18米的节制闸。

蜀南闸　位于河庄镇蜀南村，系沟通围垦通航节制闸。1970年建成1孔，净孔径4米。1997年扩建，2孔，每孔6米，总孔径12米。

头蓬闸　系通航节制闸，位于头蓬镇。为二万七千亩围涂运石而建。1968年动工，1969年3月建成。2孔，每孔4米。1976年扩建为4孔，每孔4米，总孔径16米。

新湾闸　位于新湾镇东北南沙大堤十二埭与小泗埠之间，原作排涝，后改为节制闸。1956年10月动工，次年6月建成。闸为5孔，每孔净宽2.5米。建成后，对义蓬、瓜沥、坎山及绍兴县安昌等地区排涝作用较大，对义蓬及其周边耕地的排涝效果尤为明显。10年一遇的暴雨，一般2小时内即可排除。1964年后因江涂淤涨，闸外滩地向北延伸10多千米，排涝作用减弱。1969年围垦后，中间3孔改建为2孔通航节制闸。1993年拆除重建3孔，每孔7米，总孔径21米，可通60吨级船舶。

十二埭闸　位于党湾镇东北南沙大堤74+672地段，原作排涝，后改为节制闸。1950年建，初名裕农闸。因设计时渗径考虑不周，未经利用就发生裂缝，后虽经修缮，未能根绝渗漏，遂于1954年1月坍毁。是年9月，国家投资21万元，由省水利厅和萧山、绍兴两县共同组建建闸工程处重建，10月开工，次年4月竣工。为5孔，每孔2.5米，总孔径12.5米，闸身高6米，闸全长104米，最大流量139.5立方米/秒，可解除8.7万亩涝灾。后因江涂淤涨而失去排涝能力，1969年围垦前把中间3孔改建为2孔4米，总孔径13米，成通航节制闸。

北海塘节制闸

济民闸　位于城北俞家潭。初建于民国29年（1940），1968年改建，1孔3米。1996年扩建为2孔，每孔7米，总孔径14米，闸底高程3.0米。

长山闸　位于新街镇荏山村。始建于明朝成化年间（1465～1487），1958年改建，2孔，每孔3.5米，总孔径7米。1992年扩建为船闸，2孔，每孔6米，总孔径12米。闸外侧建同规模的套闸1座，船室长200米，通航能力60吨级。

浦阳江流域排灌节（控）制闸

芦家闸　位于欢潭乡钟家坞村。原建1孔2.2米，闸底高程4.5米。1999年改建，1孔，净孔径3.2米。

蛟山闸　位于许贤乡河西村，为自流排灌闸。建于1958年4月，1孔2.5米，过闸流量15立方米/秒。1993年改建，1孔，孔径5米，过闸流量30立方米／秒（2003年标准塘建设时，该段堤塘裁弯取直，该闸外移重建，1孔，净宽4米，净高4米，过水断面16平方米，底板高程3.5米，过闸流量提高10%，为33立方米/秒。钢筋混凝土梁板上提式闸门，电动25吨螺杆启闭机）。

湘湖及小砾山输水河节制闸

下湘湖南闸　湘湖和小砾山输水工程节制闸，兼船闸，位于城厢镇东湘村。1986年冬动工，1987年9月竣工。2孔，每孔7米，总孔径14米，通航能力40吨级。

东汪二孔闸　原名汪家堰，又名东汪闸。位于闻堰镇东汪村，始建于清乾隆三十三年（1768）。1960年改建，1孔2.7米。其作用是小砾山排灌站开机提水时关闸，使水流向钱塘江灌区，免湘湖田受淹内涝；汛期暴雨时开闸，通过小砾山排灌站自流排水或机排削峰。1989年重建，2孔，每孔7米，总孔径14米。

西小江围堤节制闸

张龙桥闸　位于来苏凑沿金村的南门江主航道上。1976年建，2孔，每孔4米，总孔径8米。1997年外移重建，2孔，每孔8米，总孔径16米，通航能力从40吨级提高到100吨级。原闸拆除，改建桥梁。

里士湖闸　又名丁村闸。位于来苏丁村自然村，初建于1973年，1孔2.6米，木闸门，手动启闭。1997年原闸作废，外移重建1孔，孔径4米。

表8-3-132　2000年萧山南沙大堤节制闸情况

单位：米

闸　名	性　质	建成年份	所在位置	孔数孔径	闸底高程	闸门结构
河庄闸	原排涝 现节制	1950 1957年改建	河庄镇建设村	2×4	3.50	上薄壳拱形门，下梁板
小泗埠闸	原排涝 现节制	1953 1979年改建	头蓬镇小泗埠村	2×3	3.80	钢筋混凝土梁板
利民闸 (七甲闸)	原排涝 现节制	1953 1980年改建	宁围镇(盈丰)七甲	1×7	2.68	工字形钢叠梁
十二埭闸	原排涝 现节制	1955 1969年改建	党湾镇永乐村	中2×4.2 边2×5	3.80	钢筋混凝土梁板
永丰闸	原排涝 现节制	1956 1984年改建	河庄镇建设村	3×6	3.50	钢筋混凝土梁板
九号坝闸	原排涝 现节制	1956 1971年改建	九号坝	2×2.8	3.50	钢筋混凝土梁板
益农闸	原排涝 现节制	1956	益农镇	1×3	3.50	钢筋混凝土梁板
江边闸	原排涝 现节制	1957	长河镇江边	1×2.5	4.07	钢筋混凝土梁板
城北闸	原排涝 现节制	1957 1971年改建	钱江农场南	2×4	3.50	钢筋混凝土梁板
新湾闸	原排涝 现节制	1957 1969年改建 1993年重建	新湾镇	3×7	3.50	钢筋混凝土梁板
新民闸	原排涝 现节制	1963	宁围镇盈丰	1×3.2	5.00	钢筋混凝土梁板
头蓬闸	节　制	1969 1976年扩建	头蓬镇	4×4	3.50	钢筋混凝土梁板
利农闸	节　制	1967	益农镇	1×3.2	3.50	钢筋混凝土梁板
梅林闸	节　制	1967	新湾镇梅林湾村	1×3	3.50	钢筋混凝土梁板
立新闸	节　制	1966 1988年改建	新街镇	2×7	3.50	钢筋混凝土梁板
新湾抢险闸	节　制	1969	新湾镇新龙村	1×3.7	3.50	钢筋混凝土梁板
蜀南闸	节　制	1970 1997年改建	河庄镇蜀南村	2×6	3.50	钢筋混凝土梁板
东方红闸	节　制	1970	益农镇围垦	2×4	3.40	钢筋混凝土梁板
五七闸	节　制	1970	新湾部队农场	2×6	3.50	上薄壳横拱形门，下梁板
先锋闸	节　制	1971	党湾镇先锋村	2×4	3.40	折叠式薄壳门
龙虎闸	节　制	1971	南阳镇龙虎村	3×4	3.50	钢筋混凝土梁板
狮子山闸	节　制	1972	南阳镇赭山	3×4	3.50	钢筋混凝土梁板
利二闸	节　制	1973	宁围镇盈丰	3×4	3.50	钢筋混凝土梁板
红卫闸	节　制	1975	宁围镇盈丰	2×4	3.50	钢筋混凝土梁板
利群闸	节　制	1976	宁围镇盈丰	2×4	3.50	钢筋混凝土梁板
红山闸	节　制	1979	红山农场东	1×6 2×4	3.50	钢筋混凝土梁板
江边3孔闸	节　制	1978	长河镇江边	3×7	3.00	钢筋混凝土梁板
光明闸	通航兼节制	1998	坎山镇梅仙村	3×8	3.50	钢筋混凝土梁板

注：①启闭动力均为电动。

②有关闸重建，改建前孔数：河庄2×3；利民（七甲）2×3；十二埭5×2.5；永丰4×3；城北3；新湾5×2.5，中2×4.2，边2×2.5；头蓬2×4；立新2×4；蜀南1×4。

表8-3-133 2000年萧山围垦大堤节制闸情况

单位：米

闸　　名	性　质	建成年份	所在位置	孔数孔径	闸底高程	闸门结构
浦沿棉场闸	排　涝	1967	钱江一桥东	1×2.2	4.25	钢筋混凝土梁板
文革闸	原排涝 现节制	1967	益农镇	1×2.5	3.50	钢筋混凝土梁板
军民闸	排　涝	1969	顺坝围垦军民河	1×3.8	3.50	钢筋混凝土梁板
蜀山闸	节　制	1969	河庄镇蜀南村	3×4	3.50	钢筋混凝土梁板
五工段闸	节　制	1969	萧围五工段	2×4	3.50	钢筋混凝土梁板
头蓬1号闸(林场闸)	节　制	1969	萧围林场	3×4	3.50	钢筋混凝土梁板
内六工段闸	原排涝 现节制	1970	萧围六工段	5×4	3.50	钢筋混凝土梁板
六工段小闸	节　制	1970	萧围六工段	2×4	3.50	钢筋混凝土梁板
丁坝(新湾)1号闸	节　制	1971	围垦水泥厂	2×4	3.50	钢筋混凝土梁板
头蓬2号闸	节　制	1971	萧围楼塔垦种	1×4	3.50	钢筋混凝土梁板
新农闸	节　制	1971	河庄镇新农	1×4	3.50	钢筋混凝土梁板
丁坝(新湾)3号闸	节　制	1972	前进乡	3×4	3.50	钢筋混凝土梁板
丁坝(新湾)2号闸	节　制	1972	萧围5.2万亩隔堤	2×4	3.50	钢筋混凝土梁板
朝阳闸	节　制	1972	益农镇	2×4	3.50	钢筋混凝土梁板
八工段闸	原排涝 现节制	1972	萧围内八工段	5×4	3.50	钢筋混凝土梁板
八工段小闸	节　制	1972	萧围内八工段	2×4	3.50	钢筋混凝土梁板
先锋闸	节　制	1972	钱江农场与红垦农场	3×4	3.50	钢筋混凝土梁板
光明闸	节　制	1972	益农镇	1×4	3.40	钢筋混凝土梁板
十三工段闸	节　制	1973	萧围十三工段	2×6	3.50	上部框架钢丝网板
三工段闸	节　制	1976	益农镇	2×4	3.40	钢筋混凝土梁板
丁坝(新湾)4号闸	节　制	1973	前进乡	2×4	3.50	钢筋混凝土梁板
21号闸	节　制	1973	益农镇	3×4	3.50	钢筋混凝土梁板
利民坝闸	节　制	1974	益农镇	1×4	3.50	钢筋混凝土梁板
十工段东闸	节　制	1974	萧围内十工段	2×4	3.50	钢筋混凝土梁板
四联闸	节　制	1974	前进乡	1×4	3.50	钢筋混凝土梁板
前十一工段闸	节　制	1974	前进乡	2×4	3.50	钢筋混凝土梁板
21号闸	节　制	1974	益农镇	1×6	3.40	钢筋混凝土梁板
中心坝闸	节　制	1975	益农镇	2×4	3.40	钢筋混凝土梁板
后十一工段闸	节　制	1975	前进乡	3×4	3.50	钢筋混凝土梁板
九工段闸	节　制	1976	萧围九工段	2×4	3.50	钢筋混凝土梁板
十二工段闸	节　制	1976	萧围十二工段	2×4	3.40	钢筋混凝土梁板
十工段闸	原排涝 现节制	1976	萧围内十工段	3×4	3.00	钢筋混凝土梁板
八一闸	节　制	1976	萧围内八工段	2×4	3.50	钢筋混凝土梁板
十三工段闸	节　制	1976	萧围十三工段	2×4	3.40	钢筋混凝土梁板

续 表

闸　　名	性　质	建成年份	所在位置	孔数孔径	闸底高程	闸门结构
外十三工段闸	节　制	1977	萧围外十三工段	2×4	3.50	钢筋混凝土梁板
六一闸	节　制	1977	萧围内六工段	2×4	3.50	钢筋混凝土梁板
八二闸	节　制	1977	萧围内八工段	2×4	3.50	钢筋混凝土梁板
北横堤头埭闸	节　制	1978	益农镇	1×4	3.50	钢筋混凝土梁板
北横堤二埭闸	节　制	1978	益农镇	1×4	3.50	钢筋混凝土梁板
南横堤头埭闸	节　制	1978	益农镇	1×4	3.50	拱形门
南横堤二埭闸	节　制	1978	益农镇	1×4	3.50	钢筋混凝土梁板
十四工段闸	节　制	1978	萧围十四工段	2×4	3.50	钢筋混凝土梁板
外十四工段闸	节　制	1978	萧围外十四工段	2×4	3.50	钢筋混凝土梁板
顺坝闸	节　制	1978	顺坝围垦	2×4	3.50	钢筋混凝土梁板
六二闸	节　制	1978	萧围内六工段	2×4	3.50	钢筋混凝土梁板
十七工段闸	节　制	1979	萧围十七工段	2×4	3.50	钢筋混凝土梁板
二工段闸	节　制	1979	萧围二工段	2×4	3.40	钢筋混凝土梁板
四工段闸	节　制	1979	萧围四工段	2×4	3.50	钢筋混凝土梁板
外十二工段闸	节　制	1979	萧围十二工段外闸	1×6	3.50	钢筋混凝土梁板
75丘围堤闸	排　涝	1979	萧围养殖场	1×1.5	3.00	钢筋混凝土梁板
十六工段闸	原排涝 现节制	1979	萧围十六工段	2×4	3.50	钢筋混凝土梁板
外十工段闸	节　制	1980	萧围外十工段	2×4	3.50	钢筋混凝土梁板
十工段西闸	节　制	1980	萧围内十工段	2×4	3.50	钢筋混凝土梁板
外六工段西闸	节　制	1981	萧围外六工段	2×4	3.50	钢筋混凝土梁板
十五工段闸	原排涝 现节制	1986	萧围十五工段	5×4	2.50	钢筋混凝土梁板
外十工段一万亩闸	节　制	1987	萧围外十工段	2×4	3.50	钢筋混凝土梁板
中十一工段闸	节　制	1988	萧围十一工段	1×4	3.50	钢筋混凝土梁板
十五工段闸	节　制	1988	萧围十五工段	2×6	3.50	钢筋混凝土梁板
十七工段北隔闸	节　制	1989	萧围养殖场	2×4	3.50	钢筋混凝土梁板
1号坝闸	节　制	1989	顺坝围垦1号坝	2×4	3.50	钢筋混凝土梁板
城北瓜沥界河闸	节　制	1990	萧围十工段	1×4	3.50	钢筋混凝土梁板
十八工段闸	节　制	1991	萧围十八工段	边2×4 中1×6	3.50	钢筋混凝土梁板
十七工段西闸	节　制	1993	萧围十七工段	2×8	3.50	钢筋混凝土梁板
顺坝3围闸	节　制	1993	顺坝围垦	1×6	3.50	钢筋混凝土梁板
外十七工段闸	节　制	1995	萧围外十七工段	边2×4 中1×6	3.00	钢筋混凝土梁板
95丘闸	节　制	1996	萧围1.9万亩	2×4	3.50	钢筋混凝土梁板

注：①21号节制闸1993年建成时为排涝闸，后向外围垦成为节制闸。

②启闭动力除浦沿棉场、文革、十七工段西、顺坝3围闸为手动外，其余均为电动。

表8-3-134 2000年萧山北海塘节制闸情况

单位：米

闸　名	性　质	建成年份	所在位置	孔数孔径	闸底高程	闸门结构
莫家港闸	节　制	1954	莫家港	1×3	3.50	钢筋混凝土梁板
盈建闸(新林周闸)	节　制	1954	新林周	1×2.8	3.43	钢筋混凝土梁板
丰产闸	通　航	1956	党山镇	1×4	3.50	钢筋混凝土梁板
瓜沥闸	通　航	1958 (1982年改建)	瓜沥镇	2×6	3.30	钢筋混凝土梁板
长山闸	通　航	1958年改建 1982年扩建	新街镇	2×6	3.35	钢筋混凝土梁板
方迁溇闸	节　制	1959	方迁溇	3×3	3.00	钢筋混凝土梁板
塘上三利闸	节　制	1960	坎山镇塘上村	1×4	3.00	钢筋混凝土梁板
西兴闸	节　制	1961	西兴叉口	中1×4 边2×3	3.45	钢筋混凝土梁板
郭家埠闸	节　制	1962	郭家埠	1×3	3.50	钢筋混凝土梁板
山西闸	节　制	1965	大和山南麓	1×4	3.00	钢筋混凝土梁板
新庄闸	节　制	1969	浦沿镇	1×3	4.20	钢筋混凝土梁板
五七闸	节　制	1969	城北俞家潭	1×4	3.50	钢筋混凝土梁板
夹灶闸	节　制	1972	夹浜村	1×4	3.50	钢筋混凝土梁板
大治河闸	节　制	1979	新林周	2×8	3.40	钢筋混凝土梁板
济民闸	节　制	1968年改建 1996年扩建	济民河	2×7	3.00	钢筋混凝土梁板

注：①盈建(新林周)节制闸河改道，不起作用。丰产闸、瓜沥闸塘内有套闸。长山闸塘外有2孔每孔6米节制闸1座。大治河闸1981年3月竣工验收。

②启闭动力均为电动。

③有关闸改建前孔数：瓜沥1×4；长山2×3.5；济民1×3。

表8-3-135 2000年萧山西小江节制闸情况

单位：米

闸　名	性　质	建成年份	所在位置	孔数孔径	闸底高程	闸门结构
渔临关闸	节　制	1973	来苏乡	1×3	3.50	钢筋混凝土梁板
里士湖闸	节　制	1973（1997年重建)	来苏乡	1×4	3.50	钢筋混凝土梁板
打纸埭闸	节　制	1973	新塘乡	1×4	3.50	钢筋混凝土梁板
讨饭坝闸	节　制	1974	来苏乡	1×4	3.50	钢筋混凝土梁板
大沿坝闸	节　制	1974	来苏乡	1×4	3.50	钢筋混凝土梁板
徐家闸	节　制	1974	新塘乡	1×4	3.50	钢筋混凝土梁板
张家堰闸	节　制	1974	新塘乡	1×4	3.50	钢筋混凝土梁板
秀龙桥闸	节　制	1974	新塘乡	1×4	3.50	钢筋混凝土梁板
张龙桥闸	节　制	1976（1997年重建)	来苏乡	2×8	3.50	钢筋混凝土梁板
斜安桥闸	节　制	1979	来苏乡	1×4	3.50	钢筋混凝土梁板
江河东闸	节　制	1979	来苏乡	1×3	3.50	钢筋混凝土梁板
章桥堰闸	节　制	1972（1979年重建)	新塘乡	1×4	3.50	钢筋混凝土梁板
横河周闸	节　制	1979	衙前镇	1×4	3.50	钢筋混凝土梁板
吴家塔闸	节　制	1980	衙前镇	2×4	3.50	钢筋混凝土梁板
会郎曹闸	节　制	1980	新塘乡	1×4	3.50	钢筋混凝土梁板

续 表

闸　　名	性　质	建成年份	所在位置	孔数孔径	闸底高程	闸门结构
河南王闸	节　制	1980	新塘乡	1×4	3.50	钢筋混凝土梁板
螺山闸	节　制	1965（1981年改建）	衙前镇	1×4	3.50	钢筋混凝土梁板
杨汛闸	节　制	1981	衙前镇	1×4	3.50	钢筋混凝土梁板
砖瓦厂闸	节　制	1982（1997年易地重建）	新塘乡	1×4	3.50	钢筋混凝土梁板

注：①里士湖节制闸外移至丁村重建，又名丁村闸，原闸作废。张龙桥节制闸外移至凑沿金重建，原闸作废。江河东节制闸又名董家桥节制闸。章桥堰又名沙河沈。螺山又名马埭娄。

②启闭动力均为电动。

③有关闸改建、重建前孔数：里士湖1×2.6；张龙桥2×4；章桥堰1×2.3；螺山1×2.2。

表8-3-136　2000年萧山浦阳江流域主要排灌闸情况

单位：米

闸　　名	性　质	建成年份	所在位置	孔数孔径	闸底高程	闸门结构
芦家闸	排　灌	1999年改建	欢潭乡钟家坞	1×3.2	3.50	钢筋混凝土梁板
下桥进水闸	排　灌	1955	临浦镇下桥	1×2.9	4.30	钢筋混凝土梁板
径游南闸	排　灌	1956	浦阳镇纪家汇	1×3.5 2×3	3.80	钢筋混凝土梁板
径游北闸	排　灌	1965	浦阳镇谢家	2×3	4.50	钢筋混凝土梁板
西山闸	排　涝	1956	戴村镇戴家山	2×4	6.00	钢筋混凝土梁板
振庭闸	排　灌	1957	许贤乡河口	1×2.5	5.36	钢筋混凝土梁板
蛟山闸	排　灌	1958（1993年改建）	许贤乡河西址	1×5	5.20	钢筋混凝土梁板
河口进水闸	排　灌	1962	许贤乡河口	1×3	6.00	钢筋混凝土梁板
碛堰山进水闸	排　灌	1963	戴村镇碛堰山	1×3	4.00	钢筋混凝土梁板
蛟山出水闸	排　涝	1964	许贤乡蛟山	2×3	3.50	钢筋混凝土梁板
戴村出水闸	排　涝	1964	戴村镇石盖	2×3.5	3.50	钢筋混凝土梁板
桃北进水闸	排　灌	1964	浦阳镇山后	1×3	4.00	钢筋混凝土梁板
友谊闸	分　洪	1964	临浦镇梅里	1×10	4.80	钢筋混凝土梁板
泥桥闸	排　涝	1965	欢潭乡泥桥头	1×3	4.00	钢筋混凝土梁板
横力口闸	排　洪	1969	浦阳镇上横塘	1×3.2	5.00	钢筋混凝土梁板
桃源进水闸	排　灌	1976	浦阳镇洪水湾	1×4	3.50	钢筋混凝土梁板
欢潭引潮闸	排　灌	1978	欢潭乡傅家	1×3	3.50	钢筋混凝土梁板
猫头山进水闸	排　灌	1980	许贤乡七里店	1×2.5	3.40	钢筋混凝土梁板
王家桥进水闸	排　灌	1980	许贤乡王家桥	1×2.5	3.50	钢筋混凝土梁板

注：①径游北排灌闸，鸡鸣江废，闸已不起作用。蛟山排灌闸，后标准堤塘建设裁弯取直外移，重建1孔4米，原闸改为节制闸。蛟山出水排灌闸，1973年排涝站扩建时已封闭。后标准堤塘建设裁弯取直，排涝站外移重建，该闸重新疏通为节制闸。横力口排灌闸，后标准堤塘建设时作废改桥。

②启闭动力均为电动。

③有关闸改建前孔数和闸底高程：芦家1×2.2，闸底高程4.5；蛟山1×2.5。

表8-3-137 2000年萧山湘湖及小砾山输水河节制闸情况

单位：米

闸名	性质	建成年份	所在位置	孔数孔径	闸底高程	闸门结构
塘子堰村闸	节制	1953（1989年改建）	长河镇塘子堰村	1×4	4.00	钢筋混凝土梁板
东汪村二孔闸	节制	1960年改建 1989年重建	闻堰镇东汪村	2×7	3.50	钢筋混凝土梁板
东汪村三孔闸	节制	1960	闻堰镇东汪村	3×4	4.20	钢筋混凝土梁板
后吴村闸	节制	1961（1989年改小）	闻堰镇东汪村	1×1	4.20	钢筋混凝土梁板
山前吴村闸	节制	1961	闻堰镇小砾山村	1×2.9	4.50	钢筋混凝土梁板
石岩村闸	节制	1963	石岩乡金西村	1×3	3.48	钢筋混凝土梁板
横塘村闸	节制	1964（1984年改建）	西兴镇东湘村	1×4	4.00	钢筋混凝土梁板
后王寺村闸	节制	1965（1984年改建）	闻堰镇老虎洞村	2×7	3.50	钢筋混凝土梁板
压湖山闸	节制	1965（1978年改建）	闻堰镇压湖山	1×4	3.50	钢筋混凝土梁板
湖贯坝闸	节制	1967	城厢镇浙江建材厂	1×4	3.80	钢筋混凝土梁板
青口船闸	节制	1969	城北老岳庙	1×4	3.50	钢筋混凝土梁板
工农闸	节制	1969	城北施家桥村	1×4	3.50	钢筋混凝土梁板
五七南闸	节制	1969	城北俞家潭	1×4	3.50	钢筋混凝土梁板
定山闸	节制	1977	闻堰镇定山	1×3.2	4.00	钢筋混凝土梁板
湖山闸	节制	1981（1989年改建）	石岩乡湖山村	1×4	3.50	钢筋混凝土梁板
东风闸	节制	1982	闻堰镇东汪村	1×4	3.50	钢筋混凝土梁板
下湘湖闸	通航	1984	城厢镇东湘村	2×7	3.50	钢筋混凝土梁板
下湘湖南闸	通航	1987	城厢镇东湘村	2×7	3.50	钢筋混凝土梁板
一水厂闸	节制	1989	城厢镇东湘村	1×4	3.50	钢筋混凝土梁板

注：①后吴村节制闸于2000年报废。湖贯坝节制闸因1987年河道改道，已不起作用。青口船节制闸又名庆胜闸。

②启闭动力均为电动。

③有关闸改建、重建前孔数：塘子堰村1×2.8；东汪村二孔1×2.7；后吴村1×2.9；横塘村1×2.8；后王寺村1×3；压湖山1×3。

表8-3-138 2000年萧山旱闸情况

单位：米

闸名	性质	建成年份	所在位置	孔数孔径	闸底高程	闸门结构
临浦上闸	交通防洪	1956（1978年改建）	临浦镇	1×2.5	10.00	钢筋混凝土梁板
临浦中闸	交通防洪	1956（1979年改建）	临浦镇	1×3.5	9.80	钢筋混凝土梁板
临浦下闸	交通防洪	1956（1979年改建）	临浦镇	1×3.5	10.00	钢筋混凝土梁板
临浦西市街闸	交通防洪	1967（1980年改建）	临浦镇	1×3.5	9.80	钢筋混凝土梁板
义桥上闸	交通防洪	1972	义桥镇	1×3	10.00	木叠梁
义桥中闸	交通防洪	1972	义桥镇	1×2.85	9.90	木叠梁

续 表

闸　　名	性　质	建成年份	所在位置	孔数孔径	闸底高程	闸门结构
义桥五一闸	交通防洪	1956（1971年改建）	义桥镇	1×3.5	9.50	钢筋混凝土梁板
闻堰上闸	交通防洪	1956（1979年改建）	闻堰镇	1×3		钢筋混凝土梁板
闻堰下闸	交通防洪	1956（1979年改建）	闻堰镇	1×3.8		钢筋混凝土梁板
潭头上闸	交通防洪	1958（1976年改建）	闻堰镇潭头	1×3.15		钢筋混凝土梁板
潭头下闸	交通防洪	1958（1976年改建）	闻堰镇潭头	1×3.2		钢筋混凝土梁板
大桥路基边闸	交通防洪		浦沿镇	1×4	9.00	钢筋混凝土梁板
九号坝闸	交通防洪	1974（1976年改建）	红垦农场	1×3	8.50	钢筋混凝土梁板
美女坝闸	交通防洪	1974（1976年改建）	南阳镇	1×3	8.10	钢筋混凝土梁板
赭山湾7号坝闸	交通防洪	1974（1976年改建）	南阳镇赭山	1×3	8.50	钢筋混凝土梁板
赭山湾8号坝闸	交通防洪	1974（1976年改建）	南阳镇赭山	1×3	8.50	钢筋混凝土梁板

注：①前12座为西江塘旱闸，后4座为九号坝围垦旱闸。
②启闭动力均为人力。

第三节　堰　坝

萧山自古就有选择山丘岗阜或地势要害处设置堰坝的传统，南宋嘉泰《会稽志》卷四载，萧山县时有西兴堰、楮木堰、碛堰、从塘堰、太末堰、凤堰、凑堰、杨辛堰、单家堰、章家堰、钱清旧堰、钱清新堰、贾家堰、张九堰、螺山堰15处。通过拦截水流，以利灌溉、防洪、溪流整治和航运。山区半山区大多沿溪流自上而下梯级修坝，利用上坝余水和集雨面积所产生的径流灌溉农田。中华人民共和国成立后，楼塔、大桥、戴村、河上、云石、进化等镇乡（公社），利用楼塔溪、进化溪、七都溪和永兴河等水源，发动群众兴建乌子堰、后俞畈堰、白燕堰、凌桥堰等堰坝。1956年，对清光绪年间（1875～1908）在娄家园修建的光绪堰进行改建，并改名丰产堰，因堰址合理，水源充足，可灌田千亩。2000年底，全市共有大小堰坝135条。其中灌溉面积百亩以上的28条（含灌溉面积千亩以上的白燕堰、丰产堰、凤山活动堰3条）。全年可供水910.82万立方米，灌溉面积20205亩。

图8－3－229　60年代建造的云石乡沈家堰坝（2007年，杨贤兴摄）

表8-3-139 2000年萧山市灌溉百亩以上堰坝情况

所属河流	镇乡	堰坝名称	村	堰坝高（米）	堰坝长（米）	灌溉面积（亩）
章村溪	楼塔镇	小毛潭坝	田 村	1.20	26.0	130
		龙尾巴坝	岩 上	1.10	18.0	170
		乌子坝	岩 上	1.00	36.0	111
		长潭坝	岩 下	2.00	40.0	181
		石竹坝	岩 下	2.40	28.0	150
楼塔溪	楼塔镇	雀山岭坝	楼 四	2.00	50.0	757
		前山岭坝	楼 一	1.00	70.0	759
		金贤山坝	管 村	1.80	56.0	370
里谢溪	河上镇	溪头坝	溪 头	1.00	75.0	391
		青山坝	上山头	1.00	50.0	377
		魏塔坝	魏 塔	1.00	50.0	800
		上庙坝	里 谢	0.60	4.9	215
		小秧田坝	高 都	1.35	6.7	167
永兴河	河上镇	白燕坝	白 燕	1.00	55.0	2600
		下门坝	下 门	1.00	60.0	850
		丰产坝	娄家园	1.00	56.5	6000
		凤山活动坝	紫 东	0.80	43.0	3500
		伟民坝	伟 民	1.50	55.0	230
七都溪	云石乡	沈家坝	沈 村	0.50	55.0	157
	戴村镇	汪家坝	丁 村	1.00	75.0	360
		夏家支日坝	墙 头	1.35	32.5	285
		墙头坝	墙 头	1.42	26.3	200
		凌桥坝	凌 桥	1.95	45.4	495
钟岭溪	许贤乡	江村畈坝	南 坞	3.00	6.0	130
进化溪	进化镇	联丰坝	联 丰	0.50	16.0	100
		拦水坝	霄 汉	3.50	10.0	120
		后溪活动坝	山头埠	1.20	15.0	300
欢潭溪	欢潭乡	上桥坝	欢 联	0.50	15.0	300

第四章　机电排灌

60年代，南片地区建成排灌站13座。60～70年代，小砾山、钱江、七甲、江边、浦沿等电力排灌站在钱塘江灌区先后建成。1990年，全市机电排灌总面积85.00万亩，其中旱涝保收田62.50万亩。“排灌按电钮，旱涝保丰收”，农民从劳累费时的人力排灌中解放出来。至2000年，全市共有大小电力排灌站（机埠）3881座（个），总装机容量67780千瓦，各种排灌机械8822台、82269千瓦，机电排灌面积78.29万亩。田间三渠（排、灌、降）、平整土地和园田化建设等工程相应配套。

第一节　排灌站更新改造

南片排灌站

南片灌区分布于浦阳江、凰桐江、永兴河两岸，由河谷湖畈组成，大多环山临江，易旱易涝，为重点治理地区。集雨面积141.26平方千米，排灌总面积21.19万亩，直接灌溉面积0.66万亩，排涝面积7.79万亩。1962～1964年间，先后建成茅山、桃源、临江、新江岭、河口、大桥、欢潭、桃北、径游、碛堰山、下桥、蛟山和戴村13座电力排灌站。至80年代末，各排灌站机电设备普遍陈旧老化，实际能源单耗超过国家规定标准50%；运行中的47台变压器均属国家淘汰产品，影响排灌效益发挥和工程安全。

1987年，县政府决定对南片电力排灌站的机电设备进行更新改造。是年，共维修机泵22台，更新35千伏输电线18千米、水泵8台、变压器12台、各种开关14只，同时抽测机泵106台，改造水泵6台。1989年，对碛堰山、桃源和欢潭电力排灌站机泵、变压器、计量屏、配电屏、启闭机、电缆和进水闸等设备进行更换和维修，投入资金62.02万元，其中国家拨款55.38万元，排灌站自筹6.64万元。翌年，国家又拨款30万元，更新径游、茅山、桃北和新江岭排灌站的变压器等设备。

1990年7月，市人大常委会作出《关于更新改造南片13座电力排灌站的决定》(萧人大〔1990〕11号)，市政府决定按国家补助50%、所在地镇乡和排灌站自筹50%的方式筹集资金，逐年下达电力排灌站更新改造计划。1991～1993年，共下达计划资金346.53万元，对河口、大桥、碛堰山、下桥和新江岭5座排灌站作更新改造，对茅山、戴村、临江3站的电动机、水泵、变压器等主要设备进行撤旧装新。至1995年底，南片13座电力排灌站更新改造均按计划完成，共更新电动机94台、水泵94台、变压器38台、配电屏39套，以及电线、电缆、水管等其他配电和土建设施。共投入资金837.50万元，其中国家补助642.17万元，镇乡筹集123.47万元，排灌站筹集71.86万元。

更新改造后的13座电力排灌站，机泵综合效率由改造前的28.10%提高到46.49%，超过45.30%的省颁标准；节电率39.60%，出水率提高10.60%。

泥桥头排涝站　亦名泥桥头治涝工程，位于新江岭灌区泥桥头闸东的大满畈排涝站，1985年3月始建。2台700轴流泵配80千瓦电动机，总装机容量160千瓦，排涝流量2.4立方米/秒；1993年，对建于1965年的泥桥头闸进行改建，闸门装1台700轴流泵，配55千瓦电动机，排涝流量2.1立方米/秒；1995年在泥桥头闸西建泥桥头排涝站，2台900轴流泵配130千瓦电动机，总装机容量260千瓦，增排水能力4.4立方米/秒；泥桥头治涝工程1996年6月竣工，共5台套机泵，总装机容量475千瓦，变压器2台830千伏安，排涝能力8.9立方米/秒，受益面积3800亩。

上盈湖排灌站 位于进化镇，始建于1978年。1台500轴流泵配55千瓦电动机，75千伏安变压器1台，提水能力0.85立方米/秒。1990年扩建，装机3台，700轴流泵配80千瓦电动机，总装机容量240千瓦，320千伏安变压器1台，排涝能力3.3立方米/秒，属茅山灌区。

杨家浜排灌站 位于义桥镇杨家浜，始建于1962年。1台500轴流泵配55千瓦电动机。1991年改建为1台700轴流泵配80千瓦电动机；1995年扩容为90千瓦电动机，变压器1台120千伏安，提水能力1.2立方米/秒，排涝面积2000亩，灌溉面积6000亩。

鲁家坞排灌站 位于临浦镇鲁家坞村，2000年建成。1台700轴流泵配110千瓦电动机，1台160千伏安变压器，排涝能力2立方米/秒，受益面积1000亩。

猫头山机埠 位于许贤乡猫头山村，1980年建。1992年进行除险加固、机泵更新改造，4台500轴流泵配55千瓦电动机，总装机容量220千瓦，1台变压器315千伏安，提水能力2.64立方米/秒，受益面积1880亩。

钱塘江排灌总站

钱塘江灌区由南沙地区及围垦新区组成，紧贴钱塘江，地势略高于萧绍平原，易遭干旱，一遇大雨积涝成灾，仅靠临时开挖塘缺排涝，农业生产难以保障。为解决排灌问题，1961年，建成小砾山翻水站，1964年改造成排灌两用，并更名为小砾山电力排灌站。至70年代，灌区内又陆续建成方迁溇、坎山、钱江、七甲和江边电力排灌站。1978年，成立钱塘江排灌总站，下辖小砾山、方迁溇、坎山、钱江、七甲、江边6个电力排灌站，时为浙江省最大的大型泵站。1979年、1996年，分别兴建浦沿排灌站和仅用于灌溉的萧山闸站，方迁溇排灌站同时废弃。1990年，钱塘江排灌总站被国家水利部评为一级先进管理单位。2000年底，钱塘江排灌总站辖有7站1所，即小砾山、浦沿、江边、萧山闸站、七甲、钱江和坎山排灌站及河道管理所，总装机容量76台7580千瓦，设计提水能力109.60立方米/秒，更新后提水能力137.74立方米/秒，年调节水量10亿立方米左右。

浦沿电力排灌站 位于浦沿镇鲇鱼嘴，1979年5月建造，装机容量3台240千瓦，设计流量3.3立方米/秒。1989年11月，投入资金5.30万元，更新315千伏安变压器1台、700轴流泵2台。更新后，流量从3.3立方米/秒增至4.44立方米/秒，站效率从24.82%提高到43.82%。

江边电力排灌站 位于长河镇江边码头西侧，1975年4月建造，装机容量20台2600千瓦，设计流量40立方米/秒。1998年12月，投入资金208.8万元，更新变压器2000千伏安2台，高配设备、900轴流泵20台，130千瓦电动机10台和配电装置2套。更新后，流量从40立方米/秒增至52立方米/秒，站效率从26.35%提高到54.80%。

七甲电力排灌站 位于七甲闸出水河道，建于1973年6月，装机20台700轴流泵配80千瓦电动机，总容量1600千瓦，设计流量22立方米/秒。1988年，发现水下建筑物基础渗漏，加之长期运行，设备老化，效益衰减，已成险工。是年11月始进行除漏排险和设备维修、更新，次年完成。1991年11月，又投入资金123.8万元，更新变压器1000千伏安2台，高配设备、700轴流泵20台，80千瓦电动机20台和配电设备2套。更新后，流量从22立方米/秒增至33.4立方米/秒，站效率从27.94%提高到49.73%。

钱江电力排灌站 位于七甲闸内，1970年6月建造，装机容量8台1040千瓦，设计流量16.80立方米/秒。1991年11月，投入资金33.5万元，更新变压器1600千伏安1台，高配设备、900轴流泵8台和配电装置1套。更新后，流量从16.80立方米/秒增至18.4立方米/秒，站效率从31.16%提高到50.60%。

表8-4-140 2000年萧山市重点排灌(涝)站情况

编号	站名	所在镇	所在村(自然镇、村)	灌区名称	管理单位	所属河流	建成时间	水泵		总装机容量		设计流量(立方米/秒)	实测流量(立方米/秒)	受益面积(万亩)		
								口径(毫米)/泵类	(台)	(台)	(千瓦)			集雨面积	收费面积	
															排涝	灌溉
1	小砾山	闻堰	小砾山	钱塘江	钱塘江排灌总站	钱塘江	1961年8月 1978年5月改建	700/轴流泵	20	20	1600	20.00	22.00	110.25		58.37
2	浦沿	浦沿	新生			钱塘江	1979年6月	700/轴流泵	3	3	240	3.30	4.44			
3	江边	长河	江二			钱塘江	1975年4月	900/轴流泵	20	20	2600	40.00	52.00			
4	七甲	宁围	盈丰			钱塘江	1973年6月	700/轴流泵	20	20	1600	22.00	33.40			
5	钱江	宁围	盈丰			钱塘江	1970年6月	900/轴流泵	8	8	1040	16.80	18.40			
6	萧山	长河	江二			钱塘江	1996年11月	900/轴流泵	2	2	260	4.20	4.20			
7	坎山	坎山	勇建			坎山直河	1964年2月	700/轴流泵	3	3	240	3.30	3.30			
8	益农	益农	东沙	益农	镇	灌区内河	1995年11月	900/轴流泵	5	5	500	15.00	15.50	2.70	2.70	
9	径游	浦阳	纪家汇	径游	浦阳镇排灌总站	浦阳江	1963年8月	700/轴流泵	6	6	930	9.60	9.60	3.20	0.87	
10	小茅山	浦阳	谢家			凰桐江	1980年6月	900/轴流泵	6	6	930	12.00	12.60			
11	桃源	浦阳	洪水湾	桃源		凰桐江	1962年5月	900/轴流泵	4	4	620	8.00	9.28	1.31	0.67	
12	桃北	浦阳	山后	桃北		浦阳江	1963年9月	500/轴流泵	5	5	275	3.00	3.30	0.68	0.25	
13	浦阳	浦阳	尖山			凰桐江	1980年	500/轴流泵	4	4	220	2.40	2.64			
14	临江	浦阳	朱家塔	临江		浦阳江	1962年9月	500/轴流泵	4	4	220	2.40	2.64	0.68	0.14	
15	上畈	进化	上畈			浦阳江	1971年	500/轴流泵	2	2	110	1.20	1.32			

续 表

编号	站名	所在镇	所在村（自然镇、村）	灌区名称	管理单位	所属河流	建成时间	水泵		总装机容量		设计流量（立方米／秒）	实测流量（立方米／秒）	受益面积（万亩）		
								口径（毫米）／泵类	（台）	（台）	（千瓦）			集雨面积	收费面积	
															排涝	灌溉
16	欢 潭	进 化	傅 家	欢 潭	进化镇排灌总站	浦阳江	1963年5月	700／轴流泵 500／轴流泵	5 1	6	655	6.80	8.16	0.98	0.41	0.09
17	新江岭	进 化	钟家坞	新江岭		浦阳江	1963年5月	500／轴流泵	10	10	550	6.00	6.60	1.53	0.32	
18	茅 山	进 化	墅上王	茅 山		浦阳江	1964年7月	900／轴流泵 700／轴流泵	4 4	8	940	12.80	13.68	2.50	0.83	
19	上盈湖	进 化	上盈湖	上盈湖		进化溪	1978年	700／轴流泵	3	3	240	3.30	3.30	0.53	0.24	
20	下 桥	临 浦	从 塘	下 桥	镇	浦阳江	1964年4月	700／轴流泵	6	6	480	6.60	7.68	2.32	1.43	
21	永 兴	戴 村	河上桥			永兴河	1979年6月	700／轴流泵	2	2	160	2.40	2.56			
22	新 塘	临 浦	麻车倪			浦阳江	1970年9月	500／轴流泵	2	2	110	1.20	1.32			
23	大 桥	河 上	板 桥	大 桥	镇	永兴河	1962年1月	500／轴流泵	4	4	260	2.40	2.64	0.83	0.63	0.44
24	昭 山	戴 村	张家弄			永兴河	1965年6月	500／轴流泵	6	6	330	3.60	3.96			
25	碛堰山	戴 村	积堰山	积堰山	镇	浦阳江	1963年8月	500／轴流泵	6	6	330	3.60	3.96	1.16	0.53	
26	白 马	义 桥	河 口			永兴河	1976年9月	700／轴流泵	2	2	160	2.20	2.56			
27	蛟 山	义 桥	河 西	蛟 山	镇	浦阳江	1964年8月	900／轴流泵	5	5	775	10.00	11.60		3.18	0.97
28	王家桥	义 桥	王家桥		村	永兴河	1981年2月	500／轴流泵	5	5	275	3.00	3.30			
29	戴 村	戴 村	戴 村	戴 村	镇	永兴河	1964年7月	700／轴流泵	6	6	480	7.20	7.68	1.04	0.48	0.03
30	河 口	义 桥	河 口	河 口	镇	永兴河	1962年6月	700／轴流泵	6	6	570	7.20	7.68	1.79	0.26	0.10

注：欢潭站含新涵站1台500轴流泵配55千瓦电动机；红山站1台700轴流泵配80千瓦电动机。

第二节　灌区田间配套工程

排、灌、降配套

灌区田间系列配套工程建设始于1970年园田化建设。是年，县政府提出“田块成方，渠路成网，绿树成行，排灌自如”的要求，全面开展灌区田间排（涝）、灌（溉）、降（降低地下水位）配套和平整土地园田化建设。1971～1975年，共投放劳力4278.02万工，完成土方5985.65万立方米。其间，新建排灌机埠700座。1979年9月始实行山、水、田、路、林综合治理。80年代始提倡“三面光”沟渠（指沟、渠的底及两边砌筑砖、石或混凝土板，又称永久性沟渠）建设。至1990年，全市建成地下灌溉渠道长62.6千米，地下排水管道长13.7千米，地下排水沟长99.3千米，石砌排灌渠道长279.6千米，园田化面积50.28万亩，其中大格子园田化16.44万亩、小格子园田化33.84万亩（均为市农机水利局统计口径，下同）。

图8－4－230　茅山电力排灌站（1966年，董光中摄）

旱涝兼治

1991年起，进行“治涝为主、旱涝兼治”的中低产田改造。是年，共开筑高标准排水沟3条、总长12.4千米，灌溉渠27条、总长8千米；新建机埠19座、装机容量251.5千瓦，维修机埠41座、装机容量452千瓦；河道砌石护岸8处、总长6.1千米；清疏排灌沟渠452条、总长117.7千米；埋设涵洞105处、总长1.4千米；修筑机耕路19条、总长20.1千米；改建机耕桥18座，修建水闸4座，累计完成土石方41.5万立方米。1991～1996年，开展修筑“三面光”沟渠、清疏渠道、疏浚河道、清溪培土、新增排灌机埠、新建和整修机耕路等配套工程建设，累计完成土石方142.56万立方米。其间，共修筑标准防渗衬砌“三面光”沟渠长2329.65千米。2000年始，实施“田成方、林成网、路相连、渠相通、旱能灌、涝能排”的标准农田化建设，建成标准农田69000亩，硬化机耕路166.5千米，“三面光”沟渠1025.3千米，排水沟2994.08千米。

表8—4—141　1985～2000年萧山机电排灌（涝）和旱涝保收面积情况

单位：万亩

年　份	机电排灌（涝）面积	旱涝保收面　积	年　份	机电排灌（涝）面积	旱涝保收面　积
1985	85.2	58.9	1993	85.7	65.1
1986	85.2	58.9	1994	83.3	65.1
1987	85.6	58.9	1995	83.20	66.1
1988	85.6	58.9	1996	79.20	62.4
1989	85.4	60.2	1997	77.70	62.4
1990	85.0	62.5	1998	78.20	62.5
1991	84.5	63.5	1999	78.29	62.9
1992	84.5	64.0	2000	78.29	62.9

注：①全县机电排灌面积：1950年，0.20万亩；1978年，79.50万亩；1984年，85.20万亩。
②全县旱涝保收面积：1978年，57.10万亩；1984年，58.90万亩。

第五章　防汛防旱

萧山历史上无长效防御措施，洪、涝、旱、风、潮、雾等自然灾害频繁，尤以水灾居多。春季易发“桃花水”，夏季多发“黄梅水”，夏、秋季节台风、暴雨、大潮相逢更易成灾。1950年起，持续进行水利建设，并形成市（县）、区、镇乡各级防汛防旱指挥系统。1985年后，市防汛防旱指挥部门每年汛期实行昼夜值班制度，重要水工程设施实行专人管理，重点地段建立专用仓库，常年储备防汛防旱物资。1999年，分别制订全市防汛、防台、防潮等灾害预案，防汛防旱工作常抓不懈，抗御自然灾害能力有所提高。

第一节　指挥体系

为有效地开展防汛防旱工作，1950年起，市（县）、区、镇乡（特别是沿江地带）成立防汛防旱指挥组织，市（县）长、区长、镇乡长等各级行政首长担任总指挥，分管农业、水利的副职担任副指挥，落实防汛防旱岗位责任制。市（县）防汛防旱指挥部下设办公室。办公室主任一般由市（县）农业、水利局局长兼任，办公室设在水利部门。

防汛防旱办公室每年汛期（4月15日～10月15日）24小时值班办公，市（县）农业、公安、电信、卫生、交通、物资等部门和各重要水利工程管理单位相应建立汛期值班和堤防分段责任制。1990年，对区、镇乡和水利管理单位的77个防汛防旱机构进行调整组建，共落实各类水工程管理专职人员6878人。

市（县）防汛防旱指挥部和区、镇乡防汛组织，每年在汛前开展有群众、技术人员和领导参加的防汛大检查，认真分析当地防汛防旱新情况、新特点和可能发生的问题。召开有区、镇乡负责人，各工程管理单位，围垦指挥部和水文网点人员参加的防汛防旱工作会议，总结冬春修水利成果，交流防汛管理经验，分析全市防汛防旱新情况，对尚存在的险工隐患，要求限期除险或提出安全度汛措施，使各级防汛组织任务落实，职责明确，把防汛工作做在灾害发生之前。1997年7月9日萧山特大洪灾后，市防汛防旱指挥部及时总结经验教训，向市委、市政府提出兴建标准堤塘建议，修改制订预防重大水、台、潮灾害预案。

第二节　水情测报

水文网点

1951年始，萧山境内先后设立闻堰、仓前、临浦3个潮位站，萧山、闻堰、临浦、方迁溇4个水位站，萧山（城厢镇）、闻堰、临浦、方迁溇、仓前5个降雨量站和42个防汛测报站点，系统收集钱塘江、浦阳江的潮位资料和萧绍平原、南部山区水位、降水量资料，为防汛防旱服务。

1964年前，水文站由浙江省水利电力厅管理，后移交水利电力部浙江省水文总站负责；1969年9月，下放萧山县农业局管理；1980年10月起，仓前、闻堰、临浦3个站移交浙江省水利厅；1995年2月，省政府下发《关于改革水文管理体制的通知》后，萧山水文系统人、财、物、站网划归萧山市人民政府管理，具体由萧山市农机水利部门负责。

2001年3月止，萧山境内在萧绍平原，钱塘江、浦阳江、永兴河流域和南沙地区、围垦地区、南部山区半山区共设置水情测试网点48处，其中国家网点1处，省属网点2处，萧山市属9处，代办网点7处，电力排灌站、沿江排涝闸、重点水库等29处，形成覆盖萧山的水情网络。同时与富春江电厂和桐庐县、富阳市、诸暨市湄池、绍兴县等水文站配合协作，由各站以拍报传递方式向萧山防汛防旱指挥部提供水情资料。

重点水文站

闻堰水文站　1951年5月设立，为国家级水文站。观测日夜潮位、降水量、蒸发量，并进行流量、含沙量巡回测验。1953年3月，加测风向、风力和云量。1954年起，停测云量、风向、风力；1957年起，停测蒸发量。1956年，增设内河站观测塘河水位。主要采集钱塘江潮位、降水量等信息，自动记载塘河水位，做好资料整编、校核工作，水情资料经审查后上报浙江省水文勘测局永久保存。2000年底，该站由钱塘江排灌总站管理，职工1名。站址在闻堰镇钱塘江堤岸边，站房面积80平方米，外江水位台1座4平方米；内河水位台设在东汪河边，面积3平方米；雨量观测设在站房屋顶。

仓前水文站　原为海潮实验站，1951年10月始设于赭山，后因附近淤沙日积，12月迁至西仓乡成城，为省级水文站。测台和管理房分别在1976年12月和1998年10月进行更新。主要任务：采集钱塘江潮位、降水量，检测潮水的含氯度，做好全年整编校核工作，水情资料经审查后上报浙江省水文勘测局永久保存。2000年底，该站由钱塘江涵闸管理所管理，职工2名。站址在南阳镇龙虎村钱塘江边，占地面积1000平方米，站房建筑面积384平方米，其他管理用房16平方米，外江水位台2座，面积20平方米；雨量观测场1座，20平方米。

临浦水文站　1960年2月由浙江省水利电力厅水文总站设立，为省级水文站。位于临浦峙山闸。2月23日开始观测内河（萧绍水网区）水位、降水量；1961年6月，增测外江（浦阳江）潮位；1983年始，采集浦阳江水样送交省水文勘测局检测。主要任务：采集浦阳江潮位、降水量，自动记载西小江水位，做好资料整编校核工作。水情资料经审查后上报浙江省水文勘测局永久保存。2000年底，该站由浦阳江水利工程管理所管理，职工1名。站址在临浦镇浦阳江堤岸边，站房面积80平方米；外江水位台1座，4平方米；内河水位台设在峙山闸内，雨量观测设在屋顶。

萧山水文站　1961年1月，由浙江省水利电力厅水文总站设立，为杭州市级水文站，位于城厢镇南门江边。观测南门江水位及降水量。2000年底，由市农机水利局管理。站址在南门江南门桥边，占地面积80平方米，站房面积20平方米，设有水位台，雨量观测设在屋顶。

方迁溇水文站　1957年5月，由浙江省水利水文总站设立，为杭州市级水文站。原址位于瓜沥闸。1960年2月，迁至方迁溇闸。1961年3月，除水位观测外加测降水量。曾因方迁溇闸上游建翻水站而将该站迁回瓜沥闸，1969年1月，又迁回方迁溇闸。1997年，因航民村建闸和公路扩建，原内河水位测点位置移至航民闸上游，外河水位测点移至方迁溇闸下游20米处。2000年底，该站由萧山市农机水利局瓜沥派出站管理。水位台设在白洋川河道边，面积3平方米，雨量观测设在派出站办公大楼屋顶。

水情传递设施

中华人民共和国成立后，水情传递一直用电报联系，临时性、季节性观测点用有线电话联系。1978～1982年，萧山县防汛防旱指挥部与仓前、临浦等站使用过国产无线电话进行报汛。

1987年始，萧山县防汛防旱指挥部逐步建立无线电话机联络系统，设置单位有市（县）围垦指挥部、钱塘江排灌总站、钱塘江涵闸管理所、浦阳江水利工程管理所等，初步形成无线电话机联络系统。

2000年底，为程控电话联系，与外县（市）联系较为方便。

拍报标准

浙江省和杭州市设的闻堰、临浦、仓前、方迁溇水文站均采用电报传递，其他站点以定期或不定期电话联系，必要时采用无线电对话机。

降水量标准　日降水量计算：当天8时至次日8时为日降水量，并规定用2段2次制拍发电报。日降水量达到20毫米，各站在次日8时向市防汛防旱指挥部拍发前一天日降水量电报或电话。遇上午8时至晚上8时降水量达到20毫米，晚上要向市防汛防旱指挥部拍12小时内降水量电报。1小时降水量超过30毫米，则要拍发暴雨加急电报。重要水文站采用8段8次拍报方法，即为8时、11时、14时、17时、20时、23时、次日2时、5时，凡达到降水量起报标准（5毫米）就要拍报。

水位标准　水位拍报标准，根据江河情况设站位置不同、水位高低涨落等因素决定。如钱塘江闻堰站：起报水位为8.00米，每天8时拍报1次。警戒水位，即水位涨至9.00米时，每天拍报8次，3小时1次；水落每天报汛4次，6小时1次。危险水位，即水位涨到9.50米，每天报汛12次，2小时1次；水落每天报汛8次，3小时1次。萧绍水网方迁溇站：起报水位为6.00米，每天8时报汛1次。警戒水位为6.30米，每天报汛2次，早晚8时各1次。危险水位为6.60米时，每天报汛4次，6小时1次；水落每天报汛2次，早晚8时各1次。除水位、降水量按照国家标准拍报外，遇到洪、涝、旱等情况时，临浦、闻堰、萧山、方迁溇、仓前及围垦地区排涝闸等站点，对雨情用对话机联系，供领导决策。

友邻地区联络　萧山市地处钱塘江、浦阳江下游，上游来水对萧山洪涝灾害关系极大。每年汛期，萧山均要求富春江电厂、桐庐水文站、富阳水文站、诸暨水文站、湄池水文站等站，及时向萧山拍发水情电报，便于及时做好防汛准备工作。西小江下游在绍兴境内，其降水量大小、水位高低对萧山排涝影响较大，每年汛期要求绍兴水文站向萧山拍发水情电报。同样，萧山的闻堰、临浦等水文站也分别向桐庐、富阳、诸暨、绍兴等县（市）防汛防旱指挥部拍发水情电报。

表8—5—142　1951～2000年萧山有关水文特征值情况

资料年份	站　名		历年最大日降水量		历年最高水位		警戒水位（米）	危险水位（米）
			高（毫米）	发生时间	高（米）	发生时间		
1952～2000	闻堰	外江	339.2	1962—09—05	10.19	1997—07—11	9.00	9.50
		内河	—		7.58	1963—09—13	6.40	6.80
1954～2000	仓前		203.8	1963—09—12	9.86	1997—08—19	8.00	8.50
1951～2000	临浦	外江	266.7	1962—09—05	10.76	1997—07—11	9.00	9.50
		内河	—		7.68	1962—09—06	6.40	6.60
1963～2000	进化		211.7	1984—06—13	9.30	1996—07—01	7.50	8.50
1964～2000	永兴桥		139.4	1990—08—31	11.13	1990—08—31	9.50	10.00
1965～2000	楼塔		182.5	1990—08—31	—		—	—
1958～2000	河上		153.8	1984—06—13	—		—	—
1960～2000	方迁溇		202.8	1963—09—12	6.96	1962—09—06	6.30	6.60
1959～2000	萧山		202.7	1962—09—05	7.21	1962—09—06	6.20	6.50
1971～2000	云石		147.0	1981—09—01	—		—	—

第三节　抗洪抢险

萧山临江线长，历史上洪、涝灾害多于旱灾。1949～2000年间，全市一次性受损面积在10万亩以上的洪、涝灾害22次。局部洪、涝等自然灾害年年发生。

1990年8月30～31日，15号台风袭击萧山，普降暴雨200毫米～300毫米，大面积农田受淹。市委、市政府组织185人参加的抗台工作组下乡到包干地段指挥抗御洪、涝，各镇乡组成300多个抢险突击队，23070人参加抢险，沿江各排涝闸、排灌站开闸、开机排水。台风过后，临浦、戴村两区突击抢修水毁工程194处。

1997年7月6日起，全市普降大到暴雨，毗邻的诸暨、富阳、绍兴、桐庐等县、市也普降大雨，外江、内河水位很快上涨。至7月8日，全市外洪内涝十分严重，浦阳、欢潭、闻堰等镇乡一线江塘形势危急。8日深夜，市委、市人大、市政府、市政协四套班子领导成员迅速率市级有关部门负责人分赴浦阳、欢潭、闻堰等镇乡防汛第一线检查险情。9日上午，市委在临浦镇召开沿江8个镇乡党政主要负责人参加的紧急会议，部署抗洪抢险措施。是日，浙江省委书记李泽民，省委副书记、代省长柴松岳，省委常委、秘书长吕祖善，副省长鲁松庭，省委常委、杭州市委书记李金明，杭州市市长王永明和驻浙某集团军首长及浙江省军区司令员袁兴华、政委贺家弼亲临萧山抢险现场，指挥战斗。同日，在闻堰镇成立浙江省政府、省水利厅和萧山市组成的联合抢险指挥部，落实死保钱塘江西江塘抢险措施。市四套班子主要领导分片包干、分工负责防洪形势最严峻的沿浦阳江、钱塘江一线堤塘8个镇乡。各地组建抢险应急分队59支，市人民武装部从全市各地抽调民兵、预备役人员1657名，并通过省防汛指挥部紧急增调部队官兵827名，上最险要江塘地段抢险。地处浦阳江萧山段上游的浦阳镇和欢潭乡，组织上万人抢险队伍抢护江塘。全市内陆各镇乡和市级各部门迅速组成支援分队，向抗洪前线输送抢险物资和提供各方面服务。其中市卫生系统700多名医务人员深入灾区送医送药和消毒防疫。沿江各排灌站、排涝闸昼夜排水，至7月13日早晨8时，14座电力排灌站共开机12869台时，外排水量5798万立方米；沿江排涝闸开闸258孔、2292孔时，排出水量13191万立方米。由于上下协调，全力抗洪抢险，使浦阳江、钱塘江、永兴河一线堤塘未发生溃决。洪灾过后，市委、市政府迅速组织生产自救，仅戴村镇就投入50万元修复水毁工程18处。

图8—5—231　1997年7月9日，解放军在南沙大堤临江段抢险护堤（纪传义摄）

第四节　防汛物资

50年代初始，历届防汛防旱组织重视防汛防旱器材物资的筹集和储备，做到超前准备，以防万一。遇有各种重大灾害，即由市（县）、区、镇乡各级防汛防旱指挥部分级审批调度使用，灾后按受益范围落实分担。如钱塘江堤塘险要地段，各围垦指挥部均预备石方（包括石碴）；浦阳江、永兴河堤塘及西江塘，历史上就设有“泥牛”（抢险备用土方）；全市各水利工程和建设工地、防汛重点地段均备有木桩、闸板、毛竹、麻袋、草包、篾垫、铅丝、柴油、照明设备、电动机、水泵等物资。其中篾垫、麻袋、麦草、草包，必要时包括门板等，按历史惯例主要由区、镇乡、村或灌区自筹为主，重点险要地段的竹篾、草包等，由防汛部门按险情提出所需品种和数量，确定存放地段，由供销社代为储备，汛期结束后，按负担政策结算。管理仓储费用，由防汛部门负责开支。70年代始，县防汛防旱指挥部分别在关键重要地段建造防汛专用仓库9处，建筑面积3533.17平方米；市（县）围垦指挥部和围垦各地段，浦阳江、永兴河中型以上排灌站，沿钱塘江各主要排涝闸，也分别建有防汛专用仓库27处。1974年，全县共有36个储备点，储备草包46万只，竹篾440件；1990年减少至16个点，共有草包6万只、竹篾60件及木材、木闸板、毛竹、铅丝等。汛前分别由计划部门和上级防汛部门分配指标，市防汛防旱指挥部分配储备。汛期结束，剩余部分转入下年度汛期使用。变压器、电动机、水泵、启闭机、柴油等，按市防汛防旱指挥部确定额度，由市农机水利局储备，汛期后仍按额度补足。

2000年，全市有防汛专用仓库建筑面积3533.17平方米。由市防汛防旱指挥部直接掌握的储备物资有杉木、木闸板、电动机、水泵、启闭机、卷扬启闭机、铅丝及交通、通讯工具等。

表8-5-143 2000年萧山市防汛专用仓库情况

单位：平方米

仓库地点	建筑面积	管理单位	主要物资储备
戴村镇	204.75	浦阳江水利工程管理所	杉木
径游纪家汇	220.18	浦阳江水利工程管理所	杉木
桃源凰桐江	98.40	浦阳江水利工程管理所	杉木
临浦峙山	302.20	浦阳江水利工程管理所	杉木、启闭机、水泵
五堡闸	143.26	钱塘江涵闸管理所	草包
钱江排灌站	332.00	钱塘江排灌总站	闸板、草包等
江边排灌站	360.00	钱塘江排灌总站	防汛器材
小砾山	115.00	钱塘江排灌总站	杉木
城厢镇	1757.38	市农机水利局	木闸板、铅丝、启闭机、电动机、水泵

第五节 防洪、防台、防潮预案

1997年“7·9”特大洪涝灾害后，市防汛防旱指挥部门着手制订防御重大灾害预案。1999年，萧山市防台、防汛、防潮预案（草案）制定。预案设定在不同水位、风力情况下，进行重点防御和抢险的对策措施。

浦阳江流域防洪预案

由于浦阳江上游裁弯疏浚，水向下游的汇流时间缩短，加之沿江滞蓄洪滩地缩小，调蓄能力减弱以及沿江大机埠内水外排，行洪流量加大，如受突发性灾害天气影响，再遇富春江洪水倒灌，钱塘江大潮顶托，在汛期出现持续高水位情况的可能性将始终存在。现有浦阳江堤防能力，大部分为10～20年一遇，永兴河的堤塘标准为5～10年一遇，浦阳江和永兴河堤塘防洪抢险任务仍然十分繁重。

防御重点　在主要受浦阳江上游洪水影响的情况下（下同），当临浦水位9.0米（不到5年一遇）时，主要防洪地段为：欢潭小星坞、小满塘以及浦阳杨公潭至於家机埠、山前塘、临浦镇浦南前塘等。

当临浦水位9.5米（相当于5年一遇）时，浦阳江水位金浦桥10.5米、径游机埠10.2米、尖山（凰桐江口）9.9米、闻堰9.0米，永兴河水位白堰桥15.3米、泥桥11.6米、永兴桥10.0米、许贤桥9.3米，应重点防范欢潭鲁家闸、浦阳镇下定阁南北塘、许家后塘、朱家塔至五甲塘、山前塘、兔石头旱闸、临浦镇28号铁路桥南北岸、南河塘、水埠村前塘、新塘机埠老进水闸、猫头山机埠进出水闸、戴村外畈闸、永兴九峰闸、河上塘村畈犁压潭和大西畈欢乐窑头上下及茅村畈等堤塘。河上蟒蛇岭公路处、冗里小机埠段、蛟山机埠出水闸也需防范。

当临浦水位9.9米（相当于10年一遇）时，浦阳江水位金浦桥11.1米、径游机埠10.7米、尖山10.4米、闻堰9.5米，永兴河水位白堰桥16.0米、泥桥12.3米、永兴桥10.7米、许贤桥9.7米，应重点防范浦阳下定阁南北塘、朱家塔至观音堂等险要地段；李家埭村前塘、欢潭太婆坟至傅家塘、进化沈家渡村前塘，永兴河村桥千工塘、戴村茅村畈、张家弄村前塘及河上大西畈、塘村畈等堤防应做好防洪抢险工作。

当临浦水位10.3米（接近20年一遇）时，浦阳江水位金浦桥11.7米、径游机埠11.2米、尖山10.9米、闻堰9.7米，永兴河水位白堰桥16.8米、泥桥13.1米、永兴桥11.5米、许贤桥10.2米，浦阳江沿江薄弱地段很可能出险并危及铁路安全，农田受淹；而永兴河流域部分堤防防汛形势将更加严峻。

抢险方案　浦阳江、永兴河流域的防洪抢险方案总体可归纳为上防溢顶冲刷内坡，中防护坡受冲坍塌，下防渗漏散浸滑动。

漫顶　由于来水量大或遇狭口，造成洪水位超过堤塘顶部而向塘内溢水。抢险原则："水来土挡，就地取材"。在堤坝外部分设置土料、草包（编织袋、麻袋等）、桩板（木板、五孔板等）子堰，抬高挡水高度，防止洪水漫顶而冲毁塘坡、塘脚。

背水坡滑坡　高水位持续时间长，土壤饱和渗漏、基础松软，坡度陡，内堤脚临水等。抢险原则："排除渗水，抛碴固脚"。抢险方法：导渗、固脚、削坡、封缝、还坡。导渗：渗漏出口段回填石碴等材料，做反滤层，防止泥土流失。固脚：脚址处填块石、石碴，防止再次滑动。削坡：消除上部悬挂的土体成自然坡，减轻倒挂压力。封缝：回填滑坡裂缝，以防雨水侵入催滑。还坡：自下而上以新土回填至堤身2/3高度，保持堤身稳定后，逐步恢复堤坡达1∶3。

迎水面冲塌　水流冲刷、基础淘空，坡度陡，失稳坍失。抢险原则："防冲护面，帮宽加固"。抢险步骤：迎水面冲塌处抛置块石、叠筑草包（内装土料石碴），防止冲塌扩大；如果险情仍在发展，同时应在背水面培土加大加固堤身，增加堤塘防洪能力，这样即使老塘塌失，还有新塘保护；用竹簟一端系上块石沉至堤脚，另一端拉至堤顶，并用重物（如袋土、块石等）压住，或用绳、木桩拴住。在簟皮上再用几根绳索或钢丝（两端吊块石）网牢，避免洪水直接冲刷塘身。

决口　塘身薄弱，存在隐患，水流顶冲，抢护不及。抢险原则："因地制宜，全力抢护"。如缺口不深，宽度不大，速用大物体（门板、闸板、船壳等），集中力量在进水口段拦截，再用草包、块石等叠挡，直至缺口修复；缺口既大又深，受人力、物力限制，一时难以堵复，则只能待洪水退后，再突击抢修复堤。

管涌、漏洞　由于鼠洞蚁穴，或者搭接松土、砾石空隙，造成集中涌漏（水工建筑物绕壁渗漏等）。抢险原则："上游截漏，下游导渗"。上游截漏：判定漏洞（管涌）进水口位置，设法将草捆、棉絮、铁锅安放在进水口，堵塞后再用土袋叠压。管涌、漏洞进水口位置难确定时，可用簟皮（或油布）铺于临水坡，然后用土袋压，同样可获得较好的截漏效果。下游导渗：筑反滤层，分层铺填粗砂、小砾石、碎石，各层厚约0.2米～0.3米，或统铺石碴、砾石，起到压土滤水作用。或者筑反滤井，出水口周围用土袋筑叠做圆井，然后在井内依次填铺细砂、粗砂、碎石（或卵石），厚度各为0.2米～0.3米，井高超出反滤层水层0.2米，井的直径比出水口大些。

散浸渗漏　由于堤身断面小，土质透水性强，截渗长度短，造成浸润线抬高，堤塘出险。抢险原则："填土灌浆，导渗固脚。"上游截渗：迎水面抛铺土料或叠压草包等，或先铺簟皮然后用土、草包复填。水位退落后，及时灌浆，提高抗渗能力。下游导渗：开导渗沟0.5米～0.8米，深0.6米～1.0米，内填石碴。沟形式有一字形、人字形、Y形和拱形等，沟间隔以6米～12米为宜，坡脚有横沟集流。

裂缝　由于坡度陡、基础沉陷、新老土结合不紧、土壤含水饱和而下沉，造成裂缝。抢险原则："黄泥封缝，覆盖防水。"挖沟填土：沿裂缝挖沟，沟比裂缝长出1米，如果裂缝长需加开十字结合沟，沟宽分别为0.4米～0.8米和0.6米～1.0米，沟内充夯优质黄泥。泥浆灌缝：黄泥浆液灌注裂缝，灌后裂缝处用土覆盖。若当时不宜采用上述方法，可采用油布覆盖，防止雨水进缝，扩大险情。

跌窝（天打洞、坍坑）　绕壁或绕基渗漏，或局部土体吸出而造成坍陷。抢险原则："翻挖堵洞，反滤还土。"翻挖跌窝处，清除坑底杂物（如树根、石块等），寻找洞穴、裂缝，关键在于堵洞嵌缝。如果堵洞嵌缝质量保证，则可直接回填原状土；如洞、缝堵塞不实，或没有找到，则在坑底处铺设厚0.5米左右的砂石料反滤层，然后回填优质黄泥，分层夯实，再用原状土覆盖。对闸涵渗漏而引起的跌窝，通常是先上部开挖，在涵洞顶部处嵌缝堵漏，然后回填复堤，再对下部进行灌浆处理。

排涝标准　各排灌站根据集雨面积确定起排水位标准，达到或超过起排水标准，即启动排灌设备排涝。

表8—5—144　1999年萧山市各排灌站起排水位情况

站名	集雨面积（平方千米）	耕地面积（亩）	起排水位（米）	站名	集雨面积（平方千米）	耕地面积（亩）	起排水位（米）
径游	21.33	7810.70	6.3	茅山	16.07	8339.72	6.0
欢潭	6.50	4066.50	6.6	下桥	15.45	13302.00	6.8
桃北	4.50	2375.55	6.7	蛟山	21.20	9660.00	7.0
碛堰山	7.76	5331.00	6.8	河口	11.90	2559.00	7.0
新江岭	10.20	3015.00	6.4	戴村	6.39	4508.00	7.2
桃源	8.75	6480.50	6.3	大桥	5.52	5953.50	7.2
临江	4.55	1423.70	6.5				

防御措施　指挥调度　当水位不到5年一遇情况时，要求各镇乡及农水站、重点水利工程管理单位值班和管理人员及时到岗，根据气象预报，当地雨情、水情的实际，及时进行下情上报、上情下达，当好领导参谋。当水位相当于5年一遇情况时，沿江各镇乡防汛指挥部成员到岗并积极投入抢险，随时与市防汛指挥部保持联系，了解汛情发展趋势，组织人员对水工程进行巡查。浦阳江水利工程管理所与镇乡联系人员也应到岗参加当地镇乡值班，遇到险情，及时组织抢险。当水位相当于10年一遇情况时，各沿江镇乡（办事处）、村抢险突击队，应昼夜轮流巡视堤塘及水工程，贮运抢险物资，努力保障堤塘不出险。堤塘上涵闸、涵洞应指定专人加强防守。市防汛指挥部派员到浦阳江水利工程管理所及重点防汛镇乡，与当地防汛指挥机构人员一起参加值班和抢险；市级机关部门应按江塘分段责任制要求，由领导带队及时到各镇乡参与防汛抢险工作。同时对个别地势低洼地区和塘外村庄的群众做

好疏散准备工作。当水位接近20年一遇情况时，各镇乡防汛组织在市防汛指挥部的统一指挥下，组织青壮劳力、基干民兵、预备役官兵等严防坚守（主要是重点保护地段）；紧急做好群众撤离及粮食、银行储蓄、邮电设施等国家物资的转移准备，并加强安全保卫工作，及时调集船只和救生设施以备急用，确保人民生命财产安全。对关系整个萧绍平原安危的17千米西江塘，必须采取一切手段，确保堤塘安全。

组织机构　按照防汛工作实行行政首长负责制的要求，各镇乡设防汛指挥部，由镇乡长任指挥，防汛期间实行24小时值班，并服从市防汛指挥部的统一调度。市级各部门按市防汛指挥部划定的联系镇乡和防汛地段，一旦出现险情，必须由主要领导带队，及时上岗到位，积极投入防洪抢险。水利部门（各水管单位）要加强工程管理，及时掌握水情、雨情、险情，当好领导耳目和参谋，制订抢救方案。

物资储备　确保防汛通信畅通，区域内防汛通信以有线通信为主；在现场抢险时，必须保证至少有一台无线电话，以便及时上情下达，保持联系；各镇乡防汛指挥部通信设备在防汛中必须开通，有关电话号码市防汛指挥部统一登记造册。当出现较大险情时，当地镇乡可采用一切必要手段，如电话、广播、敲锣、鸣枪等，将市防汛防旱指挥部发出的险情通报及时通知到各有关单位和群众，以便采取应急措施。市防汛指挥部在临浦、径游、泗化、大桥、戴村、蛟山、王家桥等地供销社（站）储备一批防汛草包和竹篾以备急用。各镇乡和村，特别是重点防汛地段，也应自备各种抢险物资和器材。市级储备的防汛物资，必须经市防汛指挥部批准，方可动用。抢险急需的汽车、拖拉机等运输工具必须事先由当地镇乡负责在本辖区范围内落实调用；确需外调车辆，由市防汛指挥部调度。准备现场照明设施，如应急灯、手电筒和发电机组等。发电机由当地镇乡落实到本地有关企事业单位，紧急情况下随时调用。

钱塘江堤塘防御台风暴潮预案

防御重点　钱塘江每年4～7月的梅雨期，常出现洪水和沿江较高水位；7～10月台风暴潮期，河口段往往会因强潮汐和台风暴潮叠加而产生高水位。钱塘江河口段沿程有涌潮冲击的强烈作用，一日两次，实测最大流速12米/秒，最大潮差8.96米，最大涌潮压力70千帕。破坏力之大，世所罕见。

萧山境内钱塘江堤塘自临浦茅山闸至绍兴县围垦交界处，由西江塘和围垦大堤两部分组成。西江塘无二线备堤，一线标准堤塘正在建设中。一旦出险决堤，江水将直冲萧绍虞平原，造成的损失将十分巨大。而围垦大堤东线钱塘江主江道南移，已逼近堤脚，又受台风暴潮正面冲击，二十工段2号坝坝头实测最大刷深至－14米。因此，萧围东线堤塘、外六工段堤塘、外六工段东斜埂、外八工段转角、顺坝围堤及东风角等地段是防台抢险的重中之重。

预测险情　出现9级以下台风与20年一遇高潮位，城北一线抛石地段部分块石卷走，泥坡外露；城北确保线及萧围北线、东线浆（灌）砌护坡部分地段大方脚底淘空、脱落，护堤小凸体开裂、下沉。

出现9～10级台风与50年一遇高潮位时，城北一线抛石护坡地段大量块石被卷走，泥坡外露、坍塌；城北确保线及萧围东线、北线浆（灌）砌护坡地段大方脚断裂、冲毁，浆（灌）砌护坡挂空、坍塌；顺坝围垦、三坝一线、萧围北线外六工段东斜堤、萧围东线等涌潮顶冲地段潮浪越顶，引起背水坡冲刷。

出现类似1994年17号台风在浙江象山港登陆，顺坝联围，三坝一线，萧围西线、北线、东线堤塘将全线风浪越顶，特别是萧围东线及北线将会出现决堤；安全封闭线西江塘段外塘脚冲刷严重，特别是闻堰、火神塘段将影响堤塘安全；安全封闭线南沙大堤段及萧围二线各涵闸由于部分启闭机不灵活或闸门破裂，各公路交通道口（如三号路、鸿达路等）防洪设备不全，将成为过水通道。部分地段堤顶高程偏低、风浪越顶，潮水将灌入内地；由于安全封闭线建成时间长，部分塘身内有夹砂层、杂物、动物的洞穴、树根腐烂后的残孔等原因，在较大水位差作用下，引起堤身渗漏。

抢险方案　汛前各地必须针对防汛检查中发现的各种险工、隐患，分析出险原因，采取有效措施，及时进行抢护修复。对一线及安全封闭线堤塘存在的一些险工隐患，如码埠、旱闸、便道、堤顶高程偏低、断面偏小等问题分别进行加固处理，以增强一线及安全封闭线的防御能力。

出现9～10级台风与20～50年一遇高潮位时的抢险方案：

外坡坍塌　坍塌是堤塘临水面土体崩落的重要险情。在涌潮的强烈冲击下，塘脚刷深、淘空后，抛石护坡地段块石大量被卷走或下沉，导致泥坡外露坍塌；浆（灌）砌护坡地段坡面下土体颗粒被潮水带走，造成浆砌护坡挂空坍塌。抢护方法：探摸，先摸清坍塌部分的长度、宽度、深度，以便估计抢险所需劳动力、设备、物料等；抛护，在有上备石方的地段，先用推土机把上备石方推入外坡护堤，再根据估算所需的物料，调集汽车和拖拉机沿坍塌部位抛投块石。先从顶冲坍塌严重部位开始抛护，然后依次分别进行，抛至稳定坡度为止，抛护后水下坡度宜缓于原堤坡，一般抛成1：2～1：3的缓坡；加固，修复（或新建）浆砌护坡，套深混凝土大方脚，并逐步修建标准堤塘。

渗漏　在汛期或高水位情况下，堤塘背水坡及坡脚附近出现渗漏孔洞。如流出浑水，或由清变浑，或时清时浑，均表明漏洞正在迅速扩大。抢护方法：设法找到进水口，堵住截断水源；在无法堵住全部进水口时，必须在背水坡漏洞出口处做土工织物反滤围井。首先应清理地面，把一切带有尖棱的石块和杂物清除干净，并加以平整，其次在出流处铺土工织物，并在其上面填筑40厘米～50厘米厚的黄砂、碎石子反滤层，最后用草袋包叠筑围堰，以抬高水位，减少上下游水位差，或使上下游水位持平。

风浪越顶　外六工段东斜堤和萧围东线及顺坝联围东风角等堤塘，由于涌潮顶冲，塘前水位深，吹程远，若出现10级以上台风大潮时，该堤塘将会全线风浪越顶，而部分堤背水坡紧临池塘，很容易造成背水坡土方大量流失而溃堤。抢护方法：在台汛到来之前，连接好堤塘外侧抢险石方。或用麻袋石子装七八成满（不能用绳束袋口，以利铺砌），放置临水面，距临水堤肩0.5米～1米，袋口朝向背水，排砌紧密，袋缝上下层错开，并向后退一些，使石子包内外边坡均达到1：0.5，高度在1米以上，防止波浪翻进堤内；一旦出现风浪越顶，背水坡土方流失时，及时用草袋土包填塞土坑。

水工建筑物出险　一线排涝闸或漏洞出现渗漏或闸门被涌潮击破，启闭机械失灵等问题，若抢护措施不当或抢救不及时，会危及垦区的堤塘安全。抢护方法：各一线排涝闸启闭设备汛前进行一次全面综合维修保养，确保汛期能正常运行；各排涝闸均要配备一套检修闸门。同时要配备一定数量的吊车、发电机组等，确保在停电等情况下，能及时调用设备启闭闸门；建筑物与土堤间发生渗漏等险情，抢险方法与漏洞抢险相同。

出现10级以上类似1994年17号台风大潮，一线随时都有可能决堤，要保证安全封闭线的安全；组织安全封闭线以外的人员转移到安全封闭线以内安全地带，特别是西江塘一旦发现决堤预兆，要紧急做好群众撤离及重要财产转移，加强安全保卫工作；对地势低洼、人口密集的村镇，要疏导群众上山、上高地或上坚固的楼房，尽量减少人员伤亡和财产损失。

抢险措施　组织保障　一级指挥机构是萧山市防汛防旱指挥部，由分管农业的副市长、市农水局、市农经委领导任正副指挥，市级9个相关部门负责人为成员。各成员单位在防汛期间，各尽其责，全力以赴支持抢险工作。二级指挥机构分别是临浦镇、义桥镇、闻堰镇、顺坝围垦指挥部、四号盘头（钱管局管理点）、萧山市围垦指挥部、外六工段、二十工段等。由各自单位的主要负责人任指挥，建立以领导班子成员、基干民兵为骨干的抢险应急队伍。

物质保障　抢险用块石、石碴由市防汛防旱指挥部指定在7个石场临时调用。市防汛防旱指挥部在前进供销站、顺坝围垦指挥部、钱塘江排灌站等17个单位储备6万只草包、42件竹篾以备抢险急用。照明发电机由有关镇乡在企业中调拨，其他设备临时调集，现场通信利用有关单位或个人移动电话为主，要求每处抢险地段配备手机2只。为确保各类抢险物资（特别是块石、石碴）及时运达各险工地段，汛期必须落实抢险用汽车300辆，其中萧围一线200辆，城北一线50辆，省管海塘50辆，抢险用拖拉机410辆。[①]

人员物资转移　若根据台风预测将对本市影响较大可能会造成决堤的情况下，要求在台风登陆前6小时做好安全封闭线以外的单位和农户重要财产以及人员安全转移，确定转移工作的具体负责人、通信联络方式等。

①抢险所用汽车、拖拉机利用企事业单位和个人现有量，要求各有关单位和镇乡负责落实，抢险时由防汛指挥部统一调度。必要时由公安、交警、交通部门负责向社会调集抢险车辆。特别是交警部门要确保各山场到险工地段抢险车辆运行畅通。

第六节　抗御旱灾

历史上萧山曾发生多起旱灾。[②]地表水资源贫乏，多为过境水，为全国重度缺水地区，生产、生活用水95.54%依靠钱塘江、浦阳江等过境水。一遇连续晴热，则局部性旱情不断，山区、半山区和围垦地区高地程为最。在长期与自然灾害抗争中，各地依靠多年建设的水利设施，摸索出一套抗御旱灾的办法。1988年6月30日至7月29日持续高温干旱30天，9月25日至12月30日秋冬连旱98天。为抗御旱灾，临浦、戴村两区的13个排灌站开机4358台时，从浦阳江翻水1300万立方米，沿江开闸引潮50万立方米；钱塘江排灌总站开机2.55万台时，沿江开闸引潮1.52万孔时，共向南沙平原和围垦地区输送淡水2.87亿立方米；从茅山到五堡的8座外江涵闸，开闸99天，为萧绍平原和南沙灌区补充淡水2.28亿立方米。全年共计从钱塘江、浦阳江翻、引淡水5.29亿立方米，通过纵横密布的人工河网和遍布各地的机电排灌设施灌溉土地，使大旱之年少损失。

②从南宋绍兴十三年（1143）至中华人民共和国成立前807年的不完全记录，萧山发生大的旱灾18年。中华人民共和国成立后的1950年至2000年，萧山遭受大的自然灾害27次，其中旱灾5次。

1994年6月24日至8月21日持续高温和秋伏连旱。全市从7月6日起组织抗旱，沿江各闸开闸引潮，钱塘江各排灌站开机翻水；投入电动抽水机6577台，出动久已不用的人工水车530台。为节约用水，各村、组普遍落实专人管水，实行一把锄头放水，确保生产生活用水。是年，全市累计调节水量6.53亿立方米，粮食播种面积比上年增5300亩，粮食总产45.85万吨，比上年增产1200吨。

第六章 水利管理

中华人民共和国成立后，政府坚持水利建设与水利管理并重，建立市、镇乡级农田水利专管机构，制订制度，落实责任，强化水工程管理和水政管理。保护水资源，有效利用水利设施。提高水工程、水资源的社会效益、生态效益和经济效益。

第一节 水工程管理

1991年，市政府办公室印发《萧山市水工程管理和保护暂行规定》(萧政办〔1991〕8号)。2000年，市政府办公室印发《萧山市河道管理办法》（萧政办〔2000〕87号），规定萧山市水工程保护范围内，禁止进行爆破、打井、采石、取土等危害水工程安全的活动；水工程管理范围或管理范围预留地内，禁止进行爆破、打井、采石、取土、掏沙、建窑、挖坑、开沟、埋坟、堆物、设箔以及建房等危害水工程安全的活动。个别确需建房或进行必要的工程施工，须经市水行政主管部门同意，并按规定办理土地征（使）用手续；水工程的管理和保护，实行分级负责的原则，凡跨镇乡受益的工程，由市水行政主管部门负责；凡两个以上村共同受益的工程，由所属镇乡人民政府负责。

堤防工程管理

茅山闸至闻堰江塘管理范围为塘身和背水坡脚以外5米～10米的护塘地（险工地段适当放宽）；保护范围为护塘以外5米～30米的地带；闻堰镇以下临水江塘管理范围为塘身和背水坡脚起20米以内的护塘地（险工地段适当放宽）；非临水江塘管理范围为塘身和已划定的两侧护塘地，保护范围为护塘地以外5米～10米的地带；围垦大堤、南沙大堤管理范围为堤身内外坡脚起各20米的护堤地；围垦大堤保护范围为护塘地外10米的地带。

萧绍海塘及南沙大堤　萧绍海塘（麻溪坝至益农闸）和南沙大堤（半爿山至益农闸）是保护萧绍平原安全的重要水利屏障，其中西江塘历来由地方政府管理，当地配合。自中华人民共和国成立至1984年，由钱塘江工程管理局杭州工务所管理；1984年起，属萧绍工务所（后改名为萧绍虞管理处）管理，萧山县（市）及有关镇乡、村配合做好工作，其中临浦和义桥镇范围内的临水地段由浦阳江水利工程管理所配合管理。随着围垦面积逐年扩大，萧绍海塘大部分已处在内线。南沙大堤由地方政府和钱塘江工程管理局萧绍虞管理处共同管理。

浦阳江及其主要支流堤防　萧山境内浦阳江及其主要支流永兴河、进化溪、凰桐江及南河堤防，除西江塘外，过去由民间兴筑，民间组织管理，故曾有“民塘、私塘”之称。中华人民共和国成立初期，以畈为单位建立水利委员会进行管理。60年代实行由专业管理和群众管理相结合的办法，每年由浦阳江水利工程管理所提出砌石培土、清障加固计划，报批准后，落实到有关镇乡组织实施。日常维修和防汛抢险工作，由所在镇乡政府分段落实到各村包干完成。70年代末期和80年代初期，有关镇乡建立堤塘养护队，具体负责管理维修工作。1985～2000年，各镇乡年年整修江塘。凡建房等涉及堤防管理范围的，事先均报水行政主管部门审批。

钱塘江城北片一线堤防　自浦沿半爿山至九号坝钱塘江一线堤防全长36.46千米，其中七甲排灌站以上17.38千米，从60年代始由浦沿、长河和西兴公社有关生产大队逐年围涂形成，以生产大队管理为主；七甲闸以下堤防自60年代后期由县和城北区有关公社及其他单位联合围涂形成，由城北区机电站和顺坝围垦指挥部管理。1976年2月，城北区江塘管理所成立，全线统一由管理所进行专职管理，重点抓七甲闸排灌站至五堡闸之间钱塘江确保线的维修加固工作。同时，通过兼办工程队和护塘地发展种植业，基本解决自身经费开支。七甲排灌站上游堤防的日常维修加固工作由所在镇村为主管理，五堡闸以下堤防的抢险维修工作由顺坝围垦指挥部为主管理。1999年6月，划归城北农机水利站管理。

钱塘江萧山围垦一线堤防　2000年底，萧山围垦西线一工段至东线二十二工段（绍围交界处）一线堤防，全长43.30千米，由市围垦指挥部江塘养护队统一进行管理。养护队建立于1971年，隶属萧山市围垦指挥部，主要任务是搞好日常养护管理和堤防绿化，并利用河边护塘地种植苗木、竹笋、毛豆等经济作物，增加收入达到以塘养塘。堤防的防汛抢险、维修加固工作由萧山市围垦工程队（后改名为杭州围海水利工程有限公司）承担。1989年3月，围垦水利工程管理所成立后，萧山围垦一线江塘由管理所统一管理，江塘养护队同时取消。

河道工程管理

浦阳江、永兴河（白堰桥以下）、凰桐江、进化溪（王家闸以下）堤防管理范围为堤身和背水坡脚起10米的护堤地，保护范围为护堤地以外5米的地带；七都溪、楼塔溪、大同溪、凤坞溪、径游江堤防管理范围为堤身和背水坡脚起5米的护堤地，保护范围为护堤地以外5米的地带；钱江灌区的北塘河、前解放河、后解放河、先锋河（义南横河）、永久河、十甲河、五堡直河、长山直河、九号坝直河、大治河、永丰直河、方迁溇直河、生产湾、盛陵湾、梅林湾、三官埠直湾，围垦地区的前横河、后横河、沿塘抢险河、四工段直河、六工段直河、八工段直河、十五至十九工段配套河、86丘五万二千亩中心河，蜀山平原的西小江、南门江、萧绍运河、南横河，通往长山、九号坝、大治河的主要直河，小砾山输水河、施家桥横河、金西横河，峙山闸、新坝闸、茅山闸配套河，管理范围为两侧河肩外25米的地带。

钱塘江灌区河道　钱塘江灌区由南沙、围垦地区和闻堰、长河及西兴镇等组成，属平原地区。全部河道实行专管和群管相结合的办法，除北塘河和萧围垦区范围内河道分别由钱塘江灌区河道管理所和萧山围垦水利工程管理所进行专职管理外，其他市级主要河道由市农机水利部门所属的义蓬、瓜沥和城北农机水利站与所在镇乡农机水利站实行双重管理，以市属农机水利部门管理为主。每年定期进行检查，并根据情况提出砌石护岸、冬季疏浚和清障等要求，经批准下达计划，由市农机水利部门或市防汛防旱指挥部牵头，组织有关镇乡和部门具体实施。镇乡级河道，由所在镇乡农机水利站和村委会管理，建房等涉及河道管理范围的，均应报水行政主管部门审批。

蜀山平原水网地区河道　蜀山平原水网地区属萧绍平原的一部分，包括新塘、石岩、衙前、所前、瓜沥等镇乡。境内河网密布，纵横弯曲，宽窄不一，除峙山闸、新坝闸和茅山闸引水河道为人工开凿外，其余为天然河道。境内主要河道西小江、南门江、萧绍运河、新林周直河、城东直河和峙山闸、茅山闸、新坝闸配套河道，分别由城厢农机水利站和浦阳江水利工程管理所会同所在镇乡进行双重管理，以水管单位为主，开展防汛检查、组织实施清障和提出砌石护岸计划等。其他河道由所在镇乡和村委会管理，抓好日常维修养护工作，建房等涉及河道管理范围的，均报市水行政主管部门审批。

浦阳江及其主要支流　浦阳江是临浦和戴村地区的主要河道，包括永兴河、凰桐江和进化溪等，这些河道由浦阳江水利工程管理所和有关镇乡实行双重管理，以浦阳江水利工程管理所为主。管理所每年会同镇乡开展检查，对重点河段进行横断面测量、编制清障除险、冬季培土和岁修计划等，经批准后，落实镇乡实施。日常养护管理和汛期防洪抢险工作由所在镇乡为主负责。凡涉及建房等河道管理范围的，均由浦阳江水利工程管理所提出初审意见，报市水行政主管部门审批。

浦阳江灌区13座大机埠排灌河道　13座排灌站管理范围为泵站已征用地带及出水口外20米、机房周围25米地带。径游、欢潭、桃北、碛堰山、新江岭、桃源、临江、茅山、下桥、蛟山、河口、戴村、大桥13座排灌站，原系市属单位，由市农机水利部门直接管理，1999年4月8日划归所在镇乡负责管理和经营，配套河道的清障、疏浚、日常养护、管理一并由所在镇乡负责，涉及河道封堵、建房等，依法报市水行政主管部门审批。

涵闸工程管理

萧山涵闸数量较多，按其性质、功能和所在流域不同进行管理。钱塘江、浦阳江（茅山闸至二十二工段）一线堤塘主要外江闸管理范围为上、下游河道各200米和左、右侧边翼墙外各50米。浦阳江上游、永兴河、凰桐江、进化溪一线堤塘外江闸管理范围为上、下游河道各100米和左、右侧边翼墙外各25米。南沙大堤、西江塘、围垦主要隔堤节制闸、湘湖八闸、西小江节制闸管理范围为内、外河道各50米和左、右侧边翼墙外各25米。小型涵闸由各地镇村相应确定保护范围。

沿钱塘江一线涵闸　小砾山排灌站至萧围二十二工段共有外江涵闸16座，其中五堡闸（含五堡闸）以下9座涵闸由钱塘江涵闸管理所负责管理，每闸有专职管理人员1～2人。五堡闸上游主要涵闸属钱塘江排灌总站下属的七甲、钱江、江边、浦沿、小砾山和萧山排灌闸站6个分站的排灌配套涵闸，由有关排灌站专职管理，搞好维修、保养、更新和运行。外江涵闸的运行均服从市防汛防旱指挥部调度。

北海塘及湘湖节制闸　北海塘和湘湖节制闸是分隔钱塘江灌区和蜀山平原水网地区的水利设施，共有34座，其中北海塘节制闸15座，湘湖节制闸19座。湘湖节制闸由钱塘江排灌总站直接管理，包括更新、维修等，闸门启闭人员在就近村庄落实，由排灌站支付一定报酬。15座北海塘节制闸，按所处地段，分别由城北、城南和瓜沥农机水利站负责管理，排灌站支付一定的管理费用，市农机水利部门根据需要，补助更新和维修资金，汛期调度运行服从市防汛防旱指挥部统一指挥。

隔堤节制闸　主要是指南沙大堤和围垦地区等内畈隔堤上的涵闸，其中南沙大堤上的七甲、利二等28座节制闸，按所在地段分别由城北、义蓬和瓜沥农机水利站负责管理。围垦地区范围内节制闸，分别由萧山围垦指挥部涵闸管理所、顺坝围垦指挥部和益农镇负责管理，市农机水利部门根据情况，不定期安排一定数量的维修资金，由管理单位组织实施。这些涵闸在汛期抗灾紧急情况下由市防汛防旱指挥部统一调度。

浦阳江及主要支流一线堤防控制闸　这种涵闸大致可分3类，一类是电力排灌站进出水控制闸，属排灌站配套闸，由有关排灌站专职管理；二类是自流引排结合通航涵闸，如峙山闸、新坝闸等，由浦阳江水利工程管理所和义桥镇等有关单位专职管理，其中新坝闸改建后划给浦阳江水利工程管理所统一管理，市农机水利部门根据情况，不定期补助一定数量的维修更新资金，由管理单位组织实施；三类是部分小型涵闸属小畈排灌需要，则由有关镇乡自行管理。

西小江沿岸节制闸　城南张龙桥至衙前镇王河周沿西小江长17.23千米围堤上的大堰、讨饭坝等19座节制闸，其作用是防止或减轻西小江洪水倒灌蜀山平原，缓解城南片内涝。这些闸由城厢农机水利站和所在镇共同管理，以镇管理为主，落实当地村民承包管理和维修保养。共有管理人员18人，人员报酬所需费用在受益区按面积负担，维修费用由市农机水利部门不定期给予少量补助。闸门启闭运行由市防汛防旱指挥部通过城厢农机水利站统一指挥调度。

镇乡范围内小型涵闸　均由镇乡、村自行管理，涉及两个村以上受益涵闸由镇乡农水站负责管理调度，一个村范围内的涵闸由村民委员会负责管理、维修。

排灌机埠管理

图8-6-232 1998年改造后的萧山市江边排灌站（2009年，杨贤兴摄）

钱塘江大型排灌站　由钱塘江排灌总站管理。分机务、工程、财务、值班和综合经营5条线，每年由总站提出维修保养、更新配套和水费征收等计划，报市农机水利部门批准后实施。水费征收计划报市政府批准并批转各受益镇乡、场、厂，由总站分片征收，或委托有关单位代收。市防汛防旱指挥部根据汛期、雨情、水情和灌区要求，及时通知总站，由总站执行机械或自流引水及排涝。

中型排灌站　浦阳江排灌站属中型排灌站，由浦阳江和永兴河沿岸的桃北、径游、欢潭和碛堰山等13座电力排灌站组成。经济上实行独立核算，业务上归属浦阳江水利工程管理所，排灌运行由市防汛防旱指挥部通过浦阳江水利工程管理所进行统一调度指挥；更新维修和工程配套由浦阳江水利工程管理所提出计划，征得有关镇乡同意，报市农机水利部门审批后，由各站具体实施，市财政给予适当资金补助。1999年管理体制下放后，经营管理由各镇自行负责。

小型排灌机埠　小型电力排灌机埠数量较多，按受益范围和管理权限分别落实管理。在一个镇乡范围内涉及两个或两个以上村受益的，如所前镇大山坂机埠等，由所前镇政府指定专人进行管理，直接调度运行。这些机埠未建立水费收缴制度，管理经费由镇乡财政不定期拨款，或按受益田亩多少向村摊派；一个村范围内受益的排灌小机埠，一般由村负责管理，无正常水费收缴制度，所需费用由村委会按受益田亩筹集。

水库工程管理

小（一）型、小（二）型水库库区管理范围：已征用地带或校核洪水位线以下；坝区管理范围：大坝两端以山头、岗地脊线为界，或不少于50米的水平距离，以及大坝背水坡脚以外宽50米～100米地带。库容1万立方米～10万立方米水库库区管理范围：已征用地带或设计洪水位线以下；坝区管理范围：大坝两端以山头、岗地脊线为界，以及大堤背水坡脚以外宽20米～50米地带；水电站管理范围：已征用范围和周围宽25米地带。

萧山有库容1万立方米以上的水库139座，均由镇乡、村安排专人负责管理，按照"先急后缓、先远后近、先高后低"的原则和"定时定量"的办法进行放水。浦阳江水利工程管理所每年结合防汛防旱工作，会同镇乡、村对水库进行安全检查、技术辅导，提出除险加固、标准库建设和维修计划，报市农机水利部门批准后，由有关镇乡村具体实施，市财政对重点水库除险加固和标准库建设给予一定的资金补助。

田间工程管理

田间排灌沟渠和涵洞水闸等小型水利设施，由受益村负责管理，少数田畈面积较大，涉及两个村以上受益的主干渠道，由镇乡牵头管理。每年春耕前和三秋后，由村负责组织劳力进行维修清理，沟渠维修费用根据村级经济状况由村支付或按受益面积摊派。

主要水工程管理单位

浦阳江水利工程管理所　前身为萧山县水利局临浦工务所，1969年9月改为浦阳江江塘管理所，属自收自支全民事业单位。1988年12月更名为萧山市浦阳江水利工程管理所。1992年，原临浦农机水利站和戴村农机水利站撤销并入该所。至2000年有职工60人。内设水利、农机、峙山闸工程管理、水文等职能站室。该所担任农机行政管理和浦阳江流域水利管理职能。主管范围：浦阳江萧山段及其主要支流永兴河、凰桐江、进化溪流域河道、堤塘、涵闸、水库建设规划和行政管理；沿江13座电力排灌站的业务指导；南片农机推广、培训、管理、服务等职能工作。

钱塘江排灌总站　60年代初，在闻堰镇小砾山村首建南沙电力翻水站（只能灌溉）；1964年改造成排灌两用，装机容量不变，改名为小砾山电力排灌站。至70年代中期，灌区内陆续建成方迁溇、坎山、钱江、七甲和江边电力排灌站。1978年，经县政府批准，将各分站合并，更名为钱塘江排灌总站，单独建制为管理机构。办公地点设在盈丰七甲排灌站内，后迁至长河镇江边电力排灌站。钱塘江排灌总站为全省最大的大型泵站，灌区范围西起闻堰，东至围垦二十二工段，北依钱塘江，南连蜀山水网平原。1979年和1996年分别建成浦沿排灌站、萧山闸站（只能灌溉）。1999年，钱塘江排灌总站办公地点从长河镇江边电力排灌站迁至城厢镇萧西路。钱塘江排灌总站下属7站1所，总装机76台套、7580千瓦，提水能力137.74立方米／秒；外江涵闸共24孔，引排能力220立方米／秒。灌区内建成主干输水河道长821千米，排灌节制闸176座和沟通内外江的通航船闸3座等主要配套设施。村级二级翻水站1500余座，提水能力300立方米／秒。该站主要任务是引提钱塘江淡水，供应南沙和围垦地区工农业生产和人民生活用水，平衡中片地区内河河水，改善内河水质；排除洪涝；大旱年份在省有关部门协调下，为绍兴地区内河补充水源。

钱塘江涵闸管理所　建于1981年8月，隶属钱塘江排灌总站。1984年8月单独建制，隶属市农机水利局，属全民事业单位，经费从钱塘江排灌总站排灌水费中划拨。管理所主要负责五堡渡口至围垦二十二工段钱塘江一线涵闸运行管理工作，为南沙和围垦等地区的排涝和引水服务，受市防汛防旱指挥部统一调度。原负责五堡、赭山湾、一工段、外六工段、内十工段和十六工段6座水闸运行管理，随着围垦面积不断扩大，外八工段、外十工段、四工段、十五工段、大治河、二十工段6座水闸建成划入，1990年起又划入内六、内八工段两座节制闸。

2000年，该所管理中型排涝闸11座、节制闸2座、水文站1个，分布在钱江二桥与绍兴围垦接壤的75千米一线江堤上。

围垦指挥部　1966年起，先后成立益农围垦指挥部、萧山市(县)围垦指挥部、顺坝围垦指挥部，具体负责围涂实施，大堤、河道管理等工作（详见《垦区开发》编）。

第二节　水资源管理

1988年，贯彻《中华人民共和国水法》，市政府制订水资源管理规定，指导和实施全市水资源管理。

排灌用水管理

排灌站用水　排灌站汛期排涝和旱期提水，根据受益面积多少，使用水量高低，满足正常排灌之用，保证萧山境内水位保持在5.6米～5.8米范围。汛期超过正常水位，及时向外江排放。旱天利用钱塘江上游较高水位，及时开闸引入过境淡水，在低水位不能自流引水的情况下，通过小砾山等排灌站从钱塘江开机提水。

水库用水　水库是山区半山区农田灌溉的主要水源，要保持一定标准的储水量，汛期前留有一定的空库容量供调洪蓄洪，防止汛期水位漫顶。降水量大时适当排放库水量，以免发生决坝，造成人民生命财产的损失。旱期节约用水，一般采用先用溪坑水，后用库存水，再用沙井水。灌溉农田按先远后近、先高后低、先急后缓的原则供水。

蜀山平原水位控制　蜀山平原主要有西小江、南门江、萧绍运河等河道，仅沿西小江就有19座节制闸，水位主要由内河节制闸控制，达到警戒水位，关闭西小江沿岸节制闸，防止洪水倒灌，并开启大治河、长山、顺坝等节制闸，经过钱塘江灌区大治河等排涝闸向钱塘江排水；低于正常水位时，通过茅山闸、峙山闸、新坝闸开闸引水。

取水管理

取水许可证制度　1991年始，根据水法律法规和国家有关规定，推行取水管理工作。市政府办公室发出《关于在全市范围内开展取水现状登记工作意见的通知》（萧政办〔1991〕25号）。登记企业1027家，其中农业取水户800家，工矿企业227家，基本摸清全市工矿企业、农业灌溉、生活用水的需求量情况。1993年，贯彻实施国务院颁发的《取水许可制度实施办法》。1994年9月1日，市政府召开全市水政、水资源管理会议，共向有关全民、集体企业和自来水供水企业发放《中华人民共和国取水许可证》46本，首次实行水资源使用收费制度。1995年，对800余家农业取水户、190多家镇乡、村办企业和私营企业发放取水许可证。至此，全市基本实行取水许可证制度。随着区域变动，自来水供水覆盖范围扩大，企业转制，取水户有所减少。至2001年3月，萧山共有农业取水许可证756本，工业取水许可证151本。

水资源保护　1991年，市政府办公室印发《萧山市地面水环境保护功能区划分方案》（萧政办〔1991〕33号），萧山水资源由市水利部门与环保、公安、航运部门协调，做好保护工作。对涉及全市人民生活的自来水源水，密切关注上游动态，定期采样分析，严防水源污染。每周进行巡逻，对倾倒垃圾等现象，做到早发现、早解决。在主要出入境河口设置水质监测站点，做好农田灌溉用水调查、农田排水水质监测等日常工作。

规费收缴管理

围垦水利工程费　根据“谁受益、谁负担”原则，1982年前，围垦堤塘的抢险、内畈配套和工程维修除国家适当补助建材费用和常住民工津贴外，其余按受益面积合理负担，完成出石和投劳任务，劳力以工资计酬，年终统一结算，余缺找补。土地实行联产承包制后，上述结算办法难以兑现，专业队伍不够稳定，影响围垦抢险和配套工程进展。1982年起，对所属土地按受益面积征收“萧围水利工程费”，对抢险专业人员实行按劳计酬，现金结算兑现。具体办法：按前3年实际堤塘抢险、涵闸修建、河道配套、砌石护岸、抢险、公路建设和养护管理费用，由围垦区每亩土地负担2.99工，每工折1.2元，每亩负担现金3.59元，全年需水利资金79万元。负担范围：萧山围垦指挥部所属范围内已开征农业税的耕地（62880亩），每亩征收围垦水利费2元，计12.58万元；未开征农业税的10.71万余亩，每亩征收围垦水利费4元，计42.86万元。县地方财政补助5万元，缺额部分18.56万元，由萧山围垦指挥部在企业利润中解决。1985年10月，对收费标准作调整，即围垦区内已开征农业税的耕地每亩收取3元，未开征农业税的每亩征收5元，全年可征收52.04万元。收费由萧山围垦指挥部会同有关镇乡和单位，将应负担金额落实到村和农、林垦场，每年秋收前由县财税局将任务下达到有关单位，由萧山围垦指挥部直接收取。收取的水费主要用于弥补抢险经费不足，由市围垦指挥部按规定掌握使用，年终公布。

河道疏浚费　1984年始，钱塘江灌区范围内土地（包括未列入计划的围垦面积），每亩征收河道疏浚费1元，计划收费50万元左右。以区、镇乡、农场管理局和部队农场为单位统一收缴，历年收缴率均在95%以上。河道疏浚配套费50%交市农水部门，用于钱塘江灌区市级重点河道的疏浚及配套，其余50%返还有关区、镇、场用于河道疏浚及配套。1985年，县政府规定垦区范围内由围垦指挥部统一规划、统一组织施工的21条、243.48千米河道属国家所有，由其下属围垦水管所统一管理（各镇乡自行组织开挖的河道由镇乡管理），并由萧围渔场返还部分资金用于河道疏浚，不足部分在受益范围内统筹解决。

机电排灌水费　收取范围及标准：60年代初，装机容量200千瓦以上的钱塘江排灌总站和浦阳江排灌站所属的13座排灌站，排灌水费按工资、电费、管理费3项费用核算成本，钱塘江排灌总站所属的小砾山排灌站每亩平均收取0.1元～0.2元，受益面积40余万亩，年收水费3万元～4万元。70～80年代提高到每亩0.25元～0.42元，受益面积增至60万亩，全年水费25万元。浦阳江排灌站所属的13座电力排灌站，60年代按3项费用收水费尚难以落实，工资及管理费用靠站内创收弥补。70年代始虽按6项成本核算水费，但实际落实仍较低，平均每亩不到0.1元。1984年提高到每亩1.64元，仅为实际成本的46.8%。1985年始，重新核定水费标准，农业排灌水费按工资、电费、维修费、折旧费、大修费和管理费6项成本核算，新开征工业水费项目，根据不同行业所用水量进行调整。

收缴办法和管理使用：浦阳江排灌站所属的13座分站均建立灌区委员会，由所在公社（乡）分管农业的副主任（副乡长）任灌区委员会主任，各村（大队）村长（大队长）或书记和排灌站站长任委员。灌区委员会讨论和确定水费负担方案，由各村按受益面积分摊到各组（生产队），由排灌站向各组（生产队）收费。1985年起，由市农机水利局将水费分摊到各村和企业，由排灌站收缴。钱塘江排灌总站水费由市（县）政府批转各镇乡和有关单位，由钱塘江排灌总站分片征收。

收缴的水费由排灌站实行专户储存，用于排灌站的管理人员工资、电费、管理费、设备更新、大修和维修。

第三节　水政管理

随着萧山经济的发展，与河争地的现象日益增多。任意占河建房，倾倒垃圾，排入污水，水草蔓延现象普遍存在。用水矛盾日益加剧。

1994年，建立取水许可证制度。1996年，萧山市水政监察大队成立。主要负责水法宣传、水事管理、水政执法、水资源管理等工作。下辖8个水政监察中队，有专职和兼职水政监察人员58人。

1998年10月5日，市政府确定市农机水利局为萧山市水行政主管部门，具体负责全市的水利建设和工程管理、防洪防旱、水政执法、水资源管理等职能。后，主管部门加大对《中华人民共和国水法》《中华人民共和国防洪法》《中华人民共和国水土保持法》等水法律法规的宣传力度。每年“世界水日”和“中国水周”期间，市水政监察大队专门作出部署，制订宣传计划，编写宣传材料，张贴宣传画、宣传标语，悬挂宣传横幅，散发宣传品，利用报纸、广播、电视、电影和宣传车、船等形式进行宣传活动，在主要河口设置固定的水法宣传牌。

市政府办公室和水行政主管部门先后印发《萧山市水工程管理和保护的暂行规定》（萧政办〔1991〕8号）《关于在溪、河、堤塘建房问题的规定》《萧山市河道管理暂行规定》，并起草《关于加强取水户计量装置安装管理工作的规定》《计量取水管理暂行办法》，使水政管理有法可依，有操作性。坚持每周1～2次的日常巡查，对占据河道违章建筑、防洪堤开垦种植作物、向河道乱倒垃圾等行为依法进行处理；对河道内种植水草和作物进行清理；及时处理水事纠纷，维护正常水事秩序。

1996～2000年底，依法查处违法填埋河道、非法建黄沙场、村民占河建房、拒缴水资源费、破坏标准塘防浪墙、水域建铁塔、排灌河道擅自设置鱼箔等400多件水事违法案件。2000年开展“河畅、水清”活动，进行南沙灌区河道的综合整治，完成79条市级河道划界打桩，还分片开展“文明一条河”活动，内河河道面貌得到改观，达到畅通无阻，新湾镇的盛陵湾被评为杭州市级样板河道。

第九编 交 通

过渔浦

元·王冕

十八里河船不行，江头日日问潮生。未同诗侣于金马，却异看花在锦城。
万里春风归思好，四更寒雨一灯明。故人湖海襟怀古，舷话旧时鸥鹭盟。

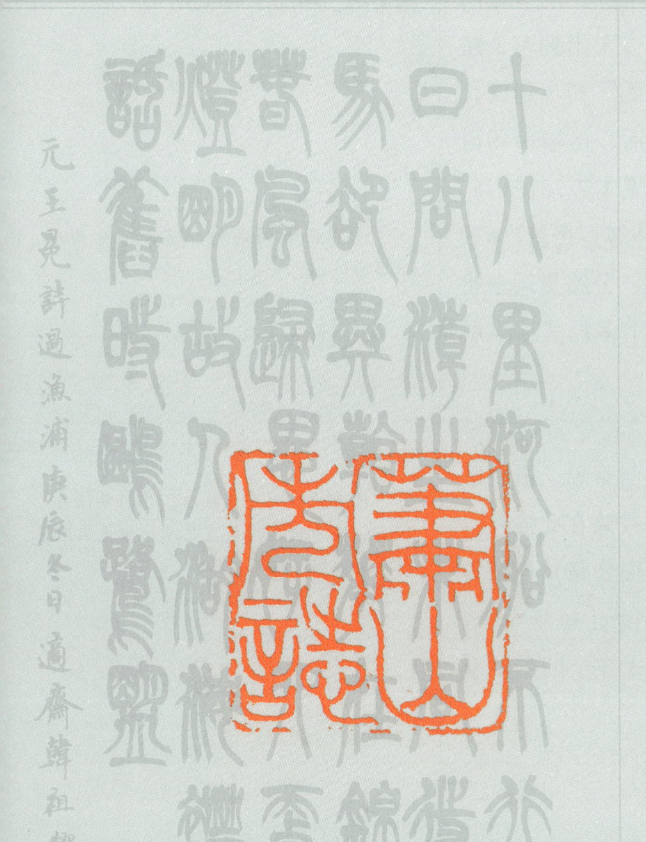

萧山地处钱塘江南岸，历来是往来吴越、沟通两浙的交通要冲。[①]

中华人民共和国成立后，尤其是改革开放以来，萧山交通事业发展迅速。境内铁路、公路、水路、机场等交通基础设施建设取得显著成就，水、陆、空运输发达。80年代以前，运输以水路为主。从80年代至90年代，公路建设是萧山交通基础设施建设的重点，境内公路通车里程大幅度增加，公路等级明显提高。1987年实现乡乡镇镇通公路，1993年实现乡乡镇镇通油路。[②]至2000年末，境内接养公路里程695.58千米，每百平方千米拥有公路48.98千米，一个干支结合、纵横交错的“40分钟交通经济圈”初步建成。随着交通基础设施建设步伐的加快，运输行业逐步放开搞活，运输市场得到健康有序发展，传统交通运输工具发生革命性变化（详见本志《民俗》编）。至2001年3月25日，全市拥有公路客运企业23家，个体客运经营户619户（其中中巴车326户，出租汽车293户），营运客车1210辆；公路货运企业69家，营业性货运车辆2082辆；个体货运汽车2486辆。一个多形式、多层次、多种经济成分并存的客货运输格局已经形成。

萧山无论是旧时民间的“修桥铺路”，还是新时期“若要富，先修路”，每一项交通事业的成就，无不包含着人民群众的支持与奉献。纵观萧山，钱塘江水系与浙东运河水系在此相汇，浙赣铁路和萧甬铁路在此接轨，沪杭甬高速公路与杭金衢高速公路在此互通，104国道（京福公路）与03省道（杭金公路）“人”字型贯穿全境，2000年12月30日杭州萧山机场[③]正式通航，萧山已拥有航空、铁路、公路、水路等多种运输方式齐全的立体交通，成为浙江省的交通枢纽之一。

①（元）赵子渐《萧山赋》曰：“粤若萧山之形胜也，雄哉伟乎！分峦峙句践之役，长江界吴越之区……西陵通南北之商，古驿候往来之使。”民国《萧山县志稿》载：“萧山西兴镇据钱塘要冲，两浙往来一都会。”

②用沥青铺成的公路，俗称油路（下同）。

③初名杭州萧山机场，2001年12月13日，经中国民用航空总局批准更名为杭州萧山国际机场。

第一章 航 空

杭州萧山机场位于萧山市新街镇东，距杭州市中心约27千米，由中国民用航空总局和浙江省人民政府共同投资、共同建设、共同经营管理。

机场始建于1997年12月，第一期主要工程于2000年12月22日竣工。2000年12月28日首航成功，12月30日8时起正式启用，是浙江省内规模最大的民用机场。至此，萧山境内真正拥有现代化的空港和航空运输。[1]

第一节 机场建设

选址立项

为进一步适应浙江省对外开放的要求，从根本上解决杭州笕桥机场[2]军用、民航飞行拥挤的问题，1992年4月15日，浙江省人民政府向国务院、中央军委呈报《关于贯彻国务院、中央军委对解决杭州笕桥机场军民航飞行拥挤问题意见的报告》，要求国务院、中央军委批准在杭州附近新建民用机场，并立即成立筹建班子，开展选址、立项、可行性研究等前期工作。7月22日，成立杭州民用机场筹备领导小组，由副省长柴松岳任组长。同日起，民航机场规划设计研究总院受浙江省计划经济委员会委托，组织力量到杭州附近进行民用机场选址预可行性研究。中国民用航空总局、南京军区空军等单位的专家对杭州、余杭、富阳、萧山的9个预选场址进行实地踏勘，先后一一排除其他预选场址，最后选择萧山新街镇东一块冲积平原作为机场场址。专家们评估后认为，这里交通便利、区位优势明显、经济辐射面广。为此，浙江省人民政府、中国民航总局、空军部队等部门的专家一致推荐新街镇东作为场址，并于1993年12月最终确定。翌年4月，在中国国际工程咨询公司组织的专家评估会上通过该报告。

1994年6月30日，浙江省人民政府正式成立杭州萧山机场建设领导小组，组长由副省长张启楣担任，副组长6人，萧山市副市长魏金海名列其中。领导小组下设办公室，萧山市市长助理包云海为4名副主任之一。

1995年9月29日，国务院、中央军委批复：同意杭州萧山民用机场立项。1997年12月30日，经国务院批准，国家计委下发《关于审批杭州萧山机场工程可行性研究报告请示的通知》，同意萧山机场的建设规模。

征地拆迁

1994年8月16日，副省长张启楣召开专题会议，研究杭州萧山机场筹建工作。会议要求：土地征用政策研究由省土地管理局副局长金郑沛、萧山市副市长魏金海负责；征迁工作以萧山市为主进行，省和杭州市土地管理局予以指

①历史上萧山曾有过非交通运输用的机场3个：

民国25年（1936），国民政府杭州空军军官学校在萧山长兴乡（现属杭州市滨江区浦沿镇）征地127亩，开始兴建西兴机场。至民国35年，在原地周围又强征土地1600亩，建成简易机场。只起降过一架次飞机，后废。

中华人民共和国成立前夕，国民政府陆军部队在萧山盈丰六甲（现属钱江农场）征草荡地600余亩（后来民间称为“六百亩头”）修建军用机场，建成临时跑道。不久萧山解放，未予启用，土地划给钱江农场。

1979年2月，萧山第二农垦场投资7万元，建设萧山临时机场。当年5月25日建成。跑道长500米，宽50米，另有3000平方米的停机坪，为飞机播种、施肥、除草、灭虫提供服务。

②笕桥机场原为军用机场。1957年，中国民航总局在空军笕桥机场建立航站，开展民航运输业务。从此，笕桥机场为军民合用。2000年12月30日，杭州萧山机场启用后，笕桥机场停止一切民用航空飞行。

导、支持。据此，萧山市人民政府于9月1日向杭州萧山机场建设领导小组呈报《杭州萧山机场场址拆迁安置初步工作方案》，制订《杭州萧山机场征地安置对象农转非办理程序及资格审查细则》等一系列有关征地拆迁的规定及办法。

1997年1月16日，杭州萧山机场建设领导小组正式下发《关于委托萧山市政府开展机场征迁工作的通知》。1月30日，中共萧山市委、市人民政府举行《机场征迁工作责任书》和《土地征用协议书》签字仪式。2月18日，市委、市政府召开机场征迁动员大会。随即，萧山市派出44名市级机关干部分赴各有关镇，与200多名镇机关干部组成机场征迁工作队，开展合同到户工作，使机场场址征迁工作紧张有序地进行。

中共萧山市委、市人民政府在实行三包（包费用、包任务、包稳定）的基础上，采取扎实稳妥的方法与步骤开展征迁工作：制订制度，建立班子；广泛宣传，层层动员；结合实际，制订政策；安置先行，抓好规划；协调作战，搞好服务；合理补偿，认真检查。征用耕地每亩补偿9350元，其中土地补偿费每亩8500元，青苗费850元。民房拆迁按照“统一政策，统一标准，统一评估，统一规划，自拆自建，合理补偿”的原则实施。补偿标准：主房楼房200元/平方米～300元/平方米，砖混平房175元/平方米～240元/平方米，砖木平房150元/平方米～165元/平方米，毗房125元/平方米～165元/平方米，草房110元/平方米～130元/平方米。对于提前搬迁的住户，根据情况再给予一定的经济奖励。

人员安置按人地比例计算，安置补助费一般不超过当地耕地补助标准的1/2，并不负责安置劳动力。年龄在16～44周岁的安置对象，由劳动部门发给安置待业卡，参加社会就业（如各类企业招工、自谋职业）。在安置前，按月发给生活补助费，每人每月85元。年龄在1～15周岁的，不发生活补助费；到达16周岁时发给生活补助费，并同时发给安置待业卡（在校学生待毕业或学业结束时发）。凡持有待业卡的对象，可参加社会就业。自谋职业者，一次性支付个人安置费10000元。有劳动能力的残疾安置对象，要求自谋职业的，一次性发给安置费12000元。已在镇乡及村办企业或愿去这些企业就业的安置对象，一次性付给企业为期10年的个人养老金投保费8000元，劳动部门给予办理劳动合同工录用手续。年龄45周岁（含45周岁）以上和丧失劳动力的病残人员（年龄不限的安置对象）等，均落实了具体安置政策。

机场第一期工程征地7013.36亩（约4675596.71平方米）、拆迁房屋1545幢，涉及农户2134户，迁移人员6474人，搬迁集体与个体企业580家，拆迁主房27万平方米，拆迁附房5.9万平方米。后因机场建设需要再次征用土地247.27亩（约164847.49平方米），其中8个导航台场外用地71.99亩（约47993.57平方米）。新增补征地拆迁农户218户，迁移人员756人，拆迁主房27828平方米，拆迁企业3家，拆迁厂房12646平方米。合计征地共7260.63亩（约4840444.20平方米），其中机场场区土地7188.64亩（约4792450.63平方米）。

至1997年7月底，机场场址内农房全部拆平，征迁经费全部到位，落实到户，征迁工作基本结束。8月12～13日，浙江省人民政府委派省土地管理局和机场建设领导小组办公室会同萧山机场建设征迁指挥部，组成机场征迁工作预验收组，对机场场址征迁工作进行全面预验。9月10日，验收通过。

设计施工

1997年6月1日，杭州萧山机场建设领导小组作了调整，萧山市市长林振国为领导小组成员。同年7月19日，杭州萧山机场工程建设指挥部（简称机场指挥部）正式成立。总指挥由民航华东管理局副局长刘观昌担任，常务副总指挥由浙江省计划经济委员会副主任赵詹奇担任，4名副总指挥中，包云海名列其中。为加强机场建设中党的领导，1998年2月19日，中共浙江省委决定成立杭州萧山机场工程建设指挥部党委。为方便指挥部和萧山市人民政府的联系，在机场指挥部设立萧山市人民政府驻机场办公室，具体负责协调沟通工作。

杭州萧山机场一期工程建设13个大项53个分项，通过公开招标确定了11家设计单位参加设计。其中飞行区工程包括地基处理工程、砼道面（基础）工程、排水工程、土方工程、飞行区综合管线工程及机场围界、围场路等附属工程，由中国民航机场建设总公司、民航机场规划设计研究总院承包设计。机场航站楼是新机场建设的主体工程，要求建造得美观大方，能体现杭州的地域文化特色。机场工程建设指挥部于1997年11月20～23日公开招标设计单位，邀请浙江省建筑设计研究院等国内外9家设计单位参加此项工程设计方案竞选。专家组本着公平、公正原则，认真负责地对各个方案进行审阅评议，最后一致推荐加拿大B+H国际建筑师事务所提交的设计方案为中选方案。浙江省建筑设计研究院担任航站楼设计的中方顾问，并承担航站楼综合体的初步设计和施工图设计等。此外，航管通信导航及气象工程由中国民航华东建筑设计研究院设计；助航灯光工程由中国民航机场规划设计研究总院和民航华东机场建筑设计院设计；弱电工程由民航机场（成都）电子工程设计所设计。

机场工程建设指挥部加紧进行施工准备和配套工程建设，迅速组织实施“三通一平”（即通水、通电、通路以及建筑地块土地平整）等工作，为主体工程正式开工创造条件。配套工程主要有：新挖光明直河2618米，1997年12月动工，1998年7月竣工，8月初通过验收；建设进场施工便道3400米，1997年11月15日开工，1998年4月贯通；新建场外运石便道，1998年4月动工，6月全线贯通；场外供水管线工程1998年5月底竣工，场内施工用水管线工程1998年6月份完工；场区内35千伏靖江线、永丰线等高压线搬迁工程，场内施工用电临时配电房工程1998年5月底完工，解决施工用电问题；砖围界墙工程1998年7月底动工，当年竣工。机场工程建设指挥部还落实需求量200万立方米左右的机场用石料山宕。1998年7月9日，在瓜沥镇航坞山实施大爆破。大爆破一次用炸药200吨，创下华东地区“第一爆”的纪录。山宕为机场施工及时供料，每立方米10元的价格降低了机场建设成本。

机场工程是一个庞大的系统工程，在主体工程方面，包括飞行区工程、航站楼工程、航管通信导航及气象工程、助航灯光工程、弱电工程。在配套设施方面，包括道路网工程、管网工程、供水工程、供电工程、场内道路及广告照明工程、货运中心工程、公安安检消防工程和环境保护工程。按照一次规划、分期建设的原则实施，飞行区工程8个分项，航站区工程10个分项，均按批复的初步设计规模、标准建设。1998年5月18日，机场物业楼正式动工。

在工程建设中，机场工程建设指挥部科学管理，精心组织，与设计、施工、监理、质量监督等单位密切配合，严格控制投资，确保工程质量，出色地完成了工程建设任务。航站楼施工公开招标，100多家具有一级建筑施工资质的企业参加投标。经过专家评标筛选，桩基工程由浙江省机械化施工公司承包施工，航站楼主体结构土建和部分装饰工程由龙元建设集团股份有限公司承包施工，安装工程由浙江省工业安装公司第三分公司承包施工，室内装潢由深圳美术装饰公司、深圳洪涛装饰公司、上海市住宅公司承包施工，弱电系统集成由民航成都第二科学研究所承包施工，金属屋面由瑞士科仪公司承包施工，玻璃幕墙由上海邝沛幕墙公司承包施工。1998年5月28日，航站楼第一根桩基试打成功。浙江省工程建设监理公司为监理单位。各施工单位严格按照ISO9002国际质量认证体系，建立质量管理监督中心和全面质量管理网络，加强对工程质量全面跟踪管理，从班组开始，有效落实强制性规范标准，有效地保证了工程质量。

至2000年12月，共建成19项机场配套工程，其中建筑物大小单体32个，建筑面积16.78万平方米；土石方246.7万立方米（其中土方107.2万立方米，石方139.5万立方米）；场道砼（跑道、滑行

图9－1－233 2001年3月，杭州萧山机场候机楼（杭州萧山国际机场提供）

道、站坪）21.7万立方米，面积70万平方米；排水沟涵14.98千米；给水管线12.66千米；雨水管线16.8千米；污水管线7.32千米；35千伏供电线路21.95千米，其中电缆478千米；10千伏供电电缆50千米；通信电缆管线11.2千米，电缆40.75千米；综合布线系统信息点3511个；楼宇自动化控制系统信息点3300个；消防报警系统信息点3063个；飞行区围界总长13.06千米；飞行区巡场路总长11.4千米；场内道路总长13.6千米；航站区道路和停车场面积21万平方米；油库5000立方米油罐4座；站坪加油管线总长7.8千米；航煤专用管线7.6千米。是月22日通过国家验收（详见本章第二节）。杭州萧山机场建设工程曾先后获杭州市建筑结构优质奖，浙江省建设工程“钱江杯”奖优质工程，中国建筑工程鲁班奖国家优质工程。

机场建设充分考虑机场设施和环境之间的和谐统一。机场绿化面积为1622063平方米，绿化率40%。机场建设者还在候机楼前设计一座园林广场，建造人工湖和喷泉。人工湖坐落于机场候机楼的西侧，占地面积约109.5亩（约73000.37平方米），呈两只凤凰形，湖内栽种荷花10万株。环湖用人工和机械挖掘的土方构筑假山，修筑环湖小路，湖内设置喷泉，配以彩灯，特别是夜晚高达58米的喷泉水柱，与彩灯交相辉映，美不胜收。故杭州萧山机场验收时被称为园林式机场。

机场规模

杭州萧山机场是国内干线机场和国际定期航班机场，华东地区大型现代化的重要航空港之一，上海浦东国际机场的主备降机场。

机场一期工程①按满足B747－400型飞机起降及2005年旅客吞吐量800万人次、货邮吞吐量11万吨的使用要求设计建设，占地面积7260.63亩（约4840444.20平方米）。飞行区等级标准为4E级，跑道长3600米、宽45米。助航灯光系统工程主降按Ⅱ类标准，次降按Ⅰ类标准建设；航站楼按高峰小时旅客3600人次的使用要求设计建设。航站楼②面积72900平方米（含机务外场办公、工器具用房、特种车库1320平方米），地下车库19900平方米，进出口通道2000平方米；货运中心仓库和办公9193平方米，操作棚房1939平方米。候机楼面积近7万平方米。候机厅设置有航班动态显示、离港系统等12项弱电系统，座位2900个，并设贵宾厅和多个头等舱休息室。其中候机楼内的国际联检厅面积9500平方米，边防、海关、检验检疫、外币兑换、免税店等口岸配套设施齐全。站坪总面积11132平方米，有12个站坪近机位，登机桥固定端12个（其中活动端部分先安装7部登机桥，卫星厅暂缓安装）。设有飞机泊位引导系统和双环航空加油管线系统；具备所有机型的二类维修能力和波音737、757的三类维修能力。消防救援设施按九级标准配置。

①杭州萧山机场规划中期按一条跑道满负荷的规模或年旅客吞吐量1300万人次标准设计；远期按两条独立起降大型客机的远距离平行跑道布局建设。机场最终规模为年旅客吞吐量3000万～4000万人次，年货邮吞吐量为100万吨～120万吨。

②航站楼为独立柱基础加桩基、钢筋混凝土框架结构，轻型钢屋盖；楼内设计算机信息管理、航班动态显示、消防自动报警、离港、闭路电视监控、楼宇自控、综合布线等。按功能分为：入口大厅（到达层、出发层）、办票厅、行李提取处、候机厅（国际、国内两个区域，进出港分流）、商场、办公用房、机电设备用房、地下停车库等。

第二节　航空运输

试航与验收

2000年11月1～4日，机场指挥部对机场建设工程组织预验收。11月27～30日，机场建设工程通过民航华东管理局、浙江省计划委员会共同组织的初步验收。12月2日，杭州萧山机场组织试飞。试飞由厦门航空公司承担，浙江省省长柴松岳乘坐了试飞的夜航飞机。执行试飞任务的是厦门航空公司的波音757200型B2829号飞机，机长为该公司副总经理宋成仁。于当日15时12分至19时6分之间飞行三架次，对机场各导航台站、助航灯光、地面保障的各类设备设施进行校验。机组提交的试飞报告认为新机场各系统均为合格，具备了申请总验收的基本条件。

同年12月22日，由国家民用航空总局、浙江省人民政府组成的杭州萧山机场工程国家竣工验收委员会共40人，对杭州萧山机场工程进行验收。参加验收会议的还有有关部门及质量检查、设计、监理、施工单位的领导、专家和代表260余人。经检查验收后认为：交付竣工验收的工程建设规模、内容和标准符合批准的初步设计要求，符合国家及民航有关技术标准、规范及国际民航组织公约有关附件；机场总体规划合理，功能分区明确，场区环境优美；飞行区场道、助航灯光、航管、通信、导航、气象等工程各项技术指标达到设计要求，经试飞，飞机滑跑平衡，仪表指示准确、工作正常；航站楼流程顺畅，功能齐全、设备先进、造型独特、装饰明快大方；供油工程具备供油条件；机务、供电、供水、环境保护、卫生、消防、公安、安全检查、劳动保护等设施按设计要求同步建成；使用土地手续齐备；工程档案资料收集、整理齐全，符合国家关于档案归档的要求；工程概算控制好，投资有较多节余。交付验收的60个单位工程全部合格，其中场道、航站楼、助航灯光等主要工程被评为优良工程，工程总体质量优良。国家竣工验收委员会同意杭州萧山民用机场工程通过国家竣工验收。

图9－1－234　试航成功后，担任试航的机组人员合影留念(2000年12月2日，傅宇飞摄)

通航与启用

2000年12月27日，民航总局下文："同意于2000年12月28日在杭州萧山机场举行首航仪式，2000年12月30日8时起正式启用杭州萧山机场。"12月28日15时，杭州萧山机场首航典礼在机场停机坪隆重举行。浙江省省长柴松岳、民航总局顾问徐柏龄、海关总署副署长李克农，浙江省和杭州市政府、民航系统、军队方面领导，日本驻沪领事、日本国际协力银行代表及萧山市党政领导、各界代表等1000多人参加了典礼。

首航典礼由省政府秘书长蔡惠明主持。机场指挥部总指挥刘观昌介绍了工程建设情况，民航总局顾问徐柏龄向杭州萧山机场有限公司总经理王震江颁发了机场使用许可证书。副省长卢文舸和民航总局顾问徐柏龄向机场公司董事长赵詹奇、总经理王震江授牌。徐柏龄和柴松岳分别讲话。

15时40分，省长柴松岳宣布杭州萧山机场正式通航，"厦航"波音757型飞机执行MF8526航班任务、中航浙江航空公司空中客车320型飞机执行FB5950/5931航班任务，两机先后起飞，新机场首航圆满成功。

12月30日，杭州笕桥机场的民用航班全部转至杭州萧山机场起降，同时结束在杭州笕桥机场的一切民用航空飞行活动。当天的航班涉及北京、厦门、广州、桂林、青岛、济南、成都、昆明、武汉、福州、西安、沈阳、温州、长沙、深圳、海口、郑州、合肥和香港等19个城市，这标志杭州萧山机场正式启用。

航线与运量

杭州萧山机场投入运营后，至2001年底，已开辟国际航线4条，地区航线2条，国内航线43条。[①]旅客吞吐量和货邮吞吐量比杭州笕桥机场有较大幅度增长。2001年1月，旅客吞吐量为208928人次，货邮吞吐量为5329.1吨；2月，旅客吞吐量为150431人次，货邮吞吐量为5339.9吨；3月，旅客吞吐量为205840人次，货邮吞吐量为6975.7吨。2001年全年完成旅客吞吐量298.13万人次，比上年增长21.2%；其中旅客发运量145.16万人次，比上年增长17.9%。完成货邮吞吐量8.69万吨，比上年增长16.4%；其中货邮发运量4.58万吨，比上年增长26.1%。全年平均客座率为54.6%，载运率为49.9%。全年旅客吞吐量和货邮吞吐量在全国民航机场排名分列第十三位和第九位。

①至2001年底，国际航线4条：曼谷（定期）、吉隆坡、清州、安克雷奇（不定期包机）；地区航线2条：中国香港、澳门；国内航线43条：北京、广州、海口、武汉、张家界、贵阳、厦门、济南、桂林、呼和浩特、三亚、合肥、天津、汕头、银川、南宁、太原、昆明、大连、温州、长沙、哈尔滨、南昌、青岛、郑州、长春、成都、兰州、珠海、重庆、晋江、沈阳、烟台、西安、上海、深圳、福州、乌鲁木齐、徐州、黄山、宁波、连云港、南京。

服务与营销

杭州萧山机场有限公司保障机场安全、正常运行，为航空运输企业的飞行营运活动和旅客出行提供服务。公司下属各个部门对机场客、货运输服务分工负责。其中航空食品公司负责航空配餐服务，航空地面服务公司负责旅客的运送服务、航班不正常的服务及重要旅客进出港服务，航空货站负责货物、特殊物品、危险品等的运送服务，航空客运公司负责机场客票、补退票等客票销售服务，航空货运公司负责航空货运销售经营管理。各种服务都有一套严格的服务标准和操作规程。

面对新机场负债经营的局面，以及周边机场带来的激烈竞争和其他运输方式的挑战，机场公司积极开拓航空客货运输市场，密切与各航空公司的联系，改善服务环境，吸引航空公司增加运力投放，新辟航线、新增航班，提高机场利用率。至2001年3月25日，在机场运营的主要航空公司有12家。[②]中国航空公司浙江分公司为基地航空公司。针对市场需求，机场公司加大生产组织和营销工作力度，不断巩固、吸引和开发客货源，提高客座率和载运率。机场客运公司进一步拓展电话订票、送票上门及电话预定座位、机场行前取票业务，并相继推出“买机票送车票”、“市内值机服务”等项目，为旅客提供优质、周到的服务。加强从业人员业务技术培训，加快设备更新，努力提高工作效率和服务质量。实行销售窗口前移，积极开拓和抢占会务航空客票销售市场。航空地面服务公司巩固和发展机场传统服务优势，加大服务创新力度，在要求各窗口员工实行“敬语服务”、“亲情服务”和做好“要客服务”及“老弱病残孕”等特殊旅客服务的基础上，推出“全天候值机服务”（即随到随办

②东方航空公司、南方航空公司、国际航空公司、中国航空公司浙江分公司、厦门航空公司、西南航空公司、北方航空公司、上海航空公司、港龙航空公司、云南航空公司、海南航空公司、深圳航空公司。

值机手续）、“流动服务”等，并在问讯处为旅客免费提供乘机指南、便笺纸、晕机药等服务。客运公司与地面服务公司合作推出“机场贵宾卡服务”，为持有贵宾卡的旅客提供免费上门送、退、改票服务及凭订票积分免费获得住宿、机票等特殊服务。机场货运公司推出“24小时服务”、“快速通道服务”等项目。新注册成立的机场货站有限公司积极做好货运代理的各项服务保障工作，建立代理商和大货主的档案，并加强与各航空公司和检验检疫、海关等单位的联系协调，使货运代理和货主送货、提货更加便捷顺畅。在保障正常航班的同时，机场公司还加强和改善航班不正常情况下的服务工作。根据新机场工作流程的变化特点和自动离港系统的性能要求，重新规范不正常航班信息的传递工作，修订完善不正常航班服务保障预案。

第三节　民航管理

杭州萧山机场有限公司根据中国民用航空总局、民航华东管理局制定的方针、政策法规和制度，组织管理杭州萧山机场的航空运输和通用航空业务。公司于2000年3月登记注册，注册资本金10.1亿元。公司两大股东民航华东管理局和浙江省航空发展有限公司（浙江省航空发展有限公司由浙江航空投资公司、杭州市投资控股有限公司、杭州市萧山机场投资公司按4∶3∶3比例出资组建），分别代表中国民航总局和地方政府出资5.15亿元、4.95亿元，各占注册资本金的51%和49%。

根据中国民航总局2000年8月31日《关于杭州笕桥机场转场涉及体制问题的批复》精神，原民航浙江省管理局（不含宁波、温州航站）人员除留在新组建行政性的民航浙江省管理局人员外，全部转入杭州萧山机场有限公司。杭州萧山机场有限公司下设26个二级部门，12个经营性公司，员工1850余名。杭州萧山机场还设有杭州边防检查站、杭州海关机场办事处、浙江省出入境检验检疫局机场办事处等驻场联检单位。杭州市工商行政管理局、交通局等部门也向机场派出管理机构。

安全管理

杭州萧山机场有限公司安全管理委员会组织领导机场安全管理工作。机场公司安全监察室是负责机场日常安全管理的职能部门，掌管机场安全状况，组织制定和监督实施安全管理措施。结合新机场、新程序、新流程的特点，严格落实各级安全责任制，建立健全各类安全台账和操作规程，完善安全规章制度体系。加强对员工的安全教育培训，开展每周安全讲评会、每月安全形势分析会和“安全教育日”等活动，组织应急救援演练和“反劫机”、“炸机”模拟战术演练。

机场公安分局主管机场的治安保卫和管理工作。机场公安分局治安科负责治安保卫和管理的具体实施；机场公安分局下属的派出所、巡警队负责具体区域的安全管理。机场护卫公司是维持治安秩序、担负重要区域和目标守卫的治安辅助力量。机场安全检查站负责中外籍旅客及其携带、托运物品和货主托运货物、邮件的安全检查服务工作。2001年处置非法干扰航空安全事件16起（其中4起为旅客谎称飞机上有炸弹或手枪），查处各类治安案件286起。机场公司设防火安全管理委员会，机场公安分局设专职消防队，置消防中心和医疗急救中心，配备火灾探测报警系统、室内外给水系统和泡沫车、重型水罐车、干粉灭火车、破拆抢险车、药剂补充车等设备。严格执行有关空中防务安全规定，对进入隔离区的人、车、物和通行证件严格检查，对飞行区各道口、航空器活动区、机场围界实行强化安全控制和管理。2001年共查获各类违禁物品355件，查获证件不符人员159名，收缴及暂存各类刀具8000余件。年内通过民航华东管理局组织的空中防务安全评估，机场空中防务安全被评为优秀等级。2001年杭州萧山机场共保障各类航班安全起降36475架次，比2000年的杭州笕桥机场增加40.4%，实现新机场第一个航空安全年。

净空管理

杭州萧山机场建设时，根据《中华人民共和国民用航空法》和国务院、中央军委《关于加强机场净空保护的通知》等文件精神，确定了净空管理范围、内容、分工，并在开航后切实加以执行。

杭州萧山机场的净空管理按规划的两条跑道控制，包括每条跑道两侧各6千米及两端各15千米的范围都属机场净空保护区。机场场道维护管理部负责机场的净空保护区管理工作，萧山市人民政府负责机场净空保护区的规划控制。

为保护好机场净空，机场净空检查人员每月一次在机场净空保护区范围内进行巡查，对有超高嫌疑的建筑物及时进行高度测试，若确实超高，便将其位置、超高高度等情况及时通报空中交通管理部门，并报请当地政府和有关职能部门依法处理；每月一次在净空保护区范围内进行建筑物和设施的障碍灯巡视检查，对障碍灯失效或未按要求安装障碍灯的单位，立即发出书面整改通知；一旦发现在飞机起降的航线附近修建向空中排放大量烟雾、粉尘、火焰、废气的建筑物，修建靶场、强烈爆炸物仓库，与机场目视导航设施相混淆的其他灯光、标志或物体时，立即通报空中交通管理部门，并报请当地政府和有关职能部门依法限期排除。

环境管理

鸟害与野生动物防治　依据民航总局《机场鸟害防治方法》及有关要求，杭州萧山机场及邻近地区建立了鸟类及其他野生动物的日常监视制度和科学的统计与分析体系，采用综合治理的方法减少机场及其邻近区域鸟类的存在数量，将潜在的鸟撞率降至最低限度。

噪声保护区管理　机场确定噪声管理内容并制定噪声保护区管理规定，主要由机场管理部门经常对飞机产生的噪声进行检测，并会同有关部门采取措施，控制飞机对周围环境的污染；会同城市规划部门和环境保护管理部门划定机场噪声影响区；在机场噪声影响区内，限制新建、改建、扩建噪声敏感建筑物；经批准在机场噪声影响区内建设噪声敏感建筑物，建设单位应采取减轻、避免噪声影响的措施。

电磁环境保护区管理　机场确定机场电磁管理的范围、内容，并根据机场实际情况制定《电磁环境保护区管理规定》：每天开航前，仔细检查导航设施电磁环境保护区域的情况，并将检查情况记录归档；发现障碍物或场地不符合要求，立即通报营运指挥中心，同时拆除障碍物，平整场地，使其达到电磁环境保护的要求；定期与民航华东空中交通管理局协调，交流电磁环境保护的技术和措施。

其他管理

空中交通管制　机场公司空中交通管理中心负责对规定的飞行空域航空飞行活动实施管理，提供空中交通管制服务。后划归民航华东空中交通管理局（2002年1月8日，空中交通管理中心从机场公司划出，成立中国民航杭州空中交通管理中心，直接隶属于民航华东空中交通管理局）。

供油设施管理　杭州萧山机场的航空用油由中国航空油料总公司浙江分公司全权管理，执行中国民航总局、中国航空油料总公司的各种规范、规定和标准，接受中国航油总公司及其华东分公司的检查指导，对油库及其附属设施进行日检、周检、月检，以确保航空用油安全。

飞行区场地管理　根据《国际民航组织公约附件十四》《机场勤务手册》及中国民航总局有关文件规定，维护、维修和管理飞行区围界以内的跑道、滑行道、停机坪、土面区、排水设施、标志线、围界和巡场道，落实在不利条件下的机场应急处理措施等。

第二章 铁 路

1985年，萧山境内有浙赣线、萧甬线两条铁路，7个火车站[①]，铁路旅客发送量102.17万人次，货物到发量146.86万吨。1991年，浙赣铁路复线萧山境内段建成。1992年钱江二桥、浙赣绕行线、萧萧联络线和萧夏联络线等建成通车。1999年，萧甬铁路复线境内段和浙萧联络线建成。2000年，境内有铁路81.24千米，设有7个火车站。[②]全年铁路旅客发送量为92.39万人次，货物到发量623.10万吨。

①钱塘江、长河、萧山、白鹿塘、临浦、浦阳、夏家桥火车站。

②萧山、萧山西、白鹿塘、临浦、浦阳、夏家桥、盈宁火车站。

第一节 线 路

浙赣线

浙赣铁路由杭（州）江（山）铁路延筑而成[③]，全长1008千米（含支线）。萧山境内原起自钱塘江大桥南（K8+388），终于浦阳镇江西俞村与诸暨市湄池镇大坞村交界处（K48+200），长39.81千米。1996年5月浦沿、长河、西兴3镇划出萧山后，萧山境内浙赣线起点在城厢镇湖头陈村与西兴镇马湖村交界处（K17+200），终点不变，境内长31千米。中华人民共和国成立后，上海铁路局对线路有计划地进行技术改造。1971年，钱塘江大桥至萧山段铺成复线。1985年底，境内段改造成为I级铁路。1991年12月，白鹿塘至诸暨段复线建成。至此，除萧山西站至白鹿塘为单线外，境内浙赣线全部建成复线。1992年10月，浙赣绕行线等建成后，铁路部门加快通讯、闭塞系统的技术改造。1996年11月2日，浙赣线微波通讯工程正式投入试运行。1997年10月21日，临浦—浦阳—湄池段自动闭塞系统开通，1998年12月23日，白鹿塘—临浦微机连锁信号和自动闭塞设备启用。

③杭江铁路始筑于民国19年（1930）2月，次年7月，萧山江边至诸暨段建成。至民国26年浙赣铁路杭州至湖南省株洲全线通车。

萧甬线

萧甬线为沪杭甬铁路萧山至宁波的一个区段[④]，全长146千米。萧山境内起点萧山站（浙赣线出岔），终点衙前与绍兴钱清交界处（K16+606），全长16.61千米。1990年铁路杭州枢纽工程建设中，原萧甬线K1+200至K4+700段废，K1+200起走高田隧道至新萧山火车站，建一条萧萧联络线；新火车站出岔建一条萧夏联络线，至夏家桥西（K4+700），与原萧甬线相接。这样萧甬线起点为萧山火车站，终点不变，境内长13.10千米，加萧甬线跨越浙赣绕行线的新塘特大桥1.94千米和浙萧联络线2.21千米，在萧山境内总长为17.25千米。

④民国26年（1937），萧山至上虞曹娥段68千米建成。不久因抗日战争掘毁。1953年开始重建，1959年萧山至宁波全线竣工。

萧甬线建成后，铁路部门不断对其进行技术改造。1985年，萧山至庄桥线路允许速度80千米/小时，为Ⅱ级铁路。1992年，铁路杭州枢纽工程钱江二桥等项目建成后，萧甬铁路就着手复线建设。1994年12月，夏家桥至钱清复线工程开工，1996年1月18日，完成夏家桥车站复线工程，2月6日，完成钱清站复线工程，6月8日开通两站间的复线，为萧甬复线第一个开通的区段。7月11日，杭州至宁波95/96次列车提速成功，通过提速增加了3.1对列车的通过能力。萧山至夏家桥段复线于1998年1月8日正式开工，工程内容包括新塘特大桥[1]和浙萧联络线，1999年6月4日完工，总投资8000余万元。7月18日，萧甬铁路移交给萧甬铁路有限责任公司。

①详见本章第二节第一目之“新塘特大桥”。

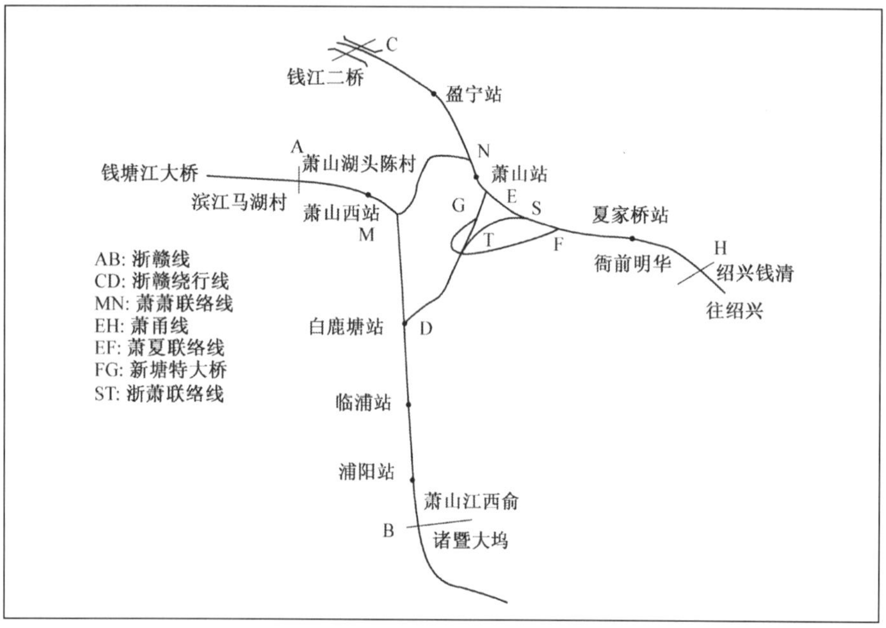

图9-2-235 萧山铁路示意图

浙赣绕行线

浙赣绕行线是铁路杭州枢纽工程的重要组成部分。[2]萧山境内起自钱江二桥中心点（RK10+650），终于白鹿塘北区线（RK31+148.44），减去重叠线248.44米，境内长20.25千米。路基、桥涵按复线标准建设，先在左侧单线铺轨，于1990年1月3日动工，1992年4月建成通车。复线工程于1997年12月开工，1998年12月23日盈宁至萧山段铺成，12月28日萧山至白鹿塘段铺成。至此，浙赣绕行线复线工程全线竣工，并同步启用微机连锁信号和自动闭塞设施。

②浙赣绕行线起自杭州笕桥，终于萧山白鹿塘，全长31.15千米，系Ⅰ级铁路。

图9－2－236 浙赣铁路通济段（2002年12月，李维松摄）

联络线

萧萧联络线 是老火车站（萧山西站）与新火车站（萧山站）之间的联络线。新建线路起点为原萧甬线K1+200处（城北高田村），通过高田隧道穿越北干山，经永久、塘湾、墩里吴至柳桥与浙赣绕行线相接，进入新火车站。长3.87千米，加上老萧甬线的1.20千米，减去重叠线100米，境内全长为4.97千米。1992年4月与浙赣绕行线同步建成。

萧夏联络线 是新火车站与萧甬线上的夏家桥车站间的联络线。起点萧山站，桩号RK23+500（浙赣绕行线），终点为夏家桥站西，桩号K4+700（萧甬线），长1.20千米。其里程已计入萧甬线。1992年4月与浙赣绕行线同步建成。

浙萧联络线　是浙赣绕行线与萧甬线之间的联络线。线路长2.21千米（其里程已计入萧甬线），自城东场出岔，终点为夏家桥站西。金华至宁波的列车可不进萧山站直接进入萧甬线。于2000年5月23日开通。

专用线

1996年5月西兴、浦沿、长河3镇划出萧山前，萧山境内厂矿企业铁路专用线共有12.47千米。至2001年3月，境内尚有沥青库专用线、化工专用线、石油库专用线、杭发专用线、粮库专用线、轨料库专用线、采石场专用线（2条）、多经用线等9条专用线，总长度为7.77千米。

第二节　桥梁　隧道

铁路桥梁

至2001年3月，萧山境内除钱塘江大桥[①]、钱江二桥两座公、铁两用桥梁外，还有铁路桥梁60座。其中浙赣线桥梁23座，全长513.52米；萧甬线桥梁17座，全长2024.30米，浙赣绕行线桥梁14座，全长1029.05米；萧萧联络线桥梁6座，全长190.20米，总长3757.07米。新塘铁路桥和尖山桥、南门江桥，分别为铁路特大桥[②]和大桥。

钱塘江大桥　浙赣铁路钱塘江大桥位于萧山浦沿联庄村上沙埠（现属杭州市滨江区）与杭州西湖区二龙山之间，是中国工程技术人员自行设计、自行组织施工的国内第一座双层式铁路、公路两用桥。桥长1453米，其中正桥16孔，每孔67米，计长1072米；北岸引桥288米，南岸引桥93米。桥梁结构形式为墩柱钢梁双层式，上承公路，下载铁路。下层为标准轨距的单线铁路桥，长1322.10米，宽4.88米，净孔高6.71米，设计载重古柏氏50级，通过能力为昼夜77.5对；上层公路桥长1453米，行车道宽6.10米，双车道，两侧各设人行道1.52米。设计荷载H15级，日交通量5000辆次，桥梁设计使用年限为40年。工程总投资531.639万元（银圆），其中铁道部投资379万元，总用工63万工日。1949年9月，上海铁路局接管大桥，成立钱塘江桥工程处，对桥墩、钢梁和公路面进行全面修理与加固。1953年，开放大型机车行驶。1954年，大桥由杭州铁路分局工程段接管，成立钱塘江桥、南岸维修、北岸维修、大修、公路面巡养等5个领工区。1987年，公路桥面划给地方交通部门管理，公路面巡养领工区撤销。由于过往车辆急剧上升，大桥又“超期服役”（超过40年）和“超负荷运行”（交通量超过5000辆次／日），铁路部门在技术改造的基础上加强养护维修。公路部门对桥面层也进行2次大修，1993年对公路面层和伸缩缝重新进行铺装。2000年4月，开始大桥建成后投资最大、整修最全面、加固最彻底的维修加固工程[③]，工程于2001年5月竣工通车。新的引桥建成后，老引桥进行适当维修，作为文物保留。

钱塘江第二大桥　简称钱江二桥，又称彭埠大桥。位于钱塘江大桥下游13千米处，南岸为萧山宁围镇盈二村，北岸为杭州江干区四堡。钱江二桥是公

①钱塘江大桥于民国24年（1935）4月6日全面动工，民国26年9月铁路桥建成，11月公路桥面竣工。不久为阻止侵华日军南侵，国民政府军队炸断大桥。民国33年，日伪修复通车。初称钱塘江大桥，1992年4月1日钱塘江第二大桥建成并交付使用后，简称钱江一桥。

②按中国铁路桥梁划分的标准，桥长6米～20米的为小桥，20米～99米的为中桥，100米～499米的为大桥，500米以上的为特大桥。

③该工程包括更换公路桥的全部桥面板和锈蚀严重的钢桁梁杆件，重新安装排水系统、路灯，对桥墩裂缝修补及压浆封闭，对桥墩局部冲刷处抛石加固，改建南北引桥等。

路、铁路并行分离的公路、铁路两用桥。上游侧为浙赣绕行线的铁路桥，长2860.80米，宽11.40米（复线）；下游侧为杭甬高速公路桥，长2111.85米，宽20米（双向四车道）。铁路、公路的中心距为16.40米。公路、铁路桥结构相同。下部结构为桩柱式墩台，上部结构正桥为18孔（45+65+14×80+65+45米）一联预应力钢筋混凝土单箱单室连续箱梁，长1340米，为目前国内之冠。引桥为长32米的预应力钢筋混凝土箱形梁，南引桥8×32+7×32+7×32米三联；北引桥为9×32+8×32+8×32米三联。通航孔设在正桥北部，长560米，桥梁荷载标准汽—超20，挂—120。桥按7级地震烈度设防。钱江二桥由铁道部和浙江省出资（含一桥收费筹集）兴建，由铁道部大桥局、铁道部第四勘察设计院、浙江省交通设计院等单位设计，铁道部大桥局承建。1987年8月组建钱塘江第二大桥工程指挥部，以9号桥墩为界设南、北两个指挥所。南岸（萧山）铁路线由铁道部二局二处承建，北岸（杭州）铁路线由铁道部二局四处承建。工程于1988年4月21日在四堡举行开工典礼后正式动工，1991年12月22日桥、路建成，1992年3月28日大桥通过国家验收，1992年4月1交付使用。[①]工程获1993年中国建筑工程鲁班奖；基础工程获2000年首届中国土木工程詹天佑奖。“在强涌潮河段修建长联大跨的钱塘江第二大桥技术”获1995年国家科技进步一等奖；“钱塘江二桥涌潮河段桥梁基础设计与施工技术”获1993年铁道部科技进步一等奖。

图9—2—237 1992年4月竣工通车的钱江二桥（董光中摄）

①1992年4月1日凌晨3时15分，南京至广州的211次快车通过钱江二桥，是为钱江二桥开通后，通过的第一列客车。

新塘特大桥 位于新塘乡。是萧甬铁路复线萧山至夏家桥区间复线的主要组成部分，该区间复线经萧山车站，跨越浙赣线，绕行后接进萧甬线的夏家桥车站。新塘特大桥为萧甬复线工程中的重点工程，全长1941米，116个桥墩，从新塘东京钱村开始，经紫霞、一都孙、畈里童、金家浜、良种场、董家埭到油树下村，呈圆弧形，是华东地区最长的铁路桥。由上海铁路设计院设计，铁路上海工程总公司承建。工程于1998年1月8日开工，1999年6月4日正式投入使用。

尖山桥 浙赣线30号桥，位于浦阳镇尖山旁的浦阳江上，是萧山境内第一座铁路大桥。[②]钢梁采用军用钢梁，载重等级为近中—22级。1952年起，铁路部门对桥墩加套箍钢梁进行加固，使载重等级提高到中—24级。1974年6月，为提高防洪标准，适应浦阳江泄洪和确保铁路安全需要，投资120万元，对桥作扩孔改建，于同年12月竣工。改建后的桥长166.90米，由3孔增至4孔，桥梁净孔总长从原来的90.30米扩至142.60米。扩孔后桥位中心桩号为浙赣线K42+588。建设浙赣复线时，在老桥下游侧又新建桩柱式墩台梁桥1座，全长162.32米，由铁道部十六工程局三处承建。工程于1989年11月22日开工，1991年11月3日通过竣工验收，12月10日通车。

②始建于民国19年（1930）7月，次年2月建成，初为临时性钢梁木墩桥，共18孔，全长149米。其中孔径12.80米的6孔，孔径6.10米的12孔。杭州沦陷前夕，与浙赣铁路一道遭毁。萧山沦陷后，日军以11孔木梁便桥通车。抗日战争胜利后，于民国37年修复为3孔总长120.98米的钢梁桥，净宽4.40米。

南门江桥 浙赣绕行线13号桥，位于城南乡朝阳村南门江上。桥位中心桩号为浙赣绕行线K29+794，全长119.45米，为5孔梁式桥。桥梁上部结构为预应力空心板梁，下部结构为桩柱式墩台。梁底标高为吴淞高程10.21米，按六级航道通航要求设计。由铁道部二局二处承建，1989年动工建设，1991年底建成。

铁路隧道

高田隧道位于城厢镇高田居民区，在铁路萧萧联络线上，是境内唯一的铁路隧道。起点K0+543，终点K0+819，穿越北干山，全长276米。1991年动工建设，1992年4月与萧萧联络线同步建成通车。

图9—2—238　萧萧联络线上的高田隧道（1996年6月摄，萧山区交通局提供）

第三节　站场　道口

火车站

1959年萧甬铁路建成通车时，境内设有新塘站（乘降所[①]），不久就撤销，建夏家桥车站。1983年11月，在浙赣线上建立萧南站（会让站），于1996年9月30日撤销。浙赣线上的钱塘江站（早期称静江站）、长河站地属已划给杭州市滨江区。浙赣绕行线建设中又新增盈宁站（会让站）。至2001年3月25日，萧山境内有7个火车站，即萧山西站、萧山站、白鹿塘站、临浦站、浦阳站、夏家桥站和盈宁站。其中浦阳站和白鹿塘站为货运站，分别有股道9股，正线、站线各2股。夏家桥站和盈宁站为会让站，分别有股道4股，正线、站线各2股。萧山站和萧山西站为二等站，盈宁站为五等站，其余均为四等站。

萧山西站　原萧山火车站，始建于民国20年（1931）6月。当时站屋建在西门外约500米城河北侧，现轨料库西端。1949年5月5日萧山解放时，已有6股道。股道两侧设210米长的客、货站台各1个，并设有简易机车给水设备。客运站屋、票房各1座，还有货物仓库等。至1988年有17股道，其中正线2股，到发线3股；货物线7股，编组调车线4股，存车线1股。东、西牵出线各1股，配有调车机车1台。车站信号为6502型大站电气集中，区内信号为64型半自动闭塞。客运设施有候车室190平方米，旅客站台2个：1号站台长342米，2号站台长417米。货场面积3350平方米，仓库7座、3047平方米，货物站台5处、7423平方米，折含84个货位，一次性可堆货物9535吨。装卸机械有门吊1台、宽轨吊及其他机械7台。1992年6月11日新火车站启用后，萧山西站停办客运，成为二等货运站。

萧山站　位于城厢镇城东办事处，站位中心桩为浙赣绕行线RK20+875。站场规模近期为9股道：正线1股（长935米），到发线5股（总长4405米），编组线3股（总长2498米）；设站台3个，1号站台长400米、宽6米，2、3号站台连在一起，长400米、宽9米；站区设框架涵过道2处，平交过道3处。货运单独建有货场（详见本节“货场”）。远期为15股道。车站大楼以地方出资为主，建筑面积3646平方米，可同时容纳1000多名旅客候车。[②]站前广场27972平方米，52米宽的站前路与通惠路连接。工程于1990年开工建设，1991年底竣工，时为全国县级火车站中名列前茅的二等客货运车站。1992年6月11日，正式移交给铁路部门使用。

①乘降所是不具备车站所必须的列车避让、交会、解编和货物装卸等行车和货运功能，仅办理旅客乘降（上下车）业务的铁路部门。

②萧山火车站候车大楼由萧山城市建设综合开发公司投资建设，铁道部第四勘测设计院设计，萧山市第二建筑工程公司施工，建筑面积3646平方米，工程造价450万元。

临浦站 位于临浦镇东，站位中心桩为浙赣线K35+888。始建于民国20年（1931）6月。1958年建造标准站台，长426米。1972年新建候车室320平方米。仓库面积1450平方米。站场规模为8股道：正线2股，站线5股，货物线1股。为四等客货运车站。

货 场

1985年以前，萧山火车站没有专门货场。1987年12月，萧山县人民政府向铁路方面提出在萧山车站建设新货场的意向。1990年6月，华东铁路建设指挥部原则确定由铁路和地方集资修建萧山货场。9月通过设计会审。1992年10月27日，市政府成立萧山东货场建设领导小组及其办公室。1993年1月14日，货场建设办公室与新街镇、城厢镇城北办事处、城东办事处有关村签订土地征用协议，征用土地752.78亩（约501855.84平方米），其中货场用地490.56亩（约327041.64平方米），浙江中穗省级粮食储备库粮食专用线（含粮食仓库）用地262.22亩(约174814.21平方米)。货场用地中，铁路线路、货场203亩(约135334.01平方米)，萧山车务段多种经营办公室集装箱专用线72亩（约48000.24平方米），货场道路88亩（约58666.96平方米），港池23亩(约15333.41平方米)，萧山运输公司6亩（约4000.02平方米），货场二期工程留地和联运指挥部办公楼留地98亩（约65333.66平方米）。（上述6项数据相加与总数相差0.56亩）。新货场远期规划为年吞吐量400万吨，第一期工程为年吞吐量150万吨。主要工程有：装卸作业线2股、804米；行车线、安全线1股，1050米；机待线140米；牵出走行线1250米；生产、生活用房4110平方米；货场外围配套道路2.63千米（主车道宽16米，沥青路面）；桥梁3座83延米及水电设施等。浙江中穗省级粮食储备库及其配套粮食专用线工程于1993年4月15日开工，1995年底主体工程基本完工，1996年5月23日通过竣工验收。1997年12月28日，萧山铁路货场（一期）移交杭州铁路分局。

道 口

浙赣、萧甬铁路纵横穿越境内的宁围、新街、城厢（含城北、城东、城南办事处）、新塘、衙前、来苏、临浦、浦阳8个镇乡，与多条公路和其他乡村道路相交。90年代前，这些交叉绝大多数为平面交叉。90年代开始新建、改建了一批立交桥，多为公路下穿铁路立交桥。1994年建成境内第一座公路跨铁路立交桥，即上跨浙赣线的03省道城南立交桥。2000年，铁路跨地方道路立交桥共11座（不含箱式通道）。平交道口27处，其中有人看守道口17处，无人看守道口10处。

表9–2–145 2000年萧山境内铁路有人看守道口情况

单位：米

道口名称	位 置	宽 度	相交道路名称	道口名称	位 置	宽 度	相交道路名称
东道口	萧萧联络线K0+637	12.00	03省道	人民路道口	浙赣线K22+260	25.00	人民路
杭二棉道口	萧萧联络线K0+800	9.70	工人路	城南道口	浙赣线K25+850	5.70	村级道路
通惠路道口	萧萧联络线K3+907	25.00	通惠路	所前道口	浙赣线K30+900	5.40	袄所线
盈丰道口	浙赣绕行线K13+761	9.35	村级道路	通济道口	浙赣线K32+637	4.00	白曹线
万向节道口	浙赣绕行线K17+454	9.35	杭万路	临浦站道口	浙赣线K36+135	5.20	地方道路
来苏道口	浙赣绕行线K26+774	6.50	来娘线	杨汛道口	萧甬线K36+218	12.00	104国道南连线
新塘道口	浙赣绕行线K24+215	6.50	大南线	西站道口	杭发专用线	12.00	03省道
老岳庙道口	浙赣线K19+830	6.60	小白线	白鹿塘道口	采石场专用线	12.00	03省道
西门道口	浙赣线K21+611	18.00	小白线接城市道路				

表9-2-146 2000年萧山境内铁路无人看守道口情况

道口名称	位置	所在地村名	道口名称	位置	所在地村名
湖头陈道口	浙赣线K17+820	城厢镇湖头陈村	西城南道口	浙赣绕行线K28+826	城厢镇朝阳村
坂里杨道口	浙赣线K33+670	临浦镇坂里杨村	张亮桥道口	浙赣绕行线K26+271	来苏乡张亮桥村
新塘道口	浙赣线K46+823	浦阳镇新塘村	紫霞道口	萧甬线K5+133	新塘乡紫霞村
新中道口	浙赣绕行线K15+320	宁围镇新中村	盈二道口	浙赣绕行线K11+950	宁围镇盈二村
犁头金道口	浙赣绕行线K29+176	城厢镇犁头金村	螺山道口	萧甬线K9+520	衙前镇螺山村

第四节 客 运

萧山铁路客运始于民国20年（1931）。[①]中华人民共和国成立后，铁路设施不断改善，客流量逐年上升。1959年萧甬铁路通车后，上升幅度更大。1985年，旅客发送量102.17万人次。1988年，境内钱塘江、长河、萧山、白鹿塘、临浦、浦阳、夏家桥7个站旅客发送量124.28万人次，为1965年旅客发送量67.45万人次的1.8倍。90年代后，铁路短途客运逐步被公路客运所代替，呈下滑趋势。1992年萧山铁路旅客发送量只有85.81万人次，为1988年发送量的

①民国20年（1931）杭江铁路萧山—诸暨段建成后，即开始营运，先以客运为主。民国21年3月铁路通到兰溪时，有9辆机车30节客车厢投入运营。客车厢分为头等、二等、三等；另有三等厨车和行李、邮包、守备车厢。票价分寻常、公务、优待、旅游4类。是年7～12月完成客运量46.80万人次。日军侵华期间，客运量急剧下降，直至战后也未恢复。民国36年客运量15.71万人次，仅为战前客运量的27%。

表9-2-147 1985～2000年萧山铁路各站旅客发送量

单位：万人次

年份	萧山站	临浦站	浦阳站	白鹿塘站	夏家桥站	长河站	钱塘江站	合计
1985	76.55	14.74	5.27	2.32	—	1.66	1.63	102.17
1986	68.65	12.99	4.72	1.65	8.23	1.27	1.40	98.91
1987	76.59	12.82	6.19	1.58	7.22	1.27	1.21	106.88
1988	91.48	13.27	5.81	1.91	8.95	1.44	1.42	124.28
1989	87.41	12.97	6.10	1.95	6.91	1.30	4.32	120.96
1990	69.45	11.72	5.98	1.80	5.00	1.16	1.06	96.17
1991	68.95	10.25	4.17	1.45	4.58	1.08	0.95	91.43
1992	68.07	9.38	2.45	0.85	3.62	0.81	0.63	85.81
1993	88.14	10.00	2.55	0.87	2.10	0.87	0.57	105.10
1994	106.20	10.37	0.29	1.03	1.81	0.97	0.55	121.22
1995	105.17	8.96	2.35	0.70	0.32	0.53	0.28	118.31
1996	91.48	8.34	2.19	—	—	—	—	102.01
1997	86.32	6.28	0.65	—	—	—	—	93.25
1998	89.49	4.79	—	—	—	—	—	94.28
1999	85.36	4.28	—	—	—	—	—	89.64
2000	88.20	4.19	—	—	—	—	—	92.39

注：1995年4月1起，夏家桥站停办客运；同年5月1日起，白鹿塘站、长河站、钱江站停办客运；1997年4月1日起，浦阳站停办客运。

69%。但铁路的长途客运仍处优势，铁路部门采取多种措施，使铁路客运量有所回升。至90年代中期，各地高速公路建设很快，对铁路客源带来影响。据铁路部门统计，杭甬高速公路建成通车后，萧甬线客流量下降近50%，萧山铁路的旅客发送量1999年下降至89.64万人次。铁路部门扬长避短，在确保安全、正点、快速、舒适和优质服务外，在运行调度上还采取灵活措施，组织季节性、阶段性、休闲性客流，增开临客、旅游专列等，既缓解社会客运紧张状况，满足旅客需求，又增加铁路客流，使铁路客流量又逐渐回升，2000年旅客发送量为92.39万人次。随着铁路萧山站到发旅客列车日益增多，至2001年3月25日，日（24小时）停靠客运列车40列，比1984年增加一倍，日到达和发送旅客4600人次左右，最高时（2001年1月18日）日到达和发送旅客6911人次。

第五节 货 运

萧山铁路货运始于民国25年（1936）。①中华人民共和国成立后，萧山、临浦两站仍办理货运业务，并列入全国铁路货运网。70年代以前，萧山发运的

①民国25年（1936）杭江铁路投入营运时，有平车、敞车、棚车等载货车厢共80节。全线办理货运业务的有11个站，萧山境内有江边（现属杭州市滨江区）、萧山、临浦3个站。

表9—2—148 1985～2000年铁路萧山西站、临浦站货物运输量

单位：万吨

年份	货物到达量		货物发送量		合计
	萧山西站	临浦站	萧山西站	临浦站	
1985	62.72	11.60	55.28	17.19	146.79
1986	97.69	12.50	66.55	21.14	197.88
1987	116.54	13.93	63.50	21.09	215.06
1988	122.73	17.19	69.06	22.09	231.07
1989	135.72	16.13	67.45	20.76	240.06
1990	139.22	13.91	54.53	16.76	224.42
1991	175.99	19.10	57.98	9.58	262.65
1992	199.61	22.03	59.83	18.33	299.80
1993	214.99	24.86	77.09	23.24	340.18
1994	252.77	27.02	51.87	19.46	351.12
1995	236.74	27.49	43.20	13.63	321.06
1996	267.00	30.00	31.00	16.00	344.00
1997	276.00	32.00	29.00	17.00	354.00
1998	229.20	36.20	25.50	12.60	303.50
1999	116.30	29.10	27.80	5.90	179.10
2000	169.70	37.70	38.90	6.30	252.60

注：①萧山站于1998年开始货物营运，当年货物到达量和发送量分别为79.60万吨和0.60万吨；1999年货物到达量和发送量分别为200.00万吨和0.30万吨；2000年为327.70万吨和0.50万吨。

②境内其他火车站1999年货物到达量和发送量分别为5.58万吨和35.80万吨；2000年为8.00万吨和34.30万吨。

物资主要是粮、棉、麻、萝卜干等农副产品和石料、砖瓦等建筑材料，到达的货物主要是煤炭、竹木、钢材等。80年代初，乡镇企业逐渐发展，煤炭、钢材等原燃材料和产品的货运量增加，而车站货场集散的运力主要靠船舶和人力车，有时尽管昼夜突击出货，还是发生堵港堵站。为解决这一难题，萧山县人民政府加强联合运输指挥部办公室力量，协调铁路、公路、水路、搬运之间关系，指挥港站疏运。到80年代后期，萧山各镇乡通公路，货运汽车随之增加，车站的集散物资可用汽车直驳到用户，装卸部门增加铲车等机械，使车站货场的紧张状态逐步得到缓解。90年代中期，随着高速公路的建成、公路集装箱运输车的发展，货物运输实现铁路公路分流，铁路的货源相对减少。铁路部门按“简化手续，方便货主，改善服务，适应市场”的要求，加速计划体制改革，改变本月计划需在上一月报送，铁路分局平衡下达的传统做法，采取分局与14个基层站联网管理，做到随时受理、随时审批，缩短计划报批周期，提高服务质量。2000年4月18日，铁道部开行X333行包专列，在萧山西站设立办公室。同年9月1日，萧山站开办中铁快运。是年，萧山全年铁路货运量为623.10万吨。2001年3月，境内办理铁路货运的有萧山站、萧山西站、临浦站、浦阳站、白鹿塘站5个火车站，拥有货场156680平方米，其中仓库12座、4190平方米，装卸线11股、947个货位；装卸机械26台，其中门吊2台，电动轨道车8台，装砂机1台，电瓶叉车10台，牵引搬运车5台。

第六节　管　理

从民国19年（1930）杭江铁路修筑开始，至民国26年浙赣线全线通车，铁路实行“分线管理制”，其管理机构曾有杭江铁路工程局、浙赣铁路联合公司浙赣铁路局、交通部浙赣铁路局等。1949年5月5日萧山解放，中国人民解放军接管铁路。当年8月31日改变了分线管理制，成立上海铁路局杭州办事处，统一管理浙江境内铁路。1956年6月成立上海铁路管理局杭州铁路分局。之后，机构又有变动。1978年恢复杭州铁路分局，萧山境内铁路及火车站由杭州铁路分局领导、管理。萧山火车站1983年10月以前曾归属诸暨车务段，1983年10月成为杭州铁路分局的直属站（又称中心站），除站自身管理外，兼管萧山境内的其他火车站。1991年7月1日，建立萧山车务段，管辖萧山境内的萧山（1992年6月11日新站启用后改为萧山西站）、钱塘江、长河、白鹿塘、临浦、浦阳、夏家桥、盈宁等8个站，1992年6月11日新启用的萧山站也归属萧山车务段。1998年12月，萧山车务段干部职工总数为676人。1999年8月27日，萧山车务段撤销。是年9月1日起，萧山各站除夏家桥站划归萧甬铁路有限公司外，均归诸暨车务段管辖。

安全管理

中华人民共和国成立前，由浙赣铁路局运转科管理铁路行车安全。中华人民共和国成立后，铁路各基层单位相应建立安全室进行专人管理；严格执行铁道部颁布的《实行安全负责制暂行办法》《铁路技术管理规程》《列车运行规则》《信号规则》《机车运行规则》《行车事故处理规则》和上海铁路局制订的《铁路行车组织规则》及杭州铁路分局制订的《安全工作三十条》等规章制度；对路轨、桥梁、信号、通讯、机车等方面进行技术改造。同时加强安全生产教育和开展群众性的安全生产活动，提出接发列车防止“错办”，列车运行防“两冒”（冒进信号和冒出警冲标），调车作业防“挤、撞、冲突”和综合性的“八防”(防车辆伤害、防高处坠落、防起重伤害、防物体打击、防机具伤害、防炸药爆炸、防锅炉爆炸、防中毒窒息事故），其中萧山站建站以来实现连续行车、劳动安全无事故。至2000年12月末，萧山西站实现安全行车2453天无事故、劳动安全4444天无事故。

道口管理是铁路安全管理的一项重要内容。萧山铁路线多处穿过城乡人口密集区，穿插道口众多，路外伤亡事故频发。[①]1997年5月，萧山市人民政府根据省人民政府办公厅《关于加强全省无人看守道口管理的通知》，建立领导小组及其办公室，采取措施加强对无人看守道口的管理，具体工作由萧山市交通局负责。交通局出资配备监护人员。1999年开始由地方和铁路共同出资，在无人看守道口处安装列车接近自动通知设备（压铃）等安全设施，同时对监护人员进行思想教育和业务培训。是年5月1日起，无人看守道口移交铁路部门管理。铁路部门不断加强道口的管理，完善道口防护设备，安装道口专用电话及自动信号和报警装置，充实道口管理工作人员。2000年，萧山火车站深入开展安全行车无事故活动。[②]

运输管理

中华人民共和国成立后，一直实行政企合一的铁路运输经营管理体制，实行行车集中指挥、车辆统一调度的运输组织体制，车站、列车、机务、车辆、工务、电务、水电段等铁路各部门、单位都按照列车运行图规定的要求，组织各自的工作，同时严格按编组计划和技术计划组织货物运输生产。90年代中期，铁路运输由基层站受理次月的托运计划，直属站或车务段汇总报送分局，分局平衡后下达计划，车务段和各站按计划执行。各站在执行计划时编制本站月度运输方案，于月初下达给行车、装卸等部门。再编制作业班计划，按“一卸车、二排空、三装车”要求进行运输组织。作业班根据日计划命令装车，按货物列车运行图定时开车。客运计划则由车务段每日向杭州铁路分局客运调度室预报次日旅客发送计划人数，经调度认可，命令发运。针对公路运输方式发展，运输市场外部竞争加剧，铁路部门逐步改变计划管理模式，基层站段与分局计算机联网，做到货运随时受理、随时审批，客运联机售票。基层单位增加了组织货源的任务。萧山境内各站强化营销工作，实行营销业绩与该站及个人收入相挂钩的考核办法，货物发到实行“一窗对外、一票到底”。加强内部劳动管理，相继实行计件制和“万元含量”工资制度。工作人员“走出去”联系业务，争取客货源。萧山站还曾在城区主要街道开设客票窗口，方便旅客。运价管理方面，1955年，全国实行统一的铁路客货运价。1978年开始调整旅客票价。1989年9月，旅客基本运价由1955年的每人每千米1.755分上调至3.861分，同时开始实行优质优价。1983年12月，铁路货物运价开始提高。1985年5月起，实行铁路短途货物运输增加附加费，1990年3月起再次提高运价，平均每吨千米增加0.5分。至2001年3月未改。

①1979年10月6日，朱村桥公社五星大队第五生产队社员孙某结婚，由赵某驾驶东风12型手扶拖拉机前往城山公社席家大队接新娘子，拖拉机上乘坐16人。晨5时40分途经浙赣铁路临浦火车站南K36+500M处的无人看守平交道口，恰遇1207次货车由北向南驶来，其时火车与拖拉机相距仅170米。司机立即采取非常紧急制动，列车滑行250米后停车。拖拉机拖车左侧与火车相撞，被甩出铁路外4米多，5人当场死亡，4人经医院抢救无效死亡，3人重伤，2人轻伤，拖拉机拖车撞毁，火车排障器损坏，一根扶手杆撞断，停车21分钟。（资料来源：萧山市交通局编：《萧山交通志》，杭州出版社，1998年8月，第303页）

②2000年，针对车站接发列车方向多、客车多、调车作业多、站场复杂、施工频繁等特点，开展“查隐患、堵漏洞、促防范、保安全”的安全防范月和“学双规、析案例、建自控、保安全”等安全竞赛活动，每实现一个“百日安全”进行一次反思，自我纠错、自我完善。把接发列车防错办、客车安全作为首控目标，把施工情况下行车安全作为控制重点，实行动态管理。并做好“10.21”新图实施、火车再次提速的各项工作。全年实现安全无事故，创造了连续安全行车无事故、劳动安全无事故天数的新纪录。（资料来源：《萧山年鉴·2001》）

第三章　公　路

中华人民共和国成立前，境内仅有萧绍公路31.40千米。中华人民共和国成立后，人民政府迅速发动群众整修恢复公路，同时开始以“民工建勤”[①]、“民办公助”等形式修建公路。至1979年底，全县有公路226.13千米。1987年12月，永富公路竣工通车，萧山实现了乡乡镇镇通公路；1993年，萧山实现乡乡镇镇通油路。1995年，杭甬高速公路萧山段建成。03省道萧山段和104国道萧山段顺利完成改建扩建，提高了干线公路的技术等级和通行能力。90年代末，完成闻戴线等“七大公路工程”[②]和开通与周边县市“六只口子”[③]，改善了区域公路网布局。至2000年底，境内接养公路总里程695.58千米，每百平方千米拥有公路48.98千米，其中高级、次高级路面680.79千米，占接养公路总里程的97.87%。在公路设施不断完善的同时，道路运输市场得到迅猛发展，机动车增长很快。

①民工建勤：指组织公路两侧农村劳动力履行为养护公路和修建地方道路提供劳动义务的一种勤务制度。最早是政务院在1951年5月31日《关于一九五一年民工整修公路的暂行规定的命令》中提出，之后一直沿用。1955年11月，国务院颁发《关于改进民工建勤养护公路和修建地方道路的指示》，对动员对象、动员范围、每个义务工时间等作了明确规定。随着对机动车辆征收公路养护费和专业养护机构的建立，这一制度逐步终止实行。

②详见本章第三节第一目。

③详见本章第三节第一目。

第一节　线　路

高速公路

1995年12月28日，首条过境高速公路竣工通车，至2000年，境内有高速公路3条（含在建），总长69.96千米。

杭甬高速公路萧山段　编号GA065。杭甬高速公路是浙江省第一条高速公路，起点杭州市东郊彭埠镇，终点宁波市东郊的大朱家，全长145千米。设计时速120千米，全封闭、全立交，双向四车道。路基宽26米，路面宽2×7.5米，中央分隔带宽3.0米，内侧路缘带宽2×0.75米，硬路肩宽2×2.5米（含外侧路缘带宽2×0.5米），土路肩宽2×0.75米，沥青砼路面厚度为17厘米（4+6+7），表面层与中间层之间还有厚1厘米的沥青砂。萧山段起点在钱江二桥南的桥路分界点（K2+893），终点在党山镇党山村与绍兴陶里乡交界处（K33+150），建设时里程为30.26千米。在第二次全国公路普查[④]中，将其分为沪瑞线（上海至云南瑞丽）和宁甬（南京至宁波）支线（编号GA65）两段。沪瑞线（编号G065）萧山段起点为钱江二桥南端的桥路分界点（K3+800），终点为红垦枢纽互通（K15+750），长11.95千米；宁甬支线萧山段起点红垦枢纽互通，终点在党山镇与绍兴县交界处（K33+150），长17.40千米。两段全长29.35千米。境内设互通立交桥2座：钱江互通主桥长703.76米，通道桥2座，总长165.74米，匝道2.11千米；瓜沥互通立交是建设过程中增设的，主桥利用原来桥梁，新增2座通道桥，长60.60米，匝道长2.67千米。中桥12座，总长766.23米。小桥8座，总长249.02米。桥式通道28道，

④2000年3月7日，交通部与国家统计局联合下发《关于开展第二次全国公路普查工作的通知》，决定在全国范围内组织第二次全国公路普查，普查的标准时间为2000年12月31日。

总长367米。箱式通道14道，总长54米。主线涵洞53道，线外涵洞50道。桥涵的荷载标准为汽—超20、挂—120。由省高速公路投资公司杭州管理处养护、管理。杭甬高速公路业主是沪杭甬高速公路建设指挥部，萧山境内段分前、后两期建设。前建段，钱江二桥至钱江农场西4.87千米及连接线7.24千米，由杭州市组织实施，1990年2月开工，1991年底与钱江二桥同步建成，1992年4月1日正式通车；后建段，钱江农场西至党山镇与绍兴县交界处，长25.39千米，由萧山市组织实施。1991年，萧山市政府建立建设协调小组，1992年7月改组为萧山段建设指挥部。共征地1996亩（约1330673.32平方米），拆迁各类建筑物2.5万平方米。工程由沈阳市公路工程公司、河北省公路工程局、杭州市公路工程处组成的“沈冀杭联合经理部”中标承建，1992年9月18日开工，1995年12月28日竣工通车。

杭金衢高速公路萧山段　编号G065。杭金衢高速公路属国道主干线沪瑞线的一个区段，是浙江省一次性建设规模最大、里程最长的高速公路，全长290千米，设计时速120千米，全封闭、全立交。萧山境内起点至新塘霞江（K9+700）段11千米，与杭州绕城公路东线共用，按双向六车道设计建设，路基宽34.5米，路面宽30米；其余20.45千米，按双向四车道设计建设，路基宽28米，路面宽23.5米。一期工程自萧山红垦农场（K−2+700）至衢州市翁梅镇（K235+265），全长236.57千米。萧山段起自红垦农场，途经红山农场、新街镇、新塘乡、所前镇、临浦镇、进化镇，至浦阳镇下湾村（K35+975）与诸暨相接。其中新塘沙河村与绍兴胡家汇村交界处（K10+950）至绍兴下岸王与萧山所前钱群村交界处（K15+485）之间一段4.54千米属绍兴地界。萧山境内全长30.14千米（设计桩号里程31.44千米，实际有断链情况）。境内设红垦枢纽立交1座（与杭甬高速公路互通），互通式立交2处（城东、临浦），主线桥2座，总长1198.84米，匝道桥9座，总长2359.86米；分离式立交11座，其中主线上跨9座，总长3263.56米，主线下穿2座，总长727.28米；大桥2座，总长233.08米；中桥13座，总长778.84米；小桥9座，总长224.42米；汽车通道13道，机耕通道26道，人行通道21道；涵洞55道，服务区（临浦）1个；还建连接线2.01千米，连接线桥梁2座，总长539.78米。杭金衢高速公路萧山段建设由萧山市政府组织实施。1995年7月，市政府建立萧山段工程建设指挥部，展开前期工作。1998年7月20日，征迁工作启动。1999年6月，通过了省杭金衢高速公路建设指挥部对征迁工作的验收。共征用土地4003.82亩(约2669226.68平方米)，拆迁各类建筑物近8.71万平方米。7月30日，全线开工典礼在红垦农场举行，9月9日正式开工。萧山段工程分第一、第三两个合同段（标段）施工。第一合同段由上海市第一市政工程有限公司承建，上海同济公路工程监理咨询有限公司监理；其中第三合同段由河北公路工程建设集团与浙江登峰交通集团组成的联合体承建，北京双环工程咨询有限公司监理。其中第三合同段项目部在省指挥部组织的“比质量、比进度、比管理、比安全”为内容的立功竞赛中成绩突出，在全线17个合同段评比中连续夺冠。至2001年3月25日，第一、三合同段累计完成工程量3.58亿元，占总工程量（按施工图）7.97亿元的47.9%（至2002年12月28日，杭金衢高速公路一期建成通车）。

杭州绕城公路南线萧山段　编号S003。杭州绕城公路南线是交通部立项的省重点工程，起点与绕城公路西段转塘狮子口相接，经袁浦镇东江嘴，建钱江五桥（袁浦大桥），跨越钱塘江和浦阳江进入萧山，跨闻戴公路、03省道、浙赣铁路、西小江后至终点所前镇张家坂与杭金衢高速公路相连（杭金衢高速公路桩号K18+900，绕城公路桩号K40+902），全长22.98千米。萧山段西起点在义桥钱江五桥东端桥路分界处（绕城公路桩号K51+367），境内全长10.47千米。全线双向四车道，设计时速每小时100千米。路基宽26米，路面宽2×7.5米，桥梁12座，其中特大桥3座3865延米；义桥、萧山南、张家坂3处设有互通立交桥，另有白鹿塘大桥等分离立交桥7座。2000年12月28日，杭州绕城公路南线开工典礼在钱江五桥（袁浦大桥）工地举行。工程由杭州市公路管理处实施。萧山段征用土地1099亩（约732670.33

平方米），拆迁各类建筑物26314平方米，征迁工作由萧山市重点工程建设办公室实施（2003年12月28日，杭州绕城公路全线贯通）。

专用公路

杭州萧山机场专用公路　编号Z055。是杭州萧山机场的配套工程，被称为“省门第一路”。起点在钱江三桥南岸，终点杭州萧山机场大门，途经杭州市滨江区西兴镇和萧山市宁围镇、新街镇、坎山镇，全长18.66千米。其中起点至杭甬枢纽互通段16.06千米，为一级公路，路基宽度26.50米，行车道宽2×7.50米；杭甬枢纽互通至机场大门段2.60千米为高速公路，全封闭、全立交，双向六车道，路基宽36米，行车道宽2×11.50米。全线设市心路互通和杭甬枢纽互通两处，主线桥总长2000.11米（枢纽互通1026.11米，市心路互通974米），匝道桥8座，总长592米；分离立交桥8座，其中主线上跨4座，总长2489米，主线下穿4座，总长1831.72米；中桥9座、总长438米；通道32座，其中汽车通道5处、机耕通道8处、人行通道19处；涵洞80处。特大桥、大桥桥面宽21米，其他桥涵与路基同宽。桥涵荷载汽—超20、挂—120。全线安装路灯，道路两侧各设宽10米的绿化带。工程由萧山市重点工程建设办公室组织实施。于1999年6月5日正式开工，2000年12月28日建成通车。萧山市公路开发有限公司投资建设和养护、管理。

图9-3-239　机场路坎山段（2003年12月，李维松摄）

国　道

境内有国道京福线、杭沈线，总长20.60千米。

京福线　编号G104。起点北京，终点福州，全长2217.74千米。萧山境内段原称萧绍公路，起自钱塘江大桥南端（现属杭州市滨江区），终与绍兴县钱清镇相接，长31.40千米。1982年被列为104国道。1990年全省公路普查后，将钱塘江大桥南端至城厢镇西城桥段列为省道杭金线；西城桥至塘下金段列为县道；塘下金至钱清段仍为104国道，长10.86千米。1991年底，钱江二桥及其连接线建成通车后，省交通厅将萧山段的西起点调整到新街镇同兴村；1995年又将钱江二桥接线纳入104国道。1999年，萧山段一级公路改建时，新线往北推移，与塘新线的交点也移至塘下金北，并继续西伸过长山隧道与杭甬高速公路连接线相接。2000年12月31日开始的第二次全国公路普查确定改建段为104国道，起点为杭甬高速公路连接线的起点（K1469+102），终点为衙前镇明华村，与绍兴县钱清相接（K1489+706），长20.60千米。其中起点（K1469+102）至新盛（K1475+429）段长6.33千米，二级公路，高级路面，为杭甬高速公路连接线，由省高速公路投资公司养护、管理；新盛（K1475+429）至塘下金（K1478+236）段长2.81千米，二级加宽公路，路基宽18米，路面宽15米，高级路面，中间穿过长山的双洞隧道；塘下金（K1478+236）至绍兴县钱清（K1489+706）段长11.47千米，一级公路，高级路面，由萧山公路段养护管理。104国道萧山段历经多次改造。1987年12月1日，开始改造五七路口至市心路段1.73千米。项目列入当年省交通厅重点建设项目。萧山县人民政府从城市建设的总体考虑，西城桥至市心路口段按路基宽30米、路面宽21米标准进行建设。1988年10月初竣工。1990年10月16日，另一个“卡脖子”路段恭先桥路段（城东行头）改建工程开工，1991年9月14日竣工通车。该工程重建恭先桥桥梁；接线线路裁弯取直，长1240米，拓宽至路基12米，路面10.5米。104国道穿越城厢镇段（钱

图9-3-240　104国道优胜立交桥施工现场（2000年4月21日，李维松摄）

江饭店门口至转坝）拓宽改建工程全长2.70千米，按城市道路设计，路基宽36米，主车道宽16米，总投资1900万元，1990年11月开工，1992年8月竣工。1991年，对104国道吟龙桥段进行改造，新建吟龙桥及接线150米。总投资90余万元，1991年4月开工，同年10月3日竣工通车。1997年，104国道萧山段一级公路改建工程的前期工作开始，1998年12月开工。工程被列入省第六批交通基础设施“四自工程”（指经浙江省人民政府批准，采用“自行贷款、自行建设、自行收费、自行还贷”模式建设的交通基础设施项目）、省重点建设项目。工程全长22.79千米，除主线塘下金至绍兴县钱清外，还建成塘下金至新街镇同兴、坎山镇八大村至瓜沥镇、衙前镇新林周经杨汛桥与绍兴县南连相接3条二级加宽连接线，计12.27千米。工程共征用土地1120亩(约746670.40平方米)，拆迁建筑物40077平方米，概算总投资3.10亿元。2000年12月完工。

杭沈线　编号G329。起点杭州，终点在舟山市普陀区沈家门镇，全长约297千米。杭沈线在萧山过境段与104国道完全重叠。

省　道

境内有已建成的省道杭金线和横樟线，总长50.68千米。03省道萧山东复线于2001年3月完成招投标工作，开工在即。

杭金线　编号S103。原为萧金公路，起点在城厢镇西城桥，终点为金华。1990年全省公路普查后，起点调整到杭州，境内的原104国道钱塘江大桥南端至西城桥段改属杭金线，与萧金线相连，称杭金公路。2000年全省公路普查中，将原杭金线西城桥至白鹿塘段改为县道，而将西城桥至通惠路环岛段县道和环岛至大通桥段城市道路改为省道杭金线，与1994年改建竣工的杭金线相接。杭金公路起点杭州，终点金华，全长184.80千米。萧山段起点城厢镇杜湖村与杭州市滨江区西兴镇交界处（K9+800），终点楼塔镇管村与诸暨市次坞交界处（K50+745），全长40.95千米，为二级加宽公路，高级路面，其中杜湖村（K9+800）至西城桥（K13+000）段3.20千米，路基宽15米，路面宽12米；西城桥（K13+000）至通惠路（K15+572）段2.57千米（萧绍路段）和通惠环岛至大通桥（K17+500）段（通惠路延伸段）1.93千米两段为路基宽30米，主车道面宽18米；大通桥（K17+500）至次坞（K50+745）段33.25千米，除临浦二桥及其接线路基宽13米，路面宽11米外，其余为路基宽15米，路面宽12米。临浦二桥荷载汽—超20、挂—120，其余桥梁荷载为汽—20、挂—100，由萧山公路段养护、管理。

杭金线萧山段始建于1962年，技术标准不高，随着车流量的增加，曾作过多次改造。70年代，萧山段全线恢复路基至8米～8.5米宽，并铺筑成沥青路面；1984年，大庄乡杨家桥及接线按二级公路标准进行改造；1985～1987年间，铁路部门在建白鹿塘采石场时，出资对孔坞段按二级公路标准进行改造；1992年4月，对临浦平水闸面进行拼宽，并适当拓宽接线；5月，对戴村永兴桥与云湘桥之间公路进行拓宽。尽管多次进行局部改造，但在1993年改造前，仍有3处平曲线半径小于125米，且桥面宽度除杨家桥和临浦平水闸面外，都只有6米，与省道干线的交通量极不适应，经常造成堵车，成为全省四个堵车最严重路段之一。1992年2月13日，杭金线萧山至诸暨市次坞段公路的改建方案确定，不久被列入省第一批交通基础设施建设“四自工程”。8月8日，新建临浦第二大桥先行动工建设。按二级加宽标准（半幅高速公路）设计，长456米，荷载汽—超20，挂120，大桥接线长2.50千米，总投资1990万元，由杭州市交通管理局组织实施。1993年10月10日竣工通车。是年，杭金线萧山至次坞段改建工程初步设计方案获得批准。工程全长32.24千米，其中改道新建17千米、老路拓宽15.24千米。工程共征用土地628.70亩(约419135.43平方米)，拆迁建筑物13109平方米，总投资1.10亿元。由萧山市交通局组织实施。1993年6月5日开工，1994年10月28日竣工通车。

横樟线　编号S307。是320国道与03省道的连线，原编号为19。起点富阳市横凉亭，终点萧山河上镇樟树下村，1967年建成时全长49.70千米，后因富阳中埠汽车轮渡撤渡建桥和改道等原因，里程缩短。2001年初，查定该线全长40.10千米。萧山境内起点楼塔镇王岭村的大黄岭（K30+367），终点河上镇樟树下村（K40+100），长9.73千米。四级公路，路基宽8.5米，路面宽6米，双车道。属山区道路，最小平曲线半径只有30米。由萧山公路段养护、管理。1989年，由省公路局定额补助36万元，萧山市政府及楼塔镇、岩山乡筹资进行路面改造，境内段全线改铺成沥青路面。

03省道萧山东复线　在建工程。03省道萧山东复线工程主线从城厢镇姑娘桥至诸暨市湄池，与在建的诸湄公路相接，长35.35千米（含诸暨段2.67千米）。初定为二级加宽公路，后变更为一级公路。连接线从河上镇大桥至欢潭乡泥桥头，跨杭金衢高速公路、凰桐江、浙赣铁路、浦阳江，长9.95千米，为二级加宽公路。主线、连接线总长45.30千米，建设用地近2400亩(约1600008平方米)，概算投资6.99亿元。被省政府列入“四自工程”。经过多年筹备，工程开始实施。2001年3月，完成招投标工作（2001年4月24日开工，2003年12月建成通车）。后定名为县道塘湄线（城厢镇塘下金至诸暨市湄池）。

图9－3－241　横樟线楼塔段（1998年10月18日，李维松摄）

县　道

1984年底，全县有县道18条，148.97千米。在第二次全国公路普查中，按走向、地位和作用，对公路进行串连界定。有的线路原为国道、省道，因改线变成了县道；有的乡道延伸、沟通后成了县道。界定结果，至2000年底，境内县道共39条，总长490.09千米。其中长度在15千米以上的县道有10条。

萧钱线　编号X101。起点城厢镇五七路口，终点萧山经济技术开发区高架桥，长18.52千米。五七路口至钱江二桥段长13.40千米，为四级公路，次高级路面；钱江二桥至开发区高架桥段长5.12千米，为三级公路，次高级路面。五七路口至钱江农场9.56千米，建成于1969年，由萧山公路段养护、管理；炮台湾至红卫闸6.44千米，建成于1982年，1984年延伸至红垦农场，由萧山市县乡公路管理所养护、管理。

塘新线　编号X102。起点城厢镇城东塘下金，终点新湾镇共裕村，长30.43千米。塘下金至新街（K2+300）段2.30千米，为二级公路，高级路面，建成于1987年，原为杭塘线一个区段；新街（K2+300）至盛东（K5+380）段3.08千米，为等外公路，路面宽度5.90米，次高级路面，建成于1965年，为原西九线的一个区段；盛东（K5+380）至新湾镇共裕村（K30+425）段25.05千米，建成于1974

年，原为九十二线一个区段。后分4期进行改建，最后一期南阳至新湾段14.89千米于2000年竣工。为二级加宽公路，路基宽17.3米～35米，路面宽10.8米～16米，高级路面。由萧山公路段养护、管理。

三益线　编号X103。起点钱江三桥收费站，终点益农镇东江，长39.01千米，其中三桥收费站（K1+700）至通惠立交（K7+410）段5.71千米，为二级加宽公路，路基宽18米～19米，路面宽15米～16米，高级路面；通惠立交（K7+410）至新街（K12+780）段5.37千米，为二级公路，高级路面；新街（K12+780）至新凉亭（K18+700）段5.92千米，为四级公路，高级路面0.67千米，次高级路面5.25千米；新凉亭（K18+780）至益民桥（K37+000）段18.30千米，为三级公路，次高级路面；益民桥至益农东江（K40+712）段3.71千米，为二级公路，次高级路面。该线三桥至兴谊段曾称三桥接线，1999年建成；兴谊至新街段原属杭塘线，1987年建成；新街至新凉亭段1981年建成；新凉亭至益民桥段1993年建成，1999年延伸至益农东江。三桥至新街段由萧山公路段养护、管理，新街至东江段由萧山市县乡公路管理所养护、管理。

观十五线　编号X111。起点南阳镇观潮城，终点围垦十五工段，长41.74千米，于1985年建成。全线为四级公路，次高级路面，是利用围垦大堤建路，最小平曲线半径15米。由萧山市县乡公路管理所养护、管理。

伟老线　编号X115。起点靖江镇伟南桥，终点益农镇老益农闸，长19.50千米，全线为四级公路，次高级路面。该线伟南桥至党湾7.54千米1980年建成；党湾至十二埭1.52千米1984年建成，延伸至塘上0.82千米1985年建成；十二埭塘至益农4.09千米1991年建成；益农至老益农闸5.40千米1986年建成。由萧山市县乡公路管理所养护、管理。

青外线　编号X117。起点瓜沥镇青风亭（方迁溇），终点围垦外六工段，长23.73千米，其中青风亭至运东村（K2+200）段2.20千米，靖南（K4+254）至靖江（K5+940）段1.69千米和义盛南（K8+420）至义盛北（K10+459）段2.04千米，三段共5.93千米，为二级加宽公路，路基宽18米～31米，路面宽12米～18米，高级路面；运东村（K2+200）至靖南（K4+254）段2.05千米，靖江（K5+940）至义盛南（K8+420）段2.48千米和六工段南（K21+600）至六工段北（K21+900）段0.30千米，三段共4.83千米，为三级公路，次高级路面；义盛北（K40+549）至六工段南（K21+600）段11.14千米，六工段北（K21+900）至外六工段（K23+725）段2.13千米，两段共13.27千米，为四级公路，次高级路面。方迁溇至头蓬段1961年建成，由萧山公路段养护、管理；头蓬至六工段5.80千米1980年建成，1987年延伸至外六工段2.15千米，由萧山市县乡公路管理所养护、管理。

八柯线　编号X118。起点坎山镇八大村，与104国道相连，终点绍兴县陶里乡官湖沿村，与杭甬高速公路绍兴柯桥互通立交相接，长17.17千米，其中坎山八大村至瓜沥段是在104国道改建中新改建；瓜沥至党山村（K15+329）段长15.33千米为二级加宽公路，路基宽18米～34.5米，路面宽15米，高级路面；党山村至柯桥互通（K17+170）段1.84千米，为二级公路，高级路面。全线于2000年建成通车。八大村至瓜沥段由萧山公路段养护、管理；瓜沥至柯桥互通段由萧山市县乡公路管理所养护、管理。

白曹线　编号X119。起点临浦镇白鹿塘，终点进化镇曹坞，长18.22千米。全线为四级公路，次高级路面，其中白鹿塘至华家垫（K16+000）段16.00千米，路面宽6米，双车道；华家垫（K16+000）至曹坞（K18+220）段2.22千米，路面宽5米，为单车道。白鹿塘至进化12.27千米1982年建成；进化至华家垫3.08千米1984年建成，华家垫至曹坞3.00千米1987年建成。由萧山市县乡公路管理所养护、管理。

桥戴线　编号X120。起点闻堰镇黄山村华家桥，终点戴村镇后郑村，与03省道相接，长18.17千米。全线为二级加宽公路，路基宽18米～19米，路面宽15米～16米，高级路面。1957年建成华家桥至东汪

6.04千米，1987年建成东汪至义桥6.95千米；1995年建成义桥大桥，接通许贤；1999年新建义桥至戴村公路，并对义桥至闻堰段改道新建。起点至东汪段由萧山公路段养护、管理；东汪至戴村段由萧山市县乡公路管理所养护、管理。

赭十四线　编号X123。起点南阳镇阳城开发区，终点围垦十四工段，长34.58千米，其中阳城开发区（K0+000）至南阳镇（K4+471）段4.47千米，为二级加宽公路，路基宽11.50米，路面宽10米，高级路面；南阳镇（K4+471）至永丰闸（K8+200）段3.73千米，为四级公路，次高级路面；永丰闸（K8+200）至新湾（K22+250）段14.05千米，为四级公路，路面宽5米，单车道，次高级路面；新湾（K22+250）至围垦十二工段（K27+800）段5.55千米，为四级公路，路面宽6米，双车道，次高级路面；十二工段（K27+800）至十四工段（K34+580）段6.78千米，为四级公路，路面宽5.5米，单车道，次高级路面。赭山至十二工段原属九十二线，建成于1974年，1990年延伸至十四工段。除十二工段至十四工段的6.66千米由萧山市县乡公路管理所养护、管理外，其余由萧山公路段养护、管理。

乡　道

1984年底，萧山有乡道31条，133.89千米。1985～2000年又建乡道8条，长17.09千米。这期间有的乡道交通部门退出管理，作为企业专用线；有的乡道延伸与县道沟通，变成县道的组成部分，如萧钱线、西九线、九十二线、溪湘线、琉长线等。在第二次全国公路普查中，重新界定的乡道有25条，总长85.27千米。

表9–3–149　2001年3月萧山市部分县道情况

单位：千米

公路编号	线路名称	起讫地点	里　程	公路等级	说　　明
X104	小白线	小岳桥—白鹿塘	12.70	三级	小岳桥至西门道口解放前曾属县道，后废；1953年改建修复，长2.76千米，称为西小线；西门经溪头黄至白鹿塘段原为萧金线，建成于1962年，后曾为03省道的一个区段；第二次全国公路普查时改为县道。
X105	党党线	党山—党湾	7.76	二级3.00千米 三级4.76千米	1980年建成党山至车路湾3.01千米，1997年建成车路湾至党湾4.75千米。
X106	桃下线	桃源—下湾	2.24	四级	建成于1995年，当时接养里程为2.09千米，路面结构为碎石。
X107	瓜渔线	瓜沥—渔庄	3.36	三级	建成于1998年。其中0.66千米路面结构为水泥。
X108	徐西线	徐家店—西路庄	4.70	三级	1969年建成，当时称徐章线（通富阳章村），接养里程6.52千米；2000年进行了改建。
X109	云许线	云石—许贤	7.25	三级	建成于1997年。
X110	大湄线	大汤坞—湄池	13.96	三级2.73千米 四级11.23千米	1985年建成大汤坞至欢潭11.60千米，1995年建成欢潭至湄池2.84千米，当时接养里程14.44千米。
X112	头十一线	头蓬—十一工段	10.53	三级	1981年建成头蓬至前进乡7.78千米，1991年延伸至十一工段2.75千米。
X113	义南线	义盛—南阳	4.39	二级	1989年建成，当时接养里程为4.34千米。
X114	军八线	军民桥—八工段	8.47	三级4.87千米 四级3.60千米	1980年建成，当时接养里程为8.55千米。
X116	光靖线	光明—靖一机埠	6.35	四级	1981年建成靖一机埠至大园跃进街3.27千米，1983年建成跃进街至新凉亭5.30千米（其中跃进街至光明3.08千米）。

续 表

公路编号	线路名称	起讫地点	里 程	公路等级	说 明
X121	包洪线	包家桥—洪水湾	10.67	四级	1979年建成包家桥至南河山2.50千米，1982年建成南河山至桃源6.47千米，1984年建成桃源至洪水湾1.55千米，当时接养里程为10.43千米。
X122	溪东线	溪头黄—东江	5.94	三级1.15千米 四级4.79千米	1957年建成东江至湘湖农场2.34千米，1979年建成溪头黄至定山3.42千米，1987年定山至湘湖农场0.41千米接通，当时接养里程为6.17千米，其中1.70千米路面结构为水泥。
X124	十城线	十甲桥—城北	1.31	二级	属钱江汽车轮渡连接线的延伸线，原属杭塘线，1987年建成。城北至新街段已计入三益线（X103）。
X125	来娘线	来苏—娘娘庙	13.95	二级1.80千米 三级2.90千米 四级9.25千米	1989年建成娘娘庙至夏山埭8.55千米（时称所前沿山十八村公路）。1995年夏山埭与来苏里士湖3.10千米接通。1996年大治桥竣工，随即对该路段按二级加宽标准进行拓宽。
X126	大南线	大通桥—南庄王	8.24	二级4.00千米 四级4.24千米	1980年建成大通桥至新塘2.50千米，1995年向东延伸建至南庄王5.39千米与104国道相接。1997年新建0.41千米与03省道沟通。
X127	楼佳线	楼塔—佳山坞	7.65	四级	1986年建成楼塔至毋岭6.40千米，1989年延伸至佳山坞1.05千米。
X128	戴尖线	戴村—尖山下	8.58	四级	1981年建成戴村至云石方家塘8.19千米，1991年延伸至尖山下村0.53千米。
X129	八径线	八哥山—径游	4.00	四级	1982年建成八哥山至尖山1.36千米，1984年建成尖山至径游3.00千米。当时八径线接养里程为4.36千米。
X130	长五线	长红桥—五工段	10.81	二级1.10千米 三级9.71千米	1980年建成长红桥至乐园0.61千米，1983年建成河庄至蜀南闸2.06千米，1985年建成蜀南闸至五工段4.85千米，1990年建成乐园至河庄3.59千米。当时接养里程为10.67千米。
X131	琉新线	琉璃阁—新湾	14.61	二级7.21千米 四级7.40千米	1979年建成琉璃阁至长沙3.02千米，1980年建成梅西至梅西八字桥0.77千米，1987年建成梅西至新湾7.08千米，1995年建成长沙至梅西4.47千米。
X132	萧明线	萧山—明华村	14.70	二级	原为104国道（即萧绍公路）的一个区段，2000年104国道萧山段改建完成后，改为县道。
X133	新同线	新盛—同兴	1.00	二级	为钱江二桥接线公路的一段，1991年建成，后成为104国道一段，104国道萧山段改建时改线，该多余段划为县道。
X134	墅藏线	墅上王—藏山岭	7.62	二级1.62千米 四级6.00千米	1995年建成墅上王至横路头6.00千米，1999年延伸建至藏山岭，并打通藏山岭隧道，与绍兴县夏履沟通。
X135	城红线	城隍殿—红山	7.80	二级1.00千米 三级6.80千米	1980年建成城隍殿至坎山0.90千米，1983年光明至新凉亭段建成，1993年建成光明至红山2.50千米，1995年建成坎山至新凉亭2.12千米。
X136	大义线	大庄—义桥	5.52	二级1.80千米 四级3.72千米	1985年建成，当时只到义桥镇东，未往闻堰方向延伸，接养里程为4.43千米。
X137	衙坎线	衙前—坎山	4.25	三级	为原衙党线的一个区段，1958年建成；八柯线（X118）建成后，终点为坎山。
X138	党老线	党山—老益农闸	8.80	二级1.30千米 四级7.50千米	1980年建成，接养里程8.03千米，其中1.30千米路面结构为水泥。
X412	春永线	春江—永兴	11.86	三级	1987年建成，当时称永富公路，接养里程为11.83千米。

注：①上表中，小白线、十城线、徐西线、萧明线、衙坎线和溪东线中2.34千米由萧山公路段养护、管理，新同线1.00千米由省高速公路投资公司养护、管理，其余均由萧山市县乡公路管理所养护、管理。如无说明，均为沥青路面。

②表中所列为长度不足15千米的县道。

表9-3-150 2001年3月萧山市乡道情况

单位：千米

公路编号	线路名称	起讫地点	里 程	公路等级	说 明
Y101	大周线	大庄—周家湖	2.40	四级	1988年建成，当时接养里程为2.34千米；1994年杭金公路改造时，油车桥东移重建，使该线起点相应东移。
Y102	袄所线	袄庄陈—所前	2.40	四级	1984年建成，当时接养里程为2.45千米。
Y103	转益线	转塘头—益农	5.47	四级	1979年建成转塘头至抢险桥4.44千米，1980年延伸至益农1.1千米。当时全线接养里程为5.54千米。
Y104	钱农支线	起讫地点均在钱江农场	0.60	三级	原为红卫闸至炮台湾公路中的一段，建成于1982年。
Y105	进华线	进化—华丰	1.07	四级	1985年建成。
Y106	钱顺线	钱江二桥—宁围顺坝	2.72	三级	1997年建成。
Y107	新江线	新塘塘里陈—绍兴县江桥	2.00	三级	1998年建成。
Y108	水昭线	水獭桥—昭东	2.73	四级	1984年建成，当时接养里程为3千米。1993年按三级公路标准进行改建，局部裁弯取直，里程缩短。
Y109	新宏线	新湾—宏图	1.13	四级	1980年建成，当时接养里程为1.33千米。
Y110	宏宏线	宏伟桥—宏伟	0.98	四级	1984年建成。
Y111	小钱线	小泗埠—钱江	2.95	四级	1981年建成，当时接养里程为2.91千米。
Y112	美狮线	美女山—狮子山	2.98	四级	1982年建成狮子山至赭山2.1千米，1984年建成赭山至美女山0.69千米，当时接养里程为2.52千米。
Y113	五宁线	丰东村五堡河桥—宁围万向节厂	2.60	二级	1980年建成。
Y114	下南线	下洋桥—南坞	2.43	四级	1989年建成，当时接养里程为2.39千米。
Y115	金石线	金西桥—石岩	1.40	四级	1980年建成。
Y116	朱篮线	朱村桥—篮岭	2.79	四级	1990年建成，当时接养里程4.07千米，其中部分里程后计入1997年建的云许公路(X109)。
Y117	萧东线	湘湖路口—杭州乐园	5.11	二级2.10千米	湘湖路口原为萧山望湖桥，跨湖桥为原东湖砖瓦厂厂址，故称萧东线。其中起点至杭州乐园（K2+100），路基宽14米，路面宽9米。
		杭州乐园—跨湖桥		四级3.01千米	
Y118	永新线	永丰闸—新围	2.30	四级	1973年建成。
Y119	石管线	石马头—溪河	2.30	三级	1994年杭金线改道后留下来的老线，合计6.21千米。建成于1957年。
		泽荣村—河上	1.45		
		白堰—溪头村	0.99		
		樟树下—管村	1.47		
Y120	荣新线	荣新—新街	10.80	四级	原为西九线一个区段，1965年建成。
Y121	坞南线	坞里—南小桥	1.25	四级	原属九十二线，1974年建成。
Y122	方党线	方迁溇—瓜沥	2.46	三级	2000年衙党线改道后留下的老路，长9.20千米。
		瓜沥—党山	6.74	四级	

续　表

公路编号	线路名称	起讫地点	里　程	公路等级	说　　明
Y123	闻义线	闻堰—萧山第三水厂	2.80	三级	闻戴公路建成后留下来的老路，长7.76米。闻堰至第三水厂由萧山公路段养护、管理。闻堰至东汪段，1957年建成；东汪至义桥段6.95米，1987年建成。
		第三水厂—义桥义一村	4.96	四级	
Y124	城新线	起讫点均在新林周村	1.00	二级	2000年建成，为新老104国道的连接线，起点在萧明线K8+000，终点为104国道K1481+300。
Y125	半来线	半爿街—来苏	4.99	四级	1980年建成半爿街至琴山下2.93千米；1985年建成琴山下至里士湖4.46千米，杭金线改造后分成了两段，其中杭金线南往里士湖方向部分里程计入来娘线。

注：①上列表中永新线、荣新线、萧东线、石管线、方党线、坞南线及闻义线一段由萧山公路段养护、管理，城新线由萧山公路开发公司养护、管理，其余均由萧山市县乡公路管理所养护、管理。
②均为沥青路面。

第二节　桥梁　隧道

民国15年（1926）萧绍公路建成后，萧山境内有公路桥20余座。中华人民共和国成立后，公路桥梁数量不断增加，桥型不断改进，技术标准不断提高。80年代后，各种立交桥不断出现。1984年，全县有公路桥167座。至2000年底，全市有公路桥梁404座，其中特大桥13座、大桥13座、中桥132座、小桥246座。[①]另外，还有城市道路桥梁和乡村民间桥梁1326座。

公路特大桥

包括钱塘江上5座公路特大桥和其他位于高速公路、国道、省道的8座特大桥（其中互通立交桥4座，分离立交桥4座），合计13座。钱塘江自西南至东北绕萧山而过，使萧山与省会杭州市隔江相望。跨越钱塘江，成为萧山对外陆路交通的关键。至2001年3月，钱塘江上已建成的有钱江一桥[②]、钱江二桥[③]、钱江三桥3座，钱江六桥、钱江五桥正在建设中。

钱塘江第三大桥　简称钱江三桥，又称西兴大桥。位于钱江一桥与钱江二桥之间，南岸为西兴镇星民村（现属杭州市滨江区），北岸为杭州市秋涛路和清江路交会处。钱江三桥总长5700米，其中主桥1280米，为双独塔等跨单索面斜拉桥与连续梁协作体系，桥面以上部分索塔高81米，每塔有5对竖琴式斜拉索。主桥桥面宽29.5米，为双向六车道，两侧各设1.5米人行观光道。北岸高架引桥长1678米，匝道长1323米；南岸引桥长718米，匝道长701米。总造价6亿元。钱江三桥是浙江省政府批准的“四自工程”，由杭州市交通管理局筹资、建设、管理。1996年10月，杭州市交通局下属杭州钱江三桥综合经营公司与香港华南基建投资有限公司、香港恒基兆业集团的全资子公司隆添发展有限公司组建杭州恒基钱江三桥有限公司，共同负责钱江三桥及其配套设施的开发建设和经营管理。由上海同济大学建筑设计研究院设计。主桥工程由湖南省路桥建

①根据交通部颁发的《公路工程技术标准》规定：单孔跨径大于等于100米、总长大于等于500米的为特大桥；单孔跨径大于等于40米、总长大于等于100米为大桥；单孔跨径大于等于20米、小于40米，总长大于30米、小于100米的为中桥；单孔跨径大于等于5米，总长大于等于8米、小于等于30米的为小桥。

②铁路、公路两用桥。详见本编第二章第二节。

③铁路、公路两用桥。详见本编第二章第二节。

设总公司承建；南、北两岸引桥分别由杭州市政总公司、杭州路达工程公司、仙居县交通工程公司、浙江省水电建筑第一工程处、浙江省水电建筑安装公司承建；工程监理由浙江省交通设计研究院承担。工程于1993年12月18日开工，1996年底建成，1997年3月20日投入试营运。

钱塘江第六大桥　简称钱江六桥，又称下沙大桥。是杭州绕城高速公路东线上的特大桥。起点杭州经济技术开发区下沙高科技园区，终点萧山红垦农场，全长8230米。主桥长2400米，北引桥长5327.8米，南引桥长502.5米；桥宽34.5米，双向六车道。桥梁净空宽度和梁底标高按通航千吨级船舶要求设计。是当时钱塘江上最长、最宽、最高的特大型公路桥梁。工程于1999年12月28日开工（2002年年底与杭金衢高速公路同步建成通车）。

钱塘江第五大桥　简称钱江五桥，又称袁浦大桥。是杭州绕城高速公路南线的关键工程。起点义桥镇山后村，终点杭州市西湖区袁浦东江嘴，全长3126米。大桥呈弧形，半径1100米，圆心在下游，跨富春江、浦阳江，掠过江心元宝沙，是钱塘江上第一座弯曲线大桥。主桥为492米（68+3×120+68米）预应力砼连续箱梁，两岸主引桥为25孔先简支后连续预应力砼T梁，单跨跨径50米，两岸引桥为32孔先简支后连续预应力砼T梁，单跨跨径25米。桥宽26米，双向四车道。工程于2000年12月开工（2003年12月与绕城公路南线同步建成通车）。

公路大桥

至2000年底，境内有公路大桥13座，其中城南公铁立交桥等分离立交桥5座（城南公铁立交桥是萧山首座分离式立交桥，1993年12月30日动工，1994年8月竣工。公路跨铁路相交点净高6.7米，与浙赣铁路成45度角交叉，由萧山市公路工程队施工建造），跨河大桥8座。

公路中桥

至2000年底，境内共有公路中桥132座。其中近4/5为桩柱式墩台或重力式桥台的平梁桥，近1/5为重力式桥台的拱桥（双曲拱为多数）。

公路小桥

至2000年底，境内共有公路小桥246座，其中水利部门闸桥代用的有38座，占小桥总数的15.45%。小桥80%以上为简支梁桥，少量为拱桥。梁桥上部结构多为实心或空心混凝土板梁，下部结构大部分为重力式墩台，拱桥多数为双曲拱桥。90年代后新建、改建的桥梁多为桩柱式墩台平梁桥。

公路隧道

藏山岭隧道　位于县道墅藏线，穿越藏山岭，隧道西南口属萧山市进化镇，隧道东北口为绍兴县夏履镇。全长297米，净宽8.5米，1998年5月开工，1999年10月建成，12月8日举行通车典礼。

长山隧道　是104国道改建工程中建设的隧道，穿越长山。南为城厢镇涝湖村，北为新街镇同兴村，南北向双洞隧道，东侧洞长220米，西侧洞长210米，宽均为10.5米。2000年2月开工，2000年12月建成。

图9—3—242　藏山岭公路隧道通车典礼（1999年12月8日，李维松摄）

表9—3—151　2000年萧山市其他公路特大桥情况

单位：米

线路编号	桥梁名称	桥位中心桩号	结构形式		桥梁全长	桥面宽度	荷载标准	建成时间
			上　部	下　部				
G065	钱农互通立交	K7+101	空心板梁	桩柱式墩台	869.50	26.00	汽－超20	1995—12
G104	塘下金互通立交	K1480+224	空心板梁	桩柱式墩台	611.00	24.50	汽－20	2000—12
Z055	五七路分离立交	K3+240	空心板梁	桩柱式墩台	524.00	19.00	汽－超20	2000—12
Z055	市心路互通立交	K4+457	空心板梁	桩柱式墩台	975.00	19.00	汽－超20	2000—12
Z055	通惠路分离立交	K6+305	空心板梁	桩柱式墩台	504.00	19.00	汽－超20	2000—12
Z055	104国道分离立交	K7+139	空心板梁	桩柱式墩台	724.00	19.00	汽－超20	2000—12
Z055	杭金衢分离立交	K13+171	空心板梁	桩柱式墩台	778.00	19.00	汽－超20	2000—12
Z055	机场枢纽互通立交	K15+308	空心板梁	桩柱式墩台	1045.00	19.00	汽－超20	2000—12

表9—3—152　2000年萧山市公路大桥情况

单位：米

线路编号	桥梁名称	桥位中心桩号	结构形式		桥梁全长	桥面宽度	荷载标准	建成时间
			上　部	下　部				
G065	红山分离立交	K14+113	空心板梁	桩柱式墩台	160.88	26.00	汽－超20	1995—12
G104	同兴大桥	K1446+544	T形板梁	桩柱式墩台	304.00	18.00	汽－20	2000—12
G104	大治河桥	K1481+806	空心板梁	桩柱式墩台	269.00	24.50	汽－20	2000—12
G104	官河桥	K1484+931	空心板梁	桩柱式墩台	104.00	24.50	汽－20	2000—12
G104	衙前分离立交	K1485+774	空心板梁	桩柱式墩台	404.00	24.50	汽－20	2000—12
S103	南门江大桥	K21+405	空心板梁	桩柱式墩台	110.80	15.00	汽－超20	1994—08
S103	城南公铁立交	K22+401	空心板梁	桩柱式墩台	389.60	15.00	汽－超20	1994—08
S103	临浦二桥	K32+118	T形板梁	桩柱式墩台	456.00	12.50	汽－超20	1993—10
X101	开发区高架桥	K18+220	空心板梁	桩柱式墩台	392.60	10.00	汽－20	1997—12
X120	义桥大桥	K15+086	T形板梁	桩柱式墩台	420.90	12.00	汽－20	1995—11
X127	州口桥	K0+047	桁架拱	重力式桥台	50.60	7.50	汽－15	1996—11
X135	光明立交桥	K5+717	空心板梁	桩柱式墩台	230.00	8.00	汽－20	2000—10
Y124	官河桥	K0+505	空心板梁	桩柱式墩台	189.00	15.00	汽－20	2000—12

表9-3-153　2000年萧山市公路中桥情况

单位：米

线路编号	桥梁名称	桥位中心桩号	结构形式		桥梁全长	桥面宽度	荷载标准	建成时间
			上　部	下　部				
G065	光明分离立交	K19+211	空心板梁	桩柱式墩台	36.04	26.00	汽－超20	1995–12
G065	北塘河分离立交	K20+410	空心板梁	桩柱式墩台	91.74	26.00	汽－超20	1995–12
G065	城北河桥	K10+050	空心板梁	桩柱式墩台	95.04	26.00	汽－超20	1995–12
G065	九号坝分离立交	K14+044	空心板梁	桩柱式墩台	42.74	26.00	汽－超20	1995–12
G065	大治河桥	K16+418	空心板梁	桩柱式墩台	64.04	26.00	汽－超20	1995–12
G065	解放河桥	K18+095	空心板梁	桩柱式墩台	71.41	26.00	汽－超20	1995–12
G065	坎山直河桥	K21+211	空心板梁	桩柱式墩台	65.04	26.00	汽－超20	1995–12
G065	撑船湾桥	K22+156	空心板梁	桩柱式墩台	33.04	26.00	汽－超20	1995–12
G065	饿煞湾桥	K23+876	空心板梁	桩柱式墩台	51.74	26.00	汽－超20	1995–12
G065	运河湾桥	K24+404	空心板梁	桩柱式墩台	33.04	26.00	汽－超20	1995–12
G065	瓜沥分离立交	K24+911	空心板梁	桩柱式墩台	71.74	26.00	汽－超20	1995–12
G065	永福中心河桥	K26+120	空心板梁	桩柱式墩台	33.04	26.00	汽－超20	1995–12
G065	生产湾桥	K26+586	空心板梁	桩柱式墩台	56.04	26.00	汽－超20	1995–12
G065	塘下高桥	K27+204	空心板梁	桩柱式墩台	33.04	26.00	汽－超20	1995–12
G065	黄公溇桥	K28+125	空心板梁	桩柱式墩台	33.04	26.00	汽－超20	1995–12
G065	盛陵湾分离立交	K29+300	空心板梁	桩柱式墩台	63.04	26.00	汽－超20	1995–12
G065	白洋川桥	K31+685	空心板梁	桩柱式墩台	64.04	26.00	汽－超20	1995–12
G065	党山分离立交	K32+322	空心板梁	桩柱式墩台	33.04	26.00	汽－超20	1995–12
G065	后梅林湾桥	K38+733	空心板梁	桩柱式墩台	42.74	26.00	汽－超20	1991–12
G065	五堡河桥	K4+129	空心板梁	桩柱式墩台	82.70	26.00	汽－超20	1991–12
G065	先锋河桥	K4+879	空心板梁	桩柱式墩台	82.70	26.00	汽－超20	1991–12
G065	利群河桥	K7+076	空心板梁	桩柱式墩台	48.00	26.00	汽－超20	1991–12
G104	田家桥	K1480+800	空心板梁	桩柱式墩台	24.00	24.50	汽－20	2000–12
S103	大通桥	K16+912	空心板梁	重力式桥台	49.40	36.00	汽－20	1994–06
S103	曾家桥	K19+244	空心板梁	桩柱式墩台	51.70	15.00	汽－20	1994–05
S103	永兴桥	K36+187	空心板梁	桩柱式墩台	68.80	15.00	汽－20	1994–05
S103	溪河桥	K38+050	空心板梁	桩柱式墩台	36.40	15.00	汽－20	1994–06
S103	戴家山桥	K38+481	空心板梁	桩柱式墩台	39.80	15.00	汽－20	1994–06
S103	回龙桥	K49+955	空心板梁	重力式桥台	67.30	15.00	汽－20	1994–08

续表一

线路编号	桥梁名称	桥位中心桩号	结构形式		桥梁全长	桥面宽度	荷载标准	建成时间
			上 部	下 部				
X101	城北桥	K2+091	空心板梁	重力式桥台	32.80	9.50	汽－20	1998-09
X101	瑞机埠桥	K4+497	空心板梁	桩柱式墩台	39.80	8.60	汽－20	1991-06
X101	东风桥	K6+655	双曲拱	组合式桥台	31.20	7.60	汽－15	1979-12
X101	钱江桥	K15+650	双曲拱	重力式桥台	33.40	7.60	汽－15	1983-07
X102	周家桥	K0+272	空心板梁	桩柱式墩台	37.00	11.30	汽－20	1985-12
X102	新街桥	K2+207	双曲拱	重力式桥台	34.00	12.50	汽－20	1985-12
X102	鸿浦桥	K6+134	空心板梁	桩柱式墩台	42.00	36.00	汽－20	1995-12
X102	钱江桥	K6+869	空心板梁	桩柱式墩台	34.00	24.00	汽－20	1992-07
X102	三号桥	K9+086	空心板梁	桩柱式墩台	40.00	10.50	汽－20	1992-07
X102	创业桥	K11+922	桁架拱	重力式桥台	42.00	9.60	汽－15	1998-10
X102	赭山桥	K14+178	空心板梁	桩柱式墩台	47.00	15.50	汽－20	1997-10
X102	向阳桥	K15+977	空心板梁	桩柱式墩台	36.70	19.00	汽－20	1998-10
X102	南阳桥	K20+274	空心板梁	桩柱式墩台	55.80	19.00	汽－20	2000-02
X102	河庄桥	K22+712	空心板梁	桩柱式墩台	42.90	19.00	汽－20	2000-02
X102	盛凌湾桥	K30+126	空心板梁	桩柱式墩台	72.60	19.00	汽－20	2000-11
X103	长山一号桥	K8+903	空心板梁	桩柱式墩台	34.80	13.00	汽－20	1986-12
X103	大治桥	K15+790	空心板梁	桩柱式墩台	40.00	8.00	汽－20	1991-11
X103	红建桥	K21+063	空心板梁	桩柱式墩台	34.90	9.50	汽－20	1992-11
X103	东风桥	K24+895	空心板梁	桩柱式墩台	33.70	9.50	汽－20	1992-12
X103	群建桥	K26+598	空心板梁	桩柱式墩台	33.60	9.50	汽－20	1992-10
X104	下湘湖桥	K1+758	钢架拱	重力式桥台	40.20	9.10	汽－15	1997-08
X105	党山桥	K0+197	双曲拱	空心式桥台	27.00	6.60	汽－15	1978-12
X105	党山北桥	K3+015	空心板梁	桩柱式墩台	33.70	7.30	汽－20	1994-07
X105	卫东桥	K7+735	空心板梁	桩柱式墩台	41.00	10.00	汽－20	1995-12
X107	东灵江桥	K0+911	空心板梁	桩柱式墩台	41.20	13.00	汽－20	1995-10
X108	东风桥	K0+874	空心板梁	重力式桥台	48.80	9.00	汽－20	1999-02
X108	友谊桥	K4+354	空心板梁	轻型桥台	36.80	10.50	汽－20	1990-05
X111	观潮城桥	K0+332	空心板梁	桩柱式墩台	33.50	9.50	汽－20	1998-12
X111	一工段排涝闸桥	K1+536	T形梁	重力式桥台	37.50	4.50	汽－10	1973-05

续表二

线路编号	桥梁名称	桥位中心桩号	结构形式		桥梁全长	桥面宽度	荷载标准	建成时间
			上　部	下　部				
X112	三号闸桥	K5+106	空心板梁	桩柱式墩台	33.60	10.00	汽－20	1999—06
X112	抢险桥	K10+498	空心板梁	桩柱式墩台	35.20	9.50	汽－20	1991—02
X113	新镇桥	K0+050	双曲拱	重力式墩台	35.00	7.60	汽－15	1985—10
X115	张神殿桥	K1+340	双曲拱	桩柱式墩台	39.60	7.50	汽－13	1979—01
X115	祈门堂桥	K3+395	双曲拱	重力式墩台	29.70	7.50	汽－13	1978—10
X115	八字大桥	K4+390	桥架梁	重力式墩台	45.30	9.00	汽－15	1989—12
X115	梅东桥	K6+494	双曲拱	重力式墩台	38.40	7.50	汽－13	1978—10
X115	卫东桥	K7+490	实心板梁	重力式墩台	29.70	7.50	汽－13	1978—10
X115	先锋桥	K8+963	双曲拱	重力式墩台	39.60	7.50	汽－13	1981—01
X115	抢险桥	K9+750	双曲拱	重力式墩台	29.70	7.50	汽－13	1982—10
X115	益农桥	K13+884	桥架拱	重力式桥台	28.20	7.50	汽－15	1990—11
X117	解放桥	K1+650	空心板梁	桩柱式桥台	33.60	18.60	汽－20	1999—06
X117	靖南桥	K4+237	空心板梁	轻型桥台	35.60	18.60	汽－20	1995—09
X117	靖江桥	K5+275	空心板梁	桩柱式墩台	49.50	11.50	汽－20	1989—08
X117	伟南桥	K6+840	双曲拱	重力式桥台	38.00	7.60	汽－15	1979—10
X117	义盛桥	K9+698	空心板梁	桩柱式墩台	32.60	13.00	汽－20	2000—11
X117	义隆桥	K10+471	桁架拱	重力式桥台	39.40	9.60	汽－15	1989年重建
X117	头蓬桥	K15+662	双曲拱	重力式桥台	30.60	7.60	汽－15	1979—10
X118	直河桥	K3+750	空心板梁	桩柱式墩台	36.70	18.00	汽－20	2000—10
X118	围海桥	K6+848	空心板梁	桩柱式墩台	24.00	18.00	汽－20	2000—10
X118	青风亭桥	K7+330	空心板梁	桩柱式墩台	40.80	18.20	汽－20	1999—05
X118	瓜沥大桥	K7+553	空心板梁	桩柱式墩台	49.80	24.90	汽－13	1995—06
X119	通济桥	K0+043	双曲拱	重力式桥台	38.80	7.50	汽－13	1970—10
X119	长征桥	K0+400	空心板梁	重力式墩台	33.50	8.00	汽－20	2000—10
X119	进化桥	K12+365	空心板梁	桩柱式墩台	39.60	7.50	汽－15	1990—05
X120	小砾山桥	K10+645	空心板梁	桩柱式墩台	40.00	19.40	汽－20	1999—01
X120	山后桥	K12+024	空心板梁	桩柱式墩台	40.00	19.40	汽－20	1999—01
X121	南河山桥	K3+094	空心板梁	桩柱式墩台	65.00	10.30	汽－20	1999—08
X122	汇上桥	K5+431	桁架拱	重力式墩台	33.00	7.50	汽－15	1984—12

续表三

线路编号	桥梁名称	桥位中心桩号	结构形式		桥梁全长	桥面宽度	荷载标准	建成时间
			上 部	下 部				
X123	南阳桥	K4+344	空心板梁	桩柱式墩台	34.80	16.00	汽-20	2001-05
X123	河西桥	K7+960	空心板梁	桩柱式墩、重力式台	33.60	8.00	汽-20	1999-10
X123	小泗埠桥	K13+865	双曲拱	重力式桥台	28.60	7.60	汽-15	1999-06 上部修复
X123	红星桥	K21+659	双曲拱	重力式桥台	37.00	7.60	汽-15	1975-10
X123	军民桥	K22+211	双曲拱	重力式桥台	32.00	4.90	汽-15	1975-10
X123	联合桥	K27+780	双曲拱	重力式桥台	53.00	5.00	汽-15	1999-06 上部修复
X125	大治桥	K1+349	空心板梁	组合式桥台	33.60	16.50	汽-20	1996-10
X125	西小江桥	K2+858	空心板梁	桩柱式墩台	68.50	7.50	汽-20	1993-12
X126	振兴桥	K2+458	空心板梁	桩柱式墩台	39.80	13.50	汽-20	1991-05
X126	沈家汇桥	K4+923	空心板梁	桩柱式墩台	39.70	7.50	汽-20	1992-06
X128	凌山桥	K2+1000	工字钢梁	重力式桥台	40.00	6.60	汽-15	1980-03
X128	云石桥	K3+515	空心板梁	桩柱式墩台	70.70	8.00	汽-20	1992-05
X129	尖山桥	K1+432	T形梁	桩柱式墩台	72.00	7.50	汽-15	1987-05
X130	河中桥	K3+610	桁架梁	重力式桥台	38.90	7.60	汽-15	1990-02
X131	长沙桥	K2+946	空心板梁	桩柱式墩、重力式台	34.10	9.50	汽-20	1992-10
X131	八字桥	K7+815	空心板梁	桩柱式墩台	36.30	7.50	汽-15	1992-06
X131	共新桥	K10+863	空心板梁	桩柱式墩台	33.60	16.00	汽-20	2000-10
X131	新湾桥	K13+611	空心板梁	桩柱式墩台	34.60	13.00	汽-20	2000-11
X132	恭先桥	K1+714	空心板梁	桩柱式墩台	85.60	12.10	汽-20	1991-08
X135	坎山桥	K0+700	空心板梁	桩柱式墩台	28.40	12.00	汽-15	1989-09
X135	新凉亭桥	K2+957	空心板梁	桩柱式墩台	33.40	9.50	汽-20	1994-01
X135	光明桥	K5+286	空心板梁	桩柱式墩台	31.60	12.00	汽-15	1990-07
X135	红山桥(左)	K7+649	空心板梁	桩柱式墩台	31.50	10.30	汽-20	1998-06
X135	红山桥(右)	K7+649	空心板梁	桩柱式墩台	31.50	10.30	汽-20	1998-06
X137	成虎桥	K0+192	双曲拱	重力式桥台	40.40	7.70	汽-15	1974-10
X412	朱村桥	K25+703	空心板梁	桩柱式墩台	70.00	10.00	汽-20	1987-09
Y102	美德桥	K1+596	空心板梁	桩柱式墩台	37.40	7.60	汽-15	1990-12
Y103	转塘头桥	K0+026	T形桥	重力式桥台	26.30	8.20	汽-15	1988-02
Y105	华丰大桥	K0+223	空心板梁	桩柱式墩台	39.60	7.60	汽-20	1993-02

续表四

线路编号	桥梁名称	桥位中心桩号	结构形式		桥梁全长	桥面宽度	荷载标准	建成时间
			上　部	下　部				
Y106	顺安桥	K0+630	桁架桥	重力式桥台	40.10	7.60	汽－15	1987—12
Y107	霞江桥	K0+486	空心板梁	桩柱式墩台	33.60	9.50	汽－15	1995—12
Y111	钱江桥	K0+367	双曲拱	重力式桥台	36.00	7.50	汽－15	1984—10
Y112	狮子山桥	K2+955	双曲拱	重力式桥台	32.80	7.50	汽－15	1984—12
Y119	永兴桥	K0+561	空心板梁	桩柱式墩台	48.20	6.50	汽－20	1966—10
Y119	云湘桥	K0+643	空心板梁	桩柱式墩台	32.00	6.50	汽－20	1982—09
Y119	管村桥	K5+377	空心板梁	重力式桥台	69.20	6.40	汽－15	1967—10
Y121	南小桥	K1+218	双曲拱	组合式桥台	37.90	4.80	汽－15	1975—09
Y122	航民桥	K0+580	空心板梁	桩柱式墩台	33.80	13.00	汽－20	1992—01
Y125	大通桥	K1+224	空心板梁	重力式桥台	49.20	10.00	汽－15	1988—04
Z055	七甲河桥	K0+799	空心板梁	桩柱式墩台	51.70	23.50	汽－超20	2000—12
Z055	九号坝直河桥	K11+476	空心板梁	桩柱式墩台	77.00	23.50	汽－超20	2000—12
Z055	大治河桥	K14+065	空心板梁	桩柱式墩台	64.00	23.50	汽－超20	2000—12
Z055	新开河桥	K16+509	空心板梁	桩柱式墩台	70.00	32.00	汽－超20	2000—12
Z055	农丰一桥	K17+406	空心板梁	桩柱式墩台	65.00	30.00	汽－超20	2000—12
Z055	农丰二桥	K18+111	空心板梁	桩柱式墩台	36.00	32.00	汽－超20	2000—12
合计	132座				5779.83			

第三节　建设与养护

萧山公路建设起步于民国时期，中华人民共和国成立后，公路建设得到发展。[①]改革开放以来，随着公路交通地位的日渐突出，“若要富，先修路”成为政府和市民的共识。公路建设成为萧山地方交通建设的重点，投入越来越多，公路建设步伐明显加快。80年代修建公路282.94千米，实现了萧山市政府提出的乡乡镇镇通公路的目标。90年代初，加快“砂改油”，提高路面等级，实现了乡乡镇镇通油路的目标。继而围绕市政府提出构筑萧山“四十分钟交通经济圈”的目标，新建改建了一大批公路，至2000年，基本实现这一目标。在加快公路新建的同时，公路养护水平也有提高。

①民国14年（1925）境内建成萧绍公路长31.40千米。50年代，萧山修建公路48.38千米；60年代修建公路92.87千米；70年代主要围绕围垦地区的开发，修建公路53.58千米。

公路建设

萧山公路建设大致经历了3个阶段：1987年以前主要解决通车问题，1987年，永富公路建成，标志着萧山实现了乡乡镇镇通公路的目标；1988～1997年期间，主要对原有公路的改造，提高公路的车辆通行能力，解决畅通问题；

1997年起，交通建设开始适度超前，建设规模扩大，建设标准提高。是年，市政府开始实施改善与周边县市沟通的“六只口子”。[①]为实现“四十分钟交通经济圈”的战略目标，交通部门着手公路交通规划的编制和完善，提出建设区域公路网，启动多轮建设高潮，公路技术状况也得到改善。1998～1999年实施的公路建设“七大工程”，长度合计55.12千米，投资额合计33609万元，其中闻戴公路长18.41千米，投资13838万元；南新公路长16.97千米，投资9422万元；瓜党公路长9.70千米，投资3834万元；金城路西伸工程长1.77千米，投资2882万元；钱江三桥接线公路拓宽工程（二期）长3.76千米，投资1980万元；湘湖路拓宽工程长2.10千米，投资751万元；青蓬公路工程长2.41千米，投资902万元。至2000年底，境内接养公路中，公路高级、次高级路面里程占总里程的97.87%。

建设体制　公路建设实行分级负责。国道、省道由地（市）以上交通主管部门负责；县乡道由县乡负责。萧山的县乡公路建设在1984年前，县工交局一般与区公所[②]联系，主要由区公所协调，受益镇乡组织劳力，划出土地，交通主管部门给以技术指导，并有重点地给予部分建设经费补助。1984年县交通局成立后，县乡公路建设每年由县计委、交通局、财税局下达建设计划，围绕实现乡乡镇镇通公路的目标，规模不断扩大。政策处理和路基铺筑仍由有关镇乡为主负责实施，桥梁和路面工程由交通局为主组织实施。高速公路及国、省道干线公路，仍由上级交通部门管理，有些项目由上级交通主管部门与地方政府签订协议后，委托萧山交通部门组织实施。随着镇乡经济的发展，镇乡对公路建设的积极性日益提高，县乡公路新建改建任务加重。从90年代末开始，交通部门采取与镇乡人民政府合作建设的模式实施了部分项目。2000年实施的新螺线大通桥农场至江桥路口拓宽、浦十四线南阳段拓宽、青蓬线义盛段拓宽、梅新线新湾段拓宽、南阳至义盛公路拓宽、浦阳镇八哥山至径游公路拓宽、楼塔镇钱斧街新建等七项县乡公路改造工程，均由镇乡政府作为建设主体，负责征地、拆迁、三线[③]迁移、路基、绿化带、排水设施等，交通局负责桥梁、路面工程及交通安全设施建设等。从90年代中期开始，公路工程施工与监理开始实行招投标制度。在此之前，一般由交通部门根据工程具体情况选择施工与监理单位。

建设资金　除国、省道及重要县道由上级交通部门投资外，县乡公路一般采取地方自力更生为主、国家补助为辅，采取“民工建勤”、“民办公助”等形式进行建设。每年由交通、计划、财政部门联合下发公路建设投资计划，交通部门按年度计划组织实施。随着财政收入的增加，政府对县乡公路建设的投资相应增加。同时，为解决境内国、省道改建资金问题，萧山积极争取“四自工程”[④]政策。继临浦二桥、03省道萧山至次坞段、义桥大桥列为省第一批“四自工程”后，闻戴公路（为03省

图9—3—243　1987年9月，永富公路建成通车（萧山区交通局提供）

①“六只口子”即新建、改建瓜沥至绍兴华兴、进化横路头至绍兴夏履、新塘至绍兴江桥、党山至绍兴柯桥、楼塔至富阳常绿、益农至绍兴新围等与周边县市沟通的6条公路。

②区公所为县政府派出机构，1992年“撤扩并”后撤销。

③“三线”指电话线、电力线、广播线。

④萧山“四自工程”业主单位均为由浙江登峰交通集团有限公司与浙江省公路局于2000年5月27日合资组建的萧山市公路开发有限公司。除临浦二桥由杭州市交通局组织实施外，余下6个项目总投资26亿元均为萧山实施。

道分流）、杭州萧山机场专用公路、104国道萧山段改建工程、03省道东复线等项目先后被列入“四自工程”。[1]1997年以后，国家实行积极的财政政策，萧山县乡公路建设投资规模进一步扩大，公路建设高潮迭起。市财政每年对计划内交通建设项目投资都在4000万元以上，用于小修保养、大中修、绿化、路政管理、农工养老保险、民间道路补助及路桥改造项目。重点工程另辟筹资渠道。1998年，交通局成立县乡公路建设有限公司，按照“适度超前，贷款建设，政府承诺还贷”的建设方针，利用贷款和财政周转金启动“七大工程”的建设。1999年底基本完成。2000年，市政府与有关镇乡共同出资，“拼盘”实施7项县乡公路改造工程，总里程20千米，总投资超过7000万元。[2]

①后临浦二桥纳入03省道萧山至次坞段、义桥大桥纳入义桥大桥及接线闻戴公路“四自工程”项目。

②是年实施的7项县乡公路改造工程是：新螺线大通桥农场至江桥路拓宽、浦十四线南阳段拓宽、南阳至义盛公路拓宽、青蓬线义盛段拓宽、梅新线新湾段拓宽、楼塔镇政府前公路新建、浦阳镇八哥山至径游公路拓宽。由所在镇乡负责征地、拆迁、三线迁移、路基工程、排水设施等的实施；由市交通局负责路面工程、桥梁工程、交通安全设施工程及设计、监理、监督的实施。

公路工程技术　中华人民共和国成立后，由于资金和技术等原因，境内公路建设以能够通车为目的，技术标准普遍较低，一般都是四级公路，还有等外公路。东片地区不少是利用围垦时堤坝建造。从1988年开始，交通部门一方面积极配合省交通厅对国、省道进行改建，另一方面加快县乡公路技术改造。以路面改造为主，通过实施“砂改油”工程，改泥结碎石路面为沥青路面，少量铺筑水泥砼路面。同时对部分路段作了裁弯取直、拓宽路基、田路分界砌石等处理。其中红山农场出资近百万元将原浦十四线红山段改造为“红山大道”，拓宽路幅，中间设绿化隔离带，两侧有非机动车道和人行道。后又将红垦农场段拓宽为路基18米、路面15米的“二级加宽”公路。此后县乡公路新建、改建标准大多达到二级及“二级加宽”公路标准。

80年代后期开始，萧山公路段与上海同济大学、杭州市公路管理处共同进行一系列路面试验。如在沥青中掺加磨细的废橡胶粉铺筑路面（获1992年省科技进步优秀奖）、EVA（乙烯—醋酸—乙烯共聚物）—金属皂（金属氢氧化物和脂肪酸的化合物）复合改性沥青运用（获省交通厅科技进步三等奖）、低噪声透水性沥青路面应用（获省科技进步二等奖）、SBS（苯乙烯—丁二烯—苯乙烯嵌段共聚物）改性沥青在沥青路面养护中的应用、乳化沥青路面灌缝、沥青路面铣刨材料利用等试验。1999～2001年的3年间，连续开展“公路建设质量年”活动，完善公路施工质量保证体系，促进了新技术、新工艺、新设备的运用，公路工程质量水平明显提高。

桥梁建设

萧山最初的公路桥桥台、桥墩由条石砌筑，上部结构有钢筋混凝土板梁、钢筋混凝土梁上捣三合土板面、木梁上铺木板再捣三合土桥面等，也有混凝土桥台、钢筋混凝土板梁。60年代初期兴建萧金公路时，既有石台桥、砖拱桥，也有木梁木桥面桥梁。[3]县工业交通局桥梁组自行设计制造的钢架桥，安装简便，施工迅速。60年代后期，钢材、水泥等材料逐年增多，公路桥主要有石台、钢筋混凝土梁桥，石台T型梁桥，石拱桥等。70年代，跨径较大的公路桥一般采用双曲拱桥，也有桁架拱和钢架拱桥。

③60年代，萧金公路萧（城厢镇）临（临浦镇）段采用萧山产的一级红砖作材料，建有砖拱桥9座。

1972年4月至1991年底，在围垦地区建成259座水利桥，6458.5延米。80年代以后，不少民间桥梁改建成公路桥。一般都采用桩柱式墩台，安装空心板梁，使桥梁永久化。新建、改建公路桥一般都采用双柱钻孔灌注桩桥梁。河道宽在20米以上的，采用多跨；河道宽在20米以下的采用单跨，重力式桥台或轻型桥台，上部结构为空心梁板或矩形梁板；荷载标准一般达到汽—15、挂—80或汽—20、挂—100。在民间桥梁和低等级公路桥建设中，设计了独柱悬臂的灌注桩平梁桥，降低了造价，解决了斜桥建设中的斜梁板问题，也满足了航运和水利的需要。

公路养护

管理体制　分专业养护、农工养护和业主养护3种。专业养护由萧山公路段实施，负责境内104国道、03省道和1982年以前建成接养的县乡公路的养护、建设及路政管理。专业养护长期以来实行垂直管理，每年由萧山公路段的上级管理机构[①]下达养护计划、拨付资金。1991年以前，一直实行道班制养护[②]，1991年下半年改设公路管理站。1999年7月，杭州市改革公路管理体制和养护运行机制，公路管理实行“条块结合，以块为主”，公路段成建制下放萧山市交通局，名称由“杭州市公路管理处萧山公路段”改为“萧山市公路段”。专业公路的养护计划、资金渠道不变。2000年底，公路段下设钱江、萧山、衙前、临浦、赭山、头蓬6个公路管理站，1个施工机械组及路桥工程处1家企业，在编干部、养护职工175人，辖养公路里程231.64千米。

农工养护始于1982年5月。当时公路养护实行分级管理，新建的县乡公路由地方实行农工养护，由萧山县工业交通局负责。随后，在县乡公路较多的临浦、瓜沥、义蓬、戴村等区及钱江农场、围垦等地设公路专管员，负责辖区内县乡公路养护和管理的具体事项。养路农工由镇乡派出，属轮换制，交通部门给镇乡一定的补贴。1993年1月取消公路专管员，建立临浦、义蓬、围垦3个公路管理站，分片负责县乡公路的养护、管理工作。1996年7月，萧山市交通局公路管理所更名为“萧山市县乡公路管理所”。至2000年末，有临浦、义蓬、围垦3个公路管理站，下辖农工养护道班22个[③]，养护农工143名，养护境内368.02千米县乡公路。

业主养护始于90年代中期，由于公路建设投资主体呈多元化，公路养护主体随之出现多元化。境内杭甬高速公路的养护由省高速公路投资公司负责。机场专用公路、03省道、104国道改建段等“四自工程”公路的养护，由萧山市公路开发有限公司负责，其中03省道、104国道改建段由市公路开发有限公司委托公路段养护。

养护作业　公路养护部门不断革新技术，逐步发展养护机械化以减轻劳动强度，提高工作效率。1964年购置第一辆“解放牌”自卸汽车运输路料，1969年又购买一辆3马力的手扶拖拉机，还从杭州市政部门调拨来以蒸汽机为动力的压路机一台。进入80年代，养护作业中机械使用逐步增多。1985年8月，购置第一台HHB25型沥青拌和机。

图9-3-244　80年代公路段沥青混合料拌和方式，图为1986年5月施工现场（萧山区交通局提供）

①萧山公路管理体制在1999年改革前，隶属于杭州市公路管理处。杭州市公路管理处的前身是浙江省交通厅公路管理局杭州公路总段。

②当时有专业养护道班10个，即钱江班、萧山班、衙前班、临浦班、义盛班、楼塔班、赭山班、头蓬班、俞家潭班和大修班，养护工211人。

③22个农工养护道班，其中属义蓬管理站的有新东班、夹灶班、梅西班、乐园班、光明班、宏图班、钱农班7个道班；属临浦管理站的有许贤班、义桥班、城山班、进化班、袁江班、浦阳班、欢潭班、所前班、云石班、大同班10个道班；属围垦管理站的有二工段班、六工段班、三号闸班、十工段班、十二工段班5个道班。

1987年3月，购置3y12—15吨压路机1台；5月购置第一台LT6A型沥青摊铺机。1988年8月，购置第一台ILH30型装载机。至2001年3月，萧山公路段已拥有养路、筑路机械43台套，汽车27辆，农用车12辆，小型拖拉机27辆，并先后在美女坝、塘下金、永兴道班建立沥青机械拌和基地。县乡公路管理所有养路、筑路机械32台套，各种车辆23辆，在红山、八工段和临浦浦南建立沥青机械拌和基地。

图9—3—245　瓜党线施工工地（1999年9月8日，李维松摄）

除了公路日常清扫和小修保养，养护部门还负责公路绿化等设施的维护管养。1998年，原已划归公安交警管理的公路交通标志标线移交公路部门管理。公路段开展标志标线全面清查和补充完善工作。公路绿化水平逐年提高。最初只在公路两侧种植以枫杨、冬青、法国梧桐为主要树种的行道树，90年代开始，不仅重视绿化补植，还实行公路绿化种植与公路主体工程建设同步，由供苗单位包种包活等形式。同时在绿化结构和品种上也呈现多树种，带、网、片、点相结合，公路生态环境和景观效益得到改善。

创建活动　1991年，省交通厅在萧山城东至衙前段104国道上进行GBM（公路标准化、美化）工程试点。1995年初，交通部在104国道开展创建文明建设样板路活动。萧山先后5次开展大规模的联合执法行动，加强对公路的整修，拆除两侧违章建筑，整治公路环境。是年，萧山市政府、市交通局和公路段分别获“浙江省创建104国道文明建设样板路活动优胜单位”称号。1996年，在03省道开展创建文明样板路活动。通过整治，境内国、省道路况明显好转，干线公路好路率提高到83.6%。至2000年，省政府每年开展创建活动，活动范围有所延伸。萧山市政府和市交通局、公路段连续分别被浙江省政府和省交通厅授予“创建文明建设样板路活动优胜单位”称号。县乡公路管理所参照开展了创建文明养护路段活动。

【附一】

萧山交通工程企业

70～80年代，随着县乡公路建设的加快，境内陆续出现交通工程专业施工企业。至2000年末，萧山市有交通工程专业施工企业5家，交通设计兼监理单位1家。

萧山长虹桥梁工程有限公司　前身是1971年3月组建的萧山梅西桥梁工程队，后几经挂靠改名。具有道路桥梁施工三级资质，先后承建了临浦大桥（上游侧）、北塘河上多座桥梁安装和钱江三桥引桥等主要工程项目。到2000年末，有员工542人，其中技术人员51人，固定资产原值2497万元，是年完成施工总产值4850万元。

萧山市公路工程队　前身是1987年长山镇办企业长山公路工程队，1994年转为股份制。具有市政工程施工三级资质。先后承建了城南公铁立交桥、义桥大桥、西小江特大桥、浦14线等项目中的桥梁施工安装。2000年，有员工300人，其中技术人员30人，固定资产原值700万元，是年施工总产值3000余万元。

萧山萧路路桥工程处 前身是始建于1990年5月的萧山公路段路桥工程队，具有公路路桥三级资质。先后承接临浦大桥接线公路、320国道杭州段、沪杭高速公路04标段、104国道萧山段改建工程等项目施工。2000年，有员工61人，其中技术人员7人，固定资产原值1238万元，完成施工总产值4561万元。

浙江登峰交通集团有限公司 位于通惠路155号。前身为1995年4月由原萧山市交通工程公司和萧山市公路建设工程公司合并建成的萧山市交通工程总公司。1996年12月，更名为“杭州捷达交通工程有限公司”。1997年11月，以杭州捷达交通工程有限公司为母公司，组建萧山市交通集团有限公司。1998年4月，更名为“浙江登峰交通集团有限公司”。2000年，公司进行资产和人员重组，国有资产有偿转让给公司主要经营者。公司承建闻戴公路、南新线、104国道萧山段等萧山境内多项重点工程，联合承建了杭金衢高速公路三标段。公司拥有各类筑路施工机械设备870台（件），总功率19041千瓦，总值达亿元以上，其中有美国产TM50和LB1000大型沥青拌和楼5台，法国产PE—510摊铺机6台。施工足迹遍布全省各地。2000年，有员工1777人，固定资产原值17191.7万元，实现利润2264万元。至2000年，公司是萧山唯一具有公路工程施工一级资质的企业，也是浙江省公路工程施工的骨干企业之一，多次被评为萧山百强企业，杭州市文明单位。

萧山市公路开发有限公司 由浙江登峰交通集团有限公司与浙江省公路局于2000年5月27日合资组建，其中登峰集团有限公司出资占52%，省公路局出资占48%，主要从事境内收费公路的投资、开发建设及营运管理。至2001年3月，已实施及纳入公司经营管理的项目有：03省道萧山至次坞段、104国道萧山改建段、义桥大桥及接线闻戴公路、杭州萧山机场专用公路、03省道东复线等5个项目，概算总投资26亿元。

萧山市交通工程监理咨询有限公司 2000年5月组建，具有公路工程丙级资质及公路、桥隧工程丙级临时监理资格。已承担监理的有萧山至富阳常绿省道4.3千米路基工程，萧山里士湖至所前生态园5.83千米二级加宽公路工程等。2000年末，有员工20人，其中中级及以上技术职称12人，交通部核发专业监理证书的有3人，省交通厅核发专业监理证书的有11人。是年创收入200万元。

【附二】

萧山公路收费站

除钱塘江大桥收费站外，其他公路收费站都属“四自工程”的性质。至2001年3月25日，萧山境内有省高速公路投资公司杭州管理处管理的杭甬高速公路钱江收费站（二桥）、瓜沥收费站，萧山管理的03省道萧山收费站及其城南补票点、义桥大桥收费站、机场公路收费站（代征机场路至杭甬高速公路通行费）、萧绍公路党山补票点，萧山与绍兴联合管理的萧绍公路收费站衙前收费点。此外，还有杭州市交通管理局管理的钱塘江大桥收费站、钱江三桥收费站（现属杭州市滨江区）。

钱塘江大桥收费站 是萧山境内第一个公路收费站。1987年，在萧山浦沿联庄村（现属杭州市滨江区）建成4个车道的导向岛和收费亭。从1987年9月1日起，对通过钱塘江大桥的车辆收取车辆通行费。其征收机构为钱塘江大桥征费所（后改为征费处），征费收入全额上交省公路局，作为建设钱塘江第二大桥的投资。

03省道萧山收费站

由03省道萧山征费所管理、收费。1993年临浦第二大桥建设时，在临浦镇谭家埭村征地，建成4个车道的导向岛和收费亭，于1993年10月25日零时起，对通过临浦第二大桥的车辆收取车辆通行费。1994年10月，杭金线萧山至次坞段改建工程全线竣工，采取桥、路合一收费的方式，从同年11月25日起收费，杭金线萧山至次坞段改建工程竣工后，在城厢镇曾家桥村征地14亩（约9333.38平方米），建成6个车道的导向岛、收费亭和1250平方米的管理用房，并在城南桥头陈村老杭金线上建2个车道的补票点，设在临浦的谭家埭收费亭同时作废。1996年7月23日，征费所迁往新站点收费。1996～2001年，共征收车辆通行费18039.5万元（2003年末，杭州市贷款建设的城市道路车辆通行费征收方式调整，自2004年1月起，03省道收费站与义桥大桥收费站合并南移至河上镇，管理体制发生变化。）。

图9—3—246　建于1996年7月的03省道萧山收费站（萧山区交通局提供）

机场路收费站　2000年由萧山市公路开发公司在坎山镇梅仙村征地10亩(约6666.67平方米)，建造13个车道的导向岛和收费亭，其中两侧各3个车道属杭甬高速公路机场路收费站，中间7个车道属机场路收费站。浙江省政府同意机场公路与钱江三桥采取联合设站方式收费。自2000年12月30日杭州萧山机场通航起，对出机场的机动车辆征收车辆通行费（进机场不收），过钱江三桥（往杭州）凭机场路收费站的通行费票据检票通过；对出机场上杭甬高速公路的机动车辆，由高速公路匝道收费点代收机场路通行费。

萧绍公路收费站　1993年绍兴104国道南连北建工程竣工通车后，在萧、绍交界的钱清和杨汛桥设立公路收费站。2000年104国道萧山段改建工程竣工后，在八柯线党山新建补票点。2001年3月，将104国道绍兴收费站钱清、杨汛桥收费点更名为萧绍公路收费站钱清、杨汛桥收费点，实行联合收费。萧山往绍兴方向的车辆由绍兴负责征收车辆通行费；绍兴往萧山方向的车辆，由萧山负责征收车辆通行费。在萧山的党山补票点（4个车道），对非萧山、绍兴车辆实行双向收费。钱清收费点迁址衙前明华村，更名为衙前收费点（6个车道）。按萧绍双方协议，衙前收费点由双方派人，共同管理；杨汛桥收费点由绍兴方配备人员进行管理；党山补票点由萧山方配备人员进行管理。三个收费点征收的通行费收入由萧山、绍兴双方对半分成。

义桥大桥收费站　由义桥大桥征费所管理、收费。义桥大桥属省政府批准的第一批“四自工程”，1995年12月大桥及接线竣工通车，但因车流量小而未收费。在义桥大桥接线延伸工程闻戴公路建设的同时，于1999年9月征地12.79亩(约8526.71平方米)，进行收费站的二期建设，建造收费设施（导向岛、收费亭、通道）和管理用房609平方米。2000年7月15日开始对通过义桥大桥及闻戴公路的车辆收取车辆通行费。

第四节 客 运

民国14年（1925），萧绍公路江边至转坝段建成，萧山开始有公路客运。[①]50年代初期，萧山公路客运由国营浙江省汽车运输公司统一经营。1957年10月建立萧山汽车站[②]，负责全县各汽车站的客运业务。此后萧山汽车站隶属关系多次变更，但大多数时间隶属于省汽车运输公司。1988年，全省汽车运输公司管理体制改革，萧山汽车站下放，随即组建萧山市长途汽车运输公司，经营全市公路客运业务。80年代开始，公路客运打破独家经营的局面，除萧山汽车站（长运公司）外，先后出现萧山县交通公司[③]、萧山县职工旅游服务中心、红山农场旅游车队、裘江客运队等公路客运企业。个体营运中巴车和出租汽车也发展很快。公路客运量从1985年的834.11万人次发展到2000年的2998万人次，公路旅客周转量从1985年的18104.05万人千米发展到2000年的105100万人千米。至2001年3月25日，萧山市有公路客运企业23家，个体客运经营户619户（其中中巴车326户，出租汽车293户），共有营运客车1210辆、10266座。其中大客103辆、262座，中客429辆、7292座；小客678辆、2712座。

①当时，萧山公路客运由省道局绍兴车务段经营。民国22年（1933）由萧绍长途汽车公司承租经营。萧山沦陷期间，汪伪“华中铁道有限公司杭州自行车区”开行江边至绍兴客车。抗战胜利后，仍由萧绍长途汽车公司承租经营。民国35年，萧山商人徐钟豪组建萧山县长途汽车公司，开行江边至萧山和江边至临浦线。钱塘江大桥建成后，与省公路联营处合办杭州至萧山、杭州至临浦两条客运线路。民国37年碛堰山大塌方，公路中断，杭临线停开。

客运车站

中华人民共和国成立前，萧山境内有江边、西兴（现属杭州市滨江区）、萧山、转坝、吟龙、衙前、钱清（现属绍兴县）7个汽车站。中华人民共和国成立后，随着公路建设的加快和公路车辆的增多，汽车站也相应增加。至1988年底，境内已有43个汽车站和代办点。1992年重建萧山汽车站和坎山汽车站，新建赭山、城山两个汽车站。随着运输市场进一步开放，个体中巴车迅速增加。这些车辆招手即停，汽车站的作用减小。至1994年12月30日，由长途汽车运输公司自办的汽车站也逐步减少，为了加强客运市场管理，新建萧山汽车东站（暨公交中心站）和萧山汽车西站，以便做到车进站、人归点，规范运输市场。至2001年3月25日，境内保留萧山汽车站、萧山汽车东站（暨公交中心站）、萧山汽车西站、头蓬汽车站、瓜沥汽车站、党山汽车站和党湾汽车站。瓜沥、头蓬、党山、党湾汽车站和义盛公交站均属长运公司，有一定的站场设施，总建筑面积1944.24平方米，其中瓜沥站340平方米，头蓬站657平方米，党湾站406平方米，党山站170.59平方米，义盛公交站370.65平方米。此外，在萧绍路还有杭州市公交315路车站。

②民国14年（1925），就建有萧山汽车站，此为设在萧山汽车站内的一个企业，即萧山长运公司前身，对外仍称萧山汽车站，具有管理、调度全县各汽车站客运业务等职能。

③于1984年建立，为萧山县运输公司下属企业，对内称客运站，对外称交通公司。

萧山汽车站　始建于民国14年（1925）。1971年4月改造重建，位于市心路与萧绍公路交叉点西北侧，总建筑面积1932.71平方米，由候车室、售票房、发车雨棚和办公室等组成。但其规模与萧山公路客运量的大幅度上升很不适应。1985年在城北荣联村（五七路口）征地19亩(约12666.73平方米)，建筑房屋2041.49平方米，铺筑水泥砼停车坪1200多平方米，将老站的修理间、仓库、货运室等迁往新场地，以扩大客运场所。1991年3月在裘江梅花楼村征地23.76亩(约15840.08平方米)，当年12月4日开工建设新站。1992年8月竣工投入使用。新萧山汽车站按交通部部颁二级客运车站标准设计建设，总建筑面积4645平方米，其中候车厅（含母子候车室）1487平方米，售票厅、售票房、票库407平方米，行包托运厅、行包房253平方米，业务楼1119平方米，小件行李寄存、检票房88.70平方米，餐厅、厨房、锅炉房410.70平方米，发车雨棚316平方米，配电房、厕所等其他用房318.60平方米，临时机修房、油料库245平方米，铺筑水泥砼停车坪1万平方米，并在候车大厅安装电子显示屏和固定式翻椅，成为功能齐全、宽敞明亮的新车站，在全省县级汽车站中名列前茅。2001年，萧山市长途汽车运输公司又对候车厅、站场设施进行改造，安装空调、风幕机、配备电脑等设备。同时还增加服务人员和保安人员，为统一售票、统一排班，规范站场管理，维护运输秩序创造了物质条件。

萧山汽车东站　萧山汽车东站暨公交中心站按部颁三级客运车站标准设计建设，有关设施按二级车站标准配置。工程分两期建设：一期工程于1998年9月1日开工，总投资844.45万元，建筑面积1245平方米，铺筑水泥砼停车场8045平方米，可同时容纳230余辆客运车辆、15条发车线，1999年1月21日举行落成典礼；二期工程于2000年8月1日开工，总投资433.16万元，建筑面积2333平方米，其中修理厂1022平方米，办公综合楼350平方米，管理用房、传达室646平方米，加油站255平方米，配电房30平方米，公厕30平方米，铺筑水泥砼场地11800平方米，2000年12月5日竣工。

萧山汽车西站　萧山汽车西站建在原燃料公司西门煤场，站场占地19亩(约12666.73平方米)，按照部颁二级客运车站标准建造，总投资1500万元。1998年12月8日正式开工，1999年10月竣工。建筑面积2517平方米，其中候车室1300平方米，管理用房515平方米，其他房屋702平方米。停车场地5600平方米。建成后久未启用，后成为外地旅客运输集散中心。

客运线路

长途客运　1988年前，省汽车运输公司杭州分公司萧山汽车站除经营萧山境内公路客运外，还开辟开往上海的跨省班线及萧山至绍兴、慈溪、浦江、诸暨和瓜沥至绍兴、头蓬至绍兴等7条跨县班线。1988年12月萧山市长途汽车运输公司建立后，继续开辟新线。1985年，萧山县交通公司开通萧山至杭州的直达班车。起点先设在萧山汽车站，后迁往汽车修理厂的原厂址（工人路口）；终点先设在杭州学士路，后先后迁往长生路、武林门。此后又增开至义乌和绍兴的班线。1999年，交通公司已有大客19辆，中巴17辆。2000年，交通公司及其客运业务划归长运公司。至2001年3月25日，长运公司开行各类客运班线93条，营运里程18508千米；有各种客车178辆、4574座。萧山已与省内外47个城市开通了客运班车，跨省班线涉及上海、江苏、山东、安徽、江西、湖北、广东7个省市。

短途客运　70年代，除杭州至萧山的15路、22路、20路3条公交线路外，境内公路客运由萧山汽车站独家经营。80年代，萧山县交通公司开始经营公路客运，增加萧山至欢潭、许贤、大园、河庄、义盛、临浦、涂川的境内短途线路。个体营运中巴车是境内短途客运的一支重要力量（1988年7月1日，西兴镇街道居民周培源购置“北京牌”旅行车〈车牌号为浙01—G0872〉投入营运，成为萧山市第一个从事公路客运的个体户。此后，个体营运户迅速增多）。1988年底，个体营运中巴车发展到

图9－3－247　50年代，萧山第一辆客运汽车开到楼塔（1957年7月，董光中摄）

29辆，经营线路5条，其中萧山至杭州16辆，瓜沥、临浦、头蓬至杭州12辆，萧山至闻堰1辆。萧山至杭州的票价定为3元，群众称其为“三块头车”；因这些车招手即停，又称其为“招手车”。1989年9月，个体中巴车发展至76辆、1269座，经营线路21条。此后，市交通局采取调控措施，限制中巴车发展。1992年9月，中共萧山市委、市人民政府发出《关于加快发展第三产业的决定》，放开搞活运输市场。至1994年10月，个体营运中巴车达到326辆、5996座，经营路线29条，其中到镇乡的有前进、新湾、党湾、南阳、益农、瓜沥、河庄、头蓬、闻堰、义桥、临浦、桃源、许贤、楼塔、径游、进化、欢潭、云石、钱江农场等，到周边地区的有杭州、绍兴柯桥、富阳、诸暨店口。车辆成倍增加，运力大于运量。同月，对个体中巴车停止审批。1997年推行个体中巴经营者归编管理，要求在营运客车报废更新后挂靠专业客运企业。1999年，该政策调整。萧山市北运输有限公司、高桥运输有限公司通过收购收编，成为短途客运企业，但大部分短途客运仍为个体经营。客运市场的发展以更新车辆、提高车型档次为主。1999年12月，最后一辆农用车退出短途客运市场。2000年9月，开通城厢至益农东方红的新东线。至2001年3月25日，境内有短途客运车辆429辆、7292座，其中个体营运中巴车326辆、5542座。

客运企业

至2001年3月25日，全市拥有公路客运企业23家，个体客运经营户619户（其中中巴车326户、出租汽车293户），营运客车1210辆。萧山市长途汽车运输有限公司是交通系统专业运输企业，位于萧绍路381号。前身是成立于1957年10月的萧山汽车站。1988年，全省汽车运输公司体制改革，萧山汽车站下放。12月5日，杭州市交通管理局与萧山市人民政府签订《关于省汽车运输公司萧山站管理体制改革交接协议书》。是月，在萧山汽车站基础上建立萧山市长途汽车运输公司，隶属萧山市交通局。1997年12月，企业改组为有限责任公司。公司以客运为主业，兼营货运（零担）、客运旅游服务、站场服务、车辆修理及租赁、燃油料供应、百货及副食品经销、住宿等服务项目。2000年经营城区公交线路16条，营运里程201.9千米；长途客运班线93条，营运里程18508千米。有大中型客车85辆、2819座；小客车93辆、1755座；各类公交车156辆、4175座；货车4辆。2000年运送旅客990.81万人次，完成旅客周转量36500.15万人千米，完成货运量10000吨；经营收入6115万元，其中运输收入4358万元；固定资产净值8775万元，员工825人。公司是交通部评定的浙江省首批14家二级客运资质企业之一。公司多次被杭州市和萧山市授予“先进集体”、“杭州市文明车站”等称号，汽车总站被省交通厅授予“省级文明车站”称号。

表9-3-154 1985～2000年萧山公路客运量及旅客周转量

年 份	客运量（万人次）	专业运输企业	旅客周转量（万人千米）	专业运输企业	年 份	客运量（万人次）	专业运输企业	旅客周转量（万人千米）	专业运输企业
1985	834.11	834.11	18104.05	18104.05	1993	1264.36	416.58	38484.28	15309.66
1986	931.95	931.95	24251.70	21025.17	1994	2291.35	709.35	75205.87	21601.87
1987	1003.00	986.14	26108.00	22996.51	1995	1917.00	732.48	65610.00	23163.86
1988	1160.01	893.74	25950.98	22244.33	1996	2065.00	883.67	77224.00	26806.32
1989	912.02	697.76	22295.91	17563.84	1997	2125.00	865.32	83049.00	30021.08
1990	871.26	741.12	22229.19	18571.00	1998	2811.83	973.49	84200.00	33149.20
1991	929.13	742.14	25278.91	10429.71	1999	2971.20	1194.26	101049.00	38605.65
1992	1153.10	695.70	33274.00	20371.79	2000	2998.00	988.00	105100.00	35056.00

注：客运量、旅客周转量中除专业运输企业外，其他均为社会运输企业。

第五节　货　运

1953年，萧山汽车站开始兼办货运，是为萧山公路货运之始。60年代后期，萧山县搬运公司逐步发展汽车货运。80年代，公路运输出现多渠道发展的局面；到90年代，公路运输已成为萧山货物运输的一支骨干力量。2000年，全市公路货运总量1762.40万吨，货物周转量77887.60万吨千米，公路运输完成的货运量占社会总运量的64.25%。

普通货运

改革开放以前，萧山公路货运以交通系统专业运输企业为主。1959年，萧山汽车站归属萧山县交通运输公司①时，有货车11辆、33吨位（核定载重吨位，下同），挂车2辆、10.5吨位。60年代中期，萧山县搬运公司（萧山县运输公司前身）自制“革新车”从事短驳货运，1971年开始从事公路汽车货运。70年代后期起，全县开始形成农村社队运输、单位自备车队与专业运输并存的格局。1979年，省汽车运输公司在萧山设立“驻萧货车大队”，1984年时，有货车24辆、241吨位。1995年，市运输公司有货运汽车64辆、441吨位。2001年3月，尚有货运汽车27辆、166吨位。而市长途汽车运输公司随着社会运输车辆的快速发展，货运量逐渐减少，转向以客运为主，只剩下货车4辆。

改革开放后，社会货运业开始兴起。1983年3月，浦沿镇杨家墩村朱先远购买3.5吨“嘎斯51”汽车1辆，成为萧山第一个经批准从事汽车货运经营的个体户。此后，个体汽车货运业迅速发展。②2000年，全市公路货运量从1985年的53.37万吨，发展到1762.40万吨；货物周转量从1985年的2581.21万吨千米，发展到77887.60万吨千米。至2001年3月，全市共有各种类型的公路货运企业70家，拥有营业性货运车辆2082辆、10266.37吨位；个体货运汽车2486

①萧山县交通运输公司于1959年7月成立，与萧山县交通局合署办公，实行政企合一，统一管理全县交通建设、水陆客货运输等。1961年10月，县交通运输公司撤销。

②1984年末，全县有个体汽车运输户24户，拥有汽车24辆。1995年末，全县有个体汽车运输户855户，拥有汽车870辆，载重3340吨。

表9-3-155　1985～2000年萧山公路货运量及货物周转量

年份	货运量(万吨)		货物周转量(万吨千米)		年份	货运量(万吨)		货物周转量(万吨千米)	
		专业运输企业		专业运输企业			专业运输企业		专业运输企业
1985	53.37	47.70	2581.21	988.96	1993	579.64	41.74	35258.93	3616.23
1986	99.51	16.80	3187.47	1191.20	1994	938.13	34.13	37662.26	4101.76
1987	327.66	21.20	2863.52	1776.42	1995	1007.00	34.78	35110.00	4165.06
1988	613.66	19.50	17401.84	1839.90	1996	1060.00	30.38	40754.00	3385.39
1989	410.52	23.87	21803.27	2234.61	1997	8107.00	23.30	43093.06	2803.18
1990	483.99	24.11	21835.61	2009.73	1998	1430.80	29.12	57321.60	2523.40
1991	500.00	25.89	25109.14	2096.33	1999	1616.00	13.18	68677.00	2533.41
1992	527.50	32.32	30530.60	2629.22	2000	1762.40	11.20	77887.60	2454.33

注：货运量、货物周转量中除专业运输企业外，其他均为社会运输企业。

辆、4054吨位；公路货物运输从业人员超过5176人。其中较具规模的货运企业有高桥运输有限公司、市北运输有限公司、平祥运输有限公司、金轮运输有限公司、新街运输队、兴隆运输队、楼塔装卸运输队、时运汽车运输有限公司、永强汽车运输有限公司、大康运输队、明华汽车运输有限公司等。

特种货运

公路特种运输主要包括危险货物运输、集装箱运输、大型物件运输、零担货物运输。萧山汽车站曾经办理零担货运业务。

危险货物运输 1973年，萧山石油公司建立汽车队，购买第一辆油罐车，从事成品油运输。之后，逐年增加车辆。至2000年底，有油罐车15辆、105吨位，年完成成品油运输5万余吨。从事危险货物运输的还有杭州朝阳油品运输有限公司萧山分公司、市北运输有限公司、明华汽车运输有限公司、杭州传化储运有限公司等企业。

集装箱运输 1992年6月，浙江省萧山市国际集装箱联运公司正式营业。1993年7月，与上海远洋国际货运公司联合组建上海远洋国际货运公司萧山分公司（联营体），经营货运代理业务。至1995年底，公司拥有“斯太尔”集装箱专用车20辆，25吨级日本“三菱”汽车吊1台，7吨级日本“五十铃”铲车1台，累计完成货运量15683标准箱。90年代后期并入交通实业集团（后改称登峰交通集团），1999年5月又从登峰交通集团析出，建立萧山国际货运有限公司。2000年完成货运量4500标准箱，钢材、大件等货物5.4万吨。1996年12月，城北兴议村村民陈月明建立萧山市明华运输有限公司，经营集装箱运输，2000年完成货运量3360标准箱。到2001年3月，已拥有“斯太尔”集装箱专用车13辆、130吨位；并在上海长江南路建立业务点（办事处），除为萧山的进出口企业运输货物外，还经营上海港至其他地区的集装箱运输业务。

大型物件运输 70年代以前，萧山县搬运公司从事人力为主的大型物件搬运，用葫芦、把杆、自制的人力大板车和轮棍、摇车等起重工具装卸、运输大件货物。1994年12月，宁围镇兴办“杭州大力神起重运输有限公司”。1997年10月，萧山供电局开办“浙江中新电力集团起重运输有限公司”，经营大件运输和起重安装。至2001年3月，有25吨位以下的汽车吊7台，60吨以下的载重平板车4辆，并配有起重吊装件重160吨的全套起重工具，曾完成过220千伏以下的各个变电所的主变（最重达100吨/件）、杭州万向集团各类机械设备（最重160吨/台）、远翅集团大型注塑机2500B（总重250吨）的运输、安装作业。

联托运与运输服务

萧山联托运业务始于50年代初期（1953年9月24日，国营华东联运公司浙江省公司萧山办事处成立，以办理“铁、水”联运为主，办事机构设在萧山航运管理所内）。随着公路运输的发展，“铁、公、水”联运开始出现，但发展最快的是公路货物联托运。货物代办、信息配载、仓储服务、货物中转、货物联运、物流服务等运输服务业也得到发展。1990年12月，萧山市运输服务中心成立，加强了对货源的管理和配载。1996年8月，萧山市联（托）运管理所建立，是为萧山正式公路货物托运管理机构，以整治衙前轻纺原料市场的联托运业为重点，加强公路货物联托运管理，规范经营行为。1997年初，实行定点定线运输、专线专营，线路经营权实行有偿使用，公开招标。当时有22个单位和个人中标，获得22条联托运线路的经营权。是年，萧山第一家汽车租赁企业邮通汽车租赁有限公司成立。为承租人提供租赁汽车、只收取租赁费用而不提供驾驶劳务的汽车租赁经营方式也开始出现。1998年底，依托于纺织印染行业的衙前联托运中心建成使用，各联托运经营部进入中心经营。1999年，联托运中心扩建。

至2001年3月25日，全市联托运业经营户共有70余家，大部分集中在衙前联托运中心，还有少部分集中在火车站周围。萧山国际货运有限公司为国家外经贸合作部批准的一级货运代理权企业，经营进出口货物的海、陆、空运国际运输代理业务和零星货物的短途驳运服务，还与上海、宁波等地的各大船运公司建立密切的合作关系，成为COSCO（中远集装箱运输有限公司）等多家中外船运公司的货运代理。

搬运装卸

历史上萧山是水陆运输的中转地，搬运装卸业向来发达。[①]1952年2月15日，县搬运工会筹备委员会成立，时有会员1200人，工会兼办搬运业务。1953年经省交通厅批准，成立浙江省搬运公司萧山县支公司（主要是城厢地区）。1956年8月，成立萧山县搬运公司，经营全县的搬运装卸业务。1959年6月并入地方国营萧山县交通运输公司。60年代，根据中共中央、国务院《关于开展短途运输群众运动的通知》，在没有专业搬运机构的地方组建人民公社的社队搬运组织，集镇组建民办搬运队。到1978年底，原萧山搬运公司6个组的搬运业务，全部下放给当地人民公社组织的搬运机构经营。[②]全县有社队搬运企业和集镇民办搬运企业38家，从业1143人（不包括临时从业562人），有人力货车1545辆。

80年代以后，一些工厂企业为减少搬运费支出，自行或者雇用民工搬运装卸；火车站多种经营办公室开展延伸服务，送货到家；建筑工程企业雇用农民工搬运建筑材料，加上码头装卸机械化程度的提高，专业搬运业务相应减少，有资金实力的搬运企业购买汽车向货运企业发展，无实力的就减少人员，直至被淘汰。至2001年3月，仅存搬运企业3家，从业150人左右。其他有搬家公司、帮忙社等机构和个体人力三轮货运车，总计从业人员1000多名，从事零星搬运业务。

①旧时萧山盘船过坝的脚夫、推独轮车和拉黄包车的车夫、肩挑货物的挑夫和抬轿的轿夫较多。据民国36年（1947）统计，全县有挑夫、脚夫等职业公会16个，会员2720人。这些公会为封建霸头所把持，他们为扩大地盘，常煽动搬运工“打行夺埠”。

②1978年底，萧山搬运公司的6个搬运组搬运业务下放后，人员、财产并入公司的3个站。时全公司有职工935人，人力车632辆，汽车14辆60吨，革新车12辆14吨。

货运企业

至2000年末，萧山有道路货运企业69家，其中交通系统专业运输企业2家，非交通系统的67家，另有个体运输户运输汽车2486辆。非交通系统货运企业是在改革开放后迅速发展起来的，已成为萧山货物运输市场的主力军，它们拥有各种运输车辆2031辆、吨位9710吨，从业人员2694名。按开业的时间统计，80年代以前开业的有2家，80年代开业的有萧山梅花楼搬运有限公司等7家，90年代开业的有萧山市北运输有限公司等52家，2000年至2001年3月开业的有萧山市临东运输有限公司等8家。按经营范围统计，从事普通货运的有萧山市大通运输有限公司等59家，普通货运及危险品运输的有杭州传化储运有限公司等3家，集装箱及危险品运输的有萧山市明华汽车运输有限公司1家，大件运输的有浙江中新电力集团起重运输有限公司等2家，客货运输兼营的有萧山市高桥运输有限公司等2家。交通系统专业运输企业有萧山市运输有限公司、萧山市国际货运有限公司2家。

图9－3－248　1992年组建的萧山市国际集装箱联运公司（萧山区交通局提供）

萧山市运输有限公司　位于萧绍路18号。前身是1956年8月由全县各地搬运工会组建而成的萧山县搬运公司。1971年5月更名为装卸运输公司。同年购买第一辆货车（“西湖牌”，2吨位），开始从事公路运输。1982年，更名为萧山县运输公司。1984年成立客运站，对外称萧山县交通公司，兼营公路客运。到1985年，公司有载客汽车13辆、531座，载货汽车51辆（其中半挂车7辆）、272吨位，载货挂车16辆、96吨位。是年，完成客运量113.68万人次、旅客周转量2857.07万人千米，完成货运量15.98万吨、货物周转量988.28万吨千米，经营收入380.69万元，其中运输收入203.15万元。从1998年1月起，公司的人、财、物纳入萧山市交通实业集团有限公司（浙江登峰交通集团有限公司前身）管理。时有载客汽车13辆、494座位，中巴车17辆、323座，载货汽车14辆、85吨位，出租汽车68辆，资产总值1758.83万元。1999年5月，登峰交通集团有限公司把萧山运输公司改制为萧山市运输有限公司。2000年，下属的客运站（即市交通公司）大客19辆、中巴17辆及有关业务划给萧山市长途汽车运输有限公司。是年10月，萧山市运输有限公司转制给个人经营。

萧山市国际货运有限公司　位于萧绍路221号。前身是1992年组建的萧山市国际集装箱联运公司。1997年11月，加入萧山市交通实业集团。1999年5月更为现名。是国家外经贸合作部批准的一级货运代理权企业。经营进出口货物的海、陆、空运国际运输代理业务和零星货物的短途驳运服务。除与上海、宁波等地的各大船运公司建立密切的合作关系外，成为COSCO（中远集装箱运输有限公司）、OOCL（东方海外货柜航运有限公司）、PIL（太平船务有限公司）、CSCL（中海集装箱运输股份有限公司）等30多家中外船运公司的货运代理。至2000年，公司有集装箱专用车20辆，货物堆场61666平方米，仓库3座、2000平方米。是年完成货运量4500标准箱，营运收入757万元；有员工65人。

第六节　管　理

公路管理包括路政管理、运输管理、运价管理、规费征收、机动车维修行业管理和道路交通安全管理等。涉及萧山市公路运输管理所、萧山市公路路政管理大队、萧山市公安局交警大队等管理机构（“道路交通安全管理”详见《公安　司法行政》编）。

萧山市公路运输管理所前身是1978年4月组建的萧山县交通管理站。1982年3月改称萧山县公路运输管理所，1984年2月又改称萧山县交通局交通管理所。1985年4月与杭州地区公路车辆监督管理所萧山公路车辆监督管理站合并，成立萧山县交通监理所，隶属萧山县交通局。1987年8月，萧山县交通监理所撤销，交通安全管理职能移交给公安部门，恢复公路运输管理所。1987年7月和9月，建立萧山县汽车维修行业管理所和公路稽征所，与公路运输管理所合署办公。1996年8月建立萧山市联（托）运管理所，1998年3月纳入公路运输管理所管理。公路运输管理所负责公路客货运输、搬运装卸、运输服务、机动车维修、驾驶员培训的行业管理及陆上各种机动车的交通规费、车辆购置附加费的征收。

路政管理

80年代起，公路两侧建筑控制区内商店、修理摊点等违章建筑不断出现，侵占公路及公路用地，把公路当作堆场、晒场、市场、作场、停车场的现象十分严重，损坏公路、桥梁及其附属设施的行为也时常发生。1988年12月，按省公路局规定，在萧山公路段内设立路政治安股，配有民警3名，负责境内专业养护公路的路政管理和单位内部保卫工作。1997年在萧山公路段路政治安股基础上，成立萧山公路路政管理大队。1992年9月成立萧山市交通局路政管理队，负责境内县乡公路的日常路政工作。1995年5月26日，市政府召开全市公路路政会议，加强路政管理工作。1999年，市政府颁发《关于加强公路路政管理的通知》，对公路两侧建筑控制区管理做了规定，划定境内各条公路建筑红线控制范围。萧山公路路政管理大队和萧山市交通局路政管理队坚持上路巡查，管好公路，保护公路路产不受损害。2000年，分别上路巡查290天和224天，清除占道堆物5442平方米和1940平方米，拆违章建筑物1199.80平方米和520平方米，收缴各类赔（补）偿款12.70万元和11.10万元。

运输管理

旅客运输管理　1983年前，国家禁止私人购买汽车、拖拉机搞营业性运输，只允许国营、集体专业运输企业经营营业性道路运输。1984年，国务院发布《关于农民个人或联户购置机动车船和拖拉机经营运输业的若干规定》。1988年6月和7月，萧山先后出现首辆个体出租车和短途客运中巴车（面包车）。到1989年，个体中巴车发展到76辆、1269座，经营线路21条。是年，萧山市交通局采取调控措施，实行车辆准入制，同时要求萧山长途汽车运输公司收购营运中巴车，进行统一排班。1992年9月，在率先开放出租汽车客运市场的同时，个体中巴车客运市场相继放开。为抑制车辆过快增长势头，从1994年10月起，停止审批个体客运中巴车和出租汽车。是年9月，萧山市人民政府发布《萧山市营业性人力三轮客车运输管理办法》，对境内三轮客车实行总量控制和隔日营运制度。1997年，萧山市交通局发出《关于切实加强公路营业性客运市场秩序整治工作的通知》，除重申继续停止审批新增面包车、轿车、三卡等车辆从事公路营业性客运外，对境内营运的个体中巴车、出租车实施由专业客运公司进行代管的“归编”管理办法，严格执行国家运价政策，按核实座位载客。1998年底，萧山市交通局发布《关于限定营业性客运车辆经营年限的通告》，引起部分出租车经营者不满，于1999年1月初开始上访罢运，该《通告》暂停执行；经营萧山至杭州线路的个体中巴车主，以在杭州的终点站被搬迁到望江门影响客源为由，围堵杭州市公交315路车。后与杭州市有关部门协调并采取有效措施，运营秩序得以恢复正常；7月，部分出租车主要求废止1997年实行的归编政策而上访，萧山市交通局按照坚持自愿、明晰产权的原则对归编政策进行调整和完善。2000年，萧山市交通局开展“道路运输市场管理年”活动，通过打击客运违章经营行为，以期达到明显遏制宰客、甩客、卖客等现象，杜绝干线公路无牌、无证运输。与工商行政管理、公安等部门联合行动，查处未取得许可证而从事客运经营的车辆110辆。是年12月，萧山市人民政府出台《萧山市客运出租汽车经营权有偿使用暂行办法》，规定境内新增出租汽车经营权将实行有限期有偿使用、面向社会公开竞拍的办法。2001年1月，公开拍卖200辆限期10年、有偿使用的出租汽车经营权。

货物运输管理　70年代后，拖拉机、简易机动车、货运汽车从事运输的逐步增多，运输市场出现机动车辆替代人力运输的局面。萧山县交通管理站规定，凡各种机动车辆在境内从事货物运输，发生运费结算的，为营业性运输，属公路运输行业管理范围，营运前，须经县交通管理站审查同意方可营业。1979年5月，萧山县工业交通局规定运费结算使用由县交通管理站统一印制、管理和发放的发票。1983年3月，境内出现首家个体货运经营户。1990年7月，萧山市人民政府发布《关于治理整顿道路、水路运输市场的通告》，重申从事水陆客货运输、搬运装卸、车辆维修、运输服务的单位和个人，都必须按规定程序办理审批手续。同年12月，成立萧山市运输服务中心，以加强地方货源管理，开展横向联系，确保相互配载、合理运输。1992年，中共萧山市委、市政府颁布《关于加快发展第三产业的决定》，放宽经营水路、道路、客货运输和经营车船维修、运输服务、搬运装卸的市场准入，取消道路运输车辆计划额度和非专控车辆购置审批制度，境内道路货运市场先行放开。至2001年，道路货运市场管理的重点在危险品等特种运输方面。

货物联（托）运管理　始于90年代中期。1996年8月，萧山建立联（托）运管理所，建成衙前轻纺原料（成品）联（托）运市场，正式对联（托）运业实行专项管理。1997年2月，市交通、公安、工商行政管理等部门联合发布《萧山市联（托）运行业管理暂行规定》，规定联（托）运实行专线经营，一线一家，一家一线；线路经营权实行有限期有偿使用，采用招标形式公开拍卖线路经营权；使用全国联运行业的货运统一发票，发票的领用采取验旧换新办法；按市物价和交通主管部门核准的联（托）运业务收费（分综合服务费和汽车运输费两项）标准收取；经营者如违犯规定，将分别情况作出不同处罚，直至吊销线路经营许可证。由于萧山管理货物联（托）运市场比较成功，各地前来学习取经者甚多。至2001年3月，衙前联（托）运中心已有公路货物联（托）运线路59条，营运线路辐射全国150个大中城市，年货物吞吐量5万余吨。

图9-3-249 萧山市联托运中心（1998年9月11日，李维松摄）

搬运装卸管理[①] 80年代，搬运装卸业由专业搬运单位“一统天下”的局面进一步被打破，由于搬运装卸行业对技术设备、人员素质要求不高，专业性不强，许多厂矿企业都自办搬运，竞争日趋激烈。专业搬运企业及规模较大的镇乡搬运单位，都购置机动车辆和机械装备，向公路运输业方向发展。90年代，随着行业管理部门放宽市场准入，搬运装卸市场完全放开。

运价管理

公路客、货运输价格，由政府物价和交通部门联合制订，凡经营公路运输业务的单位和个人，不论隶属关系和经济性质，一律按规定的收费标准执行。

客运运价 50年代初，萧山公路客运运价波动较多。1966年起，费率为每人千米0.024元，并长期保持稳定。1985年11月，县物价委员会会同县交通局对境内客运汽车包车和租车收费计算办法作了规定。其中出租带空调的新“三菱”、“桑塔纳”、“雪铁龙”轿车每千米收费0.60元，无空调的“上海”、“菲亚特”、老“皇冠”轿车每千米收费0.50元；出租轿车等候费均为4元/小时，基价里程均为4千米。1987年1月，支线客运运价调整到0.028元/每人千米。1989年1月，干线客运运价提高到0.033元/每人千米，支线客运运价提高到0.039元/每人千米。个体营运19座以内的中小型客车，萧（山）杭（州）线票价为每人每座2.50元（含过桥费及公路建设基金），其他线路按0.09元/每人千米计价。1990年1月、1993年1月、1994年12月又调整客运运价，对空调客车、卧铺客车等新车型的运价一一作了规定。1996年2月1日起，公路大型客车（30座以上）中普通客车、高靠背客车、普通空调客车、豪华空调客车、普通卧铺客车、空调卧铺客车费率分别执行每人千米0.06元、0.072元、0.09元、0.11元、0.16元、0.18元的标准。1992年8月、1993年3月、1996年3月、1997年4月，4次对包车和租车运价进行调整。1998年9月1日，客运出租汽车运价执行标准调整为：标准型（排气量1600毫升及以上，代表车型“桑塔纳”）：起

①中华人民共和国成立前，境内钱塘江水系和萧绍内河水系间有堤坝阻隔，外江内河互不相通，南北水路货物运输需翻船过坝，搬运装卸业繁忙。码头由霸头控制，运费收入的大部分归霸头所有。霸头与官府串通，组建公会，搬运工必须参加公会，并每年缴纳一定的会费，着“号衣”（背心）、戴“号牌”参加搬运。中华人民共和国成立后，组建全县性的专业搬运单位，除自货自运外，所有搬运业务由当地县以上专业搬运机构统一承揽。60年代，出现了人民公社搬运队和集镇民办搬运队。

步里程为3千米，起步费5元；超起步里程后每千米租费2元；超过6千米以上的部分加收20%的回空补贴费。普及型（排气量1600毫升以下，代表车型“夏利”）：起步里程为4千米，起步费5元；超起步里程后每千米租费1.5元，超过6千米以上的部分加收20%的回空补贴费。出租汽车营运前，免费等候时间每次为15分钟，营运后因路阻或因乘客要求临时停车，每5分钟按1千米租费计收；过桥（渡）、过路、过隧道的费用，由乘客按实支付。计费尾数四舍五入，保留到元。收费标准内含旅客意外伤害保险等。取消夜间行车加价、合乘收费和调车收费。出租车经营者必须使用由萧山市技术监督部门安装的计价器。2000年11月起，境内公路客运面包车短距离运价执行新规定：凡距离在5千米（含5千米）以内的，不论起点乘车或途中上、下车的，票价以收取1元以内（含路、桥费）为限，不得拒载或多收。

货物运价　汽车货物运输在不同时期按不同运输条件，实行差别运价。①1984年10月，省物价和交通管理部门对运价结构作了适当改革，对不同运输条件的计价作了调整，并允许运输企业在执行中根据当地实际情况，按确定的各类费率在20%幅度以内自行决定向下浮动。1990年9月，长途汽车货物运价费率上调，普通一等货物基本运价由0.16元/每吨千米，调整到0.26元/每吨千米；1992年又对零担运价进行调整。2000年7月，萧山市人民政府取消公路货运价格（包括特种货物运价）的审批。

联（托）运价格　1997年，市物价、市交通局规定，联（托）运业务费分为综合服务费和汽车运输费两项。综合服务费分直达、代办两种。汽车运输费包括燃油差价补贴、公路建设专用基金（含运输附加费）和过路、过桥（渡）、过隧道及押车人员的费用。核定每吨千米基价为0.52元，并对长短运程的运输作适当调节。

搬运装卸运价②　1984年，县物价主管部门改搬运装卸货物五等分类为三类加贵重鲜活品四等收费。每吨基价（25米以内）为一等货0.44元；二等货0.54元；三等货0.64元；贵重鲜活品0.74元。1986年、1988年、1994年又先后3次作了上调。1994年以后，搬运装卸无新运价出台，搬运装卸费的收取，多以承托双方面议确定。

规费征收

公路养路费　60年代初始出台公路养路费标准。③1985年，全县征收汽车养路费572.55万元，手扶拖拉机养路费19.54万元。此后至1992年间，征收标准先后调整7次。1993年起，浙江省人民政府规定，专业运输部门按车辆月营运收入的15%计征；社会小型车辆每月65元/辆（含养路费附加12元），客货汽车每月130元/吨（含养路费附加25元），手扶拖拉机每月36元/辆（含养路费附加6元）。1995年，全市征收汽车养路费6313.81万元，手扶拖拉机养路费233.70万元，摩托车养路费107.54万元。1998年10月，《浙江省公路养路费征收管理条例》施行，同时执行新的标准：营业性客车按营运收入总额15%的费率标准核定费额计征，每月每吨不低于230元；货车及非营业性客车按核

①中华人民共和国成立初期，汽车货物运价一般按省定标准执行，并允许随米价上下浮动和车、货主双方自行议价。1952年7月，实行全省统一运价管理，运价有升有降。1977年6月，萧山对汽车、拖拉机的货物运价作出试行规定：县境内运输基价为0.23元/每吨千米，跨县运输按省定标准为0.17元/每吨千米。

②50年代初期，萧山搬运装卸收费标准，一般由过塘行（转运行）或脚班（即搬运工人）与货主面议决定。收费大多数以米计价，随米价浮动。1952年8月起，萧山县统一搬运装卸收费。1954～1966年连续4次下调收费标准。

③1963年7月，省交通厅、省财政厅始规定专业运输部门公路养路费标准，以车辆月营业收入的14%计征养路费；社会车辆按每月每吨60元计征；营运拖拉机以每5匹马力每月15元计征。

定吨位按月计征，每月每吨165元；拖拉机（包括方向盘式和手扶式）按核定吨位按年计征，每年每吨540元；侧三轮摩托车每年每辆150元，二轮摩托车每年每辆100元，二轮轻便摩托车每年每辆50元。汽车养路费由萧山公路稽征所征收后存入养路费收入专户，上缴省公路稽征机构。拖拉机、摩托车的养路费由县、市地方管理、使用。对拖欠养路费的车主，公路稽征机构还可加收滞纳金、依法处以罚款。2000年，全市征收汽车养路费8802.19万元，手扶拖拉机养路费341.45万元，摩托车养路费251.75万元。

公路建设专用基金　自1986年起征收。原包括“客运汽车站和公路设施建设专用基金”、“公路养路费附加费”及“客货运附加费”，后专指客货运附加费。由省境内和行经浙江省的客运、货运经营单位(个人)，向旅客和货主负责代征。客运按每人千米0.003元计征。1988年7月起调整为客运每人千米为0.01元、货运每吨千米为0.01元。周转量（吨千米）难以考核的，按月定额计征。从1993年4月1日起，按浙江省公路建设专用基金定额计征标准包干计征。1987年征收客货运附加费（公路建设专用基金）4.55万元，1993年征收872.62万元，1997年征收2007.81万元，2000年征收2606.80万元。

公路运输管理费　主要面向从事营业性公路客货运输、搬运装卸、运输服务的单位和个人征收，1964年起征。营业性车辆按营业收入的0.8%计征；难以核准营业收入的营运车辆，按每吨每月15元定额计征。征收款的10%上缴杭州市公路运输管理处。1985年征收公路运输管理费26.70万元，1993年征收222.43万元，1997年征收510.00万元，2000年征收654.46万元。

站场建设基金　由客运经营者在发售车票时向旅客代征。1997年起征，当年共征收93.98万元；1998年征收16.31万元，是年起停征。

车辆通行费　是对利用贷款建设的公路（包括桥梁、隧道）过往车辆收取通行费，用于偿还公路建设贷款。原为公路规费，后成为经营性收费。03省道萧山收费站和义桥大桥收费站按浙江省公路车辆通行费征收标准收费，从1993年10月25日起开始征收。萧绍公路收费站按标准的3倍计征。机场路收费站与钱江三桥联合收费。机场路收费站对出机场的机动车辆按标准的3倍征收车辆通行费；对出机场上杭甬高速公路的机动车辆，由高速公路匝道收费点按标准的2倍代收机场路通行费。

地方公路建设基金　1995年起征，由税务部门征收。当年征收174.77万元，1996年征收692.50万元，1997年征收901.40万元，1998年征收1103.30万元，1999年征收1176.92万元。2000年停征。

车辆购置税　原为车辆购置附加费，1985年5月1日起征。凡购置（包括购买、进口、自产、受赠、获奖）汽车、摩托车、电车、挂车、农用运输车等车辆的单位和个人，在登记注册前缴纳车辆购置附加费。国产车征收费率为该车实际销售额的10%；进口车按增值税后的15%计征。车辆购置附加费的收入如数上缴交通部，由国家按规定统一使用。1985年收入为8.66万元，1990年收入为62.55万元，1995年收入为758.52万元，2000年收入为962.33万元。2000年10月，国务院以294号令公布《中华人民共和国车辆购置税暂行条例》，于2001年1月1日起施行“费改税”，统一按车辆计税价格的10%计征车辆购置税，仍由交通部门代征。萧山征管部门负责摩托车购置附加费（税）的征收管理，汽车购置附加费（税）由杭州市交通部门负责。

机动车维修行业管理

1987年，萧山县汽车维修行业管理所成立，负责全县（市）汽车维修行业的管理。凡申请开办营业性汽车、摩托车维修的单位和个人，必须符合与其经营种类、范围相适应的开业条件，持有关机关的证明文件，向该所提出申请，办理相关手续，领取经营技术合格证（后称经营许可证）、工商营业执照后，方可开业。维修机动车须严格执行国家颁布的汽车维修技术标准。为保证维修质量，除实行技术合格证制度外，还对汽车维修实行企业经营资格年度审验。维修汽车须按照萧山市物价主管部门核定的收费标准计收修理费和工时定额费。汽车大修、总成大修竣工出厂，均须签发合格证，向托修单位（或个人）提供有关的修理技术资料，并实行保修期制度。维修行业管理所还负责打击无证修理，保护合法经营，调解维修质量纠纷，维护汽车维修市场的有序发展。至2000年，萧山市有汽车维修企业88家，专项修理户698户，维修从业人员2580人。

【附】

萧山机动车维修和检测企业

民国15年（1926）萧（山）绍（兴）公路通车后，浙江省道路局萧山段车辆管理处在西兴总车场内，配设车辆检验和修理项目。

1953年1月，萧山汽车站设修理厂，修理本站车辆。1980年10月，萧山县汽车修理厂在西兴成立（时隶县农业局，1984年改隶县国营工业总公司），从事汽车修理和微型汽车的改装（能改装XQ110微型工具车和XQ740微型面包车）。至1990年，全市经批准成立的汽车修理企业66家，其中一级5家，二级48家，三级13家；专项修理366家；另有内设修理车间的单位44家。至1995年，全市核准的一类乙级企业有7家，二类甲级企业40家，二类乙级企业42家；专项修理（含电器、蓄电池、轮胎、玻璃装配等）313户，摩托车修理432户；另有内设修理车间的单位49家。随着机动车辆的增多，汽车维修市场也迅速发展，企业不断增多，技术水平和维修质量提高。至2000年，萧山市有汽车维修一类企业15家，均配有四轮定位仪、电脑解码仪、油漆烘房、举升机、轮胎拆装机等维修设备；二类企业73家；专项修理（含电器、蓄电池、轮胎、玻璃装配等）业户313户，摩托车、助动车修理业户385户；维修从业人员计2580人。

1995年12月，萧山市车辆综合性能检测站成立，属市交通局管理，站址在宁围镇宁牧村。检测站由清华紫光设计，1996年7月通过浙江省交通厅评审认定，为A级检测站。1997年1月，组建为萧山市车辆综合性能检测有限公司，公司建筑面积2500平方米，停车坪面积6000平方米。车辆检测项目分保养检、性能检、调试等。主要检测设备为美国、德国等国进口的汽车检测设备，全自动电脑控制检测系统。核定收费标准为：性能检测每辆次160元；二级维护每辆115元；单项前制动、手制动检测每项15元，后制动每项20元，双灯光制检测每灯15元，四灯制检测每灯10元。自1995年12月建站至2000年末，共检测车辆114274辆次，营业收入2087万元。2000年末，有员工35人，其中中级以上技术职称5人。为省、市级文明单位。

第四章　水　路

萧山自古多江河，水运条件优越。[①]中华人民共和国成立后，大力整治疏浚原有航道，开挖南沙河道11条，建闸20余处，沟通江河，通航条件得到改善。水路运输曾经是萧山主要的运输方式，为萧山经济发展和社会进步作出过积极贡献。1984年，境内有客运航线7条、营运里程163千米，完成客运量53.74万人次、货运量258.40万吨。80年代后期，水运在社会总运量中所占比重逐年下降。但凭借运能大、能耗低、污染少的优势，水路货物运输尚能取得相对稳定的货源，随着船舶档次不断提高，水路货运业发展平稳；而水路旅客运输则由于速度慢、易受天气影响等因素，旅客多弃水走陆，客源日渐萎缩。1997年起，除渡口的渡运外，水路客运全部停运。2000年，水路货运量为357.60万吨。

①清康熙《萧山县志》卷二《疆域志》载："县境三面濒水"，"其水道可通他县者，凡一十有三。"

第一节　航　道

境内航道由天然河道和人工开挖河道组成。南、中部地区多属天然河道，北海塘以北的南沙及围垦地区全为人工开挖河道。按水系分，可以分为钱塘江水系航道和萧绍内河水系航道。境内航道的技术等级普遍较低，特别是80年代后，乡乡镇镇通了公路，一些支线航道作用相应减小，但有关部门对主要航道仍加强整治和管理。1999年浙江省航道普查后，确定航道等级，对航道进行编号。至2001年3月，境内航道通航总里程长862.3千米，其中四级航道1条，通航里程73.5千米；五级航道1条，通航里程31千米；六级航道3条，通航里程70.3千米；七级航道6条，通航里程77.7千米；八级航道14条，通航里程99.3千米；九级航道57条，通航里程510.5千米。

②清乾隆四十二年（1777），钱塘江主槽移至青龙山、白虎山与海宁县城南海塘之间后，相对稳定。

钱塘江水系航道

钱塘江　编号040004。国家航道，省内河干线航道。钱塘江在萧山境内通航里程73.5千米。钱塘江江面内窄外宽，呈喇叭形，宽2千米～20千米，水深除四、十工段两处碍航浅段在低潮时分别为1.20米和2米外，其余均在3米～4米。历史上河口段航道多变迁。[②]1983～1985年间，经洪水冲刷，江北面11.5万亩（约7666.71万平方米）、高5米～6米的大沙洲被冲通，自然浚深了航道，但出海航道仍系浅水航道，船舶航行需掌握主航道变化和潮汐规律。航道变化主要有：四工段5千米，年变幅在500米～700米之间，枯水季节形成拦

图9-4-250　80年代浦阳江上的航运船队（萧山区交通局提供）

门沙坎，涨潮时平均航深仅2.95米；十工段长约8千米，年变幅在5千米～8千米之间，航深因近海口影响较小，而航道难测，不能夜航。解放前，钱塘江滩岸淤坍无常，极易坍江决堤。中华人民共和国成立后，有计划地对钱塘江进行治理，发动群众加固江塘和兴建丁坝，稳定河道、治江促淤。现为四级航道，可航行500吨级的近海货轮。

浦阳江　编号050106。浦阳江全长151千米。境内通航里程31千米。沿途纳欢潭溪、径游江、凰桐江、南河及永兴河流水。江面宽100米～150米，水深2.5米～3米，平均流量每秒77立方米。现为五级航道，可航行300吨级船舶。浦阳江在诸暨市安华以下段较为弯曲，泄洪不畅，下游又受钱江潮顶托，一遇暴雨，江水猛涨，易决堤为患。中华人民共和国成立后，对浦阳江实行综合治理。①

永兴河　编号183304。境内通航里程7千米（大桥凤山堰至义桥西址埠）。大桥凤山堰以上段为溪流，水深0.5米左右，历史上曾有竹筏航运；凤山堰以下段为常流河，水深1米～3.5米，对堤宽40米～60米。现为八级航道，可航行30吨级船舶。

凰桐江　编号072102。境内通航里程4.5千米（尖山至舜湖大桥）。昔日河道弯曲狭窄，1950～1958年，经多次拓宽疏浚、裁弯取直、劈山开河后，水深2米，河道宽80米左右，常水面约宽44米。现为八级航道，可航行30吨级船舶。若遇大潮汛，40吨～60吨级船舶可驶抵诸暨凰桐村。

内河水系航道

杭甬运河　编号040005。浙江省内河干线航道。自杭州三堡船闸起，溯江而上经临浦峙山闸至宁波镇海甬江口海关码头，全长252千米。杭甬运河航道境内段，即是原西小江航道。自临浦峙山闸起，经白鹿塘、所前、渔临关、江桥头、杨汛桥至绍兴钱清，通航里程39千米。航道宽狭、水深不一。临浦至浙赣铁路24号桥段，河宽26米左右，水深2.5米；24号桥至钱清段，河宽48米左右，水深2.5米～3.7米，水流平稳。1958年临浦峙山闸建成后，从内河沟通杭州与宁波两地船舶往来，遂于1982年定名为杭甬运河航道。1994年改建临浦峙山闸，变5孔为3孔，中孔宽8米，边孔各宽6米，1995年基本完工。1997年浚深此航道。现为六级航道，可航行100吨级船舶。②

进化溪　编号194332。全长13千米，江面宽15米～20米。山头埠村以上段为溪流，以下段为常流河，水深1米～2米。通航里程10千米（浴美施至山头埠）。1968年，进化公社发动群众对进化溪自华家垫至山头埠一段长2.1千米溪流进行裁弯取直，疏浚溪床，砌石护岸。现为九级航道，可航行10吨级船舶。

萧临甲线　编号172235。自铁路萧西站七道桥起，经过浙赣线13号桥，经官河、新开河、南门江至大堰坝，通航里程10千米（大堰坝起经所前、白鹿塘至临浦段航道，因和杭甬运河航道重复，故此里程不列入）。萧临甲线航道，是原南门江航道通过整治后形成的。③1988年4月，因城南桥以南段南门

①浦阳江境内段先后进行的治理有：1950年兰头角处的分流、1952年的茅潭湾裁弯取直、1976年的尖山段和碛堰山段拓宽、1981～1988年对临浦段和1986～1989年对义桥段的清障。1972～1984年，还对李家埭、上埠、义桥、新坝、沈家渡等9处严重淤积阻水地段江道进行机械疏浚，共疏浚土方244.59万立方米。1984～1986年，在临浦大桥上下段及义桥镇外滩设障地段，共拆除阻水房屋144间、围墙250米，疏浚土方74.95万立方米，并改建了部分桥梁和砌石护岸。

②西晋时，会稽郡内史贺循主持开凿西兴运河。自西兴（现属杭州滨江区）向东，经城厢、衙前、钱清、柯桥至绍兴西郭。后人又掘通绍兴西郭至城东都泗堰运河，沟通鉴湖之水，可直达曹娥江，全长78.5千米，史称浙东运河，为古代漕运要道。北宋始，为萧绍甬之间的航运干线。浙东运河萧山境内段，自江边起向东，经西兴、城厢、城东至衙前，全长21.6千米，面宽30米（城厢镇城河段面宽10米），常水位5.7米左右，最高水位7.21米（1962年9月6日萧山站测），一般水深1.5米～2米。民国18年（1929）10月，县国民政府对城河段航道进行浚深，翌年1月完工。1950～1984年间，先后4次浚深城河段航道。但因两岸房屋栉比，深挖恐危及房基，故只作清淤。由于河床升高，致货船航行困难。至1985年9月西门泵站建成后，运河城河段航道废。

③南门江原名潘水，又称塔河，因在县治之南，故名。南门江北起城厢镇苏家潭，南至白鹿塘堰坝处。民国17年（1928），白鹿塘堰坝被凿通，与西小江相连。1958年开通来苏大堰坝，又在城厢镇西（原贸易大楼西侧）人工开挖西河一条，长960米，北连萧绍运河城河段，南连南门江。

江河道弯曲碍航，对该段河道进行裁弯取直，并人工开挖东岸长533.8米、西岸长405.75米、面宽33米的河道一条。工程于1989年9月10日竣工，总投资137万元。至此航道形成，常水位水深2.5米～3米。现为七级航道，可航行50吨级船舶。

萧余线　编号061101。曾称杭甬运河乙线。自江边排灌闸（现属杭州市滨江区长河镇）起，入北塘河经长山闸、城东桥，入官河，经新林周、吟龙西小江铁路桥进入绍兴，终点在余姚市三官堂。境内段通航里程21.8千米，航道宽30米～35米，水深2.5米～3.5米。该航道于1984年作全面浚深后，又分别于1997年、2000年、2001年三次疏浚。全线现为六级航道，可航行100吨级船舶。

长大线　编号161221。南起长山1号桥，北至大治河排涝闸，通航里程9.5千米。航道面宽30米～35米，水深1.5米～2.5米。大治河于1977年冬人工开挖而成。现为六级航道，可航行100吨级船舶。

盛陵湾　编号172239。曾名长林湾。自党山镇长沙琉璃阁至丁坝闸，通航里程15.1千米。为境内较早的航道，是萧山南沙东部地区的主要航运通道。于1956～1970年围垦后裁弯取直疏拓而成。面宽30米～50米，水深1.3米～2.5米。长沙琉璃阁至梅西7.5千米为八级航道，可航行30吨级船舶；梅西至丁坝闸7.6千米，为七级航道，可航行50吨级船舶。

长山直河　编号183305。自新街镇长山公路桥至反帝桥，通航里程5.5千米。1958年人工开挖而成。面宽30米～40米，水深1.1米～1.5米。现为八级航道，可航行30吨级船舶。

白洋川　编号183307。自瓜沥方迁溇湾至益农闸，通航里程15.4千米。1956年开挖。面宽22米～26米，水深1.3米～2米。现为八级航道，可航行30吨级船舶。

方迁溇直河　编号183308。自瓜沥方迁溇至河庄城隍庙桥，通航里程13.5千米。面宽15米～18米，水深1.3米～1.8米。现为八级航道，可航行30吨级船舶。

萧转线　编号183305。自南门江口至城东桥，通航里程5.5千米。面宽15米～20米，水深1.1米～2.4米。现为八级航道，可航行30吨级船舶。

衙瓜线　编号183309。自衙前沈家堰桥至瓜沥闸，通航里程7千米。面宽20米～40米，水深1.5米～1.9米。现为八级航道，可航行30吨级船舶。

第二节　港航设施

萧山濒临钱塘江，春秋战国时期，沿江一带已有天然港口形成。如固陵港、渔浦港、航坞港等均为越国的重要港口。后因钱塘江北坍南淤，境内的古港口渐淤为陆地。

港　区

由萧山港、临浦港和瓜沥港3个港区组成，于1950～1965年间先后建成。港区码头多为企业专用码头。90年代后，萧山境内所有港口、码头统称萧山港，原港口改称作业区。1991～2000年，萧山市港区货物吞吐量累计3477.14万吨。

萧山港　位于城厢镇西，以萧山火车站（现称萧山西站）为中心，南、北两侧临萧绍运河，系内河港口。港区陆、水域总面积3.3万平方米（其中水域面积2万平方米），港口岸线长7千米，建有货运码头13个，泊位50个。历史最高水位7.60米，最低水位5.75米。无流速。最大靠泊能力40吨级。建有仓库8座1950平方米，露天货物堆场3处6436平方米。码头上配备装卸专用机械，最大起重能力为5吨。为萧山境内最大的水陆联运、中转的换装口岸，年最高货物吞吐量135万吨。

临浦港　位于临浦镇西南，在浦阳江、西小江的汇合处，东倚浙赣铁路，西靠杭金公路。港区由浦阳江岸和萧绍内河岸两部分组成。江岸西起三联码头，东迄火神塘码头，岸线长400米，水域3600平方米；内河岸起自凉亭埠，迄于新开河北站码头，岸线长736米，水域15000平方米，建有货运码头6个、客运码头1个、泊位10个。最高水位7.68米（1958年8月9日测），最低水位4.48米（1962年9月6日测），常水位5.70米左右。最大靠泊能力100吨级。年最高货物吞吐量37.5万吨，客运量80.5万人次。

瓜沥港　位于瓜沥镇东南，东临大和山，西靠航坞山，南隔九墩江与绍兴县安昌镇相望，北经越白洋川连围垦沙地。港区内北海塘横贯而过，故又名塘头。岸线长500米，水域面积1250平方米，陆域面积5000平方米。建有货运码头6个、泊位13个。最高水位6.96米（1962年9月6日测），最低水位5.70米左右。最大靠泊能力20吨级。年最高货物吞吐量8.4万吨。

表9-4-156　1991～2000年萧山市港区货物吞吐量

单位：万吨

年　份	总　量	煤　炭	石油及石油制品	钢　铁	矿建材料	水　泥	木　材	非金属矿石	化肥农药	食　盐	粮　食	其　他
1991	100.30	16.7	0.1	1.7	32.9	16.4	1.8	1.4	2.4	2.7	3.1	21.1
1992	113.09	32.0	0.1	3.1	37.5	11.7	3.3	5.2	2.5	2.6	3.0	12.1
1993	243.00	61.5	0	1.7	66.9	15.2	5.1	58.2	2.9	4.6	3.9	23.0
1994	260.60	92.2	0	1.1	53.5	12.3	1.8	71.0	1.3	3.8	2.6	21.0
1995	289.20	100.0	0.6	0.9	73.8	15.0	0.5	75.5	1.5	3.1	1.5	16.8
1996	285.20	109.0	1.0	0.3	73.3	13.8	0.2	69.2	0.9	3.6	1.1	12.8
1997	319.30	90.0	3.4	1.1	128.1	8.7	0	71.2	0.2	1.9	1.0	13.7
1998	437.80	74.8	2.7	0.8	272.5	0	0	70.1	0	0	1.2	15.7
1999	700.80	82.0	5.0	0.9	518.9	8.2	0	74.3	0	0	0.3	11.2
2000	727.85	84.2	6.8	1.2	518.6	11.6	0	77.3	7.3	0.05	14.0	6.8

码　头

萧山历来码头较多。①中华人民共和国成立后，曾先后在萧山港区内新建客运码头1个、货运码头12个，临浦港区内新建客运码头1个、货运码头6个，在瓜沥港区内新建货运码头6个。②90年代，新建所前镇工业园区信谊钢材物流有限公司钢材码头（2个泊位）。码头多为浆砌块石重力式壁岸码头，少数为阶梯式踏步或简易斜坡。各货运码头配置抓斗吊机、塔式吊机、装载机等装卸专用机具，提高码头吞吐能力。同时还建造仓储设施，如原萧山火车站七道、八道码头有砖木结构仓库。这些码头大多沿航道利用自然岸线作业，装卸机械化水平不高，吞吐能力小。随着水路运输逐渐萎缩，三港区原有码头大多数空置无用，有的码头改作黄沙场临时泊位。

客运码头　中华人民共和国成立后，随着水上客运航线的开辟，客运码头在原有基础上相继扩建新建。沿浦阳江有闻堰、义桥、临浦、于家埠、尖山、新江口等客运码头；内河有新开河、南门江、临浦凉亭埠等客运码头，这些码

①中华人民共和国成立前，境内钱塘江水系有钱江客运码头、潭头货运码头、义桥客货运码头等10个码头；萧绍内河有火车站五道埠、万寿桥埠头、市心桥埠头、陈公桥埠头、临浦凉亭埠头、瓜沥任家溇埠头等61个码头。当时客货运码头设施简陋，多利用现成的河埠以条石浆砌石级踏步上下旅客、装卸货物，有的则在河道的浅滩处搭“马挑”作业。

②1962年根据战备形势需要，县政府出资在闻堰半爿山附近的钱塘江边，建造一个战备码头；1989年10月重修。

头都有候船、售票等码头设施。另外，内河还有一些利用当地河埠停靠的简易客运码头。1994年年底，萧临航班歇航，城厢南门和临浦内河客运码头停用，萧山航运公司停止客运经营。90年代后期，随着杭州市钱江客运旅游公司在浦阳江上的客运航线歇航，萧山境内所有客运码头停用。

货运码头 中华人民共和国成立后，萧山港区新建货运码头12个，其中临浦港区6个，瓜沥港区6个；总长度976米，泊位68个，靠泊能力810吨级，主要装卸物资有：石英砂、黄沙、石灰石、水泥、煤炭、棉麻、粮食等件（散）什货。2000年起，萧山港区新建萧山电厂煤码头、杭州闻堰货运码头、义桥油库码头等8个码头，在建的有杭州萧山浦阳江码头经营公司码头、杭州萧山华能储运有限公司码头。这些码头建设标准较高，比原先的码头功能更加专业化。此外，境内航道内还设有临时泊位，其中有城厢内河片、沿钱塘江南岸片、临浦片、瓜沥片、临浦石门片。共有泊位189个，岸线长6647米，经营面积99898平方米。主要经营范围以黄沙为主，其次是钢材、石料、铜渣、粉灰和散货。

萧山电厂煤码头 位于临浦镇碛堰山附近，临浦阳江。桩基平台式码头，平台长287米，前沿水深5米以上，泊位8个，靠泊能力为100吨级。配有GZ3—1A3吨抓斗吊机8台，950米长皮带输送机2台套，设计年卸煤量为200万吨～300万吨，由萧山电厂建设并专用。1991年开工建设，1993年竣工并投入使用。总投资1080万元。

杭州闻堰货运码头 位于闻堰三江口。桩基平台式码头，平台长135米，前沿水深13米左右，能泊500吨级船舶2艘，1000吨级船舶1艘。配有5吨吊机3台，20吨汽车吊机1台，装载机2台。以装卸钢材、煤炭、石膏等散货为主。经营面积16000平方米，年装卸能力为60万吨左右。1994年年底建成并投入使用，总投资1450余万元，由杭州闻堰货运有限公司经营。

富春玻璃中转码头 位于许贤乡富春村，临富春江。浆砌块石重力式驳岸码头，岸线长50米，前沿水深10米以上，泊位1个，最大靠泊能力为1300吨级，配有16吨吊机1台，5吨叉车3台。码头以中转玻璃为主，将内河船舶运来的玻璃，经码头卸货集约后，再装出海船舶运往广东等地。经营面积750平方米。年转运能力50万吨左右。码头于1999年建设并投入使用，总投资70余万元，由个人经营。

义桥油库码头 位于义桥镇民丰村西侧，临浦阳江。钢结构桩基平台码头，平台长25米，能靠泊150吨级油船2艘。码头上置有输油管道，与油船上输油泵相连，石油能直接从船上输送至储油库（或油罐），年卸油能力150万吨左右。为浙江省石油公司萧山分公司专用油码头。1994年建成并投入使用，总投资70余万元。

欢潭兰头角村亚林码头 位于欢潭乡兰头角村，临浦阳江。浆砌块石重力式驳岸码头，岸线长100米，前沿水深2米左右，泊位2个。常水位靠泊能力为100吨级，大潮汛期能靠泊500吨级。配有5吨固定吊机2台，4吨装载机1台。经营面积2000平方米。以装卸粉煤灰、黄沙为主，年最大吞吐量为20万吨左右。由3户农民合资建设。2001年建成并投入使用，总投资170余万元。

临浦石塔村黄沙码头 位于临浦镇石塔村，临浦阳江。钢结构桩基平台码头，岸线长30米，泊位1个，常水位靠泊能力100吨级。配3吨抓斗吊机1台，230米长皮带输送机1台套，堆场2000平方米，管理房140平方米。年吞吐量20万吨。2000年6月建成并投入使用。由个人经营，总投资110余万元。

浙江中穗省级粮食储备库码头 位于城厢镇郎家浜村，临萧余线支流。挖入式桩基平台码头，面高程5.45米，水深3.82米，泊位4个，靠泊能力为100吨级。浙江中穗省级粮食储备库运粮专用，1995年建成并投入使用。

瓜沥液碱码头 位于瓜沥镇航民村，临方迁溇直河。浆砌块石重力式驳岸码头，岸线长60米，泊位2个，前沿水深2米左右，最大靠泊能力100吨级，经营面积200平方米。码头上设置泵房，年卸液碱10万吨左右，2000年建成并投入使用。由浙江正清实业投资有限公司和杭州萧山华迪化工有限公司分别投资建设和使用。

浦阳江码头经营公司码头　在建码头，位于义桥镇义一村义桥大桥旁，临浦阳江。浆砌块石重力式驳岸码头。岸线长150米，前沿水深3米左右，泊位4个，常水位靠泊能力400吨级。拟配8吨固定吊机3台，5吨固定吊机1台，4吨和5吨装载机各1台，120米长皮带输送机6台套，4.5吨货运车3辆。经营面积10000平方米。以装卸工业盐、石膏等散货为主，由私人合资建设。总投资约600万元，2001年3月动工（2003年6月竣工并投入使用）。

华能储运有限公司码头　在建码头，位于城厢镇塘湾村。浆砌块石重力式驳岸码头。岸线长110米，前沿水深2.8米，泊位4个，最大靠泊能力100吨级。拟配16吨汽车吊车4台，5吨叉车1台，10吨货运汽车8辆。经营面积4000平方米。以装卸钢材为主，由杭州华能金属材料有限公司建设（2002年2月竣工并投入使用）。

渡　口

水乡萧山自古多渡，历史上就有著名的钱江渡[①]和渔浦渡。[②]1984年，萧山境内在钱塘江上有闻堰、钱江、七甲、五堡、赭山、四工段6处交通渡口[③]；在浦阳江上有兰头角、新江口、小满、汇头钟、下亭阁、柴家、泗化、朱家塔、许家、新坝、杨家浜11处乡镇渡口，后来有些渡口建桥撤渡。1986年2月建成钱塘江汽车轮渡，钱江三桥建成后停用。1995年4月又在钱塘江闻堰与袁浦间建之江汽车轮渡。至2000年，境内尚有乡镇渡口6处，交通渡口2处，公路渡口1处。

乡镇渡口　浦阳江上从南至北的乡镇渡口有6个。依次为：

新江口渡　浦阳江上乡镇渡口。东岸欢潭乡傅家村，西岸浦阳镇新塘村。渡口江面宽120米。是浦阳江上民间设置最早的渡口，距今已有近千年历史。中华人民共和国成立后，由新塘村和江西俞村共同经营。1984年，新塘村置1艘2吨、准载25人钢质船，江西俞村置1艘1吨、准载20人钢质船渡运，均承包给个人经营。每日摆渡时间为6时至21时。

汇头钟渡　浦阳江上乡镇渡口。南岸浦阳镇纪家汇村，北岸欢潭乡汇头钟村，由汇头钟村经营。渡口江面宽100米。据当地长者回忆，设置渡口时间，距今已有200多年，时由私人用小木船撑渡。1985年改木船为钢质船，1艘2吨、准载25人。每日摆渡时间为5时30分至20时。

下亭阁渡　浦阳江上乡镇渡口。南岸浦阳镇下定村，北岸欢潭乡泥桥头村。渡口江面宽150米。1953年设渡，由浦阳镇下定村经营。1985年易木船为钢质船，1艘2吨、准载25人。每日摆渡时间为5时至21时30分。

泗化渡　浦阳江上乡镇渡口。东岸欢潭乡泗化村，西岸浦阳镇柴家村，故又称柴家村渡口。渡口江面宽100米，中华人民共和国成立前夕设渡，时由私人用木船摆渡。50年代开始由柴家村集体经营，1982年起，改由柴家村民承包经营。1985年改木船为钢质船，1艘2吨、准载25人。每日摆渡时间为5时30

①钱江渡又名西兴渡。清康熙《萧山县志》卷二《疆域志》载：“治西十里为钱塘江，绝流而渡曰西兴渡。西为钱塘，东为西兴镇，是为吴越通津。”唐朝诗人施肩吾《钱江渡口》诗云：“天堑茫茫连沃焦，秦皇何事不安桥。钱塘渡口无钱纳，已失西兴两信潮。”唐朝诗人周匡物名下亦收录此诗，略有不同。《应举题钱塘公馆》：“万里茫茫天堑遥，秦皇底事不安桥？钱塘江口无钱过，又阻西陵两信潮。”

②渔浦又名渔浦潭，在今义桥镇境内，系钱塘江重要古渡。南朝梁丘迟《旦发渔浦潭》诗云：“渔潭雾未开，赤亭风已飏。棹歌发中流，鸣鞞响沓嶂。”

③根据有关规定，设置于市镇港埠、通衢要津，渡运量较大的渡口为交通渡口；设于乡村或集镇，由乡镇村集体、联户或个体经营，主要为当地群众生产生活服务的渡口为乡镇渡口，或称农村渡口；由公路主管部门管理，连通水域两岸公路，为运送机动车辆和人员服务的渡口为公路渡口。

分至22时或6时30分至20时。

朱家塔渡 浦阳江上乡镇渡口。东岸浦阳镇朱家塔村，西岸浦阳镇於家村。渡口江面宽120米。据传设渡已有300多年，俗称“鹊竿渡”，始由私人义务用小木船撑渡义渡。50年代后由朱家塔村经营。1987年起配1艘2吨、准载25人的钢质船渡运。每日摆渡时间为6时至21时。

许家渡 浦阳江上乡镇渡口。南岸浦阳镇许家村，北岸进化镇沈家渡村。渡口江面宽150米。1980年设渡，时由许家村村民个人经营。始为1艘1.25吨、准载14人的木船撑运，1988年易木船为1艘2吨、准载25人的钢质船渡运。每日摆渡时间为5时50分至20时10分。

交通渡口 钱塘江上交通渡口有钱江渡、五堡渡、闻堰渡、七甲渡、赭山渡、四工段渡共6个：

钱江渡 钱塘江上重要的交通渡口。①南岸长河镇（现属杭州市滨江区）江二村，北岸杭州市江干区南星桥。1984年又投资80万元，增建南、北码头各1个，使两岸渡口各有2个停靠码头。至1995年末，钱江渡有铁质渡轮2艘，1000座客位。年完成渡运量250万人次，日最高渡运量达2.5万人次。

五堡渡 钱塘江上交通渡口。南岸宁围镇红卫闸北塘后，北岸杭州市江干区彭埠镇五堡村，是萧山宁围、长山、新街、南阳、义盛等地与钱塘江北岸杭州五堡、余杭乔司及海宁、桐乡等地的水上重要通道。中华人民共和国成立后，将五堡村附近江岸的七甲、八甲、九甲、五堡4个民间私渡合并而成。1965年归口钱江航运公司经营。有渡船2艘，总吨位26吨级。每日渡运30次，最高日渡运量2000人次以上。

闻堰渡 钱塘江上交通渡口，又称老渡埠渡。②位于钱塘江、富春江、浦阳江三江汇合处下游侧，东岸闻堰西江塘，西北岸杭州市西湖区袁浦乡老埠头。是境内闻堰和杭州西湖区、富阳东部及周浦等地的水上重要通道。1984年，添置钢质客轮1艘，并新建两岸渡埠。1995年末，有渡轮2艘，55吨级、功率35.33千瓦。日渡运量2000人次～3000人次。1996年7月18日杭州之江汽车轮渡公司通渡后停渡。

七甲渡 钱塘江上交通渡口。③北岸杭州市江干区四季青乡，南岸宁围镇七甲，因位于原盈丰乡，故又名盈丰渡。渡口江面宽1700米。1985年起盈丰航运队更名为萧山第二航运公司。当时有客轮1艘、拖轮2艘、客驳3艘，客位850座，功率161.92千瓦。双轮对开，拖带客驳，每日3时开渡，19时收渡，日最高渡运量1000人次左右。1994年起，第二航运公司货运业务停业，专事该渡口渡运。1996年7月，公司改制，由个人经营。因钱江三桥建成通车后渡客逐年减少和渡口北岸建造标准塘的需要，于1999年1月撤渡。

赭山渡 钱塘江上交通渡。南岸境内赭山，北岸杭州市七堡。江面宽1500米左右。始设于民国元年（1912），为民间私渡。中华人民共和国成立后，由钱江航运公司所属乔司客运所接管经营。因江道多变，原无固定渡埠，至1962年，建石砌通道达江边，渡埠才基本固定。1970年起，在客轮后

①北宋政和年间（1111～1117）设渡，后废。清同治八年（1869）设义渡。中华人民共和国成立后，钱江渡由钱江航运公司（后更名钱江航运实业总公司）经营，渡运设施不断更新，渡船多次置大易小，两岸码头几经扩建。

②清雍正年间（1723～1735）设渡。至中华人民共和国成立前夕，该渡由袁浦乡农民经营。1962年，该渡曾发生渡船沉没事故，溺死32人，西湖区政府决定该渡由西湖区运输队接管经营。1970年，西湖区政府拨款置钢质机动船1艘，从事渡运。1977年成立渡口管理委员会。1978年起，划归袁浦乡老渡埠委员会营运。

③民国27年（1938）设渡，是萧山城北地区与杭州江干区人员往来的水上交通便道。原为民间私渡，1959年起由盈丰航运队经营。

加挂一驳船以便装货、载自行车。1982年开始每天对开两个班次。1997年7月1日停渡。

四工段渡　钱塘江上交通渡。[①]南岸四工段码头，北岸海宁市马牧港海塘。渡口江面宽2000米。自1957年5月起，该渡由赭山运输社（萧山航运公司钱江站前身）经营。始用2艘各9吨的木帆船对开渡运。1973年1月起，改由1艘25吨级、80座位、功率29.44千瓦的机帆船代替渡运。1982年1月18日起，从外地购入1艘50吨级、功率为59千瓦的旧登陆艇，改装成双层渡，轮替代机帆船渡运。下层乘客200座位，上层可停放100辆自行车。因航道险恶，渡船中途搁浅和旅客上、下船时落水等事故时有发生。1987年9月停渡。

公路渡口　萧山最早的公路渡口为1961年建成的临浦汽车轮渡，位于峙山西南的浦阳江上。[②]1969年10月，临浦公路大桥建成后，轮渡停航。至90年代，钱塘江上有之江汽车轮渡、钱塘江轮渡两个公路渡口。

之江汽车轮渡　钱塘江上公路渡口。东北岸萧山闻堰镇黄山村，西南岸杭州市袁浦镇。渡口江面宽1300米。由杭州汽车轮渡公司、萧山市闻堰镇政府、杭州市袁浦镇政府三家组建的杭州之江轮渡有限公司经营。渡口工程于1995年4月开工，1996年7月18日竣工通渡。两岸各建有长45.6米、宽25米的钢筋混凝土结构码头1座，并修公路与之相连接。总投资2000余万元。至2000年，有渡轮4艘，其中14车位3艘，20车位1艘，共1397吨级，总功率1030.4千瓦。每日渡运量1300辆次左右，最高为2000辆次。

钱塘江轮渡　钱塘江上公路渡口。南岸西兴镇星民村，北岸杭州市清泰门外瓯江路南端的钱塘江边。渡口江面宽约1300米。由杭州市交通局筹资、建设、管理、还贷。渡口工程于1985年8月动工建设，1986年2月28日建成，3月20日正式通渡。总投资1632万元。工程由码头建设、渡轮配置、公路接线三部分组成。南北码头系钢筋混凝土排架式栈桥结构，各设300吨级泊位1个，前沿高潮时水深7.7米，低潮时5.5米，配铲坦型渡轮8艘，其中14车位3艘、16车位2艘、20车位3艘，总功率2281.6千瓦，2794吨级。南岸接线公路长17.86千米，后定名杭塘线，与杭温公路相连；北岸接线公路长1.44千米，连接杭州市区及沪杭、杭徽等公路。昼夜24小时渡运，5时起每隔5分钟～10分钟一个班次，20时后每隔10分钟～20分钟一个班次，24时后每隔30分钟～60分钟一个班次。满载往返一次约20分钟，日最大渡运量可达6000辆次。由杭州市渡轮公司经营。1996年12月钱江三桥建成通车后撤渡。

浮　桥

尖山浮桥　位于浦阳江上，南为浦阳镇尖山村，北为浦阳镇横江俞村。[③]1981年

图9-4-251　1996年7月18日竣工通渡的之江汽车轮渡（董光中摄）

①“四工段渡”是境内南沙东部地区及毗邻的绍兴、上虞沿江地区群众通往海宁、嘉兴两地的一条捷径，行程比陆路可缩短数百里。原为民间私渡。

②1961年，由萧山县工交局投资设置，当年投入使用。有渡船1艘，渡工3名，每次能渡运1辆汽车（不能带挂车），用人工撑渡。不久新增1艘能一次渡运3~4辆汽车的渡船，渡工增至4人，仍用人工撑渡。该渡江面宽152米左右，凡大风、洪水等恶劣天气停渡。

③明代此处设有义渡，清顺治三年（1646）始建浮桥。当时有16艘浮桥船，长50米。维修经费先由山阴、萧山两县拨给；后改从小塘费下移拨，又改由尖山、天乐两乡筹措自给；民国24年（1935），改由县公益费项下支拨。抗日战争期间被日军炸毁，抗战胜利后修复。

浦阳江拓宽，桥位上移100米，桥身加长到136米，县农业、工交局拨款4万元，将木质浮桥船改成31艘新水泥船，木板桥面改为钢筋混凝土预制板桥面。浮桥由浦阳镇人民政府管理，确定4名管理员，后来向过往船舶和摩托车收取过桥费用于支付管理人员工资，维修经费由交通部门补助。1995年将浮桥起闭用的4艘水泥船换成钢质船，桥面改为钢板桥面。2000年开始，市交通局和浦阳镇政府共同投资，分批改换29只水泥浮桥船为30只全浮式钢质船。锚链、铁索及锈蚀的桥面板也予以更新。

图9－4－252 义桥浮桥的拥挤状况（1986年1月摄，萧山区交通局提供）

义桥浮桥 位于浦阳江上，东北岸为义桥镇，西南岸是许贤乡单家村西址埠自然村。[①]义桥浮桥用34艘水泥船和8艘木船扎成。浮桥由县政府投资，义桥、许贤、村桥3个公社（镇乡）建立浮桥管理委员会负责管理。1986年，桥面改为钢板焊接，浮桥船分批更换成钢质船，1990年更换完成。同时更新和增加固桥位用的铁锚和锚链，浮桥两端结合浦阳江清障建造浆砌块石码头，分高、中、低三层，水位涨落均可使用。码头通道口设立收费点收过桥费，用于支付浮桥管理人员工资和部分维修费用。1995年12月，义桥大桥建成后，浮桥拆除。

第三节 客 运

在铁路、公路运输出现前，萧山客运交通基本维系于水运，民间自古就用夜航船、埠快船、脚划船等运送旅客。[②]1984年水路客运量53.74万人次、周转量987.67万人千米。80年代后期，由于境内公路交通设施日趋完善、公路客运业迅速发展，水路客运日显萧条，经营者陆续申请停航。至1997年6月以后，境内无水路客运。

市内客运

境内萧绍内河水系的客运多由当地水运企业经营。除萧山航运公司外，还有镇乡航运队经营。中华人民共和国成立后，境内曾有萧山至临浦、萧山至义桥、瓜沥至头蓬甲线、瓜沥至头蓬乙线、瓜沥至新围、瓜沥至义盛、盈丰至十三工段、所前至萧山、临浦至欢潭、临浦至进化、临浦至诸暨凰桐、俞家潭至十四工段等航线。

萧山至临浦 1961年由临浦内河运输社开辟，后由县航运公司经营。起自城厢镇南门码头（始为西门新开河），经戚家池头、后吴、章潘桥、塘下金（来苏）、姚家畈、大堰坝、金鸡山、洪家潭、所前、汀头桥、白鹿塘、油车桥、太平桥到达临浦，全程24千米。始用1艘29.4千瓦80座位的木质客轮营运，1976年改由1艘44.1千瓦100座位的水泥质客轮，拖带65座位的2艘木质客驳营运。每天往返4个航次，全程票价0.33元/人。1994年12月停航。

临浦至凰桐 1979年7月由萧山县航运公司临浦站开辟经营。起自临浦（外江码头），沿途停靠文家塘、朱家塔、尖山、木杓山头、彭家桥、陶家桥，至

①清道光年间（1821～1850），此处曾设义渡。1969年临浦大桥建成后，临浦浮桥撤销，移位至此。

②清光绪三十四年（1908），境内钱江水系出现客轮运输。民国2年（1913），萧绍内河出现客轮运输。1956年水上运输合作化后，随着经济逐步发展，水路客运渐趋兴盛，境内陆续开辟多条客运线路。另外还有到杭州、绍兴、富阳等地的跨县航线。

终点诸暨市凰桐村，全程16千米。时用1艘40吨级的水泥质客轮营运，每日往返班。因凰桐江水位极不正常，仅在大潮汛时可驶抵终点，一般多止于彭家桥，低水位时只能至尖山。因停靠站时有变动，影响客源。1985年11月停航。1988年3月，又有村民合伙经营临浦至凰桐航线，于1994年再度停航。

盈丰至十三工段　1981年12月由盈丰航运队开辟经营。起自盈丰庆丰桥（瑞记埠头），沿途停靠宁围、宁税、新华、新民桥、盛中桥、九号坝、光明、跃进街、靖江、张神殿、八字桥、曙光桥、中木桥、新湾、第一农垦场、十二工段、十三工段，全程50千米。始用1艘8吨级的木船安装195型8.8千瓦柴油机，改装成20座位的客轮营运。隔日一班，逢单日从盈丰启航，双日从十三工段返回。至1984年，为满足东江垦区农民往返及物资运输的需要，该队又将1艘13吨级的木船安上195型8.8千瓦柴油机，改装成前驾驶、45座位的小客轮加入航运，改原隔日一班为对开班次，并将原十三工段终点延伸至外十三工段，全程为53千米。全程票价0.75元/次。至1985年，因20座位的小客轮报废，航班复为隔日一班。1992年改由萧山市北运输公司经营，停靠站及航次未变。1997年停航。

俞家潭至十四工段　1982年由城北公社农机站开辟经营。[①]起自俞家潭，经宁东桥、长山2号桥、新街、靖江、八字桥、党湾到达十四工段，全程42千米。隔日一班，逢单日从俞家潭启航，双日从十四工段返回。全程票价始为0.70元/人，后逐步调整至2.00元/人。1984年起纳入航管部门管理。是年，改原15座位客轮为30座位。由于农业季节性很强，因此客运业务随农事的闲忙而变化。忙时略有盈余，闲时经营亏损。城北乡政府每年需拨出部分资金予以弥补。1993年12月停航。

临浦至欢潭　1994年2月由诸暨凰桐村村民俞兆林[②]个体经营。起自临浦，沿途停靠於家、尖山、泗化、新江口，至终点欢潭，全程18千米。置30吨级、功率29.4千瓦、可载客42人的水泥质客轮1艘营运，每天往返2个航次，全程票价2.00元/人。因客源锐减，经营亏损，于1997年3月停航。

所前至萧山　1995年1月由萧山所前镇内河航运队经营。起自原南门码头（即萧山航运公司北侧），沿途停靠后吴、章潘桥、塘下金、姚家畈、大沿坝、金鸡山、洪家潭，至终点所前，全程14千米。置46.7吨级、功率44.1千瓦、可载客120人的水泥质客轮1艘（从萧山航运公司购入）营运，每天往返2个航次，全程票价1.60元/人。因客源稀少，经营亏损，于1997年3月停航。

图9-4-253　80年代末，浦阳江临浦至诸暨凰桐的桐江号客船（萧山区交通局提供）

跨市客运

中华人民共和国成立前，钱江水系就有杭

①当时城北公社为便利浦沿、长河、西兴3公社农民到东江围垦种植，将1976年组建的1个115吨级的船队拆散，11条驳船全部卖掉，将2135型22千瓦、15吨级的水泥质机船改装成195型8.8千瓦柴油机、15座位的小客轮，投入该线营运。

②1988年3月，俞兆林与桃源乡沈家村村民李志兴合伙，经营临浦至凰桐航线。后因连年亏损，于1994年2月申请变更，由俞兆林个体经营临浦至欢潭航线。

州至义桥至临浦、临浦至桐庐、诸暨至杭州、杭州至赭山等航线。1956年起，钱江水系客运业全行业实行公私合营，并入国营浙江省航运公司钱江分公司。钱塘江中下游航线均由该公司营运。几经体制调整后，由杭州钱江客运旅游公司经营。1985年，途经萧山的跨境航线有：杭州至桐庐（境内停靠闻堰、石门）、杭州至尖山（对开，每日两班。境内停靠闻堰、义桥、临浦、於家）、杭州至诸暨山下湖（对开，每日两班。境内停靠闻堰、义桥、临浦、於家、尖山、泗化、新江口）、临浦至富阳（停靠义桥、石门）、杭州至临浦。至1995年末，除旅游班船外，仅有杭州至富阳东梓、杭州至诸暨湄池两条客运班线，在萧山境内停靠同前。90年代末，跨境的客运航线全部停航。

萧山与绍兴早有水路客运相通。[①]1985年，尚有绍兴至瓜沥、绍兴至党山、夏履桥至陈公桥等航线，客货兼营。航线均由绍兴县航运公司及有关镇乡经营。至90年代，这些航线陆续停航。

第四节 货 运

历史上，萧山水路货运多由船民个人经营，历来用木质非机动船，有出海船、网船、开艄船、夜航船、埠快船、脚划船、木驳船、牛拖船[②]等，以人力、畜力和风力为动力。中华人民共和国成立后，船民开始组建互助组、运输合作社、高级运输生产合作社，1977年成立全县性的专业航运企业县航运公司。60～80年代，开展船舶技术改造，安装机械动力，拖轮、机帆船、挂桨机船相继出现，船体由木质向水泥质发展，最后钢质船开始取代水泥质和木质船。1992年9月后，根据萧山市委、市政府下发的《关于加快发展第三产业的决定》，水路运输市场放开，个体（联户）货运发展势头强劲，在水路货运量中占据较大的比重。专业水运企业完成的货运量逐年下降。1994年后，货物运输多弃水走陆，水路货运出现低谷。2000年，水路运输企业由1988年的24家减至4家：即萧山市航运有限公司、萧山建材厂船队、萧山东方航运公司、萧山围垦运输有限公司。

50年代前，水路运输货物以农副产品为主，粮食、棉、麻、木材、毛竹、柴炭、酒类、食盐、鱼鲞等约占总运输量的60%以上。萧甬铁路建成通车前后，浙东绍（兴）上（虞）余（姚）等地的货物多先走水路至萧山，经铁路萧山站（后改名萧山西站）集约后再发往全国各地。境内所产之棉、麻、萝卜干、石英砂等物资，也经水路驳至铁路萧山站后转运。而由铁路运达的粮食、煤炭、化肥、农药及日用品等物资，亦经水路分运至境内各地。因此当时萧山港为水陆货物的中转集散地。自70年代以后，货运以石灰石、石英砂、砖瓦等矿建材料和煤炭、工业品为大宗，约占总运输量的80%以上。至2000年，全市水路货运量357.60万吨，占全市货运总量2743.10万吨的13.04%。

出海货运

萧山出海货运历史悠久，大多往返于浙闽沪沿海。[③]1984年始，逐步以

①萧绍水路客运历史悠久，民间埠快船、夜航船等频繁往来萧绍之间从事客运。据民国19年（1930）9月《浙江航政概况》载：晚清时期萧绍间主要航线有曹娥至西兴线、绍兴至临浦线、西兴至道墟线、瓜沥到安昌线4条。夜航船有上虞至西兴4班，绍兴至西兴19班，绍兴至临浦4班；埠快船有绍兴至西兴15班，绍兴至瓜沥15班，上虞至西兴1班，绍兴至坎山1班。民国2年，萧绍内河始现客轮运输。据《绍兴近代航运史概述》载：民国元年11月，绍兴盐商俞襄周等人递具请愿书，旋又联名请求共同组织越安轮船合资有限公司，得到绍兴县议会批准。创建萧绍内河第一家轮船公司——越安轮船公司，于民国2年正式开航营运。航线有绍西班（绍兴至西兴）和曹西班（上虞曹娥至西兴）。中华人民共和国成立后，曾有绍兴至西兴、绍兴至瓜沥、临浦至绍兴、西兴至曹娥、园驾桥至西兴等多条航线。

②“牛拖船”为萧山沙地区浅水航道所特有。清道光二十七年（1847）春，萧山头蓬老盐仓船民钱毛毛创制，船呈长方形，首尾皆平，长5米～6米，深0.5米，载重2.5吨，先由3艘组成1档，后改为6艘，1人～2人驾驶，由一头水牛拖曳。民国37年（1948）萧山有牛拖船128艘、320吨位，从业者65人。1956年1月，萧山瓜沥牛拖船运输合作社成立时，仍有船36档、216艘、540吨位。60年代末被淘汰。

③民国时期，境内许贤、浦阳、赭山等地，就有个体船民驾木帆船在浙闽沿海一带自营货物运输（民间称撑外海船）。运输货物以柴炭为主，三门、象山等地装货，运往上海。其中最大的船舶达200吨级。1957年合作化运动时，许贤、浦阳、浦南三地船民参加杭州组建的木帆船运输合作社；头蓬、赭山、仓前三地船民于1957年5月成立赭山运输合作社，主要航行于杭州湾等近海，前往舟山、定海等地运输百杂货。1979年1月，赭山运输合作社并入萧山县航运公司，改名为萧山县航运公司钱江站，航线延伸到温州、福州、上海等地，运输物资以运出水泥、进港食盐为大宗。

表9-4-157 1985～2000年萧山水路客货运量及周转量

年 份	客运				货运			
	客运量（万人）	专业运输企业	旅客周转量(万人千米)	专业运输企业	货运量（万吨）	专业运输企业	货物周转量(万吨千米)	专业运输企业
1985	40.49	38.29	495.66	476.39	268.36	133.32	13133.27	8431.27
1986	19.87	18.06	260.18	249.84	258.15	143.44	13251.33	9399.59
1987	18.30	16.23	244.46	226.33	398.03	124.45	18390.62	8659.40
1988	12.83	11.85	223.53	171.38	546.89	114.94	24513.63	8228.33
1989	11.54	10.53	223.34	171.11	522.54	110.06	22587.74	8239.59
1990	9.07	8.31	184.68	144.37	404.49	86.71	20088.15	8982.47
1991	9.18	7.03	174.94	120.64	411.25	65.47	22159.42	9436.44
1992	9.37	7.35	185.96	130.48	527.84	62.20	32663.69	10604.63
1993	9.05	7.29	181.91	132.67	572.09	55.12	34900.38	12726.78
1994	6.60	5.10	145.84	101.25	408.98	51.92	29476.94	12836.97
1995	1.54	0	38.95	0	274.96	47.80	20758.22	12594.46
1996	0.76	0	27.99	0	198.37	42.18	18802.00	11913.37
1997	—	—	—	—	100.25	41.86	20221.31	12069.32
1998	—	—	—	—	149.93	40.68	18858.73	11297.70
1999	—	—	—	—	403.97	50.16	30429.25	12487.08
2000	—	—	—	—	357.60	61.36	28212.60	12854.35

注：①客运、货运量中除“专业运输企业”外，其余均为社会运输单位运量。
②1997年起水路客运停止。

钢质货轮替代机帆船。至2000年，萧山市航运有限公司钱江海运公司有货轮4艘、968吨级、544千瓦。是年完成货运量5.83万吨，周转量1748.06万吨千米。经营业务以运出矿砂，运入食盐和引拖船舶进出钱塘江为主。

内河货运

萧山内河水上货运一向发达。[①]1978年后，境内乡镇工业崛起，特别是水泥等建材行业兴起，货运量逐年大幅增多，其中矿建材料约占总运量的40%左右。一些厂矿企业组建自备船队，至1988年，有185家企业置有自备船舶，计1099艘，载重10962.92吨级，功率6017.44千瓦。其中以红山、围垦两水泥厂的自备船舶数最多，分别为76艘、898吨级和52艘、1102.5吨级，以运输本单位水泥及其他原材料为主。是年，全市货运船舶共4194艘。1992年起，个体（联户）内河运输发展势头强劲。由于个体（联户）船小灵活，为托运人省去联系、组运等事项，且运价浮动，因此在水运市场竞争中，专业航运企业萧山市航运公司水路货运量逐年减少。为扭转被动局面，萧山市航运公司发挥企业船吨大、功率大的优势，改以长线运输为主，增大运输的周转量，完成的货物周转量在社会总货物周转量的比重中有所上升。

1993年7月，萧山市航运公司开辟上海至临浦运输电煤航线（航行里程284千米），配置6个千吨级钢质船队，共载重8050吨，主机总功率948千瓦，

①1959年，五一运输社、临浦内河运输社、瓜沥运输社共同投资建造拖轮，组建萧山县交通运输公司航运中队。1961年，航运中队实现拖轮化。不久交通运输公司解体，航运中队撤销，恢复各运输合作社。从60年代中期开始，因运输围垦海涂用石料，货运量明显上升。

承运萧山发电厂发电用煤。1994～2000年，受陆路货运发展之影响，水路货运整体进入低谷，水路完成货运量以年均9.78%的速度递减。1995年末，全市拥有自备船企业锐减至29家，自备船320艘，载重75310吨级；水运企业4家。2000年末，全市货运船舶仅915艘。

【附】

萧山水运企业、船舶修造企业

萧山水运企业

2000年，萧山有水路运输企业4家：交通系统专业运输企业1家（萧山市航运有限公司），非交通系统运输企业3家（萧山建材厂船队、萧山东方航运公司、萧山围垦运输有限公司），员工2628人。

萧山市航运有限公司位于城厢镇市心南路359号。前身是1977年1月由城厢、瓜沥、临浦3个内河运输合作社合并组建的萧山县航运公司。1979年1月，赭山运输合作社、临浦外江运输合作社并入。1985年，有职工1216人，客轮5艘、595座位；货轮45艘、1195.5吨级；拖轮16艘、功率869千瓦；驳船255艘、345座位、7183.5吨级。是年，完成客运量38.29万人次，旅客周转量476.39万人千米；货运量133.32万吨，货物周转量8431.27万吨千米；营运收入494.49万元，实现利润60.29万元。1988年5月17日，建造市内第一艘200总吨级的沿海钢质货轮。1993年7月，开辟上海至临浦运输电煤新航线，配置6个千吨级钢质船队，共载重8050吨。1994年起，公司出现亏损。1998年10月，由集体企业转制为有限责任公司，下辖萧山钱江海运有限公司、萧山通达集装箱联运有限公司、内河分公司和临浦船厂。2000年末，公司有员工496人，船舶97艘（货轮4艘、拖轮12艘、驳船81艘）、9688吨级，主机总功率1954.3千瓦，固定资产原值2043.56万元。是年，完成货运量61.36万吨，货物周转量12854.35万吨千米，创营运收入1250万元，实现利润32.65万元。

船舶修造企业

2000年，萧山市境内有船舶修造企业12家：杭州钱航船舶修造有限公司、富春船厂、河西船厂、许贤船厂、永兴船厂、临浦外江船厂、萧山市航运公司临浦船厂、螺山船厂、光明船厂、围垦水泥船厂、萧山建材厂船厂、义蓬金星船厂。其中，杭州钱航船舶修造有限公司规模较大。2000年4月，由全民企业改制为有限责任公司。公司是杭州地区最早开发钢质船生产的企业之一。1976年建造10艘100吨级的浅水钢驳船，1978年建造浙江省第一艘内河客运的钢质双体客轮，1988年建造650吨级杂货轮出口香港，1991年建造钱塘江上第一艘300吨级沿海货轮。至2000年底，公司有职工101名，其中技术人员7名；固定资产原值386万元；年船舶生产能力4000吨左右，产值400万元。

图9—4—254　1994年，萧山航运公司运煤船队航行在浦阳江上（萧山区交通局提供）

第五节　管　理

萧山水运历史悠久，但旧时水运管理相对薄弱。[①]中华人民共和国成立后，水运管理系统逐步完善。[②]1984年1月，建立浙江省船舶检验处萧山检验站。下属西兴工作组迁至长河江边，改称江边工作组，新设“五七”、新坝两个工作组。1996年港航合并管理，定名为杭州市港航管理处萧山管理所，通称萧山港航所。萧山港航所与杭州市港航监督处萧山监督所、杭州市船舶检验处萧山检验站、杭州市航政管理支队萧山大队实行“四块牌子，一套班子”，担负着萧山市（及杭州市滨江区，但不含钱江水系）的港政管理、港航监督、运输管理、船舶检验、航道管理等5项水上交通行业管理职能，及水运基础设施的建设养护职能。内设港航监督、运输管理、航道养护、港政、计财稽征等5个股及办公室和稽查队，下辖城厢、瓜沥、临浦3个港航监督管理站和义桥、碛堰山、石门、头蓬、坎山、红山、长山、闻堰、江边9个港航监督管理工作组。

航政管理

萧山航区航道旧时未进行有效开发和养护，基本处于自然状态。中华人民共和国成立后，对航道实行有计划养护，对主要通航河道逐步进行疏浚、拓宽和整治，打捞沉船，设置航标[③]，提高通航能力。90年代，萧山港航所配备挖泥船、运泥驳、打捞船，实现机械疏浚，疏浚能力大大提高。1996～2000年，疏浚土方77335立方米，主要江河有官河、大治河、南门江、杭甬运河甲线、北塘河、萧临乙线、萧瓜线、方迁溇湾、义南横湾等。

针对破坏航道设施及渔业侵占航道等情况，萧山市（县）人民政府分别于1985年、1986年、1989年发布《萧山县外江船闸通航管理规定》《关于加强河道管理，保障水运、水利、水产养殖的布告》和《关于加强河道管理工作的通知》等文告。为确保航道畅通，航管部门还对在航道上修建跨航道桥梁、码头、闸坝及铺设电缆、管道、取(排)水口等活动进行管理。修建跨河桥梁、跨设架空电线、铺设过河电缆，必须符合国家内河通航标准和设置相应的助航标志，不得侵占主航道水域。工程设计、施工方案应事先经航管部门审核同意。1991年9月，萧山航管所对甘露乡光明村化纤厂在通往围垦地区的主要航道上违规建造平桥，梁底标高低于通航标准，依法进行处理。1996年，萧山市政府又下发《关于进一步加强内河渔箔、渔簖管理工作的通知》，规定：所有船舶过闸须按号依次过闸；严禁在闸门起闭时冒险过闸；载运危险品过闸，须持有公安部门的《出运证》和由航政管理机关签发的《准运证》；未经同意不准在河道中筑坝、填河、搭建筑物以及倾倒废渣、垃圾；严禁在通航河道设置跨江渔网；北塘河全线和南门江、西小江河道中心30米以内，其他通航河道中心15米以内不得设置渔簖、网箱，箔门宽度不得小于6米，两道箔门的间隔不得小

①封建社会多由县令直接管理交通事宜。隋唐在重要港口设“市泊司”，掌管“海泊互市”。明嘉靖二年（1523）废“市泊司”为“河泊所”，职掌水上商运。清咸丰八年（1858），各埠船务由税务司“理船厅”办理。光绪三十二年（1906）为邮传部统管。民国时期，水运由县建设科管理。民国18年（1929）在萧山先后设浙江省第八船舶管理所临浦办事处、省航政局第三分局临浦办事处和省第三区船舶管理事务所第五分所（临浦）管理航运。

②1950年1月15日，成立浙江省航务局萧绍虞姚管理所临浦分所。1951年12月1日改设萧山管理站（由临浦改设在城厢镇），下设临浦、瓜沥2个航管工作组。1952年11月6日，改称浙江省内河航运管理局萧山管理所，下辖绍兴、临浦、瓜沥3个管理站。1953年12月1月，浙江省联运公司萧绍办事处并入萧山管理所，改称浙江省航运管理局萧山管理所，增设西兴、义桥、义蓬3个工作组，以航管为主，兼办联运。1955年1月1日起，萧山的航管机构划归省航运局钱江航管处领导。1957年10月4日，航管机构划归地方领导，改称萧山县航运管理所，下辖临浦、瓜沥2个管理站和闻堰、西兴、新坝、永兴桥、尖山、头蓬6个工作组。1959年6月并入政企合一的萧山县交通运输公司。1961年底恢复萧山县航运管理所。1963年，萧山航运管理所又划归钱江航管处领导。1972年，萧山航管所再度归属萧山，称浙江省萧山县航运管理所，下辖临浦、瓜沥2个站及进化、石门、永兴桥、义桥、尖山、西兴、长山、闻堰、坎山等工作组。1973年1月，隶属关系重归杭州，改称杭州港航管理处萧山管理所，改设义桥、石门、闻堰、长山、西兴、方迁溇、坎山、头蓬8个工作组。

③60年代始，先后在浦阳江、杭甬运河等干线航道上设置航标。浦阳江曾设置各种航标36座。80年代在杭甬运河上设置20座。随着航道通航条件的改善，航标逐渐弃用。

于300米；养殖水草和浸洗络麻，不得影响航运和渔业生产。

港务管理

旧时港务管理由民间约定俗成，或由衙署调定立碑公示。中华人民共和国成立后，港务管理长期实行“政企合一”体制，负责公用码头的经营管理，统一管理货物托运，统一安排库场泊位，统一组织、平衡、调度装卸力量，统一建立各项规章制度，统一结算运杂费，执行各项港口收费规则，实行“以港养港，以港建港，多余上缴，不足不补”的办法。1992年以前，萧山没有专门的港务管理机构，码头一般由萧山搬运公司建造使用，作业机械和装卸业务由该公司自行安排。1992年7月，建立了浙江省萧山港务所，与萧山航管所合署办公，实行港务管理。1996年7月，杭州市实行“港航合一”，杭州市港务管理处、杭州市航运管理处合并。此后，港务管理工作得到优化和加强。除征收港口规费外，还负责协同做好疏港、疏运、重点物资运输保障工作；受理审核申请设立港埠企业，对码头、泊位设置进行审查，颁发《港口经营许可证》和《码头（泊位）设置许可证》；管理码头安全生产；配合水上交通安全主管部门，对港口航道、锚地和船舶航行的安全进行监督管理。1998年开始，对到港船舶实施指泊、靠离、移泊与衔接的指挥调度。

港航监督

安全管理　中华人民共和国成立后，水上交通安全得到加强。1988年，《杭州市港航管理暂行办法》明确规定，船舶进出杭州港，必须办理船舶进出港签证，并随时接受港航管理人员的监督检查。根据1991年3月交通部颁布的第27号令《中华人民共和国船舶进出内河港口签证管理规则》，萧山航管所于当年10月发出《关于加强对进出萧山城厢镇港区船舶管理的通知》。1993年交通部又颁布第3号部令《中华人民共和国船舶签证管理规则》，规定船舶进出港或在港内航行作业，均应向港务监督机构或其设置的签证站点填报《船舶进、出港签证报告单》和《船舶签证簿》，办理签证。至2000年，萧山境内设港航监督、签证站组8个，即城厢、临浦、瓜沥、义桥、红山、闻堰、长山、石门站点。

表9-4-158　1985～2000年萧山水上交通事故情况

年　份	事故（次）	死亡（人）	沉船（艘）	直接损失金额（万元）	年　份	事故（次）	死亡（人）	沉船（艘）	直接损失金额（万元）
1985	30	1	2	6.62	1993	46	1	2	15.23
1986	20	3	4	5.15	1994	65	4	4	53.99
1987	59	9	10	15.40	1995	20	0	2	16.82
1988	83	8	18	29.15	1996	17	2	2	11.14
1989	90	10	15	30.14	1997	11	2	4	27.60
1990	56	3	3	23.72	1998	6	2	1	21.34
1991	58	3	17	12.23	1999	17	3	1	29.06
1992	69	2	8	13.53	2000	15	4	3	19.12

萧山为台风、海潮和洪水等自然灾害多发地区。1956年，县人民政府建立防汛抗旱抢险运输委员会，后在历年台风、潮汛期间均成立“三防（防潮、防洪、防台）”领导小组。1973年，萧山航管所制定发布《萧山县“三防”措施（草案）》。在遇潮汛、洪水及台风、大雾等恶劣气候时，在各航管站和签证组及时发出气象信号，对在港区航行或者避潮、避风的船舶实行统一指挥。是年起，萧山航管所坚

持召开港监例会和航区各有船单位航运安全会议，由单位分管领导负责，每个船队都配有安全员。1989年根据《萧山市人民政府关于加强镇乡船舶安全管理工作的通知》，境内所前、党山、新湾、光明、大庄、南阳、梅西、长沙、新围、义盛、许贤、城南、盈丰、河庄、夹灶、长河16个镇乡配备专职镇乡船舶安全管理员，负责辖区镇乡船舶的安全监督管理工作。1992年9月撤区扩镇并乡后，安全管理员解聘。

萧山港航监督部门全面负责水上交通安全监督管理。配备港监巡逻艇，加强流动检查，并对通航秩序进行现场监督，对重点航段和船舶密集及水上水下施工作业水域进行重点检查和防范①，还开展以“抓管理、重落实，反三违、除隐患”为主题的水上运输安全管理活动。在以制止船舶超载为主要内容的安全整治中，有252艘船舶被现场卸载，核销超载船舶74个航次。

①1998年曾查获违章揽载春游学生和香客的挂桨机船3艘次；1999年，共检查船舶4910艘次，现场纠正违章1062艘，罚款11.76万元，全年投入检查整治达776人次；2000年，共检查船舶3633艘次，查处违章291艘次，处罚318起，罚款9.30万元。

水上交通事故处理　港航监督部门负责船舶水上交通事故的原因调查，认定水上交通事故责任，对损害赔偿进行调解，对违章者依法实施行政处罚。

船舶检验和管理　始于50年代初。②1984年1月，“浙江省船舶检验处萧山县检验站”在县航管所内建立，并在临浦、瓜沥两地设两个检验点，全面开展境内船舶的丈验、发证等工作。船舶检验分制造检验、营运检验两种。1984年，省船舶检验处规定，萧山船舶检验站可对功率220.5千瓦以下、船长30米以下、载客250人以下的船舶进行制造检验、办理船舶检验证书；对参加营运的船舶进行各种营运检验。经检验合格的船舶，发给航行簿、检验证书及航行签证簿。持有以上簿证的船舶才能航行。建造船舶或改建船舶要求扩大船舶吨级的单位和个人，应事先向航运管理机构提出新增运力的申请，经同意后方可建造或改建船舶扩大吨级。建造船舶的还应向港航监督机构申请船名号。建造、改建或经重大修理的船舶，必须按照船舶检验部门批准的图纸施工，经船舶检验部门检验合格发给相应的船舶检验证书及有关文件，并按规定向船舶检验部门申请营运检验，签发新的适航证书及有关文书。

②1951年，萧山航管所在省航务局船舶丈检队指导下开展船舶丈检、登记、发证工作。1955年，萧山航管所自行办理一般船舶的丈检、发证。

1994年6月起，船舶登记按照《中华人民共和国船舶登记条例》执行。萧山籍船舶所有人向萧山港务监督机构申请办理船舶登记，确认所有权，决定船籍港，取得《船舶所有权登记证书》或《船舶国籍证书》，在船身上标明船名、船籍港（萧山港）、载重线。规定“三无”（无船名、无船籍港、无船舶证书）船舶不得航行、作业。2000年，萧山港航所对东片地区水泥质挂桨机船进行清理，对100多艘尚在从事短途驳运的水泥船办理过渡性手续。至2001年，境内船舶已基本实现钢质化。

船员管理　至1984年，萧山航管所累计举办机驾船员培训班42期③，培训船员4564人次，其中考试合格者3653人，报杭州市港航监督部门签发、领证的有1673人（其中挂桨机船员812人）。为加强技术船员的安全管理教育，1999年举办五等船舱机船员、挂桨机船员培训班2期。至是年7月，全市有1344名技术船员（其中个体1056人）纳入管理，建立船员档案资料。2000年末，萧山航区经考试合格持证的船员有持29.4千瓦及以上机动船证书的807人，持29.4千

③中华人民共和国成立后，机动船驾驶、轮机人员培训、考核、发证工作由浙江省、杭州市港航部门负责。萧山航管所负责帮助、监督有船单位选送船员参加培训。1973年9月，萧山航管所举办首期29.4千瓦及以下机驾船员培训班。30名在船上工作2年以上的船员参加培训，培训时间20天。学习内容为《内河驾驶和轮机》《内河机船驾驶》《小轮轮机》等理论知识。

表9-4-159　1985～2000年萧山运输船舶情况

年份	总计				专业水运企业运力				社会运力			
	船舶（艘）	座位（个）	吨级（吨）	功率（千瓦）	船舶（艘）	座位（个）	吨级（吨）	功率（千瓦）	船舶（艘）	座位（个）	吨级（吨）	功率（千瓦）
1985	2786	1177	46579	12047	321	940	8379	2171	2465	237	38200	9876
1986	3282	864	35469	22198	310	627	8588	2112	2972	237	26881	20086
1987	3963	790	43510	28773	289	553	8381	2163	3674	237	35129	26610
1988	4194	790	47423	31692	274	553	8630	2281	3920	237	38793	29411
1989	4076	790	47132	31584	255	553	8492	2231	3821	237	38640	29353
1990	2794	790	36497	23033	229	553	7781	2170	2565	237	28716	20863
1991	2275	832	38200	14689	203	553	7519	2217	2072	279	30681	12472
1992	1917	597	38663	24114	172	318	7751	2003	1745	279	30912	22111
1993	2753	597	53490	28138	194	318	10549	2223	2559	279	42941	25915
1994	2928	597	48580	32099	189	318	12489	2841	2739	279	36091	29258
1995	1810	279	34859	22547	152	—	11488	2502	1658	279	23371	20045
1996	1970	207	38913	25616	126	—	10408	2304	1844	207	28505	23312
1997	1882	207	48122	29857	105	—	9643	2304	1777	207	38479	27553
1998	1282	—	42495	22585	93	—	9413	2304	1189	—	33082	20281
1999	1012	—	45908	25914	90	—	9063	2043	922	—	36845	23871
2000	915	—	48892	32144	97	—	9688	1954	818	—	39204	30190

注：社会运力包括非交通部门水运企业的船舶、个体专业户、个体联户经营船舶、企业自备船舶。

瓦以下机动船证书的147人。

渡口管理　始于50年代。①1984～1988年，境内各渡口木质渡船全部更换为全浮式钢质渡船，配备救身圈和救身衣。渡船每年均由船舶检验部门检验，定期维护保养，适时进行大修。港监每年春运前对渡船逐一进行适航状态检查，渡运繁忙时派人到现场进行管理。2000年起，实行渡口管理“六个统一”。②2001年初，境内共有地方管辖的镇乡渡口6处，均为斜坡式砼渡埠；有渡船7艘，技术等级均为二类；有经考核合格持渡工证渡工10人。

运输管理

中华人民共和国成立后，航管部门加强水路运输管理。按照水路运输管理法规，水路营业性运输和非营业性运输都由交通部门航运管理机构管理。运输船舶应按规定取得《船舶检验证书》《船舶国籍证书》《船舶最低安全配员证书》和《中华人民共和国船舶营业运输证》，凭证运输。

客运管理　1985～2000年，航管部门对客运航班的审批严格控制。业务上实行“三定”管理③，凡申请从事营业性水路旅客运输的单位或个人，按开业条件的规定，必须申领运输许可证、营业执照、税务登记、船舶营业运输证等证照。其运输的船舶必须符合客船规范要求，并经船舶检验部门丈检，核定准载客位，向保险公司办妥旅客意外伤害强制险。主要适任船员应具有合格证书。客运船舶必须按照经航管部门审定批准的客班航线、停靠站点从事营运。还需落实好客船沿线停靠港（站）点，并具备相应的服务设施。未经批准，不

①1957年1月，萧山县人民委员会发布《萧山县渡口管理暂行办法（草案）》，规定：各渡口的当地镇乡人民委员会负责领导管理所辖地渡口和渡船的安全，应成立渡口管理委员会或渡口管理小组，要有专人具体管理渡口秩序和安全工作。港航监督部门对各渡口加强监督。在“以渡养渡”的基础上，交通局与各镇乡对渡口实行资金补助，改善渡运条件，同时积极创造条件撤渡。

②“六个统一”即渡船统一制作稍棚、统一进厂上排修理、内部设施统一放置，渡工统一佩戴渡工服务证，渡口守则牌统一更换，渡口渡埠统一修建。

③“三定”即定航线，由经营单位提出申请，航管部门综合平衡后按权限审批；定票价；定准载定额。

得自行取消航线或随意减少航次和停靠站点。还必须按照由物价、航运主管部门制定的运价规则和费率计收运杂费用，使用由航管部门印制的统一票证，按时照章纳税和缴纳规费。严禁超载、滥载和客货同舱。若要停业，应向当地航管部门报告，经原审批机关审查同意，并向原登记的工商、税务部门办理注销手续，收回原发的各种证照。此外，客运船舶检验及客运安全监督也是客运管理的重点。

货运管理　中华人民共和国成立后，航管部门即对分散经营的个体木帆船实施统一调度，依次排队装货和实施进出港登记、签证等管理。[①]改革开放后，允许多种经济成分经营水路货运，水路货物计划运输放宽，运价改为限额浮动。1984年起，国营、集体专业航运企业的船舶企业可自行调配，并允许自行受理货物托运业务。1985年起，原定运输计划省、市、县三级平衡体制改为省、市二级制，主要保证国家重点物资运输。县级平衡放开，县级原每月一次的运输计划会议制度终止。1987年5月，国务院发布《中华人民共和国水路运输管理条例》，规定水路货物运输计划，实行分级综合平衡和市场调节相结合的原则；查禁超载和装运违禁、违章物品。90年代以后，重点转为水路危险货物运输管理。1998年7月开始，配合杭州港航管理部门在钱江航区对钱江水系黄沙运输实施总量调控，对黄沙的采、运、卸实行全方位同步控制。调控措施实施后，水运市场无序竞争现象得到改观，船舶冒险迎潮而下、待卸现象明显减少，水上安全状况好转。

①1953年起，对水路货物运输实行“统一组织货源、统一船舶调度、统一运价收费”的“三统”计划运输管理。1963年，省交通厅关于《浙江省航运货物月度计划管理暂行办法》发布后，航运货物运输计划实行省、市、县三级平衡体制，贯彻“先专后副”和“先国营、后集体、限制个体”的原则。在安排货物运输上，优先保证专业运输，国营企业保证“吃饱”，专业集体企业“不挨饿”；社队农副船“拾遗补缺”；厂矿自备船舶只准运输本单位生产、生活上的物资；不准私人从事营业性水路货运。

运价管理

民国时期，萧山水路客运票价由船主拟定报航政部门同意后执行，货运运价无统一标准。中华人民共和国成立后，水路客货运价一直由省物价局、省交通厅统一制定。

客运运价　轮船的客运票价是由基价、计费里程及旅客人身保险费三项计算确定。[②]1985年1月21日起，根据萧山县物价委员会、县交通局《关于调整机动船客运票价的通知》，运距在20海里以内的沿海机动客票基价调整为每人海里0.08元；运距在21海里～50海里的调整为每人海里0.07元，旅客人身保险费按票价的3%外加。钱江水系内河机动船（驳）客票基价调整为每人千米0.02元，萧绍甬内河调整为每人千米0.018元。1987年6月15日起，七甲渡口旅客及自行车的渡费均由原来的0.10元提高到0.15元。1989年1月，萧绍甬内河客票基价提高到每人每千米0.027元。此后客运运价又几次调整。1993年，境内客运基价每人千米由0.035元调整到0.06元，春运期间实行票价上浮20%。

②1956年4月钱江航运区客票基价为每人千米0.014元（含旅客人身保险费）。

货运运价　货运运价管理始于50年代初期（50年代初期，境内木帆船、牛拖船的货运运价由货主、船家双方面议，并以大米支付。1952年5月起，确定水路货物运价由装卸成本〈后称吨级基价〉和航行成本〈后称航行基价〉组成）。1981年2月，实施《省内河货物运价规则》和《杭州地区钱江水系、萧绍内河货物运价》，调整装卸基价和航行基价。此后，1984年7月、1987年7月、1990年4月，省、市物价和交通主管部门对水路货运运价进行调整，萧山结合实际实施。1992年8月，由于国家取消燃油计划供应，省物价局、省交通厅再一次调整全省水运货物运价，内河货物运输装卸基价调整为每吨4.00元，航行基价150千米以内调整为每吨千米0.04元，150千米以上部分为每吨千米0.034元；沿海货物运输装卸基价调整为每吨6.50元，航行基价200海里以内调整为每吨海里0.065元，201海里～400海里为每吨海里0.061元，400海里以上为每吨海里0.056元；粮食、化肥运价继续实行优惠，按85%计收。随着市场经济体制的建立，运价逐渐放开。2000年7月，萧山市政府取消水路货运价的审批。

规费征收

1951年，航管部门开始向货主征收航政费，按运费值的1%计征，用于航管机构行政管理费开支。1954年改为运输管理费。此后，又相继开征内河航道养护费、货物港务费、船舶港务费、内河航道护岸费、镇乡船舶管理费、船舶检验费、水路交通建设费、港口事业费、港口设施费、港口生产管理费等水运规费。

内河航道养护费　1965年10月1日起征，先以运费的4%征收，1971年费率调整为6%。1992年，经国务院批准，交通部与财政部、国家物价局联合发布《内河航道养护费征收和使用办法》；1997年，国家计委对征收标准又作调整。1985～2000年，境内累计征收内河航道养护费2728.42万元。

货物港务费　1980年1月起征，向货物托运单位或个人征收。费率分两档：甲类货物（煤、矿石、矿砂、沙土、铁渣、白灰、灰石、粮食、盐、化肥和袋装的粮、盐、面粉、淀粉、油菜籽、碱、硝、水泥等）为每吨0.10元；乙类货物（生铁、钢坯、钢材、有色金属块、机械、成套设备及轻泡物等）为每吨0.20元。1985年起，对个体、联户船舶开征货物港务费，统一按船舶实际载重吨级计征。1985～2000年，境内累计征收货物港务费1569.30万元。

船舶港务费　1988年10月起征。专业运输企业按船舶实际载重吨级每月计征；厂矿自备船、个体、联户船也按实际吨级每月计征。至2000年，境内累计征收船舶港务费558.03万元。

内河航道护岸费　1986年7月起征。按船舶装载吨级，杭州地区内为每吨0.10元，跨地区为每吨0.15元。该费由航管部门代征，全额划给水利部门作河道砌石护岸之费用。根据国家计委《关于公布取消部分交通和车辆收费项目的通知》（财综字〔2000〕80号）精神，该项收费自2000年7月1日起停止执行。1986年7月至2000年6月底，境内累计征收内河航道护岸费270.95万元。

镇乡船舶管理费　1988年6月1日起征。按船舶（包括非机动船）总吨级计征；1993年11月1日停征。1988年6月至1993年10月底，境内累计征收镇乡船舶管理费132.78万元。

水路运输管理费　原为航政费。征收对象为水路运输企业和其他从事营业性运输的单位。1953年12月起征，货运船按运费的3%、航快船按运费的2%计征。1985～2000年，境内累计征收水路运输管理费998.90万元。

水路交通建设费　1999年9月1日起征。原征收的“水路货运附加费”、“沿海港口基础设施费”和“内河航道建设费”三费合并，统一开征水路交通建设费。内河运输货物，实行产供运输销结合的个体户、专业户船舶，实行按月定额计征，每吨每月3元；专业运输船舶及其他从事内河水路货运的船舶，按运输货物的起讫地不同，实行按航次计征。1999年征收34.74万元；2000年征收153.93万元。

第十编　城市建设

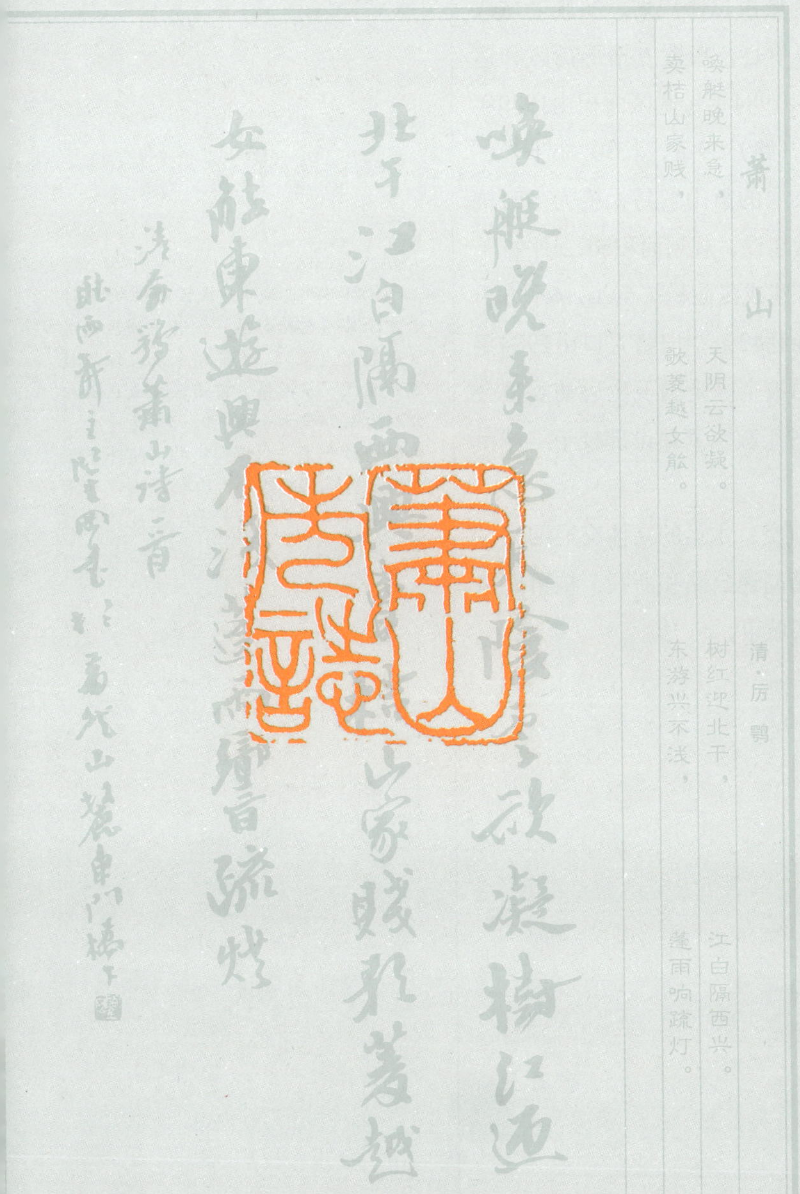

民国时期，萧山县城有大小街弄120余条，大都分布在城河两岸。主要街道为城河南岸东门至西门的石板街，长近1.5千米，其间有东门上街、新市场、米市街、明月坊、绣衣坊等商业区段。街道两旁建筑鳞次栉比，多为二层楼房。日军侵华时，狂轰滥炸，到处断垣残壁。抗战胜利后，虽有修缮，未复旧观。

中华人民共和国成立后，萧山先后4次编制城市总体规划，实施老城改造，进行新城建设。1958年，规划以体育场为中心，布置方格形街区和道路。拆除旧房，开筑街道，逐步形成城市格局。1984年，城区面积由1949年的1.75平方千米扩至4.34平方千米。主要街道（路）29条，长30.86千米；弄巷62条。建有5层～8层公共建筑17处，其中8层的萧山贸易大楼为当时杭州地区县级城区最高建筑。1990年启动新区开发建设，规划面积30.21平方千米。至2000年底，建成12.21平方千米新区。城区建成区面积扩至26.16平方千米①。主要街道（路）90条，长129.65千米，弄巷42条。户籍人口由1984年的6.52万人增至20.59万人。1995年12月，萧山被全国爱国卫生运动委员会评为“全国（县级）卫生城市”；1994年、1999年被国家建设部授予“城市环境综合整治优秀城市”称号。

进入21世纪，萧山境内形成公路、铁路、航空、水运的立体交通网络。城区高楼林立，霓虹缤纷，成为沪杭甬、杭金衢高速公路和浙赣、杭甬铁路交会点上集农、工、贸、旅游休闲为一体的新兴城市。

①2000年，城市建成区面积为26.16平方千米（包括新区），其中城区建成区面积扩大至16.88平方千米，经济技术开发区、宁围镇、桥南区建成区面积分别为6.94平方千米、0.73平方千米、1.61平方千米。（资料来源：杭州市萧山区地方志编纂委员会办公室编：《萧山年鉴（2001）》，方志出版社，2001年，第100页）

第一章　城市规划

1952年9月，拟订《萧山县城厢镇市政建设计划》，因财力不支，未能实施。1958年4月，制定《萧山县城厢镇规划》。后扩建市心路、新建西河路。1982年4月，编制第二轮城市总体规划《萧山县城厢镇总体规划》，确定城厢镇是“萧山县的政治、经济、文化中心；杭州市重点发展的工业卫星城镇”。1984年7月，经杭州市政府批准后实施。1991年，编制第三轮城市总体规划《萧山市城市总体规划》，将萧山确定为“杭州市市域内南翼的以工业为主、工贸结合的中等城市”。1997年3月，编制第四轮《萧山市城市总体规划》，明确萧山是“长江三角洲南翼工、贸结合的现代化新兴中等城市”。同时编制专项规划、分区规划和控制性详细规划。1998年，编制《萧山市城镇体系规划》，形成全面、系统的规划体系。

第一节　规划编制

总体规划

第一轮总体规划　1958年4月，制定《萧山县城厢镇规划》，将城厢镇确定为萧山的“政治、经济、文化中心”，“杭州市卫星城镇”。城厢镇结构划分为工业区、生活居住区、城镇中心、绿化风景区4个功能区：城镇以县人民委员会所在地作中心；工业区安排在城北、城东北、西兴镇和南门；生活居住区以原有城区为基础，配合工业发展在新区适当扩建；湘湖离城较近，风景优美，远景为萧山的大公园及休养、疗养佳地。围绕“工业化”主题，对全镇的工业发展作具体部署，为萧山的工业发展奠定基础计划；计划扩建电机厂等10个工厂；新建棉纺织厂等19个工厂。强调勤俭建国的方针，提出近期基本保持旧镇现状。1960年，县政府编制《萧山县城厢镇建设规划》，确定以人民路为中心点，以方格型布置街区和道路网。“文化大革命”期间，城市规划工作处于停滞状态。

第二轮总体规划　1982年4月，编制《萧山县城厢镇总体规划》。1984年7月，杭州市人民政府发文批复同意近、中期规划部分。将萧山城厢镇确定为“萧山县的政治、经济、文化中心”、“杭州市重点发展的工业卫星城镇”。建成区面积，近期扩大至5.2平方千米，远期扩大至9.3平方千米，在布局上为远景发展留有余地。该规划提出“旧城改造”与“风景游览区”建设方案。其中旧城改造方案内容为成片改造体育路、市心路、西河路、人民大道临街旧建筑；将城河上街建设成绿化带，有重点地拆建改造城东区，建成若干居住小区。风景游览区设在城西南的湘湖，拟全面规划，恢复历史古迹，建设湖心公园及环山公路，近期对湘湖采取保护性措施，为远期开发创造条件。同时，对住宅小区、公共建筑、道路交通、给水、排水、电信、供电、园林绿化、人民防空设施、蔬菜基地、卫星接收站、火葬场搬迁等诸方面作较明确规划。

该规划将城厢镇工业布局确定为：城西为重工机械和建材工业区；城北为轻纺工业区；城东北为县属工业区，以发展污染少的无烟工业为主。

由于萧山城乡经济发展迅速，该规划实施3年后，在发展规模、区域布局等方面与现实已不相适应，市属和县属工业企业要求扩大规模。1987年，萧山城区规划控制用地范围从原批准的9.3平方千米，扩大到15.88平方千米。对工业用地、商业区、住宅区的设置等作适当调整。1988年3月，杭州市规划局原则上同意临时性局部调整方案。

第三轮总体规划　1991年，编制《萧山市城市总体规划》。确定城市性质为“萧山市的政治、经济、文化中心，杭州市市域内南翼以工业为主、工贸结合的中等城市”。规划期限近期为1991～1995年，中期为1996～2000年，远期为2001～2020年。城市人口规模：近期14万人～16万人，中期17万人～20万人，远期27万人～30万人，远景40万人。用地规模：近期13.8平方千米～15.2平方千米，中期16.2平方千米～19平方千米，远期25.2平方千米～27平方千米，远景36平方千米。城市布局结构以北干山、西山为界划分为三大区域：北塘河以南、北干山以北是工业居住综合区；北干山以南、西山以东是行政、文教、商贸、生活居住区；西山以西是湘湖风景旅游区。三大区域由市心路、通惠路、萧绍路等5条干道相连，城市内部道路以棋盘式为主的道路网组成，形成畅通、便捷的交通系统。城市近、中期主要向东发展，由老城向东延伸，连接铁路新客站，形成市东副中心区；中远期在北干山以北形成市北副中心区，并在北干山以北逐步形成生活居住中心，两侧工业平行向北延伸发展的格局；还将开发湘湖风景旅游区。规划首次提出城市空间艺术布局要紧紧围绕“两山两河、四路四区”进行。“两山”指西山、北干山；“两河”指萧绍运河城区段、新开河；“四路”即人民路、萧绍路、市心路和通惠路；“四区”即老城中心、市东副中心区、市北副中心区和湘湖风景区。1992年3月4日，杭州市政府批准实施《萧山市城市总体规划》。1993年10月，省政府批准实施《萧山市城市总体规划》。

1993年10月，制定萧山市钱江区块总体规划。规划范围东北以宁围镇、杭州钱江外商台商投资区桥南区块、杭甬高速公路为界，西以长河镇长江路之江区块为界，北以钱塘江南岸线为界，南从钱塘江南岸线起往南2.0千米～2.3千米为界。规划用地30.53平方千米，人口30万。区块性质以发展第三产业为中心，并辅以高层次、高科技、以外向型为主的加工工业，是萧山市一个重要的城市副中心。主要功能为发展商贸、金融、旅游、文化、居住区和高科技外向型产业。钱江区块自西向东长约13千米，宽约2.3千米，为带状，据区块形状和各部分所处的位置环境及分期建设等条件不同，规划为5片综合功能区的结构形式。各片区间以道路分隔，并与主要道路串联贯通。近期（1993～1995年）按规划进行管理、控制土地使用，部分启动区进行建设；中期（1996～2000年）中心区基本建成；中远期（2001～2010年）全区建设具有一定规模；远期（2011～2020年）全区基本建成；远景规划，全面建成完善并与杭州市构成统一的城市群。远景设想以环城南路以南为主要发展方向，沟通与萧山市区连接道路，与萧山市相向发展；建设与杭州市连接的快速环形交通，建议利用现有的钱塘江大桥、钱江二桥铁路环线建设市郊铁路，或修建轻轨交通线；增强向杭州市辐射能力和与上海市、浦东开发区的密切联系，成为长江三角洲的重要城镇。

1994年7月，第三轮城市总体规划作局部调整，将原总体规划内北干山以北、北塘河以南约3平方千米的工业用地，调整为商贸、金融、居住和行政中心用地，为萧山城区中心北移打下基础。11月，市政府批复《萧山市新区控制性详细实施规划》。

第四轮总体规划　1997年3月，萧山市政府委托浙江省城乡规划设计研究院编制第四轮城市总体规划，确定萧山为长江三角洲南翼重要的工贸结合的现代化新兴中等城市。规划期限：近期1996～2000年，远期2001～2010年，2010年以后作远景轮廓安排。城市人口规模：近期26万人，远期40万人；用地规模：近期24平方千米，远期39平方千米。并确定萧山城市发展与杭州市城市总体规划相协调的原则，将萧山融入杭州大都市的格局。萧山城市用地主要向北偏东发展，使城区、城市新区、经济技术开发区、宁围镇及桥南区块有机地连接在一起，形成“一城一片”的城市形态，“一城”即老城区、城市新区和经济技术开发区；“一片”为桥南区。远景城市向北偏西发展，与杭州市以钱塘江为轴线、沿江多核组团式的布局相衔接。城市结构采用“四区一点、绿楔城中、三横两纵”的用地结构形式。“四区一点”即老城区、城市新区、经济技术开发区、桥南区以及宁围镇；“绿楔城中”即利用现有自然条件，将城区外围绿化引入城中，形成自然的楔形绿地；“三横两纵”即以东西向的建设路、金城路、萧绍路，南北向的通惠路和市心路组成城市道路交通的骨架系统。老城区规划面积12.32平方千米，为居住、商业、贸易、科研、交通运输枢纽；城市新区规划面积8.6平方千米，为生活居住、行政办公、商业贸易、文娱、科研等区域；经济技术开发区规划面积9.2平方千米，为工业、仓储、生活居住、科研等区域；桥南区为工业、仓储、生活居住等区域；宁围镇规划面积1.38平方千米，为宁围的集镇中心。规划明确居住用地、公共设施用地、工业用地、仓储用地等原则。强调旧城改造要严格控制人口密度和建设密度，逐步疏散旧城区内过分拥挤的人口到新区居住，把旧城区改造成居住环境良好、交通顺畅的生活居住区；遵循“加强维护、合理利用、调整布局、逐步改善”的原则，提倡拆房建绿，以降低旧城区居住密度，改善居住环境；旧城改造要与产业结构调整和工业企业技术改造紧密结合，主要旧城改造点为大会堂以北、萧西路与湘湖路叉口、人民桥南堍、水曲弄20～21号、百尺溇路西、何家弄西以及近期搬迁杭州之江药厂、第一塑料厂等10家企业。

为更好地编制规划，2000年6月，进行《萧山城市远景用地发展规划研究》，规划研究的范围为萧山城市总体规划界定区域，位于萧山城市向北拓展的沿江地区，东靠桥南区，南傍萧山经济技术开发区，北临钱塘江，西依杭州滨江区。用地面积66.50平方千米（扣除钱塘江水域面积13.97平方千米，实际用地面积约52.53平方千米）。城市远景用地依杭甬高速公路、杭甬铁路、杭甬高速连接线及钱江八桥等交通区际走廊，地域上的规划结构形成3大分区，即之江世纪城、钱江商贸城、钱江科教城。之江世纪城形成的城市沿江组团以城市中心设施为主，强化城市功能，是杭州钱塘江两岸中心区功能的重要组成；钱江商贸城充分利用高速公路通道及接口优势，利用交通区位，发展流通型、集散型的功能设施，如物流转运、信息流、资金流、技术流等流通中心设施；钱江科教城作为萧山现代教育园区和农业科技园区进行建设。规划要求建设始终围绕地块自然生态系统的核心（生态核），以生态核组织水、林、轴线、功能区等要素，形成生态核—功能块—景观轴，以组团式布局形态，沿杭甬高速公路形成4个不同核心功能块。远景规划制定了居住用地、公共设施、工业仓储、综合交通与道路广场、绿化与景观、基础设施配套等规划。在《规划研究》评审会议上提出：应充分考虑与杭州交通网络接轨，包括规划中的钱江八桥、江底隧道、轻轨等，预留上海至宁波高速铁路通道等。

第四轮总体规划还制定了城市综合交通体系、城市绿地系统、文物保护、景观等专项规划。

城镇体系规划

1998年，市政府委托浙江省城乡规划设计研究院编制《萧山市城镇体系规划》。规划范围为市域行政范围1420.22平方千米。规划期限近期为1998～2010年，远期为2011～2020年。

市域城镇战略框架为“一心三副、四级四群、十一个重镇”。“一心”即萧山市域主城区，城厢镇、宁围镇、萧山经济技术开发区、桥南区、湘湖风景旅游度假区为一体。“三副”即萧山市域副城区，指瓜沥、临浦、义盛3个中心镇。“四级”指城镇等级规模为四级结构：一级城市1个，为萧山市区；二级城镇3个，即瓜沥、临浦、义盛为市域次区域中心镇和萧山副城区，规模各为5万人～8万人；三级城镇11个，包括戴村、河上、衙前等城镇，规模为1.5万人～3.5万人；四级为其他城镇，规模为0.5万人～1.5万人。“四群”：一是中心城镇群，以萧山市中心城市为主，包括新街镇、闻堰镇和红山农场、红垦农场、钱江农场等区域；二是东片城镇群，由瓜沥、衙前、坎山等镇构成；三是北片城镇群，由义盛、靖江、南阳等镇构成；四是南片城镇群，由临浦、所前、戴村、义桥、许贤等镇乡构成。“十一个重镇”即新街、衙前、坎山、南阳、党山、靖江、闻堰、新湾、义桥、河上、戴村镇。

新区规划

1999年3月，萧山市城市规划管理处委托上海同济大学城市规划设计研究院编制城市新区（原名城市北区）规划。该区域将承担萧山新的行政中心、商务中心、文化中心的功能，规划范围东起浙赣铁路，西至湘湖风情大道，北起北塘河，南至杭萧公路及北干山北路。规划坚持“高起点、高标准、高水平”要求，以秀山清水为骨架，以田园景色为衬托，以吴越文化为精髓，塑造未来新颖的、融江南水乡古典美与现代美为一体的城市新中心。

新中心区依据其地理特征、交通特征与功能特征，形成“一水、二路、三中心板块”的框架结构。“一水”指蜿蜒曲折的河道穿过市行政大楼、商业综合楼、剧院等主体建筑，形成有特色、有魅力的现代水乡景观；“二路”指市心路和金城路；“三中心板块”指市心路西侧由行政大楼、检察院和邮电局等围合的行政中心和市政广场，市心路两侧由商贸中心、宾馆和会展中心围合的商务中心和商贸广场，市心路东侧由剧院和图书馆、文化大厦围合的文化中心和文化广场，形成有系列、有特点、有规模的现代绿色广场群景观。

新区城市建设总用地10.09平方千米，其中居住用地4.97平方千米，占总用地的49.26%；公共设施用地1.20平方千米，占11.89%；道路广场用地1.41平方千米，占13.97%；绿地1.81平方千米，占总用地的17.94%；其他用地0.70平方千米，占6.94%。主要道路市心路和金城路沿路建筑后退道路红线距离30米；主要道路交叉口四周的建筑物，后退道路规划红线距离不得小于6米。新区道路以七纵（湘湖风情大道、青年路、金鸡路、工人路、市心中路、育才路、通惠路）、三横（塘南路、金惠路、北干路）、一环（新区环路）构成主要骨架，保证新区内南北与东西方向、社区内部交通的通畅。公共绿化系统由5个新区公园、社区绿地和绿化带构成。滨河绿地带宽度，北塘河两侧各按60米计，一般河流两侧各按10米计。

2001年3月，经萧山市政府同意，对萧山市城市新区控制性详细规划作调整。批准育才路（北干山隧道口—金惠路）线形调整为S形；青年路南伸，与萧杭路南面道路相衔接；金城路北侧、青年路西侧地块，增加一条宽度为21米的内环路；银河小区环路延伸段取消；山北路（永久路接至山阴路）宽度调整为21米。另外对河道去留、用地性质分别作出调整。

专项规划

萧山市城市供水规划（1995～2010年）　1995年8月，制定新一轮供水规划。规划期限、城市规模、规划区范围均以第四轮《萧山市城市总体规划》为依据。

水厂建设：在第一、第二自来水厂制水能力24.5万吨每日基础上，再建第三自来水厂，设计能力日供水60万吨，分3期实施。1996～2000年完成一期工程，日供水20万吨；2000～2004年完成二期工程，日供水20万吨；三期工程可分项实施，至2010年基本完成。

管网建设：1995～2000年延伸管网近28.1千米，扩大供水范围36平方千米。2000～2010年基本实现“西水东调”，延伸管网近50千米，扩大供水面积135平方千米。

水源：第一、二水厂主要水源是湘湖水系，规划中第三水厂水源取自钱塘江，加强对湘湖水系及钱塘江水源保护。

供水区域发展预测：至2000年，增加新塘、来苏、靖江、所前、党湾、新湾、党山、头蓬、前进等镇乡和第一农垦场、第二农垦场及军垦农场、农业开发区，供水人口70万，供水区域220平方千米。至

2010年，供水人口100万，供水区域260平方千米。

萧山市燃气规划（1998～2020年） 燃气专项规划的供气范围为萧山市老城区、城市新区、经济技术开发区、桥南区、宁围镇，面积42平方千米。燃气供应量，城镇居民用气耗热定额近期为2720兆焦每人·年，气化率100%，其中管道燃气气化率40%；中期为3140兆焦每人·年，气化率100%，其中管道燃气气化率80%；远期为3560兆焦每人·年，气化率100%，其中管道燃气气化率95%。

城市燃气气源：近期为液化石油气，中期为液化气与天然气并存和过渡阶段，远期为天然气。规划在闻堰镇建设一座航运中转储配站或在临浦镇建设一座铁路中转储配站，规模为3000立方米，兼作城区管道液化气供应储备基地。至2010年，在临浦、瓜沥、南阳、义盛、河上镇各建一座400立方米储配站；至2020年，在楼塔、戴村、靖江、头蓬、党湾镇各建一座200立方米储配站。

萧山市城市防洪规划（1996～2010年） 萧山的河（江）洪、海潮防洪标准为50～100年一遇。钱塘江南岸江堤按100年一遇标准；浦阳江欢潭乡兰头角至临浦镇段江堤按50年一遇标准，临浦至小砾山段（俗称西江塘）按50～100年一遇标准与钱塘江江堤衔接。

城区防洪排涝标准按50年一遇设防；新建道路路面设计高程按50年一遇标准设计水位；一般建筑物设计高程应高于50年一遇标准设计水位0.50米，重要建筑物设计高程按100年一遇标准设计洪水位，酌加安全超高；市区设置的排涝泵站按50年一遇标准设计；城区河道堤防按50年一遇设计。城区河网防护堤堤顶高程按三级建筑物设计，通航河道确定为8.11米，非通航河道确定为8.0米。

萧山市城市绿地系统规划（1997～2010年） 按照现代化城市发展的需要，以“创建国家级园林城市为起点，高标准建设各类园林绿地，以绿为主，植物造景为主，维护生态平衡，谋求人与自然和谐共存，达到生态效应、游憩功能、视觉景观三者统一的综合效应”为总目标。布局构架为“一片、一环、二楔、二纵、三带”的生态园林城市空间格局。“一片”指城北的大片生态农业、观光果园和沿江的钱江风光带的生态旅游绿地；“一环”指城市外环路绿化带；“二楔”指城市东南部、南部的水网生态绿地和西部的湘湖旅游度假区绿地；“二纵”指市心路、通惠路道路绿化带形成夏季南北通风的生态走廊；“三带”指开发区以北的解放河与环城公路北线之间的绿带，北塘公路与北塘河之间的苗圃绿带以及西山与北干山和部分萧绍公路形成的天然绿色屏障。

市域、城郊生态绿地，从宏观要求在全市范围内建设沿海防护林体系，形成一个比较完整的带、网、片，乔、灌、草相结合的多林种、多树种、多层次、多功能、高效益的综合性防护林体系，使全市有一个较好的生态绿地环境。规划森林覆盖率从目前的19.2%上升到27%。根据城乡交通网络的状况，在道路外侧保留不少于10米的绿化带；结合河网的特点，布置各具特色的植物，形成良好的生态环境。

萧山市区排污规划（1998～2010年） 萧山市区排污分为2个分区：老城区、城市新区、经济技术开发区为一分区，宁围镇、桥南区为二分区。一分区污水经各区污水收集系统收集后汇集至长山预处理厂，经预处理，用压力输污水管道送至污水处理厂；二分区宁围镇污水收集后汇至桥南区污水收集系统，与桥南区污水一起直接进污水处理厂。两个分区的污水均经污水处理厂二级处理后排放。老城区为截流或雨污合流和雨污分流相结合的排水体制；城市新区、经济技术开发区、宁围镇和桥南区采用雨污分流排水体制。

萧山市道路交通规划（1998～2010年） 1998年10月市政府委托浙江省城乡规划设计研究院编制。该规划包括道路规划计算机信息系统规划、城市道路网络规划和区域及城市对外交通规划3部分。道路规划计算机信息系统是将地形图以DXF格式贮存。通过将图素点坐标校正至标准坐标系，成为更精确的计算机图形，规划道路网络和控制道路交通。城市道路网络规划包括城市交通走廊规划，道路功能，道路横断面，道路交叉口，道路两侧建筑红线后退等规划。区域及城市对外交通规划为：加强市区与公路枢纽的联系；加强与杭州市区的联接；加强市区与各主要镇乡的联系。

萧山市城市消防规划（1998～2010年）　1999年1月编制，目标是“建立起消防法制健全，管理体制合理，基础设施完善，技术装备精良，消防站布局合理，消防队伍训练有素，适应萧山市城市经济发展和城市建设特点的城市消防安全体系”。

到规划期末（2010年），萧山城区划分7个责任区，其中老城区、城市新区西片为甲级消防责任区；城西南片、城市新区东片、经济技术开发区东片与宁围镇为乙级消防责任区；经济技术开发区西片、桥南区为丙级消防责任区。设立7个消防站，其中特勤站1个，甲级站1个，乙级站3个，丙级站2个；建立消防指挥中心和消防通信系统及消防培训中心，形成完善的消防安全保卫体系。建立由消防主通道、消防次通道及街区消防通道共同构成的消防通道系统。建立由市政供水和天然水源合一规划设置的消防给水设施，市政供水主干管网成环状布置，天然水源设有取水平台和消防通道。以有线通信、无线通信及计算机通信三者结合的现代化消防通信装备为基础，建立消防指挥中心统一调度的三级消防指挥网通信构架。

萧山市城区河道规划（1998～2010年）　1999年3月编制。城区河道规划包括河道功能、河道网络、河道断面、岸线规划。

城区河道功能规划，确定东西向河道是本市平、枯水期“西水东调”的重要传输河道；南北向河道是洪水期洪水排放要道；部分城区河道为通航河道，又是城市雨水的受纳、排放水体；城市河道与城市绿化相结合要发挥环境景观功能。

城区河道形成“四横、六纵、三环”的网络。“四横”指大浦河+登岭河、山北河、城河、道源河+戚家湾河；“六纵”指湘湖河、官河、济民河+五七路河、工人河+牛脚湾+新开河、大浦河支河、黄家河+里官河+官河+长山河；“三环”指城市新区由大浦河、山北河、工人河、大浦河支河组成一环，老城区由毛家河、张家河、商城河、商城东河、城河组成一环，由新开河、道源河、戚家湾河、黄家河、里官河和城河组成又一环，后两环因城河相连，北通牛脚湾与城市新区水系相通，西经官河与湘湖相连，南接南门江，东至长山河，形成城区的景观环。

湘湖旅游区规划　根据1991年编制的《萧山市城市总体规划》，湘湖风景旅游区的保护区面积为18.16平方千米（包括古湘湖的大部分及东、西白马湖）。湘湖风景旅游区的性质：以山水为骨架，以田园景色为衬托，以吴越文化为精髓，以参与游乐活动为功能的融观光、旅游、度假、娱乐为一体的城郊型风景旅游胜地。整个景区划分为城山怀古、湖光云彩、农家风情、水上乐园、石岩秋望、康乐度假村6个景点（区），并建为三级风景保护区。

1995年，浙江省政府批准湘湖旅游度假区为省级旅游度假区。规划以“古湘湖”为主题，突出湖光山色、美丽夜景，优化生态环境，凭借“大杭州”区域优势，追踪国内动态，开拓国际市场，将湘湖建成环境优美、适应国际旅游发展潮流的集观光度假、竞技娱乐、休闲健身、度假旅游为一体的旅游度假胜地。总体布局由游憩娱乐区、观光浏览区、商贸活动区、别墅区和管理区五大部分组成，每个功能区既相互独立又互为关联，构成湘湖旅游度假区完整的系统工程。

第二节　规划管理

萧山规划管理始于80年代，后从制度到程序逐渐规范，并逐步走上社会管理、法制管理、行政管理和经济管理等相结合的综合管理轨道。1987年1月，根据县政府《关于在城厢镇规划区内统一收取“旧城改造补贴费”和“配套设施建设费”的通知》（萧政〔1987〕6号）的规定，凡在城厢镇规划区范围内新征用土地的建设工程，不论中央、省、市属单位或县内外各行政或企事业单位，均应缴纳旧城改造补贴费；凡在城厢镇规划区范围内新建、扩建、翻建各种永久性建筑物或构筑物，不论新区或旧城，厂内或厂外，院内或院外，军用或民用，生产或生活，单位或个人，均应缴纳配套设施建设费。1980～2000年，市政府先后在环境保护、旧城改造、建设用地、建设工程、监督管理等方面出台一系列规定。2000年1月，组建萧山市城市规划专家咨询委员会。是年，试行“项目公示制”，规划方案和审批程序更加严谨、透明和公开。1995年，市建设局获得浙江省及全国“城市规划管理先进单位”称号。

审批管理

1985年2月，县政府出台《萧山县城镇规划建设管理实施办法》，明确规定在规划区内进行建设必须服从城镇总体规划，由县城乡建设管理部门实行统一规划管理。各单位和个人建房须向城乡建设管理部门提出建设用地申请，经规划定点、划定红线后，向土地管理部门办理征地手续，凭批准通知领取建设用地许可证，方可使用土地进行建设。未领证者以违章建设论处。各建筑设计单位须凭建设用地许可证及红线图进行设计。1987年1月1日规定，凡在城厢镇规划区范围内新征用土地的建设工程均应缴纳旧城改造补贴费（按建筑面积每平方米缴纳50元），在规划区范围内新建、扩建、翻建各种永久性建筑物或构筑物均应缴纳配套设施建设费（按建筑面积县外单位每平方米缴纳25元、县内单位或个人每平方米缴纳20元）。1988年始，其余23个镇也按规定收取旧城改造补贴费和配套设施建设费。

1990年8月1日起，各镇全面实行“一书两证”制度（“建设项目选址意见书”和“建设用地规划许可证”、“建设工程规划许可证”），形成从项目选址、方案审定，到核发用地许可证、工程许可证一套完整的管理制度。计划部门凭规划部门的选址意见进行建设工程项目立项，规划部门凭计划部门的立项文件进行定点，计划部门凭规划部门审定的建设总图和单体平、立、剖面图下达正式建设项目文件。是年，批准建设项目选址意见书285项，颁发建设用地规划许可证110项、建设工程规划许可证207项（2000年，批准建设项目选址意见书157项，颁发建设用地规划许可证624项、建设工程规划许可证177项，发证工程面积90.3万平方米）。1997年9月，实施规划管理窗口服务制度，建设单位或个人持有关批准文件到指定服务窗口申报。窗口受理后在法定期限内发放市建设管理部门审核批准的规划管理有关证件。建立收件、初审、审核、签发、办事结果公示等一整套严谨的审批流程。

1998年，市政府办公室颁发《关于进一步明确城市建设若干技术规范的通知》（萧政办发〔1998〕8号），内容涉及规划用地、开发强度、建筑形式、环境要求、道路控制、配套设施等各个规划技术层面。经过6轮修订完善，2000年，《萧山市城市规划管理技术规定》定稿。2000年1月，市建设管理部门使用规划管理信息系统，开全国县级市之先河。该系统准确、直观地将审批项目的基本情况反映在图纸上，其定位坐标的准确度达至毫米。自此，规划管理从以手工为主的传统操作方式变成应用微型计算机技术的规范化管理方式，规范办事程序，提高办事效率，增强办事透明度。是年，市建设管理部门试行“项目公示制”，社会公众可参与城市规划和建设管理活动。

违章查处

1985年2日始，县政府授权县建设管理部门负责建设项目审批和对违章行为的处理。

1988年1月始，对全市24个镇实施统一规划和建设管理。1990年，市政府部署全面清查、核准违法建筑，规定凡在1990年3月31日前未取得建设许可证或房产证的建筑物、构筑物和其他设施均属违章建筑；凡在1990年4月1日后未取得建设工程规划许可证或违反建设工程规划许可证规定进行建设的建筑物、构筑物和其他设施均属违法建筑，必须在1992年3月底前补办建设许可证或自行拆除，逾期将由市城乡建设管理监察大队依法处理。1992年2月初，为保证湘湖绿谷（后称杭州乐园）工程3月8日开园，市城乡建设管理监察大队针对湘湖路乱搭乱建现象，发出25份（其中21户建有违法建筑或钢棚）限期整改通知书，对12户逾期违章钢棚采取强行拆除措施。1993年3月，对14个镇进行《城市规划法》实施执法检查，依法对杭州齿轮箱厂两侧及杭州第二棉纺厂地段的100余户违章建筑、车棚强行拆除。

1994年，市政府办公室发出《关于加强主要道路两侧建设用地规划管理的通知》（萧政办发〔1994〕189号），明确104国道、杭金公路萧山段、机场专用线等12条道路两侧的控制区范围和建设内容，纳入镇乡规划区范围，并要求各镇乡及时编制好控制性规划，规定控制区范围内的土地实行有偿出让，建设项目由市计划部门审批。

1995年10月，市政府发布《关于全面清理城区违法建筑的通告》，对城区范围内违法建筑进行专项清理，清查崇化小区及人民路、市心路、工人路、体育路、西河路旁违章建筑440户。1996年始，对违法违章建筑进行经常性查处。1992～2000年，累计查处违法建筑面积203.03万平方米，罚款78.28万元，拆除违章建筑物41333.2平方米。

表10—1—160　1992～2000年萧山查处拆除违法建筑情况

年　份	查处违法建筑				拆除违法建筑	
	查处数量（起）	重大违法（起）	查处面积（万平方米）	罚款金额（万元）	拆除数量（处）	拆除面积（平方米）
1992	309	42	2.52	10.76	140	2257.3
1993	279	59	19.12	14.77	56	1186.5
1994	358	31	8.40	18.90	127	4089.0
1995	525	29	17.34	19.40	308	3883.4
1996	485	0	25.97	0	217	5325.0
1997	209	32	2.18	8.10	217	1325.0
1998	250	11	5.50	6.35	234	3177.0
1999	254	0	50.00	0	85	8600.0
2000	422	39	72.00	0	383	11490.0
合计	3091	243	203.03	78.28	1767	41333.2

第三节　城市测绘

1977年，萧山始建测绘队[①]。1978年，城区使用“平板测量”法绘制地形图。80年代末，萧山第二次城区测绘采用航测成图。1993年7月，萧山市城乡测绘公司建立，萧山测绘队和城乡测绘公司先后测绘临浦、瓜沥、义桥、宁围等

①70年代后期萧山建立专业测绘队伍，测绘设备随着科技的发展逐渐更新。

平面控制测量仪器，70年代至90年代主要采用国产测距仪，90年代后期采用进口电子全站仪，2000年初始引进美国GPS接受系统。

高程控制测量仪器，70年代采用S3国产水准仪，80年代始采用多自动安平水准仪和Sl精密水准及铜钢水准尺。

地形测量仪器，70年代普遍采用小平板仪成图，80年代始采用大平板仪和经纬仪配合小平板仪测量，2000年始采用全站仪采集数据。

电脑成图工程测量仪器，80年代前常用主要是皮尺、30—50米的钢尺、铜钢基线尺、坐标格网尺、铜钢水准尺和经纬仪、水准仪等；80年代后期采用DCH——2光电测距和精密水准仪；90年代始采用全站仪。

制（绘）图器具，90年代中期前使用小钢笔，单双曲线笔、直线笔、点园规、比例尺和各种直尺、曲线板、玻璃棒等。同时使用点状、三角形、房屋等符号的点绘工具，采用人工书写字体和植树来完成地形图的清绘；90年代末始采用惠普HP750C大型绘图仪成图取代手工绘图。

地形图复制方式，80年代中期一直沿用太阳曝晒、氨水薰图筒晒等方式；80年代后期始用晒图机，并从有氨晒逐渐改为无氨晒；2000年始使用微型电子计算机成图。

中心城镇及开发区地形图，进行道路、河流、管线等市政工程测量、施工放样及测绘（量）标志普查。90年代后，随着测绘技术进步和测绘设备更新，萧山城市测绘逐步走上标准化、规范化轨道，并建立较完整的测绘成果档案。

地形测绘

1977～1978年，为进行旧城改造，萧山城区使用小平板仪进行地形图测绘。由萧山测绘队逐年成图并修测萧山第一批1：500城区图，共382幅，图幅50厘米×50厘米。

1987～1989年，为编制萧山市中期发展规划，进行第二次城区测绘。萧山测绘队参与由省测绘局主持的三角网布设。在此基础上，由省测绘局聘请南京航测队航测1：500地形图584幅，图幅50厘米×50厘米，这是萧山第一次航测成图。原市区1：500小平板仪绘制的地形图停止使用。

1978～1997年，萧山测绘队还对临浦、进化、坎山、义桥、瓜沥、衙前、党山、宁围镇等中心镇及有关厂区进行地形测绘，共绘1：500测图350幅。其间，闻堰等一些城镇为编制中长期发展规划，委托萧山市外测绘公司（队）测绘地形图。

工程测量

主要有市政工程、工业民用工程和特殊工程测量。70年代后，萧山市政建设逐年发展，萧山测绘队先后完成虎山路、站前路、市区104国道一期改造和拱秀路、回澜路、育才路南段、仙家路、崇化路、市心南路、人民路、文化路、北干山南路、湘湖路、环城东路等道路测量。1993年后，完成育才路北伸、市心路北伸、道源路、金城路、山阴路、风情大道、新世纪市场园区等道路测量，以及为之服务的导线测量、水准测量和纵横断面测量。萧山市测绘队还承担从萧山污水泵站到钱塘江边12千米带状地形、金马热电厂管线带状地形、瓜沥镇污水管线定位及水准测量，第二自来水厂至三江口给水管线定位、城厢镇23.9千米市政管网等工程测量和老城区城河、环南河、百尺溇河、牛脚湾河、毛家河、燕子河、仙家河、工人河、商城河、张家河、姚家河、南门江裁弯取直、城东长山段河道改造工程等测量。

标志普查

测量（绘）标志包括天文点、重力点、三角点、水准点、导线点和军控点、海控点等。中华人民共和国成立以来至1986年，国家测绘局和省测绘局、水利局、交通局等部门在萧山境内建有268个测量（绘）标志。“文化大革命”期间，测量（绘）标志损坏严重。1986年上半年，萧山县市政园林管理处对城厢地区的测量（绘）标志进行全面普查，发现因建房、修路、造桥、埋设管道、建造坟墓等擅自挖出测量（绘）标志的情况，有的标志被挪作他用，有的裸露，有的用土石料覆盖，有的被砸碎。城厢地区原有测量（绘）标志124个，仅存96个。1986年12月1日至1987年2月中旬，全县开展测量标志普查。全县268个测量（绘）标志（其中水准点181个、平面点87个），标石完好的95个，其中水准点50个；平面点45个；萧山县内自设的8个四等三角平面控制点、12个四等高程控制点和瓜沥镇7个四等三角点，完好率均为100%。

1997年6月至1998年3月，市政府决定在全市范围内进行第二次测量标志普查。全市共288个各类测量标志，其中一、二等标志47个，三、四等标志241个，分布于31个乡、镇、场，尚存108个，完好率37.5%；97个标志被完全损坏；83个标志由于地形变化、基础设施建设等原因未找到。

普查后，对完好的测量标志，按统一规定埋设警示桩或警示牌，并实地拍摄照片，在地形图上重新测绘标点，绘成点后注明标记。对损环的测量标志，重新落实测量标志保管员。至2000年，全市有三角点、水准点等各等级永久性测量标志288个。

第二章　老城改造

1958年，萧山制订城厢镇规划后，即实施老城改造和建设。60～70年代，先后建成了部分道路和商贸设施。80年代初，萧山开始有计划地进行老城改造，拆除旧房，拓展道路，整治河流，修建桥梁，布置照明。至2000年，老城建成区面积由1984年的4.34平方千米增至13.95平方千米。

第一节　街巷建设

萧山老城改造始于1959年10月，拆除北街弄、衙后弄旧房，扩建成市心路。1962～1967年，通过旧房拆迁和弄巷改造，先后建成西河路、文化路、人民路（原称体育南路）。70年代，拆迁旧房3.3万平方米，兴建萧山百货大楼、电信大楼、西门粮油市场等公共建筑。1980年7月后，拓宽市心路，拆建环西桥，兴建新凌家桥，新建萧山农垦大楼、钱江饭店、萧山乡镇企业大楼等公共建筑和高桥住宅小区。至1984年末，萧山城区有主要街道29条，长30859米；弄巷62条。至2000年末，主要街道40条，长55929米；定名弄巷42条。

街道拓展

1985年，实施人民路、文化路、市心路、西河路续建工程，拆除市心路西段的萧山县政府招待所和城厢饭店，兴建萧山宾馆和商业大厦。1986～1991年，实施江寺路南伸，文化路东伸，体育路、人民路西伸，育才路，高桥路南伸工程，总长1806米；拆建、拓宽文化路东段、市心路萧绍路口至城西桥段等工程，总长840米；浇筑沥青路面和砼路面长4412米。共拆除旧房15.25万平方米，沿路沿街新建萧山体育馆、萧山儿童公园、萧山火车站候车大楼、萧山国营工业大楼、萧山农业银行、萧山工商银行、萧山人民银行、萧山信用联社、绣衣坊商场及幼儿园、福利院等28处（座）公共建筑，建筑面积12.83万平方米。

图10－2－255　1997年的东门老街（纪传义摄）

图10－2－256　21世纪初东门新貌（2008年，杨贤兴摄）

1992～1994年，拆除旧房21.17万平方米，新建道路2845米，拓宽改建道路2540米，临路新建萧山商业城、市第一人民医院病房大楼、萧山长途汽车站、萧山供电局大楼、萧山市电信大楼、萧山金马大厦、萧山二轻大厦、回澜小学等公共建筑25处（座），建筑面积75.30万平方米。

1995～2000年，拆除旧房45.46万平方米，新建育才路南伸段、人民路、拱秀路东伸段、市心路、崇化路南伸段、潘水路西伸段、道源路、文化路东伸段等城区主要道路，共长23605米；临路新建萧山中学、萧山国际酒店、金马饭店、萧山广播电视中心、银河商务中心、新世纪广场、市心商贸城（市心广场）、供销大厦等主要公共建筑25处（座），建筑面积57.72万平方米。至2000年，萧山市老城建成区面积13.95平方千米。有道路40条，长55929米，比1984年增加25070米；全部为沥青和砼路面，人行道方砖铺设率98%。1985～2000年，萧山老城拆除旧房81.88万平方米，新建主要公共建筑78处，建筑面积145.85万平方米；2万平方米以上住宅小区34个，建筑面积260.20万平方米。

图10－2－257　1959年10月的市心桥（董光中摄）

图10－2－258　1991年扩建后的市心桥（2009年，杨贤兴摄）

新建和扩建的主要道路：

通惠南路　南起南环路，北至萧绍路，1990年开工建设，1994年5月竣工。全长2041米，宽42米，其中车行道宽32米，两旁人行道各5米，沥青路面。

育才路　南起道源路，北至北干山南路，1987～1996年分段建成。全长1972米，宽21米，沥青路面。为纵贯城区南北的一条交通主干道。

市心南路　南起潘水苑，向北经市心桥，至萧绍路，纵贯老城区。旧为大南门、衙后弄、北街弄，原石板街道，宽3米。中华人民共和国成立后，进行旧城改造，1959年10月起分段拓宽改建而成，全长2020米，沥青路面。其中旧县前（今萧山宾馆）至萧绍路段，于1959年10月动工改建为泥结碎石路，1960年4月浇铺沥青路面，长400米，宽19.25米（其中机动车道宽9.25米），为城区第一条沥青路。1962年南伸至环城南路。1968年改称红旗路，1981年称市心路。环城南路至萧绍路段，两旁绿树成荫，高楼林立，为城区主要商业街道。1982年10月，该路向南延伸300米，至南门码头，宽27米。是城区第一条由绿化带分隔为快慢车道的街路。

潘水路　东起市心南路，穿越铁路立交桥，西至西山隧道，1995～2000年分段建成。全长1929米，宽28米，其中车行道16米，沥青路面，两旁人行道各宽6米，彩色小方块铺砌。为城区连接湘湖旅游度假区的主干道。

道源路　东起通惠南路，西至市心南路，1996年开工建设。全长1717米（1996年起实行分段建设，至2000年建至广播电视大楼，长1200米；2002年6月，东伸至通惠南路，延伸段长517米），宽28米，其中车行道16米，沥青路面；两旁人行道各宽6米，彩色小方块铺砌。是横贯城区南部的主干道。

拱秀路　西起环城南路，东至通惠南路，1991年开工。全长2147米（2000年建设至育才路口段，长1717米；2003年东伸至通惠南路，延伸段长430米），宽24米，沥青路面。为城区南部的东西向交通主干道。

人民路　东起通惠南路，西至萧金路，长2385米，宽21米～28米。堰下至环城西路段长1017.5米，宽24米，其中车行道宽12米，两旁人行道各宽6米，1967年起由原朱家弄中段、董家弄南段、马弄、旧县前、牛脚湾、桥下达等弄巷改建而成。原称体育南路，1981年定名为人民大道，后称人民路。其中市心路至西河路段长220米，1978年浇铺沥青路面，萧山县委、县人大常委会、县政府、县政协坐落在该路段北侧（1999年6月迁往新区）；市心路至何家弄段长260米，1980年浇铺沥青路面；1985年东伸377.5米，至堰下；西河路至环城西路段改浇沥青路面。1984年从环城西路西伸至萧金路；1993年从堰下东伸至育才路。1998年又从育才路东伸至通惠南路，长560米，宽24米，路两旁绿化面积2.3万平方米。

萧绍路（城区段） 西起西门花坛，东至城东立交桥，全长3117米。原是104国道城厢段，宽仅15米，1990年7月至1992年8月拓宽改建成宽36米，沥青路面。是横贯城区东西的一条交通主干道。

西河路 南起体育馆，北接工人路。1962年由原西河下直街和西河填塞改筑而成，故名西河路。1968年改称解放路，1981年复称西河路。长1169米，宽21米，其中车行道宽9米，沥青路面；两旁人行道各宽6米，彩色小方块铺砌。是城区主要商业街道之一。

表10－2－161 2000年萧山市老城区主要街路情况

单位：米

街 路	起 讫	长	宽	路面结构
站前路	站前广场至通惠中路	471	48	沥青
萧杭路	西门花坛至第二水厂	3405	13	沥青
崇化路	潘水路至萧金路	1102	28	沥青 砼
萧金路	萧西路口至西山隧道	1919	17	沥青
体育路	陈家弄口至河滨路	655	21	沥青
文化路	回澜桥至环西桥	2248	8～12	沥青
江寺路	人民路至萧绍路	665	13	沥青
金家桥路	环城东路至江寺路	330	13	沥青
环城东路	城桥至萧绍路	646	13	沥青
环城南路	城桥至南门桥	1500	13～18	沥青
环城西路	南门桥至环西桥	1093	8～13	沥青
北干山南路	萧绍路至烈士陵园至通惠路	1653	21	沥青
回澜路	拱秀路至萧绍路	1023	21	沥青
萧西路	西门铁路道口至小岳桥	2000	6～15	沥青
湘湖路	跨湖桥至萧西路	3500	6	沥青
河滨路	人民桥至西桥	440	13	沥青
百尺溇路	环城南路至人民路	640	12	沥青
城河街	板桥至西门铁路道口	1215	3～27	沥青
商城中路	萧绍路至站前路	830	30	沥青
通货路	萧绍路至塘上路	2700	16	沥青
五道路	萧金路至老火车站	460	6.6	沥青

图10－2－259 1997年改造前人民路东伸段旧貌（杨荣鑫摄）

图10－2－260 1999年人民路东伸段新貌（杨荣鑫摄）

续 表

街　路	起　讫	长	宽	路面结构
高桥路	道源路至拱秀路	357	15	沥青
高桥横路	敬老院至高桥路	317	5	沥青
邮电路	崇三社区至崇化路	705	13	沥青
仙家路	仙家里村至萧金路	394	21	沥青
商城西路	萧绍路至商城河至通惠路	600	18	沥青
下湘湖路	萧西路至湫口坝	634	5~6	沥青
湘西路	下湘湖路至湖头陈村	2838	10	沥青
大通路	新螺路至萧绍路	570	6	沥青
南江路	南门江至小南门	415	4	砼
金鸡路(五七路)	萧杭路至城北桥	2107	7	沥青

图10－2－261　80年代初的萧绍路（董光中摄）

弄巷改造

萧山弄巷改造与旧房拆除、街道拓建同步进行。1987年，改造长浜沿、东门下街等小弄巷21条，将石板路面和泥结碎石路面改造成沥青路面和混凝土路面，长1965米，路面面积6363平方米。1989年，新建小弄巷混凝土路面1270平方米。1990年，改造太平弄、郁家弄巷8条，长920米，浇铺混凝土路面3100平方米。1991年，改建太平弄、万寿桥下街、苏家潭、高桥住宅区间弄巷7条，长935米，浇铺沥青或混凝土路面3273平方米。1997～1998年，维修小弄巷22条，路面9万平方米。至2000年，老城区有定名弄巷42条，长7873米，均为混凝土、沥青路面，面积26565平方米。

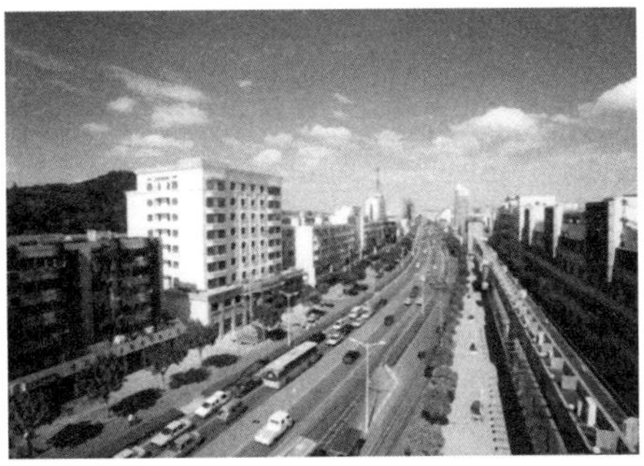

图10－2－262　90年代初的萧绍路（董光中摄）

表10－2－162　2000年萧山市老城区定名弄巷情况

单位：米

名　称	起　讫	长	宽	路面结构
直石板弄	何家弄至市心路	270	5.6	砼
大弄	城河街至人民路	370	5.0	沥青
万寿桥下街	西门铁路道口至七道仓库	300	5.0	砼
渔家浜	东风桥至藕湖浜	360	4.0	沥青
蔡家弄	市心路至百尺溇路	342	4.0	沥青
陶唐弄	西河路至河滨路	110	4.0	砼
横弄	环城东路至韩家弄	125	3.8	砼
永泰弄	环城东路至江寺路	395	3.5	砼
横石板弄	直石板弄至人民路	235	3.5	砼
南药弄	市心路至西河路	205	3.5	砼
堰下	环城南路至凤堰桥	150	3.5	砼
周家河头	蔡家弄至直石板弄	127	3.5	砼
苏家潭	市心路至汪家弄	102	3.5	砼
烟笔子弄	文化路至永泰弄	86	3.5	砼
小朱家弄	城河街至百尺溇	82	3.5	沥青
大朱家弄	城河街至百尺溇	70	3.5	沥青

续 表

名　称	起　讫	长	宽	路面结构
外姚家潭	东门下街至姚家潭	335	3.0	砼
东仓弄	文化路至萧绍路	285	3.0	砼
韩家弄	文化路至金家桥路	280	3.0	砼
梅花弄	环城东路至萧绍路	275	3.0	砼
西仓弄	文化路至萧绍路	245	3.0	砼
汪家弄	三碰桥至南药弄	231	3.0	砼
何家弄	蔡家弄至人民路	205	3.0	砼
小汪家弄	市心路至汪家弄	205	3.0	砼
东竹林寺弄	文化路至永泰弄	170	3.0	砼
药店弄	西河路至新开河	150	3.0	砼
东竹场弄	文化弄至竹林寺弄	141	3.0	砼
水曲弄	陈家弄至大弄	130	3.0	砼
东张家弄	城河街至百尺溇	125	3.0	砼
太平弄	南药弄至人民路	124	3.0	砼
百尺溇（弄）	百尺溇路至何家弄	123	3.0	沥青
郁家弄	西河路至河滨路	119	3.0	砼
陶家弄	人民路至城河街	75	3.0	砼
西竹林寺弄	文化路至永泰弄	74	3.0	砼
狮子弄	萧绍路至里横河	72	3.0	砼
里横河（弄）	市心路至工人路	262	2.5	砼
陈家弄	人民路至体育路	206	2.5	砼
万寿桥上街	西门铁路道口至望湖桥	167	2.5	砼
唐家弄	西河路至新开河	135	2.5	砼
三碰桥（弄）	汪家弄至西河路	122	2.5	砼
庙西弄	三碰桥至南药弄	205	2.0	砼
常源弄	百尺溇至何家弄	83	2.0	沥青

图10－2－263　90年代中期，改造前的城河旧貌（王建欢摄）

图10－2－264　1997年对城河进行截污并网，实施综合整治，至2000年，整治完毕。图为整治后的城河新貌（2006年，杨贤兴摄）

第二节　城河整治

80年代始，结合老城改造，对城区河道进行疏浚、砌石、捞漂（用人工或机械方式捞除河面上水草、塑料瓶等漂浮物，简称捞漂）、护栏、亮灯等综合整治和建设。至2000年，老城河道共砌石护岸长5561米，对13条主要河道疏浚淤泥16.24万立方米，捞漂6034吨。

河道疏浚

1984年8月，发动132个单位、2万人疏浚城河及长浜沿、百尺溇河道，全长1485米。出动各种机动车辆611辆、人力车1267辆，共挖土8315立方米，运走废土1.66万吨。经过疏浚，城河河道平均挖深50厘米，河床底宽达2米。1989年，对环城南河、百尺溇至凤堰桥老河进行疏浚，长1060米，清除淤泥1.36万立方米。翌年又疏浚茅家河淤泥1765立方米，拆除沿河两岸违章建筑。1994年7月，用机械疏浚城河及百尺溇、环城南河、仙家里河、牛脚湾、毛家河、燕子河、小南门河8条河道。1998年，对城河、商城河清除淤泥4万立方米，并对12条主要河道捞除水葫芦等漂浮物2720吨。1999～2000年，对环城南河、堰河、城河进行疏浚，城区13条主要河道20余万平方米水面捞除漂浮物3314吨。

岸线整治

1984年用条石驳砌长550米、高5米的江寺桥至城桥的城河北岸河塴。1987年，对城河西段进行直立式砌塴，共完成石方5210立方米，增设河栏杆480米。1988年，实施南门江裁弯取直工程，新辟一条长530米、宽33米河道，两岸石砌护塴，并有各6米宽的步行道，完成土方6万立方米、石方7000立方米。1989年，在百尺溇至凤堰桥段，新砌河塴345米，增设混凝土立柱钢管护栏1150米，配置栏杆灯具65套，完成石方1350立方米。1993年，对商城河进行清淤驳塴，全面改造。1997年12月，对仙家里河进行清淤，砌筑挡墙，将崇明路以西的部分河道盖板封满。1998年10月至年底，对燕子河进行清淤、河岸砌石并埋设污水管，完成城河、商城河砌石护塴长1600米。

截污治理

1996年9～11月，国际酒店至市心广场段城河，铺设800毫米排污干管长436米，安装横管长144米，设检查井16只，纳管污水流入市心泵站。1997年5～6月，萧然桥至学士桥段城河，铺设800毫米干管长1151米，400毫米污水横管长81米，设检查井38只，该段污水流入城东泵站；学士桥至回澜路口段城河，铺设600毫米干管长300米。其间还先后对仙家里河、毛家河、九华河、环城南河、燕子河等河道进行截污治理。1996年9月至1998年11月，在城河岸边分段铺设预应力水泥污水自流干管，河道内铺设钢制倒虹横道管，将沿岸排放的污水纳入市政污水管网。至2000年8月，市心路以西截流管污水并入工人河主管，市心路以东截流管污水并入永久路污水管线。

第三节　桥梁修建

萧山老城处于水网平原之中，河道纵横，桥梁甚多，民间曾有“城外十里一桥，城内一里十桥”之说。1985年以来，随着街道拓建、城河整治等工程的实施，桥梁修建配套进行。

图10－2－265　1995年建造的新回澜桥，长8米，宽21米（2009年，杨贤兴摄）

1987年，新建跨城河东段的学士桥，长8米，宽21米。1988年，对城西桥进行拓建，由宽13米扩建成宽20米，并在新建的育才路旁建长7米、宽21米桥梁1座。1990年，对江寺桥进行拓建，由宽10米拓宽成16米，新增桥面60平方米。1991年，修建人民桥、市心桥、西桥、南门桥、高桥等桥梁14座。1995年，新建九华桥、新桥、毛家河桥，总长34.72米，桥面面积846.64平方米。1997年，新建交行桥、文源桥、潘水小桥等桥梁共5座，总长36米，桥面面积716平方米。1998～2000年，新建市心路南伸桥梁及文昌桥、文汇桥、泰和桥、育春桥、张家河桥、大禹桥等桥梁。至2000年，萧山老城共有桥梁81座，其中1985年以后新建、拓建54座。

表10-2-163 2000年萧山市老城区桥梁情况

单位：米

桥　名	类　型	长	宽	最大跨度	跨越河流或公路	竣工年份
西桥	双跨简支梁桥	25.0	15.0	15.0	新开河	1962
人民桥	双曲拱桥	50.4	12.5	35.1	新开河	1974
南门桥	钢架拱桥	48.3	12.5	33.0	新开河	1983
小南门桥	简支板桥	4.3	6.2	3.5	新开河	1983
西城桥	简支板桥	30.0	15.0	6.0	牛脚湾河	1982
新万寿桥	简支板桥	6.5	4.5	10.2	城河	1966
老火车站桥	简支板桥	8.8	6.0	6.0	城河	1972
环西桥	工字梁组合桥	9.5	20.0	8.3	城河	1983
凌家桥	简支板桥	8.0	13.0	8.0	城河	1983
市心桥	简支板桥	7.5	17.0	7.5	城河	1983
城桥	简支板桥	6.0	10.6	6.8	城河	1984
无名桥	简支板桥	11.5	9.0	8.3	城河	1986
学士桥	简支板桥	8.0	21.0	7.0	城河	1987
江寺桥	简支板桥	9.0	13.7	6.0	城河	1990
通运桥	简支板桥	13.6	42.0	13.0	城河	1993
新回澜桥	简支板桥	8.0	21.0	8.0	城河	1995
萧然桥	简支板桥	9.0	26.0	9.0	城河	1996
交行桥	简支板桥	8.0	24.0	8.0	城河	1997
竹林桥	简支板桥	7.0	11.0	7.0	城河	1997
铁板桥	工字钢梁桥	9.5	3.5	8.3	城河	1999
新凤堰桥	简支板桥	3.5	24.0	3.5	堰下口	1988
板桥（新）	简支板桥	4.0	28.0	4.0	环城南河	1993
高桥	简支板桥	7.4	10.7	7.4	环城南河	1984
萧然东路桥	简支板桥	7.0	24.8	6.0	环城南河	1991
麻纺厂桥（南北）	简支板桥	6.6	12.0	6.6	环城南河	1993
南市桥	简支板桥	8.0	21.0	7.0	环城南河	1993
原糖果厂西桥	简支板桥	5.6	6.0	5.6	环城南河	1979
麻纺厂综合桥	简支板桥	5.5	6.5	5.5	环城南河	1978
雷达站桥	简支板桥	4.4	7.2	4.4	环城南河	1976
木材站桥	简支板桥	4.9	4.4	4.9	环城南河	1965
供电所桥	简支板桥	5.0	7.0	5.0	环城南河	1984
长浜沿桥	简支板桥	4.9	6.0	4.9	环城南河	1968
毛家桥(外姚家潭)	简支板桥	6.0	2.3	6.0	毛家河	1984
育才桥	简支板桥	6.0	21.0	6.0	毛家河	1988
东城桥	简支板桥	5.8	42.0	5.0	毛家河	1991
毛家河桥(外)	简支板桥	5.8	15.0	5.8	毛家河	
毛家河桥(内)	简支板桥	5.7	2.1	5.7	毛家河	
南江公寓桥	三孔水泥拱桥	40.2	7.5	18.0	南门江	1995

续 表

桥　　名	类　　型	长	宽	最大跨度	跨越河流或公路	竣工年份
潘水桥	钢架拱桥	68.2	27.0	40.0	南门江	1994
文源桥	简支板桥	12.0	28.0	12.0	南门江	1997
南江景观桥	钢结构拱桥	45.0	9.0	45.0	南门江	2000
潘水4米小桥	简支板桥	4.0	30.0	4.0	南门江支流	1998
潘水8米小桥	简支板桥	8.0	30.0	8.0	王家河	1998
九华桥	简支板桥	8.3	21.0	8.3	里戚家湾	1995
新桥	简支板桥	13.8	24.0	13.8	里戚家湾	1995
育秀桥	简支板桥	8.0	21.0	8.0	里戚家湾	1996
文汇桥	简支梁板桥	26.0	28.0	26.0	里戚家湾	1999
拱秀桥	简支梁板桥	17.0	21.2	15.0	老河	1993
文昌桥	简支梁板桥	16.0	28.0	16.0	老河	2000
严家桥	简支板桥	12.0	7.4	7.4	里官河	1990
通育桥	简支板桥	13.6	42.0	13.0	里官河	1993
里官河桥	简支板桥	13.0	21.0	13.0	里官河	1995
官河桥	简支梁板桥	19.9	58.0	19.9	里官河	2000
恭先桥	简支梁板桥	85.6	12.1	25.0	官河	1991
杨家桥	简支梁板桥	41.0	9.0		湘湖	1975
望越桥	简支梁板桥	48.0	21.0	16.0	湘湖	2000
大禹桥	简支梁板桥	39.0	36.0	39.0	大禹河	2000
育才路北桥	简支板桥	9.0	21.0	8.0	张家河	1994
大通桥	简支梁板桥	48.0	10.0	16.0	板桥江	1988
黄家河桥	简支板桥	10.0	28.0	10.0	金家河	1995
金家河桥	简支梁板桥	9.2	32.0	9.2	金家河	1999
邮电路桥	简支板桥	5.8	12.0	5.8	仙家里河	1992
育春桥	简支梁板桥	39.0	21.0	13.0	道源河	1999
泰和桥	简支梁板桥	48.0	21.0	16.0	道源河	2000
农民公寓桥	简支梁板桥	32.0	6.0	12.0	道源河	2000
进水河桥	简支梁板桥	13.0	58.0	13.0	戴家河	2000
山南桥	简支梁板桥	20.0	42.0	20.0	商城河	1991
虎山路桥	简支梁板桥	15.7	32.2	13.8	商城河	1992
蓝天桥	钢架拱桥	46.6	10.5	30.0	黄家河	1996
华荣桥	简支梁板桥	16.0	58.4	16.0	畈里张河	1995
通行桥	简支梁板桥	24.0	32.8	24.0	滕家河	1994
通货桥	简支梁板桥	30.0	32.8	10.0	郎家浜河	1995
城东立交桥	铁路跨公路立交、钢构箱涵	30.0	32.0		萧绍路	1992
潘水立交桥	铁路跨公路立交、钢构箱涵	30.0	26.8		潘水路	1998

注：①表内不含梦笔桥、真济桥、永兴桥、惠济桥、仓桥、东旸桥、回澜桥7座古桥。

②市心桥于1983年、1991年扩建；恭先桥于2002年拓宽。

第四节 路灯照明

萧山老城区路灯照明始于1949年9月，时有路灯50余盏。1962年，老城区路灯线路长11.3千米，路灯132盏。1979年，路灯线路长16.5千米，路灯374盏。1985年，路灯增至724盏。后街道照明实行“灯随路（街、巷、河道、桥梁）走”。1989年，新装高桥住宅区路灯135盏，在百尺溇至凤堰桥段河道护栏安装配套灯具65套。1990年，增装望湖桥至跨湖桥段路灯140盏，在茅家河段安装护栏灯具35套；在水曲弄、竹林寺等地段安装路灯33盏，将西河路、体育路、文化路等街道的76盏白色汞灯更换成高压钠灯。1991～1995年，新装路灯507盏。1999年，实施城河亮灯工程。至2000年，萧山老城的所有街道、弄巷、城河、桥梁均装有路灯。线路长104千米，路灯3299盏。灯柱由80年代初的木杆、水泥杆，改为新颖的钢管灯柱和造型美观的组合灯柱。随着新光源的发展和普及，路灯由白炽灯改为高压汞灯、钠灯。灯形也不断更新，2000年，城区路灯的灯罩有玉兰柱灯玻璃罩、大小蘑菇玻璃罩、高压钠灯罩等23种型号和式样。

第五节 隧道 北山通览

城区隧道

萧山城区1968年始建隧道，至2000年，共建杭齿、西山、北干山、高田、长山5条隧道（高田、长山隧道详见《交通》编）。

图10—2—266 1999年10月建成的西山隧道（柳田兴摄）

杭齿隧道 1968年12月建成，南连萧金路，北接湘湖路。全长685米，宽7米，高5.5米～7.5米。由杭州齿轮箱厂投资建设，为企业专用隧道，使该厂与山北厂区相通。

西山隧道 全长205米，宽14米，高4.5米，沟通潘水路和湘湖路，使城区与湘湖旅游度假区往来更加便捷。1998年6月开工，翌年10月通车。

北干山隧道 全长327米，宽14米，高4.5米，沟通育才北路和育才路，使北干山南北的老城区和城市新区联系更加紧密。1998年7月开工，2000年1月建成通车。

北山通览

系人行天桥，钢架结构，联接北干山与虎山，跨越通惠路，1999年3月制作，是年8月始安装，9月28日竣工。中天桥长103.72米，宽3.4米；中天桥南北各有长57米，宽4.42米的下天桥2座（上天桥没有建造安装）。

图10—2—267 1999年建成的北山通览（2009年，杨贤兴摄）

第三章　新区开发

1990年，启动城市新区开发[1]建设。在北干山以北、北塘河以南实施新区建设；北塘河以北、解放河以南，五段河以北、杭甬高速公路以南实施萧山经济技术开发区建设（含杭州钱江外商台商投资区江南区块桥南区）。规划建设面积 30.21平方千米，至2000年底，新区建成区面积12.21平方千米[2]。萧山新区成为钱塘江南岸一个新的城市亮点。

①新区开发面积包括北干山以北、北塘河以南的城市新区10.08平方千米，萧山经济技术开发区18.75平方千米（市北区9.2平方千米，桥南区9.55平方千米），宁围镇1.38平方千米，共30.21平方千米。

第一节　路网建设

②新区建成区面积包括北塘河以南城市新区2.93平方千米，萧山经济技术开发区8.55平方千米（市北区6.94平方千米，桥南区1.61平方千米），宁围镇0.73平方千米，共12.21平方千米。

道　路

1992年10月，兴建通惠北路、市心北路、建设一路、建设二路、宁税路。12月，兴建鸿达路。1993年3月，兴建宁东路、市心中路、通惠中路。1995～2000年，相继兴建建设三路、金一路、建设四路、金城路、金惠路、育才北路、山阴路、永久路等新区主干道。至2000年，新区新建（在建）道路50条、长73717米，其中主干道路13条、长40982米，次干道路37条、长32735米。

图10－3－268　2000年市心北路北塘河至机场路口（柳田兴摄）

通惠北路　南起北塘河桥，北至铁路公路立交桥，长1030米，宽42米，其中行车道32米，两边人行道各5米，砼路面结构。1992年10月动工，1994年7月竣工。

通惠中路　南接通惠南路，北至北塘河，1994年5月建成，长3017米，宽42米，其中行车道宽32米，两旁人行道各5米，砼路面结构。通惠南路、通惠中路、通惠北路为萧山城市东区南北主干道。

育才北路　全线规划南起北干山隧道，北至北塘河，全长1790米。其中一期工程南起北干山隧道，北至金城路，宽16米～36米，2001年1月建成（2004年3月全线竣工）。与育才路相接，是老城区连接新区的主干道。

图10－3－269　2000年建成的金城路西端（蒋剑飞摄）

市心中路　南接市心南路，北至北塘河桥，是连接老城区与新区的主干道。1995年5月9日建成通车，全长3620米，宽52米～58米，中央设有宽8米的绿化带，两边有慢车道、人行车道，砼路面结构。

市心北路　南接北塘河桥，北至解放桥，是接通老城区、城市新区和连接机场路的主要干道。1993年10月开工，2000年5月建成，全长2280米，宽58米，中央设有宽8

米的绿化带，两边有慢车道、人行车道，砼路面结构（2002年1月28日，市心北路延伸工程开工，南起解放桥，北至后先锋桥，全长3100米。2003年1月13日竣工）。

建设一路　东起通惠北路，西至金二路，长3350米，宽42米，砼路面结构。1992年10月动工，1993年9月建成。

建设二路　东接通惠北路，西至金二路，长2820米，宽36米，砼路面结构。1992年10月动工，1993年9月建成。

建设三路　东接宁税路，西至金二路，长2360米，宽24米，砼路面结构。1995年5月动工，1998年11月建成。

建设四路　东接宁税路，西至金二路，长2770米，宽42米，砼路面结构。2000年11月始建（2001年6月建成）。

金城路　东起通惠中路，西至风情大道，沥青路面，全长5315米。1998年动工。通惠中路至金鸡路段长3430米，宽58米，2000年1月建成；金鸡路至湘湖风情大道段长1885米，宽24米，2001年1月建成。

风情大道　南起湘湖路，北至金城路。2000年1月动工，2001年竣工。沥青路面，长3530米，宽21米～36米（2002年4月由湘湖路西伸至闻戴公路，2003年4月竣工，长7125米；2003年12月，由金城路北伸至机场路，2005年竣工，长3420米；风情大道总长14075米）。是城区沟通湘湖旅游度假区的主干道。

图10－3－270　始建于2000年的风情大道，2002年4月由湘湖路西伸至闻戴公路，2003年由金城路北伸至机场路（萧山区建设局提供）

金惠路　全线规划东起育才北路，西至规划中的青年路（暂名），全长2620米，宽42米。一期工程320米，2000年9月30日建成（2004年3月全线竣工）。

鸿达路　东起浦十四线，西接钱江二桥接线公路，全长6480米，宽24米～42米，砼路面结构。1992年12月动工，1993年12月建成5521米，2003年续建竣工959米。

桥　梁

1992年，始建通惠北路北塘河桥、市心北路北塘河桥。1993年，兴建鸿达桥。1995年，兴建鸿南桥。是年底建成泰安桥、华龙桥、永安桥。2000年，建成金苑桥、金惠桥、育北桥、育山桥、育新桥。至2000年，萧山城市新区新建桥梁26座，其中公铁、公路立交桥7座。

路　灯

1993年11月28日，通惠北路、建设一路148盏路灯开通。1995年，市心中路、宁东路路灯开通。1996年，建设一路、建设二路、市心北路路灯开通。1999年，实施城市“亮灯工程”，新区加强路灯配套建设，至2000年底，新区各主要街路安装不同光源的路灯4924盏。

表10-3-164　2000年萧山市城市新区主要街路情况

单位：米

街　路	起　讫	长	宽	路面结构
宁税路	北塘河至建设四路	1230	24.0~36.0	沥青
宁东路	北塘河至建设四路	1910	24.0	沥青
金一路	北塘河至建设四路	1980	24.0	沥青
工人路	城北路至施家桥	1025	15.0	沥青
山阴路	育才北路至市心中路	1200	24.0~38.0	沥青
永久路	北干山北路至银河小区	1210	7.0~30.0	沥青
万向路	北塘河至铁路	1240	12.0	沥青
佳农路	大江路至建设二路	300	12.0	沥青
大江路	铁路至万向路	360	12.0	沥青
天得路	万向路至宁税路	350	12.0	沥青
欣美路	万向路至宁税路	350	12.0	沥青
大地路	万向路至宁税路	370	12.0	沥青
友成路	万向路至宁税路	390	12.0	沥青
庆丰路	宁东路至市心北路	510	12.0	沥青
五一支路	北塘河至建设二路	850	12.0	沥青
宁安路	建设三路至建设四路	800	12.0	沥青
加贸路	市心北路至金一路	800	12.0	沥青
金二路	建设一路至建设四路	1700	12.0	沥青
北干山北路	育才北路至市心中路	1820	7.0	沥青
城北路	市心北路至环西桥	384	3.5	沥青
红枫路	山河花园至永久路	420	9.0	沥青
E地块路网	广明亚	1230	12	沥青
3A地块路网	国际俱乐部	400	12	沥青
钱潮一路	北塘河绿带至建设二路	830	6	沥青
创业路	钱潮一路至市心北路	190	9	沥青
发展路	钱潮一路至市心北路	190	9	沥青
钱潮二路	北塘河绿带至建设二路	870	9	沥青
高新三路	钱江二桥接线至鸿达路	1050	36~42	砼
高新五路	南沙大堤至鸿发路	860	18	砼
高新六路	南沙大堤至鸿发路	860	18	砼
高新七路	南沙大堤至鸿达路	770	18	砼
高新九路	南沙大堤至鸿发路	980	18	砼
高新十一路	南沙大堤至鸿发路	620	18	砼
春水路	鸿达路至鸿发路	340	12	砼
春江路	高新五路至高新四路	500	12	砼
鸿发路（北环路）	高新十一路至高新五路	3200	15	砼
北塘路	市心中路至金鸡路（五七路）	646	7	沥青

表10-3-165 2000年萧山城市新区桥梁情况

单位：米

桥名	类型	长	宽	跨越河流或公路	竣工年份
工人桥	简支梁板桥	10.10	7.1	山北河	1983
山北桥	简支梁板桥	23.00	42.0	山北河	1991
大浦桥	简支梁板桥	7.00	42.0	大浦河	1991
鸿达桥	简支板桥	36.20	40.0	长山直河	1994
通仓桥	简支梁板桥	29.00	21.0	长山新开河	1994
永安桥	简支梁板桥	16.00	58.0	大浦河	1995
泰安桥	简支梁板桥	30.00	50.1	山北河	1995
鸿南桥	简支板桥	74.00	42.0	利群河	1996
大浦河桥	简支板桥	15.00	21.0	大浦河	2000
金惠桥	简支梁板桥	34.00	58.0	大浦河支流	2000
金苑桥	简支梁板桥	34.00	58.0	大浦河支流	2000
宏伟桥	简支梁板桥	15.20	58.0	工人河	2000
进水河桥	简支梁板桥	12.95	58.0	戴家河	2000
育北桥	简支梁板桥	30.00	21.0	山北河	2000
育山桥	简支梁板桥	36.00	21.0	山北河支河	2000
育新桥	简支梁板桥	16.00	21.0	山阴河	2000
山阴河桥	简支板桥	12.00	21.0	山阴河	2000
解放河桥	简支梁板桥	21.00	3.5	解放河	1984
文明桥	工字梁组合桥	52.82	58.0	解放河	2000
北塘河立交桥	公路立交桥	240.00	52.5	北塘河	1995
通惠立交桥	公路立交桥	91.74	26.0	北塘河	1992
通宁立交桥	铁路跨公路立交、钢构箱涵	13.00	42.0	通惠北路	1993
市心立交桥	铁路跨公路立交、钢构箱涵	8.00	48.0	市心路	1995
金城立交桥	铁路跨公路立交、钢构箱涵	19.91	42.0	金城路	2000
育才立交桥	铁路跨公路立交、钢构箱涵	6.00	21.6	育才路	2000
风情立交桥	铁路跨公路立交、钢构箱涵	20.00	32.0	湘湖风情大道	2000

第二节 河道治理

1990年前，城市新区所在地均为农村，人工河网纵横交叉，河岸、河面芦苇、空心莲子草丛生，污泥淤积，水流不畅。1990年后，逐步征用土地实施新区建设，河道整治列入新区建设规划内容。1993年5

月始，对城市新区河道进行砌石护岸等建设。是年，完成杭万河、宁安河段砌石护岸工程，长5820米（两岸）。1996年5月始，对宁东河、金一河实施砌石护岸。1999年，对工人河、山北河进行清淤砌石护岸。2000年2月，为满足新区中部防洪排涝及农业灌溉需要，并解决大浦河与育才路相交段因金城路建设而受阻问题，市政府决定实施大浦河贯通工程（大浦河系东西向横贯城市新区中部的河道）。该工程分两期进行：一期工程新开、疏通工人路至萧萧铁路联线，新开河道长400米，宽20米，河深3.5米，两岸砌石护坳（二期工程东段为通惠路至商城中路，长500米，宽20米；西段为工人河至济民河，长550米，宽20米，进行疏浚并砌石护坳和绿化配套。2004年开工，2005年底竣工）。1998～2000年，对城市新区河道进行捞漂，共捞除水浮莲等漂浮物2000多吨。至2000年，新区河道共砌石护坳23.24千米，河道蓄水量增加，排泄功能提高，水质污染减轻，城市防洪能力增强。

第三节　商贸房　住房建设

为尽快承担萧山城市新区的功能，在实施各项基础设施建设的前提下，新区商贸房、住房建设加快进行。至2000年，城市新区共建公共建筑19处，建筑面积31.49万平方米，其中商贸用房建筑面积9.94万平方米；住宅小区16个，建筑面积75.41万平方米。

商贸用房

1996年，动工兴建市北农贸市场，1997年1月竣工投入使用。市场占地13亩（约8667平方米），建筑面积6610平方米，其中商业网点690平方米，交易区4686平方米。1999年4月在市心中路东侧开工建设宝盛宾馆，为城市新区第一座高层宾馆建筑。主楼地面高19层，地下1层，建筑面积约2.4万平方米。1999年8月，世纪名家家居广场动工开建（2001年8月竣工），广场位于原杭州第二棉纺织厂厂区，东临市心中路。广场南北长183.9米，东西宽37.9米，总建筑面积2.5万平方米，主楼高6层，地面5层开设家居商场，地下为停车库。至2000年，新建商贸用房9.94万平方米。立项筹建的有开元名都酒店、都市丽人女装商场、萧山国际商务中心等，建筑面积5.60万平方米。

图10－3－271　1999年8月开建的世纪名家家居广场（2009年，杨贤兴摄）

住宅用房

1993年9月，兴建北干一苑，为新区第一个住宅小区。1994～1995年，北干二苑新安寓、山阴住宅区（后为北干二苑）、联华新村（后为北干一苑）、汇达小区（后为北干二苑）、银河小区相继动工建设。至2000年，城市新区建成16个住宅小区，建筑面积75.41万平方米。立项筹建住宅面积56.50万平方米。

第四章　副城建设

80年代中期始，萧山小城镇建设步伐加快。1996年6月，瓜沥、临浦镇被确定为省小城镇综合改革试点镇。1999年8月，确定以萧山城区为主城区，临浦、瓜沥、义盛镇为副城区中心镇[①]，深化改革，加快建设，逐步构建“一个主城、三个副城”的萧山城市框架。2000年，临浦、瓜沥、义盛副城区（中心镇）建成区面积10.6平方千米，比1995年扩大4.1平方千米。[②]

①2003年7月，区委印发《关于加快推进城乡一体化的若干意见》（区委〔2003〕34号），提出与杭州大都市相融合的“一核三组团”建设规划。即把握中心城区的性质和功能，高起点修编完善绕城公路内240平方千米中心城区的整体规划布局。深度规划钱江世纪城、湘湖旅游度假区、南部卧城；进一步完善老城区规划。以江东、临江工业区为基础，编制萧山东部工业城规划；以江东工业区为基点，整合义蓬、河庄、新湾、靖江等镇，抓好义蓬组团规划；以航坞山为中心，融合瓜沥、党山、坎山、衙前等镇，抓好瓜沥组团规划；以浦阳江为轴心，融合临浦、戴村、浦阳、义桥等镇，抓好临浦组团规划。2004年10月，按照《杭州市城市总体规划（2001～2020）》编制的《萧山区次区域规划》，临浦、瓜沥、义蓬3镇分别为萧山城镇体系三组团的核心镇。

第一节　建设规划

1997年10月10日，市委、市政府办公室印发《关于瓜沥、临浦镇镇级机构、户籍制度、财政体制改革实施办法的通知》（市委办〔1997〕158号），规划改革的范围：瓜沥镇建成区所涉及明朗、东恩、航民村及老城区8个居委会4.8平方千米，规划区内的永福、友谊两个村1.4平方千米范围的地域；临浦镇建成区所涉及戴家桥、石塔、前孔、自由孔及临东村和老城区4平方千米范围的地域。1999年8月5日，市委印发《萧山市基本实现现代化规划纲要》（市委〔1999〕31号）和《关于加快萧山城市化进程的若干意见》（市委〔1999〕32号），规划以临浦、瓜沥、义盛为核心，连同相关集镇，以一定的半径，形成3个区域城镇群，逐步构建3个副城区的基本框架。副城区以基础设施建设和环境建设为先导，逐步完善城镇功能，增强邻近区域人口和产业集聚能力。产业发展以现代农业、资金密集型工业和第三产业为重点，突出对邻近区域的辐射、服务功能，逐步形成轻纺工业、化工工业、生态农业、现代农业四大产业园区。为此，各副城区（中心镇）根据经济建设和社会事业建设的发展实际，相继对城镇建设规划进行论证调整。

②2000年临浦镇总人口54059人，其中非农人口15884人；瓜沥镇总人口62786人，其中非农人口14465人；义盛镇总人口30486人，其中非农人口2451人。三个副城区有人口14.73万人，其中非农业人口32800人，比1995年增加8354人；外来暂住人口18321人，比1995年增加11761人。

2000年，三个副城区（中心镇）完成工农业总产值73.24亿元，比1995年增加31.13亿元；利润总额18416万元，比1995年增加14111万元；税金26056万元，比1995年增加21629万元；外贸出口交货值53361万元，比1995年增加41591万元。（资料来源：《萧山市统计年鉴》）

第二节　制度改革

土地使用制度

1996年，市政府出台深化土地使用制度改革的政策：小城镇建设用地，实行统一规划、统一征地、统一开发、统一管理，出让土地使用权实行招标、拍卖、协议出让；敞开“镇门”，简化审批手续，欢迎农民进镇务工经商。1999年，市委出台土地制度与用地政策：控制建设项目零乱布局和零星建设，实行统一规划，合理布局，促使农村工业向城镇功能区块集聚，提高土地利用效率，加快产业园区建设。

户籍制度

1997年12月，市公安局出台小城镇户籍改革试点工作实施细则，凡瓜沥、临浦两镇户籍改革区（简称户改区，下同）内的住户，统一登记为城镇户口。户籍制度改革范围：瓜沥镇明朗、东恩、航民3个村和8个居民委员会的4.8平方千米及永福、友谊2个村的1.4平方千米地域范围；临浦镇戴家桥、石塔、前孔、自由孔、临东5个村和8个居民委员会的4平方千米地域范围。上述两镇的户口准迁对象：户改区内的常住人口及直系亲属；人均居住面积在15平方米以上的固定住所，具有稳定的职业或生活来源的外来人员以及其直系亲属；两镇户改区的农业户口与户改区内城镇居民结婚的婚迁投靠人员。为鼓励农民进镇落户创业，户籍制度改革为按居民常住地登记为集镇常住户口；孩子出生可随父随母在集镇申报常住户口；凡在户籍制度改革区域内有合法固定住所、有稳定职业和生活来源的，均可在所在镇申报常住户口。1999年，市委进一步规定：允许已在城镇就业、就读、养老并有固定住所的农业人口到城镇落户，实现农民“离土离乡”；制定与城市发展相一致的优惠政策，促进人员向主城区和副城区集聚；以工业化与城市化相互促进为目的，有计划、有步骤地吸引市域外较高素质的人才到萧山落户。

社会保障制度

1996年，市政府发文要求：逐步建立养老保险、失业保险、医疗保险、意外事故保险、粮食保障制度，解决进城农民的后顾之忧。重点实施社会养老保险、农村合作医疗和社会最低生活保障制度。1999年，市委发文规定：城乡居民参加和享有社会保险，必须纳入法制化轨道，按照国家有关法律、法规执行。无论何种经济成分的用人企业，其全部人员必须按规定参加社会保险。

财政体制与投融资机制

1997年10月，市委印发瓜沥、临浦镇财政体制改革办法。在试点期间，两镇的财政收入实绩超过1997年基数的市得益部分，以补助形式返还给镇财政；土地有偿出让金地方分成部分由50%改为80%（市占20%）；农村教育附加费市镇按2：8分成；水利建设专项资金市留存部分市镇按6：4分成；造地费用留市增长部分市镇按6：4分成。1999年8月，市委又发文规定：建立和完善政府投入和市场调节相结合的投融资机制，调减政府对公用事业的福利性补贴，对凡能提供产品和服务，有确定受益者并能计价收费的项目，如供水、供气、交通运输等，逐步形成投资—经营—回收的良性循环。

第三节　建设进程

1997年后，临浦、瓜沥、义盛3镇除市政府投入一部分建设资金外，广开筹资渠道，如鼓励农民带资进城、房地产公司筹集、土地出让受益和市场管理费分成、银行贷款及企事业单位投资、财政体制改革增加副城区（中心镇）分成等。并在规划区内设置工业园区，加快小城镇建设。1998～2000年，三个副城区（中心镇）共筹集建设资金57807万元，引进各类个体私营企业111家。新建、改建沥青、混凝土路面79830平方米，新增绿地66160平方米，新建社会事业用房60700平方米、商贸设施51900平方米。2000年，临浦镇建成区面积4平方千米，瓜沥镇建成区面积5.1平方千米，义盛镇建成区面积1.5平方千米。三城区人口集聚，经济增长。然由于人口集聚，外来人员增加，导致市政设施不足，治安等管理难度增大及建设资金缺乏等矛盾。

第五章　城市建筑

1984年，萧山老城[①]改造步伐加快。1990年，实施城市新区建设。兴建公共建筑，完善城市设施功能，开发住宅小区，改善居民居住条件。至2000年，城区共拆除旧房81.88万平方米，新建主要公共建筑97处（含新区，下同），建筑面积177.34万平方米；工业建筑92.97万平方米；居民住宅335.61万平方米。其中12层以上建筑44处（座），建筑面积116.49万平方米；广场12.95万平方米。城市面貌改变，景观倍增。

①解放前，居民房屋多为砖木两层瓦房，结构简陋。少数官绅巨商，也有富丽堂皇的深院大宅，如“世进士第”、“安仁当”陈宅、“复泰当”汪宅等。抗战时期，遭日机狂轰滥炸，全镇房屋被毁4000余间。抗战胜利后，居民因陋就简，建造了一些平房、草舍。

解放初，全镇房屋总建筑面积39.36万平方米，其中住宅面积为23.25万平方米（有部分草房）。当时全镇人口不足两万，人均居住面积约12平方米。至1984年统计，全镇共有房屋面积1886060平方米，比解放初增加2.8倍。其中住宅面积为847715平方米，比解放初增加2.6倍，按全镇年末人口65247人计算，人均居住面积为13平方米，多数居民居住条件有明显改善。近年来，住宅建筑面积已向高层发展，并建成一些居民新村。（资料来源：萧山县志编纂委员会编：《萧山县志》，浙江人民出版社，1987年，第575页）

第一节　公共建筑

交通、通信、电力用房

1985年，交通用房投入增加，建设加快。1990年在萧山城东开工建设萧山火车站，1991年12月竣工，车站大楼建筑面积3642平方米，站前广场建筑面积27972平方米。1991年11月，在萧绍路北育才路东兴建萧山长途汽车站，1992年8月竣工，建筑面积4645.5平方米。1992年建设萧山电力大楼，主楼高12层，建筑面积5003平方米。1998年，开工建设萧山汽车西站、东站，建筑面积6095平方米，站场建筑面积25445平方米。2000年，兴建高12层的市北电信大楼。至2000年末，城区新建主要交通、通信、电力用房建筑面积5.61万平方米。

图10－5－272　1992年5月竣工的萧山电力大楼（2009年，杨贤兴摄）

商业用房

1985年9月，开工建设高21层的萧山宾馆和商业大厦（后更名开元城市酒店），为萧山城区80年代的标志性建筑，后商业用房陆续增多。1991年，分期实施萧山商业城建设，至2000年，累计建筑面积35万平方米，为省政府重点扶持的20家市场之一。1993年动工，1996年竣工的萧山国际酒店，地下2层，地面28层，高度109米，建筑面积4.34万平方米，时为杭州地区最高建筑之一，萧山西入城口的标志性建筑。至2000年，萧山城区先后竣工的主要商业用房有市心广场、新世纪广场、时代广场、江南大厦、二轻大厦、舒乐门（又名大富豪浴室）、华联大厦、绣衣坊及商业城等；1985～2000年，城区共新建商业用房建筑面积81.49万平方米。宾馆酒家建筑有蓝天宾馆、金马饭店、宝盛宾馆、国际酒店、萧山宾馆、商业大厦、红宝石休闲山庄（后更名为杭州开元阳光休闲山庄）、二建大厦（后更名国泰宾馆）、城南大酒家等。1985～2000年，城区共新建主要宾馆酒家建筑面积23.20万平方米。

图10－5－273　2000年6月竣工的宝盛宾馆（2009年，杨贤兴摄）

金融业用房

80年代初，随着金融业规模扩大，服务拓宽，实力增强，萧山金融业用房向高层发展，其外型装饰华丽气派，成为地区实力象征。

1987年7月竣工的萧山信用联社大楼，主楼高6层，建筑面积3100平方米。1989年，建造中国农业银行萧山支行大楼，建筑面积1.03万平方米，主楼高5～8层。1990年10月竣工的中国工商银行萧山支行大楼，高9层，建筑面积4916平方米。1996年3月竣工的交通银行萧山支行大楼，高12层，建筑面积7000平方米。至2000年，城区新建的主要金融业用房还有中国人民银行萧山支行大楼、中国建设银行萧山支行大楼、萧山保险大楼、中国银行萧山支行大楼、萧山农村合作银行大楼（原名萧山信用联社）等。1985～2000年，萧山城区主要金融业用房总建筑面积5.98万平方米。

文教、卫生、体育用房

1986年5月，萧山体育馆动工建设，1988年8月31日竣工，建筑总高21米，建筑面积5100平方米。1992年，萧山第一人民医院病房大楼竣工，高12层，建筑面积1.43万平方米。是年，萧山老年宫落成，建筑面积3160平方米。1995年，原在市心桥下街的萧山中学迁至裘江新桥村重建，学校占地面积10.41万平方米，总建筑面积7.98万平方米。1997年，在道源路北建成萧山广播电视中心，高12层，建筑面积1.68万平方米。至2000年，新建的主要文教、卫生、体育用房还有萧山青少年宫、萧山县级机关幼儿园、劲松小学、高桥幼儿园、萧山第一实验小学、回澜小学、北干小学、萧山第五高级中学、萧山第一中等职业学校、杭州远东外国语学校、萧山剧院。1985～2000年，城区新建的主要文教、卫生、体育用房总建筑面积44.36万平方米。

其他用房

1985年后，以办公为主兼营业服务用房的建筑不断兴建。1988年5月，萧山工业大楼竣工，高8层，建筑面积5103平方米。1993年，萧山房地产大厦竣工，高14层，建筑面积1.05万平方米。1999年5月，萧山市行政中心大楼竣工，建筑面积4.95万平方米，其中，主楼高5层，地下1层，建筑面积2.65万平方米；综合办公大楼高9层，建筑面积1.74万平方米；后勤服务楼建筑面积5600平方米。至2000年，新建的主要办公及营业服务建筑还有市建筑设计院办公大楼、萧山海关大楼、萧山商检大楼、萧山烟草公司大楼、经贸大厦、经发大厦、华通大厦、供销大厦、萧山检察院办公大楼、经济技术开发区综合服务大楼等。1985～2000年，城区新建的主要办公兼营业服务用房总建筑面积16.70万平方米。

第二节　住宅建筑

1984年始，推进房地产综合经营，对市区居民住宅建设实行统一规划，统一征地，成片建设，综合开发。90年代初，房地产综合开发项目增多，加速了城区的住宅建设。至2000年，城区建筑面积在2万平方米以上的住宅楼盘54个（含新区，下同），其中10万平方米以上的住宅楼盘9个，共竣工居民住宅335.61万余平方米，立项在建面积56.50万平方米。城镇居民人均住房由1985年的6.50平方米增加到17.80平方米，城区住房自有化率98%。

住宅小区

80年代初，实施住宅小区建设，至80年代末，城区兴建2万平方米以上建筑面积的住宅小区2个，建筑面积62.95万平方米。90年代初始，城区住宅小区建设加快，并向高层建筑发展，至2000年，城区共建成或在建建筑面积2万平方米以上住宅小区54个，建筑面积335.61万平方米。

崇化住宅区　原名西山小区，位于西山脚下萧金路旁，北通人民路，西与杭齿厂相邻。占地333.93亩（约22.26万平方米），建筑总面积361500.37平方米，其中住宅面积354867.66平方米，商铺6632.71

平方米，绿地覆盖率（以下简称绿地率）32%。1985年2月开建，1994年11月竣工。2000年底，入住人口19236人。萧山市（县）城南房屋建设开发经营公司、萧山万丰房地产开发公司开发，萧山第二建筑工程公司袭江建筑队（后改名为浙江汇宇营建集团建筑营造有限公司）等承建。属萧山城乡接合部最早建成的居住小区之一。

图10－5－274　1994年11月竣工的崇化苑（董光中摄）

高桥住宅区　位于城厢街道萧然南路高桥下，北接拱秀路，西靠南市花园，南临道源路，东临小东坡河。占地238亩（约15.87万平方米），建筑总面积293148平方米，其中住宅面积288498平方米，157幢多层住宅楼；商铺面积4650平方米，公共配套设施面积3600平方米，绿地率24.93%。1984年1月，一期始建，至1996年12月全部建成。2000年底，入住人口16207人。萧山市袭江综合开发公司、萧山市房地产开发实业总公司、萧山市城乡建设综合开发总公司开发。属萧山城区首个居民住宅小区。

南市花园　位于道源路北侧，东邻高桥住宅区，西依南门江，北接拱秀路，占地104.40亩（约6.96万平方米），建筑面积100150平方米，其中住宅面积95120平方米，公建设施及配套设施面积5030平方米；绿地面积2.7万平方米，绿地率39%。1996年开建。为原萧山麻纺厂地块，属旧城改造项目。为错层结构的多层住宅，体现"一多三大"（即功能多、大厅、大厨、大卫）的康居特色，属小康型住宅小区。2000年底基本建成，入住人口2683人。萧山市城建房地产开发公司开发。

潘水苑　东临南门江，通市心南路，北与体育场相邻。占地341亩（约22.73万平方米），总建筑面积332100平方米，其中住宅面积324080平方米，商铺6973平方米，农贸市场、幼儿园等公建配套面积1047平方米，绿地率34%。小区以东西向潘水路为界分潘水北苑、潘水南苑。潘水北苑1992年7月开建，2000年10月竣工，建筑面积186500平方米；1999年7月续建潘水南苑（2002年12月竣工，建筑面积145600平方米）。2000年底，入住人口4070人。浙江萧峰实业集团有限公司开发建设。

萧山老年颐乐园　位于南江公园南侧。占地50亩（约3.33万平方米），建筑面积2.80万平方米，有6幢公寓、1幢托老中心及配套服务用房。分大、中、小3种户型，共160套。多功能区块连廊相联，1999年10月开建，2001年2月竣工。杭州泰和房地产开发有限公司（原萧山市商业房地产综合开发有限公司）代建，萧山市第二建筑工程有限公司等承建。

图10－5－275　2001年2月竣工的萧山老年颐乐园（2009年，杨贤兴摄）

明华花园　位于建设四路和通惠中路交叉处，东邻新世纪市场园区。占地46.61亩（约3.11万平方米），建筑总面积3.76万平方米，其中住宅面积3.06万平方米，商铺6500平方米，公建配套面积500平方米；建有6000平方米中心生态花园，绿地率51%。由13幢多层公寓、25幢别墅和1幢写字楼组成，纯欧式建筑。1996年5月开建，1997年7月竣工。2000年底，入住人口520人。杭州明华置业有限公司开发建设。为城区首个由中外合资房地产开发公司开发的小区。

银河小区　位于金惠路南侧，西靠萧山剧院，东邻雍景湾花园，南通永久路。占地250.12亩（约16.67万平方米），建筑面积183345平方米，其中多层建筑42幢，联体别墅15幢，小高层4幢。住宅面积174745平方米，公建配套设施面积8600平方米，绿地率45%；1995年12月，一期开建，1996年11月竣工；1998年11月，二期开建（2002年12月竣工）。2000年底，入住人口4501人。杭州银河房地产开发有限公司开发。为浙江省首个城市住宅示范小区。

泰和花园　北靠南江公园，西临南门江。一、二期住宅区由67幢多层、5幢高层住宅楼组成。占地185.52亩（约12.37万平方米），建筑总面积212700平方米，其中住宅面积202700平方米、商铺3000平方米、配套服务设施面积7000平方米，绿地率35.83%。一期1999年12月开建（2001年10月竣工），二期2001年1月开建（2003年11月竣工）。杭州泰和房地产开发有限公司（原萧山市商业房地产综合开发有限公司）开发。

图10－5－276　1999年12月开建、2001年10月竣工的泰和花园（2009年，杨贤兴摄）

国泰花园　位于金城路北侧，西靠金鸡路，北邻金惠路，东距市心中路1000米，南接天汇园。占地150亩（约10万平方米），建筑面积18.17万平方米，其中商铺1万平方米，绿地率45%。由28幢多层、5幢高层住宅和39套单体或连体别墅组成。2000年开建（2002年一期交付，至2005年12月竣工）。浙江众安房地产开发有限公司开发。为杭州地区首个国家康居示范工程。

绿都世贸广场　位于金城路和市心中路交汇的西南端，北依人民广场。占地65.01亩（约4.33万平方米），建筑面积18.50万平方米，由分别为11层、18层、28层的5幢小高层和高层建筑组成（28层的绿都·世贸广场高99.8米，为萧山新城区标志性建筑），其中大户型高层住宅386套，地下车库面积3.2万平方米，高档写字楼2万平方米，大型商场4万平方米。集居住、商贸、餐饮、办公、娱乐于一体。2000年10月开建（2003年10月竣工）。美国皮特曼建筑设计事务所建筑设计，系萧山首家引入境外机构参与开发的楼盘。浙江绿都房地产开发有限公司开发。

高层住宅

1998年6月，新世纪广场竣工，广场由4层、13层、15层3组不同的建筑物以半月形组成，其中高层底楼为营业房与办公用房，4层以上为住宅或商贸用房。1996年1月，高15层的丽都公寓1号楼兴建，2000年2月竣工，建筑面积10458平方米；5月，高12～18层的明华花园兴建，1997年7月竣工，建筑面积6127平方米。1998年2月，高15层的万向城市花园动工兴建，建筑面积23748平方米。至2001年3月，萧山城区建成或在建12层以上高层住宅44处（座），建筑面积1164907平方米。

图10－5－277　2001年建成的时代广场高层住宅（董光中摄）

表10-5-166 2001年3月萧山城区已建在建12层以上建筑情况

名 称	层数（层）	建筑结构	建筑面积（平方米）	开工时间	竣工时间
城市酒店（原萧山商业大厦）	21	框架	14119	1985-09	1988-02
萧山宾馆	21	框架	39805	1985-09	1993-01
萧山电力大楼	12	框剪	5003	1990-01	1992-05
金盘（金苑）大厦	14	框架	12143	1991-02	1992-04
二轻大厦	12	框架	9000	1991-02	1994-11
萧山第一医院病房大楼	13	框架	14300	1991-03	1996-12
金马大厦	15	框架	3000	1991-04	1993-03
华通大夏	13	框架	6326	1993-03	1994-03
国泰宾馆	15	框架	9570	1993-03	1994-03
房地产大厦	14	框架	10500	1993-03	1994-05
杭州萧山国际酒店	30	框架	43400	1993-03	1996-06
经发大厦	13	框架	12200	1993-04	1994-12
经贸大厦	14	框架	18000	1993-06	1994-09
人防配套工程	12	框架	8200	1993-07	1996-01
浙江金马饭店	27	框架	52000	1993-07	1996-05
萧山广播电视中心	12	框架	16800	1994-03	1997-04
萧山保险大楼	12	框架	7881	1994-07	1995-12
交通银行萧山支行大厦	12	框架	7000	1994-08	1996-03
银河商务中心	14	框架	12000	1995-03	1996-03
新世纪广场	13～15	框架	70556	1995-03	1998-06
国贸大厦	15	框架	11175	1995-04	1997-06
丽都公寓1号楼	15	框剪	10458	1996-01	2000-02
供销大厦	12	框剪	12529	1996-05	1997-12
明华花园	12～18	框剪	6127	1996-05	1997-07
中行龙发综合楼	15	框架	11070	1997-08	1999-04
棉东新村5、6号楼	17	框架	19000	1998-01	1999-06
万向花园1、2号楼	15	框架	26662	1998-02	2000-02
万向城市花园1、2号楼	15	框架	23748	1998-03	2000-01
银河小区49号楼	12	混框	14969	1998-03	2000-02

续 表

名称	层数（层）	建筑结构	建筑面积（平方米）	开工时间	竣工时间
明日城（馨星大厦）1、2、3号楼	18	框架	19418	1999—05	2002—04
萧山经济技术开发区综合服务大楼	14	框架	22126	1999—08	2001—08
宝盛宾馆	20	框架	23998	1999—04	2000—06
东信莱茵园14～16号楼	18～21	框剪	38966	2000—05	2005—02
馨香大厦	15	框剪	13219	2000—05	2002—03
时代广场	12～16	框架	59666	2000—07	2001—09
国泰花园	14～17	框架	45800	2000—08	2005—12
市北电信大楼	12	框架	20342	2000—10	2003—05
城中花园高层住宅A、B楼	18～19	框剪	28478	2000—10	2001—12
绿都世贸广场A、B1～2、C、D、E楼	18～27	框剪	115285	2000—10	2005—01
泰和花园	16	混框	49386	2000—11	2005—01
金信大厦	18	框剪	19560	2001—01	2003—03
绿都世贸广场	18～28	框剪	185000	2000—10	2003—10
绿茵园·华庭公寓	13	混框	16122	2001—03	2002—04

注：①萧山宾馆于1988年1月竣工开业，建筑面积18000平方米；1993年1月，萧山宾馆贵宾楼竣工；2002年、2004年又两次扩建改造。

②表中统计数中，第一人民医院病房大楼含地下1层，杭州萧山国际酒店含地下层2层，浙江金马饭店含地下层2层，萧山宾馆含地下层1层；层高数中均不含技术层。

③国泰花园2000年8月开建，2000年11月列入国家安居工程，2001年8月18日作为萧山城市新区16个重点工程项目之一，参与开工仪式。

④资料来源：萧山区建设局编：《萧山建设志》，中华书局，2008年12月，第152～155页。

第六章　公用事业

80年代初，萧山在老城改造中加快公用事业建设，城区部分居民使用液化石油气。80年代后期，城区出现客运出租汽车。90年代，实施城市新区开发，公用事业建设向城市四周拓展，城区公共交通事业较快发展。至2001年3月，城区供水、供电、供气、公共交通、污水处理等设施基本完善，并向农村延伸，形成公用事业建设城乡一体化、区域化格局。

第一节　城市交通

80年代后期，城市建设加快，城区出现客运出租车、客运三轮车。90年代后期，城市公共交通营运车辆大幅增加，运行路线向农村集镇延伸，城乡居民出行方便。同时，由于车辆大幅增加，道路建设相对滞后，城区部分路段出现“塞车”现象。

市区公交

1992年5月，萧山市城市公共交通公司建立。6月11日举行1路公交车通车典礼，共5辆大客车，由金鸡路口（原五七路口）开行至火车站，后为避免过两个铁路道口（杭州发电设备厂专用道口、萧甬铁路线道口），将起点移往凌家桥。1993年2月，儿童公园至火车站的2路公交车开通，同年5月，因客流量小而停驶。1994年2月1日，投入6辆“东风”大客车，2路公交车开行萧山市区至义盛镇。同年9月，又投入5辆“东风”大客车，开通老东门菜场至萧山经济技术开发区的3路公交车，1997年，该路公交车起点站移至高桥西（原萧山麻纺厂大门对面）。1999年3月，育才路北端路口至闻堰镇三江口的6路旅游专线车开通，2000年8月，延伸至东方文化园。至2001年3月25日，全市有城市公交线路14条，营运里程181.8千米，投放车辆118辆。公交车辆车型档次不断提高，2000年1月，1路车更型为“福莱西宝”空调大巴，为浙江省县级市中第一条全部用空调车的线路。

图10－6－278　1992年通车的城区1路公交车（杨荣鑫摄）

表10–6–167　2001年3月25日萧山市城市公交线路情况

路别	里程（千米）	车辆数（辆）	起点终点	行车时刻 季节	班次 首班	班次 末班	停靠站点
1路	4.5	11	火车站	夏	5：40	18：56	火车站、电子市场、旧货市场、商业城、劳务市场、汽车站、315路车站、市心广场、凌家桥
				冬	5：40	18：08	
			凌家桥	夏	6：00	19：00	
				冬	6：00	18：20	

续表

路别	里程（千米）	车辆数（辆）	起点终点	行车时刻			停靠站点
				季节	班次		
					首班	末班	
2路	31.5	11	汽车西站	夏	5：45	18：00	汽车站、劳务市场、商业城、激光医院、中信特钢、萧山特钢、固陵汽配、莫家港、新林周、杨汛路口、衙前、衙前中学、坎山塘上、方迁溇、大园路口、靖江老街、靖江镇政府、杰牌企业、萧山第四医院、义盛镇
				冬	6：00	17：00	
			义盛	夏	6：00	19：00	
				冬	6：00	18：00	
3路	10	10	高桥西站	夏	6：16	17：17	高桥西站、高桥、东门菜场、汽车站、二建宾馆、金马饭店、北山通览、裴家埭、塘湾、通惠丽都、新峰钢构、小商品市场、集体公寓、万向园区、力武机电、庆丰永田、市北派出所、乐荣公司、大地网架、国际俱乐部
				冬	6：16	17：02	
			经济技术开发区	夏	6：23	17：24	
				冬	6：23	17：10	
4路	15	5	儿童公园	夏	6：00	17：20	儿童公园、西河路口、高桥西、新桥、土管局、学士桥、汽车站、回澜北苑、回澜南苑、萧山中学、汽车东站、萧山十二中学、棉纱市场、来苏叉口、畈里童、一都孙、塘里陈、新塘办事处、新塘初中、河浦王、江桥路口、金利发公司、桥南沈村、傅楼村、螺山村、杨汛村
				冬	6：20	17：20	
			杨汛桥	夏	6：00	18：00	
				冬	6：20	18：00	
5路	10	8	潘水南苑	夏	6：00	20：30	潘水南苑、潘水一期、道源路口、体育馆、人民医院、电影院、二轻大厦、市心广场、杭发厂、北干一苑、时代广场、北干二苑、新安寓、萧山医院（筹）、开元名都、银河小区、市政府、萧山五中、万向园区、力武机电、友佳精工、宁安村
				冬	6：00	20：30	
			宁安村	夏	6：00	21：00	
				冬	6：10	20：30	
6路	25.5	12	育才东苑	夏	6：00	18：00	育才东苑、中医院、汽车站、花边厂、妇幼保健院、土管局、农行、青少年宫、电影院、战备桥、崇化苑、杭齿厂、杭齿技校、汇利棉纺厂、区测大队、杭齿一分厂、溪头黄、亚太集团、石岩、石岩桥头、亚太股份、湘湖汽修厂、山里人家、湘农总场、湘湖老场、东汪、三江口、小砾山、文化园路口、东方文化园
				冬	6：10	17：00	
			东方文化园	夏	6：10	17：40	
				冬	6：20	18：30	
7路	17	10	火车站	夏	6：00	18：00	火车站、商业城、金马饭店、二建宾馆、人民路口、汽车东站、萧山十二中学、棉纱市场、姚江岸、征费所、曾家桥、张亮桥、缪家、所前镇政府、里士湖、金鸡山、钱群、夏山埭、池头沈、赵坞、山里沈、东山夏、越山、杜家、传芳、下闻、所前街、祥里王、山里王、三泉王
				冬	6：20	17：40	
			三泉王	夏	5：45	18：50	
				冬	6：00	18：24	
8路	17	8	汽车站	夏	6：12	17：36	汽车站、二建宾馆、金马饭店、裘家埭、塘湾、国际俱乐部、明华花园、开发区地税局、万向路口、传化股份、高新二路、钱江农场、恩希爱公司、传化科技园
				冬	6：30	17：20	
			桥南	夏	6：25	18：22	
				冬	6：40	17：45	
9路	10	9	北山	夏	6：05	18：00	北山公园、汽车站、劳务市场、商业城、车管所、柳桥村、郎家浜、省粮库、富兴村、长山闸口、长山老街、长山职高、长山卫生院、宝丽板厂、江南粘合剂厂、农垦中学、钱啤集团
				冬	6：24	17：36	
			钱啤集团	夏	6：00	18：35	
				冬	6：16	18：00	

续 表

路别	里程（千米）	车辆数（辆）	起点终点	行车时刻 季节	班次 首班	班次 末班	停靠站点
10路	8.5	5	北山公园	夏	6：15	17：50	北山公园、315路车站、西门菜场、汽车西站、杭二棉西、五七路口、粮机厂、味精厂、荣庄村、国泰花园、俞家潭、明星村、金二桥、瑞机埠、合丰村
				冬	6：34	17：22	
			经济技术开发区	夏	6：15	17：55	
				冬	6：30	17：40	
11路	9	8	火车站	夏	6：00	17：50	火车站、海关、育才东苑、中医院、汽车站、315路车站、江寺菜场、高桥、高桥菜场、泰和花园、南市花园、潘水小区、公安局看守所、老萧山南站、戚家池头、曹家桥、鲁公桥、城南卫生院、岳小桥、章潘桥、东庄周、犁头金、祝家桥、桥头陈、梭箱厂、城南水泥厂、立新村
				冬	6：10	17：35	
			立新村	夏	6：00	17：49	
				冬	6：10	17：35	
12路	8	9	汽车东站	夏	6：20	17：50	汽车东站、防疫站、人民路口、第五医院、学士桥、交通银行、妇幼保健院、315路车站、江寺、市心广场、工人文化宫、西门菜场、湘湖路口、老火车站、老建材厂、皮肤病院、横塘头、东湘村、湖头陈
				冬	6：30	17：35	
			湖头陈	夏	6：10	17：50	
				冬	6：20	17：30	
13路	5.3	6	汽车东站	夏	6：10	17：55	汽车东站、防疫站、二建宾馆、汽车站、交通大厦、中医院、塘湾村、新安寓、北干二苑、银河小区
				冬	6：20	17：35	
			银河小区	夏	6：15	18：15	
				冬	6：25	18：40	
16路	10.5	6	火车站	夏	6：15	17：20	火车站、育才东苑、中医院、汽车站、315路车站、江寺、新世纪广场、祇园寺、战备桥、西河公园、湫口坝、杭齿厂北、头坞新村、杭州乐园、西山道口、窑里吴、风情大道口、金家坞、海军部队、跨湖桥、省茶叶仓库、湖山村
				冬	6：20	17：05	
			湖山村	夏	6：15	17：55	
				冬	6：30	17：46	

至杭州市区公交

315路 515路　1959年11月28日，杭州市公共交通公司开行杭州解放街葵巷站至萧山城厢镇北街弄的15路公交车。沿途设清波门、钱塘江大桥、桥南、联庄、江边、江一、叉口、西兴、小岳桥（杜湖）、五七路口、西站11个停靠站。运营车辆主车拖挂车，后改通道车。1974年延安路中心站建成后，延伸至延安路龙翔桥。1984年，15路改52次（仍为通道车）正班车和35次（大客）直达车。1987年，正班车改为315路车，直达车改为515路车，均为大客车。1995年9月，杭州市公共交通公司投入新型大客车25辆，统一票价为2元，实行无人售票。2000年，315路有营运车辆30辆，月客运量30万人次。

322路　1970年9月15日，杭州市公共交通公司开行南星桥至闻堰镇的22路公共汽车。途经钱塘江大桥、桥南、新生、杨家墩、电化厂、龙山、潭头等停靠点，每隔半小时一班。1987年改名为322路车。1993年元旦，延伸至义桥镇。闻堰与义桥间设三江口、山后、杨家浜3个停靠点。同月，杭州市公共交通公司开通杭州汽车南站至义桥322路公交车，途经钱江三桥、西兴、长河、浦沿、闻堰等站。1999年，调整为汽车南站始发。

320路　1971年10月1日，杭州市公共交通公司开行自钱江（江边）至红山农场的20路公共汽车，经西兴、五七路口、俞家潭、龙王塘、新庄、长山、钱江啤酒厂、新街、华丰、红垦农场至红山农场，全程26千米。1987年改为320路。杭（杭州）塘（塘下金）线建成后，俞家潭至新街改走杭塘线，停靠站相应变更。1991年5月1日改名为520路，并延伸延安路至红山农场。

表10–6–168　1987～2000年杭州市区至萧山公共交通客运量

单位：万人次

年份	总计	315路 515路	322路	520路	年份	总计	315路 515路	322路	520路
1987	551.87	381.50	99.75	70.62	1994	266.05	224.34	26.23	15.48
1988	503.25	377.12	101.72	24.41	1995	251.43	220.19	17.17	14.07
1989	439.62	314.17	90.84	34.61	1996	433.76	391.68	31.53	10.55
1990	427.69	300.96	94.65	32.08	1997	383.46	350.40	20.08	12.98
1991	398.12	272.27	91.75	34.10	1998	405.92	334.04	55.70	16.18
1992	374.98	248.83	97.12	29.03	1999	394.21	333.85	46.74	13.62
1993	500.51	429.08	54.22	17.21	2000	477.20	409.02	56.94	11.24

客运人力车、机动车

客运人力三轮车　中华人民共和国成立前，萧山就有黄包车。50年代后期至60年代中期，萧山县搬运公司曾经营人力三轮车客运业务；“文化大革命”期间停止营运，至80年代初恢复，1983年下半年正式列入管理。1995年，全市有人力三轮客车940辆，采取单号单日，双号双日轮流经营。2000年，全市有人力营运三轮客车940辆。

图10–6–279　80年代初恢复的城区客运人力三轮车（2006年，杨贤兴摄）

客运出租汽车　萧山客运出租汽车由个体经营户先发展起来。1988年6月，第一辆个体出租汽车出现在党山镇（车牌号：浙01—G6789）。1984年初，隶属于萧山县城乡建设环境保护局的萧山县出租汽车旅游公司成立，至1986年，拥有轿车6辆，面包车1辆，借用大客车1辆。1989年9月，城厢镇高桥村建立袁江客运队，时为萧山首家镇乡公路的客运企业。1992年10月，市运输公司和红垦农场合资组建的萧山市汽车出租公司开业。1997年后，客运出租汽车车型档次提高。2001年1月，市政府以有期限（10年）、有偿使用为条件，向社会公开竞拍200辆新增客运出租汽车经营权。至同年3月25日，全市有客运出租汽车678辆，其中个体293辆。主要的客运出租汽车企业为萧山市出租汽车有限公司、萧山市客运旅游有限公司、萧山市传化运输公司等。

图10－6－280　1984年的萧山第一代出租车——“夏利”轿车（蒋剑飞摄）

图10－6－281　1997年的萧山第二代出租车——“桑塔纳”轿车（萧山红垦农场提供）

第二节　排水排污

城区排水

萧山城区地处河网地带，民国时期无完整的下水道系统，街巷排水多由居民集资修筑暗沟或明沟，就近排入河道。上街西门至陈公桥的排水沟，是长1500米、宽60厘米、高40厘米的石砌阴沟，民国19年

（1930）由县商会出资修筑。中华人民共和国成立后，在各街巷敷设地下排水管道。1960年至1984年底，城区新建和重建排水干道81条，总长22.9千米，均为雨污合流。80年代后期，对老城区排水设施进行改造，通过截流，部分改造成雨污分流；新区雨污分流一步到位。结合道路建设，改造下水道，使用大口径管道，改善排水状况。至2000年底，城区雨水管道长92千米，泵房6座（其中翻水泵站2座，立交泵站3座，雨水提升泵站1座），各类节制闸4座，窨井6132只。

城区污水处理系统

管网　1990年，按照《萧山市城乡地区污水综合治理环境影响报告书》要求，根据萧山市由南向北的地势走向进行污水管埋设，收集沿线的污水，经处理外排至钱塘江。纵向污水管主要沿通惠路、永久路和市心路，横向沿拱秀路、104国道（现萧绍路）、北塘河等埋设。1991年6月，为配合104国道拓宽改造工程，埋设从104国道育才路口到通惠路口的第一根污水管，总长720米，其中900毫米（指管径，下同）管525米、600毫米管100米，埋设104国道钱江饭店到江寺路口段400毫米管890米、通惠路到商业城段600毫米管569米，至1992年3月完工，将104国道两边区块的污水纳入总管。1992年10月，埋设进、出城东泵房的污水管，通惠路104国道口至城东泵站进水1000毫米自流管259米、800毫米管83米，城东出水600毫米压力管993米、1000毫米～1200毫米自流管1159米。是年始，实施城北工业区污水管和泵站工程，埋设北岳路、龙王塘、北塘河等区块的污水管，管线总长4580米。把味精厂、糖果厂、伞面绸厂等的污水收集后暂排北塘河。9月，埋设从长山预处理厂到钱塘江排放口的“长山10千米压力管”，管线总长9250米，实际埋设1000毫米管10668米（部分双管），1200毫米管600米，跨越管桥7座，检查井19座，1993年10月竣工。至此，城区每日6万吨污水的收集、预处理、外排系统基本完成。1997年前，污水经预处理后排至钱塘江；1997年后送至萧山污水处理厂，成为城区污水输送的重要管线。2000年4月～9月，又埋设长山10千米压力管复线（该工程为萧山城市污水处理厂的配套项目），全长7850米，有管桥3座。城区排污能力达到每日12万吨。至2000年底，污水管埋设总长113.37千米。

泵站　属排污配套工程。1991年7月，位于衙江乡井头王村徐家河南的城东泵站动工建造，占地面积1911平方米，设计处理污水能力6万吨，1993年4月竣工。1992年10月，位于金城路北、永久路西、大浦河南的城北泵站动工建造，占地面积1654平方米，主要功能是收集、输送城市新区范围内污水，设计处理污水能力6万吨。至2000年末，城区建设污水输送泵站16座，其中城东泵站、城北泵站、长山泵站为三大中心泵站。管网布局主要分为东南、城西和城北3个区块，东南片由城东泵站、通南泵站、拱秀泵站、泰和泵站、金城泵站组成，城西片主要由市心泵站、潘水泵站、萧西泵站组成，城北泵站收集城北区块。

表10–6–169　2000年萧山市城区雨污泵站情况

泵　站	建设时间	占地面积（平方米）	设计容量（每日万吨）	主要收集范围	投资额（万元）
城东泵站	1991–07～1993–04	1911	6.0	城厢镇城东区块	384.44
城北泵站	1992–10～1993–08	1654	6.0	北岳路(金城路)沿线一带、城北区块	347.50
长山泵站	1992–12～1993–12	9660	6.0	二级泵站，城区污水送污水厂	859.80
通北泵站	1993–12～1995–05	896	3.0	通惠北路沿线一带	238.67
通南泵站	1994–02～1996–01	900	2.4	通惠南路沿线一带	235.41
钱农泵站	1994–03～1994–09	3278	6.0	排钱塘江泵站	251.22
市心泵站	1995–09～1996–10	414	3.0	市心南路以西区块	172.91
拱秀泵站	1996–01～1997–07	321	2.4	拱秀路沿线一带	157.15
中医院翻水泵站	1996–09～1996–12	128	1.0	燕子河治理和排涝泵站	30.30

续 表

泵 站	建设时间	占地面积（平方米）	设计容量（每日万吨）	主要收集范围	投资额（万元）
潘水雨污泵站	1997-05～1998-07	1275	1.0	潘水路铁路以西区块	146.77
仙家河泵站	1998-02～1998-06	100	3.0	崇化小区、仙家河沿岸	402.83
萧西泵站	1999-02～1999-04	84	1.0	杭州乐园、湘湖路一带	124.81
新街泵站	1999-07～1999-08	2000	3.0	浙江钱江啤酒厂	375.78
九华河翻水泵站	2000-05～2000-09	48	1.0	九华河引入南门江水	199.92
泰和泵站	2000-06～2000-09	350	0.5	泰和小区、高桥南路沿线一带	69.31
金城立交雨污泵站	2000-08～2001-02	959	0.05	立交桥积水及广德、广宁小区污水	450.00

注：① 雨污泵站即雨水、污水的专用泵站。
② 城东泵站、长山泵站、钱农泵站设计容量一期均为6万吨／日，金城立交雨污泵站收集雨（污）水700升／秒。

污水处理收费

污水处理收费分为污水处理费和一次性污水并网费。污水处理费起征于1993年5月1日，时称排污设施费，每吨污水0.135元，征收对象为除党政机关、部队、全额拨款事业单位和城乡居民外的所有自来水用户。2000年3月1日，取消排污设施费，开征污水处理费，征收对象为所有自来水用户。收费标准：居民用户每吨自来水0.10元，其他用户每吨自来水0.30元。一次性污水并网费在排水户污水并入城市排水管网时一次性收取，起征于1992年，征收对象为以营利为目的的排水户。并网费收费标准：1992年，一般排水户为500元每吨每日；1999年，经济技术开发区一般排水户为400元每吨每日，外商独资企业、外地来萧新办工业注册资本在1000万元以上企业为250元每吨每日。排污单位需办理手续，缴纳一次性污水处理费后，可并入污水收集管网。1998年实行污水排放许可制度，至2001年3月，全市共发放《城市污水排放许可证》165份。

第三节 供水 节水

中华人民共和国成立前，萧山城区居民饮用水为井水、天落水、江河水。中华人民共和国成立后，政府重视城乡居民用水问题。50年代末筹建萧山第一自来水厂，1984年末，已形成日供水能力4.5万吨。1987年建成第二自来水厂，并实施城市供水向农村延伸的区域供水专项规划，着力开展城市节水工作。至2000年，全市共有市级自来水厂3家，日综合供水能力35万吨，供水管网全长450千米，覆盖面积200平方千米，供水范围从市区向城市周边和东部沙地区、中部水稻区扩展。受益人口80万，日用水量1000吨以上的用水大户有27户。年节约水量超过1000万吨。

供 水

水源 1959年7月，筹建第一自来水厂，实测湘湖蓄水面积1925.2万平方米，蓄水量618.98万吨，除农田灌溉外，足够水厂所需水量，水质符合饮用水要求。县政府决定以湘湖为第一自来水厂水源。

1987年筹建第二自来水厂。经多个方案论证、比较，从综合资源利用考虑，水源选择在湘湖村下孙草庵塘，主要利用钱塘江引潮和在闻堰小砾山建造大中型排灌站翻水来满足水厂所需。时埋设2根长度3千米、直径900毫米的水管，穿越紫红岭和浙赣铁路至第二自来水厂（杜湖村），输水能力为15万吨/日。

1995年始筹建萧山第三自来水厂，选择水域水量充沛、水质优良、受咸潮机率较小的闻堰三江口作为水源地，在第三自来水厂取水源头至厂区埋设两根直径1400毫米源水管线，每根长8.8千米。

源水管线工程　1998年10月，为改善第一、第二自来水厂水质，实施第一、第二自来水厂源水管线工程。借西山隧道施工之机，在隧道内东西两侧人行道下各埋设一根直径1200毫米和1400毫米管道。工程起点为第三自来水厂西汇利棉纺厂，终点为第二自来水厂取水源头及第一自来水厂厂区，从汇利棉纺厂至西山隧道南管径为1400毫米，西山隧道北往西至第二自来水厂取水源头管径为1400毫米，往东至第一自来水厂管径为1200毫米。1999年7月，该源水管线贯通至第二自来水厂，管径1400毫米、长3.5千米。1999年8月贯通至第一自来水厂，管径1200毫米，长3千米。至此，第一、第二自来水厂结束从湘湖取水历史，三大自来水厂源水均取自闻堰三江口。该源水管线工程由6.5千米管线和3座直径1400毫米管桥、1座直径1200毫米管桥组成，总投资1050万元，其中管线部分总投资850万元，穿越西山隧道投资200万元。

水厂　第一自来水厂　1959年7月，县政府决定建造萧山自来水厂，投资49.38万元，占地38亩（约25333平方米），以湘湖为水源，建设日产2万吨的地面简易隔板反应平流沉淀池净水厂。1960年底，水厂缓建。1961年初恢复建设，是年12月21日建成沉淀池及消毒设施，始向城区简易供水。1972年，配套修建每日2万吨反应沉淀池1座、每日0.5万吨滤池1组2只，日供水能力增至2.5万吨。1984年第二次扩建每日2.25万吨4格快滤池1座、3000吨清水池1座，出水能力3600吨/小时。1986年，新建每日3万吨机械回转反应斜管沉淀池1座、每日2.25万吨4格快滤池1座、160平方米加氯车间1座、日取水能力4万吨一级泵房1座。水厂总供水能力达到每日7万吨。1995年上半年，投资600多万元，扩建每日3万吨折板反应斜管沉淀池1座、3000吨清水池1座、每日2万吨4格滤池1座和泵房进行每日3万吨供水能力增量。至1999年8月，日供水能力增加到10万吨。

第二自来水厂　1987年，在西兴镇杜湖村新建萧山第二自来水厂，由上海市政工程设计研究院设计。初期设计总规模每日12万吨，占地44.5亩（约29667平方米），总投资预算1400多万元，一次规划，分两期实施。一期工程1987年2月动工，1989年10月竣工通水，日供水量6万吨；二期工程1993年2月动工，1993年10月建成投产。1994年又征地9.5亩（约6333平方米），投资520万元，进行第三期应急工程建设，增设设计能力每日3万吨综合池1座，1995年3月建成投产，生产规模达到每日15万吨，改善城北地区农村饮用水和工业用水，缓解城区用水紧张状态，为萧山实施“西水东调”战略奠定基础。

第三自来水厂　1995年5月，规划在西山东南侧新建第三自来水厂，概算投资3.6亿元，用地220亩（约14.67万平方米），建设规模日供水60万吨。实行一次规划，总体设计，分三期建设完工。同年12月1日破土动工，1997年10月30日试通水，日供水量10万吨。2000年夏，萧山供水需求急增，“西水东调”南线工程贯通后，第三自来水厂处于超负荷运行状态。8月，实施第三自来水厂一期后每日10万吨供水项目，总投资2020万元（第三自来水厂一期后工程于2001年4月29日竣工，日供水量10万吨。2002年10月10日，二期20万吨/日供水工程开工，2003年7月4日建成通水），解决东片部分地区低压供水现状，保障高峰供水需要，并为南片部分镇乡的自来水并网创造条件。

源水泵站　第一自来水厂源水泵房位于湘湖水源区，与厂区相隔一条湘湖路，占地1亩（约666.67平方米）。泵房一期面积54平方米，水泵3台，流量756吨/秒。1986年第一自来水厂二期扩建后，新建300平方米取水泵房1座，内装水泵2台，单台流量1800吨/小时。1995年第四次改造，至1999年8月18日，泵站形成日取水能力10万吨。第二自来水厂源水泵站位于城厢镇湘湖村草庵塘，占地1.35亩（约900平方米），一期水泵3台，流量1260吨/小时。1993年2月，二期工程开工，10月竣工，增泵2台。1995年，三期改造完成，改泵3台，流量1800吨/小时。泵站日取水能力15万吨。闻堰三江口源水取水泵站，占地18.3 亩（约12200平方米），泵房面积1722平方米，日综合取水能力80万吨。一期工程3台水泵，流量5278吨/小时。1999年8月，第一、第二自来水厂改用闻堰三江口源水取水泵站，原第一自来水厂泵房取消，第二自来水厂取水泵房保留作备用。

增压泵站　位于南阳镇，1998年4～8月建造，占地4.71亩（约3140平方米），总建筑面积1200平方米。设有2个3000吨蓄水池、3台水泵，日供水规模3.6万吨。

管网　1961年，供水管道长2.72千米，用水户25户；1980年，供水管道长45千米，用水户1100户；1990年，供水管道长396千米，用水人口26.20万；2000年，供水管道总长450千米，管网覆盖面积200平方千米，用水人口80万。管道材料不断更新，60年代通常使用石棉管；70年代基本使用铸铁管；80～90年代，管径600毫米以下为自应力管，600毫米以上为预应力管。

区域供水　萧山区域供水从城区周边集镇和农户开始，通过实施“西水东调”、“城南水改”和“南片供水”工程，逐步覆盖到萧山东片地区和中片、南片地区。

〝西水东调〞工程　1989年5月，市政府决定实施。工程分北线工程和南线工程。北线工程分三期实施。1990年5月，一期工程动工，1992年底竣工，投资1200万元，铺设管径300毫米以上供水管道近30千米，面积60多平方千米；供水范围包括西兴、宁围、城北、新街、南阳镇（办事处）和钱江、红垦、红山农场及劳改支队等，受益人口22万。1993年9月，二期工程动工，1996年竣工，总投资930万元，除财政拨款外，由南阳、河庄、义盛等受益镇筹集；供水管线通及7个镇乡2个农场，总长22.1千米。1997年1月，三期工程动工，投资4500万元，工程分为南北两线进行。北线工程主要解决萧山东部头蓬、新湾、前进、靖江、党湾、瓜沥、坎山、党山、益农、河庄等10个镇乡及第一农垦场、第二农垦场的生产、生活用水，2000年竣工，管线总长64千米，新增供水面积20多平方千米，受益人口20万。南线工程2000年开工，总投资2987万元。管线自萧山城区道源路与通惠路接口处第三自来水厂的1400毫米出厂管起，到坎山镇新凉亭，与原有的800毫米管接通，全线采用1200毫米管，途经新塘、衙前、新街等5个镇乡，全长16.23千米。资金由萧山自来水公司自筹解决。是年底竣工。

城南水改工程　1992年4月筹建，10月动工，1994年12月竣工，日供水量1.5万吨，总投资657.3万元。水改范围为城东、裘江、城南、石岩、新塘、来苏、衙前7个镇乡，一次规划，分步实施，由近及远，以300毫米～600毫米管径延伸到各镇乡，总长40.7千米，其中管桥30座，穿越铁路2处。受益人口11.5万。

南片供水工程　2000年6月，工程项目通过评审，完成地形测绘、地质勘察、环境评估报告、咸潮与河床演变分析、水位测算及取水口和水厂选址可行性报告等工作。该工程主要解决南片地区海拔25米以下村的自来水饮用问题。预算总投资6600万元，涉及7个镇乡、270多个村，需建设150毫米以上管网150千米，设计规模为日供水30万吨（南片供水工程 2001年8月28日动工，2005年基本竣工）。

节　水

1987年11月，成立县节约用水办公室（简称节水办公室，下同）。是年底，县政府印发《萧山县计划用水、节约用水暂行办法》，将辖区内每年使用城市自来水量在2万吨以上的50家单位纳入计划用水管理范围。1989年扩大至82家；1992年增至94家，计划用水率提高到45.86%。1993年9月，市政府印发《关于实施〈浙江省城市节约用水管理实施办法〉有关问题的通知》（萧政发〔1993〕80号），管理范围扩大至全市使用城市公共供水的单位和个人。1994年，计划用水单位增至405家，节水量逐年增加，工业用水重复利用率提高至59.51%。1999年，计划用水单位增至716家；工业用水重复利用率66.2%，为1988年的9.3倍；节约用水1326.75万吨，为1988年的12.28倍。2000年，全市停收超计划用水加价费后，工业用水量复增，工业用水重复利用率下降至47.92%。

规范管理　1987年底始，实行计划用水的单位自报用水计划，由县节水办公室会同有关部门审核、平衡后下达用水指标，对浪费严重又不采取改进措施的超计划用水单位加价收费。并查处违章接水、用水以及违章排污、偷水盗水等行为。1996年7月拟定《萧山市城市节约用水规划（1996～2010年）》（萧政发〔1996〕105号），8月萧山市政府批准实施。1998年6月，市政府批准实施《萧山市创建节水型城市规划》（萧政发〔1998〕74号）。

设施改造　1988年始，节水工作重点是提高工业用水的重复利用，规定新建、扩建、改建项目节水设施必须做到与主体工程同时设计、同时施工、同时投产；对原有设施进行更新改造，实现间接冷却水循环利用，使间接冷却水循环率控制在95%左右。

1994年始，节约用水工作重点抓工业用水工艺、设备改造。万向钱潮公司实施内部用水定额管理，用水单耗连年下降；萧山伞面绸厂、柳桥羽绒厂应用逆向洗涤工艺，减少水消耗；杭州凯地丝绸印染厂废污水处理后用于染色、洗涤、整理工艺和绿化、除尘；钱江啤酒厂废污水处理后一水多用。饭店宾馆行业采用“李氏”节水阀改进冷凝水回用，淘汰上导向直落式、无固定排水翻盖水箱。影剧院等公共场所改造定时冲洗水箱。萧山游泳馆改造手控淋浴水龙头为脚踏控制；杭州齿轮箱厂加强内部用水管理，定期抄表、听漏，及时检修漏点；杭州中汇棉纺织公司（原杭州第二棉纺织厂）查漏修理陈旧管网，提高重复利用水平；萧山商业城推行用水责任制管理。

地下水管理　1987年11月，城市地下水资源管理纳入节水管理范畴。1988年，对杭州第二棉纺织厂、钱江味精厂、杭州糖果厂等的35眼深井进行管理。1995年5月，市政府印发《萧山市城市地下水资源管理办法》（萧政发〔1995〕65号），深井使用单位逐步控制并减少地下水开采量，有回灌条件的力求采灌平衡，使深井采水量逐年减少。1996年对管理深井实行严格监管，1998年，每井每泵安装计时器。1999年7月，对杭州中汇棉纺织有限公司4眼抽水井（其中3眼抽灌两用井）进行全面技术评估，确保深井使用安全、有效、环保。

至2000年，全市共填埋深井22眼，其中钱江味精厂3眼、杭州恒丰化纤厂1眼、杭州糖果厂1眼、杭州中汇棉纺织有限公司17眼。封存杭州糖果厂深井1眼，保留使用的深井有杭州中汇棉纺织有限公司4眼。

表10-6-170　1988～2000年萧山市城市节约用水情况

年　份	工业用水重复利用率(%)	工业万元产值取水量(吨／万元)	计划用水		年　份	工业用水重复利用率(%)	工业万元产值取水量(吨／万元)	计划用水	
			单位(家)	节水量(万吨)				单位(家)	节水量(万吨)
1988	7.12	167.40	67	108.00	1995	59.57	45.73	480	939.66
1989	9.59	154.90	82	70.54	1996	60.24	45.41	563	1016.71
1990	10.74	146.10	88	200.24	1997	60.50	41.43	642	1168.03
1991	17.13	81.96	102	316.85	1998	65.50	36.44	688	1039.00
1992	22.42	70.67	107	267.25	1999	66.20	33.76	716	1326.75
1993	28.54	55.73	91	417.25	2000	47.92	35.93		
1994	59.51	60.28	405	478.84					

注：1995～2000年“工业万元产值取水量”栏为工业万元增加值取水量。

第四节　供电　用电

民国4年（1915），临浦镇乾元电气公司向该镇240户居民供应照明用电，开萧山供电先例。后发展至城厢、瓜沥等镇。至民国28年（1939），全县供电中断。中华人民共和国成立之初，城厢、临浦、瓜沥各镇恢复供电。1958年，萧山并入杭州电网供电。农村用电逐渐普及，供电量逐年递增。至1972年，供电区域已覆盖全县镇乡村落。1978年后，经济建设和社会事业建设加快，用电量上升，电力供量加大，电力主管部门对电网实施统一调度、科学管理、多渠道办电，致力供电质量和供电可靠性提高。1985年，全县用电量7.02亿千瓦时；90年代后期，电源和电力设施建设步伐加快，并实行用电标准化、规范化管理，继续多渠道多形式办电，电力供不应求的局面改观。2000年，全市年用电量35.51亿千瓦时。

电　网

低压电网　1963年1月萧山电力公司成立始，按照低压线路装置标准整修、改造所辖各镇低压电网，木电杆逐步换为混凝土电杆和镀锌铁附件，导线采用16平方毫米～25平方毫米铝绞线，三相四线制，并推广农用地埋线，费用支出较大。1985年，经县政府批准，实行以电养电，在农用电费中加收10%低压线路维修管理费，为农村低压电网建设提供资金保障，专款专用，由县农电总站统一管理并分期分批进行整改。是年，低压线路总长7039.94千米，其中0.22千伏线路3589.94千米、0.38千伏线路3054千米、地埋线路396千米。后因地埋线路安全性差，故逐年减少。80年代后期，各住宅小区新建独立供电网，低压线路装置标准趋向规范化，各住宅小区均建有配电间，配电变压器移入室内，并采用专用的PGL低压配电柜。

1995年始，住宅小区低压线路逐步改为电缆，由配电间出线主干电缆送到电缆分支箱，再由分支箱分配接户电缆，送至各单元。城区高层住宅区的配电房大都置于地下室，采用性能更优的GGD低压配电柜。同时，开展农村用电标准村、合格村建设。是年，农村标准村占全市村总数的46.2%，萧山被省电力工业局、省计划委员会授予“农村电气化县（市）”称号。1997年后，地埋线路淘汰。

2000年末，萧山低压线路总长11333.60千米，其中0.22千伏线路5809.40千米，0.38千伏线路5524.20千米。

表10－6－171　1985～2000年萧山电网低压线路情况

单位：千米

年　份	低压线路总长	0.38千伏线路	0.22千伏线路	地埋线路	年　份	低压线路总长	0.38千伏线路	0.22千伏线路	地埋线路
1985	7039.94	3054.00	3589.94	396	1993	8490.59	4055.00	4238.59	197
1986	7050.90	3063.32	3591.58	396	1994	8776.00	4329.00	4423.00	24
1987	7248.56	3192.05	3722.51	334	1995	9031.12	4401.12	4606.00	24
1988	7439.55	3297.64	3807.91	334	1996	9055.00	4501.00	4530.00	24
1989	7629.63	3367.64	3932.99	329	1997	8617.42	4302.40	4315.02	0
1990	7781.75	3528.40	3924.35	329	1998	10952.25	5057.00	5895.25	0
1991	7875.86	3650.64	3943.22	282	1999	10964.48	5114.20	5850.28	0
1992	8337.31	3998.67	4056.64	282	2000	11333.60	5524.20	5809.40	0

10千伏电网　1975年，全县10千伏线路均换成钢筋混凝土圆电杆。80年代初，分批将两线一地制线路改为三线制。90年代，为优化城市10千伏电网结构，完善10千伏配电变压器布点，普遍设立开关站，城网线路安装环网柜进行切换；重要线路改用电缆，并采用进口环网开关；城区内10千伏线路改用绝缘导线，重要转角杆改为钢管杆塔，城镇用户的电压质量和供电可靠性得到改善和提高。2000年末，全市10千伏配电线路306条，总长2494.50千米；10千伏配电变压器7089台，总容量125.78万千伏安。

表10-6-172 1985～2000年萧山10千伏配电网络情况

年份	配电线路（千米）	配电变压器		年份	配电线路（千米）	配电变压器	
		数量（台）	总容量（千伏安）			数量（台）	总容量（千伏安）
1985	1414.46	2917	257710	1993	1806.12	4298	561800
1986	1459.89	3007	268070	1994	1911.22	4572	631100
1987	1525.36	3184	304565	1995	2025.85	5062	711700
1988	1594.00	3304	340455	1996	2122.77	5267	796300
1989	1595.18	3411	371100	1997	2219.13	5600	886400
1990	1643.34	3554	398600	1998	2338.37	6053	963600
1991	1690.86	3667	429000	1999	2318.88	6152	1077200
1992	1738.83	3841	458700	2000	2494.50	7089	1257800

35千伏电网　1983年，始建35千伏变电所。至1990年，先后建成河上、红垦、永丰、义桥、径游、钱江6座35千伏变电所，大都为单电源进线，供电网架较为薄弱。1993年9月，萧山发电厂建成并网发电，萧山电网受电源增多，为与其配套，增加35千伏变电所和35千伏线路建设。1993年11月至1998年，先后建成益农等9座35千伏变电所及35千伏输电线路，94%的变电所有两路电源进线。同时，为配合用电大户专用变电所建设，分别架设至浙江恒逸集团有限公司、杭州道远化纤集团有限公司、浙江荣盛化学纤维有限公司、万向集团公司、杭州萧山机场的35千伏专用线路。至2000年末，萧山电网有35千伏公用输电线路43条，总长373.61千米；35千伏公用变电所17座，总容量43.50万千伏安；35千伏公用临时（简易）变电所9座，总容量6.42万千伏安；35千伏工业用户专用变电所20座，总容量19.39万千伏安；35千伏农业用户专用变电所7座，总容量1.04万千伏安。

表10-6-173 2000年萧山市电网35千伏公用变电所情况

变电所	投运年月	主变压器		线路回数		变电所	投运年月	主变压器		线路回数	
		数量（台）	总容量（万千伏安）	35千伏（回）	10千伏（回）			数量（台）	总容量（万千伏安）	35千伏（回）	10千伏（回）
河上	1983-06	2	1.6	2	6	益农	1994-05	2	1.6	2	7
红垦	1986-06	2	2.5	2	8	长沙	1994-07	2	3.2	2	8
永丰	1987-12	2	2.0	2	6	义盛	1994-12	2	4.0	2	8
义桥	1988-12	2	1.6	2	8	赭山	1995-03	2	4.0	2	8
径游	1989-09	2	1.6	3	7	塘头	1995-06	2	2.5	2	10
钱江	1990-12	2	4.0	4	8	党湾	1997-07	2	1.6	2	6
新湾	1991-12	2	2.0	2	8	坎山	1998-12	2	4.0	2	12
衙前	1993-04	2	3.2	2	8	头蓬	1998-12	2	1.6	1	12
市北	1993-11	2	2.5	2	15	合计	—	34	43.5	36	145

注："线路回数"栏的"回"是指变电所中引出的线路数。一条线路连接两个变电所，每座变电所有1回线，合计为2回，实际线路为1条。

表10–6–174　2000年萧山市电网35千伏临时(简易)变电所情况

变电所	投运年月	主变压器		线路回数		变电所	投运年月	主变压器		线路回数	
		数量（台）	总容量（千伏安）	35千伏（回）	10千伏（回）			数量（台）	总容量（千伏安）	35千伏（回）	10千伏（回）
东江	1996–06	1	8000	1	2	许贤	1999–07	1	5000	1	4
光明	1996–07	1	3200	1	1	湘农	2000–07	1	8000	1	3
三江	1998–02	1	8000	1	2	楼塔	2000–08	1	8000	1	3
东围	1998–11	1	8000	1	3	宁赭	2000–09	1	8000	1	1
戴村	1999–06	1	8000	1	3	合计	–	9	64200	9	22

110千伏电网　1985年，35千伏靖江变电所易地新建110千伏变电所，从湘湖变电所引入110千伏湘靖线为电源线。年末，建有110千伏变电所3座。1993年9月，萧山发电厂和220千伏瓜沥变电所建成投运，为萧山电网扩展新的电源受电点。1994年8月，建110千伏临浦变电所，从萧山发电厂引入110千伏萧临线、萧浦线。1995年建110千伏城东变电所，从萧山发电厂引入110千伏萧城线、萧东线。1999年，建成110千伏螺山、昭东变电所。2000年建成110千伏万安、鸿达、党山变电所。年末，萧山电网共有110千伏线路25条，总长170.02千米；110千伏变电所12座，主变压器总容量94.60万千伏安。

表10–6–175　2000年萧山市电网110千伏变电所情况

变电所	投运年月	主变压器		线路回数			变电所	投运年月	主变压器		线路回数		
		数量（台）	总容量（万千伏安）	110千伏（回）	35千伏（回）	10千伏（回）			数量（台）	总容量（万千伏安）	110千伏（回）	35千伏（回）	10千伏（回）
萧山	1963–07	2	6.30	2	5	11	螺山	1999–09	2	8.00	2	–	9
湘湖	1981–04	2	8.00	3	3	21	昭东	1999–11	2	4.00	1	–	9
靖江	1985–07	2	10.00	2	4	12	万安	2000–03	2	8.00	2	–	12
新街	1994–03	2	10.00	2	2	11	鸿达	2000–09	2	10.00	2	–	8
临浦	1994–08	2	10.00	2	7	11	党山	2000–12	1	4.00	1	–	11
城东	1995–07	2	10.00	4	–	24	合计	–	23	94.60	25	26	146
通惠	1997–12	2	6.30	2	5	7							

220千伏电网　1982年始，结合镇海—宁波—绍兴—萧山（闻堰）输变电工程，扩建1979年9月建成的境内第一座220千伏变电所——闻堰变电所。至1987年，增12万千伏安主变压器1台，至绍兴220千伏九里变电所的闻九线和闻里线、至诸暨220千伏牌头变电所的牌闻线、至220千伏湖州变电所的湖闻线，使闻堰变电所成为全省220千伏电网中连接杭、嘉、湖、宁、绍电网，吸收新（安江）、富（春江）水电站电能的枢纽变电所。1993年7月，因220千伏闻堰变电所地址偏西，距瓜沥、靖江30千米以上，且接近满负荷，电网容载以及网架布局已不能适应，故建立220千伏瓜沥变电所。该变电所首期安装15万千伏安主变压器1台，从绍兴500千伏兰亭变电所引入220千伏兰瓜线作进线电源。翌年，增15万千伏安主变压器1台，并再从兰亭变电所引入220千伏亭沥线。9月，萧山发电厂建成投运后，原从富春江水电站和杭州变电所引入的电源线，改由萧山发电厂的萧闻线和萧堰线引入；绍兴220千伏柯岩变电所建成后，220千伏闻九线、闻里线开口环入柯岩变电所，闻堰变电所的闻九线和闻里线改称闻柯线和闻岩线。1999年12月，为提高萧山市城区及经济技术开发区供电可靠性，建220千伏宁围变电所。首期安装

15万千伏安主变压器1台，从绍兴220千伏中纺变电所引入220千伏围中线和围纺线。2000年，萧山电网有220千伏线路10条，220千伏变电所3座，总容量72万千伏安。

表10–6–176　2000年萧山市电网220千伏变电所情况

变电所	投运年月	主变压器		线路回数		
		数量(台)	总容量(万千伏安)	220千伏(回)	35千伏(回)	10千伏(回)
闻堰	1979–09	2	27	6	5	7
瓜沥	1993–07	2	30	2	5	16
宁围	1999–12	1	15	2	7	3
合计	–	5	72	10	17	26

供　电

供电质量　萧山历史上的民营电厂，机组小，互不联网，调控能力差，机组运转常不能达到额定转速和频率，电压不稳定，电灯时明时暗。1958年改大电网供电，供电电压统一为高压35千伏和10千伏，低压0.38千伏和0.22千伏，频率由大电网控制，稳定性较前有所提高。70年代，浙江电网缺电严重，供需矛盾突出，配电网络落后，供电半径长，线损大，电网经常处于低电压、低频率状态运行，致使电动机无法正常运转，日光灯无法启辉，供电质量较低。110千伏萧山变电所一度安装低周波（频率）减负荷装置，以保证重要供电区域电压和频率。1990年，市供电部门成立电压无功管理领导小组，提高电网电压和频率，考核电压合格率；设置各级电压监视点，分A、B、C三类进行监视和记录；组织开展群众性调荷节电活动；对线径细、供电半径长的供电线路进行技术改造。90年代初，楼塔、新湾采用线路末端电容器补偿提高线路供电电压。1998年，在综合变压器、小区变电所高压柜中增设电容器屏。1999年5月起，萧山电网110千伏及以下变电所的母线电压，改由电力调度室集中监视，随时调控，电网电压合格率98.13%。2000年，14座35千伏变电所安装无功电压自动控制装置，合格率升至98.45%。

电网调度　随着全社会供电量增加，各业供电同步增加，工业供电占总供电量的80%～90%。1976年4月，萧山电力公司电力调度室（简称萧山调度室）成立，配置3名调度员，自制简易模拟图版。调度范围为萧山电网10千伏线路。翌年5月，调度范围扩大至35千伏线路。1993年12月，萧山调度室升格为调度所。翌年1月，调度所配置能自动显示断路器通断状态及负荷数据的镶嵌式模拟图版。此后，随着220千伏变电所及企业自备余热发电厂相继建成，调度范围多次调整，至2000年，萧山电网由省、杭州市和萧山市分级调度。萧山主要负责电网35千伏及以下设备和并网自备发电机的调度。

1990年9月，110千伏萧山变电所安装远动设备，各变电所的运行数据、事故信号自动搜集反映于萧山调度室，由调度室对变电所运行状况实行监视，对单一操作实行远距离“遥测、遥信、遥控”。后，220千伏闻堰、瓜沥变电所，110千伏靖江、湘湖变电所，均完成自动化改造。1993年9月，35千伏市北变电所安装远动设备，至1995年6月，萧山电网220千伏、110千伏、35千伏变电所远动设备全部安装完毕，为变电所实行无人值班奠定基础。调度管理工作由组织、指挥、协调电网运行、操作和事故处理，扩展到对所有110千伏及以下变电所设备日常运行监视、电压无功管理、电容器遥控投切、主变有载调压的遥控及线路遥控操作和事故判断处理。

线路运行检修　1963年1月萧山电力公司成立后，由公司下属电力工段线路班负责线路运行检修。1979年，萧山电力公司组建大修班，承担35千伏线路运行检修。1984年，大修班撤销，人员并入城厢供电所，各供电所分设线路运行班和线路检测班。临浦、靖江、新湾供电所负责辖区内10千伏线路运行检修，城厢供电所负责城厢地区10千伏配电线路和全县35千伏及以上送电线路运行检修。1987年始，35千伏用户专用线由萧山电力承装公司代管运行和检修。1999年，对农村用电进行检查和维修，全年检查低压线路10857.2千米，维修392.8千米。2000年，继续对农村用电进行检查维修，共检查低压线路9850千米。

变电所运行　1958年10月35千伏萧山变电所投运后，建立变电所运行值班制度。1978年后，萧山电力部门加强企业管理，健全规章制度，整顿值班活动，严格电气设备停、送电操作的操作票制度和停电设备检修的工作票制度。80年代，为防止误拉合开关、误拉合闸刀、带电挂接地线、带接地线合闸刀、误入带电间隔5类事故，各变电所设备安装防误装置。35千伏河上变电所采用钥匙开关闭锁分合闸防误装置，经浙江省防误装置评审会评审通过作为推荐项目。90年代初，开展安全生产、文明生产“双达标”活动，各变电所整治设备，整治环境，为杭州地区变电系统“双达标”推广起示范作用。1996年4月，萧山供电部门实施变电所无人值班改造试点，变电所安装具有遥信、遥测、遥控功能的远动装置，由电力调度室远方集中监控和操作，改变由变电所值班人员进行仪表监视、负荷抄录、事故和故障的检查排除，以及线路、变压器开关的操作等。同年6月，无人值班改造在6座110伏、4座35千伏变电所中展开。1997年起，新建的6座110千伏、4座35千伏变电所，均按照无人值班要求建设。至1999年5月，全市40座变电所中，除2座220千伏变电所外，其余12座110千伏、26座35千伏变电所均实行无人值班，减少变电运行人员161人。

设备检修试验　1958年，联网后的变电设备由杭州市供电局负责检修和试验。1977年12月，萧山辖35千伏变电所设备检修和试验，由萧山电力公司修配场承担。1982年9月，萧山电力公司成立变电工段，检修试验扩大至2座110千伏变电所的35千伏及以下设备。1984年，变电工段始承担变电所电气安装任务，至1995年，完成衙前等12座35千伏、1座110千伏变电所电气安装。1996年5月，杭州市电力局将110千伏变电所的全部设备及220千伏瓜沥变电所的35千伏及以下设备的检修试验下放萧山。翌年，完成2台110千伏主变压器及萧山靖江变电所110千伏闸刀大修任务。同年，成立绝缘油化试验室，结束绝缘油必须送杭州和省电力试验研究所检验的历史。

配电变压器运行检修　1968年，新建变压器修试厂房。1972年下半年始，农村配电变压器从杆上式、落地式逐步改为台屋式，即屋顶变压器、屋内配电房。1984年，城厢公用配电变压器推广低耗节能型变压器，农村老型号配电变压器被淘汰。1988年，配电变压器检修划归萧山电力承装公司，1996年，由该公司所属的新达电力设备修造厂负责。2000年，修造厂开展100千伏安及以下配电变压器组装。是年末，全年供电量35.51亿千瓦时，最高负荷53.49万千瓦，线损率7.55%，电网主设备完好率100%，供电可靠率99.97%，电压合格率98.45%。

用　电

1978年后，经济建设步伐加快，用电量迅速上升。1984年始，采用自筹煤加工电量、集资办电、购买用电权等办法弥补分配电量不足。90年代，电源和电力设施建设步伐加快，同时实现用电管理标准化、规范化。90年代末，通过多渠道、多形式办电和国民经济结构调整，电力供不应求的紧张局面大为改观。

用电水平　1949年10月，萧山城区恢复发电。是年，全县用电量2.41万千瓦时，人均综合用电量0.04千瓦时。1960年始，电网逐渐向萧山农村延伸。农村照明、排灌、农副产品加工用电普及。1964年，农村用电量1056.37万千瓦时，占全县用电量的18.42%。1975年，全县用电量20231万千瓦时，年人均综合用电量198.23千瓦时。1980年，全县国内生产总值年平均递增率17.97%，社会用电量年平均递增率10.72%。90年代，电力弹性系数（即全社会用电量年增长率与国内生产总值年增长率之比）偏低。1995年，全社会用电量23.83亿千瓦时，年人均综合用电量1990.51千瓦时，年人均生活用电量164.55千瓦时，电力弹性系数0.49。1999年，全社会用电量29.68亿千瓦时，年人均综合用电量增长率13.68%，国内生产总值年增长率11.33%，电力弹性系数1.21。2000年，全社会用电量35.51亿千瓦时，年增长率19.64%，电力弹性系数1.10。是年，年人均综合用电量3109.98千瓦时。

表10–6–177 1986～2000年萧山全社会用电量及分类情况

单位：万千瓦时

年份	总用电量	第一产业	第二产业	第三产业	城乡居民生活
1986	83171	4021	74462	1220	3468
1987	96800	4756	86468	1093	4483
1988	106472	5779	93375	1498	5820
1989	109975	5004	96467	1706	6798
1990	120796	5659	104549	2036	8552
1991	137825	5647	120320	2097	9761
1992	158992	6074	139144	2683	11091
1993	179192	5819	156872	3367	13134
1994	214780	7563	184952	4873	17392
1995	238291	7574	204611	6327	19779
1996	269889	7887	231603	7940	22459
1997	259078	7714	221593	8359	21412
1998	261114	7710	219993	10384	23027
1999	296830	7447	253689	12115	23579
2000	355129	7984	305944	15148	26053

用电调度　60年代，电力供需矛盾渐显。针对农业用电负荷白天高、晚上低的特点，电力部门调整工业用电时间，安排三班制生产，部分连续三班制生产的工厂，为避开“双夏”农业用电高峰安排停产检修。1979年，执行《浙江省关于加强计划用电、节约用电管理试行办法》和《杭州市加强计划用电实行凭证定量供电管理试行办法》，开展“一查四定”工作。即逐厂查清设备，定产品单位电耗、定用电负荷、定用电电量和定用电时间，实行凭证供电。县电力管理部门将用电负荷指标分解到区、乡，分配到各用电户。1981年，又按照各企业产品产销情况，分别执行“保、限、调、停”措施。后，县电力管理部门在千方百计组织计划外电力的同时，强化行政管理手段，稳定供、用电秩序。根据“保证重点、兼顾一般，有保有舍、择优供电”原则，制定“基数包干、超用加价、节约归已、奖罚兑现”的计划用电规定。1988年，萧山市首批安装高峰负荷器486台，对违反计划用电的用户罚款32万元，同时制定严格控制非生产性用电实施细则。1989年，实行用户峰谷用电分时段考核，并制定峰谷电考核制度，鼓励用户深夜用电。1994年始，空调机、冰箱等家电进入百姓家，城乡人民生活用电量增幅较大。每年夏收夏种期间，供电部门安排部分电力，支援农业和人民生活用电，工业用电大户避开早晚两峰用电。并搞好调荷节电，平衡电力，保证正常供电秩序。1998～2000年，全市农村照明用电保证率99%以上。

用电安全管理　在加强日常安全监察工作同时，县供电部门每年组织10千伏、35千伏大用户变电所开展用电安全对口竞赛活动。1995年5月，市农业用电管理部门把安全用电和安全生产管理工作列为第一项考核内容。每年春、夏、秋三个农忙季节及春节前，对各镇乡站进行安全用电大检查。对危及安全用电的设备，签发“限期停电整改通知书”，并把检查结果纳入季度考核，与奖金挂钩。全体电管员和村电工每年参加浙江省电力部门组织的“百日安全无事故”竞赛活动。各级电力管理部门对发生的事故做到：事故原因不查清楚不放过，事故责任不明和应受教育者没有受到教育不放过，防范措施不落实不放过。1997年1月1日始，全市从事农村低压电气作业，均执行工作票制度和安全施工票制度，镇乡电力管理站站长（供电营业所所长）为工作票签发人。1998年6月，市供电部门对全市30个电管站的700多名电管员和聘用的电工进行个人工器具安全检查，报废不合格工器具116件。

用电监察　80年代初，少数用户不择手段窃电，用绕越、阻滞或扰乱电能表，使计量失准、停走，甚至损坏计量装置。供电部门开展定期或不定期的反窃电检查，对窃电者予以经济处罚，情节严重的提交司法机关予以法律制裁。1987年，市供电部门结合营业大普查，查获违章用电和窃电110户，补回电费和罚款15.08万元。1988年3月，临浦供电所检查发现进化乡岭下村窃电现象猖獗，按规章和职权范围予以6倍罚款，监守自盗的村电工由市公安机关依法查处。10月，市供电部门安装负荷控制用户终端，通过线理论计算及负荷监视，及时发现用电异常。2000年，各供电所加强反窃电力度，全年查获窃电大户14户、违章用户25户，罚款22.45万元，收缴违约金53.38万元。

第五节　供气　供热

1981年，城厢镇部分居民开始使用液化石油气（简称液化气，下同），为杭州地区用气最早的县。1985年，萧山建热电厂，1986年7月开始供热，为浙江省乡镇企业首家供热厂。后随经济建设快速发展和城乡居民收入增长，供气、供热设施建设加快。2000年，全市有燃气企业8家，供应企业46家，年液化气总供应量2.5万吨，城区用气6.02万户，用气人口20万，其中管道液化气开户9060户，实际使用2060户；气化率100%，全市气化率95%。供热企业11家。

燃气供应

瓶装液化气　1981年，省机关事务管理局在北干山北麓建造液化气贮灌场，储存量150吨。分配给萧山县级机关30户（后逐渐增至100户）使用，每瓶3.75元。1984年，县物资局用计划指标水泥与镇海炼油厂交换液化气指标，年供应600瓶（每瓶15千克）。1986年，县政府向镇海石化总厂以低息贷款形式投资84万元，取得每年3600瓶液化气使用权，供应县级机关干部职工。

1987年8月，县消防队批准二轻供销公司等9家单位的772户城区居民使用液化气，至年底，用户增至140家单位、15327户。后液化气用户逐步由城区向乡村扩展。1990年，全市有液化气用气单位325家，发证用户3.5万户，用气人口12.3万，供气总量3500吨。1992年10月，省石化厅和城南开发公司联合投资500万元，建立年检测10万只液化气钢瓶检验站。1996年，各建制镇均设有液化气供应站。翌年8

图10－6－282　1992年北干山液化气灌储中心（蒋剑飞摄）

图10－6－283　1992年，在灌储中心灌装的液化气瓶（董光中摄）

月，全市有液化气供应企业51家，储配站6家，已批待建（在建）储配站3家。2000年末，全市共有燃气企业8家（附属站35家），供应企业46家，工业用气单位4家。

管道液化气　1994年，由萧山市新区开发建设管理办公室牵头组建股份制供气企业萧山市管道煤气股份有限公司，股东为浙江金城开发公司、萧山煤气公司、深圳国威工业发展公司，注册资金1000万元，为省内首家民营管道煤气企业，主要经营管道液化气，承担市区范围内管道燃气项目的配套、建设、运作。1995年12月，供气规模1800户的北干一苑瓶组气化站建成，开始向新区供气，至年底，有用户1000户。安装费用由房产开发商预交，后摊入住房成本（按住房建筑面积每平方米35元）。1997年7月，供气规模2000户的南市花园瓶组气化站建成。至1999年底，新区普及管道液化气，老城区三分之二地段（中压管线）居民具备用气条件。2000年，相继完成新区管道燃气配套工程，银河小区、城建公寓、莱茵达小区、棉东新村、汇达小区、山北新苑、南市花园二期、汇宇花园等管线工程，干管长度40.1千米，至年底，管道燃气开户9060户，其中开通2060户。

燃气管理　1987年5月，由县城乡建设、劳动、公安等部门联合举办首届液化气安全员培训班，受训158人；7月，联合下发《萧山县液化石油气安全管理暂行规定》，对域内用户进行登记发证工作。城乡建设、劳动、公安等各主管部门根据各自的职责，分别进行压力容器检验、消防安全管理和对瓶库及用户进行不定期的安全检查。1988～1991年举办8期安全专管员培训班，597人接受培训，获合格证书。1995年，市政府决定由市城乡建设管理部门统一管理全市燃气热力工作，建立萧山市燃气管理办公室。是年，全市建立液化气储配站9座，供应站点近30家，液化气自管单位300家，用户5万多户。1997年9月，处理21家无证供应单位。1998年，萧山市燃气协会成立。1999年9月，对40家燃气供应企业通过资质年审，发放供气许可证，注销7家液化气供应企业资质证书。2000年，全市清理整顿城市燃气市场，93家供用气单位接受年审，其中91家合格，查扣不合格钢瓶143只，查处20余人次。1996～2000年，全市未发生液化气安全事故。

热能供应

萧山供热始于80年代中期。1985年，萧山版纸厂建立城东热电厂（该厂因经营亏损，于1996年停产），为企业自备供电供热项目，1986年7月开始供热，为浙江省首家乡镇企业热电厂。1987年1月，浙江钱江啤酒厂与年产25万吨啤酒配套建立热电厂，采用背压式汽轮机余热发电。1990年12月，浙江农垦水泥厂（后更名金首水泥厂）利用回窑尾气余热发电，建立热电厂。1992年，由杭州钱江外商台商投资区江南开发公司、萧山市地方建设发展公司、红山农场3家联合投资，建立萧山红山热电厂。1993年，浙江航民实业集团公司建立自建、自营、自用热电企业——萧山市航民热电厂，年供热量40万吨，热网覆盖面积1.5平方千米。1995年8月，浙江金马热电厂作为萧山经济技术开发区的配套设施投产。同年12月，杭州阳成热电有限公司在南阳经济开发区建立，供热半径2千米，热网管线总长10千米。1996年，浙江三元集团有限公司、杭州美时达印染有限公司、浙江达利凯地丝绸有限公司3家企业自办热电厂。1998年2月，杭州钱江印染化工有限公司建立自备热电站（属航民股份公司控股企业）。至2000年，萧山先后有热电厂11家，其中区域性热电企业3家，自备热电企业8家。

第六节　城市广场

民国17年（1928），萧山县政府在江寺后面辟运动场，俗称江寺操场。中华人民共和国成立后，县人民委员会于1956年11月批准市心桥南关帝庙一带，划地44.3亩（约2.95万平方米），新建县体育场。1959年因建造市心路，体育场面积缩小到33.6亩（约2.24万平方米）。时在体育场四周种植花卉、树木。1979年，体育场重修，设置石凳，进一步绿化，四周绿树成荫，中心草坪如茵，成为市民锻炼健身、憩息休闲的去处。1998年改建为新世纪广场。至2000年，城区建有广场5处。

站前广场

位于铁路萧山客运站前，1990年动工兴建，1991年底竣工，1992年6月投入使用，面积27972平方米。

新世纪广场

位于城区中心，总占地2.24万平方米。1995年3月动工，1998年竣工。是一座C形构图的开放型城市广场，由一组4～15层不等的高低错落有致的欧式建筑组成，内为商场、写字楼、公寓，并建有1.1万平方米的大型地下停车场。楼幢环拱中7000平方米的广场上植有花卉草木，布置群马奔腾的雕塑和喷泉，设计新颖，建筑典雅又具现代气派。

人民广场

位于市行政中心南，1999年6月22日开工，12月20日竣工。总面积6.07万余平方米。广场植有花卉、草木，集庆典活动、游憩功能于一体，是中华人民共和国成立以来全市面积最大、设施最完善的广场。

文化广场

位于市心中路，萧山歌剧院西侧，总面积3300 平方米，2001年2月兴建（2002年1月建成），场内有中外著名音乐家雕塑、音乐喷泉等景观设施。

五环广场

位于市心南路体育场与体育馆之间，面积15171平方米，1994年4月建成。

第七节　停车场

80年代初，萧山城区始建货运车停车场，位于萧金公路旁西山脚下的城南招待所对面，萧金公路南侧，占地7.5亩（约5000平方米）。后又建萧山公路段停车场、五七路口停车场等。

1985年，萧山宾馆始建地下停车场，有车位200个。1992年，市政园林管理处在西河路南端、西河东岸旁建南门停车场，占地3400平方米，有露天停车位60个，停车库24间、515平方米，配有洗车、修车等服务项目，时为配套设施较完备的停车场。

1995年始，在主要街道一侧划出固定停车位作停车带。是年底，萧山城区停车场有地面停车场、地下停车场和临时停车场3种。按经营方式，有日夜有管理人员管理的停车场，如南门停车场等；有只供白天使用的停车场，如西山道口停车场、老火车站停车场等；有饭店、旅馆兼办的停车场，如国际酒店、金马大厦、华都宾馆等昼夜服务停车场。1996年，南市花园住宅区开工建设，内设双层停车库，建筑面积3000平方米，车库（位）108个；住宅底层车库，建筑面积3600平方米,车位201个。90年代后期，随着机动车辆增加，停车场建设列为城市总体发展规划中的一项重要内容。2000年7月，凯悦花园内集中建28个半地下停车库，住宅底层设41个停车库，并使用电子遥控卷闸门，以减小噪音。后，住宅区内停车库均按此方式建设。

2000年底，萧山城区停车泊位（包括社会停车泊位、公共设施和小区配建停车泊位）5147个，平均1辆汽车拥有0.23个泊位。由于车多位少，又加住房底层车库多移作开店设摊使用，部分车主只能占道停车，导致住宅小区交通不畅。

第七章　园林绿化

城区的西山、北干山和湘湖周围诸山，素以树木葱郁，景色秀美著称。“北干松风”旧为萧山八景之一。祇园寺、江寺等古刹梵宇内，曾古木参天，浓荫密布，幽古异常。清代，城内有私家花园7座，享有“萧山风景并姑苏”①之誉。后屡遭战乱兵燹，大批绿荫被毁，不复旧观。

中华人民共和国成立后，封山育林，绿化西山和北干山。1959年10月建立城厢绿化队，在主要街道两侧和体育场四周种植行道树。1981年始，结合旧城改造，加强绿化管理和苗圃基地建设。1984年，城区有绿地28.40万平方米，绿地覆盖率12%②，人均公共绿地面积3.12平方米。90年代初起，提出“绿在城中”，绿地面积不断增加，绿化档次逐年提高，形成以西山、北山公园为中心，城河与主干道绿地为骨架，居住区绿地、单位绿地、街道绿地为点，滨河绿地为带，道路绿地为线，山地公园和风景林地为面的城市绿化格局。2000年，城区绿地面积457.90万平方米，绿地覆盖率36%③，人均公共绿地面积9.38平方米。

①萧山城厢镇志编纂办公室：《萧山城厢镇志》，浙江大学出版社，1989年，第168页。

②指城市绿地覆盖面积占城市总面积的百分率。反映城市园林绿地水平的指标。乔灌木和多年生草本植物的覆盖面积，按植物的垂直投影测算，但乔木树冠下重叠的灌木、草本植物不再重复计算。（资料来源：农业大词典编辑委员会：《农业大词典》，中国农业出版社，1998年，第1007页）

③为市园林管理部门管理养护的绿地面积。

第一节　公园绿地

公　园

中华人民共和国成立后，利用空闲隙地，在城厢镇包家弄、汽车站、仓桥上街、八角亭、环西桥建造5个小游园。1981年，始建西山公园。后园林建设项目和投资逐年增加，西河公园、梦笔公园、儿童公园、北山公园、城河公园、南江公园相继建成，提升了城市环境品位，成为市民日常休闲活动场所。

图10－7－284　90年代改建后的西河公园（董光中摄）

西山公园　位于景色秀美的西山，面积21.66万平方米。建于1981年，为开放性山地公园。山脚建有古式门楼的萧然亭。紧贴崖壁筑有长条石阶300多级，盘曲而上。山上建有望湘阁、初阳亭、望湖亭和花架长廊等，亭阁的造型具有民族风格和地方特色。

西河公园　坐落于环城西路的新开河畔，占地面积6000平方米。1963年始植树绿化，先后栽植香樟、银杏、梧桐、女贞等树木，在西山之麓形成一条绿化带。1984年改建为公园，入口处建有垂花门楼，园内筑有鱼池、假山、九曲桥、望月亭和花架长廊等，树木葱郁，曲径幽深，是居民游憩和晨练的场所。是年6月，园内新建一座象征萧山和宁夏永宁两县人民世代友好的《萧山—永宁友好》雕塑。1992年，公园北伸，增加公共绿地3600平方米。

图10－7－285　1984年10月建成的梦笔园（2009年，杨贤兴摄）

梦笔公园　位于城河南岸古梦笔桥畔，占地670平方米。1984年10月建成。园内建有六角飞檐的梦笔亭和假山、石笋、石桌、石凳。曲径穿行其间，出入为圆形月门。东侧有古梦笔桥石碑。

儿童公园　位于环城西路。1986年2月动工，1988年“六一”儿童节一期工程建成开放。公园占地21067平方米，资金源于财政补贴和募捐。1992年5月，第二期工程竣工，占地9253平方米。公园全部占地3万余平方米，设有太空飞车、自控飞机、溜冰场、快艇等大中型游乐设施和项目近30个。是杭州地区建设较早的专题类公园。（2002年拓宽萧然西路，儿童公园面积缩小。后迁至湘湖旅游度假区跨湖桥南山坡重建，2008年1月建成开园）。

图10－7－286　1988年建成开放的儿童公园（1989年，童文毓摄）

北山公园　由北干山开辟而成，面积60.45万平方米，是座以植物造景为主，融登山、眺望市景为一体的开放性公园。1996年5月，迁移坟墓5.50万穴，投资1000万元，将1650亩（约110万平方米）集体山地征为国有。8月，市政府通过北山公园建设总体规划设计，投资120万元，建成全长1850米的4条上山道。1997年春，发动群众义务植树2万株。1998～2000年，又在公园植树4万多株，并在山脊新建革命烈士纪念碑、玉顶阁、望江亭和纪念唐代著名诗人贺知章的季真轩石雕像，在半山腰还建有知稼亭、问梅亭和鞭石亭。

城河公园　位于人民路东段和城河之间。1998年5月动工，12月竣工，占地1.76万平方米。园内绿地起伏，小径蜿蜒，现代雕塑遥相呼应，成片花卉与草坪相映，还铺设供不同年龄人活动的场地，装置彩色灯光和音响设备。

图10－7－287　1998年竣工的城河公园（2008年，杨贤兴摄）

南江公园　位于市心南路东侧、道源路南侧。2000年7月15日开工建设，12月20日竣工。总占地10.10万平方米，属综合性市级公园。公园疏林草坪，喷泉水池，浮雕景墙，亭台楼阁，曲廊水榭，小桥流水，集休闲、娱乐、赏景为一体，是具有丰富文化内涵和江南园林风格的城市滨河公园。

绿　地

1984年，城区绿地总面积28.40万平方米，绿地覆盖率12%，人均公共绿地面积3.12平方米。至2000年底，绿地面积增至457.90万平方米，绿地覆盖率29%，人均公共绿地面积9.38平方米。

道路绿地　1959年10月，城区开始有计划地种植行道树。1981年起结合旧城改造，搞好街道绿化。至1985年，城区行道树长18千米，树种有白杨、枫杨、法国梧桐、合欢、樟树、紫槐等。1988年后，先后建成通惠路、萧绍路、市心中路、站前路、道源路等道路绿带，引种枫香、银杏、合欢、无患子、杜英、马褂木等20余个行道树品种，提高沿路景观效果。1997年春，绿化美化通惠路、市心中路绿岛及通惠路大转盘。1998年在人民路和市心路两侧人行道设置精致的玻璃钢和花岗石大花盆200余只，一年四季鲜花盛开。在重要节日，城区主要街道交叉口和公共场所放置鲜花，街头花团锦簇，营造节日氛围。2000年，城区行道树长48.7千米，道路绿地面积7.20万平方米，道路绿化覆盖面积30.60万平方米。

专用绿地　中华人民共和国成立后，城区机关、学校、工厂、部队、医院开展群众性义务植树造林活动，开辟专用绿地。1980年以来，各单位把植树绿化作为“精神文明”建设活动重要内容，每年在厂区、营房、校园和隙地植树木，建花坛，绿化美化环境。1984年，城区有专用绿地3万平方米。1988年后，开展争创“花园式”单位为目标的群众绿化活动，至2000年底，城区有花园式单位16家，专用绿地面积81.50万平方米。

居住区绿地　1988年以来，重视居住绿地建设。老城区结合旧城改造，利用房前屋后，见缝插绿，加强养护，并增加绿化面积，提高绿地覆盖率。新区重视规划和绿地建设。潘水苑、北干一苑、育才东苑、育才西苑、回澜南园、回澜北园等小区广种花木，绿地率均在30%以上。1997 年起开展创建“花园式”小区活动，促进居住小区的绿化美化工作。至2000年底，城区居住绿地面积38.80万平方米，“花园式小区”12家。

生产绿地　1962年，市政园林管理部门建立金家桥苗圃，初建时面积6.3亩（约4200平方米），1982年增至7亩（约4667平方米）。1985年迁往湘湖水漾坞。1996年在钱江农场新建顺坝苗圃。至2000年，有湘湖湫口坝、水漾坞和顺坝等地苗圃基地4处，占地195亩（约13万平方米），花木品种200余种，为城区绿化提供种苗。

防护绿地　途经城区的浙赣、杭甬铁路沿线，种植水杉、池杉，形成防护林带。1998年在浙赣铁路沿线种植万棵水杉，新增绿地8000平方米。至2000年，城区防护绿地94380平方米。

风景林地　主要是北干山、西山和湘湖周边山林。2000年建成的风景林地有西山75.15万平方米，北干山60.45万平方米，湘湖周边山林55.35万平方米，萧山城区周边风景林地总面积190余万平方米。

第二节　城市雕塑

图10－7－288　1969年10月落成、位于杭州第二棉纺织厂大门前广场的毛泽东塑像（2009年，杨贤兴摄）

50年代，城区百废待兴，雕塑不被重视。1969年5月，动工兴建毛泽东主席像，10月1日落成，位于杭州中汇棉纺织有限公司（原杭州第二棉纺织厂）门前广场。该塑像是当时全省三座毛泽东塑像之一，像高7.6米，用钢筋混凝土浇筑和浇筑块叠砌；底座高3.8米，浅红色花岗岩砌筑，黑色大理石底盘。80年代，具有现代气息的城雕和园林雕塑始出现在城区和一些镇乡。1984年6月，雕塑《萧山—永宁友好》落户西河公园。该雕塑质材为白水泥，采用写实手法，由两个手舞彩带的女青年组成，造型优美，以此纪念萧山县与宁夏永宁县结为友好城市，象征两地友好协作。后在萧山体育馆东侧、市心南路旁设运动姿态的男女运动员仿铜塑像9组。在城河绿地建设中，设置《双鹿》《爱与生命》两座不锈钢雕塑。为纪念唐代诗人贺知章，1997年在北山公园季真轩前设立贺知章全身石雕雕像，人物神态飘逸，形象生动，线条流畅。翌年，在城河公园又设置具有时代感的《岁月》《城市透视》《舞蹈者》3座雕塑。其中《岁月》以独特的造型给人以强烈的视觉冲击，三只巨大的不锈钢梭子呈射状排列，表现出顽强的艺术张力，象征着萧山人民在这

图10－7－289　1984年6月，在西河公园落成的雕塑《萧山—永宁友好》（寿健摄）

片土地上生生不息，历经磨砺，编织着美好的家园。《城市透视》则以抽象的手法，表现着一种对新城市的视角感观。嗣后，在永兴公园有《放帆》《晨练》等一组公园情景雕塑，组雕真实生动、感人，意味深远。《渔翁》雕塑坐落于南江公园潘水桥边，塑像中的渔翁两眼凝望，若有所思，左手捋须，沉着稳健，其结构紧凑严谨，造型朴实粗犷。新世纪广场中央，有一组奔腾的群马雕塑，塑像中的群马昂首奋蹄、勇往向前。萧山西大门、北大门各矗立着一座大鹏起飞的雕塑，寓意萧山经济如同展翅大鹏般蓄势待发、展翅翱翔。至2000年，城区共有20余座园林雕塑。

第三节　园林绿化管理

日常养护

1985年后，城区市政园林绿化管理由县市政管理部门负责。1997年，成立市园林绿化养护管理机构，从事公园环境管理，调整和增植花木，扩大草坪面积，扩种行道树，做好中耕除草、修枝摘芽、施肥灌溉、病虫害防治及清卫保洁等工作。1998年，城区园林绿化养护点增至29个。2000年，城区草坪覆盖率96.3%，苗木成活率98.8%，病虫害控制率97.3%，做到绿地整洁，苗木长势良好，植被无残缺，枯死行道树修剪及时。至2000年底，城区有古树名木18棵，采取登记造册、设置标牌、建立档案、落实责任制等保护措施。

义务植树

1956年起，城区每年春季开展义务植树活动。1981年，在西山进行义务植树。1987年，在西山公园义务种植红叶李、紫薇、夹竹桃等5333株。后每年植树节组织城区机关、学校、驻萧部队到西山、北干山义务植树。1989年，3000余人次参加义务植树。至2000年，共有20余万人次参加义务植树，植树100余万株。

山林防火

1981年，西山公园设有消防水池6只，可储存消防用水20余吨，公园管理房配有粉沫灭火器26只。1991年成立山林防火应急分队。北山公园设有水池3只，可储存消防用水100余吨，公园管理房配有粉沫灭火器45只。两公园还配有铁扫帚、铁锹等灭火器械。在山上设置警示牌，并落实人员，加强巡逻监督。历年来，城区未发生重大山林火灾。

表10－7－178　2000年萧山城区古树名木情况

树名	树龄（年）	生长地	树高（米）	胸围（米）	冠幅（米）	树名	树龄（年）	生长地	树高（米）	胸围（米）	冠幅（米）
樟树	140	57367部队驻地	10.0	3.30	12.6	银杏	280	苏家潭居住区	20.5	2.50	8.7
樟树	120	原土产果品公司北侧围墙内	15.0	3.10	7.9	银杏	240	体育路小学南侧	15.1	3.05	12.4
樟树	140	原土产果品公司东侧围墙内	15.0	3.30	9.4	樟树	120	东门下街半爿街	8.6	3.70	5.5
樟树	150	江寺路、人民路交叉口	18.9	3.60	18.0	银杏	100	竹林寺林家园（新交通银行旁）	9.2	1.30	7.9
樟树	310	湘湖师范学校礼堂北侧	19.7	6.60	23.9	女贞	100	竹林寺城厢镇政府东侧	14.6	2.20	4.8
樟树	250	湘湖师范学校礼堂南侧	10.6	5.30	12.1	无患子	60	竹林寺城厢镇供销社西侧	7.8	1.50	7.1
樟树	100	百尺溇居住区	15.2	2.45	16.0	樟树	80	北干一苑河东侧	15.6	1.80	13.3
樟树	140	梅花弄耶稣教堂西北侧	18.2	3.50	15.1	樟树	80	北干一苑庙宇东侧	13.5	2.00	12.4
樟树	150	里姚家潭	16.0	3.60	13.6	樟树	110	梅花楼北干山南侧	12.3	2.50	16.0

第八章　城市管理

中华人民共和国成立后，城厢镇的市容和公共环境卫生由县公安局管理，配有两名清道工人负责主要街道的保洁工作。1958年1月建立城厢环境卫生管理所（简称“环卫所”，1993年11月更名为市环境卫生管理处）。1987年，建立由132名专职清洁工人和330名兼职人员组成的“门前三包（包卫生、包秩序、包绿化，下同）”管理队伍。1988年1月，建立市、镇两级城市管理体制。1989年11月，制定落实城市管理规范和措施，进行城市卫生、市容市貌管理。

1990年，城厢镇获“杭州市卫生先进城镇”、“浙江省城市爱国卫生评比第一名”、“杭州市灭鼠先进城区”等荣誉；萧山市被评为“全国县级市十佳卫生城市”。1992年，萧山市再次被评为“全国县级市十佳卫生城市”。1995年，全国爱国卫生运动委员会命名萧山市为“全国（县级）卫生城市”。1999年4月，成立市城市管理委员会，统一协调城市管理工作。

第一节　环卫管理

日常治理

街道清扫与保洁[①]　1983年始，城厢镇公共环境卫生实行定人定点、包干清扫；是年，清扫面积8.17万平方米，1985年扩大到9.05万平方米。1991年，洒水车增至3辆，街道洒水每日上下午各1次，夏季每日3次。1995年，城区市心路、西河路、体育路、文化路、环城南路等主干道实行“两统扫”（上、下午全部路面各清扫一次，下同）“三保洁”（早、中、晚保持清洁）；一般次干道实行“两统扫”“两保洁”（早、晚保持清洁），弄、巷道路采取“两统扫”。1997年，城区清扫保洁实行分片负责制，规定里弄、居住区由街道办事处组织专人清扫保洁；实行物业管理的居住区由物业管理单位负责清扫保洁；单位和个体经营户由所在街道办事处划定卫生责任区，包干责任区内的清扫保洁；同时，实行每天早晨保洁和随脏随扫相结合的清扫保洁制度。1998年11月始，环卫处购买2辆天津产“扫地王”清扫车,对通惠路、104国道清扫保洁实行机械化，提高道路的保洁程度和清扫效率。至2000年末，城区清扫保洁面积120.60万平方米，其中湘湖风情大道、104国道段实行机械化清扫面积22.35万平方米，占总清扫面积的18.53%；城区3辆洒水车，在市心南路、北干山育才路隧道东侧两处设置洒水消防栓,全年洒水面积110.86万平方米，保持城区整洁卫生。

垃圾清运与处理[②]　1985年，城区年产垃圾增至1.26万吨,在环城西路设立垃圾临时中转站。1987年，占地44666.89平方米的顺坝垃圾处理场开工建

①民国18年（1929），萧山县公安局设置卫生员1人，卫生警2人，周巡街市，督导卫生。镇区设置垃圾箱和公厕。民国21年，有清道夫8人，打扫城内街道；木船1艘，每天往返于万寿桥与回澜桥之间城河上捞取水面污物，至民国37年，环境卫生设施大都被毁。新中国建立初，环境卫生仍由公安局管理，配有垃圾车2辆，由2名清道工人负责主要街道保洁工作，并设置垃圾箱28只。城厢镇政府发动群众清除里弄小巷垃圾，里弄卫生状况改善。1952年夏，新建公厕9只，置果壳箱53只。1958年1月，城厢镇环卫所成立，配备专职清道员9人，对西河路、体育路、市心路等主要街道进行清扫，每天清扫一次。是年12月，城厢镇新开河办公室人员和清肥员44人并入环卫所，改名为城厢镇绿化卫生管理所，人员增至70人。1979年起延长道路保洁时间，实行一天2次清扫，清扫道路21条；里弄、居住区内的环境卫生由街道办事处、居委会负责组织专人清扫保洁。是年，环卫所首次购入2台小型扫地机，在市心路上试用，因扫地机吸力不足，使用不到一周便停用。1982年，环卫所购入一辆5吨洒水车，对城区道路进行洒水降尘作业。

②50年代初，城区垃圾由清道夫用手拉车收集。1958年始，城区产生的垃圾由环卫所负责收集，优质垃圾无偿支援近郊农村作肥料，泥沙石砾运往浙江电机厂大门内填污水塘。70年代，采用汽车收集垃圾，将垃圾运往城东姑娘桥填河。80年代，随着多层住宅垃圾通道的出现，垃圾由环卫工人每天2次用小车收集。

图10－8－290　2000年，城区垃圾清扫车（韩利明摄）

设，1988年1月正式投入使用（1996年增加33333.50平方米）。同时，环城南路垃圾中转码头建成，生活垃圾由水路用船运至填埋场，垃圾由推土机分块填埋，分层压实、覆土，定期喷药灭蝇。填埋后产生的气体，用导气管引排。垃圾渗漏液经集污池收集，再用泵抽到曝气池曝气后排入氧化塘，氧化后达标排放。至1990年，城区有垃圾箱1180只，年收集清运垃圾2.30万吨；1995年增至3.86万吨。是年10月，市环卫处在花园井小区试点安装10间袋装化垃圾房。翌年1月始，城区大面积推广，新建袋装垃圾收集房273间。封闭直通垃圾箱通道1600只，拆除沿街垃圾箱100余只；采办塑料垃圾袋60万只，各小区内的垃圾，均采用垃圾入袋、袋入桶、桶入车的方式收集；沿街商店、住户等产生的生活垃圾，直接采用垃圾压缩收集车收集，平时一天两次，必要时做到巡回收集，减少垃圾停留时间；街面零星垃圾由清扫工和“门前三包”协管员收集入袋。1998年，城区首座吊装式集装箱垃圾中转站——北干垃圾中转站投入使用。1999年，湘湖垃圾中转站建成并投入使用。至2000年末，城区有垃圾房610间，吊装式集装箱垃圾中转站4座，垃圾填埋场1座，密闭运输生活垃圾6.27万吨，无害化处理垃圾75万吨。

粪便清运与处理[①]　1985年，收集销售粪便46.63万吨。90年代初，城区粪便采取日常收集与突击清理相结合，环卫所运输车队配专用吸粪车辆。时，化肥供应充裕，农村需粪量下降，粪便销量大减，多数公厕粪便经化粪池消化后排入城市污水管道。1992年，环卫所在西兴镇星民垦殖场新建500吨无害化贮粪池一座，利用沉淀池储藏发酵沉淀灭卵。1994年7月，环卫部门对行政单位、医院、学校和事业单位等的粪便清运、粪池清挖实行减半收费服务。1995年，粪便收集清运基本达到机械化，市区可通汽车地区，粪便全部由大型吸粪车收集清运，部分老城区的小巷里弄用小型三卡吸粪车吸运。1998年，北塘河粪便处理场建成并投入使用，容量为1.50万吨，经密闭化发酵处理后无成活的蛆、蛹，无害化处理率100%。城区粪便经无害处理后，部分粪液由船运至农场或渔场作肥料或鱼饲料外，其余均纳入城市污水管网，由城市污水处理厂处理。至2000年末，城区有大型贮粪池2座，全年运输粪便1.11万吨，粪便运输密闭化率100%。

环卫设施

公共厕所[②]　1986～1990年，城区新（改）建公厕26座，除个别有贮粪池外，其余均建为三格式化粪池，水电设施齐全。其间，原体育场北面建有首座水冲式公厕，设有水冲式大便槽；第一只残疾人卫生间，建在堰河公厕内。后建造的公厕采用钢筋混凝土结构，厕顶设气楼通风，厕内设台盆，小便槽、大便坑、地坪、分隔板等铺设瓷砖马赛克或水磨石，粪槽铺设瓷砖或玻璃钢，整洁耐用，利于冲洗保洁，厕所周围配置绿化。1990年后，单位厕所由本单位管理。市区环卫管理部门管理城区及周边村52座公厕，每座公厕配有专职保洁员，除育才绿点等少数公厕开放时间为14小时外，其余公厕实行24小时开放。1990年新建造的43座公厕（其中水冲式占83.7%），全部装挂男女头像标志及

①中华人民共和国成立初期，萧山城乡粪厕林立，城区居民粪便自由买卖成习。1952年爱国卫生运动兴起。加强粪便清运管理。1958年，城厢镇人民委员会规定粪便一律由环卫部门统一收集清运管理，按计划销售给附近农村作肥料。1964年，为便于粪便调节销售，在小南门桥南边建起分格式贮粪池。1970年，城厢镇18个居民村及单位有公厕277座，马桶3000多只，环卫所购入3辆手扶拖拉机和1辆上海产小汽车。改装成粪车，进行粪便运输。1980年，收集粪便2.55万吨。

②民国时期，城区厕所大都用木材、毛竹搭建，上盖草席或茅草，男女不分，一坑一缸式，建筑简陋。中华人民共和国成立后，县公安局分别在东门新市场、仓弄上街、西桥上街始建纯木结构的公共厕所3座，内设男座3个，女座2个。1958年，城区居民村(含城内企事业单位)内有厕所168只，并先后装上了电灯。60年代始，公厕建筑根据地形设计。采用砖木结构，平屋顶，蹲位丁字型。双墙小便池，排臭采用地脚窗进风、隔墙排臭和自然排吸相结合的方式。70年代，采用砖混结构，屋顶为气楼式，通风排气。需用人工冲洗。1980年。公共厕所增到285座。公厕设计越趋新颖，内外采用瓷砖、墙砖贴面，设施齐全，与周围协调。

公厕指路牌。后，城区公厕建设重点放在城市干道旁，造型多样，厕内便槽坑位均用瓷砖贴面，内墙用白瓷砖墙裙或106涂料，地坪用地砖，外墙用彩色涂料或彩色釉面砖，厕内高度在3.50米以上，具有良好的通风排臭条件。1995年10月，全国城市卫生检查团评价，萧山城区公厕造型新颖、美观，与周围环境协调。1997年，东风桥生态公厕建成，设有独立蹲位、残疾人专用坐便器、烘手器、大理石台盆、梳妆镜等。至2000年，城区有公厕191座，其中闹市区57座，设有残疾人卫生间4座，独立式蹲位公厕6座。

沿街卫生设施[①] 1985年，城区主要街道两侧每隔50米，一般街道每隔80米～100米设置果壳箱。市区沿街新设痰盂100只，陶瓷果壳箱74只。1990年初，环卫部门在市心路、西河路、文化路等路段设置300多只痰盂，由于破损严重，且沿街不符合卫生要求，至年底全部收回。1997年9月，按《杭州市城市市容和环境卫生管理条例》规定，在城市街道两侧按规定标准设置果壳箱。1998年底，城区主次街道有果壳箱879只，其中铁制果壳箱271只，不锈钢果壳箱168只，塑制果壳箱430只，陶瓷动物型果壳箱10只。2000年，城区设置果壳箱914只，市心南路段首设不锈钢分类果壳箱40只，市民将生活垃圾分为可回收、不可回收、有毒有害3类投放。

①中华人民共和国成立初，城区主要街道设置垃圾箱，果壳箱。1958年初，城厢环卫所在市心路等主要街道设置木制果壳箱26只，设置痰盂26只，配备专人每天清倒洗刷。1970年，增添自制果壳箱16只，铁制果壳箱12只。

图10－8－291　1997年建造的北干一苑生态厕所（柳田兴摄）

第二节　市容市貌

环境综合整治

1989年1月，城厢镇城镇管理办公室出台《城厢镇“门前三包”检查制度》，加强市容卫生管理，治理“脏乱差”现象；3月，出台《摊位（店）管理规定》，提出摊位（店）“不准随意摆放，保持容貌整洁，门前实行三包，取缔无照经营”。1991年6月，城厢镇政府、市工商行政管理局、市公安局、市卫生防疫站联合发布《关于加强对城厢镇各类摊位和夜间市场管理的通告》，确定在体育场开设夜市场，在西河路白天开设水果零售市场，原定点在体育场南侧人行道上的夜间台球摊位搬进体育场内营业。同月，城厢镇政府、市城乡建设局、市工商行政管理局、市公安局联合发布《关于加强对城厢镇市容和自行车管理的通告》，规定“市区主要街道市心路、西河路、体育路、人民路和文化路两侧所有单位不得占用行人道停放本单位职工自行车，确无场地需占用行人道的须审批缴费”；“为美化市容，经批准设置在市区主要街道旁的各类固定摊位，均应按城厢镇城管监察中队统一的式样要求制作好遮阳式雨棚”。1993年，对城区各类占道设摊位实行定占道面积、定具体位置、定经营性质，统一安排审批、统一收费标准、统一设施、统一标志；并推行空档管理，对早上、中午空档时间实行定人定位站岗，保证空档时间市容卫生面貌。是年，城管中队安排部分改正回籍人员临时摊点35个，其中体育路夜间酒摊20个；审批临时摊点132个；夏季布局冰柜78只，每只冰柜配备文明经营伞一把；全年取缔无证摊点4550人次，清理牌匾3580块，乱贴广告3450处，暂扣违

图10－8－292　1992年，城区洒水车（董光中摄）

章水果三轮车850辆、拖拉机35辆，灭犬120只，各项罚款2.1万余元；全城区各单位签订“门前三包”协议书1356份，签订率98%；落实专职协管员150名，兼职850名。

1994年4月，市政府决定在城区主要街路建立路段市容卫生管理包干责任制，实行主管部门、产权单位、经营单位三级管理与市容、城建、工商、公安、卫生、环卫等部门专业执法管理并重。在城区市心路、人民路、体育路、西河路、文化路、环城南路、江寺路、百尺溇路等地段建立市容卫生管理包干责任制，由30个部门按30个路段实行包干负责；在包干路段内的所有单位（包括其产权和主管部门）都必须服从路段长（主要责任部门）的统一管理，自觉接受其督促检查。

1995年4月，市政府发布《萧山市城市市容和环境卫生管理实施办法》。9月，市创建国家卫生城市指挥部发出《关于进一步完善城区各路段市容卫生管理包干责任制的通知》，市容包干路段和路段长单位调整为60个。路段长定期（每周至少两次）组织人员对所辖范围的所有单位进行检查并做好评价记录，建立好档案。10月，市政府发布《关于加强萧山市市区“门前三包”管理责任制的实施意见（试行）》，明确“门前三包”责任制的管理、监督、责任单位、形式和范围、内容和标准；60个采用路段长负责制的单位，实行统一管理和收费代包制。是年，市政府发布《关于加强城市管理若干意见》（萧政〔1995〕13号），进一步规范摊点管理，交通道路车辆管理和环境卫生、市容秩序管理。

1998年，市政府加大对城区户外广告、过街横幅、灯光夜景设施的检查整顿力度。要求运输单位定时检查线路运输，保持车况良好，避免出现“抛、撒、漏”污染道路卫生状况；对流动摊贩较多的地段实行长时间巡视和定岗监督相结合的方式保护市容。是年，市容整治中共查扣流动售卖水果三轮车及无证营运三轮车1500辆，查扣“抛、撒、漏”污染城市道路的运输车辆460余辆；取缔不规范早点摊4500余处、夜排档950余处、小百货摊8500余处；查扣各类乱吊乱挂横幅3700余幅、广告牌匾1.5万余块；拆除各类违章棚屋320余起，清除占道1370多平方米，拆除沿街违章遮阳篷2100余只，灭犬135只；签订“门前三包”责任书3118份。

1999年，市城市管理部门重点整治夜排档。选择在城河街西桥一带定点开设夜排档，并经报名抽签设置摊位38个，取缔无证夜排档108家。是年8月，市城管、公安、交通、环保部门联合发布《关于加强对散煤、基建散粒材料、废土密闭化运输管理的通告》，对进入城区装运散煤、废土等物品的运输车辆进行改装。11月，通过省、地、市三级交警、交通部门评审，确定了改装样车及改装标准，翌年2月底，完成改装铁路货场运煤车辆220余辆，时为省内领先。

2000年9月，市城市管理部门会同市农机水利、公安、工商、航管、卫生防疫等部门，对商城河上9条经营餐饮业的趸船进行资产评估，制定补偿政策后全部拆除，并打捞沉入河底废船只10余艘，清理河中筑坝土方300立方米，清除河中其他违章搭建物及水面漂浮物、修复河岸围栏。

2001年3月，市城市管理部门制定早点摊管理制度，在城区推出20个早点摊位，统一定点、统一用具、统一着装、统一配证、统一时间，规范市容环境，解决失业人员再就业。同月，市政府调整“门前三包”管理体制，由环卫处一家收费改为由98个路段长单位管理。

户外广告管理

1992年，市宣传、工商行政管理部门等作出规定，对城区主要道路悬挂宣传横幅和广告横幅实行严格管理，其内容由市委宣传部审核，并按规定时间和指定地点悬挂。1993年7月，针对城区主要街道商业性过街横幅不断增多，长时间吊挂，残破不堪，影响市容和交通安全的状况，市政府办公室下发《关于重申对城厢镇过街横幅及巨幅标语制作、悬挂管理的通知》(萧政办发〔1993〕35号），规定除国家、省、市重大政治、经济、文化和迎宾活动，重要会议、重大节日外，属于商业性、娱乐性、企事业庆贺等过街横幅须经批准。横幅内容涉及政治性的应由市委宣传部审查批准，涉及商业性的由市工商行政管理部门审查批准，然后由市城建管理监察部门批准定点，发给许可证后，方能制作。并只限在市心路、西河路、人民路和体育路4条街固定地点悬挂，巨幅标语（广告牌）只限在规定地段设立。悬挂时间期满，制作单位应及时清除。

1999年，市城市管理部门接管户外广告管理。重申在城区禁止悬挂商业性过街横幅，控制公益性过街横幅；统一门面装饰、户外立面广告、灯箱牌匾等的基本规格标准，美化街景，鼓励亮灯工程，制定亮灯管理规定。2000年8月，市政府印发《萧山市户外广告管理办法》（萧政发〔2000〕116号），规定凡利用城市空间设置户外广告，其广告设置权应逐步实行有偿使用；市工商分局是户外广告的行政监督管理机关，其他各有关职能部门根据各自职责共同加强城区户外广告管理；户外广告设置必须符合城市设计和街景规划，市建设管理部门会同城管、工商、公安、交通、环保、广电、电信、文物保护等部门设计编制城区户外广告设置规划方案；市城建监察部门受市建设管理部门委托，负责对户外广告设置地点、形式进行审批和监督；城区主要区域的大型户外广告设置权实行招标、拍卖，市城市管理部门受市政府委托，按照户外广告设置规划，拟定户外广告设置权招标、拍卖等方案，经市户外广告管理联席会议审定后组织拍卖。10月，市政府专题召开协调会议，制定户外广告并联审批实施方案，按照“一门受理，同步审批”的原则实行并联审批。是年，共审批横幅、门面幅2270条，门面装饰及户外广告790起；查处乱设置户外广告2985起。

设施养护

80年代前，城区道路养护以竹扫帚打扫为主。80年代，城区道路多由泥结碎石路改为沥青路，道路养护采用沥青摊铺机、洒水车等机具。1988年，城区维修道路10050平方米（含人行道2700平方米），疏通管道3500米，修理窨井1500只。1995年，维修道路37650平方米、人行道13476平方米，维修路灯2500盏。城区市政设施的养护管理范围和数量逐年增加。1997年，城区道路养护建立起20人组成的巡检组，分片巡检，当场修补。至2000年，市政园林管理处养护管理的道路总长83.7千米，总面积128万平方米；维护保养路灯线路长134千米，各类路灯3200杆次，计4279盏，总功率511.7千瓦；维护管理雨水干管42.40千米，各类雨水口、雨水井和检查井1.3万余只；以及72座桥梁的维修保养，0.69平方千米河道的保洁，总长38.41千米河塘、21.60千米河岸栏杆的维护保养。

1996年始，全面开展城市环境综合整治，落实经济责任制承包管理，加强市政设施的日常养护管理。2000年，市政设施完好率97%，路灯亮灯率97%。

第三节 创建卫生城市

创建卫生先进单位

1984年，境内开始创建卫生先进单位；是年，钱江农场、红山农场五分场、浙江包装材料厂首批被评为杭州市卫生先进单位。1985～1991年，境内又有71个单位被评为杭州市卫生先进单位。

创建卫生镇乡

1992年起，在各建制镇开展创建卫生城镇的活动。1996年，市政府办公室发出《关于在全市广泛开展创建卫生镇活动的通知》（萧政办发〔1996〕109号），市爱卫会出台《萧山市创建卫生村检查考核标准实施办法》。至2001年3月，境内共有18个镇乡场跻身卫生镇行列，其中瓜沥镇、宁围镇、临浦镇、义桥镇、红山农场5个镇、场为省卫生镇（场），党山镇等6个镇乡为杭州市卫生镇乡，南阳镇等6

个镇为萧山市卫生镇，占全市镇（乡、场）数的一半，创建卫生城镇成果名列杭州地区前茅。

创建国家卫生城市

萧山自1990年开展创建卫生城市活动。是年，在第一次全国城市卫生检查中，萧山获“全国县级市十佳卫生城市”称号；副市长盛昌黎获“十佳卫生城市市长奖”；1991年，被评为浙江省首批省级卫生城市；1992年，在第二次全国城市卫生检查中，再次获“全国县级市十佳卫生城市”称号。

1991年8月22日，市政府发出《萧山市创建国家卫生城市实施规划的通知》（萧政〔1991〕70号），提出巩固“全国十佳卫生城市”成果，争取1995年跨入国家级卫生城市行列的目标。1993年3月，分管副市长与城厢镇及各有关部门负责人签订《萧山市创建国家卫生城市目标管理责任书》，各有关部门分别与基层单位签订《责任书》，每年组织两次爱国卫生大检查，并在全市范围内开展创建国家卫生城市和创建卫生镇（乡、农场）单位的活动。

1995年，成立以市委书记任总指挥，市人大、市政府、市政协主要负责人任副总指挥的市创建国家卫生城市指挥部，下设办公室和10个工作小组，实行集中办公。市政府与各部门和有关单位签订《创建国家卫生城市目标管理责任书》，创建国家卫生城市工作做到有计划、有检查、有总结、有评比。是年5月，萧山市通过全国爱国卫生运动委员会办公室组织的国家卫生城市专家调研；9月，在全国第三次城市卫生检查评比中名列浙江省县级市第一名；11月，通过国家卫生城市考核鉴定；12月，被全国爱国卫生运动委员会命名为“国家卫生城市”，分管副市长许申敏被授予“国家卫生城市市长奖”。

1998年，市政府与市爱国卫生运动委员会各成员单位签订《巩固国家卫生城市目标管理责任书》。是年9月，萧山城区在第四次全国卫生城市检查中得97.73分，在全省县级卫生城市中继续保持领先地位。

【附】

萧山居民居住环境状况调查

——90年代与现在对居民居住环境满意度调查

改革开放以来，萧山居民的住房条件得到较大幅度的提高，调查结果显示，户均居住面积平均值由90年代（指1990～1999年，下同）的118.04平方米增加到现在（指2000年至2004年8月调查日，下同）的154.29平方米，增30.71%；人均住房面积平均值由31.87平方米增至43.41平方米，增36.21%。为真实了解居民对居住环境的满意状况，2004年8月，萧山区地方志办公室与华中科技大学合作，组织专门人员对萧山居民居住环境状况进行调查。

调查方法

本次调查采用问卷调查为主、个案访谈为辅的方法。

问卷调查法 采用入户式问卷调查法，问卷由调查员当场发放，当场回收。调查对象回答、填写问卷，不能与旁人商议、讨论。实际发放问卷324份，回收有效问卷323份，有效回收率99.7%。

个案访谈法 根据调查对象的不同性别、教育程度、政治面貌、职业、婚姻状况，对一些有典型性或有代表性的居民，尤其是90年代至今变化特别明显的居民进行深度访谈，访谈的主要内容为问卷的某一或某些方面。

调查对象

本次调查选择城厢街道、新塘街道、北干街道、楼塔镇、河上镇、党湾镇、新街镇、临浦镇等8个街道、镇为调查点。调查对象的选取在调查点中采用立意抽样法，考虑城乡、区位、经济水平、性别、年龄、职业、受教育程度的区别。

表10－8－179 萧山居民居住环境状况调查样本情况

	样本特征	频数	%	街道、镇	社区、村(自然村)	频数
性别 N=323	男	173	53.6	城厢 N=35	回澜北苑	12
	女	150	46.4		江寺	13
年龄 N=323	20～29	69	21.4		南市	10
	30～39	93	28.8	新塘 N=20	紫霞	10
	40～49	73	22.6		东河	10
	50以上	88	27.2	北干 N=30	绿茵园	10
教育程度 N=323	小学及以下	67	20.7		北干一苑	10
	初中	146	45.2		广德小区	10
	高中或中专	83	25.7	楼塔 N=39	集镇	9
	大专	16	5.0		雪环	10
	本科及以上	11	3.4		上洋	10
政治面貌 N=320	共青团员	57	17.8		岩门	10
	中共党员	49	15.3	河上 N=40	集镇	10
	民主党派成员	1	0.3		鲍坞	10
	无党派	213	66.6		麻园	10
婚姻状况 N=323	未婚	40	12.4		旋山下	10
	已婚	276	85.4	党湾 N=40	集镇	10
	丧偶	5	1.6		梅东	10
	离婚	2	0.6		新梅	10
职业 N=322	党政机关公务员	3	0.9		庆丰	10
	企事业管理人员	18	5.6	新街 N=40	集镇	10
	企事业专业技术人员、教师、医师	15	4.7		华丰	10
					盛东	10
	企事业一般员工	38	11.8		盈中	10
	各类企业工人	17	5.3	临浦 N=40	集镇	10
	商业、服务业人员	27	8.4		周家湖	10
	民营企业、个体经营者	76	23.6		大庄	10
	务农人员	61	18.9		木汀徐	10
	市场营销、金融业人员	6	1.9	义蓬 N=40	集镇	10
	离退休人员	10	3.1		金泉	10
	无固定工作者	31	9.6		灯塔	10
	其他职业者	21	6.2		仓北	10

调查结果

调查90年代与现在居民对居住环境满意度，主要从用水状况、用电状况、城市环境污染状况、城市居民对居住社区的满意度、农村居民对居住地的满意度等方面进行。

用水状况 参与90年代与现在的调查人数分别为244户和304户，用自来水的户数分别为139户和283户，现在用自来水户数比例比90年代提高了36.1个百分点（图10—8—293）。使用自来水的居民对用水有3种反映，一是经常停水，二是偶尔停水，三是从不停水。90年代反映上述3种情形的比例分别是13.9%、58.9%、27.2%，现在的比例分别是6.6%、65.4%、28.0%。经常停水下降了7.3个百分点，偶尔停水上升了6.5个百分点，从不停水上升了0.8个百分点（图10—8—294）。

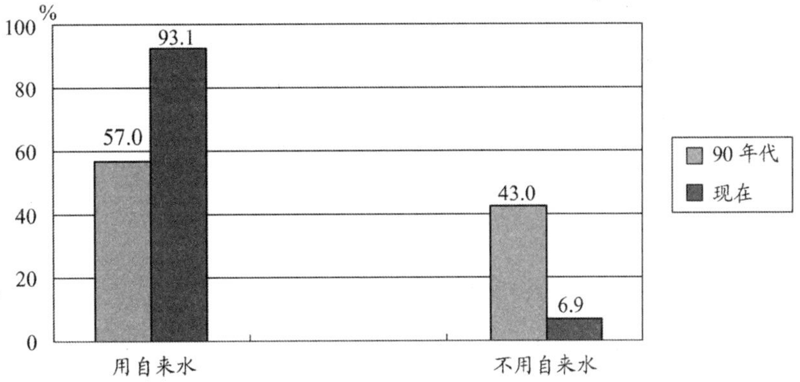

图10—8—293 萧山居民生活用水状况调查

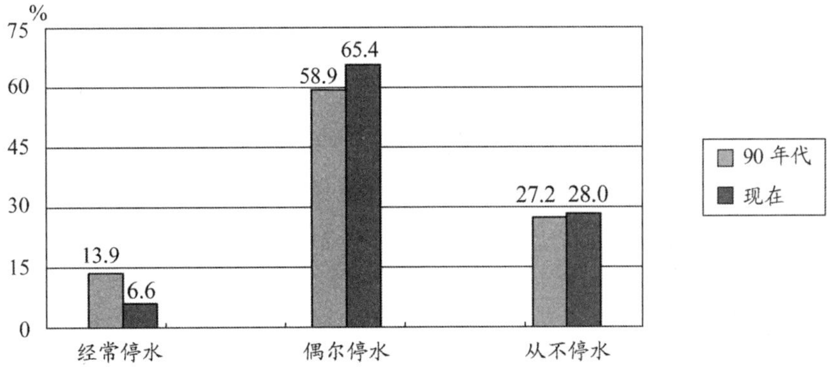

图10—8—294 萧山市居民自来水满意度调查

用电状况 参与90年代与现在的调查人数分别为252户和323户，反映经常停电的分别为28户和164户，该比例比90年代提高了39.7个百分点；偶尔停电分别为145户和138户，所占比例下降了14.8个百分点；从不停电分别为79户和21户，所占比例下降了24.9个百分点（图10—8—295）。

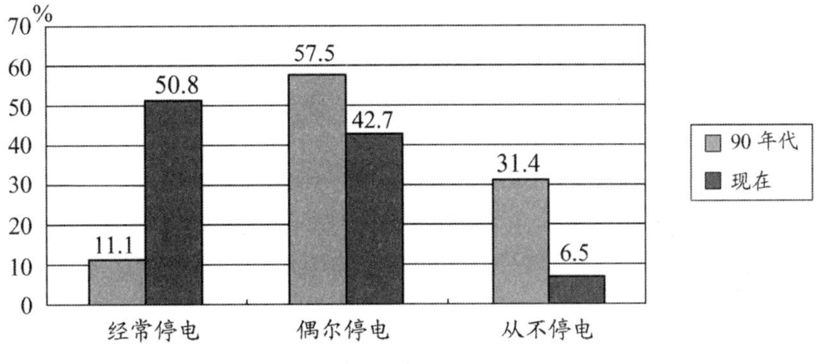

图10—8—295 萧山居民用电情况调查

城市居民居住环境污染状况 本调查对污染状况分列为噪音、烟尘粉尘、污水、垃圾、废气5种类型，每个类型分为不存在、不严重、不太严重、一般、比较严重、很严重6项，并分别赋分为6分、5分、4分、3分、2分、1分。

噪音污染　参与90年代与现在调查人数分别为57户和69户，反映该项污染比较严重的分别为8.8%和23.2%，现在比90年代增加了14.4个百分点；反映不存在和不严重的比例下降了9.9个百分点（图10—8—296）。以均值衡量，90年代与现在分别为3.86分和3.29分，绝对值下降了0.57分，表明噪音污染在加重。

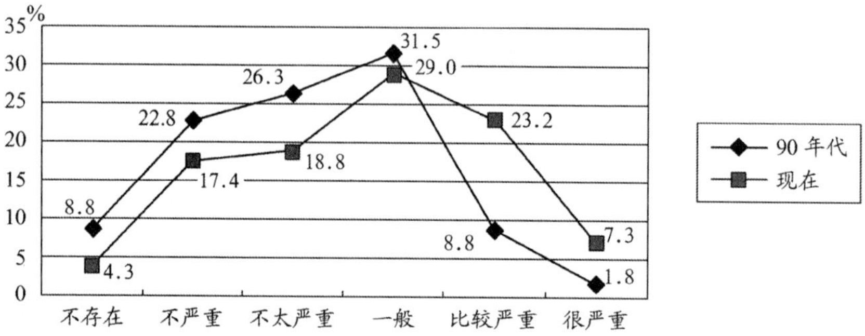

图10—8—296　萧山城市居民受噪音污染情况

烟尘粉尘污染　参与90年代与现在调查人数分别为57户和69户，反映该项污染很严重的分别为1.8%和8.7%，现在比90年代增加了6.9个百分点；反映不严重和不太严重的比例下降了12.6个百分点（图10—8—297）。以均值衡量，90年代与现在分别为3.72分和3.39分，绝对值下降了0.33分，表明烟尘粉尘污染在加重。

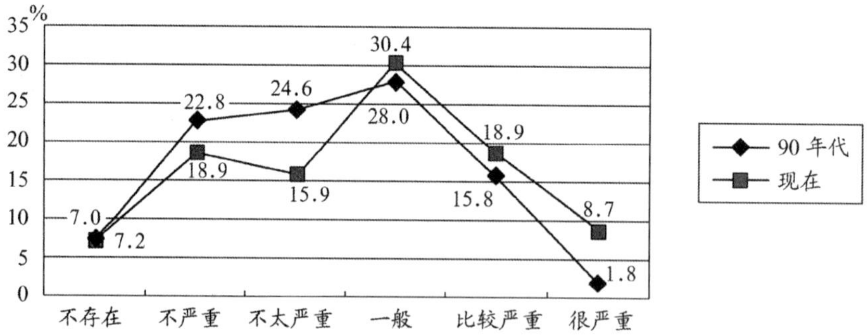

图10—8—297　萧山城市居民受烟尘粉尘污染情况

污水污染　参与90年代与现在调查人数分别为57户和69户，反映该项污染一般的分别为24.6%和30.4%，现在比90年代增加了5.8个百分点；反映污染很严重的分别为3.5%和8.7%，现在比90年代增加了5.2个百分点（图10—8—298）。以均值衡量，90年代与现在分别为3.79分和3.57分，绝对值下降了0.22分，表明污水污染在加重。

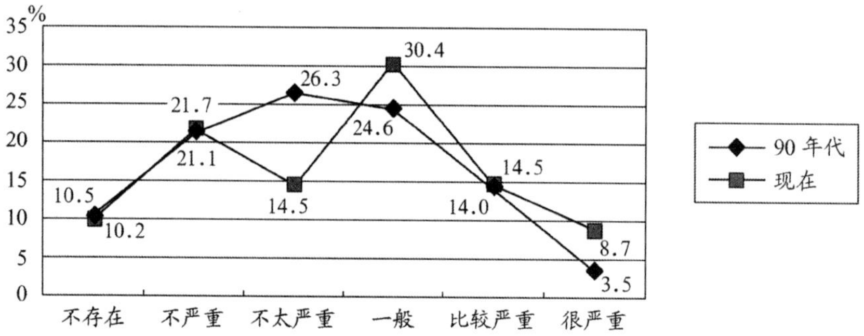

图10—8—298　萧山城市居民受污水污染情况

垃圾污染　参与90年代与现在调查人数分别为57户和69户，反映污染不存在的由90年代7.0%增至现在14.5%，增加了7.5个百分点；反映该项污染很严重的由90年代的3.5%降至为0。以均值衡量，90年代与现在分别为3.54分和4.01分，绝对值增0.47分（图10—8—299），表明现在垃圾污染在减轻。

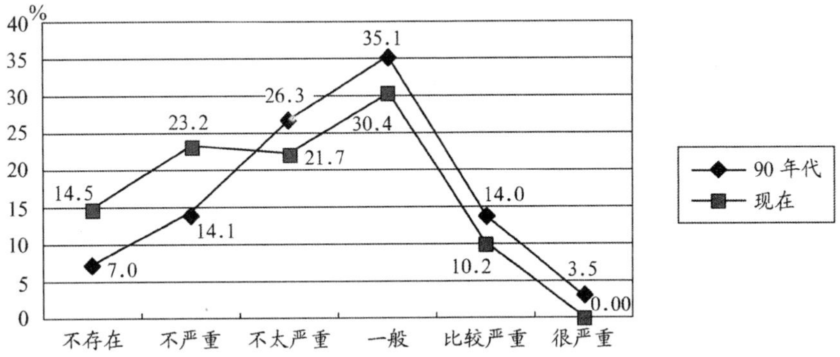

图10—8—299　萧山城市居民受垃圾污染情况

废气污染　参与90年代与现在调查人数分别为56户和70户，反映该项污染比较严重的由90年代14.3%增至现在20.0%，比90年代增加5.7个百分点；污染很严重的由90年代的3.6%增至为现在的11.4%；比90年代增加7.8个百分点（图10—8—300）。以均值衡量，90年代与现在分别为3.66分和3.36分，绝对值下降0.30分，表明废气污染在加重。

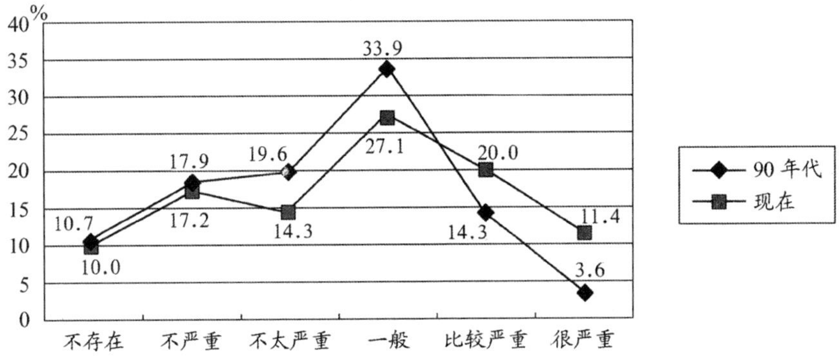

图10—8—300　萧山城市居民受废气污染情况

城市居民对居住社区的满意度　本项调查分列为交通状况、通信状况、治安状况、卫生状况、绿化状况5种类型，每种类型分为很满意、比较满意、一般、不太满意、不满意5项，并分别赋分为5分、4分、3分、2分、1分。

交通状况满意度　参与90年代与现在调查人数分别为57户和70户，反映比较满意的由90年代的26.3%增加到现在的45.7%，增加19.4个百分点；不太满意的由10.5%降到2.9%，降7.6个百分点（图10—8—301）。以均值衡量，由90年代的3.37分升至现在的3.74分，接近比较满意水平。

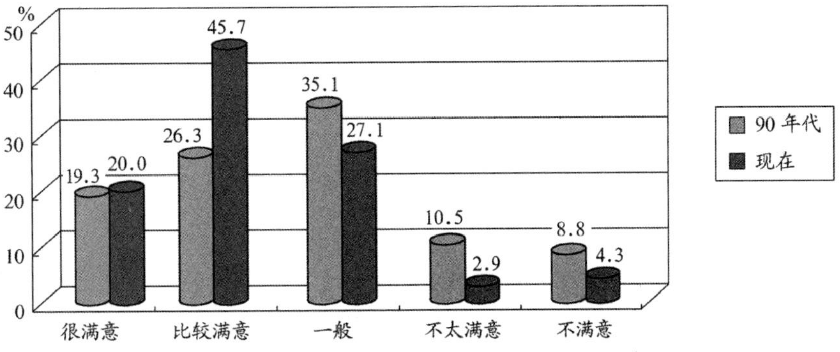

图10—8—301　萧山城市居民对居住社区交通状况满意度情况

通信状况满意度　参与90年代与现在调查人数分别为57户和70户，反映很满意的由90年代的12.3%增加到现在的44.3%，增加32.0个百分点；不满意的由10.5%降到1.4%，降9.1个百分点（图10—8—302）。以均值衡量，由90年代的3.18分升至现在的4.26分，向很满意的目标靠拢。

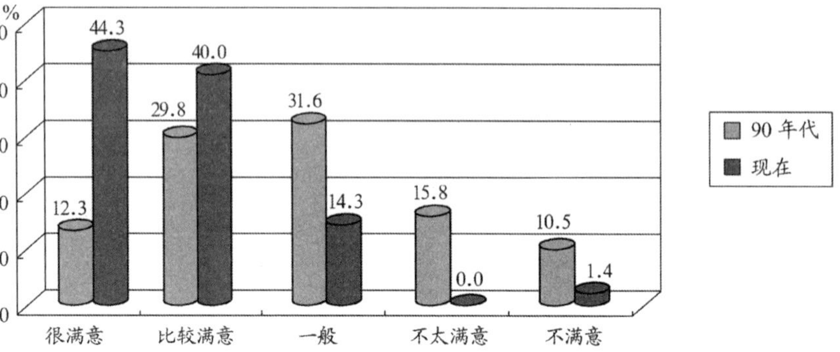

图10—8—302　萧山城市居民对居住社区通信状况满意度情况

治安状况满意度　参与90年代与现在调查人数分别为57户和70户，反映比较满意的由90年代的29.8%增加到现在的42.9%，增加13.1个百分点；反映一般的由43.9%降到31.4%，降12.5个百分点；其他项变化不大（图10—8—303）。以均值衡量，由90年代的3.28分升至现在的3.40分，稍有提高。

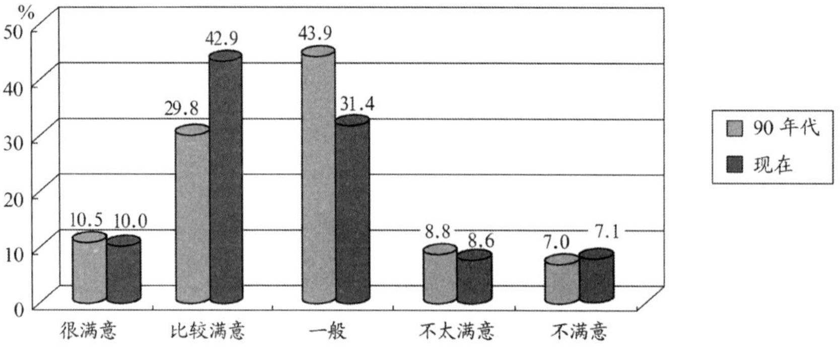

图10—8—303　萧山城市居民对居住社区治安状况满意度情况

卫生状况满意度　参与90年代与现在调查人数分别为57户和70户，反映很满意的由90年代12.3%增加到现在15.7%，增加3.4个百分点；比较满意的由19.3%增加到45.7%，增加26.4个百分点；不太满意的由28.1%降到10.0%，降18.1个百分点（图10—8—304）。以均值衡量，由90年代的3.09分升至现在的3.61分，接近比较满意水平。

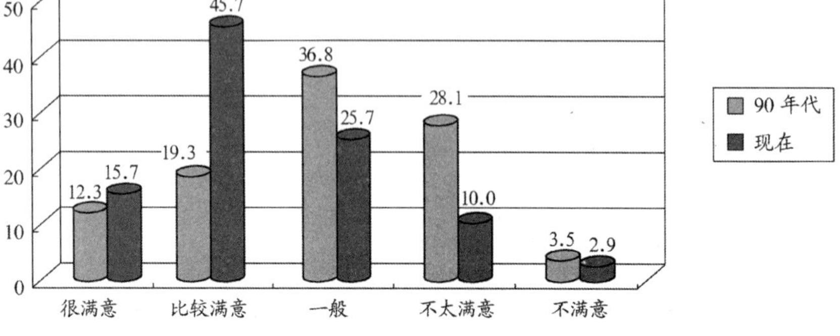

图10—8—304　萧山城市居民对居住社区卫生状况满意度情况

绿化状况满意度　参与90年代与现在调查人数分别为56户和69户，反映很满意的由90年代的7.2%增加到现在的27.5%，增加20.3个百分点；比较满意的由19.6%增加到34.8%，增加15.2个百分点；不满意的由17.9%降到1.4%，降16.5个百分点（图10—8—305）。以均值衡量，由90年代的2.79分升至现在的3.80分，接近比较满意水平。

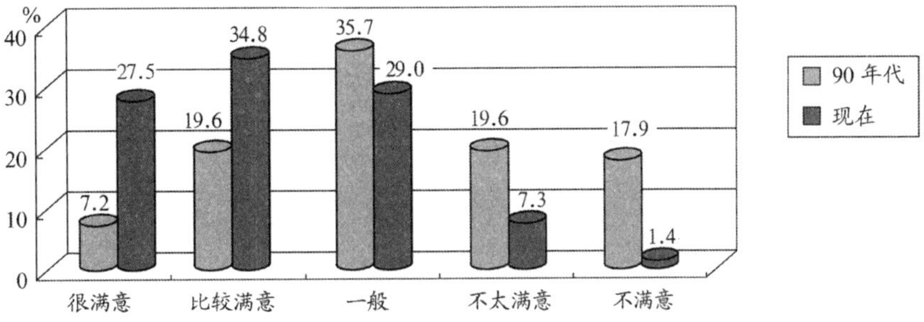

图10—8—305　萧山城市居民对居住社区绿化状况满意度情况

农村居民对居住地状况的满意度　农村居民对居住社区的满意度调查分列为交通状况、通信状况、治安状况、风土人情、水利建设、村选举状况、村治理状况、文化娱乐状况8种类型，每种类型分为很满意、比较满意、一般、不太满意、不满意5项，并分别赋分为5分、4分、3分、2分、1分。

交通状况满意度　参与90年代与现在调查人数分别为199户和256户，反映很满意的由90年代的15.1%增加到现在的37.9%，增加22.8个百分点；不太满意的由14.6%降到3.1%，降11.5个百分点（图10—8—306）。以均值衡量，由90年代的3.23分升至现在的4.04分，略超比较满意水平。

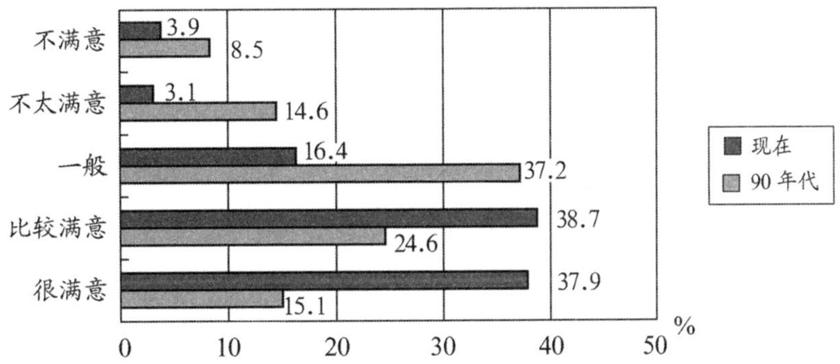

图10—8—306　萧山农村居民对居住地交通状况满意度情况

通信状况满意度　参与90年代与现在调查人数分别为200户和255户，反映很满意的由90年代的13.0%增加到现在的52.5%，增加39.5个百分点；不满意的由15.5% 降到0（图10—8—307）。以均值衡

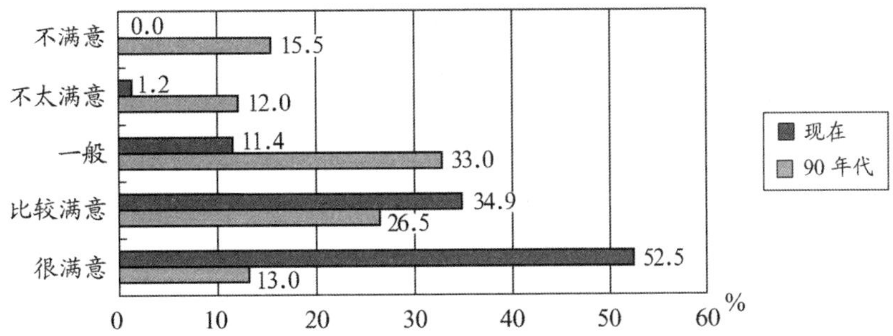

图10—8—307　萧山农村居民对居住地通信状况满意度情况

量，由90年代的3.10分升至现在的4.39分，向很满意的目标靠拢。

治安状况满意度　参与90年代与现在调查人数分别为200户和256户，反映很满意的由90年代的12.5%增加到现在的21.9%，增加9.4个百分点；不满意的由7.5%降到5.5%，降2.0个百分点（图10－8－308）。以均值衡量，由90年代的3.31分升至现在的3.56分，向比较满意的目标靠拢。

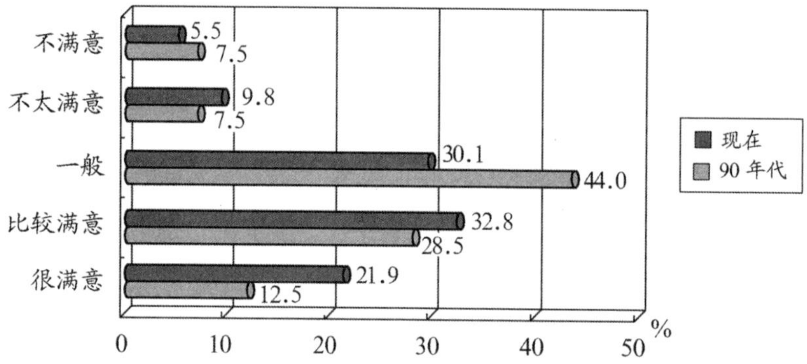

图10－8－308　萧山农村居民对居住地治安状况满意度情况

风土人情满意度　参与90年代与现在调查人数分别为200户和253户，反映很满意的由90年代的17.0%增加到现在的23.3%，增加6.3个百分点；不满意的由3.5%降到2.4%，降1.1个百分点（图10－8－309）。以均值衡量，由90年代的3.53分升至现在的3.74分，向比较满意的目标靠拢。

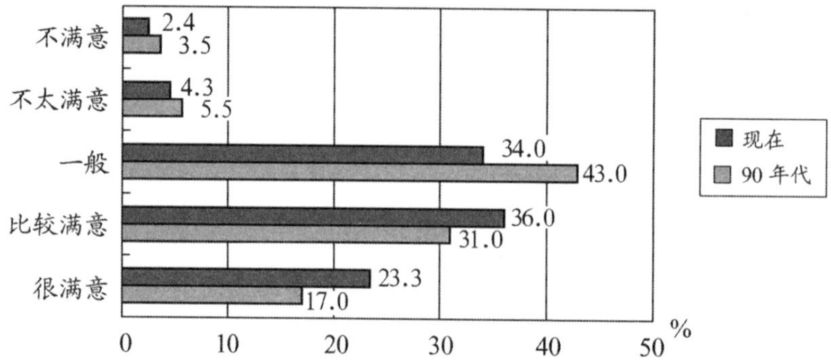

图10－8－309　萧山农村居民对居住地风土人情满意度情况

水利建设满意度　参与90年代与现在调查人数分别为196户和250户，反映很满意的由90年代的9.7%增加到现在的22.0%，增加12.3个百分点；不满意的由11.7%降到6.4%，降5.3个百分点（图10－8－310）。以均值衡量，由90年代的3.05分升至现在的3.60分，向比较满意的目标靠拢。

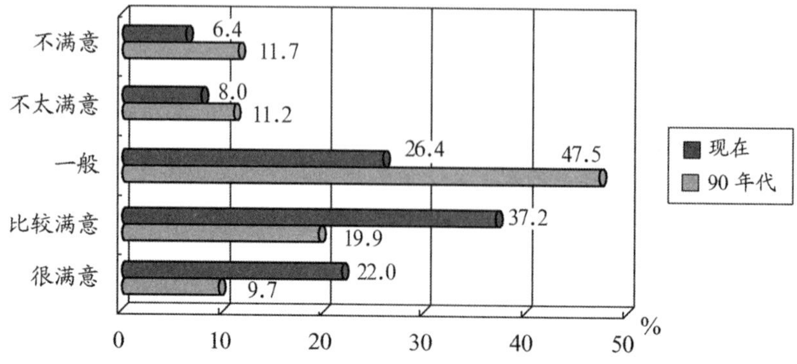

图10－8－310　萧山农村居民对居住地水利建设满意度情况

村选举状况满意度　参与90年代与现在调查人数分别为199户和254户，反映很满意的由90年代的12.6%增加到现在的20.5%，增加7.9个百分点；不满意的也由15.1%上升到16.1%，上升1.0个百分点（图10—8—311）。以均值衡量，由90年代的3.11分升至现在的3.25分，无明显变化。

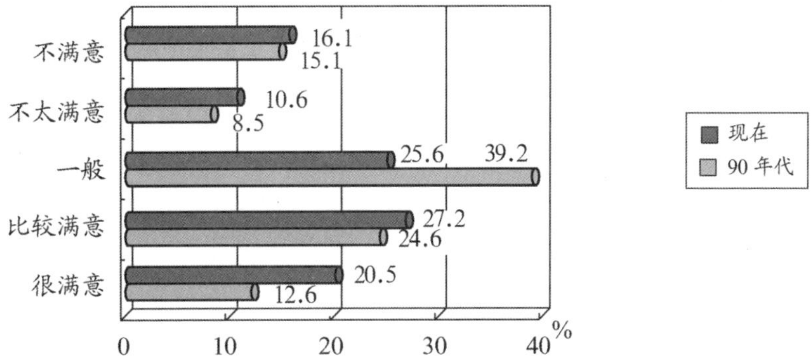

图10—8—311　萧山农村居民对居住地村选举状况满意度情况

村治理状况满意度　参与90年代与现在调查人数分别为199户和254户，反映很满意的由90年代的10.1%增加到现在的19.3%，增加9.2个百分点；不满意的也由9.0%　上升到11.4%，上升2.4个百分点（图10—8—312）。以均值衡量，由90年代的3.17分升至现在的3.34分，无明显变化。

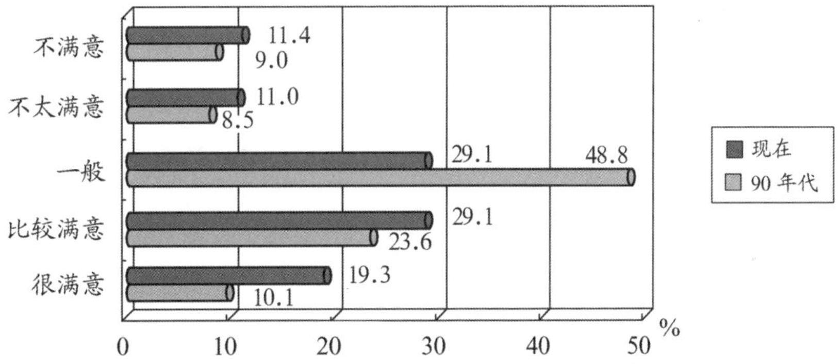

图10—8—312　萧山农村居民对居住地村治理状况满意度情况

文化娱乐状况满意度　参与90年代与现在调查人数分别为199户和254户，反映很满意的由90年代的6.5%增加到现在的14.2%，增加7.7个百分点；不满意的也由22.1%下降到19.3%，降2.8个百分点（图10—8—313）。以均值衡量，由90年代的2.67分升至现在的3.05分，处于一般状态。

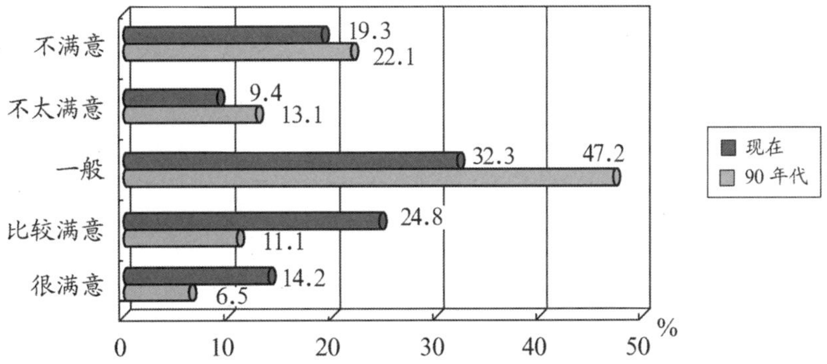

图10—8—313　萧山农村居民对居住地文化娱乐满意度情况

调查分析

用水状况分析　据90年代和现在居民用水状况比较（见图10—8—293），用自来水比例从57.0%提高到93.1%，提高36.1个百分点，居民用水状况得到根本的改善。从供水状况分析（见图10—8—294），经常停水有所下降，但偶尔停水的比例有所提高，两者基本持平。从不停水未发生大的变化。

用电状况分析　据90年代和现在居民用电状况比较（见图10—8—295），停电状况变化很大，90年代的反映“偶尔停电”的比例最高，占总体的57.5%；现在反映“经常停电”比例最高，占总体的50.8%，而90年代反映“经常停电”的比例只有11.1%；反映“从不停电”的比例由90年代的31.4%降至6.5%，表明现在停电情况严重。

城市居民环境污染状况分析　据90年代和现在影响城市居民环境的噪音、烟尘粉尘、污水、垃圾、废气5个方面分析，总体上各项污染都处在3分（一般）和4分（不太严重）之间。垃圾污染有最大改观，90年代垃圾污染最严重，而现在的垃圾污染最轻；噪音污染现在比90年代严重，90年代污染最轻。90年代5个项目均值3.71分，现在均值为3.52分，比90年代降低0.19分，表明城市居民环境污染有所加重。

城市居民对居住社区的满意度分析　据90年代和现在城市居民对交通状况、通信状况、治安状况、卫生状况、绿化状况5个方面满意度比较分析，居民对居住社区的满意度有一定的改变，90年代满意度从高到低依次是交通状况、治安状况、通信状况、卫生状况，绿化状况，前4项均值都超过3分，唯绿化状况只有2.79分。现在的满意度从高到低依次是通信状况、绿化状况、交通状况、卫生状况、治安状况，均值都超过3分，而且“通信状况”高达4.26分（比较满意），满意度提高到第一位，“绿化状况”从90年代的末位提高到现在的第二位，但“治安状况”的满意度由90年代的第二位降到末位。90年代5项均值3.14分，现在3.76分，比90年代增0.62分，表明整体满意度的较大提高。

农村居民对居住地状况的满意度分析　据90年代和现在农村居民对交通状况、通信状况、治安状况、风土人情、水利建设、村选举状况、村治理状况、文化娱乐状况调查表明，农民对居住地状况的满意度改变较大。90年代7项均值在3分（一般）与4分（比较满意）之间，有1项低于3分，均值为3.15分；现在均值在3分与4分之间有6项，有2项均值超过4分，均值3.61分，比90年代高0.46分，说明整体满意度有较大提高。从分项情况来看，通信状况的满意度改变最大，从90年代满意度（均值）最低的第三位上升至现在满意度（均值）最高的第一位。

调查结论

（一）两个时段居民居住环境状况调查显示，不论是城市还是农村，居民对居住地环境的整体满意度有较大幅度的提高。自来水使用接近普及，垃圾污染有很大改观，通信状况普遍比较满意。城市居民交通状况、通信状况、治安状况、卫生状况、绿化状况5项满意度调查，90年代均值3.14分，现在3.76分，比90年代增0.62分；农村居民交通状况、通信状况、治安状况、风土人情、水利建设、村选举状况、村治理状况、文化娱乐状况8项调查，90年代均值为3.15分；现在均值3.61分，比90年代高0.46分。（二）两个时段居民居住环境状况调查同时显示，居民居住环境在某些方面现在还不如90年代。经常停电的比例比90年代增加39.7个百分点，噪音污染为城市环境污染首位。（三）两个时段居民居住环境满意度比较，大部分项目的均值不论是90年代还是现在都在3分与4分之间，有的项目刚刚接近3分，说明满意度水平比较低。同时也应当看到反映不满意的还占有一定的比例，例如农村选举状况反映不满意的都在15%以上。（四）上述五个方面的调查并不能囊括城市和农村居民居住环境的全部；同时上述调查也是动态的，满意度较高的项目稍有不慎就会向不满意方向转化。

（杨贤兴、钱志祥根据本志第五册第二辑《萧山居民生活质量调查》资料整理）

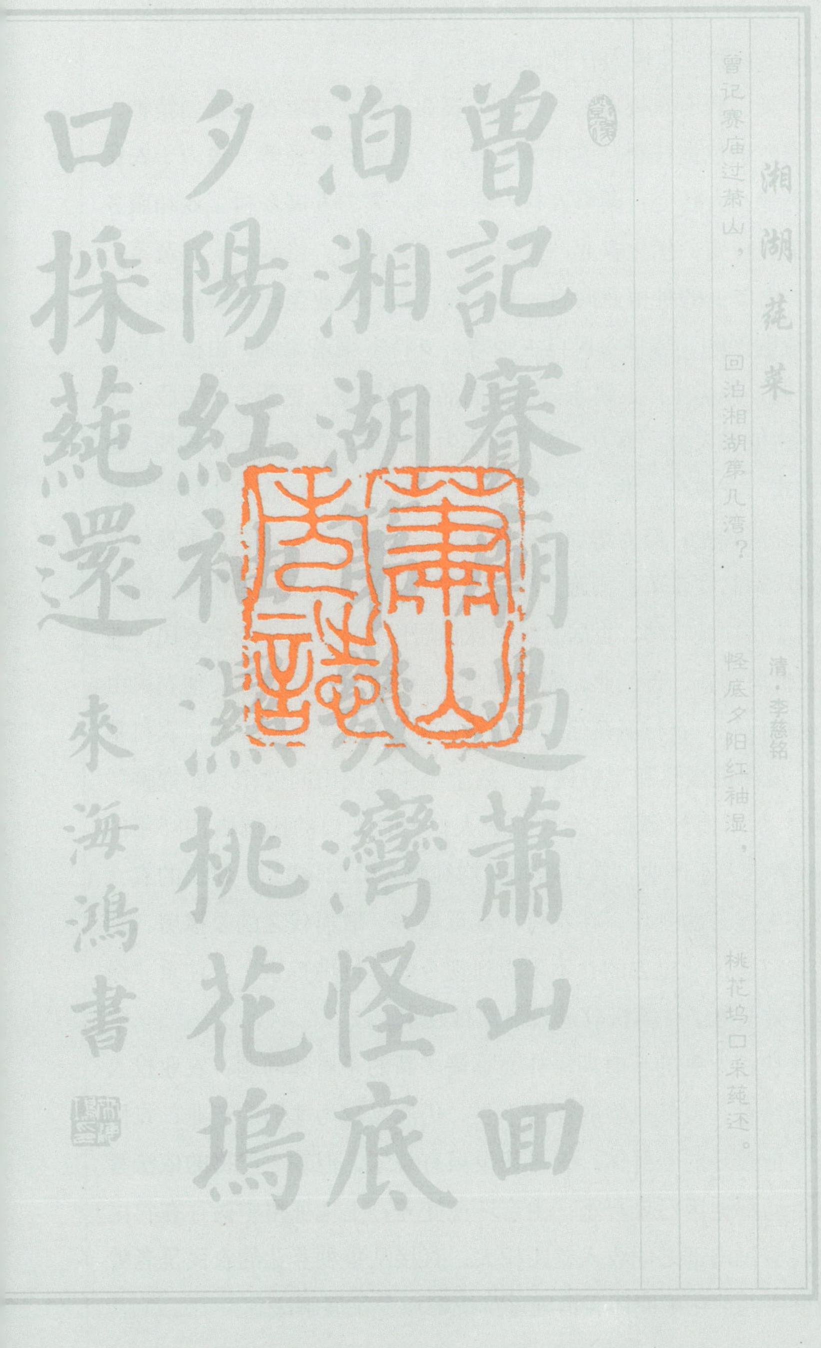
曾記賽廟過蕭山回泊湘湖第幾灣怪底夕陽紅袖濕桃花塢口採蓴還
來海鴻書
湘湖莼菜
清·李慈铭
曾记赛庙过萧山，回泊湘湖第几湾？怪底夕阳红袖湿，桃花坞口采莼还。

第十一编

农村　农民　农业

萧山农耕历史悠久，农业资源丰富，农民为数众多。中华人民共和国成立前，受封建土地剥削制度的束缚，农业生产水平低下，农村落后，农民贫穷。中华人民共和国成立后，实行土地改革，开展互助合作，兴修农田水利，推广农业新技术，农业生产快速发展，农民收入增加，生活得到改善。后遭“大跃进”、“人民公社化”尤其是“文化大革命”的严重干扰，农民生产积极性受挫，加上自然灾害的影响，农业生产徘徊不前，分配收入微薄，农民思想困惑，生活艰辛，农村潜伏不安因素。在此困难时期，萧山广大农民在中国共产党领导下，坚持自力更生、艰苦奋斗，抓好农业生产，进行农田基本建设，围垦钱塘江滩涂，造地40余万亩，积累了宝贵的土地资源，为萧山后来的快速发展创造极为有利的条件。

中共十一届三中全会后，萧山历届市（县）委、政府重视农村、农民、农业工作，尊重农民首创精神，依靠农民实践，推进农村改革，全面实行家庭联产承包责任制；以市场为导向，放活农业经营，致力于农民脱贫致富奔小康，建设社会主义新农村。成功实施八大转变：调整农村产业结构，大力发展乡村工业和服务业，由单一的农业经济向一、二、三产业协调发展转变；优化农业产业结构，调减棉花、络麻，发展蔬菜、畜禽、花卉苗木、水产、茶果林特等特色产业，由单一的种植业向农、林、牧、副、渔业全面发展转变；变革生产、购销制度，取消农产品指令性生产和统购派购，放手农民自主经营，支持多渠道流通，由按计划指令完成农副产品交售的“任务”农业向按市场导向，按需生产，讲求效益的商品农业转变；更新生产手段，实施科技兴农，加强水利建设和农业机械化建设，由依靠人力、畜力，手工劳作为主的传统农业向应用科技，运用电力和机械操作的现代农业转变；创新经营方式，发展产、供、销结合的农业龙头企业，由农户小规模分散经营向贸、工、农一体化适度规模的农业产业化经营转变；努力增加农民收入，丰富物质产品供给，重视精神文明建设，使农民生活由温饱向小康转变；探索户籍制度改革，实施“稳制活田”（即稳定土地承包权，搞活土地使用权），开放劳动力市场，使农村劳力向非农领域转移，世居农民向城镇居民转变；造就新型农民，在改革开放实践中，农民从田野走向市场，涌现大批勇创新，善创业，懂管理，会经营的农民企业家，使农民由生产型向经营型转变。萧山“三农”正趋向农业现代化、农村城镇化、农民富裕化迈进。2000年，全市农村基本实现排灌、耕作、植保、收获、脱粒、加工、运输机械化和半机械化，数千年来农民田间劳作“四弯腰”（指传统农业劳作中插秧、耘田、除草、收割）基本得到解脱。全市农业人口占总人口的比例由1985年的86.20%下降到78.91%，农村劳动力有65.96%从事二、三产业，农村居民人均纯收入6152.43元。农民的衣、食、住、行等物质生活和观念习俗、文化素质发生显著的变化，在农村已难觅草房，取而代之的是楼房、别墅、公寓式新村，人均住房面积58.8平方米；农村居民从过去的食不果腹到现今的“挑精拣素”，注重“绿色”、营养；高档家电、家具及汽车、摩托车、微型电子计算机等进入寻常百姓家。

萧山农村、农民、农业处于工业化、城市化快速发展的新时期，亦面临诸多新的矛盾和问题：农业投入不足，科技含量不高，比较效益偏低，抗御市场风险、自然风险的能力不强，仍然是较为薄弱的产业；农民组织化程度低，文化水平不高，维权能力不强，依然是弱势群体；农村建设虽有规划，但缺乏严格的依法管理，民宅无序搭建，公共设施滞后；耕地锐减；局部地区污染严重，生态环境变差；土地征用中尚存在农民权益受损害的情况；城乡之间、地区之间、农村居民内部之间收入差距拉大；直接从事种养业的农民呈老龄化等，成为社会关注的热点。党和政府已引起重视，正在采取切实措施逐步统筹城乡发展解决。

第一章　农村经济体制改革

萧山农村实施以家庭联产承包责任制为核心内容的农村经济体制改革，始于1980年9月。革除农村集体经济的“大锅饭”弊端，调动农民生产积极性，促进农村生产力发展。在实行联产承包责任制初，重在搞好分户承包经营，对集体统一经营有所忽视。1985年后，县委适时引导完善“统、分”结合的双层经营体制，发展村级集体经济，完善农业社会化服务。1996年，实施“强化集体土地所有权、稳定土地承包权、搞活土地使用权”的联产承包责任制完善工作，建立土地使用权流转机制，发展农业适度规模经营。1999年，开展延长土地承包期、落实土地承包权、核发土地承包权证的第二轮土地承包责任制完善工作，稳定家庭联产承包责任制，推进种植、养殖业适度规模经营发展。2000年，全市耕地适度规模经营面积占全市耕地总面积的30.78%，生猪养殖适度规模经营占全市生猪饲养总量的63.95%，水产养殖适度规模经营面积占全市水产养殖面积的83.49%，并开展土地股份合作制试点。为安定民心，稳定农村社会，稳固农业基础地位，促进农民增收，为占全市65.96%的农村劳动力转移到二、三产业创造条件。

第一节　家庭联产承包责任制

大田联产承包

1980年9月，萧山县委贯彻中共中央《关于印发进一步加强和完善农业生产责任制的几个问题的通知》（中发〔1980〕75号），组织7个工作组在6个区进行大田（萧山农村对耕地、水田的统称，下同）联产承包试点。后逐步推广。至1981年，全县6593个生产队中，实行联产承包的有1646个，占24.97%，其中专业承包联产计酬326个，联产到组758个，联产到劳553个，包产包干到户9个；小段包工4433个。1982年，进一步完善农业生产责任制。生产队调整为8237个，其中实行专业承包联产计酬218个，包产包干到组354个，联产到劳3954个（部分作物联产到劳2675个，全部作物联产到劳1279个），包产包干到户1169个，实行各种承包形式的生产队5695个，占生产队总数的69.14%。至1983年，全县8366个生产队，除110个仍坚持由队经营外，其余8256个队实行家庭联产承包为主的多种形式联产承包责任制。1984年春，县委贯彻中共中央《关于一九八四年农村工作的通知》（中发〔1984〕1号），在全县继续稳定和完善家庭联产承包责任制。到年底，全县有专业户、重点户32000户，占农户总数的12.6%，并出现一些经济联合体和专业村。

图11—1—314　80年代初，南阳乡落实承包田（傅展学摄）

1985年，有257141户承包田作了小调整，延长土地承包期15年以上的有6434个生产队（组），延长5年以上的有1632个队（组），未定期限的有439个队（组）。由镇乡政府向

7486个队（组）的农民发放承包土地使用证。为有利于土地适当向种田能手集中，允许社员自行协商转包土地，但不得买卖、租赁。

1989年，市委印发《关于稳定、完善土地承包责任制加强农业承包合同管理的若干规定》（市委〔1989〕29号），对土地承包期已满的村，允许调整承包土地，但要坚持大稳定、小调整的原则。对土地承包期未满的村，一般不作调整，因人口、劳力变化较大，少数农户口粮不足的可以采取动粮不动田，由国家供应粮找补，口粮田、责任田互补，现有集体机动田找补，承包土地有计划地对口转让、转包等办法解决。是年，有405个生产队作了土地小调整。之后，市委逐步出台政策，鼓励在稳定土地承包权的基础上，通过转包、转让等办法，使土地向种田能手集中，推进农业适度规模经营。至2000年，全市农业大田以家庭联产承包的基本经营制度不变。

山林联产承包

1981年至1982年4月，开展山林定权发证工作。确定516个权属单位，颁发山林所有权证1310张，分列山地8197块，面积338475亩，其中权属国家所有的4个、5616亩，公社所有17个、976亩，大队所有439个、326794亩，生产队所有56个、5089亩。1982年底，县委决定将原来集体统一经营的山林除一部分高山和社员单家独户难以经营的作集体保留山经营外，其余全部承包给社员经营。1983年，全县21个公社、219个大队、1842个生产队，将集体经营的102158亩山林划分给40728户农户、167800人作为自留山，占权属发证面积的35.80%，平均每户2.51亩。1985年，对全县农村35万亩集体和自留山林（指发放承包权证面积）实行以户为主的林业生产责任制，社员的自留山扩大到276300亩，占林地总面积的78.94%；承包山减至17900亩，占总面积的5.11%；统管山减少到55800亩，占总面积的15.95%。是年冬和1986年春，全县兴办家庭林场18个，面积1212亩。全县营造杉木林6319亩，种植笋竹、桃、梅等经济林9109亩，比上年增加778亩。此后，山林承包责任制基本稳定。

水面联产承包

1985年，开展外荡水面定权发证工作。1987年，围垦商品鱼基地以集体办场为主，其中县办场2个、810亩，占围垦商品鱼基地总面积的7.8%；镇乡、村办场182个、6141亩，占59.3%；国营场16个、2401亩，占23.2%；联合体4个、150亩，占1.5%；企业农业车间21个、852亩，占8.2%。经营形式：实行大包干183个，占81.3%；联产承包21个，占9.3%；定额计酬2个，占0.9%；岗位责任制19个，占8.5%。1996年后，养殖水面承包责任制随大田承包责任制的完善而逐步推进，除位于航坞山南的瓦泥池、渔家池及西小江、南门江、湘湖、白马湖和围垦一线河道继续实行专业场、组联产承包外，其余外荡实行家庭联产承包责任制。后由于外荡水面污染加重，水产养殖逐年由外荡向精养鱼塘、稻田养殖发展。除上述大水面仍实行专业户、组、场承包外，其余内塘、稻田养殖与大田家庭联产承包责任制并轨，实行家庭承包。2000年底，全市有家庭承包水产大户800多户，养殖面积9.1万亩，其中承包100亩～500亩的43户，501亩～1000亩的8户，1001亩以上的3户，适度规模经营面积占当年水产放养面积的83.49%。

第二节　统分结合　双层经营

联产承包责任制的实施，打破了集体经济统一经营的格局，调动了农民的生产积极性，促进了农业生产的发展。1985年与1978年相比，全县农业总产值（按80不变价，下同）从2.45亿元增加到3.63亿元，增长48.16%；粮食总产量由35.35万吨增加到39.55万吨，增长11.88%；络麻总产量由7.93万吨增加到13.23万吨，增长66.83%；生猪饲养量由57.20万头增加到59.88万头，增长4.69%。农村居民人均纯收入则由1980年的229.14元增加到673.31元，增长193.84%。

但是新体制的运行出现新的矛盾，在集体统一经营和家庭联产承包的“双层”经营中，各地侧重于“分”，放松了“统”。1987年的调查显示，全县有240个村（指建有村党组织、村民委员会的村，下同）的村级集体经济人均可用资金在10元以下，应由村集体提供的通电、通水、通路等项服务难以实施，临浦、戴村地区的部分村连低标准的村干部报酬都无力支付。单家独户的小规模经营也日益显示出不足，围垦土地经营粗放的矛盾尤其突出。内地（南沙大堤以内的土地，俗称内地）农民到围垦耕作是“一辆车（自行车）、一壶茶，一副土箕一张耙，一个孩子加老婆，早起出门夜归家”。应由集体统一提供的服务严重滞后，1987年4月调查发现，垦区172个抽水机埠中，有38个不能使用；戴村镇垦种点18间平房成“无门、无窗、无灯、无灶、无床、无凳”的“六无”房，承包者只好睡地铺；螺山乡垦种点48间草房中有28间破漏无法住人。

针对出现的问题，县委重抓“统、分”结合的“双层”经营体制完善。

扶持集体经济

1987年始，市政府为发挥村级人才、资源等优势，支持发展村级农、工、副业集体经济，在用地、用电、信贷、税收等方面制订了一系列优惠政策。同时把村级集体经济比较薄弱的240个村作为重点扶持对象，实行多方面的政策扶持，并两次选派市级机关中青年干部下乡任职。1994年起，市级部门和强村强厂与集体经济薄弱村结对扶持，至2000年，持续进行6轮（期），689个村次得到扶持，340个村的集体经济得到发展，村级农业服务工作得以加强。

强化服务体系

1987年，全县6个区、67个镇乡、6个农场建立农业办公室，由副区、镇乡、场长担任农办主任，796个村落实“一长（村长）、三员（植保员、农机员、放水员）”，6个区、49个镇乡建立垦区开发领导小组，负责一家一户难以做到的通电、通路、通水等服务。全县建立96个镇乡、村农机服务队，当年落实机耕合同70万亩，夏收夏种期间，投入的拖拉机比上年同期增加253台，排灌机械增加629台，脱粒机械增加456台。各地基本上没有出现“争水、争机、争路”的矛盾。镇乡场农业指挥体系的建立，确保了对农业生产的领导和服务。

建立投入机制

从1987年起，县委通过试点取得经验后逐步推广的办法，建立镇乡、村农业发展基金、农民劳动积累制度。同时，通过完善家庭联产承包责任制，健全农业承包合同管理，建立农业承包款上缴制度。根据中央1983～1985年3个一号文件精神，对原大队、生产队两级的集体积累资金实行“队有村管、有偿借贷、红利分配”的办法进行管理，后称“农村合作基金会”。上述投入积累机制，习惯称“三制一上缴”，以筹集镇乡、村、户三级的农业投入资金，用于对农业的投入。

推进规模经营

实行多形式指导，发展农业大田适度规模经营。1987年，全县有种田10亩以上大户3221户，承包耕地4.7万亩，户均14.59亩。1988年，市农业委员会在大桥乡联合村进行商品粮田适度规模经营试点，在坚持群众自愿前提下，把原来土质差、地势低、路途远、承包到户的62.6亩责任田集中，分别由沈信贤、马忠祥、马亚根3户承包，建立3个家庭农场。是年，早、晚两季水稻收获稻谷45.74吨，平均亩产730.6千克，比上年增产4.3%，平均每个家庭提供商品粮5000多千克，超额完成国家粮食定购任务，户均纯收入5000多元。市棉花原种场进行商品棉适度规模经营试点，集中棉田50.6亩，由老职工胡传根承包，亩产皮棉60.5千克，比全市平均亩产高11.5千克。市委出台鼓励农业适度规模经营扶持政策：规模经营粮食合同定购预购定金发放比例提高30%以上，购置适用大中型农机具可给予贷款，优先供应种子、化肥、农药及其他农用生产资料，优先提供农机、农技服务，建造临时简易仓库和晒场酌情减免耕地占用税等。年末，全市有专业户为主体的土地规模经营实体3588个，经营面积16.07万亩，比1987年扩大10%。

第三节 第二轮土地承包责任制

土地使用权流转

90年代初，农副产品购销市场进一步放开，镇乡工业更快发展，农村劳动力离土离乡从事二、三产业。棉麻区、围垦区土地粗放经营，水稻区冬、春季大面积弃耕抛荒现象开始出现，春粮、早稻总产量下降。为恢复生产，省、市政府在每年冬、春季节，组织大批机关干部下乡开展“粮食生产千里行”活动，以宣传教育、经济奖励、岗位考核、行政督查的办法，强制性督促农民种植春粮、早稻[①]，其时，化肥、农药、柴油等农业生产资料销售价提高，生产成本增加。1992年，每吨碳酸氢氨供应价300元，过磷酸钙306元，尿素1380元；1994年，每吨碳酸氢氨供应价570元，过磷酸钙590元，尿素2050元，比1992年分别提价90%、92.8%和48.6%。同期，国家商品粮收购价提高比例分别为：早稻谷82.9%，晚稻谷73.0%，小麦71.1%，啤酒大麦158.2%。商品粮提价幅度明显低于农业生产资料提价的幅度。1993年，市农业委员会在河上镇联合村2个家庭农场进行调查，每亩早稻收获375千克，商品粮收购价和价外加价[②]每亩产值245.55元，村从工业利润中对每亩补贴60元，合计每亩收入305.55元。而早稻每亩工本费用加农业税和集体提留为294.32元，收支相抵早

①一些地方村、组干部和农民抵触情绪日益显现，甚至出现“应付田”，即在交通要道边集体出钱种田以应付上级督查。“精耕细作贫困户，荒草满畦万元户”的说法在农村流行，弃耕抛荒呈蔓延趋势。

②在粮食定购价格的基础上，再根据农户的交售实绩给予一定的加价补贴。

表11－1－180　1992～1994年萧山市国家商品粮收购情况

品种	收购价格（元／千克）			全市平均亩产量、亩产值					
	1992年	1993年	1994年	1992年		1993年		1994年	
				产量（千克）	产值（元）	产量（千克）	产值（元）	产量（千克）	产值（元）
早稻谷	0.49	0.74	0.90	416	204.67	405	299.70	417	375.30
晚粳谷	0.64	0.94	1.10	411	261.40	433	407.02	450	495.00
小　麦	0.61	0.76	1.04	327	198.82	260	197.60	240	249.60
大　麦	0.43	0.92	1.10	195	83.07	302	277.84	278	305.80
大　豆		1.56	2.00			131	204.36	130	260.00

注：①资料来源：萧山市地方志编纂委员会编《萧山年鉴》(1993～1995年）。
②大麦收购价中，1993～1994年为啤酒大麦收购价。

稻每亩获净利11.23元，如没有集体补贴，则每亩亏48.77元。由于农户多为承包2亩～3亩土地的小规模经营，按一年种植两季粮食算，提价后年亩产值不足千元，除去工本，收入无几。而乡镇工业在各地快速发展，农民择业观念转变，不少年轻人以务农为耻。时有“精兵强将办工业，聪明能干搞商业，老弱病残务农业”的说法。

1994年9月26日，省委、省政府印发《关于发展粮田适度规模经营的决定》（省委〔1994〕14号），要求按照“稳制活田”原则，建立土地使用权流转机制，在重点推进县（市、区）有条件的镇乡、村中，提倡实行以人分口粮田、劳分责任田的“两田制”。

1996年，第一轮家庭联产承包责任制（15年）即将到期。7月26日，市委、市政府印发《关于完善农业大田生产责任制若干政策的规定》（市委〔1996〕75号）。完善工作的基本政策是由村经济合作社统一发包和管理土地；按土地级差、国家任务、种植结构等因素，合理确定人口田、责任田面积，按在册农业人口承包人口田，最高人均不得超过0.4亩，按能按劳招标承包责任田，确定规模的上限与下限。从紧留起村镇建设规划用地，一般不得超过全村耕地面积的3%～5%。承包期限全市统一，人口田一律为10年，责任田一律为5年。对原承包地上经批准发展起来的多年生优质高效经济作物，允许由原户继续承包抵作人口田、责任田。依法处理有关历史遗留问题，特别是违章建房、私下买卖承包地、私分土地征用费、拖欠集体承包款、欠缴国家农业税和定购粮、违反计划生育政策等。合理确定土地承包上缴款，人口田和责任田的承包价格实行分离，人口田稻区每亩不少于25元，棉麻区不少于50元；责任田按上年每亩毛收入的5%～8%作为最低标的招标承包。8月13日，市委召开1300人大会，就“完善二轮承包，推进土地适度规模经营”进行总动员。会后，抽调165名机关干部，组成38个工作队分赴各镇乡、办事处，与镇乡（办）干部一起，帮助开展“两田制”工作。是年底，以“三权分离”（指土地所有权、承包权、使用权）、建立土地流转机制为主要内容，以“两田制”为主要形式的家庭联产承包责任制完善工作结束。全市28个镇乡（办）的767个村中，除15个已经实行“两田制”和集体农场形式经营的村、11个涉及杭州萧山机场等重点工程建设项目的村、4个山区无地村和7个城镇周边“转制村（村民委员会转为居民委员会）”外，其余均实行“两田分离”家庭承包责任制。涉及农户264398户、农业人口891420人、村民小组7562个。共发包人口田342411亩，人均0.38亩，占土地调整总面积的54.3%；责任田219220亩，占土地调整总面积的34.8%；预留村镇建设规划用地22089亩，占土地调整总面积的3.5%；划分自留地46619亩，占土地调整总面积的7.4%。合计土地调整总面积630339亩。其时，各有关镇乡还对围垦土地的承包合同作了部分调整完善。

二轮承包完善后，全市实行土地适度规模经营的村583个，占总村数的76.0%。承包耕地在10亩以上的农户4781户，比第一轮承包增加2999户，经营面积241969亩，其中承包耕地在50亩以上的1085户，面积179496亩。水稻地区新增适度规模经营面积7万亩。承担国家定购粮任务2625.4万千克，占全市国家定购粮任务的66.7%。来自嵊州、上虞、桐庐、长兴、诸暨、三门、新昌、宁海等县（市）和安徽、江苏等省的承包大户138户，承包面积19076亩，承担国家定购粮任务439.3万千克。

按照《杭州市农业承包合同条例》（1991年9月27日杭州市第七届人民代表大会常务委员会第二十七次会议通过，1992年1月18日浙江省第七届人民代表大会常务委员会第二十六次会议批准）的要求，在农业承包合同格式、条款、签订程序及承包期限等方面作了统一和规范，全市共签订农业承包合同292161份。建立38个镇乡、办事处农业承包合同管理委员会和经营管理站，实行两块牌子、一套班子，负责当地农业承包合同管理和农村经营管理工作。是年，村级集体收入34535万元，比上年增长18.8%。

表11-1-181 1996年萧山农村50亩以上土地承包户情况

区域	数量（户）	面积（亩）	粮食任务（万千克）	农机配套			规模承包				其中：外来承包户		
				收割机（台）	拖拉机（台）	翻耕机（台）	50亩～99亩		100亩以上		数量（户）	面积（亩）	粮食任务（万千克）
							数量（户）	面积（亩）	数量（户）	面积（亩）			
内地	273	24878	809.8	4	11	4	188	12960	85	11918	104	11594	410.5
围垦	659	85949	474.4	12	10	8	359	25199	300	60750	27	5253	28.8
农林场	153	68669	375.3	30	84	45	13	931	140	67738	7	2229	0
合计	1085	179496	1659.5	46	105	57	560	39090	525	140406	138	19076	439.3

资料来源：市农村经济委员会编：《土地承包大户名册》，1997年。

表11-1-182 1996年萧山农村内地50亩以上土地承包户情况

镇乡	数量（户）	面积（亩）	粮食任务（万千克）	农机配套			规模承包				其中：外来承包户		
				收割机（台）	拖拉机（台）	翻耕机（台）	50亩～99亩		100亩以上		数量（户）	面积（亩）	粮食任务（万千克）
							数量（户）	面积（亩）	数量（户）	面积（亩）			
城厢	83	8176.0	292.0	1	5	1	50	3414.0	33	4762.0	46	5229.0	194.3
楼塔	1	78.8	0.3	0	0	0	1	78.8	0	0	0	0	0
河上	5	356.0	15.3	0	0	0	4	254.6	1	101.4	0	0	0
戴村	21	1966.0	67.8	0	1	0	15	1263.0	6	703.0	10	1245.0	44.2
许贤	23	2619.0	72.9	1	1	1	13	971.5	10	1647.6	11	1349.0	46.2
欢潭	1	63.0	0	0	0	0	1	63.0	0	0	0	0	0
进化	11	876.7	33.8	0	0	0	9	580.5	2	296.2	5	529.0	16.8
所前	11	869.0	32.4	0	0	0	8	544.8	3	324.2	4	332.0	13.1
临浦	36	2937.0	107.0	0	0	0	26	1642.0	10	1295.0	3	258.0	9.1
义桥	15	1233.0	48.2	2	3	1	13	958.4	2	274.6	2	299.0	12.1
浦阳	8	516.0	15.0	0	0	0	7	378.8	1	137.2	2	205.0	8.4
衙前	13	1118.0	34.0	0	0	0	9	651.0	4	467.0	9	837.0	25.9
新街	4	330.5	0	0	0	0	4	330.5	0	0	0	0	0
宁围	3	250.6	1.3	0	0	0	2	135.6	1	115.0	1	115.0	1.3
闻堰	16	1296.0	65.8	0	1	1	11	737.0	5	559.0	6	512.0	31.9
坎山	7	839.0	8.4	0	0	0	3	170.0	4	669.0	3	549.0	5.8
党山	4	270.0	2.3	0	0	0	4	270.0	0	0	2	135.0	1.4
瓜沥	6	644.6	9.8	0	0	0	5	359.8	1	284.8	0	0	0
新湾	1	54.0	0.5	0	0	0	1	54.0	0	0	0	0	0
河庄	1	114.0	0.9	0	0	0	0	0	1	114.0	0	0	0
党湾	1	53.0	0.5	0	0	0	1	53.0	0	0	0	0	0
南阳	2	218.0	1.6	0	0	0	1	50.0	1	168.0	0	0	0
合计	273	24878.2	809.8	4	11	4	188	12960.3	85	11918.0	104	11594.0	410.5

资料来源：市农村经济委员会编：《土地承包大户名册》，1997年。

延长承包期

1999年3月10日，萧山完善第二轮土地承包责任制试点在党山、闻堰两镇展开。5月15日，市委、市政府办公室印发《关于延长土地承包期、核发土地承包权证，进一步稳定完善第二轮土地承包责任制的实施意见》（市委办〔1999〕73号）。9月，以“延期、确权、发证（延长土地承包期，确定土地承包权，核发土地承包权证）”为主要形式的第二轮承包责任制完善工作在全市开展。从市级机关抽调90名干部，组成29个工作组，奔赴镇乡协助工作。10月，全市763个村，除26个实行“农转居”村、9个无耕地村、3个少地村和8个涉及城市新区村暂缓外，其余717个村均进行了完善。以1996年责任制完善调整时的人口、土地面积为依据，将人口田承包期延长到30年（1996～2026年），并明确地界。共落实土地承包641489亩，其中按人口承包339990亩，占承包总面积的53.0%；内地按劳承包责任田191866亩，围垦区按劳承包责任田109633亩。向255670户农户核发省政府统一印制的《土地承包权证》，占应发放农户的97.6%。并签订30年土地承包合同。全市承包10亩以上的承包大户4580户，经营土地24.39万亩，占全市耕地面积的30.78%。加上向农垦场和军垦场承包的土地，全市土地适度规模经营的面积超过30万亩，是浙江省县（市）级土地规模经营面积最大的一个，使占农村劳动力65.96%的农民从小块经营土地中解放出来转移到二、三产业，增加了农民收入，也为工业和第三产业发展创造了条件。31个镇乡建立农村经营管理站，负责农村承包合同管理和村级财务管理、资产管理。全市农业承包合同共273807份，当年全部兑现合同262762份，部分兑现合同5317份。收缴土地等承包金18584万元，占应缴承包金的97.2%。村级可分配收入3.86亿元，其中耕地（水田）承包收入7195万元。

第四节　土地股份制

2000年，市委作出“工学江阴，农学南海，城建学中山”的决定，两次抽调市级相关部门干部到南海学习考察优化农业产业结构，实行土地股份制改革和村级财务电算化管理经验。是年3月，市委决定在许贤乡潘山村实行土地股份制改革，并下派指导组指导工作。5月，潘山村土地股份合作制公司成立，为全市农业首家股份合作制公司（继潘山村土地股份制改革后，继续在条件成熟的村有序推进农村股份合作制改革，至2005年，全区已完成37个村经济合作社股份制的改革）。公司采用农户土地承包权或使用权入股的办法，每年每亩分红不低于200元；坚持群众自愿，允许部分纯农户留起一定比例的土地用于农业生产经营。股份合作制的合作期限为26年（2001年1月1日至2026年12月31日）。共设股权11188股，其中202户农户，752个农业人口，410亩人口田、责任田承包权每人折股为10股，计7520股；村经济合作社投入资金183.4万元，每500元折1股，计3668股。农业股份合作制实行独立核算、自负盈亏，每半年预分红一次，年终决算分红。在合作制初创时期，由村经济合作社采用补农、贴农的办法实行保底分红，农户土地承包权每股10元，下保底，上不封顶。效益时期则按净收入分红，净收入包括土地发包收入、土地经营收入、土地租赁收入和土地征用后资金融资收入，扣除物化劳动成本、劳动报酬和上缴国家农业税后，80%按股分红，10%上缴村提留，10%作为职工奖励基金和福利基金。

第二章　农村经济运行机制改革

随着农村经济体制改革深入，与之相适应的农业生产运行机制也由指令性计划向指导性、市场调节改革转变。1983年起，萧山逐步调整农作物种植计划，在保证粮食、油菜、棉花、络麻等生产外，使农民有适当的耕地用来发展蔬菜、瓜果、花木等其他作物的经营。农产品购销机制亦从定购（派购）定销向双轨制（合同定购和市场收购并存）、市场调节改革转变。农村经济运行机制改革调动了广大农民的生产积极性，促进了全市农村经济的发展，使农业产业结构发生较大变化。2000年，种植业总产值（含副业）占农业总产值的比重比1985下降26.35个百分点，渔业增加21.60个百分点，牧业增加4.95个百分点。种植业、养殖业内部得到调整优化，粮食作物比1985年下降18.41个百分点，蔬菜瓜类增加17.20个百分点。

第一节　生产运行机制改革

指令性种植

中共十一届三中全会以后，全县农产品购销体制开始调整和改革，逐步放开搞活，实行多渠道经营，加强市场调节。但在农业生产安排上，仍以指令性计划为主。1983年9月，县政府印发《关于下达一九八四年农作物种植计划的通知》，规定全县主要农作物种植面积和占总可耕地的比例是：春粮33.82万亩，占39.8%；油菜15.28万亩，占18.0%；绿肥24.63万亩，占29.0%；早稻33.78万亩，占39.8%；晚稻45万亩，占53.0%；棉花10.40万亩，络麻20.43万亩，两者占36.4%。农民在完成指令性种植任务后，尚有约10万亩耕地（约占全县耕地总面积的11.17%）可用来发展蔬菜、瓜类、花木等多种经营。

指导性种植

1985年，国家取消农副产品统派购制度，对粮食、棉花实行合同定购，络麻、油菜籽、生猪等列入指导性收购计划。是年3月，县政府批转县计划委员会《关于一九八五年国民经济和社会发展计划（草案）要点》（萧政〔1985〕33号），规定从1985年起，对列入指令性计划的23种农产品，全部实行指导性计划管理，对粮食、棉花、络麻、油菜籽和生猪等5种产品，作出粮食45万亩（换算折实面积），总产7.5亿斤；棉花8.9万亩，总产13万担；黄红麻23万亩，总产30万担的计划。各地可在保证完成主要农产品合同定购任务的前提下，根据市场需求和当地优势，合理调整产业结构，大力发展商品生产。对粮食、棉花仍实行国家定购，黄红麻、油菜籽和生猪实行合同订购。为确保定、订购任务的完成，县委、县政府每年对镇乡下达考核指标，按种植计划和产品定、订购任务完成情况考核工作业绩和评比镇乡先进，并将化肥、农药、柴油等农用生产资料供应与指导性种植计划面积挂钩。在作物播种季节，县委、县政府组织工作组下乡，督查指导性种植计划完成情况。1987年4月，县政府印发《萧山县国民经济和社会发展第七个五年计划》，提出1986～1990年间，粮食复种面积要保证在123万亩以上，棉花种植面积9万亩，络麻种植面积23万亩，油菜种植面积18万亩。1990年，全市播种粮食129.14万亩、棉花8.43万亩、络麻20.58万亩、油菜19.25万亩，除棉花、络麻比下达计划略有下降外，其余均超出种植计划的要求。1995年，各地对指导性种植计划的落实仍实行指令性手段。之后，市计划部门继续下达每年指导性计划，但各级政府不再以强制性方法要求农户完成。

市场调节种植

1999年11月，市政府办公室转发市农业局《关于积极调整农业结构大力发展效益农业的意见》（萧政办发〔1999〕145号），提出坚持尊重农民意愿和生产经营自主权，把调整农业生产结构的自主权真正交给农民；农业结构调整，重点调优粮食生产品种，提高单产，在稳定总量40万吨的前提下，优化种植模式；通知对棉花、络麻、油菜籽生产不再提出要求。2000年，市计划部门下达的种植计划中，除粮食种植面积及产量有要求外，对棉花、络麻、油菜不再提出种植计划。之后，萧山耕地种植全面放开，农民按市场需求和国家产业发展导向自主经营。

第二节　农产品购销机制改革

定购（派购）定销

粮油　1955年，萧山粮食实行“三定”（定产、定购、定销），1958年起实行包干，5年不变，增产不增购，减产不减免。1982年4月，实行征购、销售、调拨包干“一定三年”的政策，核定征购和销售数量。对居民、工人、国家机关工作人员的口粮，从1953年起实行计划供应，定粮标准按劳力差别、年龄大小，分为工人、居民等4类，每人月定粮12.5千克～25千克；工商用粮和行业用粮实行计划供应。

图11-2-315　1994年，农民交售定购粮（蒋剑飞摄）

油料实行按比例收购，油菜籽统购数为产量的70%，棉籽除每亩留种10千克外全部统购。1984年取消棉籽、油菜籽统派购制度，实行敞开收购，油菜籽按“倒四六”比例计价（40%按原统购价，60%按原超购价），棉籽按“顺四六”比例计价。

棉麻　1952年起，萧山棉麻由供销社统一收购，取消棉麻自由买卖，棉农每人安排自留棉0.75千克～1千克，络麻按总产0.5%～3%留用。1959年始，棉麻推行集产交售（集中分级、集中成件、集中交售），后改为“五自一交”，即自收购、自加工、自剥线、自榨油、自成件，向国家交售。

棉麻销售，按省计划调拨供应，皮棉以就近调拨给杭州第二棉纺厂为主，络麻（熟麻）以供应浙江麻纺厂为主。1981年，县内兴办麻纺厂，调拨比例有所变化，浙江麻纺厂占70.6%，省外占7.5%，省内其他厂占5.4%，县内厂占5.4%，其他占11.1%。

生猪　水产品　中华人民共和国成立初，肉猪自由购销。1954年，实行派养派购。1965年实行全购全销。1980年，生猪产大于销，县政府组织农民自宰分食。1984年10月，县政府规定生猪继续实行派购政策，收购上调由政府下达计划，把完成派购任务作为农民应尽义务，农民在完成派购、上调任务后，方允许多渠道议价经营。生猪收购采取“平五议五”（50%国家牌价，50%议价）的计价办法，同时取消饲料粮奖售。猪肉供应，对城镇居民实行凭票定量供应，对部队及城镇饮食糕点行业、城镇集体伙食单位，实行计划供应。对养猪户实行“卖猪留肉”的办法，即收购一头毛猪，按净肉返销15%；收购白肉，按肉重返销10%；返销部分按牌议混合价（国家牌价和市场价两种成分兼有的价格。1984年10月，县政府规定鲜猪肉收购牌议混合价每500克为1.03元，牌价为0.86元）供应。

1961年以后，县商业部门对淡水鱼实行计划收购。

双轨制

粮油　1985年4月1日起，县政府根据省政府《关于调整农副产品购销政策的通知》（浙政〔1985〕23号）精神，粮食取消统购，改为合同定购。县粮食部门与55652户农户签订定购合同，合同定购粮食20265吨，平均按“倒三七”比例计价[①]，不同品种按不同比例计算[②]，定购任务以内的粮食，每50千克国家继续补助标准氮肥3.75千克，其中一半是尿素。合同定购以外的粮食，由农民自行处理，自由购销。实行合同定购与市场收购并存的“双轨制”政策，市场粮价低于原统购价时，国家按原统购价敞开收购。收购价调整后，国家供应农村缺粮人口的口粮价格同时调整到与合同定购持平，实行购销同价[③]。油菜籽、棉籽仍作为定购品种，纳入计划购销渠道。不与农民签订定购合同，实行比例价敞开收购，每50千克油菜籽46.80元，棉籽12元，农村食油销售同时改按比例价供应，每50千克菜油138元，精炼棉油101元，购销同价。取消粮油统派购后，粮油市场进一步放开，粮油议购议销业务迅速发展[④]。

1987年，粮食购销继续实行“双轨制”政策，稳定计划购销，搞活议购议销。对定购合同增加“三挂钩”物资[⑤]，调整粮食收购价格[⑥]，对定购入库的每50千克晚粳谷、晚糯谷补贴1元，晚籼谷补贴0.5元。油菜籽继续实行合同定购，80%按比例价收购，20%按超购价收购，混合收购价每50千克油菜籽48.30元、菜油142元；棉籽60%按比例价收购，40%作农民留油，比例收购价每50千克棉籽15元、精炼棉油126元。

1992年10月，为适应粮食放开、购销体制改革的新形势，市粮食部门率先实行粮食收购合同制，在全市范围内开展订购落实工作。合同订购采取定粮定价方式，确定基础价，实行“上浮不封顶、下跌保底”政策[⑦]。全年订购粮食36499吨。

1993年，全市实行粮食购销放开和价格放开，粮食部门粮油购销采取常年收购、边购边销、内购外销、外购内销、大购大销等营销策略。全市确定指导购销价格，收购价格采取合同订购时确定基础价，收购价按照上不封顶、下跌保底、随行就市、一季一价确定，以引导粮食生产，稳定粮食种植面积，调动种粮积极性。销售价格，对主要品种（标一晚粳米、上白面粉、二级菜油）零售价格经同行议定后，全市统一挂牌销售；在粮油价格波动大时，实行最高限价，以保障供应，稳定粮油市场。

1994年9月，因粮食供求趋紧，市政府印发《关于认真做好一九九五年粮食定购工作的通知》（萧政发〔1994〕176号），仍采取定购政策，确定1995年定购任务41000吨，农业税实行“实物征收”，纳入定购任务[⑧]。为保护农民种粮积极性，市政府对定购内粮食继续实行价外加价补贴，每50千克稻谷加价5.00元，小麦4.50元。通知还规定在全市未完成定购任务之前，粮食收购市场不放开，除承担国家粮食收购任务的单位外，其他单位和个人都不许到农村直

①30%按原统购价，70%按原超购价。

②早籼谷每50千克15.50元，晚籼谷、杂交谷16.90元，晚粳谷18.80元，小麦21.20元。

③萧山的比例销售价为每50千克早籼米（标二）22.10元，晚籼米、杂交米（标二）24.10元，晚粳米（标二）25.80元。

④1985年，全县议价收购粮食38057吨，比1984年（下同）增长近4倍；销售36586吨，增长56.9%；议价收购食用油脂513吨，增长115%；销售713吨，增长31.5%。

⑤每100千克定购粮供应平价尿素5千克，平价柴油2千克；并在收购金额20%的范围内发放预购定金等。

⑥每50千克早籼谷17元，晚籼谷18.65元，晚粳谷20.55元，晚糯谷24元。

⑦收购时，当市场价高于基础价时，按市场价收购；当市场价低于基础价时，收购价下浮至基础价的93%时为保护价。

⑧定购内收购价格按国家规定收购价执行，定购外收购价按照随行就市原则制定，市场价格低于国家定价时，按国家定价收购，只要符合国家质量标准的粮食，粮食部门常年敞开收购，不限收，不拒收。

接采购粮食。为层层落实粮食生产和收购任务，市政府与各镇乡政府、有关部门签订《萧山市粮食生产和收购责任状》，作为干部政绩考核内容。

1998年8月，市政府印发《关于深化粮食流通体制改革的实施意见》（萧政〔1998〕10号），建立完善政府调控下市场形成粮食价格的机制，由市政府确定购粮收购价格和市级储备粮购销价格，其他粮食经营企业的粮食销售价格实行市场调节，政府不规定统一销售价格。同时对粮食流通和市场管理作出规定；国有粮食收储企业敞开收购，严格执行粮食收购政策；除承担国家粮食收购任务的粮食收储企业外，未经批准或接受委托，任何单位、个人不得直接向农民和其他粮食生产者收购粮食；市粮食收储有限责任公司只能在萧山市行政区域内收购粮食，不得收购外地粮食，也不得到外地直接收购粮食。

棉麻　1985年，萧山棉麻取消统派购，实行合同定购。棉花产区调整种植结构，种植面积比上年减少43256亩，实种86037亩，下降33.41%。同时，因病虫灾害严重和大风暴雨袭击，产棉5393吨，比上年减7325吨，下降57.60%。是年黄麻放开经营后，县供销社与31个镇乡、260个村的96284户麻农签订定购合同，以特产公司为依托，联结麻区20个供销社，搞好产销衔接，向麻农提供种子、肥料和农技辅导。全年收购黄麻112114吨，比上年增长16.7%。

1989年4月，市政府印发《关于加强棉麻产销管理工作的通知》（萧政〔1989〕49号），强调棉花是国家管理的计划商品，由供销部门统一收购，不放开棉花市场，不搞价格双轨制，计划内黄红麻也由供销社统一收购，在完成全省收购计划前，其他任何单位不得插手收购。镇乡轧花厂和经工商行政管理部门登记批准的个体轧花户，只能代加工，不得开展棉花购销活动，对擅自插手收购、抬价争购棉花、黄红麻的单位和个人，要按照规定严肃处理。

1994年，市政府印发《关于加强棉麻购销管理工作的通知》（萧政发〔1994〕155号），规定棉花继续实行指令性计划管理，黄红麻实行指导性计划管理，落实全市棉花定购4600吨，黄红麻合同订购20700吨。棉花实行“三不放开”，即不放开价格、不放开经营、不放开市场，由供销社的棉花经营部门统一收购、统一经营，其他任何单位和个人（包括供销社非棉花经营单位）一律不得收购、加工、经营棉花，严禁纺织企业到产区收购棉花或通过非棉花经营单位购买棉花。合同订购内的黄红麻由供销社统一收购、经营，在未完成合同订购任务前，其他任何部门、单位和个人一律不得插手收购经营。各镇乡政府建立棉麻购销管理领导小组，严厉打击和查处无证设点、无照经营、抬级抬价和转手倒卖棉麻等非法经营活动，保证棉麻收购秩序的稳定。

生猪　水产品　1985年4月，全县取消生猪统购、派购，实行合同定购，年收购肉猪24万头，比1984年下降36.8%。1986年，由县食品公司和个体商贩双轨经营。1987年始，生猪不再由国家统一收购。

1985年，县政府规定淡水鱼改为三类商品，取消派购计划，实行议购议销。水产品供应，在实行凭票或计划供应的同时，按议价在城乡敞开供应。

市场调节

合同订购　2000年，全市大小麦退出定购、保护价收购范围，粮食部门按照“随行就市、购得进、销得出”的原则确定收购价格。2001年3月13日，市政府办公室印发《转发市粮食局、市财政局〈关于2001年取消粮食定购任务后有关粮食收购问题的意见〉的通知》（萧政办发〔2001〕15号），对生产并实际投售粮食在5000千克以上的种粮大户，实行合同订购，合同订购的粮食品种为早籼谷、晚粳谷。合同订购粮价格为中等质量标准每50千克早籼谷不低于55元，晚粳谷不低于64元。市场收购价低于合同订购价，按合同订购价收购；市场价高于合同订购价，收购部门在收购结束时进行二次结算给予让利。对合同订购价和散户投售粮食，国有粮食企业敞开收购，价格随行就市，不拒收、不限收。

农民营销　1985年，县政府工作报告提出，放手发展个体和集体商业，让更多的农民进入流通领域。但按国家规定只能从事多种经营的产品营销，不得经营粮、棉、麻、油、猪、茧等国家统（派）购产品。1986年，全县有农副产品购销、运输专业户6000多户，拥有汽车70多辆、拖拉机1800多辆、船1900多艘，成为农村商品流通领域的一支重要力量。1987年后，农副产品流通体制改革深化，农民参与经营的范围扩大，农民营销大户的队伍增加，尤在难以突破加工的水果、水产品、禽蛋、花卉苗木等品种上，农民营销大户发挥交易灵活、行动敏捷、批零兼营的优势，承担主要的产品流通任务。1990年，全市有年收购农产品50吨以上的农民营销大户8000多户。1992年起，农副产品“卖难”现象基本不再发生。1994年，市政府对上年度农业商品生产和营销专业户进行命名表彰，其中有赵柏静等6户农副产品营销大户。1998年，全市有专业或兼营的农副产品营销大户1.4万多户，年购销农副产品53万吨，占是年全市农产品实物量（不包括作物秸秆和花卉苗木）的44.5%。其中，水产品、瓜果、禽蛋的全部商品，绿叶菜的大部分，生猪、油菜籽、络麻的部分产品，均由农民营销大户到田间地头收购和推销出去。是年，全市扩种鲜食大豆，面积达8万亩，总产量近5万吨，且上市季节集中，不易贮藏。市政府出台政策，鼓励农民营销大户营销鲜食大豆。有4000多户营销户到田头收购鲜食大豆，长途销往上海、南京、福州等城市。是年，鲜食大豆增产，农民增收。2000年，全市有蔬菜、茶果、生猪、禽蛋、花卉苗木、粮油、棉麻、水产品、羽绒、作物秸秆等产品的专业、兼营营销大户1.6万多户，足迹遍布全市各地，营销农产品70多万吨，占全市农产品实物量的46.0%，年营销农副产品产值约10亿元。在这部分营销大户中，有市级农副产品营销大户60户，营销额20118.38万元，净收入1967.63万元。益农镇转塘头村37岁的营销大户赵文耀，被评为市级先进农产品营销大户、杭州市农业劳动模范、浙江省农产品购销大户。经过多年积累，农民营销大户的营销工具由自行车、钢丝车、手扶拖拉机、农船向摩托车、大中型货运汽车、厢式冷藏车转变；营销渠道由单一收购本地农副产品向市外营销和采购转变，萧山市量大的产品向外推销，如干鲜蔬菜、生猪、淡水产品、花卉苗木及稻、麦草等。2000年，萧山的花卉苗木营销到全国各省、市、自治区。柯桥中国轻纺城市场的干鲜蔬菜50%由坎山镇农民营销大户供应。市内量小的产品，如西瓜、干鲜果、海水产品、淡季鲜菜，则从市外、省外购入在市内销售。

专业市场　1992年后，农业产业结构调整力度加大，逐步形成体现区域资源优势的主导产品格局。为梳理农副产品流通，市政府重视市场建设，支持多元化投入兴办专业市场。宁围镇为全市蔬菜生产大镇，1993年种植蔬菜30724亩，其中丰北村75%的农户种菜，年种蔬菜800多亩。是年底，村筹建萧山市北蔬菜批发市场。初建时占地15亩，后扩建至25亩。市场吸纳市内外的蔬菜营销大户和宁围、新街镇的菜农进场交易。至1996年，市北蔬菜批发市场已有蔬菜专业贩销大户45户，贩运于宁波、安徽六安、上海、南京、无锡、连云港等15个大中城市之间，在蔬菜上市旺季，日交易量达180多吨。全年成交各类时鲜蔬菜1.6万多吨，成交额1300万元，并带动新街、南阳等周边镇的农民发展蔬菜生产，仅宁围镇就有蔬菜大棚5000多只，蔬菜种植面积3万多亩。之后，各地相继办起浙江东南粮油市场、东江水产品市场、所前茶果市场、新街花木市场、新街蔬菜市场、城东苗禽市场、城南炒货原料市场、进化竹木市场、大通生猪（仔猪）交易市场、前进蔬菜批发市场等10多家农副产品专业市场。市场的投资主体由国家、集体为主向民营企业延伸。1999年，萧山巨神工程建筑机械租赁有限公司经理胡柏夫投资700万元，在钱江二桥出口处建设杭州萧山花木市场，始建时占地30亩，次年扩大到60亩。2000年，钱江集团香港有限公司、浙江龙发房地产有限公司入股投资筹建浙江（中国）花木城。是年，全市有农副产品专业批发市场13家。其中11家总占地面积1060亩，年吞吐农副产品43.73万吨，进专业市场直接交易的营销大户有2073户。全市构筑起农贸市场、农产品专业批发市场、农产品营销大户、农产品加工企业和国营、集体流通组织互为补充、互相竞争的农副产品流通体系。

第三章　农村经济结构调整

随着乡镇企业崛起和社会主义市场经济体制的发展，萧山农村一、二、三产业结构发生显著变化，第一产业占农村社会总产值比重从1985年的25.95%降至2000年的5.46%，第二产业由66.05%增至86.65%（其中工业由56.57%增至82.02%，建筑业由9.48%降至4.63%），第三产业基本持平（其中运输业由5.12%降至0.61%，批发零售贸易、餐饮业由2.88%增至7.28%）。同时，农业产业结构和品种结构也发生较大变化。

第一节　农村产业结构调整

1985年，萧山贯彻中共中央、国务院《关于进一步活跃农村经济的十项政策》（中发〔1985〕1号）的精神，调整农村产业结构，改变农、工、商各业所占比例。是年，全县农村社会总产值208836万元（现价），其中农业占25.95%，工业占56.57%，建筑业占9.48%；运输业占5.12%，批发零售贸易、餐饮业占2.88%。

1990年，全市农村社会总产值669132万元（现价），其中农业总产值占15.99%；工业占74.30%；建筑业占6.70%；运输业占1.42%；批发零售贸易餐饮业占1.59%。

2000年，全市农村产业结构调整更为明显，实现农村社会总产值6026306万元（现价），农业产值占农村社会总产值的比重仅为5.46%；工业增至82.02%；建筑业降至4.63%，运输业降至0.61%；批发零售贸易、餐饮业增至7.28%。

表11－3－183　1985～2000年萧山农村社会总产值按产业分类情况（现行价）

单位：万元

年份	农村社会总产值	农业		工业		建筑业		运输业		批发零售贸易、餐饮业	
		总产值	占（%）	总产值	占（%）	总产值	占（%）	总产值	占（%）	总产值	占（%）
1985	208836	54190	25.95	118148	56.57	19789	9.48	10692	5.12	6017	2.88
1986	290228	57598	19.85	193949	66.83	23188	7.99	5524	1.90	9969	3.43
1987	407476	67099	16.50	279079	68.50	48327	11.90	7166	1.80	5805	1.30
1988	549087	84599	15.40	385938	70.30	59338	10.80	9008	1.60	10204	1.90
1989	595763	93254	15.70	437670	73.40	46793	7.90	9062	1.50	8984	1.50
1990	669132	106984	15.99	497183	74.30	44814	6.70	9530	1.42	10621	1.59
1991	819136	112849	13.78	632593	77.22	50024	6.11	11733	1.43	11937	1.46
1992	1091602	115980	10.62	858478	78.64	89083	8.16	14505	1.33	13556	1.24
1993	1650170	128562	7.80	1357822	82.30	109067	6.60	16424	1.00	38295	2.30
1994	2385616	164781	6.90	2041173	85.60	83943	3.50	16808	0.70	78911	3.30
1995	3051952	206447	6.80	2596628	85.10	126293	4.10	21054	0.70	101530	3.30

续　表

年　份	农村社会总产值	农　业		工　业		建筑业		运输业		批发零售贸易餐饮业	
		总产值	占（%）	总产值	占（%）	总产值	占（%）	总产值	占（%）	总产值	占（%）
1996	2541503	219207	8.63	2056464	80.93	140857	5.54	20196	0.79	104779	4.11
1997	3158888	230200	7.29	2542670	80.49	158639	5.02	17290	0.55	210089	6.65
1998	3663979	254467	6.95	2981152	81.36	175083	4.78	20839	0.57	232438	6.34
1999	4624995	284224	6.15	3665510	79.25	237100	5.13	25941	0.56	412220	8.91
2000	6026306	329158	5.46	4942887	82.02	279124	4.63	36603	0.61	438534	7.28

注：①资料来源：1985～1986年，萧山县国民经济统计资料。1987～1993年，《萧山市国民经济统计资料》。1994～2000年，《萧山市统计年鉴》。
②“占%”栏为各业总产值与农村社会总产值之比。

第二节　农业产业结构调整

1985年，全县在调整一、二、三产业结构的同时，调整农业产业结构。是年实现农业总产值36256万元（1980不变价），其中种植业占79.23%，牧业占15.72%。

1990年，农业产业结构调整加快，种植业比例下降，牧业、渔业比例增加。是年，实现农业总产值92745万元（90不变价），其中种植业占64.20%，牧业占24.46%。

2000年，全市实现农业总产值200423万元（90不变价）。其中种植业（含副业）占54.46%，比1990年下降9.74个百分点；林业占1.23%，与1990年基本持平；牧业占20.67%，比1990年下降3.79个百分点；渔业占23.64%，比1990年增加18.04个百分点。

表11-3-184　1985～2000年萧山农业总产值按产业分类情况

单位：万元

年　份	农业总产值	种植业		林　业		牧　业		渔　业		副　业	
		总产值	占（%）	总产值	占（%）	总产值	占（%）	总产值	占（%）	总产值	占（%）
1985	36256	28726	79.23	517	1.43	5701	15.72	738	2.04	574	1.58
1986	37728	28099	74.48	353	0.94	7096	18.81	1100	2.92	1080	2.86
1987	39533	27396	69.30	624	1.58	6723	17.01	1589	4.02	3201	8.10
1988	40135	27153	67.65	492	1.23	8008	19.95	1412	3.52	3070	7.65
1989	40474	26706	65.98	498	1.23	7611	18.80	1653	4.08	4006	9.90
1990	92745	59540	64.20	1147	1.24	22685	24.46	5198	5.60	4175	4.50
1991	93565	60240	64.38	1537	1.64	22808	24.38	4824	5.16	4156	4.44
1992	96377	59073	61.29	1412	1.47	25612	26.57	4966	5.15	5314	5.51
1993	98745	63791	64.60	1526	1.55	28012	28.37	5416	5.48		
1994	101808	66498	65.32	1585	1.56	28093	27.59	5632	5.53		
1995	106800	69844	65.40	1597	1.50	29194	27.33	6165	5.77		
1996	100146	64593	64.50	1686	1.68	27997	27.96	5870	5.86		
1997	105628	66141	62.62	1774	1.68	30917	29.27	6796	6.43		
1998	114234	66822	58.50	2127	1.86	31008	27.14	14277	12.50		

续 表

年 份	农业总产值	种植业		林 业		牧 业		渔 业		副 业	
		总产值	占（%）	总产值	占（%）	总产值	占（%）	总产值	占（%）	总产值	占（%）
1999	162648	85812	52.80	2305	1.40	37292	22.90	37239	22.90		
2000	200423	109148	54.46	2452	1.23	41425	20.67	47398	23.64		

注：①1993～2000年，副业（其他农业）列入农业（种植业）统计；1985～1989年为80不变价，1990～2000年后为90不变价；“占%”栏为各业总产值与农业总产值之比。

②资料来源：1985～1986年，《萧山县国民经济统计资料》。1987～1993年，《萧山市国民经济统计资料》。1994～2000年，《萧山市统计年鉴》。

种植业产业结构调整

1985年，在发展粮、棉、麻、油主体农业的同时，发展猪、禽、蛋、奶、鱼、果、桑、茶、菜、花卉苗木十大项目，并开始建立家禽、水产、水果、桑蚕、蔬菜、奶牛、西瓜、花卉苗木八大商品基地。是年，种植业实现总产值28726万元（1980不变价），其中粮食作物占43.11%，油料作物占6.68%，棉花占6.73%，麻类占23.67%，甘蔗占0.60%，药材占0.64%，蔬菜瓜类占6.36%，茶桑果占2.63%，其他作物占9.58%。

1986～1990年，全市粮食连续5年增产。1990年，被评为全国春粮和粮食先进县（市）。种植业实现总产值59540万元（90不变价），其中粮食作物占50.60%，油料占5.14%，棉花占6.56%，麻类占14.28%，甘蔗占1.07%，蔬菜占17.87%，药材占0.01%，茶桑果占3.68%，其他类占0.79%。

2000年，实现种植业总产值109148万元（90不变价），粮食作物占24.70%，比1990年下降25.90个百分点；油料作物占1.28%，比1990年下降3.86个百分点；棉花占1.04%，比1990年下降5.52个百分点；黄红麻占0.13%，比1990年下降14.15个百分点；蔬菜瓜类占23.56%，比1990年增加5.69个百分点；茶桑果类占2.00%，比1990年下降1.68个百分点；花卉苗木和其他类作物占46.28%，比1990年增加45.49个百分点；药材基本消失；甘蔗占1.01%。

养殖业品种结构调整

畜禽养殖品种结构　1985年，实现牧业产值5701万元，占农业总产值的15.72%。2000年，牧业产值41425万元，占农业总产值的20.67%，除养牛存栏数量由1985年的1996头（其中耕牛678头，奶牛1074头）减少到976头（其中耕牛440头，奶牛429头）外，生猪、羊、兔、蜂均有大幅度增长。

80年代，生猪品种母猪以金华猪、龙游乌、嘉兴黑猪为主。90年代后，母猪多以长白、大长种猪等瘦肉型品种为主，商品猪多为大长或杜大长三元杂交猪。1991年12月，萧山被列为国家级瘦肉型商品猪基地市（县）。

1986年后，因兔毛出口疲软、价格调低，长毛兔养殖减少。1996年，全年饲养0.73万只。1997年，第一农垦场引进獭兔。2000年，饲养獭兔26000余只，占全市养兔量的37.68%。

禽类饲养主要是特禽养殖兴起。1989年，引养美国七彩山鸡。1992年，引养德国野鸭、蓝孔雀、白孔雀、红腹锦鸡、鸳鸯、大雁、针尾鸭和赤颈鸭，全市全年饲养特禽83.98万羽。1995年后，引养鸵鸟、锦鸡、欧洲贵妇鸡等。

水产养殖品种结构　1993年始，渔业生产调整养殖结构，从鲢、鳙、草、青四大家鱼养殖扩展到名优水产专养。1996年，高档名优水产养殖进一步发展，养殖河蟹、青虾、罗氏沼虾、鳜鱼及工厂化养鳖。2000年，名特优水产品专塘养殖54300亩，占全市养殖面积的49.80%；总产量7678吨（水产品中除青、草、鲢、鳙、鳊、鲫、鲤鱼七大品种后的产量），占水产总产量的28.99%。

表11－3－185　1984～2000年萧山种植业总产值分类情况

单位：万元

年份	种植业总产值	粮食		油料		棉花		麻类		甘蔗		药材		蔬菜瓜类		茶桑果		其他	
		总产值	占（%）	总产值	占（%）	总产值	占（%）	总产值	占（%）	总产值	占（%）	总产值	占（%）	总产值	占（%）	总产值	占（%）	总产值	占（%）
1984	32168	14881	46.27	1693	5.26	4558	14.17	5280	16.41	159	0.49	136	0.33	1788	5.56	1066	3.31	2637	8.20
1985	28726	12385	43.11	1918	6.68	1933	6.73	6799	23.67	171	0.60	184	0.64	1826	6.36	756	2.63	2754	9.58
1986	28099	13760	48.98	1779	6.33	2072	7.37	5836	20.77	315	1.12	27	0.10	1828	6.49	769	2.74	1713	6.10
1987	27396	14171	51.73	1672	6.10	1520	5.55	4812	17.56	311	1.14	3	0.01	1912	6.98	786	2.87	2209	8.06
1988	27153	14644	53.93	1860	6.85	1316	4.85	4125	15.19	285	1.05	3	0.01	2007	7.39	883	3.25	2030	7.48
1989	26706	14822	55.50	1724	6.46	1333	4.99	3884	14.53	237	0.89	2	0.01	2357	8.83	822	3.08	1525	5.71
1990	59540	30128	50.60	3060	5.14	3905	6.56	8503	14.28	635	1.07	3	0.01	10642	17.87	2190	3.68	474	0.79
1991	60240	30431	50.52	2876	4.77	4448	7.38	8296	13.77	661	1.10	5	0.01	11180	18.56	1871	3.11	472	0.78
1992	59073	29749	50.36	2990	5.06	4191	7.09	6785	11.49	926	1.57	5	0.01	12524	21.20	1773	3.00	130	0.22
1993	63791	29345	46.00	2292	3.59	3502	5.49	4572	7.17	944	1.48	2	…	12621	19.78	1764	2.77	8749	13.72
1994	66498	29807	44.83	1487	2.24	4156	6.25	2281	3.43	869	1.30	3	…	14788	22.24	1552	2.33	11555	17.38
1995	69844	30548	43.74	2030	2.90	4735	6.78	990	1.42	815	1.17	5	0.01	17786	25.47	1750	2.51	11185	16.01
1996	64593	29356	45.45	1973	3.06	3685	5.70	1091	1.69	738	1.14	5	0.01	16090	24.91	1397	2.16	10258	15.88
1997	66141	29783	45.03	1588	2.40	3242	4.90	1094	1.65	778	1.18	5	0.01	16664	25.20	1868	2.82	11119	16.81
1998	66822	28535	42.70	1178	1.76	3387	5.07	741	1.11	805	1.20	0	0	21609	32.34	1656	2.48	8911	13.34
1999	85812	29264	34.10	1339	1.56	1758	2.05	228	0.27	1025	1.19	0	0	25051	29.19	2170	2.53	24977	29.11
2000	109148	26958	24.70	1401	1.28	1138	1.04	140	0.13	1105	1.01	0	0	25712	23.56	2180	2.00	50514	46.28

注：①资料来源：1984～1986年，《萧山县国民经济统计资料》。1987～1993年，《萧山市国民经济统计资料》。1994～2000年，《萧山市统计年鉴》。
②1984～1989年为80不变价，1990～2000年为90不变价。
③“占%”栏为各种类型种植业总产值占农业（种植业）总产值百分比。

第四章 农村经济组织和管理

萧山的农村集体经济组织，始于50年代开展互助合作而建立起来的生产合作社。人民公社化期间由生产大队、生产队取代，兼管村集体经济和行政管理。人民公社解体后，生产大队、生产队相应消失，政社分设的村经济合作社建立起来。也有航民等少数村建立村实业公司作为村集体经济组织。他们在村党支部的领导下，配合村民委员会，承担村公共事务、公益事业及土地、集体生产资料、集体资金等管理，通过民主选举产生委员会及社长、副社长。农民专业生产合作社是自愿加入、自负盈亏的农村经济合作组织，以生产行业划分，不受行政区域限制。

农村改革后，逐步建立农业发展基金、农村合作基金、农民劳动积累、农业承包金上缴制度，并加强对这方面的管理。1995年，萧山被列入全国集体资产管理试点县（市），开始村级集体资产清产核资工作，采取村务、财务公开的方法进行集体资产等方面的民主管理。

第一节 农村经济组织

村经济合作社

1986年3月27日，县政府下发《关于加强农业基础，发展商品生产的若干规定（试行）》(萧政〔1986〕23号），要求全县农村建立、健全村级合作经济组织，管好土地等主要生产资料和原属大队、生产队的集体资金、财产；代表集体与农户签订承包合同，代表农户与有关部门签订合同；组织实施农田基本建设和公益事业；办好工业、农业企业；协调农村各业之间利益分配关系，搞好以工补农，收缴农户应上缴的款项，组织结算兑现；做好排灌、机耕、围垦、运输、农技、农资和产品收购等各种产前、产中、产后的服务工作。

1991年7月，市委组织工作组到党湾镇开展组建村经济合作社的试点工作。8月16日，该镇11个村均建立起村经济合作社。全镇参加选举的社员代表463名，选举产生村经济合作社管理委员会委员55名，入选率100%。在试点基础上，10月19日，市委、市政府印发《关于组建村经济合作社的通知》（市委〔1991〕56号），决定在全市农村普遍建立村经济合作社。12月底，全市农村建立起村经济合作社780个、村实业公司3个（瓜沥镇航民村、东恩村，光明乡三盈村），两者占全市总村数的98.3%。组建过程中共选出合作社社员代表30169名，选举产生合作社管理委员会委员3559名，平均每个合作社4.56名。在780名村经济合作社社长中，由村党支部书记担任社长的725名，占93%；由村民委员会主任担任社长的51名，占7%。在816名村经济合作社副社长中，由村民委员会主任担任的675名，占82.7%；由村党支部书记担任的30名，占3.7%；由其他村干部担任的111名，占13.6%。根据《浙江省村经济合作社组织条例》每届任期3年的规定，分别于1995年10月、1998年9月进行换届选举。换届选举注重村经济合作社管理委员会成员年轻化和知识化建设。1995年10月换届选举的管委会成员平均年龄为41.7岁，35岁以下570名，占21%。文化程度在初中以上1865名，占69%；其中高中、中专文化程度以上377名，占13.9%。1998年9月换届选举产生的管委会成员平均年龄42岁，其中35岁以下447名，占19.9%。文化程度在初中以上1903名，占84.8%；其中高中、中专以上文化程度561名，占25.0%。

1998年9月换届选举时，城厢镇13个转制村建立13个集体资产管理委员会，临浦镇5个转制村建立5个居民村经济合作社。

专业生产合作社

80年代初家庭联产承包责任制实施后，农业产业结构逐步调整，农业商品生产较快发展，农民专业生产合作社应时而生。[①]萧山最早建立的专业生产合作社是萧山养蜂生产合作社，初时由自愿参加的县内25家养蜂大户组成，后增加县内外36户养蜂大户，在养蜂和蜂产品转化上实行合作。90年代，农民专业生产合作社发展较快。至2000年底，全市有农民专业生产合作社25家，其中蔬菜生产2家，畜禽生产5家，水产养殖2家，花木生产5家，茶果生产6家，蚕桑生产2家，蜂业2家，竹制品加工1家。是年，25家农民专业生产合作社有入股农户400户，注册资本184万元；收购销售农产品30619万元，农民获净收入11552万元，上缴税金24万元。以朱雪华为首的钱江野鸭驯养繁殖合作社，联合29户野鸭养殖专业户，年产品销售收入5000万元，实现利润209万元。

①此时农民专业生产合作社一般是同类或相关农产品的生产经营者，按照内部章程规定自愿加入形成，多在本村、本镇，也有跨村、跨镇、跨县的。

第二节　村级财务管理

1984年，县委为加强农村经营管理力量，两次招聘农村财务会计辅导员共73人。1990年始，全市开展村合作经济组织财务会计工作达标升级活动。1997年5月，成立市农村经营管理总站，负责全市的农村经营管理工作。是年，开展村合作经济组织财务会计工作规范化建设。1999年，全市村级财务会计工作合格村达到87%，示范村达到9%。至2000年，全市共组织1万余人（次）参加会计业务知识培训，农村财务民主管理工作逐步走上规范化、制度化的轨道。

集体资产管理

1995年，萧山市被列为全国集体资产管理的16个试点县（市）之一。是年7月，市委组织工作组进驻南阳镇横蓬村，开展村级集体资产清产核资工作试点。8月，横蓬村试点经验在全市推广。市、镇二级抽调308名干部，组成31个工作组，在31个镇乡的45个村进行扩大村级资产清产核资试点[②]。翌年10月，市委、市政府印发《关于加强村级集体资产管理的若干意见》（市委〔1996〕85号），旨在加强村级集体资产管理，巩固村级集体资产清产核资成果。规定村级集体资产由村经济合作社依法管理，村本级、村所属企事业单位以及原生产队（组）所拥有的土地资产、实业资产、货币资产等集体资产，统一进行产权登记；村经济合作社财务实行预决算制度；加强对“三制一上缴”[③]、集体土地征用费、原生产队（组）积累和企业拍卖收回资金的管理。

②试点查清这45个村底子：资源性资产，共有耕地179657亩，山地6433亩，水面672亩；货币及实物性资产40327.33万元，比清查前的39901.39万元增加1.06%；债权总额10133万元，负债18762万元；所有者权益21565万元，比清查前的21958万元减少1.80%。

③“三制一上缴”指村级农业发展基金、农村合作基金、农民劳动积累制度和农业承包金上缴。

村级集体资产清产核资工作试点后，在全市所有镇村全面推开。至1996年6月核查汇总，全市村级资产总额24.78亿元，比账面值减少4113.71万元，减少1.70%；负债总额12.11亿元，比账面值减少2250.22万元，减少1.90%；所有者权益12.67亿元，比账面值增加6363.93万元，增加5.29%。

2000年，开展村级债权债务清理，收回、处理债权21210万元，归还、化解债务6225万元，解脱担保9804.77万元。

农业发展基金管理

1987年始，实施农业发展基金制度建设，在宁围乡试点的基础上逐步推广，至1992年，全市共建立农业发展基金组织789个，其中市级1个、镇乡级31个、村级753个、其他4个。共筹集基金5204.3万元。市、镇乡两级农业发展基金分别由市级财政和镇乡财政在农业事业费中列支。村级农业发展基金由村委会和村经济合作社筹集使用管理。筹集范围：村办企业、个体私营企业、个体工商户，汽车、拖拉机等运输车辆按规定足额上缴贴农金。2000年，全市30个镇乡、764个村（含21个“农转居”村）建立农业发展基金制度，共筹集镇乡、村农业发展基金12299万元。筹集的农业发展基金，主要用于低产田改造、开发性生产项目、添置农业机械、补贴农业服务组织和补贴商品粮、商品猪生产等。

农村合作基金管理

萧山最早组织合作基金会的是宁围乡宁北村。1982年该村将10个生产队的66206元集体资金实行“队有村（大队）管，开展借贷，到期收回，红利分配”。1984年，推广到义盛等镇乡。1987年，全县39个镇乡的270个村建立合作基金会。是年，共统管村、组集体资金1971.6万元，有偿借贷1810万元。1998年，建立农村合作基金会79家，其中市级1家，镇乡级7家，融资总额8933万元。至1999年8月，资产规模8665万元，发放贷款7502万元。

1999年8月19日，全市成立清理整顿农村合作基金会工作领导小组。清理整顿分3步进行：一是对合作基金会全部资产、负债及所有者权益进行清查核实。该项工作在9月20日前完成。二是清收贷款，落实清贷责任，谁经手、谁负责催讨，谁担保、谁负连带责任。到期不归还，采取各种合法手段予以收缴，在基金会中有存款的单位及个人欠款，将其存款抵作贷款；当地政府及政府部门欠款，一律由当地政府及部门筹集资金限期归还；领导干部审批、担保、指令批贷的贷款，限期由其个人负责清收，限期内不能归还，给予党纪、政纪处分并承担相应赔偿责任；农民个人欠款，也同时清欠。三是分类处置。第一类，对资大于债的农村合作基金会，或虽资不抵债、但差额不大的基金会，由当地政府通过剥离不良资产、注入现金等方式，使其达到资大于债，并入当地农村信用社。第二类，对确实资不抵债、又不能支付到期债务的，予以清盘关闭。第三类，对规模较小，集体资金比重较大，积累较多，兑付能力强的基金会，可根据实际情况自行清盘关闭。四是确保兑付。金融机构对生产经营正常、有还款能力的乡镇企业（包括私营企业和个体工商户），以发放新的贷款置换农村合作基金会贷款，以确保兑付工作顺利进行，在具体兑付中做到：先个人、后单位，先群众、后干部，先小额、后大额，做到公开、公平、公正，让群众放心。清理整顿工作于10月底结束，6家镇级基金会完成清盘后歇闭，67家村级基金会并入村经济合作社，转并资产8112万元。

农民劳动积累[①]管理

萧山建立农民劳动积累制度始于1987年。在乐园、戴村、进化3个乡进行

①农民劳动积累是根据中共中央、国务院和省政府文件精神，规定凡农村男性18～60周岁，女性18～55周岁，包括从事第二、第三产业的劳动力，每年要有15个工作日为劳动积累工，一般以投劳为主，农民个人自愿的也可以金代工。烈军属、户粮关系在农村的中（小）学教职工、医务工作人员、在校学生以及因病、丧失劳动能力等人员，可不负担或免除劳动积累工。该制度于2002年取消，改为农村筹劳制度，年劳均投工量不得超过3工。

试点后向全县农村推进。是年，309个村实行农民劳动积累制度，占全县村总数的38.77%，共投入劳动积累工216万工。1992年，全市757个村实行此项制度，共投工473万工，其中以金代劳213万工。2000年，全市实行农民劳动积累制度的村713个，全年投工616万工，其中以金代劳202万工。

劳动积累工由镇乡、村合作经济组织按照“取之有度，用之得当”原则统筹安排使用。对农民劳动积累投工情况由村统一设立农村劳动积累工登记簿进行登记核算，年终及时结算。主要用于江河水利设施正常运行、农业排灌设施和机耕道路畅通等需要。

表11—4—186　1995～2000年萧山农村劳动积累投工情况

年　份	总劳动力（人）	农村劳动积累工义务工（万工）	以金代工金额（万元）	每个劳力承担工数（工）	每个劳力承担金额（元）
1995	666507	607	1342	9.11	20.13
1996	570657	756	1483	13.25	26.00
1997	577669	775	1530	13.42	26.49
1998	551191	763	1697	13.84	30.78
1999	545799	729	2180	13.36	39.94
2000	558098	616	2506	11.04	44.90

农业承包金管理

80年代初实行联产承包责任制后，即建立农业承包金上缴制度。村经济合作社把本村的农业企业、耕地、水面等生产项目发包给社员或其他成员，每年收取一定数额的承包金。1985年，全市上缴各业承包金4852万元。1990年上缴12820万元。2000年上缴21226万元，占应缴数的95.95%；其中耕地承包金7207万元，占应缴数的93.50%。农业承包金主要用于村级路、渠、沟的建设和维修、管理费用等支出，以及提取一定比例积累，用于扩大再生产。

村务、财务公开

为增加村级经济的透明度，加强村级集体资产管理，沙地区和中部水稻地区的大部分村率先对村级财务的年度收支进行上墙公布。1997年9月，宁围镇宁东村村级财务收支等重大事项按期向村民公开。1998年初，建立市村务公开领导小组和工作班子，以宁东村为样板的村务公开制度在全市推行，围绕群众关心的村级财务、集体土地、农民负担等“热点”问题，把与群众利益密切相关和容易引发腐败的事项以公开栏为主要形式向群众公开。公开前听取有关部门和群众的意见。公开后再向党员干部、村、组负责人、村民代表了解情况，通过设立举报箱、意见箱等多种形式收集群众的意见和建议，对存在问题采取切实有效的措施加以解决；公开时间分为定期和即时。对财务收支管理，年初公开收支预算计划，每季度公开一次财务收支情况（在次季第一个月15日前公布），年终公开财务收支决算；其他项目的公开时间，根据公开制度的要求，在事前、事中、事后及时公开。至10月中旬，全市有587个村推行村务公开，占总村数的77%，其中公开一次的288个村；公开两次的236个村；三次以上的63个村。至年底，基本做到全

图11—4—316　1998年开始设立的党山镇梅林村村务公开栏（2008年，杨贤兴摄）

面公开。1999年11月5日，市委办、市政府办印发《萧山市村务公开规范化操作规程（试行）》(市委办〔1999〕142号），要求村务公开做到公开内容规范化、形式规范化、程序规范化、检查督促规范化。至2000年，全市的村务公开基本做到公开内容真实全面、公开设施永久方便、公开时间定期及时、公开程序规范有效、管理制度健全完善、检查监督认真有力。

2000年，市委办下发《关于全面开展村级财务管理体制改革，进一步加强农村财务管理工作的意见》（市委办〔2000〕150号），决定在全市推行会计委托代理制和财务会计电算化工作[1]，并在蜀山街道和临浦镇、南阳镇开展试点工作，从而拉开农村财务管理体制改革的序幕。

①2000年10月9日，市委办发文要求在全市全面推行村级财务工作电算化，即以微型电子计算机为计算和信息存贮、传递工具，取代已使用700多年的算具——算盘。至2002年末，农村财务会计工作电算化基本普及。

第三节　扶持贫困地区

80年代后，全县农村逐步由温饱向小康迈进。但由于自然、经济、社会和文化等多种原因，地区之间经济发展不够平衡，一部分村集体经济仍处于薄弱状态。根据中央指示精神，市（县）委制定政策，实施对贫困地区的扶持。

扶持集体经济薄弱村

政策扶持　1987年8月1日，县委印发《关于扶持集体经济薄弱村的若干规定》（县委〔1987〕30号），确定扶持对象为1986年村办集体企业净利润在5000元以下，或没有村办集体企业，村级集体经济收入（包括农副业承包者上缴给村收入部分和村办企业的上缴部分）在人均10元以下的集体经济薄弱村。全县共240个。县地方财政用有偿低息专项扶持资金，扶持其发展“短、平、快”[2]项目和进行现有企业扩建技改。对集体企业每年给予一定额度的税收减免。银行、信用社对新建、扩建企业的技改项目及生产周转资金，在信贷政策上放宽。县级各部、委、办、局、行、社及公司在资金、物资、技术、设备、信息、产品销售和人才培训等方面全力支持。是年底，240个村工业年总产值4658万元，比上年增长106.5%；利润137.9万元。其中村集体年收入5万元以上的8个，1万元以上的74个，占薄弱村总数的34%；无集体企业的村由78个减少到32个；亏损村由87个减少到27个。是年，县委确定欢潭、新江岭、大同坞、岩山、钱江、宏图、前进7个乡为集体经济薄弱乡，由县二轻工业总公司、国营工业总公司、乡镇工业管理局、农场管理局等部门与之对口挂钩，帮助其发展经济。

②“短、平、快”指发展投入少，能较快获得经济效益的项目。

机关干部下村任职　1989年4月20日，市委印发《关于机关干部下村任职的若干规定》（市委〔1989〕14号），批准154名市、区、乡机关优秀中青年干部到123个集体经济薄弱村任职。[3]并每年从市地方财政中拨出150万元资金，以低息贷款形式扶持集体经济薄弱村发展集体经济。4月底，154名机关中青年干部自带被铺等生活用品，到各挂钩集体经济薄弱村，与当地干部和群众同吃、同住、同劳动，共商发展大计。1990年底，116个村的集体经济收入超过1万元，人均可用资金达到10元以上。1991年，市委继续把1990年村级集体经济收入[4]在2万元以下和集体可用资金人均在20元以下的村，列为集体经济

③机关干部下村为期2年。主要任务是发展村级集体经济，搞好村级领导班子建设，办成几件实事。

④包括村办企业上缴、农户承包款上缴和村级集体经营净收入。

薄弱村扶持对象。共72个村，其中戴村、临浦区61个村，城南、城北、瓜沥、义蓬区11个村。扶持政策与前一轮扶持集体经济薄弱村基本相同。6月，市级机关第二批49名机关中青年干部到26个集体经济薄弱村任职，为期2年。任务4项：帮助集体经济薄弱村发展经济，搞好村级基层组织建设，帮助办几件群众最为迫切、最需要解决的实事，锻炼和提高干部自身素质。市级财政、金融等共8个部门、26个机关与下派村挂钩。1994年底，全市扶持集体经济薄弱村工作取得比上年更好的成绩。经过5年扶贫，有91个集体经济薄弱村村级年收入在10万元以上，249个村改变面貌，宁围镇利二村、进化镇新垫黄村、衙前镇山南村、瓜沥镇如松村、义盛镇杏花村等村被评为市级脱贫致富标兵村。

结对扶持　1994年12月，全市又一轮扶持集体经济薄弱村的行动开始，扶持对象为1993年度村级集体经济收入在5万元以下，人均可用资金在35元以下，年人均纯收入在1500元以下的村，以及围垦地区和边缘地区村级基础设施比较落后的少数村。扶持办法改为由市级机关、镇乡政府和市特级、一级、二级重点企业与集体经济薄弱村进行"捆绑式"结对扶持。确定新一轮的集体经济薄弱村为90个，与之挂钩扶持的市级机关76个，实体公司67个、镇乡政府16个。为期3年。

1998年1月，市委办、市政府办印发《关于继续做好经济薄弱村扶持工作的通知》（市委办〔1998〕70号），继续实行"捆绑式"结对扶贫。此次扶持的对象为：村级班子健全，具有自力更生、艰苦创业的信心；1997年村级集体经济收入在5万元以下，村级人均可用资金在50元以下；有自然资源、存量资产难以开发盘活的村。2000年底，挂钩扶持部门无偿启动项目扶持资金1083.9万元。80个村集体经济年收入达到1018.8万元，比1997年净增381万元。其中63个村集体经济年收入超过5万元；负债从1997年的1475.6万元减少到2000年的1140.6万元。有54个村投资1005.7万元开展农村电力整网，59个村投资707.8万元建设村级道路56692米。3年内发展各类个私企业165家。58个村投资359.8万元建立特色农业生产基地5031亩。

下山脱贫　寺坞岭村迁址下山　许贤乡寺坞岭村位于海拔500米的寺坞岭上。全村24户、91人，主要收入依靠有限的山林，属集体经济薄弱村。为解决该村的贫困问题，市政府于1990年批准该村下山迁址至该乡王家桥村建新村。至1994年，11户村民下山迁居。9月，市财政一次性补助8.5万元用于新村道路修建、砌石护岸和生活用水设施建设。山上村民除留守看管山林外，全部迁址到王家桥新村定居。

狮山村迁址下山　云石乡狮山村位于海拔620米的狮山上，有320年的居住历史。全村99户、312人，因地理环境制约，资源贫乏，是市级集体经济薄弱村。1993年12月13日，市政府协调会议就狮山村下山迁建脱贫作出决定，从1994年始，用两年时间迁至萧山林场云门分场，迁建后的村名为新狮山村。1994年底，有33户下山迁居。之后，该村农户分批迁居云门林场新村。

寺坞岭村、狮山村实施易地搬迁农户共108户，市财政共投入资金385万元。

【附】

萧山市扶持贫困村名录

1998年1月，全市确定1998～2000年扶持经济薄弱村80个，限期脱贫。其中浦阳镇下山俞村、文家坞村、汪家埭村、低湖朱村、前朱村，进化镇城山王村、鲁家村，所前镇金鸡山村，临浦镇麻车倪村、东蔼村，欢潭乡涂川村，义桥镇联村村，戴村镇马谷村、陆家村，云石乡顶山村、响石桥村，河上镇塘口村，许贤乡郭村村、邵家村，头蓬镇小泗埠村等20个村由所在镇乡政府扶持，其余60个村由市级机关和1997年度市级红旗村、标兵村、经济强村结对扶持。

表11-4-187　1998～2000年萧山市级扶持经济薄弱村结对挂钩名单

经济薄弱村		帮扶镇村		市级机关帮扶部门	经济薄弱村		帮扶镇村		市级机关帮扶部门
浦阳镇	闸上村	城厢镇	董家埭村	粮食局	戴村镇	积堰山村	党山镇	解放村	宣传部
	曹家湾村		半爿街村	政协办		后马湖村		中流村	环保局
	许家村		车家埭村	经济协作办		丁村村		世安桥村	市人大办
	横江俞村		高桥村	市人民法院		麦园村		众安村	总工会
	下俞村		犁头金村	劳动局	云石乡	增丰村	党山镇	群益村	计　委
	后朱村		井头王村	公安局		勤工村		沙北村	民政局
	曹家埭村		湖头陈村	信访局		骆村村		大池溇村	市委办
	彭家桥村		梅花楼村	国税局		征山村		梅林村	物价局
	高庄里村		朝阳村	贸易局	许贤乡	吴闸村	坎山镇	三盈村	农业局
进化镇	华家垫村	宁围镇	宁新村	市政府办		磨刀村		工农村	统计局
	横路头村		盈一村	统战部		蚕花村		凤升村	邮电局
	平阳村		丰二村	纪检委		方家村		荣新村	钱江投资区江南管委会
	华新村		新华村	供电局		河西村	许贤乡	潘山村	科　协
	汤山村		盈二村	机关党工委	河上镇	欢乐村	河上镇	下门村	中国人民银行萧山支行
	新垫黄村		宁牧村	社保局		璇山下村	衙前镇	明华村	广电局
	沈家渡村		宁东村	乡企局		高都村		交通村	农经委
	傅墩村		新安村	司法局	楼塔镇	路下院村	新街镇	新盛村	妇　联
临浦镇	陈家塘村	瓜沥镇	航民村	经　委		余元坞村		新塘头村	财政局
	横一村		长巷村	文化局		直坞村		同兴村	教　委
	高家坞村		东恩村	农场局		王岭村		富星村	计生委
	三庄村		明朗村	城建局	益农镇	新发村	党山镇	车路湾村	审计局
	汀联村		东湖村	人事局		清联村	益农镇	众力村	工商局
	下戴村	临浦镇	临东村	体改委	头蓬镇	春风村	城厢镇	柳桥村	检察院
欢潭乡	东坞村	衙前镇	优胜村	卫生局	河庄镇	闸北村	南阳镇	横蓬村	人武部
	泥桥头村		山南村	土管局		新和村		长远村	团市委
	汇头钟村		凤凰村	外经局		文伟村	河庄镇	蜀南村	交通局
所前镇	赵坞村	宁围镇	宁北村	烟草局	新湾镇	创建村	靖江镇	义南村	农水局
	娄家湾村		宁税村	市委党校		创新村		光明村	政法委
义桥镇	联新村	义桥镇	茅山头村	组织部	前进乡	海丰村	靖江镇	协谊村	科　委
	牌轩村	闻堰镇	黄山村	机关事务局		丰乐村		黎明村	技监局

帮扶市外贫困地区

在市内扶持集体经济薄弱村的同时，按照省、杭州市的安排，萧山对市外贫困地区开展结对帮扶。

帮扶四川宣汉县　萧山与四川省宣汉县的结对帮扶工作，由中国贫困地区经济开发服务中心和浙江省咨询组牵头。萧山县1984年与宣汉县建立帮扶关系。是年，萧山绸厂为宣汉县君塘区办绸厂培训人员3期，共65人。在设备安装中又派技工27名入川帮助。1987年，萧山县与宣汉县第一个技术合作项目兰山绸厂竣工投产，1990年全部收回投资。在这个项目中，萧山方主要是提供技术和产、供、销方面的支持。1988年，宣汉县要求萧山县帮助筹建新办绸厂，并通过努力争取到国务院下达的大跨度扶贫项目贷款300万元，由萧山县方面承贷承还。1992年6月15日，萧山绸厂宣汉联营厂建成投产。

帮扶甘肃、宁夏等省、自治区6个县　1988年，市政府组织国营工业总公司、二轻工业总公司和乡镇工业管理局3个部门的5家企业8个项目，发放低息贷款1530万元，分别对甘肃、宁夏等省、自治区的6个县进行结对扶持，萧山市五金工具厂分别为甘肃省庄浪县和河北省广宗县发展年产100万把花色钳能力项目贷款各450万元；萧山花边总厂为甘肃省庄浪县、通江县和宁夏回族自治区固原县发展花边生产贷款总额110万元；杭州柴油机总厂为山东省沂南县发展4万台柴油机生产能力项目贷款200万元；靖江水泵厂为山东省沂南县发展生产潜水泵项目贷款120万元；杭州柴油机总厂与山东省沂南县的扶持对象签订了为期15年的联营合同。

帮扶泰顺县　萧山市（县）与泰顺县结对扶持工作第一期从1987年到1989年。由市财政局牵头，党山镇的杭州出口包装有限公司、党山文具盒厂、党山袜厂和靖江镇的靖江丝织厂共4家企业到泰顺县罗阳镇、雅阳镇、松阳乡等地办同类型工厂，由泰顺方提供厂房、劳动力，萧山方提供资金、技术和负责产、供、销。1991年4月，浙江省委指定萧山市与泰顺县结对帮扶，双方领导多次互访后协商落实帮扶项目。为泰顺县浙南瓷厂解决技改配套流动资金300万元，两年内由萧山地方财政贴息，由萧山杭州瓷厂帮助进行产品更新；以补偿贸易形式，由萧山天然大理石厂提供10万元资金给泰顺石制品厂购切石机，以半成品回销萧山；泰顺在萧山建立萧泰陶瓷建材公司，销售泰顺陶瓷产品；由萧山帮助泰顺发展蚕桑业、制茶业和蔬菜生产，并从技术上帮助泰顺发展水果生产。至1997年，萧山共帮助泰顺县发展蔬菜、桑园330亩；免费传授浙江龙井茶采制技术，培训加工技术人员40名；创办工业企业8家；资助80万元，建立希望小学、初级中学各1所；在萧山设立泰顺的流通销售公司8家；捐赠衣被折合10.5万元，资金30万元。累计支持各项资金245万元。2000年，省委再次指派萧山市帮扶泰顺县松垟乡和九峰乡，帮助两乡建造宽4.5米的乾灵公路2.5千米；架设到村的有线电视网络；建造石门“新街”希望小学；改造笋竹两用林1500亩。

帮扶淳安县　1991年4月，萧山市委确定浦沿、党山、赭山、大桥4镇乡分别与淳安县长岭、龙源、界川、严家4乡结对帮扶。1992年8月24日，闻堰、浦沿、长河、宁围、坎山、党山、南阳、河上、义桥9镇分别与淳安县严家、长岭、文昌、汾口、百亩畈、茶园、唐村、淡竹、郭春9镇乡建立合作帮扶关系。1996年1月，瓜沥、衙前、新街、西兴4镇分别与淳安县金峰、左口、汉宅、广昌乡结对帮扶。1996年5月，浦沿、长河、西兴3镇划归西湖区，萧山市与淳安县结对帮扶的镇乡为10个。至年末，萧山帮助淳安县新办企业4家，技改扩建企业4家，建设山林、蔬菜生产基地950亩，支援贴息和无偿资金、物资325.93万元，接收劳务人员380人。2001年3月2日，杭州市委指定萧山市结对帮扶淳安县东亭乡燕山村、洋田村。

帮扶四川涪陵市敦仁街道　1994年，省委、省政府下达对口支援三峡工程的帮扶任务，萧山市与涪陵市敦仁街道办事处结成帮扶关系。1996年，萧山北天鹅羽绒厂帮助涪陵羽绒厂进行技术改造，新建厂房、住宅综合楼；萧山市粮食局与涪陵市粮食局结对，帮助技改，提供无息有偿资金100万元；衙前镇与敦仁街道办事处结为友好镇乡（街道），接纳对方劳务人员46人；萧山红宝石娱乐城安排对方劳务人员30人。

帮扶四川南充市嘉陵区　1996年9月，中央扶贫开发工作会议确定浙江省对口帮扶四川省。12月13日，萧山市政府与南充市嘉陵区政府签订对口扶贫协议。戴村、临浦、党湾、城厢镇和红山、钱江、红垦农场分别与嘉陵区金观、西兴、曲水镇、大同、三会、白家、盐溪乡结成对口帮扶关系。1997年5月，杭州市委办公厅指定萧山市财产保险公司、建材冶金公司对口帮助嘉陵区大兴、盐溪、白家、金凤、龙岭、福山、曲水、世阳、安平、之峰等镇乡。两地领导就扶贫事项多次互访。萧山结对帮扶单位在资金、技术和接纳对方劳务人员方面给予支持。1999年5月，组织农业科技扶贫代表团到嘉陵区考察，商讨农业科技扶贫方案。

第四节　社会化服务

70年代至80年代初，萧山农村县、公社、大队三级农业生产服务组织健全，服务网络完整。自力更生的精神和完善的服务体系，使农业生产度过物质匮乏的年代。1983年后，实行家庭联产承包责任制，家庭经营代替了集体统一经营，农业服务向千家万户延伸，服务网络健全，服务工作得到加强和完善。

服务网络

1985年，以县级农业技术推广部门为中心，巩固健全县、区、镇乡（场）、村四级农业技术服务组织。镇乡配备农业技术服务人员597人，其中农业（种植业）210人，畜牧兽医147人，水产17人，蚕桑22人，水果茶叶9人，能源3人，经营管理及财务辅导65人，土地管理65人，林业59人。农业机械、农业生产资料供应、水利管理等服务领域，建立四级服务网络。1987年，区、镇乡建立农业办公室，由区、镇乡行政副职任主任，农技、畜牧、农经、农机水利站领导为组成人员，负责对区、镇乡范围内农业工作的领导和农业生产的服务。各村落实“一长三员”负责本村的农业服务。1988年2月，市政府印发《关于实施杭州市人民政府乡级农技服务组织若干政策规定的通知》（萧政〔1988〕22号），全市确定区、镇乡级农业技术服务人员600人，其中农业、林业、水产技术人员285人，农业机械和水利技术服务人员165人，畜牧兽医技术人员150人。

1990年，全市有区、镇乡级农技服务站、畜牧兽医服务站76个，林业特产、蚕桑服务站31个，农村能源服务站3个，农机管理服务站71个，配有农业技术服务人员582人，其中镇乡聘用的农业技术人员417人，农机技术人员165人。村级农机服务队610个，其中农机队48个，机耕队562个；村级技术员、植保员、农机水利员1788人。

1995年，全市有镇乡农业服务站、农技推广站44个，林业特产服务站13个，畜牧兽医服务站30个，农机服务站42个，配有农机技术服务人员109人，农业技术服务人员337人；村级农业技术服务组织636个，农机服务组织342个，农民技术员1205人，农机服务人员1146人。

2000年，镇乡级有农业技术推广服务站31个，农机管理服务站36个，农、林、牧、渔专业技术服务人员100人，农机服务人员75人。村配不脱产的农民技术人员795人，村级农机服务组织590个，服务人员2372人。

统一服务

联产承包责任制实施后，农民最关切的服务是解决一家一户难以做到的通水、通路、通电、通机等问题。全市在健全完善农业服务体系的基础上，着重抓好统一服务工作，根据各地不同的生产内容和经济实力，实行不同的统一服务。

统一排灌　每年秋冬和春耕生产前由集体经济组织对机埠、沟渠路进行保养、维修，80年代后期推广义蓬区经验，开展“三面光”沟渠[①]建设，各村落实机埠专管人员和放水员，实行由村、组为主统一管理放水，解决农忙季节争水矛盾。

统一机耕　由村统一组织农机服务队帮助翻耕，有条件的村统一组织机械收割。

统一用电　电力供求发生矛盾时，由集体统一协调用电，尤其在“三抢”（抢收、抢种、抢播）期间，统一协调用电。

统一植保　80年代末，沙地区部分镇乡组织植保公司，对围垦地区没有移民建村的远畈田统一预测、预报病虫和喷药。新湾镇农技站牵头兴办植保公司，对围垦区分户承包的远畈田统一防治病虫害。

图11-4-317　建于1977年的第一农垦场排灌站（2006年，杨贤兴摄）

一条龙服务

产前服务　每年秋收冬种前，下达下年度指导性生产计划；市供销、农业、粮食、贸易部门落实化肥、农药、种子采购计划，在春耕生产前与农民签订粮食、棉麻订购合同；各农产品加工企业，在播种前与农户建立生产基地关系和产品收购协议，以指导农民安排生产。

产中服务　村集体经济组织做好水、电、路等统一服务。90年代初，村级集体农机服务组织解体，全市涌现出2万多个农机专业户，村集体经济组织协调农机专业户与承包农户签订机耕、机收合同。[②]

产后服务　重点是抓购销合同兑现，督促合同双方信守协议，确保农民生产的农产品卖得掉、卖得好。市政府每年年底调查总结一批农业“产、加、销”，“农、科、教”，“贸、工、农”一体化的典型，在全市推广其经验，以指导农民安排来年生产。

①“三面光”沟渠：用砖、石或混凝土水泥板砌筑底部及两边的沟渠。

②1991年，全市4956户手扶拖拉机专业户与29.59万户农业承包户签订机耕合同面积96.2万亩。

第五章　农村建设

萧山南部和中部地区农村，历史上大都临水聚族而居，自成村落；北部东北部系钱塘江故道及滩涂围垦开发而成，居民多为历代迁居的垦荒者，居住较为分散，村庄建设处于无序状态。80年代初，全县开展村庄规划编制，实施村庄建设。90年代后，推进城市（镇）化和小康村、新农村建设，农村供电、供水、交通、通信等基础设施建设和农田基本建设、农民住宅建设及文教、卫生、体育等事业建设，并逐步配套完善。村庄环境、村容村貌发生巨大变化，农民生产、生活条件显著改善。由于工业、农业、生活等污染，部分地区生态环境破坏，大气、水、土壤环境质量下降，正在进行综合治理。

第一节　村庄环境

80年代后期，村庄内外的生态环境呈边污染、边治理态势，南部山区半山区的水、土、大气环境明显优于中部平原区和东北部沙地区[①]；偏远地区和围垦地区的生态环境又优于城镇周边地区。其时，经济发展带来生产、生活设施建设加快，村容村貌也在变化之中。村庄与外界沟通的道路逐步由泥路、沙石路改为水泥路、柏油路，除南部地区和中部地区外，北部地区村民委员会居地到各村民组之间，尚有多数村为沙石路或泥路。历经数十年的“填塘塞沟”，平整土地，东北部地区的湿地大为减少，一些村庄内池塘近乎消失，加之河道水质污染，北部地区野生动物品种减少。80年代末至90年代，农田基本建设使村内沟、渠基本得到“硬化”，排、灌、运配套，农田防护林成行，旱、涝灾害减少。90年代，开展河网整治工程，中部和北部平原地区镇乡级河道普遍进行砌石护岸，路、桥、闸建设和岸边绿化，河岸整齐，水、陆交通条件改善，土地利用率提高。村级河道也有部分进行砌石护岸。然而由于北部地区农民有沿河、路、渠、沟建房传统，部分环境保护意识较差的居民，擅自将生活垃圾甚至动物粪便向河道、沟渠倾倒。工业、农业污染加上生活污染，严重影响村庄内外的河道水质。

1995年，随着多层楼房和别墅在全市各个村庄兴建，传统的家庭养猪、养禽减少，村庄内卫生环境改善。由于人口流动和外来人员增多，农村社会治安问题日益显现，农民纷纷养狗护院。多数住宅门窗安装防盗设施。80～90年代初以钢管、钢筋制作窗栅栏，一般钢筋粗8毫米～10毫米，也有12毫米的。90年代中期始，随着住房建设更新换代，新建住房改为安装不锈钢窗栅，条件好的在住房四周筑起围墙，安装钢板大门。正值实施新农村建设，经济发达地区对村庄建设实行统一规划，以前常见的路边茅坑、粪池逐步消失，代之以新

①萧山东北部地区指北海塘以北的南沙平原和围垦地区，涉及14个镇乡和农、军垦场、萧山现代农业开发区的区域。

地表水及土壤环境　据1998年《浙江省萧山市北部地区农业地质环境调查》，萧山东北部地区由于长期、大量工业废水的注入，水体遭到严重污染，尤其是南沙大堤内的河道水质，基本属于不宜农业灌溉。且化肥、农药随水入河，生活废水、垃圾倾倒入河，大小河道水质富营养化，水草旺长，河床不断抬高，形成次生污染源，降低河水环境容量，加剧水的污染。通过灌溉，使大量有毒有害物质进入土壤，恶化土壤的理化性质，形成土壤中重金属的积累，污染地下水。东北部地区受污染的范围达12个镇乡，其中严重污染的范围达200平方千米，约30万亩耕地。这些地区的耕作层土壤不同程度地出现板结、碱性增强的情况，稻米的粗蛋白增加、淀粉含量降低、黏性变差、口感不好，有些地方的稻谷、小麦及大豆中均发现重金属的积累，有的甚至超过卫生标准。污染使水网的功能发生了变化，由原来的农业排灌，变成排灌与排污共用；鱼米之乡出现新的“水荒”。

大气环境　基本符合空气质量二级标准。1995年，测区内二氧化硫排放量最大的是瓜沥镇，计2799吨，党湾、南阳、河庄、宁围等镇的年二氧化硫排放量在400吨以上，污染源分布广，排放量大，影响农业环境的主要是酸雨。

建的公共厕所。村庄绿化、亮化、美化建设，在富裕村庄中施行，村庄和居民庭院内外植树栽竹种草。农村生态环境正在向好的方向转化。

第二节 村庄规模

萧山的村，是1984年5月改变“政社合一”的体制，由原农村生产大队改村而来。南部丘陵地区和中部水网平原，一般都由几个自然村组建成一个村（大队）。多数规模较小，但也有少量规模较大的。村委会一般坐落在一个自然村。90年代后实施新农村建设，一些村拆旧房建新村，形成新的村庄，如党山镇梅林村、瓜沥镇航民村等。村的规模从人口来说，由于自然和历史的原因，大小差距很大。2000年，全市743个村（不含“农转居”村）中，人口在2000人以上的有136个村，占村总数的18.30%，闻堰镇黄山村为全市规模最大的村，由10个自然村组成，共5561人；1001～1999人的250个村，占33.65%；1000人以下的357个村，占48.05%，其中500人以下的132个村，占17.77%，96.40%的村分布在南部、中部地区；300人以下的特小村44个，占5.92%，许贤乡寺坞岭村和浦阳镇洪水湾村，人口均为84人，是全市人口最少的村。

表11-5-188 2000年萧山市村人口规模

单位：个

镇乡	村数量	3000人以上	2000～2999人	1001～1999人	501～1000人	301～500人	300人以下	镇乡	村数量	3000人以上	2000～2999人	1001～1999人	501～1000人	301～500人	300人以下
城厢	57	3	10	16	25	3	0	坎山	24	1	7	11	3	2	0
楼塔	31	0	1	8	13	4	5	瓜沥	27	2	11	9	4	0	1
河上	34	0	0	11	15	4	4	党山	24	0	8	15	1	0	0
戴村	35	0	0	8	17	7	3	益农	22	2	6	13	1	0	0
许贤	34	0	1	7	18	6	2	靖江	11	0	7	4	0	0	0
云石	16	0	0	3	9	1	3	南阳	16	4	4	7	1	0	0
欢潭	16	0	1	2	6	5	2	义盛	13	0	9	4	0	0	0
浦阳	55	0	1	6	16	19	13	河庄	21	3	10	5	3	0	0
进化	39	0	2	10	14	9	4	党湾	20	0	9	11	0	0	0
临浦	55	0	0	12	22	18	3	新湾	15	0	1	11	2	1	0
义桥	16	0	2	5	8	1	0	头蓬	12	1	3	7	0	1	0
所前	24	0	0	12	5	5	2	前进	10	0	0	6	4	0	0
衙前	23	0	0	8	13	2	0	新塘	14	0	1	6	5	0	2
闻堰	14	1	0	7	6	0	0	来苏	14	0	0	4	10	0	0
宁围	21	2	10	9	0	0	0	石岩	10	0	1	6	3	0	0
新街	20	5	7	7	1	0	0	合计	743	24	112	250	225	88	44

注：①资料来源：杭州市萧山区地方志编纂委员会办公室编：《萧山年鉴（2001）》，方志出版社，2001年，第250～269页。
②2005年6月，全区调整村规模，调整后全区为411个村。

第三节 村镇建设

80年代始，萧山乡镇工业崛起，第三产业发展，新村镇建设随之兴起。部分先富起来的地方，建成了一批布局合理、基础设施配套、交通方便、环境优美的新型村镇。1989年，红山农场、浦沿镇、瓜沥镇航民村分别被浙江省建设厅命名为省级村镇建设文明集镇和文明村。红山农场和瓜沥镇航民村分别被国家建设部命名为全国村镇建设文明集镇和文明村。1995年，浦沿镇被定为全国城镇（集镇）建设综合改革试点镇，红山农场、浦沿镇同时被定为浙江省小城镇建设综合改革试点镇。1996年，临浦镇、瓜沥镇被列为浙江省小城镇建设综合改革试点镇。1998年，红山农场被评为首批省级示范镇。1999年，临浦镇、瓜沥镇、义盛镇被定为浙江省级中心镇，靖江镇被列为省级综合改革试点镇。至2000年底，全市形成以城区为龙头、各集镇为依托、广大农村为基础的镇村体系，萧山农村城镇化建设步伐加快。

村镇规划

镇乡规划　1983～1988年，全市（县）23个建制镇第一轮总体规划编制完毕，规划期限近期至1990年，远期至2000年。根椐各镇的自然环境、现状条件、发展规模、建设速度，确定城镇性质、规模、用地布局、功能分区、近期建设项目。道路交通、给排水等只作原则性规定。规划附有现状图、总体规划图、道路管网图、近期建设规划图和说明书。1995年始，萧山市政府委托浙江东华城镇规划设计公司、杭州大学城乡规划设计研究院编制新一轮建制镇总体规划。各镇根据萧山市城市总体规划，结合各镇区域地位及经济特色，确定合理的行业定位。同时编制城镇道路交通、给排水、电力通信、绿化系统等专项规划。规划注重基础设施配套建设，以增强城镇集聚和辐射功能，推进乡村城市化进程。1996年，进化镇、益农镇、前进乡、长河镇、闻堰镇、欢潭乡、义桥镇的镇乡总体规划获批准。西兴镇编制第二轮总体规划，后因行政区域调整，市政府未批复。1997年，衙前镇、靖江镇、义盛镇的城镇总体规划获批准，红山农场、党湾镇、楼塔镇、新湾镇的城镇总体规划通过技术鉴定。1998年，党山镇、戴村镇、许贤乡、河上镇、所前镇、南阳镇、浦阳镇的总体规划获批准。8月，新塘、来苏、石岩从城厢镇析出，独立为乡建制，1999年，新塘乡、坎山镇、头蓬镇总体规划获批准。至2001年3月25日，全市除城厢镇外的30个镇乡均编制建设规划。

村庄规划　1983～1984年，制订村庄建设规划；1988～1991年，对833个村庄（含部分自然村，下同）建设规划进行修订、调整；1992年，新编制28个村的村庄规划，每村有现状图、规划图和规划说明书。1994年，全市村庄规划全部完成，其中作调整完善的1611个。1996年，全市完善土地联产承包责任制，有76个村调整村庄建设规划。1997年，域内村庄建设的弊端显现。在南部丘陵半山区，农户向村庄周围扩张建房，不拆旧房，出现村庄中心无人居住的“空心村”或“老人村”（年迈父母居住）；东北部地区村民沿路、沿河建造新房，建筑布局分散，占地面积大，公共设施共享水平低。市政府办公室印发《关于开展小康型村庄建设试点工作的通知》（萧政办发〔1997〕124号），确定党山镇梅林村等33个村作为小康型村庄建设试点，并根据“统一规划、合理布局、因地制宜、各兴特色、保护耕地、优化环境、综合开发、配套建设”的方针，制定小康型村庄建设的规划。规划的主要内容包括农民住宅、村庄公共活动中心、村庄绿化、交通道路、电力通信、给水排水等，均有与城镇建设配套的具体规定，后逐步简称新农村“六化”建设，即布局优化、路面硬化、水体净化、路灯亮化、卫生洁化、村庄绿化。1999年，小康型村庄建设试点规划编制完成。

规划实施　1983年3月，县政府颁布《关于搞好村镇建设规划，加强建房用地管理的试行规定》（萧政〔1983〕25号）。1984年实施村镇建设规划管理，对各镇乡和村进行规划控制，基本实现一村二图（现状图、规划图）。1987年，县政府印发《萧山县农村住宅建设的若干规定》（萧政〔1987〕103号），规定村民建房由本人申请填表，经村民小组讨论，村民委员会同意，报镇乡人民政府批准，严禁无证设计、无照施工。是年5月，县城建、农业部门在坎山镇工农村召开严格执行土地法及村镇规划现场会。11月，县城乡建设管理部门会同人民法院和农业部门在戴村镇处理大坞头村6户村民违章建房事件，强制拆除违章房基。1988年1月，对全市24个建制镇实施统一规划和管理，同时规定在城厢镇以外的建制镇规划区收取“配套设施费”，瓜沥镇、临浦镇每平方米15元，其他镇每平方米10元。1990年，全市除城厢镇以外的24个建制镇选聘1名村镇建设管理员。1992年，各镇乡建立的综合开发公司与村镇建设办公室实行两块牌子、一套班子，规划和建设合一，保证了村镇规划的实施。1994年底，29家公司共开发住宅30万平方米，在建小区11个。1998年2月，全市村镇规划管理主要业务审批试行窗口服务制度，负责除市城市规划区范围之外的村镇新建、扩建和改建工程管理，市政、零星、临时工程等项目的用地和建设规划管理，使用耕地的村（居）民自住房选址规划管理，进一步规范办事程序。1999年，小康型村庄建设规划实施，建成河上镇下门村、党山镇梅林村、宁围镇宁安村等一批规划合理、基础设施完善、环境优美的新农村。

图11—5—318　90年代，河上镇修建村道（傅展学摄）

村镇道路

中华人民共和国成立后，萧山村镇道路建设仍进展缓慢，1978年后发展较快。80年代，共修建公路282.94千米，实现镇镇乡乡通公路。90年代，乡村道路不断拓宽上等级，县乡公路进行全面改造，1993年实现乡乡镇镇通油路（沥青路面，俗称柏油马路）。1998年，实施7项公路新建、改建工程。2000年，市政府与有关镇乡共同出资改造完成7个公路工程项目。年底，全市接养公路总里程695.58千米，高级、次高级路面680.79千米，占接养公路总里程的97.87%。县级村道390条（纳入第二次全国公路普查），总长909.72千米；其中最长的一条县级村道为围垦地区十五工段至二十工段的道路，长12.58千米（另见《交通》编）。

村镇供水

挖井　建水站　中华人民共和国成立后，村镇供水状况得到逐步改善。[①]1980年起，沙地区推广甘露公社卫生院创造的水泥结构“汤锅井”[②]。临浦、闻堰、义桥等镇地处钱塘江、浦阳江畔，平时水量充足，每到雨季江水泛滥，黄水滚滚，混浊不堪，居民从江里挑来混水用明矾淀清，用竹筒做成虹吸管吸出水缸底脚烂泥后作饮用水。集镇上靠肩挑卖水、船运卖水为业的居民较多，工商企业单位长期雇工挑水，出现以挑水为业的专业人员。1982年，国家投资16.5万元，集体和个人投资107.5万元，打井3.4万余口，建造各种类型自来水站79座，全县50%居民吃上了自来水和井水。1984年，继续打井和建自来水站，受益人口14.5万人。1988年底，自来水站增至185座，受益人口29.8万人。1989年始，市政府实施“西水东调”和“城南水改”工程，以第二自来水厂为供水单位，向东北片沙地区延伸管网。1992年12月底，“西水东调”工程第一期工程竣工，铺设口径300毫米～1400毫米的自来水管道838.5千米，有6个镇乡、54个村、2.47万户、8.65万人受益。至1995年，全市村自来水厂（延伸站）485座，农村受益人口76.93万人，受益面71.23%。2000年，市第三自来水厂一期工程建成供水，“西水东调”、“城南水改”工程主管道延伸到东片、中片绝大部分镇乡的村。是年，全市自来水厂（站）减少至93个。

镇级水厂　70年代，瓜沥镇、临浦镇建水厂2个。80年代，闻堰、党山、

①50年代，农村提倡分塘分段用水，依据江河流向，分为上、中、下三段，上段为饮水，中段为用水，下段为洗涤污物水。池塘也分饮水塘、用水塘和污水塘、段，塘边竖有标记，有的还订有饮用水公约。城镇提倡饮用井水，修理井台、井栏，加盖保护水源。有条件的集镇和村坊打水井，以大口井公用为主。60年代，山区多建水库，既解决饮用水，又满足农田灌溉。云石响天岭水库水源清洁丰富，供附近村饮用水。70年代，东部、北部沙地区由草房改住瓦房的居民，开始蓄积“天落水”（即在雨天将屋面的水用水缸蓄储起来）。同时开展打井、吃用井水活动，在继续用石块打大口井的同时，党山、瓜沥、义盛等地以红砖为主要材料，推广河塘（池）边井、普通砖井，还有灶边井、手压井、水泥涵管井，先后共打各种类型水井1662口。

②汤锅井形似汤锅，上下小，中间大，直径70厘米～80厘米，深不过3.5米，水量足，水质好，每口井造价30元左右，使用方便，适合沙地区群众的要求。

坎山、浦阳、戴村、义桥、云石7个镇乡相继建水厂。镇级水厂的供水范围局限于本地镇乡所辖村。1992年后，镇级水厂扩大管道安装业务，加速进村入户，扩展供水范围。镇级水厂小而灵活，建厂快、通水快，更新扩建也快，至1995年，全市建有镇乡级自来水厂12座，其中8家镇乡水厂符合国家对镇级水厂所规定的标准条件。闻堰、坎山、义桥、党山、河上、戴村等镇乡水厂设施齐全，水质符合《生活饮用水卫生标准》（GB5749—1985），管理健全，符合镇乡供水企业标准，被杭州市政公用局授予"供水企业水质管理先进单位"称号，杭州市爱国卫生运动委员会授予"杭州市先进水厂"和"'八五'农村改水先进单位"称号。瓜沥水厂、临浦水厂被浙江省建设厅、卫生厅及浙江省爱国卫生运动委员会授予《城市供水企业资质证书》，并被评为"浙江省水质卫生合格单位"。1998年，市第三自来水厂与东片镇级水厂管网连接，市级水厂大口径主干管道直通坎山、瓜沥、党山等镇乡。是年，坎山水厂、党山水厂停止生产。至2000年底，全市13个镇级水厂，安装100毫米以上管道463.7千米，逐渐形成供水网络；东片镇级水厂逐步纳入市级供水管网，村村相连，厂厂相通，城乡供水迈向区域一体化；农村饮用自来水人口80.25万人（含镇、村级水厂供水），进村入户率和用水普及率在95%以上。

村镇建筑

公共建筑　萧山农村和集镇的公共建筑，50年代初期主要是少数祠堂庙宇。60～70年代，一些经济较富裕的公社、大队开始建设少量粮仓、办公用房和简易会堂。1978年后，公共建筑增加，用房性质大多集中在公社办公楼，信用社，区、社卫生院，中、小学校的改扩建上，建造标准较低，一般为砖混结构二层楼。1984年底，义桥等21个农村集镇统计，公共建筑面积比解放初增加7.5万平方米。1985年后，村、镇乡两级公共建房面积大幅度增加。1992年后，各镇乡政府办公大楼和市公安、工商、财政等部门的派出机构办公用房均翻建或新建，并兴建一批农村电影院、集镇文化中心、老年福利院等公益性建筑。公共建筑物风格和标准，从简约型向现代化标准靠拢，部分用玻璃幕墙和小高层框架型结构。公益建房重视无害化公厕的改建和新建。2000年初，建制镇主要道路旁始设垃圾箱和垃圾中转站。是年底，各建制镇公共建筑面积累计178.19万平方米。

图11—5—319　90年代建设的楼塔镇佳山坞村山上蓄水站（柳田兴摄）

商贸建筑　1985～1990年前后，建制镇和乡政府所在地的商业用房一般是平房或二层简易楼房，主要分布在集镇道路两侧；农贸市场等均在街道两侧自然形成，一般为早市，无遮阳和避雨设施；商业用房多是亦住亦商的建筑。适合农村需要的饭庄、茶馆、酒楼，如云石度假山庄、临浦"将军楼"酒店、戴村"老地方"酒楼、闻堰"江鲜一条街"，另有私人开办的加油站、路边饭店、各类修理店林立于国道线两侧。也出现少量专业市场，如临浦、义盛的小商品市场。1992年始，随着集镇数量减少，小城镇建设力度加大，第三产业逐渐兴起，各街镇投资兴建农村集贸市场和专业市场，如衙前镇的轻纺材料市场、所前镇的茶果市场、许贤乡的窗帘布市场、楼塔镇的"流苏"交易市场等。这些商贸用房多为江南建筑风格，占地面积较大。也有采用彩钢瓦盖成的简易市场。至2000年，萧山各村镇新建商贸建筑155万平方米。

工业建筑　70年代，临浦、瓜沥等镇的轻纺、酿造、食品及其他工业企业用房，大都利用旧房改建，社队企业多利用庙宇、祠堂为厂房，新建极少。1978年始，厂房建筑增加，初为砖木结构。80～90年代，采用人字型水泥预制屋架，少数办公楼为2～3层砖混结构楼房。90年代中后期，多数村镇厂房翻新或新建，大跨度钢梁结构和混框结构被普遍采用；发展较好的企业按现代化标准厂房进行建设，单体面积从几千平方米到上万平方米；办公用房多为3～6层、式样新颖；规模型民营和混合型股份制企业的办公楼，室内装修豪华，绿化面积较大，极具现代气魄。1998～2000年，萧山村镇新建工业厂房97.84万平方米。

第四节 小康村 新农村

小康村

1995年，浙江省委制订下发《浙江省农村小康和新农村达标标准及考评方法》，村级小康达标标准14项指标，主要指标：人均纯收入达到1600元，人均经济总收入达到7000元，人均拥有村级可支配资金达到100元，钢木结构住房比重≥80%等；镇乡级农村小康达标标准12项指标；县（市）级农村小康标准16项指标。是年，省委命名33个小康县（市），萧山市为首批小康县（市）。1997年，为实施省委、杭州市委农村奔小康和新农村建设的要求，市委建立萧山市农村奔小康和新农村建设领导小组，具体负责此项工作。是年，按照省小康村标准，由各镇乡申报，经市农村奔小康和新农村建设考核验收办公室考核、验收，领导小组命名城厢镇车家埭村等433个村为1994年度（首批）小康村；城厢镇杜家塘村等99个村为1995年度小康村；城厢镇前章村等63个村为1996年度小康村。1998年，命名临浦镇茅潭村等104个村为1997年度小康村。2001年初，市领导小组又命名所前镇下闻村等48个村为1999年和2000年度小康村。至2000年，全市先后有747个村（含4个已转居民委员会的村）被命名为农村奔小康村。

按照分级考核的规定，杭州市也分批对小康镇乡进行考核验收。达标指标除人均纯收入、人均经济总收入等项外，还有基本实现小康村比重≥70%等。到1999年，杭州市委、市政府按省定小康镇乡标准，先后分4批命名萧山市宁围镇等31个镇乡为农村奔小康镇乡，占全市镇乡数的100%。

新农村

1995年，根据省委和杭州市委部署，市委、市政府及时提出建设社会主义新农村目标。省定新农村达标标准在已实现小康村的小康镇基础上，镇级14项指标，其指标值高于小康村指标值，内容涉及人均经济总收入、粮田亩产、人均纯收入、每百户拥有千元以上耐用消费品、计划生育率、享受一项以上社会保障人口的比重等，其中新农村达标村的比重≥70%。村级14项指标，内容除人均经济总收入、粮田亩产、人均纯收入等外，还有村级组织健全、村党支部为一类支部等。1997年，经考核验收，领导小组命名城厢镇车家埭村等202个村为萧山市首批社会主义新农村。是年，围绕小康村和社会主义新农村建设，还开展实施新家庭评估活动。9月，在宁围镇宁东村试点，要求小康村必须有70%的家庭达到新家庭标准，新农村必须有80%的家庭达到新家庭标准。10月，新家庭评估在全市展开。12月评估汇总，达到和基本达到新家庭标准的249288户，占评估农户数的94.46%；未达标的14628户，占评估农户数的5.54%。1998年，又命名城厢镇娄下陈村等240个村为第二批社会主义新农村。1999年，城厢镇吕才庄村等66个村被命名为第三批社会主义新农村。2001年初，城厢镇涝湖村等55个村被命名为第四批社会主义新农村。其时，按省定标准经考核验收，杭州市委也分4批命名萧山市的25个镇乡为社会主义新农村镇乡。至2000年，全市已达省定标准命名为社会主义新农村的村563个（含部分已转居委会的村），占全市行政村数的75.77%；新农村镇乡25个，占全市镇乡数的80.65%。

红旗村 标兵村

1990 年，市委印发《关于命名“红旗村”、“标兵村”的决定》(市委〔1990〕42 号)。是年，有 16

个村被评为红旗村、标兵村。之后，每年命名和表彰红旗村、标兵村。至2000年，全市被评为红旗村的累计22个村（次），被评为标兵村的累计493个村（次），共515个村（次）。

【附】

红旗村、标兵村选介

宁新村

位于宁围镇东。2000年，全村有970户、2687人，村民小组15个；耕地面积2189亩。

70年代，宁新村集体经济发展以农业为主。1980年起，先后创办宁新鞋厂、宁新服装厂、宁围塑料厂、宁新五金胶木厂、宁新灯具厂等村办企业。1983年，全村实施家庭联产承包责任制，农业产业结构逐步调整优化。1986年冬，村民徐传化创办宁新合作净洗剂厂，该厂1990年3月改名为萧山化工助剂厂，1992年改建为杭州传化化学制品有限公司，1995年2月组建浙江传化化学集团有限公司。至2000年，宁新村有工业企业11家，职工2013人，资产总额51993万元，完成工业产值72727万元，实现利润2878万元，缴纳税金3141万元。农业产业形成花卉苗木、蔬菜为主的经营格局。农村经济总收入74281.27万元，村级集体可用资金309.81万元，人均1153元；农村居民人均纯收入10806元，为外来人员带走劳务收入1000万元。全村1697个男女劳动力，全部从事二、三产业，其中兼营农业的293人。村庄建设达到城镇化水平，村内道路均为混凝土路面，路灯、绿化等设施配套。自来水、有线电视进村入户，农户住宅均为楼房别墅。村建有幼儿园、小学、老年活动室、合作医疗站、农资服务部、信用服务部。65岁以上老人，每年发放养老金。

1991～1995年、1997～2000年，宁新村被评为萧山市标兵村（红旗村）。

航民村

位于瓜沥镇西，航坞山以东。2000年，全村有343户、1098人，村民小组4个；耕地面积666亩。

1978年前，航民村（大队）集体经济以农业为主。1979年，村（大队）委会筹集6万元资金创办第一家村办企业——萧山漂染厂。1987年始，集中全村380亩耕地，由6个专业组承包规模经营，实行机械化耕作。1997年8月组建浙江航民实业集团有限公司，形成以纺织、印染、化工、热电、建材等行业为主体的多门类工业体系和以商场、宾馆、商贸一条街、房地产开发为特征的第三产业网络。2000年，该村有职工1万余人，资产总额14.37亿元，完成工业销售产值10.38亿元，实现利润5932万元，缴纳税金4991万元；农村经济总收入9.33亿元，村级集体可用资金1407万元，人均12814元；农村居民人均纯收入11500元，为萧山市农村居民人均纯收入最高的村；为外来务工人员带走劳务收入4764万元。全村639个男女劳动力，从事农业规模经营的8人，从事二、三产业的631人。村庄建设达到城镇化水平，村内道路均为混凝土路面，路灯、绿化等设施配套，有线电视、自来水进村入户，343户农户住宅均为楼房别墅。全村从幼儿到大学实行免费教育，村民、职工实现医疗保险、养老保险全覆盖。

1990～2000年，航民村年年被评为萧山市红旗村（标兵村）。

梅林村

位于党山镇北，北靠解放湾。2000年，全村有622户、2185人，村民小组17个；耕地面积1948亩。

1976年前，梅林村集体经济以农业为主。1976年，上海知识青年王鑫炎在村创办塑料制品厂，村办工业由此起步。1984年发展为杭州出口商品包装有限公司，生产文具盒、烟盒等产品。1994年组建浙江爱迪尔包装集团有限公司，1995年实现产值8863万元，利润795万元。1997年组建浙江爱迪尔包装集团股份有限公司。是年，市政府办公室印发《关于开展小康型村庄建设实施意见的通知》（萧政办发〔1997〕181号），确定党山镇梅林村等33个村作为小康型村庄建设试点。后逐步实施布局优化、路面硬化、水体净化、路灯亮化、卫生洁化、村庄绿化为主要内容的新农村建设。2000年，梅林村有私营、股份制企业15家，职工659人。全村村级集体资产755万元，完成工业总产值22648万元，实现利润6131万元，缴纳税金1723万元；村级集体可用资金294.1万元，人均1346元；农村居民人均纯收入8438元，为外来人员带走劳务收入19万元。全村1354个男女劳动力，从事第一产业325人，从事二、三产业1029人。村庄建设达到城镇化水平，村内道路均为混凝土路面，路灯、绿化等设施配套。农户住宅均为集中连片布局的别墅楼房。自来水、有线电视进村入户，职工实现医疗保险、养老保险全覆盖。对70岁以上老人发放生活补助金。

2000年4月22日，王鑫炎被评为“全国劳动模范”。1990～2000年，梅林村年年被评为萧山市标兵村（红旗村）。

凤凰村

位于衙前镇北，南靠104国道，萧绍运河贯穿全境。2000年，全村有261户、911人，村民小组5个；耕地面积710亩。

1974年创办五金厂，1986年建起加油站，1993年成立凤凰工贸实业公司，1996～1997年兴建综合市场和坯布市场。1998年集中全村耕地，实行专业承包规模经营和机械化耕作。2000年，全村集体资产总额6454万元，完成工农业总产值1.74亿元，实现利润633万元，缴纳税金352万元；农村经济总收入18234万元，村级集体可用资金250.70万元，人均2782元；农村居民人均纯收入8258元，支付外来务工人员报酬477.8万元。村内道路均为混凝土路面，路灯、绿化等配套，有线电视、自来水进村入户。农民住宅均为楼房别墅，村庄建设达到城镇化水平。1994年投资兴建村文化大楼。村民子女从幼儿园到初中全部实行免费教育，对考入大学的学生给予奖励。男性60周岁、女性55周岁以上的村民每月发给养老补贴。

凤凰村为中国农民运动先驱李成虎诞生地。1990～2000年，凤凰村年年为萧山市标兵村。

下门村

位于河上镇西北，东临永兴河。2000年，全村有315户、1052人，村民小组18个；耕地520亩，山林2450亩。

下门村属半山区，1978年前村集体经济以农林业为主。1978年后，逐步发展以纸品为主的村办工业企业。2000年，该村有职工380人，集体资产总额184万元，完成工业销售产值1.34亿元，实现利润350万元，缴纳税金242万元；全村农村经济总收入1.36亿元，村级集体可用资金104万元，人均986元；农村居民人均纯收入7610元，全村男女劳动力多为一、二、三产业兼业农民。村内道路均为水泥混凝土路面，路灯、绿化等设施配套。有线电视、自来水进村入户，农民住宅多为楼房别墅。村建有小学、幼儿园和青年活动室、老年活动室。对男性年满56周岁、女性满46周岁的村民每年给予生活补贴。

1990～2000年，下门村年年被评为萧山市标兵村。

元沙村

位于新街镇东南。2000年，全村有1063户、3639人，村民小组24个；耕地面积2854亩。

元沙村1979年前集体经济发展以农业为主。1983年，全村实施家庭联产承包责任制，农业产业结构逐步调整，村办工业先后兴办。至2000年，农业主导产业有粮食、花卉苗木和畜牧、水产养殖。办有私营工业企业42家，职工634人。农村集体资产总额1004.85万元，完成工业产值18885万元，实现利润283万元，缴纳税金1101万元；农村经济总收入22125万元，村级集体可用资金140.47万元，人均386元；农村居民人均纯收入10188元，为外来人员带走劳务收入169万元。全村2228个男女劳动力，从事二、三产业的1594人，从事农业的634人。村内道路均为混凝土路面，路灯、绿化等设施配套，农户住宅均为楼房别墅，自来水、有线电视进村入户。

1992～1995年、1998～2000年，元沙村被评为萧山市标兵村。

光明村

位于靖江镇东北部。2000年，全村有437户、1594人，村民小组13个；耕地面积1179亩。

1983年前，光明村集体经济以农业为主。1983年，全村实行土地家庭联产承包责任制，农业产业结构开始调整，并逐步兴办村办工业。至2000年，全村有化纤、塑料、五金、石料等企业15家，职工825人，资产总额11776.92万元，完成工业产值16672万元，实现利润671万元，缴纳税金540.96万元；农村经济总收入13979.69万元，村级集体可用资金137.08万元，人均860元；农村居民人均纯收入7484元，为外来人员带走劳务收入230万元。全村930个男女劳动力，全部从事二、三产业，其中兼营农业104人。对60岁以上的男女老人实行全年养老金补贴。村内道路均为混凝土路面，路灯、绿化等设施配套。自来水、有线电视进村入户，农户住宅均为楼房别墅。村区内建有靖江镇第二小学、甘露中心幼儿园、甘露卫生院、老年活动室等。

1990～2000年，光明村年年被评为萧山市标兵村。

潘山村

位于许贤乡政府南。2000年，全村有214户、746人，村民小组15个；耕地面积543亩，山地223亩。

70年代，潘山村集体经济发展以农业为主。家庭联产承包责任制实施后，村先后办起卫生巾厂、电镀厂等。1998年组建潘山集团，下辖喷涂装饰化工厂、小轮车联营厂、卫生用品公司、自营车联营公司等。主导产品卫生巾“雅妮娜”注册商标，1995年被评为浙江省著名商标。至2000年，村有工业企业5家，职工750人，资产总额29602万元，完成工业总产值14271万元，实现利润416万元，缴纳税金496万元；农村经济总收入21355.50万元，村级集体可用资金45.73万元，人均613元；农村居民人均纯收入8027元，为外来人员带走劳务收入300万元。全村515个男女劳动力，全部从事二、三产业。村集体耕地实行股份制改革、规模化经营，农户土地承包权、使用权入股，每年按股分红。村内道路均为混凝土路面，路灯、绿化等设施配套，农户住宅均为楼房别墅，自来水、有线电视进村入户。村区内设有中学、小学、幼儿园、卫生院、老年活动室等。企业职工实现养老保险全覆盖。

1991～1993年、1995～2000年，潘山村被评为萧山市标兵村。

黄山村

位于闻堰镇西北。2000年，全村有1600户、5561人，村民小组30个；耕地面积2243亩，山地245亩，水面250亩。

黄山村1980年前村集体经济以农业为主。1983年实施家庭联产承包责任制。后逐步兴办工业企业，至2000年，村办有磷肥厂、制罐厂、纺织器材厂和工具有限公司、通信安装公司、化肥有限公司等工贸企业30余家，职工1350人，农村集体资产总额11306.83万元，完成工业总产值41065万元，实现利润1201万元，缴纳税金1242.90万元；农村经济总收入40482.92万元，村集体可用资金575.56万元，人均

1035元；农村居民人均纯收入7580元，为外来人员带走劳务收入130万元。全村3529个男女劳动力，从事第一产业409人，从事二、三产业3120人。村内建有小学，幼儿园，卫生室，老年、青少年活动中心；对年满65周岁的老年人，每季发放生活补贴。村内道路均为混凝土路面，路灯、绿化等设施配套。农户住宅均为楼房别墅。自来水、有线电视进村入户。

1993～1995年、1997～2000年，黄山村被评为萧山市标兵村。

第五节 农村能源

萧山农村生活能源，历史上长期以柴草为主。中华人民共和国成立后，对天然气、水力、沼气进行开发利用①。80年代，加快沼气利用和节柴灶改造。90年代后，种养业规模经营发展，生猪实行定点屠宰。羽绒、酿造工业兴起，生活污水、工业污水得到利用。沼气利用从过去的土沼气池转为现代沼气（生物净化池），太阳能利用从平板式玻璃热水器转为新型真空管热水器，节柴（煤）灶几经改造转为能源的高效利用，改善农村的燃能结构，提高农村能源利用率和优质燃料普及率。

①1958年，城北公社宁新大队在打井中发现天然气，当地农民用来烧煮饲料、开水，使用到1969年。1963年，全县开发小水电3处，年发电总量35万千瓦时。1970～1972年开发泥炭，年产2万～3万吨，后为保护农田停止开采。（资料来源：萧山市农业局编：《萧山县农业志》，浙江大学出版社，1989年，第214页）

节柴（煤）灶改造

1983年12月，县农业局试制成功省柴灶，定名为I型预制并装灶。1984年3月，对I型灶进行改造，在城北乡兴议村七组试制12只，定名为Ⅱ型预制并装灶。1985年1月，Ⅱ型灶经省、杭州市专家鉴定，比老灶平均热效率高15.1%，定名为萧山A型组合式省柴灶。

1986年底，全县累计推广省柴灶13178座，有大同坞乡伊家店村等13个村普及省柴灶。同年还研制制扁茶炒制省柴灶，分双锅竖壁灶和单锅预制灶两种，平均热效率在30%左右，比老灶高20%左右；是年推广2600座，约占全县制茶灶的五分之一。

1987年，省柴灶和节能炒茶灶示范点扩大到大同坞、义盛和所前等镇乡，新建省柴灶4010座和节能炒茶灶1353座。1988年，进化乡进行农村能源综合示范乡建设，第一期工程安排资金3万元、水泥150吨、钢材3吨，年末累计建省柴灶3987座。1989年，进化乡农村能源示范乡建设进行第二期工程，推广省柴灶808座，全乡累计推广省柴灶4795座，其中民用省柴灶3894座、节能炒茶灶860座和集体生活省柴灶41座。是年5月，在进化乡下章村开展机制茶厂节煤炉灶改造试点，全市年改造节煤炉灶79座，其中茶厂53座，食堂26座。

图11－5－320 90年代，城区居民住宅安装使用太阳能热水器。图为商城居住区楼上的太阳能热水器（2009年，杨贤兴摄）

1990年，全市共改造和新建省柴灶7282座，其中户用生活省柴灶6401座，节能茶灶881座。全市累计推广省柴灶3.3万座，普及率12.7%。采用安装高效节煤器的办法，全年改造机制茶厂节煤炉灶47座，食堂节煤炉灶13座。

1992年，全市新建和改造节柴灶11990座，其中户用节柴灶8500座，预制并装灶50座，集体生活灶1座，节能茶灶3439座。全市累计新建和改造节柴灶6.11万座，普及率23.6%。1995年，全市新建和改造节柴灶11963座，其中户用高效节柴灶1万座、中型节煤炉灶100座、节能茶灶963座。累计有节柴（煤）灶7.98万座，普及率26.2%。2000年推广节能茶灶894座，高效节能炉灶850套。累计新建和改造节柴（煤）灶8.4万座，其中户用高效节柴灶8.2万座，中型节煤灶850座，节能茶灶1150座。由于液化气和电炒茶灶广泛使用，户用省柴灶和节能茶灶逐年减少。

太阳能利用

1980年，县科委在办公楼4楼屋顶试装1台20平方米太阳能热水器。[①]县饮服公司开水供应站、萧山麻纺厂等单位相继装置太阳能热水器。1981年，乐园乡初中试制1台太阳能热水器，被评为县级科技制作奖。1990年，全市示范推广户用太阳能热水器5台。1995年推广新型真空管太阳能热水器147台。1996年推广新型太阳能热水器1020台。2000年推广1957台，其中农村户用1370台，占当年推广总用户数的70.0%。

①监测表明：每天可提供40℃～60℃热水150千克；1平方米太阳能热水器，每年可节约200千克～300千克标准煤。

沼气利用[②]

1985年后，沼气池建池材料全部由三合土改为钢筋混凝土。是年，全县新建农村户用钢筋混凝土沼气池50只、400立方米；历年累计推广2587只，产气30多万立方米。1987年，湘湖农场投资12.5万元，建造200立方米大型沼气池1只，利用奶牛粪发酵供气，可供110户使用，为全省最大的沼气供气池。1989年，第一农垦场新建120立方米大型沼气池1只，利用奶牛粪发酵供气，用户45户。

1990年新建农村户用沼气池10只，其中畜禽养殖大户生态沼气池7只；当年修复病池339只。年末，全市累计推广沼气池2756只，全年总产气35万立方米。1992年新建沼气池20只，其中围垦地区畜禽养殖大户生态沼气池16只；修复病态池280只。年末，全市有户用沼气池2796只，全年产气40万立方米。

1995年新建沼气池22只。年末，全市共有户用沼气池2842只，其中大型沼气池集中供气站3处，沼气池总容量860立方米，年供气18万立方米。

1996年后，沼气已从过去的土沼气池转为现代沼气（生物净化池），与环境生态工程紧密结合，实行综合开发利用。利用沼气技术处理生活污水在居民小区得到推广。2000年，全市推广生活污水沼气净化池16处、6139立方米，日处理生活污水2046吨。是年下半年，畜禽养殖大户的生态沼气池形成猪、沼、果蔬模式。靖江镇东桥村育新养殖场投资8万元，建沼气池90立方米，储粪池75立方米，铺设100米输气管、150米污水管，2001年投产，使鸡舍用上沼气，蔬菜大棚用上沼液。

②沼气利用始于1958年，但因建材以二合土、三合土为主，漏气、坍池情况时有发生，不久停办。1972年6月，再次在进化公社华丰大队等8个生产队牧场试点，获成功。9月举办全县沼气技术推广训练班，后在进化、桃源、径游等地推广“红塘式”沼气池。至1980年底，全县建沼气池2711只。长沙公社众安大队、欢潭公社方山大队、头蓬公社金星大队、赭山公社红山大队、河上公社江家桥大队、进化公社慈姑衮大队和大同坞公社大同坞大队等21个大队基本实现沼气化，使用沼气农户占总农户数的70%以上。（资料来源：萧山市农业局编：《萧山县农业志》，浙江大学出版社，1989年，第214～215页）

生物净化池

1997年，全市新建沼气净化池及大中型沼气工程34处，厌氧总容积580立方米，日处理废水161吨。其中市良种场大型沼气池1处、300立方米，日处理废水50吨；钱江观潮城沼气净化池6处、120立方米，日处理生活污水36吨；犁头金村小学沼气净化池1处、60立方米，日处理生活污水18吨；河上镇沙河口渔场中型沼气净化池1处，50立方米，日产沼气25立方米，日处理生活污水17

吨；户用沼气净化池25处、75立方米，日处理生活污水22吨。经监测，各项排污指标均达到国家二级污水综合排放标准。

2000年，大中型沼气工程开始广泛应用于屠宰场、畜牧场、酿造工业和皮革制造业等。利用农村能源技术对乡镇企业有机废水进行综合治理，先后对18家酿造厂、羽绒厂、屠宰场和畜牧场的污水进行处理，工程总规模8000立方米，日处理污水8600吨，改善了周围水域环境。

第六节　扶农政策

萧山扶持农业的政策，1978年后呈现阶段性、连续性、综合性的特点，至2000年，共出台扶持农业政策文件181个。

农村改革政策

70年代末，县委召开全县“促富”大会，印发文件，给农民“松绑放权”，号召抓“一个主体（粮食）、两个翅膀（社队企业、农业多种经营）”，鼓励发挥萧山优势，调整农村产业结构。80年代初，根据中央文件精神，县委制定实施家庭联产承包责任制的政策，在全县范围内逐步落实耕地、山林、水面及副业生产责任制。80年代中期，针对农村工、副业迅速发展，农村劳动力离土离乡的实际，完善家庭联产承包责任制，鼓励有条件的地方推进农业适度规模经营；改革在流通领域已实行多年的农产品统购制度，给农民以一定的产品支配权；进一步调整农村经济结构和农业产业结构，发展农村商品经济。80年代末，在稳定家庭联产承包责任制基础上，完善“统分结合”双层经营机制，发展农业社会化服务；按照建立社会主义市场经济体制要求，调整农业产业结构，发展优质、高产、高效农业。全市农村适应市场需求和体现萧山区域资源优势的特色农业快速发展。1995年后，乡村企业继续快速发展，城市（镇）化建设加快推进，农村劳动力较多地向二、三产业转移，农村人口向城镇集聚。1996年、1999年，市委适时制定政策，完善农业生产责任制，建立土地使用权流转机制，进一步推进农业适度规模经营。

农业投入政策

家庭联产承包后，农业投入以农户为主。1982年，县委、县政府印发《关于支持戴村、临浦两个区十三个公社全面发展农村经济会议纪要》（县委〔1982〕24号），县财政拨款67万元，银行无息贷款120万元，县特产公司扶持12万元，支持上述13个公社的农村发展山区经济。1987年，县委制定加强生产队集体积累资金管理，建立农业发展基金、农民劳动积累制度等一系列政策，各级建立“以工补农、助农”和农民自我投入的政策体系。2000年，市、镇、村、户共投入农业资金118496万元（农业投入不含信贷投入）。

农业产业化政策

90年代，农业产业化经营扶持政策由支持生产环节为主向产前、产中、产后多领域多品种扶持发展。1994年9月，市委、市政府印发《关于切实加强农业基础地位加快农村经济发展的若干意见》(市委〔1994〕35号），要求突出抓好粮、棉、油、猪生产和“菜篮子”工程，切实增加农产品有效供给；第一次提出要加快发展农业龙头企业。同月，市政府印发《关于扶持农业龙头企业发展若干政策意见的通知》(萧政发〔1994〕158号），对农业龙头企业的确认对象、财政扶持、税收优惠、信贷投入、用电用地、工商登记、基地建设、风险保障等方面作了规定。之后，市委、市政府每年制定扶持农业产业化的政策，扶持范围由农业各业的产、供、销，贸、工、农领域拓展到品牌建设、质量体系认证、招商引资、新产品开发、新技术与新设备引进，鼓励到市外设窗口、建基地等。1999年6月印发《关于推进农业产业化经营的若干政策意见》（市委〔1999〕26号），鼓励和扶持新办农产品加工企业，决定市财政安排150万元专项资金用于农业龙头企业技改贷款贴息。政策的鼓励和引导，调动了各方面投入和开发农业的积极性。至2000年，有44家工商企业投入开发农业，全市市级农业龙头企业由1995年的20家增加到80家。

区域扶持政策

80年代中期，县（市）委确定区域扶持政策，对集体经济薄弱村、边缘山区、围垦地区、革命老区集体经济薄弱乡、南部欠发达镇乡进行政策倾斜。至2000年，市委共出台专项区域扶持政策文件8个，对市确定的集体扶持对象，前后进行6轮（期）扶持（详见本编《扶持贫困地区》）。

城乡一体化政策

1995年，市委、市政府制定建设农村小康村、新农村政策。1996年2月市政府印发加快小城镇建设工作的通知，提出积极引导农村人口和二、三产业向城镇集聚，根据市域规划合理确定流向。1999年，市委印发《关于加快萧山城市化进程的若干意见》（市委〔1999〕32号），在确定萧山城市化建设总体目标后，制定户籍制度与政策、就业制度与劳动力政策等7个方面的城乡一体化政策，规定允许已在城镇就业、就读、养老并有固定住所的农业人口到城镇落户，实现农民“离土离乡”；营造公开竞争择业的社会环境，逐步建立起城乡一体化的劳动就业制度等，为转移农民、减少农民提供政策保证。

减轻农民负担政策

80年代中期，全县出现农民负担局部性过重过乱的状况，市（县）委不断出台减轻农民负担的政策。1990～2000年，先后印发加强对农民负担的监督管理，切实减轻农民负担等专项政策性文件15个，强调农民增收与减负并重，严格防止农民负担增加。1992年后，萧山农民负担始终不超过上年人均纯收入的2%，2000年仅占上年人均纯收入的1.29%，远远低于国务院规定的负担比例。

农村社会保障政策

农村改革后，农民收入逐年增加，但农村地区之间、农民群体之间的收入差距逐年拉大。同时，由于经济和社会事业建设占用耕地，失地农民的人数也在不断上升。相当一部分农民担心患病、年老和失地后的生活问题。市委、市政府研究制定了一系列农村社会保障政策。1991年，市政府印发《关于在全市农村推行合作医疗保健制度的通知》（萧政〔1991〕73号），重点解决农民“因病致贫”的问题。1993～2000年，市委、市政府先后制定印发农村救灾合作保险、农村积累性养老保险、乡镇企业社会养老保险、农民合作医疗管理制度暂行办法，镇乡、村企业和个体私营企业工伤待遇处理暂行办法，土地征用补偿和劳力安置费暂行标准等政策性文件，初步构筑起农村社会保障政策框架。

其他扶农政策

在制定基本的扶农政策基础上，市（县）委、市政府还制定一系列配套扶农政策，主要是农村税收政策、土地管理政策、农村购销政策、农机水利政策、畜牧发展政策、林特保护发展政策等。

第七节　农村社会问题

萧山农村带有矛盾性质的社会问题，在各个阶段的表现形式不同。随着市委、市政府一系列稳定措施和政策的出台，农村各种社会问题趋于缓和。

集体资产管理问题

1983年后，土地承包到户，集体统一经营逐步减弱，集体资产尤其是村、组集体积累资金的去向成为村民最关注的“热点”，管好集体资产使其保值增值成为农村经营管理的重要课题，也是80年代至90年代中期农村主要社会问题。当时，一些地方处理不当，常引发干部和群众的对抗及群体性上访。问题较多发生在城、镇周边村和村办企业较多的村。90年代后期，实施集体资产清理，村务财务政务公开，土地征用补偿政策逐步到位，村集体资产股份制改革等措施，村级集体资产管理方面的问题逐渐减少。

农民负担问题

80年代，对农民的合理负担尚没有形成规范性的制度，一些地方乱摊派、乱收费、乱集资（简称“三乱”）时有发生，沙地区“三乱”高于水稻区。不少乡村年初将各种各样的合理负担和不合理收费通知到户，按规定时间缴纳。每年春收和秋收后，一些乡村干部分组下乡到户催交上缴费用，常有农户与催款组发生激烈争执，一些村对拒缴户采取“断电、停机（服务）、搬物（家电）”等过激手段，引发农户与乡村干部的对抗，导致群体性上访。90年代初，市委、市政府印发关于加强对农民负担的监督管理、减轻农民负担的有关政策，并实施“以工补农、财政贴农”制度，及时处理集资款归还问题，“三乱”基本制止，农民负担多年控制在国家规定的负担比例之下。1995年后，全市基本没有发生农民负担过重或不明的问题。

计划生育问题

80年代，为有效实施计划生育，各级政府加大对超生的处罚力度，常引发村镇干部与超生户家属的激烈对抗性问题。超生对象夫妻为躲避处罚并达到超生目的，有的举家外出；有的全家与镇村干部对峙。在劝告无效情况下，一些镇村采取过激的制裁措施：超生夫妇或一方在乡村企业工作的，禁止其到工厂上班；限制超生夫妇自由；处以大额罚款；在用电、用肥、用油等主要生产资料供应上予以制约。罚款不缴的由村组织人员到超生家庭强制搬运物资抵押等，从而引起超生对象夫妻乃至整个家庭的对抗，仅1987年上半年，全县发生11起殴打镇村计划生育干部的治安事件。90年代中叶起，计划生育政策已为育龄人群所理解，随着人们生育观念的转变和社会保障事业建设的发展，计划生育工作阻力明显减少。

土地管理问题

联产承包责任制落实后，农民有了土地承包权和使用权，土地管理上问题逐年突出。1988～2000年，私人违章占地建房，未批先建、超批用地13895件、面积752亩；国家单位、镇乡企业非法占地，未批先建违法用地5237件、面积2098.20亩，超批用地9601件、面积1156.50亩；毁林开垦和乱占林地、水面，1991～1998年，全市清查征用林地项目926宗、面积2458.9亩。

土地征用问题

农村集体土地被征用后，由于补偿不足，差额较大，被征地村、组和农民在征地补偿、劳动力安置、生活补助费、养老金发放等方面，常与征地单位甚至各级政府发生矛盾。问题的特征带有后发性、持续性、群发性。1991～1996年，群体性上访增多，其中5人以上信访批数比以前增加7.6倍，多因农民“失地”后矛盾的引发。

农民工待遇和欠薪问题

90年代中期始，在二、三产业的农民工与所在企业之间的问题增加，集中体现在待遇和欠薪方面。90年代末始，企业劳动力需求增大，围垦地区、偏远地区及企业劳动强度大或脏活、难活用工难招。农民工常因嫌待遇过低或发薪不及时，与企业主发生争论，少量引发群发性纠纷和群体性上访。但在各级协调下均能平和争端。

环境污染问题

80年代末90年代初，水质污染成为农村环境保护的主要问题。农民对部分河道水质变化的描述是“七十年代，淘米洗菜；八十年代，洗衣灌溉；九十年代，鱼虾绝代”。工业污染和农业面源污染是农村两大污染源，严重影响灌溉、养殖和生活用水，城郊及垦区死鱼事件不断，常引发当地农民与周边企业的争端。此后，市政府加大环境治理力度，因污染引发的问题渐少。

社会治安问题

90年代，农村二、三产业快速发展，流动人口增加，农村偷盗、斗殴事件多发。农民为防偷盗，住宅安装防盗窗栅、防盗门，四周砌筑围墙，多数家庭养狗。社会安定是农民的一大期望。2000年，全年查处治安案件767件，遣送“三无”（指无工作单位、无固定场所、无有效身份证明）人员4560人；查处治安行政案件8014起，行政处罚12809人次。

交通安全问题

90年代，农村道路建设逐步向村、组拓展硬化，各种交通运输车辆增加，乡村交通道路管理尚欠规范，交通安全事故多发。常引发当地事故受害者亲属堵路、扣车等问题。

封建落后陋习问题

80年代以来，农村聚众赌博未能禁绝，有人常年沉迷于赌博，有相当数量的妇女、老人也常聚在一起以打牌、搓麻将等方式进行小额赌博。农村封建迷信仍相当盛行，丧事大操大办，传统和现代并用。亲人去世出殡或做忌日，焚烧的迷信物品由80年代的“元宝”、“银锭”等纸钱发展到90年代的“彩电”、“冰箱”、“洗衣机”、“空调”等纸扎家用电器，21世纪初又增加纸扎“轿车”、“楼房”，甚至“保姆”、“门卫”。火化下葬时间由道士、相公等迷信职业者确定，一般逝者在家停留3～5天供亲朋好友吊唁。其后大的悼念活动有10～12次，直至逝者去世满20周年，年满100周岁止。丧葬、悼念费成农民一大负担，大操大办的丧葬和悼念活动引发新旧思想的冲突，影响农村社会安定。

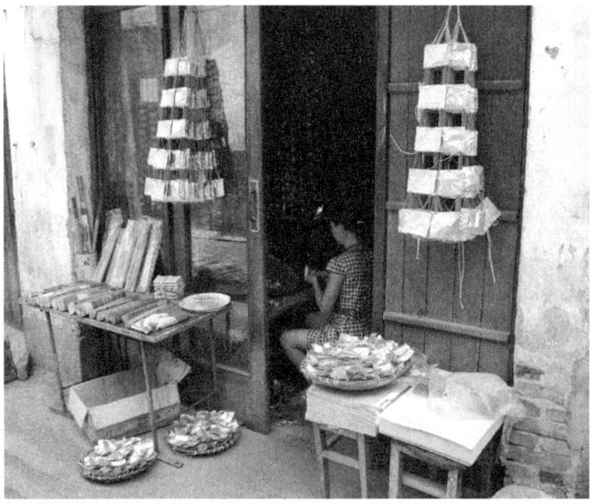

图11—5—321 制作销售“银锭”、“元宝”的小店铺
(2009年，杨贤兴摄于临浦镇)

贫富差距问题

80年代以来，农村贫富差距逐渐拉大。2000年，部分善于经营的农民规模经营、建厂办公司，资产积累达百万元、千万元甚至亿元之多，他们住别墅、开“奔驰”，但大部分农民仍在承包地上劳作，或在镇村企业和私营企业打工，年收入1万元～2万元。一些农民心理不平衡，产生爱富、盼富、恨富、仇富情绪。

第六章　农　民

萧山农民长期以种植粮、棉、麻、油和养猪为主业，计划经济年代按国家指令生产和交售农副产品。农村实施家庭联产承包责任制后，农民享有较为充分的生产自主权、产品支配权和自由择业权；农民从种植业扩展到种植、养殖业，从传统农业转向工业和第三产业，从世居乡村往城镇转移。农民的生产门路拓宽，生活环境变好，人均收入增加，文化素质提高，消费观念更新，生活习俗改变。但农业受市场和自然风险制约较大，相对经济效益较低，农村青年多数不愿从事农业生产，直接参加种养业生产的农民呈“老龄化”和弱化趋势。

第一节　农业人口

数　量

中华人民共和国成立前，萧山农业人口一直处于高出生率、高死亡率状态，加上沿江沙地坍江，居民流离，人口增长缓慢。1949年，全县农业人口51.80万人，占全县总人口的94.08%。后随经济社会的发展和人民物质、文化生活的提高，农业人口呈现高出生率和低死亡率。1985年,全县农业人口93.99万人，占全县人口总数的86.20%；1990年，全市农业人口99万人，占全市人口总数的85.87%。随着乡村工业和农村服务业兴起，农村小集镇建设加快，农业适度规模经营和农业产业化经营推进，户籍制度改革和劳动力市场开放等，农村劳动力向非农领域转移，农业人口向集镇、城市集聚。

2000年，全市农业人口90.11万人，占全市人口总数的78.91%，比1949年增加38.31万人，增长73.96%，平均每年增加7512人。

变　化

1949～2000年，萧山农业人口总体呈上升趋势，但是各年的人口增加数和增长率不同，也有负增长，大体可分为6个阶段：

稳定增长期　1949～1957年，全县农村完成土地改革和社会主义改造，国民经济得到较快恢复，人民生活水平得到提高；同时受传统生育观影响，“多子多福”、“重男轻女”、“养儿防老”等意识在人们头脑中根深蒂固，加上“人多力量大”的宣传误导，促使人们多生子女；其间，全县农业人口增长较快。1957年农业人口60.46万人，比1949年增加8.66万人，平均每年增加1.08万人。

增长低谷期　1958～1961年，由于“大跃进”和“人民公社化”运动的影响，全县国民经济遭到严重挫折，加之自然灾害等原因，农村居民生活严重困难。“大跃进”时期约有3万农村劳动力被招进城市，其中因“大炼钢铁”就从农村调出劳动力6500多人，支援宁夏2004人，农业人口增长变缓。1961年农业人口63.63万人，比1957年增加3.17万人，平均每年增加0.79万人。

增长高峰期　1962～1964年，中央印发《农村人民公社工作条例》(“六十条”)，国民经济贯彻“调整、巩固、充实、提高”方针，生产建设得到较快恢复和发展，农村人口补偿性增长较快；同时，全县精简职工、压缩城镇居民人口而农村劳动力回流2.1万多人，加上城镇知识青年下乡，农业人口骤增。1964年农业人口74.43万人，比1961年增加10.80万人，年平均增加3.60万人。

增长加速期　1965～1978年，由于10年“文化大革命”的干扰，生育呈无政府状态，人口增长率较高。其间，全县共动员城镇知识青年支农支边19748人，接收杭州、上海等外地下乡知识青年9463人。1978年有农业人口94.86万人，比1964年增加20.43万人，年均增加1.46万人。

稳定下降期　1979～1992年，农村计划生育得到强有力实施；下乡知识青年返回城市；城镇各项事业发展，也吸纳一部分农业人口；高校招生恢复，大批农村学子进入高等院校就学，农业人口的增长得到控制并稳定下降。1992年农业人口100.51万人，比1978年增加5.65万人，年均增加0.40万人。

下降加速期　1993～2000年，计划生育作为一项国策继续认真实施；国家级经济技术开发区、杭州萧山机场等一大批重点项目、重点工程进行建设；城市（镇）化建设得到推进，一、二、三产业联动发展；土地征用“农转非”45289人，安置征地劳动力27177人。2000年，全市农业人口90.11万人，比1992年减少10.40万人，年均减少1.30万人。剔除1992年浦沿、长河、西兴3镇农业人口84524人，8年净减农业人口19476人，年均减少2435人。

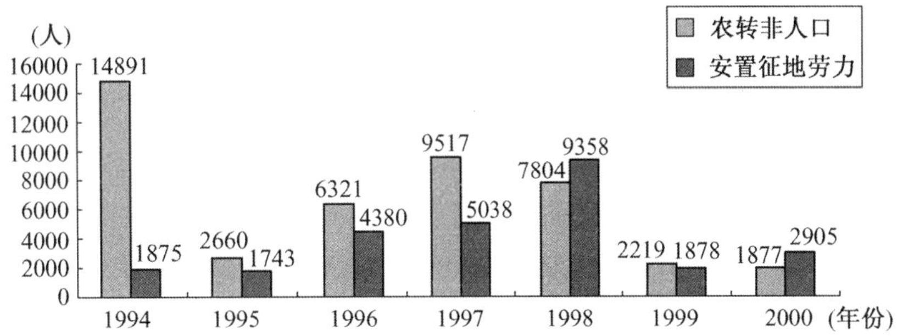

图11－6－322　1994～2000年萧山农业人口变动情况

第二节　外来农民工

80年代初，外来农民工涌入萧山打工从业，部分市外、省外农村男女青年以婚姻关系进入萧山，也有投亲靠友来萧山打工的，以广西、湖南、四川、贵州人为多。90年代，宏观环境宽松，萧山经济持续快速发展，出台宽松优惠的人才引进政策，从1993年起，市外人口进入萧山逐年增多，1995年49389人，2000年148956人，分别比1990年增加44146人和143713人。进入萧山打工的外来农民工，其户籍关系遍及全国各省、市、自治区，以安徽、江西、四川、重庆、广西、湖南、河南、贵州、湖北等省、市、自治区为多。在性别比例中，据1996～1998年3年调查，男性占55.73%，女性占44.27%。

从业流向

外来农民工在萧山的从业流向以从事工业（乡村工业）为主，在1990～2000年（1991年无统计）10年统计中，除1990年、1992年、1995年低于80%以外，其余年份从事工业的劳动力均高于80%。其次是服务业，1998～2000年连续三年高于7%，以从事美容美发、废旧物品回收、城镇环卫、家庭（保姆）服务业为多。三是商贸业，最高的1992年占30.88%，最低的1998年占3.70%，2000年有6003人，占4.03%，主要是在餐饮、商场、农贸市场、旅宿等行业。四是从事以种植、养殖业为主的农业，2000年有5705人，占3.83%。1994年前，外来农民工从事农业的不多。1995年起，市委、市政府加快推进农业适度规模经营，政策上允许外地农民工到萧山承包经营种植、养殖业。1996年全市完善农业大田生产责任制后，有市外、省外的138户、415人到萧山承包土地，其中在中、南片稻区104户，围垦区34户。2000年，外来农民工在萧山从事农业的多数在围垦地区，为萧山种植、养殖业农业龙头企业和专业承包大户雇工，从事生猪、水产养殖和蔬菜、粮食、花卉苗木生产，少部分单独承包经营棉花、西瓜生产。

表11-6-189 1990～2000年萧山外来农民工流向情况

单位：人

年份	总计	工业		农业		商贸业		服务业		投亲		借读培训		其他	
		人数	占(%)	人数	占(%)	人数	占(%)	人数	占(%)	人数	占(%)	人数	占(%)	人数	占(%)
1990	5243	2379	45.37			712	13.58			1873	35.72	237	4.52	42	0.80
1992	9162	5308	57.93			2829	30.88	191	2.08	404	4.41	162	1.77	268	2.93
1993	11597	10089	87.00	42	0.36	955	8.23	180	1.55	65	0.56	104	0.90	162	1.40
1994	39502	33970	86.00	695	1.76	3074	7.78	957	2.42	57	0.14	362	0.92	387	0.98
1995	49389	39267	79.51	4159	8.42	3272	6.62	1985	4.02	225	0.46	81	0.16	400	0.81
1996	52549	42270	80.44	3264	6.21	2562	4.88	2827	5.38	326	0.62	286	0.54	1014	1.93
1997	68729	58514	85.14	2100	3.06	4007	5.83	2998	4.36	548	0.80	245	0.36	317	0.46
1998	79046	66217	83.77	1869	2.36	2923	3.70	6182	7.82	176	0.22	429	0.54	1250	1.58
1999	109277	92033	84.22	3464	3.17	4426	4.05	8415	7.70	254	0.23	318	0.29	367	0.34
2000	148956	124319	83.46	5705	3.83	6003	4.03	11872	7.97	283	0.19	372	0.25	402	0.27

注：①资料来源：1990～1998年根据《萧山年鉴》整理。1999～2000年根据萧山市农经委调查分析资料整理。

②外来农民工指经公安部门登记，从市外来萧山以打工为主的暂住人口；1991年缺省；“占%”栏为占总人数的百分比。

居住分布

80年代至90年代初，外来农民工的居住以投亲靠友借住居民家中和企业集体宿舍为主。后政府重视外来农民工的安居乐业，加快企业集体宿舍和民工住房建设。部分民工在逐年积累以后，采取租房形式解决居住问题；也有居住于建筑工地场所的。2000年，外来农民工在居民家中居住的由1990年占44.15%下降到4.72%；在企业集体宿舍居住的由1990年占37.23%上升到51.05%；租房的由1990年占10.13%上升到33.71%；在建筑工地宿舍居住的由1990年占2.92%上升到10.22%。由于经济能力等方面的原因，外来农民工在萧山多数还买不起自有产权的住房。

表11-6-190 1990～2000年萧山外来农民工居住情况

单位：人

年份	总计	旅馆		居民家中		集体宿舍		租房		工地		其他	
		数量	占(%)	数量	占(%)	数量	占(%)	数量	占(%)	数量	占(%)	数量	占(%)
1990	5243	292	5.57	2315	44.15	1952	37.23	531	10.13	153	2.92	0	
1992	9162	319	3.48	1434	15.65	3474	37.92	3242	35.39	665	7.26	28	0.31
1993	11597	420	3.62	1556	13.42	3990	34.41	4182	36.06	1406	12.12	43	0.37
1994	39502	631	1.60	2847	7.21	2331	5.90	6498	16.45	6054	15.33	21141	53.52
1995	49389	613	1.24	3283	6.65	26403	53.46	6602	13.37	10804	21.88	1684	3.41
1996	52549	208	0.40	4298	8.18	32552	61.95	6601	12.56	6808	12.96	2082	3.96
1997	68729	283	0.41	3581	5.21	38251	55.65	13027	18.95	7407	10.78	6180	8.99
1998	79046	116	0.15	6259	7.92	37958	48.02	23672	29.95	10186	12.89	855	1.08
1999	109277	164	0.15	7693	7.04	53732	49.17	33264	30.44	14315	13.10	109	0.10
2000	148956	149	0.10	7031	4.72	76042	51.05	50213	33.71	15223	10.22	298	0.20

注：①资料来源：1990～1998年根据《萧山年鉴》整理。1999～2000年根据萧山市农经委典型调查分析资料整理。1994年“其他”栏中，包括正在寻找住房的人口。

②1991年缺省；“占%”栏为居住在不同场所的人数占总人数的百分比。

【附】

北干街道兴议村外来务工人员情况调查

兴议村位于萧山城西1000米，村内建有北干街道工业区块。全村1187户、3624人，男女劳动力2750人；耕地1799亩，其中围垦607亩。

90年代前，兴议村以农业为主，一直是萧山棉花重点产区。90年代，该村发挥近郊优势，发展村办工业和城郊服务业，先后办起建材、面粉、印刷、服装、自行车、配件、吹塑制品、电脑绣花等35家企业。2005年，全村工农业总产值44328万元，其中农业产值1857万元；农村居民人均纯收入11488元，比1984年增长19.41倍。

随着经济和社会事业建设快速发展，兴议村劳动力由剩余变为不足，为外来民工提供了就业空间。2005年，该村有常住外来人员7536人，为村自有人口的208%，其中男性5730人，女性1806人。居住在村的劳动力7131人，其年龄多为18～50周岁，文化程度以初、高中居多。在外来人员中，未成年人口405人。

兴议村的外来民工及其子女主要来自安徽、广东、福建、湖北、湖南、江苏、江西、山东、甘肃、四川、重庆、广西、贵州等省、市、自治区及省内衢州地区，以安徽、江西、四川、湖南省居多。

从业与居住情况

从业情况　工业企业4365人，占61.21%；建筑业1453人，占20.38%；运输业205人，占2.87%；个体经商户506人，占7.10%；修理行业（修自行车、修鞋）70人，占0.98%；餐饮业150人，占2.10%；个体服装、食品加工业100人，占1.40%；收购废旧物资（包括捡破烂）250人，占3.51%；其他人员（包括家庭妇女）32人，占0.45%。

居住情况　兴议村外来人员住在厂职工宿舍的1087人，占14.42%；租住在农民出租房的6449人，占85.58%。住房面积人均约10平方米左右，远低于萧山农村居民人均63.08平方米（2003年统计）的居住面积。

产生的作用

加快经济建设步伐　大批外来劳动力的到来，解决了该村企业员工不足的问题，促进了村经济的发展。

增加当地农民收入　兴议村外来人员向当地农民租用住房，租金按住房的好差（包括内部装饰和设施）有高有低，楼房高于平房，30平方米一间平房每月租金约100元。2005年，兴议村共出租农民住房2149间，店铺100间。两项合计该村农民住房出租净收入347.88万元，其中农民住房257.88万元，店铺90.00万元。全村1187户农户，户均收入2931元，人均收入960元，占年人均收入的8.36%。

促进二、三产业的发展　由于外来人员居住比较集中，有些地方已自发形成吃、住、用生活用品一条街，按人均月生活消费200元计算，年总消费在2000万元左右，既繁荣农村经济，又为当地一部分失地农民创造再就业工作岗位。

改变当地农民的生活习惯　兴议村外来务工人员多数来自西部地区，他们有各自的生活习惯和民族习俗。绝大多数喜欢吃辣、喝酒，更喜欢以面粉为主食。因而，当地农民种植品种开始偏重辣椒、大葱、大蒜等蔬菜，农业产业结构逐步优化。当地农民的饮食习惯也发生很大变化，与外来人员逐渐接近。外来人员绝大部分讲普通话，农民与外来人员长期接触交往，普通话水平也有较大提高，甚至老太、老汉也能说上几句普通话。

带来的负面影响

社会不稳定因素增加 聚众赌博、打架滋事、偷窃财物、敲诈抢劫等治安、刑事案件频频发生。据该村巡防中队反映，最近一年多时间内，被公安部门治安拘留的达50多人。

农村环境卫生恶化 外来人员来自“五湖四海”，习惯不同，生活垃圾随处乱扔、随地大小便现象时有发生。为改变这种脏乱差状况，该村在加强管理的同时，配备30只垃圾箱，建造32处公共厕所，但还无法解决根本问题。该村为处理这些垃圾，每年增加经费20多万元。

农村违章建筑增多 由于农民出租房收益较丰，当地一些农民利用房前屋后土地，未经批准乱搭乱建房屋。

消除负面影响对策

提高各级干部和群众对外来人员管理的认识 要充分认识外来人员对萧山经济发展所作的贡献，要尊重他们、关心他们，使他们和本地群众融合在一起，共同营造一个稳定和谐的社会环境。

加强对外来人员的教育，提高外来人员素质。由于外来务工人员多来自偏僻的农村山区，文化程度较低，法制意识较弱，卫生习惯较差，加上部分外来人员从贫困地区出来，看到繁华城市郊区，心态上不够平衡，与当地群众有一定差距。因此，要重视外来人员的思想教育，提高外来人员的法制观念，改变不良的生活习惯。

关心外来人员生活，改善其居住条件 外来人员远离家乡，在外举目无亲，又是弱势群体，工资待遇较低，生活及居住条件十分艰苦。如何做到本村居民与外来人员和谐共处，当地有识之士认为，除思想教育和强化治安防范外，要逐步创造条件，使外来人员纳入当地社会保障体系，最重要的是使外来人员安居乐业，有一份正当的工作，使他们身在异乡有钱赚；有一视同仁的按劳计酬、取酬制度，使他们客居他方无“欠薪”之忧；有一个避风遮雨的住处，使他们住在客地也安心。要允许村级集体留用地建造外来务工人员的宿舍楼或工厂盖建职工集体公寓，并规范农民出租房屋的管理，尽快解决外来人员的安居问题。

（根据王仁庆、田关仁、裘国兴、钱志祥、俞志荣2006年撰写的调查报告整理）

第三节 农村劳动力

规 模

1949～2000年，萧山农村劳动力从20万人增至55.67万人，增加35.67万人（已减去浦沿、西兴、长河

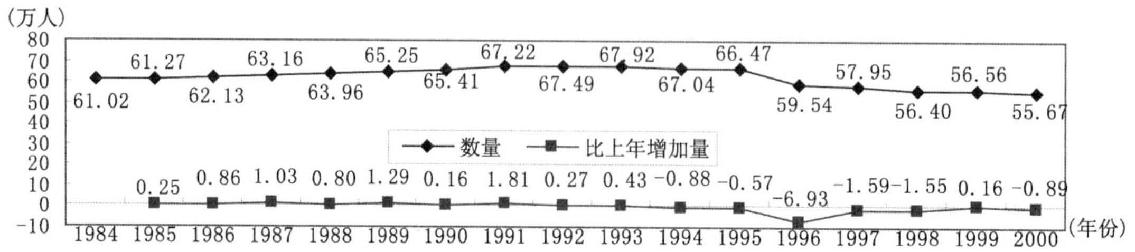

图11－6－323 1984～2000年萧山农村劳动力情况

3镇的劳动力），年均增加6994人。其中1984～2000年，农村劳动力从61.02万人下降至55.67万人，转移减少5.35万人。

就业结构

1949～1978年的30年间，占全县人口90%的农民基本上以种地或养殖为生，过着“日出而作、日落而息”的农耕生活。1978年末，全县农村劳动力61.93万人，其中从事农业（种植业、林业、牧业、渔业）的劳动力54.98万人，占农村劳动力的88.78%。

1979年起，萧山社队企业（即后来的乡镇企业）发展逐年加快，为转移农村剩余劳动力找到一条最便捷、最实惠的途径。至1984年，全县镇乡、村办工（企）业2398家，职工13.30万人，多数为当地农民。是年，全县农村劳动力从事一、二、三产业的就业比例为60.30：21.80：17.90。

90年代以来，市委、市政府把转移减少农村劳动力作为富庶农村、富裕农民的重要举措，并加大实施力度。2000年底，全市农村劳动力一、二、三产业就业结构为34.04：44.39：21.57。与1984年相比，从事农业的劳动力减少了26.26个百分点，工业增加22.59个百分点，商业、服务业增加3.67个百分点。

劳动力转移

转移方向　转向非农产业　农村劳动力逐渐从农业中分离出来，充实到以乡镇企业为主体的第二产业和其他非农产业。乡镇企业成为农村劳动力转移主渠道，农村从事工业劳动力增长迅速，1984年10.81万人，2000年19.63万人，共增加8.82万人。从事第三产业劳动力1984年10.92万人，2000年12.01万人，共增加1.09万人。

转向市外　随着市场经济的发展和国家对人口流动政策逐步放宽，萧山劳动力到市外、省外就业呈逐年增长态势。1985年，全县农村外出劳动力2.97万人，2000年5万人，共增加2.03万人，由此加快农民向非农产业转移速度。

转向城镇　90年代后期，多渠道落实农村建设用地安置补偿政策，户籍制度和劳动力制度实行改革，完善农村土地承包责任制等措施，都为农村劳动力向城镇转移创造条件；城区和集镇范围扩大，提供农民向城镇集聚的空间。农村出现从事房屋出租业人群。

转移特征　在农村劳动力中，有一技之长，有经营头脑，文化程度较高的易转向二、三产业。未能转移的劳动力年龄偏大，文化素质偏低，缺乏转移竞争优势。2000年，农业普查从事农业的劳动力，46岁以上的占52.3%，其中51岁以上的占38.2%。在总劳动力中，女劳动力占53.1%。年龄偏大和文化及观念陈旧等因素导致从事第一产业劳动力在转移上明显处于劣势。

兼业性短期转移是农村劳动力转移的主要就业形式。农业生产的季节性和农村就业的不稳定性，使得不同行业间的兼业现象变得越来越普遍。大部分非长期性外出务工的农民，往往农闲时外出打工，农忙时回家耕种。

乡镇工业吸纳能力的变化，影响农村劳动力的转移。在乡镇企业发展之初，多数企业为劳动密集型，对劳动者素质要求不高，吸纳较多农村劳动力就业。随着企业技术水平提高、设备更新改造，逐步向技术密集型转变，用工逐渐减少。1985～1997年，用工数增长23.79%，1997～2000年仅增长1.28%。

外地民工占据就业空间。1999年，经公安部门登记的外来人员10.9万人；2000年14.9万人，占全市农村劳动力的26.76%。外来劳动力挤占了萧山农村劳动力的从业空间，减缓农村劳动力的转移速度。

城区吸纳劳动力的空间不大。城镇下岗失业职工增加，给农村劳动力向城区转移造成一定的障碍。

表11－6－191　1984～2000年萧山农村劳动力分布情况

单位：人

年份	总计	种植业		林　业		牧　业		渔　业		工　业		建筑业		交通运输仓储、邮电业		批发零售及餐饮业		其　他	
		数量	占(%)	数量	占(%)	数量	占(%)	数量	占(%)	数量	占(%)	数量	占(%)	数量	占(%)	数量	占(%)	数量	占(%)
1984	61.02	35.95	58.91	0.51	0.84	0.18	0.29	0.16	0.26	10.81	17.72	2.49	4.08	0.70	1.15	0.47	0.77	9.75	15.98
1985	61.27	33.06	53.96	0.60	0.98	1.47	2.40	0.25	0.41	17.22	28.10	3.00	4.90	1.04	1.70	0.89	1.45	3.74	6.10
1986	62.13	31.35	50.46	0.54	0.87	1.26	2.03	0.31	0.50	18.84	30.32	3.45	5.55	1.22	1.96	1.59	2.56	3.57	5.75
1987	63.16	29.52	46.74	0.54	0.85	1.24	1.96	0.33	0.52	19.59	31.02	3.85	6.10	1.43	2.26	1.66	2.63	5.00	7.92
1988	63.96	28.57	44.67	0.51	0.80	1.17	1.83	0.33	0.52	21.18	33.11	4.04	6.32	1.56	2.44	1.94	3.03	4.66	7.28
1989	65.25	29.70	45.52	0.53	0.81	1.14	1.75	0.32	0.49	20.55	31.50	3.97	6.08	1.53	2.34	2.17	3.33	5.34	8.18
1990	65.41	29.77	45.51	0.54	0.83	1.22	1.87	0.32	0.49	20.22	30.91	3.95	6.04	1.56	2.38	2.18	3.33	5.65	8.64
1991	67.22	29.92	44.51	0.53	0.79	1.03	1.53	0.36	0.54	21.07	31.34	3.84	5.71	1.57	2.34	2.24	3.33	6.66	9.91
1992	67.49	27.94	41.40	0.54	0.80	0.85	1.26	0.34	0.50	22.70	33.64	3.71	5.50	1.67	2.47	0.97	1.44	8.77	12.99
1993	67.92	27.12	39.93	0.62	0.91	0.89	1.31	0.38	0.56	24.61	36.23	4.14	6.10	1.78	2.62	1.06	1.56	7.32	10.78
1994	67.04	26.36	39.32	0.47	0.70	0.70	1.04	0.32	0.48	24.03	35.85	4.42	6.59	1.89	2.82	1.10	1.64	7.75	11.56
1995	66.47	25.28	38.03	0.47	0.71	0.77	1.16	0.33	0.50	23.43	35.25	5.70	8.57	2.06	3.10	1.26	1.89	7.17	10.79
1996	59.54	22.45	37.71	0.42	0.71	0.65	1.09	0.34	0.57	20.42	34.30	4.60	7.73	1.73	2.91	1.36	2.28	7.57	12.71
1997	57.95	20.68	35.69	0.37	0.64	0.68	1.17	0.37	0.64	20.32	35.06	4.71	8.13	1.84	3.18	1.57	2.71	7.41	12.78
1998	56.40	19.68	34.89	0.45	0.80	0.70	1.24	0.40	0.71	19.70	34.93	4.59	8.14	1.89	3.35	1.71	3.03	7.28	12.91
1999	56.56	18.88	33.38	0.45	0.80	0.70	1.24	0.46	0.81	19.89	35.17	4.93	8.71	2.03	3.59	1.92	3.39	7.30	12.91
2000	55.67	17.24	30.97	0.46	0.83	0.72	1.29	0.53	0.95	19.63	35.26	5.08	9.13	2.15	3.86	2.23	4.01	7.63	13.70

注：①“其他”栏包括科研、综合技术服务、文教、广播事业，卫生、体育、社会福利，金融保险，副业劳动等非农行业人员。

②“占%”栏为各业劳动力与农村劳动力总数之比。

③资料来源：1984～1986年，《萧山县国民经济统计资料》。1987～1993年，《萧山市国民经济统计资料》。1994～2000年，《萧山市统计年鉴》。

第四节　农民技术人员

文化程度

据1982年、1990年、2000年萧山市（县）3次全国人口普查资料对比分析，从事农、林、牧、渔业劳动者文化程度呈逐渐提高趋势，不识字或识字很少分别减少10.58和9.75个百分点；小学文化程度分别提高7.41和7.61个百分点；初中文化程度分别提高3.50和1.76个百分点；大、中专文化程度分别提高0.01和0.25个百分点。

表11-6-192　1982～2000年部分年份萧山农林牧渔业劳动者文化程度

单位：人

项　目	1982年		1990年		2000年	
	数量	占（%）	数量	占（%）	数量	占（%）
不识字或识字很少	160463	36.97	85870	26.39	2639	16.64
小学程度	196801	45.34	171614	52.75	9571	60.36
初中程度	65627	15.12	60592	18.62	3231	20.38
高中程度	11018	2.54	7143	2.20	368	2.32
中专程度	0	0	96	0.03	30	0.19
大学专科	38	0.01	28	0.01	14	0.09
大学本科	70	0.02	1	…	2	0.01
研究生	0	0	0	0	1	0.01
总人数	434017	100.00	325344	100.00	15856	100.00

注：①资料来源：根据1982年、1990年、2000年3次全国人口普查资料整理。
②1982年“大学专科”数为大学肄业人数，“不识字或识字很少”数为文盲、半文盲人数；2000年“不识字或识字很少”数，为未上过学和扫盲班人数。
③“占%”栏为不同文化程度的人数占农林牧渔劳动者总人数的百分比。
④该表指15岁以上行业人口。

农民技术培训

实行家庭联产承包责任制后，农民普遍缺技术、缺信息、缺门路，萧山持久开展农民技术培训。培训专业前期以粮、棉、麻、油等为主，后逐渐向蔬菜、花卉苗木、水产、畜牧、林业特产等转移。培训内容始以“吨粮田”、“五百千克麻”、“百千克棉”等高产为主，后向优质高产高效农业和无公害农产品、绿色食品、有机食品、食品安全等内容转移，围绕设施农业、精品农业、生态农业、出口农业、加工农业和观光休闲农业等内容培训讲授。

1995年，杭州市农业局与萧山市联合在宁围镇开展“绿色证书工程[①]”培训试点，村干部、农业承包大户共105人参加培训，培训一直延续到翌年，培训内容包括植物生理、土壤肥料、农业气象、作物栽培、植物保护、农户经营管理等，共授课198课时，97人取得“绿色证书[②]”。1996年，全市“绿色证书”培训全面推开，先后设置农学、畜牧、水产、蔬菜、果树、苗木、农机、农经8个专业。2000年底，累计办班272个，培训10739人次，村干部全面得到培训。

1985～2000年，萧山共举办农民培训班11827期，培训594052人次。

农民专业技术职称

1989年1月开始，全市对农业（含粮油、棉麻、种子、植保）、林业特产（含林业、蚕桑、园艺）、畜牧兽医、水产、农经、财会、农机、水利、土地管理、农电和农村能源10个专业系列2492名农民技术人员进行技术职称评定工作。至8月底，共评出首批农民技术人员2424名，其中农民技师305人，农民

①绿色证书工程主要是按“工程”的组织形式，对广大农民开展农业技术培训。

②“绿色证书”是农民技术资格证书的习惯说法，是农民达到从事某项工作岗位要求相应基本知识和技能后，经当地政府认可的从业资格凭证。

表11-6-193 2000年萧山农民技术人员专业职称情况

单位：人

专业	高级技师	技师	助理技师	技术员	助理技术员	合计	专业	高级技师	技师	助理技师	技术员	助理技术员	合计
农业	32	322	670	1380	234	2638	水产	5	23	46	57	54	185
畜牧	7	119	297	371	60	854	林业	3	46	57	54	20	180
蚕桑	0	19	32	40	6	97	园林	0	36	79	107	2	224
茶叶	2	4	15	32	1	54	农电	4	143	393	719	536	1795
果树	1	8	35	50	5	99	水利	1	84	79	59	15	238
蔬菜	1	5	9	46	0	61	土管	0	32	56	46	64	198
农机	2	83	86	33	5	209	能源	0	5	4	10	0	19
农经	14	137	285	249	1	686	合计	78	1506	3579	4643	1206	11012
会计	6	440	1436	1390	203	3475							

资料来源：萧山区农业局。

助理技师949人，农民技术员980人，农民助理技术员190人，获职称人数占申报人数的97.27%。1990年5月，党山镇吴仲贤、昭东乡汪宝水晋升为农民（农业）高级技师，浦沿镇傅水林为农民（水利）高级技师，通济乡钟吾熙为农民（农机）高级技师，成为全市首批农民高级技师。

1989年后，农民技术职称每年评定一次。至2000年末，全市累计评定和晋升各级各业职称农民技术人员11012名，其中农民高级技师78人，农民技师1506人，农民助理技师3579人，农民技术员4643人，农民助理技术员1206人。农村党员评上农民技术职称5480人，占评定总数的49.76%；农村妇女评上农民技术职称975人，占评定总数的8.85%。

农业科技示范户

70年代末80年代初，萧山有基层农业科技队员7000多人，形成县、区、公社、大队4级农技推广网。后陆续解体。为解决农技推广断层问题，1997年始，陆续选择一批基础较好的承包大户、专业户作为农业科技工作联系户和科技示范户。1999年1月市政府命名101户市级农业科技示范户，其中粮油43户、畜牧20户、林业特产（包括花卉、苗木、蔬菜）26户、水产12户。后，各镇乡相继建立镇乡级农业科技示范户。1998～2000年，分别评出并表彰市级先进科技示范户44户。靖江镇靖东村洪德兴（养蜂）、城厢镇湘湖村吴土良（水产），被评为省级农业科技示范户。

第五节 农民企业家

80年代，萧山农村经济迅速发展，乡镇企业异军突起，一批农民企业家[①]应运而生。1986年，杭州万向节厂厂长鲁冠球被评为全国10名最佳农民企业家之一[②]。至2000年，据萧山市农业部门调查统计，全市农民企业家有6000多人，

①农民企业家界定的标准：1.萧山民间不成文的标准：户籍在农村，创办有独立的经济组织，有营业执照，产品有注册商标，有独立的法人资格；在“以工（商）补农”、安排农村剩余劳动力上业绩显著，关注和支持社会公益事业；单家企业固定资产净值，工业200万元以上，服务业100万元以上，农业50万元以上。2.理论标准：乡镇企业中有强烈商品经济意识和开拓创新精神，善于经营管理的经营者、组织者，他们能把资金、技术、劳力、资源等要素进行优化组合，把提高经济效益作为企业赖以生存和发展的基本条件，高度重视市场信息，大胆起用优秀人才，敏锐地吸收各种新事物，勇于改革进取，能较好地注意协调国家、集体、企业、个人的利益，不断提高企业的经济效益，为发展社会生产力作出较大的贡献。他们是发展农村商品经济，引导农民走共同富裕道路的带头人。（资料来源：农业大词典编纂委员会：《农业大词典》，中国农业出版社，1998年，第1183页）

②1986年，由中央人民广播电台、中央电视台经济部和中国乡镇企业报社联合举办的当代中国优秀农民企业家评选活动中，杭州万向节厂厂长鲁冠球被评为全国十名最佳农民企业家之一。此后，没有此类农民企业家的评比消息。但在萧山民间，农民企业家的称号已被广大居民认可。

其中13人次先后被评为全国优秀乡镇企业家（农民企业家）[1]、3人次被评为全国优秀民营企业家、40人次被评为浙江省优秀乡镇企业家。

成长历程

1979年，萧山实施“一个主体（农业）、两只翅膀（社队企业与多种经营）”的农业发展指导方针，一些村镇“能人”从田里“洗脚上岸”就地兴办“五小”工业（习惯上指乡村办的小五金、小化工、小印染、小纺织、小加工为“五小”工业，但各地情况各异，“五小”工业项目并不完全相同）。瓜沥镇航民大队投资6万元，创办航民漂染厂，时任大队会计的青年朱重庆担任厂长。航民村由此迈开工业强村富民的路子，后来被誉为“江南第一村”，朱重庆先后被评为全国优秀乡镇企业家、全国劳动模范称号。

1983年，萧山放宽个体工商户申报登记手续，鼓励发展个体工商业，农村中有一技之长、有资金实力、有信息资源或在外有关系的农民，开始经商、办厂、当种养大户。1987年，萧山完善农村统分结合的双层经营体制，出台鼓励农业适度规模经营的政策，农村中一批种田能手开始承包土地办家庭农场，从事规模种养殖业。是年，全县涌现承包大户1291户，其中大田种植大户389户，畜禽养殖大户632户，水产养殖大户268户，林特生产大户2户。

80年代中后期，萧山由传统的农业县一跃成为全省的工业强县（市）。1992年，乡镇企业实施产权制度改革。市政府印发《关于农民进入城镇居留落户的通知》（萧政发〔1992〕58号），继续鼓励个体私营经济的发展，开始探索改革户籍制度，1993年，全市有491人办理蓝印户口[2]进城镇务工经商。1996年，萧山完善农业生产责任制，实施人分口粮田，劳包责任田的“两田制”，又一批种养能手和乡镇企业精英投入农业开发，是年，全市承包土地50亩以上的种养大户1085户，承包面积179496亩，平均每户承包165.43亩。全方位持续的改革开放，产生和培养大批的农业企业家。至2000年，全市在册私营企业6291家。大部分私营企业主来自农民。

共同特征

有胆有识　敢于创新　不论是务工经商，还是从事种植、养殖的农民企业家，他们不管前进道路上困难重重，敢于直面相对，善于搏风击浪，抢抓一切机遇，顺应历史潮流开创新业。全国农民企业家鲁冠球靠打铁铺起家，经几十年的艰苦奋斗，其创办的万向集团名列全国民营企业500强第五位。23岁的河南姑娘尚舒兰，在围垦土地创办农场，经10余年的拼搏，成为闻名遐迩的农民企业家、全国劳动模范。

来自农民　服务农民　萧山的农民企业家不管从事何种行业，与广大农民保持密切联系，一方面从农民群众中吸取营养，另一方面又真诚地为农民服务。他们把30余万农民从田畈里拉起来成为自己企业的一员，既解决了农村剩余劳动力的出路，增加农民的收入，又壮大务工队伍，促进了工业经济的发展。从事商品流通的企业家，他们中有的专业从事农产品销售，把千

①乡镇企业家又称农民企业家。改革开放后，农村社队企业进入市场，一些农民或承包社队企业，或挂靠社队或自己出资兴办企业。随着人民公社的解体、家庭联产承包责任制的确立和农村城镇化的推进，社队企业更名为乡镇企业，并如雨后春笋般地迅速成长起来。与此相应，一大批来自农村的企业家应运而生。

②即经批准符合务工经商条件取得城镇常住户口的农民（包括其配偶和子女），为便于管理，由当地公安机关在其户口簿上加盖蓝色印章。“蓝印户口”属当地需要，当地受益，当地负担，当地有效的城镇居民户口。“蓝印户口”人员享受当地城镇居民在就学、就业、粮油燃料供应等方面的同等权益，履行当地城镇居民同等义务，纳入所在地街道居委会管理。凡申请办理“蓝印户口”的人员，必须提供有关证明材料，填写审批表，报市“蓝印户口”管理办公室审批，在一次性缴纳城市建设配套费后，由市公安局核发准迁证。［资料来源：萧山市人民政府《关于农民进入城镇居留落户的通知》（萧政发〔1992〕58号）］

家万户生产的蔬菜、瓜果、苗木收集起来，运往全国各地，甚至销往国外，解决了广大农民的后顾之忧，富了一方百姓，活跃了市场，丰富了人民的物质文化生活。

招贤纳才　提高自身　1986年，宁围乡宁新村农民徐传化与儿子徐冠巨创办宁新村合作净剂厂，生产、供销、内部管理均由父子俩人和家庭亲属兼任。随着新产品的开发成功，企业规模扩大，裙带式招工管理模式已难以适应企业的发展，1990年，该厂第一批向社会招聘4名管理人员、3名技术人员。1995年，徐冠巨等3人组建浙江传化化学集团有限公司，开始广泛招聘企业人才。至2000年，该集团公司引进的人才来自全国26个省、市、自治区，其中中层以上管理人员76人、技术岗位人才450多人。其他企业家也都注重人才的引进，促进企业新的发展。与此同时，他们为克服先天文化水平不高的不足，进行艰苦自学。据对34位业主家庭全年教育费用调查，2001年共投入44.13万元，其中用于个人学习的费用6.57万元，人均1933元，最多的为7000元，有21位业主通过自学提高了学历。他们还注重接班人的培养，认为第二代应该是具有大学学历和德才兼备的人才。1985年，浦阳镇农民孙子仁向亲友借款3000元，创办萧山密封件厂。至2000年，企业总资产2692万元，年工业产值2107万元。为确保企业持续发展，年近70的孙子仁考虑把已具“将才”的两个儿子进一步培养成“帅才”，决定选送大儿子去浙江大学读MBA，小儿子去南京工业大学学习高分子材料学。

创新制度　完善管理　农民企业家在创业初始或后来较长时间内，都实行家长式、家族式管理。90年代中期，一批已粗具规模的乡镇企业以及个体、私营企业开始引进现代企业管理制度，实行股份制改革，将资产股份量化给共同创业的家族人员和内部职工，建立股东大会和董事会、监事会等内部机构，共同管理企业。至90年代后期，萧山的企业转制全面完成，民营经济蓬勃发展。

农民企业家注重人本管理，完善系列管理制度，为员工营造稳定的工作环境。90年代后期始，企业普遍建立社会保障制度。2000年，全市参加社会养老保险的企业2988家，参保职工13.56万人。

表11-6-194　1986～2000年萧山市（县）获得省级以上优秀企业家名录

姓　名	性别	出生年月	籍贯	政治面貌	类　型	评选年限	工作单位	职务
鲁冠球	男	1945-01	萧山	中共党员	全国最佳农民企业家	1986	杭州万向节厂	厂长
鲁冠球	男	1945-01	萧山	中共党员	全国优秀企业家	1988	杭州万向节厂	厂长
鲁冠球	男	1945-01	萧山	中共党员	全国优秀企业家	1989	杭州万向节总厂	厂长
鲁冠球	男	1945-01	萧山	中共党员	全国优秀乡镇企业家	1991	杭州万向节总厂	厂长
陈张海	男	1935-12	萧山	中共党员	全国乡镇企业家	1991	萧山市五金工具厂	厂长
朱重庆	男	1953-02	萧山	中共党员	全国乡镇企业家	1991	瓜沥镇航民实业公司	总经理
葛小珍	女	1943-03	萧山	中共党员	全国优秀女企业家	1992	浙江华裕工艺织染有限公司	总经理
鲁冠球	男	1945-01	萧山	中共党员	中国乡镇企业功勋	1994	万向集团	董事局主席
朱重庆	男	1953-02	萧山	中共党员	全国乡镇企业家	1994	航民实业公司	总经理
陈张海	男	1935-12	萧山	中共党员	全国乡镇企业家	1994	万达集团公司	总经理
项维清	男	1940-07	萧山	中共党员	全国乡镇企业家	1994	杭州弹簧垫圈厂	厂长

续表一

姓　名	性别	出生年月	籍贯	政治面貌	类　型	评选年限	工作单位	职务
黄来兴	男	1945–05	萧山	中共党员	全国乡镇企业家	1994	亚太机电集团公司	总经理
陈招贤	男	1958–06	萧山	中共党员	全国乡镇企业家	1994	北天鹅集团公司	总经理
徐冠巨	男	1961–06	萧山		全国优秀民营企业家	1995	浙江传化化学集团有限公司	总裁
王鑫炎	男	1951–02	上海	中共党员	全国优秀乡镇企业家	1997、1998	浙江爱迪尔包装集团有限公司	董事长兼总经理
徐冠巨	男	1961–06	萧山		全国优秀乡镇企业家	1998	浙江传化化学集团有限公司	总裁
朱重庆	男	1953–02	萧山	中共党员	浙江省优秀企业家	1987	瓜沥镇航民村萧山漂染厂	厂长
陈张海	男	1935–12	萧山	中共党员	浙江省优秀企业家	1988	萧山市五金工具厂	厂长
项维清	男	1940–07	萧山	中共党员	浙江省优秀企业家	1988	杭州弹簧垫圈厂	厂长
黄银霞	女	1945–02	诸暨	中共党员	浙江省优秀企业家	1989	萧山精密压力机厂	厂长
黄来兴	男	1945–05	萧山	中共党员	浙江省乡镇企业优秀企业家	1989	萧山汽车制动器厂	厂长
钱金根	男	1953–10	萧山	中共党员	浙江省乡镇企业优秀企业家	1989	杭州农药厂萧山分厂	厂长
黄世培	男	1947–07	萧山	中共党员	浙江省乡镇企业优秀企业家	1990	杭州曲轴总厂	厂长
余冠松	男	1952–11	萧山	中共党员	浙江省乡镇企业优秀企业家	1990	杭州麻纺织厂	厂长
颜常根	男	1937–06	萧山	中共党员	浙江省乡镇企业优秀企业家	1990	杭州江南油管厂	厂长
沈仁泉	男	1956–05	萧山	中共党员	浙江省乡镇企业优秀企业家	1990	杭州万向节总厂	副厂长
陈陆林	男	1944–11	萧山	中共党员	浙江省乡镇企业优秀企业家	1990	萧山天然大理石厂	厂长
孙解民	男	1947–12	萧山	中共党员	浙江省乡镇企业优秀企业家	1990	萧山三利棉纺织厂	副厂长
葛小珍	女	1943–03	萧山	中共党员	浙江省优秀企业家	1993	浙江华裕工艺织染有限公司	总经理
王志杰	男	1935–10	萧山	中共党员	浙江省优秀企业家	1993	浙江双飞汽车齿轮集团公司	总经理
张官富	男	1954–07	萧山	中共党员	浙江省优秀企业家	1993	浙江农垦水泥厂	厂长
鲁冠球	男	1945–01	萧山	中共党员	浙江省功勋乡镇企业家	1996	万向集团公司	董事局主席
陈张海	男	1935–12	萧山	中共党员	浙江省最佳优秀企业家	1996	万达集团公司	总经理
傅裕仁	男	1953–05	萧山	中共党员	浙江省优秀乡镇企业家	1996	浙江永翔电缆集团	董事长、总经理
俞先富	男	1958–05	萧山	中共党员	浙江省优秀乡镇企业家	1996	杭州萧宏市政工程公司	总经理
方吾校	男	1949–07	萧山	中共党员	浙江省优秀乡镇企业家	1996	浙江胜达集团有限公司	董事长
郭明明	男	1962–11	萧山	中共党员	浙江省优秀乡镇企业家	1996	浙江东南网架集团有限公司	董事长、总经理

续表二

姓　名	性别	出生年月	籍贯	政治面貌	类　型	评选年限	工作单位	职务
邱建林	男	1963-08	萧山	民革成员	浙江省优秀乡镇企业家	1996	浙江恒逸集团有限公司	董事长、总经理
李成新	男	1959-01	萧山	中共党员	浙江省优秀乡镇企业家	1996	萧山印染三厂	厂长
俞灿和	男	1955-03	萧山		浙江省优秀乡镇企业家	1996	萧山电化总厂	厂长
潘文标	男	1957-08	萧山	中共党员	浙江省优秀乡镇企业家	1996	万向集团浙江汽车轴承公司	总经理
金伟相	男	1949-09	萧山	中共党员	浙江省优秀乡镇企业家	1996	杭州新宝水泥集团有限公司	董事长、总经理
徐冠巨	男	1961-02	萧山		浙江省优秀乡镇企业家	1996	浙江传化化学集团有限公司	总裁
朱重庆	男	1953-02	萧山	中共党员	浙江省优秀乡镇企业家	1996	萧山航民实业公司	总经理
钱来兴	男	1949-03	萧山	中共党员	浙江省优秀乡镇企业家	1996	萧山城北水泥厂	厂长
俞小兴	男	1946-02	萧山	中共党员	浙江省优秀乡镇企业家	1996	萧山临浦水泥厂	厂长
沈仁泉	男	1956-05	萧山	中共党员	浙江省优秀乡镇企业家	1996	万向集团有限公司主机件事业部	总经理
孙解民	男	1947-12	萧山	中共党员	浙江省优秀乡镇企业家	1996	杭州三利棉纺织厂	厂长
钱金根	男	1953-10	萧山	中共党员	浙江省优秀乡镇企业家	1996	杭州农药厂萧山分厂	厂长
项忠孝	男	1949-10	萧山	中共党员	浙江省优秀乡镇企业家	1996	杭州钱江电气集团	董事长、总经理
黄来兴	男	1945-05	萧山	中共党员	浙江省优秀乡镇企业家	1996	浙江亚太机电集团	董事长、总经理
单顺昌	男	1946-07	萧山	中共党员	浙江省优秀乡镇企业家	1996	浙江之江纸业有限公司	董事长、总经理
陈招贤	男	1958-06	萧山	中共党员	浙江省优秀乡镇企业家	1996	浙江北天鹅集团	董事长、总经理
王鑫炎	男	1951-02	上海	中共党员	浙江省优秀乡镇企业家	1996	浙江爱迪尔包装集团公司	董事长、总经理
孙元祥	男	1953-02	萧山	中共党员	浙江省优秀乡镇企业家	1996	杭州天元纺织有限公司	经理
孙子仁	男	1933-03	萧山		浙江省优秀私营企业家	1999	萧山市密封件厂	厂长

资料来源：萧山市（县）地方志编纂委员会编：1986～2000年《萧山年鉴》。

第六节　农民田间劳作

80年代，萧山随着农业机械化、规模化、科技化的推进，农民的田间劳作发生变化，劳动强度逐步减轻，机械化、半机械化程度提高。

播（插）种

萧山传统的农作物播（插、移）种，在80年代前基本上以手工播种为主，尤以水稻插秧为最普遍。水稻插秧前，先在秧田里拔秧，人蹲在秧田里，左右手同时开拔，待各拔满一大把后再合在一起，捆扎成一个秧把，尔后挑至田里开始插秧；插秧时一手捏着秧把，一手用拇指、食指、中指挟住秧苗往土里插，弯腰曲背，手脚浸在水里，从早到晚手霉脚烂还得坚持。90年代，逐步改为机械插秧、抛秧和直

图11-6-324　90年代末，瓜沥镇航民村晚稻直播（丁力摄）

播。2000年，随着农业种植结构的调整，农民田间人工播（插、移）种的农活明显减少。

耕　作

80年代前，田间耕作以人力翻耕为主，用铁耙翻掘土地，稻区和围垦区旱地也有用牛翻耕的。土地承包到户后，农户为节省劳力和减轻劳动强度，购置耕作机械逐年增多，集体也组织起农机服务队，田间人工耕作的农活逐年减少。大面积的水稻、大豆、蔬菜、春粮、油菜田多使用拖拉机翻、耙。2000年，全市机械翻耕面积66.83万亩，占总耕地面积的84.03%。机耕复种面积113.17万亩，其中春耕20.53万亩，夏耕55.82万亩，冬耕36.82万亩。农户承包的小块口粮田、自留地仍多用人力铁耙耕作，沙地区小块田人力翻耕的比稻区多。

图11-6-325　80年代初，城南地区用插秧机插秧（董光中摄）

施　肥

70年代，农田用肥以人畜粪、柴灰、生活垃圾和河（塘）泥为主。当时，每个农村生产队都有用以蓄积人畜粪尿的粪池（俗称窖池），家家户户有粪缸（坑）。用肥前，生产队组织壮劳力先把农家的人畜粪尿收购到集体粪池里，按浓稠程度适量加水。施肥时，每个劳力一副粪桶，装上粪尿或加水的碳铵、氨水为一担，重约60千克～75千克，粪桶为木制，后期也有用塑料制的。粪桶两侧有耳，两耳中孔系上三角型粪夹，粪夹为竹制，山区半山区也有藤制的。粪夹上端系上短绳套，以便套上扁担。农民肩挑粪担，手拿粪勺，粪勺为装有长柄的木勺，后期也有塑料制的，挑到庄稼地里手拿粪勺泼施。泼施肥料是项体力和技术结合的农活，熟练的农民，一粪勺肥料能均匀地泼浇在长约2米～3米、宽1米～1.2米的畦面上，保证2平方米～3平方米的畦面施肥均匀。80年代，土地联产承包到户，施肥以单家独户为主，化学肥料供应逐步充裕，肩挑粪担、手拿粪勺的施肥方法逐年减少；停止用河泥水草制沤肥、使用生活垃圾作土肥。90年代，化学肥料市场放开，各种氮、磷、钾肥和复合肥、微肥敞开供应，施肥由费时费力的人抬肩挑改为手撒轻抛。但至2000年，多数农户家中仍有粪桶、粪勺，以利用人粪尿泼浇小块菜园。

图11-6-326　90年代末，垦区仍有少量土地用牛耕作（杨贤兴摄）

除　草

80年代前，农田除草以人工为主。除草工具有大小刮子、镰刀（俗称小茅刀）等。沙地区草害比水稻区重，尤其是棉、麻、大豆、大小麦、油菜田除草，量大面广。棉、麻播种出苗后数天，即需第一次（俗称头番）除草，密密麻麻的棉麻苗与杂草混在一起，除草时农民需蹲身、曲腿、弯腰，用弯月形装有短柄的小茅刀细心地割除杂草，按留苗标准拔除多余的棉、麻苗。第二、三次（俗称二番、三番）除草在10天～20天后，仍需用小茅刀手工拔除。作物长大蔽阴后，除草任务减轻。稻区主要是在水稻插种后耘田时除草。80年代，各种除草剂逐步得到应用，加上耕作制度改革，品种结构调整，田间除草压力减轻。至2000年，田间除草基本上以化学除草为主，也有老弱劳力利用在家空闲，用刮子、小茅刀在小块菜园手工除草。

图11-6-327　80年代，城南农民稻田施化肥（赵新高摄）

清　沟

农田清沟是为了田间畦幅整齐，排灌畅通，降水时达到直沟（畦沟，沙地区俗称“秧沟”）通横沟，横沟通河流，不致受涝害；利用清沟的泥土给庄稼培土。80年代，农田清沟的任务较重，秋收以后，对渠道、排水沟进行清沟除草，用平肩铁耙（四齿，铁齿较阔）或稀齿铁耙（四齿，铁齿较细）清除沟底淤泥。用稀齿铁耙清除畦沟和横沟底的积泥，以作春粮等作物的培土。沙地区为粉砂土质，土壤易流失，又多旱地作物，一年四季都要清沟。稻区土质粘稠，清沟难度大于沙地区，有积水的田块，用泥撬（刀）撬沟底积泥，费力较大。但因夏、秋两季均是水稻作物，清沟任务相对较轻。

90年代，农田水渠、水沟逐步由泥筑改为混凝土U型板砌或石砌（前期也有砖砌的），渠、沟清沟任务减轻。稻区播种作物逐渐由一年三季向一年两季、一季转变，田间清沟工作减少。沙地区旱稻播种逐年消失，晚稻面积扩大，应用地膜覆盖和设施栽培，蔬菜、大豆等作物茬数增加，田间清沟次数相应增多，工作量加大。

图11－6－328　80年代末，红山农场场员在进行大豆地除草（丁力摄）

图11－6－329　90年代，戴村镇农民用手扶拖拉机平田（杨贤兴摄）

松　土

农田松土能起到防止土壤表层板结，促进农作物根系发达，提高肥效，消除杂草的作用。60～70年代，农田松土多在棉花、红麻、黄麻、大豆、花生田的苗期进行，松土的农具为大、中、小刮子，操作者紧捏刮子柄，在表土层来回削刮，消除作物间的杂草，疏松表层土。松土需有一定的技艺，熟练的可消除杂草，均匀松土又不伤及作物，不熟练的常良莠不分，伤及禾苗。麦田松土一般需进行两次，俗称“削麦”。一次约在麦苗4叶～5叶1心期，松削后再清沟培土压泥保暖。另一次约在小麦8叶1心期，操作者手捏中型刮子，在距麦苗数厘米处深削松土，可防止麦苗陡长并促进根系生长。80年代始，大面积的农田松土已少见，也有老农在小块菜地、花生地、大豆地松削。

图11－6－330　90年代，垦区用收割机收割麦子（寿健摄）

收　割

90年代前，水稻、大小麦收割以手工为主。人们习惯用弯月形锯齿状镰刀（俗称割子）割稻，用弯月形刃口锋利的大镰刀（俗称大茅刀）割大小麦、油菜，收割时劳动者需弯腰曲背。90年代初，各地陆续引进联合收割机，机械收割脱粒面积逐年扩大。沙地区的耕作制度多是畦边小麦或蚕豌豆，畦中为大豆、蔬菜或棉、麻，机械收割易伤及后茬作物，故大小麦机械收割比重小于水稻。

2000年，全市水稻、大小麦机械收割面积53.69万亩。但农户小块麦田、稻田仍以手工收割为主。大豆、油菜、蚕豌豆及蔬菜、瓜类、棉、麻收割均实行手工操作。

图11－6－331　2000年，临浦镇农民用打稻机脱粒稻谷（丁力摄）

脱　粒

60年代，稻、麦脱粒全用手工操作。沙地区大小麦脱粒用石壁①（俗称稻壁）、麦床②，农民手捧麦把在石壁、麦床上甩打脱粒。稻区水稻脱粒用稻桶。70年代，引进动力脱粒机，但稻麦脱粒仍以石壁、麦床、稻桶为主。

①石壁为旧时大小麦脱粒工具。石制，长约60厘米，宽约40厘米，厚约15厘米。使用时石壁直立略向后倾斜，后下部用块石支撑不致倒地。

②麦床为旧时沙地区大小麦脱粒工具，木架竹栅。形似睡床但比床高。

80年代至90年代，陆续引进动力打稻机、机动打稻机和联合收割机，至2000年，稻麦脱粒基本上以机械为主，但油菜、大豆、蚕豌豆、玉米仍以农具手工脱粒为主。

灌　溉

70年代，萧山大部分农田已实现自流灌溉，沙地区每个村均有2～3个固定机埠，以电动水泵提水通过干渠向支渠、农田灌水。稻区则有固定机埠和流动机埠（机动船装柴油机水泵）向稻田灌水，山区半山区用水库水自流灌溉。少量高地和远畈地也有使用木制水车人力灌溉。

图11—6—332　80年代，西兴镇农村用抽水机灌溉农田（董光中摄）

80年代后，农田灌溉基本以电动自流灌溉为主，旱季围垦地区大面积灌溉，也有用水泵直接从河中抽水灌溉，山区半山区偶有小块山地需挑水灌溉，沙地区则通过潜水泵抽井水灌溉园地。

病虫防治

60～70年代，棉、麻、大豆、玉米、瓜类苗期除虫以人工手捕为主。沙地区一般在早晨到田间捕捉地老虎、蜗牛等害虫。后期防治病虫用化学农药喷治，水稻、大小麦、油菜病虫防治则用人力喷雾器喷洒化学农药。80年代始，农田作物病虫害均使用人力、动力、机动喷雾机（器）喷洒农药。小块口粮田、自留地作物多用人力喷雾机，大面积喷药使用机动、动力喷雾（粉）机，也有对小块作物采用人力捕捉大型害虫（地老虎、蜗牛、青虫等）。

运　输

70年代，沙地区田间物资运送以人抬、肩挑、背负为主。中片稻区用农船，南片山区半山区用拖拉机、人力胶轮钢丝车运送。80年代始，农用运输机械增加，大面积的田间物资运输多使用机械，但物资装卸仍需人工操作。小面积近距离的田间物资多以人抬、肩挑、背负及手拉胶轮车运送。

图11—6—333　1998年11月，头蓬镇种粮大户向国家投售粮食（俞建龙摄）

第七节　农民收入

农民增收

1978年后，萧山农村居民收入逐年增加，并呈稳定增长态势。根据历年《萧山市（县）统计年鉴（光盘版）》和全国统计年鉴资料分析，1985年，萧山农村居民人均年纯收入673元，比全国农村居民人均年纯收入高275元，增长69.10%。2000年，萧山农村居民人均年纯收入6152元，比全国农村居民人均年纯收入高3899元，增长173.06%。

1980年前，农村居民纯收入主要部分来自集体经营分配收入。1980年后，实施农村改革，耕地等生产资料联产承包到户，乡村企业发展，农村劳动力向二、三产业转移，农村居民收入结构发生变化。农业种植、养殖业收入比重下降。1985年，农（种植）、林、牧、渔业，人均收入321.91元，占是年人均收入的47.8%；1990年，人均480.22元，占35.0%；1995年，人均948.89元，占24.40%；2000年，人均643.68元，占10.50%。据农村住户调查资料，1984年后，农村居民工资性收入增长，家庭经营收入比重下降，农村居民收入来源呈多元化（详见《居民生活》编）。

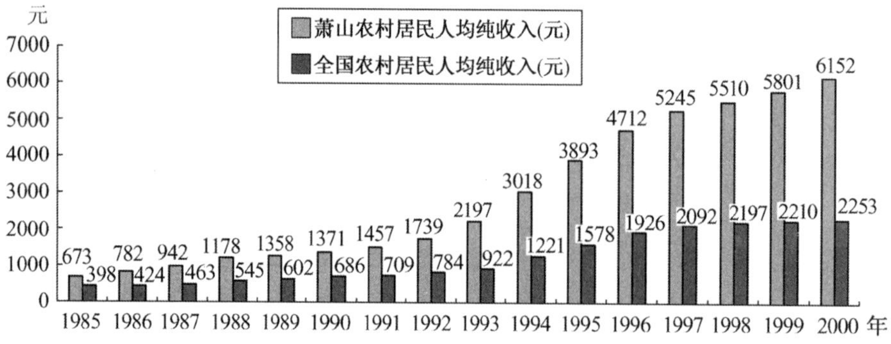

图11-6-334 1985～2000年萧山农村居民与全国农村居民人均年纯收入比较

增收因素

农副产品提价　1979年后，国家多次调整农副产品收购价格，改革农副产品统派购制度，1985年，全面放开农副产品市场，部分农副产品价格上扬。1992年，市场经济体制确立，农民的生产自主权、产品支配权进一步扩大。后随着各项配套改革的深化，农民的自主权和自由择业权力不断扩大，得到的收益也不断增加。

结构优化　1980年后，农业产业结构逐步优化，全县以“粮、棉、麻、油”为主导产业的格局，逐步为适应市场需求体现区域资源优势的产业（品）所替代。1984年，全县播种粮食130.92万亩（含大豆3.23万亩），棉花12.93万亩，络麻22.97万亩，油菜16.34万亩，四项作物播种面积共183.16万亩，占全县农作物播种面积的89.22%；四项作物产值26412万元，占全年农业总产值的64.84%。2000年，全市形成蔬菜、畜禽、苗木花卉、水产、林特茶果五大特色产业。是年，特色产业产值占全市农业总产值的70.9%，粮、棉、麻、油等作物产值所占比重降至29.1%。

二、三产业发展　农村经济结构逐步调整，二、三产业快速发展，农村劳动力大批转移到非农领域，工资性收入增长，由此带来收入结构变化。

收入差距

区域性收入差距　1984年，全县农村居民人均纯收入547元（“区域性收入差距”和“居民内部收入差距”2个子目中所涉数据均来自市农经管理总站农村住户调查资料），由于经济发展水平不同，位于半山区的楼塔公社人均291元，中部水网地区的城南公社人均429元，北部沙地区的宁围公社人均985元，东北部沙地区的赭山公社人均701元。2000年，全市农村居民人均纯收入6641元，其中南部山区半山区的欢潭乡3770元，中部水网地区的新塘乡6249元，北部沙地区的宁围镇10741元，东北部围垦区的前进乡6096元。不同地区的村与村之间，收入差距更大。2000年，瓜沥镇航民村人均收入11500元，欢潭乡邵家塔村2278元，相差9222元。是年，南部地区11个镇乡农村居民人均纯收入5008元；东部地区12个镇乡人均纯收入7095元；中部（包括原城北地区）8个镇乡人均纯收入7723元。南部地区农村居民人均纯收入比中部地区少2715元，比东部地区少2087元。

居民内部收入差距　1998年，在农村居民人均收入中，来自个体工商户和私营企业的部分收入人均为879元，占15.6%。扣除高收入群体的影响，全市农村居民人均收入为4759元。按区域分，南片地区年从个体工商户和私营企业得到的收入人均711元，占17.44%；中片地区1446元，占21.72%。中片地区农村居民内部收入不平衡性较南片、东片地区更为突出；衡量收入分配的基尼系数从1997年的0.2847上升到1998年的0.2973。2000年，据市农经管理总站调查统计，农村居民人均收入中来自个体工商户和私营企业部分收入1643元，占24.29%。扣除高收入群体的影响，全市人均纯收入仅4998元。按区域分，南片地区年从个体工商户和私营企业得到的收入人均1359元，占26.16%；中片1876元，占24.29%；东片地区1745元，占24.59%。南片地区农村居民内部收入不平衡性较东片、中片地区更为突出。

粮食收支

粮食收入　1986年，农村居民人均收入粮食524.6千克，其中，家庭生产经营收入449.7千克，占85.72%；向外（粮食市场和农户之间）购入73.7千克，占14.05%；其他收入1.2千克，占0.23%。1992年，农村居民人均收入粮食423千克，其中家庭生产经营收入372.1千克，占87.97%；购入40.8千克，占9.65%；其他收入10.1千克，占2.38%。比1986年人均收入减少101.6千克，其中，家庭生产经营减少77.6千克。2000年，农村居民人均收入粮食362千克，其中家庭生产经营收入211千克，占58.29%；购入145千克，占40.06%；其他收入6千克，占1.65%。比1986年人均收入减少162.6千克，其中家庭生产经营减少238.7千克，仅为1986年的46.92%；购入增加71.3千克，增长96.74%。家庭生产经营收入减少原因是农业产业结构调整后粮食播种面积减少，特别是中部、南部水稻地区粮食由“三熟制”向“二熟制”甚至一年只种一季晚稻转变；一部分农民离土离乡从事二、三产业或举家迁往城镇居住，由售粮户变为购粮户。

粮食支出　1986年，农村居民人均粮食支出477.3千克，其中生活用粮267.9千克，占56.13%；出售给国家和集贸市场108.5千克，占22.73%；生产用粮及饲料粮100.9千克，占21.14%。1992年，农村居民人均粮食支出457.6千克，其中生活用粮282千克，占61.63%；出售88.6千克，占19.36%；生产用粮及饲料粮87千克，占19.01%。比1986年人均支出减少19.7千克，其中生活用粮增加14.1千克，出售减少19.9千克；生产和饲料粮减少13.9千克。2000年农村居民人均粮食支出435千克，其中生活用粮273千克，占62.76%；出售36千克，占8.28%；生产用粮和饲料粮126千克，占28.96%。比1986年人均支出减少42.3千克，其中生活用粮增加5.1千克，出售减少72.5千克，生产和饲料用粮增加25.1千克。出售粮食大幅下降和生产及饲料用粮增加，原因是粮食播种面积减少和畜牧业、渔业用粮快速增长。

粮食结存　1986年，农村居民年末人均粮食结存237.8千克（含上年结存的粮食数，下同）；1992年，年末人均结存317.3千克，比1986年增加79.5千克；2000年，年末人均结存169千克，比1986年减少68.8千克，比1992年减少148.3千克。粮食生产下降、饲料用粮增加及粮食市场供应充裕，是粮食结存下降的主要因素。

第八节　农民消费

农村改革开放后，萧山农民的生活由温饱型向小康型发展，生产、生活消费水平有明显提高。

生产消费

家庭经营生产费用　实行家庭联产承包责任制后，农民发展农业多种经营和家庭工、副业生产费用逐年增多，消费额快速增长。1985年，人均支出生产费用221.92元，占年人均总支出的25.66%；1990年209.79元，占年人均总支出的16.06%；1995年459.65元，占年人均总支出的10.85%；1999年405.82元，占年人均总支出的8.29%，与1985年比，人均支出额增加183.90元，但占总支出的比例下降17.37

个百分点。

2000年，人均购买农业生产资料费用610.10元，占人均总支出的10.20%。生产费用上升因素是农户在应用农业科技，购买良种、薄膜和发展养殖业方面的投入增加。尤其在饲料费用及种子由过去自产自留自用改为购买优质新品种上的开支较大。2000年，人均购买化肥、农药、薄膜、种子、饲料等218.54千克。

表11-6-195　1990～2000年萧山农村居民人均购买生产资料情况

单位：千克

年份	化肥	饼肥	农药	薄膜	柴油	年份	化肥	饼肥	农药	薄膜	柴油
1990	173.09	0.93	2.37	0.08	0.46	1996	113.68	0.03	3.50	0.19	1.47
1991	175.18	10.50	4.29	0.17	0.97	1997	100.30		4.06	0.25	3.94
1992	162.16	0.27	2.63	0.09	0.19	1998	147.10		3.19	0.15	3.44
1993	147.27		2.84	0.04	3.13	1999	74.51		3.34	0.22	
1994	119.06		2.41	0.22	1.59	2000	95.25		3.72	2.04	
1995	112.58		3.29	0.14	2.19						

资料来源：1990～1993年，《萧山市国民经济统计资料》。1994～2000年，《萧山市统计年鉴》。

购置生产性固定资产　农村居民家庭人均购置生产性固定资产的支出费用，1985年为12.86元，占年人均总支出1.49%；1990年5.11元，占年人均总支出的0.39%；1995年285.10元，占年人均总支出的6.73%；1999年3.13元，占年人均总支出的0.06%；2000年341.10元，占年人均总支出的5.29%（2000年购置生产性固定资产费用为是年农村农户购买生产性固定资产全部农业人口人均数）。1985～2000年间，购置农业机械费用增长较快。

生活消费

随着农村居民收入增加，生活改善，衣着、交通通信、医疗保健、家庭设备用品、文化教育等消费均有不同程度的增加。恩格尔系数也呈下降趋势，但食品消费支出仍占农村居民生活消费支出的最大比重（详见《居民生活》编）。

住房消费　农村居民人均住宅建设的费用，随住宅更新换代的加快而增加。1985年，人均住宅建设费用120.00元，占全年人均收入的17.82%；1990年235.90元，占17.21%；1995年817.55元，占21.00%；2000年1541.37元，占25.05%。

表11-6-196　1990～2000年部分年份萧山农村居民人均购买建筑材料情况

年份	水泥（千克）	木材（立方米）	钢材（千克）	水泥预制件（件）	玻璃（平方米）	砖瓦（块）
1990	168.12	0.04	18.41	0.98	0.27	108.12
1992	169.45	0.06	6.96	0.81	0.16	315.97
1995	137.59	0.05	7.84	0.82	0.84	507.71
1999	296.92	0.02	66.79	1.54	0.67	294.96
2000	314.54	0.05	39.91	0.41	0.22	545.12

资料来源：1990～1992年，《萧山市国民经济统计资料》；1994～2000年，《萧山市统计年鉴》。

燃能消费　萧山农村居民生活燃能（仅指烧水、煮饭、做菜用能等）历来以山柴、秸秆为主。1982年前，家家户户砌有柴灶，大户人家又家境条件较好的砌三孔（眼）灶；中等人家的砌二孔（眼）灶，中间嵌汤锅，利用余热烧热水洗涮碗筷和洗脸等；家境条件差的只砌单孔（眼）直立式灶。二孔灶、三孔灶均砌有烟道（囱）排烟；单孔灶亦称缸灶，一般没有烟道（囱），用时常满室烟雾。为了节柴，农家一般饭菜一锅熟，即淘米下锅加水，上放蒸架蒸菜，覆以木、竹制高锅盖。山区、半山区农户以山柴（灌木、乔木枝桠、竹及山草等）为主燃料，平原稻区则以稻、麦、油菜秸秆作炊，棉区、麻区以棉秆、麻秆、玉米秆、豆秆及芦苇为燃料。1982年，全县农村246259户农户，筑有柴灶25万多座（包括不立户的有子孤老户）。棉麻区多数农户房前屋后堆有草蓬，即用棉、麻秆和麦草堆起的柴垛，山区、半山区则建有柴房。农民以收获的作物秸秆和砍伐的山柴作燃料，部分多余的到农贸市场交易，多由城镇居民购买。

80年代，城镇居民凭票（卡）购买煤制品，部分多余的流入市场卖向农村，农户以煤制品作燃料，但因绝大部分农户家中没有燃煤专用灶，只能用小煤炉（有铁壳制和陶制两种）烧水煮饭。其时，电饭煲、电茶壶开始进入农家，青年男女婚嫁以电饭煲、电茶壶作嫁妆或礼品。90年代，液化石油气（煤气）进入农村，与此配套的脱排油烟机、换气扇等也进入农家。据南阳镇1999年统计，全镇农村装有脱排油烟机1553台、换气扇4243台。同时，热水器、微波炉、饮水器也进入农户家庭，电饭煲、高压锅基本普及。农村居民称生活燃具变化是“70年代省柴灶，80年代电饭煲，90年代煤气灶”。农户屋内装饰不断革新换代，以柴作燃料多烟雾灰尘，一部分新房不再砌柴灶。农户以液化气作燃能，电能炊具、煤炉、太阳能热水器和柴灶作辅助燃能工具。

1982年，全县林地和秸秆作物面积217.66万亩，薪柴资源量80.15万吨；1992年后，农业产业结构调整步伐加快，棉、麻和粮食播种面积逐年下降，作物秸秆产量逐年减少。2000年，全市林地和秸秆作物面积165.32万亩，薪柴资源量57.93万吨，分别比1982年减少52.34万亩和22.23万吨。

表11-6-197　1982年萧山薪柴资源拥有量分布情况

类　别	柴草资源	公社、（镇）、农场
1	缺乏	楼塔、大同、河上、戴村、云石、许贤、进化、城山、所前、大庄、长河、浦沿、坎山、临浦、瓜沥镇、城厢镇
2	缺乏	永兴、大桥、朱村桥、桃源、径游、浦阳、浦南、新江岭、通济、义桥、螺山、城东、新塘、来苏、石岩、城南、衙江、城北、闻堰、西兴、钱江、宏图、昭东
3	一般	欢潭、衙前、新街、长山、宁围、盈丰、党湾、新湾、南阳、赭山、河庄、头蓬、义盛、甘露、梅西、靖江、乐园、新围、宏伟、前进、夹灶、党山、长沙、瓜沥、光明、大园、益农、各农垦场

注：①资料来源：萧山市农业局编：《萧山县农业志》，浙江大学出版社，1999年，第211页。
②柴草资源全县平均255千克/人·年（以可烧10个月为划分标准，低于2个数值的为缺乏，高于2个数值的为一般）。

1992年后，薪柴资源量大减，用柴也锐减，上山砍柴减少，乱砍乱伐山林现象基本杜绝，森林覆盖率提高，林间植物和动物增多，部分作物秸秆成为多余。每到春、夏、秋三季粮食收获季节，大田放火烧（稻、麦）草兴起，尤其是每年11月份，燃烧的稻草浓烟弥漫着天空，连城市上空也飘荡着久久不散的烟雾，这种做法既浪费资源，又污染空气、影响交通。此外，河道两岸芦苇茂密，河中革命草（学名空心莲子草）覆盖成灾，部分航道堵塞，泄洪不畅。2000年，市政府办公室印发《关于做好秸秆还田利用和秸秆禁烧工作的通知》（萧政办发〔2000〕119号），要求推广秸秆还田、禁止放火烧草，后虽有减少，但禁而不止。

至2000年，农村农户生活用能基本以液化气为主，电能和柴草为辅。60%的农户家中仍筑有柴灶，以充分利用秸秆，逢年过节，婚、丧、嫁、娶可以拉开场面烧煮。一部分上年纪的农民认为柴灶铁锅烧煮饭菜比液化气铝锅烧煮饭菜口味好，这也是柴灶尚存的原因。

表11-6-198 1982～2000年部分年份萧山薪柴资源情况

名　称	1982年		1992年		2000年	
	面积(万亩)	数量（吨）	面积(万亩)	数量（吨）	面积(万亩)	数量（吨）
林地薪柴	37.11	78772	33.21	70494	36.90	78326
棉　秆	12.20	41476	10.10	34337	2.32	7887
麻　秆	22.20	161900	16.97	123759	0.30	2188
稻　草	79.88	237510	85.78	255052	61.78	183692
麦　草	38.75	203590	37.94	199334	27.91	146637
油菜秆	19.52	38303	17.97	35262	6.58	12912
其　他	8.00	39995	11.51	57543	29.53	147632
合　计	217.66	801546	213.48	775781	165.32	579274

资料来源：1982年、1992年由区农业局提供，2000年由区农业和农村工作办公室提供。

【附】

楼塔镇儒坞村燃能结构变化调查

楼塔镇儒坞村，居民75户，常住人口258人，有男女劳动力140人，其中男劳力76人，女劳力64人；纯务农劳力42人，其中男10人，女32人（主要是采茶）；务工劳力男66人，女32人。全村有耕地99亩，其中围垦土地60亩，山坡地22亩。有林山地828亩，其中茶园78亩。森林覆盖率93.55%。

1980年前，农户生产、生活用燃全是山柴，全年用柴139.6吨，其中集体茶厂用柴30吨。1980年后到1990年，市（县）农村能源办公室在该村推广节煤器、省柴灶，加上家用电器使用及农户养猪数量减少，用柴量开始减少。1990年，全村用柴60吨；2000年，农民生活用燃基本上用清洁能源，烧饭、烧茶用液化气，洗澡等生活用水用太阳能，全年用柴20吨左右。与1980年比，林地立木蓄积量增加2.3倍，立竹量增加1.9倍，每亩达180枝，森林覆盖率提高2.95个百分点；林区动植物种类增多，郁闭度提高，1980年前不见鹿、野猪踪迹，2000年，已有野猪、鹿、穿山甲、松鼠、黄鼠狼，另有鹰、雀、山鸡、野鸭等多种鸟类。

（资料来源：根据萧山区农业局2004年农村燃能结构的调查材料整理）

第九节　农民住宅

中华人民共和国成立前，萧山农村居民住房，南部、中部地区一般多为穿架砖木结构瓦房，用料经济，结构简易，以平房和二层楼房为主，约占总户数的75%左右。贫苦农民多住草房，约占总户数的15%左右。乡绅富户宅第则比较讲究，主楼多为两层，约占总户数的6%～7%。[①]东北部地区开发历史较短，农村住房多以草房为主，少数乡绅富户建有砖木结构平房，极少楼房。

60年代，东北部地区农村居民对居住的期望是“前面一个潭（池塘），后面一个园（竹、果园），三间横舍（草房）朝东南”。20世纪末，全市农村除围垦区尚有极少量工棚式草房外，居住型草房已基本消失。1999年，村民人均住房80平方米，99%是楼房。[②]至2000年，萧山农村居民住房历经五代更新，经济发展较快地区如红山农场、瓜沥镇航民村、党山镇梅林村等，已向第六代发展。

萧山农村居民多为一户一宅，住宅面积逐年扩大。据2004年8月354份问卷调查汇总，1985年，户均住宅0.85套、面积97.87平方米；1990年0.92套、132.72平方米；2000年0.97套、192.11平方米。农村居民住宅类型，据临浦镇、南阳镇、宁围镇、所前镇等8个镇264份问卷调查资料显示，二层和三层楼房占所有样本的80%（其中自建二层楼占31%，自建三层楼占49%），自建四层楼房占18%，高档别墅和其他各占1%。

第一代住宅

70年代，中部、南部地区仍以老房为主，一些因人口增多或经济较好的户，以黄泥、沙石、石灰“三合一”土夯实为墙，上覆瓦片（土瓦、平瓦）建造新房。东北部地区有少量农村居民建造平房，多数农民仍以草房为主，家境条件好些的建造“横舍”，一般3～4间；条件差些的造“直头舍”或“箍桶舍”，多无窗。草房以草、竹、木为建筑材料，布局分散，夏、冬季节天气干燥，火灾不断。草房房顶用草有茅草、稻草和麦草。茅草可用4～5年，但野生茅草数量少，价格贵，农村居民多以晚稻草为主，可用2～3年；少数用麦草，易霉烂生虫，只能用1年。草房墙（俗称舍壁或风坝）为芦苇、芦竹、芦荻等禾本科植物编织而成，可用多年。

第二代住宅

70年代末80年代初，农村多种经营发展，乡村企业（社队企业）兴办，农村居民收入开始增加，建房热潮高涨，一般以砖混结构平房和二层楼房为主。东北部地区已不再建草房，中部、南部地区不再建造泥墙房。70年代中期，东北部地区一些造不起瓦房的农户，开始建造以块石或“三合土”为墙，上盖多孔混凝土板的平台房，当地农民称之为“扑转窖池”（意为倒置的粪池）。1977年4月17日，一场10级大风加冰雹突袭东北部地区，倒坍的房子多为“扑转窖池”，人畜也有伤亡。此后不再建此类房子。[③]

第三代住宅

80年代中期至90年代初期，农村掀起又一轮建房热潮。其时，经调整修编的村庄规划已经完成，农村居民对平房和简易的二层楼房进行改建，并继续新建住房，一般为二层半。南部、中部地区多以“一”字型，建材以砖、瓦、混凝土预制板为主，地基为石砌，少用水泥圈梁，外墙粉饰多以石粉，屋顶以

①《衙前镇志》编写组编：《衙前镇志》，方志出版社，2003年，第672页。

②坎山镇《三盈村志》载：1994年，最后一户草房消失。

图11－6－335　70年代前沙地区农村第一代住宅（图为直头舍）（杨贤兴摄）

图11－6－336　70年代末至80年代初沙地区农村第二代住宅（图为平房）（杨贤兴摄）

③据戚雯雯萧山东部农村民居变化调查：瓜沥镇高某某，女，62岁。她说：“1977年，台风把我家二间半直头舍吹倒了，我只好易地建了三间平屋。夫妻俩靠1亩多地生活，三个儿子成家后都新建楼房分开住，我只好在平屋里住到去世算了，实际我也没钱去建新楼房。”

图11－6－337　80年代中期至90年代初沙地区农村第三代住宅（杨贤兴摄）

“人”字型平瓦或混凝土预制板架平顶，尚无挑梁式走廊，门窗主要是木材，间以钢窗或水泥预制窗框，每户造价2万元左右。室内装修基本不考虑，卫生间没有设计在内。东部地区在“一”字形的基础上，有少量农村居民建一些“7”字形房屋。[①]

第四代住宅

90年代中期，农村建房进入更高标准的升级换代时期，在此以前，为规范农村建房，实施村庄规划，严格执行市政府出台的农村建房占地标准。小户（3人）占地面积75平方米，其中主房63平方米，附房5平方米，道地7平方米；中户（4～5人）占地面积110平方米，其中主房88平方米，附房7平方米，道地15平方米；大户（6人以上）占地面积125平方米，其中主房95平方米，附房10平方米，道地20平方米。同时，规定农村建房的审批程序。当时东北部地区仍以沿河沿路散建为主，中部、南部地区则以集体联户或自行联户，几户联建一字型朝南排列的联排式建筑，多以三层楼房为主。室内设计卫浴设施，外墙始用马赛克装饰，内部依各户经济条件装修，装饰费用一般在3万元以上。三夹板护墙和铝合金门窗被普遍采用，阳台被封闭。每户总造价约在10万元以上。[②]

第五代住宅

90年代末，农村建房始向别墅式、联立式方向发展，村庄规划执行趋向严格。1997年，市政府办公室印发《关于开展小康型村庄建设试点工作的通知》（萧政办发〔1997〕124号），进行新一轮村庄规划的编制。这一代农村居民住宅的主要特点是防地震，混凝土框架结构和混凝土现浇楼板被广泛使用，外墙用彩色砖或其他新颖饰材。东北部地区多以单户别墅式为主，一般4～5层，屋顶为漂亮的琉璃坡屋面，农村居民称之为“傣”式别墅，造价约20万元。内部装饰10万元～30万元不等。也有四楼加平台的，农村居民称“炮台”式，上立宝塔型不锈钢天线。中部、南部地区别墅式住宅建设略慢于东北部地区。农村居民建房攀比之风日盛，以“豪宅、轿车、进口家电”为荣，超百万元的别墅也多有出现。内部结构上普遍设计卫浴间、客厅、书房、卧室乃至健身房，一层建有汽车库，房屋四围筑有围墙，院内植名贵花草及设小型鱼池等。也有少量富户在室内建游泳池。同时，农村居民住宅建设暴露出不少问题，部分农户住房占地面积超过规定标准，相互攀比，耗资过大，部分建房户“住洋别墅，吃霉干菜”，农村居民自讽是“饿（瓦）屋”。[③]

第六代住宅

21世纪初，农村住宅建设继续升级，农村居民称第六代住房。其特征是围绕新农村建设，市政府和各镇、街道多次派专业人员到义乌、绍兴等市、县的新农村建设试点单位参观考察，在房屋外型和内部装修上吸收国内外先进设计理念和设计规划，并与外部道路、绿化和公共服务设施建设配套，村庄的内外部环境条件进一步重视，在住房建设上实行整个村庄的总体规划，集中连片，统一施工，分期交房。

①根据戚雯雯萧山东部农村民居变化调查：瓜沥镇朱某某，男，建筑工人，50岁。他说：“1988年，我是乡建筑队的职工，全家年总收入6000元。这年我在原三间平屋的基础上翻建三间楼房，外墙作了简单的粉饰，室内基本无装潢，共支出6万多元，其中借债2万多元。”

图11—6—338　90年代中期沙地区农村第四代住宅（杨贤兴摄）

图11—6—339　90年代末沙地区农村第五代住宅（杨贤兴摄）

②据戚雯雯萧山东部农村民居变化调查:瓜沥镇钱某，男，企业供销员，53岁。他说：“1994年，我拆除平屋，建造占地90平方米的四层楼房，外墙用瓷砖贴面，内部基本不装饰，建造费用共14万元，欠债6万元。”

③萧山东片沙地区方言，“瓦”与“饿”同音，这里意指靠省吃俭用才建造的住房。

图11—6—340　21世纪初沙地区农村第六代住宅（杨贤兴摄）

2000年，萧山农村居民人均住宅从1985年的23.40平方米增加到58.80平方米。一批经济实力较强和有一技之长的居民在集镇和城区购房居住。部分农民为给子女一个好的求学条件，也千方百计到集镇和城区购房。农村出现一户“二楼”（即农村有住房，城（镇）里购新房）、“三代”有房（即老人住旧房，子女及孙辈住新房和城里公寓房）的状况。

第十节　农民福利

社会福利

萧山农村社会福利主要有敬老院建设，农村优扶，退伍义务兵安置，农村社会救济等项。2000年，全市有农村敬老院36所，入院老人446人；筹集发放烈属、现役军人家属优待金913.3万元；发放农村社会救济款483.16万元。1985～2000年，累计安置农村退伍义务兵9390人（详见《社会保障》编）。

养老保险

1994年，萧山农村社会养老保险（简称“农保”）启动，由市民政部门负责，是年参加投保170人，收取保险费2万元。1996年4月，市政府印发《关于发布萧山市农村社会养老保险暂行办法的通知》（萧政发〔1996〕48号），至年末有28个镇乡，12754人参保，收取保险费557万元。1998年始，农保工作由市劳动和社会保障部门主管。至2000年底，全市累计参保33874人，占农村总人口3.76%；累计收取保险费4922万元；276人已享受养老金待遇（详见《社会保障》编）。

灾害保险

1988年2月，萧山市灾害互助总会建立，负责承办农村灾害合作保险。1989年，全市38个镇乡建立灾害互助会，占全市镇乡总数的56.72%；入会农户7.25万户，占全市农户总数的23.24%；收取保费39.57万元，当年理赔453户，理赔金额18.4万元。1993年全市31个镇乡全部参加救灾合作保险（详见《社会保障》编）。

合作医疗

1969年，萧山实施农村合作医疗。1984年，全县有743个村设置医疗点。1989年，全市只有44个村坚持合作医疗。1990年，实施农村初级卫生保健，11.53万人参加合作医疗。1991年，全市621个村实施不同形式的合作医疗制度，占村总数的77.09%；参加人数增至57.94万人，占农业总人口的58%。至2000年底，全市有合作医疗村237个，参加人数43.02万，占农村总人口的49.26%。

第十一节　农民负担

90年代始，萧山贯彻中央关于减轻农民负担政策精神，按照“多予、少取、放活”的原则，切实减轻农民负担，全市农民负担呈逐年下降趋势。

负担项目

1990年2月，国务院发出《关于切实减轻农民负担的通知》（国发〔1990〕12号）。萧山农民负担为村提留和镇乡统筹两项。村提留包括公积金、公益金和管理费3项。筹取办法是村级年初制订提留方案，交村民代表大会讨论通过后实施。按农户的承包面积确定土地承包金；按户和在册人口负担公益事业金。镇乡统筹为镇乡、村两级办学经费，计划生育费用，困难和烈军属户优抚费用，民兵训练费用，镇乡村道路建设等民办公助事业费用。年初制定统筹方案，交镇乡人民代表会议审定后下达。村根据村提留、镇乡统筹方案的提取金额，按政策计算到地、到人、到户，然后填发农民负担通知卡（单）到户，在秋收期间由村合作经济组织统一向农民收取。村提留和镇乡统筹简称“三提五统筹”。合理筹集的标准为两项负担总金额不得超过该镇乡、村上年人均纯收入的5%。

经济负担

1990年，全市农民负担占上年农民人均纯收入的2.40%；1995年，全市农民负担占上年农民人均纯收入的1.51%，比1990年下降0.89个百分点；2000年，全市农民负担占上年农民人均纯收入的1.29%，比1995年下降0.22个百分点。由于资源条件和经济及社会事业建设的不平衡，农民负担呈现南低北高的现象。北部、东部地区为沙土平原，耕地产出率高，且经济发展和农村公共服务建设较快，农民收入较高，农民负担相对高些。南部水网地带和山区半山区水田产出率低，经济发展和农村公共服务建设相对缓慢，农民收入较低，农民负担相对低些。2000年，位于沙地区和围垦区的河庄镇，农民负担占上年人均纯收入的2.95%，前进乡占2.68%，益农镇占2.61%；而位于南部地区的河上镇占0.24%，义桥镇占0.32%，石岩乡占0.40%。

表11-6-199 1990～2000年萧山农民经济负担情况

年份	应负担人口（人）	负担总额（万元）			占上年农民人均纯收入（%）
			村提留（万元）	镇乡统筹（万元）	
1990	989976	3905	3221	684	2.40
1991	999353	5423	4306	1117	3.10
1992	1005160	5339	3381	1958	1.89
1993	1010960	3840	3576	264	1.73
1994	996881	3297	2490	807	1.10
1995	1000210	4722	3202	1520	1.51
1996	921601	6195	4731	1464	1.97
1997	921955	6889	6333	556	1.75
1998	916329	6910	6427	483	1.47
1999	914616	7385	6865	520	1.43
2000	916553	7246	6864	382	1.29

资料来源：萧山区农业和农村工作办公室。

减轻负担

在严格监督管理农民负担的基础上，萧山根据经济社会发展状况和实现农民“减负”、“增收”目标，落实减轻农民负担政策。1993年，市委办公室下发《关于我市涉及农民负担项目审核处理意见的通知》（市委办〔1993〕76号），取消农民负担9项，即取消救灾互助基金、新婚资料费、新婚纪念章费、农民建房保险金、新婚夫妇保险费、村级公路养护费、组级费用、防疫费、私房出租建设费；取消独立收费6项，即军属统筹款、民兵军事训练费、油路集资费、现役军人养老保险基金、合作医疗保险基金、农机机耕道路费，纳入乡统筹费和村提留范围内。1998年制定农业大田承包款收缴办法，规定凡承包户在村规定期限内上缴承包款，按承包款总额的15%～20%给予奖励。1999年，开始对全市农村用电实行城乡同网同价，农村用电由原来的每度0.70元减为0.53元；精简镇乡机构和裁减编制外脱产人员，全市共裁减821人，年节约工资、福利性支出650万元；取消“两江一河”（钱塘江、浦阳江、永兴河）保护费项目，年减轻农民负担600万元。2000年，取消农村电力整网、自来水安装、有线电视安装、修建道路等农村集资项目。还取消农业特产税项目，仅此一项，每年减少农民负担300万元。

监督管理

1997年7月，市委办公室、市政府办公室印发《关于清理涉农收费项目和进一步加强农民负担监督管理的意见》（市委办〔1997〕126号），对各级各部门自1994年1月以后出台的涉农负担项目，全面进行登记；对农民反响比较强烈的农村教育、农民建房、农用车（包括拖拉机）上路、计划生育、农民用电管理等方面的涉农收费、基金、罚款及建设集资项目，都纳入严格管理范围。中央、省批准的涉农收费项目，需要在本市实施或已实施的，执行部门必须持上级部门批准文件，到市农民负担监督管理领导小组办公室办理立项登记手续后，方可实施。

1997年12月，全市28个镇乡选择有代表性的56户农户作为监测户，半年填报一次缴纳村提留、镇乡统筹和农民承担农村义务工、劳动积累工情况；缴纳各种行政事业性收费，承担行政事业单位在农村设立机构、派驻人员执行公务所需费用情况；被罚款情况；被强行购买有价证券，订购报刊、书籍，捐款以及参加各种保险支付情况；为各种达标升级活动出钱、出物、出工情况；被强行提供经济、技术、劳务、信息服务或借服务名义，非法收取服务费、劳务费等情况和其他反响强烈的出钱、出物和出工情况等8个方面情况。

1999年，全面实施农民负担一定3年不变的管理办法，3年内不追加，当年的钱当年收缴（实行规模经营的土地，按合同执行）。村提留、镇乡统筹费以村为单位，继续实行双向控制，绝对数不超过1997年农民上缴的提留统筹费实际数，相对数严格控制在上年农民人均纯收入5%以内。

继续清理农民建房、农村中小学就学、农村电费、计划生育、结婚登记等各个环节中不合理收费项目，改变少数地方涉农收费基本情况不清的状况。全市在戴村、义桥、石岩、新街、宁围、瓜沥、党湾、南阳等8个镇乡、43个村建立337户农民负担监督信息户，并发放农民负担监督卡。

2000年5月，建立健全村级筹资项目登记制度。村内向农民筹资项目的设置，必须严格依照国家法律、法规和有关政策，坚持自愿、适度、出资者受益的原则。筹资额度必须与兴办筹资建设项目一致，不准超范围，不准提高收费标准，不准强迫农民出资。筹资项目设定必须经村三委（即村党支部委员会、村民委员会、村经济合作社管理委员会）成员集体讨论。筹资方案必须经村民代表大会或村经济合作社社员代表大会讨论决定，形成书面决议方可实施。并用书面形式报镇乡人民政府审核，报市农民负担监督管理部门备案。不符合条件擅自筹资的，谁经手谁负责，造成后果要追究有关人员的法律责任。项目实施要专人负责，公开招标，项目完工后由镇乡经营管理站负责审计，并将审计结果上墙公布，接受群众监督。

第十二节　农民困惑

1978年以后，随着改革的深入和社会的进步，萧山农民不断消除旧的困惑，又产生新的困惑。80年代初，实施农村家庭联产承包责任制，多数农村干部和农民的困惑是“辛辛苦苦三十年，一退退到（一九）五三年”，认为集体统一经营是社会主义，分户承包是资本主义。联产承包责任制落实后，长期养成的由集体统一指挥、统一行动的习惯难以适应“放权松绑”的形势，多数农民面对承包的土地，想的是“怎么种，种什么”，以致不少地方出现“种田看隔壁”的现象，品种布局上前后左右一个样。“种苗木热”和后来出现苗木供求失衡，拔苗作柴，成为当时农民困惑的一个典型事例。待到农村经济进一步搞活，农村就业领域拓展，一部分已在乡村企业获得工作岗位的农民，担心乡村企业能否巩固发展，抱着“家里有丘田，不怕形势变”的态度，宁可弃耕抛荒也不愿转包土地。

80年代中期，县委、县政府发文支持农民进入流通领域，参与除粮、棉、麻、油、猪等产品外的经营，一批农民营销大户应运而生，成为活跃农村田间地头的商品流通生力军。其时，部分农村老党员、老干部觉得这是鼓励“投机倒把分子”进入流通领域，市场不能稳定。

90年代初，市场经济体制确立，多数农副产品、农业生产资料由统购统销向以市场调节为主转变，农民的困惑是“种什么最好卖，种什么最赚钱”、“怎样卖个好价钱”，由此引发学技术、学知识、学经营的热潮，“引导农民进市场”成为当时流行的口号。同时，萧山中部、北部地区乡镇工业发展，水质污染逐年加重，多数中老年农民既高兴又担忧，经济繁荣，生活改善，当然好；但如此糟蹋环境，担心会“竭泽而渔”，“富了上代害了下代”。

1993年后，随着农业结构的调整，粮食播种面积持续下降，耕作制度逐步由“三熟制”向“二熟制”、“一熟制”转变，很多农户由“卖粮户”变为“买粮户”，不少村干部和中老年农民困惑：如此下去，是否又会出现“粮荒”无饭吃的情况。

90年代中期，外地人员大批进入萧山打工，至2000年已近15万人，萧山本土农民就业竞争压力骤增，相当多的农民担心，如果继续无序地让外地人员到萧山就业，会导致本地农民失业、丢“饭碗”。实施小康村、新农村建设和城市化建设，城乡一体化的政策逐步出台，农民的困惑是进城（镇）还是守田。部分年轻农民开始到城镇买房开店建厂办公司，买“蓝印户口”成为时尚。40岁以上的农民，多数选择在家守望故土，另一方面又千方百计让子女到城镇就业、读书。

90年代末，农村青壮劳动力大部转向二、三产业，从事农业种植、养殖业生产以中、老年农民为主，农业劳动力老龄化和弱化趋势明显。一部分世代以农为业的党员干部困惑担忧萧山农业生产会后继乏人，依靠从外地调入粮食能否保证粮食安全。随着工业化、城市（镇）化建设的加快，农村各项建设用地增加，面对人增地减不可逆转的势头，一部分中老年农民困惑今后农村无地无农业，人口众多的国家如何维持。收入提高后，大多数农村家庭物质生活条件显著改善，一些年轻人用钱大手大脚，吃、穿讲排场，比阔气，对粮食、蔬菜不够珍惜，剩菜剩饭或是随意倒掉或饲禽畜。60年代过来的农民担忧勤俭节约的传统不能再继续传承。

其时，人人分地，户户承包造成的经营土地细碎化弊端已经显露，加之多数劳动力已离土离乡，农业粗放经营的状况由南向北发展，沙地区部分田块出现“水草登陆”（即由于耕作粗放，除草不及时，导致河沟中的空心莲子草旺长向耕地蔓延），“砖石走动”（即承包者将自己承包土地上的砖石瓦砾，拾起任意丢向另一户承包者的土地上）等不正常现象，而种田能手和专业生产大户则缺乏耕种之地。市委出台政策，支持农业适度规模经营。但由于二、三产业在发展过程中的起伏波动，使多数农民把承包土地当作养老保险，他们认为活钱（即企业工资）要赚，吃饭的退路要留，家里有块田，等于在银行存钱，给子孙后代保了个险。这种思想制约了全市农业适度规模经营的发展。

80～90年代，让多数农民感到困惑和困难的是，如何跳出农业到二、三产业就业；如何培养子女读书成才；如何办好养老保险、医疗保险，解决后顾之忧；如何增加收入，改善生产、生活条件。农民想富、爱富心理与仇富心理并存。

第十三节　农民观念

随着农村经济体制的变革，生产方式的更新，生活品质的改善，萧山农民的生产经营观念、家庭发展观念均发生了深刻的变化，并影响到物质生活、精神生活观念的各个方面。

饮食观

80 年代前，萧山农民多数以吃饱为原则。会赚不如会省的观念在一些家庭影响很深。“猪肉加晚米（饭），水草加河泥（沤肥）”是农民对生活生产追求的美景。农村联产承包责任制实施后，农民有了产品支配权，加之市场供应逐步丰富，饮食观念逐步发生变化。餐桌上饮食品种逐渐增多，农民生活由吃饱向吃好方向发展，肉、鱼、酒及饮料等不再在节日和婚丧嫁娶或亲友来访时才看到，但河蟹、鳖、鳗及海鲜等高档水产，多数农户家庭尚无缘上桌。90 年代，随着农民收入增加和全国性大市场逐步形成，一部分农民的食品安全意识、保健意识和环境保护意识增强，饮食从吃好向“营养”、“卫生”、“健康”乃至保健美容方向转变。农村一般人家餐桌上大鱼大肉、全鸡全鸭已不稀奇，喜庆节日或亲朋好友相聚，常是素菜一扫而光，而鱼、肉、鳖、蟹尚有剩余。喜庆宴会上传统的“十碗头”被新的菜肴品种所替代，数量增加到每桌 20 多盘（碗）。世纪之交，农业生产出现“无公害”、“绿色”、“有机”等新名词，“时鲜”、“安全”、“营养”成为农村一部分人的饮食标准，农村集镇标有“生猛海鲜”的饭店生意兴隆。近郊青年不再在家吃早餐，而在随处可见的饮食店小吃。年轻父母、祖父母为鼓励孩子学习或奖励孩子做对某一件事，常把到“肯德基”、“麦当劳”小吃作为奖励。由于营养较好，农村多见“胖孩”，“减肥”成为农村父母的一大热门话题。不在家里过年，而到城镇宾馆饭店预订年夜饭的家庭逐渐增多，于是有人形容不同人群的饮食是“穷人吃荤，富人吃素，老板吃野”。这一时期，由于大批不同地方的外来人员带来各自的饮食文化，萧山农民饮食内容和饮食习惯也发生变化，农村吃辣、酸、甜味的人逐渐增多，“火锅”在农村餐桌上很受欢迎。葱蒜类、辣椒、马铃薯、香菜等作物种植面积增加。

服饰观

80年代前，萧山农民多以穿暖为原则，“新三年，旧三年，缝缝补补再三年”，“新阿大、旧阿二、破阿三，缝缝补补给阿四”。随着生活水平的提高，服饰观念也逐步发生了变化，“新”和“美”成为农民的时尚。80年代始，每到春节前夕，大小缝纫店生意兴隆，为男女老少赶制节日新衣。90年代，纺织化纤工业发展，各地相继办起服装加工厂，大大小小的服装鞋帽店、床上用品店遍布农村集镇的大街小巷、村口，国外的名牌服装在市场销售，国内生产的名牌服装专卖店也在集镇出现。青年男女夏装以一件“梦特娇”T恤为荣，春秋盛行西装。农村居民衣裤鞋帽及床上用品，多从各类专卖店购买成品，既合身，又方便。青年男女经济宽裕的从上到下都着名牌，手头较紧的则着假名牌，漂亮、时尚的休闲装成了农村青年的追求。市场上服装价格低得惊人，且都标有响亮的品牌，多为人们不太熟悉的洋名；鞋袜帽品种丰富多彩，10元钱能买到20双袜子，有人三天两头穿新袜。农村缝纫店、成衣匠逐步淡出人们的视线。2000年，瓜沥镇六里桥（在瓜沥镇北3千米）小有名气的缝纫师傅徐丽丽，也离开了相伴30多年的缝纫机，改行帮丈夫一道经营中药店。农村婴幼儿和少年的服装也都购买成衣。尿布被市场上出售的“尿不湿”所代替。农村妇女“例假”不再使用草纸和月经带，改用各种卫生巾。然由于体型差异，妇女和老人的成衣选择余地没有青壮年男性大，因而也有农村妇女、老人买布到服装店定制。老人穿子女的旧衣常见，穿过的“名牌”服装和皮鞋也上了农村老人的身。

婚姻观

80年代，萧山农村青年男女择偶，男方要求女方有一定的文化，最好是在社队企业工作，或是农艺、手艺较高，会缝纫的姑娘。女方要求男方在社队企业工作或有手艺，能找个吃国家供应粮的居民小伙子更好。男女择偶一般都在同组、同村、同镇找，婚（姻）圈一般在15千米～25千米之间。90年代，农村男青年择偶的学历要求提高，一般要求有初、高中毕业文化，工作、家境条件互相般配，各方面条件好的多选择本地姑娘；家境差或身体残疾的，则找外地来萧山打工的姑娘。1991年底新围乡调查，有396人系广西、湖南、四川等9省、自治区女子嫁人，占全乡总人口的7.16%，其中壮族、苗族、瑶族、侗族、藏族、土家族、布依族等少数民族有80人。女青年择偶，一讲知识和技艺，没有文化、没有专长的男青年被选余地小。二讲门第，干部和厂长、经理的子弟，姑娘关注多。三讲工作，行政机关、事业单位人员首选；四讲外表和人品。婚圈范围基本不变。20世纪末，农村择偶双方自由恋爱，谈婚论嫁一般不再由“媒人”牵线。同时，择偶的户籍观念淡薄了，城镇姑娘和小伙子不再被农村青年择偶所看好，找个农村对象有土地承包，找个城里对象，容易下岗失业；且城里人娇嫩，不比在农村长大的青年肯吃苦。双方年龄相近不再是姑娘择偶基本条件，“老夫少妻”现象并不少见。其时，外地姑娘大批进入萧山，这些姑娘对择偶条件不苛求，只要能在萧山落户，条件差些也无所谓，因此，萧山农村男性除年老外，大都能找上对象结婚，“光棍”基本消失。2000年，坎山镇三盈村18个大龄男青年①，其中9个找外地打工妹，9个找本地姑娘。2000年全市人口普查，有33个少数民族的8300人在萧山落户定居，其中男性3141人，女性5159人，是年有14.9万市外人员在萧山办理暂住手续。这部分外来人员中，有的因婚姻进入萧山落户②，农村“婚圈”由此扩大到数千千米。然由于竞争对象增加，历来“凤求凰”的婚配格局被打破，女性婚配难的现象成为热点，大龄未婚独身女性增多。

图11－6－341　90年代末，农村青年到宾馆举行婚宴（杨贤兴摄）

①“大龄男青年”一般指28岁以上的未婚青年。

生育观

80年代前，萧山农村养儿防老观念浓厚。90年代初，计划生育工作仍是农村最难做的工作之一，多数农民认为“生一个太少，生两个刚好；生男孩最好，生女孩亦好”。90年代中后期，农民的生育观念缓慢起了变化，已有一子或一女的青年夫妇节制生育意识增强，农村已婚夫妇强制性动员节制生育的情景也已少见。青年夫妇认为只要培养教育好，女孩也一样能成才，且女孩比男孩对父母更贴心。引起农民生育观念变化的原因是，实行数十年的计划生育政策对农民思想发生潜移默化的作用；农村社会保障体系尤其是农村独女户的社会保障政策，育龄夫妇消除了后顾之忧；农村二、三产业发展和农业机械化推进，农村重体力劳动减少；养育负担重、教育费用昂贵和就业市场竞争激烈，使农村青年夫妇感到压力很大，觉得还是养得少些、精些，培养得好些、强些，集中财力和精力管好一个，为升学和就业打好基础。但祖父母、外祖父母辈多数仍希望头胎能生个男孩，如是女孩则再生一个。与农村普通夫妇家庭观

②据宁围镇《宁新村志》记载，1985～2000年，因婚姻从广西、湖南、安徽、江西、河南、四川、贵州、江苏、山东和浙江等10个省、自治区迁入宁新村的男女青年77人，其中男性15人，女性62人。（资料来源：萧山市《宁新村志》编纂组：《宁新村志》，方志出版社，2002年，第244～356页）

念不同的是，90年代末一些先富起来的农户，尤其是少数“大款”，“多子多福”、“传宗接代”的观念又浓厚起来。

教育观

80年代前，萧山农民对子女的文化教育，南部山区、半山区比北部沙地区重视。受当时户籍制度和就业制度制约，沙地区部分农民认为反正是种田禾地，只要识得自己的名字和数得清钞票就够了。80年代，改革开放促进农村经济的发展，北部沙地区多数农民感到在竞争环境下，自己无文化、少知识吃亏，对子女的文化教育开始重视，但一般只要求子女高中毕业，符合工厂招工条件就行。90年代，城乡劳动力就业压力骤增，农民普遍感到农业是“弱势”产业，知识能改变人和家庭的命运，“跳龙（农）门”（意指跳出农业从事其他行业）才是出路。所以对子女的文化教育尤其是学校教育更为重视，对教育的投资大幅增加。中青年父母把胎儿教育、幼儿教育、小学教育、中学教育、大学教育等，作为日常交谈的主要内容。一些经济较好或子女上进心强的家庭，则注重寻名师、名校，甚至不惜花巨资到“贵族”学校住校就读。90年代中后期，萧山农民供子女上学有“千军共挤独木桥”、“毕其一生供一人”之势，出现低收入家庭子女上镇（集镇）、中收入家庭子女上城（县城、省城）、高收入家庭子女出国求学的情况。由于教育费用昂贵，农村靠打工和经营少量土地的农民，夫妇俩起早摸黑，也难供养一个子女上高中、读大学。一些有积蓄或有实力的家庭，纷纷到集镇和萧山城区甚至到杭州、上海买房，为子女在城镇求学创造安居条件。有的家庭，母亲、祖母或外祖父母离开农村到城镇居住，照顾子女、孙辈生活或进行“陪读”辅导。每到节假日，城镇中、小学校门前，接子女回家的自行车、摩托车、电动车、汽车排起长龙，父母、祖父母、外祖父母、姑姨母、保姆齐上阵，道路被人车堵塞。90年代起，农村自学之风盛行，农民读广播电视大学、函授大学、夜大学、农业广播学校的人员不断增加，许多农民主动参加各种农业技术培训，谓之“给自己充电（即增加知识）”。

图11-6-342　高桥小学门口家长接子女回家的场景（2007年，杨贤兴摄）

就业观

1980年，萧山有劳动能力的农民，84%从事农业生产，16%在社队企业工作。中老年农民以“种田禾地万万年”古训自慰。世居农民非为生活所迫，一般不愿去离家较远地方赚钱，流行民谚是“老鹰插天飞，餐餐饿肚皮；鹧鸪日日坐，吃饱还有多”。意为安心在家里劳作，比外出创业要好。年轻农民则想离开农村“捧铁饭碗”、“吃皇粮”（吃国家供应粮，按月领工资，有社会保障待遇），村里有当兵提干或考上大学成为居民户口的，被认为是“大喜事”。“跳龙（农）门”是这一时期农村最多听到的词语。80年代后期，乡村企业发展，青壮年农民多数进入企业工作。脑子灵活或有专业特长及资金实力的，自办工厂或公司，胆量大的则到市外、省外寻找发展机会，最热门的地方是深圳、珠海。1992～1994年，河上镇在深圳办厂、打工的农民包飞机回家过春节，全国大小媒体宣传，广为报导，引起轰动。没有门路或无专长的，仍在农村“摸六株头”（指种田，水稻每行种6株）。90年代，乡村企业发展加快，城乡个私企业和中外合资企业、商贸服务业兴办，户籍管理制度、劳动力管理制度实施改革，农民就业门路广阔，有经营头脑、资金实力或背景依靠的，买“蓝印户口”进城镇办厂开店或自办公司，有文化或专业特长又年轻力壮的，进大企业大公司做“白领”、“蓝领”；有体力、少文化或专长的到小企业、小商店打工；年老体弱的则多数从事种植、养殖业和家庭副业。农村青年普遍不愿从事农业，认为搞农业是一年四季“脸对黄土背朝天”、“风吹雨打日头晒”，没出息。因此千方百计出门创业。多数父母也认为“猪圈里跑不出千里马”，“身边的孩子长不大”，支持子女到外面锻炼。于是，名目繁多的公司遍布农村，没有经营场所、没有员工、没有资金的“皮包”公司也混迹其内，许多名不见传的中青年农民当起经理。而已感受到生活压力的中老年农民，认为只要能赚钱养家糊口和供子女上学，苦、累、脏的工作都要干。这部分人成为农业生产的主力。调查发现，2000年全市从事种植、养殖业的劳动力，占农村总劳动力的34.04%；这部分劳动力中，46岁以上的占52.3%，女劳动力占53.1%，直接从事农业种植、养殖的劳动力“老龄化”趋势明显。人们习惯称他们是“3860”部队（指妇女和老人），是收入低微的“弱势群体”。一部分村从事农业的劳动力后继乏人，传统农艺、农活开始失传，部分农田被弃耕抛荒。在围垦偏远地区，规模经营户雇用外来人员从事农业生产。

交往观

家庭联产承包责任制实施前，萧山农民与亲朋好友之间的交往，多集中在生产大队统一规定的节假日或是风雨落雪不能出工的时候。当时农民因普遍较穷，迎来客往一般都较节俭。80年代，农民自我支配时间增加，收入逐年增长，亲朋好友交往的时间和费用增加，重大节日互相赠送礼品，不再是传统的草纸糖包和糕点，而是包装相对精美的各种物品。多数农民相互赠送的礼品价值大致相当，亲友之间礼仪往来奉行“亲眷盘调盘，邻里碗换碗”原则。其时，多数中老年父母对子女在朋友之间交往较为支持，感到“朋友多才吃得开”。90年代，农村亲朋好友之间的交往，按各自不同身份、不同工作、不同经济实力实行不同交往方式。有的为省去春节期间繁琐庸俗而又费时间的你来我往，改为兄弟姐妹轮流做东，约定相聚在一家。一些家庭经济能力较弱的农民，深有“富在深山有远亲，穷居闹市不相闻”之感。农村人们交往赠送的礼品、宴会的食品，数量和质量都有明显增加和提高。亲朋之间婚丧嫁娶的礼金礼品升级，送礼费用成为一大负担，年老的父母、祖父母、外祖父母负担更重。一般的单笔礼金数从80年代的数十元增加到数百乃至数千元，也有的送彩电、冰箱、空调、电脑等。各种媒体上的商品广告，影响到农民之间的礼仪往来，节日期间晚辈给前辈的礼品仍有传统的“桂圆”、“荔枝”包，更为盛行的是送烟、酒、水果、糕点、保健品及“红包”等。辈分相等而经济条件一般的，仍奉行“薄礼”才能“长往”的信仰。农村邻里的交往，90年代后逐步减少，以居住分散的沙地区为最。因中青年农民多在外打工，部分农民早晚务农经商，白天进厂（店）做工，中老年妇女念经拜佛，多数家庭高楼围墙铁门，白天关大门，晚上才有灯，因此邻里之间难得见面，过去村内组内“铜锣一声响，坐拢一桌生（方言“省”）”的情景显为减少。由于不同的工作和爱好，家庭成员之间的交流也起了变化，有些家庭子女与长辈的交流少了，也有的使用电话互通信息。90年代中后期，萧山农民的另一个变化是语言交流。有文化的青年人都会讲普通话，没有文化的中老年人多数也能讲讲不标准的萧山普通话。原因是大量外地劳动力进入萧山，带来南腔北调的普通话和当地方言，这部分劳动力租住农民的房子，与萧山农民一道在企业做工，在农田劳动，为了交流，迫使萧山人学讲普通话。外来女婿、媳妇落户，与萧山丈夫、妻子和家庭成员共同生活，也迫使双方在初始阶段学讲普通话和对方的方言，即农民所说的“适应形势”。而中、老年农民学讲普通话的另一个原因是，学校均推广普通话，家中父母、祖父母等为辅导孩子学习和交流，也只能艰难学讲普通话。联产承包责任制实施后，农民各自在承包田里劳动，过去集体生产时的“田畈乱话”失去市场，农村中讲粗话、脏话的人逐渐少了，亲朋好友或邻里相聚，互相交流工作、生活情况和发财致富的信息；国家大事、世界变幻以及体育、社会新闻，也成为中老年农民聊天的内容。

休闲观

萧山农民的休闲观念在80年代后逐步产生。此前，集体统一经营和“大呼隆”生产劳动，加上经济拮据，农民没有休闲的时间和奢望。80年代，最早进入乡村企业和先富起来的农民，有了旅游度假的机会和实力，休闲成为农民的时尚。乡村企业的领导组织厂（公司）里的先进分子和业务骨干，到外地一些旅游景点度假；青年人结婚，也有旅行到外地度蜜月的；厂长、经理、供销员和富村的领导，会利用公出“考察”机会到外度假。80年代末90年代初，有条件度假的农民多往深圳、珠海、北京市和海南省度假，此后，改为向中国西南、西北、东北地区跑，一些强厂（公司）、强村的领导则往境外度假。而一般从事农业的农民，对度假旅游仍然不敢奢望，农时季节和经济实力迫使他们与度假旅游无缘。他们的度假方式是在传统节日与条件相近的亲友相聚，或是就近逛街市、庙会，间或到寺庙烧香。90年代末，有的农民为“开眼界”，自行组织到外地旅游，或由专业的旅游公司组团到外旅游。一些有经济实力的村也会组织共产党员，村、组领导到外考察度假，名为“拓展视野，解放思想、再创新业”。

【附】

萧山农村居民生活质量调查

——90年代与现在农村居民对农业状况满意度分析

80年代初，萧山农村实施以家庭联产承包责任制为主要内容的改革，解放了农村生产力，促进了农村一、二、三产业的协调发展。至2003年，萧山农村从事第一产业的劳动力从1985年的35.38万人减至15.92万人，占农村总劳动力的比例从57.74%减至27.23%，农村居民人均纯收入从1985年的673.31元增至7960元。农村居民对自身的发展变化和生活质量评价如何？对农业状况的满意度怎样？为真实了解这些情况，2004年8月，萧山区地方志办公室组织了规模较大的萧山农村居民生活质量社会调查活动。

调查方法

抽样和分析方法 本次调查对楼塔、河上、党湾、新街、临浦、城厢、新塘、北干8个镇（街道）的立意抽样调查对象发放问卷324份，回收有效问卷323份，专题访谈32人。

调查样本概况

表11-6-200 萧山农村居民生活质量调查样本情况

项目	性别		年龄（岁）				文化程度					政治面貌				婚姻状况			
	男	女	20～29	30～39	40～49	50以上	小学及以下	初中	高中中专	大专	本科及以上	共青团员	中共党员	民主党派成员	无党派	未婚	已婚	丧偶	离婚
人数	173	150	69	93	73	88	67	146	83	16	11	57	49	1	213	40	276	5	2
比例（%）	53.6	46.4	21.4	28.8	22.6	27.2	20.7	45.2	25.7	5.0	3.4	17.8	15.3	0.3	66.6	12.4	85.4	1.6	0.6

注：调查中“政治面貌”缺失3人。

调查结果

调查90年代与现在（90年代指1990年至1999年；现在指2000年至2004年8月调查日）农村居民对农业状况的满意度，主要从农业收入、农民的社会地位、农业相关政策和税收、农业生产资料供应状况及价格、农产品销售渠道及价格等10个方面。每项调查的满意度分为很满意、比较满意、一般、不太满意、不满意5项，分别赋5分、4分、3分、2分、1分，“3分”为均值。

对农业收入的满意度　参与90年代农业收入满意度问卷和访谈调查184人，参与现在调查241人，对90年代和现在的农业收入的满意度如图11—6—343。

现在与90年代比，对农业收入感到很满意和比较满意的占44.0%，比90年代增加21.7个百分点，其中很满意的增加10.9个百分点，比较满意的增加10.8个百分点；不太满意和不满意降低9.1个百分点，其中认为不太满意的降低2.5个百分点，不满意的降低6.6个百分点；认为一般的比90年代减少12.6个百分点。综合农业收入的调查可以看出，90年代不太满意和不满意的比例，超过很满意和比较满意2.2个百分点，而现在感到收入很满意和比较满意的比例，超过不太满意和不满意28.6个百分点，近半数的农村居民对收入很满意和比较满意；40.6%的农民认为自己的收入一般。15.4%的农民对自己的收入不太满意或不满意，“主要在于农民的生活状况，收入水平不能由自己完全把握，收入不稳定，没有一定的保障。”（冯某，男，49岁，新街镇人）“国家公务员、教师工资太高，一般员工的收入太少，分配不公平。”（俞某，男，52岁，楼塔镇人）

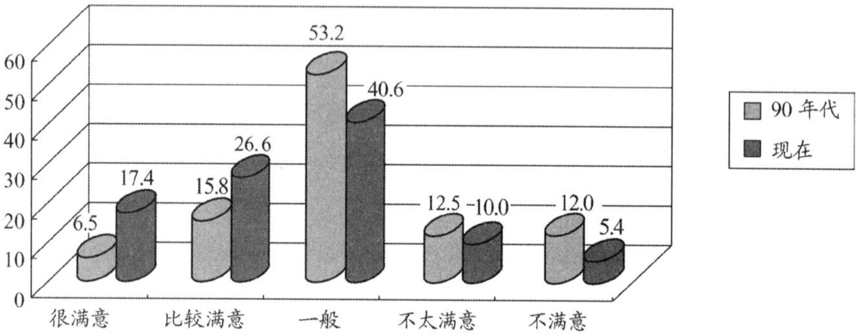

图11—6—343　对农业收入的满意度（%）

对农民社会地位的满意度　参与90年代农民社会地位满意度问卷和访谈调查182人，参与现在调查235人，对90年代和现在农民的社会地位的满意度如图11—6—344。

现在与90年代比，对农民社会地位很满意的增加9.8个百分点，比较满意的增加10.8个百分点，一般的降低15.7个百分点，不太满意的降低1.1个百分点，不满意的降低3.6个百分点。现在农民对自身的社会地位感到很满意和比较满意的占42.5%，不太满意和不满意的仍占20.0%。“农民的工作（收入）太低了，所以对农民社会地位不满意。”（钱某某，女，26岁，党湾镇人）

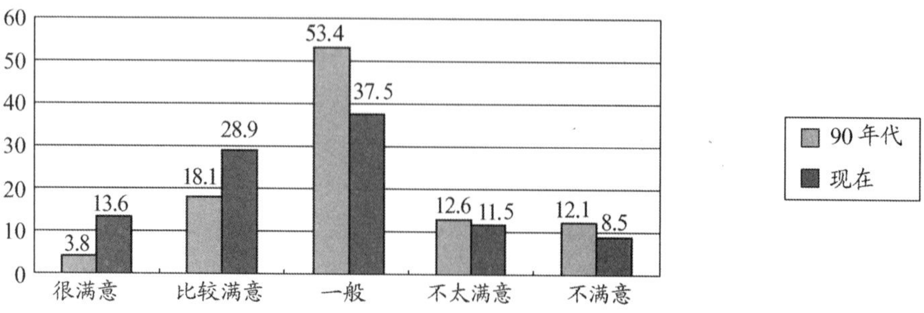

图11—6—344　对农民社会地位的满意度（%）

对农业税等相关税收的满意度　参与90年代农业相关税收满意度问卷和访谈调查182人，参与现在调查236人，对90年代和现在的农业税等相关税收的满意度如图11—6—345。

现在与90年代比，对农业税等相关税收很满意的提高9.9个百分点，比较满意的提高13.5个百分点，一般的降低13.7个百分点，不太满意的降低4.3个百分点，不满意的降低5.4个百分点。

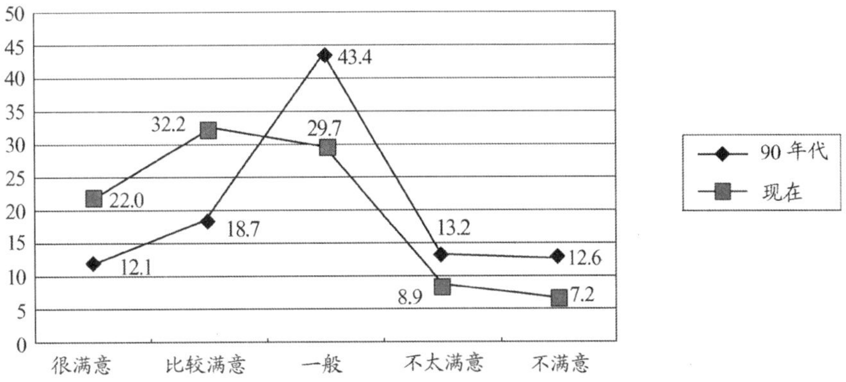

图11-6-345 对农业税等相关税收的满意度（%）

对农业物资供应的满意度 参与90年代农业物资供应满意度问卷和访谈调查176人，参与现在调查231人，对90年代和现在的农业物资供应满意度如图11-6-346。

现在和90年代比，对农业物资供应很满意和比较满意的分别增加4.6和19.0个百分点，一般的减少18.8个百分点，不太满意和不满意的降低4.7个百分点。

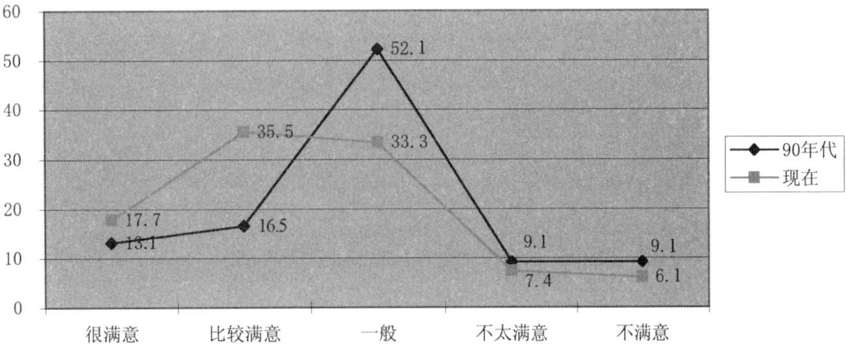

图11-6-346 对农业物资供应的满意度（%）

对农业生产工具供应状况的满意度 参与90年代农业生产工具供应状况满意度问卷和访谈调查175人，参与现在调查231人，对90年代和现在的农业生产工具供应的满意度如图11-6-347。

现在和90年代比，对农业生产工具的供应很满意和比较满意的分别增加6.2和8.6个百分点，一般的减少8.5个百分点，不太满意和不满意的降低2.6和3.7个百分点。

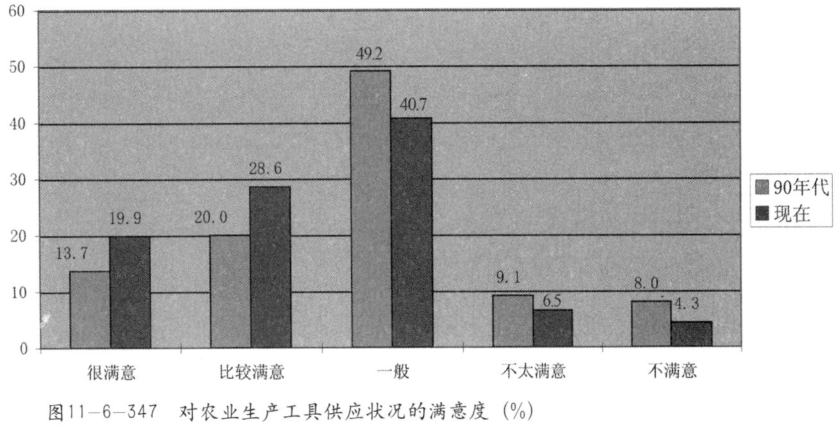

图11-6-347 对农业生产工具供应状况的满意度（%）

对农业物资价格的满意度 参与90年代农业物资价格满意度问卷和访谈调查180人，参与现在调查

236人,对90年代和现在的农业物资价格的满意度如图11—6—348。

对农业物资的价格，现在和90年代比，感到很满意和比较满意的，分别增加4.3和6.0个百分点；感到一般的减少6.5个百分点；认为不太满意和不满意的分别减少1.4和2.4个百分点。“卖的农产品便宜，买东西价格贵，农业费也比较高，每年每亩地交300元。”（彭某某，女，34岁，党湾镇人）

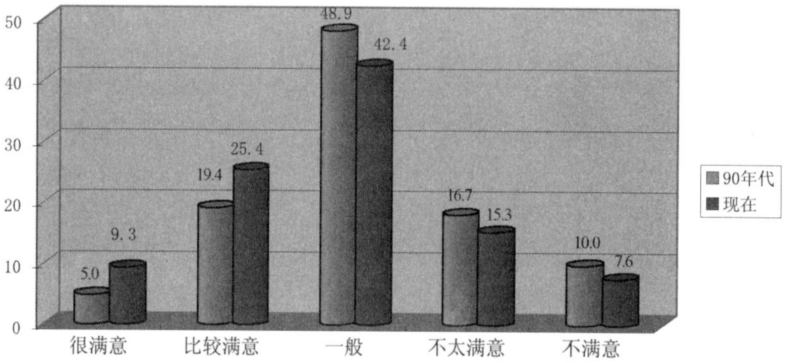

图11—6—348 对农业物资价格的满意度（%）

对农业生产工具价格的满意度 参与90年代农业生产工具价格的满意度问卷和访谈调查179人，参与现在调查234人,对90年代和现在的农业生产工具价格满意度如图11—6—349。

对90年代农业生产工具的价格，认为很满意、比较满意的分别比90年代提高6.2和4.1个百分点，认为一般和不太满意的分别比90年代减少10.3和0.3个百分点，而感到不满意的比90年代增加0.3个百分点。

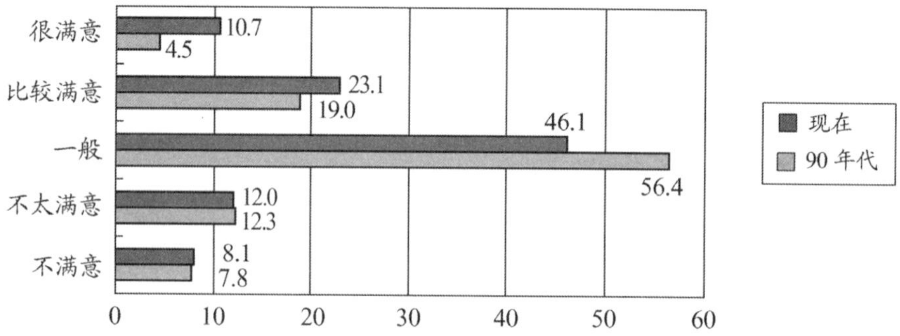

图11—6—349 对农业生产工具价格的满意度（%）

对农产品销售价格的满意度 参与90年代农产品销售价格满意度问卷和访谈调查177人，参与现在调查236人,对90年代和现在的农产品销售价格满意度如图11—6—350。

对现在的农产品销售价格很满意、比较满意的分别比90年代提高6.3和8.1个百分点，不太满意和不

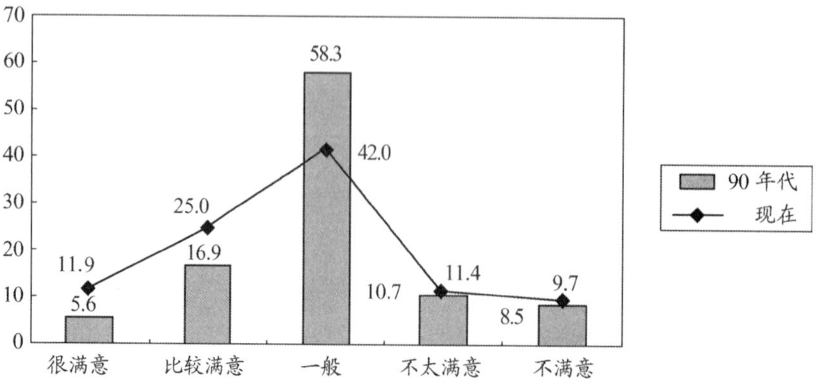

图11—6—350 对农产品销售价格的满意度（%）

满意的分别比90年代增加0.7和1.2个百分点，农民对农产品销售价格的不满意度在增加。

对农产品销售渠道的满意度 参与90年代农产品销售渠道满意度问卷和访谈调查176人，参与现在调查233人，对90年代和现在的农产品销售渠道的满意度如图11—6—351。

对农产品销售渠道，现在和90年代比，很满意和比较满意的分别增加7.1和9.5个百分点；一般的减少10.5个百分点；不太满意减少7.5个百分点，不满意的增加1.4个百分点，农产品销售渠道较90年代畅通。

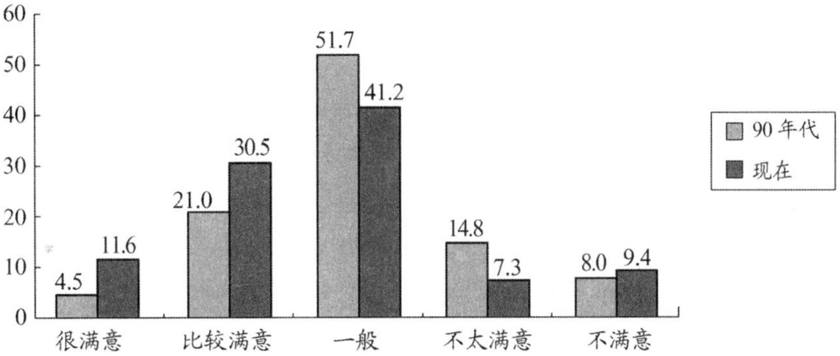

图11—6—351 对农产品销售渠道的满意度（%）

对农业相关政策的满意度 参与90年代农业相关政策满意度问卷和访谈调查180人，参与现在调查238人，对90年代和现在的农业相关政策满意度如图11—6—352。

对农业相关政策，现在和90年代比，很满意和比较满意的分别提高10.0和8.9个百分点，一般和不太满意的分别降低15.0和4.0个百分点，不满意的增加0.1个百分点。“因为党的政策英明，改革开放后很快富裕起来了。”“体会是政府的政策比较好，农民也比较支持。现在农民进城看不出谁是农村的谁是城里的。现在吃穿都比较讲究，不像以前土里土气的乡巴佬，现在都一样了。”（陈某，男，64岁，新塘街道人）但是不满意度不仅没有降低，反而有所增加。

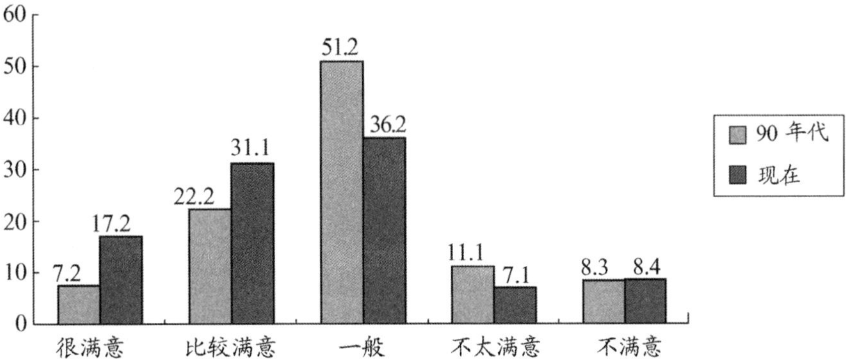

图11—6—352 对农业相关政策的满意度（%）

调查分析

满意度均值分析 萧山农村居民生活的10项调查表明，90年代的满意度均值超过3分（含3分）的有6项，即农业生产工具供应状况3.22分，农业物资供应3.15分，农业相关政策3.09分，农业税等相关税收3.04分，农产品的销售价格3.01分；农业生产工具价格3分；均值低于3分的4项，即农产品销售渠道2.99分，农业物资的价格2.93分，农业收入2.92分，农民的社会地位最低为2.89分。

现在10项均值都超过3分，农业税等相关政策和农业生产工具供应状况3.53分，农业物资供应3.52

分，农业相关政策3.42分，农业收入3.41分，农民的社会地位3.28分，农产品的销售渠道3.27分，农产品销售价格3.18分，农业生产工具价格3.16分，农业物资价格3.14分。

满意度高低分析 农民满意度现在最高均值是3.53分，比90年代最高均值3.22分高0.31分，高9.63%；最低均值3.14分，比90年代的最低均值2.89分高0.25分，高8.65%。

同项满意度分析 现在与90年代的同项相比，农业收入均值高0.49分，高16.78%；农民的社会地位高0.39分，高13.50%；农业税等相关政策高0.49分，高16.12%；农业物资供应高0.37分，高11.75%；生产工具供应状况高0.31分，高11.75%；农业物资的价格高0.21分，高7.17%；农业生产工具价格高0.16分，高5.33%；农产品的销售价格高0.17分，高5.65%；农产品的销售渠道高0.28分，高9.37%；农业相关政策高0.33分，高10.68%。满意度增幅最高的是农业收入，增幅最低的是农业生产工具价格。

满意度加权平均分析 90年代10项加权平均为3.02分，现在为3.34分，均在均值之上。现在比90年代高0.32分，高10.60%。换言之，农民的满意度在“一般”或“一般”以上，尚未达到或接近比较满意程度。

调查结论

（一）两个时段的农业状况满意度调查显示：90年代最满意的是农业生产工具的供应状况、农业物资供应、农业相关政策，最不满意的是农民的社会地位、农业收入、农业物资的价格；现在最满意的是农业税等相关税收、农业生产工具供应、农业物资供应，最不满意的是农业物资的价格、农业生产工具的价格、农产品的销售价格。90年代与现在，最满意的方面没有明显变化，但总体上满意度提高了，90年代最不满意的位列第九、第十位的农民收入和农民的社会地位跃居为满意度较高的第四、第五位，这是一个令人欣喜的变化。

（二）两个时段的农业状况满意度调查同时显示，10项调查的均值均处于较低水平，离很满意、比较满意尚有较大距离，特别是农业物资的价格、农业生产工具价格、农产品销售价格、农民的社会地位不满意和不太满意度均达到或超过20%以上，这是一个不可小视的问题。特别是农民的社会地位，还有农业收入（现在的不太满意、不满意度达15.4%），是10项调查中至关重要的两项，农民的社会地位和农业收入，直接关系到农民的生计、农民的情绪和社会的稳定。五分之一的农民不太满意或不满意，各级党和政府必须清醒地认识这个问题，认真地研究农民问题，要千方百计提高农民的社会地位，增加农民收入。

（三）10个方面的调查并不能囊括农业的全部状况，有的方面满意度虽然提高了，但新的不满意方面又出现了。“千顷良田被做房产，被卖掉，我们没有农田种菜种地，我们不愿意把田地卖掉。这种状况没有办法改变，官官相护，老百姓没有办法。10年前农民有自己的田地，当时对农业收入以及农民的社会地位的评价还马马虎虎，哪怕我们是无业游民，我们可以通过农田收入生活。”（赵某，男，27岁，楼塔镇人）各级党和政府应面对现实，继续加大扶持农业、农村、农民的力度，使满意度得到进一步的提高，从而推进社会主义新农村建设。

（钱志祥、杨贤兴根据本志第五册第二辑《萧山居民生活质量调查》资料整理）

第七章 农业产业化

80年代，萧山通过多渠道的资金投入，兴建粮油、蔬菜、茶果、蚕桑、花木、畜禽、水产等生产基地。90年代，推进农业产、加、销，贸、工、农，农、科、教一体化，上连市场、下联农户，扶持农业龙头企业，发展农副产品加工业；鼓励农民参与农副产品流通和市内外工商资本投入农业开发；支持实力企业，到全国各地兴建农业商品生产基地，拓展萧山农业发展空间。发挥区域资源优势，优化农业产业结构和产品结构，实施农业品牌战略。 2000年，全市农业总产值（现价）32.92亿元，其中蔬菜、花木、茶果、畜禽、水产五大主导特色产业产值23.34亿元，占农业总产值的70.90%。农业由传统型向城郊型、都市型转变。

第一节 农业龙头企业

80年代末，萧山出现农产品“卖难”问题，“萝卜倒入河中，肥猪久居栏内”，千家万户的小生产无法适应千变万化的大市场，农民增产不增收的矛盾突出。为此，市委出台扶持农业龙头企业发展政策。一批80年代初涌现的“农业车间”、乡村农场转制为民营农业企业；一批在二、三产业经营中先富起来的厂长、经理拓展经营领域，投资开发农业，兴办农产品加工企业；一批作坊式的农产品加工企业改建成规模型农业企业。这些企业按市场需求安排生产，以合同或口头协议或预发种子等方式与农户建立产销关系，落实生产基地和加工原料，带动农民调整产业和产品结构，提高农产品的附加值，吸纳一批农村劳动力就业，为农村“老、弱、病、残”的群体提供一个就业创收的机会。同时，一大批专业种养殖大户和农产品营销大户也积极参与农副产品流通。90年代中期，市委加大对农业龙头企业的扶持力度，每年以财政贴息的方式，支持农业龙头企业进行技术改造和规模扩建。

1995年，全市农业龙头企业主要形式有5种：一是依托供销、商业、粮食、外贸等国家经济技术部门，建立专业化、产供销一体化经营组织，开展以生产资料供应、农副产品收购、加工、销售、出口为重点的一条龙服务；二是以重点农产品加工企业为龙头，通过建立生产基地连接市场和农户，实行产、加、销一条龙服务；三是各自愿组合的经济联合体。如以张建人为首的杭州天福医药保健品公司（前身为萧山养蜂生产合作社），以入股形式联合市内外36户养蜂户，建立蜂蜜生产一体化经营组织。四是以社会性合作经济组织为依托，以千家万户生产为基础，以农业供销队伍为纽带的一体化经营组织。如益农镇转塘头村500多户农民种菜，村办蔬菜加工厂和蔬菜加工专业户收购、加工、销售“萧山霉干菜”、萝卜干3900吨，全村种菜净收入261万元，户均5000元；五是60多个农贸市场和农产品专业市场，通过农民进市场直销和专业市场收购、销售的办法使大量鲜活农产品转化到消费者手中。

2000年，全市有市、镇乡、场级农业龙头企业300多家。这些农业龙头企业以类分，有企业集团协作型、部门实体型、科技开发型、协会经营型、合作社带动型和能人牵动型等。是年，有萧山万向龙山鳗业有限公司、浙江萧山速冻厂、杭州天福医药保健品有限公司3家省级农业龙头企业；杭州红景酱品有限公司、萧山钱江蔬菜食品有限公司、杭州华和食品有限公司、萧山新街花木产业集团、杭州其门堂蔬菜食品有限公司、萧山苗禽交易市场、萧山钱江出口养殖有限公司7家杭州市级农业龙头企业；另有萧山市级农业龙头企业80家。农业龙头企业创产值51.6亿元，实现利润1.32亿元，缴纳税金2.18亿元，出口创汇人民币22.64亿元；建立原料生产基地27.89万亩，联系农户10.47万户，有职工12380人，年发放工资1.47亿元。

第二节 资金投入

家庭联产承包责任制实行之前，萧山农业的资金投入以国家、集体为主，农民大多只购买一些个人必备的简单农具，并以自身的劳动（农民以劳动力作为投入，以每天出勤的工分记账，年终分配结算兑现）和提供人畜粪便、生活垃圾（农民的土肥投入，年终与劳动分配收入一并结算兑现）作为集体生产投入；实行家庭联产承包责任制后，萧山农业资金呈多元化、多渠道投入。

财政资金投入

市（县）地方财政预算内投入农业的资金，随财政收入的增长而绝对额相应增长，但投入占财政总支出的比例下降。1985年，萧山预算内财政农业投入926.4万元，占全县预算内财政总支出的17.94%；其中支援农村生产661.3万元，占12.81%。1990年，预算内财政用于农业的投入4834.3万元，占是年全市预算内财政总支出的29.59%；其中支援农村生产4398.6万元，占26.92%。1995年，预算内财政农业投入5615万元，占是年全市预算内财政总支出13.14%；其中支援农村生产和农业综合开发4622万元，占10.82%。2000年，预算内财政农业投入9927万元，占是年预算内财政总支出的9.77%。1985～2000年，全市（县）预算内财政农业投入73897.4万元，占预算内财政总支出的13.31%；其中支援农村生产和农业综合开发57102.3万元，占10.28%。

信贷资金投入

1985～2000年，信贷资金对农业的投入增加，其中乡村企业贷款占农业信贷资金的比重上升。从几个主要年份统计数据分析，1985年末，全县农业信贷资金投入19519.6万元，其中乡村企业贷款8235.6万元，占42.19%；农业贷款11284万元，占57.81%。1990年，全市农业信贷资金投入65979.6万元，其中乡村企业贷款58548.4万元，占88.74%；农业贷款7431.2万元，占11.26%。1995年，全市农业信贷资金投入236702万元，其中乡村企业贷款202778万元，占85.67%；农业贷款（包括农业生产性贷款、开发性贷款、农户贷款）33924万元，占14.33%。2000年，全市农业信贷资金投入568494万元，其中乡村企业贷款439182万元，占77.25%；农业贷款129312万元，占22.75%。

集体资金投入

全市集体提留随农村经济总收入的增长而所占比例逐年下降，其中有减轻农民负担的因素。1985年，全县农村集体提留10913万元，占农村经济总收入5.61%。2000年，全市农村集体提留14173万元，占农村经济总收入的0.25%（资料来自市农经管理总站）。

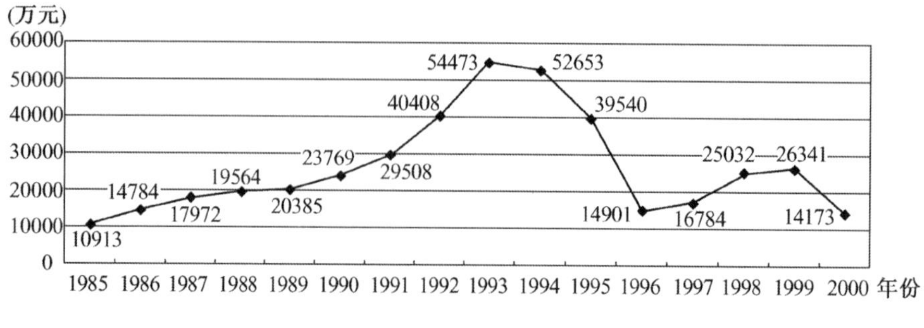

图11－7－353　1985～2000年萧山农村集体提留情况

农户资金投入

农户资金投入分：农业经营费用支出，包括种子、肥料、农药、中小农具、农用薄膜、饲料及排灌费用；购置生产性固定资产和为扩大再生产的资金投入。1985年，全年人均投入农业资金280元，其中农业经营费用投入221.92元，占全年人均收入的32.96%。2000年人均投入农业资金951.20元，其中农业经营费用投入610.10元，占人均收入的9.92%,比1985年下降23.04个百分点。

农业发展基金投入

1987年，建立农业发展基金制度，是年底，试点经验推广到全县20个乡、122个村，共筹集农业发展基金509.25万元，比上年以工补农资金427万元，增长19.3%。农业发展基金主要用于农田水利建设、开发性生产、农业机械更新等，共支出510.6万元，超支1.35万元。1988年3月，市政府印发《萧山市市乡两级农业发展基金制度（试行）的通知》（萧政〔1988〕42号），规定市、镇乡两级农业发展基金的来源，其中镇乡级农业发展基金来源于6个方面，包括镇乡财政每年用于发展农业的资金，乡镇企业税前利润中提取10%的以工补农资金，运输联合体（户）、个体和联合体工商户的贴农金等。同时要求村级和农垦场也建立农业发展基金。是年，市、镇乡、村三级筹集农业发展基金1631万元，其中镇乡、村两级筹集1308.2万元。支出项目是农田水利基本建设348.21万元，农业开发性生产226.34万元，补贴农副产品投售142.91万元，农业技术推广等224.87万元。此后，农业发展基金的筹集随农村经济的发展不断增加。1995年，全市筹集农业发展基金6229万元，用于农业投入5722万元。2000年，全市筹集农业发展基金12299万元，用于农业投入6178万元，年末余额6121万元。

第三节　招商引资

1993年6月，萧山市政府办公室《转发杭州市人民政府关于鼓励外商投资发展农业的若干规定的通知》（萧政办〔1993〕15号），要求加强农业招商引资工作，实施外向型发展战略。

吸纳市内工商资本

市委给予政策优惠，鼓励和支持有实力有信心的工商企业投资农业开发和农产品精（深）加工。至2000年，共有44家市内工商企业投资农业，总投入资金2.30亿元。其中，从事畜禽、水产养殖的27家，蔬菜、竹木、茶果、畜禽产品加工的5家，花卉苗木、粮食、蔬菜种植的6家，农产品交易市场4家，农产品中介组织2家。

对外招商引资

洽谈会招商　1999年6月28日，市政府在萧山宾馆举办首届萧山农业横向合作洽谈会，到会的有中央、省、市有关部门领导，部分省、市的大型商场、商贸集团经理，美国、日本、韩国等国家和台湾地区的一些企业驻国内代表，中央和省、市的媒体记者及洽谈签约双方的代表共436人。会上，推出农业招商引资项目42个，横向合作项目40个，合作双方签约27个，协议投入农业开发的资金2.72亿元，建立生产、加工、销售商品生产基地3.94万亩。2000年5月28日，第二届农业横向合作洽谈会在萧山宾馆再度举行。会议规模和签约项目、协议投入资金均超过前届。

组织和参加会展　1997年10月，市政府组织20家农业龙头企业赴沪参加全国供销合作总社在上海宝山举办的首届全国农副产品交易会。并在会上举办“浙江省萧山市信息发布会”，通报萧山农业情况，邀请国内外客商加盟萧山农业。后，市政府多次组织农产品加工企业及种植、养殖业龙头企业参加国家和省、市举办的农业博览会、农产品交易会。每年都推出一批招商项目，签约一批合作项目，引入资金、技术和农产品销售渠道，兴建一批农产品加工企业和农业商品生产基地。2000年6月17日，市政府在上海华亭宾馆召开“2000年萧山农产品（上海）推介暨同乡会”，宣传推介萧山的农业成就与萧山的名优农产品，欢迎在沪的萧山籍同乡回故乡参观、考察，为故乡农业发展献计献策。省、市分管农业的领导和在沪县（团）级以上的萧山同乡300多人参加会议。

建立市外生产基地　1995年起，在市政府的鼓励下，一批农业龙头企业到市外、省外建生产基地，设销售窗口。最多的是花卉苗木业，在北京、上海市和云南省及省内的绍兴、宁波、温州市等地建立苗木生产基地。这些企业从萧山本地收购种苗，运往当地的生产基地上栽植，使种苗适应当地的气候，并在基地所在地招揽园林绿化工程，将基地栽培的花卉苗木用于园林工程上。既解决萧山苗木出路和创收问题，又减少运输成本，增加企业效益。2000年，萧山农民在全国9个省、市建立生产基地71.56万亩，其中花木1.18万亩、毛竹68.93万亩、蔬菜0.59万亩、水产0.86万亩，年基地收入8043万元。

【附】

工商企业已成为萧山农业投入的重要力量

近年来，一批在二、三产业获得成功的工商企业家（多为市内民营企业），纷纷加盟到萧山的农业开发和效益农业建设上来，有的继续工（商）农兼顾，有的则重点转移，一心扑在农业开发上，从44家投入100万元以上从事农业开发的工商企业统计，共投入资金2.3亿元，办起养殖企业27家，农产品加工企业5家，种植企业6家，农产品交易市场4家。工商企业投入农业开发，带来巨大的社会效益和经济效益。

一是深度开发了农业自然资源。工商企业涉足农业之处，多是当地无力开发的荒山、荒水、荒涂、荒地等“四荒”之地或新产品新品种等农业新领域的开拓之处，工商企业参与农业开发，给这些地方注入了勃勃生机。如萧山龙盈庄园的经理蒋莉萍，原是一家商贸公司的负责人，4年前筹资800多万元承包浦阳镇1500亩荒山，承包期限为30年，开发栽植雷竹。又如萧山金达水产公司的经理龚金泉，以前经营一家农工商公司。靖江镇在围垦5.2万亩区块中有500多亩围垦滩涂，开发效果一直不佳。龚金泉得到滩涂开发使用权后，共建外塘精养鳖池350多亩，建造温室1.4万多平方米，实行种鳖繁殖、鳖蛋孵化、温室育苗、外塘仿野生养殖及鳖饲料一条龙生产。如今，生产的“金达”牌（龚老汉）中华鳖成为杭州地区农业金奖产品和萧山名牌产品，而且是全年销售一个价，交易价格比一般普通鳖高出1～2倍。

二是架起了连接市场和农户（基地）的桥梁。多数工商企业家投资农业开发后，依仗其雄厚的经济实力和长久在市场锻炼的胆略优势，基本上实行产、加、销一体化经营。与农户和外面的客商有书面或口头协议，建立起相互信任的“订单”农业，因此很少出现同一产品一多就推、一少就争的现象。近年来，萧山的蔬菜种植面积快速发展，但基本没有出现农户“卖难”矛盾。这其中众多的蔬菜加工企业和运销大户发挥了很好的加工流通作用，其中不乏投资农业开发的工商业者。

三是取得了可观的社会效益和经济效益。工商企业投入农业开发，创造了显著的社会效益，自己也获得可观的经济效益。2000年，这44家企业完成销售产值4.6亿元，利税3759万元，出口创汇人民币1.31亿元（其中12家在投建过程中，尚无产出）。如河庄东方养殖公司的张坚民，今年37岁，长期在外从事建筑工程。1998年到河庄围垦地区投资1100万元办大型养猪场，2000年出栏肉猪1.2万头，创利润120万元。去年下半年实施更大规模的养猪工程，计划再投入2800万元兴建年出栏量5万头的养猪场，现

图11—7—354　90年代，云石乡茶农炒制茶叶（傅展学摄）

已全面投建。

当然，我们也看到由于以前从事的产业不同，工商企业主一旦投入农业以后，会遇到各种各样难以预料的困难，需要各级从技术、信息以及产前、产中、产后等方面给予强有力的帮助和服务，以使他们的生产经营能尽快地进入正轨。目前，多数农业企业为迎接与国际市场接轨，正在加大技改投入，普遍遇到资金困难而求贷无门的问题。有关部门应像扶持工业企业一样伸出援助之手，通过财产抵押的办法予以资金支持，解决农业企业的暂时困难。农业是个古老而长存不衰产业，"入世"以后，萧山的农业主导产业面临的发展机遇多于挑战，特别是畜禽、水产养殖、蔬菜生产与加工、花卉苗木等产业产品可说是适遇良机，前途光明。如今，农业企业经过多年的原始积累，即将进入兴旺发展期。我们要有战略的眼光及早进入这个产业领域，以便在日趋激烈的市场竞争中占据有利地位。

（钱志祥撰，文载《农村改革与发展》2001年第6期第15页）

图11—7—355　2000年，党湾镇榨菜小包装加工线（丁力摄）

第四节　农产品加工

萧山农产品加工历史悠久。[①]1988年10月，义蓬区所辖16个镇乡，办有蔬菜加工厂84家，年加工蔬菜5万吨。90年代，市委、市政府推进农业产业化经营，鼓励、支持农副产品加工业建设。1994年，市政府印发《关于扶持农业龙头企业发展若干政策意见的通知》（萧政发〔1994〕158号），对直接从事农、林、牧、渔产品的生产、加工、经销的农业龙头企业，在财政资金、税收、信贷、用电、用地、工商登记注册上予以支持、优惠和方便，全市农副产品加工业进入新的发展期。由集体创办转制为民营的加工企业，投资进行技术改造和扩建，工商企业也开始在产地办农产品加工厂。其时，农产品加工业特点：（1）区域主导产品优势显现。羽绒加工，多在传统加工区域的城厢、新塘、临浦等镇乡；蔬菜加工，集中在盛产萝卜、胡瓜、辣椒等产品的靖江、河庄、南阳、义盛、头蓬、新湾、党湾、前进、党山、坎山、益农等镇乡和围垦地区；茶果竹木加工，多在所前、楼塔、进化、云石、许贤等山区半山区镇乡；棉麻加工，主要在沙地区和围垦地区。（2）加工种类和品种增加。1998年市农村经济委员会调查，全市农产品加工有粮食、油料、饲料、棉麻、蔬菜、茶果、竹木、水产、畜禽、羽绒、酿造11大类240多个品种。（3）加工原料由就地收购为主转变为从外地收购和就地收购并重。2000年，羽绒、棉花、竹木、油料、饲料、粮食的加工原料多采自市外，蔬菜、茶果的加工原料多来自市内。（4）加工产品的销售由单一国内市场向国内外市场兼营发展。其中向国外销售的多为羽绒、蔬菜和青梅制品。（5）机械化加工取代了传统的手工加工。2000年，全市有农副产品加工机械3765台（套）、功率33525千瓦。山区半山区的毛竹加工仍以手工为主，农家自食的蔬菜加工也以手工为主。

①清代多以传统手工制作，民国期间始有机械加工粮油、棉花。60～70年代农村兴办社队企业，各地相继办起小型农副产品加工厂（坊），以加工粮油、饲料为主，产品采自当地，多为农户自用的口粮和饲料，蔬菜则多为传统手工加工，农民自产自加，自食多余后在市场销售。1972年，全县农村有粮食加工厂691家，平均每个生产大队0.91家，设备简陋，加工量小。

80年代，农副产品产量和品种逐年增多，农产品加工企业不断建设，加工产品多为粮油、蔬菜、羽绒、竹木、茶果、酿造、饲料等。1982年，全县农村有粮食等加工厂1172家，均规模较小。

第五节 名牌战略

90年代始，萧山实施农业优质名牌战略。优质名牌战略的核心是围绕主导产业，选择优势产品，依靠科技进步，提高加工档次，改进贮藏、包装，加大营销力度。辅之配套的是按照国家有关法律法规，规范名品、名牌保护体系和标准化建设。

农业标准化建设

1995年，萧山第一农垦场为市"水稻综合标准化"试点单位。1997年10月，成立萧山市农业标准化建设领导小组及办公室，制定农业地方标准，审定农业标准。至2001年3月25日，全市共制定并实施41个农业标准和技术规程，其中鳜鱼苗种繁育及养殖技术规程，莼菜栽培技术规程，河蟹池塘养殖技术规程，钱江野鸭的种鸭、苗鸭、肉鸭的饲养管理和疾病防治规程，竹地板、莼菜、瓜子黄杨、龙柏标准等12只为省级标准。

农副产品商标注册

在农产品自给自足时代，萧山农副产品及其加工品几乎没有商标。90年代中期，市委把农副产品及其加工品注册商标作为名品、名牌战略的重要环节来抓。对农副产品申请注册商标予以奖励，列入镇乡干部的年度岗位责任制考核。至2000年底，全市农副产品及其加工品累计注册商标114只。

质量体系认证

90年代，按《中华人民共和国产品质量法》和《中华人民共和国产品质量认证管理条例》开展质量体系认证。至2000年，浙江银河食品有限公司、杭州恒天面粉有限公司、萧山江乐蔬菜酱品有限公司、杭州大庄地板有限公司、萧山钱江蔬菜食品有限公司、杭州汇林食品有限公司、萧山凌飞环境绿化有限公司、萧山园林工程有限公司、杭州兴达油脂有限公司、萧山新街花木产业集团有限公司10家企业通过ISO9000质量体系认证。

名牌产品

1999年，杭州恒天面粉有限公司生产的"恒天"牌面粉被认定为萧山市名牌产品，浙江银河食品有限公司生产的"XSH"速冻蔬菜被认定为杭州市级名牌产品。至2000年，全市还有"品字"牌酱菜、"钱江"牌萝卜干系列、"晶磊"牌蜂王浆冻干粉、"其门堂"牌胡瓜、"虎跑"牌味精共7只产品被认定为杭州市级、萧山市级名牌产品。

获奖产品

1999年，"钱江"牌萧山萝卜干、"钱江"牌美味榨菜、"中华"啤酒、"钱江"啤酒等4只产品在中国国际农业博览会上获得金奖，"大庄"牌竹地板、"钱江"牌萧山萝卜干、"晶磊"牌蜂王浆冻干粉3只产品获浙江省农业博览会金奖，"吉天"牌河蟹、"五星"牌鸡汁中华鳖、"咪猫"牌风脱水萝卜干、"梅乐"牌盐渍脆梅4只产品获浙江省农业博览会银奖。

图11—7—356 1999年，萧山钱江蔬菜食品有限公司生产的萧山名牌酱菜（萧山区农办提供）

第八章　种植业

萧山为粮、棉、麻和多种经营综合农业区，是全国县(市)级络麻重点产区。80年代初始，调减棉花、络麻及滞销粮食的种植面积，发展蔬菜、瓜果、花卉苗木种植和经营。实施“水旱轮作”、间作套种等科学耕作制度，应用高产模式栽培、设施栽培、轻型栽培和“病、虫、草、鼠”综合防治等先进技术。引进国内外优质品种，使蔬菜品种一年四季均能上市，淡旺季节不再明显。按“无公害”生产标准使用高效低毒低残留农药，推广生物肥料、复合肥料、秸秆还田等。提高粮食品质，做大蔬菜、花卉苗木产业，并为水产、畜牧业发展提供空间。1991年，萧山被国务院授予“1990年全国粮食生产先进单位”称号。1995年8月，萧山被列为“八五”时期第四批国家级商品粮基地县(市)。

2000年，全市种植业产值（现价）21.53亿元，占全年农业总产值的65.41%。自90年代始，产粮区农作物复种面积急剧下降，由一年三熟逐渐向一年二熟、一熟转变，冬、春季农田弃耕抛荒面积扩大，全市人均产粮从1984年的438千克下降到2000年的352千克（按全社会户籍人口计算）。

第一节　粮食作物

萧山境内粮食作物主要有水稻、小麦、大麦、大豆及玉米、蚕豆、豌豆、番薯、乌豇豆、绿豆、赤豆、高粱、粟等，[①]1984年播种面积127.69万亩[②]，亩产372千克[③]，总产475175吨。1985年，播种117.83万亩，亩产336千克，总产395533吨。90年代初，粮食播种面积逐年下降，粮食品种亦由以早稻、晚稻、小麦为主调整为晚稻及大豆当家。2000年，全市粮食播种93.28万亩，亩产394千克，总产367436吨。

水　稻

1984年，全县种植水稻82.25万亩。1985年为76.52万亩，占全县粮食播种面积的64.94%，其中早稻33.90万亩、晚稻42.62万亩。1989年，受23号台风的影响，全市西瓜提早倒藤，后普遍改种晚稻，全市全年晚稻种植52.42万亩，比上年增加4.9万亩。1990年种植水稻89.25万亩，占全市粮食播种面积的69.11%。为提高经济效益、缓和季节矛盾，早稻种植逐年减少，晚稻种植逐年扩大。1993年后，东片沙地区由春大豆代替早稻，早稻分布从全市缩小到南片地区。1995年种植水稻83.46万亩，占全市粮食播种面积的73.13%。2000年，全市种植水稻61.78万亩，占粮食播种面积的66.23%。

早稻　1984年始推广“浙辐802”和“二九丰”，早稻品种逐步由以“广陆矮4号”为主的迟熟品种向中熟品种发展。1985～2000年间，除1988年、

①民国21年（1932），全县种植水稻38万亩，亩产217斤。1952年，全县种植粮食作物44.58万亩，亩产580斤。1958年亩产达到820斤，第一年实现《农业发展纲要（草案）》所规定的指标。1965年种植36.48万亩，亩产1054斤。1966～1977年，粮食亩产徘徊在1000斤～1200斤之间。1978年全县种植粮食作物面积48.20万亩，亩产1460斤。（资料来源：萧山县志编纂委员会：《萧山县志》，浙江人民出版社，1987年，第222页）

②粮食播种面积中不含大豆，下同。

③1984年后粮食亩产为复种面积亩产。

1995年和1999年因受灾害性天气影响而减产外，亩产一直稳定在400千克以上。

晚稻 1984年，全县晚稻亩产437千克。1985年晚稻褐稻虱大发生加上灌浆结实期遇长期阴雨，亩产333千克，总产141765吨。1987年始，除1990年受15号台风及持续阴雨天气的影响，晚稻亩产384千克，其余年份均在400千克以上。1994年，晚稻亩产450千克。1998年，早稻地膜育秧和鲜食大豆种植推广，晚稻种植季节提早，麦（油）—稻二熟耕作制度形成，单季晚稻扩大和以"秀水48"为主的半矮生型、高产稳产品种推广，模式栽培等综合配套技术应用，亩产达到460千克。2000年，全市播种晚稻53.27万亩，总产240778吨。

春 粮

80年代初期，东片沙地区以小麦为主，南片地区以大麦为主，蚕、豌豆多属零星种植。2000年，种植小麦24.37万亩，大麦1.45万亩，蚕、豌豆2.09万亩。

小麦 由矮秆抗倒的"扬麦4号"取代高秆迟熟的"鄂麦6号"，畦宽由1.4米减为1.1米～1.2米，播幅由0.15米增到0.20米。1985年亩产320千克；1990～1993年，种植面积稳定在20万亩以上，1997～2000年达23万亩～28万亩，产量稳定在300千克左右。

大麦 1985年后，应用"稻板麦"免耕直播技术和"迟播麦"应变补救技术；1986年，大麦退出粮食定购，春粮收购价格较低，面积大幅减少，1998年减至0.78万亩；1999～2000年，种植面积稍有回升，产量稳定在200千克左右。

蚕、豌豆 主要作晚稻的前茬，多分布在南片丘陵山地和东片棉田套种。1984年种植2.89万亩。1987年，引进"大白蚕"等蚕豆品种，产量提高，鲜荚亩产300千克～350千克。至2000年，种植面积2.09万亩，亩产干豆175千克。

大 豆

多分布在东片沙地区和围垦区，南片丘陵区少量种植。70年代后期至80年代中期，在垦区作为春大豆快速发展，品种以"五月拔"为主。1984年，全县种植3.23万亩。1985年，种植1.8万亩，亩产137千克，总产2458吨。城北区大豆多采收鲜荚作菜用，品种多选用荚大粒阔、茸毛白色的"五月白毛"，俗称"毛豆"。义蓬和瓜沥区大豆多收获干豆，用作豆制品加工，品种为"五月白毛"和"五月黄毛"，因其种皮呈淡黄色，俗称"黄豆"。1986年起，东片地区麦、豆、稻实施"两旱一水"种植制度。1989年，种植面积6.75万亩，多为干籽大豆。1992年，东片地区大幅调减早稻，发展大豆。1993年，大豆增至16.59万亩，种植面积居全省首位。1994年，引进矮脚毛豆和"台292"等鲜食大豆，推广"多方式栽培、多品种搭配和多用途开发"的综合技术，1～8月份均有鲜食大豆播种，5～11月份都有鲜豆荚采收上市，实现周年平衡上市，促进大豆生产的发展。是年，种植增至23.61万亩，总产30629吨。鲜荚亩产500千克以上，亩净收入400元左右。1998年，大豆种植超过早稻面积，成为夏季第一大作物，其中鲜食大豆12.3万亩。2000年，种植25.94万亩，供大于求，鲜食大豆价格下跌，全市有近2万亩弃收。

杂 粮

有玉米、番薯、乌豇豆、绿豆、赤豆、高粱和粟等，多零星种植。1985年，全县种植杂粮2.70万亩，亩产242千克，总产6523吨。之后，面积基本稳定，1990年2.11万亩，亩产230千克，总产4849吨；1995年2.13万亩，亩产271千克，总产5781吨；2000年3.59万亩，亩产209千克，总产7504吨。

玉米多分布于东片地区，常年种植1万多亩。1985年1.13万亩，1990年1.08万亩，1995年1.15万亩，2000年2.50万亩。春种作鲜食用，秋种多收获籽粒加工年糕、酿酒用；作鲜食一般亩产450千克，收籽粒一般亩产200千克。

表11-8-201　1949～2000年部分年份萧山粮食分类生产情况

年份	春粮 面积（万亩）	春粮 面积 小麦	春粮 面积 大麦	春粮 亩产（千克）	春粮 亩产 小麦	春粮 亩产 大麦	春粮 总产量（吨）	春粮 总产量 小麦	春粮 总产量 大麦	早稻 面积（万亩）	早稻 亩产（千克）	早稻 总产量（吨）	晚稻 面积（万亩）	晚稻 亩产（千克）	晚稻 总产量（吨）	大豆 面积（万亩）	大豆 亩产（千克）	大豆 总产量（吨）	杂粮 面积（万亩）	杂粮 亩产（千克）	杂粮 总产量（吨）
1949	45.74	20.44	20.69	70	69	70	32035	13670	14430	2.56	110	2815	36.26	147	53355	13.75	53	7220	5.01	121	6075
1978	31.42	15.37	13.75	207	245	173	65140	37705	23830	34.68	326	113045	46.91	335	157220	6.12	146	8960	4.82	376	18120
1984	42.33	20.78	18.66	265	332	207	112015	69025	38530	35.62	425	151190	46.63	437	203930	3.23	132	4250	3.11	259	8040
1985	38.61	20.13	15.99	257	320	193	99194	64429	30815	33.90	437	148051	42.62	333	141765	1.80	137	2458	2.70	242	6523
1986	34.45	17.71	14.22	271	336	214	93294	59409	30428	34.76	465	161762	45.19	391	176589	3.31	146	4818	3.01	257	7741
1987	35.72	16.90	16.84	275	336	229	98134	56768	38539	35.85	413	148245	47.86	409	195816	5.68	133	7574	3.34	223	7768
1988	37.13	18.07	16.88	288	355	231	106758	64191	39011	36.29	397	144058	47.52	430	204336	5.95	126	7484	2.74	218	5983
1989	35.71	19.64	13.88	270	321	218	96485	63018	30318	37.31	402	149861	52.42	408	214102	6.75	119	8058	2.85	205	5850
1990	37.78	21.05	14.77	286	344	219	108013	72482	32326	37.48	434	162567	51.77	384	198797	4.86	135	6584	2.11	230	4849
1991	37.94	20.44	15.48	258	322	188	97959	65927	29169	36.12	412	148674	52.39	436	228323	5.41	131	7065	2.09	237	4961
1992	37.94	22.14	13.59	258	327	195	97885	66139	28539	33.61	416	139881	52.17	411	214543	9.29	135	12549	2.22	246	5452
1993	31.32	22.36	6.38	283	310	236	88636	69412	15077	26.57	405	107612	54.00	433	234011	16.59	131	21729	2.21	239	5282
1994	24.98	17.17	5.21	273	310	207	68220	53227	10784	25.12	417	104761	55.20	450	248400	23.61	130	30629	2.31	281	6489
1995	28.54	19.35	6.50	281	317	203	80255	63282	13227	27.96	375	104956	55.50	444	246420	20.42	138	28201	2.13	271	5781
1996	27.07	19.26	5.89	321	363	228	86779	69836	13408	26.88	402	108058	52.76	445	234661	19.04	112	21311	2.47	205	5071
1997	29.74	23.57	4.41	334	364	222	99189	85859	9805	24.03	410	98571	54.28	447	242632	18.21	110	20031	2.05	155	3175
1998	29.13	26.62	0.78	245	247	197	71297	65751	1537	20.02	402	80456	56.77	460	261142	20.04	120	24101	2.50	195	4884
1999	32.37	28.50	1.99	293	307	205	94883	87452	4089	16.04	378	60581	56.54	451	255222	21.74	134	29130	2.52	217	5484
2000	27.91	24.37	1.45	298	313	210	83074	76357	3052	8.51	424	36080	53.27	452	240778	25.94	134	34764	3.59	209	7504

注：①资料来源：1949～1998年，萧山市委宣传部，萧山市统计局编：《萧山五十年巨变》。1999～2000年，《萧山市统计年鉴》。
②春粮面积、亩产、总产量中包括蚕豌豆。

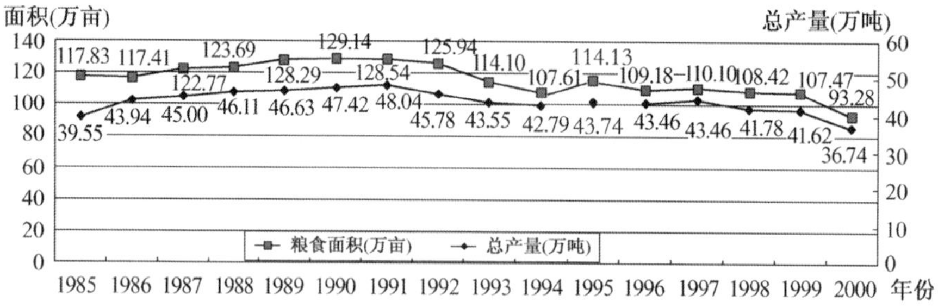

图11—8—357　1985～2000年萧山粮食生产情况

【附】

萧山粮食安全调查

萧山地处钱塘江南岸，面积1420.22平方千米。2005年底常住人口117.66万人，其中农业人口83.85万人，非农业人口33.81万人。经公安部门登记的外来流动人口约59.64万人。全区有耕地79.78万亩，其中水田74.52万亩，旱地5.26万亩。总耕地中，钱塘江滩涂围垦22.29万亩。

一、粮食需求

萧山历史上一直属浙江省的重点缺粮地区，解放前以民国22年（1933）为例，全县人口50万人，粮食年产量61279吨，消费量92813吨，所缺口的粮食主要依赖金华、衢州等地调入。解放后，粮食产量提高，人均用粮水平也不断提高。1953～1984年，粮食实行统购统销。1953年统购粮食23685吨，销售粮食77225吨；1984年征购粮食44015吨，销售粮食82400吨；1984年后改粮食统购为合同定购；1993年放开粮食销售、放开粮食购销价格，取消计划调拨，萧山粮食定购基数为35655吨，市外调入52325吨，供应总量87980吨，其中城乡定量人口口粮37155吨，农村人口统销48600吨，饲料及其他供应粮2225吨。

经调查预测，目前萧山的粮食需求大致为：口粮约40万吨、种子粮约1万吨、工业和行业用粮约10万吨、饲料用粮26万吨，全年粮食总需求约77万吨。

二、粮食生产

萧山为粮、棉、麻和多种经营综合农业区。长期持之以恒的水利建设和基本农田建设，使萧山的大部分耕地建成“旱能灌、涝能排，农机能进能出”的旱涝保收田，耕地适种性强，粮食综合生产能力强，90年代初就实现“吨粮田”指标。萧山曾是全国的络麻重点产区和优质棉花基地，中华人民共和国成立后至1991年，萧山承担了浙江省50%左右的黄、红麻生产任务。农村改革开放后，萧山农业逐步进入市场经济体制运行，依据地理优势和资源优势，不断调整农业产业结构，发展市场需求产品，建设蔬菜、花木、水产和畜禽等特色农业基地，向优质高产高效的都市型农业目标前进，使粮田播种面积和粮食总产逐年下降，人均产粮已由1986年的449.7千克下降到2005年的116.5千克。

三、平衡分析

经济快速发展，人口不断增加，耕地逐年减少，萧山粮食缺口始终存在。2005年，萧山晚稻播种面积37.4万亩，总产17.92万吨，除留种及部分作酿酒原料，可作口粮约15万吨，缺13.4万吨。用作饲料的玉米缺20万吨，豆粕缺6万吨。杭州恒天面粉公司等加工企业需优质小麦5万吨，钱江啤酒厂用于啤酒生产大麦缺3万吨，全区年缺口粮食47.4万吨左右。但小麦与糯谷有部分销往区外，大豆基本上作菜用。尚不可忽视的因素是农户藏粮减少。90年代初，多数农户藏粮为6个月～12个月以上，而近年一部分农户由卖粮户变为买粮户，人均年末结存粮食由1986年的237.8千克下降到2005年的125.6千克；人均出售粮食由1986年的108.5千克下降到2005年的19.5千克。就占全区人口80%的农民来讲，承受粮食自然风险的能力大不如前。萧山粮食依靠调入是必然趋势。

四、安全对策

（一）对粮食安全的定位。粮食、石油、淡水为国家三大战略物资。“为政之要首在足食”，“民以食为天”。确保粮食安全要有一定数量的粮食储备；要有保管粮食的仓储设施；要有能在短期内恢复种粮能力的粮田；要有稳定的粮源基地；要有沟通供求关系的粮食市场。

（二）提高对粮食安全重要性的认识。2003年“非典”期间，萧山局部地区出现粮食抢购，市场晚粳米成交价每千克上涨70%以上，使人们再次感到粮食安全的重要性。到目前为止，萧山的粮食安全没问题，但萧山特定的客观实际需要注意粮食安全问题。耕地逐年减少，粮食播种面积和产量大幅下降。2005年与1992年比较，全区户籍人口净增10.30万人，外来人口以年均递增10万人的速度进入，耕地面积净减7.10万亩，还不包括若干大型建设项目用地因素。粮食复种面积减少50.81万亩，粮食产量减少189531吨，家庭经营粮食人均减少255.6千克。萧山粮食市场受宏观市场变化的影响很大，一旦受到大范围的自然灾害减产或类似2003年“非典”引发的交通封锁、地区封锁，就会导致可调的粮食无法调入，即使签订的协议也难以执行。萧山第二、三产业发达，农民对收入的期望值高，即使给予种粮补贴和各项优惠，种粮的积极性也难以迅速调动。粮食生产周期长，自然风险大。粮食只能一年一熟或二熟，不像工业可以短期突击增产。在停止继续围垦和完成土地整治任务后，萧山不可能再通过造田造地保持土地动态平衡。土地锐减、粮田骤降，人口猛增、耗粮增加的趋势已难逆转。

（三）保护粮食综合生产能力。萧山的粮食生产，首先要有个总量的底线，即每年自产的粮食不得少于30万吨。要切实保护基本农田，确保耕地占补平衡。要摸清底数，掌握全区基本农田利用状况和变化情况，促进基本农田保护性基础工作的落实，确保基本农田真正落实到图上、地块、村组和农户。要巩固提高已有农业结构调整的成果，不再任意在粮田上挖塘养鱼、栽植树木花草。继续通过农田整治、标准农田建设等手段，搞好基本农田的基础设施建设，增加旱涝保收面积，提高抗御自然灾害的能力。实施科技兴农、科学兴粮工程。继续抓好粮食良种工程，病、虫、草、鼠害综合防治、高产优质省工栽培技术，水旱轮作、间种套作等优良耕作制度，依靠科技提高产量和质量。政策上支持重点粮产区、重点种粮大户发展粮食生产。除了中央和省里规定的粮食补贴之外，区财政再划出一块资金补贴粮食生产。同时，全面推行“订单”收购，敞开收购农民的余粮。

（四）培育粮食市场体系。随着粮食市场、价格的逐步放开，作为粮食交易市场基本要素的粮食商品数量越来越大，特别是粮食零售市场的放开，给经营者带来了生机，给群众购粮带来了方便；但由于经营者条件简陋、储粮有限，遇突发事件不能起到平抑作用，因此培育和发展粮食批发交易市场这一“动态粮库”已成为当务之急。2003年能迅速平息因“非典”引发的粮食抢购风波，重要经验是粮食市场起到了迅速组织粮源和有效供应的重要作用。浙江东南粮食市场承担区内90%以上居民食用粮油供应任务，是全区人民的“米袋”，以成交大米为主，2003年成交量达42万吨，使萧山的口粮平衡暂时得到保证，但其规模偏小，交易品种不全，缺少农副产品和饲料粮的交易场所，影响市场的辐射功能。因此要逐步形成以东南粮食市场为龙头、农副产品市场为配套、区域粮食交易市场为依托的粮食市场体系。在市场软件建设上，要注重投入，加强与各地粮食市场的密切联系，形成信息、运输等与市场规范运作相配套的多项服务功能。要规范市场运作，制订出引进客户的具体措施办法，努力创造公平合理的竞争环境，吸引各类主体，特别是引导和鼓励省内外粮食主产区的粮食经营企业和个体户进场交易，充分发挥市场机制在资源配置和调节供求中的积极作用，保证萧山的粮食安全。

在深化粮食流通体制改革过程中，必须在黑龙江、河南、安徽、山东、江苏、江西等粮食主产区建立粮源基地，与当地粮食部门建立长期稳固的购销协作关系。支持和鼓励区内的农业龙头企业、农业经营大户到区外、省外粮食主产区包地种粮，建设商品粮生产基地，拓展萧山粮食生产空间，解决萧山耕地资源不足的矛盾。

（五）完善地方粮食储备体系。粮食储备是化解自然和市场两个风险的物质保障。按照“产区3个月，销区6个月”的要求，按目前萧山非农人口、流动人口及农村缺粮人口6个月的口粮约为9万吨～11万吨，再加上工业化和城市化建设的进一步加快，非农人口将大幅度增加，因此要落实储备粮数量、储备粮库和支持粮食储备的风险基金，确保布局合理、运作高效，管得住，调得动，用得上。

在粮食加工上要提高综合加工能力。根据市场需求及应付突发情况的发生，在政策上要加强扶持恒天面粉公司等民营粮食加工龙头企业，以保证全区成品粮供给的需要。

表11-8-202　1986～2005年萧山农村居民人均粮食收支情况

单位：千克

年　份	粮食收入			粮食支出			粮食结存
		家庭经营收入	购　入		生活用粮	出　售	
1986	524.60	449.70	73.70	477.30	267.90	108.50	237.80
1987	470.40	400.10	62.10	459.20	294.20	62.00	249.00
1988	517.20	455.80	54.40	489.50	326.40	70.40	311.70
1989	560.20	500.70	54.80	569.40	339.10	128.40	317.80
1990	471.30	419.70	46.50	409.80	267.20	79.80	331.10
1991	471.90	413.40	49.10	431.80	289.00	70.90	374.20
1992	423.00	372.10	40.80	457.60	282.00	88.60	317.30
1993	365.47	332.34	31.85	306.01	234.60	54.21	436.34
1994	419.21	390.00	28.47	403.39	295.28	89.58	200.47
1995	573.65	553.07	20.09	430.56	303.12	85.17	332.35
1996	467.26	439.69	26.51	396.90	294.56	77.67	418.58
1997	474.33	435.00	37.99	427.63	268.94	113.64	403.58
1998	372.07	334.65	37.42	401.36	250.83	106.75	339.93
1999	341.40	316.74	23.02	363.23	254.92	84.96	318.10
2000	362.00	211.00	145.00	435.00	273.00	36.00	169.00
2001	431.00	248.00	175.00	401.00	237.00	24.00	228.00
2002	326.00	228.00	92.00	348.00	230.00	64.00	185.00
2003	220.00	137.00	66.00	244.00	207.00	23.00	143.00
2004	188.00	105.00	77.00	211.00	194.00	10.00	120.00
2005	199.10	116.50	81.80	215.20	184.90	19.50	125.60

注：①资料来源：1986年，《萧山县国民经济统计资料》。1987～1993年，《萧山市国民经济统计资料》。1994～2000年，《萧山市统计年鉴》。

②粮食收支分项栏中，不包括其他粮食收支。

（资料来源：根据王仁庆、王飞龙、陈华龙、俞松根、钱志祥2004年撰写的调查报告补充整理）

第二节 油料作物

中华人民共和国成立前，萧山油料作物主要是油菜，但产量很低。中华人民共和国成立后，产量逐年提高。[①]1985～2000年，萧山油料作物有油菜、花生、芝麻等，以油菜为主，花生常年约种1万多亩，芝麻零星种植。

油 菜

油菜是围垦开发利用的先锋作物之一，在广袤垦区连片种植，呈现“万亩黄金色，百里菜花香”的迷人景色。1985年，全县种植油菜18.50万亩，是全省的主产区之一。油菜不宜间作套种，1992年始，种植结构调整，种植面积下降。1995年，市政府对“双低油菜”（低芥酸、低硫甙葡萄糖苷）及其示范方进行奖励，油菜生产有所恢复。油菜从种到收全靠人工操作，费工耗时，加之市场食用油供应充裕，1994年后，油菜种植面积下降。2000年，全市种植油菜6.58万亩，总产油菜籽7692吨。

①民国21年（1932），全县种植油菜20万亩，亩产20斤。民国37年种植5.45万亩，亩产44斤。1952年种植5.63万亩，亩产92斤。1965年亩产132斤。1971年始，围垦区油菜试种成功，面积逐年扩大，1981年全县种植油菜23.84万亩，亩产197斤。(资料来源：萧山县志编纂委员会：《萧山县志》，浙江人民出版社，1987年，第223页)

花 生

多在东片沙地区，零星种植，总面积1万亩左右，70%采收嫩花生果作菜用。80年代，引种“白沙”和“天府3号”，后被“海花1号”和“豫花3号”取代。3月中下旬采用地膜直播，7月上、中旬采收，鲜果亩产400千克左右，亩产值800元上下。2000年，从吉林省白城地区引进“四粒红”，秋季栽培。并种植本地种小洋生和少量小圆生。4月上、中旬露地播种，10月中下旬采收，亩产150千克左右。

第三节 棉麻作物

棉 花

萧山植棉有700年左右的历史，曾是主要产棉县，民国时期以种植本棉为主。民国37年（1948），种植31.78万亩,亩产10.5千克，总产3341吨。中华人民共和国成立后，先后从国外引入“德字棉”、“岱字棉”，后逐步推广国内选育的“960”、“钱江9号”、“协作2号”等品种。1984年，全县种植棉花12.93万亩，亩产98千克，总产12718吨。

图11-8-358 1975年，宁围乡棉农在进行棉花分级、晒棉（董光中摄）

棉花种植在城北、瓜沥、义蓬3区和围垦区。1985年，国家调减棉花种植计划，取消棉花奖售等优惠政策，全县棉花种植降至8.61万亩。1988年，棉区遭受台风和洪涝灾害，全市7.52万亩棉花，平均亩产49千克。1990年，国家提高棉花收购价格，实行“粮棉挂钩”，恢复部分种棉优惠政策，选用抗枯萎病、耐黄萎病的高产品种“中棉12”和推广高产模式栽培等配套技术，实施“百千克棉工程”，棉花生产恢复。1991年，全市有2900亩棉花亩产达到或超过100千克。1992年起，

“百千克棉工程”与“棉花高产综合技术”结合推广，全市棉花产量和效益同步增长。1995年，种植面积增至10.95万亩，其中间作套种3.38万亩。1997年6月，萧山市被列为国家级优质棉生产基地。

1997年，棉花市场供大于求，出现“卖棉难”，国家连续3年降低棉花收购价，每50千克标准级皮棉从1996年的735元降至1999年的500元。1999年9月1日新棉上市起，国家放开棉花生产、销售，促进种植结构的调整。2000年，种植棉花2.32万亩。棉区形成蔬菜和花卉苗木产业为主的种植格局。

黄、红麻

萧山植麻始于清朝末年。民国37年（1948），全县植麻2.69万亩，总产5385吨，亩产200千克。中华人民共和国成立后，全县络麻（黄、红麻的统称，下同）种植面积逐年增加，成为全国重点产麻县。

图11－8－359 1991年，麻农收剥红麻（傅宇飞摄）

品种以圆果台麻、印度洋麻为主。多种植在北海塘以北沿钱塘江南岸一线的沙地片。集中在义蓬、瓜沥两区；浦沿、长河、西兴、城北、宁围、盈丰、长山、新街等镇乡也有种植；北海塘以南的城东、城南、新塘、许贤、义桥、螺山等镇乡少量种植，产量比集中产麻区低。1959～1979年，植麻面积稳定在19万亩左右。品种以荚头麻、圆果种“粤园5号”为主，1972年试种红麻“青皮3号”。1980年后，国内麻纺能力扩大，收购价格提高加上推广地膜覆盖、“稻、麻轮作”和“一基一追”（施足基肥、施好追肥）等新技术，黄、红麻生产进入一个发展时期。1985年种植28.70万亩（占全省的50.22%），亩产461千克，总产13.23万吨（占全省的52.92%）。

黄、红麻生产发展带动麻纺工业的兴起，90年代初，市内有7家麻纺织厂，年加工黄、红麻5万吨以上，产品销往全国各地，并出口国外。1987年，化学纤维工业兴起，河南、安徽、山东、四川、湖北省等新麻区面积扩大，萧山的黄、红麻生产受到冲击。1990年，全市种植20.58万亩，总产8.76万吨。后麻袋被化纤编织袋取代，麻纺企业纷纷倒闭或转产，收购公司大量积压，麻价下降。黄、红麻从种到收，全手工操作，劳动强度大，农民称为“拆骨头的农活”，经济效益相对较低；沤制时污染环境，河、塘水质发黑，臭气熏天，鱼虾死绝。80年代起，煤制品、液化气、电炊具逐步进入农家，黄、红麻和棉花秸秆不再作为主要燃料。农民植麻积极性逐渐下降，面积大幅调减。1995年，面积减至2.32万亩，2000年减至0.3万亩。

苎麻、亚麻

苎麻、亚麻也有零星种植。苎麻多种植在沟边杂地，以自种自用为主。1985年，受“苎麻制品热”影响，党山镇建起苎麻纺织厂，引种苎麻196亩，后出口受阻，国内销售价不高，种植经验不足，亩产较低，未形成规模。1999年，市农业科研部门从黑龙江省引进亚麻种子，在戴村镇、临浦镇、第二农垦场和萧山市农科所试种6亩，平均亩产原茎352.6千克。至2000年，共试种58亩，因效益欠佳而未形成规模。

表11－8－203 1984～2000年萧山棉花、络麻生产情况

年份	棉花			络麻		
	面积（万亩）	亩产（千克）	总产量（吨）	面积（万亩）	亩产（千克）	总产量（吨）
1984	12.93	98	12718	22.97	447	102724
1985	8.61	62	5393	28.70	461	132268

续 表

年 份	棉 花			络 麻		
	面积（万亩）	亩产（千克）	总产量（吨）	面积（万亩）	亩产（千克）	总产量（吨）
1986	8.10	71	5781	25.66	443	113547
1987	6.72	63	4241	22.02	430	94643
1988	7.52	49	3671	21.42	382	81841
1989	6.34	59	3719	19.09	404	77069
1990	8.43	70	5900	20.58	425	87562
1991	8.44	80	6718	20.66	414	85432
1992	10.10	63	6330	16.97	412	69883
1993	7.98	66	5289	10.88	433	47083
1994	8.92	70	6279	4.92	477	23484
1995	10.95	68	7445	2.32	463	10762
1996	8.69	64	5566	2.39	471	11247
1997	7.38	66	4900	2.48	454	11271
1998	7.43	69	5116	1.60	477	7632
1999	3.73	71	2656	0.51	460	2344
2000	2.32	74	1718	0.30	481	1444

资料来源：1984～1986年，《萧山县国民经济统计资料》。1987～1993年，《萧山市国民经济统计资料》。1994～2000年，《萧山市统计年鉴》。

【附】

黄、红麻脱胶技术

黄、红麻收获后需经脱胶精洗成精麻（又叫熟麻）才能用于纺织加工。萧山采用鲜皮沤洗脱胶方式，麻纤维品质为国内之优。其全过程：拔麻—夹麻—剥麻—扎把—浸麻—检查发酵程度—捞麻—洗麻—晒麻—整理分级—交售入库。

拔麻 拔麻时要分清麻株的长短、粗细和好坏，路边、河边等的边麻和枯麻也要随拔随分，分别堆放，以便分别夹麻和剥皮。

夹麻和剥麻 夹麻需两人相对操作，一人手拿2根夹麻棒（约40厘米长，3厘米直径。70年代前用竹竿，70年代后用无缝钢管或铁管）夹住麻，一人抓住麻基部往外拉。不能把麻株、麻梢夹断，以免损失；剥麻时，要做到分类剥制，不剥碎、不剥断、皮不粘骨、骨不带皮，尽量保持麻皮完好成片。剥出的麻皮晒干后称生麻。

在拔麻和夹麻、剥麻操作中，均需注意分清麻的长短粗细，这是促使麻皮发酵程度一致，提高熟麻品质的基础。

扎把 麻皮扎把大小均匀。鲜皮长度在250厘米以上、重约4千克的扎一把；长度在200厘米～250厘米、重4千克～4.5千克的扎一把。每把根部理齐，梢部抖松理直，不使紊乱。麻把缚结宜宽忌紧（宽1倍为度），一般在离麻皮基部三成处用一片鲜皮抽箍扎缚。

浸麻 浸麻前先在河塘中打好吊麻桩柱，后将扎缚好的麻把，逐一挂在浸麻竹竿上，再缓缓地将其推浸在水中，其两端用麻皮吊挂桩柱上。如在本地围塘浸麻，则不需浸麻竹，只要用一片麻皮，将各把麻串联起来，系住固定桩即可。浸麻后，要防止麻皮浮出水面，以免晒成僵麻。

检查发酵程度 鲜皮脱胶较快，检查工作要勤。检查时，可取样捻摸麻皮基部，如发现表皮易脱落，手感滑润，横撕时呈现出网状纤维结构，其中略带粗条状并合的硬纤维，经轻敲漂洗即松散，显示已脱胶适度，应即进行捞洗。

捞麻和洗麻 麻脱胶适度时，应及时捞洗。一次浸麻量大，劳力不足时，应掌握脱胶七成时开塘，并有选择地进行捞洗；浸麻数量不大，而劳力较多时，应掌握在八成时开塘捞洗。过早过迟开塘捞洗，都会影响品质和精洗率。

洗麻要掌握先捞先洗、随捞随洗、不洗不捞的原则。漂洗时，先将麻的根部理齐、梢部理直，麻绞过大过小的作适当的分并，并做到多漂多拷，顺漂轻拷和平拷，严禁猛甩猛拷，以防损伤纤维，影响产量和品质。

晒麻 洗出的麻，要及时晒在晾架上，力求不晒在地上。晒麻时，麻把保持一定的间距，并逐把将梢部抖松、理直，除去皮屑、麻骨和杂质，不使麻梢拖地沾上污泥，后将根部理齐、抖松。晒至半干时，再逐把抖松、清理一次。

整理、分级 将晒干的熟麻再细致整理一番，按收购规定的标准，抽剔分级，扎捆出售。

除剥皮精洗外还可带秆精洗。从防止污染等目的出发，1985年后，还常采用“围垦就地沤麻”、“围塘浸洗”脱胶技术。1992年，鲜皮旱地湿润脱胶获得成功。该法将麻皮收剥杀青后，扎小把浸半天至一天充分湿润后，在地面上堆宽约1米、高约1.5米的麻堆，四周以湿草覆盖，外盖塑膜，堆温掌握在30℃～35℃左右，约3～5天可完成脱胶，中间可根据情况淋水翻堆。该法无污染，出麻率较高，但存在偏生、脱胶不匀等问题。如用脱胶菌液喷淋麻堆，则效果更好。

（萧山区农业局杨重卫、程湘虹撰稿）

第四节 蔬 菜

50年代，全县每年种植蔬菜10万亩左右，60年代15万亩左右；“文化大革命”时期，在“以粮为纲”、“菜农不吃商品粮”的误导下，蔬菜生产基地不落实，城镇蔬菜供应严重不足。1982年，县蔬菜办公室成立，实行粮、肥、菜计划挂钩，落实种植面积。农村实行家庭联产承包责任制后，有蔬菜专业户465户，钱江农场建立二线蔬菜生产基地150亩，蔬菜上市提早，淡季不淡，春冬亦有番茄、青椒等供应。1985年，全县播种蔬菜13.86万亩。1986年，全县播种蔬菜16.07万亩，总产20.82万吨。是年，城厢镇近郊蔬菜基地发展到1417亩，产量8150吨。1987年，全县安排常年蔬菜基地3383亩，其中城厢、瓜沥、临浦3大镇2370亩；21个小集镇1013亩。1990年，全市种植蔬菜16.63万亩，总产27.34万吨，其中日本胡瓜1.6万亩，加工腌渍瓜3.64万吨；日本茄子2216亩，产量4820吨；萝卜6.5万亩，加工萝卜干3万吨。基地蔬菜品种134个。1992年，全市播种蔬菜25.37万亩，总产33.35万吨，其中蔬菜基地3527亩，二线蔬菜生产基地450亩。1995年，全市播种蔬菜22.72万亩，总产49.97万吨。城镇常年蔬菜基地5486亩，其中城郊3963亩，建制镇1523亩。2000年，全市播种蔬菜32.02万亩，总产73.24万吨，总产值6.91亿元。全市有一定生产规模的腌制、速冻、脱水等蔬菜加工企业100多家，职工3253人，年收购蔬菜产品47.98万吨，加工成品20.66万吨，加工销售产值49908万元，利润2090万元，出口创汇18793万元，建立生产基地189122亩。

80年代初，进化等地引种出口蘑菇，后因出口形势不好而停种。90年代，市农科所曾从事香菇栽培研究。1999年，头蓬镇一农妇在杭州市食用菌协会帮助下，搭起66.7平方米的菇棚，试种高温蘑菇333平方米，夏季1个栽培周期获利7000元；2000年，在该镇扩大到4户，1807平方米，每平方米产菇4.5千克，产值4.13万元，获利1.83万元。

1999年6月，杭州帕特专利实业有限公司引进美国库拉索食用芦荟，在城北明星村蔬菜基地试种10亩。引进墨西哥米邦塔食用仙人掌1万片，种植5亩。2000年，又在新塘会郎曹村扩种芦荟至40亩，并开发芦荟干粉、芦荟面条和芦荟奶等系列产品。是年，城南办事处姚家畈村姚云祥创办食用仙人掌开发中心，引进墨西哥米邦塔食用仙人掌，种植6亩，建有加长钢管大棚，实行网上销售，除向宾馆饭店、市场提供菜片外，还向农业示范园区、科研单位和农村专业大户提供种片。

图11－8－360　杭州晓阳农业开发有限公司1999年建立的蔬菜生产基地。图为员工在萝卜地上喷灌（2006年，杨贤兴摄）

第五节　瓜果作物

果用瓜

种植的果用瓜以西瓜为主，多分布在南沙地区和围垦地区。零星种植甜瓜、雪梨瓜、黄金瓜、菜瓜、黄瓜等。[①]1985年，全县种植果用瓜1.68万亩，产瓜3万余吨，其中西瓜1.15万亩。此后，面积逐年扩大。1990年，果用瓜面积2.64万亩，总产54168吨，亩产2052千克，其中西瓜1.84万亩，总产39035吨，亩产2121千克。1995年，果用瓜2.31万亩，总产57390吨，亩产2487千克，其中西瓜0.93万亩，总产25186吨，亩产2712千克。后用地膜覆盖和搭建大棚来保温提高产量、品质，以提早上市来提高效益，面积回升。2000年，全市种植果用瓜2.68万亩，总产75237吨，亩产2807千克，其中西瓜1.17万亩，总产33974吨，亩产2904千克。是年，浦阳镇文家坞村农户在梨园中套种西瓜15亩，品种以“浙蜜3号”为主，亩产2100千克，口味比垦区产的好，市场价也比垦区瓜高1倍。此外，云石、闻堰和临浦等地少量种植草莓，大棚栽培为主，2000年种植面积68亩。

水（干）果

萧山水果品类较多，但种植面积在不同年代之间变化较大[②]。1985年，全县种植水果16394亩，总产3397吨，以“两梅一橘”（杨梅、青梅、柑橘）为主。1986年，全县栽培的果树有青梅、杨梅、枇杷、柑橘、金橘、葡萄、桃、柿、板栗、樱桃、李、梨、枣、山核桃、花红、苹果、杏、石榴、玳玳、枳实（香橼）、柚（香抛）、无花果、橙、木瓜、木桃、猕猴桃等近30个种类，其中栽植面积较大的有青梅、杨梅、桃、板栗、梨、柑橘等近10个种类。1990年，全县水果种植面积27944亩，总产6251吨。1991年冬，因严重冻害，许多果树冻死，尤其是柑橘。1992年，全市水果面积23900亩，总产3057吨。1993年后，以稳定发展青梅，积极发展杨梅和优质蜜梨为主。1995年，全市果树种植22650亩，总产4706吨。2000年，各镇乡、林场及围垦地区都有水果种植，

图11－8－361　1999年，进化镇农民采摘桃子（丁力摄）

①相传瓜沥地名就因沙地宜种瓜，瓜熟开裂，甜水沥沥，故名瓜沥。1952～1956年间，全县每年种植菜瓜800亩～1000亩，黄金瓜600亩～1200亩。1960～1962年，瓜类面积被挤掉。1972年，围垦地区试种西瓜成功，1978年扩大到5247亩，产瓜18.36万担。（资料来源：萧山县志编纂委员会：《萧山县志》，浙江人民出版社，1987年，第263页）

②民国24年（1935）《萧山县志稿》载，萧山历史上种植的果树有李、杏、梅、桃、栗、榛、枣、梨、郁李、花红、樱桃、枇杷、石榴、杨梅、柿、葡萄、橘、金橘、橙、柑、香橼、玳玳、银杏、山楂、木瓜、木桃、无花果和花如果等近40个种类。1949年，全县有水果面积3.4万亩，年产2.47万担。中华人民共和国成立后，引进优良品种，建立专业队，水（干）果产量逐年上升，1959年达到5.8万担。60年代初，面积减至1万亩左右，年产2万～3万担之间。1975年增至7.79万担。1984年，全县新建果园7556亩；是年，投产果园13487亩，产水果4.6万担。

进化、所前两镇分别超万亩，并出现承包50亩以上承包户51户。全市果园面积28650亩，总产7674吨。

青梅　历史上主产地在城山诸坞、傅墩村，所前山里王村，通济邱家坞村，约600亩。50年代后，全县青梅种植区域扩大，80年代后作为山区、半山区优先发展的扶贫项目和林业结构优化的首选品种。1998年，梅子幼果期受低温霜冻影响，产量大减，总产414吨。2000年种植8235亩，总产1220吨，种植区域扩大到15个镇乡、场，其中进化镇种植6520亩。

杨梅　主产区所前镇。1990年后种植区域扩大，1996年后发展较快。1999年始，每年在所前镇举办“杜家杨梅节”，以提高萧山杨梅的知名度，促进杨梅的生产和销售。2000年，全市种植杨梅9180亩，种植区域遍及18个镇、乡、场，以所前、进化镇为多。品种有“早色”，主要分布在所前镇大小坞村，成熟早、适应性广、抗性强，适宜加工，又是优质鲜食品种；“迟色”，即杜家杨梅，多分布于所前镇杜家村，1981年在全省果树种质资源调查会上被评为晚熟优质品种；“东魁”，原产地黄岩，1982年冬引入城南溪头黄和长河山一村种植；还有传统品种庚青、白杨梅和引进品种丁岙梅、早荠蜜梅等。

梨　1959年，全县栽梨173亩。80年代，先后引进“二宫白”、“20世纪”、“新世纪”、“菊水”、“杭青”、“黄花”等品种，植于石岩湖山村、路平村和老屋村，欢潭涂川村、泥桥头村，所前杜家村，瓜沥东恩村等。1985年，全县种植2600亩，总产725吨。1986年后，引进“丰水”、“幸水”、“西子绿”、“清香”和“翠冠”等优质蜜梨，在第一农垦场、军垦农场、农业对外开发区和瓜沥、南阳垦种区等地种植。后扩大到浦阳、楼塔、河上、戴村、欢潭、义桥等南部山区镇乡，种植面积和产量上升较快。2000年，全市种植梨树3510亩，总产945吨。种植面积在50亩以上的有20户。品种有“翠冠”，为发展早熟蜜梨的当家品种，7月25日左右成熟；“清香”，中熟品种，8月10日左右成熟；“黄花”，丰产性能较好的晚熟品种，1996年前为蜜梨主栽品种，8月中、下旬成熟。

桃　品种有“雪雨露”、“玫瑰露”、“早霞露”、“岗山早生”、“砂子早生”、“白凤”、“塔桥”、“丰黄”、“连黄”等，分布在临浦、河上、戴村、进化、所前、义桥等地。1992年，全市桃园面积6135亩，总产1399吨。后黄桃销售形势差，一部分老桃园淘汰，面积下降，同时引种优质高产新品种“大白桃”、“红艳露”、“早魁露”、“胡景蜜露”、“玉露”、“九坑桃”和“冬桃”等。2000年，全市桃园面积4335亩，总产2598吨，多分布在所前、临浦、义桥、进化、浦阳、戴村、河上、楼塔、石岩、衙前、瓜沥、南阳等镇乡及围垦区，其中所前镇种植2000亩。

柑橘　1957年前很少栽植，只有实生橘、柚等零星种植。1962年引进温州蜜柑，在南片低丘缓坡和盈丰公社、县林场头蓬分场等地种植，1977年遭严寒袭击，柑橘基本冻死。1978年重新引进温州蜜柑，1986年全县柑橘面积2800亩；1991年冬又遭严重冻害，面积和产量大减；1993年后，宁围、盈丰等镇乡因土地征用和部分橘园粗放管理被淘汰。2000年，全市种植柑橘990亩，总产781吨。多分布在戴村、义桥、宁围等镇及围垦地区。

其他　康熙《萧山县志》载，萧山500多年前即有柿树栽培，有方顶柿、朱红柿、红柿和牛心柿等。临浦镇梅里村、大坑坞村的方顶柿为传统名果。1986年后，柿子栽植面积下滑。2000年，全市柿子栽植面积867亩，多分布在所前、临浦、进化等镇。板栗栽植历史有600余年，50年代初发展较快，1965年后淘汰较多；1978年后逐渐恢复，1995年后发展较快，1999年板栗面积5100亩，多分布于南部丘陵山区。李子多分布于所前、浦阳和进化等镇，2000年全市栽植445亩。樱桃面积较少，2000年，全市栽植面积250亩，多分布在所前镇一带。葡萄、枇杷、猕猴桃等在50年代前几乎无栽培，后逐步引入，零星栽植。1984年，葡萄有一定发展，湘湖农场的种植品种有红富士、巨峰等。枇杷仅零星种植，2000年面积28亩。猕猴桃在楼塔、浦阳等镇少量种植，面积40亩。

表11-8-204 1984～2000年萧山水（干）果生产情况

年 份	面积（万亩）	杨梅	青梅	柑橘	产量（吨）	杨梅	青梅	柑橘
1984	1.35	0.38	0.23	0.20	2301	130	175	205
1985	1.64	0.46	0.34	0.23	3397	376	113	223
1986	2.39	0.61	0.62	0.28	3024	503	190	302
1987	2.68	0.67	0.61	0.24	4498	919	177	1013
1988	3.27	0.70	0.86	0.29	4313	242	218	321
1989	3.08	0.79	0.64	0.34	4799	819	266	1352
1990	2.79	0.58	0.63	0.38	6251	46	217	1665
1991	2.64	0.58	0.60	0.40	4462	507	246	1449
1992	2.39	0.61	0.59	0.25	3057	146	311	216
1993	2.11	0.57	0.52	0.16	3474	520	344	428
1994	2.26	0.59	0.62	0.15	3234	115	407	643
1995	2.27	0.59	0.63	0.14	4706	677	700	732
1996	2.07	0.46	0.64	0.11	3319	72	1085	405
1997	2.20	0.53	0.65	0.11	5597	635	1185	1060
1998	2.21	0.56	0.68	0.10	3228	259	414	601
1999	2.46	0.76	0.65	0.10	6124	1035	826	549
2000	2.87	0.92	0.82	0.10	7674	797	1220	781

资料来源：1984～1986年，《萧山县国民经济统计资料》。1987～1993年，《萧山市国民经济统计资料》。1994～2000年，《萧山市统计年鉴》。

甘 蔗

多分布在东片沙地区和围垦区，零星种植。1964年，引进广东青皮、红皮甘蔗，产量提高，因质地较硬，不受消费者欢迎。1978年，从海宁县引进矮紫皮甘蔗，色泽紫红，松脆、甘甜、汁水多、无青草味，老少喜食，成主栽品种。1985年，全县种植甘蔗0.86万亩。1987年，种植1.85万亩，总产6.88万吨，亩产3719千克。1992年，种植1.82万亩，总产6.44万吨，亩产3538千克。后因蔬菜大力发展，甘蔗面积减少。1995年，全市种植甘蔗1.37万亩，总产4.98万吨，亩产3633千克。2000年，种植1.94万亩，总产7.68万吨，亩产3959千克。

第六节 茶 叶

萧山种植茶叶有1200多年的历史。民国《萧山县志稿》载“湘湖诸山俱产茶”。1964年，引入福鼎大白茶（福鼎白毫）。1972年后，先后引入鸠坑种、祁门槠叶种、“龙井43”、“黄叶早”、“乌牛早”等新品种，鸠坑种为当家品种。1980年，原湘湖旗枪经省有关部门批准，更名为“浙江龙井”。1985年，全县茶园面积20691亩，总产干茶1262吨。

1989年，“湘湖绿峰”（为浙江龙井茶系列的一个品牌，下同）在杭州市名茶评比会上被评为市级名茶；在省斗茶会上获“浙江省名茶”称号。1991年，研制成功“云石三清茶”，以“香气清高、汤色清澈、滋味清醇”为特征，在1991年中国杭州国际茶文化节上获“名茶新秀”证书；在省斗茶会上获“名茶新秀”一等奖；农业部茶叶质量监督检验测试中心授予“名茶质量鉴定认可证书”；1993年在全省第十次名茶评比会上被评为省“一类名茶”，注册“三清”、“云石三清”商标。1995年，全市茶园

18930亩，产茶1224吨。

1997年，云石三清茶被列入省“一类名茶”。1999年，获“浙江名茶”证书。后，杭州市实施龙井茶原产地域产品保护，国家技术质量监督检验检疫总局批准将萧山市列入龙井茶原产地域钱塘产区范围。为规范茶叶生产与销售，萧山制订“湘湖龙井茶栽培技术规程”、“‘十八村’龙井茶生产技术系列规程”和“云石三清茶生产技术系列规程”。2000年，全市有茶园17865亩，产茶1656吨，其中龙井茶占68.3%，炒烘青茶占30.7%，红茶占1.0%。产茶的22个镇乡中，除南阳镇因茶园面积少等原因未产龙井茶外，其余21个镇乡均为龙井茶产区；茶叶主产区为所前、进化、云石和石岩等镇乡及市林场。茶叶生产从原炒青为主导的数量型生产转变为以龙井茶为主导的质量型生产。进化镇大岩山和闻堰镇所产的龙井茶、云石乡石牛山所产的“云石三清茶”质优，享有盛名。

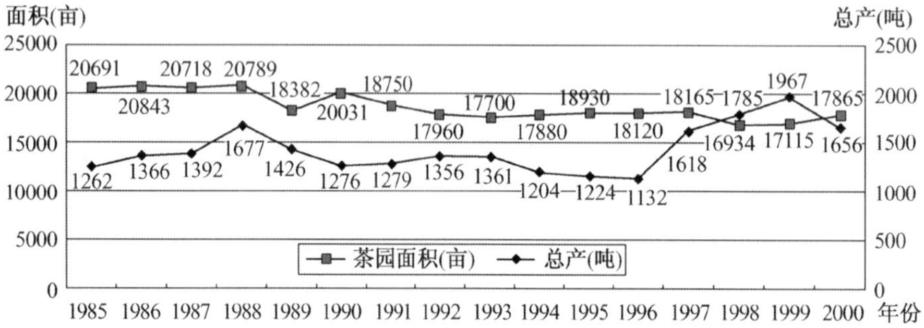

图11－8－362 1985～2000年萧山茶叶生产情况

第七节 蚕 桑

萧山蚕桑生产历史悠久[①]，主产区在坎山、瓜沥、头蓬和义盛一带，有湖桑、火桑、望海桑、“墨斗青”和黄桑等。农村改革后，种桑养蚕作为农村多种经营的重要发展项目，1984～1992年，多数年份全市（县）产茧超过1000吨。1993年后，蚕桑生产逐年下降，2000年有桑园面积3540亩，产茧仅47吨。

栽 桑

1976年，由于围垦区开发栽桑，全县有桑园18499亩。品种以“荷叶白”、“团头荷叶白”、“桐乡青”和“湖桑197”为当家品种，后引进“农桑8号”、“农桑12号”优质高产品种，淘汰“荷叶大桑”、“墨斗青”、“黄桑”和“剪刀桑”等品种。桑苗繁育以围垦地区实生苗为最宜，多采用苏北当年新桑籽。垦区土层深厚，土壤疏松，利于桑苗生长，适宜作为嫁接用的砧木。1985年，全县共生产合格嫁接苗354万株，实生苗565万株；全县桑园面积15278亩，分布于49个镇乡，305个村，13473户。后淘汰无干密植桑，逐步改种低中干桑，亩栽750株～1000株。1990年，全市共生产合格嫁接苗300万

图11－8－363 1995年，进化镇农民养蚕（傅展学摄）

①本县在春秋时期就种桑养蚕，在宋代就生产丝织品。自清嘉庆十八年（1813）海宁县赭山等7个乡因钱塘江改道“北大门”划归萧山以后，蚕桑生产更为兴旺。光绪三十年（1904）会稽陶浚宣在《大陆报》上著文赞颂当时坎山、赭山一带蚕桑生产的盛况：“浙东大利辟南沙，坎赭纵横十万家，篱下桑田齐一碧，夕阳满耳响缫车。”民国22年（1933），全县有桑园面积57280亩，养蚕户65460户，占总农户的62%，分发蚕种177583张，产茧129660担。民国26年后，萧山蚕桑业一落千丈，长期未能恢复。至1949年，全县桑园只剩1200亩。中华人民共和国成立后，人民政府采取调整茧价，发放预购定金，推广改良蚕种，提倡育共育等措施振兴蚕桑事业。至1957年，全县已有桑园6150亩，产茧741担。1961年后，由于自然和人为因素，蚕茧产量连年下降。1963年，全县桑园减至2086亩，产量仅655担。后，国家给专业桑园增加粮食补贴，发放长期无息贷款，增拨养蚕物资，至1967年，全县桑园面积恢复到5000亩，产茧1336担。1971～1973年，围垦区育苗种桑获得成功，蚕桑生产得到发展，1974年，全县桑园面积10547亩，产茧254吨。（资料来源：萧山市农业局编：《萧山县农业志》，浙江大学出版社，1989年，第123～124页）

株，实生苗1000万株。1991年，产嫁接苗1000万株，实生苗2.5亿株。1996年后，桑苗生产受市场形势波动而时起时伏。2000年，全市桑园面积3540亩，分布于10个镇乡、92个村、1161户。

养 蚕

30年代前，萧山家蚕品种多土种或萧山地方品种，后推广杂交种。蚕种多为蚕农自行土法催青，少者以体温加温，多者以火钵或松毛熏烟或阳光加温孵化。1960年，在戴村公社凌山大队建成第一座蚕种催青室，始实行全县自行统一催青，采用炭火加温，在胚子转青后用黑布遮光进行胚子发育。1973年，在城厢镇南门建成第二座催青室，全县蚕种在城厢镇催青发放，以电气（电热丝）加温及自动控制。1976年，产茧516吨，成为全省新蚕区第一个产茧超500吨的县。1979年，又在城厢镇西山北侧（山洞西侧）新建1座建筑面积741平方米的催青室，采用电热丝加温，秋季用窗式空调调温、补湿，一次可催青蚕种2万张。1980年，全县有583个小蚕共育室，其中坑房336只，共育率达到100%。实行家庭联产承包责任制后，大部分农户小蚕、大蚕都是家里饲养，小蚕共育率下降。1985年，小蚕共育为4118.5张，占总饲养量的12.1%，全县共饲养34151张，产茧1098吨。小蚕饲养形式可分为防干纸育、塑料帐围台育和炕房（床）育3种。大蚕传统饲养方式是三脚蚕橱蚕匾育（至今仍在沿用），后曾推广过条桑育、地蚕育等多种养蚕形式，但最多的还是梯形架蚕匾和蚕台育。是年起，先后以杭7×杭8、菁松×皓月、浙蕾×春晓及其反交种为春蚕当家品种；夏秋以浙农1号×苏12、秋丰×白玉及其反交种为当家品种。

1988年，国内缫丝厂竞相提价抢购蚕茧，引发“蚕茧大战”。平均每吨鲜（统）茧收购价9980.7元。蚕农从“蚕茧大战”中获得较高经济利益。1994年，外贸形势逆转，1995年春茧收购价格下降，由于第二、三产业发展，种桑养蚕工价上涨；其他农产品和化肥等农用生产资料相继提价，加上农药和砖瓦窑排放的氟化物污染，致使蚕桑生产陷入困境。是年，饲养20384张，产茧655吨。2000年，全市养蚕1132张，产茧47吨，不足萧山养蚕产茧全盛时期的5%。

表11—8—205　1984～2000年萧山蚕桑生产情况

年份	桑园面积（亩）	发放数（张）	蚕茧总产（吨）		年份	桑园面积（亩）	发放数（张）	蚕茧总产（吨）	
				春茧（吨）					春茧（吨）
1984	16296	32677	1088	453	1993	16080	27128	930	503
1985	15278	34151	1098	502	1994	15630	22612	731	422
1986	15356	34571	1149	556	1995	14955	20384	655	415
1987	13778	30351	978	441	1996	8205	3763	152	126
1988	13650	29530	1054	491	1997	4935	1600	71	46
1989	14709	30186	1031	451	1998	2931	1448	70	40
1990	16687	33315	1049	501	1999	3030	1648	78	50
1991	16470	35894	1076	501	2000	3540	1132	47	31
1992	17080	36238	1124	443					

资料来源：1984～1986年，《萧山县国民经济统计资料》。1987～1993年，《萧山市国民经济统计资料》。1994～2000年，《萧山市统计年鉴》。

第八节　病、虫、草、鼠害与天敌

粮、棉、麻、油等作物的病虫害主要发生种类与1985年前没有大的变化，因耕作制度的改变，几种主要病虫在发生程度上有很大的变化。草、鼠情况亦大致如此。

病　害

粮油棉麻作物病害　主要病害19种，其中粮食11种，油菜3种，棉麻5种。

水稻纹枯病　水稻常发性真菌性病害，早稻发生较重。1985～2000年间，仅1990年、1994年和1995年较轻发生，其余年份均为中、偏重到大发生年，发病面积占早稻种植面积的70%～85%。连作晚稻纹枯病发生较轻，仅1994年、1998年和2000年为中偏重以上发生。自1995年单季晚稻面积扩大后，每年单季晚稻纹枯病均在中等程度以上发生，成主要病害。

稻瘟病　真菌性病害。晚稻穗颈瘟自1985年推广种植晚稻“秀水系统”品种及大面积使用“三环唑”农药后，发病程度及发生面积得到控制。1993年发病最重，发病面积19万亩，防治面积90.5万亩次。1990年和2000年较轻发生，发病面积分别为1.28万亩和1.01万亩。

白叶枯病　细菌性病害。1990年和1993年发病重，发病面积分别为8.5万亩、10.02万亩，防治面积各为30万亩次。1993年后，发病面积呈下降趋势，2000年发病270亩。

稻曲病　真菌性病害，主要发生在晚稻上。1995年后随单季晚稻面积扩大，发病面积呈上升趋势，1998年发病7.8万亩。1999年大发生，发病面积25万亩。2000年中等发生，面积3.2万亩。

恶苗病　真菌性种子带菌传播的病害，秧苗畸形徒长。后期不抽穗。品种之间差异明显。每年有发病。2000年发病面积3.5万亩。

干尖线虫病　南片稻区发生为主，1991年和1994年发病面积大，分别为5.83万亩和5.0万亩。

基腐病　细菌性病害。常年发病面积1万亩左右，年度间变化不大。

水稻病毒病　分黄化矮缩病和普通矮缩病，由叶蝉和稻虱传播的病毒性病害，具偶发性。1985～2000年间，黄化矮缩病有零星病株出现。

小麦赤霉病　小麦真菌性主要病害之一。多数年份为中等以上程度发生，1986年和1999年为大发生，1986年穗发病率37%，病情指数15%；1999年穗发病率40%，病情指数21%，发病面积28.5万亩，损失产量713吨。2000年较轻发生，穗发病率1.3%，病情指数0.4%。

小麦白粉病　小麦真菌性主要病害之一，70年代后期始蔓延。1993年和1997年发生较重。1997年发病面积20.23万亩，防治面积23.57万亩次，损失产量354吨。2000年为轻发生，发病面积1.5万亩。

大麦黄化叶病　病毒性病害。60年代初始见，80年代随抗（耐）黄化叶病品种的种植推广，得到有效控制。1986年发病2.32万亩，2000年发病1.45万亩。

霜霉病　油菜真菌性常发性病害。1992年、1994年、1995年和1996年发病重，分别为15.0万亩、8.92万亩、10.0万亩和10.54万亩，占油菜种植面积的83.5%、100%、82.9%和100%。2000年中等发病，发病面积2.8万亩，占油菜种植面积的42.6%。

菌核病　油菜真菌性主要病害。1992年、1993年、1994年、1996年和1997年发病重，面积分别占油菜种植面积的71.3%、95.9%、89.7%、100%和100%。2000年，发病面积占全市油菜种植面积的42.6%；防治面积2.0万亩次，占油菜种植面积的30.4%。

油菜病毒病　油菜主要病害。1996年，油菜全部发病，面积10.54万亩。2000年，发病面积0.01万亩。

立枯病　棉花真菌性苗期主要病害。1991年、1993年和2000年发病面积大，分别为5.2万亩、4.0万亩和1.8万亩，占棉花种植面积的61.6%、50.1%和77.6%。红麻上亦有此病。

炭疽病　棉花真菌性苗期病害。1992年发病0.2万亩，死苗率20%。红麻上亦有，后随品种和栽培技术的改进，逐年减少。

枯萎病　棉花真菌性毁灭性病害，植物检疫对象。始见于1964年，后逐年扩大。1985年，发病2.78

万亩，占棉花种植面积的32.3%，绝产面积（产量损失在50%以上）2926亩，占棉花种植面积的3.4%。1987年始，推广种植抗枯萎病品种“中棉12”等各种防治措施后，发病面积得以控制。1990年，全面推广“中棉12”。1996年，发病面积5000亩。2000年，发病面积3000亩。

茎斑点病　红麻真菌性偶发性病害。50～60年代发病重，70年代后得到控制。1991年大发生，发病18万亩，占红麻种植面积的87.1%；防治面积35万亩次。

茎基腐病　红麻真菌性苗期病害。1991年，发病1万亩，防治面积0.8万亩。1993年，发病5万亩，占红麻种植面积的46.0%；防治面积12万亩次。其余年份为轻发生。

桑树病害　1990年调查，桑树病害13种：桑疫病、芽枯病、拟干枯病、桑里白粉病、灰色膏药病、紫纹羽病、赤锈病、桑污叶病、炭疽病、褐斑病、叶枯病和萎缩型萎缩病及生理性流汁病。如桑萎缩病，80年代中期浦阳江外滩和新围乡桑园有少量发生。桑疫病，危害桑树新梢和叶片，围垦区及浦阳江外滩桑园有发生，与气候、病原菌数量、桑品种等有密切关系，高温多雨情况下发生严重，偏施氮肥造成桑树组织偏嫩弱是诱发原因之一。“湖桑197”等品种易感病。

蚕病害　病毒类的血液型脓病、中肠型脓病、空头性软化病；细菌类的败血病、细菌性胃肠病、猝倒病；真菌类的僵病；昆虫类的蝇蛆病；各种农药和工业废气、废水、废渣引起的中毒症。

茶园病害　茶云纹叶枯病和赤叶斑病逐年减少；1985年，县林场凌山分场曾出现茶芽枯病。

果园病害　青梅：疮痂病、灰霉病、炭疽病。杨梅：癌肿病、褐斑病。梨：梨锈病、梨轮纹病、梨褐班病、梨黑星病。桃：缩叶病、褐腐病、炭疽病。

虫　害

粮油棉麻作物虫害　主要虫害13种，其中粮、油4种，棉、麻9种。

水稻二化螟　水稻主要害虫。主要以第一代危害早稻，1989年、1999年和2000年大发生，分别为29.85万亩、12.83万亩和7.23万亩，占早稻种植面积的80.0%、80.0%和85.0%。2000年，二化螟危害晚稻最重，第二代、第三代发生75万亩次，防治面积110万亩次。

稻纵卷叶螟　水稻主要害虫。1989年、1996年、1999年和2000年早稻大发生，发生面积均占早稻种植面积的80%以上，其中2000年占95%。晚稻以1996年和2000年发生重，第三、四代稻纵卷叶螟发生面积分别为59.88万亩次和140万亩次。

稻飞虱　以第四、五代褐稻虱危害晚稻为主，常发性害虫。1985年、1988年、1997年和1999年大发生。1985年发生42万亩，每亩虫量100万头（每丛40头）左右，高的达500万头～800万头，防治面积72.5万亩次后仍有4216亩晚稻毁秆倒伏。1987年发生严重，大田平均每丛有稻虱36.9头，防治面积111万亩次。1988年、1997年和1999年，每百丛最高虫量分别为6236头、16010头和4540头，毁秆倒伏面积分别为200亩、1300亩和136亩。2000年为轻发生，每百丛最高虫量33.3头，发生面积55万亩次，防治面积65万亩次。

蚜虫　晚稻穗期及小麦穗期危害，普遍发生。1985～1995年间，晚稻后期蚜虫均单独施药防治。1996年后，大面积使用“吡虫啉”，防治晚稻第五代稻飞虱兼治蚜虫，单独用药面积下降。2000年，晚稻穗期蚜虫发生面积55万亩，均兼治。小麦蚜虫在防治赤霉病时兼治。油菜蚜虫、潜叶蝇在防治油菜菌核病时兼治。

红铃虫　棉花常发性害虫。1990年、1991年、1994年和1995年发生较重，防治面积分别为41.96万亩次、28.5万亩次、32.0万亩次和33.0万亩次。2000年，发生面积6.9万亩次，防治面积11.5万亩次，损失棉花13吨。

棉铃虫 棉花常发性害虫。70年代间歇性大暴发，80年代采取措施后逐年减少，1990年后又逐年加重。1991年发生2.4万亩，1992年发生4.0万亩。1996年、1997年和1998年发生严重，分别为26.1万亩次、28.0万亩次和28.2万亩次，防治面积分别为45.0万亩次、38.4万亩次和65.8万亩次，损失棉花分别为200吨、219吨和376吨。2000年发生面积7.2万亩次，防治面积7.0万亩次，损失棉花11吨。

棉盲蝽 80年代中期后成为棉花主要害虫。1985年，中黑盲蝽大发生，亩产比1984年下降36.4%。1986年、1993年、1994年和1998年重发生，其中1994年发生面积4万亩，防治面积15万亩次。2000年轻发生，发生面积0.3万亩，防治面积0.3万亩。

棉蚜 棉花常发性害虫。70年代后重视对该虫天敌的保护和对棉花自身补偿能力的研究，单独防治面积占10%左右。

甜菜夜蛾 棉花偶发性害虫。1994年局部地区暴发，受害面积0.7万多亩。2000年大发生，发生面积5万亩次，防治面积5万亩次。

红蜘蛛 棉花常发性害虫。1998年重发生，面积16.8万亩次，防治面积11.8万亩次。2000年中等发生，面积3.8万亩次，防治面积3.2万亩次。

小造桥虫 红麻主要害虫。1986年第四代大暴发，最高单株虫量100余条，128亩红麻叶被吃光，突击防治3万多亩。1988年7月底8月初大旱后盛发，省增拨“敌百虫”5吨，以解燃眉之急。1990年第二、三代大暴发，发生早，虫龄参差不齐，防治面积26.3万亩次，有300多亩因漏治、失治而严重减产。

刺蛾 红麻偶发性害虫。1991年，初期危害围垦地区防护林，8～9月转入麻地，危害面积9.5万亩。1992年发生面积2万亩，防治面积2.3万亩次。

绿盲蝽 红麻常发性害虫，1993年发生较重，面积4万亩，占红麻种植面积的36.8%；防治面积15万亩次。1995年，发生面积0.4万亩。

桑树虫害 有野蚕、桑螟、桑尺蠖、桑毛虫、桑蛀虫、斜纹夜蛾、桑衰蛾、扁刺蛾、青刺蛾、春尺蠖、小地老虎、黄卷叶蛾、黄叶虫、蓝叶虫、夏叶虫、桑叶虫、桑象虫、灰象虫、桑天牛、黄星天牛、金龟子、拟菱纹叶蝉、桑白蚧、蜗牛、蛞蝓、绿盲蝽、红蜘蛛、桑蓟马、非洲蝼蛄等。

桑白蚧 又称桑介壳虫。一种吮吸桑汁液的重要害虫。1年发生3代，多发生于密植桑园中，严重时整株盖满介壳，导致减产、早衰，枯死。

叶虫 黄叶虫、蓝叶虫、桑叶虫和夏叶虫4种，萧山多是黄叶虫。1年发生1代，为南部地区春、夏桑叶主要害虫。

桑蓟马 夏、秋季主要害虫。1年发生10代左右，以锉吸式口器吸食叶汁。境内桑园均发生。

野蚕 桑树叶部主要害虫。1年发生3～4代。各蚕区均有发生。

桑螟 夏秋期间咀食桑叶的害虫。1年发生4～5代。各蚕区均有发生。

桑毛虫 1年发生3代，少数发生4代。毒毛对人体和蚕体均有毒害作用。各蚕区主要虫害。

桑天牛 蛀食桑树枝干为主的重要害虫。2年发生1代，幼虫在枝干蛀道内越冬。各蚕区均有发生。

桑象虫 桑树枝干害虫。1年发生1代。各蚕区均有发生。

茶园虫害 1985年后，茶树虫害种类发生较大变化。害虫体型由以较大型为主变为小型为主；长白蚧基本消失，茶尺蠖、茶蓑蛾减少，但茶毒蛾仍较多；螨类、假眼小绿叶蝉和黑刺粉虱成主要害虫；螨类中的茶橙瘿螨在坎山、闻堰和云石等镇乡茶园中发生频繁；随着环境改善和柴草茂盛，假眼小绿叶蝉在全市茶园中普遍发生；黑刺粉虱平常每年少量发生，1988年，所前镇杜家村等地近5000亩茶园重度发生，被害树冠犹如覆盖一层煤灰。

果园虫害　萧山主要水果的虫害，青梅：蚜虫、桑白蚧、象鼻虫。杨梅：拍牡蛎蚧、卷叶蛾。梨：梨小食心虫、梨二叉蚜、梨木虱、梨网蝽、刺蛾、金龟子。桃：蚜虫、桃蛀螟。

草　害

农田草害　1987～1988年，对311块样方田、2330个样点调查，农田主要杂草有28科、79种。长期使用单一除草剂品种及水稻熟制的改变，引起农田杂草草相的变化。1995年后，麦田杂草从看麦娘为主变为棒头草为主，南片以菵草为主要草种。水稻因直播单季稻面积扩大，千金子成为继稗草之后的第二大单子叶杂草种群。蔬菜地长期使用丁草胺，单子叶杂草减少，双子叶杂草上升。双子叶中的铁苋菜、凹头苋、马齿苋、牛繁缕数量上升，成主要杂草。

表11-8-206　1987～1988年萧山农田主要杂草种类情况

科　名	种　名	科　名	种　名
禾本科	看麦娘、早熟禾、菵草、棒头草、稗草、双穗雀稗、牛筋草、马唐、茵草、狗尾草、狗牙根、千金子、虮子草（千金子属）、画眉草、毒麦	莎草科	莎草（香附子）、异型莎草、旋鳞莎草、荆三棱、扁穗莎草、牛毛毡、水虱草、灯心草
蓼科	酸模叶蓼（旱苗蓼）、绵毛酸模叶蓼（酸模叶蓼属）、水蓼、马蓼（水蓼属）	石竹科	繁缕、牛繁缕（繁缕属）、雀舌草、漆姑草、卷耳
玄参科	通泉草、水苦荬、阿拉伯婆婆纳、婆婆纳（阿拉伯婆婆纳属）、蚊母草、陌上菜、长果母草（陌上菜属）	菊科	一年蓬、小飞蓬、鼠麴、鸡儿肠、剪刀股、苦荬菜、黄鹌菜（此两种同属剪刀股属）、泥胡菜、钻形紫苑、鳢肠、天名精、小蓟
十字花科	荠菜、碎米荠、蔊菜、广东蔊菜（蔊菜属）	苋科	空心莲子草、刺苋
千屈菜科	节节菜、耳叶水苋	柳叶菜科	丁香蓼
鸭跖草科	水竹叶	大戟科	铁苋菜
茜草科	猪殃殃	雨久花科	鸭舌草
桔梗科	半边莲	苹科	田字苹
马齿苋科	马齿苋	浮萍科	青萍（紫背萍）
毛茛科	毛茛	水鳖科	水鳖
泽泻科	矮慈姑（瓜皮草）	豆科	苜蓿
藜科	藜	唇形花科	荔枝草、水苏
伞形科	水芹菜	酢浆草科	酢浆草
报春花科	泽星宿菜	蔷薇科	蛇莓

资料来源：萧山区农业局。

桑园草害　1989年调查，夏季桑园杂草20科、50种。人工除草占80%，化学除草占20%。

表11-8-207　1989年萧山夏季桑园杂草种类情况

科　名	种　名	科　名	种　名
苋科	刺苋、反枝苋、空心莲子草	大戟科	铁苋菜
菊科	艾蒿、鳢肠、小飞蓬、鼠曲草、鸡儿肠、多头莴苣、剑叶紫苑、蒲公英、鬼针草、魁蒿	莎草科	聚穗莎草
牻牛儿苗科	野老鹳草、鼠掌老鹳草	唇形花科	野薄荷、瘦风轮
禾本科	马唐、茵草、狗尾草、稗草、蟋蟀草、鼠尾黍草、双穗雀稗、狗牙根、茅草、野燕麦	锦葵科	苘麻
蓼科	酸模叶蓼、绵毛酸模叶蓼、杠板归、西伯利亚蓼	酢浆草科	酢浆草

续 表

科 名	种 名	科 名	种 名
茜草科	伞房花耳草	车前科	车前草
玄参科	陌上菜、母草、婆婆纳、通泉草	马齿苋科	马齿苋
石竹科	繁缕、簇生卷耳	报春花科	泽星宿菜
天南星科	半夏	三白草科	鱼腥草
十字花科	球果蔊菜、蔊菜	茄科	小酸菜

资料来源：萧山区农业局。

鼠 害

1987～1996年，瓜沥镇永福村连续10年测定，农田害鼠优势种群为黑线姬鼠，占总捕获量的67.45%；其次是臭鼩，占25.32%；褐家鼠占5.97%；其他（大麝鼠）占1.27%。1990～1997年，南片稻区戴村镇和裘江乡5次测定，主要优势种群为黑线姬鼠，占总捕获量的92.36%；其次为褐家鼠，占6.25%；臭鼩占1.39%。农村室内害鼠种群，东片小家鼠占71.81%，臭鼩占19.40%，褐家鼠占8.79%；南片小家鼠占73.5%，褐家鼠占26.5%。1997年，对党湾、头蓬、城厢镇的晚稻田调查，鼠害平均损失率2.5%，最高田块损失率15%；平均亩损失稻谷11.4千克。

害虫天敌[①]

萧山田、地、山、水、滩、涂资源齐全，动植物品种丰富。为防治病虫害，70年代以来，贯彻“预防为主，综合防治”的方针，落实农业防治、生物防治与化学防治相结合的技术措施，加强保护和利用害虫天敌。1987年，对水稻、棉麻等作物主要害虫天敌进行资源调查，市域内有害虫天敌17目、47科、88种（含棉麻作物的蛙科、蟾蜍科天敌）。90年代，农业技术部门推广利用天敌生物防治病虫害的技术，宣传并采取措施保护青蛙、蟾蜍[②]、蛇类、鸟类。由于水、土壤环境污染和人为捕捉及沟、渠、河岸石砌影响天敌繁殖等因素，据2000年野外调查观察，青蛙、蟾蜍、蛇类资源明显减少，麻雀、燕子、白鹭等鸟类增加。

①在自然界中，一种动物（甲）被另一种动物（乙）所捕食或寄生而致死亡的，则动物乙为动物甲的天敌。如猫头鹰、蛇捕食鼠类，鸟类捕食昆虫，寄生蜂寄生于昆虫等。食虫性昆虫称为天敌昆虫。害虫与害兽的发生常受天敌所控制。（资料来源：《辞海》，上海辞书出版社，1999年，第1660页）

②蟾蜍，萧山为“黑眶蟾蜍”，俗称“癞蛤蟆”，属两栖纲。平时白天栖于泥穴、石下或草内，夜间出来捕食昆虫等，捕食的害虫数倍于青蛙。成体冬季多在水底泥内冬眠，早春在水里产卵。萧山南沙平原和围垦地区，平坦广阔，河渠纵横，田间以棉麻、蔬菜、瓜果、粮油等作物为主，埂边、沟渠草深水暖，是蟾蜍生长繁衍的良好场所，蟾蜍资源丰富。当地农民除了利用蟾蜍捕食害虫外，还刮取蟾蜍的耳后腺和皮肤腺，售给药店加工成蟾酥，用作传统中药六神丸、红灵丹、梅花点舌丹等的主要原料。萧山是浙江省生产商品蟾酥时间最早、质量最好、产量最多的县（市）。1967年全县产蟾酥400多千克，70～80年代，每年产250千克左右，相当于全国蟾酥出口量的1/4。一般6.3万只蟾蜍采制1千克蟾酥，全县（市）每年约在1757万只蟾蜍上采集蟾酥。90年代，南沙平原和围垦地区蟾蜍资源急剧衰退。2000年，据瓜沥镇老农反映。60～70年代，沙地区夏季每亩农田成体蟾蜍在1500只～2000只左右，现在（指2000年）每亩不足200只，传统的蟾酥已无人刮取。

表11-8-208 1987年萧山粮食作物主要害虫天敌情况

类 别	科 别	名 录
蜘蛛	皿蛛科	草间小黑蛛（别名赤甲黑腹微蛛）*Erigonidium graminicola* (Sundevall)
		隆背微蛛*Erigone prominens* Boes.et Sir.
		食虫瘤胸蛛（别名赤甲条背微蛛）*Oedothorax insecticeps* Boes.et str.
	球腹蛛科	八斑球腹蛛（别名八点球腹蛛）*Theridonn octomacutatum* Boes.et str.
		叉斑巨齿蛛Enoplognatha japonica Boes.et Str.
	蟏蛸科	纵条银鳞蛛（白条肖蛸）*Leucauge magnifica* Yaginuma
		银条蟏蛸*Leucauge blanda* (L·koch)
	狼蛛科	拟环纹狼蛛（别名稻田狼蛛）*Lycosa pseudoamulata* (Bose.et str.)
		拟水狼蛛*Pirata subpiraticus* Boes.et Str.
	管巢蛛科	粽管巢蛛*Clubiona japonicola* Boes.et Str.
		斑管巢蛛*Clubiona reichlini* Schenkel
	圆蛛科	叶斑圆蛛（别名褐圆蛛）*Araneus sia* Strand

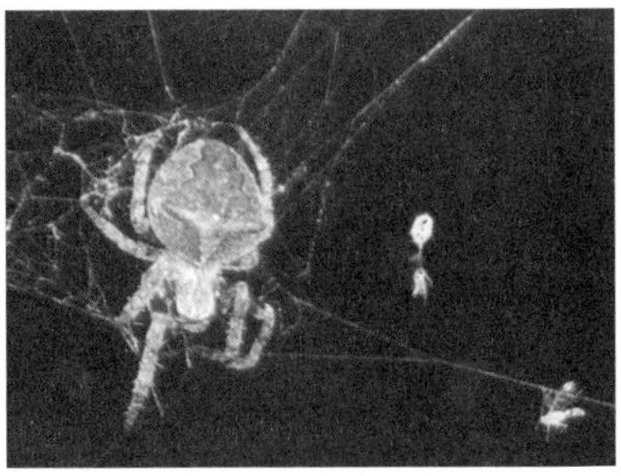

图11-8-364 蜘蛛（2004年1月4日，韩利明摄于新塘街道董家埭）

续 表

类 别	科 别	名 录
青蛙	蛙科	泽蛙（别名烂泥乌蟆）*Rana limnocharis* Boie
		黑斑蛙（别名青蛙、田鸡）*Rana nigromaculata* Hallowell
	蟾蜍科	黑眶蟾蜍（别名癞蛤蟆）*Bufo melanostictus* Schneider
		中华大蟾蜍（别名气蚧）*Bufo gargarizans* Cantor
寄生蜂	茧蜂科	纵卷叶螟绒茧蜂*Apantezeles cypris* Nixon
		二化螟绒茧蜂*Apanteles chilonis* Munakata
	赤眼蜂科	稻螟赤眼蜂（别名日本赤眼蜂）*Trichogramma japonicun* Ashmead
		褐腰赤眼蜂（别名褐稻虱赤眼蜂）*Paracentrobia andoi* (Ishii)
	缨小蜂科	稻虱缨小蜂*Anagrus sp.*
		黑尾叶蝉缨小蜂*Lymaenon sp.*
蝽类	宽黾蝽科	尖钩宽黾蝽*Microvelia horvathi* Lundblad
	姬猎蝽科	褐姬猎蝽*Nabis palliferus* Hsiao
	盲蝽科	黑肩绿盲蝽*Cyrtorrhinus livdipennis* Reuter
	瓢虫科	七星瓢虫*Coccinella septempunctata* Linnaeus
		稻红瓢虫（别名稻小红瓢虫）*Micraspis discolor* (Fabricius)

注：根据萧山区农业局调查报告整理。

图11-8-365 金线蛙（2005年8月5日，楼信权摄于萧山湘湖）

表11-8-209 1987年萧山棉麻作物主要害虫天敌情况

类 别	科 别	名 录
蜘蛛	皿蛛科	草间小黑蛛（别名赤甲黑腹微蛛）*Erigonidium graminicola* (Sundevall)
		食虫瘤胸蛛（别名赤甲条背微蛛）*Oedothorax insecticeps* Boes.et str.
	管巢蛛科	斑管巢蛛*Clubiona reichlini* Schenkel
		粽管巢蛛*Clubiona japonicola* Boes.et Str.
	蟹蛛科	三突花蛛*Misumenopos tricuspidata* (Fahricius)
		白条锯足蛛*Runcinia albostriata* Boes.et Str.
		鞍形花蟹蛛*Xysticus ephippiatus* Simon
	球腹蛛科	八斑鞘腹蛛*Coleosoma octomaculatum* (Boes.et Str.)
	狼蛛科	拟环纹豹蛛*Pardosa pseudoannulata* (Boes.et Str.)
		前凹水狼蛛*Pirata procurvus* (Boes.et Str.)
		星豹蛛*Pardosa astrigena* L.Koch
		沟渠狼蛛*Pardosa laura* Karsch
		拟水狼蛛*Pirata subpiraticus* Boes.et Str.
	蟏蛸科	锥腹蟏蛸*Tetragnatha maxillosa* (Thoren)
		鳞纹蟏蛸*Tetragnatha squamata* Karsch
		四斑锯螯蛛*Dyschiriognatha quabrimaculata* (Bose.et Str.)
	跳蛛科	纵条蝇狮（雄黑跳蛛）*Marpissa magister* (Karsch)
		条纹蝇虎*Plexippus setipet* Karsch
	蜈蛛科	卵腹肖蛸*Tetragnatha shikokiana* Yaginuma
草蛉	草蛉科	中华草蛉*Chrysoperla sinica* Tjeder
		大草蛉*Chrysopa septempunctata* Wesmael

图11-8-366 肩角蟾（2005年7月3日，楼信权摄于萧山云石）

续表

类别	科别	名录
食虫蝽	花蝽科	小花蝽*Orius similis* Zheng
	猎蝽科	黄足猎蝽*Sirthenea flavipes* (Stal)
	姬猎蝽科	窄姬猎蝽*Nabis stenoferus* Hsiao
		华姬猎蝽*Nabis sinoferus* Hsiao
瓢虫	瓢虫亚科	龟纹瓢虫*Propylaea japonica* (Thunberg)
		异色瓢虫*Leis axyridis* (Pallas)
		七星瓢虫*Coccinella septempunctata* Linnaeus
		十五星裸瓢虫*Calvia quindecimguttata* (Fabricius)
		隐斑瓢虫*Harmonia obscurosignata* Liu
		四斑月瓢虫*Chilomenes quadriplagiata* (Swartz)
	小毛瓢虫亚科	点食螨瓢虫*Stethorus punctillum* Weise
		黑襟毛瓢虫*Scymnus (Neopullus) hoffmanni* Weise
	灰唇瓢虫亚科	红点唇瓢虫*Chilocorus kuwanae* Silvestri
食蚜蝇	食蚜蝇科	黑带食蚜蝇*Episyrphus balteata* De Geer
		短刺刺腿食蚜蝇*Ischiodon scutellaris* Fabricius
		月斑鼓额食蚜蝇*Lasiopticus selenitica* (Meigen)
		梯斑黑食蚜蝇*Melanostoma scalare* Fabricius
		大灰食蚜蝇*Syrphus corollae* Fabricius
虎甲	虎甲科	中国虎甲*Cicindela chinensis* De Geer
		云纹虎甲*Cicindela elisae* Motschulsky
步行虫	步甲科	双斑青步甲*Chlaenius bioculatus* Motschulsky
		黄胸丽步甲*Callistoides pericallus* Redtenbacher
蠼螋	蠼螋科	黄褐蠼螋*Labidura sp.*
隐翅虫	隐翅虫科	青翅蚁形隐翅虫*Paederus fuscipes* Curtis
蓟马	蓟马科	塔六点蓟马*Scolothrips takahashii* Prisener
寄生蜂	姬蜂科	棉铃虫齿唇姬蜂*Campoletis chlorideae* Uchida
		螟蛉悬茧姬蜂*Charops bicolor* (Szepligeti)
	茧蜂科	棉夜蛾绒茧蜂*Apanteles anomidis* Watanabe
		斑痣悬茧蜂*Meteorus pulchricornis* Wesmael
		螟蛉绒茧蜂*Apanteles ruficrus* (Haliday)
	金小蜂科	红铃虫金小蜂*Dibrachys cavus* Walker
	小蜂科	广大腿蜂*Brachymeria lasus* Walker
蚜茧蜂		寄生棉蚜，种类尚未确定。
胡蜂		捕食棉铃虫等，种类尚未确定。
螳螂		捕食多种害虫，种类尚未确定。
赤眼蜂		寄生玉米螟等，种类尚未确定。
寄蝇		寄生多种害虫，种类尚未确定。
蜻蜓		捕食多种害虫，种类尚未确定。
燕子		捕食多种害虫，种类尚未确定。

注：根据萧山区农业局调查报告整理。

图11－8－367 蟾蜍（2005年7月18日，杨贤兴摄于萧山益农镇）

图11－8－368 螳螂（2007年9月，韩利明摄于湘湖）

图11－8－369 玉带蜻（2008年5月23日，楼信权摄于萧山湘湖）

【附一】

1987～2003年萧山农田害鼠种群动态调查

萧山南部是低山丘陵地区，间有小块河谷平地；中部是水网平原，河湖众多；北部和东部及沿江围垦区是沙土平原，人工河渠纵横交叉。种植结构因地形不同分为中、南部地区，以粮食作物为主；北、东部地区和围垦区，为经济作物和粮食作物混栽区。1983年后，全区农业产业结构作多次重大调整。南部、中部水网平原由1992年前的“春粮—早稻—晚稻”三熟制、1999年前的“早稻—晚稻”二熟制向2000年始的单季晚稻一熟制转变。中、东部沙地区和围垦区由1992年前的棉、麻、粮、油作物为主调整为花卉苗木、蔬菜、大豆、晚稻为主。以上原因使萧山的农村害鼠种群分布在各地有所不同。同时，随着农村经济的快速发展，农村路、渠、沟等生产基础设施和农民住房结构均发生很大变化，多数村级道路、沟、渠硬化，农居从草房向平瓦房、楼房乃至向别墅发展。这些因素也直接影响农村害鼠种群的变迁。因此，了解农村害鼠种群特征及消长规律，对指导害鼠防治工作有着十分重要的意义。

一、农村害鼠种群分布

（一）室外鼠种结构。由于各地种植结构不同，1996年前农田害鼠的种群结构也略有不同。以经济作物为主的东部地区优势种群为黑线姬鼠，年平均捕获率占67.45%；其次为臭鼩，占25.32%；三是褐家鼠，占5.97%；再为大麝鼠，占1.27%。

但在以麦、稻为主的中、南部地区，害鼠种群结构有所差异。据从城厢镇裘江办事处五星村和戴村镇凌桥村调查，优势种群也为黑线姬鼠，但褐家鼠占第二位，臭鼩极少见。

农业植保部门就农村害鼠种群及动态在1987～1996年进行连续测定后，对萧山这一时期的农村害鼠密度（即每夜鼠的捕获率，下同）消长及种群变化作了分析。在这以后，继续做好调查测定工作。东部地区仍以瓜沥镇永福村为代表，每年的2、3、6、7、10、11月测鼠密度。南部地区则定点戴村镇郁家山下村，从1998年始，每年2月测一次室外鼠密度。经连续7年测定，这一时期农村害鼠种群结构东、南部地区趋于一致。农村室外害鼠以黑线姬鼠为主，其次为褐家鼠与臭鼩。瓜沥镇永福村点测定，室外鼠种黑线姬鼠年平均密度为8.29%，占总捕获量的82.81%；而在1987～1996年测定时年平均密度为3.73%，占总捕获量的67.45%。7年中，黑线姬鼠平均密度增加了1.22倍。褐家鼠平均密度为0.86%，占总捕获量的8.59%；臭鼩年平均密度为0.86%，占总捕获量的8.59%。1987～1996年间，臭鼩的年平均密度及捕获量分别明显下降。

戴村郁家山下村点室外测定有鼠种记录的4年中，黑线姬鼠年平均密度为5.5%，占总捕获量的82.5%；褐家鼠年平均密度为0.25%，占总捕获量的3.75%；臭鼩年平均密度为0.83%，占总捕获量的12.5%。

表11-8-210　1987～1996年萧山瓜沥点2月室外鼠种调查情况

鼠　种	年平均密度（%）										平均密度	比例（%）
	1987	1988	1989	1990	1991	1992	1993	1994	1995	1996		
黑线姬鼠	2.67	0.67	1.67	3.00	3.33	5.33	4.67	5.00	6.67	4.33	3.73	67.45
褐家鼠					0.33			0.33	1.00	1.67	0.33	5.97
大麝鼠					0.33			0.33			0.07	1.27
臭　鼩	4.33		2.67	2.33	1.00	1.00	2.00	0.33		0.33	1.40	25.32

表11-8-211 1997～2003年萧山瓜沥点室外鼠种调查情况

鼠 种	年平均密度（%）							平均密度	占总捕获量（%）
	1997	1998	1999	2000	2001	2002	2003		
黑线姬鼠	5.33	9.00	10.67	10.67	9.00	7.00	6.33	8.29	82.81
褐家鼠	1.00	2.00	1.33	0.33	0.33	0.33	0.67	0.86	8.59
臭 鼩	0.33	2.33	1.00	0.33	0.67	0.67	0.67	0.86	8.59

表11-8-212 1990～1997年部分年份萧山中南片稻区2月室外鼠种调查情况

测定地点	测定年份	总夹数（个）	捕获数量（只）			
				黑线姬鼠	褐家鼠	臭 鼩
戴村凌桥	1990	300	65	63	2	0
戴村凌桥	1993	251	42	39	2	1
裘江五星	1995	280	19	16	2	1
裘江五星	1996	300	8	7	1	0
裘江五星	1997	300	10	8	2	0
合 计	—	1431	144	133	9	2
占总捕获量（%）	—	—	—	92.36	6.25	1.39

（二）室内鼠种结构。1987～1996年，农村室内优势种群为小家鼠，第二位的鼠种因地区不同而略有区别。以瓜沥镇永福点为代表的东部地区室内优势排第二位的是臭鼩，占捕获量的19.4%。但在以裘江办事处五星村、戴村镇凌桥村为代表的中片、南片地区则以褐家鼠排第二位，没有捕到臭鼩。

经济发展后，农村住房结构和内部装饰均发生巨大变化，室内主要鼠种也相应发生变化。主要鼠种小家鼠的比例上升，褐家鼠的比例也有所上升，臭鼩已很少见。

1997～2003年在瓜沥点测定室内小家鼠平均密度为6.15%，占总捕获量88.36%；褐家鼠年平均密度为0.67%，占总捕获量的9.62%；臭鼩年平均密度为0.14%，占总捕获量的2.01%，比1987～1996年调查时的年平均密度及捕获量分别下降了88.03%和89.43%，尤其是从2000年到2003年，连续4年2月份捕获率为0。

戴村点分鼠种记录的4年中，室内小家鼠的密度为8.5%，占总捕获量91.1%；褐家鼠的密度为1.33%，占总捕获量的8.9%。没有捕到臭鼩。

表11-8-213 1987～1996年萧山瓜沥点室内2月鼠种调查情况

鼠 种	年平均密度（%）										平均密度	占总捕获量（%）
	1987	1988	1989	1990	1991	1992	1993	1994	1995	1996		
小家鼠	1.67	1.00	3.67	4.33	4.00	5.67	4.67	5.33	7.33	5.67	4.33	71.81
褐家鼠	0.67	0.67	1.33	0.67			0.33	0.67	0.33	0.67	0.53	8.79
臭 鼩	1.00	0.33	2.67	2.67	2.33	1.00	0.67	0.33		0.67	1.17	19.40

表11-8-214　1997～2003年萧山瓜沥点室内鼠密度调查情况

鼠　种	年平均密度（%）							平均密度	占总捕获量（%）
	1997	1998	1999	2000	2001	2002	2003		
小家鼠	6.67	7.00	7.67	6.67	5.67	5.67	3.67	6.15	88.36
褐家鼠	0.67	1.33	0.67	0.67	0.67	0.33	0.33	0.67	9.62
臭　鼩	0.33	0.33	0.33	0	0	0	0	0.14	2.01

表11-8-215　1993～1997年部分年份萧山中南片地区室内2月份鼠种测定情况

测定地点	测定年份	总夹数（个）	捕获数量（只）		
				小家鼠	褐家鼠
戴村凌桥	1993	150	18	10	8
衙江五星	1996	150	17	15	2
衙江五星	1997	150	14	11	3
合计	—	450	49	36	13
占总捕获量（%）	—	—	—	73.47	26.53

二、农村害鼠优势种群变化情况

据瓜沥鼠情观察点1987～1996年的10年统计数据看，随着农村种植结构的调整及农村房屋结构的变化，农村室内外优势鼠种也发生了明显的改变。室外害鼠种群1987年以臭鼩为主，逐渐变化到1996年以黑线姬鼠为主，究其原因主要是种植结构变化所致。东片地区1987年以前以棉、麻等经济作物为主，1987年全市种植棉、麻28.7万亩，晚稻44.86万亩。1996年，全市棉、麻种植面积降到10.99万亩，而晚稻面积上升到52.76万亩。棉、麻调减下来的面积大部分以麦、稻或豆、稻轮作方式种植，每年8月以后农田基本以水稻为主。水田面积增大，旱地面积减少，改变了臭鼩的生存空间，直接影响了它的种群繁殖，其种群数量逐年下降。而黑线姬鼠适应性强，活动范围广，随着粮食种植面积尤其是晚稻面积的扩大，冬季食物来源增加，种群得以迅速发展，变为优势种群。

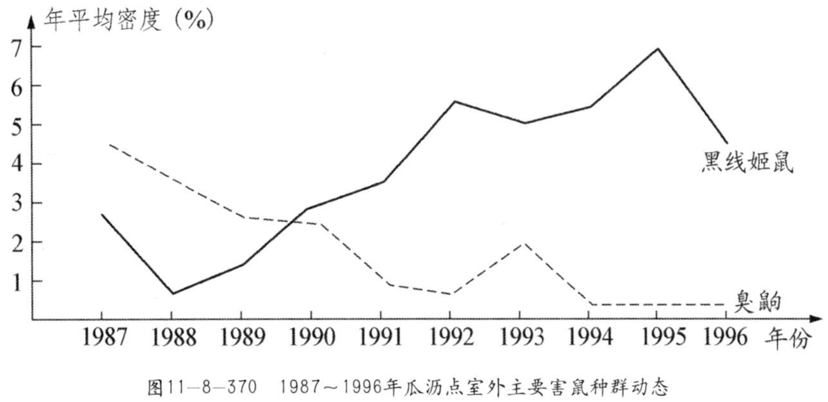

图11-8-370　1987～1996年瓜沥点室外主要害鼠种群动态

农村室内害鼠种群则随着农村农舍建筑质量的提高发生明显的改变。室内优势种群1987年以臭鼩为主，逐渐变化到1996年以小家鼠为主。室内优势种群变化在10年中如此之大，与农村农舍建造结构的巨大改变密切相关。瓜沥鼠情点测定室内密度的24户农户，在1987年时的房屋结构为：砖瓦结构平房6户，草舍18户。而到1996年，这24户农户新建三层砖混结构楼房12户，二层砖混结构楼房8户，平房4

户。造房均采用红砖砌墙，混凝土浇地面，最新建筑的则采用底层架空，铝合金门窗。农舍建造质量越来越好，使臭鼩难以进入室内挖洞筑巢，因而数量急骤下降。而小家鼠耐饥、耐渴，适应性强，体形小，便于隐蔽活动。农村家庭人员一般3～4人，房屋建筑向空中发展后，人均占有空间增加，一般农户三层楼房中，第三层多数不作卧室，基本是以堆放粮食及杂物为主，更有利于小家鼠生存。

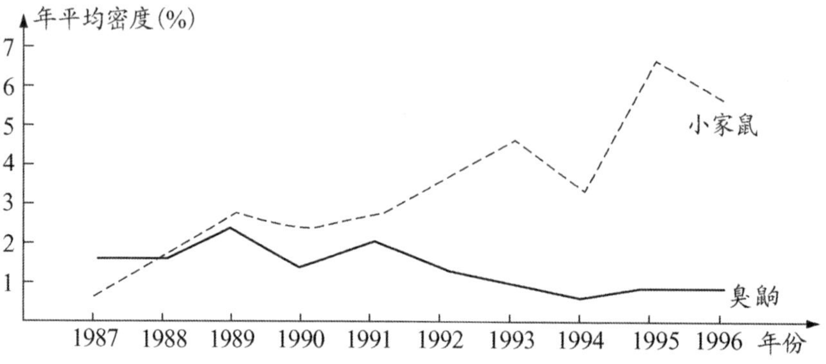

图11—8—371 1987～1996年瓜沥点室内主要害鼠种群动态

三、农村害鼠种群密度变化原因

从连续17年的农村害鼠定点测定情况分析，前10年呈上升趋势，后7年呈逐年下降趋势。

（一）1987～1996年的10年中，瓜沥鼠情点测定室内、外密度逐年上升。1996年室内密度达7.19%，比1987年上升了106.02%，超防治指标1.8倍。另外，市植保站于1996年3月5～7日在党山镇测定，该镇室外鼠密度为22.3%，室内鼠密度14.7%。如此高的鼠密度，除了天敌减少而自然控制能力降低及鼠类自然消长特点等原因之外，一个重要的原因是10年内没有进行过一次彻底的全市性灭鼠活动。据市植保站统计，全市80万亩耕地，每年以镇为单位进行大面积农田灭鼠在10万亩左右。经济条件好或对灭鼠工作重视的镇乡，全镇性的灭鼠活动隔年一次；由于种种原因，大部分镇乡几年开展一次，有的镇乡10年来几乎没有开展过全镇性的农田灭鼠活动，包括瓜沥鼠情点所在镇。在农作物的四大有害生物中，老鼠的防治面积最小，最不被重视。由于药物灭鼠这项最能有效控制害鼠密度的措施不力，导致鼠密度逐年上升，部分地区鼠害泛滥。

（二）1997～2003年的7年农村害鼠定点测定分析，农村害鼠从1998年后呈逐年下降趋势。瓜沥镇永福村鼠情点1996年室外鼠密度为8.44%，2003年为5.72%，下降2.72个百分点；室内鼠密度1996年为7.19%，2003年为5.22%，下降1.97个百分点。下降原因：1.农业产业结构进一步优化调整。南部、中部水网地区粮食作物由三熟、二熟向一熟制发展，“北菜”、“北苗”南移后，临浦、戴村地区的蔬菜、花卉苗木生产逐步扩大，粮食面积逐年下降，早稻、春粮几乎无人种植。北部、东部地区和围垦区经济作物发展加速，粮食播种面积大幅减少。冬、春两季，野外害鼠食物来源减少。2.农村居住条件进一步改善。1998年后，农村住房向高层化、别墅化、美化方面发展。全市除少量工棚草房外，住宅已消灭草房，少有平瓦房，多为楼房别墅。室外水泥道地，砖石砌围墙；室内混凝土或高级地砖地面，铝合金或塑钢门窗。73%的农村劳动力离土、离乡从事第二、三产业，一部分农户由卖粮户向买粮户转变，家中贮粮减少。害鼠藏身觅食空间减少。3.农村基础设施建设进一步加强。道路硬化，沟渠砖石砌，河道砌石护岸，钢混水泥桥梁，标准化砖混机房，加上河道清障除草，室外鼠活动空间也同样减少。4.每年开展城乡灭鼠活动，生态保护开始得到重视，害鼠天敌如蛇、猫头鹰等开始增多，一定程度上遏制了害鼠的增长。

表11-8-216　1987～1996年萧山瓜沥点室外鼠密度明细情况

年　份	月　密　度（%）												年平均密度（%）
	1	2	3	4	5	6	7	8	9	10	11	12	
1987	2.33	7.00	9.67		6.00	5.00	3.67	2.00	9.67	7.00	4.33	1.33	4.83
1988	2.00	0.67	4.33	5.00	5.67	2.00	3.00	4.00	4.00	3.67	4.67	4.33	3.61
1989	1.67	4.33	6.33	7.67	6.00	3.00	4.67	5.67	6.00	3.00	2.33	3.00	4.47
1990	2.00	5.33	4.67	4.00	4.00	3.67	2.67	3.33	4.33	4.00	2.00	3.00	3.58
1991	3.00	5.00	5.00	5.67	5.00	4.33	4.00	4.00	5.00	4.33	4.67	4.00	4.50
1992	3.33	6.33	6.00	5.67	5.33	5.00	4.67	5.33	6.00	6.67	4.67	4.00	5.25
1993	4.00	6.67	11.00	7.67	6.33	6.00	5.33	4.33	6.33	6.67	5.33	4.67	6.19
1994	4.67	6.33	13.17	9.33	8.33	7.33	6.67	5.33	6.00	7.00	6.00	5.67	7.15
1995	6.33	8.67	11.00	12.33	8.67	7.00	7.67	6.67	8.33	9.67	8.67	6.67	8.47
1996	8.33	5.33	10.67	11.33	9.67	8.33	8.00	9.00	6.67	9.00	6.67	8.33	8.44
平均（%）	3.77	5.57	8.18	6.87	6.50	5.17	5.04	4.97	6.23	6.10	4.93	4.50	—

注：平均比例为月平均比例数。

表11-8-217　1997～2003年萧山瓜沥点室外鼠密度调查情况

年　份	月　密　度（%）						年平均密度（%）
	2	3	6	7	10	11	
1997	6.67	11.67	6.67	8.67	9.67	8.34	8.62
1998	13.33	14.67	11.33	9.67	11.00	9.00	11.50
1999	13.00	12.33	7.67	9.33	9.00	8.33	9.94
2000	11.33	12.00	8.00	8.33	9.33	7.33	9.39
2001	10.00	11.33	6.67	7.33	7.67	6.67	8.28
2002	8.00	9.33	6.00	6.00	7.00	6.00	7.06
2003	5.00	7.33	5.33	4.67	6.67	5.33	5.72
平均（%）	9.61	11.24	7.38	7.71	8.62	7.29	—

表11-8-218　1987～1996年萧山瓜沥点室内鼠密度明细情况

年　份	月　密　度（%）												年平均密度（%）
	1	2	3	4	5	6	7	8	9	10	11	12	
1987	4.00	3.33	5.67	—	3.33	0.67	3.33	2.00	2.67	3.33	6.67	3.33	3.49
1988	3.67	2.00	3.67	4.33	6.00	3.33	3.67	5.67	5.00	6.33	5.00	4.00	4.39
1989	3.67	7.67	6.67	7.33	7.67	6.00	7.00	7.67	4.67	4.33	3.67	6.09	6.04
1990	5.67	7.67	7.00	5.67	3.67	3.00	3.33	4.00	5.00	3.67	3.67	3.33	4.64
1991	5.33	6.33	6.33	6.00	5.33	4.67	4.00	4.67	5.33	5.33	4.00	4.67	5.01
1992	4.67	6.67	6.33	4.67	5.33	4.67	5.00	4.67	6.00	5.33	5.00	5.33	5.31
1993	5.67	5.67	7.33	6.67	5.67	5.33	5.00	4.67	5.33	5.67	4.67	5.33	5.58
1994	5.33	6.67	8.33	8.15	6.33	7.00	6.00	5.00	5.67	5.23	5.33	5.00	6.17
1995	6.00	7.67	9.67	9.00	8.67	7.33	7.33	7.00	7.67	8.33	6.67	7.67	7.75
1996	7.33	7.00	8.33	8.00	7.33	6.67	6.33	7.33	6.33	7.33	7.33	7.00	7.19
平均（%）	5.13	6.07	6.93	6.59	5.93	4.93	5.10	5.27	5.37	5.49	5.20	5.18	—

表11-8-219　1997～2003年萧山瓜沥点室内鼠密度调查情况

年份	月　密　度（%）						年平均密度（%）
	2	3	6	7	10	11	
1997	7.67	8.67	6.33	7.33	8.00	7.33	7.56
1998	8.67	9.67	9.00	8.33	9.33	8.00	8.83
1999	8.67	8.00	7.00	8.33	8.00	7.67	7.95
2000	7.33	6.67	6.33	6.33	6.00	7.00	6.61
2001	6.33	7.33	6.00	5.00	4.33	5.67	5.78
2002	6.00	7.67	5.67	5.00	5.33	5.00	5.78
2003	6.33	6.00	5.00	5.00	5.00	4.00	5.22
平均（%）	7.29	7.72	6.48	6.47	6.57	6.38	—

表11-8-220　1998～2003年萧山戴村点2月室内、室外鼠密度测定表

密　度	1998年	1999年	2000年	2001年	2002年	2003年
室内密度（%）	16.0	8.0	8.0	8.7	11.3	12.6
室外密度（%）	11.7	15.5	9.7	4.7	8.0	6.7

四、结论

农村害鼠的鼠群结构和消长特征有其自身规律并受外部环境变化影响。

（一）农业种植结构调整和粮食熟制改变、粮田面积减少，旱作粮食播种面积下降，水田粮食种植面积扩大，使室外鼠群总体下降，尤其是适应性差的臭鼩大幅度减少。

（二）农村生产、生活环境改善和农民住宅结构变化使农村害鼠藏身空间减少，鼠群总体上亦在下降，臭鼩已极少见。

（三）农村害鼠种群下降，体现了人为除鼠和生态保护、生物除鼠的重要性。

（四）从定点测定情况分析，近年农村害鼠呈下降趋势，但从全区调查观察，鼠害十分惊人，尤其是晚稻的鼠害损失率很高，农村灭鼠工作仍需抓紧。

（根据萧山区农业局楼曼庆1998年、2004年撰写的调查报告整理）

【附二】

革命草突然大面积消失寻秘

2000年春夏之交，萧山围垦区众多的河蟹（中华绒螯蟹）养殖户，突然发现往年河道中铺天盖地的空心莲子草［*Alternanthera philoxeroides* (Mart.) Grisebo］(俗称革命草、水花生，原产巴西，多年生草本）大面积消失了，只有河边芦苇丛中还少量蔓延着。

90年代出版的《绍兴县志》载：民国23年（1934），越东一带，忽繁奇异水草，无论河荡池沼，几乎殆遍。其草绿如豆叶，散作圆形，梗粗如筷，折之易断，开小白花，蔓延极速，以之壅田，极有肥力。

中华人民共和国成立后，这种水草被冠上一个好听的名字“革命草”，还有的称它为“救命草”。因为50～60年代物资奇缺，农家养畜缺乏饲料，种田缺乏肥料，水面上就大量养植、采集革命草作猪、羊、禽的青饲料，捻河泥投入革命草沤制土肥。当时农民对物质生活的期望是：“人要肥，猪肉加晚米（饭）；田要肥，革命草加河泥”。60年代中叶，萧山全县有木制农船5041艘，多为积肥、运输两用船，瓜沥（即后来的瓜沥、义蓬区）、蜀山（即后来的城南区）、西兴（即后来的城北区）三区每个生产队都有捻泥船，河边、塘边、田边的河泥塘多达数万个。农民集体劳动，农忙种田，农闲割草捻泥制肥，年年如此。1980年前，平原河道几乎无污泥淤积，两岸芦苇青青，小鸟成群栖息；河中水清草绿，鱼虾畅游。

80年代初，农村实行家庭联产承包责任制，随着宏观形势的好转，各项物资供应逐渐丰富，第二、三产业快速发展，大批农民“洗脚上岸”，离土离乡；大量的化学肥料施于农田，捻泥制肥消失；工业、生活废水排入河道，残留的化肥、农药流入水体，革命草疯长旺发。 90年代初，革命草占据瓜沥、义蓬、城北、城南四区的大小河流、池塘，覆盖面占水面的70%以上，沿江围垦镇乡、农场覆盖面占水面的90%，大部分的村级河道几乎全覆盖，“翠色（革命草）河道黑色水（指污水）”，成了这一时期的水域特征。革命草的蔓延疯长，给水面养殖、水源水质、水上交通、防汛抗洪造成严重的危害。特别是汛期，革命草随洪水外排，大量聚集在沿钱塘江一线涵闸内侧，草量之多可说是堆山积海长达数千米，严重影响了排涝。市政府决定把清除河道革命草作为每年防汛清障的重要内容。1994～1999年，结合水利建设，连续6年组织大规模的清除革命草活动。然而，到了2000年，革命草却悄然从大部分水面消失了。是什么原因使革命草退出它生存了60多年的水域呢?

民间有4种说法：

虫害说 说是台风把海外的一种瓢虫（澳洲叶甲）迁徙到萧山，这种虫专吃革命草，一下子把革命草吃光了。有人还亲眼看到革命草上虫害留下的破碎叶片。

竞争说 说是60年代中国从南美引入作为猪草的水葫芦（学名凤眼莲），其繁殖能力惊人，特别是在萧山富营养化的水体中，一株水葫芦在90天内可长出25万株。革命草与其他水草比是强者，而与生命力更强盛的水葫芦在同一水体中竞争，在空间拼搏和营养吸收上处于劣势，因而悄然告退。

污染说 说是90年代后期，萧山部分外河水面污染加剧，部分水体为劣5类水，河底各种有害物质淤积严重，革命草不适宜在此类水体内生存，属物竞天择、优胜劣汰的自然现象。但是，没有污染的水面，革命草为什么也没了?

人除说 认为革命草毕竟是一种自然植物，经不住人类年复一年的药剂除草、人力捞草折腾，生命力最强也难逃一劫。

2004年7月，国内一家网站发布“水花生的生物防治及其效果评价”的消息，说中国于1986年5月从美国佛罗里达州引进检疫过的空心莲子草叶甲。1987年对空心莲子草叶甲进行了食性专一性测定，认为其可在中国安全利用。自1987年开始，在湖南、四川、福建、云南、江西、广西等地人工利用自然寄生繁殖和大量释放。1999～2000年通过22个省1019个县的调查表明，该虫已分散在中国14个省、市、自治区，其中包括四川、湖南、云南、福建、浙江、广西、上海、安徽、重庆、贵州、江西、江苏、广东和湖北等省、市、自治区，对河道、湖泊等水体中的水花生普遍取得了很好的防治效果。另据新华网江苏频道消息：2003年初，成片的水花生占据江苏滆湖近1/4湖面，如果不采取有效措施，滆湖不出5年将被水花生完全霸占，成为“死湖”。为根治水花生，从中国农业科学院生物防治研究所请去了原产阿根廷的水花生天敌曲纹叶甲。曲纹叶甲专食水花生叶，叶肉被食后，叶片便生黄、枯萎。

上述4种说法，“虫害说”比较可信（2004年8月17日，围垦地区萧山北干特种水产养殖有限公司经理沈志明来电告诉，他在自己蟹塘里养植的革命草，通过喷治杀虫剂后，今年生长得很好。笔者在垦区一些河道里，也看到了在河边与芦苇竞争空间的革命草）。然而，没有足够的证据，仍不能定论。

（钱志祥、杨贤兴2004年撰稿）

【附三】

萧山农田杂草种类分布情况调查

随着农村产业结构调整和商品生产的发展，萧山农业劳力的价值有了新的变化，农村劳动力已由过去的单一农田劳动转向多样化劳动。投放到农田中的劳力在数量、时间上都大幅度地减少，质量降低，以致农田中的杂草逐年增加，造成杂草与作物争光、争肥、争土地的现象，影响了农作物的正常生长发育，降低作物产量、质量和种子纯度。据1986～1987年两年统计，全县三季粮食作物（农田）共发生不同程度的草害75.34万亩次，已成为农业生产主要危害之一。

市农业局自1987～1988年对全市主要作物农田的杂草进行调查。萧山主要农田杂草计28科79种，其中春季生长的20科48种，夏季生长的18科39种，秋季生长的13科29种。

一、农田杂草种类分布情况

杂草的种类与发生情况同地形地貌、土质、耕种情况有一定的相关性。萧山的地形、土质和耕种类型，大致划分为5类作物层次：以戴村区为代表的南部沿山（丘陵）地区；以城南区为中心的中部平原稻区；以浦沿镇为中心的钱塘江沿岸地区；以瓜沥区为中心的老沙地区和义蓬区一带的新垦种区。每一类作物层次区内着重调查主要作物田中的杂草情况，如春季重点查麦类、油菜和早稻秧田，平原稻区还调查蔬菜地和桑园地；夏季重点查早稻本田、晚稻秧田、棉花和络麻地；秋季重点查晚稻本田和棉花地。每一种作物选择有代表性的田块作为调查样方，每一样方随机选取同等数量的面积，作为调查样点，每一样点详细记录各种杂草名称、数量、高度、盖度（植物群落中各种植物遮盖地面的百分率）和重量，并计算出每一种杂草在各样方内的密度（单位面积或容积内种群个体的数目）、多度（植物群落中相同生活型的各种植物个体数量上的对比关系）、频度（群落中某种植物水平分布的均匀程度）和总盖度。

通过调查汇总，得出萧山农田杂草种类主要有28科。具体分布情况：

（一）沿山（丘陵）地区18科30种：春季13科22种；夏季10科13种；秋季8科12种。

（二）平原稻区20科39种：春季14科26种；夏季7科12种；秋季7科12种。

（三）钱塘江沿江地区16科41种：春季8科17种；夏季14科30种，其中稻田9科13种，棉麻地10科25种；秋季9科21种，其中稻田8科11种，棉麻地6科11种。

（四）老沙地区11科34种：春季7科19种；夏季10科25种，其中稻田7科9种，麻地8科20种；秋季（稻田）5科8种。

（五）新垦种区11科30种：春季9科18种；夏季8科21种，其中稻田6科9种，麻地8科19种；秋季（稻田）4科7种。

各种作物田中的分布情况：麦田11科29种；油菜田10科24种；早稻秧田10科20种；早稻本田14科22

种；晚稻秧田10科16种；晚稻本田11科21种；络麻地9科25种；棉花地9科20种。

上述情况表明，春季是杂草发生最多、数量最大的季节。在所有杂草种类中，以禾本科杂草分布范围最广、种类最多，其次是石竹科、玄参科、菊科等。

二、主要优势种和群落组成情况

根据各种杂草的密度、多度、频度和盖度情况，综合分析，找出每一层次内的主要优势种和群落组成。

（一）主要优势种

1.沿山地区：麦田为看麦娘，次为早熟禾；早稻田为节节菜，次为牛毛毡；晚稻田为节节菜，次为牛毛毡和异型莎草；油菜田为看麦娘，次为雀舌草。

2.平原稻区：麦田为看麦娘，次为雀舌草；早稻田为节节菜；晚稻田为节节菜，次为牛毛毡；油菜田为看麦娘，次为雀舌草；蔬菜地为牛繁缕，次为雀舌草、看麦娘；桑园地为看麦娘，次为鸡儿肠、狗牙根和雀舌草。

3.钱塘江沿江地区：麦田为看麦娘，次为牛繁缕；早稻田为陌上菜，次为异型莎草；晚稻田为节节菜，次为异型莎草；油菜田为看麦娘，次为牛繁缕；络麻地为虮子草，次为马唐；棉花地为马唐，次为虮子草。

4.老沙地区：麦田为牛繁缕，次为看麦娘；早稻田为异型莎草，次为陌上菜；晚稻田为异型莎草；油菜田为看麦娘，次为早熟禾；络麻地为异型莎草，次为马唐。

5.新垦种区：麦类为牛繁缕，次为看麦娘；早稻为陌上菜；晚稻为千金子；油菜为棒头草，次为牛繁缕；络麻为异型莎草，次为虮子草。

（二）各地杂草群落组成情况

1.春粮：以看麦娘为主，雀舌草、牛繁缕或早熟禾为主体组成杂草群落的地区有沿山地区、平原稻区、钱塘江沿江地区；以牛繁缕为主，看麦娘、水苦荬或通泉草为主体组成杂草群落的地区有老沙地区和新垦种区。

2.油菜：以看麦娘为主，雀舌草、牛繁缕等为主体组成杂草群落的地区有沿山地区和平原稻区；以看麦娘为主，牛繁缕、早熟禾或水苦荬等为主体组成杂草群落的有钱塘江沿江地区和老沙地区；以棒头草为主，牛繁缕、早熟禾等为主体组成杂草群落的地区有新垦种区。

3.早稻：以节节菜为主，稗草、异型莎草或牛毛毡等为主体组成杂草群落的地区有沿山地区和平原稻区；以陌上菜为主，异型莎草、莲子草等为主体组成杂草群落的地区有钱塘江沿江地区和新垦种区；以异型莎草为主，陌上菜、节节菜等为主体组成杂草群落的地区有老沙地区。

4.晚稻：以节节菜为主，牛毛毡、稗草等为主体组成杂草群落的地区有沿山地区和平原稻区；以异型莎草为主，牛毛毡和稗草等为主体组成杂草群落的地区有钱塘江沿江地区；以异型莎草为主，稗草等为主体组成杂草群落的地区有老沙地区；以千金子为主，稗草等为主体组成杂草群落的地区有新垦种区。

5.络麻：以虮子草为主，马唐、通泉草等为主体组成杂草群落的地区有钱塘江沿江地区；以异型莎草为主，虮子草、马唐草等为主体组成杂草群落的地区有老沙地区和新垦种区。

6.棉花：以虮子草、马唐为主，通泉草、画眉草或棒头草等为主体组成杂草群落的地区有钱塘江沿江地区。

三、杂草的危害性

由于杂草与作物同处一地，与作物争光、肥、空间，所以造成的损失不亚于病虫害。估计一般损失在10%左右，但也有严重危害的。市植保站在1987～1988年试验，小麦田通过施药防除杂草，每亩产量可达232千克，而不施药亩产只有153.4千克；直播晚稻施直播净除草剂的亩产为477.8千克，不施除草剂的亩产为295.6千克。

表11-8-221 1988年萧山主要农作物杂草种类数及主要优势种情况

作物类别		调查块数（块）	代表面积（亩）	科数（个）	种数（种）	主要优势种及多度、频度情况
麦类		15	5000.0	11	32	看麦娘58.16%、69.14%；牛繁缕11.94%、77.78%
早稻	秧田	15	675.0	10	21	稗草52.35%、39.8%；陌上菜19.92%、13.3%；空心莲子草15.65%、21.3%
	本田	65	3245.0	14	22	异型莎草39.16%、71.33%；节节菜14.36%、54.67%；陌上菜28.79%、56.67%
晚稻	秧田	65	750.0	10	16	异型莎草26.39%、88%；节节菜15.56%、50%；陌上菜11.47%、51.33%
	本田	65	4673.3	11	20	节节菜16.50%、44.67%；异型莎草5.68%、56%；千金子2.7%、25.33%
油菜		15	1250.0	9	24	看麦娘49.9%、82.66%；棒头草8.1%、33.78%；牛繁缕14.9%、85.6%
络麻		39	1600.0	9	25	虮子草44.75%、90%；马唐18.25%、73.33%；异型莎草14.36%、70%
棉花	夏季	13	970.0	8	19	虮子草39.44%、100%；马唐32.94%、100%；通泉草12.3%、6.97%
	秋季	13	970.0	6	11	马唐83.45%、96.67%；通泉草10.17%、66.67%
蔬菜		3	80.0	11	26	牛繁缕19.8%、91.1%；雀舌草16.7%、60%；看麦娘15.9%、76.7%
桑园		3	250.0	14	32	看麦娘19.2%、65.5%；鸡儿肠14.3%、56.7%；狗牙根9.8%、23.2%；空心莲子草7.8%、33.3%

注：蔬菜、桑园地仅春季查一次，桑园地仅调查浦阳江沿岸。

表11-8-222 1988年萧山南部沿山丘陵地区杂草种类分布情况

科　名	春　季	夏　季	秋　季
禾本科	稗草、看麦娘、早熟禾、茵草、双穗雀稗	稗草、双穗雀稗	双穗雀稗、稗草、千金子
菊　科	一年蓬、黄鹌菜、剪刀股	—	—
玄参科	通泉草、婆婆纳	陌上菜	陌上菜
石竹科	牛繁缕、雀舌草、漆姑草	—	—
莎草科	异型莎草	牛毛毡、异型莎草	异型莎草、牛毛毡、飘拂草
蓼　科	马蓼	毛茛	—
苋　科	空心莲子草	空心莲子草	—
十字花科	碎米荠	—	—
苹　科	田字苹	田字苹	田字苹
鸭跖草科	竹节菜	—	—
茜草科	猪秧秧	—	—
泽泻科	矮慈姑（瓜皮草）	矮慈姑	—
柳叶菜科	—	丁香蓼	丁香蓼
千屈菜科	—	节节菜、耳叶水苋	节节菜
雨久花科	—	鸭舌草	—
浮萍科	—	青萍（紫背萍）	—
水鳖科	—	—	水鳖
毛茛科		毛茛	

表11-8-223 1988年萧山中部平原稻区杂草种类分布情况

科名	春季	夏季	秋季
禾本科	看麦娘、早熟禾、茼草、稗草、双穗雀稗	稗草、双穗雀稗、千金子	稗草、双穗雀稗、千金子、狗牙根
石竹科	牛繁缕、雀舌草、漆姑草、卷耳	—	—
菊科	鼠曲草、一年莲	—	—
玄参科	通泉草、蚊母草	陌上菜	陌上菜
蓼科	马蓼、水蓼	—	—
十字花科	碎米荠、广东苋菜	—	—
苋科	空心莲子草	空心莲子草	空心莲子草
毛茛科	毛茛	—	—
莎草科	—	飘拂草、异型莎草、牛毛毡	异型莎草、牛毛毡、旋鳞莎草
千屈菜科	—	节节菜、耳叶水苋	—
柳叶菜科	—	丁香蓼	—
桔梗科	—	半边莲	—
雨久花科	—	鸭舌草	—
泽泻科	—	矮慈姑	—

表11-8-224 1988年钱塘江沿江地区杂草种类分布情况

科名	春季	夏季		秋季	
		水田	旱地	水田	旱地
禾本科	看麦娘、早熟禾、稗草、棒头草	稗草、双穗雀稗、千金子、看麦娘	马唐、虮子草、画眉草、棒头草、双穗雀稗、稗草、狗尾草、狗牙根、看麦娘、牛筋草、早熟禾	千金子、稗草、双穗雀稗	马唐、画眉草、狗尾草、虮子草、牛筋草
莎草科	异型莎草	异型莎草	旋鳞莎草	异型莎草	旋鳞莎草、扁穗莎草
石竹科	牛繁缕、雀舌草、漆姑草	—	牛繁缕、卷耳	—	—
玄参科	通泉草、水苦荬、蚊母草、陌上菜	陌上菜	水苦荬、通泉草、陌上菜	蚊母草	通泉草
苋科	空心莲子草	空心莲子草	空心莲子草	空心莲子草	空心莲子草
菊科	一年蓬	—	鸡儿肠、鳢肠	—	鳢肠
苹科	田字苹	田字苹	—	田字苹	—
蓼科	马蓼、水蓼	—	水蓼	—	—
千屈菜科	—	节节菜、耳叶水苋	—	节节菜	—
柳叶菜科	—	丁香蓼	—	—	—
泽泻科	—	矮慈姑	—	矮慈姑	—
浮萍科	—	—	—	青萍	—
十字花科	—	蔊菜	蔊菜	—	—
马齿苋科	—	—	马齿苋	—	—
大戟科	—	—	铁苋菜	—	铁苋菜

表11-8-225　1988年萧山老沙地区杂草种类分布情况

科　名	春　季	夏　季		秋　季
		水田	旱地	水田
禾本科	看麦娘、早熟禾、棒头草、茵草、稗草、双穗雀稗	稗草、虮子草	马唐、虮子草、画眉草、棒头草、双穗雀稗、稗草、牛筋草、狗尾草、千金子、看麦娘	千金子、双穗雀稗、稗草
莎草科	异型莎草	异型莎草、牛毛毡	莎草	异型莎草
菊　科	一年蓬、钻形紫苑、鸡儿肠	—	钻形紫苑、鸡儿肠	—
石竹科	牛繁缕、漆姑草、卷耳	—	牛繁缕	—
玄参科	水苦荬、通泉草	陌上菜	通泉草、陌上菜、水苦荬	陌上菜
十字花科	荠菜、碎米荠、蔊菜	—	蔊菜	—
苋　科	空心莲子草	空心莲子草	空心莲子草	空心莲子草
千屈菜科	—	节节菜	—	耳叶水苋、节节菜
蓼　科	—	水蓼	—	—
泽泻科	—	矮慈姑	—	—
马齿苋科	—	—	马齿苋	—

表11-8-226　1988年萧山新垦种区杂草种类分布情况

科　名	春　季	夏　季		秋　季
		水田	旱地	水田
禾本科	看麦娘、早熟禾、棒头草、双穗雀稗、稗草	稗草、棒头草、虮子草	马唐、虮子草、棒头草、画眉草、双穗雀稗、牛筋草、稗草、千金子、看麦娘	稗草、双穗雀稗、千金子、马唐
莎草科	异型莎草	异型莎草	异型莎草	异型莎草
石竹科	牛繁缕、雀舌草、漆姑草	牛繁缕	牛繁缕	—
玄参科	水苦荬、通泉草、蚊母草	陌上菜、通泉草	通泉草、水苦荬、陌上菜	—
菊　科	钻形紫苑	鳢肠	鳢肠	—
苋　科	空心莲子草	空心莲子草	空心莲子草、刺苋	空心莲子草
蓼　科	—	酸模叶蓼、马蓼	—	—
十字花科	蔊菜	—	蔊菜	—
豆　科	苜蓿	—	—	—
大戟科	—	—	铁苋菜	—
千屈菜科	—	—	—	耳叶水苋

（本文原载1989年《萧山市农业区划文集》，已作适当修改）

第九章　畜牧业

萧山畜牧生产历来以农户散养生猪为主，80年代后期起发生变化。生猪饲养呈规模化、工厂化、集约化发展趋势，并应用先进科技开发其他畜禽养殖。除普通畜禽牛、羊、鸡、鸭、鹅外，野鸭、肉（乳）鸽、鹌鹑、獭兔养殖势头较好，山鸡、乌骨鸡、贵妇鸡和火鸡饲养亦见成效，果子狸、狐狸、鸵鸟、鸳鸯、孔雀、梅花鹿、天鹅、大雁和黑豚等经济、观赏型特种畜禽养殖专业户也有兴起，养蜂、家禽孵化传统依旧。2000年，全市有种畜、种禽场6家，其中省级种猪场4家。全市饲养生猪111.65万头，家禽2151万羽，分别比1984年增55.33%和5.1倍。年出栏肉猪10头以上养殖大户（场）1880户（家），全年出栏肉猪47.37万头，占全市的63.95%；其中大型猪场20家，出栏肉猪25.30万头，占全市的34.16%。为浙江省规模养猪发展最快的市（县）之一。养猪农户由1985年占总农户的72.3%下降到17.3%。畜牧业产值73908万元（现价），占农业总产值的22.52%。

第一节　家　畜

猪

萧山农村素有养猪习惯，但在中华人民共和国成立以前，农民受重租苛捐之苦，有能力养猪者为数不多，沙地区粮食缺乏，养猪更少。中华人民共和国成立后，生猪饲养量逐年增加。[①]1985年前，农户多以散养为主，规模饲养场、户较少。1985年，全县年出栏肉猪33.16万头，年末存栏26.72万头，其中母猪1.24万头；年饲养59.88万头。之后，优惠的政策使规模养猪场、户兴起，分散养猪农户逐年减少。1990年，出栏肉猪46.76万头；年末存栏25.27万头，其中母猪0.68万头；年饲养72.03万头。1995年，全年出栏肉猪50.01万

表11－9－227　1985～2000年部分年份萧山养猪户情况

年　份	养猪户数（户）	养猪户数占总农户（%）	总出栏数（万头）	其中出栏10头以上		10头以上出栏数占总出栏数（%）	出栏500头以上户数（户）	出栏1000头以上户数（户）
				户数（户）	出栏数（头）			
1985	187240	72.3	33.16	175	5858	1.77	0	0
1990	116123	37.9	46.76	494	73441	15.71	23	10
1992	102117	33.1	51.15	1098	119112	23.28	28	17
1995	63648	20.9	50.01	1614	231657	50.04	48	23
2000	48188	17.3	74.07	1880	473675	63.95	104	42

资料来源：萧山区农业局。

①民国22年（1933），全县养猪仅为1万头。1949年为5.16万头。1952年7.74万头。此后，随着粮食产量的提高和“私有私养公助”方针的贯彻，生猪饲养量持续上升，1957年达到17万头，1959年增至25.5万头。1960～1962年，由于粮食减产，生猪饲养量锐减至12.89万头。后贯彻执行“公私并举，以私养为主”的方针，奖售精饲料，落实饲料地，促进了养猪生产的发展，1966年饲养量达到46.04万头。“文化大革命”期间，饲养量徘徊不前，至1976年，仍停留在46.3万头。1978年后，粮食产量逐年增加，并采取了调整收购价格，由乡村工业“以工贴牧”等一系列鼓励农户养猪的措施，饲养量迅速上升，1980年达到84.64万头。（资料来源：萧山县志编纂委员会：《萧山县志》，浙江人民出版社，1987年，第242～243页）

头，年末存栏24.64万头，其中母猪0.68万头；年饲养74.65万头。2000年，全年出栏肉猪74.07万头；年末存栏37.58万头，其中母猪2.68万头；全年饲养111.65万头。

品种　80年代，生猪品种母猪以金华猪、龙游乌、嘉兴黑猪为主，公猪有长白、大约克（大白）、杜洛克、中约克，肉猪为长金、大金等二元或三元杂交猪；1986年引进长白41头，大约克2头，杜洛克2头；90年代，以外来猪种为主，公猪有杜洛克、长白和大约克，母猪多为长大或大长杂交母猪，商品猪多为杜大长或杜长大三元杂交猪。1990年引进瘦肉型公猪23头，长白、大约克和大长二元杂交母猪1750头，繁育推广金华"两头乌"母猪142头；1997年，繁育杜金母猪320头，繁育大长杂交母猪4713头，全市推广良种母猪5633头，更新公猪163头；1999年，全市有3家省一级种猪场，存栏母猪1100头，繁育大长母猪7000头，对外供种4500头，更新瘦肉型公猪252头，年末存栏公猪762头，其中瘦肉型公猪占99.9%。

规模养猪　1978年，全县有5633个集体猪场。1981年，集体猪场停办，个体养猪场兴起。1985年，全年出栏10头以上生猪的养猪场（户）175家，出栏肉猪5858头，占全县出栏数的1.77%。1986年3月，建立杭州市商品猪基地，当年为杭州市提供商品猪15312头。县政府为扶助种猪生产拨款12万元，饲养2头以上的母猪户，每头补助10元；百头母猪村每头母猪补贴25元；引进1头良种公猪，补贴80元。1989年，瓜沥乡镇海村熊兴法等18户养猪大户被列入市养猪科技示范户。

1990年，出栏10头以上的养猪场（户）494家，其中个体428户；出栏肉猪73441头，占全市出栏数的15.71%；出栏肉猪500头以上的23家，出栏34190头，最多的年出栏肉猪4921头。萧山市商品猪基地饲养户66家，投售34483头；杭州市商品猪基地饲养户321家，投售23500头。1991年，国营农场创办的规模养猪场采取杜长二元杂交或杜大长三元杂交，生产供给香港活大猪，淘汰"长长金"、"长大金"等含地方猪的杂交组合。是年12月，萧山被列为"全国商品瘦肉型猪基地"。全年供港肉猪21032头。杭州市安排杭州基地猪财政补贴130.4万元，萧山市安排萧山基地猪财政补贴166.5万元。

1992年，全市出栏10头以上的养猪场（户）1098家（户），其中个体1042家（户）；全年出栏肉猪119112头，占全市出栏数的23.28%；有母猪重点户644家（户），饲养母猪2706头，占全市饲养总数的33.0%。是年，杭州市安排杭州基地猪财政补贴24.0万元，萧山市安排萧山基地猪财政补贴67.5万元。

1995年，全市出栏肉猪10头以上养猪场（户）1614家，其中个体1592家（户）；出栏肉猪231657头，占全市出栏肉猪数的50.04%；出栏肉猪500头以上的48家，出栏千头以上的23家，出栏万头以上2家。是年，全市建立3个种猪场、6个母猪繁殖点，有核心群母猪240头，生产群母猪476头。在农村设立5个公猪配种站、24个公猪配种点，瘦肉型良种公猪比例99.2%，良种母猪比例93.6%，形成覆盖全市的良种繁育推广体系。

1999年，市政府印发《供港供沪猪场实施扶持政策》，对19家供港、沪的规模猪场，当年引进更新的公猪每头补贴200元，母猪每头补贴100元；生猪保险投保费50%由猪场负担，50%由市财政补贴；供港、沪的生猪，每头奖励2元，供港猪由外贸公司再奖励2元；技术改造投资贷款额贴息3%。一批在第二、三产业经营中获得成功的企业家投资兴办大型猪场，工厂化、规模化养殖快速发展。永丰养殖有限公司在上海开设萧山猪批发市场。

2000年，全市出栏肉猪10头以上养猪场（户）1880家（户），出栏肉猪473675头，占全市总出栏肉猪数的63.95%，其中规模猪场20家，出栏肉猪25.30万头，占全市总出栏肉猪数的34.16%；年末存栏15.96万头，母猪2.01万头；供港、沪肉猪16.64万头，占规模猪场总出栏数的65.78%。在全省36个供港、沪肉猪的县（市）中，萧山名列第三位。有9家养猪场年出栏超1万头，5家超2万头。规模饲养已成为养猪业的重要支柱，为浙江省规模养猪发展最快的市（县）之一。是年，新建、扩建供港、沪猪基地场13家。引进、更新种猪11752头，其中母猪11170头，公猪582头。

牛

水牛、奶牛为主，鲜有黄牛。年末存栏：1985年1996头，1990年2245头，1995年1902头，2000年976头。

耕牛　萧山中片、南片稻区农业生产中不可缺少的畜力，60年代基本上每个生产队都有1～2头耕牛。1969年后，拖拉机等农业机械逐步推广，"耕田不用牛"成为现实，耕牛逐年减少。1985年，年末存栏678头，多属农家所有；1990年792头，1995年616头，2000年440头。

奶牛　1957年，湘湖农场从青岛引进荷兰花白牛。1980年后，第一农垦场、第二农垦场和前进乡办奶牛场，饲养荷兰黑白花奶牛，1985年末全县存栏1074头。1986年，第二农垦场奶牛场并入第一农垦场奶牛场。1987年，前进乡奶牛场停办。1990年，全市存栏奶牛1279头，1992年1305头，1995年1164头。1998年，第一农垦场奶牛场停办。2000年末，全市有湘湖奶牛场、富伦奶牛场2家奶牛养殖场，饲养荷兰黑白花奶牛429头。

羊

图11—9—372　2000年，河上镇波尔山羊养殖场（丁力摄）

山羊为主，少量绵羊。1985年饲养6026只，年末存栏5401只。后农村产业结构调整和实施退耕还林，饲草资源丰富，羊肉的需求增加，养羊业发展。1990年，饲养15087只，年末存栏10430只；1995年，饲养28500只，年末存栏16700只；2000年，饲养55600只，年末存栏24900只。

1986年，从福建省福清县引进"福建高山羊"种羊107只，分别在光明乡三盈村、浦沿镇浦联村垦区和永兴乡3个种羊试验基地饲养繁育。次年引进332只，在城北乡水泥厂农业车间等处饲养。1999年，河上镇波尔山羊种羊场从新西兰引进饲养纯种波尔山羊公羊3只，纯种母羊1只，杂交一代母羊100只；2000年全场有波尔山羊144只。

兔

种类有肉用兔、长毛兔和皮用兔。1985年，出栏0.94万只,年末存栏7.96万只。1986年后，因兔毛出口疲软，价格调低，致使长毛兔减少。1990年饲养量、年末存栏数和出栏数分别为1.85万只、1.34万只和0.51万只；1995年为0.95万只、0.79万只和0.16万只。

1997年始，第一农垦场引进獭兔，建立杭州新兴兔业养殖有限公司，被批准为省一级种兔场。2000年末，存栏獭兔13000只，核心群种獭兔1500只。是年，全市兔饲养量、年末存栏数及出栏数分别为6.90万只、3.73万只和3.17万只。

其　他

狗　城乡居民饲养家犬看家护院。80年代，水产养殖和花卉苗木业崛起，为护场防偷引进狼犬，以新街、宁围等镇苗木产区为多。1984年，全县有家犬2万余只。90年代，楼塔、义桥等镇试养肉用犬，后因死亡率高而停办。90年代末，饲养宠物犬增多，品种有蒙古犬、北京犬、德国牧羊犬、狮子犬、沙皮犬、拳师犬、蝴蝶犬、杜宾犬、博美犬、哈巴狗和云南叭狗等。2000年，据市农业部门调查，全市养犬约3万只。

猫　80年代前农家多养猫捉鼠。90年代后，城乡居住环境改善，养猫减少，鼠害为患。90年代末，城乡宠物猫受宠，有东方长毛猫、俄罗斯蓝猫、安哥拉猫、埃及虎斑猫、新加坡猫和波斯猫等。2000年，全市有各种家猫5000多只。

第二节　家（特）禽

家　禽

1985年，家禽饲养量391.20万羽，其中出栏212.10万羽，存栏179.10万羽；1990年，分别为863.68万羽、582.02万羽和281.66万羽。1995年，分别为1578.0万羽、1115.0万羽和463万羽；2000年，饲养量2151.0万羽，其中出栏1577.0万羽，年出栏万羽以上的有145户。

鸡　1981年，建成县种鸡场，重点提纯复壮、繁育萧山鸡，并引进优良家禽品种，提供苗禽、种蛋。1982年，饲养有祖代鸡500羽，父母代鸡1000羽；引进荷兰“海佩科”父母代雏鸡和祖代种蛋。之后，先后引进蛋鸡种罗斯鸡、伊莎鸡、罗曼鸡，肉用鸡种红宝鸡、白洛克鸡、新浦东鸡、AA鸡、西塞斯鸡和岭南黄鸡等。饲养方式由农户散养变成专业户的舍内平养、笼养，利用山坡杂地大群放养；饲料由单一的稻谷、大麦或米糠，转变为混合料和全价配合料，再到饲喂玉米、大麦等粗谷杂粮、人工育虫、自由采食昆虫及杂草；饲养规模也由农户零星散养，发展到专业户饲养和工厂化饲养。1986年，楼塔镇楼一村楼仙成养鸡12980羽。1999年9月，杭州神农牧业有限公司在浦阳镇创办养鸡场，引进优秀的三黄鸡品系进行饲养，2000年，出栏肉鸡70万羽，产值699.1万元。

镦鸡（阉割小雄鸡的睾丸，后育肥为镦鸡，俗称阉鸡）育肥是萧山鸡传统特色的饲养方式。每年下半年，部分养殖户将小雄鸡阉割，囤养催肥，使肉嫩味美。

图11—9—373　90年代，城南地区养鸭专业户（韩利明摄）

鸭　以饲养萧山麻鸭（又名山种鸭、绍鸭）为主，利用溪沟、青苗田放养。萧山麻鸭是蛋用鸭，雌鸭用于培育蛋鸭，孵化出来的小雄鸭育肥作肉鸭。之后，饲养蛋鸭、肉鸭的专业户增多，主产区在城南、城东、新街、来苏和临浦等地，城南乡陈如坤、大庄乡施志根，年饲养蛋鸭、肉鸭都在万羽以上；临浦镇麻车倪村有50%以上农户饲养肉鸭，每年可向市场提供肉鸭80万羽以上。全市饲养的肉鸭品种也逐年增多，有媒鸭（萧山麻鸭与野鸭自然杂交选育品种）、北京鸭、樱桃谷鸭、瘤鸭（俗称番鸭）、狄高鸭、苏种鸭和杂交鸭等。

图11—9—374　2000年，新塘养鹅专业户（丁力摄）

鹅　萧山白鹅属浙东白鹅，就巢性强。一年中可产蛋孵化清明鹅、夏至鹅、立秋鹅和过年鹅4批，多饲养于平原水网地带。1990年后，受放养场地等因素限制，农户饲养数量减少，临浦、戴村、义桥、城南等水网地带仍有少数养殖户采用群养方式饲养，且以养苏种鹅（太湖鹅）为主。年饲养量在7万羽～9万羽间，2000年，全市养鹅8万羽。

图11－9－375　1998年，钱江农场鸵鸟养殖场（傅宇飞摄）

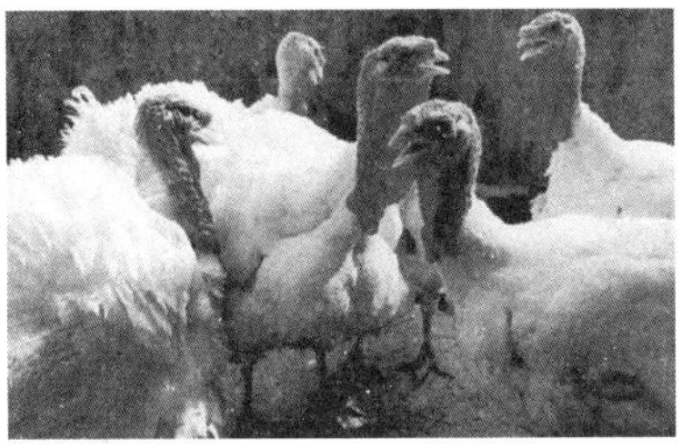
图11－9－376　1985年，县农科所火鸡养殖场（董光中摄）

图11－9－377　2000年，萧山钱江水禽驯养繁殖场进行野鸭驯养（丁力摄）

图11－9－378　1992年，城东孵坊在精选种蛋（董光中摄）

特　禽

特禽养殖始于80年代。1992年，全市饲养特禽83.98万羽，其中七彩山鸡1.68万羽，白毛乌骨鸡1.50万羽，珍珠鸡1.47万羽，野鸭4.97万羽，鹌鹑71.59万羽及鹧鸪等。1995年，有特禽养殖专业户143户，饲养特禽133.85万羽，品种有野鸭、肉鸽、鹧鸪、七彩山鸡、白毛乌骨鸡、珍珠鸡、鸵鸟、孔雀、鸳鸯、斗鸡和鹌鹑等，后引进锦鸡、欧洲贵妇鸡、兰马鸡和鸸鹋等名贵禽类，其中欧洲贵妇鸡饲养1.25万羽，湘湖农场饲养鸵鸟58羽。2000年，全市特禽养殖户144户，饲养肉鸽35.52万羽，其中出栏28.44万羽；养鹌鹑120万羽，野鸭82万羽。

火鸡　1982年，县农科所试养美国尼古拉火鸡16羽、舟山青铜火鸡24羽，获得成功。1986年，繁育15775羽，年末存栏11018羽。至1993年，共向全国11个省、市和本省53个市、县的300多个单位及专业户供应种鸡、雏鸡、种蛋和商品火鸡。2000年已不饲养。

七彩山鸡　1989年6月，光明乡国庆村养殖户高剑富引进28羽美国七彩山鸡，并创办七彩山鸡养殖场（后更名萧山珍禽养殖有限公司）。1992年，全市饲养七彩山鸡1.68万羽。2000年饲养3万羽。

野鸭　1992年，萧山珍禽养殖有限公司饲养德国野鸭4.97万羽及蓝孔雀、大雁、鸳鸯、锦鸡等。1998年5月，裘江办事处王有史村朱雪华创办萧山钱江水禽驯养繁殖场，选用野生公鸭与家养媒鸭母鸭杂交子代饲养。之后，逐步联合周边农户发展一体化养殖，企业以联合体形式延伸发展，1999年注册“钱江”牌商标。2000年增养天鹅、大雁、鸳鸯等。

鹌鹑　90年代中期，农户养殖鹌鹑较为盛行，城南办事处姚家畈村成为鹌鹑养殖村，全村有20%以上的农户饲养鹌鹑。1998年后，受市场冲击，鹌鹑饲养量逐年减少，来苏乡塘下金村李永芳等养殖户坚持饲养蛋鹌鹑，以产蛋供应市场为主。

第三节　苗禽孵化

孵　坊

家禽孵化是萧山的传统产业，1949年前，城厢镇有孵坊5家。1958年，全县建立孵坊11家，1960年增至21家。1961年后，家禽饲养量下降，孵坊减少。1980年，孵坊恢复到13家。1985年后，全县家禽孵化逐步实现专业化、电器化和工厂化生产，是年，有孵坊20余家，年孵化能力500万羽。1986年，火孵陶缸、平箱淘汰。90年代，家禽饲养增长，孵化产业由过去的家庭作坊式向现代化、规模化发展；孵化的品种由单一的家禽发展到特禽、珍稀禽；孵坊增多，规模扩大，孵化数量上升。2000年，审验合格的孵坊60家，其中有规模孵化场50家，有10台以上孵化箱的孵化场23家，20台以上的11家；13家种苗繁殖基地，年饲养种禽8万套；有孵化机577台，单班孵化能力623万枚（种蛋）。

孵化场集中分布在新塘、来苏、城南、衙江、戴村和闻堰镇（乡、办事处）等地。新塘乡玉泉家禽有限公司有孵化1万枚以上容量的孵化机60台，年孵化苗鸡（鸭）1000万羽以上。孵化的苗禽除供应本地外，发往贵州、山东、广东、江苏、上海、内蒙古等省、市、自治区。

苗禽交易

90年代初，萧山的苗禽交易市场形成。全国各地和周边县、市客商纷纷来萧山采购，部分孵坊和客商在长河镇江二村叉路口设摊交易，后形成市场。1998年8月，城厢镇和平桥村与市农村电力管理总站合股在和平桥村104国道旁，投资600万元建萧山苗禽交易市场，占地47.75亩。1999年3月开业，内设营业房125间，膘鸡房256间，孵坊13间，办公及店面房36间，总建筑面积14718平方米。原长河镇江二村叉路口苗禽市场的客商全部迁入新市场。2000年，市场总销售苗鸡、小种鸭、洋鸭、杂交鸭、野鸭、苗鹅和嘌蛋[①]等各类苗禽4260万羽。

图11－9－379 1999年，萧山苗禽交易市场苗禽交易（傅宇飞摄）

① “嘌蛋”是指将鸡或鸭种蛋孵化到将要出苗前的2～3天，装箱用飞机或汽车等运输到远方，运输中采用一定的保温措施，让种蛋利用本身产生的热量继续发育，这种技术称嘌蛋。优点是比孵出的苗禽容易运输，死亡率降低。

第四节 蜜 蜂

萧山蜜源有油菜、棉花、黄麻、红麻、玉米、豆类、花卉、果树和蔬菜等，所养蜜蜂多为“中国蜂”。1952年，湘湖农场引入意大利蜜蜂（简称意蜂）饲养，意蜂性温驯、繁殖率高、分群性弱和采蜜力强，蜂农采取大转地追花放养。1957年后，养蜂发展较快，并开始生产蜂王浆。“文化大革命”期间，养蜂受到限制。1978年后，养蜂业大发展，是年全县有蜂群2700箱。1984年，全县有养蜂专业户426户，养蜂9681箱。1985年，全县产蜂蜜353吨、蜂蜡3.04吨、蜂王浆4.43吨；年末越冬蜜蜂7773箱（群）。此后，养蜂专业户兴起，蜂群饲养量上升。1986年，部分蜂农采用人工饲喂花粉、提早春繁和改良蜂机具等配套技术，提高王浆生产水平。靖江镇靖东村洪德兴养蜂户每箱产王浆5千克。1987年7月，以阿达姆（L.Adam）为团长的法国养蜂代表团访问瓜沥乡运西村蜂场。8月，成立县蜂产品研究所，研制开发蜂王浆、蜂花粉系列产品。1988年7月，波兰园艺研究所养蜂学部马尔钦科夫斯基（J.Marcinkowski）博士来靖江镇靖东村洪德兴养蜂户考察王浆生产。1990年末，全市越冬蜜蜂13950箱，年产蜂蜜459吨，平均每箱产王浆3千克。1998年，推广提早春繁、饲喂人工花粉脾、做好疾病防治等综合技术措施，养蜂业回升，平均每箱产王浆5千克，萧山市“王浆高产配套技术推广”获杭州市农业丰收一等奖、省农业丰收三等奖。2000年末，全市有越冬蜜蜂19787箱，全年产蜂蜜1058吨。

图11－9－380 1985年，养蜂专业户在围垦地区放蜂（董光中摄）

表11-9-228　1984～2000年萧山畜牧业生产情况

年份	生猪				牛				羊			兔			禽			蜂	
	全年饲养（万头）	年末存栏（万头）	存栏中母猪（万头）	全年出栏（万头）	年末存栏（头）	耕牛（头）	奶牛（头）	全年出栏（头）	全年饲养（只）	年末存栏（只）	全年出栏（只）	全年饲养（万只）	年末存栏（万只）	全年出栏（万只）	全年饲养（万羽）	年末存栏（万羽）	全年出栏（万羽）	年末数量（箱）	蜂蜜产量（吨）
1984	71.88	31.16	1.16	40.72	2224	833	1152	153	10385	8864	1521		4.57		352.62	177.82	174.80	9681	442
1985	59.88	26.72	1.24	33.16	1996	678	1074	77	6026	5401	625	8.90	7.96	0.94	391.20	179.10	212.10	7773	353
1986	66.98	28.07	1.19	38.91	2043	648	1279	66	6616	5257	1359	6.73	5.95	0.78	568.41	220.30	348.11	9211	299
1987	67.13	26.06	0.84	41.07	2124	685	1210	129	7788	5673	2115	4.25	3.43	0.82	794.56	273.57	520.99	11083	394
1988	69.74	26.46	0.89	43.28	2170	742	1218	117	9460	6884	2576	3.86	3.08	0.78	973.45	327.67	645.78	12928	387
1989	71.43	27.69	0.87	43.74	2230	791	1266	143	12095	8573	3522	2.26	1.73	0.53	802.46	280.68	521.78	13745	323
1990	72.03	25.27	0.68	46.76	2245	792	1279	249	15087	10430	4657	1.85	1.34	0.51	863.68	281.66	582.02	13950	459
1991	71.70	22.87	0.63	48.83	2206	783	1243	261	18822	11605	7217	1.43	1.17	0.26	780.37	250.37	530.00	14765	492
1992	74.20	23.05	0.82	51.15	2226	747	1305	204	19800	12200	7600	1.38	1.12	0.26	1086.35	297.31	789.04	14306	586
1993	77.01	23.92	0.67	53.09	2149	719	1179	351	23300	14400	8900	1.06	0.88	0.18	1290.53	376.53	914.00	12633	558
1994	72.94	24.43	0.67	48.51	1945	619	1141	266	23300	13500	9800	0.98	0.78	0.20	1410.00	423.00	987.00	11500	508
1995	74.65	24.64	0.68	50.01	1902	616	1164	168	28500	16700	11800	0.95	0.79	0.16	1578.00	463.00	1115.00	11301	454
1996	69.90	22.85	0.84	47.05	1779	548	1110	271	32674	18730	13944	0.73	0.45	0.28	1560.00	450.00	1110.00	11731	590
1997	77.39	25.49	1.00	51.90	1684	557	987	432	40822	22257	18565	1.18	0.70	0.48	1808.00	558.00	1250.00	14092	687
1998	86.60	27.84	1.37	58.76	1001	466	329	815	44717	21051	23666	2.35	1.84	0.51	1600.00	514.00	1086.00	17734	693
1999	94.38	35.00	1.81	59.38	903	455	310	252	50676	21876	28800	4.56	2.04	2.52	2388.00	756.00	1632.00	20976	1283
2000	111.65	37.58	2.68	74.07	976	440	429	181	55600	24900	30700	6.90	3.73	3.17	2151.00	574.00	1577.00	19787	1058

资料来源：1984～1986年，《萧山县国民经济统计资料》。1987～1993年，《萧山市国民经济统计资料》。1994～2000年，《萧山市统计年鉴》。

第十章　渔　业

萧山临江近海，境内水网密布，渔业资源丰富，水产养殖、捕捞历史悠久，素为鱼米之乡。1979年后，渔业生产持续增长。稻区低洼田围堤养鱼（蚌）得到推广；围垦"挖塘抬地"，实现农、渔业双赢，商品鱼基地面积增加；水产规模经营稳步推进。1989年，水产品总量超过万吨，并从常规鱼养殖逐步转向名、特、优水产养殖，形成鳜鱼、河蟹、鳖、黑鱼、虾类和珍珠六大名、特、优水产养殖基地。由于工业及生活污染，90年代外荡水域水质下降，水产养殖向垦区精养鱼塘和稻区稻田养殖发展，一批水产养殖企业（大户）到市外从事水产养殖，拓展萧山水产养殖空间。2000年，全市各类水产养殖面积109001亩，其中名特优水产养殖面积5.43万亩，占总面积的49.82%；总产量26488吨，渔业总产值（现价）35064万元，占农业总产值的10.65%。水产养殖企业（大户）800多家，面积9.10万亩，占全市水产养殖面积的83.49%，其中养殖面积500亩以上的11户。

第一节　水产资源

水域分布

据《萧山县渔业资源调查和区划报告》载，1984年除钱塘江、浦阳江水域外，全县内地水面79853.2亩，其中外荡653处、60656.5亩；内塘12389处（口）、17434.3亩；山塘水库167处（座）、1762.4亩。可养殖面积66309.7亩，占内地水面的83.04%；已养水面55225.5亩（为动态调查的已养水面面积，与年报统计面积有差异），占可养面积的83.28%。随着种、养业结构不断调整，内地养殖水面变化较大。义蓬、瓜沥、城北等沙地区和围垦区名优水产养殖面积扩大，中部平原地区外荡因城市建设和工业、生活污水影响，养殖面积逐年缩小。2000年，全市养殖面积109001亩，其中商品鱼基地内塘22926亩，外荡27810亩，山塘水库1625亩，稻田养殖45141亩，其他水面11499亩。形成东北部地区和围垦区池塘相对集中连片，中部水网平原外荡面广，南部山塘水库零星养殖的布局。

水质饵料

萧山人口稠密、村庄众多，大量营养物质随水入河，水体营养种类丰富，为浮游生物繁育提供养料。80年代外荡水质一般，1984年测定，溶解氧4.65毫克/升～8.10毫克/升；酸碱度7.1～8.4，全年变化较小；亚硝酸氮0.06毫克/升～0.18毫克/升，硝酸氮0.10毫克/升～0.29毫克/升，磷酸盐0.15毫克/升～0.28毫克/升，硅酸盐10.6毫克/升～22.2毫克/升，含铁0.3毫克/升～0.7毫克/升，有机物耗氧量4.30毫克/升～8.23毫克/升，透明度0.3米～1.5米；围垦地区水质含盐度通常在0.2%～0.5%。2000年，市环保局对来苏西小江水质测定，溶解氧为3.30毫克/升～7.06毫克/升，酸碱度6.72～7.97，亚硝酸氮0.01毫克/升～0.11毫克/升，硝酸氮0.03毫克/升～0.88毫克/升，有机物耗氧量4.36毫克/升～4.89毫克/升。

外荡水域含有多种营养素、盐类和丰富的天然饵料，给鱼类及其他水生生物创造优良的生息、繁殖条件。外荡水生生物较多。底栖生物有螺蛳、河蚌、蚬、丝蚯蚓和环节动物沙蚕等。水生植物主要有轮叶黑藻、小茨藻、马来眼子菜、菹草、苦草、菱、芦苇、菰、莲、飘沙、浮萍、槐叶萍、水葫芦、空心莲子草等。

水产品种

根据1976年上海水产学院对萧山水产品种的调查和1984年全县渔业资源调查及区划小组对昭东乡外荡鱼类资源的调查综合，萧山区域内钱塘江、浦阳江天然鱼类品种115种，分属29科。外荡（内河）鱼类50余种，分属11目16科，其中鲤科鱼类最多，占66%。常见鱼类有鲢、鳙、草、青、鳊、鲤、鲫、鲂、鳢（乌鳢）、鳜、鳡、黄鳝、泥鳅、黄颡、鲌、鲦、杜父（土步）、河鳗等。甲壳动物和软体动物有青虾、中华绒螯蟹、鳖（甲鱼）、河蚌、螺蛳等。钱塘江、浦阳江及杭州湾河口性鱼（虾、蟹）类有鲈、鲚、鲻、鲮、银、三线鲟、河鲀、安氏白虾、刀额对虾及鳗苗、蟹苗、鲻（梭）鱼苗等。10多年来，水产资源总体变化不大，但钱塘江鲥鱼[①]已多年不见。每年6～7月，如期而至的蟹苗已形不成汛期[②]。1～5月的鳗苗捕捞年产量每况愈下[③]，钱塘江天然水产资源衰退明显。

图11－10－381　1976年，昭东渔场捕获的鳡鱼（董光中摄）

外来水产物种大量引入，鱼类有淡水白鲳（巴西）、革胡子鲶（埃及）、斑点叉尾鮰（美国）、加州鲈鱼（美国）、条鲈（美国）、尼罗罗非鱼（非洲）、匙吻鲟（美洲）、异育银鲫（上海松江）、彭泽鲫（江西彭泽）、兴国红鲤（江西）、暗纹东方鲀（江苏南京）、细鳞斜颌鲴（省淡水研究所）。甲壳类有斑节对虾（台湾）、刀额新对虾（浙江临海）、南美蓝对虾（台湾）、南美白对虾（美国夏威夷）、罗氏沼虾（马来西亚）、软体类有福寿螺（广东、湖南）。爬行类有彩龟（巴西）、鹰嘴龟（美国）、鳄龟（美国）、台湾鳖（台湾）、中华鳖（日本品系）（日本）。两栖类有牛蛙（古巴）、青蛙（美国）。

图11－10－382　2000年，杭州金达水产养殖有限公司养殖的巴西龟（杨贤兴摄）

①鲥鱼生于海中，每年端午前后性腺成熟的鲥鱼溯钱塘江而至富春江产卵，后即归海。幼鱼进入支流或湖泊中，以浮游生物为食，9～11月，当水温降至16℃前入海，因往来有时，故称鲥鱼。鲥鱼以富春江产的最名贵，清朝康熙年间被列为满汉全席主菜。鲥鱼“初入江时体内脂肪肥厚，肉味最为鲜美，为名贵鱼类。”历来被誉为“鱼味之王”。闻堰是富春江、浦阳江水会合注入钱塘江之处，水流湍急，历史上是捕获鲥鱼的好场所，直至60年代，闻堰还是钱塘江鲥鱼捕获量、上市量最集中的地方，产量甚为可观。据志书记载，50～60年代，闻堰鲥鱼年上市量在6000千克左右，后由于水情变化等原因，鲥鱼捕获量逐年下降，70年代减少为年数百千克，80年代产量更少，90年代后已属罕见。

②萧山沿钱塘江一线曾有丰富的蟹苗资源，每年6～7月，蟹苗随潮回游，沿江农民出而捕捞。自1972年始，年均采集捕捞700千克左右，但有明显的大小年之分。最少的1974年仅捕3千克，最高的1981年捕3492千克。蟹苗发苗范围上至浦阳江临浦段。钱塘江蟹苗资源丰富时，萧山内河池塘多蟹。50～70年代，河蟹在内地多数水面可随意捕获。在河里洗澡可踩到、摸到“游魂蟹（不打洞穴，俗称懒惰蟹）”；在河边穴洞中可摸到质量较好的“老湖蟹”；秋风起在田野可拾到“游走蟹”；夏季河、塘干涸时，河、塘底部布满密密麻麻的蟹洞，夜里用手电筒照明，可轻松地捕到“旱地蟹”。后来钱塘江水情变化，内河水污染，1982年后野生蟹苗几近绝迹，1986年仅捕获22千克。

③50年代，每年的2～5月，钱塘江鳗苗会如期到达萧山沿江水面，农民捕获后用作饲料喂畜禽，也有人用蛋作辅料清蒸作菜，其味鲜美胜过银鱼丝。与钱塘江沟通的内地水面多鳗鱼。1959年2～3月，昭东公社渔场以每尾0.01元收购农民在捻泥时捕到的小鳗1.25万尾，放养在1.4亩的池塘中，同年12月起捕成鳗1050千克。1972年省水产厅发动沿海近江农民捕捞鳗苗出口。新湾公社建华大队应文枚3月在赭山湾观察鱼汛，仅用草帽（因未带捕捞工具）捕回鳗苗18千克。1973年鳗苗旺发期，仅建华大队捕捞队就捕获鳗苗583千克。后，捕捞鳗苗成为萧山沿江农民的一大副业。每年捕捞季节，沿江长数十千米水面上数万人会集，场面很是壮观。江堤上下，捕鳗苗、收鳗苗、运鳗苗一条龙经营。1982年，全县捕获鳗苗2110千克，其中出口2077千克。1985年，全县捕获鳗苗3700千克，其中出口1138千克。钱塘江鳗苗资源丰富时，萧山内地河荡、池塘水面的鳗鱼也多。每年8～9月，沙地区开始沤麻，水质逐渐污染时，河岸浅水芦苇丛中伸曳大大小小的鳗鱼。夏秋季节池塘水半干时，农民拿着鳗钩（竹柄一端装上弯月形的铁钩）在水底淤泥中猛划，常能勾起很大的野生鳗。1990年后，水质污染等多种原因使鳗苗资源逐渐衰退，是年全市捕获100千克，2000年捕获320千克，捕捞人员367人。与此同时，内河野生鳗鱼急剧减少，沙地区河道鳗鱼基本绝迹。

第二节　鱼苗　鱼种

1980年前，萧山鱼苗、鱼种不能自给。[①]1985年，全县有鱼种塘2147亩，生产鱼苗8064万尾，其中鱼种网箱69亩，培育鱼种2986万尾。湘湖鱼种场是鱼苗、鱼种的主要生产基地。苗种有鲢鱼、鳙鱼、青鱼、草鱼、鲤鱼、团头鲂、白鲫、鳜鱼、异育银鲫等。1986年，全县生产各类鱼苗15625万尾，培育夏花6723万尾，鱼种3758万尾，其中鱼种网箱658只、72亩，生产鱼种704万尾。昭东乡年产鱼种1200万尾，为全县鱼种生产基地。是年，围垦指挥部渔场新建鱼苗场，生产各类鱼苗175万尾。裘江乡姚江岸村渔场人工繁育沙鳢苗成功，出苗365尾。

1987年6月，湘湖鱼种场培育出鳜鱼夏花4.69万尾。是年，第一农垦场培育罗氏沼虾虾苗2154尾。湘湖鱼种场从上海青浦引入异育银鲫亲鱼，繁育鱼苗2万多尾。1989年，全市鱼苗生产自给有余。1990年，全市生产鱼苗1.27亿尾，鱼种3996万尾。1992年，全市生产鱼苗2.02亿尾，鱼种4889万尾，其中异育银鲫夏花280万尾。

1993年，名优鱼苗增加。鳖种基地在萧山围垦指挥部第五养殖场建立并投产，初次孵化稚鳖1万余只。鳜鱼苗种基地在湘湖渔场建成。1994年始，批量引进加州鲈、河蟹、罗氏沼虾、革胡子鲶、白鲳等苗种。1995年，全市生产常规鱼苗2.71亿尾，其中长江系鲢、鳙、草等常规鱼6800万尾。1996年，开展人工配制海水河蟹育苗的小型探索性试验。1998年底至1999年5月，由养殖户徐金宝提供钱塘江河蟹的亲本，与省海水养殖研究所清江试验场合作，从事河蟹人工养殖，引进2.5千克大眼幼体，育成幼蟹25万只。

2000年，湘湖鱼种场、城南鱼种场生产常规鱼苗2.2亿尾，全年放养仔口鱼种2499万尾，老口鱼种1894万尾。同时开发市场急需的青虾、乌鳢鱼苗种，当年生产青虾苗3200万尾，乌鳢鱼苗120万尾。引进良种蟹苗250千克。筛选良种亲鳖3.8万只。繁殖优质三角帆蚌小蚌1000万只。

①中华人民共和国成立前，萧山大多从吴兴县菱湖镇购入长江鱼苗在鱼塘养殖成鱼种，年约2000万尾。50年代，萧山所需鱼苗仍从江苏及本省湖州等地采购，在昭东和城南等地建立鱼种场养殖培育。60年代初，萧山鳙鱼、鲢鱼人工授精、人工催产孵化鱼苗成功，鱼苗种生产开始由自采自育发展到自繁自育。1977年，筹建萧山中湘湖鱼种场。翌年尼罗罗非鱼坑道越冬成功。1979年配套网箱培育鱼苗种成功。1981年，中湘湖鱼种场投产，萧山基本解决鱼苗自给。

图11—10—383　1976年，昭东渔场在捕年鱼（董光中摄）

第三节　水产养殖

养殖方式

鱼塘精养　1974年，建立“益农精养渔场”，利用围垦低洼地挖塘抬地，开挖精养鱼塘。1984～1986年，围垦区连续进行3期商品鱼基地建设，挖鱼塘932只、10398亩。1987年始利用世界银行贷款705万元，对鱼塘设施进行配套建设，开挖新鱼塘。2000年，垦区有鱼塘2.29万亩。

套养混养　1990年，25个镇乡、场实施“围涂池塘养鱼综合增产技术”，推广面积6168亩。养殖品种从异育银鲫为主转向异育银鲫搭（套）养名优水产（河蟹、河鳗、鳖等），以提高经济效益。2000年，河庄镇农技服务中心调查，8户养殖户鱼塘套放河蟹120.4亩，产鱼61.92吨，产值33.15万元；产河蟹3.72吨，产值10.23万元；鱼、蟹亩产值3603元，亩净利1399元。

外荡（网箱）养殖　1979年始发展外荡网箱养鱼，有网箱鱼苗发塘，网箱育鱼种、育老口、养成鱼、养虾等。1985年，31个镇乡，103个村、场，1.92万亩外荡配套网箱1818只、254亩。1989年3.6万亩外荡配套网箱419亩（其中成鱼网箱353亩，鱼种网箱66亩），产量3507吨。衙江乡姚江岸村356亩外荡放网箱127只，其中成鱼网箱82只、16.4亩，每只网箱净收入1207元，成为远近闻名的网箱养殖村。80年代初，试验推广外荡精养和鱼畜联养技术。80年代中期，外荡全面推广精养与网箱配套高产技术。1992年实施外荡与网箱配套养鱼技术，推广10815亩，配套网箱345亩，总产鱼1378.5吨，亩产127.5千克；总产值460.7万元，利润260.6万元；亩产值426元，亩利润241元，获全国农牧渔业丰收三等奖。2000年，外荡养殖面积2.78万亩，配套网箱412.5亩，其中成鱼网箱360亩，鱼种网箱52.5亩，外荡总产量4719吨。

山塘、水库养殖　山塘、水库主要为蓄水灌溉兼养鱼，故多粗放养殖，产量不高。黄石垄水库面积200余亩，年产鱼1万千克左右。1991年，大同坞乡大同坞村一农户在10亩山塘开展沼液养鱼，养猪150头，肉鸡5000羽，1只16立方米沼气池，用猪、鸡粪发酵生产沼气，残液肥塘养鱼，放鱼种5700尾，年产鲜鱼1951千克。

特种水产养殖

始于80年代中期，90年代快速发展，先后形成鳜鱼、河蟹、鳖、虾类、蚌珠和黑鱼等规模化养殖。2000年，养殖的特种水产品种有河蟹、南美白对虾、罗氏沼虾、刀额新对虾、青虾、中华鳖（含日本品系）、台湾鳖、乌鳢（黑鱼）、鳜鱼、鲻鱼、鲃尾鱼（河鲀）、加州鲈鱼、黄颡鱼、罗非鱼、翘嘴红鲌（白条鱼）、匙吻鲟、三角鲂、胡子鲶、白鲳、细鳞斜颌鲴、珍珠蚌、巴西龟、河鳗、泥鳅和黄鳝26个品种，养殖面积5.43万亩，其中河蟹33100亩、蚌珠14340亩、虾类2840亩、鳖800亩、乌鳢1450亩、其他1770亩，总产7678吨。全市建有河蟹、鳖、鳜鱼、乌鳢、蚌珠及虾类六大特种水产品养殖基地。

鳖　1985年，有养鳖专业户7户。宏伟乡春雷村曹长水建造鳖池240平方米，引种养殖亲鳖59只，人工孵化稚鳖670只，孵化率82.7%。1989年，第一家工厂化养鳖场在湘湖农场建立，由湘湖农场、国家农业投资公司、省经济建设投资公司3家单位联合投资，成立浙江中浙萧山特种水产养殖公司，建成占地65亩，繁育、生产一条龙的养鳖基地。

1992年，工厂化人工养鳖技术基本成熟。1993年，全市有工厂化养鳖单位3家，占地564亩，温室5800平方米，成鳖产量16.43吨，稚鳖11.5万只，总产值646万元，总利润323万元。1995年，市蜂产品研究所（后改名为萧山天福生物科技有限公司）对日本的养鳖业和养鳖技术进行考察，引进中华鳖（日本品系）亲鳖2100只（雌性亲鳖1800只，雄性亲鳖300只）及先进的多功能大棚塑料控温养鳖技术，采用温室—池塘二段法（稚鳖至300克左右，从7月至次年6月在大棚温室中养殖，水温控制在28℃～30℃；次年6月至9月底在室外池塘中养殖，重量可达到750克左右），实现低成本、高产、优质和高效，每千克商品鳖的生产成本控制在50元～80元之间。是年，全市建成年产1万只以上商

图11—10—384　1989年建立的浙江中浙萧山特种水产养殖公司养鳖场（杨贤兴摄）

品鳖的工厂化养鳖场5家，温室1.17万平方米，越冬幼鳖30万只，成鳖养殖面积281亩，总产成鳖98吨，总产值3227.4万元，利润910万元。

1996年，泰国鳖和台湾鳖大量涌入，冲击了市场，工厂化养鳖虽稳步发展但效益下降，室外池塘的生态养鳖（土池与室外水泥池塘养鳖）兴起。1997年，有工厂化养鳖场18家，产鳖288吨。1999年，萧山天福生物科技有限公司对养殖的中华鳖（日本品系）进行活鳖出口，是年出口5吨，交货值6万美元。2000年出口36吨，出口货值43.2万美元。是年，全市万只以上规模的养鳖场28家，温室面积9.7万平方米，温室幼鳖205万余只，室外池鳖养殖面积800余亩，养殖鳖300万只，产量1002吨，其中养殖中华鳖（日本品系）规模养殖场3家，养殖商品鳖38万只，产鳖285吨。

蟹　外荡放蟹苗始于60年代。1973年，外荡放养蟹苗16.7千克。1985年，开始池塘养蟹。1986年，螺山乡新发王村何樟兴养殖河蟹545平方米，放养仔蟹6060只，经8个月饲养，成活率47.9%，亩产158.8千克，获利1338元。1987年，城北区顺坝围垦一带养殖户从桐庐、富阳等地购买钱塘江和富春江水系的扣蟹进行养殖，效益显著。部分养殖户从钱塘江捕捞河蟹大眼幼体，培育扣蟹（幼蟹的一种）并养成。1993年，河蟹养殖面积1237.6亩，其中池塘专养802.6亩，外荡鱼蟹混养400亩，池塘鱼蟹混养35亩；总产商品蟹50吨。

1994年前放养蟹种均来自天然江河中野生种苗。1995年，第一农垦场水产养殖实业公司从江苏连云港引进人工培育的大眼幼体45千克，当年育出扣蟹30万只。1996年，池塘养殖河蟹技术研究解决了扣蟹培育的性早熟问题，创立蟹塘搭养（鱼）养殖技术，亩产河蟹78.4千克、鳜鱼4.75千克，亩产值10571元，亩利润4684元。1996～1997年，参与杭州市“池塘专养河蟹”项目，实施面积5500亩，总产蟹308.6吨，总产值2344万元，净收益828万元，获省渔业丰收二等奖。之后，河蟹养殖加快发展，并建成钱江水系河蟹亲本培育基地、优质蟹种培育基地和大规格河蟹养殖基地。2000年，河蟹池塘专养面积3.31万亩，产商品蟹2385吨。90%面积为专业场（户）规模化养殖。

虾　青虾　1980年，网箱养殖青虾成功。1986年，在10只网箱0.5亩水体中养殖，亩产青虾130余千克。1993年，开始池塘试养。1995年，全市养殖青虾1095亩，总产72.6吨。推广池塘混养青虾240亩，总产虾11.53吨，亩产48千克，亩增收入280元。2000年，全市青虾养殖面积1050亩，其中稻田养殖610亩；总产青虾74.7吨，其中池塘产虾63吨；产值383.16万元。

罗氏沼虾　1985年，有5个单位养殖，面积35.3亩，总产3200千克。1987年，引进罗氏沼虾苗12万尾，在湘湖渔场、林场头蓬分场和光明乡三盈村垦种渔场试养，并在10.4亩新挖鱼塘中进行鱼虾混养试验。光明乡三盈村垦种渔场3.8亩池塘，放虾苗4万尾，夏花鱼种4.7万尾，经6个月饲养后亩产虾87千克、鱼105千克，亩利润740元。是年3月，第一农垦场利用罗非鱼越冬池培育罗氏沼虾亲虾，人工繁育出虾苗2154尾。1992年，杭州万向节厂养鳗场养殖7亩，放罗氏沼虾苗18万尾，总产成虾1400千克，产值5.6万元，净利润2.52万元。1995年，全市罗氏沼虾养殖面积938亩，总产98.4吨。是年，成虾价格普遍上涨，最高每千克70元。2000年，全市罗氏沼虾养殖面积728亩，总产180吨。

图11－10－385　2000年，萧山现代农业开发区养殖南美白对虾获得成功。图为虾农正在捕捞南美白对虾（柳田兴摄）

海水虾　1997年始，从事海水虾淡化养殖，先后试养东方对虾、斑节对虾、刀额新对虾、南美蓝对虾和南美白对虾等。1998年，完成“海水虾淡化养殖技术开发”，平均亩产刀额新对虾141.9千克，亩收益3390元。1999年，萧山农发实验场（后更名为萧山农发养殖有限公司）和萧山天潮水产养殖有限公司试养斑节对虾（草虾）50亩，平均亩产85千克。2000年，萧山农业对外综合开发区管委会与国家海洋局第二海洋研究所合作，在萧山农发养殖有限公司进行“南美白对虾淡化驯养及微咸水养殖技术”研究，40亩南美白对虾，亩产189千克，亩产值5589元，亩利润2080元。

图11－10－386　1998年，临浦镇珍珠养殖户在进行珍珠蚌接种（傅展学摄）

蚌珠　1973年，河蚌人工育珠获得成功。1980年，跌水式三角蚌在裘江渔场人工繁殖试验成功。1985年，全县淡水珍珠蚌养殖集中在衙前、昭东、城南、裘江、新塘乡一带，均为外荡养殖，是年产珍珠799千克，产值239.76万元。衙前翔凤珍珠养殖场，外荡养殖50亩，总产珍珠70千克，每千克价格4400元，收入30.8万元；小蚌繁殖池40只，繁殖小蚌75万只，对外供应35万只，收入10万元，全场利润30.5万元。1987年，珍珠价格下降。1990年，全市产珍珠1063千克。1993年，城南、裘江、新塘乡一带的集体渔场承包到户，逐渐发展为珍珠养殖大户。1996年，珍珠养殖向南片地区发展，临浦的茅潭江等地开始养殖珍珠。1999年初，淡水珍珠养殖逐步走出低谷，全市养殖面积5103亩，产珍珠8251千克。2000年，珍珠市场对外开放，淡水珍珠价格上涨。珍珠养殖面积增至14340亩，比上年增加9237亩；养殖区域由外荡养殖转向低田围堤养殖，围田养殖6323亩，占总面积的44.1%，集中在南片稻区。临浦镇养殖4770亩，占总面积的33.3%。诸暨、金华等地养珠专业户来萧承包7743亩，占总面积的54.0%，主要以外荡和山塘等多年生珍珠养殖为主；萧山专业户承包面积6597亩，占46.0%，主要以围田养殖为主。蚌珠养殖户能自繁、自育、自养的占55%；小蚌或接种蚌由诸暨、金华等地引进的占45%。是年，繁殖蚌苗7000万只，撕膜法新工艺和接种系统化消毒等技术得到应用，珍珠质量、成活率明显提高，年产珍珠17770千克。2001年2月，全市珍珠养殖面积20800亩，增长45.1%，其中临浦镇珍珠养殖5870亩。萧山东海水产养殖有限公司在江苏省吴江市盛泽镇承包太湖水面2000多亩养殖异形珍珠。

图11－10－387　90年代，戴村镇农民在池塘养殖珍珠（杨贤兴摄）

乌鳢（黑鱼）　1989年，大园乡群合村和靖江镇靖南村等农户，利用房前屋后池塘投放养殖，以外河野杂鱼投饲，乌鳢养殖兴起。1991年，萧山第一农垦场渔场进行乌鳢单塘试养，面积1.3亩，放养野生幼鱼8820尾，产乌鳢1869千克，亩产1438千克，总产值13084元，亩利润5891元。1998年9月，市土良水产养殖场（后更名为萧湘水产养殖场）进行“二段法”[①]池塘养殖乌鳢试验获成功，提高了池塘的利用率和养殖效益。2000年，全市养殖乌鳢1450亩，总产3163吨，总产值4400万元。

①二段法：先将每尾43克左右的乌鳢专池进行强化培育，使其长到150克左右；然后再将其分池养殖，一年养殖两茬。

鳜鱼　1986年5月，昭东乡大义渔场从江苏购入鳜鱼苗，育出鳜鱼夏花300尾。后移至网箱培育，长5厘米左右，再放入20只鱼种网箱，12月，每条鳜鱼均重500克，最大900克，成活率70%。1987年，湘湖渔场鱼种分场鳜鱼人工繁殖及苗种培育试验获得成功，培育出鳜鱼夏花46862尾。1992年，市政府加强鳜鱼繁育设施的建设，并组织科技人员攻关，鳜亲鱼培育、人工繁殖和苗种培育上取得突破，鳜亲鱼催产率达100%；培育夏花103402尾，平均成活率80.7%，每立方米水体育出夏花20948尾；网箱培育出全长6厘米～11.7厘米鳜鱼种17095尾，鱼种培育成活率50.3%；5.05亩成鱼网箱搭养老口鳜鱼，平均亩产鳜成鱼36.17千克。1993年，全市鳜鱼专养和混养面积3819亩，其中网箱混养32.5亩，专养老口鳜鱼15.5亩，池塘专养仔口鳜鱼种47.5亩，池塘混养556亩。1993～1994年，建立年产鳜鱼夏花30万尾、鳜鱼种10万尾的生产基地，鳜亲鱼催产率和产后成活率均为100%，出苗至夏花的成活率74%。1996年试验的21亩鳜鱼专养池塘，平均亩产商品鳜鱼280千克，鳜鱼塘混养河蟹，亩产河蟹6.43千克，实现亩利润11271元。是年，全市鳜鱼多模式养殖推广面积3827.5亩，总产鳜鱼41.8吨，总产值377万元。1993～1996年，为嘉兴、宁波、绍兴、金华、杭州等地及本市28家单位提供鳜鱼种30余万尾。2000年，全市多模式鳜鱼养殖面积5000余亩，以蟹塘搭养鳜鱼为主，总产鳜鱼70余吨。

水产项目管理

1989年底，为落实世界银行水产项目贷款，市政府成立市水产项目办公室，专门负责世界银行水产项目点贷款审查论证和项目建设检查验收。是年，建成项目点65个，其中51个点新建鱼塘8000亩，14个点改造老鱼塘2000亩，各项目点均达到“三通”（通电、通水、通路），并在丁坝新建年产3000吨的饲料厂1座；贷款项目全面投产，平均亩产鲜鱼302千克，亩利润140.4元。1990年，29个单位工程配套和流动资金贷款210万元。累计项目贷款700万元，占收到世界银行贷款总数的80%；全年收回到期贷款149万元、利息41.2万元，分别占应收款的96.3%和98.0%。项目点共拥有商品鱼基地8000亩，总产鲜鱼3500吨。1992年，15个淡水养鱼项目承担单位配套贷款837.48万元，收回到期贷款859.39万元。是年，淡水养鱼项目点拥有商品鱼塘1万亩，总产鲜鱼4800吨。1995年，发放贷款300万元，累计发放贷款1420万元；收回到期贷款165万元，累计收回到期贷款1115万元，利息80万元；当年支付世界银行本金84万元、利息及承诺费60万元。是年，全市淡水养鱼项目单位共57个，商品鱼塘2.1万亩。此后不再实施该项目。

第四节 捕 捞

钱塘江捕捞

常年性捕捞　80年代末90年代初，从事钱塘江常年捕捞的渔民近500人，主要分布在义桥、许贤、临浦、浦阳、南阳、浦沿和宁围等地。之后，渔业资源衰退，捕捞收入不高，从业渔民减少。2000年，捕捞渔民208人。

捕捞工具以丝网、钓线、打网为主。1990年，临浦镇水埠村、尖山镇新塘村、欢潭乡汇头钟村和浦沿新生村共有7张大牵网（2000年仅存3张）。在浦阳江有渔民用蟹罾、竹筒等渔具捕捞河蟹（1995年后少出现）。1993年传入虾笼捕捞渔具，很快普及。后因虾笼网目密，对鱼类资源破坏严重，2000年，《杭州市渔业资源保护和管理办法》将其列为禁用渔具。

捕捞品种以花鲢、鲫鱼、鲤鱼为主，并在不同季节捕捞鳗苗、蟹苗、鲚鱼和鲻鱼等。2000年，全市捕捞产量350吨。

图11－10－388　1989年，渔民在三江口撒网捕鱼（董光中摄）

季节性捕捞　钱塘江季节性捕捞以鳗苗为主，一般为每年1月中旬至4月下旬。捕捞工具以利用船只作业的夹簖网、小船网和徒手作业的涨网、插网为主。1986年～1995年间，也出现过徒手作业的拖网、拖拉网和灯捕等捕捞工具。2000年，仍以捕捞鳗苗为主，由于钱塘江鳗苗资源衰退，捕获量仅为1985年的8.65%。

内河捕捞

内河捕捞从业人员较多，以外荡养殖人员为主，但并非专业捕捞，是对清塘的一种补充。捕捞形式从渔箔处设置渔簖为主，间以安装地笼、虾笼，也有用丝网、钓线进行捕捞，除养殖人员捕捞外，最主要的方式是在非养殖河道设置板罾进行捕捞。境内河多，曾出现过300张板罾捕鱼。后为清除河道障碍，各种捕捞工具数量减少。2000年，西小江保留6张季节性捕捞板罾。

内河常年有螺蛳捕捞船90余艘，捕捞者多为衙前镇杨汛村和城厢镇湖头陈村村民。之后，部分渔民年老歇业，捕捞人员减少。2000年，有螺蛳捕捞船34艘。

表11—10—229　1984～2000年萧山渔业生产情况

年份	养殖面积（亩）				淡水鱼总产量（吨）							
		内塘（亩）	外荡（亩）	其他（亩）		养殖产量（吨）	淡水珍珠（千克）	鳖（吨）	河蟹（吨）	虾类（吨）	乌鳢（吨）	鳜鱼（吨）
1984	49716	12033	35058	2625	3261	3115	204					
1985	55320	7110	35058	13152	4858	4359	799	…				
1986	58261	9720	35928	12613	5953	5453	2061	…	…	…		…
1987	61439	11806	36783	12850	7928	6779	1867	…	…	…		…
1988	64510	15444	36217	12849	9008	8464	1282	…	…	…		…
1989	70656	19822	36002	14832	10402	10241	1544	…	…	…	…	…
1990	69129	19920	34132	15077	11017	10844	1063	…	10	4	…	…
1991	69129	19994	34058	15077	11815	11652	1244	…			…	…
1992	69135	19994	34065	15076	12181	11906	3450	…			…	…
1993	62718	20727	30235	11756	12433	12184	2387	16	50		…	…
1994	67995	21645	33360	12990	13450	13040	2242				…	…
1995	69543	24149	31751	13643	14228	13284	1386	98	222	181	…	41
1996	72518	22926	27810	21782	14288	13908	823	146	220	210	…	42
1997	78225	22926	27810	27489	15408	15008	1810	288	280	238	197	47
1998	85442	22926	27810	34706	20082	20080	2200	380	720	166	420	47
1999	94042	22926	27810	43306	23080	22553	8251	750	1100	512	846	98
2000	109001	22926	27810	58265	26488	26156	17770	1002	2385	836	3163	72

注：①资料来源：萧山区农业局。

②养殖面积的“其他”栏中包括稻田养鱼。

第十一章 林 业

1983年底，实行山林家庭联产承包责任制。1989年，萧山市委、市政府提出“一年做好准备，四年消灭荒山，八年绿化萧山”的林业发展目标，全面开展封山育林、绿化荒山、沿海防护林工程建设和“四旁绿化、义务植树”活动。90年代，贯彻“山上建基地，山下搞加工，山外拓流通”的林业发展方针，林业得到较大发展。2000年，全市森林覆盖率21.3%；林业产值（现价）4893万元，占全市农业总产值的1.49%。

第一节 森林资源

林地面积

1986年，林业资源详查，全县林业用地40.81万亩，占全县土地总面积的18.2%，其中有林地27.61万亩，疏林地9.50万亩，未成林造林地0.39万亩，苗圃地0.22万亩，无林地3.09万亩。有林地中，乔木林12.91万亩，占有林地的46.8%；竹林8.48万亩，占30.7%；经济林6.22万亩，占22.5%。森林覆盖率13.4%，比1984年下降4.3个百分点。1996年，全市林业用地41.32万亩，占全市土地总面积的19.4%，其中有林地34.81万亩，占林业用地84.24%，内有用材林15.41万亩、经济林7.27万亩、竹林8.89万亩、薪炭林0.96万亩、防护林1.84万亩和特用林0.44万亩。森林覆盖率19.8%。

1997年，森林资源二类普查，全市林业用地39.99万亩，占全市土地总面积的18.8%，其中有林地36.88万亩，占林业用地的92.2%；森林覆盖率21.3%。

林木蓄积

1986年，全县活立木总蓄积量41.02万立方米，其中乔木林26.57万立方米、疏林5.34万立方米、“四旁”植树8.99万立方米、散生木0.12万立方米。毛竹立竹量1516.13万株。

1999年，全市活立木总蓄积量78.22万立方米，比1986年增加37.2万立方米，增长90.7%，内有松木林51.72万立方米、杉木林16.11万立方米、硬阔林9.51万立方米、软阔林0.77万立方米、柳杉0.08万立方米、柏木0.03万立方米。毛竹立竹量1674.59万株，比1986年增长10.5%。

古树 名木

1996年首次进行古树名木普查，有古树名木335株，其中树龄100年以上的古树334株、名木1株；共17科、19种，以樟树为多，占总数的61.2%。主要分布在南部低山丘陵地区和中部平原水网地带，东至南阳镇、南至楼塔镇佳山坞、西至许贤乡寺坞岭、北至城厢镇，共17个镇乡。

表11－11－230 1986～1999年部分年份萧山林业用地面积调查情况

单位：亩

项 目	1986年	1989年	1999年
总 计	408053	412934	399938
有林地	276093	311276	368775
用材林	122261	129721	16140
防护林	5855	7505	191609
特用林	43	54	12850
薪炭林	902	486	416
竹 林	84800	93069	95798
经济林	62232	80441	51962
疏林地	94963	78242	23182
无林地	30890	18471	7663
荒山荒地	30779	17887	307
开垦地		536	7112
采伐迹地	111		63
火烧迹地		48	32
其他荒山			149
苗圃地	2232	700	29
未成林造林地	3875	4245	289

注：①资料来源：萧山区农业局。
②因统计口径不同，文、表内数据与全市土地详查和变更调查面积不同。

古树群3处：楼塔镇岩岭山村，由樟树、枫香、沙朴和苦槠4个树种组成，23株；河上镇众利村，由沙朴、樟树、苦槠和三角枫4个树种组成，15株；欢潭乡欢潭村，樟树11株。树龄在300年以上的119株，其中1000年以上的2株：戴村镇丁村的银杏（传唐淮南节度使丁文靖种，树高30米，胸围5.4米，冠幅18米×21米），欢潭乡大岩山上柳杉（传植于唐，树高30米，胸围3.77米，冠幅8米×12米，曾遭雷击断梢，分二叉，分叉处离地9.6米）。闻堰镇小砾山村杨家湾1株樟树，树龄310年，树高30米，胸围7米，胸径2.16米，冠幅42米×31米，覆盖面积1.9亩，树形如伞，有“独木成林”之感。名木：罗汉松1株，位于衙前镇中心小学内，树龄74年，树高5米，胸围0.87米，冠幅6米×5米。据当地老人回忆，系沈定一民国12年（1923）11月从苏联带回树苗栽种长大。

表11-11-231　1996年萧山古树名木分布情况

单位：株

镇(乡)	银杏	马尾松	柳杉	刺柏	罗汉松	木兰	樟树	樱桃	青梅	枫香	杨梅	苦槠	沙朴	槐树	臭椿	无患子	三角枫	桂花	女贞	合计
总　计	34	3	2	3	1	1	208	1	1	39	1	7	12	3	1	1	13	3	1	335
楼塔镇	11	3	0	3	0	0	27	1	0	28	0	5	3	2	1	0	3	1	0	88
河上镇	4	0	0	0	0	0	22	0	0	0	0	1	1	0	0	0	2	0	0	30
戴村镇	2	0	0	0	0	0	5	0	0	0	0	0	0	0	0	0	0	0	0	7
云石乡	1	0	0	0	0	0	8	0	0	0	0	0	3	0	0	0	3	0	0	15
许贤乡	0	0	1	0	0	0	9	0	0	0	0	0	1	0	0	0	0	1	0	12
临浦镇	2	0	0	0	0	0	9	0	0	1	0	0	0	0	0	0	0	0	0	12
欢潭乡	0	0	1	0	0	1	20	0	0	0	0	0	0	0	0	0	3	0	0	25
进化镇	5	0	0	0	0	0	41	0	1	3	0	1	2	0	0	1	2	0	0	56
所前镇	3	0	0	0	0	0	16	0	0	5	1	0	0	0	0	0	0	0	0	25
浦阳镇	1	0	0	0	0	0	13	0	0	2	0	0	2	0	0	0	0	0	0	18
义桥镇	0	0	0	0	0	0	7	0	0	0	0	0	0	0	0	0	0	1	0	8
城厢镇	5	0	0	0	0	0	17	0	0	0	0	0	0	1	0	0	0	0	1	24
衙前镇	0	0	0	0	1	0	0	0	0	0	0	0	0	0	0	0	0	0	0	1
闻堰镇	0	0	0	0	0	0	3	0	0	0	0	0	0	0	0	0	0	0	0	3
坎山镇	0	0	0	0	0	0	3	0	0	0	0	0	0	0	0	0	0	0	0	3
瓜沥镇	0	0	0	0	0	0	2	0	0	0	0	0	0	0	0	0	0	0	0	2
南阳镇	0	0	0	0	0	0	6	0	0	0	0	0	0	0	0	0	0	0	0	6

资料来源：萧山区农业局。

森林公园

1998年12月9日、2000年6月23日，浙江省林业局分别批准所前镇杭州杨静坞森林公园、云石乡石牛山森林公园为省级森林公园。2000年9月5日，萧山市农（林）业局批准欢潭乡大岩山森林公园为市级森林公园（2001年12月30日，杭州市林水局批准为杭州市级森林公园）。2001年1月16日，批准楼塔镇仙岩山森林公园、衙前镇凤凰山森林公园为市级森林公园。

林产品

竹笋　食用的竹笋有早笋、雷笋、孵鸡笋、象牙笋、枪头红、石笋、鞭笋、冬笋和毛笋等。

80年代，竹笋主要产自南部山区和宁围、长山一带老沙地区。1985年，全县竹林面积8万余亩，产笋3000吨左右。后围垦面积扩大，笋竹作沿海防护林开发，推广毛竹笋材两用林，竹笋产量增加。2000年，全市竹林面积9.58万亩，产竹笋13100吨。

竹制品　有蚕匾、竹簖、竹凉席、竹胶板、竹地板、脚手架、扫帚、竹椅及竹工艺品等数十个品种。90年代，竹木经营加工业发展。1995年，全市竹木经营企业500多家，主要利用市内外竹木资源加工制品或经营。规模较大的企业有杭州大庄地板有限公司、萧山叶氏竹凉席厂、萧山宝丽板厂等。2000年，全市木竹采集、加工和经营总产值3.83亿元。

第二节　绿化造林

封山育林

50年代初始实施封山育林，“文化大革命”期间停止，1991年恢复，按照封山育林技术规程，有计划地实行全封或轮封，省每年每亩扶持0.25元，市每年每亩补足到0.5元，是年，封山育林9.18万亩。1995年始，市每年新封山2万亩，一封5年，市财政一次性扶持每亩1.75元，是年，封山育林8.34万亩。2000年，全市在封面积5.14万亩，1991～2000年累计封山育林78.56万亩次，全面改善林业生态环境，减少水土流失。

山地造林

1985年，萧山实施林业结构调整，开发山林资源，造林10708亩，其中用材林6108亩，经济林3726亩。1989年，市财政用于消灭荒山无偿扶持资金37.5万元，有偿扶持资金79.9万元。1998年，开发林特基地5100亩，市财政扶持资金67.5万元。2000年，全市开发林特基地5880亩，涉及15个镇乡、场，市财政拨无偿扶持资金90万元。1985～2000年累计造林10.50万亩。

表11—11—232　1985～2000年萧山绿化造林封山育林情况

年份	造林			零星“四旁”植树（万株）	封山育林面积（万亩次）	育苗面积（亩）	年份	造林			零星“四旁”植树（万株）	封山育林面积（万亩次）	育苗面积（亩）
	面积（亩）	用材林	经济林					面积（亩）	用材林	经济林			
1985	10708	6108	3726	144		1463	1993	7504	2461	1271	133	10.67	520
1986	1696			203		553	1994	8835	1470	4125	107	10.82	210
1987	1705			227		367	1995	6250	1055	2316	106	8.34	250
1988	2579			140		259	1996	6945	1120	3234	113	8.43	220
1989	2438			172		200	1997	6645	1455	3735	111	11.25	300
1990	9975			101		215	1998	7200	1155	3945	105	2.00	300
1991	7821	4443	309	122	9.18	592	1999	8445	1605	4335	103	2.10	200
1992	8581	6015	1020	120	10.63	735	2000	7710	255	5625	102	5.14	780

资料来源：萧山区农业局。

“四旁”植树

1981年后，县绿化委员会每年下达绿化造林和义务植树任务。1985年，“四旁”零星植树144万株。1986～1987年每年均超过200万株。此后，每年“四旁”植树在100万株以上。1988年，瓜沥镇航民村被全国绿化委员会命名为“全国造林绿化千佳村”；2000年，瓜沥镇被省绿化委员会、省建设厅和共青团浙江省委员会命名为“绿色小城镇”。1985～2000年，全市（县）累计“四旁”植树2109万株。

营造防护林

1981年，萧山沿海防护林工程建设列入林业部沿海防护林工程体系试点。至2000年，全市累计营造防护林36193亩，南沙平原和围垦地区的防风、固沙、护堤、洗盐、调节气候等生态功能日益明显。

“花园式”单位

1988年，在城厢镇范围内开展“花园式”单位评定活动，命名湘湖师范学校等10家单位为“花园式”单位。1989年，扩大到临浦、瓜沥镇。1990年，评定工作扩大到全市。至2000年，全市共评出“花园式”单位176家。

第三节　林木种苗

80年代，萧山为满足林业生产、绿化造林所需种苗，采用特约苗圃方式育苗。1985年，育苗面积1463亩，政府以粮票及资金补助，培育用于荒山造林的杉木、马尾松、檫树、樟树和沿海防护林建设所需的水杉、女贞、刺槐、白榆、枫杨、白杨、棕榈等种苗。1990年育苗215亩。1992年，在浦阳镇渔池头村开展林木容器育苗0.27亩，播种湿地松5千克。是年育苗735亩。1995年，全市林木育苗250亩。1998年，从湖北利川市调入20万株实生水杉小苗，在市林业种苗花卉公司塘湾苗圃培育大苗。2000年，全市林木育苗780亩，兑现扶持资金6万元。1985～2000年，全市共建立林木育苗基地7164亩次，年均育苗448亩。

第四节　森林保护

森林防火

1987年，成立县护林防火委员会。1988年11月，制定《萧山市处理森林火灾事故预案（试行）》。1994年，火灾多发，多数因在山上吸烟引起。1995年，发生火灾、火警，为清明前后上坟烧纸引起。1999年，市政府印发《关于开展森林火灾综合治理工作的通知》，与22个镇乡及森林防火责任单位签订《萧山市森林防火工作责任状》，镇乡、村及护林组织层层签订森林防火责任书。2000年3月27日中午，戴村镇前方村因农民上坟烧纸失火引发森林火情，驻萧海军部队、镇砖瓦厂职工、镇机关干部、所在地5个村的村民共350人奋力扑救，下午4时许扑灭，过火森林面积70亩。是年，全市共发生一般火灾1起，火情15起，受害面积30亩，损失林木82立方米，对森林火灾肇事者进行严肃处理，其中治安拘留1人，警告3人，罚款2500元。

病虫害防治

1981年，全县普查出森林病虫害530多种，其中病害100多种，害虫430多种；危害较为严重的有马尾松毛虫、日本松干蚧、竹卵圆蝽、竹螟和毛竹枯梢病，其中日本松干蚧为检疫性森林病虫害。为加强对这5种病虫害的预测、预报，在重点山林镇乡设立9个测报点，指导病虫害的防治工作。以“营林措施”为主，实行生物防治、化学防治相结合的原则，防治和控制森林病虫害的发生，20年内未发生大面积森林病虫害。

80年代，日本松干蚧危害松林（马尾松为主）、竹螟危害毛竹较为严重，采用药剂打孔注射及施放赤眼蜂等化学、生物防治，危害逐年减轻。90年代，石岩乡湖山村有200亩出现木荷天蛾，河上镇金坞村有100余亩毛竹被竹笋蠓危害，欢潭乡欢潭村有200亩毛竹林被竹卵圆蝽危害，由于及时采取各种防治措施，未造成重大损失。

2000年，全市完成各类林业病虫害监测面积38.4万亩，其中调查监测松材线虫病27万亩次，未发现松材线虫病发生；全年共清理枯死、濒死松树1558株，出现竹卵圆蝽面积280亩，防治230亩。

第十二章 花卉 苗木

萧山北部沿江为沙土平原，花卉苗木适种性强。“文化大革命”期间，花卉苗木业被视作“资本主义尾巴”而惨遭打击。80年代初进入发展高峰。1987年后，曾因品种单一、市场需求不旺而拔苗作柴，陷入“龙柏烧狗肉”（“龙柏”泛指苗木）困境。90年代始，宏观环境改善，苗木经营兴起，品种结构优化调整，并实施“北苗东扩南移”和拓展市外发展空间战略，花卉苗木产业再度兴盛。2000年，全市花卉苗木种植面积6.51万亩，品种1000多个，生产苗木3.6亿株，盆花460万盆，切花360万支，草坪10万平方米。从业人员3.5万余人，占农村劳动力的6.29%。产品销往全国31个省、市、自治区，出口韩国、日本等国家和中国香港地区。产值（现价）3.69亿元，占农业总产值的11.21%，跻身于萧山农业主导产业之列，为全国最大花卉苗木生产基地之一。2000年6月，被国家林业局、中国花卉协会命名为“中国花木之乡”。2001年3月，在新街镇建设华东地区最大的花卉苗木集散中心——浙江（中国）花木城。①

①浙江（中国）花木城位于新街镇南侧杭金衢、沪杭甬高速公路出口处，占地面积800亩。2001年3月14日，批准立项建设。第一期工程400亩，投资1.4亿元，总建筑面积9万平方米。规划设置第一交易区、第二交易区、综合服务区三大区块，近千个铺位。内设花卉、盆景、行道苗木、鲜切花、相关生产资料交易区，以及优良花木种苗栽培基地，并附设银行、工商、电信、植物检疫、24小时保安服务和餐饮、娱乐等配套服务区。规划依托市内丰富的花卉苗木资源，建成华东地区规模最大、档次最高的花卉苗木集散中心。

图11－12－389 2001年建设的浙江（中国）花木城。图为设在花木城的萧然园艺店铺（2009年，杨贤兴摄）

第一节 花卉 盆景

80年代始少量种植花卉，品种有茶梅、茶花、君子兰、白兰花、米兰、含笑、菊花、扶桑、月季、建兰、杜鹃、牡丹和芍药等。90年代，引进非洲菊、康乃馨、玫瑰、菊花、马蹄莲、一串红、鸡冠花、三色堇、金盏菊、羽衣甘兰和高档盆花凤梨、一品红、蝴蝶兰及天堂鸟等。2000年，全市花卉面积287亩，占全市花卉苗木面积的0.44%。

图11－12－390 2000年，杭州绿茵园林花卉有限公司引进韩国产双层自动温控温室，培育大棚鲜切花（杨贤兴摄）

鲜切花

1995年后，始有发展，集中在衙前镇南庄王村、凤凰村，城东办事处凌吾峰花圃和萧山锦科花卉园艺场。2000年，全市鲜切花基地面积110亩，生产非洲菊、康乃馨、玫瑰、菊花、马蹄莲和天堂鸟等，年产鲜切花360万支。

盆 花

80年代，花盆以瓦盆、泥盆、水泥盆为主，保湿性好，适宜养花，但不美观。也有部分紫砂盆、瓷盆，多用于季节性摆放。90年代，随塑料工业的发展，开始使用轻便耐用、卫生、便宜、透水性好的塑料盆或PVC盆。90年代后期因环保需要，出现简洁、美观、实用的玻璃钢花盆；从艺术角度考虑配置雕刻木盆和竹盆等。

图11－12－391 2001年3月，杭州绿茵园林花卉有限公司始种蝴蝶兰（杨贤兴摄）

1999年，萧山锦科花卉园艺场引进凤梨、一品红和蝴蝶兰等观赏品种。

2000年，杭州绿茵园林花卉有限公司投资120万元引进韩国产双层自动温控温室，占地1380平方米。2001年3月，与台商合作联营生产蝴蝶兰盆花，引进蝴蝶兰种苗3万株。

花坛草花

花坛草花规模化生产起步较晚。1998年，萧山锦科花卉园艺场有花坛草花基地25亩。1999年，杭州绿茵园林花卉有限公司建立花坛草花基地50亩。2000年，全市花坛草花基地160亩，年产草花440万盆。

盆　景

盆景集中在宁围盈一盆景花木场、石岩湖山园艺场、知青园艺场等。2000年，生产以火棘、五针松、小叶女贞为主的大型地栽造型盆景4000盆，五针松、地龙柏为主的中型盆景5000盆，火棘、五针松、罗汉松、雀梅、金叶女贞为主的小型盆景6万盆。

第二节　苗　木

1955年，浦沿乡新生农业社建立苗木场，始植水杉、杨梅苗。80年代，县境内种植五针松、罗汉松、雪松、龙柏、匍地柏、水杉、苏铁、广玉兰、黄杨、棕榈、桂花、香樟、银杏、悬铃木（法国梧桐）、泡桐、垂柳、玳玳、金橘和石榴等。90年代始，引植金叶女贞、红花檵木等。2000年，全市苗木面积64813亩，占全市花卉苗木面积的99.56%。

品种　面积

柏类　传统主导产品，适宜在南沙平原和垦区生长。有龙柏、桧柏、洒金柏、花柏、翠柏和匍地柏等，以龙柏、桧柏为主，多以扁柏作砧木嫁接育苗，少量扦插育苗。

龙柏　1985年，全县龙柏育苗面积0.85万亩，占花木种植总面积的26.98%。后因发展过热滞销，1988年前后，出现"养狗管龙柏，龙柏烧狗肉"的局面。90年代初又兴起，品种多样，有龙柏柱、龙柏球、造型龙柏等。2000年，种植龙柏0.98万亩，占全市花木种植面积的15.05%，为全国最大的龙柏生产基地。是年12月，制订《龙柏嫁接育苗技术规程》。

桧柏　90年代快速发展的苗木品种。2000年，全市种植桧柏0.75万亩，占花木种植面积的11.52%。

黄杨类　有大叶黄杨、瓜子黄杨、雀舌黄杨、金边黄杨、银边黄杨等。以大叶黄杨、瓜子黄杨为主，大多用扦插繁殖育苗，主要用作绿篱或片栽作色块。

大叶黄杨　1985年，全县大叶黄杨育苗0.58万亩，占全县花木种植面积的18.41%，是苗木第二大品种。大叶黄杨繁殖容易，扦插成活率和单位面积产量高，因生长速度快和经济效益好而被苗农所接受。1988年大量积压。90年代初回升。2000年面积0.45万亩，占花木种植面积的6.91%。

瓜子黄杨　90年代后快速发展的苗木新品种，广泛用于各项园林绿化工程。1996年，宁围丰东园艺场向韩国出口瓜子黄杨扦插苗500万株。2000年，全市瓜子黄杨种植1.01万亩，占花木种植面积的15.51%。是年12月，制订《瓜子黄杨育苗技术（扦插）规程》。

其他　金叶女贞　因其叶在整个生长季节内呈金黄色而被广泛用于园林绿化。1993年引进试种，适宜在苗木主产区的新街、宁围等地微碱性土壤种植，也适宜石岩、闻堰等地酸性土壤种植，以扦插育苗为主。作为色泽树种，市场需求较大，种植面积迅速扩大。2000年，全市种植金叶女贞0.60万亩，占花木种植面积的9.22%。

红花檵木　常绿灌木，树姿优美，花红叶红，盛花时节，艳丽夺目，为色泽树种中"红色"的最佳品种。1994年始引种，适宜南片地区酸性土壤中生长，对土壤酸碱度要求较高，主要分布在石岩乡、闻堰镇和湘湖农场等地，以扦插育苗为主。2000年，全市种植0.30万亩。

产品营销

80年代初，萧山苗木发展较快，产品多由农民自产自销。90年代初，在经受重大市场挫折后的萧山农民，开始进行苗木经营规模化、产销一体化的实践。在重点产地新街、宁围、坎山等地，一批花卉苗木经营大户（企业）实行育苗、种苗、卖苗一条龙和生产基地、流通运输、园林工程一体化衔接，使萧山花卉苗木由省内销往全国各省、市、自治区，并销往国外。2000年，全市有1000多户苗木生产、经营大户，20多家集生产、运销、园林工程于一体的农业龙头企业，2家大型花木交易市场，年销售苗木3.6亿株、盆花460万盆、鲜切花360余万支、草坪10万平方米，年销售收入（含园林工程产值）4亿多元。

【附】

“龙柏烧狗肉”现象

萧山市沿钱塘江一线土地，系钱江古河道和滩涂围垦而成，共有50万亩。60年代始，每年大规模开展农田水利建设，使这块土地上人工河流纵横，灌排自如，滩涂土层深厚，即使是长旱无雨，也是白天干燥，夜里自然还潮，俗称“夜潮土”，作物适种性强。新街、宁围镇一带的农民，习惯于种植一些花卉苗木，装点庭院、美化环境，还可作为一种副业赚点收入。60年代初，新街镇农民到杭州、上海的园林单位帮助种植、修剪绿化苗木。有的农民在工作之余，捡梧桐、水杉、龙柏枝一年生枝条回家扦插。时值国家号召“绿化”农村、“以粮为纲”的年代，多种经营缺乏，这些扦插树苗很有市场，使农民尝到了甜头。信息不胫而走，家家户户都种起苗木。后被作为资本主义倾向批判、制约。70年代后期至80年代初，新街、宁围一带苗木生产又一次走向兴盛，出现村村办苗场、户户种苗木的现象，花木万元户不断涌现。“若要富、办苗圃”的经验被迅速推广到各地，致富心切的农民，包括一部分县、区、乡、村干部，不惜拿出不多的积蓄甚至借款买苗木、种苗木，以龙柏为主的苗木热由此蔓延。

当时扦插的龙柏枝条紧缺，一些苗农、苗贩便盯上公园、机关庭院的龙柏，一时乱剪，甚至偷窃龙柏枝、龙柏苗成风。有的还远到杭、沪等市和山东省等地采集龙柏枝条带回当地扦插，花卉苗木面积迅速扩大。1985年，全县有花木场、圃315个，苗木面积3.15万亩（其中龙柏0.85万亩），仅新街镇（新街、长山）种植面积0.6万余亩。苗木价高而俏，偷窃严重。苗农纷纷养狗护苗，甚至花费巨款购养狼狗，狗价猛升。然终因市场经济孕育阶段社会消费不足，加之品种单一（仅柏树、黄杨等品种），1988年前后，苗木市场交易价骤降，大面积以龙柏为主的苗木滞留地里，前几年价格居高，苗农盼升惜售，现价格急下，直到无人问津，苗农被迫拔苗当柴，杀狗吃肉，出现“养狗管龙柏，龙柏烧狗肉”的现象。

90年代初，国家市场经济体制逐步确立，宏观经济发展。萧山苗木适逢发展良机，经受“龙柏烧狗肉”教训的萧山农民，市场经济意识增强，种植经验丰富，学会按市场需求发展生产，品种发展到1000多个。生产基地、流通运输、园林工程一体化经营，萧山苗农还参加了昆明世界园艺博览会。2000年，全市花木种植面积6.51万亩（其中龙柏0.98万亩，占15.05%），产值3.69亿元，成为萧山农业的特色产业，涌现出一批百万元、千万元的花木富翁。

（钱志祥、杨贤兴2004年撰稿）

第十三章　农业科技

1978年后，萧山在农业经济体制改革的同时，加大农业科技投入，农民学科技、用科技意识提高，农业科技广泛推进。改进耕作制度，调整种植结构；优选作物良种，引进、繁育、示范和推广适种、适市新品种；测土施肥，配方施肥、合理使用高效低毒低残留农药；栽培、养殖新技术普遍应用；病、虫、草、鼠害得到综合防治。先进的农业科学技术与灵活的经营方式，加之排灌通畅、旱涝保收的农田水利设施，使萧山农业持续协调发展。

第一节　耕作制度

粮田耕作制度

1985年后，种植结构调整，效益农业发展，粮田耕作制度发生变化，由三熟制向二熟制演变，南片稻区向单熟制演变。

“春花作物—双季稻”为主的三熟制　50年代中后期始，推行以“发展连作稻，发展多熟制，发展高产作物”为主的耕作制度改革，逐步形成南片水稻区以“大麦（油菜）—早稻—晚稻”为主，东片沙地区以“油菜（小麦）—早稻—晚稻”为主的粮田三熟制；在浦阳江以南土壤肥力较低的田块，形成“绿肥—早稻—晚稻”的耕作制度；在一些地势低洼、无法种植春花作物的田块，实行“早稻—晚稻—冬闲”二熟制。1985年，全县大小麦、油菜—早稻—晚稻三熟制面积30.51万亩，占粮田面积的25.89%；“绿肥—早稻—晚稻”面积3.32万亩，“冬闲—早稻—晚稻”面积1.15万亩；东片沙地区搭配有1.8万亩“沟边小麦—春大豆（春玉米、春花生）—晚稻”的“两旱一水”三熟制和近2万亩“小麦（油菜）—晚稻秧田—晚稻”二熟制。“春花作物—连作稻”为主的三熟制粮田耕作制度一直延续到90年代初。1992年，啤酒大麦市场逐渐被北方和国外大麦所占领；油菜受黄淮流域和长江上中游大面积发展的冲击，收购价格下跌，种植效益下滑；东片沙地区发展蔬菜生产，冬种改为以沟边小麦为主，大麦、油菜种植面积减少。1993年，全市“春花作物—连作稻”种植面积22.58万亩，粮田耕作制度进入一个新的发展阶段。

“两旱一水”新三熟制　1986年起，络麻面积减少，东片沙地区进行第二次种植结构调整，以“沟边小麦—春大豆—晚稻”为主的“两旱一水”三熟制崛起。全县“沟边小麦—春大豆—晚稻”种植面积3.14万亩。1987年种植面积5.4万亩。“沟边小麦—春玉米—晚稻”、“沟边小麦—春花生—晚稻”、“沟边小麦—西瓜—晚稻”等“两旱一水”种植面积增加。河庄、益农等镇乡还在沟边小麦中套种芥菜等，形成畦心蔬菜沟边麦的种植模式。1992年，全市“两旱一水”三熟制面积6万多亩。后随鲜食大豆品种的推广，以“沟边小麦—鲜食大豆—晚稻”为主的“两旱一水”成为沙地区粮田主要种植制度。“沟边小麦—鲜食玉米—晚稻”、“沟边小麦—胡瓜—晚稻”、“沟边小麦—辣椒—晚稻”等种植模式也有发展。1993年，“沟边小麦—鲜食大豆—晚稻”种植面积10.78万亩，1994年15万亩，2000年15万亩左右。沟边小麦畦宽由原来的1米～1.1米扩大到1.2米～1.4米，从沟边麦发展成单边麦，晚稻由育秧移栽向直播发展。

多种熟制　1996年实施“土地流转、规模经营”，粮田向种植大户集中，带动种植结构调整和种植制度变革。南片稻区，形成人口田为“早稻—晚稻”的“双季稻”种植模式，责任田为“早稻—晚稻”与“小麦—单季晚稻”并重的种植模式，粮田由三熟演变为二熟。1997年，全市“双季稻”种植面积24.03万亩，1998年20.02万亩，1999年16万亩。后早稻退出粮食定购，冬闲田增加，复种指数下降。浦阳江以南出现一年只种一季晚稻的一熟制。东片沙地区，以“沟边小麦—干籽大豆—晚稻”为主的老“两旱一水”三熟制基本保持稳定，面积约5万亩。随着鲜食大豆促早栽培、越夏栽培、延后栽培技术的推广，部分“沟边小麦—鲜食大豆—晚稻”为主的新“两旱一水”三熟制演变成“鲜食春大豆—晚稻”、“满畦小麦—鲜食夏大豆”和“鲜食春大豆—鲜食秋大豆”等耕作制度。部分人口田保持“油菜—晚稻”二熟制，部分责任田演变成“满畦小麦—晚稻”二熟制。是年，全市“连作稻”种植面积8.5万亩，“鲜食春大豆—晚稻”8万余亩，“满畦小麦—鲜食夏大豆”1万多亩，“鲜食春大豆—鲜食秋大豆”2.5万多亩。2000年，油稻、麦稻二熟分别为5万亩左右。全市形成粮田一年三熟、二熟和一熟等多种耕作制度并存的局面。

棉麻田耕作制度

间作套种　80年代中期前，是“畦心草子沟边麦—棉”或“畦心草子沟边麦—麻”为主的两熟制耕作制度。90年代初，发展了8种“借天借时”效益较好的种植模式。

棉花套种豌豆　前作棉花，冬作豌豆（包括小青豆和荷兰豆）套播在棉行内侧，棉花收获后利用棉秆作棚架，次年豌豆收获后种植棉花。

矮秆四季豆套种棉麻　前作棉麻，棉田的矮秆四季豆采用天膜加地膜以争季节，于次年2月下旬播种在畦中间，4月下旬畦边套种棉花；麻田冬作边行小麦，畦幅1.4米左右，次年3月初在畦中间播1行矮秆四季豆，用地膜覆盖，4月底在麦与豆之间各播1行络麻。

棉麻间作大豆　前作棉麻，冬作边行小麦，次年在套种棉花时，畦心移栽1行矮脚毛豆；麻田是2畦络麻与1畦大豆间作。

棉花间作花生　前作棉花，冬作边行小麦，畦幅1.5米左右，次年棉花与花生间作两种方式：1行棉花间作3行花生，花生于3月中旬播种一边，用地膜覆盖，另一边棉花4月中旬播种；2行棉花与1行棉花、2行花生隔畦间作，收获嫩花生。

棉花间作花生和大豆　前作棉花，大豆和花生均在次年3月中旬播种，用地膜覆盖，畦中间播种2行花生，畦的一边播种1行大豆，另一边于4月中旬播种1行棉花，收获鲜大豆和嫩花生。

络麻间作辣椒　前作络麻，冬作边行小麦，次年2畦络麻与1畦辣椒间作，辣椒收获后种植大头菜。

络麻与小白菜间作（混作）　前作络麻，冬作边行小麦，次年4月下旬络麻与小白菜混作。

麻田二熟蔬菜　前作络麻，冬作边行小（大）麦，畦中间播1行芥菜或2行榨菜，次年芥菜或榨菜收获后套种络麻，络麻收获后播种萝卜或其他蔬菜。棉麻与大豆、花生、蔬菜间作套种可充分利用光温资源和土地潜力，提高农田综合经济效益，增加农民收入。其中麻区4种间作套种模式，全年亩均净收入529.80元～1104元，平均工值15.13元～16.73元，比传统的春粮—黄、红麻—萝卜种植模式亩均净收入451.37元、工值12.71元，分别增17.4%～144.6%和19.0%～31.6%。1994年，宁围镇推广应用豌豆套种棉花7189亩。豌豆平均亩产值628.22元，棉花平均亩产籽棉202千克、产值989.8元，合计亩产值1618.02元，比传统麦—棉二熟的亩产值1180元增37.1%。

水旱轮作　水旱轮作对控制络麻根结线虫病和棉花僵苗的发生有明显效果，并使稻田的理化性状得到改良，从而逐年扩大轮作面积，促进络麻、棉花和粮食增产。1982年，全县稻麻轮作面积10万亩，占络麻面积的46.3%。实行土地联产承包责任制后，家家户户单独经营，给水旱轮作带来一定难度，老麻地有所增加。为解决插花种植多、水旱轮作难、小型水利设施老化等问题，麻区推广适度规模经营。1990年，党湾和梅西两乡联合，对围垦区20个村、315个组、7210户麻农的4458亩承包地实行统一规划布局、统一治水改土、统一种植，为稻麻水旱轮作创造条件。1991年，全市稻麻轮作面积16万余亩，占络麻面积的77.44%。

1985年，全县稻棉水旱轮作面积2.5万余亩，占棉花面积的30%左右。1987年，采取2份棉地配1份水稻田，实行两年一轮换，以达到稻、棉双增产效果。按比例将垦区的水稻移到内地种植，内地的棉花迁往垦区种植，以减少作物连年同址种植所带来的弊端。90年代初，实施“棉花东移”，逐年将棉花面积转移到围垦，利于内地发展多种经营。

第二节　良　种

引　种

早稻　80年代以高产中、迟熟早籼为主，主栽品种有广陆矮4号、二九丰、浙辐802，其他品种有沪红早1号、春秋1号、红突27、红突31和青秆黄等。1990年，种植的优质米品种有舟优903、中优早3号、中优908、浙辐218、G93－65、G93－87、嘉兴香米、嘉兴6号、嘉兴7号和浙9248等；中质米品种有浙733、嘉育293、嘉育73、91－41、91－43、浙852、杭早3号、嘉早05、嘉早7号和中选5号等。1995年，种植早稻优质米品种12.04万亩，占种植面积的46.3%；中质米品种8.38万亩，占种植面积的32.2%；广陆矮4号、二九丰和浙辐802等市场滞销米品种下降到5.59万亩，占种植面积的21.5%。1996年后，优质米品种集中为嘉育948、嘉早935和舟优903等，占种植面积65%左右；中质米品种为嘉育293和嘉早05等，占35%左右。

杂交稻　受耕作制度和种植习惯影响，杂交稻种植较少。1985年种植1.26万亩；1993年种植0.06万亩。杂交早稻品种有汕优21、汕优331和威优35等。1999年，引进杂交晚粳，品种有甬优1号和8优161等，2000年种植500亩。

晚粳稻　80年代，晚粳品种以秀水系统逐步取代嘉湖系统，双季晚粳稻品种有嘉湖6号、秀水04、秀水11、秀水48、秀水46、秀水27、秀水24、秀水620、原粳4号、丙814、丙816、丙1067和武育粳2号等，以秀水48和秀水11当家。90年代，单季直播晚稻扩大，矮秆、抗倒伏的高产中、晚熟品种占主导，品种有秀水11、秀水17、浙湖894、秀水63、秀水207、武育粳7号、秀水42、丙97－34和丙97－59等，先以秀水11为主，后以秀水63当家。1998年引入秀水110，具有高产、抗倒伏和适应性强等特点，种植面积迅速扩大。一般救灾用的早熟晚粳品种有丙95－503和丙97－405。2000年，全市种植晚粳稻49.46万亩，其中秀水63为21.69万亩，占43.9%；秀水42为11.92万亩，占24.1%。

糯稻　80年代有祥湖25、祥湖84、绍糯86、紫金糯和桂糯80等，一般3万亩～5万亩，祥湖25为主。1995年引进种植太湖糯、绍糯119、丙97－48、绍糯97－14等，太湖糯适合酿制黄酒，多种在围垦地区，年种植2万亩～3万亩，占糯稻种植面积80%左右。2000年，全市种糯稻3.81万亩，其中太湖糯3.03万亩，占79.5%。

大麦　80年代至90年代初，有早熟3号、沪麦4号、437、浙农大2号、浙农大3号、77130、87－169等。2000年有浙农大3号、87－169、秀麦3号、浙皮4号和浙农大6号等品种，以87－169为主。

小麦　80年代至90年代初，有浙麦1号、浙麦2号、浙麦3号、浙麦4号、浙麦6号、扬麦4号、扬麦5

号等。1995年后有浙麦4号、浙麦6号、扬麦4号、扬麦5号、扬麦9号、扬麦10号、93-63、扬麦158、宁麦4号、宁麦8号等。扬麦5号适应性强、稳产，1997年前为主栽品种；扬麦158大穗大粒、高产、耐水肥、中抗赤霉病、品质优，1997年后成为主栽品种，1999年种植21.7万亩，占小麦种植面积的76.1%；宁麦8号秆矮、高产和耐水肥，适宜作沟边麦间套品种。2000年，全市种植小麦24.37万亩，其中扬麦158为15.29万亩，占62.7%；宁麦8号4.34万亩，占17.8%。

大豆（毛豆） 1992年前种植的都是本地种，以五月拔为主，其他品种有“四月拔”、“六月拔”、“七月拔”、“八月拔”和大青豆等，主要用于豆制品生产。1994年种植“五月拔”17.2万亩，占大豆面积的72.9%。1992年，引进日本矮脚毛豆，种植0.06万亩（1998年为5.5万亩）；1994年引进台湾292，种植0.2万亩（1996年为0.8万亩）；1995年引进日本大豆品种，后经省种子管理部门审定为“萧垦8901”，种植0.1万亩（1999年为2.4万亩）；1997年引进台湾75，种植0.2万亩（2000年为3.6万亩），后成为鲜食大豆加工出口主栽品种。

玉米 有春玉米、秋玉米之分。1988年始，引种苏玉糯1号鲜食糯玉米。1992年，引种甜玉米超甜3号。1996年后，引种鲁玉糯1号、沪玉糯1号和苏玉糯2号。1998年，从国外引种优质甜玉米“H236”，从台湾引进“华珍”、“超甜王”。2000年，种植苏玉糯1号1.1万亩，沪玉糯1号0.12万亩，苏玉糯2号0.05万亩，甜玉米0.08万亩。

蚕豆、豌豆 80年代，蚕豆以本地种“细粒青”为主。1987年，引种启东蚕豆和慈溪大白蚕豆后，菜用型的大白蚕豆和利丰蚕豆种植面积扩大。1992年，引种日本白花大粒蚕豆，采摘鲜荚作菜用出口。2000年，种植“细粒青”蚕豆2980亩，慈溪大白蚕豆4180亩，日本白花大粒蚕豆1320亩，利丰蚕豆2730亩。豌豆以红花和白花为主。1994年，引种早熟、青荚豌豆“小青豆”，1993年，引种无支架矮秆豌豆中豌4号、中豌6号作秋季栽培。2000年，种植豌豆9690亩，有中豌4号、中豌6号和小青豆等。

番薯 有徐薯18、胜利百号等。1999年引进水果型番薯浙薯6025和浙薯50。

图11－13－392 2000年，前进乡农技站成功引种迷你小番薯（张祥荣摄）

棉花 1987年，引进高产、高抗枯萎病品种中棉12，1988年种植3.6万亩，1989年后成为主栽品种。1993年，引进淮910，1995年扩大到6.92万亩，与中棉12同为当家品种。1997年，引进苏棉8号，是年种植2.44万亩，1998年扩大到6.1万亩，成为主栽品种。1999年，引进中棉32（R93-4），后相继引进国抗1号、1793、湘杂棉3号和南抗1号等。

红麻 1983年引进杂交红麻“H005”，1986年推广550亩，大面积种植以青皮3号为主。1987年种植由萧山棉麻研究所选育的浙萧麻1号，该品种生育期短，利于下季作物生长。1990年后，引入粤74-3和83-10，1997年后，83-10成为主栽品种。

油菜 80年代以78-251为主，其他品种有中油82-1、九二-13系，九二-58系、汇油50等。1987年，引进低硫甙油菜浙优油1号。1989年后以中油82-1为主。1990年，试种“双低”油菜品种浙优油2号8720亩。1991年后，品种向“双低”发展，先后引进湘油11、中双2号、秦油3号、华杂2号、华杂3号、华杂4号等。1996年，全市杂交优质油菜示范面积0.56万亩，平均亩产120千克左右，比常规油菜增产20%多。1997年，引进“双低”优质油菜新品种浙双72，推广种植2.43万亩。1999年引进“双低”优质油菜品种沪油15，推广3.27万亩。2000年，种植“双低”优质油菜6.31万亩，占当年油菜种植面积的95.9%。

花生　80年代鲜食以“白沙”和天府3号为主，1988年引进海花1号，1993年引进豫花3号，逐渐取代“白沙”和天府3号。2000年引进辽宁的“四粒红”。

图11－13－393　90年代，楼塔镇栽培的高山西瓜（傅展学摄）

西瓜　1986年引进杂交西瓜新澄1号，1990年占当年西瓜播种面积的50%。1987年引进“新红宝”，至1991年占当年西瓜播种面积的42%，并引进浙蜜1号；1990年引进“圳宝”、87－14；1995年引进“早佳”、卫星2号。90年代后期由高产大型瓜向优质小型瓜发展。1998年引进小型西瓜“拿比特”、“早春红玉”、“黑美人”和“小兰”等。

白菜　1986年引进丰抗70、山东4号、山东6号、青杂3号、青杂5号、青杂中丰等品种，丰抗70面积达0.50万亩，成主栽品种。1990年引进早熟5号，替代毛毛菜和小白菜，1995年播种面积1万亩左右。1995年引进华王青梗，1996年引进早熟6号、丰抗78、丰抗80、丰抗90。2000年主栽品种是早熟5号、丰抗78和油冬儿，分别占白菜面积的28%、11%和27%。

甘蓝（包心菜）　1986年引进夏光甘蓝，1988年引进京丰1号、鸡心甘蓝和牛心甘蓝，1993年引进四季获甘蓝、七草甘蓝、美貌甘蓝、早丰甘蓝，1996年引进湖月甘蓝，1997年引进春丰甘蓝。2000年播种面积2万亩左右。

图11－13－394　90年代，垦区种植的甘蓝（杨贤兴摄）

白花菜　1988年引进温州60天、温州80天、温州100天、温州120天和福建60天、福建80天、福建100天等品种，1990年引进杂交花菜瑞雪50天、瑞雪60天、瑞雪80天，成功100天、成功120天。2000年以瑞安杂交花菜为主，全年播种面积0.8万亩左右。

青花菜（西蓝花）　1992年引进“绿岭”、“里绿”等西蓝花品种。1999年后，引进中熟品种“绿带”、“山水”、“蔓陀绿”、“茂盛”和“紫色”，早熟品种“优秀”等。全年播种面积0.2万亩左右。

萝卜　1989年引进日本萝卜，在南阳垦区试种15亩，播后60天收，亩产2500千克；播后80天收，亩产5000千克。是年，引进浙大长萝卜。1990年引进日本春萝卜T－734和秋成2号，1992年后面积扩大。80年代中期，秋季鲜萝卜以地方品种“一点红”为主。1988年夏季萝卜引进耐高温品种短叶13；1992年引进日本“四月早生”、“白玉春”春萝卜。2000年引进9646、“春白玉”、“春勇”等春萝卜和“白秋美浓”、“夏抗40”等夏萝卜，一年四季有鲜萝卜可上市。是年萝卜播种面积7.01万亩，其中“一刀种”2万亩，T－734为1万亩，秋成2号1.5万亩，一点红0.5万亩，花菜萝卜1万亩。

图11－13－395　90年代，垦区农民收获榨菜（张祥荣摄）

榨菜　半碎叶榨菜是传统地方品种，主要用于加工。东片地区有榨菜留种习惯，将收获的种子，提供给余姚、慈溪及江西、湖南等地。2000年播种面积0.2万亩左右。

大葱　以山东章丘大葱为主。1990年后，从日本引进金长3号、长悦、长宝和吉藏等，主要是鲜葱加工出口日本，2000年播种面积0.6万亩左右。

韭菜　地方品种雪韭，秋冬季培土软化栽培，生产韭黄；春季生产春韭菜。2000年面积0.5万亩左右。

番茄　1990年前，以上海大红番茄为主。1990年引进适宜大棚栽培的早丰、浙杂5号；1995年引进合作903、浙杂7号。2000年以早丰、合作903、浙杂7号为主，面积0.25万亩。

辣椒　辣椒干以地方品种海门种为主。面积2.5万亩。1988年引进杭州鸡爪×吉林早椒为鲜食椒，2000年为主要品种，并引进韩国新红奇辣椒，面积0.5万亩。

图11－13－396　2000年，省农业科学院专家到靖江镇指导农户种辣椒（丁力摄）

茄子　80年代以杭州红茄和地方品种青茄为主。1990年引进杭茄1号；1998年引进引茄1号，2000年大棚种植0.3万亩，其中杭茄1号0.15万亩，引茄1号0.10万亩。

黄瓜　酱菜用日本系列胡瓜，1992年引进节成12、节成55、四叶瓜等品种，面积3万亩左右。菜用黄瓜以津研系列为主，1988年引进津研4号；1996年引进津春4号，2000年以津春4号为主，面积0.3万亩。

南瓜　1996年前以地方品种“十姐妹”和黄狼南瓜为主。1996年引进锦栗南瓜，2000年种植面积0.3万亩，占南瓜面积的一半。

图11－13－397　2000年，靖江镇农民采摘日本茄子（丁力摄）

豇豆　80年代以地方品种“一点红”为主。1988年引进之豇28－2，种植0.02万亩（1995年1万亩，占豇豆面积的72%）；1993年引进之豇19，种植0.01万亩（1996年0.4万亩，占豇豆面积的29%）；1996年引进扬豇40，种植0.01万亩（1998年0.35万亩，占豇豆面积的25%）；2000年以之豇19、扬豇40为主。

菜豆　分软荚和硬荚种。1989年从内蒙古引进“供给者”短刀豆（原产美国），种植0.02万亩（1994年为0.8万亩，占菜豆面积的62%）。1990年从荷兰引进软荚菜豆荷兰豆，种植0.01万亩（1995年为0.3万亩，占菜豆面积的23%）。

表11－13－233　1985～2001年萧山主要蔬菜、瓜类新品种引进情况

类别	品种	种名	年份	原产地	类别	品种	种名	年份	原产地
绿叶菜类	木耳菜	木耳菜	1989	广东	特色菜类	米邦塔仙人掌	食用仙人掌	1999	墨西哥
	大叶空心菜	空心菜	1989	广东		美国库拉索	食用芦荟	1999	美国
	泰国柳绿空心菜	空心菜	1998	泰国	食用菌类	夏菇93	蘑菇	1999	浙江省农业科学院
	高华意大利生菜	生菜	1996	中国香港	水生类	浙茭1号	茭白	2001	浙江大学
	泰国香菜	香菜	2001	泰国		浙茭911	茭白	2001	浙江大学
	全能菠菜	菠菜	1995	日本		苏州花藕	莲藕	2001	苏州
	碧云菠菜	菠菜	2001	杭州	豆类	矮脚毛豆	鲜食毛豆	1992	日本
	加州西芹	芹菜	1996	美国		台湾292	鲜食毛豆	1994	中国台湾
	正大脆芹	芹菜	1998	泰国		萧垦8901	鲜食毛豆	1995	日本（引进经审定）
	文图拉西芹	芹菜	2000	美国		辽鲜1号	鲜食毛豆	1995	辽宁
	种都1号	莴苣笋	2000	四川		台湾75	鲜食毛豆	1997	中国台湾
	蒌蒿	绿叶菜	2000	苏州		95－1	鲜食毛豆	2000	上海
	荠菜	叶菜	1999	浙江省农业科学院		春绿	鲜食毛豆	2001	上海市农业科学院

续表一

类别	品种	种名	年份	原产地
白菜类	山东4号	大白菜	1986	山东
	山东6号	大白菜	1986	山东
	青杂3号	大白菜	1986	山东
	青杂5号	大白菜	1986	山东
	青杂中丰	大白菜	1986	山东
	丰抗70	大白菜	1986	山东
	早熟5号	大白菜	1990	浙江省农业科学院
	黄芽14	大白菜	1992	浙江省农业科学院
	春大将	大白菜	1995	日本
	夏阳白菜	大白菜	1995	日本
	华王青梗	大白菜	1995	日本
	早熟6号	大白菜	1996	浙江省农业科学院
	丰抗78	大白菜	1996	山东
	丰抗90	大白菜	1996	山东
	丰抗80	大白菜	1996	山东
	橘红	大白菜	2000	南京
	蚕白菜	白菜	1990	温州
	乌塌菜	白菜	1992	上海
	华冠青菜	白菜	1996	日本
	便利菜	白菜	1999	日本
	京锦	白菜	2001	日本
	油麦菜	白菜	2001	广州
	红菜苔	菜苔	1995	湖北
	青蒂秋味	青菜	2000	杭州
甘蓝类	雪山椰花菜	白花菜	1988	日本
	温州60天	白花菜	1988	温州
	温州80天	白花菜	1988	温州
	温州100天	白花菜	1988	温州
	温州120天	白花菜	1988	温州
	福建60天	白花菜	1988	福建
	福建80天	白花菜	1988	福建
	福建100天	白花菜	1988	福建
	福建120天	白花菜	1988	福建
	瑞雪50天	白花菜	1990	瑞安
	瑞雪60天	白花菜	1990	瑞安
	瑞雪80天	白花菜	1990	瑞安
	成功100天	白花菜	1990	瑞安
	成功120天	白花菜	1990	瑞安
	上海100天	白花菜	1990	上海
	上海120天	白花菜	1990	上海
	丰收1号	白花菜	1990	瑞安
	丰收2号	白花菜	1990	瑞安
	白夏	白花菜	1999	美国
	绿岭	青花菜	1992	日本
	里绿	青花菜	1992	日本
	绿带	青花菜	1999	日本
	优秀	青花菜	2001	日本

类别	品种	种名	年份	原产地
豆类	泰国架豆	四季豆	1986	泰国
	供给者短刀豆	四季豆	1989	美国
	荷兰豆	软荚菜豆	1990	荷兰
	绿龙1号架豆	四季豆	2001	北京
	白珍珠架豆	四季豆	2001	日本
	之豇28−2	豇豆	1988	浙江省农业科学院
	之豇512	豇豆	1990	浙江省农业科学院
	之豇19	豇豆	1993	浙江省农业科学院
	特早30	豇豆	1995	浙江省农业科学院
	之豇844	豇豆	1995	浙江省农业科学院
	扬豇40	豇豆	1996	江苏
	春扁豆	扁豆	2001	湖南
瓜类	浙蜜1号	西瓜	1986	浙江农业大学
	新澄1号	西瓜	1986	合肥
	新红宝	西瓜	1987	中国台湾
	圳宝	西瓜	1990	合肥
	87−14	西瓜	1990	平湖
	红珍宝	西瓜	1990	中国台湾
	巨宝	西瓜	1990	中国台湾
	巨龙	西瓜	1990	中国台湾
	8155	西瓜	1990	合肥
	西龙8号	西瓜	1991	合肥
	浙蜜2号	西瓜	1991	浙江农业大学
	寿山1号	西瓜	1990	中国台湾
	京欣1号	西瓜	1990	合肥
	寿山2号	西瓜	1990	中国台湾
	早佳	西瓜	1995	新疆
	卫星2号	西瓜	1995	平湖
	浙蜜3号	西瓜	1996	浙江大学
	拿比特	小西瓜	1998	日本
	早春红玉	小西瓜	1998	日本
	黑美人	小西瓜	1998	日本
	小兰	小西瓜	1998	日本
	特小凤	小西瓜	1998	日本
	浙蜜4号	小西瓜	2000	浙江大学
	伊丽莎白2号	甜瓜	2001	日本
	津研4号	黄瓜	1988	天津
	三叶	黄瓜	1992	日本
	节成12	黄瓜	1992	日本
	节成55	黄瓜	1992	日本
	四叶瓜	黄瓜	1992	日本
	秋丰	黄瓜	1995	杭州
	津春4号	黄瓜	1996	天津
	秋雌1号	黄瓜	1997	杭州
	津优1号	黄瓜	1998	天津
	西洋小黄瓜	黄瓜	1998	美国
	金丝瓜	南瓜	1992	日本

续表二

类别	品种	种名	年份	原产地	类别	品种	种名	年份	原产地
甘蓝类	蔓陀绿	青花菜	2001	瑞士	瓜类	橘红1号	南瓜	1995	泰国
	茂盛	青花菜	2001	日本		东升南瓜	南瓜	1996	日本
	紫色	青花菜	2001	日本		锦栗	南瓜	1996	日本
	夏光甘蓝	包心菜	1986	上海		黑皮冬瓜	冬瓜	1997	广东
	京丰1号	包心菜	1988	中国农业科学院		一串铃	冬瓜	2001	北京
	鸡心甘蓝	包心菜	1988	上海		佛手瓜	菜瓜	1986	泰国
	牛心甘蓝	包心菜	1988	上海	葱蒜类	金长葱	大葱	1990	日本
	四季获甘蓝	包心菜	1993	日本		金长3号	大葱	1990	日本
	七草甘蓝	包心菜	1993	日本		长悦	大葱	1996	日本
	美貌甘蓝	包心菜	1993	日本		长宝	大葱	1996	日本
	早丰甘蓝	包心菜	1995	日本		吉藏	大葱	1997	日本
	湖月甘蓝	包心菜	1996	日本		元藏	大葱	1997	日本
	春丰甘蓝	包心菜	1997	江苏		明彦	大葱	1999	日本
	强力50	包心菜	2000	日本		三田春	大葱	2000	日本
	抱子甘蓝	包心菜	2000	日本	茄果类	杭州鸡爪×吉林早椒	辣椒	1988	杭州市蔬菜科学研究所
根菜类	短叶13	萝卜	1988	广东		新红奇	辣椒	2000	韩国
	浙大长	萝卜	1989	浙江农业大学		采风1号	辣椒	2001	杭州
	秋成2号	萝卜	1990	日本		采风2号	辣椒	2001	杭州
	T-734（白将军）	萝卜	1990	日本		采风3号	辣椒	2001	杭州
	四月早生	萝卜	1992	日本		正椒十三	辣椒	2001	泰国
	白玉春	萝卜	1992	日本		海丰	甜椒	1985	北京
	9646	萝卜	2000	韩国		中椒5号	甜椒	1996	北京
	春白玉	萝卜	2000	韩国		早丰	番茄	1990	陕西
	春勇	萝卜	2000	日本		浙杂5号	番茄	1990	浙江省农业科学院
	白秋美浓	萝卜	2000	瑞士		合作903	番茄	1995	上海
	夏抗40	萝卜	2000	武汉		浙杂7号	番茄	1995	浙江省农业科学院
	黑田五寸人参	胡萝卜	1992	日本		TOTO	番茄	2000	日本
	向阳2号	胡萝卜	1999	日本		凯特	番茄	2001	杭州
	柳川理想	牛蒡	1999	日本		杭茄1号	茄子	1990	杭州市蔬菜科学研究所
	博根	牛蒡	1999	日本		杭茄3号	茄子	1992	杭州市蔬菜科学研究所
						引茄1号	茄子	1998	浙江省农业科学院

注：①2001年引进的新品种，引进时间为2001年初。
②本表排列先分类别、品种，后按引入年度。
③资料来源：萧山区农业局。

繁 育

80年代至90年代初，农作物良种繁育主要围绕粮、棉、麻等大宗作物，兼顾蔬菜、瓜果、杂粮，建立市级良种繁育基地1.5万亩左右，年繁育各类农作物原良种100万千克～140万千克。1985年127.14万千克，1990年138.38万千克。粮、棉、油等种子本地繁育为主，麻、花生、瓜果、蔬菜和杂粮等以异地繁育和外调为主。粮食种子繁育以市良种场为骨干，同时在钱江农场、种畜场、红山农场、红垦农场、湘湖农场和军垦农场等地进行。棉花种子以市棉花原种场为骨干，同时在第一农垦场、第二农垦场和宁围、长山乡及东江围垦区等地繁育。红麻种子主要在广东、广西和福建等省、自治区特约繁育。花生、瓜果、蔬菜和旱杂粮多从山东、安徽、河南、四川和省种子公司、杭州市种子公司等地调运。市级统供率粮食作物种子15%～20%，棉籽5%～25%，其余以农民自留和串换解决。

1991年10月，萧山市列为省大麦生产基地，投资110万元，在市种子公司、头蓬、临浦三地建种子仓库2200平方米、晒场2000平方米、种子加工房（包括挂贮和考种）590平方米和门市部300平方米，购1套种子加工机械和40台（套）仪器设备。并在大桥、朱村桥、义桥、浦南、桃源、径游、闻堰、城南等镇乡大麦主产区建立2.6万亩大麦生产基地和统一供种点。

随着粮、棉、麻、油等种植面积减少和花卉苗木等产业兴起，农作物种子的繁育发生变化。市级种子繁育量1995年91.32万千克，2000年55.80万千克；基地面积1995年1.5万亩，2000年0.5万亩。粮食作物种子繁育点集中在萧山东联良种场（有耕地800亩，可繁育良种30万千克～50万千克）和市良种场、军垦农场、湘湖农场、钱江农场等地。异地繁育良种主要在平湖、海宁、海盐、嘉善和杭州原种场等地，建立早、晚稻异地繁育基地2000亩；棉籽主要在江苏太仓棉花原种场和省级棉花种子繁育基地海盐代繁，以苏棉8号和苏棉12为主。市政府拨出专项资金，在辽宁海城建立以台湾75为主的鲜食大豆繁育基地500亩，年繁育3万千克～5万千克。鲜食玉米中的杂交玉米主要在江苏特约繁育，年繁育0.5万千克～1万千克。油菜、红麻和绿肥等种源以外调为主，年供种在1万千克～3万千克。

贮藏加工

1998年在市良种场建立种子加工中心，建种子仓库518.6平方米、管理房756平方米，购置1套种子加工精选设备；在市种子公司头蓬分公司建棉花种子仓库和加工房304平方米；在市种子公司建标准化种子检验室，并购置配套种子检验仪器设备等。2000年，市、镇乡两级种子统供率46.3%，种子机械精选加工率90.5%，棉花种子包衣率85.5%，稻麦良种全面实行小包装和标牌供应。

图11—13—398　2000年，垦区大葱整理包装出口（傅展学摄）

第三节　土壤肥料

土壤肥力

50年代末，北部地区的耕作层多在18.5厘米，后由于复种指数提高，收种季节矛盾日益尖锐，浅耕面积扩大，加上有机肥用量减少，化肥施用量剧增，至80年代初，水田耕作层变为11厘米～15厘米，旱地18厘米。耕作层变浅，直接影响作物根系的伸展和活动，使养分贮存减少，水气矛盾加剧，致使保肥、供肥失调。农业生产中，长期“重化肥、轻有机肥”和“重氮、轻磷、少钾”的用肥习惯，使土壤中的钾素严重缺乏。1992年土壤养分调查结果表明，旱地土壤钾的下降幅度为46.2%，水稻土壤钾下降幅度为9.52%；土壤中有机质含量锐减，东片旱地土壤中的有机质为1.43%，水田3.65%。1993年11月至1995年11月，对全市40个主要土种209只耕作层土样调查分析，土壤速效钾含量大幅下降，土壤速效磷含量有所上升，其中旱地和山地土壤速效磷上升幅度大，但水田土壤速效磷含量下降。1997年对全市14个定点剖面进行取样分析，土壤有机质含量有所增加，土壤速效磷含量有所下降，土壤速效钾含量有较大幅度下降（详见第四编《自然环境》）。耕作层厚度，沙地区、水稻区平均分别为12.9厘米和12.4厘米，分别比1984年下降3.1厘米和2.4厘米。

1998年，耕作层多数小于15厘米，有的地方甚至不足10厘米。土壤中有机质东片旱地小于1%，水田小于2.5%。氮肥与磷肥的利用率低，氮肥仅30%～50%被作物吸收，大部分则通过农田退水进入水环境，致使水质恶化，产生水体的富营养化，不少河段的淤塞都与此有关联。

土壤改良

1985年后，采取增施有机肥、磷钾肥和微量元素肥料等措施改良低产田土壤。1986年，全县有低产田88772.5亩，其中北部平原区66295.0亩，南部河谷平原和低山丘陵区22477.5亩。低产原因主要有咸性缺素土、缺素土、烂糊田、死泥田和低丘垄田5类。1987年始，对围垦低洼咸砂土采取拓宽沟渠、疏浚河道、增施有机肥、实行水旱轮作等措施进行改造，全年改造低产田4353亩。至1992年，全市累计改造低产田44098亩。1997年始，又开展低产田改造工作，是年改造13500亩。1998年始，镇乡结合标准农田建设，低产田改造面积扩大。2000年底，共改造各类低产田55500亩（低产田改造资料来自市农业局）。

施肥技术

1985年前，推广应用“因土定产，以产定肥，以肥保产”的测报施肥技术。1987年2月始，示范推广“因土定产、因产定氮、因缺补缺”和“高产栽培”的水稻配方施肥技术，在水稻上推广应用1.07万亩，后推广到红麻、西瓜等作物上。1990年，在各种作物上推广应用配方施肥34.72万亩；1995年61.0万亩；1996年，推广“测土配方施肥”技术32.08万亩；至1997年，合计推广测土配方施肥114.18万亩次。1998年始，推广应用以“控氮、稳磷、增钾、补微”为主的平衡配套施肥技术（重点突出施用复合肥和微肥），面积43.1万亩；2000年50.0万亩；3年合计推广141.6万亩次。3种新的施肥方法总计推广应用581.18万亩次。

化肥施用[①]

1985年以来，化学肥料的施用，经历了从大量施用氮磷肥，逐步到氮磷钾肥、复混（合）肥和微肥的配套施用，氮磷钾三要素从比例失调到渐趋合理。2000年，全市氮磷钾三要素比例1：0.38：0.29。

氮肥[②]　1985年，全县供应氮肥87884吨，主要为碳酸氢铵、尿素和氨水，其中碳酸氢铵58765吨，尿素27027吨和氨水2092吨。之后，随着氮肥用量增加，尿素比例提高，氨水逐步淘汰。1990年，全市供应氮肥100141吨，其中碳酸氢铵63068吨，尿素32128吨。1992年，全市氮肥供应量109640吨。1993年始，肥料市场逐步放开，多渠道经营，肥料统计数与实际施用量间存在较大差异；同时复合肥用量增加，单质氮肥逐年减少。1995年施用化学氮肥77585吨；2000年施用86575吨，其中尿素41127吨，碳酸氢铵45408吨，每亩耕地平均施用纯氮26.4千克。

磷肥[③]　1985年，全县供应磷肥17685吨。1987年，配方施肥技术推广应用，磷肥用量增加，1990年施用26399吨。1992年始，专用肥推广应用，磷肥用量稳定。2000年，对全市各种作物实际施用磷肥量统计，总施用量26495

①据民国12年（1923）12月21日《越铎日报》报道：“肥田粉自输入吾绍以来，经各士绅、农家试验报告成绩，业已唤起各处农家之注意，无不从事购用。兹闻萧山赭山普本农林试验场主任冯允功，在黄金树上施用肥田粉后，生长迅速，比普通栽培加倍有余。施用肥田粉之蔬菜，尤鲜嫩肥大”。抗日战争胜利后，国民党“善后救济总署”以农贷形式发放过少量美国铁猫牌肥田粉给萧山塘北棉麻联合社和萧山城厢合作社。（资料来源：萧山市农业局编：《萧山县农业志》，浙江大学出版社，1989年，第89页）

②1950年，全县供应氮素化肥48900担。1952年，国家对烟、麻等经济作物搞肥贷，对困难户赊销化肥，当年供应化肥6.77万担。1954年开始，按主要作物面积分配供应，全县销售氮素化肥8.08万担，平均每亩9.96斤。1956年增至18.28万担。尔后，由于化肥生产量下降，1961年供应6.87万担。1963年开始回升，1966年达到48.16万担，按主要作物面积73.34万亩算，平均每亩65.6斤。

1971年供应化肥50.3万担，1974年增加到65.19万担，1977年增到75.91万担，平均每亩为81斤。1978年，萧山化肥厂投产。当年，全县供应化肥134.38万担（其中本县生产12.32万担），平均每亩耕地142斤，比1977年增长75%，其中碳酸氢铵61.84万担，占46%，尿素17.25万担，占12.8%，氨水45.3万担，占33.7%。

1980年，氮素化肥增加到187.23万担，平均每亩耕地188斤，比1978年增长32.4%。尔后，每年供应量在200万担左右。（资料来源：萧山市农业局编：《萧山县农业志》，浙江大学出版社，1989年，第89页）

③1954年，本县第一次供应磷肥5000担，每亩耕地平均不到1斤。尔后，磷肥逐步被农民喜用，1957年供应3.51万担，1962年增至6.38万担，平均每亩耕地8.96斤，1965年为9.45万担，平均每亩12.67斤。1970年萧山化工厂投产，生产过磷酸钙75480担，加上省、市分配数，全县供应磷肥21.39万担，平均每亩27.6斤。这一年开始，磷肥被广泛用于棉、麻和冬种作物的基肥，开春后“以磷增氮”作草子追肥。以后，宁围、浦沿、闻堰等公社相继办起了磷肥厂。70年代，全县共供应磷肥249.29万担，平均年每亩耕地27.7斤，亩施用量比60年代增加16.1斤。80年代开始，磷肥使用量大幅度增长，年平均每亩耕地40斤左右。（资料来源：萧山市农业局编：《萧山县农业志》，浙江大学出版社，1989年，第90～91页）

吨，平均每亩耕地施用五氧化二磷9.9千克。

钾肥[①] 1986年，全县供应钾肥1134吨。后随配方施肥技术的推广，用量增加，1990年为4675吨。1992年始，蔬菜等经济作物种植面积扩大，钾肥施用量增加。2000年，全市施用钾肥6397吨，平均每亩耕地施用氧化钾7.8千克。

复合肥 1983年始，萧山化工厂生产低浓度含氯复混肥。多用于水稻等粮食作物。1991年，试验示范水稻专用复混肥，1992年，水稻推广应用专用肥1.1万亩；1993年7.55万亩；后稳定在2万亩左右。1986年，试销进口芬兰复合肥等高浓度复合肥790吨。90年代始，进口复合肥用量增加。测土配方施肥和平衡配套施肥技术推广应用，外省中高浓度复混肥大量进入，复混（合）肥施用量增加，1990年施用2886吨，1993年施用6041吨。1997年，市协和化工有限公司生产“有机无机复混肥”或称“绿色高效有机肥”。2000年，全市复合肥施用量23725吨，平均每亩耕地施用28.9千克。

微肥及其他 1986年始，试验推广单一微肥硼肥、锌肥、钼肥、锰肥等。1990年始，试验示范微生物肥料“生物钾肥”和复合叶面肥，推广硼肥4.86万亩、钼肥1.7万亩。1992年，推广硼肥6.55万亩、锌肥1.1万亩、锰肥0.67万亩和生物钾肥0.24万亩。1995年，推广生物钾肥1.5万亩，锌肥0.25万亩。1997年后，生物钾肥用量减少，主要施用硼肥、锌肥和复合叶面肥。2000年，推广应用硼、锌等微肥3.5万亩。

①本县历来施用的传统钾肥是草木灰（包括山区用草皮烧制的焦泥灰），但使用量不多。1960年6月30日，县委在进化、戴村召开土化肥生产现场会后，各地先后办起胡敏酸钾（从草木灰、蚌壳灰、棉秆灰等含钾碱液作物中提取）、胡敏酸钠（统称胡敏酸盐）土化肥厂1461个，社社队队都办厂，当年生产胡敏酸盐类肥料115万担。1967年温州化工厂在本县棉麻场、棉麻研究所、瓜沥农技站及农业局棉麻基点队进行硫酸钾肥效试验，供试肥料160斤，未全面推开。

70年代后期开始大面积使用化学钾肥，1979年供应32216担，平均每亩耕地3.35斤，是1978年的12倍。80年代钾肥用量逐年增加，1984年增加到6.93万担。（资料来源：萧山市农业局编：《萧山县农业志》，浙江大学出版社，1989年，第91页）

表11-13-234 1985～2000年萧山化肥施用情况

单位：吨

年份	施用量	氮肥	磷肥	钾肥	复合肥	年份	施用量	氮肥	磷肥	钾肥	复合肥
1985	108624	87884	17685	—	—	1993	106347	86383	11194	2729	6041
1986	118258	97202	19132	1134	790	1994	91861	74924	11291	2279	3367
1987	112193	87634	18409	3901	2249	1995	93073	77585	9512	1989	3987
1988	122665	92703	25339	2885	1738	1996	71448	56224	8236	2170	4818
1989	129139	99045	24140	2755	2199	1997	66440	51076	8363	2079	4922
1990	134101	100141	26399	4675	2886	1998	58862	45558	6640	1986	4678
1991	138436	103749	26106	5662	2919	1999	56916	44570	5188	1852	5306
1992	137471	109640	17971	4959	4901	2000	143419	86575	26495	6397	23725

注：①资料来源：1985～1986年，《萧山县国民经济统计资料》。1987～1993年，《萧山市国民经济统计资料》。1994～2000年，《萧山市统计年鉴》。

②从1993年始，肥料市场逐步放开，多渠道经营，表中统计数与实际施用量间存在较大差异；2000年为市农业局根据实际施用量推算数。

有机肥施用[①]

绿肥　作为传统土肥，绿肥是早稻、棉花、络麻的主要有机肥肥源。萧山绿肥主要有草子（紫云英、苜蓿）、咸菁（又名田菁）、绿萍等。1980年后，绿肥面积减少，1981年16.7万亩，1985年3.91万亩，1990年2.91万亩，1992年3.07万亩，1995年3.97万亩，2000年2.84万亩。苜蓿在沙地棉麻区基本绝种，紫云英在南片稻区零星种植。

秸秆还田　1985年，秸秆还田面积主要是稻区的早稻草还田和农场系统利用机械收割还田。后随着联合收割机的推广，秸秆还田面积增加，1990年，引进"脱切机"1台，脱粒和切草1次完成，工效提高1倍。1992年后，粮食作物播种面积减少，单季晚稻面积扩大，机械收割面积增加，秸秆还田面积相应增加。2000年，全市秸秆还田面积58.40万亩。

表11－13－235　1985～2000年萧山绿肥与秸秆还田面积情况

单位：万亩

年　份	绿　肥	秸秆还田	年　份	绿　肥	秸秆还田
1985	3.91	—	1993	5.18	31.50
1986	3.16	—	1994	4.31	43.20
1987	2.38	13.60	1995	3.97	55.00
1988	2.35	34.00	1996	2.99	55.50
1989	3.03	38.72	1997	2.72	63.20
1990	2.91	36.08	1998	3.02	65.70
1991	2.88	40.61	1999	3.10	68.00
1992	3.07	35.00	2000	2.84	58.40

资料来源：萧山区农业局。

土杂肥[②]　80年代始，化学肥料供应量增加，农村实行承包责任制，大部分劳力进入乡镇企业，土杂肥积造和施用量减少。90年代，经济作物面积增加，畜牧业发展，土杂肥施用量增加。1995年，全市猪粪、尿生产量约40万吨。2000年，畜禽粪尿生产量71.87万吨，直接还田量约41.15万吨，平均每亩施用量520千克。

①草子（紫云英、苜蓿）　是本县传统土肥。从50年代开始，播种面积逐年增加，1952年为20.24万亩，比1949年15.7万亩增加28.9%；1955年扩大到25.25万亩；1958年又增至28.9万亩。1965～1969年，每年种植30万亩左右。1970～1974年，绿肥面积有所减少，每年保持26万亩左右。

咸菁（又名田菁）　1960年由头蓬盐场从慈溪庵东盐场引进咸菁籽数百斤，抛播于潮间滩涂，取其枝叶作肥料，茎秆作燃料，种子作来年播种之用。1962年因头蓬盐场塌江迁场而未推广。当时沙地区亦有个别农民到盐场收籽播于河湾两岸，于年底收割作柴火之用。1968年，咸菁作为改良咸碱土壤的主要手段之一，广为播种。70年代初开始，为增加棉地有机质肥料，将咸菁套播于棉地，效果较好。1975年头蓬公社套咸菁1124亩，占棉地44.6%，套咸菁的棉花亩产比对照提高24.9%。当年全县棉地套咸菁4690亩。1976年扩大到3.9万亩；同年稻田开始套种咸菁4200亩。1977年，全县粮、棉地套种咸菁17.5万亩，1978年扩大到20万亩，1979年减少到10万余亩。尔后逐年减少。

绿萍　1963年从浙江农业大学引进稻田绿肥——绿萍，在大通桥良种场试放2.4亩，由省农业厅聘请温州养萍师傅作技术指导。1966年全县稻田养萍扩大到16个公社40个大队、3个国营农场，放养3693亩。大桥公社沙河大队种植矮脚南稻28.5亩，其中14亩养萍的亩产859斤，对比照田亩产751斤增产14.4%。后因绿萍越夏和连作晚稻田养萍技术未过关，1968年养萍范围和面积缩小。接着经过10个基地试验，面积又开始扩大。至1974年早稻养萍5158亩，晚稻专用秧田养萍10620亩，普及到稻区各社队。1976年进一步扩大到5.1万亩，1978年后逐步减少，而今已基本消失。(资料来源：萧山市农业局编：《萧山县农业志》，浙江大学出版社，1989年，第90页)

②历史上，本县都以农家肥料为主，80%以上是人畜粪、垃圾、河泥、绿肥（紫云英、黄花苜蓿）、饼肥（菜饼、棉籽饼）及草木灰等。据民国25年（1936）《萧山概况》记载："我县主要肥料的比例是：人粪40%、饼肥20%、草木灰10%、厩肥和石灰各5%，其他肥料20%。"

50年代初，河上、进化等山区乡村有烧制焦泥灰、壅施石灰的习惯。焦泥灰用于豆、麦、玉米、番薯等作物；石灰施于部分日照少、水温低、酸性较强的山垄田，以提高水温，促进有机物质的转化及中和土壤酸性。平原水网地区的一些乡村，则习惯于捻河泥，种植红花草子，春播马料豆等，以解决冬作和夏作基肥。棉麻地区的农民，除在畦心播种黄花苜蓿作为来年棉麻基肥外，每年冬季翻沟、池积河泥，外出扫垃圾、掸烟（囱）煤等；春、夏、秋三季以割青草、捻河泥为主。

60年代，每年从冬种结束开始，有80%左右的生产队（约5743个）和30%左右的劳力投入积肥造肥。

70年代开始，为实现粮食亩产超"双纲"、上"吨粮"的目标，采用种、积、养的办法，广辟肥源。一是种好绿肥，平均亩产鲜草1500～2000斤；二是积足土杂肥，据瓜沥、义蓬区调查，1971年冬，组织6万劳力奋战10天，翻河湾300华里，积河泥2700多万担。1972年夏季，又突击积河泥、割青草、收垃圾等，解决了两区10万亩晚稻用肥；三是发展养猪，增积厩肥。1972年全县26个棉麻重点公社，全年饲养生猪19.5万头，比1971年增加11.4%。

70年代中期，化肥供需矛盾突出，1975年全县化学氮肥的总供应量比上年减少31%。尔后，由于化肥的供应量仍不能满足需要，1977年全县开展了积土肥、清家肥的"三窝"（猪窝、羊窝、鸡窝）、"五泥"（坑边、灶前灶后、千脚、阴沟、垃圾坑）大搬家活动，农村有70%的劳力投入积肥。(资料来源：萧山市农业局编：《萧山县农业志》，浙江大学出版社，1989年，第89～90页)

第四节　栽培技术

高产模式栽培[①]

粮油高产模式　1985年在全县推广大麦叶龄促控栽培法8万亩。1986年在朱村桥乡方家村方友根户进行早稻“广陆矮4号”、晚稻“秀水48”模式栽培试验，当年示范10余亩获得成功。1987年编制第一张《两熟制“广陆矮4号”亩产500千克栽培模式图》，是年示范推广2.04万亩。1988年编制不同熟制的水稻高产模式图6张，并在19个镇乡的93个村推广10.03万亩，带动其他粮油作物模式化栽培技术的应用。[②]1990年，粮油作物高产模式栽培41.54万亩，并逐步发展为“吨粮田工程”。

红麻、棉花高产模式　1988年编制《红麻亩产400千克栽培模式图》和棉花高产栽培模式图。红麻在12个镇乡，36个村、16550户中实施3.07万亩；1989年在14个镇乡，60个村、34200户实施4.87万亩；1990年应用红麻高产模式栽培5.63万亩。后发展为“五百千克麻”工程。

①在系统的苗情观察、气象资料的基础上，把各种先进适用的单项高产技术进行组装配套，编制成模式栽培图，农民可看图种田的一项栽培技术。

高产工程

1990年，市政府印发开展“吨粮田、百千克（皮）棉、五百千克麻”3项高产工程建设的通知。在15个镇乡、场实施“吨粮田”工程15万亩，“百千克棉”工程0.49万亩，“五百千克麻”工程1.07万亩。是年，朱村桥、瓜沥等15个镇乡、15.65万亩粮田亩产超吨粮、849亩棉田亩产超百千克、1.07万亩麻地亩产超500千克。

1992年，24个镇乡、场，433个村，28.35万亩粮田实施“吨粮田”工程；9个镇乡、场实施“百千克棉”工程2.08万亩；15个镇乡、场实施“五百千克麻”工程2.22万亩。是年，有15.68万亩粮田实现亩产超吨；棉花因减产，仅有55亩棉地实现亩产超100千克；2.22万亩麻地全部实现亩产500千克。闻堰镇成为杭州市第一个吨粮工程建设合格镇乡。

1994年，吨粮田、五百千克麻、百千克棉工程发展为“三高”（高产、高质、高效）工程。是年，在7.67万亩粮田、3587亩棉田和7677亩麻地实施，2.59万亩实现“三高”工程目标。

1995年，20个镇乡的7.68万亩粮田、2.47万亩棉地和1.02万亩麻地列入“三高”工程建设计划，其中3.05万亩实现“三高”工程要求。1996年，该项目结束。

②1988年编制《沟边小麦“扬麦4号”亩产275千克栽培模式图》《油菜“78251”亩产125千克栽培模式图》《中油821亩产125千克栽培技术规程》，在河庄、前进、瓜沥、党山、大园和城山等镇乡进行示范推广；编制《春大豆“五月白毛”亩产150千克技术规程》，在大园、党山和益农等9个镇乡示范9121亩。

轻型栽培

1978年，第一农垦场、第二农垦场进行单季晚稻飞机直播试验，因水稻品种的抗倒性和化学除草技术不配套而终止。1985年，尖山镇许家村许纪成试种1.4亩“再生稻”获成功，早季亩产527千克、再生季亩产257千克，两季亩产784千克，与双季稻产量相仿。1987年引进“盐粳203”、“40–1”示范种植2000余亩。后因早季螟虫、纹枯病危害较重，再生率低，后季成熟不一致而导致产量不稳，应用面积减少，仅昭东乡在稻田养鱼中有所应用。80年代中期，宏伟乡示范应用晚稻秧田“拔秧留苗”（即秧套稻）技术，解决了小麦田早稻和秧田底晚稻移栽偏迟的问题；红垦农场在单季晚稻行间进行双季晚稻育秧（即稻套秧）示范，节省了双季晚稻专用秧田。但随着移栽晚稻的减少，应用也相应减少。同时，市农科所开展“稻套稻”试验，即在早稻后期行间套种晚稻以缩短晚稻秧龄，后因早稻不能机割而未能推广。

1985年，引进免耕栽培技术，在戴村镇戴家山村进行稻田免耕大麦试验获成功，1986年在楼塔镇召开冬种现场会，推广“稻板麦”技术，是年推广1.2万余亩。1987年，扩展到东片沙地区，从大麦发展到小麦，是年，全县推广“稻板麦”5.6万亩。瓜沥乡进化村利用红麻茬口进行油菜直播栽培示范，裘江乡文里头村进行稻田油菜免耕移栽示范，西兴镇杜湖村进行稻田蚕豆免耕直播示范。此后，春花作物免耕栽培技术得到全面推广，成为主要种植方式。

1988年，开展以直播为重点的水稻轻型栽培技术试验研究。1989年，农垦场示范单季晚稻直播栽培。1994年，第一农垦场编制《单季晚稻直播栽培技术规程》，促进水稻直播栽培技术的推广。是年，推广以单季晚稻为主的直播栽培4.5万亩。1995年，裘江乡等18个镇乡的26个示范点进行水稻塑盘育秧抛栽1775亩，其中早稻899亩、晚稻876亩；全市推广水稻直播栽培5.26万亩；闻堰镇黄山村进行早稻旱育秧试验。1996年，水稻抛秧栽培从早稻、双季晚稻发展到单季晚稻，引进3台抛秧机，在城北水泥厂农业车间示范机械抛秧300亩。1998年为解决沙地区晚稻秧田水对周围旱作造成的渍害，瓜沥、益农和河庄3镇进行豆茬晚稻旱育秧试验，试点亩产493.57千克，比常规水育秧亩增42.04千克，是全省首创碱性土壤双季晚稻旱育秧成功的典型。是年全市推广应用抛秧栽培2.02万亩和直播16.69万亩。2000年，水稻轻型栽培技术推广应用21.05万亩，其中抛秧1.02万亩、直播19.2万亩和旱育秧0.83万亩。虽然后随早稻面积的减少，抛秧和旱育秧的应用也相应减少，但形成了以直播为主的水稻轻型栽培模式。

化学调控

粮、油作物化学调控　1984年，城北乡荣庄村进行乙烯利调控晚稻秧苗技术获得成功。在连作晚稻秧苗四叶一心期喷施40%的乙烯利250毫升后，秧苗矮壮，发根力强，白根粗短，移栽后不易败苗。1985年，城北乡在连作晚稻秧苗上示范300余亩。1986年，以城北区为主推广1200多亩。乙烯利防止连作晚稻秧苗败苗技术较强，但在秧苗密度略高、秧龄偏长、育秧期气温偏高时易发生秧田期拔节。

1986年，引进“多效唑培育水稻矮壮秧技术”，在西兴镇襄七房村试验示范，秧苗矮壮叶厚色深，根系粗壮、白根增多，移栽后返青快、分蘖早。1987年，全县有6450亩晚稻秧田应用。1989～1990年，大园乡渭水桥村进行多效唑培育油菜矮壮秧和防止春大豆苗期徒长的试验。1990年，全市推广多效唑化学调控技术19.43万亩，其中晚稻13.43万亩、油菜6.0万亩。1992年，开展“水稻烯效唑（HS）化学调控技术”，在西兴镇红旗畈建立340亩示范方，为“全国水稻高产HS化学调控技术会”现场。是年，全市化学调控面积41.16万亩。后一直保持在35万亩左右。

1990年，引进黄腐酸类多功能叶面肥“喷施宝”，在长沙、益农、大桥和闻堰4个镇乡进行试验示范，并形成“喷施宝防治晚稻后期早衰”技术。1991年，该技术扩展到大小麦上。1992年，宁围镇和城北乡在蔬菜上应用“喷施宝”，具有明显的增产效果，并改善了蔬菜的商品性。是年，全市“喷施宝”应用面积18.89万亩。1994年，引进黄腐酸复合微肥类多功能叶面肥“喷施灵”，并逐步代替“喷施宝”，成为应用面积最大的叶面肥。1995年，全市应用“喷施宝”和“喷施灵”面积30.64万亩。

1997年，引进多元复合植物生长调节剂“粒粒饱”和“谷粒饱”，在裘江办事处金家浜村陈木根户试验，表现出抽穗整齐、齐穗提早，叶色加深，青秆黄熟，结实率和千粒重明显提高，且直观效果十分明显。1999年推广10.46万亩。后随早稻面积的减少，应用调节剂转向“粒粒饱”，面积稳定在6万亩左右。

1998年，引进水稻秧苗专用调理剂“水稻壮秧营养剂”，在水稻塑盘育秧和旱育秧上应用810亩。后结合水稻轻型栽培技术的推广，“水稻壮秧营养剂”成为双季晚稻旱育秧技术的配套调理剂。

棉花化学调控　1980年，应用助壮素等作物营养激素对棉花生长发育进行调控试验，取得成功；1991年，大面积试验示范；1992年，全市推广应用5.28万亩，占当年棉花种植面积的52.3%，亩产增8.3%，总产增253.2吨，增收174.2万元。2000年，由于农业产业结构调整,棉花播种面积下降，推广应用1.79万亩，占是年棉花播种面积的77.16%。

油菜秋发栽培

1995年，引进“油菜秋发栽培技术”，以“早播、早栽、早管”为核心，以培育大壮秧，秋冬发大壮苗越冬，增枝、增荚、增产为目标，弥补本市晚稻收获迟、油菜移栽季节迟的不足，产量显著提高。是年，示范0.44万亩，平均亩产130.6千克，比传统栽培增产11.9%。1996年扩大到2.05万亩；2000年3.50万亩。

棉花“密、矮、早”栽培

1996年试验成功，每亩定苗密度6000株左右，株高80厘米～100厘米，促早栽培达到早熟不早衰，霜前花率80%以上。1998～2000年合计推广9.15万亩，占棉花种植面积的67.9%，共增皮棉764.5吨，增加产值879.34万元，节约成本670.25万元，净增收入1549.59万元。

设施栽培

蔬菜地膜覆盖　始于1980年，通过地膜覆盖，减少根系裸露，促进蔬菜根系生长发育，提高植株抗逆力，减少病、虫和旱、涝等危害，平均亩产比露地栽培增加30%左右，并提早5～20天采收，茄、果、瓜、豆等早期产量明显提高。1984年，地膜覆盖343亩；1990年412亩，1995年4100亩，2000年35400亩。

蔬菜大中棚覆盖　1986年，引进钢管大棚，在城厢镇西门村应用。1987年，在蔬菜基地新建钢管大棚14套、排灌机2台。1989年，全市24个建制镇有大、中、小棚281套，棚膜覆盖率25%。1990年，推广大棚238只、71.4亩，中、小棚102.8亩；1992年，推广大棚739套、152.8亩，中、小棚95.5亩；1995年，有塑料大棚641亩，中、小棚1895亩；2000年有大棚5550亩，中棚5501亩，小棚29247亩。大、中、小棚、地膜覆盖是反季节栽培的必需设施，该技术同时在花卉上应用。

红麻地膜覆盖　1981年，萧山棉麻研究所进行地膜覆盖红麻试验获得成功。1984年，地膜覆盖作为省种和增产的双重措施加以推广，是年，推广5.63万亩，占红麻种植面积的24.5%。1985年，推广5.58万亩。后因植麻效益降低，红麻种植面积下降，地膜覆盖面积随之减少，1990年仅0.13万亩，后络麻地膜覆盖已不多见。

早生良种茶设施栽培　1987年，闻堰镇黄山林场率先在0.2亩龙井43茶园中应用设施栽培，比同品种露栽早采10天左右。后采取施二氧化碳气肥、喷施“早发灵”催芽素；使用钢管棚架，所覆薄膜由聚乙烯改为EVA（无滴、高保温、高透光）、厚度由7丝增加到10丝等新技术，面积逐步扩大，采摘日期也有所提前。2000年，全市有50亩茶园实施设施栽培，1月7日采摘新茶，早期每千克售价2000多元，平均亩产值0.8万元～1.3万元。

蔬菜新技术

营养钵育苗　即用人工配制的营养土培育蔬菜幼苗，将营养土做成圆钵状，装入纸袋（纸钵）、草袋（草钵）或塑料钵内。80年代前以草钵为主，80年代后，始应用纸钵。90年代起，应用塑料钵。棉花、西瓜育苗也采用该技术。

遮阳网覆盖　1989年引进黑、灰色遮阳网12000平方米，在小白菜、早胶菜、秋莴苣笋和花菜上应用。覆盖遮阳网后，气温比露地降低3℃～5℃，出苗时间提早2天，出苗率提高61%～73%，平均增产12%～35%。1990年推广应用遮阳网12968平方米；1995年，有遮阳网24.50万平方米；2000年，有遮阳网200万平方米。苗木种植中使用较多。

图11—13—399　90年代末建立的义盛镇长红村放心菜示范基地大棚蔬菜（俞建龙摄）

防虫网覆盖　1997年引进银灰色、白色26目防虫网420平方米，在菠菜、大白菜（早熟5号）上初试，能有效地抑制害虫的侵入和传播病毒，对斜纹夜蛾、甜菜夜蛾的相对防治效果为81%～100%，对从伤口侵入的病害防治效果较好，软腐病为76%～86%，病毒病为100%，白星病为95%；成苗率提高35%～95%，株高增14%～19%，开展度增17%～33%，平均增产25%以上，增收6%～30%。1998年，推广1.75万平方米。2000年，有防虫网15.81万平方米。

二氧化碳气肥　2000年引进“广丰牌”二氧化碳气肥颗粒剂，在大棚草莓、辣椒上使用后，表现为叶色变浓、叶变厚、植株长势旺、单果重增加、干物质含量增加和不易早衰。同时在大棚茶树、花卉上应用。

无公害综合配套技术　70年代初，在蔬菜上实施无公害生产技术。90年代末，蔬菜生产推广应用低毒低残留农药、生物农药和防虫网、遮阳网。2000年始，对“无公害”蔬菜提出“预防为主，综合防治；农业防治为主，化学防治为辅”的原则。推广应用杀虫灯、性引诱剂、低毒低残留农药、生物农药、生物有机复合肥、专用肥、二氧化碳气肥和提倡水旱轮作等无公害综合防治生产技术，控制农药的使用量。

夏菜秋栽　1997年始，夏菜秋栽试验取得成功，秋辣椒每千克最高价26元，亩产值1万余元；秋黄瓜亩产值0.8万元左右。后面积逐年扩大，但效益有所下降，亩产值平均在0.5万元左右，面积稳定在200亩左右。

第五节　养殖技术

畜禽养殖技术

瘦肉型猪饲养　1984年，实施推广良种、最佳杂交组合、配合饲料、综合防疫和软栏改硬栏、熟料改生喂、稀料改干湿料、吊架子改为步步高的“四推四改”瘦肉型猪饲养技术。是年，推广瘦肉型猪5.25万头，出栏商品肉猪宰前重90.49千克，瘦肉率47.91%。1991年，萧山被列入全国商品瘦肉型猪基地市（县），1995年达到标准，是年，肉猪进栏重23.97千克，出栏重93.15千克，饲养期115天，日增重601克，饲料转化比3.32：1。2000年，全市饲养瘦肉型猪80.13万头，占全市饲养量的71.77%；出栏50.04万头，占全市出栏数的67.56%；年末存栏30.09万头，占全市存栏数的80.07%，其中存栏母猪2.52万头，占全市存栏母猪的94.03%。

规模养猪配套饲养　1994年始，推广品种优化，早期断奶，分阶段饲养，母猪笼养，应用产仔房、仔猪培育室等设备和乳猪全价料，采用综合防治疫病的规模养猪配套技术，产房、培育室实施全进全出。是年，全市有年出栏100头以上猪场（户）219家，出栏猪13.17万头。1997年，萧山红垦养殖有限公司有笼位474笼、高床产房330笼、仔猪保育室3幢207间。乳猪28～30日龄断奶，60日龄转栏，转栏仔猪14540头，平均头重21.6千克，饲料转化比1.13：1；出栏肉猪12886头，饲料转化比3.02：1；全场饲料转化比（包括公母猪）3.35：1。1999年，全市出栏肉猪100头以上的场（户）414家，出栏肉猪29.16万头。应用母猪笼养和产猪房母猪1.56万头，应用培育室培育仔猪13.01万头，应用早期断乳仔猪22.2万头，应用湿帘纵向通风设备1.07万头。萧山市种畜场饲养的杜大长杂交肉猪，出生至出栏饲养期170天，出栏重91.64千克，饲料转化比2.80：1。2000年，全市20个规模养猪场配套饲养41.26万头，占全市饲养量的36.95%；全年出栏25.30万头，占全市出栏数的34.16%；年末存栏15.96万头，占全市存栏数的42.47%。

肉用仔鸡笼养　1985年始推广新浦东、海佩科、海新、红波罗、安钠克、红宝、海红、艾维茵等肉用仔鸡，采用育雏、应用配合饲料离地笼养和免疫技术，肉鸡饲养期50天～60天，体重1.5千克左右出栏，饲料转化比2.50：1。是年，楼塔、大同、岩山、河上、云石等23个重点镇乡有养鸡专业户 522户。1988年，全市有肉鸡专业户809户，全年出栏肉鸡253.88万羽，年末存栏100.41万羽。出栏的艾维茵肉鸡，49日龄体重1.66千克，饲料转化比2.15：1，半净膛屠宰率83.4%。1997年有肉鸡专业户516户，出栏肉鸡219.94万羽。2000年，全年饲养202.57万羽，出栏168.13万羽，存栏34.44万羽；有年出栏2000羽以上专业户220户。

图11—13—400　1993年萧山饲料畜禽联合公司养鸡场（纪传义摄）

美国王鸽笼养　1987年始饲养肉用鸽——美国王鸽，采用选育良种、合理配对提高繁殖率，应用配合饲料、保健砂、笼式规模饲养和免疫等配套技术。是年，来苏乡灯郎张村张兴龙饲养种鸽200羽，年出售肉鸽1800羽。1992年有2户饲养550羽。1998年全市有专业户75户，年末存栏肉鸽7.35万羽，全年出栏肉鸽12.84万羽。乳鸽饲养25～30日龄，体重500克左右出栏。2000年，全市有专业养鸽户144户，全年养鸽35.52万羽，出栏28.44万羽，存栏7.08万羽。

美国尼古拉火鸡配套饲养　1982年县农科所首次引进美国尼古拉火鸡，1984年又引进1000羽。开始推广火鸡育雏、青年火鸡饲养、饲料配方、种火鸡繁殖、人工授精、种蛋孵化和疾病防治配套技术。尼古拉杂交火鸡7月龄体重：公的13.55千克，母的8.96千克，饲料转化比3.36：1，半净膛屠宰率84.5%，全净膛屠宰率68.7%。

肉鸭配套饲养　1985年始，推广应用配合饲料、人工辅助光照、离地网养或圈养北京鸭、樱桃谷、萧山山种小雄鸭等肉鸭。1988年湘湖农场饲养Z_1系北京鸭，49日龄体重2.82千克，饲料转化比2.73：1。1990年全市有肉鸭专业户323户，饲养肉鸭141.97万羽。大庄乡柏山陈村施志根饲养樱桃谷肉鸭33487羽，出栏27787羽，饲养35日龄，体重1.5千克，饲料转化比2.80：1。1998年，全市养肉鸭专业户315户，存栏肉鸭64.90万羽，出栏肉鸭218.34万羽。2000年，全年饲养328.79万羽，出栏268.11万羽，存栏60.68万羽；出栏2000羽以上专业户313户。

美国七彩山鸡舍内饲养　1989年始推广美国七彩山鸡舍内饲养技术，光明乡国庆村高剑富饲养七彩山鸡82羽，1991年饲养300羽。1993年全市有饲养山鸡专业户47户，饲养美国七彩山鸡23797羽。2000年饲养3万羽。

鹌鹑配套饲养　1988年始饲养鹌鹑，推广配合饲料、笼养、选育繁殖、人工孵化配套的饲养技术。是年，饲养鹌鹑4000羽。饲养的朝鲜龙城系蛋鹌鹑年产蛋250枚左右，法国肉鹌鹑40日龄体重200克左右出栏。1993年，全市有法国肉鹌鹑专业户31户，存栏8.53万羽，出栏26.7万羽；有蛋鹌鹑专业户31户，饲养朝鲜龙城系蛋鹌鹑16.92万羽。1998年，有肉鹌鹑专业户32户，年末存栏鹌鹑14.41万羽，年出栏肉鹌鹑208.72万羽；有蛋鹌鹑专业户16户，饲养朝鲜龙城系蛋鹌鹑23.95万羽。2000年，全年饲养120万羽。

野鸭平地饲养　1992年，城厢镇畜牧兽医站在石岩湖山村办特种动物养殖场，饲养西德野鸭（属绿头野鸭）150羽，全市存栏野鸭2080羽，出栏4553羽。在城厢镇的石岩、城南、来苏、裘江、新塘等办事处推广以育雏、配合饲料、人工光照、适当游水运动、科学育肥的平地放养野鸭饲养技术。1993年，全市有专业户35户，饲养野鸭4.27万羽。西德野鸭6周龄出栏，体重1.15千克左右，饲料转化比3.18∶1。1996年有专业户50户，饲养野鸭46.59万羽，其中出栏39.14万羽。2000年饲养82万羽。

水产养殖技术

鱼种套养　80年代初始，成鱼塘套放鲢鱼、鳙鱼、草鱼等夏花鱼种，当年达150克以上；1996年，全面推广应用，并由养成池塘发展到外荡、水库和其他水面。2000年，全市90%以上池塘搭养鱼种，放养仔口鱼种2498.7万尾、1565吨；老口鱼种1894.3万尾、4429.8吨。

鳜蟹混养　1991年，鳜鱼专养塘中套放幼蟹成功。1992年，3亩池塘亩产鳜鱼140.5千克、河蟹50.3千克，亩产值11606元，亩利润5939元。2000年，蟹塘套养鳜鱼，面积5880亩。鳜鱼当年达500克商品鱼规格，产鳜鱼30吨，增加产值120万元。

大规格蟹养殖　1994年，进行“池塘大规格河蟹养殖技术”试验、示范；1998年，总结出“大规格河蟹养殖技术要点”。放养长江水系和钱塘江水系的野生亲本培育出来的优质扣蟹，亩放1000只左右，放养规格每千克80只～180只。投喂的饲料采用颗粒饲料加螺蛳、冰鲜鱼等鲜活饲料。养蟹塘水质保持肥、活、嫩、爽。在病害防治上，采取以防为主，使用生石灰、二氧化氯等进行水体消毒灭菌。1997年，新街镇沿江村河蟹养殖专业户何志荣，在98亩河蟹养殖池中，实施大规格河蟹养殖新技术，亩产商品蟹100千克，平均每只135克，总产值160万元，净收入120万元。1999年制订省地方标准《河蟹池塘养殖技术规程》。2000年，全市大规格河蟹养殖面积1万多亩。

鳜鱼种培育　1987年始，开展鳜鱼苗种培育及成鱼养殖技术研究；1990～1992年，承担“网箱培育鳜鱼苗种并养成技术研究”。1992年12月，通过省内外专家鉴定。该项目在亲鱼流水促熟提前催产，达到与家鱼人工繁育同步；采用过滤、增氧调控水质，提高孵化率和夏花培育成活率；网箱培育鳜鱼种与网箱培育饵料鱼相配套等关键技术，属国内首创。1993～1996年，又建成鳜鱼繁育及养殖的规模生产基地，形成一套完整的、适合浙江省大面积推广的鳜鱼繁育养成高产高效配套技术，在池塘养殖鳜鱼成鱼与饵料鱼配套养殖及名特优品种混养方面有新的突破，1997年，总结出“鳜鱼池塘专养”、“鳜、蟹池塘混养”、“网箱养殖鳜鱼”、“池塘套养鳜鱼”、“外荡套养鳜鱼”五大养殖模式。1995年5月，制订省级地方标准《鳜鱼苗种繁育及养殖技术规程》。2000年,全市培育鳜鱼鱼种30余万尾，生产鳜鱼70余吨。

仿生态鳖养殖　1999年，全市逐步采用池塘仿生态养鳖技术，养成的商品鳖具有野生鳖的固有特性，价格比温室鳖高。杭州金达龚老汉养殖有限公司仿生态养殖的3年生中华鳖（日本品系），每千克售价120元，为一般商品鳖的2倍。2000年，养殖仿生态鳖20万只，平均售价每千克128元。

优质珍珠蚌养殖　80年代中期至90年代中期，珍珠蚌养殖龄一般在3年之内。1992年，珍珠价格下跌，养殖户将珍珠蚌养殖时间延长到5年甚至6年，每只珍珠蚌价格从5元左右增至10元以上。1999年，临浦镇养殖专业户汤渭法养殖5年生的优质珍珠蚌，每只价格200元以上。优质珍珠蚌养殖始兴起。2000年，撕膜法新工艺和接种系统化消毒等优质珍珠养殖技术全面推广，养殖面积14340亩（其中围田养殖6323亩），年产优质珍珠17770千克。

第六节　防治技术

预测预报

1985年，农作物病虫预测预报系统设有粮食作物病虫测报站、棉麻病虫测报站。粮食病虫测报站设在城南区农业技术推广站内，大通桥县良种场为观察基点，并在径游乡下俞村、宏伟乡春雷村、长河镇山一村、瓜沥镇永福村、衙前镇交通村、戴村镇凌山村设病虫观察点。棉麻病虫测报站设在长山镇塘湾村，并在宁围乡宁新村、盈丰乡东江围垦、长河镇江一村、长山镇盛中村、河庄乡建设村、夹灶乡新发村及甘露乡、新街镇、坎山镇、第二农垦场设立10个观察点。

1996年4月，棉麻病虫测报站和粮食病虫测报站合并成立萧山市农作物病虫测报站，站址设在棉麻病虫测报站内。粮食作物病虫观察点也从大通桥市良种场迁到塘湾村市农科所内。2000年，省、市投入85万元，在大通桥市良种场建成新的农作物病虫测报站，并附设“萧山市中心植物医院”，建筑面积1050平方米。同时，增加蔬菜病虫预测预报。在测报手段上除常规的黑光灯诱虫外，增加昆虫性诱剂。品种有二化螟、小地老虎、玉米螟、小菜蛾、甜菜夜蛾、斜纹夜蛾、棉铃虫共7个种类。是年，全市设有粮食病虫测报点3个：戴村镇郁家山下村、闻堰镇王家村、第二农垦场；棉麻病虫测报点4个：益农镇新发村、河庄镇建设村、市棉花原种场、市棉麻所；蔬菜病虫测报点1个：瓜沥镇永福村；农田鼠情点1个：瓜沥镇永福村。

病虫草鼠害防治

粮油作物病、虫、草防治　1980年始，麦田除草推广“高渗异丙隆”，在杂草一叶一芯至二叶一芯期作茎叶处理；直播稻除草推广“40%直播净”作土壤处理，用“二氯喹啉酸”加“苄黄隆”作茎叶处理，以一封一杀控制直播稻田杂草危害；移栽稻田除草推广应用“乙苄系列”，安全、高效，结束了人工耘田的历史；油菜田除草在移栽前用“禾耐斯”或“一铆”作土壤处理，到油菜抽苔前用“快刀”作茎叶处理，控制杂草危害。1995年后，单季直播稻面积扩大，1996年，直播7.9万亩，但影响产量的草害一直没能得到有效控制。1997～1998年在围垦地区定点观察直播稻田各种杂草的出草规律与发生数量，同时根据国内外厂家提供的除草剂做防效试验。围垦地区直播稻田主要杂草是稗草、千金子、扁秆藨草、灰藜，理想除草剂为“40%直播净”可湿粉，翻耕前用10%草甘膦消灭老草，播后2～4天用直播净可湿粉作土壤处理，稻苗3叶期用50%二氯喹啉酸加10%苄黄隆可湿粉作茎叶处理，对残存杂草适当采用人工拔除”的直播稻除草操作规程，在直播稻上全面推广。1998年开始，实施“稻田无草害工程”，制定“萧山市稻田无草害工程实施技术措施”，是年，实施10.8万亩次，建立300亩以上示范方7个；1999年，实施61.66万亩次，占水稻种植面积的85.0%，基本达到无草害目标。80年代中后期，逐步完善粮油作物病、虫、草综合防治技术：引进高抗稻瘟病的“秀水系列”新品种，减轻晚稻穗颈瘟的自然发病率；引进高效低毒专一性强的杀虫剂、杀菌剂新品种，采取“抓两头控中间”的优化措施，对水稻种子作药剂浸种拌种处理，防治种传病害发生及控制秧田期稻蓟马等害虫危害，取代呋喃丹在秧田中的使用；对抽穗后发病的稻曲病、穗颈瘟适期施药保护，穗期发生的第三代二化螟、第四代稻纵卷叶螟、第五代稻飞虱适期重治，分蘖到孕穗期间发生的病虫放宽防治指标，提倡兼治为主，充分发挥水稻自身补偿能力及对天敌的保护作用。1999年始，实施“稻田无螟害”行动，是年在5个镇乡实施10万亩次。2000年，实施61.39万亩次。是年引进“锐劲特”杀虫剂，兼治水稻3种主要害虫，农药用量及用药次数下降。

棉麻作物病、虫、草防治　70年代以来，总结出一套适合棉麻病虫防治的成熟技术。1985～2000年，棉麻苗期病害防治强调水旱轮作、种子药剂处理，出苗后用“稻脚青”浇根、喷叶保护，及时扶理春花，减少荫蔽，增加光照，降低病苗、死苗率。棉花枯萎病的防治自1987年引进高抗枯萎病的新品种“中棉12”后，发病面积及程度得到有效控制，大面积死苗现象减轻。红铃虫防治采取“弃治一代，普治二代，狠治三代”以及“打蛾灭卵不打虫，重点打在卵高峰”的防治策略。棉铃虫防治则采取“挑治二代，重治三、四代”或“两虫兼治”。自1996年引进推广种植抗虫棉后，鳞翅目害虫危害得到有效控制。对红麻小造桥虫，在做好蛾高峰预测后，根据虫情及时采用对口药剂防治。80年代，棉麻作物除草以“丁草胺”作播后苗前土壤处理为主。1990年，棉麻化学除草23.85万亩（次）。1996年改用“禾耐斯（90%乙草胺）”后，草害得到控制。2000年，粮、棉、麻化学除草116万亩次，农民从沿袭千百年的弯腰蹲身除草中解脱出来。

蚕桑病虫害防治　桑树病害防治　选用抗病品种，3年一春伐以复壮树势，晚秋留叶5～7张，消灭媒介昆虫等。蚕病防治：养蚕前做好蚕室、蚕具消毒，养蚕期间做好蚕体、蚕座消毒，养蚕结束后做好回山消毒。药剂除用1%有效氯漂白粉液及新洁尔灭石灰浆液外，90年代初推广“消特灵”、“蚕季安”石灰浆和“蚕病净”等药剂对蚕室、蚕具进行消毒。蚕体消毒常用新鲜风化石灰、“防病1号”、漂白粉防僵粉等。对于工业“三废”和农药污染，要杜绝污染源。

桑树虫害防治　桑白蚧：又称桑介壳虫。早春桑芽萌发前抹杀，各代盛孵期用皂油合剂或50%甲胺磷1500倍液或40%氧化乐果1000倍液喷治，保护二星瓢虫等天敌。叶虫：人工打落捕杀，以80%敌敌畏乳剂1500倍液或50%辛硫磷1500倍液喷治。桑蓟马：冬季清洁桑园，消灭潜藏越冬成虫，用40%乐果乳油1500倍液或80%敌敌畏乳油2000倍液喷治。野蚕：冬季刮除枝干上越冬卵，捕捉幼虫，摘除蛹茧，用50%辛硫磷乳剂1500倍液或60%双效磷乳剂1000倍液或50%甲胺磷2000倍液喷杀幼虫。桑螟：冬季清洁桑园，消灭越冬幼虫和虫蛹；夏、秋季灯光诱杀成虫，摘去虫叶，捏死幼虫，用50%辛硫磷乳剂1500倍液或60%双效磷乳剂1000倍液或50%甲胺磷2000倍液喷杀幼虫。桑毛虫：摘除有卵叶，杀死群集幼虫，冬季束草诱杀清洁桑园，用50%辛硫磷乳剂1500倍液或60%双效磷乳剂1000倍液或50%甲胺磷2000倍液喷杀幼虫。桑天牛：捕杀成虫，刺死或钩捉幼虫，用50%杀螟松乳剂50倍液在最新排泄孔上下15厘米涂干或用毒签等防治。桑象虫：冬季整枝彻底剪去枯桩，清洁桑园；在夏伐后7天内以50%甲胺磷1500倍液或50%杀螟松乳油或50%辛硫磷乳油或90%敌敌畏乳油1000倍液进行“白拳”治虫。

果树病虫害防治　萧山的主要果树为青梅、杨梅、梨、桃，常发生的病虫害13种，一般采用药剂防治为主，手工防治为辅。青梅疮痂病：70%甲基托布津1000倍液；50%多菌灵800倍液喷治。杨梅癌肿病：春季用利刀刮除病斑，涂402乳油100倍液或硫酸铜100倍溶液。梨小食心虫：2.5%功夫乳油3000倍液；20%“灭扫利”乳油3000倍液喷治。桃蚜虫：10%吡虫啉可湿性粉剂4000倍液喷治。

鼠害防治　1986年3月中旬，全县农村开展灭鼠活动，做到块块施药、户户灭鼠“五不漏”（“五不漏”指田不漏丘、丘不漏块、乡不漏村、村不漏户、户不漏室），全县共用磷化锌1147千克，敌鼠钠盐40.5千克，大米31万千克，灭鼠180.2万只。此后，每年开展灭鼠工作，灭鼠面积均在10万亩左右，1995年13万亩，2000年10.9万亩。

1985年前，农田灭鼠所用药物以急性鼠药磷化锌为主。1986年，引用第一代抗凝血剂——敌鼠钠盐。1996年后，用氯敌鼠钠盐取代敌鼠钠盐。至2000年，引用第二代抗凝血剂——溴鼠灵。

畜禽疫病防治

猪病防治　1985年7月，经杭州市扑灭牲畜5号病（口蹄疫）指挥部来萧检查验收，达到扑灭标准，省农业厅发给《萧山县防治牲畜5号病达到扑灭标准合格证》。是年，全县有17个镇乡散发猪瘟，有病猪291头。1990年，春、秋两季生猪防疫保持高密度水平，猪瘟免疫44.2万头，占存栏生猪的96.9%；猪丹毒免疫41.3万头，占存栏生猪的90.6%。是年应用猪瘟疫苗57万头剂，猪丹毒疫苗47.4万头剂。1992年，全年提供各类畜禽疫苗2300万头（羽）剂。春、秋两季防疫注射猪瘟疫苗43.45万头，占存栏生猪的97.4%；注射猪丹毒疫苗41.49万头，占存栏生猪的93.2%，16个苗猪市场实行交易保险制度，预防注射猪瘟、猪丹毒疫苗10.2万头。1995年，继续坚持春、秋两季防疫，实行平时补针和小猪市场预防相结合的方法。春、秋两季防疫注射猪瘟、猪丹毒二联苗44.64万头，占存栏生猪的98.8%；注射猪肺疫疫苗1.55万头，猪副伤寒疫苗3.15万头；16个苗猪市场预防注射疫苗6.88万头。结合春、秋两季防疫普查，发放猪O型口蹄疫灭活疫苗10万毫升，预防注射生猪1.04万头。1999年，萧山市被列入浙江省第一批无规定动物疫病区建设项目单位。采用国债投资和地方资金配套相结合的方式，总投入80万元，建立动物疫病监测诊断中心，建造30立方米冷库，并为23个镇乡、办事处配置冰箱，为37个规模猪场配置疫苗冷藏包等冷链体系和摄像机、照相机、电脑等监督、信息设施。2000年，市政府把一类动物疫病防制工作列入对镇乡、办事处的考核。全年以防疫灭病为重点，共注射防疫疫苗91.46万头，其中春季注射猪瘟、猪丹毒疫苗28.30万头，占存栏生猪的96.8%；秋季注射猪瘟、猪丹毒疫苗34.89万头，占存栏生猪的96.5%；注射口蹄疫疫苗40余万头次。

牛病防治　1985年6月，开展奶牛结核病普查。用结核菌素皮内注射法结合点眼方法，普查奶牛957头，查出阳性牛91头、可疑牛18头，均作处理。用试管凝集反应法普查奶牛布氏杆菌病，普查956头，查出阳性牛2头，作扑杀处理。在678头耕牛中进行锥虫病普查，没有发现阳性牛。1990年，开展奶牛结核病普查，普查1140头，查出阳性牛35头；布氏杆菌病检测1111头，无阳性牛，达到奶牛布氏杆菌病稳定区标准。1995年，在戴村、临浦等5个镇、27个村开展耕牛血吸虫病普查，检查耕牛70头，无阳性；在6个镇、40个村普查耕牛锥虫病，检查耕牛112头，无阳性牛。

羊病防治　1987年9月，对山羊进行布氏杆菌病和蓝舌病检测，分别检测山羊200只和120只，分别为可疑率0.5%和阳性率1.04%。

犬病防治　1985年6月，开展家犬狂犬病疫苗注射工作，全县注射家犬1.1万只。1986～1989年共注射家犬1.2万只，捕杀野犬1000只。1990年，应用狂犬病疫苗0.6万头剂。

禽病防治　1988年10月，对市种鸡场等4家场的存栏种鸡开展马立克氏病、传染性法氏囊病、鸡白痢和鸡败血霉形体病实验室监测，结果阳性率分别为65.3%、51.8%、24.3%和58.7%。1990年，推广应用鸡新城疫Ⅰ系疫苗70万羽剂，Ⅱ系疫苗743万羽剂，禽出败疫苗11万羽剂，鸭瘟疫苗15万羽剂，鸡马立克氏病疫苗401万羽剂，鸡传染性法氏囊疫苗792万羽剂和鸡传染性支气管炎疫苗49万羽剂。

蜂病防治　1987年，蜂群中发现马氏管变形虫病，发病80群。1988年3月，发现爬蜂病（暂定名），发病蜂群1600箱，发病率为40.0%，致死率为31.5%。

鱼病防治

草鱼出血病防治　1984年，衰江乡、昭东乡和来苏乡8个渔场及4个水产养殖专业户网箱的3.3万尾草鱼进行“草鱼出血病灭活疫苗”免疫注射获成功，草鱼成活率70%以上。1986年，扩大到42个渔场及300多户养殖户的池塘、外荡，注射草鱼22.89万尾，成活率80%以上。1989年后得到控制。

暴发性出血病防治　1989年7月，湘湖村渔场在一只60亩的池塘中发现异育银鲫大量死亡，用生石灰消毒无效，后改外用漂白粉全池泼撒，内服痢特灵和减少菜饼投喂量等综合措施，治疗后第二天死亡减少，第三天基本治愈。

烂鳃病防治　常发于草鱼，鲢鱼、鳙鱼感染也较严重。发病季节一般为5～10月。防治：外用生石灰、氯制剂，内服抗菌素。

赤皮病防治　草鱼中常见。终年发生，以5～9月最为流行。防治：内服抗菌素或三黄粉，外用氯制剂。

肠炎病防治　草鱼、青鱼易感染。立夏至大暑、白露至秋分是流行季节。防治同烂鳃病。

打印病防治　多危害鲢鱼、鳙鱼。四季流行，夏、秋两季易发生。防治：内服畜用抗菌素，外用漂白粉或强氯精。

水霉病防治　寄生在鱼类体表的伤口和鱼卵上，养鱼大害。早春晚冬最流行。防治：在迁捕、运输和放养过程中，勿使鱼体受伤；放养前用3%～5%的食盐水浸洗鱼种3～5分钟。

中华鳋病防治　主要危害草鱼、鲢鱼和鳙鱼。5～9月为流行高峰。敌百虫治疗效果显著。

锚头鳋病防治　主要危害鲢鱼、鳙鱼、草鱼和鲫鱼等。终年流行，夏秋季节最为严重。防治同中华鳋病。

车轮虫病防治　主要危害各类鱼苗、鱼种。四季均可流行。防治：用硫酸铜或硫酸铜与硫酸亚铁合剂（其比例为5：2）全池泼洒。

孢子虫病防治　80年代后期，昭东乡初现。之后，湘湖、围垦区和桃源乡等地均发现该病。主要危害鲫鱼。防治：平时用敌百虫加以预防，发病后则用治孢灵等药。

河蟹颤抖病防治　90年代中期，出现于围垦蟹塘。症状为河蟹弯腿、抽抖、痉挛，多上岸、上草，肠道往往有食物，目检病蟹无其他明显病症。对河蟹养殖损失很大。外用二氧化氯、高氯制剂等进行水体消毒，内服抗病毒药物“保肝宁”，同时增加饲料营养。

河蟹纤毛虫病防治　终年流行，危害严重。防治：用市售“纤虫净”（主要成分为硫酸锌）泼洒。

河蟹水肿病防治　发生在水温25℃以上的高温季节。防治：外用二氧化氯全池泼洒，内用三黄粉、抗菌素。

第七节　农业科研及推广机构

农业科研校、所

萧山的农业科研校、所有萧山市（县）农业技术学校、萧山市（县）农业科学技术研究所和浙江省萧山棉麻研究所，承担培养农业技术人员、各类课题和试验项目等任务（详见《科技编》）。

农、林、牧、渔场

50年代起，先后建立粮、棉、麻、畜、禽、渔、林特等科研场，承担优质种子试繁和先进技术推广应用。1985～2000年间，共生产和提供种子4400吨，其中原种1950吨；良种猪5100头，种鸡、种蛋（火鸡）3.1万羽（枚）；各类鱼苗16亿余尾，2000年底，4个事业场和1个企业场，有职工448人，耕地1300亩，水面2300亩，山林5430亩，林果园4300亩。固定资产2061万元。

萧山市良种场　位于通惠路南端东侧。1962年2月，组建县大通桥良种示范繁殖场。1978年改名为萧山县良种场。1985年末，有水田451亩，干部职工102人，下辖3个农业队、1个农业试验队和电镀厂、五金厂2家企业。房屋建筑面积6534平方米，固定资产总值93万元，工农业总产值105万元，利润17万元。是年，共提供稻麦良种281吨，其中原种40吨。1990年，提供良种354吨，其中原种229吨，占良种总数的64.7%；全市50万亩的水稻良种由良种场提供。1995年，有水田398亩，繁育生产良种205吨，其中原种106吨。1996年，承担国家“863”计划“航育1号”品种示范；1997年，承担国家“863”计划浙江地区晚粳稻品种擂台赛；1998年，繁育优质、高产香稻“航香粳10号”30亩，亩产460千克，出米率76%，提供良种142吨，其中原种55吨，占良种总数的38.7%。2000年，建设萧山·中国羽绒工业园，场内330亩耕地划入园区。是年，实施航香粳10号的提纯复壮，建立2亩原种圃，繁育混系原种70亩，全市示范种植5000亩；种植水稻150亩，提供良种85吨。1985～2000年，共提供稻麦良种4408吨，其中原种1949吨，占良种总数的44.2%。良种场在繁育良种的同时，创办电镀厂、五金厂、农发实业公司、杭州纺织机械总厂萧山分厂、万头猪场。2000年底，总资产1133万元，饲养生猪10341头，出售肉猪6600头；年工农业总产值1135万元，利润89万元，上缴税金43万元。1985～2000年，累计创利润612万元，上缴税金278万元。

萧山市林场　始建于1962年，由岱山、红旗、五岭和梅里林场、戴村蚕桑场等合建而成，场部位于临浦镇峙山北路。1996年，头蓬分场改建为市棉花原种场。2000年，下辖五岭、大坞山、云门、进化、梅里、太平山、岱山、泽坞和凌山9个林区（分场），总面积5429亩，有林地面积4891亩，活立木蓄积量1.2万立方米，森林覆盖率93%。7月，被批准为公益型林场，其中国家生态公益林1309亩，省级生态公益林3036亩。是年底，总资产544万元，其中固定资产320万元，房屋建筑面积1.76万平方米。

1985年始，贯彻“以林为主，多种经营，以短养长，综合开发”的办场方针，扩建和新办精制茶厂、林业机械厂、摩托车齿轮厂、联合钢管厂、林业贸易公司、饭店、招待所等11家工商企业。是年，有茶园面积710亩，其中可采摘620亩，产茶叶250吨，产值200万元。1990年，产茶叶160吨，产值240万元，实现利润66万元，被林业部授予“全国国营林场、苗圃先进单位”称号。1993年，被林业部授予“全国国营林场100佳单位”称号。2000年底，全场所有工商企业全部实行动产拍卖、不动产租赁或歇业。

萧山市种畜场（种鸡场）　前身为1949年5月县政府接收的萧山县农林场，后分别改名为县农场、国营萧山县第一农场、县城北农场。1959年，因以繁育种畜为主，改名为县种畜场，场址在长山新庄。1965年，在盈丰乡的钱塘江边围涂700余亩，建江边生产队。1978年，在江边生产队筹建萧山种鸡场。1979年，县种畜场迁往江边生产队，与种鸡场合并，繁育和提供种畜禽。1985年，全场生产出售种（苗）鸡26.64万羽，种蛋11.97万枚，肉鸡61.34吨，鲜蛋18吨，肉猪915头，粮食58.7吨。1987年，全场有土地1100亩，其中可耕地925亩，固定资产189.5万元，房屋2.08万平方米；实现产值170.26万元，利润38万元。1988年，种鸡场划归市粮食局，与饲料公司联合组建萧山饲料畜禽联合公司，承担全省父母代种禽和萧山鸡保种供应任务；市种畜场牌子及种畜繁育任务划归市火鸡良种场。

萧山市火鸡良种场　1985年5月，火鸡繁育饲养部分从县农科所划出，建立县火鸡良种繁育实验场。1987年6月，省计经委批准改名为萧山县火鸡良种场，场址设在长山乡塘湾村。1988年1月改名为市火鸡良种场，并增挂市种畜场牌子。火鸡良种与生产配套技术开发项目参加省和全国星火计划成果展览交易会，分别获得省二等奖和全国银奖。至1993年，共向全国11个省、市和本省53个市、县的300余个单位和专业户提供火鸡种鸡387羽、雏鸡26146羽，种蛋4122枚，商品火鸡13818羽。

1989年，建成猪舍7幢和大型培育猪舍1幢。1990年，形成种猪和出口猪2个生产区，年饲养生猪4537头，提供“二头乌”培育母猪和仔猪1299头。1992年扩建场办饲料厂。1994年，定为省一级种猪场。2000年，生产和提供种猪654头，出栏商品猪5706头。与市棉花原种场在该场内联建万头猪场。至2000年，共提供种猪5113头、商品及出口猪59716头；全年总产值776.6万元；利润67.2万元。占地71亩，建筑面积1.28万平方米，固定资产327.3万元。至2000年底，累计实现总产值9608.27万元，利润500.2万元。

萧山市棉花原种场　位于钱江三桥西侧，建于1974年，前身是萧山“五七”工农学校，有围垦土地552亩，主要任务为全县10万亩棉花繁育良原种。1985年，新建50亩三圃（株行圃、株系圃和原种圃）基地，繁育以协作2号、浙萧棉1号为主的优质棉原种。1990年，种植棉花507亩，总产46.1吨，总产值211.74万元，利润25.2万元。1995年种植面积350亩。1996年，因区域调整，划归杭州市农业局，更名为杭州市棉花原种场。时有土地639亩，其中耕地539亩，水面100亩。

1996年，市林场头蓬分场改建为萧山市棉花原种场，承担棉花的原种繁育任务。按照全市10万亩棉花种植规模的原种需求，选取1500个单株，建立株行圃和株系圃。1999年，成为浙江大学“农业教育科研实验基地”，浙江大学农业与生物工程学院在场设立“棉花纤维分子标记基因定位”的国际性科研项目；2000年，场、校合作的项目从棉花扩大到大豆、西瓜和甘薯等作物。与市种畜场联合投资新建万头猪场。是年，有原种圃500亩，产棉花原种5万千克。

2000年，全场总面积1080亩，其中耕地604亩、渔塘167亩、防护林30亩，下辖六工段、头蓬2个生产区；有固定资产275.3万元，实现总产值150万元，利润6.2万元。至2000年底，累计生产棉花原种11.85万千克，其中第一代原种0.35万千克、第二代原种11.5万千克。

萧山湘湖渔场　前身为1952年省水产养殖公司筹建的地方国营白马湖水产养殖场。1954年，划归湘湖农场，有水面7006亩（包括白马湖和湘湖），职工71人。1964年，单独建立萧山渔场，后重归湘湖农场。1977年9月，又从湘湖农场划出，建立萧山湘湖渔场，由白马湖、下湘湖和中湘湖组成，水面2200亩，其中中湘湖为鱼苗分场。

1977年，筹建中湘湖鱼种场，建有标准池塘96亩，1980年始产后，基本解决县内鱼苗需求。1985～2000年，共生产供应各类鱼苗、鱼种15.53亿尾。开发青鱼、异育银鲫、鳜鱼等名优品种的人工繁育和彭泽鲫、斑点叉尾鮰等新品种的引进试养。1992年，“网箱培育鳜鱼苗种并养成技术研究”获杭州市科技进步奖一等奖、省科技进步奖二等奖。1997年，“鳜鱼苗种培育及成鱼养殖规模生产示范”获省科技进步奖（星火）二等奖、杭州市科技进步奖（星火）二等奖。2000年拥有生产各类鱼苗2亿尾的能力。

渔场每年在白马湖、湘湖水面放养各类仔、老口鱼种5吨左右。1985年，放养面积2200亩，生产商品鱼161.5吨。1990年，商品鱼产量215吨。1985～2000年，累计生产商品鱼2622吨。

第十四章　农具　农机

图11－14－401　70年代末，瓜沥农具供应点（董光中摄）

1958年后，萧山掀起农具革新高潮。60年代后期，塑料农具取代部分竹木农具，逐渐推广农业机械化。70年代，排灌机械化基本实现，人力水车退出使用；80年代，耕作、植保机械普及。90年代，收获、脱粒、农业运输机械全面发展，加之除草剂的使用，沿袭几千年的农业劳作“四弯腰”状况得到改变，多数传统农具成为收藏品。除少数山区半山区外，长距离人抬肩挑、背驮的农业劳动已罕见。

20世纪末，农业机械化向农、林、牧、渔、副业和农产品加工业拓展，排灌、耕作、植保、收割、脱粒、运输、加工实现机械化和半机械化。2000年，全市农业机械总动力612798千瓦，其中耕作机械6678台、收获机械54349台、植保机械719台、排灌机械8822台、运输机械14113台、农副产品加工机械3765台（套）、养殖等其他机械4704台。农机拥有量（总动力）居浙江省县（市）前列。

图11－14－402　90年代末，偏远地区仍在少量使用的木犁（2007年，杨贤兴摄于萧山第二职业高级中学）

第一节　农　具

50年代，萧山农村长期使用的传统农具有200多种，分别以铁、木、竹、棕、麻等材料制成。随着新式农具的推广和农业机械化的发展，传统农具只有部分沿用至今（另见《民俗》编）。

耕锄农具

翻耕　铁耙，多为四齿一孔，孔装竹柄。沙地区土质疏松，铁耙肩阔齿扁；山区土质坚实，铁耙肩狭齿圆而尖；稻区则齿扁带圆。

锄头，山区的锄板厚而狭，锋口嵌钢带角；平原区的锄板薄而宽，刃口平。

木犁，用畜力翻耕。即木架配上铁犁头。

耙、耖，有铁制和木制两种，铁制耙为弯刀形，木制的呈丁字形；铁耖齿为丁字形，木耖齿用竹片制成。碎土平畦用耙与耖。

中耕除草　沙地区中耕除草用刮子、除草用小茅刀，培土用上泥铁耙；稻区旱作中耕用板锄，培土用泥锹。

图11－14－403　70年代，仍在少数地区使用的手摇水车（2006年，杨贤兴摄于神博乐园）

种植移栽沙地区用铁制半月形有短木柄的迁花刀，移栽棉麻苗等；人工插秧用种田绳，以保行、株间距一致。

灌溉农具

稻田灌溉大都用木制水车，俗称龙骨车，有手摇和脚踏两种。水车由车厢、车骨、车板3部分组成。手摇水车每天可灌溉2亩～3亩，脚踏水车每天可灌溉5亩～10亩。

收获农具

割稻　割麦　割稻多用镰刀、割子；割麦亦有用大茅刀及苏北长柄镰刀。镰刀、割子、茅刀形似半月，刃口锋利，也能割草。

脱粒　稻麦脱粒通用木制稻桶（沙地区大、小麦脱粒用石壁、麦床）；油菜、蚕豆类脱粒用竹制连枷（俗称架子）击打；谷物扬净多用木制风（箱）扇。

加工农具

稻谷加工　平原地区用木砻砻谷、石臼舂米，石磨磨粉；具备水利条件的山区利用水的落差建造水碓，以水流冲击转动大小木轮带动木（石）杵舂米，带动石磨磨粉；偏僻农村多手臼、脚碓和石磨。手摇的木制机加工大麦片。

油料加工　用木制榨油车，5个壮劳力一天加工炒熟后的菜籽约750千克，出油约215千克。

运输农具

人力运输农具有扁担、箩筐、畚箕、背篓和手推的木制独（双）轮车。水网地区用木船运载货物。

渔业农具

传统的渔业农具主要有抓鱼小划船，各种麻织和丝织渔网以及竹制虾笼等，用来捕鱼、虾和扒螺蛳。

农村用的农具还有斧、锯、柴刀、粪桶、粪杓、桑剪、叶篰、蚕架、蚕匾、蓑衣、笠帽、水桶、菱桶等。

图11-14-404　90年代末，少量农户仍在使用的风箱（2006年，杨贤兴摄于神博乐园）

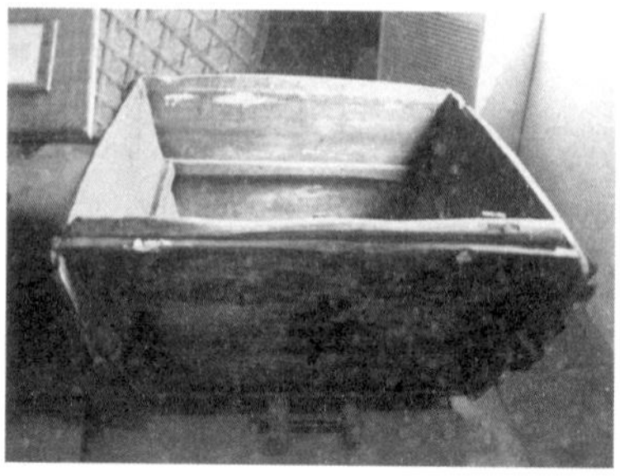

图11-14-405　60年代农村广泛使用的稻桶（2004年，杨贤兴摄于南片稻区）

图11-14-406　60年代农村广泛使用的谷囤（2004年，杨贤兴摄于南片稻区）

第二节　农　机

耕作机械

拖拉机　1975年，全县有大、中型拖拉机191台、4343千瓦，以丰收－35、东风－12型为主；手扶拖拉机1135台、9484千瓦。80年代，大田联产承包到户，拖拉机增长加快，以上海－50、东风－12型和工农－12型为主。1985年底，全市拥有耕作机械动力4817台、47328千瓦，其中大、中型拖拉机374台、9167千瓦，各类配套农具654台；手扶拖拉机4247台、37419千瓦。2000年，全市拥有耕作机械动力6678台、77182千瓦，各类配套农具6937台，其中大、中型拖拉机685台、24964千瓦，各类配套农具1187台；手扶拖拉机5876台、51813千瓦，各类配套农具5750台。

犁、开沟机　电犁在60年代始引进、试点。1970年，全县有电犁269套、2927千瓦。1985年，钱江农场引进1KH-35型开沟机与上海－50型拖拉机配套使用，效果好。尔后，各地相继购入33台。1987年引进与12型手扶拖拉机配套的前置式开沟机1台，在大桥乡联合村试验，1989年由大桥乡农机厂仿制，共推广70余台。1990年，引进小型后置式开沟机。2000年底，全市有各式大小开沟机618台，开沟面积5.99万亩。

种植机械

插秧机　1960年,全县推广人力插秧机，有插秧机5713台。1972年春夏，引进广西产65型手动大苗插秧机、浙江产72型手动大小苗两用插秧机37台，萧山农具研究所和杭州市机械研究所联合试制机动大小苗两用插秧机4台。1975年始推广机动插秧机，有插秧机19台、42千瓦，人力插秧机减至149台。1990年，机动插秧机增至64台、140千瓦。2000年，全市有机动插秧机43台、99千瓦。

1986年，钱江农场引进2ZTR－4型人力水稻插秧机，与露地盘秧配合使用，每小时插秧0.5亩，共试插2亩，每亩实产341.1千克，比手插亩产308.05千克增10.7%。同年，该场还引进2ZT－935型机动水稻插秧机，与露地盘秧配套试验，共插33.02亩；工效比大苗手插提高1.59倍。机插盘秧比手拔大秧伤苗少、插得匀、浮秧空穴率低，符合水稻栽培质量要求。1987年始，在瓜沥镇航民村、大桥乡联合村、浦沿镇新生村、衙前镇卫家村使用。1990年，全市共有“2ZT－935”型、“2ZT－735”型机动插秧机64台、140千瓦，人力插秧机消失。后由于水稻抛秧、直播技术的应用，插秧机逐步减少。

图11—14—407　1990年，萧山第一农垦场拖拉机队（萧山第一农垦场提供）

水稻直播机　1998年，河上、城厢镇用2BD－10型水稻直播机播种，亩产稻谷575千克；比机插和机抛亩产分别高25千克和85千克。2000年，水稻直播机作为重点农机项目进行推广，18个镇乡应用52台。

排灌机械

1955年春，始推广与内燃机配套的抽水机。1958年后，发展机电排灌。1960年着手“西水东调”工程，建设大型排灌站。提引的淡水，通过多条输水线路，进入瓜沥、义蓬、围垦地区河道。

2000年，境内有排灌机械8822台、82269千瓦，其中柴油机251台、1687千瓦，电动机8571台、80582千瓦；有农用水泵8743台，喷灌机65台。排灌受益面积66.83万亩，占总耕地面积的85%。

疏浚机械

90年代，疏浚机械广泛用于河道疏浚、围垦抢险河道开挖、新围滩涂筑堤等工程。特别是电力配套的吸泥式泥浆泵的使用，结束了世世代代手掘肩挑挖河、疏河的历史。2000年，全市有各种疏浚机械860多台（套）。

植保机械

50年代中叶，始推广单管喷雾器。1972年，始引进北京产东方红18型机动喷雾机。1982年，共有人力背包式喷雾器98053架，机动喷雾机404台，基本实现植保半机械化和机械化。1990年，全市机动喷雾机182台、364千瓦，多为村级植保队使用；人力喷雾器19万架。2000年，拥有机动

图11—14—408　80年代末期始，垦区农场稻田使用机动喷雾器喷洒农药（2008年，杨贤兴摄）

喷雾（粉）机719台、1082千瓦。

收获机械

1990年前，除农垦系统使用机械收获稻麦外，农村仍以手工操作为主。90年代始，引进联合收割机，农村稻麦机械化收割率提高。2000年达75%。

脱粒机　70年代初，引进动力脱粒机。1983年，全县有动力脱粒机3762台。1990年，全市有机动打稻机35593台、5.54万千瓦，人力打稻机16228台，稻麦脱粒基本实现机械化。1991～2000年，由于机械收割面积增加，电动打稻机逐渐不再使用。

联合收割机　1977年，萧山第二农垦场引进“东方红75型”履带式拖拉机作配套动力的“珠江2号”联合收割机6台，收割3000亩；1978年引进“军农2号”联合收割机1台。1979年，红垦农场机修厂与萧山金属钣厂合作，仿制“珠江3号”联合收割机20台，由省分配给县内外各农场使用。

1985年，农垦系统引进与“上海－50型”拖拉机配套的“桂林2号”联合收割机5台，在钱江农场试用。1987年，瓜沥镇、城北水泥厂农业车间、闻堰镇老虎洞村相继引进“桂林2号”联合收割机。1989年，开封收割机厂与德国克拉斯公司联合开发的“KC－070”联合收割机，到钱江农场、棉麻试验场试割晚稻。该机结构紧凑、操作方便、适应性强，工效高、损失少、田间及谷粒清洁度高。1990年，湘湖农场引进1台使用；1995～1999年该场和义桥、闻堰镇购置7台。

图11－14－409　1984年，红山农场用联合收割机脱粒（董光中摄）

之后，“桂林”系列收割机逐步改进成“桂林3号”、“桂林4号”、“桂林5号”。上述型号在萧山均有使用，成为东片沙地区的主力机型。至2000年，该机型共有368台。1997年，为解决南片稻区收割的适用机械，引进履带式联合收割机，共引进湖州－130型14台，台州－130型10台，试用效果较好，1998～1999年又引进推广109台。1998～2000年，还引进功率较大的温州WT－168和常州4LZ1.6履带式联合收割机50台。1998～2000年，推广应用久保田半喂入式联合收割机32台。2000年，全市有机动打稻机54049台，联合收割机604台，割晒机43台。

剥麻机　50～60年代，均引进和试制剥麻机，因质量问题未能推广。1988～1989年，引进南京产6HZB150A型红黄麻剥皮机12台，分别到10个镇乡试用，剥麻面积45.21亩，剥鲜麻皮7.83万千克；工效比手工剥麻提高2～3倍，麻秆破碎率15%，麻皮损失率1%～2%，基本能保持手剥质量。但老麻、粗麻难剥，且机子重量大，移动不便，常出故障。随着络麻面积逐年减少，剥麻机不再使用。

茶叶采制机　1986年，县林场云门分场引进1台4CSW910型双人采茶机，在经过双人修剪机整枝过的茶园内试用，1小时22分能采茶叶67千克，工效比人工采茶提高24倍，开支节省56%；所采茶叶因原来修剪整齐度差和机手操作不熟练等原因，有老叶片掺杂现象。1989年，市林场云门分场分别购入1台单人修剪机和单人采茶机。茶树整枝及采茶作业质量都比双人修剪机、双人采茶机明显提高。1993年，

图11—14—410　1998年，云石乡云门林场用采茶机采茶（王锦荣摄）

市林场引进双人采茶机2台，单人采茶机1台。2000年，全市有双人采茶机20台，单人采茶机3台，双人修剪机1台。

加工机械

粮食加工机械　1982年，全县农村办粮食加工厂1172家，配有碾米机1102台、砻谷机50台、制面机164台、磨粉机962台。基本实现农村粮食加工机械化。1998年3月，位于萧山经济技术开发区的杭州恒天面粉有限公司面粉加工流水线上马，日产量200吨。2000年底，全市拥有粮食加工机械2279台。

饲料加工机械　1958年前，萧山粮食类干饲料加工利用石磨、石碾、石臼舂；青饲料则用菜刀、铡刀手工切，劳动强度大，效率低。1972年有691个大队开设饲料加工业务，有饲料粉碎机738台。1990年，全市共有饲料加工机977台，其中饲料粉碎机946台。有国营饲料厂6家，乡村集体加工厂34家，年加工能力3.8万吨，能生产鱼、禽用颗粒配合饲料，畜用粉状配合饲料，禽、畜用颗粒混合饲料。2000年，全市有饲料加工机械948台（套）。

茶叶加工机械　1958年，在许贤乡寺坞岭村试制成第一批手推木制揉捻机。1979年以来，县林场、进化、所前、金西等专业制茶厂家，均使用成套制茶机械加工设备。1989年，全市初制茶厂106家，杀青、揉捻、烘干等机械106台（套）。1990年，全市有制茶机械736台套，其中揉捻机260台。2000年，茶叶加工从烘干、杀青、揉捻、炒干、理条至成型，已形成一条龙机械化操作，全市有各种茶叶炒制机械287台（套）。

油料加工机械　1978年，义蓬、瓜沥等地有社办油厂7家，引进95型榨油机32台。1982年，社、队、场油厂28家，各种型号榨油机86台，木榨机14台。全年加工菜籽1069.5万千克、棉籽841万千克。2000年底，全市有油料加工机械97台。

棉花加工机械　萧山使用机动轧花设备，始于清朝光绪二十三年（1897）投产的萧山通惠公纱厂附设的轧花车间。1952年，县供销社管理有直属棉花加工厂3家，私营轧花厂5家，共有内燃机10台、锯齿轧花机2台，22英寸～32英寸皮辊机169台，年加工皮棉2150吨。50年代后期，公社、大队轧花厂增加，县供销社所属轧花厂逐步撤并、下放。70年代后，萧山棉麻试验场、钱江农场、第一农垦场、第二农垦场创建棉花加工企业。1993年，党山粮油加工厂新增棉花加工机械，1995年转制，改名为萧山兴达油脂有限公司，后成为全市最大的棉籽、油菜籽加工企业。2000年，全市有棉花加工机械237台。

蔬菜加工机械　1978年后，义盛、靖江、南阳、头蓬等蔬菜食品厂始引进块茎类蔬菜切丝机10余台。1983年，蔬菜实行多渠道经营后，全县共有蔬菜加工部（厂）102家。90年代后，许多加工厂相继引进自动切片机、切丝机、真空包装机、封口机、排气箱、压缩机等蔬菜加工机械。2000年，益农镇杭州紫香食品实业有限公司购置新型烘干机8台；靖江镇杭州其门堂蔬菜食品有限公司购置清洗机2台，冷藏设备2台（套）；义盛镇萧山荣盛蔬菜食品有限公司购置清洗机2台，切片机和烘干机各1台；党山镇韩绿出口蔬菜加工厂购置清洗机5台。全市100多家蔬菜加工企业有清洗机、切丝（片）机、烘干机、真空包装机、结冻机、冷藏机等蔬菜加工机械800多台。

林业特产加工机械　90年代后，林业生产发展，以竹、果、茶、笋加工为主的企业兴起，先进适用的加工机械引进较快。2000年，杭州大庄地板有限公司有力压机、抛光机、涂装机、流水线成型机等各种加工设备150台（套）。进化镇杭州华和食品有限公司从事青梅加工，有清洗机3台，搅料机3台，斗式输送机6台，平板输送机8台，挖梅机2台，叉车2辆及包装机、封箱机等机械设备。1990～2000年，全市引进花木修剪机、挖掘机、草坪机、绿篱机等绿化机械300多台。

运输机械

1958年，各地制造饲料运输车、肥料运输车、小斗车、独轮自动卸土车、自动卸土车、四轮轨道平板车、机动牵引自动卸土车、胶轮运输车等多种人力运输车。车轮为木轮或铁轮并装有滚珠轴承。1974年推行农用机动船；1980年，全县有农用汽车98辆，1984年145辆，1987年300辆。农用机动船逐步淡出运输领域。2000年，全市有农用运输车3495辆，运输型拖拉机6133辆，运输机械动力29.15万千瓦。

畜禽养殖机械

挤奶器　1981年，湘湖奶牛场引进JZK80挤奶机。之后，第一农垦场、第二农垦场奶牛场也使用挤奶器。2000年，杭州五星乳业食品公司改用德国产双循环管道式挤奶机。

孵化器　1983年，城南公社联华大队办萧山县孵化机厂，生产电孵箱。1985年，孵化机械发展加快。2000年，全市有孵化场50家，孵化机械577台。

养殖机械　1981年，萧山种鸡场引进9LJT－316DG型鸡箱机架和配套用的9WL－50.42链式喂料机，采用机械化作业养鸡。1988年，扩建23254平方米鸡场，全部使用北京长城机械厂及金山农业机械厂制造的三层全阶梯笼养设备，年可饲养种鸡2.8万羽，蛋鸡6万羽，肉鸡20万羽，成为综合性机械化养鸡场。1998年，衙江乡王有史村朱雪华办起水禽驯养场，购置烘箱、冷藏库、电孵箱、真空包装机、封口机等。同时随着规模养猪发展，养猪机械逐步引进。2000年，各大型养猪场均配有自动饮水器、刮粪机、卷帘机、降温喷雾机等。

渔业机械

增氧机　1984年，萧山围垦指挥部引进YL系列叶轮式增氧机320台。后来，湘湖渔场、城南区各渔场、农垦场渔业队等陆续引进使用。1990年后，增氧机的功率增加，应用面积逐年扩大，至1999年，全市应用机械增氧面积3.89万亩（2000年没有统计）。

图11－14－411　80年代中期始，垦区渔塘普遍使用增氧泵（2006年，杨贤兴摄）

1987年，第一农垦场渔场与围垦渔场引进水质改良机2台，该机能将渔塘污泥水提升到离水面15米高度，通过暴晒回塘或将污水流向塘外，使塘水得到改善。

牵捕机　1985年3月，围垦指挥部渔场引进YP－300型池塘牵捕机，50分钟一网，能牵捕塘鱼70%，节省拉网捕鱼人员40%～60%，且捕鱼者劳动强度减轻。1986年10月，又引进脉冲电捕器1台，在水深2.5米鱼塘，一网可捕获70%以上的罗非鱼。

挖塘机　1978年，萧山水利机械厂试制成功4ZN－12型自吸式泥浆泵，在围垦现场试用，经测定，性能良好。后，县围垦水利工程机械厂制造立式蜗流泥浆泵。并用水枪、电机配套组成挖塘机组，成为围垦开发渔塘的主要挖塘机械。

第三节　专业培训与供应

专业培训

固定设班培训　1975年始，建立县农机培训班，在原萧山县委党校（跨湖桥）设立培训基地。购置大、中、小型拖拉机6台，割晒机3台，插秧机3台及部分维修用机械设备。举办柴油机、插秧机、手扶拖拉机、割晒机机手及修理工的培训班。

专业学校培训　1980年，成立萧山农机学校，承担全县农机水利的技术培训任务，配有大、中型拖拉机5台、小型拖拉机8台、联合收割机4台、稻麦割晒机1台、插秧机1台，还有开沟机、反转灭茬机等教学用农机具。1984年改名为县农机水利技术学校。

小型拖拉机驾驶员培训　1991～2000年，共举办97期，培训5186人次；手扶拖拉机手增学小型方向盘拖拉机驾驶培训班48期，培训1276人次。

大、中型拖拉机驾驶员培训　1991年举办大、中型拖拉机田间操作培训班1期，1995～1998年举办4期；1995～2000年举办联合收割机操作培训班24期。举办水稻插秧机操作培训班5期，培训108人次；修理工考试培训班5期，培训378人次。

农机（具）供应

农具　1964年起，每年初春召开产销会议，签订全年各类农具产销合同，数量在60万件上下，是年供应铁耙25102把，锄头4621把，大小茅刀等中小农具未能满足农村需要。1984年始，机械农机具逐年增多，一般中小农具销量逐年下降。1988年销售71万件，1990年52万件。之后，小农具使用量越来越少。2000年，一般小农具在市场上很少见到。

农机　1978年4月，县农业机械公司在城厢、瓜沥、浦沿、楼塔、长山、昭东、衙江、新塘、城北等地设置农机配件供应点。1982年底，全县建农机配件供应点31个，1990年，增加到40个。全市性的农机及配件供应网络基本形成。随后，农机市场逐步放开，布局更趋合理，基本满足农机需求。

燃油供应

1966年至1983年上半年，农机用油从指标分配到组织供应，由计划部门与商业部门共同办理。1985年1月，农用柴油分配，以保证机耕、排灌、收割、脱粒、植保、农业运输及农产品加工等作业需要为主，并实行“四挂钩”制度：与农机生产责任制挂钩，与农田作业任务挂钩，与农机技术状态挂钩，与节约用油挂钩。1985～1993年，农用柴油年供应量一直稳定在4000吨～5000吨。1994年后，农用燃油市场放开，不再设立专门的农用柴油供应点。

表11-14-236 1985～2000年萧山主要农业机械拥有量

年份	总动力（千瓦）	耕作机械				收获机械			植保机械		排灌机械		运输机械	
		台数（台）	大中型拖拉机	手扶拖拉机	动力（千瓦）	台数（台）	联合收割机	动力（千瓦）	台数（台）	动力（千瓦）	台数（台）	动力（千瓦）	台数（台）	动力（千瓦）
1985	214473	4817	374	4247	47328	16742	29	36213	463	863	4718	56280	4057	38514
1986	227440	5170	365	4706	51225	18719	45	38450	404	1033	4792	58876	4262	44707
1987	271698	6326	360	5920	61875	20920	4	39256	336	635	5062	60231	4810	56754
1988	277311	6963	345	6562	67241	25770	40	46470	318	629	5403	62377	5858	68391
1989	298021	7243	325	6852	69612	32286	54	55265	270	525	5638	63077	6138	75835
1990	313886	7445	307	7073	71476	37034	72	62714	182	364	5936	64907	6409	79900
1991	319770	7490	298	7192	71498	38925	70	66232	270	403	6132	66012	6917	89200
1992	330281	7488	275	7213	71372	40331	74	68915	288	692	6384	67999	7244	93612
1993	341971	7495	260	7203	70457	45790	69	70589	399	847	6462	68965	7796	95102
1994	360523	7261	316	6894	71536	50494	134	76536	357	818	6590	71551	8071	102983
1995	480410	7406	414	6932	75757	54817	185	78310	397	1129	7509	75601	10675	191486
1996	471269	6915	436	6355	74045	55503	248	75664	419	1169	7318	74964	10768	189646
1997	497007	7032	626	6338	79290	55204	363	74024	467	1215	8414	75961	11373	207144
1998	516802	7122	656	6424	80415	55485	505	79395	544	1319	8468	79046	11638	214189
1999	566107	6864	672	6130	78524	54868	570	78564	662	1006	8929	81001	14123	255716
2000	612798	6678	685	5876	77182	54349	604	75384	719	1082	8822	82269	14113	291521

资料来源：1985～1986年，《萧山县国民经济统计资料》。1987～1993年，《萧山市国民经济统计资料》。1994～2000年，《萧山市统计年鉴》。

第十五章　农业行政管理

70年代末，各级政府对动植物检疫，农资、农机、林政、渔政逐步进行规范管理和监理。严格市场、屠宰、出口、作物、森林等的检疫，对种子、化肥农药、兽药饲料实施质量检测，有效保护林业、渔业资源，保证农业生产安全，维护农民合法权益。

第一节　动植物检疫

动物检疫

1979年1月，县家畜检疫站成立，1987年更名为县家畜家禽防疫检疫站。1999年对全市71名检疫员进行集中培训。2000年，全市防疫检疫人员统一着执法服装。

市场检疫　1981年1月始，实施市场检疫。1985年1月，全县农贸市场开展畜禽肉品检疫。1986年3月，全县设兽医检疫人员104人，兽医监督员9人。全县54个镇乡开展农贸市场畜禽肉品检验和检疫。1990年，全市11个小猪市场，检疫小猪87832头，检出病猪552头。1992年，全市16个小猪市场，检疫小猪106452头，检出病猪927头。1995年，全市21个小猪市场，检疫小猪68992头，检出病猪213头；检疫家禽13.31万羽，犬、猫533只，蜂160箱，羽绒产品53.1万件，消毒羽毛1629吨，种蛋1.5吨。2000年，全市12个小猪市场，检疫小猪51111头，检出病猪58头。调入牲畜实行准调证制度，严格检查出境动物检验合格证、动物和动物产品运载工具消毒证、免疫证和非疫区证。

屠宰检疫　1986年，推广河庄乡定点屠宰、统一检验检疫的经验。在全县8个镇乡开展生猪定点屠宰。1987年，贯彻“定点屠宰，集中检疫，统一纳税，分散经营”方针，全县48个镇乡实行定点屠宰。是年10月，对考核合格的760名屠工发放《兽医卫生合格证》。1999年1～10月，城厢镇小南门屠宰场等32个屠宰场通过定点验收。2000年，屠宰检疫生猪35.68万头，检出病死猪553头，公母猪123头，废弃内脏2444副。

出口检疫　1966年始，对出口生猪进行检疫。1985年，检疫供港猪16677头，内有大猪8607头，中猪8070头，其中萧山猪8338头；火鸡241羽，野鸭3665羽。1986年3月，实施蜜蜂运输检疫。1990年，检疫供港猪33931头，其中大猪26348头；1992年，检疫供港猪34600头，其中大猪34194头；1994年，中猪停止供港；1995年，检疫供港大猪37965头；2000年，检疫供港猪43014头。

植物检疫

农业植物检疫　1980年，萧山县植物检疫站成立，对出运的粮、棉、麻、油、蔬菜等种子、种苗进行检疫；对引进的种子、种苗加以审查。1986年，聘请特约植物检疫员7名。1987年始，开展对水稻细菌性条斑病的普查工作，当年普查6.68万亩，未发现。1988年，检疫2383批次，检疫种子28.4万千克，苗木1249.6万株，草皮3371平方米，以控制检疫性病虫的传播。1990年，在光明乡、益农乡建水稻细菌性条斑病监测点各1个，在长河镇、盈丰乡设棉花黄萎病监测点各1个。1991年，在钱江大桥和钱江轮渡设植物检疫交通检查站1个，1992年归杭州市管理。1996年9～10月，调查城厢、宁围、瓜沥、临浦等地蔬菜疫情危害面积2.73万亩，占蔬菜总面积的38.6%。在宁围镇丰二村、城北办事处明星村和兴议村调查蔬菜品种17个，其中受美洲斑潜蝇危害的6个，受害最重的是四季豆、长豇豆。2000年,发放《植物检疫登记证》93份、《产地检疫合格证》9份，签证受检植物及其产品824批次，其中草皮330批次、12.91万平方米，苗木草花类193批次、2917万株，麦冬、蔬菜、粮食等种子301批次、7463.5吨。

森林植物检疫　1983年始进行森林植物检疫。1984年2月，建立森林植物检疫站（森检森防站），对调运与生产的造林苗木、木本花卉、木材和竹材进行产地与调运检疫，对外地引进上述产品依法进行复检，依法处理违章案件。1985年，确定县级专职森林植物检疫员3名，产地兼职森检员17名；全年签发森林植物检疫证1651份。1987年，对木本花卉病虫害开展全县性普查工作，发现检疫对象有日本松干蚧、毛竹枯梢病、泡桐丛枝病和板栗疫病。1988年12月1日起，开办竹木调运、产地检疫和复检，对出县（市）、省的签证。1989年，普查森林植物病虫害，共普查17.4万亩，发现检疫对象10026亩，其中板栗疫病63亩、毛竹枯梢病330亩、日本松干蚧9633亩。1990年，森林植物病虫害发生面积1.62万亩，其中检疫性病虫害1.58万亩，采用化学、生物和人工防治等措施，使病虫害的危害程度明显减轻。是年，在云石乡设立竹螟测报点1个。1992年全市设有森林植物测报点4个，森林病虫害发生面积3465亩，防治面积2370亩；共有兼职森检员50名，全年签发森检证4500份。1995年4月下旬和9月下旬，对全市13.5万亩松林进行2次松材线虫病调查，未发现疫情。是年9～10月间，开展苗木产地检疫，受检面积1.26万亩，产地检疫率99.9%，无检疫对象的苗圃35家，签发产地检疫合格证51份；全年签发森检证3400份。1997年，重点山区的镇乡设立森林植物病虫测报点9个，配备专（兼）职病虫测报员9名。2000年，有兼职森检员14名，产地森检员41名，共签发森检证1.35万份。

第二节　农资管理

80年代中期起，逐步加强农业生产资料管理。1998年11月，建立萧山市农业行政执法大队，依法独立行使种子、化肥、农药管理及植物检疫方面的全部职能。农资施用高峰期,进行农药、肥料、种子质量与标签的抽查，平均年抽查200批次，对存在的农资质量、标签问题，分别依照相关法律、法规进行查处。2000年，全市农药经营单位实施《农药经营单位基本条件合格证》《农药委托代销证》制度。受理农户因农药、肥料、种子等农资引发的损害纠纷，在查清原因、分清责任的前提下，组织调解，成功率达98%。对个别调解不成的纠纷，支持受害农户提起诉讼。

种子管理

1990年8月，设立市种子管理站，对全市农作物种子进行检验、监督和管理。1996年，种子管理站与市种子公司分离，与植检站、土肥站合署办公。1998年冬到2001年3月25日，共查处非法生产种子案件5起，非法经营种子案件3起，警告和责令整改经营散装种子23户。

化肥农药管理

1992年9月，建立市化肥、农药质量检测管理所，对化肥、农药的质量进行检测。1998年始对化肥、农药开展专项执法。

1998年7月初，全市11个镇乡3896户农户在施用浙江农化实验厂生产的“伏草星”和南京彭祥化工有限公司生产的“苄黄隆”除草剂后，7136.47亩单季晚稻产生不同程度的药害。后对两种除草剂的危害进行调查，执法大队责令经销商主动追回未出售的除草剂，并为受害农户发放补偿款35.66万元。

1999年4月，钱江农场二分场1200亩毛豆施用浙江兴农综合技术开发公司提供的由江苏盐城利民化工厂生产的“辛硫磷”杀虫剂后，出现植株发黄、叶片卷曲畸形、生长停滞等药害症状。查清事实后，组织双方进行调解，由浙江兴农综合技术开发公司赔偿钱江农场二分场损失8万元。

兽药饲料管理

1986年4月，对20家兽药经营企业发放《兽药经营企业许可证》。11月，萧山兽药厂瓜沥、大庄两个车间改建为县第一兽药厂、第二兽药厂。1988年，全市有国营饲料加工厂6家，集体代加工厂16家，年生产配合饲料49625吨，其中猪饲料10360吨，禽饲料25190吨，奶牛饲料2000吨，其他饲料12075吨。1999年5月29日，《中华人民共和国饲料和饲料添加剂管理条例》颁布并实施。全市有萧山配合饲料厂、杭州南华饲料有限公司、杭州大江饲料有限公司等生产企业20家，单班年生产能力50万吨。是年，开展免税饲料抽检，共抽检38个样本。

2000年，全市有兽药生产企业3家，兽药经营企业14家。查处无证经营、无批准文号兽药案件3起。是年，开展饲料和饲料添加剂监督检查6次，受理饲料质量纠纷3起，调解1起，由饲料生产企业补偿养殖户损失2437元。

第三节　林政管理

过境木竹管理

50年代初，林政管理职能由县农林局承担。1958年，建县木材检查站，归属县物资局木材公司，1978年，划归县农业局管理。1979年，在楼塔、河上、许贤、云石、进化、欢潭、所前等公社建立护林联防队和竹木检查站，1983年撤销。1991年7月，经批准恢复。1992年11月正式开展工作，定名楼塔木材检查站，工作人员6名。1994年6月，移址戴村镇永兴，更名为戴村木材检查站，在编人员9名。1995年，受检过境竹木运输车辆4039车次，受检木材55589立方米、毛竹12.6万支，处理违法违章运输竹木案件72起，没收木材429立方米、毛竹1.2万支。2000年7月设立市木材巡查大队，职能是保护和发展森林资源，维护木材生产和流通正常秩序，对木材、竹材及制品、松香、野生动植物的运输实行监督检查，对违法违章运输木材者，依法进行处罚。是年，受检竹木运输车辆4568车次，受检木材43514立方米、毛竹210万支，处理违法违章运输案件121起，没收木材1380立方米、毛竹0.8万支。

1994～2000年间，累计依法检查过境竹木运输车辆35254车次，受检木材245915立方米、毛竹150万支，共处理违法违章运输案件960起，没收木材6590立方米、毛竹9.2万支。

林木采伐管理

1985年，实施《中华人民共和国森林法》，市政府以5年为期下达森林采伐限额，严格实行竹木限额采伐制度，规定“一支笔”审批，“一本证”采伐。有农民自用材指标的17个镇乡发《林木采伐许可证》，调运竹木及制品出市（县）境，办理《木材运输证》。1994年，编制《萧山市森林资源调查报告》，拟定“九五”期间限额采伐量。1996年，全市年采伐限额木材11430立方米（蓄积）、毛竹140万株。对335株古树名木落实管护责任并逐株挂牌，设立标志，明令保护。1999年，加强挖掘、移植非苗圃地树木管理工作，遏制挖树毁林的苗头。2000年，全市共采伐木材4800立方米（材积），其中农民自用材4560立方米，商品材80立方米，烧材160立方米；采伐毛竹130万株；换发竹木经营加工核准证105本。

竹木适当采伐和限量采伐，可以达到更新树、竹目的。1985～2000年，全市共采伐木材94910立方米，年均采伐5931.9立方米；采伐毛竹2056万株，年均采伐128.5万株。均未突破省、杭州市下达的采伐限额。

表11-15-237 1985～2000年萧山木竹采伐量

年份	林木(立方米)	毛竹(万株)	年份	林木(立方米)	毛竹(万株)
1985	4053	151	1993	6883	122
1986	7781	139	1994	6949	127
1987	5405	120	1995	7460	120
1988	5708	147	1996	11040	131
1989	4872	139	1997	4254	123
1990	3071	108	1998	4000	123
1991	7880	128	1999	4800	130
1992	5954	118	2000	4800	130

资料来源：萧山区农业局。

野生动物管理

1984年建立县林政管理站。1988年，实施《中华人民共和国野生动物保护法》。1991年，公布市内重点保护野生动物22种。1995年，对经营利用野生动物的宾馆、饭店严格规定其经营利用的范围和发放《限额证书》。1998年，核定楼塔、河上、戴村、云石、许贤、欢潭、进化、所前8个镇乡为猎区，确定猎枪66支，用以驱除害兽。2000年，查处违法案件6起，没收鸟类1261羽，蛇类60.5千克，青蛙98千克。核发野生动物经营利用核准证47本，验审狩猎证60本，对6家野生动物驯养场、10个经营户、30家宾馆饭店核发《野生动物经营利用核准证》，实行依法驯养繁殖和经营利用。市林政管理站与各经营利用单位签订《经营利用野生动物守法责任书》。6月，检查饭店、宾馆11家，农贸市场6个、驯养繁殖场和经营户5个，查处非法运输和经营利用野生动物案件4起，没收国家保护动物野鸭1022羽、眼镜蛇3条、五步蛇1条、菜花蛇44千克、青蛙70千克。1993～2000年，共查处各类野生动物案件76起，收缴各类野生动物5397只（羽），其中国家一级保护动物5只（羽），国家二级保护动物142只（羽），全部放归大自然；对2人依法追究刑事责任。

使用林地管理

1995年，对180多家矿产企业逐一调查，登记造册，核发《使用林地许可证》，依法收缴林地规费。1998年8月，市政府印发《关于坚决制止毁林开垦和乱占林地切实保护森林资源的通知》（萧政发〔1998〕132号），对未办理《使用林地许可证》的4个省、市重点工程项目和33家镇乡公益性公墓，责令补办手续。2000年共审核换发证、占用林地单位148家，其中包括03省道东复线工程等4个重点建设项目，面积249.48亩，收缴林地规费90万元。对矿产企业负责人进行2期林地管理法规知识培训，300人次参加培训。1995～2000年，全市共办理《使用林地许可证》981件，审核使用林地1411亩。

第四节 渔政管理

1983年10月，建立县渔政管理站。1990年8月，成立市渔港渔船监督管理站和渔船检验站，与渔政管理站合署办公，承担和履行全市26万亩渔业水域（包括钱塘江、富春江、浦阳江属萧山管辖的水域）的资源增值保护、渔业环境保护、渔船检验和监督管理，维护渔业生产秩序，保护渔民合法权益和确保渔业安全生产等职能。

资源保护

1983年，杭州市政府在“三江”（钱塘江、富春江、浦阳江）水域设置常年禁渔区7个，其中萧山县境内有钱塘江的闻堰、大桥禁渔区（1995年后归滨江区）和尖山禁渔区（2000年取消）。渔政管理部门加强管理，严格禁渔区和禁渔期制度，确保鱼类繁衍生息。

1993年,实施《中华人民共和国水生野生动物保护实施条例》。依法加大对非法捕捞、经营利用水生野生动物行为的查处力度，并实行水生野生动物经营利用许可证制度。

1987～2000年，全市投入资金105.6万元，在钱塘江、浦阳江等水域投放鱼种283.2万尾，以鲢鱼、鳙鱼、鳊鱼、鲫鱼、鲤鱼和草鱼为主，间以青鱼、蟹苗和银鱼。

渔政监督

1987～2000年，出动检查9936次、18993人次，查处违法案件6137起，核发捕捞许可证39716本，协同调查处理渔业污染事故177起，累计受污面积65371.5亩，核实直接经济损失972.7万元。

渔船检验

1990年始,开展渔船检验和监督管理工作。1991年,全市有渔船255艘；1994年为373艘。1999年始，对辖区内渔业生产单位和渔民签订《渔船安全生产责任书》。2000年，渔船降至160艘，全部实行安全检测。

1994～2000年，共组织开展渔船安全检查135次，调查处理渔船水上交通事故19起，组织船员培训5次，培训545人次。

第五节　农机监理

1980年起，农机及其驾驶员年检年审由县农机管理部门和萧山车辆监理部门共同负责。1984年，建立萧山农机监理站，配备专职干部5人，负责农机安全管理的具体业务工作，如拖拉机检验和牌证核发、驾驶员考核发证等。区、镇乡站设农机监理员。是年始，手扶式及小型方向盘式拖拉机的初检、年检、年审由该站为主进行，大、中型拖拉机仍由车辆监理部门为主进行。

1990年，全市营运小型拖拉机5857辆，持证驾驶员6439人。应参加年检的小型拖拉机5748辆，实检5473辆，检验率95.22%；应审驾驶员5644人，实审5376人，审验率95.25%。2000年，全市营运小型拖拉机参加检审6303辆，检验率93%；检审驾驶员5587人，审验率90%。

第十六章　名优农产品

萧山境内山、水、涂、田、地俱全，农业资源优势明显，素以“鱼米之乡”著称，名优产品颇多。萝卜干、霉干菜、杨梅、青梅等传统名品巩固发展，“新、奇、特”产品不断开发引进，萧山区域资源特点的产品优势，使一大批农业名品进入国内外市场。个别传统名品，因生态环境变化及市场因素逐步消退。

第一节　萝卜干

萧山萝卜干起源于19世纪90年代，初以农家自食为主。①20年代始成商品。民国20年（1931）《萧山乡土志》载：“萝卜干是南沙农人的最大收入之一。”40年代初，仅外销量就达2万余担，运销沪、宁、赣等地。抗日战争期间，陆路交通阻塞，私商不顾险阻水运上海，部分由上海转销港澳。抗日战争胜利后，复销于南京、南昌等地②。

50年代中期，萧山扩大络麻种植面积，农民在络麻收获后接茬种萝卜。县供销社等部门每年平均收购萝卜干0.47万吨，最高年收购0.86万吨。60年代，年平均收购0.58万吨。70年代，年平均收购1.18万吨。80年代后，随着商品生产的发展，萝卜干的产量、质量进一步提高，1988年全市种萝卜7万多亩，总产萝卜干6.05万吨，收购量超过5万吨，总产值1000万元以上。

萧山萝卜干采用传统的“风脱水”加工法，经过精细加工而成，以色泽黄亮、条形均匀、肉质厚实、香气浓郁、咸淡适宜、脆嫩爽口、味道鲜美而著称，谓“色、香、甜、脆、鲜”五绝。《中国土特名产辞典》载：“萧山萝卜干食之有消炎、防暑、开胃的作用，是早餐佐食之佳肴。”③萧山萝卜干之所以有“五绝”，除采用传统的“风脱水”加工工艺外，还因具有天然的地理条件。萝卜干产地为钱塘江故道和60年代中叶滩涂围垦平原，临江近海，土壤疏松，土层深厚，适宜根系作物生长。

图11－16－412　90年代，垦区农民切萝卜条（杨贤兴摄）

80年代始，萧山除生产传统的萝卜干外，又开发了甜萝卜干和辣萝卜干的生产。种植的品种除传统的“一刀切”萝卜外，还引进日本、韩国和国内各地的优质萝卜品种。2000年，萧山萝卜干已销往国内20多个省、市、自治区的60多个市、县，并远销美国、澳大利亚、加拿大、日本、韩国、新加坡、马来西亚等国及中国香港、澳门、台湾等地。广东花县是萧山萝卜干最大的集散市场。是年，全市种萝卜7.01万亩，加工萧山萝卜干企业101家，其中专营加工出口的27家。生产萝卜干5万吨，销售产值1亿多元，出口创汇超1.2亿元。

①商景才主编：《浙江事典》，浙江教育出版社，1998年，第617页。

②萧山市农业局编：《萧山县农业志》，浙江大学出版社，1989年，第267页。

③赵维臣编：《中国土特名产辞典》，商务印书馆，1991年，第399页。

【附录】

萧山萝卜干制作工艺

萧山萝卜干[①]的原料一般以萧山传统的“一刀切”[②]萝卜品种为宜。每年农历八至九月播种，农历十一至十二月收割。80年代末引进日本萝卜品种后，“一刀切”萝卜品种播种面积减少。

清洗切条　鲜萝卜收割后，进行适当挑选，剔除有色斑或有烂疤的萝卜后，用清水（河塘水、井水、自来水）清洗，直至萝卜通体洁白无泥屑。然后进行切条，将带皮萝卜去掉头尾后，切成手指粗细的三角形柱状，要求大小均匀。

翻晒　切好的萝卜条应当即翻晒，先用凳、竹竿搭成北高南低的廊，在廊上摊上芦垫[③]，将萝卜条均匀地薄摊在芦垫上[④]，有时间条件的应每天用扒掠或手翻摊，以使干湿度一致。日晒、风吹、霜打2～3天后，手捏萝卜条已柔软无硬条，即可腌制。

拌料腌制　晒后摊凉的萝卜条，每50千克加盐1.5千克。拌匀揉透，分批入缸，逐层踏实。3～5天后，将萝卜条出缸再在芦垫上摊晒风吹3～4天后，每50千克萝卜条再加盐1千克拌匀装坛。拌匀后的萝卜条放入坛内用菜棍揿实，用草辫成圆形塞紧坛口，再在草辫上盖上粘泥，最好是酒坛上的泥盖敲碎后加水拌和直至糕状有粘性，然后将坛口朝下放在室内阴凉处，过1～2个月后开坛食用，萝卜干色泽黄亮，醇香扑鼻，咸中略甜，脆嫩爽口。

贮藏　开坛后的萝卜干如一时食用不完，可再取出晒1～2天，然后装入容器内存放。如以小口酒坛贮藏包扎好坛口，可保存数年不变质，且香味更浓。

（资料来源：萧山党山酱萃食品有限公司马国荣）

①萧山萝卜干有咸、甜、酸、辣等多个品种，本文记载的是有100多年制作传统的“风脱水”萧山萝卜干，亦即咸萝卜干制作工艺。

②“一刀切”萝卜，长13厘米～17厘米，长度与菜刀相近，加工时便于一切两半，故名“一刀切”，亦名“一刀种”。

③芦垫，用草绳将去叶后的老芦苇编织起来作翻晒用具。70年代后，由于芦苇资源有限，沙地区农民用红麻秆编织，亦俗称芦垫。

④萝卜条摊晒在外，如晴天则夜里不用收藏，任凭风吹霜打，可增加萝卜干的自然甜味。雨天或雾日，则要将摊有萝卜条的芦垫在廊上卷拢，上盖草扇以防雨淋雾浸，影响萝卜干品质。

图11—16—413　萧山萝卜干传统加工工艺图（2007年，萧山党山酱萃食品有限公司马国荣供图）

第二节　霉干菜

系传统特产。主产地夹灶乡、党山镇原属绍兴县所辖。1956年划入萧山县，故现名“萧山霉干菜”。《浙江专业之乡》称萧山为霉干菜之乡[①]。

霉干菜的鲜菜品种大叶芥，又名铁棒芥，植株较大，叶片宽大，叶柄扁平或近圆形，叶缘很少缺裂，叶绿色，也有绿色间血丝状条纹或紫色的，属芥菜中的叶用芥菜类型，多用作加工腌制干菜。制成的霉干菜，因其加工工艺不同，有乌心干菜、长条干菜、刀切干菜之分，市场销售的主要为刀切干菜。中华人民共和国成立初，年产量100余吨，后产量逐年上升，1978年曾达7000余吨，常年产量在3500吨上下。主销绍兴、宁波、杭州、苏州、上海，并向江西、湖南方向发展，年运销外地数量约1000吨。1992年后，芥菜种植面积扩大，稻区、半山区也有发展。主产地在益农镇（原夹灶乡、益农乡合并）和东北部围垦区。1997年，霉干菜产量1万吨，其中运销市外4000吨左右。2000年，全市种芥菜（大叶芥、细叶芥）5万余亩（ 含市外生产基地），生产干菜2万多吨。是年，主产地益农镇出现三围、群围、长北、转塘头、益农、赵家湾6个霉干菜专业村。楼塔镇、进化镇相继办起2个干菜头加工厂。开发出笋制霉干菜、豆制霉干菜、肉制霉干菜、干菜头等多个品种，产品除农民自食外，大部分通过加工企业和农民营销大户销往上海、南京、合肥市和省内各地。

①浙江省人民政府农村工作办公室组编：《浙江专业之乡》，中国农业科技出版社，1999年，第94页。

图11－16－414　2000年，杭州紫香食品实业有限公司生产的萧山霉干菜（萧山区农办提供）

萧山霉干菜香气浓郁，质嫩味美，久贮不变，是一种常年食用的大众化干菜。可作汤料，可清蒸，可油焖，可煮豆腐，可烧猪肉。其中“干菜焖肉”具有萧山、绍兴民间传统风味。以霉干菜与竹笋加工而成的笋干菜为一种鲜美汤料。

第三节　杨　梅

萧山杨梅历史悠久。[②]《浙江特产风味指南》载：“萧山、慈溪、余姚和兰溪等地都是杨梅产地。其中以萧山杨梅最负盛名。”[③]

萧山杨梅果大核小，品种繁多，有线梅、雪梅、炭梅、水晶梅、白水团梅等。按颜色分有紫色、红色和白色3种。按成熟时间分迟色和早色等。所前杜家杨梅则以迟色为最佳，颗粒大，每0.5千克28～30个，核小，肉柱圆，色淡红，味鲜甜，一般在夏至前后成熟，有“夏至杨梅满山红”之说。1982年首次从黄岩引进“东魁”品种，在城南乡溪头黄村种植，后种植区域不断扩大。该品种果实7月初成熟，单果重25.1克，果实鲜艳，紫红色，可溶性固形物13.4%，可食率94.8%，肉质较硬，耐贮运。

80年代始，种植规模扩大。1985年起，实施“二梅一桃”（杨梅、青梅、水蜜桃）基地建设。除发挥所前镇杜家杨梅的传统优势外，在闻堰、

②清乾隆黄钰修纂《萧山县志》卷十八《物产》载：“越州杨梅最佳，土人谓之楞梅。”“出湘湖、诸坞者为胜。有接种，颗大而味佳；有草种，颗细而酸。又名线梅有纹，隆隆如线，实大而核小。”“其盛时，戚友馈遗，道路相望，堪与闽粤荔枝相并。”

③《浙江特产风味指南》，浙江人民出版社，1983年，第4页。

进化、欢潭等镇乡连片种植杨梅。2000年，全市杨梅面积9180亩，其中投产面积7913亩，产杨梅797吨，所前镇的杜家、大小坞等村是杨梅主产区。

杨梅性喜温湿，耐阴，适于红黄壤栽种。四季常绿乔木，树高10米左右，结果期长达100多年。以前萧山杨梅苗多以自然出苗为主，近年采用嫁接、播种、压条等育苗办法。所前杜家等主要杨梅产区建立杨梅苗圃，幼苗生长2～3年后始成批嫁接，成活后再移山上。缩短育苗期，可使杨梅提早开花结果。

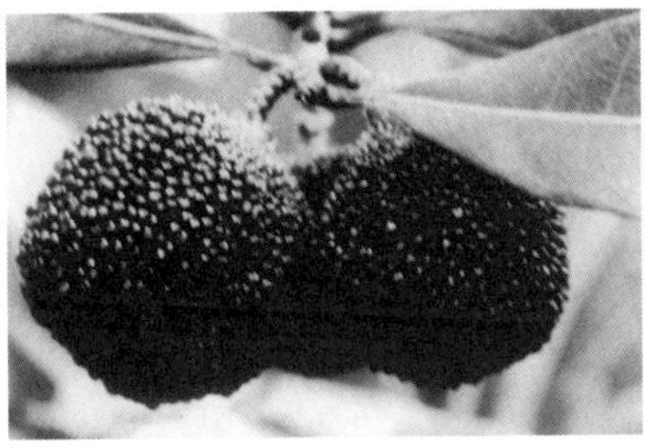

图11－16－415　所前镇杜家杨梅。1999年，所前镇举办首届杨梅节（杨贤兴摄）

第四节　青　梅

梅有花梅、白梅、青梅三大类。萧山以青梅为主，萧山大青梅以色青汁多、肉厚核小、皮薄质脆、酸味纯正而驰名，为梅中良种。80年代，萧山被列为农牧渔业部青梅商品生产基地。

萧山青梅栽培历史悠久，宋太宗太平兴国年间编纂的城山诸坞《诸氏家谱》云："山阴天乐诸坞，四山环绕，一溪流出，青山绿溪，桑树间多梅树。"[①]据诸坞村老人回忆，中华人民共和国成立前，树龄在300～400年的老梅树，该村就有800多株。黄岳渊《花径》："萧梅，原产于浙江萧山，故名萧梅"，"成果梅中第一上品也。"[②]萧山大青梅，分大叶青和细叶青等品系。1981年后，青梅种植面积扩大，1989年投产面积6428亩，产青梅266吨。产区集中在城山、进化、所前等13个镇乡的37个村。1992年后，发展青梅作为振兴山区经济、优化林果结构的一个主导产品，主产地进化镇发展快，并向楼塔、云石等南部镇乡发展。2000年，全市青梅栽培面积8235亩，年产青梅1220吨；其中进化镇的诸坞、吉山、华家垫、盛家坞、郗坞、肇家桥村和所前镇的山里王村，种植青梅4227亩，占山地面积的21%，青梅收入466万元。

萧山所产青梅，从1956年起销往香港，年鲜销50吨～70吨。90年代中期始，青梅加工企业以订单形式向梅农收购，加工后主要出口日本。

①萧山市农业局编：《萧山县农业志》，浙江大学出版社，1989年，第264页。

②萧山市农业区划办公室编：《萧山农业名特产品资源》，1988年，第7页。

图11－16－416　进化镇青梅。1956年销往香港地区（萧山区农办提供）

第五节　胡　瓜

胡瓜是黄瓜的别名，为葫芦科甜瓜属一年生草本植物，可供生食、熟食、腌渍、酱制。1979年从日本引进，在南阳试种获成功，翌年扩大到5000余亩，主要分布在南阳、新围、河庄、乐园、义盛等公社。2000年种植面积2万多亩，多在党湾、新湾、南阳、河庄、靖江、义盛、头蓬、益农等镇和围垦地区，年产鲜瓜约8万吨，年产值近亿元。胡瓜多为腌制加工。是年，全市上规模的胡瓜加工企业27家。产品大部出口日本、韩国等国，年创汇4000万元。

胡瓜于3月中、下旬播种，选择地势高燥、排水良好、环境清洁、水源无污染，3年内未种过同科蔬菜的土壤，每亩定植用种量50克左右，采用拱棚营养钵育苗。主茎长30厘米时始搭人字架或直立式架，引蔓上架，主蔓到25节左右时打顶。5月始采摘，初果期一日采收一次，盛果期每天早晚各采收一次，收获后当日运往工厂加工。7月败藤，套种或清地改种下季作物。

第六节　浙江龙井

《浙江事典》载：浙江龙井产于萧山、富阳、余杭、嵊州等地。[①]萧山产的浙江龙井位于湘湖水系附近的闻堰镇老虎洞山、凌家坞、压乌山、黄山等地。“三山一坞”与钱塘江北的杭州狮子峰对峙，同属天目山脉，山明水秀，云雾缭绕，气候湿润，盛产名茶。50年代初，萧山茶农对零星的茶园进行改造，开发一部分新茶园，试制“湘湖旗枪”。1960年，“湘湖旗枪”改名为“湘湖龙井”。浙江省商业厅规定萧山长河等地的萧山旗枪，依照龙井茶叶“龙”字号价格收购。1965年收购31担。1966年，“湘湖龙井”复名“湘湖旗枪”。1980年，省物价委员会和省供销社联合命名“湘湖旗枪”为“浙江龙井”。1981年，“浙江龙井”被评为浙江省名茶之一[②]，产区也由城北区的4个镇乡、22个村发展到城北、城南、临浦、戴村4个区、25个镇乡、74个村。1982年，“浙江龙井”收购量3.54吨；1986年22.50吨。

“浙江龙井”做工精致，素以形扁、色翠、香郁、味醇、形美而享“五绝”之称。因萌芽早、茶芽壮，清明节就开采上市。随着大棚覆盖技术的采用，春节前也可少量采摘上市。

90年代后，浙江龙井茶的炒制技术推广到全市各地，其中最为有名的是“浙江龙井”系列中的云石“三清茶”，以生长在云石乡高山上的优质茶叶精制而成。2000年，“三清茶”有生产基地300亩，采摘茶园1000亩，年产茶10吨。

①商景才主编：《浙江事典》，浙江教育出版社，1998年，第606页。

②萧山市农业局编：《萧山县农业志》，浙江大学出版社，1989年，第266页。

第七节　络　麻

民国《萧山县志稿》卷一《物产》载：“青麻，产沙地。有洋种、本种之别。四月种，八月剥，运销外洋，用途颇广。”当时品种、栽培方式、生产条件等均落后，产量很低。“民国21年（1932），萧山县种黄麻2000亩，总产1600担，亩产80斤。”[③]

中华人民共和国成立后，萧山成为全国的重点产麻区，随着耕作栽培技术不断改进，优良麻种引进、推广、繁育，种植面积逐步扩大。1955年后，每年种植络麻20万亩左右。1984年增至22.97万亩，亩产447千克，总产10.27万吨。面积和总产均占全省的50%左右。1985年，萧山络麻栽培进入最高峰，面积28.7万亩，亩产461千克，总产13.23万吨。

络麻为萧山俗称，包括黄、红麻。黄麻，椴树科，有圆果和长果两种。70年代中期前是萧山麻区的主栽麻种。黄麻纤维是制作麻袋、地毯、麻布和造

③洪献耕主编：《可爱的家乡》，天津人民出版社，1991年，第86页。

纸的上乘原料，但产量不高，易倒伏。红麻，又称槿麻、洋麻，锦葵科，根系发达，株高茎粗，单产高。自70年代中期逐步扩大，至80年代初基本取代黄麻。红麻由于成熟较迟，留种困难，每年需从广东、广西引进。萧山棉麻研究所和麻区干部群众经过多年选育，试验出中晚熟新品系“433”，1987年由浙江省品种审定委员会审定通过，定名为“浙萧麻1号”，可在本地留种。

90年代中期，由于塑料编织袋的广泛应用，麻袋受到极大冲击，同时，国家实行市场经济体制，放开农业指令性种植计划，加之种植络麻劳动强度大、经济效益低、脱胶沤洗对环境污染严重等诸多因素，萧山络麻种植面积逐年大幅下降。2000年，面积仅0.3万亩，亩产481千克，总产1444吨。

第八节　萧山鸡

萧山鸡，又称萧山大种鸡。公鸡羽毛红或黄，母鸡多黄色，喙和脚均黄色，故俗称“三黄鸡”。萧山鸡“体形较大，近于肉用型，肉质佳”，是“我国鸡的优良品种之一，原产浙江萧山、绍兴一带。[①]”“三黄鸡”在国内知名度很高，在港澳市场上享有声誉。

《浙江特产风味指南》载，萧山鸡“已有2000多年的饲养历史。原养在越王宫内，专供帝王后妃观赏玩乐，又称‘越鸡’。后外流民间，经长期精心培育，遂成优良鸡种。[②]”纯种萧山鸡除个体肥大和羽毛特色外，活泼好动，胸部肌肉特别发达，两腿粗壮结实。萧山鸡中心产地在萧山南沙平原一带，农家常把鸡群放养于房前屋后，在麻荫、棉地、竹园、树丛间觅食红铃虫、造桥虫等。萧山鸡有“放养”、“活食”的习性。

萧山鸡是肉、蛋兼用型鸡种。成年母鸡体重2千克左右，一年最多可产蛋110枚～130枚左右。成年公鸡体重3.0千克～3.5千克。萧山农民有养阉鸡的习惯，对小雄鸡适时进行阉割，可使生长速度加快。后期养在暗处“囤肥”，最大的可长到5千克左右，称“红毛大镦鸡”[③]，肉嫩脂黄，味道鲜美，在杭、沪等地很受欢迎。1979年9月，经过提纯复壮的萧山鸡运销香港，大受港人喜爱，价格为白洛克鸡的3倍。

图11—16—417　萧山东海养殖有限公司养殖的萧山鸡（2005年，徐红摄）

萧山鸡脂肪含量少，每100克鸡肉中含蛋白质23克多，脂肪仅1克左右。萧山人常用它来作补品，用1只0.5千克～0.75千克重的萧山仔鸡与适量的中药黄芪一起在砂锅中炖酥后服用。

第九节　湘湖莼菜

莼菜，又名“水葵”，睡莲科，水生宿根草本。长江以南多野生，也有少量栽培。宋陆游诗《雨中泊萧山县驿》云：“店家菰饭香初熟，市担莼丝滑欲流。自笑老生成底事，黄尘陌上雪蒙头。”[④]南宋嘉泰《会稽志》载：“萧山湘湖之莼特珍。”明万历《萧山县志》载：“莼出湘湖至美，较胜他

①《辞海》，上海辞书出版社，1989年，第675页。

②《浙江特产风味指南》，浙江人民出版社，1983年，第45页。

③赵维臣主编：《中国土特名产辞典》，商务印书馆，1991年，第140页。

④萧山县志编纂委员会：《萧山县志》，浙江人民出版社，1987年，第1104页。

产。”[1]民国《萧山县志稿》载：“杭州盛行莼菜，西湖所产无多，皆由萧山贩往。”湘湖莼菜制成罐头销往国外的也始自萧山。民国20年，世居湘湖的张世源，在杭州清河坊4号开张元龙莼菜加工厂，把湘湖莼菜制成瓶装运销日本，直到解放前夕。60年代后，湘湖被大面积围垦种粮，莼菜生产面临危境。1978年后，湘湖莼菜又开始种植。主要产地在闻堰镇老虎洞村，1988年种植110亩，产莼菜50吨，大都加工装罐后销往日本。2000年，莼菜基地被开发建设而征用。

①萧山市农业局编：《萧山县农业志》，浙江大学出版社，1989年，第267页。

第十节　“五月拔”大豆

“五月拔”大豆[2]是萧山地方良种，抗逆性好，粒大质佳，早熟高产。适宜在萧山多数地方种植，尤在北海塘以北的沙地区、围垦区面积更广。该品种栽培历史悠久，1949年全县种植13.75万亩。50年代末至60年代，种植面积下降。80年代中期，沙地区、围垦区推广麦、大豆、水稻的“二旱一水”种植模式，大豆种植面积增加，“五月拔”大豆为主要品种。1992年起，先后引进日本和我国台湾地区的大豆品种作采摘鲜豆用，然“五月拔”大豆仍为当家品种。1993年，全市种植大豆16.59万亩，多为“五月拔”品种，面积居浙江省之首。2000年，全市种植大豆25.94万亩，其中“五月拔”大豆种植面积超过10万亩，仍居浙江省首位。

②萧山市农业区划办公室编：《萧山农业名特产品资源》，1988年，第47页。

“五月拔”因在萧山农历五月可采摘青豆而得名，但多数农民以收获完全成熟的老豆为主，买给粮食收购部门和大豆加工单位用来加工豆制品。

据萧山农业科研部门多年调查实验，“五月拔”大豆品种是一个植株形态，成熟期相似，但个体差异较大的混合群体，可分为5种类型，主要的是2种：一种是品质佳，营养好。经化验，蛋白质含量41.1%，粗脂肪含量19.31%，百粒重一般为19克～22克，种子淡黄色、椭圆形、褐脐、开白花、青荚外形好，农民称“白毛五月拔”。种植面积约占大豆面积的20%～30%。另一种是品质好，营养极为丰富，蛋白质含量高达43.48%，比普通大豆高7.18%，是全国高蛋白质大豆品种之一。粗脂肪含量17.10%，百粒重在19克～22克，种皮略带青色，种子腰子形、黑脐，开白花，茎荚茸毛略带褐色，农民称“黄毛五月拔”。种植面积约占大豆种植面积的50%～60%。

图11－16－418　90年代末始，萧山第一农垦场大面积种植“五月拔”大豆（2006年，杨贤兴摄）

第十二编 垦区开发

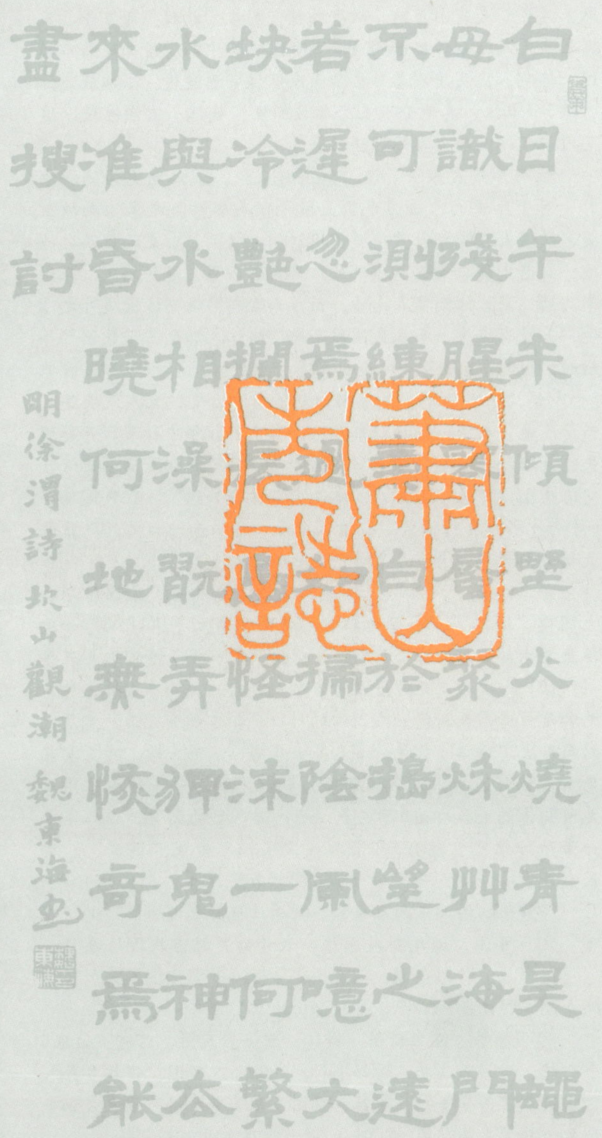

龛山观潮

明·徐渭

白日午未倾，野火烧春昊。蝇母识残腥，寒昼聚秋草。海门不可测，练气白于捣。

望之远若迟，忽焉过如扫。阴风噫大块，冷艳拦长岛。怪沫一何繁，水与水相澡。

玩弄狎鬼神，去来准昏晓。何地无快奇，焉能不搜讨。

历史上钱塘江河口段流道多变，两岸坍淤无常，位于河口南岸的萧山人民深受其害。历代封建王朝和民国政府，虽采取过不少治江措施，但收效甚微。[①]

中华人民共和国成立后，萧山实施“治江与围涂相结合”的方针，以南沙为依托，根据钱塘江治理规划，有计划地向北向东围涂造地。开发利用大片滩涂资源，控制江流主槽摆动幅度和“坍江”失地。至2000年，在西起浦沿半爿山，东至益农闸的南沙大堤以北地区，进行大规模围垦江涂31期，共圈围土地526207亩，规模之宏大，为全国罕有。

70年代起，在继续围垦的同时，掀起垦区开发热潮，各项基础工程和配套工程相继完成，当年围垦，当年开发。萧山内地农民陆续到垦区安家落户。1978年垦区设有6个人民公社（1984年改乡）[②]、47个生产大队（1984年改村）[③]；建有15个农林场、农垦场和军垦场。1994年8月，省政府批准南阳经济开发区为省级经济开发区。1995年7月，经国务院同意和国家计划委员会批准，设立萧山现代农业开发区。2000年，在垦区建立浙江省农业高科技示范园区。至2000年，垦区沿江一线大堤建成20～50年一遇标准江塘长43.30千米（2003年临江一线大堤标准塘建设全线如期建成），水利、电力、通信、交通等基础设施建设和文化、教育、卫生、商贸、金融等社会事业建设同步推进。垦区建有粮油、蔬菜、瓜果、水产、花木、畜牧、林特和棉麻等农业商品生产基地。形成化纤纺织、建筑材料、五金机械、化工塑料、针织服装、食品加工等六大工业基地。市场日趋繁荣，各类商品购销两旺。2000年，垦区粮食生产、水产养殖和生猪养殖，多为规模经营的专业大户（场），农业机械化程度超过全市平均水平。

1949～2000年，萧山人口由55.06万人增加到114.19万人，同时接纳14.90万人外地民工就业，各项建设用地20余万亩，但萧山土地总量基本保持动态平衡，这些都有赖于围涂持续不断的科学开发，才使萧山垦区成为沃野万顷，河网如织，终年常绿、物产富饶的休闲观光胜地。

①萧山北部境域，随着钱塘江河口段流道之变迁而变迁。历史上，河口段流道先后走南大亹（航坞山至赭山之间）、中小亹（赭山至白虎山之间）、北大亹（白虎山、蜀山以北，海宁海塘以南）。明末清初，南大亹逐渐淤塞；清乾隆中期，中小亹亦淤，遂形成了北海塘以北，赭山、白虎山、蜀山以南的沙涂平原，即南沙。南沙成陆后，堤外仍有滩涂淤涨。据民国3年（1914）绘制的五万分之一军用地图：赭山、白虎山之西及白虎山、蜀山之北，有广袤久熟之沙地，均宽约5公里，村落稠密。民国《萧山县志稿》中的《萧山县境域图》，则展示民国17年时这片沃土平畴依然存在，其向北淤涨的面积比今日之垦区有过之而无不及。以这片沙地为业者，或佃，或买，或霸占土地，从事种植、制盐、放牧、商贸等。民国20年邑人顾士江编著的《萧山乡土志》中的《萧山全县市镇图》标明，在头蓬以北，自西至东沿江有曹案埠、小泗埠、三岔埭3个市镇，其地分别在今垦区新围、钱江、宏图乡境。这足以证明这一带当时的兴旺景象。

然而，随着滩涂淤涨，江道被束狭，钱江潮更为汹涌澎湃，对于岸堤的冲击力也明显增强，而那时大堤多为柴塘土堤，故遇大风大潮，常决堤“坍江”。赭山、白虎山以西之沙地，自清光绪二十五年（1899）至民国17年，逐年坍失，岸线南移15公里，江潮侵入南沙；白虎山至新湾段南沙大堤外之沙地，亦时有坍失，而从民国31年起“坍江”加剧，至民国35年短短5年间，这一带沙地坍失殆尽，曹案埠、小泗埠、三岔埭3个市镇均坍入江中，岸线回归到了南沙大堤，且危及头蓬、新湾等地；新湾、党湾以东沙地，自民国37年中秋节后开始坍失，至当年底，坍去农田万余亩，盐田2万余亩，站在新湾、党湾街上，可见不远处“江水连天，桅樯如织”。据民国36年6月南沙水利会所估计：自清代以降，萧山南沙大堤外之沙地及赭山西侧部分南沙，累计坍失44万亩以上。

每当决堤“坍江”，沙地人民便深受其害。民国时期的大规模“坍江”，尽管死难者不及明崇祯元年（1628）一次性淹死南沙瓜沥一带1.7万余人之数，也不及清乾隆三十五年（1770）一次性淹死沙地业者万余人之众，但南沙大堤之外，尤其是白虎山至新湾一线以外的人口，相当部分已落户定居，因而每次“坍江”都使许多人失去家园，流离失所，乃至卖儿鬻女，饿殍遍野。仅民国37年，新湾、党湾以东沙地狂坍，无所归依的灾民即达6万之多；而民国10年的潮灾，仅仁字号一带地方饿死者就有300余人；民国36年出现“坍江”，灾民卖儿卖女多起，每名少女价值250万元法币。翻阅1946年4月～1949年初的《东南日报》，萧山沙地多起“坍江”的“哗嚓”之声可闻，遍地拆屋逃难、哀号恸哭的惨状历历在目。（资料来源：费黑主编、陈志根副主编：《萧山围垦志》，上海人民出版社，1999年，第3～4页）

②1978年，设立新围、钱江、宏伟、宏图、前进、益农6个公社，1984年改乡，辖43个村。1992年，新围、钱江乡并入河庄镇，宏伟乡并入头蓬镇，宏图乡并入新湾镇，益农乡和夹灶乡合并设立益农镇。2001年7月，前进乡并入新湾镇。

③其中属内地镇管辖的4个村，即宁围镇顺坝村，南阳镇南围村，党山镇四围村、长兴村（1998年8月合并为兴围村）。

第一章　围涂造地

钱塘江汹涌浩荡，江道几经变迁，北岸线渐往北移，南岸滩涂淤涨。萧山自古有围涂历史，但时围时坍，沙地居民生命财产得不到保障。

中华人民共和国成立后，始对南沙大堤（半爿山至红卫闸段）外新涨滩涂自发围垦[1]。1965年秋至1966年春，由省、杭州市、萧山县三级联合在九号坝下游围涂2.25万亩，拉开了大规模围涂序幕；至2000年，在南沙大堤以北西起浦沿半爿山、东至围垦二十二工段的钱塘江滩涂上，累计组织大规模的围垦31期，围涂526207亩[2]，造地22万余亩，开发建设精养鱼塘2.29万亩（不含军垦农场面积，下同）。并先后成立益农、顺坝和萧山市（县）围垦指挥部，负责观测、抢险、养护等管理工作及配套设施建设。

第一节　新围江涂

顺坝四千亩围垦

顺坝四千亩（亦作地名,下同）围垦位于一号坝闸北。1970年修建七下右顺坝至九号坝间大堤时,由于迁就筑堤前在滩涂上预堆的块石位置和利用一号坝作护堤据点,使堤线过于偏南,不符合治江规划要求,以至江道主槽摆动幅度仍然较大。为进一步改善此段江道,1976年开始在东风角至九号坝间抛建顺坝，称“九上顺坝”，坝长6423米，虽该坝中段缺口尚未完成（至1992年底，缺口尚有1200米），但江流主槽已被控制在规划江道线内，基本趋于稳定，坝囊内有滩涂资源约1.1万亩，其中一部分已达到可围高程。1986年1月3～9日，浙江省水利厅与城北区在该处联合围垦。宁围、盈丰、长山、西兴、长河、浦沿、城北、新街等8个镇乡组织2.29万名民工参加，从南斜埂到二号坝筑大堤长4629米，开一号坝直河长639米，共投工21.5万工，完成土方35.5万立方米，宕碴3900立方米，围涂4000亩。同时继续抛石护坝，至是年底，共完成土石方63.2万立方米，其中石方11.25万立方米；总投资197.25万元，其中国家投资130.53万元。该围涂土地除主干河道、堤塘、护塘地外，净土地面积3211.4亩，省水利厅与城北区四六分成，省水利厅得1123.5亩，城北区得土地1800亩、渔塘287.9亩,分配给参加围垦的8个镇乡。

五万二千亩围垦

86丘五万二千亩围垦位于整个围垦区的东北角，西靠北线一万亩围垦、义蓬区七千亩围垦、军民联围十万亩之东堤（即外十工段至十二工段），南依城北区东江一万五千亩围垦、东江二万六千亩围垦之北堤，北与东均濒钱塘江，隔江与海宁县相望。

①半爿山至红卫闸段堤外围垦。此段围垦起始最早，但每块围垦面积大多较小。1950年至1951年，长河乡长一、江三、江二村分别围涂45亩、40亩、150亩；西兴乡星民村围涂两块共418.3亩。1955年，西兴保滩护岸工程竣工后，盈丰乡丰二、合丰、利一、利二、丰北5个村在附近滩涂上小块围涂，共计1774.58亩。1958年春，浦沿乡新生高级社组织200余劳动力在钱塘江大桥之东围涂，历时5天，围地1409.54亩。1961～1962年初，浦沿公社新生大队又围林家外圩80亩、沙郎沈前圩35.11亩、沙郎沈后圩63.15亩、七甲外圩115.9亩。后，浦沿公社山二、永丰（即冠二）、浦联大队，长河公社长一、江一、江二、江三大队，西兴公社星民、七甲闸大队在本大队附近南沙大堤外围涂；县城北农场在五堡闸上游围涂造田。1962年，解放军某部在钱江汽车轮渡码头西围涂1440亩，部队调离后，分别划给县“五七”工农学校和省水电一处、二处。

九号坝坝东围垦。1958年，省林业厅在九号坝至红山段南沙大堤外2200余亩滩涂上建芦竹场；1962年，萧山县人民委员会在芦竹场外的滩涂上建盐场。均筑有小围堤。1962年至1963年初，由省农业厅出资，萧山出劳力，以钱江农场（时属杭州市）名义在九号坝1+700桩至红山一线筑堤围涂，所围滩涂自西至东分别分给钱江农场江干分场4800亩、芦竹场5000亩。1963年9月12号、13号两次台风，该大堤西段多次缺口，土地坍失很多，后又逐步淤涨，1965年下半年全部涨复。

九号坝坝西围垦。1962年，城北区曾在坝西围涂7000余亩，1963年12号、13号台风过境时全部坍失。（资料来源：费黑主编、陈志根副主编：《萧山围垦志》，上海人民出版社，1999年，第74～79页）

②不含以下两期围垦面积：2002年12月11日，位于围垦外六工段与外八工段的新围2000亩滩涂动工，2003年8月围成。2005年12月6日，萧山围垦东线治江围涂工程开始实施，至2006年7月5日，第一期工程5200亩土地圈围。紧接着实施第二期工程，至2007年12月6日，围得土地12607亩。东线治江围涂工程历时2年，累计抛筑石坝15.75千米，抢筑泥坝15.47千米，完成石方743.2万立方米，土方599.5万立方米，圈围土地17807亩。至2007年末，萧山共围垦钱塘江滩涂546014亩。

1973年底至1974年初，在十工段以南堤外淤涨起一片滩涂。1974年3月19～26日，县革命委员会组织义蓬区、城南区以及瓜沥、城北两区的部分公社民工前往围涂，围得毛地3万亩。由于围涂时机不当、滩涂地程偏低、大堤断面偏小，加之围后未及时固堤，6月22日该围垦东南角决口。6月28日组织民工抢险筑堤，意欲保住北部2万亩，但因连续阴雨、施工困难、工效低下，且民工住处积水、柴禾浸湿，伙食难以为继，诸方面因素导致工程未获成功。8月，受13号台风和天文大潮袭击，该块滩涂荡然无存。

图12－1－419　1986年，五万二千亩围涂（董光中摄）

图12－1－420　70年代中期，钱塘江东线大堤抢险堵口（董光中摄）

图12－1－421　1987年，萧围东线抛石筑堤（董光中摄）

1985年9月，因钱塘江主槽走北，外十工段至十二工段大堤以东淤涨起大片滩涂。1986年6月，据江道地形图测算，高程在5米（吴淞基点，下同）以上达9.2万亩，其中在6米以上约8万亩。经省水利厅同意，县委决定是年冬季围涂，并成立“新围江涂总指挥部”，具体施工由县围垦指挥部负责，计划围涂5.2万亩，第一期工程围北块。1986年11月23日动工，义蓬、瓜沥、城北、城南4个区的43个镇乡，组织15.4万名民工上工地，29日完工。筑北堤（外十工段往东至二十工段）长6155米、东堤（二十工段往南至十八工段）长4900米、南堤（前十一工段往东至十八工段）长3700米，新开十工段横河长4400米，共投工95.96万工，完成土方215万立方米（含宕碴9150立方米，折土方12.3万立方米）。围得毛地44000亩。

后经过一个多月淤涨，南堤外十七工段大流化沟由高程4.5米回淤至5.2米～5.5米，其余滩涂亦已达5.7米～5.8米，于1987年1月6～11日实施第二期工程，日出民工8.13万人。由于第一期工程已筑有南堤，且该滩涂南端紧靠东江二万六千亩围垦北堤，故只需筑十八工段往南至十七工段闸之间的东堤。工程共投工45.32万工，筑堤长2655米，加高第一期工程的北堤和东堤，开挖后十一工段横河长3750米，筑十八工段和二十工段丁坝围堰，共完成土方123.59万立方米，铺宕碴2591立方米，围得毛地8000亩。其时，第一期工程所筑的南堤已成为隔堤。

4月始，对沿江东线大堤进行浆砌护坡，1989年12月全线完工，共投工36.27万工，投资283万元。1991年底，完成北线大堤长2千米浆砌护坡。

该期围垦从开始至1991年底，各项配套工程投工492.55万工，完成土方481.7万立方米、石方113.94万立方米（含宕碴折石方22.66万立方米）。投入资金3472.9万元，其中国家投资3208万元（省地方财政1000万元，杭州市调拨造地款500万元，其余为萧山地方财政投资）。

5.2万亩围垦土地，划给省水利厅8000亩、萧山44000亩，其中分给参加围垦的43个镇乡37976亩，分给市围垦指挥部3000亩，预留建集镇（将来设乡时的乡政府驻地）用地1000亩（由市农机水利局垦种站代管），水利设施用地300亩，市直属1724亩，后由市农村经济委员会代表市政府发包给市粮食局兴办养殖业（即后来的杭州龙翔养殖实业有限公司）。

图12－1－422　1987年1月9日，86丘五万二千亩围垦工程祝捷大会（萧山区农机水利局提供）

顺坝一千二百亩围垦

顺坝一千二百亩围垦位于九号坝以西，顺坝四千亩围垦以东。1986年4000亩滩涂围成后，其东部至九号坝间流化沟淤涨，达到适围高程。1989年1月31日至2月5日，浙江省水利厅与城北区又联合组织围垦。由城北区盈丰、宁围、长山3个镇乡，在春节前出动500人，筑西面拦潮小堤长670米，完成土方1.8万立方米，投工3000工；春节后又出工加高西小堤，另筑新堤长1520米，其中北堤为永久性临江大堤，堤顶高程12米，堤顶面宽6米，内坡1：3，8.5米高程处设有6米宽平台，外坡1：2，紧靠8.5米高程处抛石坝圬工面；西、东隔堤为过渡性堤塘，堤顶高程11米，堤顶面宽6米，内坡1：3，外坡1：2。围涂面积1200亩。共投工14.1万工，完成土方31.59万立方米，石方2.83万立方米。投资109.87万元，其中国家投资95万元。

该块土地按净面积1103.5亩四六分成，省水利厅萧绍海塘工务所得442亩，城北区得661.5亩(后归市农机水利局垦种站)。

一万三千亩围垦

一万三千亩围垦（简称93丘）位于十六工段至十八工段以东，西北靠86丘五万二千亩围垦，西南连东江二万六千亩围垦，东濒钱塘江。

86丘五万二千亩围垦后，在其与东江二万六千亩围垦夹角间形成较为稳定的滩涂，至1993年7月，6米高程以上的滩涂近2万亩。7月15日，市委决定围涂1.30万亩。

本期围垦首次采取以泥浆泵吹填为主的机械化施工替代人工筑堤开河。主体工程采取公开招标，由市围垦指挥部工程队、市水利建筑安装工程公司、市江河疏浚工程公司、义蓬水利建筑工程处、河庄水利建筑工程队5个中标单位承包施工。

机械化围涂施工程序：装有两个喷嘴的高压清水泵喷出高速水柱将土体冲碎成泥浆，再用泥浆泵通过输浆管送至筑有子埝的堤身上。经沉淀，排出清水，震动固结，如此循环往复，直至完工，达到挖、装、运、卸、平整、密实6道工序一气呵成。

工程分两期施工。首期于1993年10月20日开工，至11月4日完工。日最多出动泥浆泵110台（套）、操作工627人。累计出动泥浆泵1139台（套），投工8487工。完成十七工段和十六工段横河，长2986米；结合开沿塘河，在十六工段横河东端向南筑堤，与东江二万六千亩围垦东堤相衔接，长1600米，完成土方54.81万立方米。

第二期工程于1993年11月20日开工，12月7日完工。在十六工段横河东端向北筑堤至十七工段横河东端，再折向西北与86丘五万二千亩围垦之东堤相衔接，结合开沿塘河，筑堤长5815米。日最高出动泥浆泵175台（套）、操作工932人。累计出动泥浆泵2310台（套），投工13647工，完成土方90.09万立方米（不包括前期疏河、拓宽闸口、接通十七工段公路等土方21.63万立方米）。

两期工程共筑堤长7415米，堤顶高程12米，堤顶宽8米，内坡1：3，外坡1：2。共投工22134工，出动泥浆泵3449台（套），完成土方166.53万立方米；投资436.12万元，均由萧山地方财政拨款。围得毛地13300亩。

后又加固大堤，全线抛石护坡，并建外十七工段排涝闸等配套工程。至1995年底，共完成土方171.86万立方米、石方43.58万立方米，投工186.1万工。总投资3020万元，其中国家补助520万元、贷款780万元、市地方自筹1720万元。

图12－1－423　1993年，以泥浆泵吹填泥土为主的机械化围涂（楼培新摄）

一万九千亩围垦

一万九千亩围垦位于十八工段、二十一工段以东，西邻86丘五万二千亩围垦、一万三千亩围垦和东江二万六千亩围垦，东濒钱塘江，南接绍兴县围垦。

1993年一万三千亩围垦后，其东淤涨起大片滩涂，据测高程5.5米以上的在十五工段绍兴围堤以东宽2300米，十八工段以东宽2000米，十九工段以东宽900米，面积约2.2万亩。市委决定进行围垦。1993年8月5日向省围垦局书面请示，要求列入省基建补助工程进行围垦。省围垦局于10月31日批复同意。由于该块围垦滩涂条件相对较差，筑堤需跨越5处宽270米～1200米流化沟，工程较为艰巨，故采取先易后难和边围边促淤办法，土方工程以招标承包方式施工。分4期实施。

第一期：1994年11月20日开工，12月3日完工。由市围垦指挥部工程队施工，最高日出动73台（套）泥浆泵、操作工383人，累计出动泥浆泵795台（套），投工4382工，筑堤长2450米，挖沿塘河长2450米，新开河长916米，完成土方36.54万立方米。围成南块3000亩（简称94丘，下同）。

第二期：1994年12月8日开工，次年1月13日完工。由市围垦指挥部工程队、市水建公司、市江河疏浚工程公司和义蓬水利建筑工程处联合施工，最高日出动泥浆泵178台（套）、操作工895人，累计出动泥浆泵4353台（套），投工26890工，筑堤长5179米，开河长6544米，其中沿塘河长5129米，完成土方126.4万立方米。围成北块6000亩。

第三期：1995年2月21日开工，3月20日完工。市围垦指挥部工程队、市水建公司、市江河疏浚工程公司3家联合施工，日最高出动泥浆泵140台（套）、操作工640人，累计出动泥浆泵2691台（套），投工1.7万工，筑堤长4735米，开挖沿塘河长4625米，完成土方92.69万立方米。围成南块5000亩。

第四期：1995年11月26日开工，12月30日完工。由市围垦指挥部工程队施工，日最多出动泥浆泵100台（套），操作工600人，累计出动泥浆泵1865台（套），投工11084工，筑堤长3441米，开河长4620米，其中沿塘河长3441米，完成土方77.55万立方米。围成5000亩（简称95丘）。其他抛坝促淤、抛石护岸及开河、建桥等工程建设紧密配合，穿插进行。

四期工程共筑堤塘长15805米，挖沿塘河长15645米，新开河长3510米，累计出动泥浆泵9704台（套），完成土方333.18万立方米，投工59356工。每次围后即进行抛石护岸、建造堤顶公路与桥闸等配套工程，采用机械化施工，少数辅以人工完成。至1995年底，共完成土方333.18万立方米，石方76.96万立方米。总投资3955.61万元，其中国家投资760万元，贷款1140万元，市地方自筹2055.61万元。围成毛地19000亩（按围后实测地形图数据计算为19600亩）。

13300亩和19000亩江涂围成后，经国务院同意和国家计委批准，在此区块建立国家级萧山现代农业开发区，其示范区块为32900亩（俗称33000亩），示范辐射范围为整个萧山垦区。

一千亩围垦

一千亩围垦位于内四工段与外四工段之间，东邻北线二万三千亩围垦，南连三万六千亩围垦，西北濒钱塘江。

图12－1－424　萧围东线大堤堵口修复（1997年冬，楼培新摄）

因实施萧围西线标准塘建设，将原有内四工段至外四工段老塘之间凹进的300米一段轴线调整，按治江规划线建设新塘，结合围垦1000亩。由萧围标准塘建设办公室具体负责实施，1999年2月23日开工，5月10日围成。共筑堤长2257米，堤顶高程12.5米，面宽8米，内坡1：3，外坡1：2，抛石护坡；平整老塘长2294米。土方工程由市水建公司和市围海工程公司施工，泥浆泵吹填土方筑堤。共完成土方73.4万立方米、石方9.18万立方米，投工23.86万工。投资749.36万元。

七千亩围垦

七千亩围垦位于钱塘江南岸赭山湾九上顺坝段，东起九号坝，西至东风角，地处钱塘江顶冲地段，涌潮冲力强大，历史上曾多次抛筑石坝，但“龙口”（指按设计预留的缺口，供潮水进出以促淤）均未合拢。市委决定“一次规划，分期实施”，抛坝促淤、围涂筑堤，由市围垦指挥部组织实施。

抛坝促淤　1999年10月25日开工，次年4月23日完工。由市围垦工程石料场承建。开始采用单向抛坝方式，即由上游东风角沿原石坝（残留遗址）轴线位置向下游单向抛坝。单向抛坝长1500米左右后，于1999年11月25日起改为双向抛坝，即从九号坝和东风角两侧同时向中间合拢。12月6日实施7000亩围涂结合标准江塘建设工程，至年底抛石19.1万立方米。抛坝工程第一阶段于2000年1月中旬结束，为一期围涂达到适围高程争取了良好时机。

图12－1－425　2000年，九上顺坝围涂筑堤（楼培新摄）

为加快二期滩涂淤涨，避免潮水对新筑隔堤正面冲刷，3月12日，在离九号坝800米左右抛坝处，利用原九号坝老坝混凝土坝面，开挖长80米，底高程5.17米～5.74米口子，引潮促淤。4月23日晚12时将缺口重新封闭。为实施二期围涂打下基础。

抛坝促淤工程共出石方40.1万立方米，最高日出石6500立方米。石坝高8.0米左右，顶宽7米。

一期围涂土方筑堤　2000年2月26日动工，3月15日完工。工程由市围海工程公司和市水建公司分别实施。日出工1155人、泥浆泵189台（套）、船8艘，架设高压输电线路长4800米，设临时变压器30台、5015千伏安。新建大堤长4247米，堤顶高程12.0米，面宽7米，内坡1：3，外坡1：2；开挖河道长4110米，完成吹填土方120余万立方米。围得上游土地4200亩。3月22日，通过省钱塘江管理局、市农水局标准塘建设办公室、市水利水电勘察设计所及施工单位联合验收。

二期围涂土方筑堤　2000年4月27日始，抓住小潮汛有利时机，调集30艘民船、150台泥浆泵，出动800余名劳力，从外江水下和堤内同时取土，在二期围涂准备筑堤龙口两端，即九号坝向上游筑堤长700米、东风角向下游筑堤长1630米，逐步缩窄二期堤线龙口（中间预留龙口长670米），促使龙口内大流化沟地程抬高。至5月2日，共完成土方30.5万立方米。5月26日始，用75台套泥浆泵，对预留龙口进行全断面截水封闭。至5月30日，除龙口位置外，其余长2330米堤线高程均达到设计要求。至6月3日，又加高加阔龙口部分围堤长670米，二期完成土方110万立方米。长3000米堤线最终与一期堤线相连，达到堤顶高程12.0米、面宽7米，外坡1∶2、内坡1∶3，全面完成土方筑堤任务。同时，新建一线大堤长7247米，抛石护坡石方24.9万立方米。6月10日，7000亩围垦基本完成，共完成土方230万立方米，石方65万立方米。投资4653万元。

第二节　抢险固堤

滩涂围成以后，抢险保堤、加固堤塘，任务十分艰巨。萧山堤塘养护管理部门立即实施抢险固堤工程建设。

堤塘保护

堤塘为围垦时陆续建成，粉沙土质，塘身不够坚实。为确保垦区安全，1989年始，采用各种措施对沿岸堤塘进行保护。新土堤筑成后，在堤塘迎水外坡抛石保堤，每米外坡先抛宕碴5立方米～10立方米为反滤防冲垫层，再抛块石25立方米～30立方米，厚度2米～3米，以抵挡一般潮流冲击。后在可以施工的低潮位时，浇灌宽1米、深1.5米的混凝土大方脚（系堤塘外坡底端的混凝土条形大块体，断面呈矩形，是保护堤脚的基石）基础和灌砌厚度30厘米～40厘米的块石护坡至中平台，刷深度大的地段，设钢筋混凝土板桩或深套水下条形混凝土大方脚；中平台以上用厚度相同的浆砌块石弧形挡浪墙或斜护坡，再用混凝土浆砌块石压顶。砌石体内铺垫30厘米～60厘米厚的宕碴反滤层，有的还在护坡内侧建1米高的水泥预制移动式防浪墙或堆石防浪墙。

图12－1－426　1994年，钱塘江东线坍江（楼培新摄）

图12－1－427　1998年，萧围西线标准塘建设（楼培新摄）

堤塘抢险

1987～1990年间，萧围东线大坍江，新建堤塘外坡坡脚坍入江道深槽，养护管理部门组织人员突击抛石，日均不少于2000立方米，突击抢险时间每年长达3～4个月。1991年、1992年，钱塘江南股潮破坏力极强，堤塘多处出险，养护部门每次组织200～300名专业抢险队员日夜抢修，年抢险抛石15.7万立方米和17.4万立方米。1997年8月，11号强台风袭击垦区，新围95丘东线12.5千米堤塘全线破坏，1千米堤塘决口。市水利、交通等部门调集300余辆载重自卸汽车日夜装运石方，日最高出石9000多立方米。是年冬季堤塘全面修复加固，共投工247.6万工，完成土方138.5万立方米，石方56.3万立方米，总投资5242.47万元。为防不测，在临江一线大堤堆放一定数量石方，备抢险急需。备石放置分“上备方”和“下备方”两种。“上备方”堆于堤顶外侧，一般宽3米、高1.5米，每米大堤备方4.5立方米，兼作堤顶挡浪墙；“下备方”堆于易发生险情地段塘内20米或30米宽护塘地上，一般20米长为一堆，间隔6米～8米，每米堤塘备块石5立方米。

第三节　围垦组织

在围垦过程中，建立益农围垦指挥部、顺坝围垦指挥部和萧山市（县）围垦指挥部3个常设机构，负责江道观测、围堤抢险、重点配套设施建设、大堤养护管理、发展围垦工业和垦区部分水土资源开发利用。

益农围垦指挥部

原名益农围垦海涂委员会，成立于1966年10月。系夹灶、党山、长沙3个公社为围涂而组织的联合机构，部址设在老益农闸。1970年，易名为益农围垦指挥部。1972年，部址移至东方红闸。1984年，改由瓜沥区管辖。指挥部先后建有采石场、运输队、抛石队、基建队、水泥预制构件场、江塘养护队、农机厂、精养渔场，共有职工700余人。

益农围垦指挥部在1966年11月至1977年12月间，共5次组织夹灶、党山、长沙3个公社民工（其中1972—1977年的3次围垦增加瓜沥公社黄公溇村〈大队〉的民工）围涂，共围得毛地5.4万亩（包括1977年该指挥部与萧山县围垦指挥部联合围“东江二万六千亩围垦”中分得的0.3万亩）。并曾组织5次紧急抢险，保护大堤安全。

1992年后，益农围垦指挥部的工作职能由益农镇、党山镇分担，所在工作人员实行分流，指挥部不再存在。

顺坝围垦指挥部

前身是宁围公社围垦指挥部。1967年10月，由宁围公社建立，部址设在顺坝垦区顺坝闸西北侧。1971年8月，宁围公社围垦指挥部改组为顺坝垦区联合抢险指挥部，由城北区公所、军垦场、各有关公社派员组成，从事抢险保堤工作。1985年10月，城北区为拓展顺坝地区的滩涂围垦，又在该指挥部挂牌建立城北区顺坝围垦指挥部。凡涉及军垦场和彭埠镇、九堡镇的事务由前者协调处理，只涉及城北区围垦的由后者处理。两个指挥部统称“顺坝围垦指挥部”。

城北区顺坝围垦指挥部成立后，组织了两次围涂：1986年1月，城北区（除闻堰外的8个镇乡）与省水利厅联合在顺坝南斜埂至二号坝间筑堤，围得毛地4000亩；1989年1月，其东部至九号坝流化沟一带又淤涨滩涂，城北区的盈丰、宁围、长山3个镇乡与省水利厅联合围得毛地1200亩。至此该垦区围有毛地16500亩（其中军垦场8300亩）、净面积4690亩（不含江北彭埠、九堡镇2013亩）。

1992年后，随着大面积围垦的结束，顺坝围垦指挥部的职能减少。2000年仅剩2名工作人员负责日常工作。

萧山市围垦指挥部

前身为瓜沥区围垦指挥部，成立于1968年6月，原为参加围垦镇乡的联办机构。指挥部设在青龙山下永丰闸旁的临安寺（又名青龙寺、大庙）内。1969年1月，钱塘江治江指挥所并入该指挥部。

1969年9月，县革委会在拟围69丘五万二千亩围垦时，鉴于面积广、工程量大，需吸收非瓜沥地区的公社参加围涂，全县又已“撤区并社”，故将瓜沥区围垦指挥部改建为萧山县围垦指挥部。部址迁到头蓬公社街南。时有国家干部27人，农民职工（农村户口）71人。1984年，部址迁到头蓬闸北。1988年

1月1日，改为萧山市围垦指挥部。1991年，明确为行政性机构，市直属单位，归口市农机水利局。时有国家干部27人，全民事业职工6人，农民职工2750人及直接从事围垦工程的抢险工程队（含由250人组成的常年抢险专业队、山场管理处、水利工程管理所）。1998年，根据《萧山市镇乡机构改革实施意见》进行编制改革，内设5个职能机构，共有行政人员21名，下设萧山市围垦指挥部水利工程管理所。至2000年，机构设置和人员不变。

指挥部主管萧围大堤防汛抢险和实施新围滩涂等工作，负责历期拟围滩涂的勘测放样、前期准备、工程施工和围涂时的监督协调、后勤保障；负责围垦抢险保堤，建有80人的专业抢险队伍，确保长50千米一线大堤安全度汛；负责围垦水利配套设施建设与管理。

指挥部利用管辖范围内的土地、水域和二、三线堤边杂地发展养殖业、种植业、林业。至1991年，已有渔场5个，累计向市场提供淡水鱼9688吨，成材林林地424.5亩，笋竹园490亩，桃、金橘、葡萄等果园192亩。至1995年底，指挥部拥有土地（不含水面）毛面积6570亩（其中自围小块滩涂2块，分别在八工段和十二工段附近，计910亩），水域面积外荡8828亩（其中定权发证6579亩）。随着多种经营的发展，指挥部逐步成为农工商联合体，办有建筑、建材、机械、化工、爆破、石料、轻纺、花边、渔业和蔬菜加工业等各类经济实体20多家。浙江赤龙水泥有限公司曾多次被命名为萧山市百强企业，浙江佳力科技有限公司被确定为浙江省高新技术产品企业，萧山涌潮水泵有限公司是浙江省唯一定点的轴流泵生产专业厂。有农业企业5家，其中4家为萧山市级农业龙头企业，杭州晓阳养殖有限公司、杭州吉天农业开发有限公司、杭州天潮养殖有限公司经营面积都在5000亩以上。

表12-1-238　1949～2000年萧山围涂工程情况

单位：亩

垦区名称	围涂时间	所属单位	围涂毛地面积
半爿山至红卫闸段南沙大堤外围垦	1949～1987年春	城北区有关镇乡、村（公社、大队）	12767
顺坝围垦	1966	盈丰公社（今宁围镇）	286
	1968-11	宁围、盈丰公社（今宁围镇）	6414
	1970-11-18～25	军垦农场及城北区除闻堰外8个公社（今宁围、新街镇和滨江区西兴、长河、浦沿镇）	11300
	1986-01-03～09	省水利厅和城北区除闻堰外8个镇乡（今宁围、新街镇和滨江区西兴、长河、浦沿镇）	4000
	1989-01-31～02-05	省水利厅和城北区有关镇乡	1200
	1999-10-25～2000-06-10	七千亩围垦	7000
九号坝围垦	1970年冬-1971年春	棉麻试验场、钱江农场	19000
	1966年下半年	红垦农场、红山农场	22500
南阳赭山围垦	1965-10-16～22	南阳、赭山公社（今南阳镇）	2300
三万六千亩围垦	1968-07-16～12-03	新围公社（今河庄镇）	36000
二万七千亩围垦	1969-03-11～17	钱江公社（今河庄镇）	27000
69丘五万二千亩围垦	1969-11-30～12-07	宏图公社（今新湾镇）、宏伟公社（今头蓬镇）	52000
军民联围十万亩围垦	1970-11-30～1971-01-21	前进公社（今前进乡）、第一农垦场、第二农垦场、军垦农场	97140

续 表

垦区名称		围涂时间	所属单位	围涂毛地面积
抢险一万亩围垦		1973-07-06～13	梅西、党湾公社（今党湾镇），大园公社（今瓜沥镇）	10000
义蓬区七千亩围垦		1975-12-24～30	义蓬区参加围涂9个公社（今新湾、头蓬、义盛、靖江、南阳、河庄镇）	7000
城北区东江一万五千亩围垦		1976-12-10～17	城北区除闻堰外8个公社（今宁围、新街镇和滨江区西兴、长河、浦沿镇）	15000
东江二万六千亩围垦		1977-12-02～08	城北区除闻堰外8个公社（今宁围、新街镇和滨江区西兴、长河、浦沿镇）及益农公社（今益农镇）	26000
北线二万三千亩围垦		1978-12-21～29	义蓬区有关公社(今南阳、河庄、靖江、头蓬、义盛、党湾、新湾镇)	23000
北线一万亩围垦		1979-12-11～17	瓜沥区大园、瓜沥、昭东公社（今瓜沥镇），坎山、光明公社（今坎山镇），瓜沥镇	10000
86丘五万二千亩围垦		1986-11-23～1987-01-11	省水利厅、参加围垦镇乡、市围垦指挥部及市保留用地	52000
一万三千亩围垦		1993-10-20～12-07	市现代农业开发区	13300
一万九千亩围垦		1994-11-20～1995-12-30	市现代农业开发区、市围垦指挥部	19000
一千亩围垦		1999-02-23～05-10	萧山市	1000
益农围垦	一围	1966-11-19～24	益农公社（今益农镇）	9000
	二围	1970-11-20～30	夹灶、益农公社（今益农镇），党山、长沙公社（今党山镇）	18000
	三围	1972-01-05～15	夹灶、益农公社（今益农镇），党山、长沙公社（今党山镇）及瓜沥公社黄公溇村（今瓜沥镇）	9000
	四围	1973-09-01～10	夹灶、益农公社（今益农镇），党山、长沙公社（今党山镇）及瓜沥公社黄公溇村（今瓜沥镇）	15000
	五围	1977-12-02～08	夹灶、益农公社（今益农镇），党山、长沙公社（今党山镇）及瓜沥公社黄公溇村（今瓜沥镇）	(3000)
合计		—	—	526207

注：①半爿山至红卫闸段南沙大堤外围垦、顺坝1966年盈丰公社围垦及顺坝1968年11月围垦，据当时调查净面积8936.53亩，折成毛地12767亩。

②1966年，彭埠和余杭县九堡曾在顺坝围垦净面积共2013亩，不计围涂面积；1968年，县“五七”干校所围1200亩，于1970年基本坍失，不计围涂面积；益农五围面积已计入东江二万六千亩围垦。

【附录一】

围涂治江　造福子孙

按：开发滩涂是沿海地区克服人多地少困难的有效途径。农村实行联产承包制以后，如何组织千军万马进行大型农业基本建设，是我们在农村经济改革中需要研究和解决的新课题。浙江省萧山县委、县政府组织广大干部群众开发海涂的行动，是一次成功的探索，体现了他们艰苦奋斗、整治疆土的可贵精神。萧山的经验说明，只要各级党政组织有强烈的开拓意识，树立牢固以农业为基础的思想，有善于发动和组织群众的本领，在新形势下，主要依靠农民的劳动积累，大中型农田建设工程是能够搞起来的。

萧山县位于钱塘江南岸，与杭州市隔江相望。全县110万人口，90万亩耕地，是个人多地少的粮、棉、麻综合产区。由于地处钱塘江要冲，古县志记载：“越州西境，萧为要津，襟江负海”，这独特的地理环境，为我们开发钱塘江海涂资源创造了条件。从60年代起，我们先后搞了23期围垦工程，围起了41万亩涂地，其中已改造耕种的有24万亩。在1986年12月下旬至今年1月上旬，我们分两个阶段组织民工23万多人次到钱塘江边安营扎寨，开展了解放以后又一次规模较大的围涂造地工程，共投工141万工，完成土方339万立方米，石方18万立方米，筑起高11.5米、底宽35米的拦海围堤17.3公里，开挖河道25.5公里，新围海涂5.2万亩。

我们的主要做法是：

一、讲清道理，统一认识

由于钱塘江潮汐的涨落，自1985年下半年以来，在我县萧围外十工段至十七工段一带海涂大面积淤涨，围涂造地有了基础。但是，要实施工程必须先做好统一思想的工作。当时我们了解到，上下主要有这么几种思想：一是怕苦，认为现在是“高统皮靴羽绒衣，还能寒天赤脚上工地”？二是满足，感到致富道路千万条，为啥偏要去江涂寻宝？三是担忧，觉得目前是分户经营千万条心，如何能组织千军万马上围垦？四是埋怨，提出搞围垦是“干部好大喜功，百姓劳民伤财”。我们县委、县人大、县政府、县政协、县纪委等五家领导成员首先到实地勘察，再组织县级各部门和各区负责人现场踏勘分析，统一对这期围垦工程的思想认识。在此基础上，我们在基层干部群众中普遍进行“三讲”。一讲围垦的意义和成果，指出萧山人多地少，由于从60年代起注意发挥钱塘江海涂资源的优势，尽管多年来各种基建用地减少了14万多亩，但目前全县的实际可耕种土地还比解放初期增加了近10万亩。围垦区已经成为我县重要的商品生产基地。1985年，整个围垦区工农业总产值达到1.8亿元，占全县农村工农业总产值的10%。二讲围垦的光荣传统。60年代是我们国家政治最不安定、人民生活最贫困的时代，那时全县农民在党的领导下，为了子孙后代，靠吃萝卜、番薯、干菜搞围垦。现在要发扬过去艰苦奋斗的精神，把大自然赐予我们的宝贵资源充分利用起来，再创一番宏伟业迹。三讲围垦的条件。指出现在国家政治清明，政策稳定，社会安定，国强民富，搞围垦有较雄厚的物质基础。因此，这一期围垦是时机成熟，条件充足，意义远大，务战必胜。

二、分级负担，落实政策

此次围垦海涂，我们计划分三期工程进行：第一步就是筑起大堤，抛石固堤，开掘河道。三期工程共需投放资金1920万元。对这个问题，我们提出要按照中央〔1986〕1号文件的精神，县以下的农田水利工程，主要依靠自力更生为主，强调实行农民投放劳动积累为主的办法。

在具体政策上，我们落实了三个方面。第一，下达任务。规定这次围垦的土方、石方是“任务到区，分段包干”。土方全部由乡、村负担。石方分区完成任务，从国家和地方财政的拨款中按价结算，各区又将土石方的任务，按人口、耕地下达到乡、村。土方任务按村落实到户，确定应出劳力。石方任务由村承担，确定开采山场和应出运的船只。

第二，多渠道筹集资金。除了积极取得上级部门的支持外，我们筹集乡、村负担的土方工程资金，一是乡、村企业以工补农，按照政策规定，从乡村企业上缴的补农资金中拨出一部分，全县筹集688万元。二是实行劳动积累制度。在县人民政府年初制定的《强化农业基础，发展商品经济的若干规定》中，规定每个农村劳动力每年必须投工15～20个，用于农田基本建设和修桥铺路，投工积累计价约1310万元。对那些外出和因故不能出勤的劳动力，允许“以劳折金”，全县约筹集111万元。三是从原来的大队、生产队两级公共积累中，动用116万元用来搞围垦工程。三条筹集途径，共计得资金约2225万元。

第三，执行“乡规民约”。在做好思想工作的前提下，各乡、村对那些可以上工地而拒不出工的人员，按照乡规民约对待，做到出勤的不吃亏，赖皮的没便宜。

三、加强领导，协同作战

我们无论在施工前和施工中，都做到：

1.反复进行科学论证。从1986年7月开始，我们先后邀请省水利厅、钱塘江航运管理局、钱塘江河口海岸研究所人员进行科学论证，并组织县、区、乡的老围垦，进行调查论证，在长期由专人观测分析的基础上，认为围垦不但能增加土地资源，而且有利于治理钱塘江。

2.各级干部带头参战。12月的钱塘江边，北风呼叫，水冷刺骨。我们县、区、乡干部5200多人和15万民工来到围垦工地，在淤泥没大腿的海涂上苦干，在简陋的草棚里住宿。

3.各方配合协同作战。工程筹备和开工期间，县、区、乡各个部门都紧张动员起来投入战斗。第一期工程中，到现场服务的各部门干部、职工有3500多人，安装了动力照明、电话、广播线100余公里，变压器23台，组织供应了大批的建材、燃油、竹木用具和40多万斤肉、禽、蛋、鱼、粮油等食品。县农水局和围垦指挥部，1986年下半年以来抽调了一半以上的人员投入施工技术、首期准备、围堤配套等工作；县公安局牵头抽调交通、航管、车监、消防等专业人员95人、汽车5辆、摩托车10辆、设交通监理点9个、港监点8个，治安管理点6处、消防点3处，负责民工进、出场和抢围期间的交通、治安、消防管理工作。

（资料来源：中共萧山县委、县人民政府：《围涂治江　造福子孙》，中共中央书记处农村政策研究室：《农村工作》第7期，1987年3月15日）

【附录二】

关于“新围垦种”移民情况调查和今后意见的报告

我县东部，紧靠钱塘江口，这里海潮的冲击力很大。在海潮作用下，海涂时塌时涨。解放前，劳动人民深受海潮之害，面对大片淤涨的海涂只能“望洋兴叹”。解放后，在毛主席的英明领导下，我县广大群众进行了大规模的治江建设，广大干部群众纷纷提出了围海造田、扩大耕地的要求。

在各级党组织和革委会的领导下，从1968年夏天开始，先后组织了14次有4万人至16万人参加的拦海造田大会战。6年来，围住了28万亩海涂，增加耕田面积20多万亩，相当于全县原有集体耕地面积的三分之一。同时做到边围、边建、边垦，5年来，已生产粮食2.1亿斤，油菜籽2000万斤，棉花100多万斤，黄麻、蚕茧、糖蔗、水产、食盐以及蔬菜瓜果也有了迅速发展，为国家作出了贡献，促进了人民公社集体经济的巩固和壮大。今年，广大干部群众，又战胜了第十三号台风和异常大潮，共投工80余万工，挑土183万方，抛石3.25万方，修复大堤缺口449处。目前，围垦大堤依然屹立在钱塘江边。事实雄辨地证明了毛主席伟大的名言：“社会主义不仅从旧社会解放了劳动者和生产资料，也解放了旧社会所无法利用的广大自然界。”

一、向海涂移民，是迅速开发海涂的有效途径

大片海涂围成后，县围垦指挥部在1969年进行了小规模试验，头年种植水稻获得成功，到1970年扩大到几万亩。随着大规模的开发海涂和大面积的垦种生产，也带来了一些新的矛盾，突出的是：（1）

从内地到围垦区生产，路途太远，劳力浪费很大。以到“西垦”为例，近的六七公里，远的25公里，早出晚归，往返奔跑，实际劳动时间很短；（2）不利于精耕细作，改良土壤。海涂盐碱成分很高，要求常年引淡洗咸，增施有机肥料，减低盐分，但远距离操作，耕作粗放，成本很高，经营单一；（3）生产责任制不落实，影响了劳动积极性发挥。移民前，一般都采用专业队种植和“大兵团”突击相结合的办法。专业队人员调动频繁、补贴很高，在垦区劳动，一般每人每天补贴二角钱、半斤粮，每年一亩地要补贴现金14元、粮票40斤左右。而收入和支出实报实销，不利于调动社员的积极性；（4）、战线太长，顾此失彼。既要管内地，又要管外地，领导精力分散。农业机械的使用、劳动力的调配等方面矛盾较多。总之，分配方式不适应生产方式，影响了社员的劳动积极性，妨碍了集体生产的进一步发展。

在这种情况下，广大干部和社员群众提出了移民海涂的建议，县和有关区、社的党组织支持了这一建议。从1970年冬开始，在充分思想发动的基础上，采取自愿报名，群众推荐，领导批准，分批向海涂移民。到目前止，全县已有3000多户，2万多人从内地迁到垦区安家落户，其中移民集中的“新围垦种”就有2919户、15117人，形成了一个新的公社体制。

从“新围垦种”移民定居生产的实践证明，移民定居生产，极大地调动了蕴藏在群众中的社会主义积极性，充分显示了它的优越性：

第一，有利于集体生产的发展。移民以后，形成了新的核算单位，把生产和分配统一起来了，促进了生产。几年来，粮、棉、麻的产量直线上升，其他各项生产全面发展。移民前的1970年粮食亩产598斤，移民后的1971年为789斤，1972年为966斤，1973年为1046斤；1973年的粮食总产量13449700斤，比1970年增长99%。棉花亩产（皮棉）1971年为32斤，1972年为69斤，1973年为89斤。黄麻亩产1971年为390斤，1972年为412斤，1973年为514斤。棉麻的总产量也有了成倍的增长。移民3年来，油菜籽、花生、蚕茧、西瓜生产发展也很快，生猪饲养量达到27912头，平均每户3.5头。

第二，有利于加快社会主义新农村建设的步伐。广大贫下中农立足垦区，决心在海涂这张白纸上，写最新最美的文字，画最新最美的画图。1973年，粮食已基本实现自给。同时，还提留了集体储备粮135万余斤，向国家提供了商品粮132万斤，投售生猪11700头。1972年、1973年两年，提存公共积累37万余元。为了适应建设社会主义大农业的需要，进行了大规模的农田建设，已建立起31个排灌机埠，拥有29台拖拉机，67台电犁和电力打稻机，102台农用排灌电动机和其他动力机械。办起了89个集体牧场，自办了1所中学、14所小学。社队还办起了一批农副产品加工和农机修理、水泥预制厂等企业和粮油购销站、供销社、信用社、广播站、医院等事业单位。昔日茫茫海涂如今正在逐步变成欣欣向荣的社会主义新农村。

第三，有利于勤俭办社。移民后人力、物力、财力得到更加充分的利用。据“新围垦种”调查，每年比移民前远距离垦种可节省50多万个劳动日，减少了大批现金和粮食补贴。同时，土杂肥大大增加，仅社员土肥投资，1972年为192103元，1973年增加到249895元，由于节省了大量劳力，就能实行精耕细作，提高复种指数，适时掌握生产环节，从而提高了单位产量。

第四，有利于战胜自然灾害，巩固拦海堤塘。移民后，广大贫下中农扎根垦区，树立了以垦区为家的思想，热爱垦区，建设垦区，保卫垦区。今年遭到十三号台风的袭击，碰到了历史罕见的“天文大潮”，“新围垦种”地区在半小时内集中3000多个劳力扑向钱塘江大堤，与狂风恶浪奋战两昼夜，堵住了海潮冲破的26个缺口，使损失缩小到最低限度。

二、海涂移民的做法和若干政策问题

“新围垦种”地区现有的移民，是由参加围垦的15个公社、104个大队、1374个生产队迁移出来的，从分散移民到集中建队单独核算，大体分作三个阶段。

第一阶段：依靠内地集体经济力量，搞好海涂农田基本建设，为移民打好基础。新围的海涂，根据各社、队投工和投资比例分配面积。各社、队采取以内养外方针，坚持自力更生，大力进行垦区农田水利建设，挖河道、建机埠，建设翻水站，初步形成了引淡有水源、排咸有去路的水利网，通过生产试验摸索了一套生产规律，努力改良土壤，使土壤逐步熟化，为移民创造了条件。

第二阶段：移民后，建立必要的生产责任制，用内外挂钩、统一核算作为过渡。移民后的头一两年，生产计划、产品分配仍由内地安排，内地对移民队采取三定（定口粮、定种子、定饲料）、四包（包种植面积、包肥料、包成本、包产量）的办法，实行大包干制。凡现金分配超过内地的，归外地分配，低于内地的，由内地补足；产粮超过包产指标的，其超过部分归外地分配，达不到基本口粮的，由内地补足。在移民队头一两年还不能自给时，用内外统一分配作为过渡是必要的。

第三阶段：独立核算，自负盈亏，内外脱钩，建立新的完整的政治经济体制。当生产、收入水平接近于内地，并有扩大再生产能力时，通过内外协商，清算账目，办理户粮关系，实行内外脱钩。从今年开始，“新围垦种”普遍过渡到以垦区的生产队为基本核算单位，直接组织生产和收益分配。这样，进一步调动了广大社员的积极性，促进了垦区各项事业的发展。

从3年多的实践看，上述三个阶段是符合实际的、是必要的，但独立核算、内外脱钩是必然的发展趋势，过渡的时间不宜过长。

在处理移民的集体与个人的关系时，“新围垦种”着重处理了以下几个问题：

（一）定移民人数。在移民时，按照各社、队占有土地面积的多少，根据比例，确定移民人数，落实到生产队。“新围垦种”地区移民时，确定移民的土地标准为每人毛地一亩五分，可耕地不少于一亩二分，但由于掌握不严，队与队之间，人口与土地的比例很不平衡。少的每人不足一亩，多的每人超过一亩五分，耕地太少的生产队，提出了再移民的要求，或者要内地追补土地，这样做很被动。群众的意见是，今后向海涂移民每人的可耕地面积应有一亩半左右为好，这样既可以避免移民再移民的现象，又有利于城市知识青年去海涂安家落户。

（二）定移民对象。在“新围垦种”移民时，一般社、队都做到了以贫下中农为主，搭配好男女正半劳力，并有一定的党团骨干力量，这样有利于巩固政权和发展生产。但在这里也发现个别队移民不讲条件、“丢包袱”的现象，有的政治成分十分复杂，经济上负债很多，骨干力量太少，严重影响集体经济的巩固和生产的发展。这是今后要注意的问题。

（三）定移民户占用的土地面积。移民户原有的自留地一律收归集体，移到垦区后再分给自留地，多数队规定每人一分，少数队有超过一分的，也有给七厘的。按照《六十条》规定精神，“新围垦种”移民户的自留地，差距过大，总的是偏多。一般意见：移民的自留地应掌握每人8厘为好，一次确定，不再变动；集体给移民户使用的自留地、宅基地等等，以每户平均计算应限制在一亩以内；内地有竹园的，土地收归集体，移民后不再补给。

（四）定移民户的经济补贴。“新围垦种”移民户的补贴标准是由生产队和移民协商确定的，普遍的是按人、房（草房）、灶分别补贴的，也有少数队按户或按人笼统补贴的，运输和建房均由生产队出劳力。据7个大队的24户五口之家的移民户调查，现金补贴4483元，平均每户187元；用工补贴2656工，平均每户126工；还有稻草13200斤、石条77条、毛竹41支、粮票250斤。为了鼓励向海涂移民，在坚持无产阶级政治挂帅的前提下，移民户在移民过程中的损耗部分，集体应该给以适当的补贴，其经费由公益金支出。移民中的贫下中农的困难户，可酌情多补贴点。

三、几点意见

“新围垦种”地区的移民，是我县向海涂大批移民的尝试和开端。各级党委要认真总结经验，切实加强领导。向新围垦海涂移民，今后将继续进行。从“新围垦种”地区移民情况的调查，今后移民要解决好以下几个问题：

（一）统一规划，加强领导。向“新围垦种”地区移民，县和有关区、社党委总的来说是重视的，是有领导、有计划进行的。但当时没有建立一个领导机构来统一规划、统一指挥移民工作，造成体制、规模、居民点、水利和交通等设置都比较紊乱，移民后仍要做大量的调整工作。如部分生产队规模过小，15户以下的生产队有14个，最少的只有7户；有5个大队土地“插花”。居民点有的南北向，有的东西向，有的没有与土地园田化和水利设施同时考虑，合理布局。南垦大队这次园田化规划就有27户要重新搬家，占全大队总户数的12%。在输电和广播线路方面由于重叠、交叉等，浪费也很严重。因此在今后向海涂大批移民时，县委应首先成立一个专门机构。相当于一个公社规模的垦区，还应成立一个类似公社的领导机构，这个领导机构应根据建立社会主义大农业和新农村的要求，作出全面规划，在移民过程中实行具体指导，从而避免减少上述这些不合理情况的出现。

（二）海涂移民在坚持自力更生的基础上，国家应给予有力的支援。海涂移民应坚持自力更生为主，国家扶持为辅的方针。但是我县参加围垦的30多个公社，特别是瓜沥、义蓬两区各公社，由于连年参加围垦、抢险、开发海涂，投放了大批资金和劳力，负担已经很重。据调查，以县围垦指挥部所属的196200亩海涂面积计算，国家投资每亩为41.73元，社队投资为56.35元，而移民投资部分负担更重。据7个大队的典型调查推算，“新围垦种”在移民时集体补贴给移民个人为1618400元，1972年、1973年两年，内地集体又补给移民区现金339326元，两项合计达1957726元，平均每亩为54.38元。围垦加上移民补贴，每亩为110.73元。这里还不包括投放的劳动力以及头两年生产上的亏损部分。由于围垦、抢险、移民，社、队集体经济负担过重，严重影响继续向海涂移民的积极性，我县虽然还有近十万亩海涂可以移民，因实际困难较多，行动很慢，为此，要求省、市、县委对围垦移民给予大力支持，建议将移民所必需的资金、移民户建房用的材料列入国家计划，专材专款专用。

（三）各行各业要大力支援向海涂移民。“新围垦种”地区从移民以来，各行各业给了必要的支援，但在移民的一段时间里，广播、邮电、医院、商店、学校都跟不上，小孩上不了学，凭票供应的日常生活用品都要到原地领票购货，直接影响集体生产和群众生活。为了做好今后向海涂移民的工作，各行各业都要认真调查研究，订出规划，紧紧跟上，为支援移民，发展壮大集体经济作出更大贡献。

（四）计划部门对垦区生产应给予计划指导。根据毛主席“备战、备荒、为人民”的战略方针，海涂移民区必须坚持“以粮为纲，全面发展”的方针，首先要努力做到粮食自给有余，同时考虑到垦区的自然条件，安排一定的经济作物，发展多种经营。“新围垦种”地区在经营方针上是坚持以粮为纲，在实现粮食自给有余的前提下发展多种经营，还是多种经济作物、继续吃国家供应粮，存在着激烈斗争。同时，上面的计划任意变动，影响下面的计划种植。如1971年至1973年，上面安排种植糖蔗1100多亩，每亩产量从2181斤提高到5987斤，办了3个糖厂。1973年决定停种甘蔗，停办糖厂，大批甘蔗不得不运往绍兴出售，仅3个蔗糖厂的基建损耗就达1万多元，对此群众很有意见。今后计划部门应通过当地党委将确定的方案列入计划，定下来以后不要轻易变动，实行计划指导，保证垦区生产沿着“以粮为纲，全面发展”的方针健康地向前发展。

（本文为1974年9月萧山县革委会农村工作调查组写的调查报告。资料来源：费黑主编、陈志根副主编：《萧山围垦志》，上海人民出版社，1999年，第427～432页）

第二章 基本建设

为开发圈围起来的滩涂，萧山统一规划实施垦区的水利设施、配套设施建设和农田基本建设，不断提高垦区的经济、社会、生态效益。

第一节 水利设施

新围涂地土壤板结、盐分重，为解决垦区农业和生活用水，萧山实施“西水东调”工程，在钱塘江萧山段上游建筑翻水站，拓宽或延伸通向垦区河道，将富春江淡水输入垦区；90年代，又实施自来水“西水东调”工程。

灌溉设施

1970年6月起，陆续兴建钱江、七甲、江边、浦沿排灌站，加上原为南沙排灌服务的小砾山排灌站、坎山和方迁溇翻水站，构成一个较为完整的垦区排灌体系。

至2000年底，垦区排灌站有小砾山、浦沿、江边、七甲、钱江、坎山和萧山闸站7个，总装机容量76台、7580千瓦，设计提水能力109.6立方米/秒，实际提水能力137.7立方米/秒，年调节水量10亿立方米左右，2000年灌溉面积为58万余亩（包括南沙平原）。

排涝设施

排涝闸　50～70年代，南沙大堤建有排涝闸、节制闸24座。河庄、利民（七甲闸）、小泗埠、十二埭、九号坝、新湾、永丰、益农、城北闸等9座排涝闸，在南沙大堤外围垦后，失去排涝作用，均改建成节制闸。由于围垦分格筑堤，不断向外拓展，1970年11月至1987年相继建立的六工段、八工段、十工段、十五工段闸和益农二十一号闸等排涝闸，先后改建为节制闸。至2000年底，垦区共有五堡、大治河、赭山湾、一工段、四工段、外六工段、外八工段、外十工段、二十工段闸等排涝闸9座（不包括2000年11月开工建设的顺坝一号闸、二十二工段闸）。垦区排涝闸在布局上采用“难点分散，适当集中”的原则，大河道汇水集中地段建造大型排涝闸，其余视需要建造中小型排涝闸。闸址多选择在离江道主槽较近、闸外淤积较少的永久性大堤上。各闸大多有保护闸体的水下沉井基础，以防大潮冲刷。每座排涝闸均建300平方米左右的管理用房，配备通讯电缆及其他设施。

图12-2-428　1973年竣工的一工段排涝闸（萧山区农机水利局提供）

节制闸　为防御台风暴潮突然袭击，调节水量，分格排水泄咸，在沿江建造排涝闸同时隔堤建造节制闸。至2000年底，垦区共有节制闸94座，其中南沙大堤

28座、围垦大堤66座。节制闸根据每块围涂面积大小设计建造，围涂面积大的建2～3座，小的建1座。大规模围涂初期是先围涂后建闸，因每年进行圈围，有时一年围两大块，节制闸建造进度赶不上，故采取断堤留缺的临时措施，然后再补建节制闸。但有时新围堤塘还未巩固，即被浪潮冲决，潮水由堤缺处涌入，新的未围成，反而淹没已围垦区。后采取先建闸、后围涂的方法，安全可靠。大多数闸设计建造时即为节制闸；有些闸原系排涝闸，由于围垦向外侧拓展，改为节制闸。南沙大堤的排涝闸，原不准备通航，所以孔径较小，一般每孔仅2.5米。自南沙大堤外围垦后，改成节制闸，因需通船，将孔径拆宽。自围垦以来，在南沙大堤陆续改建利民（七甲闸）、城北、十二埭、新湾、河庄、永丰、小泗埠和新建头蓬闸等。节制闸为新围滩涂做好通航、通水准备。在围垦区外新滩涂达到一定高程需要继续圈围时，按照规划对拟围滩涂开挖抢险河道，在河道与隔堤（即原大堤）交叉点上建节制闸，一般为2孔，孔径4米。待新围滩涂所开河道竣工后，即开闸放水，沟通内河道，使护堤块石能由内河船只运达新大堤。还可借节制闸调节水位，处理水上交通事故等。山洪及涌潮冲毁新筑大堤时，关闭节制闸，即可阻止江潮涌入，保障内侧垦区安全，防止灾情扩大。启闭节制闸，调节水源，不断将咸水、污水排出，补充淡水，使垦区水质得以改善，土壤中盐分逐步下降。

图12—2—429　1991年竣工的十八工段节制闸（萧山区农机水利局提供）

西水东调

垦区水质含盐、碱量高，味咸而苦涩。为把淡水从西部输送到东部垦区，市（县）水利部门统一规划，在钱塘江上游萧山段建造钱江、七甲、江边、浦沿等大型排灌站，并逐年新挖和取直、拓宽疏浚南沙原有河道。至2000年，通向垦区的主要河道有北塘河、前解放河、后解放河、先锋河等4条横河；利民河、五堡直河、长山直河、九号坝直河、大治河、永丰直河、方迁溇直河、生产湾、盛陵湾、三官埠直湾等10条直河。4条横河和10条直河总长257.09千米，正常蓄水量852万立方米，使钱塘江上游及富春江、浦阳江的淡水源源不断输往垦区。

随着垦区工农业生产的发展，生产生活用水急剧增加。1989年5月，市政府决定实施自来水“西水东调”工程。工程分三期实施，从1990年5月第一期工程动工至2000年第三期工程竣工，自来水管道通达垦区各镇乡、农场，并逐步向村、场等民居点，工、农业企业和规模经营大户延伸。

图12—2—430　2000年建成的钱塘江标准塘（楼培新摄）

标准塘建设

至2000年底，全长为59.32千米（此属萧山市管辖的围垦一线堤塘，不包括省及杭州市滨江区管辖的8.32千米一线堤塘）的围垦一线堤塘建成标准塘43.30千米，其中50年一遇防洪标准堤塘15.86千米，20年一遇防洪标准堤塘27.44千米，累计完成土方115.20万立方米、块石82.74万立方米、石碴48.86万立方米、混凝土28.32万立方米，浆灌砌块石29.02万立方米，投工224.12万工。国家投入资金28780.65万元。

第二节　配套设施

交通设施

道路　1970年，修建萧山垦区第一条公路（九号坝至十二工段，后延伸至外十四工段）。随着围垦的拓展和开发，公路逐年增加。至2000年底，垦区共有公路22条，全长169.91千米。其中市级道路125.60千米，镇乡级道路44.31千米。益农东方红至绍兴新围为二级公路，其余均为四级。此外，尚有市围垦指挥部与垦区乡、场管理养护的公路，四工段至十工段，长20.94千米；外十工段至十七工段堤顶抢险公路，长13.7千米；86丘五万二千亩内简易公路3条，长18.1千米；顺坝至九号坝沿塘抢险公路3条，长13.55千米。共8条长66.29千米，路面宽度一般为4米～4.5米（顺坝段宽10米），标准塘建成后，均为沥青路面。

垦区机耕路多数由泥土平整压实而成，亦有少数用宕碴铺筑，兼为垦区的简易泥结石公路。其设置一般都在河道两岸、排灌沟渠一侧或排灌干支渠中间。主要通行手扶拖拉机，是农事活动的要道。随着垦区农业机械化的发展，机耕路的数量、质量逐步增加和提高。至2000年，垦区共有面宽2米以上的机耕路长1588.27千米，平均每千亩占有机耕路约5千米。

表12—2—239　1970～2000年萧山垦区公路情况

起讫地点	长度（千米）	县乡道	路基宽度（米）	路面宽度（米）	桥梁		管养单位	建成时间
					总长（米）	数量（座）		
九号坝至外十四工段	44.56	县道	7.0～30.0	5.5～24.0	283.8	16	市交通局	1970～1990
红卫闸至红垦农场	9.95	县道	6.0～10.0	5.0～9.1	61.8	4	市交通局	1982—04～1983—08
美女山坝至十五工段	44.27	县道	7.0～8.5	5.0～6.0	222.5	20	市交通局	1985—11
头蓬至外六工段	7.98	县道	6.0～8.0	4.5～6.0	28.0	3	市交通局	1980—08～1987—05
新湾军民桥至八工段	8.49	县道	5.5～7.0	3.5～5.0	44.0	5	市交通局	1980—08
夹灶抢险桥至老益农闸	6.43	县道乡道	7.0～10.0	6.0～9.0	65.6	4	市交通局	1980—08～1986—04
头蓬至后十一工段	10.35	县道	10.5	6.0～7.0	231.6	7	市交通局	1981—04～1991—12
永丰闸至原新围乡政府	2.30	乡道	7.0	5.0	0	0	市公路段	1975—06
蜀南闸至五工段	4.85	乡道	8.0	6.0	24.6	2	市交通局	1985—10
小泗埠至原钱江乡政府	2.91	乡道	7.5	4.0	35.0	1	市交通局	1981—04
宏伟桥至原宏伟乡政府	0.98	乡道	7.0	4.0	0	0	市交通局	1984—01
新湾至原宏图乡政府	1.33	乡道	7.5	5.0	0	0	市交通局	1987—05
钱江农场支线	0.50	乡道	7.0	6.0	0	0	市交通局	1982—04
十八工段至十九工段	2.10	乡道	7.0	5.0	0	0	市农业综合对外开发办	1997—07

续 表

起讫地点	长度（千米）	县乡道	路基宽度(米)	路面宽度(米)	桥梁		管养单位	建成时间
					总长（米）	数量（座）		
十八工段至95丘	3.49	乡道	7.0	5.0	0	0	市农业综合对外开发办	1997—07
钱江水产养殖场至十七工段横路	4.70	乡道	7.0	5.0	0	0	市农业综合对外开发办	1997—09
十七工段至临江大堤	2.95	乡道	10.0	8.0	50.0	1	市农业综合对外开发办	1999—09
十七工段至一正农业开发公司	3.25	乡道	7.0	5.0	35.0	1	市农业综合对外开发办	1995—04
东风农场至舒兰农业有限公司	2.05	乡道	7.0	5.0	0	0	市农业综合对外开发办	1999—07
十六工段至外十六工段	1.25	乡道	7.0	5.0	122.0	3	市农业综合对外开发办	1995—04
十六工段至宁海果园	1.50	乡道	7.0	5.0	0	0	市农业综合对外开发办	1995—04
益农东方红至绍兴新围	3.72	县道	12.0	9.0	0	0	市交通局	1999
合　计	169.91	—	—	—	1203.9	67	—	—

注：①九号坝至外十四工段公路含在非垦区7.06千米。九号坝至红山农场段1970年建成，红山农场至十二工段1975年6月建成，十二工段至外十四工段1990年3月建成。

②红卫闸至钱江农场1982年4月建成，钱江农场至红垦农场1983年8月建成。

③头蓬至六工段1980年8月建成，六工段至外六工段1987年5月建成。

④益农至老益农闸为县道，1986年4月建成。抢险桥至益农为乡道，1980年8月建成。

⑤头蓬至前进乡政府段1981年4月建成，前进乡政府至后十一段1991年12月建成。

⑥表中资料来自区交通局、区农业对外综合开发办。

桥梁　垦区公路桥建造较早。位于九号坝至狮子山闸的新民闸桥是垦区最早的公路桥，建于1956年2月，梁式结构，2孔，跨径8.4米，桥长17.2米，桥宽5.3米，设计荷载汽—13。位于美女山坝至十五工段线的美女山坝闸桥和赭山湾闸桥，建于60年代中期大规模围垦之初，前者为梁式结构，2孔，跨径为8米，桥长9.7米，宽4.25米，设计荷载汽—13、挂—80；后者为拱式结构，5孔，跨径16米，桥长21.4米，宽5米，设计荷载汽—13、挂—80。这些公路桥跨径最小4米，最大30米，桥宽最小3.5米，最大9米，1孔～6孔，设计荷载汽—10～汽—20。结构形式有：有肋有筋双拱桥、钢筋混凝土桁架拱桥，闸桥面部钢筋混凝土拱桥。其中以闸桥面部钢筋混凝土拱桥承载力最大，质量好。1996年末，头蓬至十一工段的宏伟桥、围垦三桥、宏图桥和三号闸桥改建，桥型由双曲拱改为梁式，跨径组合改1孔为3孔，桥宽增加1.8米～4.7米，设计荷载增加至汽—20、挂—100。至2000年底，垦区有公路桥67座。

图12—2—431　80年代建造的垦区公路桥（2007年，杨贤兴摄）

1970年垦区始建农用机耕桥。建在抢险河和其他横河的跨径多为20米～30米，六、八工段主干河道的为36米。围垦初期的桥梁结构为无肋无筋单波、两波或单波加两个半波的双曲拱桥，中、后期为无肋少筋飞鸟式双曲拱桥。跨度较大的桥为有筋三肋两波或四肋三波的双曲拱桥。1982年前，农用机耕桥多由围垦指挥部建桥工程组承建，后一般改由所属镇乡建造，但抢险河上和较大河流上的农用机耕桥仍由围垦指挥部负责建造。建桥经费按谁受益谁负担的原则，在围垦配套设施经费中列支，材料由县（市）农机水利局下达计划供应。1995年后，垦区公路建设向村级拓展，跨河桥梁均建为公路桥。至2000年底，垦区共有8米以上跨径农用机耕桥259座，其中顺坝围垦区11座；三万六千亩区块20座；二万七千亩区块14座；69丘五万二千亩区块34座；军民联围十万亩区块21座；抢险一万亩区块6座；义蓬区七千亩区块3座；东江一万五千亩区块19座；东江二万六千亩区块27座；北线二万三千亩区块16座，北线一万亩区块14座；86丘五万二千亩区块24座；益农围垦区50座。

由于围涂保堤时间紧迫，且需即刻通行，故一批临时性竹桥应运而生。垦区的第一座竹桥建于1968年9月，在三万六千亩围垦的横湾上，桥长36米，阔3米，除可通行人外，尚可通载重半吨左右的人力车。垦区公路桥、机耕桥附近大多建造过竹桥。竹桥为拱形，有弯月形和半月形两种，用毛竹和铁丝结扎而成，一般可使用4年左右。

航运　垦区航道纵横交错，呈格子状展布，均系人工开挖而成。航道一般面宽20米，水深1米～2.5米，能通航20吨～40吨级船舶。至2000年底，垦区共有航道19条，通航里程213.75千米。

图12-2-432　70年代，船队运载围涂抢险块石

（资料来源：费黑主编、陈志根副主编：《萧山围垦志》，上海人民出版社，1999年8月）

50年代，货运始用船舶运装山宕块石。70年代，垦区运输船舶分三类：一是山宕运石船。水泥质，用小型挂桨机，载重一般在10吨～15吨级之间，马力5匹、12匹不等，航行于围垦地区，运输筑堤及抢险所需石料。至1991年底，纳入航运管理部门管理的船舶有381艘，3836载重吨，4425马力。1993年后，围垦抢险石料逐步由自卸货运汽车替代。二是航运企业的专业运输船舶。垦区大堤坍方出现险情时，航管部门调派萧山航运公司300吨或500吨级“一机十驳”船队，运载块石、草包等抢险物资。三是单位自备船。裘江、闻堰（瑛珠桥村）、通济等公社和钱江、红山农场组建围垦船队，昭东、瓜沥、长沙、大园等公社石料厂组建“一机四驳”小船队。70年代最多时有运输船400余艘，一船队可装货50吨～60吨。机动船为24匹马力，实行机驾合一，前舱可以装货的拖驳船，一般为载重10吨～15吨之间的水泥质小船，也有少量木质小船。

1981年盈丰公社航运队、1982年城北公社农机站分别开辟了盈丰至外十三工段、俞家潭至十四工段两条客运航线。1993年和1997年分别停航。

围垦地区渡口有七甲渡、五堡渡、赭山渡、四工段渡等处（详见《交通》编）。

通信设施

邮政　1971年始，先后在新湾、头蓬、益农、东江设立邮政所、邮电所、邮政支局。2000年底，垦区邮政机构有新湾、益农、河庄、头蓬邮政支局；赭山、前进邮政所；钱江农场、红垦农场、红山农场、第一农垦场、第二农垦场邮政代办所。萧山城区至垦区邮路4条，每天用汽车运邮，垦区内邮政投递路线共28条，占全市农村邮政投递路线总条数的近四分之一。除6条农场代办投递路线外，全部列入了自办投递路线管理，用自行车投递。

表12—2—240　2000年萧山垦区邮路情况

单位：千米

邮路起止点	单程长度	班　期	平均日行程	邮路范围
萧山至前进	57.0	每天	109.0	上午新湾方向
萧山至益农	56.0	每天	98.0	上午益农方向
萧山至河庄	65.0	每天	101.0	上午新围，含红山等
萧山至新湾	85.3	每天	121.2	下午东片地区

资料来源：萧山区邮政局。

表12—2—241　2000年萧山垦区投递路线情况

单位：千米

邮路起止点	单程长度	班　期	平均日行程	邮路范围
赭山至龙虎	37.4	周六	42.2	5个村98个组
赭山至红山	35.0	周六	36.1	6个村84个组
赭山至坞里	29.1	周六	30.3	5个村44个组
头蓬至春雷	37.3	周六	39.6	5个村70个组
头蓬至仓北	44.9	周六	46.5	5个村106个组
头蓬至建一	35.7	周六	38.6	7个村113个组
头蓬至三联	30.0	周六	37.8	4个村88个组
头蓬至新东	35.7	周六	43.2	6个村91个组
头蓬至向前	37.1	周六	37.1	4个村49个组
新湾至新建	38.9	周六	38.9	5个村62个组
新湾至宏波	40.8	周六	40.8	6个村81个组
新湾至瓜沥垦区	43.6	周六	43.6	瓜沥垦种区
新湾至长山垦区	45.4	周六	45.4	东江围垦区
新湾至东升	43.2	周六	43.2	5个村56个组
新湾至山海	33.2	周六	40.2	5个村54个组
新湾至86丘五万二千亩南	44.2	周三	58.3	五万二千亩南
新湾至86丘五万二千亩北	40.8	周三	60.2	五万二千亩北
党湾至老埠头	35.5	周六	35.5	8个村114个组
党湾至民新	35.7	周六	35.7	7个村89个组
党湾至大东	35.2	周六	35.2	6个村113个组
益农至民围	18.0	周六	23.0	4个村59个组
益农至兴裕	29.0	周六	32.0	4个村94个组
党山至转塘头	43.7	周六	43.7	7个村107个组
钱江农场	27.8	周六	29.6	钱江农场范围内
红垦农场	12.2	周六	15.5	红垦农场范围内
红山农场	32.4	周六	33.2	红山农场范围内
第一农垦场	42.1	周六	52.1	第一农垦场范围内
第二农垦场	15.0	周六	25.0	第二农垦场范围内至新湾邮运

资料来源：萧山区邮政局。

电信　1987年5月23日，1000门城区电话和农村电话合一自动交换机在义盛正式开通使用，并与县局实现一次联网。义盛邮电中心支局除担负义蓬区南沙12个镇乡外，还担负着垦区新围、钱江、宏图、宏伟、前进等5个乡和第一农垦场、第二农垦场、梅林湾军垦农场的邮电通信业务。至1991年，垦区6个乡办邮电所和东江垦区邮电所的交换机程式由磁石式全部改为共电式，交换机总容量800门，其中益农乡、宏伟乡、宏图乡、前进乡、钱江乡、东江垦区各100门，新围乡200门。实占容量519门。有中继电路67条。传输方式由原单一的明线传输发展为电缆、特高频、明线传输。交换方式由人工方式变为以半自动为主。垦区电话用户线杆路长度总计163千米，线条长度97.8千米，用户电缆109.2皮长千米，芯线长度2407.4对千米。第一农垦场、第二农垦场、梅林湾军垦农场、萧山围垦指挥部、围垦水泥厂、六工段、萧山建材厂等8家单位装有共电、磁石两种程式的用户交换机10部，总容量790门，实占容量415门，有中继线23对。1993年，电话交换由模拟向数字转变。2000年底，垦区共设立模块局点30余个。

表12-2-242　2000年萧山垦区中继电路情况

单位：门

线　路	电路总数	电路按用途分类			线　路	电路总数	电路按用途分类		
		公众网话路	DDN电路	移动电话			公众网话路	DDN电路	移动电话
瓜沥至益农	420	360	30	30	义盛至东江	150	120		30
义盛至头蓬	420	360	30	30	义盛至新围	300	240	30	30
义盛至新湾	420	360	30	30	义盛至前进	180	120	30	30

注：传输方式均为光缆；电路总数均为数字电路总数。

表12-2-243　2000年萧山垦区光缆建设情况

单位：千米

电缆起止点	传输距离	杆路长	架空皮长	架空芯线长	建成时间	电缆起止点	传输距离	杆路长	架空皮长	架空芯线长	建成时间
义盛至头蓬	5.79	5.58	5.89	35.34	1992–11	义盛至东江	3.1	2.89	2.89	11.56	1995–04
党山至益农	9.57	9.55	9.55	38.20	1994–05	义盛至前进	17.2	16.71	16.91	67.64	1995–04
义盛至新湾	7.53	7.75	7.95	31.80	1994–05	义盛至新围	7.8	7.59	7.72	30.88	1995–06

注：电缆均为中继光电。除义盛至头蓬电缆芯线为6芯外，其余均为4芯。

电力设施

1971年4月，新湾变电所建成，容量为3200千伏安，10千伏出线4条，即永丰、丁坝、头蓬、益农线。1972年、1974年、1975年，新湾变电所连续3次增量后，主变压器为5000千伏安2台，总容量1万千伏安，10千伏出线增至6条，总长度从134.4千米增到337.8千米。主供新围、钱江、宏伟、前进、第一农垦场、第二农垦场、梅林湾军垦农场及益农乡部分地区用电。1991年，新湾变电所移地重建一座35千伏户内式变电所，主变压器更换为8000千伏安2台，35千伏、10千伏电

图12-2-433　1971年建成、1991年移地重建的新湾变电所（2004年，杨贤兴摄）

线由二线制改为三线制。是年底，垦区总计架设10千伏线路417.64千米，低压线路3000余千米，配电变压器720台，总容量为56300千伏安。1993年8月，建造35千伏益农临时变电所，主变压器1台，容量5000千伏安。1994年5月，新建的益农变电所投运，主变压器容量8000千伏安2台，电源由220千伏瓜沥变电所接入，益农临时变电所同时撤出运行。至2000年底，全垦区拥有10千伏线路672.2千米，35千伏线路36.63千米，110千伏线路11.46千米，低压线路3491.15千米，配电变压器1149台，总容量16.85万千伏安。垦区已形成以2个220千伏变电所为主电源、2个110千伏变电所和8个35千伏变电所交叉的供电网络。垦区还建成红山热电厂、金首热电厂、达利凯利丝绸有限公司热电厂和杭州钱江印染化工有限公司热电站4家，发电机组总装机容量为2.55万千瓦，年发电2.59亿千瓦时。

表12-2-244　1991年萧山垦区10千伏配电线路情况

线　路	变电所	架空线路		变压器	
		总长度（千米）	杆塔（支）	数量（台）	容量（千伏安）
钱江线	35千伏红垦变电所	4.08	51	2	260
红垦线	35千伏红垦变电所	16.66	129	27	1990
红水线	35千伏红垦变电所	3.84	49	5	490
五七线	35千伏红垦变电所	5.88	64	15	3665
红泥线	35千伏红垦变电所	2.96	38	9	7305
新围线	35千伏钱江变电所	20.05	253	45	4280
顺坝线	35千伏钱江变电所	5.57	70	9	705
农垦线	35千伏新湾变电所	68.75	691	120	6595
河庄线	35千伏新湾变电所	17.68	181	28	1830
青龙线	35千伏永丰变电所	9.90	99	16	2830
新瓜线	35千伏永丰变电所	35.60	358	56	3030
头蓬线	35千伏永丰变电所	35.40	346	61	4730
永丰线	35千伏永丰变电所	23.88	256	53	3030
蜀山线	35千伏永丰变电所	22.70	232	38	1555
水泥线	35千伏新湾变电所	0.90	9	2	3200
丁坝线	35千伏新湾变电所	77.50	777	136	6615
益农线	35千伏新湾变电所	66.29	758	98	4190
合　计	—	417.64	4361	720	56300

表12-2-245　2000年萧山垦区35千伏线路情况

线路名称	杆　　号	起讫点	长度（千米）	变压器	
				数量（台）	容量（万千伏安）
合益3576线	1—7—37	合兴至益农	7.05	2	1.6
东富3581线	1—17—20%—18—20—57—24—2	东江至前进	14.41	1	0.8
合湾3571线	1—30—48%—4	合兴至新湾	10.77	1	1.6
合党3575线	1—7—22	合兴至党湾	4.40	2	2.0
合　计	—	—	36.63	6	6.0

教育设施

幼儿教育　1973年，第一、第二农垦场职工子弟学校率先附设幼儿班。后垦区中心小学和村小、完小相继举办学前班、小班、中班，招收4～6周岁（后改为3～5周岁）幼儿入园。至1990年，除红山农场单独办园外，有34所小学附设幼儿班。全垦区共66个班。在园幼儿1585人，教职工88人，入园率81%。1995年，有幼儿班82个，在园幼儿2381人，入园率83%。1997年始，垦区幼儿班与小学逐渐分离，益农、前进等镇乡和原新围、宏图乡等地相继独立建园。至2000年，全垦区有幼儿园24所，班级82个，在园幼儿2519人，学前三年幼儿入园率94.8%，其中五周岁幼儿入园率100%。

小学教育　1957年，头蓬盐场创办“绍兴县头蓬盐场（盐乡）中心学校”，是垦区第一所小学。而后，随着南京军区浙江生产建设兵团建立和内地移居农民增加，相继办起二师七团（钱江农场）、二师五团（红垦农场）和二师八团（第一农垦场）、二师六团（第二农垦场）4所职工子弟学校和以各村联办或单办的村小、完小。1992年后，行政区域变动，各镇乡对学校布局进行调整，2000年底，垦区有小学22所，178个班，在校学生6616人，小学适龄儿童入学率、在校学生巩固率和小学毕业率均达100%。

初中教育　1969年春，红山农场职工子弟学校开设2个初中班，学制2年。1972年，新围公社建起垦区第一所单设初中，即新围垦种中学，次年招生，设2个过渡班，学生104人，教师5人。之后，垦区各乡、农垦场陆续办起初中。2000年底，全垦区有初中6所，48个班，在校学生1421人，教职工132人。

表12-2-246　1985～2000年萧山垦区学校（幼儿园）占地和建筑面积情况

单位：平方米

年份	幼儿园		小学		初中		成人学校		教工住宅	合　计	
	占地面积	建筑面积	占地面积	建筑面积	占地面积	建筑面积	占地面积	建筑面积	建筑面积	占地面积	建筑面积
1985	1126	353	78846	24064	39069	6467	122	175	745	119163	31804
1986	1126	353	78446	23639	37175	5968	122	202	1065	116869	31227
1987	1126	353	86193	24215	39069	6614	122	215	1411	126510	32808
1988	5571	5417	97470	24376	43688	6775	122	215	1855	146851	38638
1989	5571	5387	98136	25134	43688	7180	122	215	2413	147517	40329
1990	5571	5387	98790	24717	45854	7757	122	215	3775	150337	41851
1991	5571	5387	98790	25145	45187	7856	122	215	3775	149670	42378
1992	5571	5387	100991	25571	45020	8052	122	243	3775	151704	43028
1993	5571	5387	119704	28325	62310	9881	122	272	3229	187707	47094
1994	5571	5387	125487	28697	51750	8085	122	272	3229	182930	45670
1995	5775	5471	124307	29821	64819	12254	122	178	3249	195023	50973
1996	5775	5471	123983	27811	64819	12254		56	3279	194577	48871
1997	5775	5471	144792	30977	56419	12765		95	2973	206986	52281
1998	6475	5891	152697	30828	56419	12765		95	2973	215591	52552
1999	12058	7655	149448	30230	54469	13045	104	175	2948	216079	54053
2000	12217	7655	148628	31350	54469	13725	104	580	2948	215418	56258

表12-2-247 1985～2000年部分年份萧山垦区学校固定资产情况

年份	固定资产总值(万元)	固定资产占用项目						
		房屋(万元)	设备(万元)	音、体、美、劳室(个)	小学自然专用室(个)	初中理化实验室(个)	计算机(台)	图书(万册)
1985	469.56	436.67	32.89	9	2	4	0	2.34
1990	591.50	541.90	49.60	13	4	7	0	4.19
1992	728.48	654.29	74.19	10	4	7	0	5.83
1995	1528.60	1393.20	135.40	26	9	11	1	7.07
2000	2537.25	2185.45	351.80	37	12	14	155	12.25

文化设施

广播　1969年8月，县围垦指挥部率先组建广播站，陆续安装喇叭4000余只。1970年11月，益农围垦指挥部建立广播站，安装喇叭1000余只。1971年9月，建立新围垦种广播站，安装喇叭2000余只。1977年5月，县围垦指挥部广播站和益农围垦指挥部广播站撤销，建立宏图、宏伟、钱江、前进、益农5个公社（筹建小组）广播站。1987年2月，广播站均更名为广播电视站。2000年底，垦区有广播喇叭19256只，入户率87.7%，广播线路总长2400多千米。

电视　1979年，垦区开始有电视机。一些生产大队购买60英寸大屏幕投影电视机，一次可供数百人观看。1981年，少数家庭开始购买12英寸～14英寸黑白电视机。1996年底，垦区始装有线电视。2000年底，共有有线电视用户8044户，入户率37.1%，有线电视主杆线长222.6千米。

电影　1970年6月，浙江生产建设兵团二师七团率先成立电影放映队，使用F164型（16毫米）放映机。1971年始，二师五、六、八团以及围垦指挥部相继成立电影放映队。围垦指挥部电影队负责垦区各公社和各山场（包括绍兴大和山一带山场）的电影放映。1987年1月，垦区有电影放映队10个，放映员24名。钱江农场、红山农场、红垦农场和第一、第二农垦场电影放映队均使用35毫米放映机。1994年4月1日，内有700座软席（其中包厢8个）的红山农场文化娱乐中心影剧院竣工，正式对外开放。该院采用国产松花江5505型35毫米放映座机、进口音响设备。

金融设施

1970年底，成立中国人民银行萧山县支行围垦办事处，1971年春正式营业，成为垦区第一家金融机构。1984年9月，成立中国农业银行（简称农行，下同）萧山县支行钱江分理处。1985年5月，建立农行红山办事处。1987年3月，建立农行新街办事处。7月，建立农行头蓬办事处。1996年始，农行萧山支行实行区域性办事处改革。2000年底，以垦区为主要服务对象的萧山农行分支机构有新街办事处、桥南办事处（辖钱江、盈丰两个储蓄所）、红山办事处（辖赭山储蓄所）、头蓬办事处和新湾办事处5家，共有员工61人。垦区农行机构存款余额为14.2亿元，占全行存款总额的31.5%；贷款总额11.5亿元，占全行贷款总额的31.4%。

红山信用合作社是垦区第一家信用合作社，前身是建于1954年的绍兴专区萧绍虞盐特区头蓬盐场（头蓬乡）信用合作社，1968年底迁至红山，更名为“五七”信用合作社，1985年2月改为今名。1971年建立新围信用合作社，1977年9月建立益农信用合作社，1979年建立钱江、宏伟、宏图、前进4家信用合作社。至此，垦区一级信用合作社增至7家。1983年8月，城北区（除闻堰公社外）8家信用合作社联合出资在东江围垦建立东江分社。1992年10月，进行信用合作社机构整合，红山、前进、益农信用合作社均更名为中心信用合作社；新围、钱江信用合作社并入河庄中心信用合作社；宏伟信用合作社并入头蓬信用合作社；宏图信用合作社并入新湾中心信用合作社。1999年4月1日起，红山、益农、前进3家中心信用合作社分别更名为红山、益农、前进农村信用合作社。是年底，前进农村信用合作社并入新湾农村信用合作社，改称新湾农村信用合作社前进分社；宏伟、宏图农村信用合作社撤销，其债权、债务分别并入头蓬、新湾农村信用合作社；钱江、新围农村信用合作社改称分社，原隶属关系不变。至此，垦区独立核算的农村信用合作社只有红山和益农2家。2000年底，两家农村信用合作社共有职工41人，下设3家分社、1家储蓄所、18家信用服务站，共有储蓄代办员、兼职人员40人。是年底，存款余额39512万元（其中储蓄33646万元），贷款余额31184万元。

第三节　农田建设

滩涂围成后，为加快开发利用，垦区实施引淡洗咸、开沟排盐、挖塘抬地、水旱轮作、秸秆还田等一系列改良土壤、培肥地力措施。90年代起，又实行多元投资的土地综合治理，进行低产田改造和标准农田建设，使垦区多数地方形成田成方、林成行、路成网、沟渠通、旱能灌、涝能排的园田化格局。

土壤改良

引淡洗咸　新围滩涂土壤盐分重、易板结。为加快开发利用，实现当年围垦、次年利用的目标，市（县）水利部门统一规划，实施“西水东调”工程，将钱塘江的淡水输入垦区，冲洗垦区的盐碱度，降低盐分，俗称“引淡洗咸”。至2000年，整个垦区实现“淡水有来源，咸水有去路，旱时可引灌，涝时可排泄”，加速了垦区的综合开发利用。

开沟排盐　在垦区田间开挖直沟、横沟和围沟，做到三沟配套。直沟深20厘米～25厘米，横沟深30厘米～35厘米，围沟深40厘米，直沟通横沟，横沟通围沟，围沟通河流，使表土盐分随水流淋洗排泄，日渐淡化。

挖塘抬地　垦区地面平均高程为6.5米，但高低落差达2米，其中高程低于5米的有8.5万亩，由于这些低洼地洗咸难度较大，故市（县）有关部门通过规划，积极引导采取挖塘抬地的方法，将挖成的池塘养殖水产，而将挖塘所取之土抬高旁边的耕地，用于种植农作物，使低洼地均得以开发利用。至2000年，垦区累计挖鱼塘2.29万亩，抬高耕地5.06万亩。

水旱轮作　围垦土壤不仅含可溶性盐分多，且毛细管孔发达，极易返盐，故采取“种水稻为先锋作物，实行水旱轮作”等一系列栽培措施，以促进农作物生长。新围滩涂第一年种植水稻，脱盐效果明显，土层平均脱盐率53.3%。但长期种植水稻，土壤还原性物质增加，脱盐不明显，病虫害增加，作物早衰严重。故垦区采取水旱轮作的办法，即种几年水稻后，轮种旱作如棉花、络麻、大豆等，并将用地与养地结合起来，既提高土壤肥力，又使农作物增产增收。

秸秆还田　新围滩涂土质较差，有机物和土壤养分含量较低。垦区镇乡各村和农场都建立起一套秸秆还田养护制度：即将稻麦及豆、油菜等秸秆翻埋在泥土中，还种植红花草和黄花草，将其翻入土中，增加土壤有机物含量。在种植农作物的头几年，要求每亩土地施人畜粪等有机肥不少于2吨，棉花、络麻、西瓜等经济作物每亩再增施饼肥50千克，有效地改变了土壤的营养成分。90年代，垦区蔬菜面积增加，麦、油菜种植面积减少，草籽不再播种，为使土壤有机质增加，农户将萝卜菜、鲜大豆秆埋入土中作基肥。

综合整治

垦区初耕时期，针对土地盐渍严重，田块零乱，土壤肥力低，农田水利设施差等实际问题，从统一规划入手，分期分批实施综合治理。

低产田改造　80年代中期，垦区共有低产田129545亩，占围垦耕地面积的37%，主要分布在86丘五万二千亩、东江二万六千亩、北线二万三千亩、一万亩、义蓬区七千亩围垦、益农四围和第一、第二农垦场、红山农场等地。这些低产田地势低洼，盐害明显，土壤肥力低，排灌设施不够配套。1987年春，在益农四围的500亩低产田进行改造试点，采取以“改土增肥”为重点，水利工程改造、农艺改造和政策保障三结合的综合治理措施，获得成功，后逐步推广。至1998年，先后在益农、河庄、新湾、前进、坎山、党山、新塘、党湾、靖江、南阳等镇乡的垦区实施农业综合开发,改造低产田7.3万亩，累计投资3662.18万元（其中国家投资1525万元、市财政扶持1200.18万元、镇乡自筹937万元），抬地2.6万亩；新建沟渠126条，长56.7千米；疏浚河道、沟渠961条，长184千米；增施有机肥21940吨；破塥深耕9890亩。据市土肥站跟踪监测，低产田改造后，当年就发挥增产作用，麦、稻、棉、麻、油菜等主要农作物效益明显，亩产比改造前增加5.9%，增产1845吨，总产值增加120.1万元。

土地整理　开荒造田一万一千五百亩项目，位于十七工段以东，系1993年冬至1994年春围成的93丘垦区。开发前区内土地瘦薄，保水保肥性差，地下水位高，盐渍害严重，土地高处7.5米左右，低处5.2米左右，排灌、电力、道路等一无所有。1994年列入萧山市第三期农业综合开发项目。项目区总投资437.7万元，其中省以上财政资金222.7万元，市级配套115万元，专项贷款100万元。完成主要工程：新建排灌机埠14座，开挖渠系43.2千米，衬砌排灌沟渠22千米，修建渠系建筑物253处，新建机耕路11.7千米，桥梁1座，平整土地5000亩，新增耕地8500亩。建造仓库800平方米，晒场3000平方米。工程于1996年10月全面竣工，1996年12月31日、1997年5月5日分别通过市级和国家级验收。

一万二千亩低产田改造工程项目，地处93丘种植区和94丘北区种植区，总面积1.2万亩，工程采取平整土地和新建配套基础设施等措施，总投入资金141.57万元，其中市政府补助105.57万元，区内有关单位（户）自筹36万元。完成土方48.75万立方米，建造工字砖渠道1243.2米，混凝土渠道435.12米，投工1.2万工。该工程自1995年11月14日动工，1996年3月竣工。1996年4月10日通过市级验收。

开荒造田二万八千亩项目，系93丘、94丘和95丘的新围涂地。开发前，区内盐渍害严重，土壤肥力差，地层高低不同，流化沟、低洼地多，农田水利设施一无所有。1995年列入萧山市第三期农业综合开发新增项目。项目总投资1381.52万元，其中省以上财政资金475.76万元、市财政配套475.76万元、企事业单位和农业大户自筹资金430万元。共完成土方43万立方米，石方5.1万立方米，混凝土1.47万立方米。新建排灌站28座，装机941千瓦，开挖疏浚渠道220千米，衬砌渠道420千米，修建渠系建筑物500处、排涝闸1座、机耕路43千米，路面铺碴17千米，架设农电线路20千米，修建机耕桥7座，改良土壤2.8万亩，建设良种基地900亩。修建仓库2500平方米，晒场7000平方米，营造农田防护林2000亩，建设苗圃100亩。工程于1996年10月竣工，1996年12月31日通过市级验收，1997年5月5日通过国家级验收。

开荒造田一万亩项目，地处95丘和94丘垦区。因1997年11号强台风影响，临江大堤多处决口，受到咸潮正面冲击，土地破碎，土壤流失，成为荒芜之地。项目区通过新建排灌站1座、装机15千瓦，改建机埠10座、装机390千瓦，开挖疏浚渠道10千米，衬砌渠道20千米，修建渠系建筑物210处，修建机耕路10千米，铺设机耕路面10千米，总完成土方6700立方米，石方636立方米，建设良种基地300亩，修建仓库100平方米，修建晒场300平方米。总投资301.89万元，其中水利工程投资209.74万元，农林投资92.15万元。工程自1998年10月动工，1999年7月竣工。

造田造地工程项目，系95丘垦区，东临钱塘江。总面积5000亩。因受1997年11号强台风袭击导致决堤，土地受潮水正面冲击，土壤流失严重，流化沟密布，地形破碎，芦苇丛生，成为农业废弃地。1998年，投资316.7万元。通过平堤填塘及配套设施建设，完成土石方51.5万立方米，新挖排水沟2条，新建出水涵洞2座，高压电力线路移位1400米，建设机埠、配电房、仓库等其他配套设施。通过土地整理，新增耕地1588亩，其中平整废弃堤塘，增加土地133亩，台风灾害损毁土地1455亩。

东片地区围垦土地整理，1998年，瓜沥镇对17494亩农田科学规划，改造高塘低洼，调整和完善路、渠、水系的综合整治，增加耕地1853.7亩。1999年6月，市政府在河庄镇召开有17个镇乡场参加的土地开发整理现场会，全面实施土地整理工程。

标准农田建设　2000年4月，市政府下发《关于开展标准农田建设的意见》（萧政发〔2000〕49号）文件，把“低产田改造、土地整理和农业综合开发、商品粮基地建设项目，均纳入标准农田建设范围”。“统一由市土地开发整理中心组织实施，实行统一规划设计、统一标准建设、统一筹资投入、统一质量管理、统一竣工验收”。最终把项目区建成“田成方、渠相通、路相连、林成网、旱能灌、涝能排、农机能进能出”的标准农田，使区内制约农业生产的主要障碍因素得到排除，生产条件明显改善。垦区内防洪标准达到20年一遇，排涝标准不低于10年一遇，末级固定排水沟底深在田面高程80厘米以下，灌溉保证率不低于85%，抗旱能力在70天以上，以适应多种粮食作物和经济作物的种植。至2000年底，垦区建成标准农田87288亩，新增耕地面积12491.5亩。

全市泵站统一建设标准，一般规格为长3.3米、宽3.3米、高3.9米，泵站基础采用沉井技术，墙体用砖块砌筑，外墙贴马赛克和全国统一的农业综合开发标志，书写有关农业综合开发的宣传标语。内墙用涂料刷白，屋顶为四边一顶的锥型设计，并加盖草绿色琉璃瓦。泵站内统一安装配电柜与轴流泵。每个灌区面积在400亩左右。

1998年前，沟渠硬化多采用工字砖砌筑，内壁用砂浆粉平，上口加盖混凝土压口。1998年始，改用U型板输水渠和石砌排水沟。石砌排水沟按排水量大小设计，一般分为口面宽80厘米、100厘米和120厘米以上等多种规格，并对石块的产地、规格有明确规定。

机耕路分干道、支道合理设置。干道为双车道，宽5米～6米，支道为单车道，宽3米～4米。路面铺15厘米～25厘米的石碴和砂子，两侧用块石砌筑，田路分界，并视路面宽度，留出单边或双边林带位置。干道通村庄连公路，支道与干道贯通，保证农机作业畅通无阻。

防护林种植于主要路、渠、沟边，一般在沟、渠和3米～4米宽的路旁单边种植，在5米宽以上的路旁两边种植，树种以水杉、桧柏为主，株距在3米左右，防护网格在400亩上下。田间防护林兼防护、观赏于一体，主要起到防风固沙、调节气候的作用，同时也使项目区格子分明，衬托出园田化格局。

在完善路、渠、沟等主要基础设施上，根据输水、排水和农机作业需要，合理配套涵管、分水闸、落田坡等辅助工程，一般每万亩配套1000处左右。项目区建成后，设立永久性的标志牌。一般规格为宽6米、高2米、厚0.4米，用花岗石贴面，刻字记录该项目的有关内容。标志牌四周有绿化衬托。

图12-2-434　2000年，湘湖农场标准农田建设开发项目标志牌（2006年，杨贤兴摄）

第三章　垦区农场

1970～2000年，萧山垦区相继创建农林、农垦场15家，其中9家国有：第一农垦场、第二农垦场、红垦农场、钱江农场、棉麻试验场、湘湖农场（系湘湖围垦开发建立，隶属农垦系统）、棉花原种场、林场头蓬分场（市棉花原种场、林场头蓬分场,见本志《农村　农民　农业》编）和饲料畜禽总公司养殖基地；1家集体：红山农场；3家中国人民解放军南京军区军垦农场；另有杭州市第二劳改支队农场和省水利围垦综合开发一场。

大部分农场原以种植水稻、大麦、小麦、油菜、棉花、络麻、蔬菜等和养殖生猪为主，90年代，各农场生产结构调整，络麻、棉花渐渐淡出，蔬菜品种逐年增加，开发果园、花卉、苗木等。突破传统养殖，除鱼、蟹、虾、鳖等大量养殖外，奶牛、山羊、獭兔、鸡、鸭等畜禽均有一定数量。并兴办农场企业，有建筑材料、纺织印染、服装、五金机械、医药、化工、农产品加工、酿造等行业。

第一节　国有农垦场

第一农垦场

位于萧山市东北部，距市区47.5千米。东临东江一万五千亩围垦及抢险一万亩围垦，南接益农镇，西连党湾镇及军垦农场，北邻市第二农垦场。农场前身为浙江生产建设兵团一师二团。1970年10月，该团奉命从余杭调萧山新湾参加围垦，分得南块土地19261亩。1971年7月，改编为二师八团。1975年12月改名为萧山县第一农垦场，1988年1月为萧山市第一农垦场。2000年，全场土地总面积21000亩，其中有耕地10852亩、水面8073亩、林果980亩，是浙江省占地面积最大的国营农场之一。辖有15个农业分场、14家水产养殖场、7家工业企业，设有水电管理、农机、农资等服务部门和职工子弟学校、医院等。拥有总资产4873万元，其中固定资产（净值）2250万元，年末总人口1170人。

农场初建时从事粮油作物种植。针对地势低洼（60%的土地高程在5.4米以下）的现状，进行大规模的农田基础建设。70年代投资200余万元，开挖排涝河20多千米，建造排涝机埠19座，装机容量257千瓦。1978年被列为浙江省机械化试点单位，农田基础设施和机械化作业配套。80年代初，投资800余万元，对近8000亩低地进行综合改造，挖塘抬地，田地水综合利用。90年代，调整农业产业结构，种植蚕豆、鲜毛豆、长豇豆、胡瓜、花菜等作物。全面推广化学除草和机械耕作。2000年1月，投资1920万元，实施省级土地整理工程，新修三面光渠道55.23千米、排水沟103.68千米、机埠34座、硬化路面3.4千米，建成了稳产高产农田。是年总产粮食3276吨、瓜果655吨。

1975年始，开发并扩大水产养殖面积，2000年增至7290亩，鲜鱼起水量从6吨增加到2058吨。养殖方式从外河放养到内河、池塘精养；放养鱼种从四大家鱼扩大到罗非鱼、鮰鱼、白鲳、罗氏沼虾等。1993年创办鳖场、蟹场，开始大面积养殖河蟹及鳖等高档水产品，逐步形成工厂化养鳖、精养塘养蟹、鱼蟹混养、稻田养蟹等多种水产养殖格局。1997年，产商品蟹180吨、鳖15吨。

1980年创办奶牛场。1992年，存栏奶牛650头，年产鲜奶1879吨，1998年停办。1973年生猪饲养量671头，2000年增至28937头,其中供港3605头。1997年始养獭兔，2000年末，存栏獭兔1.6万只，向社会提供种兔1万余只。

1980年起，办起酿酒厂、棉油加工厂、乳制品厂、麻纺厂等加工企业。2000年7月，与杭州博可生物有限公司合资创办以农场种植的大麦、胡萝卜为原料的萧山农垦生物科技有限公司。

农场于1978年实行财务大包干，下属企业实行“四定一奖”（定面积、定指标、定成本、定盈亏、超产超值奖励，下同）。1979年扭亏为盈，首次实现利润7.9万元。1996年实行公司制改造，成立杭州东江实业有限公司，当年实现利润300余万元。2000年，农场实施整体改革方案，社会职能剥离，职工劳动关系转换，国有资本转让。

第二农垦场

位于萧山市东北部，东临86丘五万二千亩围垦，南与市第一农垦场和军垦农场接壤，西靠新湾镇（原宏图乡），北依前进乡。农场前身为浙江生产建设兵团二师六团。1970年10月，该团奉命从原萧山红旗农场驻地调新湾围垦，围垦结束后分得北块土地1.8万亩。1975年12月改名为萧山县第二农垦场，1988年1月为萧山市第二农垦场。2000年末，全场土地总面积15597亩，其中耕地8937亩、水面3085亩，林果665亩。年末总人口1666人，实现工农业总产值30122万元，利润1012万元。辖有16家农业分场、6家农业企业、6家工业企业、3家商业公司，设有水电管理、农机、农资等服务部门和职工子弟学校、职工医院、邮政电信等。

兵团时期，主要从事单一的种植业。1978年3月，农场被列为浙江省机械化试点5个国营农场之一，从改造农田着手，大面积平整土地，配以农田基础设施和航空作业，当年被评为全国农垦系统机械化先进集体。1979年，粮食总产达到2168吨。1982年，农场经济效益获历史性突破，年利润126.79万元。90年代，根据市场需要种植蚕豆、大豆、长豇豆、胡瓜、花菜等作物。全场建立7000亩优质商品粮基地、3000亩蔬菜基地、1000亩种子基地和100亩花木基地，优良品种率和农业机械化程度分别达98%和80%以上。1995年后，农场先后投资1800万元，建设5500亩国家级萧山现代化农业科技示范区和6000亩省级土地整理示范区。2000年，粮食总产5126吨，产水果20吨。

养猪业始于1973年。此后饲养量逐年增加，至2000年饲养量68681头，出栏42665头。

工业始于1976年，主要从事服装、酿酒和棉花加工。90年代末，全场初步形成以萧山富丽达纺织有限公司为支柱，纺织、化工两大行业为支架的工业经济体系，主要企业有萧山富丽达纺织有限公司、杭州时代纺织品公司、杭州之江化工有限公司等。

1978年起，农场先后实行“四定一奖”责任制、联产承包责任制，创办家庭农场。1995年，全面推行“两费自理，风险抵押”的农业生产责任制。1997年10月，场办10家工业企业实施产权制度改革，改单一的国有投资主体为国有股本、社会法人股本、职工持股协会等多种经济成分共同参股的企业。2000年7月，农场全面实行体制改革，学校、幼儿园、医院、邮政电信等社会职能部门剥离；全部职工转换劳动关系，建立新的劳动用工制度；国有股本从所有企业中退出，收回国有资本2600余万元。

红垦农场

位于萧山市北部，距市区15千米。东邻南阳镇及红山农场，南接新街、坎山镇，西连九号坝直河，与钱江农场毗邻，北临钱塘江。

该场由萧山县红旗农场和杭州市红垦农场合并而成。1970年5月组建兵团时，分别改编为浙江生产建设兵团二师六团和五团。后六团奉调新湾围垦，原红旗农场编入五团。1975年12月，五团改称萧山县红垦农场，时有土地1.2万亩。

1984年，划出3276亩给杭州市第二劳改支队。1988年1月，更名为萧山市红垦农场。1996年，成立杭州绿色产业集团有限公司，与农场两块牌子、一套班子。2000年底，全场土地总面积7617亩，其中耕地4875亩、水面839亩，年末总人口2642人；实现工农业总产值27145万元，出口交货值4891万元，利税815万元；辖有各类企业18家。场内社会性服务事业单位有学校、邮电所、保健站、居委会、储蓄所等。全场拥有国有资产1257万元，所有者权益3205万元。

70年代末，开始大面积种植大豆、西瓜、药材、果树林木，创办苗圃。1991年4月，经浙江省计划委员会批准，投资167.9万元，建立5000亩“绿色食品蔬菜”基地。

80年代末90年代初，畜牧业得到快速发展。1993年，红垦养殖公司年生猪饲养量12212头。1994年被定为浙江省一级种猪场。2000年，生猪饲养量43890头，出栏24026头，其中供港7967头。

从1978年开始，兴办浙江萧山速冻厂、萧山酱品厂、萧山市红垦酒厂等蔬菜食品加工业；萧山华芝化纤织造厂和萧山兴宝印染厂等化纤轻纺印染业；红垦电镀厂、江南交通机械厂等机械电器电镀业。

1991年以后，先后创办杭州宏华种子有限公司、杭州南华饲料有限公司、浙江银河食品有限公司、杭州渔旺水产开发有限公司、杭州红景酱品有限公司、杭州红景酒业有限公司和杭州红美食品有限公司。投资参股香港和省内其他地区企业有香港红景公司、浙江奥托康生物制药有限公司、浙江农村经济发展公司、浙江钱啤集团有限公司、萧山汽车出租有限公司等。1999年11月，投资3000万元、占地91.6亩的浙江盛达铁塔送变电有限公司电力铁塔生产项目在红垦落户。

2000年3月，该场确定为全市农垦系统整体改革试点单位。6月底，改革基本完成，国有资本退出企业，医院、学校等社会职能剥离，职工劳动关系转换，场部机关人员精简，农场的职能转向管理、监督、协调和服务。

钱江农场

位于萧山市北部，距市区9千米。全场分成东西两片：西片场区东起73021部队农场，西至萧山市种鸡场，南与宁围镇毗邻，北到先锋河；东片场区东以九号坝为界，西与浦沿镇围垦为邻，南与棉麻试验场、宁围镇、新街镇接壤，北与顺坝围垦交界。1959年2月建场，有土地3677亩。1960～1963年间，先后在场东、西、北方向围垦土地6000余亩。1968年11月，先锋河以北4298亩土地划归0079部队，农场仅剩南沙大堤以北土地2769亩。1970年5月，改编为浙江生产建设兵团二师七团，参与顺坝与九号坝之间、南沙大堤以北滩涂围垦，围得土地1.2万亩，团部随之迁往一号坝新围垦区内。2000年，全场土地总面积12265亩，其中耕地2982亩（不包括浙江省农业高科技示范园区3341亩），水面297亩、苗圃958亩，年末总人口2362人；实现工农业总产值6.91亿元，出口交货值1.63亿元，利税3822万元。

农场初创时期种植粮、棉、油、菜、瓜、豆类、花生等作物，1989年转为以种植大麦、小麦、水稻和蔬菜为主。2000年，生产粮食2692吨、蔬菜3207吨。

1977年兴办养猪场。1992年，改名为萧山市钱江出口养殖实业公司，成为省良种繁育基地，浙江省商品、出口、种猪生产三位一体的大型畜牧基地。1998年，省种猪试验场基本建成。

1979年起，农场工业进入发展阶段。至2000年，先后创办杭州永磁集团有限公司、杭州民生江南制药有限公司、萧山钱江建筑装饰工程有限公司、萧山钱鸿交通器材实业公司、杭州钱江链传动有限公司和萧山市桥南织造有限公司，形成以磁性材料、医药化工、五金机械、轻纺印染、建筑装饰等行业为龙头的产业结构。所产桑塔纳轿车里程表、转速表磁钢及高耐磨链条是国家级新产品。2000年，出口化纤布1171万米、药品1576吨、磁钢2356吨、童车30.3万辆、三轮车27万辆、四轮车1.8万辆。

2000年7月始，农场实施体制改革，职工置换劳动关系，学校、医院、邮政、电信等社会职能剥离。

棉麻试验场

位于萧山市东北部，距市区10千米。东与新街镇相连，南傍长山与城东办事处相接，西与新街镇同兴村毗连，北与钱江农场交界。全场分南北两片，中间隔新街镇盛东等村，相距约3千米。其前身为萧山棉场，建于1932年。1951年更名萧山县棉麻试验场，1988年1月改名为萧山市棉麻试验场。

初创时有土地700亩。1965年，在九号坝西侧的钱塘江边围垦滩涂1500亩（毛地），组建3个生产队。1970年改编为浙江生产建设兵团二师直属营。1975年，复名为萧山县棉麻试验场。2000年，全场土地总面积4153亩，其中耕地1605亩、林地300亩、水面73亩，年末总人口2494人，职工2112人。

农场承担棉花良种的引进和繁育，1979～1984年引种“钱江9号”、“钱江10号”。1985年后，试种“浙萧棉1号”和“中棉12号”等优良品种。农场同时为国家农业部黄麻研究基地，1960年，中国农业电影制片厂到农场拍摄电影《浙江黄麻栽培》。1966年，农场编著《全国黄麻品种资源目录》。

1977年1月，创办萧山啤酒厂。1981年4月，经县政府批准，棉麻试验场与萧山啤酒厂实行场厂合署，两块牌子、一套班子。1984年4月，棉麻试验场、农牧渔业部农垦工业公司等单位联合投资扩建啤酒厂，萧山啤酒厂改称浙江钱江啤酒厂。1991年9月13日，省计划委员会、省经济体制改革办公室批复同意建立浙江钱江啤酒集团。11月19日，成立浙江钱江啤酒（集团）公司。2000年底，公司拥有总资产8.54亿元，累计生产啤酒231.27万吨，创产值37.59亿元，创利税10.97亿元。

湘湖农场

位于浙江湘湖旅游度假区内，濒临钱塘江、富春江、浦阳江三江汇合处，距萧山市区9千米。东及东南连石岩乡，西、北及西南接闻堰镇，属围垦湘湖而建的农场。前身为浙江省农林厅种子公司湘湖农场，建于1949年5月，当时有土地95亩，归省农林厅管辖。1960年改名为杭州市湘湖农场；1962年改名为萧山县湘湖农场；1988年改名为萧山市湘湖农场；1992年10月建立萧山市湘湖企业集团公司，与农场两块牌子，一套班子。2000年底，农场土地总面积3495亩，其中耕地2479亩、水面404亩，年末总人口1005人。有工业企业7家，农业企业3家，旅游观光企业1家。是年，实现工农业总产值1.3亿元，利税186万元。

建场初期，从事农业机械作业，以繁育良种、试验推广新式农机具和先进耕作制度为主。1984年后，利用低洼地开发精养渔塘。1991年养鱼面积308亩，产商品鱼217吨。是年，农场和省经济建设投资公司、国家农业投资公司共同投资800万元创办浙江中浙萧山特种水产公司（农场占总投资35%），养殖中华鳖、鮰鱼、罗氏沼虾、四大家鱼等。1994年产商品鳖10万只。1999年，公司年养鳖40万只，稚鳖60万只，亲鳖3万只，成为萧山市级农业龙头企业。1995年，农场始养殖鸵鸟、梅花鹿、孔雀、猴、美国皇鸽等特种畜禽。2000年存栏奶牛339头，鸵鸟176羽，梅花鹿16只。

1972年起，先后创办农机厂（后改名为湘湖塑料机械厂、萧山市液压件厂）、湘湖农场纸箱厂、湘湖印刷厂、萧山乳品厂、杭州萧山汽车离合器厂、萧山凤凰化工厂、杭州塑粉厂等。1996年，场办工业企业改制为有限责任公司。1999年底，形成机械、乳品加工、化工、纸箱包装四大行业。主要产品有汽车离合器、液压油缸、齿轮泵、泡化碱、塑料粉末、乳制品、纸盒等，实现工业总产值7444万元，销售收入7356万元，利税136万元。

2000年7月，农场整体改制，国有资本退出场办企业，职工转换劳动关系，农场剥离医院、学校等社会职能，场部履行监督、管理、协调、服务职能。

第二节　集体农场

垦区集体农场为萧山红山农场。位于萧山市北部，距萧山市区15千米。东连南阳镇，西、南、北三面同红垦农场接壤。2000年末全场土地总面积9897亩，其中耕地5236亩、水面330亩，下设7个分场、8个居民村。年末总人口8426人。全场拥有总资产16.42亿元，固定资产（净值）5.55亿元，所有者权益6.66亿元，实现工农业总产值16.6亿元，利润2025万元。

红山农场前身是头蓬盐场。1962年，头蓬盐场辖区坍江加剧，盐民陆续迁入红山工区。1969年4月，头蓬盐场改名为五七农场，后由盐转农。1970年5月，由浙江生产建设兵团二师六团管辖（农场体制不变，下同）。后六团奉调至新湾外围垦滩涂，农场改编为五团六营。1975年，兵团移交时恢复原名。1984年更名为红山农场。80年代以来，农场劳动力逐步转入二、三产业。全场耕地由19个承包组78个劳动力承包，实行规模经营，机械化耕作。2000年，农业产值1089万元。

1976年3月，筹建五七水泥厂，原料、燃料取自外地，产品面向社会。2000年末，全场有一定规模的建筑材料公司5家、纺织印染公司14家、化工染料公司2家、机械电器公司4家。1994年6月，经省计划委员会、省经济体制改革委员会批准组建浙江红山集团。

1978年12月，兴办多种流通渠道、多种经济成分的商业服务业。2000年底，集体商业全部转制，全场有个私商业185户，从业275人。

1977年以来，场员所住草房陆续改建成规划有序的楼房，其中半数以上为别墅，人均住房面积44平方米。以红山大道为主干线的柏油路、水泥路四通八达。2000年，全场有私家轿车78辆。

1984～2000年，农场先后被命名为全国村镇建设文明集体、全国农垦系统思想政治工作先进单位、省劳动模范集体、浙江东海文化明珠、省文明单位、省卫生农场。1984年以来，彭真、乔石、胡锦涛、姜春云等中央领导先后来场视察，105个国家及港、澳、台地区友好人士来场参观访问。

第三节　军垦农场　水利开发场

军垦农场

1970～2000年，萧山垦区建有军垦农场3个，其中位于军民联围十万亩垦区南块西部2个，顺坝垦区1个，共有毛地26979亩。以种植业、养殖业为主，种植水稻、大麦、小麦、油菜、黄麻、西瓜、柑橘等作物，养殖猪、鸡、淡水鱼、蝎子等，是萧山市商品粮重点产区，萧山市商品猪、商品鱼基地之一。

水利开发场

浙江省水利围垦综合开发一场，1990年9月成立，归属浙江省水利厅。东邻萧山现代农业开发区，西靠萧山第二农垦场，南临十七工段沿塘河。全场土地总面积8000亩，其中耕地4200亩，水面1400亩。

该场土地属86丘五万二千亩围垦，分两期开发。第一期于1988年，由省围垦开发中心与市围垦指挥部联合开发2000亩；第二期于1990年9月，由省水利厅围垦开发中心独立开发2200亩。1993年底，基建及配套工程基本完成。

至2000年底，全场共有固定资产450万元，累计生产粮食450吨，棉花500吨，油菜籽360吨，黄瓜、萝卜等蔬菜8.5万吨，淡水鱼1.1万吨，河蟹900吨，西瓜1.2万吨。

第四章　垦区农业

萧山垦区地势平展，土地资源丰富，土内粉沙含量高达80%以上，土质疏松利于耕作，且适种性强，加之地广人稀，利于适度规模经营。随着垦区的开发，先后建立国家级现代农业开发区和省级农业高科技示范园区。并建立全市的粮油、棉麻、蔬菜瓜果、花卉苗木生产基地和水产、供港供沪猪、奶牛、蜜蜂养殖基地及笋竹林基地等，成为全市农业发展最具潜力的地区。

第一节　萧山现代农业开发区

萧山现代农业开发区位于萧山东北部，东、北濒临钱塘江，沿江大堤长达9820米，南邻绍兴垦区，西连萧山五万二千亩和二万六千亩垦区，区块呈菱形状，系1993～1995年新围成的国有土地，总面积32900亩。1994年4月，省人民政府批准，在萧山垦区设立萧山农业对外综合开发区。1995年7月，经国务院同意，国家计划委员会批准，设立国家级萧山现代农业开发区（以下简称农业开发区）。1996年2月，国家科学技术委员会批准萧山农业综合开发区新围滩涂综合开发、绿色食品示范小区和特种水产养殖与加工等3个农业开发项目为国家级星火计划项目。

土地经营权招标承包

1994年以来，农业开发区共举行6次土地经营权招标承包活动，市内外38家企业和专业大户取得开发经营权，承包土地面积20979亩。通过招商开发，实现土地所有权、使用权分离。初步形成国家投资与群众集资相结合，统一管理与自主经营相结合，按照市场经济规律开发滩涂，建设滩涂的经营机制。

农业产业结构调整

1994～1996年，农业开发区形成以种植业为主、水产养殖业为次的农业生产结构。1997～1999年，形成以种植业与水产养殖业并重的农业生产结构。2000年，实施稳粮食、压棉花、扩水产、优品种、增效益的产业结构，农业经济步入发展轨道。是年，舒兰农场投资100余万元，建成农业开发区首家农产品加工企业。

科技兴区

南美白对虾引繁推广　2000年，农业开发区以国家海洋局第二海洋研究所为技术依托，首家引进南美白对虾淡养项目，成功淡化虾苗6500万尾，育成5800万尾，淡化成活率91%，亩产189千克。此项目填补了杭州地区该技术的空白。

无公害有机稻米试验示范　1998年，由舒兰农场、东风农场和东联良种场承担实施200亩无公害有机稻米试验示范基地项目获得成功，平均亩产400千克，总产值13万元，净收益3万元。2000年因种植结构调整未推广。

棉花高产技术应用示范　1998年，围垦滩涂2000亩棉花高产技术应用示范研究，列为萧山市科技星火计划项目，由东风农场、舒兰农场、南丰农场、东联农场和永丰农场负责具体实施。选用抗病、优质、高产新品种苏棉8号和中棉12号为当家品种，搭配衣分高、品质好的苏棉9号和中棉23号新品种；推广化学调控、化学除草和实施绿色高效有机肥、除草地膜等新技术、新农药；实施平衡施肥，防治病虫害等措施。1998年10月7日，经有关专家实地测产，实际种植2484亩，总产皮棉176.4吨，平均亩产皮棉71.07千克，比项目计划指标亩产67千克增产4.07千克，增幅6.09%；实现总产值217.48万元，利润43.74万元。2000年因种植结构调整而未推广。

贡枣试种　2000年，从长兴县初康科技园引入优质水果品种——贡枣，在林果实验场建立首期45亩贡枣试验地，是年11月下旬至12月中旬移栽，每亩定植110株。

新围海涂综合开发项目　1996年2月5日，经国家科委批准，三万三千亩新围海涂综合开发列入国家级萧山50万亩滩涂现代化综合农业星火技术密集区的农业开发项目，起止年限1996～2000年。2000年，根据市委、市政府把农业开发区建成“高新技术投资区、现代农业示范区、观光农业游览区”的要求，农业开发建设全面启动。

表12—4—248　1995～2000年萧山现代农业开发区经济作物种植情况

年份	油菜		棉花		蔬菜		其中：蔬菜基地面积	
	面积（亩）	总产量（吨）	面积（亩）	总产量（吨）	复种面积（亩）	总产量（吨）	露地（亩）	大棚温室（亩）
1995	386	39	2876	115	—	—	—	—
1996	370	29	2224	138	400	362	173	—
1997	690	61	3589	142	800	853	353	—
1998	100	15	4445	289	1000	1142	453	—
1999	120	18	500	32	3000	3000	1460	—
2000	100	16	30	2	6000	4734	2846	10

表12—4—249　1995～2000年萧山现代农业开发区水产养殖情况

年份	总养殖水面（亩）	总产量（吨）	淡水鱼		河蟹		河虾		鳖		其他	
			面积（亩）	产量（吨）	面积（亩）	产量（吨）	面积（亩）	产量（吨）	面积（亩）	产量（吨）	面积（亩）	产量（吨）
1995	2449	387.84	828	290.00	910	68.01	310	27.13	—	—	401	2.70
1996	4665	733.77	2100	638.65	1815	56.62	600	22.50	150	16.00		
1997	5189	687.44	1058	491.00	3435	151.17	166	7.77	80	31.50	450	6.00
1998	7719	1167.87	2127	768.00	5132	292.50	130	30.25	80	35.06	250	42.06
1999	11968	1364.00	1605	933.00	10087	405.00	144	18.00	132	8.00		
2000	13249	2510.50	1971	1917.10	9868	438.00	210	3.75	200	100.00	1000	51.65

第二节　省农业高科技示范园区

1999年，省政府发布《关于大力推进高新技术产业化的决定》，提出要运用高新技术改造传统农业，推动传统农业向高产、优质、高效的现代农业转变。2000年2月22日下午，浙江省政府、杭州市政府、萧山市政府和浙江传化化学集团有限公司在杭州新新饭店联合召开新闻发布会，正式宣布浙江传化化学集团为“浙江省农业高科技示范园区”运作主体。3月，浙江省政府下发《关于在萧山市建立省级农业高科技示范园区的批复》（浙政发〔2000〕64号），同意在萧山市钱江农场建立省级农业高科技示范园区，占地面积为3000～5000亩；建设以高科技为核心，繁育种子种苗为主体，集科研、繁育、生产、加工、培训、旅游、观光于一体的高科技现代农业示范基地。

园区位于钱江农场东部，东与红垦农场相邻，以九号坝直河为界；南与萧山经济技术开发区桥南区相邻，以沪杭甬高速公路为界；西以萧山污水处理厂为界；北临钱塘江大堤。园区距萧山市中心9千米。园区分种子种苗生产示范区、科技教育区、农业生态观光区、管理服务区、远景发展区等五大区块。

图12-4-435　省农业高科技示范园区组培育苗（2006年，王禹摄）

园区采用政府扶持、政策支持、企业运作的方式，组建有限责任公司进行管理。以浙江传化化学集团有限公司为主承建，依托浙江省农科院、浙江大学、中国水稻研究所等科研单位的技术力量进行现代化、市场化运作。

第三节　粮油生产基地

粮食生产基地

春粮、水稻　萧山垦区开发初期，为改良土壤，以种植水稻为先锋作物，引内河淡水灌溉稀释盐分。1969年，萧山围垦指挥部与浙江省农科院、浙江农业大学合作试验，取得“当年围垦，次年种植水稻并收获”的成果，迅速在垦区大面积推广应用。后随种植时间的延长，开始种植大麦、小麦、玉米等作物。1985年垦区粮食播种面积17.15万亩(不包括大豆,下同)，占全县粮食种植面积的14.6%；总产54161吨，占全县粮食总产的13.7%。1990年23.35万亩和80053吨，分别占全市的18.1%和16.9%；1995年22.32万亩和77665吨，分别占全市的19.56%和22.37%。2000年，23.51万亩和88133吨，分别占全市的25.20%和23.99%。

垦区粮食生产有三熟制和二熟制两种。种植方式有麦（大麦、小麦）—早稻—晚稻；豆（蚕豆、豌豆）—晚稻；油菜—晚稻。1992年后，农业产业结构调整步伐加快，为避开收、种季节争水、争电、争劳力的矛盾，垦区早稻面积大幅度减少，2000年仅种1000亩。粮食种植模式逐步改革为麦—菜—晚稻；油料—菜—晚稻；菜—菜—晚稻；菜—大豆—晚稻。

图12-4-436　90年代，垦区农垦场用收割机收获水稻（萧山区农场管理局提供）

大豆　大豆是垦区实行水旱轮作的产物，以种植春大豆为主。80年代多收老毛豆，种植面积不大，1985年0.72万亩，总产856吨，分别占全县的40%和34.8%，亩产118千克，比全县平均137千克低19千克。90年代，垦区大豆种植面积、单产和总产都有所上升，占全市的比例提高，1992年种植面积4.17万亩，总产5743吨，占全市的比重分别为44.9%和45.8%，亩产138千克，比全市平均135千克高3千克。由于一半左右的大豆以鲜食为主，产品除速冻厂收购加工外，大部分销往上海、宁波等地，效益提高，使大豆种植面积继续增加。1995年种植6.55万亩，占全市大豆种植面积的32.08%；总产8411吨，占全市大豆总产量的29.83%；亩产128千克，比全市平均亩产138千克低10千克。2000年，扩大到8.02万亩，占全市的30.9%；总产10265吨，占全市的29.53%；亩产128千克，比全市平均134千克低6千克。

油料生产基地

70年代垦区油菜播种面积5万亩左右，80年代初10万亩左右，约占全县种植面积的一半。80年代前垦区油菜籽的产量低于内地，80年代后，随着栽培技术的改进，亩产稳定在100千克左右，略高于内地。1985年垦区种植油菜9.12万亩，占全县的49.3%；亩产114千克，比全县的106千克高8千克；总产10336吨，占全县油菜籽总产的52.6%。1990年种植8.17万亩，占全市的42.4%，亩产106千克，比全市平均亩产高5千克，总产8645吨，占全市油菜籽总产量44.6%。随着垦区的综合开发利用，油菜面积逐年下降，1995年播种面积5.15万亩，占全市播种面积的40.78%；亩产107千克，比全市平均高8千克；总产5532吨，占全市油菜总产43.56%。2000年2.60万亩，占全市39.51%；亩产118千克，比全市平均高1千克；总产3077吨，占全市油菜籽总产40.00%。

图12-4-437　90年代垦区农场种植的油菜（1999年，李复旦摄）

第四节　棉麻生产基地

萧山垦区土壤适宜种植棉麻等作物，且种植面积稳定，产量稳中有升。为减少病虫害和草荒及压制盐分，垦区实施“稻、棉（麻）轮作制”，即同一丘土地每2～3年轮作一次。

棉花生产基地

1985年，垦区种棉4.02万亩，占全县棉花面积46.69%；单产58千克，比全县平均单产62千克低4千克，总产2310吨，占全县总产42.83%。后受棉纺工业减锭的影响，棉花种植有所回落。1990年3.55万亩，单产68千克，总产2411吨。后种植面积有所扩大，1995年6.33万亩，占全市57.81%；单产69千克，总产4396吨，占全市59.05%。2000年全市棉花面积锐减，垦区棉花种植面积减至1.74万亩，仍占全市棉花面积75%，总产1218吨，占全市棉花总产70.90%。

络麻生产基地

1985年，垦区种麻9.22万亩，品种为红麻，占全县络麻（黄红麻的统称，下同）面积32.13%；单产453千克，比全县平均单产低8千克，总产41732吨，占全县总产31.55%。之后，络麻种植大面积减少。1990年5.52万亩，占全市26.82%，总产23660吨，占全市27.02%；2000年500亩，占全市16.69%。总产241吨，占全市络麻总产16.69%。

图12-4-438　80年代，垦区收剥红麻（董光中摄）

表12-4-250 1970～2000年萧山垦区棉花络麻种植情况

单位：吨

年份	棉花		络麻		年份	棉花		络麻	
	总产量	占全市(县)总产量(%)	总产量	占全市(县)总产量(%)		总产量	占全市(县)总产量(%)	总产量	占全市(县)总产量(%)
1970	36	0.60	–	–	1986	2279	39.42	34271	30.18
1971	112	2.14	–	–	1987	1752	41.31	30150	31.86
1972	205	4.45	53	0.09	1988	1251	34.08	22583	27.59
1973	280	6.28	497	0.78	1989	1267	34.07	19606	25.44
1974	400	8.32	1042	1.86	1990	2411	40.86	23660	27.02
1975	839	15.96	1712	2.96	1991	2671	39.76	24954	29.21
1976	628	13.84	1467	2.57	1992	3010	47.55	18407	26.34
1977	910	19.71	1301	2.29	1993	2664	50.37	14214	30.19
1978	1353	22.60	2849	3.59	1994	3532	56.25	6369	27.12
1979	1734	23.84	5215	7.77	1995	4396	59.05	2698	25.07
1980	1968	30.14	13537	18.97	1996	3689	66.28	3388	30.12
1981	2591	37.29	17771	19.66	1997	3401	69.41	3760	33.36
1982	4453	42.70	16755	17.58	1998	3668	71.70	2249	29.47
1983	4007	45.57	20587	22.69	1999	1870	70.41	450	19.20
1984	5947	46.76	25064	24.40	2000	1218	70.90	241	16.69
1985	2310	42.83	41732	31.55					

第五节 蔬菜瓜果生产基地

蔬菜生产基地

70年代初，垦区种植蔬菜较少，仅与粮食、棉花、络麻套种，品种有萝卜、辣椒和芥菜。随着垦区土地不断改良、熟化，蔬菜种植面积逐渐扩大，品种也日益增多。1979年，引进日本胡瓜种植成功。1986年，瓜沥和义蓬两区垦区有出口胡瓜生产基地3293亩。益农、党湾垦区发展石刁柏（芦笋）730亩。90年代蔬菜种植面积扩大，种类丰富多样，有日本萝卜、日本胡瓜、越瓜、大白菜、甘蓝、荷兰豆、大头菜、鲜食大豆、辣椒、大葱、韭菜、洋葱和牛蒡等。在栽培技术上，采用保温措施，搭建大中小棚，实行反季节栽培。2000年，向无公害、绿色农产品方向发展蔬菜种植，垦区种植蔬菜11.67万亩，占全市蔬菜种植面积的36.45%。

图12-4-439 2000年，杭州晓阳农业有限公司收获萝卜（杨贤兴摄）

萝卜 1980年后，垦区年种植萝卜6万亩左右，品种为“晒干种”，主要分布在益农、前进、新围等公社和内地各公社的垦区。90年代初，“晒干种”萝卜面积下降。日本萝卜面积扩大，1992年6.4万亩，至2000年，达6.66万亩，占全市萝卜种植面积95.00%。

图12-4-440 80年代末90年代初，垦区辣椒种植面积扩大，辣椒干成为农民的主要收入（2007年，杨贤兴摄）

辣椒 垦区的主要蔬菜作物之一，主要分布在头蓬、新湾、河庄、前进等镇乡。80年代前零星种植为主，80年代末90年代初，辣椒干畅销，面积扩大，1990年种植0.5万亩左右，1992年0.64万亩，1999年3.05万亩，占全市辣椒种植面积的90%，是垦区农民增收的主要来源。产品通过腌制或晒干，销往市内外各蔬菜加工厂和出口。

芥菜　萧山霉干菜主要原料。80年代初，种植面积扩大，1990年种植1.38万亩，2000年4.13万亩，占全市芥菜种植面积80%，主要分布在益农镇和第一、第二农垦场。

胡瓜　又名日本胡瓜。分布在新湾、前进、河庄、南阳、靖江、义盛、头蓬、党湾、益农等镇乡垦区和第一、第二农垦场，年种植2万～3万亩，产品经腌制加工后大部分出口日本、韩国，是萧山蔬菜出口主导产品。

图12—4—441　90年代，垦区菜农采摘胡瓜（董光中摄）

瓜果生产基地

西瓜　垦区土壤含盐量高，种植的西瓜糖分高，品质好。1985年种植1.15万亩，1987年2.93万亩，亩产1877千克，总产54987吨。由于萧山西瓜的挂果季节台风暴雨较多，影响产量和品质，使瓜农经济受损。加之外地西瓜大量涌入，萧山西瓜失去竞争优势，故垦区西瓜种植面积逐年减少。1990年1.84万亩，亩产2121千克，总产39035吨；1995年0.93万亩，亩产2708千克，总产25186吨；1997年0.72万亩。后随着效益农业兴起，西瓜栽培开始应用地膜覆盖和大棚保温措施来提高产量、品质，促使提早上市。2000年，种植西瓜1.17万亩，亩产2904千克，总产33974吨。

表12—4—251　1985～2000年萧山垦区西瓜种植情况

年　份	面积（万亩）	亩产（千克）	总产量（吨）	年　份	面积（万亩）	亩产（千克）	总产量（吨）
1985	1.15			1993	1.29	2808	36227
1986	1.82	2133	38826	1994	0.90	2934	26408
1987	2.93	1877	54987	1995	0.93	2708	25186
1988	2.79	2165	60404	1996	0.74	2886	21354
1989	2.90	1497	43411	1997	0.72	3358	24178
1990	1.84	2121	39035	1998	0.96	3094	29705
1991	1.85	1962	36303	1999	1.23	2685	33029
1992	1.64	2172	35623	2000	1.17	2904	33974

图12—4—442　1989年，萧山第一农垦场收获杂交西瓜（吕耀明摄）

水果　1985年前，垦区果树以引种和小规模种植为主，主要分布在第一农垦场、第二农垦场、市林场头蓬分场、军垦农场、劳改支队等，树种以桃、梨、柑橘和葡萄等为主。1986年底，种植1350亩，西兴镇星民垦殖场在顺坝围垦试种50亩南方沙梨成功，后扩大种植以黄花梨为主的梨树300亩，成为垦区集约化管理、规范化生产、经济效益较好的一个样板，促进垦区规模果园的发展。1987年，垦区有50亩以上果园6个，总面积1600亩；1994年，市现代农业开发区专门规划林果种植区，是年，垦区50亩以上果园发展到17个，其中300亩以上规模果园7个，总面积4200亩。由于果树管理技术要求较高，加上国内水果价格骤跌，效益参差不齐，发展速度减慢，到2000年，垦区果树总面积为

3583亩，占全市果树面积12.48%。

梨　主要品种为南方沙梨系列。围垦土质沙性，梨树生长迅速，结果早，果形大，品质好。自90年代引进优质早熟品种“翠冠”梨后，经济效益一直较好，成为垦区果树的主要树种。2000年，垦区有梨园2700亩。主要分布在第一农垦场和现代农业开发区。

柑橘　是80年代垦区主要水果栽培树种。1992年前，第二农垦场、瓜沥垦种区、林场头蓬分场和军垦农场等都有一定规模种植。1992年1月1日，受零下15.3℃严重冰冻，柑橘树全部冻死，后基本没有发展。2000年，仅在农垦场有柑橘30亩。

图12—4—443　1989年，萧山第一农垦场果园采摘岗山早生桃（萧山第一农垦场提供）

葡萄　80年代，湘湖农场、第一农垦场、第二农垦场先后引栽葡萄近千亩，由于垦区风大，易感染黑痘病，加上多次台风影响，棚倒树毁。至2000年，湘湖农场、第二农垦场、军垦农场等尚有葡萄150亩。

枣　80年代始引种，后因产量低、品质差等诸多原因，没有形成规模发展。2000年，萧山现代农业开发区引进优良枣品种“贡枣”45亩。

桃　水蜜桃系列，具有投产早、品质好的特点。由于受交通、市场影响，没有形成规模发展，2000年垦区桃园面积700亩。

图12—4—444　90年代萧山第一农垦场栽种的黄花梨（1999年，李复旦摄）

第六节　畜禽蜂养殖基地

萧山垦区畜禽养殖始于60年代后期，70年代起，饲养量逐年增加，主要种类有猪、奶牛、羊、兔、禽、犬等。1985年，垦区饲养家禽28.1万羽；生猪4.21万头，其中出栏2.27万头，供港1392头；牛559头，其中奶牛527头；羊825只，兔5939只。1986年至1987年，从福建省福清县引进福建高山羊，在城北水泥厂、城北棉纺厂农业车间和光明乡、浦沿镇围垦养殖场饲养439只。1990年，饲养生猪6.71万头，其中出栏4.10万头；牛603头，其中奶牛595头；家禽20.5万羽；羊2059只。1995年，垦区国有、集体养猪场稳步发展；而部分家禽养殖户逐步内迁，饲养数量减少。1998年受市场波动等影响，奶牛场清栏停办。2000年，垦区饲养家禽10万羽左右，生猪年饲养量50万头，占全市生猪饲养量44.78%。

供港供沪猪养殖基地

1985年，第一农垦场、第二农垦场、红垦农场、钱江农场和红山农场等都办有规模较大的养猪场，出栏肉猪部分供港，全年供港1392头。1989年，市粮食局在五万二千亩围垦成立杭州龙翔养殖公司，建立大型猪场1个，占地6.82万平方米，有猪舍11幢，1990年供港1639头，成为重点供港猪基地之一。是年，第一农垦场，第二农垦场，红垦农场，钱江农场和红山农场均新建猪舍，扩大猪场规模，增加生猪饲养量。内地部分厂办农业车间也始建小型养猪场，垦区生猪饲养数逐年增多。至1995年，垦区的国有、集体养猪场稳步发展，第一农垦场、第二农垦场、红垦农场、钱江农场、红山农场和龙翔养殖公司6个养猪场，年出栏肉猪均在3000头以上。2000年，垦区建成大型规模猪场16家，年饲养生猪35.94万头，占全市生猪饲养量的32.19%，出栏22.17万头，占全市生猪出栏量的29.93%，其中供港4.59万头，供沪10.98万头；年末存栏13.77万头，其中母猪1.77万头，公猪823头。

图12—4—445　1989年创办的杭州龙翔养殖有限公司生猪养殖场。图为笼养母猪（2006年，杨贤兴摄）

奶牛养殖基地

1957年，湘湖农场创办奶牛场。1980年，第一农垦场创办奶牛场，引进黑白花奶牛101头。1985年，第一农垦场、第二农垦场、前进乡及湘湖农场4个奶牛场有存栏奶牛1009头。1986年，第二农垦场奶牛场并入第一农垦场奶牛场。1987年，前进乡奶牛场停办。1990年存栏奶牛1265头。1998年，因市场影响和农场改制等原因，第一农垦场奶牛场清栏停办。2000年，垦区存栏奶牛429头，其中湘湖农场奶牛场339头，鲜奶总产量1611吨。

图12—4—446　1957年创办的萧山湘湖农场奶牛养殖场。图为饲养员在给奶牛喂料（2006年，杨贤兴摄）

蜜蜂养殖基地

80年代垦区为全县（市）重点油菜生产基地，防护林种以刺槐为主，花源丰富，养蜂业因之兴起。1985年垦区养蜂191群。2000年养蜂1万群，年产值600万元。

獭兔养殖基地

1997年，第一农垦场创办獭兔养殖场，从浙东兔业开发公司引进以一公二母为搭配比例的种兔1992只，自繁自养。2000年饲养2.6万只，其中出栏1万只。

第七节　水产养殖基地

萧山垦区河流纵横，灌排畅通，水资源丰富，有利于发展渔业生产。水产资源主要来源于钱塘江灌江纳苗和人工放养的淡水鱼品种，呈多样性、河口性、咸淡水性和淡水鱼类混杂的特点。鳗苗、蟹苗及鲻鱼苗是垦区外江天然资源。在鳗苗旺发年，沿江捕捞者多达万余人，年产量1.5吨左右，最高年产3吨左右，出口日本等国。鲻鱼、鲮鱼资源亦十分丰富。1984年后，平均年产50吨左右，90年代有所下降。垦区外江还有安氏白虾（俗称潮虾）、脊尾白虾和刀额新对虾。垦区水质略有盐碱，通常含盐量在0.1%～0.5%，适宜河口性鱼类养殖。多年来通过引灌淡水，水质淡化，常规鱼类和虾、蟹、鳖等名优水产也能正常生长，对海洋生长驯化淡养的鱼、虾类尤为适宜。1990年，垦区水产养殖面积3.33万亩。1998年，86丘五万二千亩和三万三千亩区块进行名优水产开发。至2000年，垦区总水面7.64万亩，占全市水产养殖面积的70.1%，其中外荡1万亩，内塘（商品鱼基地和名、特、优水产基地）6.64万亩。此外，垦区有钱塘江水面约17万亩。垦区水产养殖呈基地化适度规模经营，有水产产业化示范园区3个，年产鳖110吨，河蟹100吨，蟹种300万只。经营面积100亩以上的有51户。

图12—4—447　1997年，萧山第一农垦场獭兔养殖场创办。图为饲养员在检查獭兔生长情况（1999年，李复旦摄）

图12—4—448　1999年11月，围垦渔场捕鱼（丁力摄）

河蟹养殖基地

1987年，城北区顺坝围垦一带养殖户从桐庐、富阳等地购买钱塘江和富春江水系扣蟹养殖。1993年养殖面积1237.6亩，其中池塘专养河蟹802.6亩，外荡鱼蟹混养400亩，池塘鱼蟹混养35亩。2000年，垦区河蟹专养面积3万余亩，产商品蟹2000吨。

图12－4－449　1994年始，杭州吉天农业有限公司养殖河蟹。图为起捕的河蟹(2004年，杨贤兴摄)

鳖养殖基地

1992年，围垦指挥部第五养殖场和农业技术推广中心水产站在垦区联合筹建第一家垦区商品鳖养殖基地，年产稚鳖3万只，商品鳖5.6吨。90年代后期，工厂化温室养鳖大规模发展，市场价格从每500克200多元狂跌至20多元，一些养鳖场开始仿生态外塘鳖养殖，以探索养鳖生产新发展。2000年，垦区有工厂化养鳖场15家，温室6.5万平方米，养商品鳖139万只，其中实施外塘仿生态养殖的养殖场3家，当年有2年龄外塘鳖60万只。

鳜鱼养殖基地

1987年，鳜鱼人工繁殖及苗种培育取得成功，为垦区发展鳜鱼养殖提供种苗保证。萧围农牧渔场、萧围第三养殖场进行“池塘专养鳜鱼”和“蟹塘套养鳜鱼”。1992年，又在萧围第三养殖场建立“鳜成鱼养殖规模生产示范基地”。2000年，垦区“鳜鱼池塘专养”、“鳜蟹混养”、“外荡套养”等面积约3000亩，生产商品鳜鱼70吨。

图12－4－450　1998年，杭州海天水产养殖有限公司在养鳖池捕鳖（张祥荣摄）

黑鱼养殖基地

80年代末，试养获得成功。由于黑鱼养殖产量高，效益好，加上黑鱼觅食的外河野杂鱼资源丰富，黑鱼养殖业逐渐兴起。2000年，养殖面积1450亩，总产3000余吨，产值4400万元。

垦区还引进罗氏沼虾、青虾、南美白对虾、罗非鱼、淡水白鲳等，但养殖面积均不大。

第八节　苗木、蚕桑基地

花卉苗木基地

萧山垦区土地属“夜潮地”，适宜花卉苗木生长，故垦区种植花卉苗木具有生长快、根系发达、成本低和质量好等优点。1985年垦区花卉苗木种植面积3700亩，占全县花卉苗木总面积的11.7%。后受市场影响下降，1989年底，垦区的花卉苗木面积仅剩200余亩。90年代初，花卉苗木走出低谷，2000年垦区花卉苗木种植面积8000亩，占全市花卉苗木种植面积12.3%。主要集中在钱江农场、红垦农场和新街、宁围镇垦区。种植品种主要是适应围垦盐碱地的柏木类、黄杨类、女贞、红叶李、紫薇、水杉、杨树和柳树等160余个。

图12－4－451　90年代末始建湘湖农场苗圃。图为海桐苗生产基地（2006年，杨贤兴摄）

蚕桑基地

1971年，益农围垦指挥部养护队在围垦滩涂试种0.5千克桑籽育苗成功。1976年垦区桑园面积14944亩，总产蚕茧238.5吨，占全县总产的46.2%。后因

图12—4—452　90年代初，农民在垦区三万六千亩区块桑园采摘桑叶（董光中摄）

劳动力紧张、投资大、效益低等原因，一度毁桑。1979年底，下降到5458亩。1980年春，因实行超定购基数议价收购蚕茧，粮、麻与桑、茧挂钩等政策，蚕桑生产有所恢复。1985年，垦区有10个乡（包括部分未移民乡）、6个垦种点、4个农场种桑，面积6571.4亩，占全县43.01%；总产蚕茧542.53吨，占全县49.41%。为省内钱塘江以南最大的蚕茧生产基地之一。

1986年由于乡镇企业发展，农村劳动力大量转移，蚕茧价格还停留在1977年的水平，故垦区桑园面积再度减少，1988年为5082.8亩。后因外贸需要，茧价提高（每50千克鲜茧从1979年的304.4元提高到1988年的461.3元、1994年的1047.0元），垦区蚕桑面积得以巩固，1990年有桑园5367亩，总产蚕茧489.77吨；1992年5882.1亩，总产蚕茧492.94吨。钱江乡向红村农民葛锦潮承包桑园48亩，科学养蚕育桑，蚕茧产量最多年产4吨多。1987～1994年，葛锦潮7次被评为萧山市（县）劳动模范，1次被评为杭州市劳动模范。1995年后因茧价下跌（从每50千克鲜茧762.2元跌到441.0元），农资涨价，农药污染，茧农亏损，垦区桑园跌至4430.5亩，总产240.01吨；是年底，曾被称为全省江南蚕桑生产第一村的宁围镇顺坝村毁掉最后一块桑园，改种其他作物。1996年垦区桑园减少至1050亩，总产34.06吨；1997年146亩，总产2.23吨；是年，曾被称为江南蚕桑生产第一乡的原新围乡终结了蚕桑生产，葛锦潮也结束蚕桑生产而改种蔬菜。2000年垦区桑园75亩，总产蚕茧不足1吨，但桑苗生产仍有一定数量。

表12—4—252　1985～2000年萧山垦区蚕桑生产情况

年份	桑园面积(亩)	饲养蚕种(张)	总产茧(吨)	每张产量(千克)	年份	桑园面积(亩)	饲养蚕种(张)	总产茧(吨)	每张产量(千克)
1985	6571.4	18784.0	542.53	28.9	1993	5159.5	12926.0	398.40	30.8
1986	6407.6	17369.5	520.64	30.0	1994	4754.0	10803.0	269.64	25.0
1987	5347.5	14179.5	455.70	32.1	1995	4430.5	9084.5	240.01	26.4
1988	5082.8	13985.0	432.90	31.0	1996	1050.0	877.0	34.06	38.8
1989	5270.6	14727.0	478.65	33.5	1997	146.0	73.0	2.23	30.5
1990	5367.0	16071.5	489.77	30.5	1998	43.7	31.0	1.12	36.1
1991	5329.8	16591.0	515.31	31.1	1999	71.0	24.5	0.98	40.0
1992	5882.1	19070.5	492.94	25.8	2000	75.0	31.0	0.96	31.0

第九节　防护林基地

为改善垦区生态环境，防止水土流失，1971年始，营造防护林。1981年，萧山县被列入全国东南沿海防护林工程建设试点单位，首期工程以县围垦指挥部江塘养护队为主，营造重点为沿钱塘江11个镇乡、场及沿江防潮堤塘和河道沿岸、道路两侧。1984年营造林带52条，植树35.79万株，总长161.5千米，折合面积1851亩，其中笋竹林带676亩，树木成活率86.8%。

第二期工程始于1985年，为期3年，县围垦指挥部所属4个养殖场及盈丰、新围、钱江、前进、宏伟、宏图6个乡和红山农场等参加。至1987年底，共营造防护林带259条，植树55.4万株，绿化长度336千米，折合面积2771亩，其中笋竹林带2419亩，树木成活率92.3%。1986年，红山农场和盈丰乡被省政府授予“全省平原绿化先进单位”称号。

图12－4－453　1998年，萧山第一农垦场种植的笋竹林（李复旦摄）

第三期工程在1988～1990年间实施，范围扩大到86丘五万二千亩、东江二万六千亩、军民联围十万亩、顺坝等垦区。共营造防护林带268条，植树37.9万株，绿化长度254.2千米，折合面积3740亩，其中笋竹林带面积3023亩，树木成活率89.6%。西兴镇星民林果场在顺坝围垦1127亩滩涂上种水杉、笋竹、果树等5.4万株，实现农田林网化，森林覆盖率44%，1990年被共青团浙江省委、省绿化委员会、省林业厅授予“青年优秀绿色工程”称号。

图12－4－454　2000年垦区农场田间防护林（董光中摄）

第四期工程始于1991年，为期5年。营造防护林带1989条，植树206.1万株，绿化长度2173.1千米，折合面积16083亩，其中笋竹林带6243亩，成活率89.8%。

沿海防护林工程实施，使全市森林覆盖率达到19.8%。1995年被国家林业部授予“平原绿化先进县（市）”称号。

1996年后，继续大力营造防护林，至2000年底，又营造防护林带809条，植树134.5万株，绿化长度1498.2千米，折合面积11748亩，其中笋竹林带2934亩，树木成活率91.7%。是年，被省绿化委员会授予“绿化合格县（市）”称号。

70年代，垦区防护林带以种植刺槐、白榆、楝树等乔木林带为主。80年代，以孵鸡竹作为推广林种，后又引进雷竹、早竹等品种。至2000年，全市营造防护林带3377条，总长4422.88千米，植树469.67万株，折合面积36193亩，其中利用河岸、堤坡种植竹林带15295亩，生产食用笋和间伐防护林木材。

表12－4－253　1985～2000年萧山垦区防护林工程生产情况

年份	木材（立方米）	薪柴（吨）	杂竹（吨）	食用笋（吨）	总产值（万元）	年份	木材（立方米）	薪柴（吨）	杂竹（吨）	食用笋（吨）	总产值（万元）
1985	84	751	7.8	54.3	13.1	1993	246	1860	212.0	250.0	342.4
1986	520	3040	32.2	119.0	48.8	1994	230	1670	250.0	3000.0	480.3
1987	174	1180	89.3	270.4	42.0	1995	250	1800	270.0	3200.0	548.5
1988	740	5490	146.8	454.9	107.3	1996	250	2000	280.0	3400.0	520.5
1989	246	1800	186.1	523.4	75.5	1997	300	250	300.0	3700.0	540.0
1990	310	2300	228.0	608.6	91.1	1998	550	200	420.0	2900.0	520.0
1991	267	1970	182.0	1180.0	142.5	1999	700	150	460.0	2400.0	415.0
1992	282	2150	247.0	2160.0	243.7	2000	1200	120	500.0	2100.0	390.0

第十节　农业产业化示范基地

90年代，萧山各级政府在垦区建设科技应用和“生产、加工、销售”一条龙经营的产业化生产基地（企业），用以示范、辐射、带动周边农户。2000年，垦区建有市级以上农业龙头企业23家，其中省级农业龙头企业2家、杭州市级6家，杭州市级农业产业化生产基地7家，萧山市级效益农业示范区8家。

农业产业化基地选介

生猪产业化基地　1999年，在86丘五万二千亩区块建立杭州龙翔养殖有限公司优质生猪产业化基地，占地1724亩（毛地），总投资407万元，其中杭州市财政扶持52万元。2000年底竣工，形成年饲养生猪5.5万头、年出栏生猪3万头的规模，为萧山市大型猪场。是年，该公司饲养生猪47500头，出栏28545头，其中供港7343头。是年，在二万三千亩区块建立萧山东方养殖有限公司（后为杭州江南养殖有限公司）生猪产业化基地，总投入822.9万元，其中杭州市财政扶持20万元，翌年生猪饲养量超过5万头。

水产良种产业化基地　位于二万三千亩区块，占地面积223亩。由萧山天一水产科研开发公司负责建设。始建于1999年，2001年初竣工。总投资108.2万元，其中杭州市财政拨款32万元。2000年生产优质蟹种80万只，起捕商品蟹3.9吨，鲜鱼4吨。

优质商品蟹产业化基地　位于三万三千亩区块，占地面积2300亩，以养殖河蟹、黑鱼为主。由萧山围垦养殖实业有限公司（后为杭州天潮水产养殖有限公司）负责建设。始于2000年规划建设。总投入400余万元，其中杭州市、萧山市财政拨款100万元。

中华鳖原种产业化基地　位于顺坝围垦区，由市蜂产品研究所负责建设。2000年规划建设，总占地200亩。总投入300万元，其中杭州市财政拨款30万元。

农业龙头企业选介

萧山钱江出口养殖实业有限公司　前身为钱江农场牧场，创建于1978年，位于钱江农场场部以北。1992年，改名为萧山钱江出口养殖实业公司。牧场初建时有猪舍2231平方米，1989～1991年扩建到7931平方米，1992年后又多次投入。2000年8月转为有限责任公司。全年饲养生猪38459头，出栏22210头，其中供港5710头，实现销售收入3000万元，利润500万元。年末存栏生猪16249头，其中母猪1829头。建场初以长金、长长金品种为主，1988年从杭州种猪试验场引入新猪种，品种开始更新换代，商品猪改为以大长猪为母本、杜洛克为父本，生产杜大长瘦肉型良种猪，主供香港、上海两大市场。1994年被评为“全国优秀养猪企业”，1997年获农业部“全国农垦百家良种企业”。2000年被命名为杭州市级农业龙头企业。

杭州晓阳农业开发有限公司　前身为萧山围垦养殖有限公司，创建于1994年，位于垦区七工段。为萧山围垦指挥部下辖的集体所有制企业，1996年转制为民营企业。2001年3月，改名为杭州晓阳农业开发有限公司，总面积5658亩，其中耕地3280亩，内、外荡水面2378亩。种植业以萝卜、胡瓜、鲜食大豆、花生为主，其中萝卜、胡瓜由周边蔬菜加工厂收购加工出口。养殖业主要生产鳜鱼、鳙鱼、鲢鱼、鲫鱼等，为杭州市鳜鱼生产基地。从1999年起，公司先后投入600多万元进行大规模的土地整理和配套设施建设。内部管理上实行7个分公司承包经营，是全省单户连片规模最大的出口蔬菜和时鲜蔬菜生产基地。2000年，生产鳜鱼8.6吨，鳙、鲢、鲫鱼等35吨，萝卜等蔬菜20550吨，销售收入1850万元，利润270万元。公司被命名为萧山市级农业龙头企业。2001年，为杭州市出口蔬菜产业化生产基地。

杭州吉天农业有限公司　前身为萧山围垦水产发展总公司，始建于1994年1月，位于垦区十二工段，为萧山围垦指挥部下辖的集体所有制企业。1996年转制为民营企业。2001年3月，改名为杭州吉天农业有限公司。主要经营水产养殖，蔬菜、花卉苗木种植。1998年起，利用大面积外塘水面和精养水面，开发中华绒螯蟹、中华鳖的仿自然生态养殖，后拓展到蔬菜、常规鱼生产。公司实行“产销”直挂。2000年，在萧山城区设立占地1000平方米“吉天农产品超市”。公司经营水产、蔬菜、花卉苗木生产基地7000亩，形成可供垂钓、休闲、观光的围垦农业园区。年产河蟹180吨、淡水虾15吨、中华鳖16万只，鲫、鳙等常规鱼类900吨及大量蔬菜，实现销售收入2800万元，利润287万元。示范带动农户210户。公司被命名为萧山市级百强农业企业，萧山市效益农业特种水产示范区，萧山市级农业龙头企业。2001年初，列为杭州市中华绒螯蟹种苗产业化基地。

杭州金达水产养殖有限公司　前身为靖江农工商公司养殖场，创建于1988年，位于86丘五万二千亩围垦靖江垦区。总面积500亩，1999年改名为杭州金达水产养殖有限公司（后改为杭州金达龚老汉特种水产有限公司），民营企业。1995年初投资80多万元，建造2070平方米温棚及配套设施，始从事人工温室养鳖。1996年，引进日本中华鳖后备亲鳖4020只，先后投入660多万元，建设标准化石砌外塘350亩，温棚面积增加到1.4万平方米，自繁自育中华鳖苗种并进行仿野生外塘中华鳖养殖。2000年，公司在杭州设立直销网点36个，并拓展至宁波、绍兴等地的超市；80亩种鳖繁育基地进行配套改造，新建冷库及饲料生产车间，添置与之相配套的设施，初步形成种鳖养殖、饲料加工、网点直销、品牌保护、市场开拓融一体的产业化格局。全年向周边10个农户（场）提供鳖种11万只，连接养殖基地近千亩。实现销售收入2089万元，利润460万元。公司被命名为萧山市级农业龙头企业，列为杭州市中华鳖种产业化基地。

图12-4-455　1988年创建、1999年更名为杭州金达水产养殖有限公司的中华鳖（日本品系）养殖场（2007年，杨贤兴摄）

杭州萧山舒兰农业有限公司　前身为萧山舒兰农场，创办于1988年，1999年更名为舒兰农业有限公司。位于农业开发区十六工段。以全国劳动模范、全国十大农民女状元、全国“三八”红旗手尚舒兰命名，是一家以蔬菜生产、保鲜、加工、配送产业化为特征的萧山市级农业龙头企业。1994年在93丘新围涂地拓荒垦种粮、棉作物为主。后逐年扩大蔬菜种植面积。2000年建成农产品加工企业。有土地总面积1200亩，其中无公害蔬菜基地800亩。新建标准蔬菜大棚105个，面积4.6万平方米，并配套保鲜冷藏库1100立方米，洁净蔬菜整理、杀菌、包装车间1500平方米，酱腌加工车间1200平方米，基地每年供应时鲜蔬菜6000余吨，品种超过30个，加工蔬菜1500余吨。2000年，蔬菜总产值800万元，利润96万元。

第五章 垦区工业

萧山垦区工业有农垦工业、围垦水利工业、乡村工业。70年代初,主要生产配套服务的产品，多为小规模的集体企业；80年代至90年代初,形成化纤纺织、建筑材料、五金机械、化工塑料、针织服装、蔬菜加工等六大工业体系；90年代中期至2001年初,企业转换经营机制，围垦工业蓬勃发展，涌现诸如荣盛纺织、杭州永磁、富丽达纺织、钱啤集团、钱江印染、杭州红申电器、浙江金首水泥、杭州吉华化工、红山协和陶瓷、红山染整等大中型企业。2000年底，产值超千万元的企业38家，其中超亿元的10家。

第一节 南阳经济开发区

位于南阳镇，是萧山市镇乡级唯一的省级经济开发区。1992年10月，南阳镇与杭州下城区联办杭州阳城经济开发区。1994年8月15日，经省人民政府批准为南阳经济开发区。1996年5月，经省、杭州市专家和有关职能部门负责人研讨论证，开发区精细化工区块建立。1996年6月25日，下城区与南阳镇签订联合开发终止协议书，由南阳镇单独开发。开发区面积7.88平方千米，划分为工业区、商贸区和旅游区三大功能区块。首期启动工业区块面积2.2平方千米，主要集中一批以精细化工为主的企业。1999年，经省计经委批复，成为省内首个精细化工业园区。

图12—5—456 90年代，南阳经济开发区一角（南阳镇政府提供）

开发区内化纤、化工、建筑、印染、卫浴制品、布料制品、医药等各类行业齐全，初期有杭州中纺印染公司、杭州南阳农药公司、杭州观潮度假公司、萧山环保化工厂、杭州艳阳颜料化工有限公司、萧山长远灯饰实业总公司、杭州新宝水泥集团有限公司、萧山酿酒有限公司、萧山建材二厂等12家企业，固定资产原值1.2亿元，随后又增加投资8000万元。

开发区逐年招商引资、拓展空间。台商独资杭州天伦化工有限公司投资88万美元，于1995年建成投产；杭州阳城热电有限公司投资7000万元，于1996年初并网发电供热；中韩合资杭州欣阳精细化工有限公司投资1000万元，于1996年底建成投产，产品全部出口；杭州南阳化工有限公司投资4900万元，于1997年2月建成投产；杭州新晨颜料公司于1997年建成投产，总资产3142万元；台商独资杭州国光酵母有限公司投资500万美元，于1998年建成投产；萧山胜达化工有限公司于1999年建成投产，总资产4662万元；澳大利亚客商独资杭州大展生化有限公司投资100万美元，于2000年建成投产等。

2000年，开发区投产、在建企业40余家，总投资5.7亿元，注册资本2.1亿元，使用土地面积1397亩，从业3300多人，其中已投产和在建的三资企业12家，投资1446万美元，注册资本960万美元，协议利用外资1100万美元，实际到位外资逾700万美元。2000年，实现工业总产值5.87亿元，出口交货值1.4

亿元，利润近2000万元。

精细化工业，占南阳经济总量三分之一，为南阳经济发展作出了贡献。但其引发的环境污染问题较为突出，影响自然环境和周围村民的正常生活。

第二节　农垦工业

70年代中期，萧山农垦（垦区建立的第一农垦场、第二农垦场、红垦农场、钱江农场、棉麻试验场、湘湖农场和红山农场，称“萧山农垦”）工业突破“就地取材、就地加工、就地销售”的“三就”框框，把企业推向市场。1978年后，农垦企业朝着“高（高新技术）、大（大集团、大企业）、外（外向型经济）”方向发展，形成食品、纺织印染、建材、医药化工、机械电器五大主导行业。2000年，实现工业总产值35.66亿元（90不变价），20多家企业先后被命名为萧山市特级、一级、二级和百强企业。

表12–5–254　1985～2000年萧山农垦工业行业工业总产值

单位：万元

年份	食品	纺织	建材	机械	化工	其他	合计
1985	2554	7926	937	622	978	576	13593
1986	3455	12967	2715	1523	966	568	22194
1987	5206	20935	3139	2758	1311	659	34008
1988	9325	30563	3803	5035	1729	8302	58757
1989	12420	40707	4947	3486	1465	14648	77673
1990	12278	58730	4590	4133	1708	1829	83268
1991	15505	58000	5498	6905	2666	3130	91704
1992	19768	57770	7209	12740	4229	8267	109983
1993	24047	74721	11986	19838	7751	2089	140432
1994	49537	112620	17257	23726	12503	30527	246170
1995	58390	133903	25939	26270	21336	43785	309623
1996	58909	75940	23915	27577	20371	2386	209098
1997	55272	76336	20546	29530	37025	22253	240962
1998	57246	62312	18206	34382	55042	68589	295777
1999	40894	92941	19642	44753	75016	27460	300706
2000	59895	93538	25435	71231	60751	45739	356589
合计	484701	1009909	195764	314509	304847	280807	2590537

食品工业

萧山农垦食品工业始于50年代末。70年代，各场创办酱品厂、蔬菜加工厂、酒厂、炼乳厂等作坊型食品加工厂。1979年9月，棉麻试验场投资108万元，创办年产啤酒1500吨的浙江萧山啤酒厂。1984年10月，萧山红垦农场、浙江省农工商总公司、浙江省出口商品基地公司3方投资437万元联营的浙江萧山速冻厂建成投产，成为农垦第一家出口创汇占主导的外向型工业企业。1985年，农垦系统有食品工业企业12家，其中乳品厂3家，酒厂4家，蔬菜厂4家，啤酒厂1家。固定资产净值1809万元，工业总产值2554万元，占农垦系统工业总产值18.79%，利润305.8万元，占总利润20.2%。90年代，农垦食品工业加速技术改造与产品开发，形成“中华”、“钱江”系列啤酒，“银河”速冻蔬菜，“品字”

酱菜系列和奶粉、消毒鲜奶、固体饮料等一批名优新特产品。

2000年，农垦食品工业有企业10家，其中乳品厂2家、蔬菜加工厂3家，啤酒厂1家，酒厂3家，生物科技企业1家。职工2627人。固定资产净值32386万元，所有者权益29565万元。全年生产啤酒215772吨，速冻蔬菜8888吨，酱菜、调味品2086吨，黄酒、白酒584吨，消毒鲜奶1506吨，其他饮料114吨。产品营销10多个省市。其中啤酒、酱菜、麦乳精等产品荣获省优、部优产品称号，速冻蔬菜、啤酒、酱菜远销日本、美国和东南亚地区。是年，工业总产值59895万元，占全系统工业总产值16.79%。

纺织工业

萧山农垦纺织工业始于丝绸织造。1977年12月，萧山湘湖绸厂建成投产。1980年6月，钱江农场兴办萧山钱江染整厂，初期设备投资32万元，逐步形成染色、定型、整理生产线，成为农垦系统首家专业染整企业。

1985年，农场兴办麻纺、丝绒印染、毛纺织造等一批粗具规模的专业生产厂10家，固定资产净值1492.6万元，工业总产值7926万元，占农垦系统工业总产值58.31%，利润501.24万元，占总利润33.3%。至1990年，该行业已有织机1119台，印染生产能力6460万米。是年，实际生产呢绒73万米，丝织物99万米，麻袋86万条，棉、毛针织纱307吨，印染布4498万米，形成门类较全、品种较多的产品结构与经济规模。杭州江南丝织厂、杭州钱江毛纺织厂、萧山红山纺织实验厂、萧山红山丝化印染厂、萧山钱江染整厂等一批企业，相继列入萧山市纺织行业重点骨干企业。

90年代后，麻纺、棉纺、丝织、丝绒印染等一批企业分别“关、停、并、转”，浙江红山纺织印染公司、萧山富丽达纺织公司等分别从意大利等国引进具有国际先进水平的纺织设备，成为萧山市同业龙头企业。

2000年，农垦有纺织工业企业26家，即纺织17家，印染5家、纺丝2家，服装2家，职工2942人，固定资产净值40372万元，所有者权益139622万元。大宗主导产品有：POY丝、低弹丝、中高档化纤面料、印染布等。是年，工业总产值93538万元，占农垦系统工业总产值26.23%，利润1838万元。

建材工业

萧山农垦建材工业由自产自用水泥预制构件起步，后相继创办萧山五七农场水泥厂（后更名为浙江金首水泥有限公司）、萧山五七农场水磨地砖厂、浙江协和陶瓷有限公司，主要从事水泥、高级装饰砖、天然装饰石材及水泥预制构件生产。

1985年，农垦系统有建材工业2家，固定资产净值967.8万元，工业总产值937万元，占农垦系统工业总产值6.9%，利润388.6万元，占总利润25.7%。

1991年6月，萧山红山水磨地砖厂与香港合晶实业有限公司合资，建立杭州红港石材有限公司，引进意大利成套先进设备，专业生产营销大理石、花岗石板材。1993年3月，萧山红山纺织厂与台商合资兴办浙江协和陶瓷有限公司，初期总投资1300万美元，从意大利引进生产设备，主要生产高级瓷质地砖，年设计生产规模为200万平方米。1994年11月，第二条生产线投产，1995年，工业总产值6422.34万元，利润551万元，产品覆盖国内大中城市，30%左右销往境外。是年，浙江金首水泥有限公司经过6次技改，建成带余热发电的干法回转窑生产线和机立窑生产线共4条，生产能力增至50万吨。产品获部优，出口韩国。1995年生产水泥51.92万吨，525号水泥占60%，成为全市建材行业支柱企业，规模效益在全市水泥行业领先。

2000年，农垦建材行业有企业8家，其中预制构件1家，装潢、石材4家，水泥1家，建筑2家，职工1454人，固定资产净值14405万元，所有者权益20762万元。年产水泥55万吨，花岗石等3.3万平方米，预制构件653立方米，装饰砖132万平方米。工业总产值25435万元，占农垦系统工业总产值7.13%，利润335万元。

化学工业

1985年，萧山农垦系统有萧山化工塑料厂和萧山模具塑料厂2家化工企业，固定资产296.6万元，工业总产值978万元，占农垦系统工业总产值7.19%，利润130万元，占总利润8.6%。

1990年，钱江农场与杭州民生药厂合资创办杭州民生江南制药有限公司，分期实施技改扩建后，逐步形成年产呋喃唑酮650吨、醋酸钠1200吨的生产能力。产品出口东南亚等地区，1996年成为国家中型（二档）企业。

1991年5月创办杭州吉化萧山联营染料厂，主要生产分散蓝H-GL（液状）和分散艳蓝F-2BLIN（粒状）产品。是年，工业总产值395.65万元。1992～1993年分期投资1478万元，增设后处理、合成车间及配套设施；1997年，公司兼并杭州钱江制药厂，盘活存量资产3000余万元，生产规模扩至万吨，产品出口占50%以上，远销日本、美国和东南亚地区。1999年，有职工1328人，固定资产净值6740万元，年生产染料21622吨，创产值6784万元，实现利润747万元。成为萧山化工行业龙头企业和创利、创汇大户。

1993年5月，由钱江农场、解放军总政治部中国天诚集团总公司、香港英柏有限公司合资创办杭州天诚药业有限公司，注册资本100万美元。1994年10月投产，主要产品：妇宁颗粒、感冒胶囊、保健归白药膜、盐酸赛咯唑啉滴鼻液四类中药新药和阿昔洛韦胶囊、盐酸环丙沙星胶囊和丁香罗勒乳膏、复方卡托普利片和螺内酯片四类西药。产品经销国内20多个省、自治区。1999年，有职工109人，固定资产净值1161万元，创工业总产值1382万元、利润416万元。

2000年，农垦化工行业有企业12家，其中医药2家、染化料1家、塑化2家、泡化碱1家，其他化工原料6家，职工1793人，固定资产净值10563万元，所有者权益13207万元。工业总产值60751万元。占农垦系统工业总产值17.04%，利润820万元。

机械工业

80年代，农场兴办小型机电企业，产品有冰箱、特种灯泡、家用电器、微型电机、仪器等，后因无竞争优势，逐步被兼并或淘汰。钱江、红山、湘湖等农场，通过联合协作，调整重组，相继创办和组建萧山磁钢厂、萧山不锈钢灶具厂、萧山链条厂、萧山开关厂、萧山水泵厂、萧山离合器厂等一批专业生产企业，构成了机电行业。1985年，有企业8家，固定资产净值281.2万元，工业总产值622万元，占农垦系统工业总产值4.58%，利润156.6万元，占总利润10.4%。

90年代，机电行业加速技改扩容，形成杭州永磁集团有限公司、萧山红申电器有限公司、杭州大路实业有限公司、萧山钱鸿交通器材实业公司等行业中坚企业，并转入专业化、系列化生产。杭州永磁集团有限公司成为国内铝镍钴永磁最大的专业生产基地，年利润突破1000万元。

2000年，农垦机械行业有企业11家，其中电子元件1家、电器开关1家、童车1家、水泵1家、模具1家、离合器1家、汽修2家、塑料1家，机配件加工2家，有职工3845人，固定资产净值12566万元，所有者权益15237万元。主导产品有铝镍钴永磁、稀土永磁体、高低压电器开关、水泵、链条、自行车、童车、离合器总成、家电塑料件等上千个品种。永磁体、水泵、童车等系列产品，远销日本、美国和欧盟等10余国（地区）。实现工业总产值71231万元，占农垦系统工业总产值19.98%，利润444万元。老K牌水泵、银峰牌摩托车分别获得部优、省优产品称号。

其他工业

80年代，红垦农场、湘湖农场、钱江农场、第一农垦场和第二农垦场兴办工艺品、印刷品、服装、家具等小型企业。1985年，有其他工业企业4家，固定资产净值27.9万元，工业总产值576万元，占农垦系统工业总产值4.24%，利润26.8万元，占总利润1.8%。

1992年3月，红山农场等3方联营筹建萧山红山热电厂，1994年2月，全面建成并投入运行。4月，红垦农场与台湾台中石桥股份有限公司合作创办杭州南华饲料有限公司（总投资195万美元，注册资本136万美元，台资占100%，农场有偿出让土地20亩），成为农垦工业首家外资独资企业。1994年生产混合饲料18024吨，实现工业产值3359万元；1997年生产混配饲料26825吨，创产值5766万元。

2000年，其他行业工业企业共计10家（热电1家、纸箱1家、饲料加工及其他加工企业8家），职工275人，固定资产净值3939万元，所有者权益6027万元，工业总产值45739万元，占农垦系统工业产值12.83%，利润551万元。

第三节　水利工业

垦区水利工业（仅指在垦区的水利工业，不包括在内地创办的水利工业）的宗旨是，配合水利工程建设，以“围绕工程办企业，办好企业促工程”为经营方针。围垦地区的水利工业直属萧山市围垦指挥部。60年代，因围涂造地需要，在大和山与绍兴合办石料场，萌生了围垦水利企业。1970年4月，投资7.16万元建立围垦指挥部首家企业——头蓬农机修理厂（后为杭州萧山涌潮水泵有限公司），设有船只修造、铁木制造两个车间。1976年初，投资80余万元在新湾丁坝新建年产2万吨的围垦水泥厂（后为浙江赤龙建材有限公司）。1978年12月，成立萧山围垦建筑队（后为杭州萧山第六建筑工程有限公司）。1983年4月，位于围垦十工段的外线工程队维修组改组创办围垦建筑机械厂（后为浙江佳力科技有限公司），1984年冬迁至头蓬盐场。2000年底，市围垦指挥部下属有工业企业9家（不含建筑工业），固定资产净值7386.57万元，年产值11706.23万元，利税1823.00万元，职工1140人。

第四节　乡村工业

80年代后，萧山垦区乡村工业蓬勃发展。1991年，垦区新围、钱江、宏伟、宏图、前进、益农6个乡有乡村企业135家（乡办51家、村办84家），形成化纤织造、建筑材料、机械五金、蔬菜加工、化工塑料、针织服装等行业门类，职工6885人，实现工业总产值31617万元，缴纳税金838.2万元，利润451万元。1995年底，垦区共有村办企业125家，职工4265人，固定资产7248.34万元，工业总产值19402.38万元，上交税金595.52万元，利润500.99万元。

1996～2000年，在发展村办企业的同时，民营企业和个私企业快速发展。2000年底，河庄、南阳、党山、瓜沥、宁围、新湾、头蓬、益农镇和北干街道等9镇（街道）所属垦区共有村办企业、民营企业、个私企业209家，职工8630人，固定资产净值12.65亿元，工业总产值19.44亿元，税金1.15亿元，实现利润1.03亿元。工业总产值超亿元乡村企业2家，超千万元的20家。

第五节 建筑业

1968年11月，头蓬盐场红山工区成立基建队，为垦区最早出现的建筑施工单位。后随场名变更，改名为五七农场基建队，五七农场建筑队，红山农场建筑队、施工队，萧山市农垦建筑工程公司红山工程处。

70年代初，垦区兴建办公楼、商店、邮电所、信用合作社、粮站、学校、医院以及大批民宅等，给建筑业发展提供机遇。[①]1990年1月，市农场管理局成立萧山市农垦建筑工程公司，下辖5个农垦场的建筑企业，并将各场建筑队均更名为工程处。1991年3月底，垦区共有建筑企业12家，是年底，有职工3067人，固定资产（原值）683.09万元，总产值6687.19万元，利润107.72万元，税金101.5万元，施工面积21.05万平方米，竣工面积13.62万平方米。

①1974年2月，“新围垦种”率先成立建筑队。之后，位于垦区的钱江、前进、宏图、宏伟、益农人民公社（或公社筹建领导小组）和县围垦指挥部先后成立建筑工程队。1979年起，第二农垦场、第一农垦场、钱江农场、红垦农场亦相继成立建筑队。

1992年后，建筑业收缩，并入镇乡管理与统计。垦区主要的建筑业有围垦指挥部所辖萧山第六建筑工程有限公司、杭州围海水利工程有限公司和农垦系统的萧山农垦建筑工程公司。2000年，萧山第六建筑工程有限公司有职工393人，施工产值4106万元，利税150万元；杭州围海水利工程有限公司有职工495人，施工产值8000万元，利税200万元；萧山农垦建筑工程公司（1995年4月划归农工商企业总公司，1996年1月划归钱江农场）有职工280人，总产值1526.2万元，施工产值1083万元，利税45.5万元。

第六节 企业选介[②]

②根据市委办公室、市政府办公室《关于2000年度“经济发展优胜镇乡、百强企业和现代化建设标兵村”考评活动的通知》（市委办〔2000〕124号）精神，按工业销售产值、企业利润总额、企业税金总额、工业增加值、企业所有者权益、工业产品销售率、企业资金利润率等7项指标，考评出2000年萧山市强工业企业。本编记述的垦区工业企业均为萧山市强工业企业。

杭州红申电器有限公司

位于红山农场。前身为头蓬盐场胶木车间，始建于1966年，后更名为萧山红山开关厂。1990年11月，定名杭州之江开关厂。1993年成立杭州红申电器实业公司。1997年，改制为杭州红申电器有限公司。建厂初期，坐落在头蓬乡闸西50米河边，有职工16人，加工瓶盖、舌簧喇叭后罩及机垫片等，年产值不足万元。1980年后，兴办纸箱厂，新建模具车间（与上海电器公司、上海华通开关厂联营），1985年实现工业总产值343万元，利润40万元。1987年步入萧山县一级工业企业行列。

进入90年代后，工厂转向产品开发创新。1991年，DMC绝缘材料车间投产；1993年，铜排车间投产。1995年，开发GCD12低压抽出式开关柜、XMJ智能型单相无功功率补偿装置等新产品，DZ20J四极系列产品被认定为国家级新产品。1996年，开发SMC不饱和聚脂玻璃纤维，XMJ1被认定为国家级新产品。1997年，公司被认定为浙江省行业最大工业企业、萧山市百强企业和浙江省区外高新技术企业。1998年，50kW/50kHZ1GBT超音频获省科技进步二等奖，公司被认定为浙江省“星火”示范企业。1999年，开发设计HSM1160630A四极塑料外壳式断路器、HSQ1双电源切换自动控制器等产品，HSW12000被认定为国家重点新产品，获浙江省和杭州市科技进步二等奖，杭申牌高低压电器开关被认定为萧山市名牌产品，杭申牌商标被评为杭州市著名商标。实现工业总产值10746万元，利润300万元。

2000年，HSL1系列剩余电流动作断路器、HSW1智能型混合式交流低压配电柜3个系列产品通过国家机械工业总局科技成果鉴定验收。是年，公司占地面积5.3万平方米，建筑面积3.9万平方米，拥有总资产10480.6万元，固定资产净值1900.42万元，所有者权益3652.3万元，职工640人，实现工业总产值16913.12万元，利润251.6万元。

浙江金首水泥有限公司

位于红山农场。前身为萧山县五七农场水泥厂，创建于1976年3月。1989年1月，更名为浙江萧山农垦水泥厂，1997年6月，改制为浙江金首水泥有限公司。

1977年5月，有职工36人，占地面积2.1万平方米，建筑面积4700平方米，是年生产低标号水泥1397吨。年末拥有固定资产原值21.38万元。

1979年后，企业先后经过6次较大规模的技改和扩建。1980年2月，与省一轻局盐业公司联营，增加球磨机、轧石机各一台，新增生产能力6000吨。1981年9月，投资175万元，扩建一条塔式机立窑生产线，增加轧石机和球磨机各1台，新增水泥生产能力5万吨，始生产425号水泥。1985年7月，投资500万元，扩建一条机立窑生产线，生产水泥11.9万吨。1988年研制成功525号水泥，并投入批量生产。1989年12月，投资2500万元，扩建杭州地区第一条带余热发电的10万吨级干法回转窑生产线，1990年生产水泥22.46万吨，工业总产值4313.50万元，利润454.88万元，税金299.96万元，获农业部企业技术进步奖（1986～1990年），被评为省级先进企业、市“七五”期间标兵企业。1991年6月，立窑生产线进行扩径改造，年产水泥29.2万吨，浙江省农业厅农场管理局授予浙江省农场系统十佳工业企业。被农业部农垦司评为最佳经济效益企业。

1993年10月，投资1亿元，扩建1条带余热发电年产标号水泥18.5万吨的干法回转窑生产线，年生产水泥能力提高到50万吨，可生产525号高标号水泥30万吨。是年产水泥33.64万吨，工业总产值10199.20万元，产品销售收入10164万元，利润2056万元，税金680万元，职工772人，年末总资产12414万元，所有者权益6778万元，被市政府命名为萧山市工业百强企业。2000年，生产水泥54.76万吨，工业总产值11976万元，产品销售收入12148万元，利润283万元，税金183万元，年末总资产20654万元，其中固定资产（净值）7386万元，所有者权益11327万元，职工399人，其中专业技术人员54人（高级工程师3人、中级3人），占地27万平方米，建筑面积9.16万平方米。

“金首”牌425号、525号水泥于1989年获农业部优质产品；1991年，厂生产部QC小组被农业部评为优秀质量管理小组，并获优秀成果三等奖；1992年，经建设部等六部门资质审核，被列为首批国家定点水泥出口基地；1994年，“金首”牌水泥被评为浙江省名牌产品；1995年，425号、525号普通硅酸盐水泥获第二届中国科技精品博览会金奖；1999年，“金首”牌商标被评为浙江省著名商标。

浙江钱江啤酒集团股份有限公司

位于新街镇，前身为萧山啤酒厂，1977年1月开始筹建，1979年9月建成投产。1984年4月，改名为浙江钱江啤酒厂。初期投资108万元，年生产能力1500吨。“七五”、“八五”期间筹资5451万元，完成4期技改扩建及综合配套工程，生产规模逐年扩大。占地面积21万平方米。1987年，生产啤酒56337吨；1991年超过10万吨，成为中国啤酒行业四强之一。

90年代，钱江啤酒厂加大技术改造力度，加快技改步伐。至2000年，累计投资5.09亿元，采用不锈钢制作的糖化锅和发酵罐，引进法国的硅藻土过滤机和PVPP稳定系统、丹麦等国的自动检测仪、英国的105吨/锅糖化设备、德国每小时3.6万瓶无菌纯生啤酒灌装线、每小时8000罐无菌生啤酒易拉罐灌装线，以及与之相配套的从丹麦引进的日处理污水6000吨的污水处理工程。3万平方米的罐装车间时为国内乃至亚洲最大的啤酒灌装车间。工厂实际生产能力达到50万吨以上。

1981年，行政体制实行“两块牌子、一套班子”；1984年，由农牧渔业部中国农垦工业公司4家企业联合投资扩建该厂，形成董事会领导下的合资企业，1985年起，实行厂长负责制；1991年11月，浙江钱江啤酒（集团）公司建立，实行董事会领导下的总经理负责制；1996年3月29日，浙江钱啤集团股份有限公司成立。

浙江钱江啤酒集团股份有限公司主导产品是“中华”、“钱江”两大系列啤酒，中华啤酒在 1992 年巴黎国际名酒展评会上获国际特别金奖，钱江啤酒在 1993 年第 65 届鲁昂国际博览会上获国际金奖。1992 年 8 月，“钱江”商标被认定为浙江省著名商标。1997 年 10 月，“钱江中华”商标被认定为浙江省著名商标。1998 年，钱江中华啤酒被认定为浙江省名牌产品。至 2000 年，累计生产啤酒 176.96 万吨，产值 29.8 亿元、创利税 9.04 亿元，成为萧山市纳税第一大户。企业连年被列入中国 500 家最大经营规模和最佳经济效益企业。是浙江省最大啤酒生产基地。

杭州永磁集团有限公司

位于钱江农场一分场，1980年6月组建，时称国营萧山钱江磁钢厂。1988年11月更名为国营萧山磁钢厂。1996年11月，改组为杭州永磁集团有限公司。2000年12月，公司整体改制，国有资产全部退出，下设5个子公司，1个分厂，10个职能部门，实行董事会领导下的总经理负责制。

建厂开始的10年，工厂依靠原始积累滚动发展，生产能力逐步扩大，品种由单一向多品种过度，技术开发与竞争能力逐步提高。1990年，产值1472.3万元，实现利润80.2万元。

“八五”时期，多方筹资4500万元，实施技术改造，引进培养专业技术人员和管理人才100余人，从美国、德国引进国际90年代先进水平的钕铁硼生产线关键设备与技术，主导产品为铸造、烧结铝镍永磁，烧结、粘结钕硼永磁4大系列800余个品种，占据60%国内市场份额，并出口美、日、韩、意大利、印度尼西亚等国家和中国香港。被省计经委评为“八五”技改优秀企业。被省政府列为“五个一批”重点骨干企业。

1996年后，相继投资8500多万元，建成较高水平、较高层次的技术中心、信息中心，产品开发使用CAD技术，实施计算机管理，国际互联网营销，计量标准化、技术开发系列化、办公自动化。1999年，公司具备年产铝镍钴永磁3000吨、钕铁硼永磁300吨、钐钴永磁30吨的能力，国内、国际两个市场占有率分别提高45%、60%。

公司开发新产品、新品种1000多只，获各级科技成果奖百余项，其中国家级新产品2只，省级新产品30只，获省市级科技进步奖25项。桑塔纳轿车里程表磁体获1995年国家级新产品，矫顽力2：17型钐钴磁钢等3只新产品，1999年12月通过省级鉴定，填补国内空白，达到国际同行先进水平。磁推轴承被列为2000年省高质量科技产品，高性能粉末铝镍八类磁钢被评为2000年国家重点新产品，铝镍钴永磁合金被列为中国进入WTO推荐产品，稀土永磁体获中国名优产品。公司被认定为萧山市高新技术企业、浙江省区外高新技术企业、浙江省高新技术企业、国家火炬计划重点高新技术企业。

2000年，完成工业总产值39627.8万元，实现销售收入39425.51万元，出口磁钢373吨，创汇8353万元，利税超过5000万元，进入国家大（二）型企业行列，成为萧山利税大户。

浙江萧山速冻厂（浙江银河食品有限公司）

位于新街镇，是专营蔬菜和调理食品速冻加工的外向型企业。由红垦农场、浙江省农工商总公司、浙江省出口商品基地公司于1984年10月联合创办。1992年7月，工厂以部分资产与香港银河食品有限公司合资，组建浙江银河食品有限公司。该厂最初冷冻设备采用补偿贸易方式从日本引进。后经6次技改扩建，累计投资5415万元，冷库储备能力由建厂时的1000吨增到2万吨。主要设备有：500吨高温库1座，2100吨低温库3座，日本“大洋”和瑞典“IQF”速冻蔬菜成套生产线4条，日本“三菱”及部分国产BQF调理冷冻设备3套，污水处理设备1套，变压器容量400千伏安及完善的检测设备。速冻蔬菜产品有豆、菜、蒜、芋、菇、玉米、花生等数十类，调理食品有粽子、小笼包子、水饺等20余种。

该厂建立20余个鲜菜供应基地，先后与日本、美国、欧盟等十多家著名公司建立长期合作机制，产品70%出口，30%进入北京、上海、广州等大中城市超市。

1985年以来，工厂多次被评为全国农垦利税百强企业和省、市出口创汇农业龙头企业。至2000年，工厂占地面积5.18万平方米，建筑面积3.26万平方米，职工280人，固定资产8344万元（原值），总资产11348万元，所有者权益4566万元。年生产速冻蔬菜、调理食品6606吨，完成工业总产值6034万元，出口交货值4318万元。建厂16年累计出口创汇9394万美元，实现利润7757万元。

杭州吉华化工有限公司

位于红山农场。前身为萧山聚氨酯泡沫厂和吉化萧山联营染料厂。萧山聚氨酯泡沫厂。始建于1985年2月，属场办集体所有制企业。吉化萧山联营染料厂始建于1991年5月，属联营企业。1998年1月，两厂转制，组建杭州吉华化工有限公司。

萧山聚氨酯泡沫厂建厂初期，红山农场投资120万元，建厂房2500平方米，安装1600发泡机和切片机组1套，年生产能力300吨，1985年12月投产。产品为聚氨酯软泡白泡。1986年，工业总产值162.31万元，利润25.39万元，职工25人。1992年，开发彩色泡沫和阻燃泡沫两大系列产品，产量骤增至500吨，工业总产值644.64万元，利润14.14万元。1994年，产量增至937.7吨，工业总产值1681.12万元，利润24.75万元。阻燃泡沫产品出口美、日等国和中国台湾，黑泡产品获杭州市科技进步三等奖。1995年6月，厂投资100万元，扩建厂房，增设2000发泡机组，年产泡沫1100吨，实现工业总产值2097.67万元，利润31.07万元。

1991年5月，由红山农场、吉林化学工业公司染料厂和钱江投资区江南工贸公司3家联营，组建吉化萧山联营染料厂，总投资662万元，10月底投产。主要生产分散蓝H-GL（液化）和分散艳蓝H-2BLN（粒状）产品，是年实现工业总产值395.65万元。1992年4月，投入50万元，增设后处理加工设施3套，年产从600吨增至2000吨，品种从2只增至7只。10月，又投资728万元，增设搪瓷反应锅、压滤机、偶氮型分散染料合成生产线，新建年产300吨偶氮型合成车间等设施。1993年10月，第三次投资700万元，扩建蒽醌型分散艳蓝H-2BLN合成车间及配套设施，产量骤增，实现工业总产值2534万元，利润168.47万元，成为萧山市一级工业企业。1994年，工业总产值3841.22万元，利润449.62万元，进人市特级工业企业。主导产品10余个品种、27个规格。

1997年2月，吉化萧山联营染料厂兼并并改造杭州钱江制药厂，萧山聚氨酯泡沫厂和吉化萧山联营染料厂转制，于1998年1月12日注册杭州吉华化工有限公司，专业生产化工染料、染料中间体、助剂及聚氨酯软泡等产品。2000年末，公司占地面积18万平方米，建筑面积25万平方米，总资产34722.34万元，固定资产9360万元，所有者权益8913.48万元，职工1250人。全年生产染化料30676吨，聚氨醋泡沫900吨，实现工业总产值51759.5万元，利润716.51万元，成为市“百强”工业企业和利税超千万元，出口超亿元企业。

钱江印染化工有限公司

位于河庄镇，1985年春，由钱江乡与瓜沥镇航民村萧山漂染厂联合创办，总投资140万元。是年投产，创产值34万元，利润7万元。1990年，被命名为市一级企业、市文明单位，浙江省农业银行命名其为信用特级企业。1991年，有固定资产676.87万元，职工357人，产值1.5亿元，缴纳税金101万元，利润320万元。1997年改名为钱江印染化工有限公司。2000年，公司有职工960人，固定资产原值13350万元，完成工业产值14478万元，缴纳税金524万元，利润1504万元。

萧山富丽达纺织有限公司

位于萧山第二农垦场。前身是萧山第三丝绒厂，始建于1986年初，属第二农垦场场办企业。1988年1月建成投产。1994年1月更名为萧山富丽达丝绸实业公司。1996年3月，改制设立萧山富丽达纺织有限公司。

1992年，公司自筹资金400余万元，新增K251P、K252P、GD618三种型号织机96台。1995年，又投入1200万元，引进GD618Z型全自动丝织机，1997～2000年，公司投入技改资金近3亿元，引进具有国际先进水平的196台套意大利SOMET天马超优秀型剑杆织机生产线和176台套比利时必佳乐OMNI型喷气织机生产线，年坯布生产能力3600万米，在同行业中率先实现纺织无梭化，其综合实力和生产规模跃居全市同行前列。2000年，公司生产各类服装面料2420万米，实现工业总产值24238万元，产品销售收入21694万元，出口创汇200多万美元，利税2581万元，其中利润1983万元。其产值和利税在浙江省同行中排名第二位。是年末，公司占地面积10万平方米，标准厂房和办公大楼8万平方米，总资产39848万元，固定资产原值23225万元，员工1000余人。1996～2000年，企业连续5年被列入萧山市百强企业。2000年被杭州市政府授予“模范集体”称号。

1998年3月，公司成立富丽达纺织研究所，是萧山市首批企业技术中心之一。与上海东华大学、浙江工程学院等专业院校和科研机构建立长期合作关系，进行各类纺织技术攻关，平均每年开发出有较高技术含量的新产品400余只。“富丽达”牌主导产品，有仿毛、仿麻、混纺、交织、氨纶弹力、牛仔、天丝等系列，销往国内20多个省、市、自治区，出口欧美10多个国家和地区。1999年11月，公司在萧山市同行业中率先通过ISO9002质量体系认证；12月，“富丽达”牌仿真面料被杭州市政府认定为杭州市名牌产品。2000年3月，公司被确认为浙江省新千年质量计量信得过单位，被省对外贸易经济合作厅批准为享有自营进出口权企业。

公司经营体制经历4次变革。2000年11月，国有股本全部退出，自然人占51%股份，职工持股协会占49%，注册资本增至3800万元。

杭州红山化纤有限公司

位于红山农场，其前身为萧山红山纺织实验厂，1988年3月筹建，占地面积3.33万平方米，建筑面积1.3万平方米，总投资1559.72万元。1994年11月，更名为浙江纺织印染有限公司。1997年，更名为浙江萧山红山纺织印染有限公司，是年底，公司化纤部分组建杭州红山化纤有限公司。

1989年12月，先期5000纱锭投产。1990年实现产值5993.6万元、利润339.76万元。1990年3～6月，增建年产1500万米印染生产线；12月至次年，购进北京第一纺织机械厂制造的GD－763型无梭喷水织机32台，引进美国SDSⅡ型牵伸加弹机5台，与中国航空技术进出口总公司、香港路华企业有限公司合资，成立杭州红山路航纺织有限公司，总投资64万美元，于1992年1月21日建成投产，实现由棉纺向化纤转产发展。是年下半年，与意大利广兴进出口总公司共同出资520万美元，成立杭州红利染整有限公司，建印花车间。1992年生产仿毛、网络华达呢200万米，创工业总产值11501.6万元，利润728.09万元，位列中国500家最大纺织工业企业第271位。1993年4月、1994年7月，先后投资3亿余元，引进德国、日本、意大利先进设备，公司成为集涤纶纺丝、加弹、织造、印花、染色为一体的现代化大型企业。1997年，公司更名为浙江萧山红山纺织印染有限公司。是年底，公司化纤部分独立组建杭州红山化纤有限公司。2000年，分立后的杭州红山化纤有限公司拥有总资产19629万元，实现工业总产值52730万元（90不变价），利润774万元。

萧山荣盛纺织有限公司

位于益农镇。前身为萧山益农化纤网络丝厂，系乡镇集体所有制企业，创办于1989年8月。1995年9月，改制为萧山荣盛纺织有限公司。2000年完成工业总产值77620万元，产品销售收入73433万元，上缴税金1598万元，实现利润3412万元。是年末，公司占地面积15万平方米，建筑面积9万平方米，企业总资产38282万元，固定资产原值23135万元，职工720人，其中各类专业技术人员70人。

萧山红山热电有限公司

位于红山农场，1992年由杭州钱江投资区江南开发公司、萧山地方建设发展公司、红山农场各出资1550万元合资兴建，定名为萧山红山热电厂。是年7月28日，第一期工程动工，次年6月28日1号机组并网发电。当年发电2120万千瓦时，实现产值2170万元、利润68万元。1993年10月21日，第二期工程开工，次年2月21日2号机组并网，4月20日3号炉投入使用。

1994年11月，热网工程始筹建，次年4月通气供热。工程总投资1300万元，热网管线总长2800米，热用户6家，平均负荷每小时26吨。1995年6月，电力工业部委托省电力局对电厂进行安全、文明生产达标工作考核验收，以平均91.6分的考核分通过认证，成为浙江省地方电厂首家达标企业。1996年，被评为萧山市工交战线先进集体、萧山市特殊贡献企业。1997年转制为萧山红山热电有限公司。

2000年末，该公司占地面积47026.67平方米，建筑面积24697.14平方米，拥有固定资产10872.42万元。总资产11801.9万元，所有者权益5742.51万元，职工232人，年创产值7611.65万元、利润138.17万元。

浙江红山协和陶瓷有限公司

位于红山农场，建于1993年3月15日，由红山纺织厂与台商合资兴办。初期总投资1300万美元，注册资本750万美元，其中萧山红山纺织厂出资562.5万美元，占75%；台商出资187.5万美元，占25%。

该公司从意大利西蒂公司引进生产设备，初期设计年生产规模200万平方米。1994年两条生产线先后投产，主要生产高级瓷质地砖，是年实现产值889.87万元，利税44.69万元。1995年创产值6422万元、利润551万元。“红协”牌高级耐磨地砖和高级同质墙地砖获1995年全国第二届装饰材料陶瓷博览会金奖，成为萧山市新型建材行业骨干企业。

1997年投资784万元，从意大利引进抛光线和电脑程控切割拼花等技术装备，使主导产品扩展到“聚晶、渗花、玻化、梦幻”4大系列50多个品种。聚晶抛光砖获杭州市1999年度优秀新产品新技术二等奖。红协牌玻化抛光砖被认定为萧山市和杭州市名牌产品，公司于1999年和2000年被评为浙江省市场质量计量信得过单位和浙江省新千年质量计量信得过单位。2000年，公司投资6000万元，新建年产100万平方米的水晶内墙壁砖项目。至年末，公司占地面积93333平方米，建筑面积67381平方米，拥有固定资产9680万元，总资产13567万元，所有者权益6738万元，职工275人。年产瓷砖118万平方米，实现产值13875万元、利润430万元。公司先后被评为浙江省最大“三资”工业企业、浙江省综合实力百强企业、浙江省外商投资先进技术企业。

第六章　垦区商业

70年代，各有关公社供销合作社先后在垦区设立供应点，由县供销合作社联合社分配商品，向当地居民供应生产资料和生活资料，并负责棉、麻、茧、蔬菜、水产等产品的收购。1970年始，垦区先后建立粮站4家，负责粮食征购和销售。1974年开始出口贸易，出口的产品有鳗苗、南美白对虾、中华鳖、生猪、蔬菜等。1979年，垦区农民自发设摊集市，进行农副产品、水产品、日用品等贸易。1981年始，垦区先后建立集贸市场6家。90年代，垦区逐步形成多渠道商业流通格局。

第一节　网点设置

1971年起，靖江、南阳、义盛、坎山、楼塔、戴村、城南、裘江等供销合作社先后到垦区设立供应点。6月，县供销合作社联合社向垦区分配商品。不论是生产资料还是生活资料均与内地一样，按作物面积或人口进行配发。其中生活资料由南阳供销合作社和头蓬供销站转批，生产资料由南阳、靖江供销合作社负责供应。收种季节还设置11个代销点和临时供应点。翌年3月，靖江、义盛供销合作社所设的供应点划归南阳供销合作社管理。1973年，垦区蚕桑生产迅速发展，县供销合作社联合社相继在头蓬、赭山、党山设立蚕茧收购站。1978年前后，随着益农围垦开发和移民增加，党山江边供销站扩大规模，更名为益农供销站，并新设东方红供销站。1982年3月，城北区8个供销合作社联合在东江二万六千亩围垦区建立东江联合供销站，直属于县供销合作社联合社。1984年2月，正式建立东江供销合作社，下设供销站、棉站、麻站、棉花加工厂、棉油加工厂各1家，有职工69人。1987年，宁围供销合作社在顺坝围垦区开设蔬菜收购、加工场和农资供应点，翌年又建蚕茧收购站1个。至1991年底，垦区共有基层供销合作社1个，供销站7个，收棉站3个，棉花加工厂2个，麻站5个，茧站4个，蔬菜加工厂6个，合作商店下伸村店25家。各基层供销合作社（站）还设置农资供应点18个，扶持建立农村肥药站58个，配有专、兼职农资辅导员22人。1984～1991年，共供应化肥17.58万吨，农药3578吨，农用薄膜793吨，机柴油9239吨，打稻机等各类农机具3080台。

1983年，县物资局在瓜沥、头蓬设立直属物资供应站，供应额分别达到478万元和267万元。1984年，两供应站均改为综合性公司，首创县局与镇乡联营设置农村物资供应网点。1991年，垦区有局与镇乡联营的物资供应站3家。此外，部分乡、农场也办起供销公司和农工商公司，自行采购、供应生产资料。

1992～2000年间，垦区农业产业结构调整，商业局和供销社系统在垦区的网点设置相应调整，减少棉花、络麻、蚕茧收购网点，增加农资供应网点和农产品加工网点。1994年始，合作商业实行转制，人员分流，合作商店的下伸村店逐步消失。2000年底，供销系统在垦区网点有棉麻茧收购网点4个，蔬菜加工网点6个，棉花加工网点1个，生活资料网点17个，农资商品网点5个，庄稼医院1个，农资配送中心2个，农资委托点70个，成品油供应网点1个，零售药店2家。随着垦区经济的发展，市场日趋繁荣，各种商业服务因地因人设立，许多原有农村集市成为街镇集市，村村有街，街街有店。生活所需商品，大到空调、彩电、冰箱等家电，小到服装鞋帽、锅盆碗筷、柴米油盐酱醋，应有尽有。

第二节　粮油购销

1970年，为解决垦区群众售粮、购粮需要，萧山垦区建立第一家粮站——新围粮站。1977年，建立丁坝、前进粮站。1981年，建立宏伟粮站。

垦区种粮初期，生产粮食不列入计划产量，不计算征购任务。1977年始，部分农场和公社（筹）早期垦种的缴纳农业税，粮食部门按农业税数量征收现粮。1979年，垦区各公社和农场共交售征购粮554吨，计划外交售议价粮3479吨。1982年实行粮食征购、销售、调拨包干，一定3年。是年，垦区粮食征购任务2047.1吨（其中征购基数220.9吨，加价收购1826.2吨），统销指标377.8吨。

1985年，国家实行粮食合同定购，垦区乡和农场定购粮食2224吨，占全县定购粮的11%，定销指标290吨。1986年，垦区乡、场的定购任务为3280吨，定销指标265吨。1987年，包干指标稳定不变，仅据人口、土地等变动因素作相应调整。1988年始，实行新一轮粮食购、销、调拨包干方法，一定3年。使用造地费的乡村，按每100元负担7.5千克粮食任务的标准，相应增加定购任务。是年，垦区各乡、场包干任务增加到42个村，16355户，6.75万人口。包干指标：定购任务1838吨、定销813吨。1991年，定购2201吨、定销278吨；1992年定购3860吨，定销1520吨。1993年始，全省放开粮食购销和价格，粮食收购改国家定购为合同订购，粮食供应取消凭票办法。粮食购销从计划经济进入市场经济。

实行粮食统派购期间，农户、农场承担的国家任务由征购和超购任务两部分组成。征购部分按国家统购价收购，超购部分在统购价的基础上加价50%，完成任务后尚有余粮出售，则按议购价收购，议购价一般低于超购价。

表12-6-255　1985～1992年萧山垦区农户留粮数量情况

年份	总计(吨)	口粮		种子		饲料(吨)	其他(吨)
		数量(吨)	人均(千克)	数量(吨)	人均(千克)		
1985	32030	22105	378.5	1835	41.1	4255	3835
1986	34000	28720	517.5	1695	32.3	3105	480
1987	40170	28650	460.6	1830	31.9	4320	5370
1988	44050	30280	448.0	1940	28.6	5880	5950
1989	42380	31210	453.0	2200	29.4	6400	2570
1990	43390	30250	434.6	2260	30.1	5740	5140
1991	36872	26639	382.0	1362	27.6	4937	3934
1992	39548	30866	385.7	2088	26.1	6594	0

资料来源：1985～1991年，费黑主编、陈志根副主编：《萧山围垦志》，上海人民出版社，1999年，第331页；1992年资料由萧山区贸易局提供。

表12-6-256　1985～1992年萧山垦区各粮站购销情况

单位：吨

年　份	收　购				销售粮食	
	粮　食		油　料			议价粮
		议价粮	油菜籽	棉　籽		
1985	2313.8	125.0	3061.5	2446.6	378.5	20.8
1986	8159.8	4717.4	2958.0	310.6	345.9	15.1
1987	5982.0	250.0	2967.0	163.0	328.9	2.9
1988	6055.0	2376.0	3589.0	80.0	585.4	10.4
1989	5112.0	3178.0	2769.0	129.0	80.0	0
1990	6755.0	4625.0	3204.0	270.0	28.0	0
1991	7092.0	4890.0	3586.0	120.0	70.0	0
1992	2997.5	1797.8	961.0	0	2524.8	530.6

资料来源：1985～1991年，费黑主编、陈志根副主编：《萧山围垦志》，上海人民出版社，1999年，第332页；1992年资料由萧山区贸易局提供。

表12-6-257　1985～1992年萧山垦区与内地粮油互调情况

单位：吨

年　份	调入粮食				调出粮食				调出食油
	总计	大米	面粉	其他	总计	小麦	稻谷	其他	
1985	3691.8	3459.4	14.0	218.4	481.2	481.2	0	0	80.4
1986	2481.1	2465.1	16.0	0	805.0	805.0	0	0	390.0
1987	1726.8	1711.8	15.0	0	937.8	973.8	0	0	410.1
1988	1645.0	1635.0	10.0	0	1044.6	854.6	0	190.0	21.0
1989	2652.0	2634.0	18.0	0	739.0	739.0	0	0	760.0
1990	2291.0	2276.0	15.0	0	812.0	812.0	0	0	782.0
1991	2005.0	1989.0	16.0	0	827.0	827.0	0	0	746.0
1992	9781.4	8174.1	116.8	1490.5	5578.9	3823.0	1563.7	192.2	348.4

资料来源：1985～1991年，费黑主编、陈志根副主编：《萧山围垦志》，上海人民出版社，1999年，第333页；1992年资料由萧山区贸易局提供。

第三节　农产品收购

商业、供销部门收购

1979年，县商业食品公司在垦区建立7个购销网点，收购城镇居民生活必需的大宗食品。1988～1991年收购生猪6.5万头。80年代后期，市蔬菜公司在垦区建立“二线蔬菜基地”800亩，1988～1991年累计收购新鲜蔬菜48739吨，主要有大葱、冬瓜、大白菜、包心菜、长梗白菜、笋、马铃薯等10个品种。市（县）水产公司与垦区渔场签订购销合同，淡水鱼收购量从1979年的111吨增加到1984年的313.6吨。之后，计划放开，垦区所产鲜鱼大多直销市场，收购量减少，1988～1991年共收购383.7吨。

1991年，萧山市供销合作社在垦区收购的农产品有：蚕茧506吨，占垦区蚕茧总产量98.2%；西瓜1万吨，占总产量27.55%；青瓜6500吨，占总产量65%；萝卜干10153吨，占总产量的57.5%；日本胡瓜11482吨，占总产量86.6%；辣椒干355吨，占总产量30.5%；日本茄子79吨，占总产量45.14%；丝瓜络1.1吨，芋艿14吨，乌毛豆7.5吨，竹笋150吨；还收购小青豆、大头菜等各类蔬菜。

图12-6-457　90年代垦区供销社收购的精（熟）麻（董光中摄）

1991～2000年，供销社在垦区共收购棉花（皮棉）14810吨、黄红麻（折生麻）55070吨、蜂蜜230吨、榨菜16610吨、萝卜干27970吨、辣椒干240吨。垦区还生产荆芥、丝瓜络、板蓝根、黄芪、大青叶、地鳖虫等多种药材，1971～1991年，市（县）医药公司收购各种药材1447吨，价值704.5万元，其中荆芥、丝瓜络出口日本、新加坡、菲律宾等国，出口创汇1万余美元。后，农业产业结构调整，药材不再种植、养殖。

农产品加工企业收购

1992年后，农副产品购销政策发生变化，国有购销渠道逐步淡出垦区农副产品收购，呈现农副产品品种多样化和流通环节多渠道的格局。一度成为垦区主导农作物的棉花、络麻、油菜以及春粮（大小麦）、早稻等种植面积不断下降甚至消失，蔬菜、大豆作物和水产、畜禽养殖则快速增长，农副产品加工企业应时而兴。这些企业一部分在垦区，一部分在内地，虽多数规模不大，但由于具有就地取材的地理优势，农副产品的收购比国有购销渠道灵活多变。这些企业多以蔬菜为加工原料，也有加工大豆、水产、粮食、油菜、棉花的，但后者多数建在内地，以垦区的产品作为加工原料。2000年，直接在垦区收购农副产品的加工企业101家，其中建在垦区就地取材的加工企业41家；年收购农副产品479785吨。

90年代中期，垦区原有工商企业、乡村办农业车间、农场和部分农业承包大户陆续转制为有限责任公司。耕地、鱼塘承包经营，承包期5～30年不等，经营面积多在200亩以上。房屋（办公楼、管理房）和畜禽棚舍或折价拍卖或租赁给经营者使用。这部分企业都建有自己的销售网络，实行产销直挂。规模养猪场均与上海、杭州和宁波、绍兴等城市的市场建有稳固的配送关系，也有通过外贸配额销往香港。水产养殖企业与上海、广州和绍兴、杭州及萧山等地的商贩建有购销关系，多以对方派车到垦区渔塘边交易。种植企业则与区内外的加工企业以合同确定供货关系。2000年，垦区自产自销的种养企业有812家。

农民营销大户收购

垦区农民营销户始于垦区移民后，但由于当时产品多是国家计划收购，营销户规模小且处于“地下、半地下”状态经营。80年代农村改革后，垦区农民营销户以肩挑、自行车载为主的方式进行短途少品种营销。后随着购销政策的改革，农民营销大户在更广泛的市场中与国有、集体企业展开竞争，运输工具从自行车、农船发展到摩托车（多数装鲜活水产品）、手扶拖拉机、农用汽车、大型货车。收购品种有蔬菜、粮食、棉花、络麻、瓜、果、水产品、油菜籽、鲜干大豆、腌渍蔬菜、庄稼秸秆等等，几乎无所不收，且经营手段比国有购销企业、农产品加工企业更为灵活。1992年后，农民营销大户在垦区农副产品购销中处于举足轻重的地位，尤其是水产品、鲜蔬菜等，多由农民营销大户至门口、地头、塘边直接收购，货款当面结清。据市农业委员会1998年调查，垦区农副产品总量中，农民营销大户收购和农民自产自销（包括自用）占70%。90年代初，市政府制订政策鼓励支持发展农产品营销大户，1994年，市委、市政府表彰88户种养营销大户。2000年，市政府表彰60户农民营销大户，其中垦区22户。益农镇转塘头村赵文耀，年收购蔬菜（霉干菜、萝卜干）6120吨，营销额1180万元，净收入15.8万元。河庄镇新创村（属原新围乡）朱柏乔，年收购蔬菜（萝卜、鲜大豆等）6022吨，营销额1178万元，净收入54.7万元。

第四节　农产品出口

1974年，萧山进出口公司在六工段设立鳗苗收购站，收购额达808.9万元，出口鳗苗1538.9千克。之后，鳗苗捕捞转为以个体为主，捕捞鳗苗成为垦区农民一大收入。1982年出口量2077千克。

萧山供港活猪始于1974年，其中位于垦区的农场供港大猪7357头，占全县20.8%。1991年，垦区供港活猪10783头。90年代，垦区养殖业快速发展，2000年，供港活猪45882头，占全市生猪供港量的100%。

1991年，垦区出口胡瓜4530吨，占全市胡瓜出口总量的35%；出口茄子835吨，占全市茄子出口总量的70%。是年，日本大萝卜在宏伟乡试种成功，出口25吨。由于各种蔬菜种植面积扩大，品种增多，垦区建立起以新围乡、各农垦场为主体的生产基地，同时新建一批外贸定点加工厂，形成生产、加工、销售一体化。主要品种为腌渍萝卜、胡瓜、越瓜、铁炮瓜、茄子、速冻蔬菜、鲜大葱、胡萝卜、辣椒干等。2000年，有17家蔬菜加工企业收购蔬菜加工出口，创汇人民币11334万元(不包括内地蔬菜加工厂到垦区收购产品加工出口)。

第五节　集市贸易

1979年始,垦区一些农民在桥头河边、堤上路旁摆摊设点，出售自产农产品、手工业品，出现集市雏形。1981年，新围公社驻地形成垦区第一个集贸市场。

垦区集贸市场多为半日集，一般早晨集市，中午散市。上市者主要是当地农民、个体工商户和一些外地贩运户。交易商品有肉食禽蛋、水产品、豆制品、蔬菜、瓜果等农产品和服装鞋袜、化纤布料、针织品、塑料用品等日用工业品和手工业品。农产品多数为本地产，海产、水果主要由外地贩入，工业品大多来自本市（县）、义乌、杭州等地。

垦区集市形成后，交易量和成交额逐年上升。1984年成交额72万元，1991年893万元。新围乡集市规模较大，1991年集市面积2100平方米，建有棚屋1670平方米，日均上市摊位200余个，年成交额400万元。

1986年始，垦区集贸市场进行规划建设，共投入资金21万元。资金来源有政府拨款、工商行政管理费投资、社会集资等。1991年，垦区共建有新围、前进、钱江、益农、宏图、红山6个市场，总面积4502平方米，其中建有框架棚屋3210平方米。这些集贸市场地处乡、农场中心，辐射面宽，逐渐发展成全日集市。

至2000年，垦区有主要集贸市场6家，市场面积8174平方米。日均摊位722个，日上市人数6110人次，年成交额4665万元。其他还有一些分散于村边桥头的小型集散市场。

表12-6-258 2000年萧山垦区集贸市场情况

市场	形成年份	建设年份	日均摊位（个）	日上市人数	年成交额（万元）	投资额（万元）	市场面积（平方米）
新围市场	1981	1987	180	2500	1010	15.0	2070
前进市场	1982	1988	82	800	592	77.0	1804
钱江市场	1986	1986	30	180	60	1.7	200
益农市场	1985	1987	30	350	220	2.9	400
红山市场	1987	1987	170	1080	1783	235.0	3200
东江水产市场	1998	1997	230	1200	1000	40.0	500

资料来源：杭州市工商行政管理局萧山分局。

【附】

垦区自发劳动力市场

1978年12月，外七工段二万三千亩围垦工程竣工后，戴村、临浦等未移民镇乡，感到从内地派劳动力去垦区从事农业开发路途太远，得不偿失，还是在垦区附近招用临时工为好。垦区自发劳动力市场便逐渐形成。

外七工段围垦地段“三顶桥”，是垦区第一个自发劳动力市场所在地。桥头没有房子，也没有凉棚。每天清晨5点至7点，附近农民骑自行车或步行，带着铁耙、泥锹、茅刀等劳动工具，自发来到“三顶桥”，与垦区承包户谈妥工种、劳动时间和价格后，便开始一天的“打工者”生活。垦区农民把这种自发劳动力市场叫“卖人桥头”。

随垦区面积不断扩大，垦区劳动力的需求量不断增大，垦区自发劳动力市场也逐渐增多。2000年，全垦区共有自发劳动力市场5处，即外七工段“三顶桥”、十一工段桥头、十二工段桥头、十五工段桥头和四工段桥头。外七工段“三顶桥”夏、秋季垦区民工需求量大时，每天到这里求“职”的劳动力达300余人。十一工段桥头和十二工段桥头，最多时每天求“职”的民工各有250人左右。

到自发劳动力市场寻求“打工”的对象，起初是南阳、河庄、新湾、头蓬、前进、宏图等镇乡农民。90年代末，安徽、四川、河南、贵州等省来萧打工的劳动力占80%左右。

到垦区打工的农民主要从事挑河泥、疏塘、拔草、种毛豆、拔毛豆、摘毛豆、种萝卜、拔萝卜、种黄瓜、插秧、割稻等农活。工价以天计算，完全由市场调节。当劳动力供大于求时，工价下跌，当劳动力求大于供时，价格上浮。90年代末，女劳力每天工价25元左右，男劳力一般为35元左右，劳动时间10小时左右。打工分两类，一类是短期打工者，自带大米，雇工者负责蒸煮，做一天，算一天，做满一天，工钱当即付清；另一类是长工，一般由承包大户雇用，打工时间一般为数月或一年以上，吃住在雇工者处，费用均由雇工者负责，月工资500元～700元不等。垦区附近民工一般都早出晚归，而外地民工都租住垦区农民房子，每间平房月租价在40元～60元之间。打工者为节约开支，一间房子一般合住四五个人，有的住夫妻两人，也有的不租住承包户房子，住在垦区附近的桥洞里或垦区农民的屋檐下。

（根据萧山区劳动和社会保障局方木春撰写的调查报告整理）

图书在版编目(CIP)数据

萧山市志：全5册 / 杭州市萧山区人民政府地方志办公室编著. —杭州：浙江人民出版社，2013.12
ISBN 978-7-213-05873-8

Ⅰ. ①萧…　Ⅱ. ①杭…　Ⅲ. ①区(城市)—地方志—杭州市—1985～2001　Ⅳ. ①K295.51

中国版本图书馆CIP数据核字(2013)第277299号

扉页题签　邵燕祥
封底篆刻　祝遂之

书　　名	**萧山市志**
作　　者	杭州市萧山区人民政府地方志办公室　编著
出版发行	浙江人民出版社
	杭州市体育场路347号
	市场部电话：(0571)85061682　85176516
责任编辑	王福群　吴晓红　洪　晓
责任校对	戴文英等
封面设计	杭州乾嘉文化艺术有限公司
电脑制版	杭州乾嘉文化艺术有限公司
印　　刷	杭州富春印务有限公司
开　　本	889×1194毫米　1/16
印　　张	305.5
字　　数	1005万
插　　页	57
版　　次	2013年12月第1版·第1次印刷
书　　号	**ISBN 978-7-213-05873-8**
定　　价	1000.00元(全五册)

如发现印装质量问题，影响阅读，请与市场部联系调换。